한림일본학자료총서
아사히신문 외지판 17

아사히신문
외지판(조선판)
기사명 색인_제12권

This publication has been executed with grant from
the Japan Foundation(Support Program for Japanese Studies Organizations),
National Research Foundation of Korea grant funded
by the Korean Government(2017S1A6A3A01079517)
and the fund of the Institute of Japanese Studies, Hallym University.

한림대학교 일본학연구소는 이 책을 간행함에 있어
출판비용의 일부를 일본국제교류기금과 한국연구재단으로부터 지원받았고,
한림대학교 일본학연구소 발전기금을 사용하였습니다.

한림일본학자료총서
아사히신문 외지판 17

아사히신문 외지판(조선판)

기사명 색인_제12권

1933.01. ~ 1933.12.

한림대학교 일본학연구소
서정완 외 26인

서문: 『아사히신문 외지판(조선판) 기사명 색인 제12권』을 간행하며
1933.01~1933.12 / 06

범례 / 23

1933년

1933년 1월 (조선아사히) / 27
1933년 2월 (조선아사히) / 73
1933년 3월 (조선아사히) / 123
1933년 4월 (조선아사히) / 179
1933년 5월 (조선아사히) / 225
1933년 6월 (조선아사히) / 271
1933년 7월 (조선아사히) / 321
1933년 8월 (조선아사히) / 367
1933년 9월 (조선아사히) / 419
1933년 10월 (조선아사히) / 453
1933년 11월 (조선아사히) / 481
1933년 12월 (조선아사히) / 525

색인 / 567

한림대 일본학연구소 일본학도서관 소장_아사히신문 외지판 세분화 그래프 / 675

朝日新聞外地版(朝鮮版) 記事名 索引

〈아사히신문 외지판(조선판) 기사명 색인 -1933.1~12-〉을 간행하며

한림대학교 일본학연구소 소장
서 정 완

1. 「기사명 색인」 제17권(「조선판」 제12권)을 간행하며

한림대학교 일본학연구소는 한국과 일본은 이웃하고 있어서 서로가 불가분의 관계일 수밖에 없고, 일제강점기라는 아픈 기억이 있는 우리로서는 일본을 제대로 분석하고 알아야만 공존도 협력도 가능하다는 '일본연구'의 필요성에 의해서 설립되었다. 한림대학교 설립자이신 故 윤덕선 박사의 철학이었는데, 그로부터 연구소도 故 지명관 초대 소장, 공로명 2대 소장을 거쳐 3대 현 소장에 이르는 29년이라는 적지 않은 세월이 흘렀다. 연구소도 많이 변했고 세상도 많이 변했다. 그러나 한·일관계는 조금 좋아지다가 나빠지고를 되풀이하면서 결국은 크게 변하지 않는 채로 같은 자리에 머물러 있는 것 같다.

현재 본 연구소가 2017년부터 수행하는 <포스트제국의 문화권력과 동아시아>라는 HK+사업 연구아젠다도 결국은 동아시아의 화해와 협력, 공존을 위해서 인문학이 무엇을 할 수 있으며, 한림대학교 일본학연구소는 무엇을 할 것인가에 대한 물음에서 시작된 것이다. 2008년부터 2017년까지 수행한 <제국일본의 문화권력: 학지(學知)와 문화매체>라는 연구아젠다에는 없는 '동아시아'가 추가된 것은 제국일본의 팽창주의와 군국주의는 단순히 한·일 양국 문제가 아니라, 온 아시아에 아픔과 상처를 입혔다는 역사적 사실에 입각한다. 여기에는 대일본제국이 아시아에 남긴 부(負)의 역사와 아시아 사람들 마음 깊은 곳에 새겨진 아픔과 상처를 이어받은 것이 현대이고, 미래 또한 그 연속이기 때문이라는 이유, 동아시아에서 한국과 일본만이 민주주의와 자본주의라는 가치를 공유하며 실천하고 있지만, 한·일 양국만으로는 화해와 공존은 충분하게 작동하지 않으며, 오히려 블록경제, 정치·외교적인 경계의 벽만 강화하고 마는 역사를 우리는 이미 경험하였기에 중국, 대만, 러시아(사할린), 미국 등 보다 광역적인 상호이해와 협력을 위한 노력이 필요하다는 이유 등이 있다.

그러나 '동아시아공동체'와 같은 말을 쉽게 주장하지는 않을 것이다. '동아시아'가 정치적인 선전용 용어로 전락하는 것을 바라지 않기 때문이다. 우리는 '동아시아'라는 용어에 대해서 더 진지하게 접근할 필요가 있다. 왜냐하면 '동아시아'라는 공간을 설정하는 시점은 결국 대서양을 세계지도 한가운데에 두는 서구의 시점에서 바라본 명칭이라는 점도 간과할 수 없다. 실제로 일본만 보더라도 '북동아시아', '동북아시아'라는 용어를 많이 쓴다. 일본외무성도 산하 공식 부서명도 '북동아시아' 제1과와 제2과이다. 여기에는 일본이 주장하는 이른바 '북방영토'를 수복해야 한다는 '북쪽'을 향한 외교적 시선이 살아있기 때문이 아닐까 짐작된다.

그러나 이보다 더 근본적인 문제는 동아시아의 경계를 어떻게 설정하든, 어느 지역, 어느 나라의 그 누구도 스스로 '동아시아인'이라고 인식하지 않는 데에 있다. '동아시아인'은 유럽 사람들이 갖는 '유럽인'과 같은 지위를 획득하지 못한 현실이 존재하며, 그보다는 '한국인', '일본인,' '중국인'처럼, 국민국가 체제에 교화되어 강한 믿음으로 국가와 민족이라는 개념으로 결합한 의식 세계를 가지고 있다. 결국 동아시아만큼 내셔널리즘이 강한 지역이 없다는 말이기도 하다. 어쨌든 이러한 현실 앞에서 다양한 분야에서 드러나는 갈등과 증오 또는 적대감을 극복해서 서로가 공유할 수 있는 가치나 목표를 위해서 인문학이라는 학문은 과연 무엇을 할 수 있으며, 근대의 암울한 역사에서 가해자가 아닌 피해자이며, 지배자가 아닌 피지배자였던 한국의 인문학은 현재를 어떻게 바라보고 미래를 위해서 무엇을 할 수 있으며, 한림대학교 일본학연구소는 과연 무엇을 제안할 수 있는가, 라는 자문(自問)에 대한 답을 찾기 위한 과정이 한림대학교 일본학연구소가 그동안 고민하며 걸어온 세월이었다고 할 수 있다.

이러한 목표하에 구체적으로 실천한 첫 번째가 한국도서관협회에 정식으로 등록된 국내 유일의 일본학 전문도서관인 '일본학도서관'의 설치와 운영이다. 일본학도서관이 보유한 6만 5천 점이 넘는 일본 관련 전문 서적의 전문성은 국내에서 비교할 대상이 없다고 자부한다. 여기에 지명관(池明觀) 초대 소장, 세키구치 에이치(関口榮一) 교수가 일본학도서관에 기증한 서적, 그리고 본 연구소가 주도해서 한림대학교 일송기념도서관에 유치한 故 오에 시노부(大江志乃夫) 교수, 故 아베 타케시(阿部猛) 교수의 기증 서적 약 3만 점을 합치면 한림대학교는 10만 점이 넘는 일본학 전문 서적을 보유한 국내에서 유일의 기관이다. 문헌 자료와 디지털 자료의 규모와 질에서 한국의 일본연구를 대표할 수 있는 인프라라 할 수 있으며, 학계와 사회에 공헌하기에 충분한 양과 질을 갖추고 있다.

구체적으로 예시하자면, 아래에서 보는 바와 같이 일본학도서관의 질적 제고를 꾀하는 근대기 일본 관련 신문 자료와 주로 '제국일본'과 '근대'라는 시대를 조사하기 위한 문헌자료 인프라의 구축이다. <제국일본의 문화권력:학지(學知)와 문화매체>(2008~2017), <포스트제국의 문화권력과 동아시아>(2017~2024)라는 두 연구프로젝트를 수행하는 본 연구소 일본학도서관이 현재 소장하는 신문자료와 도서류는 대략 다음과 같다.

【주요신문자료】

『京城日報』,『京城新報』,『한성신보(漢城申報)』,『読売新聞』,『朝日新聞』,『朝日新聞外地版』,『毎日新聞外地版』,『横浜毎日新聞』,『仮名読新聞』,『台湾日日新報』,『台湾民報』,『大連新聞』,『大陸新報』,『上海新報』,『帝国大学新聞』,『占領期琉球諸島新聞集成』,『占領期新興新聞集成』,『近代沖縄新聞集成』,『時局新聞』,『愛国新聞』,『図書新聞』,『日本労働新聞』,『日本新聞』, 등

【주요문헌자료】

『十五年戦争極秘資料集』,『十五年戦争重要文献シリーズ』,『特高警察関係資料集成』,『出版警察資料』,『出版警察概観』,『出版警察報』,『外事警察資料』,『外事警察報』,『外事警察概況』,『外事月報』,『外務省警察史』,『文部省思想統制関連資料集成』,『情報局関連極秘資料』,『教化運動』,『朝鮮公論』,『言論報國』,『満蒙』,『優生学』,『南洋庁公報』,『南洋庁統計年鑑』,『南洋群島』,『植民地社会事業関係資料集(朝鮮編・台湾編・満洲満州国編)』,『雑誌朝鮮社会事業』,『朝鮮治安関係資料集成』,『朝鮮総督府帝国議会説明資料』,『満洲開拓関係雑誌集成』,『特審月報』,『占領期雑誌資料大系(大衆文化編・文学編)』,『田健治郎日記』,『新亜細亜』,『日本植民地文学精選集(朝鮮編・南洋群島編・樺太編)』,『映画検閲時報』,『映画公社旧蔵戦時統制下映画資料集成』,『伊藤博文文書』,『木戸孝允関係文書』,『木戸幸一日記』,『朝鮮憲兵隊歴史』,『植民地帝国人物叢書(朝鮮編・満洲編・台湾編・解題)』,『朝鮮総督府及所属官署職員録』,『靖国神社忠魂史』,『在日朝鮮人関係資料集成(戦前編・戦後編)』,『内閣調査室海外関係史料「焦点」』,『学園評論』,『守礼の光』,『今日の琉球』,『朝鮮戦争下公安関係資料』,『文教時報』,『文教の朝鮮』,『沖縄教育』,『文化生活　文化普及会版』,『占領下の奄美・琉球における教員団体関係史料集成』,『戦後初期沖縄開放運動資料集』,『旅行満洲』,『コレクション・モダン都市文化』,『会館芸術』,『戦後博覧会資料集成』,『買売春問題資料集成戦(前編戦)』,『同時代史』,『新異國叢書』,『植民地朝鮮下におけるハンセン病資料集成』,『植民地教育史研究年報』,『地域のなかの軍隊』,『北海道立文書館所蔵　戦後千島関係資料』,『満洲総合文化雑誌　藝文　第1期(全22巻)』,『外務省茗荷谷研修所旧蔵記録戦中期植民地行政史料　教育・文化・宗教篇』,『社史で見る日本経済史』,『近世日本国民史』,『日本人』,『日本及日本人』,『亞細亞』,『帝國青年』,『公文別録』,『戦後日本共産黨關係資料』,『外務省茗荷谷研修所旧蔵記録　戦中期植民地行政史料　教育・文化・宗教篇』 외 다수.

(전근대 관련으로는 『新訂増補　国史大系』,『平安遺文』,『鎌倉遺文』,『新訂増補故実叢書』,『増補続史料大成』 등도 있다)

이들 자료는 모두 일본학도서관에서 채택한 일본십진분류법(Nippon Decimal Classification; NDC)에 의해 분류되어 일본의 국립정보학연구소가 제공하는 일본최대의 종합목록 NACSIS-CAT 와 본교 일송도서관이 사용하는 TULIP 시스템에 양방향 등록하여 한국어와 일본어로 온라인목록을 구축하고 있다. 그리고 신문 자료 중『京城日報』하고『京城新報』는 일송도서관 전산망을 통해서 본교 교직원에게 공개되고 있으며, 등록이 되어 있으면 자택 등 교외에서도 지면(紙面) 열람까지 가능하다. 반면에 저작권의 엄격한 제약에 의해『요미우리신문(讀売新聞)』,『아사히신문(朝日新聞)』,『近代沖縄新聞集成』은 연구소 내 전용 단말기를 통해 이용할 수 있도록 갖추고 있다. 참고로 『요미우리신문』은 1874년 창간호부터 1980년대까지 모든 지면에 대해서 자유롭게 문자열 검색을 할 수 있으며,『아사히신문』은 전체에 대해서 검색과 열람을 할 수 있다. 이 외에 메이지시대부터 현재까지 일본 국내의 모든 재판 판례에 대한 검색을 할 수 있는 TKC 데이터베이스도 이용도 가능하다.

　이상의 일본학도서관 소장 자료는 새로운 도서 입고로 지속해서 확충될 것이며, 맨년 늘어나는 도서로 인해 발생하는 공간 문제 등의 현안이 없는 것은 아니나, 연구소와 도서관을 결합한 연구소의 새 발전모델을 계속 유지, 발전시킬 것이다. 여기에 완간에 이르면 총 19권이 되는『아사히신문 외지판 기사명 색인』이 일본학도서관 장서의 일부로서 자리를 차지하게 된다.

　이상에서 본 일본학도서관 운영은, 연구소는 단순히 논문 생산에만 주력할 것이 아니라, 사회와 학계에 知(지)를 발신해서 지적 인프라 구축에 적극적으로 역할을 담당해야 한다는 생각에 의한 것이다. 일본학도서관이 첫 번째 기둥이었다면, 두 번째 기둥이 일본학 데이터베이스 구축이다. 위에서 언급한『京城日報』하고『京城新報』,『요미우리신문(讀売新聞)』,『近代沖縄新聞集成』, TKC 판례 데이터베이스 등은 데이터베이스라 할 수 있는데, 연구소가 직접 생성하는 일본학 데이터베이스가『아사히신문 외지판 기사명 색인』DB이다.『아사히신문 외지판 기사명 색인』이 1935년까지 완간되면, 1915년부터 1945년까지 일제강점기 30년에 대한『아사히신문 외지판』중 남선판·조선판 데이터를 가공해서 연구소 홈페이지에 자유문자열로 검색이 가능한 시스템을 구축해서 제공할 계획이다. 2008년부터 시작한 이 작업이 15년 동안 지속되어, 30년 동안 식민지 조선 내 일본인 사회에 공급된 신문의 기사명 색인을 모두 검색할 수 있게 되는 것이다.『아시히신문외지판』을 모두 갖춘 곳도 국내에서 본 연구소 일본학도서관이 유일한 것으로 안다. 연구소 일본학도서관에서 많은 연구자가 필요한 기사 본문을 검색하는 날을 상상해 본다.

　이러한 본 연구소의 학계는 물론 사회에 대한 기여 활동이 국내 일본연구, 일본학의 기초를 튼튼하게 하는 데 미력하나마 일익을 담당할 수 있기를 기대한다.

2. 「조선판」 제11권의 구성·내용과 제작 일지

1) 1933년이라는 해

1933년은 1931년의 만주사변(중국명: 九一八事變), 1932년의 만주국 건국이라는 대일본제국으로서는 군국주의에 입각한 팽창주의의 성공적인 성취를 등에 업고, 상대적으로 내부 정비, 내실을 다지는 시간을 가졌다는 인상을 받는다. 구체적으로는 평양을 중심으로 공항을 확장하고 비행 부대를 확대하면서 대공훈련을 강화하는 등 군비증강을 계속하는 한편, 만주에 대한 이민정책을 추진하고, 물류 확보를 위한 철도망 정비 등을 통해서 만주, 간도 일대에 대한 지배권을 확립하려는 움직임으로 읽힌다. 그러면서 고바야시 다키지 고문사에서 알 수 있는 것처럼 공산주의자, 무정부주의자에 대한 단속이 강화되고 있고, 그리고 무엇보다 대일본제국이 국제연맹에서 탈퇴한 것이 가장 큰 이슈이지 않을까 생각한다. 결국은 국제연맹 탈퇴가 중일전쟁, 태평양전쟁으로 이어지는 하나의 과정이 되어 아시아를 전쟁의 광기로 몰아넣기 때문이다.

1933년에 있던 큰 이슈를 열거하면 대략 다음과 같다.

01.01. 만주와 중국 경계인 산해관(山海関)에서 일본군 영내에 수류탄이 투척됨.

01.03. 일본군이 산해관 점령.

01.12. 육군성이 육군소년항공병(陸軍少年航空兵) 제도 실시를 발표.

01.30. 히틀러가 독일 수상으로 취임, 나치스가 정권 획득.

02.04. 나가노(長野)에서 일본공산당 교원에 대한 일제 검거 시작 (교원 적화사건).

02.20. 우리나라에서 『게 어선』으로 소개된 『蟹工船』으로 유명한 프롤레타리아 문학 소설가 고바야시 다키지(小林多喜二)가 경찰 고문으로 학살됨. 향년 31세.

02.23. 일본군이 중국 러허성(熱河省) 침공.

02.24. 국제연맹이 대일 만주 철수 권고안을 가결. 마쓰오카 요수케(松岡洋右) 일본대표는 국제연맹과의 결별을 밝히고 퇴장.

03.03. 산리쿠(三陸) 지진으로 쓰나미 발생. M8.1, 사망자 3,008명, 행방불명 56명, 가옥유실 4,034건, 가옥 전손 1,817건.

03.27. 일본 국제연맹을 정식으로 탈퇴.

04.01. 독일에서 나치스 주도로 유대인 상점에 대한 불매운동 시작됨.

05.07. 일본군이 중국 화베이(華北) 침공.

05.23. 내무성이 창기취체규칙(娼妓取締規則)을 개정, 공포함. 자유가 구속된 창기가 경찰의

허가 없이 자유롭게 외출이 허용됨.

05.31. 국민정부와 일본 사이에 탕구(塘沽) 정전협정이 체결됨.

07.11 건국근로당, 대일본생산당, 황국농민동맹이 중심이 된 '대일본신병대(大日本神兵隊)'의
쿠데타 계획이 발각되어 62명이 검거됨.

08.24. 내각총리대신 이누카이 쓰요시(犬養毅)를 살해한 5.15사건 피고에 대한 감형 탄원서가
7만 통 모임.

12.24. 도쿄 유라쿠쵸(有樂町)에 일본극장 개장.

1931년의 만주사변, 1932년의 만주국
건국이라는 팽창의 성취가 결국 1933년에
일본이 국제연맹을 탈퇴하는 계기가 되었
다고 볼 수 있다. 1932년 10월 국제연맹은
리튼(Lytton) 조사단이 작성한 보고서를
공개하였는데, 그 내용은 일본의 군사행동
은 정당화될 수 없으며, 만주국을 일본이
조정하는 괴뢰 국가로 보는 내용이었다. 이
에 대해서 일본은 크게 반발했는데, 특히
일본 국내에서는 육군과 우익 세력을 중심

【그림1】 국제연맹 탈퇴를 보도하는 신문

으로 국제연맹을 탈퇴해야 한다는 강경론이 대두되었고, 일부 재계도 여기에 가담하여 험악한 분
위기가 조성되었다. 결국 1933년 2월 24일에 열린 국제연맹 총회에서 44개국 중 42개국이 찬성해
서(일본이 반대, 샴이 기권) 만주국을 승인하지 않고, 일본군의 병력 철수를 권고하는 내용을 채택
하자, 일본대표 마쓰오카 요스케(松岡洋右)는 이에 항의해서 퇴장하고 말았다. 이로 인해서 일본은
국제무대에서 고립되어 갔으며, 이 고립에서 탈피하기 위해서 히틀러의 독일과 무솔리니의 이탈리
아와 추축(樞軸)을 맺어서 아시아를, 세계를 어두운 방향으로 끌고 가게 된다.

한편 문학계에 충격을 준 것은 경찰에 의한 고바야시 다키지(小林多喜二)의 고문사 사건이었다.
일본의 프롤레타리아 문학의 대표적인 작가이자, 사회주의자이자 공산주의자였던 고바야시는 고리
키(Maxim Gorky)의 작품을 통해서 프롤레타리아 작가로서의 자각을 키우며, 실제로 일본공산당
당원이 되고, 노동운동에도 참여했다. 1928년 3월 15일에 발생한 이른바 '3.15'사건을 소재로 한
『1928년 3월 15일』을 프롤레타리아 문학의 기관지 『전기(戰旗)』에게 개재하고, 이듬해에는 소설
『蟹工船』을 발표하여 유명해졌다. '3.15'사건은 마르크스주의를 실천하기 위해 무산정당을 설립하

【그림2】 고바야시 다키지의 시신 옆에 둘러 앉은 동지들

고 코민테른(Comintern) 일본 지부 설립을 목적으로 설립된 당시 불법인 일본공산당을 비롯한 활동가 수천 명을 검거하고 구속한 사건이다. 근거는 치안유지법이었으며, 당시 대일본제국은 사유재산제를 부정하는 국제공산주의운동을 국체를 위협하는 존재로 경계하고 있었고, 치안유지법(1925년 3월) 자체가 이들 운동을 견제하고 단속하기 위한 것이었다. 『蟹工船』이라는 소설은 특정 주인공이 존재하지 않고, '게 공선'에서 혹사당하는 노동자의 군상이 그려진다. 노동자는 국적과 관계없이 프로레타리아트야 말로 가장 소중한 존재라고 깨닫게 되는데 선장은 이를 '적화(赤化)'라고 보는 내용이다. 잡지 『전기(戰旗)』 5월호, 6월호에 게재되었는데, 5월호에서는 검열에 대응하기 위해서 특정 글자를 기호로 바꾸는 배려를 했으나, 6월호에서 신문지법에 저촉했다는 이유로 판매배포금지처분이 내려졌으며, 1930년 7월에는 불경죄로 추가 기소되어, 1933년 특별고등결찰부(特高)에 체포되어 모진 고문을 당하다가 사망에 이른다. 경찰 당국은 "심장마비에 의한 죽음"이라고 발표했으나, 다음날 유족에게 반환된 시신에는 전신이 고문으로 몸이 통통 부어 있었으며, 특히 하반신은 내출혈로 검게 변해 있었다. 경찰이 발표한 사망원인을 믿을 수 없었던 유족과 동지들은 해부를 통하여 사망원인의 진실을 밝히려 했으나, '특고(特高)'에 대한 두려움 때문에 어느 병원도 해부에 응해주지 않아 뜻을 이루지 못했다. 고별식은 자택에서 진행되었으나, 30~40명의 경찰이 포위하고 조문객을 저지하여 결국 약간 명의 가족과 친구만 참가했다.

2) 「조선판」이 보도하는 1933년: '만주국' 건설

1933년 『아사히신문 외지판』 기사를 살펴보면, 몇 가지 경향과 키워드가 보인다. '갱생낙토'로 대표되는 만주로의 이민정책이 꾸준히 진행되고 있다는 것을 알 수 있으며, 이러한 기사에는 한반도 거주 조선인, 간도 거주 조선인에 대한 만주 이주가 거론되고 있다. 그러면서 만주와의 교역, 상업, 만주 여행에 대한 기사도 꾸준히 확인되는데, 그만큼 만주국을 궤도에 올려서 간도를 포함한 만주 일대에 대한 대일본제국의 권익을 확고하게 다지려는 움직임으로 보인다. 이와 함께 왕성한 철도 공사의 전개, 농업정책에 대한 장려도 한 데 묶을 수 있을 것이다. 특히 철도 노선의 확대는 산업적 물류뿐 아니라, 군사적인 보급로 확보라는 커다란 목표가 있을 것으로 보이며, 지금의 북한 지역을 거쳐서 일본과 만주를 잇는 철도를 확보하는 정책은 바로 전면에는 산업적 활용을 내세우지만, 군사적인 목표가 상당했을 것으로 생각된다. 9월 20일자 길혜선(吉惠線) 관련 기사는 바로 그런 것이다. 기사를 살펴보면, 북선(北鮮)을 횡단하여 동해(일본해)와 만주국을 잇는 길혜선 공사는 예정대로 순조롭게 진척되고 있으며, 길주(吉州), 합수(合水) 간 약 70km의 운전을 개시한다는 내용이다. '비행장', '비행대'의 확장과 증설도 결국 항공전투력을 확보해서 만주 일대 제공권을 장악하기 위함이고, '방공연습'이라는 이름으로 군사훈련이 계속 되풀이되는 것도 병력을 철수하라는 권고에 반발해서 국제연맹을 탈퇴한 것과 일맥상통한다. 즉 군사력을 계속 전개해서 만주 지역에 대한 기득권을 형성하려는 움직임으로 볼 수 있다. 그리고 '공비(共匪)', '비적(匪賊)'을 다룬 기사도 꾸준하다.

대표적인 주요 기사를 제시하면 다음과 같다.

01.06. 쇼와 8년(1933년)의 신춘을 축하하다, 갱생낙토(更生樂土)를 건설, 동양 개운(開運)을 앞장서는 선구가 되어라, 조선총독 우가키 가즈시게(宇垣一成)

01.07. 하마마쓰(濱松) 비행대의 대폭격 연습, 평양 비행 6연대 사격장에서

01.08. 국격을 넘어서 비적(匪賊) 북선(北鮮)에 침입

01.11. 고이즈미 마타지로(小泉又次郎) 씨 울릉도 앞바다 사용신청, 러시아 군함 인양을 위해서

01.12. 평양 공군과 고사포대의 충실, 특과대의 적극적 확장에 따라 92식 전투기도 배치

01.13. 경이적 발견, 800년 전 평양에 운하설비가 있었다

01.17. 선농(鮮農, 조선인 농민)을 보호하는 만주의 안전농촌, 수용인원은 약 2,000호

01.18. 농촌통제안 사회교화 주사를 각 군마다 배치, 자력갱생운동에 통제를 가하다

01.21. 사상범 수용을 위한 경성구치감 신축, 다른 죄수에 대한 악영향을 차단하기 위해 여

학교에 붉은 독서회, 용의자 14명에 이르다(경성 종로서, 동덕여학교)

01.22. 우리 장병 일동 모두 황은(皇恩)의 높음에 감격의 눈물

01.25. 내선인 협력해서 비상시의 국방헌금, 각지에서 이 아름다운 기획이 실행되다.

01.27. 700명의 무장 비적(匪賊)에 우리 경찰대 포위 당하다 (간도)

01.28. 신학기부터 경성의전(京城醫專)을 만주국인에게 개방, 드디어 학칙 개정 인가

02.03. 전쟁문학의 위대한 금자탑 『국경혈진록(國境血陣錄)』완성되다, 황도(皇道) 편조(遍照)를 설파하는 토벌군, 하시모토(橋本) 대위의 극작

02.04. 사상선도에 체육을 장려하다, 통제지도 기관을 설치

02.07. 재만동포 문제의 근본책 확립? 곧 열릴 만주국 영사(領事) 회의에서 구체화 예정

02.09. 봄을 맞이하여 만선시찰단(滿鮮視察團), 만몽관광단을 모집

02.11. 평양관광협회, 다양한 조합을 단위로 조직해서 저렴하고 편리하게 고도(古都)의 정서를 만끽, 내지의 협회에 참가

02.12. 여성 과잉인 수도 대경성(大京城)의 인구, 총수 374,920명

쇼와 7년(1932년) 내지인 남자 53,203명 / 여자 51,453명

조선인 남자 130,346명 / 여자 135,617명

외국인 남자 3,469명 / 여자 830명

*京城府稅務科가 조사원 100여 명으로 2개월에 걸쳐서 조사한 결과

02.16. 선망의 만주에 대량 이민계획, 반관반민(半官半民) 회사를 조직해서 장기간에 걸쳐서

02.25. 군자금 모집을 위해 비적(匪賊)이 강도를 하다, 장쉐량(張學良)의 원조를 받아서 조선의 ○○를 꿈꾸다.

03.04. 중견 인물 양성을 위한 경성공민학교(京城公民學校) 4월부터 드디어 개교

03.05. 반도 자원조사, 지하의 보고, 개발상 중대한 결함, 입증기관이 없다

03.08. [근대 과학전(科學戰)을 전개] 군국(軍國)의 봄을 예찬하며, 경성부(京城府)의 하늘과 땅에 장렬한 입체적 공방연습(攻防演習)을 실시하다.

03.10. 민간국방체제의 전선적(全鮮的) 통제기구 창설, 군산국방연구회에서 희망 (이리)

03.11. 찬란한 반도 국군의 날, 하늘에는 비행기가 난무, 지상에서 '시가군(市街軍)'이, 기념일에 들썩이는 수도 경성

03.14. 제주도의 적화(赤禍), 내지에서 뻗어나는 붉은 악마의 손, 투쟁의식을 선동하는 불온 삐라 살포

03.17. 수도에 걸맞은 경성공회당(京城公會堂)을 세우는 상담

03.19. 우리에게 오락을! 농촌을 밝게, 대중오락, 당국이 나서나

03.29. 간도에서 밀수입 소 2만 마리, 소 값은 엄청난 폭락

04.01. 무용, 음악으로 나라를 위해 헌신하다, 가련한 소년 소녀들, 수익금으로 무기 헌납

04.07. 조선 소의 본고장을 맹렬한 기세로 잠식, 구제역은 무서울 정도로 창궐

04.11. 인천 월미도에서 사격 대공(對空) 전투, 실탄을 발사해서 장렬하게

04.13. 잔비(殘匪) 200명을 소탕

04.15. 이 얼마나 든든한가! 반도 이 애국열, 고사기관총 40정이 넘다, 훌륭하다, 하루에
500엔의 헌금

04.18. 사상선도에 체육을 크게 장려, 먼저 라디오체조를 보급

04.19. 평양을 조선의 오사카로, 서둘러 대동강을 개수하라
혁혁한 무훈을 세운 '애국기(愛國機)' 정찰기 개선, 18일 평양비행연대에
비위를 규탄하고 사상선도에 노력하라, 경찰부장회의 총독, 경무국장의 훈시

04.25. 연안, 항만에 대한 엄격한 감시를 위해 경비선을 충실화하다
반도 초유의 가상공장 폭격 연습

04.26. 야스쿠니신사에 합사되는 조선 관계자 147명

04.27. 부민(府民) 총동원, 경성에 국방의회, 활약을 기대하다

04.29. 만주국으로, 만주국으로, 엄청난 수출,

04.30. 현재의 2배로 진남포항 확장

05.04. 공직자가 단결해서 민풍(民風)의 쇄신에 노력, 색복(色服) 장려, 관혼상제비의 절약

05.07. 농민의 친구로 농민경찰관 양성! 156명 중 22명을 선발, 함남도(咸南道)의 새 시도
청음기(聽音器)와 정보기(情報器) 추가로 3대 건조, 반도(半島)에 넘치는 방공 열

05.13. 평양비행대의 대확장을 실시, 비행장 20만평을 확장, 경폭격기부대 설치

05.14. 만주 전체에 대한 이민을 위한 농경적합지 조사

05.20. 재만주 조선인을 위해 잉커우(營口)에 새 마을, 800호, 4,000명의 이민을 수용

05.24. 평양 고사포 부대의 방공연습진을 충실화, 150명을 철저하게 교육
축음기 레코드를 앞으로 엄중하기 단속, 6월 15일부터 실시 (경성)

05.26. 휴일 이외의 날에 노는 악습을 타파, 평남(平南)의 농촌에서 휴일을 지정
조선의 인구, 2,500만 명, 작년보다 33만 명 증가

05.27. 아주 시적으로, 기생학교의 보고서, 검은 눈동자에 "반했어요"

05.31. 조선신궁에서 국위발양 기원제, 전병몰자(戰病沒者) 위령제 집행

선발된 건강아

06.01. 방공연습의 서곡, 적기 내습으로 경성은 암흑가, 병보등화관제 실시되다

선발된 건강아

06.02. 만주에서도 건강우량아를 추천

06.04. 조선중등학교 야구대회

06.09. 지상에서는 열병식, 하늘에서는 비행기 분열식, 참가 기는 30대를 상회, 조선에서는 첫 시도

06.15. 방공대연습, 실전처럼 장렬, 폭탄 투하, 고사포를 일제 표적 집탄

06.16. 독가스에 연막, 장렬한 대공중전, 적기 내습, 지상부대는 맹렬히 응전, 비상경보 경성 은 암흑가

06.17. 깊은 잠에 든 경성에 갑자기 적기 내습, 고사포로 격퇴, 청사를 연막으로 보호, 방공 종합연습 이틀째

06.18. 조선의 역사에 빛나는 대방공연습 끝나다. 비상한 호성적으로

06.22. 사단 이주(移駐)에는 평양이 최적지

06.24. 군국미담 건강한 조선 소년, 평양연대 부관을 방문해서 군인 지원

06.29. 안도(安藤) 부대가 비적(匪賊)을 섬멸, 일본군 2명 부상 (경성) 간도

06.30. 간도 각지에 파견된 우리 북선부대(北鮮部隊), 무훈을 빛내며 개선

07.01. 신의주 비행장 확장 드디어 실현

문제의 북선(北鮮) 개척, 특별회계설 유력, 그러나 의회 협력이 필요하기 빠른 실현 은 어려움

나남(羅南)부대는 30일 개선, 함흥 부대는 1일 개선

07.04. "우리의기독교회를 미국인한테서 뺏어라"라고 맹렬한 종교개혁운동 일다

07.08. 미국의 불황으로 기독교에 큰 변화, 외국인은 점차 철수, 학교, 병원은 조선 측에서 경영

07.09. 화전민을 만주에 이동시키다 (안동)

07.15. 내선 통신 일대 사건, 여기는 평양, 귀하는 후쿠오까입니까? 15일부터 드디어 개통, 먼저 양쪽 지국장이 인사 (평양)

07.21. [조선중등야국대회] 반도 스포츠의 꽃, 염천하에 전개되는 전국중등 우승 야구 조선 1차 예선

07.28. 고시엔(甲子園) 출장하는 영광스러운 조선 대표는?

07.29. 고시엔이라는 꽃의 무대를 향해, 구기의 꽃 4대표 (부산일상, 선린상업, 목포상업, 평양중학)

식민지 아동에게 국체 관념을 심다, 동시에 산업교육도 시행, 조만간 교과서 크게 개정

08.01. 선린상고, 목포상고 마지막 쟁패전에 영광스러운 반도 대표는 어느 학교에?

08.02. 영광스러운 조선 대표는 선린상업으로 결정

08.05. 약 30명의 비적(匪賊)이 만주 군함에 발포, 압록강구 순항 중에, 사상자 3명

08.10. 대구에 국제비행장을 반드시 실현, 기성회가 유치운동

08.11. 평양 비행대 확장

08.13. 병비(兵匪) 50명이 방인(邦人)에게 일제 사격. 순사 비장한 순직 (청진)

08.15. 만주사변 출동과 전몰 장병의 영을 위로하나, 평양에 기념비를 건설

08.16. 적화(赤化) 공작의 마수를 전 조선에 확산하려 하다, 한전종(韓琠鐘), 신태성(申太成) 등 일당 수집 명을 검거 (경성)

08.20. 시마네현(島根縣) 사카이미나토(境港)에 만선출하알선소(滿鮮出荷斡旋所) 설치, 돗토리(鳥取)와 연합하여 진출할 계획

08.22. 고사포와 기관총 평양으로부터 헌납받다 (평양)

08.23. 대구에서도 방공연습

08.24. 조선인 인체의 기준을 확정하다! 평양의전─다나베(田邊) 교수가 연구 (평양) (남자 1천 명을 대상으로 연구한다는 내용)

08.29. 반도 농촌이 대망(待望)하는 소작령 법제국에

08.31. 국경에 펼쳐지는 황국(皇國) 농법(農法)의 빛, 비화(匪禍)없이 풍년만작(豊年滿作)

09.03. 10월 1일부터 덕수궁 개방, 일반인에게 배관(拜觀) 허용, 이왕(李王) 전하의 뜻

09.05. 만주에 오는 내선인(內鮮人) 환영, 운임 할인

09.07. 국경 근무 경관 가족을 위로하나, 조만간에 라디오를 설치 (경성)

09.09. 덕수궁 공개 배아의 석조전은 일본미술전람장으로

국경의 마미(馬匪) 피해 기록

09.14. 일본에서 가장 큰 비행장, 경폭격기 중대 신설에 따라, 군부의 자랑, 평양에 출현

09.15. 점점 일어나는 반도의 애국열, 각지에서 헌금이 속속 도착

09.17. 만주사변 2주년, 기념일을 맞이해서, 군사령관 담/사단장 담

09.19. 국경 대안(對岸)의 형세 점점 험악해지다, 공비 3명 승량동(承良洞)에 출현, 경관 등 3명 사살 (경성)

09.20. 동해(일본해)와 만주를 잇는 吉惠線 공사 진척

간도 각지의 공비, 속속 황군에 귀순

09.27. 조선에도 국유재산법, 목하 시행 준비를 서두르다

09.30. 반도의 산야에서 포성과 폭음이 울리다, 제20사단 관하 연습 일정

10.06. 일개 어촌에서 조선 개발의 중심지로, 인천 개항 50주년을 맞이해서, 환희 속 7만 시민, 개항은 메이지 16년, 당시는 제물포라 했다.

10.10. 청진(淸津)과 신경(新京)을 잇는 고속열차 도약, 15일부터 직통의 기적 울리며, 24시간 만에 쾌주

10.12. 근대 부흥식 모던 건물, 상량식 거행한 평양부(平壤府) 신청사

10.13. 비적 300명에게 우리 토벌대 포위되어, 40여 명 행방불명, 안동에서 토벌대 100명을 급파

10.15. 청학동 부근에 무장공비단 출현, 1명 즉사, 3명은 인질로 납치됨 (간도)

10.17. 반도의 수호신으로서 더욱더 신덕(神德)을 선양하다, 조선신궁 진좌 10주년 기념 사업계획

10.18. 주문과 기도로 사회를 망치는 무녀(巫女), 당국에서 단속을 연구

10.21. 신경(新京) ― 청진(淸津)간에 직통 화물열차를 운전

내지보다 빨리 조선 내의 영화를 통제, 일본문화의 함양과 국산 장려를 위해, 본 부(府) 경무국에서 제령(制令) 안을 마련하다 (경성)

10.22. 경신(敬神) 사상의 고취와 일본정신 작흥(作興)을 꾀하다, 전선(全鮮)을 일환으로

10.24. 국민정신 작흥, 전선적(全鮮的)으로 일대 운도

10.25. 2000년에 이르는 내선문화(內鮮文化)의 대전당, 부산에서 임나(任那)문화전람회를 개최

10.26. 부산 방공연습, 준비훈련과 준비연습, 28일부터 순차적으로

10.28. 가을의 맑은 날 평남 광야에 러허전(熱河戰)을 느끼게 하는 장렬한 가상적 연습

10.29. 선내(鮮內)의 영화 통제, 14조로 된 단속령 (경성)

11.04. 만주사변 전몰 용사 위령 대제, 11일 용산연대에서 성대하게 거행

11.09. 반도 2천만 민중에게 새로이 분기할 것을 요구, 전선(全鮮)을 대상으로 교화 단체를 동원해서 정신작흥의 일대 운동

11.10. [방공연습] 공습이다, 폭격이다, 장열하게 실전처럼, 부산 부근 다섯 군데 군민을 총동원

11.11. 비상시국, 크게 분기할 것을 요구, 반도 2천만 민중에 정신작흥, (총독부, 경성부, 경기도, 평양)

11.14. 북선(北鮮)의 국방에 빛나는 고사기관총 4문, 청진 4만 부민(府民) 조국애의 결정, 26일 헌납식을 거행하다

11.15. 재만조선인의 근본적 안정책, 본 부(府)와 관동군이 협의

11.16. 재만조선인 100만의 보호를 적극적으로, 기술원 파견, 금융기관 설치 등

11.21. '시기상조'를 이유로 소작령(小作令) 제정에 반대, 전선농업자대회(全鮮農業者大會)

11.28. 재즈는 금지, 평양서(平壤署)의 가두 단속

12.01. 내선일치의 애국운동 일다, 조선 청년이 '황화당(皇化黨)' 조직

12.02. 문제의 소작령, 예정대로 시행되다

12.05. 넘치는 조국애, 헌금 20만엔 돌파, 총후(銃後)의 열성에 군부 당국 감격 학교항쟁 단속방침을 당국에서 연구 (경성)

12.12. 조선 최초의 내선인 공학 여학교, 여자 보통고등학교가 없는 진남포에, 평남도에서 설치 계획

12.21. [만주예찬] 재만조선인이 행복을 조성받아서, 하루하루 치안이 확립, 왕도낙토의 실현을 절실히 원하다

1932년에도 대일본제국은 만주, 만주국에 대한 이민/이주정책을 적극적으로 추진하여 만주국의 기틀을 확고하게 하려는 노력을 보였는데, 이 점에 대해서는 1933년도 마찬가지다. 가령 2월 7일자에 "재만동포 문제의 근본책 확립?"이라는 기사는 총독부 정보에 의한다는 전제를 달고, 만주국 일본대사관에서는 이번 달 하순에 건국 후 최초의 영사(領事) 회의를 개최하고 재만 각 영사가 출석하여 앞으로의 경비 문제를 중심으로 재조선인문제 등을 논의할 예정이라고 한다. 영사(領事)가 직접 개입하여 이 문제를 관리한다는 것이다. 7월 9일자 "화전민을 만주에 이동시키다"도 같은 맥락이다. 기사 내용은 북선 개척을 위해서 화전민의 정착도 하나의 중요한 정책이기에 산농공려조합(山農共勵組合)을 설치하고 있다는 내용으로 만주 방면에 개척 이민의 여지가 많기에 화전민의 만주 이주와 관련해서 평북 당국도 고려하기 시작했다는 기사이다.

한편 5월 13일자 "평양비행대의 대확장을 실시, 비행장 20만평을 확장, 경폭격기부대 설치"는, 1월 7일자 "하마마쓰(濱松) 비행대의 대폭격 연습, 평양 비행 6연대 사격장에서", 4월 19일자 "혁혁한 무훈을 세운 '애국기(愛國機)' 정찰기 개선, 18일 평양비행연대에", 8월 11일자 "평양 비행대 확장" 등은 평양을 만주 일대의 제공권을 확보하기 위한 교두보로 삼고 있다는 점을 여실히 드러

내고 있으며, 이를 보조하는 형태로 7월 1일자 "신의주 비행장 확장 드디어 실현"을 자리매김할 수 있다. 그리고 평양비행장은 "일본에서 가장 큰 비행장, 경폭격기 중대 신설에 따라, 군부의 자랑, 평양에 출현"(9월 14일자)이라는 평가를 할 정도로 대일본제국과 그 군부가 분명한 목적을 가지고 군사력을 키우고 있음을 말해준다. 아울러, 6월 9일자 "지상에서는 열병식, 하늘에서는 비행기 분열식, 참가 기는 30대를 상회, 조선에서는 첫 시도"를 비롯한 많은 방공훈련, 공습훈련 또는 고사포, 고사기관총을 헌금으로 기부받는다는 기사는 모두가 만주를 향한 군사적 행보라는 점에 수렴한다고 보아야 할 것이다. 가령 8월 22일자 "고사포와 기관총 평양으로부터 헌납받다 (평양) 평양국방의회에서는 제1기 헌금 3만 4천 원으로 고사포 1문, 고사기관총 5정을 헌납하게 되어, 목하 조선군 애국부에 의뢰, 주문 중이다."를 들 수 있다. 물론 육지에서 일어나는 '공비(共匪)', '비적(匪賊)'이라 불리는 육지에서의 도발도 관련되어 있을 것이다. 군국주의에 의한 팽창주의의 결과, 국경선에 대한 안정화를 확보하지 못하고 있는 것이다. 우리 입장에서는 수많은 독립운동도 '비적'이니 '공비'이니 하는 식으로 폄하되었을 것이다. 어쨌든 9월 19일자 "국경 대안(對岸)의 형세 점점 험악해지다, 공비 3명 승량동(承良洞)에 출현, 경관 등 3명 사살"이라는 경성발 기사는 공비가 일본-만주-러시아 3국의 국경에서 일본 측 경관 2명을 사살한 사건 발생했다고 보도하고 있다.

그러면서 주목하지 않을 수 없는 것은 10월 22일자 "경신(敬神) 사상의 고취와 일본정신 작흥(作興)을 꾀하다, 전선(全鮮)을 일환으로"이다. 11월 9일자에도 "반도 2천만 민중에게 새로이 분기할 것을 요구, 전선(全鮮)을 대상으로 교화 단체를 동원해서 정신작흥의 일대 운동"이다. '일본정신'을 작흥하라는 천황의 조서(詔書)를 환발(발포)한 지 10주년이 된다는 이유를 들고 있으나, 일본이 국제연맹에서 탈퇴해서 국제무대에서 외교적으로 고립되는 어려운 시국 속에서 식민지를 포함한 제국 전체에 대한 사상교육과 교화를 강화하려는 움직임으로 보는 것이 개연성이 있어 보인다. 12월 5일자 "학교항쟁 단속방침을 당국에서 연구"도 같은 선상에서 보아야 할 것이다. 기사 내용을 보면 조선 내 각 학교에서 벌어지는 '연맹휴업'에 대해서 총독부 학무국에서는 이를 단속할 새 방침을 세우기 위해서 실정을 상세하게 조사하고 있었는데, 구체적으로 방책을 마련하기로 했다는 것이다. 병합한 지 23년째인데 아직도 식민지 경영에 불안정요소가 많음을 보여주는 대목이라 본다. 2월 25일자 기사 "군자금 모집을 위해 비적(匪賊)이 강도를 하다, 장쉐량(張學良)의 원조를 받아서 조선의 ○○를 꿈꾸다."가 바로 그 반증이다. '○○'는 바로 '독립'이며, 식민지 조선에서, '독립'이라는 두 글자는 금기어였다는 것을 말해주며, 1919년 3.1독립운동이 1933년까지도 조선인의 독립의지를 보여주고, 식민권력이 이에 대해 두려움을 느끼고 있는 것이다. 장쉐량의 지원을 받은 '비적'은 독립군이고 독립운동이었다는 것을 알 수 있다.

이상이 『아사히신문 외지판』이 보도한 1933년이다.

결국 1933년은 1931년에 일으킨 일으킨 만주사변은 군사적으로는 성공했으나, 외교적으로는 국제연맹에서 탈퇴하는 고립을 자초했고, 1932년 만주국 건국 또한 당장은 성취였으나, 결국은 중일전쟁, 태평양전쟁으로 가게 되는 방아쇠를 당긴 셈이라 볼 수 있다. 이러한 속에서 만몽(滿蒙) 지역에서 대일본제국이 영향력과 기득권을 확립해서 대항하려는 한해였다고 볼 수 있다.

3) 제작 일지

한림대학교 일본학연구소 일본학DB 사업의 일환으로 〈한림일본학자료총서〉로서 간행되는 『아사히신문 외지판(조선판) 기사명 색인』 조선판 제12권(1933.1~1933.12)은 서정완 연구소장이 총괄기획과 전체 조율을 담당하고, 심재현 연구원/사서가 색인 추출작업과 출판간행을 위한 전체 구성에 대한 편집 작업을 담당하였다.

그리고 본교 일본학과 학부생으로 구성된 연구보조원이 데이터 입력과 신뢰성 확보를 위한 총세 차례에 걸친 검증작업을 통해서 오타와 기사 누락 최소화하는 작업을 수행하였다.

작업 참가자는 다음과 같다.

· 1차 입력 및 1·2차 검수

    김건용(13), 김은경(18), 김주영(20), 김채연(17), 김혜진(18), 박상진(13), 백소예(15),

    안덕희(16), 안소현(17), 유혜연(18), 이예린(17), 이하림(17), 장덕진(13), 조성석(16),

    조지혜(19), 최평화(16)

· 3·4차 검수

    김은경(18), 김채연(17), 김혜진(18), 문희찬(16), 설수현(19), 안덕희(16),

    안소현(17), 이하림(17), 조성석(16), 조지혜(19)

· 색인어 일련번호 추출

    김선균(19), 김세은(19), 김은경(18), 김혜진(18), 김희연(19), 박종후(21),

    백지후(22), 신현주(20), 윤영서(21), 이하림(17)

마지막으로 이 책을 간행에 일본국제교류기금(JapanFoundation)이 함께 해주었다. 깊이 감사드린다.

3. 데이터 현황

『아사히신문 외지판 (조선판) 기사명 색인』은 데이터 검색을 쉽게 할 수 있도록 모든 기사에 일련 번호를 부여하고 있으며, 이번 권에서는 231704~244625을 수록하였다. 색인어는 일본어 한자음을 가나다순으로 정리하였으며, 2,000 어휘에 이른다.

朝日新聞 外地版(조선판) 기사명 색인 제12권 1933.01.~1933.12.

범 례

1. 본 DB는 『朝日新聞 外地版 朝鮮朝日』 중 1932.01.~1932.12.의 기사를 대상으로 하였다.

2. 본 DB는 일련번호, 판명, 간행일, 면수, 단수, 기사명 순으로 게재하였다.

3. 신문이 휴간, 결호, 발행불명인 경우 해당날짜와 함께 休刊, 缺號, 發行不明이라 표기하였다.

4. 기사명 입력은 원문의 줄 바꿈을 기준으로 '/' 로 구분을 두었다.

    예) 關東廳移置問題

    　　旅順より大連へとの議

    　　第一困難なるは廳舍舍宅の設備 (이하 기사 본문)

    　　→ 關東廳移置問題/旅順より大連へとの議/第一困難なるは廳舍舍宅の設備

5. 광고 및 訂正, 取消, 正誤 등 신문내용의 수정을 알리는 기사, 라디오 방송 기사는 생략하였다.

6. 연재물기사(번호와 저자명이 기입된 기사)는 '제목(편수)/저자명'의 형태로 입력하였다. 이때 이어지는 부제목은 생략하였다.

    예) 朝鮮道中記(57) 貴妃の靈に遭ふ 顔が四角で腕が達者 これが大邱一番の歌ひ女 大阪にて瓢齊 (이하 기사 본문)

    　　→ 朝鮮道中記(57)/大阪にて瓢齊

7. 연관기사(연계기사)는 '기사명1/기사명2/기사명3'의 형태로 표시한다. 이때 하나의 기사명 내에서는 상기의 문장 끝맺음 표시인 '/' 대신 '스페이스(공백)'를 사용하였다. 또한, 기사명 전체를 이탤릭체(기울임꼴)로 변환하였다.

    예) 朝鮮の土を踏むのは今度が最初 家內に敎はる積り机上の學問は駄目 何の事業も無く慚愧の至りです (이하 기사 본문)

    　　→ *朝鮮の土を踏むのは今度が最初 家內に敎はる積り机上の學問は駄目 何の事業も無く慚愧の至りです*

8. 기사명의 내용과 문맥이 이어지는 기사는 '상위 기사명(하위 기사명/하위 기사명)' 형태로 입력하였다. 이때 하위 기사명의 구분은 '슬래시(/)'를 사용하였다.

9. 괄호로 묶어서 입력한 하위 기사명은 '슬래시(/)'로 구분하였다.

    예) 米穀收用と影響 朝鮮の各地方に於ける 大邱地方 釜山地方 金泉地方 浦項地方 (이하 기사 본문)

    　　→ 米穀收用と影響/朝鮮の各地方に於ける(大邱地方/釜山地方/金泉地方/浦項地方)

10. 신문기사에 있는 숫자, !, ?, ' ', " ", 「」 등의 기호는 모두 전각으로 입력하였다. 단, '()'와 '슬래시(/)'는 반각으로 입력하였다.

11. 촉음과 요음은 현행 표기법에 맞게 고쳐서 입력하였다.

    예) ちよつと → ちょっと, ニユース → ニュース, 2ヶ月 → 2ヶ月

12. 기사명에 사용된 '◆', '……', '='와 같은 기호들은 생략하고 중점은 한글 아래아(·)로 입력하였다.

13. 원문에 약자로 표기된 한자는 정자로 통일하여 입력하는 것을 원칙으로 하였다. 단 오늘날 일본에서 쓰이는 이체자(異體字)는 원문대로 기입하였다.

14. 이체자(異體字) 중 PC에서 입력이 불가능한 경우 현재 통용되는 한자로 표기하였다.

아사히신문 외지판(조선판) 기사명 색인

1933년

1933년 1월 (조선아사히)

일련번호	판명		간행일	면	단수	기사명
231704	朝鮮朝日	西北版	1933-01-06	1	01단	昭和八年の新春を壽ぐ更生樂土を建設東洋開運の先驅とならん朝鮮總督宇垣一成
231705	朝鮮朝日	西北版	1933-01-06	1	01단	在滿同胞はどうしてゐる生活相打診輝やく滿洲國承認第一春南滿、間島、東邊道(南滿地方/間島と東邊道)
231706	朝鮮朝日	西北版	1933-01-06	1	02단	北鮮開拓の森林事業は今八年度で獻立を完成明年度から收入を揚ぐる總督府のドル箱
231707	朝鮮朝日	西北版	1933-01-06	1	03단	新年大賣出商戰を展開
231708	朝鮮朝日	西北版	1933-01-06	1	04단	學齡兒童の増加
231709	朝鮮朝日	西北版	1933-01-06	1	04단	前年に比し年賀狀四割內外の激增
231710	朝鮮朝日	西北版	1933-01-06	1	04단	虛禮を廢し皇軍へ獻金奇特な人々
231711	朝鮮朝日	西北版	1933-01-06	1	05단	試筆宇垣朝鮮總督
231712	朝鮮朝日	西北版	1933-01-06	1	05단	多門師團の最後部隊長谷部旅團長以下安東通過
231713	朝鮮朝日	西北版	1933-01-06	1	05단	煙草賣上げダン然增加
231714	朝鮮朝日	西北版	1933-01-06	1	05단	和やかなお正月建國第一春
231715	朝鮮朝日	西北版	1933-01-06	1	06단	酉年の劈頭に力强い好結構養鷄の日本に斷然霸を唱ふ朝鮮産卵競進會で
231716	朝鮮朝日	西北版	1933-01-06	1	07단	中央電話局新築三月に着工
231717	朝鮮朝日	西北版	1933-01-06	1	07단	危ふく救助
231718	朝鮮朝日	西北版	1933-01-06	1	08단	空軍も參加し壯烈な觀兵式八日平壤七七營庭で
231719	朝鮮朝日	西北版	1933-01-06	1	08단	三千圓を盜む
231720	朝鮮朝日	西北版	1933-01-06	1	08단	世界無比の金鑛を發見首相に打電
231721	朝鮮朝日	西北版	1933-01-06	1	08단	自動車を盜んで放棄
231722	朝鮮朝日	西北版	1933-01-06	1	09단	安東新義州消防出初式/平壤消防組出初式/消防出初式
231723	朝鮮朝日	西北版	1933-01-06	1	09단	嬰兒を遺棄
231724	朝鮮朝日	西北版	1933-01-06	1	10단	竊盜捕はる
231725	朝鮮朝日	西北版	1933-01-06	1	10단	樂禮/柳京小話
231726	朝鮮朝日	南鮮版	1933-01-06	1	01단	昭和八年の新春を壽ぐ更生樂土を建設東洋開運の先驅とならん朝鮮總督宇垣一成
231727	朝鮮朝日	南鮮版	1933-01-06	1	01단	在滿同胞はどうしてゐる生活相打診輝やく滿洲國承認第一春南滿、間島、東邊道(南滿地方/間島と東邊道)
231728	朝鮮朝日	南鮮版	1933-01-06	1	02단	梯子乘りに觀衆はヒヤヒヤ好成績の京城出初式/釜山出初式六日に擧行/釜山の防火宣傳

일련번호	판명		간행일	면	단수	기사명
231729	朝鮮朝日	南鮮版	1933-01-06	1	04단	學齡兒童の增加
231730	朝鮮朝日	南鮮版	1933-01-06	1	04단	慶南の新面長一日付で任命
231731	朝鮮朝日	南鮮版	1933-01-06	1	05단	試筆宇垣朝鮮總督
231732	朝鮮朝日	南鮮版	1933-01-06	1	05단	獻穀田の奉耕地忠南と咸南
231733	朝鮮朝日	南鮮版	1933-01-06	1	05단	年賀狀と釜山局
231734	朝鮮朝日	南鮮版	1933-01-06	1	05단	北鮮開拓の森林事業は今八年度で獻立を完成明年度から收入を揚ぐる總督府のドル箱
231735	朝鮮朝日	南鮮版	1933-01-06	1	06단	軍國氣分とインフレ景氣で服かに明暮れ釜山府の新春/長谷部旅團七日釜山通過懷しの母國へ凱旋
231736	朝鮮朝日	南鮮版	1933-01-06	1	07단	南鮮ところどころ(晉州/大田/光州)
231737	朝鮮朝日	南鮮版	1933-01-06	1	07단	釜山取引所四日初立會/釜山正米初手合
231738	朝鮮朝日	南鮮版	1933-01-06	1	08단	朝鮮警察官の服裝を改正する警部補以上は三種に
231739	朝鮮朝日	南鮮版	1933-01-06	1	08단	新年大賣出商戰を展開
231740	朝鮮朝日	南鮮版	1933-01-06	1	08단	釜山鎮驛の大擴張計劃棧橋の設備も充實八年度から着工か
231741	朝鮮朝日	南鮮版	1933-01-06	1	09단	針金强盜團一味四名を逮捕
231742	朝鮮朝日	南鮮版	1933-01-06	1	10단	滯納者虐め解決
231743	朝鮮朝日	南鮮版	1933-01-06	1	10단	嬰兒を遺棄
231744	朝鮮朝日	南鮮版	1933-01-06	1	10단	自動車を盜んで放棄
231745	朝鮮朝日	南鮮版	1933-01-06	1	10단	アル横顔
231746	朝鮮朝日	西北版	1933-01-07	1	01단	インフレの波に乘る西鮮經濟界の豫診/國境の新年初荷は好況
231747	朝鮮朝日	西北版	1933-01-07	1	01단	平壤と鎭南浦が共同して調査同一の利害關係を持つので滿浦鎭線經濟調査
231748	朝鮮朝日	西北版	1933-01-07	1	01단	平壤牛の枝肉盛んに內地へ一ヶ月一千二百頭が今月から屠殺さる
231749	朝鮮朝日	西北版	1933-01-07	1	04단	腸チフス發生
231750	朝鮮朝日	西北版	1933-01-07	1	04단	元旦だけで三千人も增加平壤神社の初詣で人、人、人の波のお正月
231751	朝鮮朝日	西北版	1933-01-07	1	05단	濱松飛行隊の大爆擊演習平壤飛行六聯隊射擊場で十日から十八日迄
231752	朝鮮朝日	西北版	1933-01-07	1	05단	西鮮産の玉蜀黍輸入品に代る爲替關係からコーン會社が地場産を使用する
231753	朝鮮朝日	西北版	1933-01-07	1	06단	豫想額を遙かに突破平壤署の癩協會寄附金
231754	朝鮮朝日	西北版	1933-01-07	1	07단	京城商議の見本市平壤では反對

일련번호	판명		간행일	면	단수	기사명
231755	朝鮮朝日	西北版	1933-01-07	1	07단	憲兵隊寒稽古
231756	朝鮮朝日	西北版	1933-01-07	1	08단	米の鎭南浦は近年稀な活況一時間百七十台の車が動く小石を敷き道路を改修
231757	朝鮮朝日	西北版	1933-01-07	1	08단	赤誠を披瀝製劑を急ぐ輝やく恩賜の救急醫藥箱農、漁、山村に配給
231758	朝鮮朝日	西北版	1933-01-07	1	08단	インフレ景氣で賣揚げ増加す平壤繁榮會の賣出し昨年より五分増す
231759	朝鮮朝日	西北版	1933-01-07	1	10단	奇特な外人の寄附警察官の勞を犒ふため
231760	朝鮮朝日	西北版	1933-01-07	1	10단	樂禮/柳京小話
231761	朝鮮朝日	南鮮版	1933-01-07	1		缺號
231762	朝鮮朝日	西北版	1933-01-08	1	01단	空へ横へ新平壤の觸手建築全盛期來る空を摩する高層建築出現す３３年の都市美を形成(モダンな平壤府廳舍單葉飛行機型/近代古典樂浪博物館七月末に竣工/明眸映ゆ平壤女講堂ミス平壤喜ぶ/空を摩す高層建築だ三中井百貨店/近代式な二層樓建築道立平壤醫院/舊市街に誇る高層樓平安デパート/吾等のビルを建築片倉組で着工/古典味なローマ樣式鮮銀平壤支店)
231763	朝鮮朝日	西北版	1933-01-08	1	01단	段當り實に五石を突破昨年より一石二斗の増收平南の多收穫成績
231764	朝鮮朝日	西北版	1933-01-08	1	01단	凱旋將士の歡迎祝賀會平壤で盛大に擧行
231765	朝鮮朝日	西北版	1933-01-08	1	03단	新義州局年賀狀三割五分増
231766	朝鮮朝日	西北版	1933-01-08	1	04단	傷病兵を慰問
231767	朝鮮朝日	西北版	1933-01-08	1	04단	國境を越えて匪賊北鮮に侵入自衛團員二名戰死を遂ぐたふとき國境警備の犧牲
231768	朝鮮朝日	西北版	1933-01-08	1	04단	金塊を密輸
231769	朝鮮朝日	西北版	1933-01-08	1	05단	九戸を全燒
231770	朝鮮朝日	西北版	1933-01-08	1	06단	九古建造物の登錄方を要望何れも修理の急を要すとて平南より總督府へ
231771	朝鮮朝日	西北版	1933-01-08	1	09단	全日本スキー選手權朝鮮豫選十四、五兩日元山で
231772	朝鮮朝日	西北版	1933-01-08	1	09단	內鮮直通電話十二、三日頃愈よ開通二中繼單位に擴張京城大阪間直通實現か
231773	朝鮮朝日	西北版	1933-01-08	1	09단	平南特産品賣行き良好
231774	朝鮮朝日	西北版	1933-01-08	1	09단	ガス中毒で死亡
231775	朝鮮朝日	西北版	1933-01-08	1	09단	玩具の拳銃所持
231776	朝鮮朝日	西北版	1933-01-08	1	10단	人(西尾陸軍參謀本部第四部長)
231777	朝鮮朝日	西北版	1933-01-08	1	10단	樂禮/柳京小話

일련번호	판명		간행일	면	단수	기사명
231778	朝鮮朝日	南鮮版	1933-01-08	1	01단	凱旋途上の長谷部旅團早曉の釜山へ湧き起る萬歳の嵐に將士いたく感激す/感激に燃ゆる將軍の謝辭官民合同の大歡迎會/武勳かゞやく聯隊旗を先頭に全將兵堂々乘船/武將らしい優しい心遣ひ戰死者を想ふ長谷部將軍
231779	朝鮮朝日	南鮮版	1933-01-08	1	02단	京城を中心に氷上離着陸の耐寒飛行練習
231780	朝鮮朝日	南鮮版	1933-01-08	1	03단	營農土地の買收進捗す慶南自作農創設
231781	朝鮮朝日	南鮮版	1933-01-08	1	03단	定期昇給に潤ふ千七百餘名鐵道局の昇給發表
231782	朝鮮朝日	南鮮版	1933-01-08	1	04단	南鮮ところどころ(淸州)
231783	朝鮮朝日	南鮮版	1933-01-08	1	04단	大昌學院普通學校昇格
231784	朝鮮朝日	南鮮版	1933-01-08	1	04단	釜山會議所部會
231785	朝鮮朝日	南鮮版	1933-01-08	1	05단	兵事功勞者に表彰狀と木杯
231786	朝鮮朝日	南鮮版	1933-01-08	1	05단	國旗揭揚塔獻金美談釜山普通學校生徒奮起す
231787	朝鮮朝日	南鮮版	1933-01-08	1	05단	不安に慄ふ巷の新春「軍資金を出せ」長銃携帶の物々しい強盜團慶北の富豪を襲ふ
231788	朝鮮朝日	南鮮版	1933-01-08	1	06단	內鮮直通電話十二、三日頃愈よ開通二中繼單位に擴張京城大阪間直通實現か
231789	朝鮮朝日	南鮮版	1933-01-08	1	06단	釜山一小建築入札
231790	朝鮮朝日	南鮮版	1933-01-08	1	06단	白覆面の賊草刈鎌で家人を脅す
231791	朝鮮朝日	南鮮版	1933-01-08	1	07단	表彰された慶南の李氏産業協會から
231792	朝鮮朝日	南鮮版	1933-01-08	1	07단	降った、降った外金剛の雪で溫井里のスキー賑ふ
231793	朝鮮朝日	南鮮版	1933-01-08	1	07단	府立診療所はいよいよ十六日から
231794	朝鮮朝日	南鮮版	1933-01-08	1	07단	老婆殺しの犯人控訴す
231795	朝鮮朝日	南鮮版	1933-01-08	1	08단	十年勤續の消防組員表彰
231796	朝鮮朝日	南鮮版	1933-01-08	1	08단	全日本スキー選手權朝鮮豫選十四、五兩日元山で
231797	朝鮮朝日	南鮮版	1933-01-08	1	08단	盜電から出火
231798	朝鮮朝日	南鮮版	1933-01-08	1	09단	アイスホッケーリーグ
231799	朝鮮朝日	南鮮版	1933-01-08	1	09단	金塊を密輸
231800	朝鮮朝日	南鮮版	1933-01-08	1	09단	ガス中毒で死亡
231801	朝鮮朝日	南鮮版	1933-01-08	1	09단	安養庵から佛樣を盜む犯人はいまに不明
231802	朝鮮朝日	南鮮版	1933-01-08	1	10단	釜山沖合で冬鯖豊漁七錢の高値
231803	朝鮮朝日	南鮮版	1933-01-08	1	10단	もよほし(愛國婦人會新年會)

일련번호	판명		간행일	면	단수	기사명
231804	朝鮮朝日	南鮮版	1933-01-08	1	10단	人(佐伯多助氏(新任上海總領事館副領事)/立田總督府警務課長/中山元次氏(高等法院書記)/川起太郎氏(穀物檢查所釜山支所長))
231805	朝鮮朝日	南鮮版	1933-01-08	1	10단	アル橫顏
231806	朝鮮朝日	西北版	1933-01-10	1	01단	漸騰方針を採りまづ第一回値上げ資材爭奪戰の第一彈木材はいよいよ高くなる
231807	朝鮮朝日	西北版	1933-01-10	1	01단	職業學校新設は大藏省で削除總督府より平南道へ通告來る平壤設置はお流れ
231808	朝鮮朝日	西北版	1933-01-10	1	01단	平壤各部隊の陸軍始め觀兵式偵察戰鬪五機も參加
231809	朝鮮朝日	西北版	1933-01-10	1	03단	復興氣分橫溢す昨今の帽兒山
231810	朝鮮朝日	西北版	1933-01-10	1	03단	*舊正のお祝を解氷後にゆづり國境警備を嚴重行ふ鴨綠江上流警官の健氣な覺悟/國境警備に功勞の多い初等學校教員を慰問/匪賊の頭株爆死し部下士氣阻喪/滿洲第一旅軍匪賊を擊破*
231811	朝鮮朝日	西北版	1933-01-10	1	04단	本月中旬から舊年末警戒
231812	朝鮮朝日	西北版	1933-01-10	1	04단	畜牛の飼育は良好な成績
231813	朝鮮朝日	西北版	1933-01-10	1	04단	京の加茂川より水質が良好だ染色には絶好な大同江の水平壤染時代きたる
231814	朝鮮朝日	西北版	1933-01-10	1	04단	安東柞蠶組合總會
231815	朝鮮朝日	西北版	1933-01-10	1	05단	學級增加を陳情
231816	朝鮮朝日	西北版	1933-01-10	1	05단	咸興府の新町名四月から實施
231817	朝鮮朝日	西北版	1933-01-10	1	05단	消防專用の地下貯水池明年度に平壤府が十ヶ所に實施する
231818	朝鮮朝日	西北版	1933-01-10	1	05단	鴨綠江結氷
231819	朝鮮朝日	西北版	1933-01-10	1	06단	農業公民校愈よ設立を認可さる新興普通校に併置
231820	朝鮮朝日	西北版	1933-01-10	1	06단	癩豫防協會の寄附金良好
231821	朝鮮朝日	西北版	1933-01-10	1	06단	新義州木材商組合總會
231822	朝鮮朝日	西北版	1933-01-10	1	07단	警官服裝改正で痛手を受く改造で急場凌ぎ
231823	朝鮮朝日	西北版	1933-01-10	1	07단	渡邊の判決理由書いよいよ公表
231824	朝鮮朝日	西北版	1933-01-10	1	07단	地質に適した施肥を獎勵する共同購入肥料の配合今春から平安南道で實施か
231825	朝鮮朝日	西北版	1933-01-10	1	08단	樂浪趣味の化粧タイル
231826	朝鮮朝日	西北版	1933-01-10	1	08단	農業倉庫を大同郡で要望す愈よ明年度に實現か

일련번호	판명		간행일	면	단수	기사명
231827	朝鮮朝日	西北版	1933-01-10	1	08단	護送の途中被疑者死亡その前に搦闘
231828	朝鮮朝日	西北版	1933-01-10	1	08단	輸出が超過昨年中の平壤貿易稅關開設以來の現象
231829	朝鮮朝日	西北版	1933-01-10	1	09단	松村榮三郎氏保釋出所す
231830	朝鮮朝日	西北版	1933-01-10	1	09단	取引停止の制裁は好成績を示す手形不拂ひ跡を斷つ平壤商業道德の向上
231831	朝鮮朝日	西北版	1933-01-10	1	10단	三少年家出
231832	朝鮮朝日	西北版	1933-01-10	1	10단	樂禮/柳京小話
231833	朝鮮朝日	西北版	1933-01-10	1	10단	內地人の宅を專門に荒す
231834	朝鮮朝日	西北版	1933-01-10	1	10단	列車飛降り
231835	朝鮮朝日	南鮮版	1933-01-10	1	01단	産組令を改正し信用組合を新設か殖産局內で有力化す組合資金八方塞りのため
231836	朝鮮朝日	南鮮版	1933-01-10	1	01단	森林組合を廢し地方費に移管大山林業者保護策だといはれ一部の業者は憂慮す
231837	朝鮮朝日	南鮮版	1933-01-10	1	01단	アイスホッケー第三回リーグ戰
231838	朝鮮朝日	南鮮版	1933-01-10	1	03단	警察網により治安を維持警備聯絡統制に關し安東で協議會を開く
231839	朝鮮朝日	南鮮版	1933-01-10	1	03단	下關と廣島に自ら通話を行ひ肉聲その儘に感ず今井田總監海底電話を試驗
231840	朝鮮朝日	南鮮版	1933-01-10	1	04단	釜山署の寒稽古
231841	朝鮮朝日	南鮮版	1933-01-10	1	04단	商品券の取締令二月ごろ實施
231842	朝鮮朝日	南鮮版	1933-01-10	1	05단	慶南道の鰤漁業氣候溫暖で比較的不漁
231843	朝鮮朝日	南鮮版	1933-01-10	1	05단	京城府の豫算編成遅れる診療所問題紛糾から
231844	朝鮮朝日	南鮮版	1933-01-10	1	05단	延禧放送所の機械据付け豫定通り着々と進む
231845	朝鮮朝日	南鮮版	1933-01-10	1	05단	鮮米擁護者の歡迎慰勞會
231846	朝鮮朝日	南鮮版	1933-01-10	1	06단	天安金組竣工
231847	朝鮮朝日	南鮮版	1933-01-10	1	06단	鮮米冬場運賃愈よ正式に決る阪仁間百石六十五圓同盟會の提案を聯合會承認す
231848	朝鮮朝日	南鮮版	1933-01-10	1	06단	代行機關獲得暗躍始まる釜山卸賣市場を繞り
231849	朝鮮朝日	南鮮版	1933-01-10	1	07단	鮮産下駄材産額減少し當業者焦慮す
231850	朝鮮朝日	南鮮版	1933-01-10	1	07단	郵便遞送線慶北道に增設
231851	朝鮮朝日	南鮮版	1933-01-10	1	07단	救急醫藥發送開始六萬五千人分
231852	朝鮮朝日	南鮮版	1933-01-10	1	08단	南鮮ところどころ(淸州/大田)
231853	朝鮮朝日	南鮮版	1933-01-10	1	08단	京城藥專に專門學校令近日中に認可される

일련번호	판명		간행일	면	단수	기사명
231854	朝鮮朝日	南鮮版	1933-01-10	1	08단	慶南道小漁港修築の計劃五ヶ年に卅二ヶ所を
231855	朝鮮朝日	南鮮版	1933-01-10	1	08단	白米値上げ
231856	朝鮮朝日	南鮮版	1933-01-10	1	08단	朝鮮神宮昨年中參拜者
231857	朝鮮朝日	南鮮版	1933-01-10	1	08단	釜山の火事
231858	朝鮮朝日	南鮮版	1933-01-10	1	09단	段當り玄米六石二斗九升全鮮の記錄を破る忠淸南道水稻增收品評會
231859	朝鮮朝日	南鮮版	1933-01-10	1	10단	無免許醫師
231860	朝鮮朝日	南鮮版	1933-01-10	1	10단	官舍街荒し
231861	朝鮮朝日	南鮮版	1933-01-10	1	10단	蹴られたのが原因で死亡
231862	朝鮮朝日	南鮮版	1933-01-10	1	10단	お小遣を貯へ兵隊さんに寄附
231863	朝鮮朝日	南鮮版	1933-01-10	1	10단	人(堤拓務政務次官/橫山俊久氏(總督府衛生課技師))
231864	朝鮮朝日	西北版	1933-01-11	1	01단	大地愛に抱く薄倖な孤兒を輝く太陽の子に三萬三千圓の寄附纏まり春を待って收容の樂園
231865	朝鮮朝日	西北版	1933-01-11	1	01단	四電氣會社の合併機運動く中野東拓理事と打合せのため吉田電興急ぎ上城
231866	朝鮮朝日	西北版	1933-01-11	1	01단	平南線の米の動き旺盛二ヶ月で責任噸數の半分大喜びの朝鮮運送
231867	朝鮮朝日	西北版	1933-01-11	1	01단	安東全市に霧氷
231868	朝鮮朝日	西北版	1933-01-11	1	03단	百萬圓で安東に繰絲工場建設
231869	朝鮮朝日	西北版	1933-01-11	1	03단	半島鑛業令に劃期的の改正鑛物資源の開發に十分考慮近く施行期日公布
231870	朝鮮朝日	西北版	1933-01-11	1	04단	日本名に改稱
231871	朝鮮朝日	西北版	1933-01-11	1	04단	獎勵せずとも生産量は倍に平南の玉蜀黍栽培コーン會社の需要で
231872	朝鮮朝日	西北版	1933-01-11	1	04단	財務局長が歸ると決る萬事は內務局で善處する平壤府廳舍の改築
231873	朝鮮朝日	西北版	1933-01-11	1	05단	柞蠶飼育の獎勵方滿洲國に要望
231874	朝鮮朝日	西北版	1933-01-11	1	05단	更に增額し一萬圓を目標平南では非常に好成績な癩豫防協會寄附金
231875	朝鮮朝日	西北版	1933-01-11	1	06단	ほがらかな新北鮮時代巷に滿つる春のコーラス郵便局の屑籠から(電報/小包/電話)
231876	朝鮮朝日	西北版	1933-01-11	1	06단	平電と略同一に犠牲的値下げ高値に買電してをりながら鎭南浦電氣の英斷
231877	朝鮮朝日	西北版	1933-01-11	1	06단	本月末に試運轉無煙炭積込場
231878	朝鮮朝日	西北版	1933-01-11	1	07단	掃匪に絡る哀れな姉弟東邊道三角地帯の

일련번호	판명		간행일	면	단수	기사명
231879	朝鮮朝日	西北版	1933-01-11	1	07단	僅か一年間に空前の跳躍振り前年より激増實に一千萬圓昨年中の清津貿易
231880	朝鮮朝日	西北版	1933-01-11	1	07단	春を待って山岳會を組織山を戀ふ平壤の人々
231881	朝鮮朝日	西北版	1933-01-11	1	09단	六十五名の綿布密輸團新義州で一網打盡
231882	朝鮮朝日	西北版	1933-01-11	1	10단	樂禮/柳京小話
231883	朝鮮朝日	西北版	1933-01-11	1	10단	社會事業に四千圓寄附李教植氏が
231884	朝鮮朝日	南鮮版	1933-01-11	1	01단	半島鑛業令に劃期的の改正鑛物資源の開發に十分考慮近く施行期日公布
231885	朝鮮朝日	南鮮版	1933-01-11	1	01단	癩患者への有難き御歌御寫を朝鮮に御下賜
231886	朝鮮朝日	南鮮版	1933-01-11	1	01단	王德林軍を邀擊の手筈間島派遣の朝鮮軍が司令部の達した情報
231887	朝鮮朝日	南鮮版	1933-01-11	1	01단	京城府の特別會計査定前年より十萬圓の膨脹
231888	朝鮮朝日	南鮮版	1933-01-11	1	02단	安東全市に霧氷
231889	朝鮮朝日	南鮮版	1933-01-11	1	03단	東萊溫泉の配湯を開始
231890	朝鮮朝日	南鮮版	1933-01-11	1	04단	肥料高の對策として施肥合理化を目指し各道に「肥料研究會」を設置總督府から近く通牒
231891	朝鮮朝日	南鮮版	1933-01-11	1	04단	小泉又次郎氏から鬱陵島沖使用願露艦引揚げの爲め成り行き注目さる
231892	朝鮮朝日	南鮮版	1933-01-11	1	04단	第二十師團入營特科隊到着時間
231893	朝鮮朝日	南鮮版	1933-01-11	1	05단	府廳のお役人がマイクを通じて一般府民に呼びかける
231894	朝鮮朝日	南鮮版	1933-01-11	1	05단	國防費獻金ぞくぞくと集る俸給の一部を割く等
231895	朝鮮朝日	南鮮版	1933-01-11	1	05단	警官の服裝實施期日決定
231896	朝鮮朝日	南鮮版	1933-01-11	1	06단	坂本○團長大田邑長に謝辭を寄す
231897	朝鮮朝日	南鮮版	1933-01-11	1	06단	四年制普通校專用教科書漸く出來上る
231898	朝鮮朝日	南鮮版	1933-01-11	1	06단	尖銳分子は漁夫に化けて露支の國交回復で憂慮さるゝ半島赤色禍
231899	朝鮮朝日	南鮮版	1933-01-11	1	07단	雪の大平嶺を越え羅子溝へ前進王德林の主力部隊を目指す佐藤一等兵戰死す
231900	朝鮮朝日	南鮮版	1933-01-11	1	07단	スキーヤーのこがれる雪三防方面はまだ十分でない
231901	朝鮮朝日	南鮮版	1933-01-11	1	07단	十二月中の貨物の動き景氣よい豫測
231902	朝鮮朝日	南鮮版	1933-01-11	1	08단	要求拒絶から京仁バス廢業會社側の態度強硬

일련번호	판명		간행일	면	단수	기사명
231903	朝鮮朝日	南鮮版	1933-01-11	1	08단	肥育肉牛の生産獎勵
231904	朝鮮朝日	南鮮版	1933-01-11	1	08단	赤化運動の巨頭捕まる
231905	朝鮮朝日	南鮮版	1933-01-11	1	09단	南鮮ところどころ(大邱/大田/馬山/光州)
231906	朝鮮朝日	南鮮版	1933-01-11	1	09단	居所が判った安養庵の佛樣佛像專門の賊捕はる
231907	朝鮮朝日	南鮮版	1933-01-11	1	09단	新京で轢死
231908	朝鮮朝日	南鮮版	1933-01-11	1	09단	一杯機嫌の脫走
231909	朝鮮朝日	南鮮版	1933-01-11	1	10단	不良客引一齊檢擧釜山棧橋で
231910	朝鮮朝日	南鮮版	1933-01-11	1	10단	スポーツ(アイスホッケーリーグ戦)
231911	朝鮮朝日	南鮮版	1933-01-11	1	10단	正月酒に醉ひ二名とも重傷
231912	朝鮮朝日	南鮮版	1933-01-11	1	10단	もよほし(釜山圍碁倶樂部競技大會)
231913	朝鮮朝日	西北版	1933-01-12	1	01단	學界の凝視光は樂浪から東大及び京大の雙方が研究費自辦で乘出すか總督府も大乘氣
231914	朝鮮朝日	西北版	1933-01-12	1	01단	平壤空軍や高射砲隊の充實特科隊の積極的擴張に伴ひ九二式戰鬪機も配給
231915	朝鮮朝日	西北版	1933-01-12	1	01단	創設を急ぐ日滿合辦電業公司覺書に本づき協定書審議安電、滿電合同協議
231916	朝鮮朝日	西北版	1933-01-12	1	01단	案外振はぬ支那語研究
231917	朝鮮朝日	西北版	1933-01-12	1	02단	業績が良好平壤南金組
231918	朝鮮朝日	西北版	1933-01-12	1	02단	石英粗面巖無盡藏近く採掘に着手
231919	朝鮮朝日	西北版	1933-01-12	1	03단	涙ぐましい平和工作南滿三角地帶の軍宣撫班政治工作にも奔走
231920	朝鮮朝日	西北版	1933-01-12	1	04단	戰死者追悼會
231921	朝鮮朝日	西北版	1933-01-12	1	04단	平南農村振興委員會道報で公布
231922	朝鮮朝日	西北版	1933-01-12	1	04단	森林組合の地方費移管職員は淘汰しない
231923	朝鮮朝日	西北版	1933-01-12	1	05단	春の景氣は潮に乘って咸南沿岸の明太漁業活況五、六十萬圓增收か
231924	朝鮮朝日	西北版	1933-01-12	1	05단	平壤へ進出するか朝鮮貯蓄銀行
231925	朝鮮朝日	西北版	1933-01-12	1	05단	手數料値上で民間不平を緩和工業試驗所の非難に對して道の方針を決める
231926	朝鮮朝日	西北版	1933-01-12	1	05단	總世帶數の五割を目標金融組合の降下運動擴大明年度から五ヶ年計劃で
231927	朝鮮朝日	西北版	1933-01-12	1	06단	城津南工會內容を充實
231928	朝鮮朝日	西北版	1933-01-12	1	06단	古蹟保存の叫びをあげる平南道教育會が
231929	朝鮮朝日	西北版	1933-01-12	1	07단	寫眞說明(新義州稅關に檢擧された綿布密輸團の密輸綿布三百五十匹と六十五名の違反者(昨紙參照))

일련번호	판명		간행일	면	단수	기사명
231930	朝鮮朝日	西北版	1933-01-12	1	07단	好成績だった昨年末警戒警戒線に引かゝった者が前年に比し大激減
231931	朝鮮朝日	西北版	1933-01-12	1	07단	十五日から採氷
231932	朝鮮朝日	西北版	1933-01-12	1	08단	樂浪盆の高級化を計る
231933	朝鮮朝日	西北版	1933-01-12	1	08단	スケーター待望の滿鮮スケート大會鴨綠江リンクスで開催
231934	朝鮮朝日	西北版	1933-01-12	1	09단	渡邊事件に善處する陣容控訴公判は二月初旬
231935	朝鮮朝日	西北版	1933-01-12	1	09단	愛國機空擊へ
231936	朝鮮朝日	西北版	1933-01-12	1	10단	技術員を增置し水産全般の指導に努む
231937	朝鮮朝日	西北版	1933-01-12	1	10단	天然痘下火
231938	朝鮮朝日	西北版	1933-01-12	1	10단	急行車から飛降り逃走重大犯人か
231939	朝鮮朝日	西北版	1933-01-12	1	10단	時局標榜の强盗捕はる
231940	朝鮮朝日	西北版	1933-01-12	1	10단	人(中村參謀長着任)
231941	朝鮮朝日	南鮮版	1933-01-12	1	01단	間島赤色暴動事件で京城覆審法院に大法廷の俄か建築全被告二百七十二名を一時に收容する公判廷がない
231942	朝鮮朝日	南鮮版	1933-01-12	1	01단	３３年を飾る半島の陸上競技早大遠征軍對オール京城軍の對抗競技を筆頭に
231943	朝鮮朝日	南鮮版	1933-01-12	1	01단	農民の「轉落」を極力防止する火田に惱む慶北一帶
231944	朝鮮朝日	南鮮版	1933-01-12	1	03단	着々と進む一面一校主義！だが學年延長要望も現はれ惱みの京畿道當局
231945	朝鮮朝日	南鮮版	1933-01-12	1	04단	釜山米取總會
231946	朝鮮朝日	南鮮版	1933-01-12	1	04단	警視級異動/神尾學務課長滿洲へ總督府の異動
231947	朝鮮朝日	南鮮版	1933-01-12	1	04단	釜山會議所の新規計劃
231948	朝鮮朝日	南鮮版	1933-01-12	1	04단	京城諸學校の增改築費財源は起債
231949	朝鮮朝日	南鮮版	1933-01-12	1	05단	北海道ゆき米運賃交涉
231950	朝鮮朝日	南鮮版	1933-01-12	1	05단	小學校卒業者の就職斡旋に釜山紹介所乘出す
231951	朝鮮朝日	南鮮版	1933-01-12	1	05단	涙ぐましい平和工作南滿三角地帶の軍宣撫班政治工作にも奔走
231952	朝鮮朝日	南鮮版	1933-01-12	1	06단	南鮮ところどころ(仁川/淸州/公州/光州)
231953	朝鮮朝日	南鮮版	1933-01-12	1	06단	寄附ぞくぞく癩協の基金へ
231954	朝鮮朝日	南鮮版	1933-01-12	1	07단	匡救事業削減慶南は半額以下に
231955	朝鮮朝日	南鮮版	1933-01-12	1	07단	京城の下水工事費割當
231956	朝鮮朝日	南鮮版	1933-01-12	1	07단	全南の水稻競作段當り四石四斗九升餘

일련번호	판명		간행일	면	단수	기사명
231957	朝鮮朝日	南鮮版	1933-01-12	1	07단	女交りの島民大擧釜山府廳へ團平船繋留絶對反對を叫び牧島島民府尹に陳情
231958	朝鮮朝日	南鮮版	1933-01-12	1	07단	鮮米冬場運賃引上協定成る大邱も釜山同樣
231959	朝鮮朝日	南鮮版	1933-01-12	1	08단	迎日灣不漁待ちわびる寒波の襲來
231960	朝鮮朝日	南鮮版	1933-01-12	1	08단	フランスへ旅立つ慶北スリッパトリ年の新春早々に相應しいニュース
231961	朝鮮朝日	南鮮版	1933-01-12	1	09단	就學兒願書受付
231962	朝鮮朝日	南鮮版	1933-01-12	1	09단	死刑判決に控訴
231963	朝鮮朝日	南鮮版	1933-01-12	1	09단	柱曆の誤り
231964	朝鮮朝日	南鮮版	1933-01-12	1	10단	慶南酒の目覺しい躍進
231965	朝鮮朝日	南鮮版	1933-01-12	1	10단	會社の給仕大金を拐帶
231966	朝鮮朝日	南鮮版	1933-01-12	1	10단	暴れ牛小兒を突殺す
231967	朝鮮朝日	南鮮版	1933-01-12	1	10단	紙幣を種に共謀の詐欺
231968	朝鮮朝日	南鮮版	1933-01-12	1	10단	火事のために幼兒燒死す家人が留守のため
231969	朝鮮朝日	西北版	1933-01-13	1	01단	驚異的發見今から八百年前平壤に運河設備しかも閘門式キャナルだ聯隊前まで通じてゐた
231970	朝鮮朝日	西北版	1933-01-13	1	01단	百名近くもの失業インテリ窮救土木事業が完成すると平壤土木出張所の惱み
231971	朝鮮朝日	西北版	1933-01-13	1	01단	全買收費を寄附に仰ぎ咸興公設運動場設置本年中に是非完成の意氣込
231972	朝鮮朝日	西北版	1933-01-13	1	01단	鎭南浦電氣の値下げ料金定額燈は五錢乃至二十錢從量燈は一キロワット二錢
231973	朝鮮朝日	西北版	1933-01-13	1	03단	高射隊の演習
231974	朝鮮朝日	西北版	1933-01-13	1	03단	茂山守備隊の觀兵式(八日陸軍始)
231975	朝鮮朝日	西北版	1933-01-13	1	04단	耐寒雪中行軍
231976	朝鮮朝日	西北版	1933-01-13	1	04단	平壤地方に嚴寒襲來乞食三名凍死
231977	朝鮮朝日	西北版	1933-01-13	1	04단	短縮どころか繼續年限は延長失望した平壤地元民また削減の大同江改修費
231978	朝鮮朝日	西北版	1933-01-13	1	04단	窮乏農村の應急匡救策八年度平北の窮救各事業相當の效果を期待
231979	朝鮮朝日	西北版	1933-01-13	1	05단	平壤を中心に擧行の模樣平南、黃海兩道に互り秋の二十師團演習
231980	朝鮮朝日	西北版	1933-01-13	1	05단	國境一帶酷寒
231981	朝鮮朝日	西北版	1933-01-13	1	05단	相當の激戰を豫想道評議員改選
231982	朝鮮朝日	西北版	1933-01-13	1	05단	軍國日本の美しい內鮮融和平壤高普生と出動將士の間に結ばれた美談

일련번호	판명		간행일	면	단수	기사명
231983	朝鮮朝日	西北版	1933-01-13	1	06단	討伐慶祝全市大會
231984	朝鮮朝日	西北版	1933-01-13	1	06단	鹽藏タンク漢川漁組が
231985	朝鮮朝日	西北版	1933-01-13	1	06단	新義州の人口は四萬八千餘人
231986	朝鮮朝日	西北版	1933-01-13	1	06단	金の採掘に大倉組乘出す平南平原郡に所在春解氷を待って
231987	朝鮮朝日	西北版	1933-01-13	1	07단	滿鐵社員射殺の匪賊捕はる
231988	朝鮮朝日	西北版	1933-01-13	1	07단	總會無效の訴訟を提起森岡氏が電興相手に監査役の缺席を理由に
231989	朝鮮朝日	西北版	1933-01-13	1	07단	北鮮特産の檀木消極的に保護
231990	朝鮮朝日	西北版	1933-01-13	1	07단	この三角悲劇誰の罪かを考へさせるため白善會館で模擬裁判を開く早婚の弊害打破に
231991	朝鮮朝日	西北版	1933-01-13	1	08단	女房の妹を死亡と僞り開城府廳の戶籍係が簡易保險金の詐取を企つ
231992	朝鮮朝日	西北版	1933-01-13	1	08단	鄧鐵梅部下を解散北平方面に逃走を計劃
231993	朝鮮朝日	西北版	1933-01-13	1	09단	電球の値上この四月から
231994	朝鮮朝日	西北版	1933-01-13	1	09단	月明の下に入亂れ混戰國境警察隊と綿布密輸團警官側四名負傷す
231995	朝鮮朝日	西北版	1933-01-13	1	10단	林檎輸送の鐵道割引業者存續を切に希望す
231996	朝鮮朝日	西北版	1933-01-13	1	10단	人(高尾咸北警察部長/開城署長永田仁助氏)
231997	朝鮮朝日	西北版	1933-01-13	1	10단	樂禮/柳京小話
231998	朝鮮朝日	南鮮版	1933-01-13	1	01단	官界への一大ショック人事行政ー新宇垣總督の適所主義異動の頻繁を避けて業績の向上を計る
231999	朝鮮朝日	南鮮版	1933-01-13	1	01단	明礬からアルミ製造學術的に成功す
232000	朝鮮朝日	南鮮版	1933-01-13	1	01단	船溜を追はれた團平船の群れその繫留場所を繞って問題は意外に重大化
232001	朝鮮朝日	南鮮版	1933-01-13	1	04단	もよほし(慶南漁業總會/判檢事會)
232002	朝鮮朝日	南鮮版	1933-01-13	1	04단	獻穀田奉耕者の調査
232003	朝鮮朝日	南鮮版	1933-01-13	1	04단	會寧部隊山下中尉名譽の戰死
232004	朝鮮朝日	南鮮版	1933-01-13	1	05단	氣溫急下京城は零下18
232005	朝鮮朝日	南鮮版	1933-01-13	1	05단	桑苗の內地移出昨年中で七百萬本の好成績近年の記錄を示す
232006	朝鮮朝日	南鮮版	1933-01-13	1	05단	舊正を前に各署全力をあげて警戒
232007	朝鮮朝日	南鮮版	1933-01-13	1	06단	養鼈巡廻講演慶南の開催日割
232008	朝鮮朝日	南鮮版	1933-01-13	1	06단	「身賣り」の縺れ府營バス行き詰る財政難で京城府惱む

일련번호	판명		간행일	면	단수	기사명
232009	朝鮮朝日	南鮮版	1933-01-13	1	06단	全北の野積籾低資好調約四萬八千石
232010	朝鮮朝日	南鮮版	1933-01-13	1	06단	釜山公設市場昨年の賣揚高
232011	朝鮮朝日	南鮮版	1933-01-13	1	07단	南鮮ところどころ(馬山/裡里/星州/大田/仁川)
232012	朝鮮朝日	南鮮版	1933-01-13	1	07단	慶北道の米麥多收入賞者を發表
232013	朝鮮朝日	南鮮版	1933-01-13	1	07단	朝鮮名物モヒ患者を挾んで內地と睨み合ひ近頃は知識階級に多い
232014	朝鮮朝日	南鮮版	1933-01-13	1	07단	重大犯人か寢台車にピストルの彈を匿したまゝ逃走
232015	朝鮮朝日	南鮮版	1933-01-13	1	08단	浦項方面で鰊の大漁近年の最高値
232016	朝鮮朝日	南鮮版	1933-01-13	1	08단	拐帶給仕捕はる
232017	朝鮮朝日	南鮮版	1933-01-13	1	09단	名門に絡まる慰藉料訴訟怪奇とエロを包んだ第一話と第二話(第一話結婚解消/第二話家庭教師)
232018	朝鮮朝日	南鮮版	1933-01-13	1	09단	三戶を燒く
232019	朝鮮朝日	南鮮版	1933-01-13	1	10단	京城で檢擧の赤化運動の一味送らる
232020	朝鮮朝日	南鮮版	1933-01-13	1	10단	刑期を了へて再び留置第一次共産黨事件の連累
232021	朝鮮朝日	南鮮版	1933-01-13	1	10단	人(有馬大將渡鮮)
232022	朝鮮朝日	西北版	1933-01-14	1	01단	百七十五萬圓の土木費を撒布するインフレ景氣に大きな役割平南の八年度土木事業
232023	朝鮮朝日	西北版	1933-01-14	1	01단	先づ二大系統に發電本位の電興會社に對し送電と配電の三社を合併か西鮮電氣統制問題
232024	朝鮮朝日	西北版	1933-01-14	1	01단	本格的の滿洲の寒さ
232025	朝鮮朝日	西北版	1933-01-14	1	02단	二十萬圓で開城の道路一期工事認可
232026	朝鮮朝日	西北版	1933-01-14	1	03단	龍岡鄕軍發會式
232027	朝鮮朝日	西北版	1933-01-14	1	03단	地方費財源に國有林を購入平南道で目下申請中
232028	朝鮮朝日	西北版	1933-01-14	1	04단	乘降客とも增加
232029	朝鮮朝日	西北版	1933-01-14	1	04단	內規を改正西鮮旅俱平壤支部が
232030	朝鮮朝日	西北版	1933-01-14	1	04단	稻多收穫者二名を表彰
232031	朝鮮朝日	西北版	1933-01-14	1	04단	少年を養成し工業發展に備ふ窯業と染色の都平壤釀成にはまづ産業少年軍を
232032	朝鮮朝日	西北版	1933-01-14	1	05단	收容區域きまる春の新學期
232033	朝鮮朝日	西北版	1933-01-14	1	05단	滿洲の彩票賣買罷りならぬ富籤行爲に當るとて平壤法院では嚴罰
232034	朝鮮朝日	西北版	1933-01-14	1	05단	農監制を廢止する東拓平壤支店

일련번호	판명		간행일	면	단수	기사명
232035	朝鮮朝日	西北版	1933-01-14	1	06단	築港完成の促進が急務山なす滞貨に惱む鎮南浦港の實情
232036	朝鮮朝日	西北版	1933-01-14	1	06단	目覺める農民中間商人の排撃に消費組合自力更生の一手段に平南各地で組織さる
232037	朝鮮朝日	西北版	1933-01-14	1	06단	咸南の簡保借入金十三萬二千三百圓
232038	朝鮮朝日	西北版	1933-01-14	1	07단	耐寒地爆撃演習成績良好
232039	朝鮮朝日	西北版	1933-01-14	1	07단	掃匪完了で原住地歸還
232040	朝鮮朝日	西北版	1933-01-14	1	08단	二巡査を表彰
232041	朝鮮朝日	西北版	1933-01-14	1	08단	奇特な二少年
232042	朝鮮朝日	西北版	1933-01-14	1	08단	連結手殉職
232043	朝鮮朝日	西北版	1933-01-14	1	08단	明太魚の豊漁で素晴しい景氣咸南沿岸一帶の漁村
232044	朝鮮朝日	西北版	1933-01-14	1	09단	金塊密輸の記録保持者一人で六十四回
232045	朝鮮朝日	西北版	1933-01-14	1	09단	一陽來復で實現の雲行一氣呵成的に結實を期待咸興商議新設問題
232046	朝鮮朝日	西北版	1933-01-14	1	10단	貨車脱線す
232047	朝鮮朝日	西北版	1933-01-14	1	10단	麻雀賭博手入れ
232048	朝鮮朝日	西北版	1933-01-14	1	10단	もよほし(開城淨土宗幼稚園園友會)
232049	朝鮮朝日	西北版	1933-01-14	1	10단	樂禮/柳京小話
232050	朝鮮朝日	南鮮版	1933-01-14	1	01단	*待望の聲の握手よ内鮮間をつなぐ劃期的『モシモシ』の實現海底電話が出來るまで/内鮮聯絡電話開通式十四日擧行*
232051	朝鮮朝日	南鮮版	1933-01-14	1	01단	改革に先だち中樞院解散？斷行は四月ごろか
232052	朝鮮朝日	南鮮版	1933-01-14	1	01단	十二月經濟概況(朝鮮銀行調査)
232053	朝鮮朝日	南鮮版	1933-01-14	1	03단	萬歳聲裡に補充部隊北行す
232054	朝鮮朝日	南鮮版	1933-01-14	1	03단	京畿道豫算八百萬圓前後
232055	朝鮮朝日	南鮮版	1933-01-14	1	04단	釜山府職紹狀況
232056	朝鮮朝日	南鮮版	1933-01-14	1	04단	募集額の五倍突破全北癩協寄附
232057	朝鮮朝日	南鮮版	1933-01-14	1	04단	團平船間題で組長等連袂辭職
232058	朝鮮朝日	南鮮版	1933-01-14	1	05단	慶南道評議會
232059	朝鮮朝日	南鮮版	1933-01-14	1	05단	全鮮中學校入試三月廿三、四、五の三日間校長會議で決定す
232060	朝鮮朝日	南鮮版	1933-01-14	1	05단	南鮮ところどころ(仁川/大田/光州/大邱/釜山)
232061	朝鮮朝日	南鮮版	1933-01-14	1	06단	内鮮聯絡電話通話上の御注意是非心得て居て下さい
232062	朝鮮朝日	南鮮版	1933-01-14	1	06단	釜山材木商組合勤續者六名表彰

일련번호	판명		간행일	면	단수	기사명
232063	朝鮮朝日	南鮮版	1933-01-14	1	06단	土地改良會議
232064	朝鮮朝日	南鮮版	1933-01-14	1	07단	石炭積込の特殊施設鎭南浦港に完成を見る
232065	朝鮮朝日	南鮮版	1933-01-14	1	07단	精神的に訓練した中堅青年を養成し農村の振興に努める京畿道當局の劃期的計劃
232066	朝鮮朝日	南鮮版	1933-01-14	1	07단	五名を載せ漁船行方不明統營沖合で遭難か
232067	朝鮮朝日	南鮮版	1933-01-14	1	07단	三人強盗の一味捕はる
232068	朝鮮朝日	南鮮版	1933-01-14	1	08단	零下八度釜山地方の寒氣
232069	朝鮮朝日	南鮮版	1933-01-14	1	08단	沙中から石劍を掘出す慶北の古蹟地から
232070	朝鮮朝日	南鮮版	1933-01-14	1	08단	一家を構へた三人組の竊盗團釜山署で遂に逮捕
232071	朝鮮朝日	南鮮版	1933-01-14	1	09단	寶興里の沙金鑛有望視さる
232072	朝鮮朝日	南鮮版	1933-01-14	1	09단	道是製絲六棟を全燒損害約十萬圓に上る二三日中には操業開始
232073	朝鮮朝日	南鮮版	1933-01-14	1	10단	遺骨抱いて身投
232074	朝鮮朝日	南鮮版	1933-01-14	1	10단	亂鬪人夫は懲役
232075	朝鮮朝日	南鮮版	1933-01-14	1	10단	京師の祝勝會
232076	朝鮮朝日	南鮮版	1933-01-14	1	10단	もよほし(アマチュア寫眞展/教務主任會議/上水道敷設起工式/釜山理髪組合總會)
232077	朝鮮朝日	南鮮版	1933-01-14	1	10단	人(有馬良橘氏(明治神宮々司)/渡邊忍氏(農林局長)/井上匡四郎子(貴族院議員)/橫井卯太郎氏(元釜山水上署長))
232078	朝鮮朝日	西北版	1933-01-15	1	01단	嫉視の禍根を殘さぬやう推薦中樞院の改革に伴ふ内地人參議推薦方法と平南
232079	朝鮮朝日	西北版	1933-01-15	1	01단	關釜兩局で喜びを分つ鮮かな肉聲の握手内鮮電話の開通式/本社初通信
232080	朝鮮朝日	西北版	1933-01-15	1	02단	城津署寒稽古
232081	朝鮮朝日	西北版	1933-01-15	1	03단	支店設置を總會で附議朝貯が平壤に
232082	朝鮮朝日	西北版	1933-01-15	1	03단	栽培獎勵の宣傳隊を繰出す玉蜀黍の有利を農民に說く平壤コーン會社で
232083	朝鮮朝日	西北版	1933-01-15	1	03단	平壤と釜山の通話が可能鷺梁津に近く設置の中繼所實現と共に
232084	朝鮮朝日	西北版	1933-01-15	1	04단	時間關係で平壤惠まる列車の速力化
232085	朝鮮朝日	西北版	1933-01-15	1	04단	籾の保管は極めて好成績豫定數量を增加の平南道平均移出に好影響
232086	朝鮮朝日	西北版	1933-01-15	1	04단	インフレ景氣で牛價が騰る近く六十圓台突破か牛の平南では大喜び

일련번호	판명		간행일	면	단수	기사명
232087	朝鮮朝日	西北版	1933-01-15	1	05단	官民多數を招待祝賀會を開く醫專昇格の平醫講で在學生がよろこびを前に
232088	朝鮮朝日	西北版	1933-01-15	1	05단	公設スケートリンクを開設
232089	朝鮮朝日	西北版	1933-01-15	1	05단	在滿同胞健康デー
232090	朝鮮朝日	西北版	1933-01-15	1	05단	平壤の會社異動
232091	朝鮮朝日	西北版	1933-01-15	1	06단	城津電氣の料金値下げ
232092	朝鮮朝日	西北版	1933-01-15	1	06단	遺骨鄕里へ
232093	朝鮮朝日	西北版	1933-01-15	1	06단	創定資金も送付し終る平南の自作農創定
232094	朝鮮朝日	西北版	1933-01-15	1	06단	荷馬車から稅金を取立
232095	朝鮮朝日	西北版	1933-01-15	1	06단	歸順とみせ裏切り行爲綠林好の行動
232096	朝鮮朝日	西北版	1933-01-15	1	06단	道令改正に伴ひ六名の增員希望官選二名、民選四名の割で道會實現と平南道
232097	朝鮮朝日	西北版	1933-01-15	1	06단	奇特な姉弟
232098	朝鮮朝日	西北版	1933-01-15	1	07단	白晝六名の密輸ギャング氷上を橫切り密輸を敢行國境警察隊の演習
232099	朝鮮朝日	西北版	1933-01-15	1	07단	鎌で斬殺す
232100	朝鮮朝日	西北版	1933-01-15	1	07단	賭博に罰金
232101	朝鮮朝日	西北版	1933-01-15	1	08단	瓦斯爆發し七名死傷三神洞炭坑で(カンテラから引火)
232102	朝鮮朝日	西北版	1933-01-15	1	08단	この不況時に借金全部を帳消し松鶴里の心溫い女地主が小作人廿五名ただ感激す
232103	朝鮮朝日	西北版	1933-01-15	1	09단	人質に拉去されて衛兵に出世頭匪李子榮の配下から逃げ歸った朴享奎
232104	朝鮮朝日	西北版	1933-01-15	1	09단	樂禮/柳京小話
232105	朝鮮朝日	西北版	1933-01-15	1	10단	廿餘回のスリ
232106	朝鮮朝日	西北版	1933-01-15	1	10단	危ふく救はる
232107	朝鮮朝日	西北版	1933-01-15	1	10단	人(西尾少將(參謀本部第四部長))
232108	朝鮮朝日	南鮮版	1933-01-15	1	01단	*海を越えて腹かな肉聲交換市外！市外！本社の門司釜山間通話をトップにドッと押寄せた申込內鮮通話初日の釜山局/聽えた聽えた京城大阪間がまるで市內電話同樣開通式當日の內鮮電話/關釜兩局で喜び分つ鮮かな肉聲の握手內鮮電話の開通式*
232109	朝鮮朝日	南鮮版	1933-01-15	1	03단	世界的施設だ宇垣總督喜びの言葉
232110	朝鮮朝日	南鮮版	1933-01-15	1	04단	點燈發車信號器釜山驛に設置計劃
232111	朝鮮朝日	南鮮版	1933-01-15	1	05단	大邱門司間頗る好成績
232112	朝鮮朝日	南鮮版	1933-01-15	1	05단	缺食兒童へ篤志家の寄附

일련번호	판명		간행일	면	단수	기사명
232113	朝鮮朝日	南鮮版	1933-01-15	1	05단	道制の首途に慶南道評議員改選はやくも潜行運動が始まり道民の關心加はる
232114	朝鮮朝日	南鮮版	1933-01-15	1	05단	慶北東海岸大時化のため遭難船續出七名は遂に行方不明
232115	朝鮮朝日	南鮮版	1933-01-15	1	05단	釜山府と近郊を結ぶ三道路計劃
232116	朝鮮朝日	南鮮版	1933-01-15	1	06단	本紙を教材釜山第二商業で
232117	朝鮮朝日	南鮮版	1933-01-15	1	06단	大田大隊の耐寒行軍行軍途上に軍事講話もする
232118	朝鮮朝日	南鮮版	1933-01-15	1	06단	慶南牛生飼共進會
232119	朝鮮朝日	南鮮版	1933-01-15	1	06단	釜山中央市場設置で關係者對策協議
232120	朝鮮朝日	南鮮版	1933-01-15	1	07단	京城府內に警察會館建設共濟組合の力で極力實現をはかる
232121	朝鮮朝日	南鮮版	1933-01-15	1	07단	この不況時に借金全部を帳消し松鶴里の心溫い女地主が小作人廿五名ただ感激す
232122	朝鮮朝日	南鮮版	1933-01-15	1	08단	釜山に觀光協會
232123	朝鮮朝日	南鮮版	1933-01-15	1	08단	分離裁判は行はぬ方針！公判は五月下旬頃か八十八名の談合事件
232124	朝鮮朝日	南鮮版	1933-01-15	1	08단	釜山商議役員會
232125	朝鮮朝日	南鮮版	1933-01-15	1	08단	少女を誘拐
232126	朝鮮朝日	南鮮版	1933-01-15	1	08단	紙幣僞造を種の詐欺犯人逮捕
232127	朝鮮朝日	南鮮版	1933-01-15	1	09단	大正公園內に測候所移轉計劃
232128	朝鮮朝日	南鮮版	1933-01-15	1	09단	爆藥密造中爆發して家屋木ッ端微塵
232129	朝鮮朝日	南鮮版	1933-01-15	1	09단	南鮮ところどころ(公州/大邱/大田)
232130	朝鮮朝日	南鮮版	1933-01-15	1	10단	蠶業傳習所全燒
232131	朝鮮朝日	南鮮版	1933-01-15	1	10단	スポーツ(スキー選手豫選)
232132	朝鮮朝日	南鮮版	1933-01-15	1	10단	列車めがけて飛込み心中
232133	朝鮮朝日	南鮮版	1933-01-15	1	10단	水産試驗船慶南で建造
232134	朝鮮朝日	南鮮版	1933-01-15	1	10단	アル橫顔
232135	朝鮮朝日	南鮮版	1933-01-15	1	10단	もよほし(武道寒稽古/能樂大會)
232136	朝鮮朝日	西北版	1933-01-17	1	01단	暗流の淸算三要職を廻って確執解消運動參議會頭道會副議長四元老の握手熱望さる
232137	朝鮮朝日	西北版	1933-01-17	1	01단	北鮮から西鮮へ横斷線で送電長津江水力電氣が實現すれば電興は豫備電力所となるか
232138	朝鮮朝日	西北版	1933-01-17	1	01단	井上機遂に機影を沒す大和島附近の氷上に不時着長岡中尉遭難模樣を語る/海、空、陸相呼應空前の大捜査/かねての覺悟あきらめる井上夫人語る

일련번호	판명		간행일	면	단수	기사명
232139	朝鮮朝日	西北版	1933-01-17	1	02단	咸興愛婦愛國の夕
232140	朝鮮朝日	西北版	1933-01-17	1	03단	城津邑會
232141	朝鮮朝日	西北版	1933-01-17	1	03단	氷上交通は出來ぬ骨で見ぬ現像
232142	朝鮮朝日	西北版	1933-01-17	1	03단	平壤のガス經營一頓挫を來す最近の器材昂騰が原因で採算がとれぬので
232143	朝鮮朝日	西北版	1933-01-17	1	04단	劍道對抗試合
232144	朝鮮朝日	西北版	1933-01-17	1	04단	惠山鎮と城津を聯絡の交通路
232145	朝鮮朝日	西北版	1933-01-17	1	04단	十三日付で値下を認可卽日實現された鎮南浦の電燈料金値下げ
232146	朝鮮朝日	西北版	1933-01-17	1	04단	飛躍的增加
232147	朝鮮朝日	西北版	1933-01-17	1	05단	平壤商議役員會
232148	朝鮮朝日	西北版	1933-01-17	1	05단	城津出入船舶
232149	朝鮮朝日	西北版	1933-01-17	1	06단	記錄的な膨脹振約四十五萬圓增
232150	朝鮮朝日	西北版	1933-01-17	1	06단	道議の定員を三、四名增員する人口增加の府郡から平北の選擧は猛烈を極めん
232151	朝鮮朝日	西北版	1933-01-17	1	07단	籾保管金融極めて不成績高利債整理にのみ熱中した結果か
232152	朝鮮朝日	西北版	1933-01-17	1	07단	全鮮有數だと折紙をつけらる漢北磁器組合の原土
232153	朝鮮朝日	西北版	1933-01-17	1	07단	海兵懇親會
232154	朝鮮朝日	西北版	1933-01-17	1	07단	水稅輕減を陳情平安水利地主
232155	朝鮮朝日	西北版	1933-01-17	1	07단	傷病兵を見舞ふ
232156	朝鮮朝日	西北版	1933-01-17	1	07단	鴨綠江の天然氷今年の質は非常によい
232157	朝鮮朝日	西北版	1933-01-17	1	07단	學生研究會
232158	朝鮮朝日	西北版	1933-01-17	1	08단	製叺を奬勵
232159	朝鮮朝日	西北版	1933-01-17	1	08단	煙草耕作の恩人を表彰
232160	朝鮮朝日	西北版	1933-01-17	1	08단	製材工場全燒
232161	朝鮮朝日	西北版	1933-01-17	1	08단	中央待合所を一時凌ぎに擴張狹隘に惱む平壤驛
232162	朝鮮朝日	西北版	1933-01-17	1	08단	食料を惠與
232163	朝鮮朝日	西北版	1933-01-17	1	09단	謝禮金を皇軍慰問に奇特な靑年
232164	朝鮮朝日	西北版	1933-01-17	1	09단	全校生徒にスケート平中の試み
232165	朝鮮朝日	西北版	1933-01-17	1	09단	生阿片密輸入
232166	朝鮮朝日	西北版	1933-01-17	1	09단	ビート栽培の復活は考へぬ北鮮での事業開始はまだ時機尚早だ
232167	朝鮮朝日	西北版	1933-01-17	1	10단	女房を殺し姦夫を脅迫す
232168	朝鮮朝日	西北版	1933-01-17	1	10단	兄弟三名で强盜
232169	朝鮮朝日	西北版	1933-01-17	1	10단	樂禮/柳京小話

일련번호	판명		간행일	면	단수	기사명
232170	朝鮮朝日	南鮮版	1933-01-17	1	01단	*遭難現場附近は物すごい流氷機體も搭乘者も影なく十三回の空中搜査も空し/井上機遂に機影を沒す大和島附近の氷上に不時着長岡中尉遭難模樣を語る/かねての覺悟あきらめる井上夫人語る*
232171	朝鮮朝日	南鮮版	1933-01-17	1	01단	鮮農を保護する滿洲の安全農村收容人員は約二千戶豫算通過を待って實現
232172	朝鮮朝日	南鮮版	1933-01-17	1	01단	忠北評議會
232173	朝鮮朝日	南鮮版	1933-01-17	1	01단	朝鮮へ御差遣の川岸侍從武官
232174	朝鮮朝日	南鮮版	1933-01-17	1	04단	朝鮮貿易活況
232175	朝鮮朝日	南鮮版	1933-01-17	1	04단	尹大尉來城重大な打合せ
232176	朝鮮朝日	南鮮版	1933-01-17	1	04단	駐在所まで自力更生參加全鮮の機關總動員
232177	朝鮮朝日	南鮮版	1933-01-17	1	04단	朝鮮に生れた美術家協會
232178	朝鮮朝日	南鮮版	1933-01-17	1	05단	慶南東萊郡に有望な鑛脈住友で採掘を始める
232179	朝鮮朝日	南鮮版	1933-01-17	1	05단	慶南の癩寄附金
232180	朝鮮朝日	南鮮版	1933-01-17	1	05단	慶南道の豫算査定
232181	朝鮮朝日	南鮮版	1933-01-17	1	06단	國防獻金三千圓丁字屋店員の申出て
232182	朝鮮朝日	南鮮版	1933-01-17	1	06단	釜山各種事業補助削減當局善後策に頭を惱ます
232183	朝鮮朝日	南鮮版	1933-01-17	1	06단	火花を散らす半島の石油商戰市場獨占の望を抱くロシア側の販賣統制
232184	朝鮮朝日	南鮮版	1933-01-17	1	06단	押へられた鯖四千尾「道外移出は斷じて罷りならぬ」釜山當業者の驚き
232185	朝鮮朝日	南鮮版	1933-01-17	1	07단	大田婦人新年會
232186	朝鮮朝日	南鮮版	1933-01-17	1	07단	鮮産林檎に害蟲コドリン・モスアフリカ稅關で發見
232187	朝鮮朝日	南鮮版	1933-01-17	1	07단	完全なる結氷を待つ所澤飛行隊の朝鮮耐寒氷上飛行演習
232188	朝鮮朝日	南鮮版	1933-01-17	1	08단	倉庫業者の不正行爲を摘發釜山水上署活動開始
232189	朝鮮朝日	南鮮版	1933-01-17	1	09단	南鮮ところどころ(淸州/春川)
232190	朝鮮朝日	南鮮版	1933-01-17	1	09단	鰯油肥協議會
232191	朝鮮朝日	南鮮版	1933-01-17	1	09단	淸州の火事消防小頭等重輕傷を負ふ
232192	朝鮮朝日	南鮮版	1933-01-17	1	09단	物騷千萬な拳銃の盜難各地に頻發
232193	朝鮮朝日	南鮮版	1933-01-17	1	09단	王德林は武裝解除王玉震は降服わが園部部隊の偉勳
232194	朝鮮朝日	南鮮版	1933-01-17	1	09단	人(松下芳三郎氏(慶南道內務部長))

일련번호	판명		간행일	면	단수	기사명
232195	朝鮮朝日	南鮮版	1933-01-17	1	10단	不成績の二少年家出
232196	朝鮮朝日	南鮮版	1933-01-17	1	10단	赤行囊拔取犯人遂に逮捕さる
232197	朝鮮朝日	南鮮版	1933-01-17	1	10단	歌集百日紅
232198	朝鮮朝日	西北版	1933-01-18	1	01단	農村統制案社會教化主事を各郡每に配置自力更生運動に統制を與ふ平南の新しい試み
232199	朝鮮朝日	西北版	1933-01-18	1	01단	滯納者に對して選擧權を停止滯納過多に對する非常手段平壤商議所の對策
232200	朝鮮朝日	西北版	1933-01-18	1	01단	依田旅團長晴れの參內詳さに軍情を奏上各宮家その他にも御挨拶
232201	朝鮮朝日	西北版	1933-01-18	1	01단	北鮮巡視中の高尾咸北警察部長(茂山驛にて)
232202	朝鮮朝日	西北版	1933-01-18	1	02단	好成績な鎭南浦産組
232203	朝鮮朝日	西北版	1933-01-18	1	03단	銀鞍會初遠乘り
232204	朝鮮朝日	西北版	1933-01-18	1	03단	鎭南浦署の改築を運動代表者が關係方面に折衝實現の可能性十分
232205	朝鮮朝日	西北版	1933-01-18	1	03단	賣り惜みから滯貨が減少農民は米の先高を豫想昨今の鎭南浦港
232206	朝鮮朝日	西北版	1933-01-18	1	04단	人(鳥飼大尉(茂山第三守備隊副官))
232207	朝鮮朝日	西北版	1933-01-18	1	04단	共同浴槽を設く
232208	朝鮮朝日	西北版	1933-01-18	1	04단	電興の債權が統制の暗礁だ遞信局東拓に再犠牲を要望西鮮電氣統制問題
232209	朝鮮朝日	西北版	1933-01-18	1	04단	製菓組合成る
232210	朝鮮朝日	西北版	1933-01-18	1	05단	解氷と同時に年度內から着工本年度追加豫算として改築の平壤府廳舍
232211	朝鮮朝日	西北版	1933-01-18	1	05단	西鮮電力統制案雙方の意見に根本的の相違あり實現は相當困難と見らる
232212	朝鮮朝日	西北版	1933-01-18	1	05단	西電の手を離れて有力會社と受電契約か
232213	朝鮮朝日	西北版	1933-01-18	1	05단	平壤驛構內に新設を計劃穀物計量檢查所
232214	朝鮮朝日	西北版	1933-01-18	1	06단	合議制裁判所設置を陳情
232215	朝鮮朝日	西北版	1933-01-18	1	06단	森林主事補講習會清津女學校で
232216	朝鮮朝日	西北版	1933-01-18	1	07단	茂山第三守備隊耐寒行軍豆滿江岸を一巡
232217	朝鮮朝日	西北版	1933-01-18	1	07단	平壤にも設置の模樣春に滿洲國領事館が
232218	朝鮮朝日	西北版	1933-01-18	1	07단	全鮮スケート大會二十一日に
232219	朝鮮朝日	西北版	1933-01-18	1	07단	脫走した死刑囚依然行方不明巡査看守四百餘命を召集し嚴重捜査網を張る/蒼光山中の山狩も空し西平壤へ逃げ込んだ唯一の手掛りも失ふ/恐縮する責任者申譯がない

일련번호	판명		간행일	면	단수	기사명
232220	朝鮮朝日	西北版	1933-01-18	1	08단	女工を表彰
232221	朝鮮朝日	西北版	1933-01-18	1	08단	古墳を盗掘
232222	朝鮮朝日	西北版	1933-01-18	1	08단	頸動脈を斬り自殺を企つ
232223	朝鮮朝日	西北版	1933-01-18	1	09단	樂禮/柳京小話
232224	朝鮮朝日	西北版	1933-01-18	1	09단	府民の熱望で清津へ往復新急行列車を運轉
232225	朝鮮朝日	西北版	1933-01-18	1	09단	倉庫を破り蜂蜜を舐め刀で脅迫して逃走脱走死刑囚？極力捜査中
232226	朝鮮朝日	西北版	1933-01-18	1	10단	孝養を盡す二等兵角山與志雄君
232227	朝鮮朝日	南鮮版	1933-01-18	1	01단	堆高く積まれた豫審決定書の山『日本一の豫審』間島の赤色大暴動事件決定書成る/「豫審免訴」で白圭燦等百餘名近く釋放間島に送還
232228	朝鮮朝日	南鮮版	1933-01-18	1	01단	ますます縺れる團平船問題草梁海岸繋留には材木業者側が反對
232229	朝鮮朝日	南鮮版	1933-01-18	1	03단	癩協基金に官公吏の寄附
232230	朝鮮朝日	南鮮版	1933-01-18	1	04단	貝藻増殖の参考資料蒐集
232231	朝鮮朝日	南鮮版	1933-01-18	1	04단	釜山大新町公設市場開業/釜山公設市場諸物價値上げ
232232	朝鮮朝日	南鮮版	1933-01-18	1	04단	太合堀運河に監視所建設航行規定をも設ける
232233	朝鮮朝日	南鮮版	1933-01-18	1	04단	入學兒童身體檢查日割
232234	朝鮮朝日	南鮮版	1933-01-18	1	04단	(耳寄りな話)朝鮮勞働者滿洲國へ方向轉換か
232235	朝鮮朝日	南鮮版	1933-01-18	1	05단	釜山十二月の白米移出新記録を示す
232236	朝鮮朝日	南鮮版	1933-01-18	1	05단	いよいよ店開き京城府診療所十六日から診療開始開所の初日から受診者ぞくぞく/患者に對し親切が第一篠崎所長は語る/診療手數料と入院料規定/受診受付と休診日
232237	朝鮮朝日	南鮮版	1933-01-18	1	06단	スポーツ(アイスホッケー試合再開)
232238	朝鮮朝日	南鮮版	1933-01-18	1	07단	南鮮ところどころ(大邱)
232239	朝鮮朝日	南鮮版	1933-01-18	1	07단	シーズン最初のスキー列車京元線三防へ
232240	朝鮮朝日	南鮮版	1933-01-18	1	07단	金密輸事件上告棄却さる
232241	朝鮮朝日	南鮮版	1933-01-18	1	08단	湧き返へる慶北の鰊景氣浦項地方は三倍半の高値で盛んな賣れ行き
232242	朝鮮朝日	南鮮版	1933-01-18	1	08단	各地雪だより(洛東江凍結/慶北の大雪)
232243	朝鮮朝日	南鮮版	1933-01-18	1	09단	春川の地震
232244	朝鮮朝日	南鮮版	1933-01-18	1	09단	愛國の熱情に燃ゆる朝鮮人青年血書の從軍願を提出

일련번호	판명		간행일	면	단수	기사명
232245	朝鮮朝日	南鮮版	1933-01-18	1	10단	常習拔取犯人
232246	朝鮮朝日	南鮮版	1933-01-18	1	10단	寄邊ない老人凍死路上に倒れて
232247	朝鮮朝日	南鮮版	1933-01-18	1	10단	もよほし(浦項金融組合總會/密陽農倉落成/釜山第一商業武道大會/沙防主任打合)
232248	朝鮮朝日	南鮮版	1933-01-18	1	10단	孝養を盡す二等兵角山與志雄君
232249	朝鮮朝日	西北版	1933-01-19	1	01단	各部門に互って適切な新規事業一〇を選んで實施に內定す平壤府明年度豫算(職業紹介所/運動場擴張/二市場新設/電車の更新/市區改正/水道擴張/府廳舍改築/下水工事/女學校講堂/小學校增築)
232250	朝鮮朝日	西北版	1933-01-19	1	01단	平壤に電力需要の大工場建設？供電區域の大擴張を行ふ西鮮電氣統制計劃
232251	朝鮮朝日	西北版	1933-01-19	1	01단	結氷のため捜査は困難碎氷船奉天丸現場着井上機尚行方不明
232252	朝鮮朝日	西北版	1933-01-19	1	04단	肥料低資三十萬圓
232253	朝鮮朝日	西北版	1933-01-19	1	04단	國境警備警官へ慰問金募集
232254	朝鮮朝日	西北版	1933-01-19	1	04단	平壤各部隊新兵さん二十日入營
232255	朝鮮朝日	西北版	1933-01-19	1	04단	通學列車は主張を貫徹終列車の增運轉に努力平鐵と局線の時間短縮
232256	朝鮮朝日	西北版	1933-01-19	1	05단	國境各地の憲兵に戰鬪帽を試用
232257	朝鮮朝日	西北版	1933-01-19	1	05단	平壤府廳の自力更生意外の好成績
232258	朝鮮朝日	西北版	1933-01-19	1	06단	大同江で天然氷採取
232259	朝鮮朝日	西北版	1933-01-19	1	06단	わが傷病兵へ外人の厚い慰問正論を吐く一外人傳道師の皇軍謳歌に刺激されて
232260	朝鮮朝日	西北版	1933-01-19	1	06단	全女工四百名が懷かしの親許へ一年分の賃銀を携へて
232261	朝鮮朝日	西北版	1933-01-19	1	06단	農村振興委員座談會
232262	朝鮮朝日	西北版	1933-01-19	1	07단	鮮童の祖國愛
232263	朝鮮朝日	西北版	1933-01-19	1	07단	電信線の切斷列車轉覆を企つ兇惡な赤色テロ團の大陰謀五十一名一網打盡
232264	朝鮮朝日	西北版	1933-01-19	1	08단	通信聯絡の迅速を期し國境憲兵隊へ傳書鳩配置平壤憲兵隊の試み
232265	朝鮮朝日	西北版	1933-01-19	1	08단	在鄉警察官會を組織
232266	朝鮮朝日	西北版	1933-01-19	1	08단	共通浴場竣工
232267	朝鮮朝日	西北版	1933-01-19	1	08단	平壤府廳舍設計に苦心
232268	朝鮮朝日	西北版	1933-01-19	1	09단	原料騰貴で三割値上げゴム工業會で決議職工側も賃銀値上げ協議中
232269	朝鮮朝日	西北版	1933-01-19	1	09단	匪賊來襲と間違へてとんだ大騷ぎ
232270	朝鮮朝日	西北版	1933-01-19	1	10단	日滿親善の牝熊を平壤府に寄贈

일련번호	판명		간행일	면	단수	기사명
232271	朝鮮朝日	西北版	1933-01-19	1	10단	捜査方針を建直し全力を傾注
232272	朝鮮朝日	西北版	1933-01-19	1	10단	マイト爆發三名大火傷
232273	朝鮮朝日	南鮮版	1933-01-19	1	01단	鯖の差押が捲起した大波紋水産會社と漁業組合の紛爭解決に拍車をかけるか/五寸以下の小鯛を獲り二名檢擧さる
232274	朝鮮朝日	南鮮版	1933-01-19	1	01단	インフレ景氣にをどる「黄金探し」の群れ盛んに賣買される發見料沙金鑛の盗掘頻々
232275	朝鮮朝日	南鮮版	1933-01-19	1	01단	赤崎半島に貯木場新設團平船問題の解決策
232276	朝鮮朝日	南鮮版	1933-01-19	1	01단	御差遣の川岸侍從武官京城府巡視の日程(總督府から隨員を派遣)
232277	朝鮮朝日	南鮮版	1933-01-19	1	03단	窮民を潤す土木沙防慶北救濟工事
232278	朝鮮朝日	南鮮版	1933-01-19	1	03단	南鮮ところどころ(暖に馬山に雪積雪七寸、數年來のこと 馬山/公州/大邱/大田)
232279	朝鮮朝日	南鮮版	1933-01-19	1	04단	「滿洲の兵隊さんに上げて下さい」菜ツ葉を賣った三少年の慰問金
232280	朝鮮朝日	南鮮版	1933-01-19	1	04단	裝飾を避けた實質的建築解氷を待って着手される京城診療所の新築
232281	朝鮮朝日	南鮮版	1933-01-19	1	05단	大田の氷合戰圓滿に解決
232282	朝鮮朝日	南鮮版	1933-01-19	1	06단	總督府博物館で樂浪文化の粹一般に觀覽させる
232283	朝鮮朝日	南鮮版	1933-01-19	1	06단	賭博檢擧の巡査が過って射つ
232284	朝鮮朝日	南鮮版	1933-01-19	1	07단	京城府の新入學兒童
232285	朝鮮朝日	南鮮版	1933-01-19	1	07단	鮮內露油の販賣網を統一朝鮮商事が販賣權を獲得中、南部の特約店を併せて花々しく米油に對抗
232286	朝鮮朝日	南鮮版	1933-01-19	1	08단	獵天狗聽け！稚子の豊獵野猪の出現にナンと食指は動かぬか
232287	朝鮮朝日	南鮮版	1933-01-19	1	08단	ストーブ火事(二件)
232288	朝鮮朝日	南鮮版	1933-01-19	1	08단	電信線の切斷列車轉覆を企つ兇惡な赤色テロ團の大陰謀五十一名一網打盡
232289	朝鮮朝日	南鮮版	1933-01-19	1	09단	漁夫三名が抱合ひ凍死出漁中吹雪に遭ひ蓮島海岸を漂流中
232290	朝鮮朝日	南鮮版	1933-01-19	1	10단	釣錢詐欺御用心
232291	朝鮮朝日	南鮮版	1933-01-19	1	10단	もよほし(林應九氏個人展/見學探勝團募集/林業講習會)
232292	朝鮮朝日	西北版	1933-01-20	1	01단	僅か三ヶ年間で二百萬圓もの増産關稅引上の際好ましき現象好成績な平南の小麥増産

일련번호	판명		간행일	면	단수	기사명
232293	朝鮮朝日	西北版	1933-01-20	1	01단	流石に豪勢な鴨綠江の厚氷天然のスケート・リンクで火のやうな猛練習
232294	朝鮮朝日	西北版	1933-01-20	1	02단	地方費による公醫を配置六名を山間僻地に
232295	朝鮮朝日	西北版	1933-01-20	1	04단	大村部隊奮戰
232296	朝鮮朝日	西北版	1933-01-20	1	04단	掃匪行動一段落皇軍續々凱旋
232297	朝鮮朝日	西北版	1933-01-20	1	04단	民選二名と官選一名增加す人口比率の關係から當然に平南道の道會議員
232298	朝鮮朝日	西北版	1933-01-20	1	04단	十名の增員を明年度に要求二ケ所以上の火災に困ると平壤消防隊で力說
232299	朝鮮朝日	西北版	1933-01-20	1	04단	舊正明けから生産に着手縮緬、小濱等
232300	朝鮮朝日	西北版	1933-01-20	1	05단	赤城○隊と白旗靖安隊李慶盛擊滅
232301	朝鮮朝日	西北版	1933-01-20	1	05단	鹽田擴張の愈よ下調査意義ある增鹽計劃への一步を踏み出す
232302	朝鮮朝日	西北版	1933-01-20	1	05단	滿洲代表決る
232303	朝鮮朝日	西北版	1933-01-20	1	05단	安東の總人口十五萬七千人
232304	朝鮮朝日	西北版	1933-01-20	1	06단	二月早々に假廳舍へ移轉同月廿日から工事に着手改築の平壤府廳舍
232305	朝鮮朝日	西北版	1933-01-20	1	06단	安東を起點に瀋海線への鐵道敷設を請願
232306	朝鮮朝日	西北版	1933-01-20	1	07단	好成績な授業料納入平坦部は完納の狀態だ
232307	朝鮮朝日	西北版	1933-01-20	1	07단	籾濫賣防止豫想とかなりの懸隔
232308	朝鮮朝日	西北版	1933-01-20	1	07단	福券當籤者
232309	朝鮮朝日	西北版	1933-01-20	1	07단	朝鮮農民のみで野菜供給の計劃平壤府民の消費に備へる大同郡の新規計劃
232310	朝鮮朝日	西北版	1933-01-20	1	08단	一晝夜半に一回の火災發生十萬圓が煙となる平壤昨年中の火事
232311	朝鮮朝日	西北版	1933-01-20	1	08단	農村振興に優良部落を表彰平南の新しい試み
232312	朝鮮朝日	西北版	1933-01-20	1	08단	安東の火事五戶を全燒
232313	朝鮮朝日	西北版	1933-01-20	1	09단	自動車轉覆三名重傷
232314	朝鮮朝日	西北版	1933-01-20	1	09단	兩氏豫審免訴
232315	朝鮮朝日	西北版	1933-01-20	1	10단	人命救助の表彰を申請
232316	朝鮮朝日	西北版	1933-01-20	1	10단	近く豫審終結
232317	朝鮮朝日	西北版	1933-01-20	1	10단	廿七日に公判
232318	朝鮮朝日	西北版	1933-01-20	1	10단	樂禮/柳京小話
232319	朝鮮朝日	南鮮版	1933-01-20	1	01단	モデラマに依る朝鮮金剛山の紹介費府の萬國博覽會に朝鮮の旅行價値宣揚/觀光機關統一に宇垣總督大乘氣

일련번호	판명		간행일	면	단수	기사명
232320	朝鮮朝日	南鮮版	1933-01-20	1	01단	百貨店から消える小額の商品券小賣商人救濟の取締令を愈よ二月から實施
232321	朝鮮朝日	南鮮版	1933-01-20	1	01단	京城府の特別經濟第二部は約十五萬圓增加
232322	朝鮮朝日	南鮮版	1933-01-20	1	02단	將兵や警官へ有難い大御心酷寒の國境に差遣さるゝ川岸侍從武官謹話
232323	朝鮮朝日	南鮮版	1933-01-20	1	03단	京城會議所と豫算の膨脹
232324	朝鮮朝日	南鮮版	1933-01-20	1	04단	梶浦氏論文通過
232325	朝鮮朝日	南鮮版	1933-01-20	1	04단	檢査官を置き嚴重な果實檢査鮮産果實の聲價維持のため年度代りから實行
232326	朝鮮朝日	南鮮版	1933-01-20	1	04단	元氣一杯で新兵さん達釜山上陸入營地へ
232327	朝鮮朝日	南鮮版	1933-01-20	1	05단	朝鮮郵船の羅南丸坐礁元山沖庫底入口で船客乘組員は無事
232328	朝鮮朝日	南鮮版	1933-01-20	1	05단	家賃値下借家人優遇釜山府營住宅の大宣傳
232329	朝鮮朝日	南鮮版	1933-01-20	1	05단	早くも求人の申込書を發送小學卒業生のため釜山職業紹介所の活動
232330	朝鮮朝日	南鮮版	1933-01-20	1	05단	釜山の水上署近く移轉する
232331	朝鮮朝日	南鮮版	1933-01-20	1	06단	東萊溫泉配湯規則
232332	朝鮮朝日	南鮮版	1933-01-20	1	07단	南鮮ところどころ(馬山/浦項/大邱)
232333	朝鮮朝日	南鮮版	1933-01-20	1	07단	無氣味な陰影３３年工場風景インフレ景氣に刺激されて近ごろ勞働爭議續發
232334	朝鮮朝日	南鮮版	1933-01-20	1	07단	勞働者の內地密航を企て一味檢擧さる
232335	朝鮮朝日	南鮮版	1933-01-20	1	07단	溫突火事
232336	朝鮮朝日	南鮮版	1933-01-20	1	08단	妓生の金簪を拔く變態男
232337	朝鮮朝日	南鮮版	1933-01-20	1	08단	赤字補塡に府營バスの內職何處でも參りますこのごろでは刑事被告人の護送にも盛んに使はれる
232338	朝鮮朝日	南鮮版	1933-01-20	1	08단	釜山綠町遊廓で火災避難演習救命袋を使ってなまめかしい實演
232339	朝鮮朝日	南鮮版	1933-01-20	1	09단	スポーツ(アイスホッケー對抗戰)
232340	朝鮮朝日	南鮮版	1933-01-20	1	10단	間島暴動事件免訴者送還
232341	朝鮮朝日	南鮮版	1933-01-20	1	10단	人命救助の表彰を申請
232342	朝鮮朝日	南鮮版	1933-01-20	1	10단	人(高尾咸北道警察部長/森田省三氏(警務局囑託)/幸丸氏令姉遊去)
232343	朝鮮朝日	南鮮版	1933-01-20	1	10단	アル橫顔
232344	朝鮮朝日	西北版	1933-01-21	1	01단	良き港・良き設備飛躍に備へる有意義な座談會かくして大鎭南浦港の輝ける明日を建設せよ/鎭南浦港海陸聯絡調查會愈よ近日中に組織藤原知事の聲明

일련번호	판명		간행일	면	단수	기사명
232345	朝鮮朝日	西北版	1933-01-21	1	01단	各部門に互り中心人物を配置なほ統制的指導が緊急だ改革を要する農村指導
232346	朝鮮朝日	西北版	1933-01-21	1	01단	夜間スケート場開き
232347	朝鮮朝日	西北版	1933-01-21	1	03단	業字、奉字の兩銀行合併滿洲中央銀行安東支行生る
232348	朝鮮朝日	西北版	1933-01-21	1	03단	小學校舍の改築懇談會女學校運動場設置も出る一部の修繕で鳧か
232349	朝鮮朝日	西北版	1933-01-21	1	04단	人(伴格夫氏(平安北道土木課長)/安東稅關濱田監視課長)
232350	朝鮮朝日	西北版	1933-01-21	1	04단	釦一つで時を正確に滿電の素晴しい計劃周波數調整電氣時計
232351	朝鮮朝日	西北版	1933-01-21	1	04단	安東で日滿警備會議
232352	朝鮮朝日	西北版	1933-01-21	1	05단	傷病兵に御馳走安東領事が
232353	朝鮮朝日	西北版	1933-01-21	1	05단	奇特な人々
232354	朝鮮朝日	西北版	1933-01-21	1	05단	特急國際列車の平壤通過時間上下共非常に便利
232355	朝鮮朝日	西北版	1933-01-21	1	06단	陽春三月解氷と共に着工待望の昭和水利
232356	朝鮮朝日	西北版	1933-01-21	1	06단	昨年より小範圍平南の初等校教員異動
232357	朝鮮朝日	西北版	1933-01-21	1	06단	平鐵の荷動き好況を續く
232358	朝鮮朝日	西北版	1933-01-21	1	07단	牛の素質低下を阻止の去勢試驗結果如何で全鮮に實施する平南、咸南が共同で
232359	朝鮮朝日	西北版	1933-01-21	1	08단	傷害致死の告訴を提出
232360	朝鮮朝日	西北版	1933-01-21	1	08단	平壤空軍の內容を充實この春に八八式輕爆機と兵員の增加が實現
232361	朝鮮朝日	西北版	1933-01-21	1	08단	平壤府歌を募集
232362	朝鮮朝日	西北版	1933-01-21	1	08단	人命救助者表彰
232363	朝鮮朝日	西北版	1933-01-21	1	09단	密輸、警護の二隊に分れ密輸ギャング活躍
232364	朝鮮朝日	西北版	1933-01-21	1	09단	脱走後旣に五日全く五里霧中捜査は愈よ特久戰に入る沈の所在なほ不明
232365	朝鮮朝日	西北版	1933-01-21	1	10단	樂禮/柳京小話
232366	朝鮮朝日	西北版	1933-01-21	1	10단	松都高普の不良學生處分
232367	朝鮮朝日	南鮮版	1933-01-21	1	01단	宇垣朝鮮總督に聖旨を傳達す川岸侍從武官京城に着く
232368	朝鮮朝日	南鮮版	1933-01-21	1	01단	眞綿を御下賜國境の警官へ
232369	朝鮮朝日	南鮮版	1933-01-21	1	01단	平壤空軍の內容を充實この春に八八式輕爆機と兵員の增加が實現
232370	朝鮮朝日	南鮮版	1933-01-21	1	02단	殖産銀行婦人會の獻金
232371	朝鮮朝日	南鮮版	1933-01-21	1	02단	農山漁村の振興講演會

일련번호	판명		간행일	면	단수	기사명
232372	朝鮮朝日	南鮮版	1933-01-21	1	03단	京畿道に溢るゝ農村振興氣分六千七百五十の振興會全部の設置を終る
232373	朝鮮朝日	南鮮版	1933-01-21	1	04단	免許漁業者の漁業稅減免不況漁村救濟
232374	朝鮮朝日	南鮮版	1933-01-21	1	04단	正月早々鐵道收入ドシドシ鰻登り「好景氣の兆!」だと大有卦俄然黑字時代の出現
232375	朝鮮朝日	南鮮版	1933-01-21	1	04단	全鮮精米業者北海道の混沙米移入禁止で釜山に會合對策考究
232376	朝鮮朝日	南鮮版	1933-01-21	1	04단	滿洲安全農村委託經營決定
232377	朝鮮朝日	南鮮版	1933-01-21	1	05단	面目を改める釜山巡廻診療手つゞきを簡便にして受診しよくする
232378	朝鮮朝日	南鮮版	1933-01-21	1	05단	編物作品の卽賣會
232379	朝鮮朝日	南鮮版	1933-01-21	1	05단	山下中尉の遺骨鄕里へ
232380	朝鮮朝日	南鮮版	1933-01-21	1	05단	奈良女高師合格
232381	朝鮮朝日	南鮮版	1933-01-21	1	06단	酷寒に慄ふ哀れな人々へ米卅五俵施與
232382	朝鮮朝日	南鮮版	1933-01-21	1	06단	豹現はる牛を嚙殺す
232383	朝鮮朝日	南鮮版	1933-01-21	1	06단	慶南の癩基金十一萬圓を突破す香椎、迫間兩氏一萬圓寄附
232384	朝鮮朝日	南鮮版	1933-01-21	1	06단	慶北浦項に移出牛檢疫所を設置せよと陳情
232385	朝鮮朝日	南鮮版	1933-01-21	1	06단	開城の强盜現金八圓强奪
232386	朝鮮朝日	南鮮版	1933-01-21	1	07단	南鮮ところどころ(仁川/公州/大邱/裡里/大田)
232387	朝鮮朝日	南鮮版	1933-01-21	1	07단	釜山映畫敎育會
232388	朝鮮朝日	南鮮版	1933-01-21	1	07단	思想犯收容の京城拘置監新築他の囚徒への惡影響を避けるため雜居房に入れない方針
232389	朝鮮朝日	南鮮版	1933-01-21	1	07단	製材工場へ押掛け五十名暴れる
232390	朝鮮朝日	南鮮版	1933-01-21	1	08단	女學校に赤い讀書會容疑者十四名に上る/赤衛隊一味全部掃蕩さる
232391	朝鮮朝日	南鮮版	1933-01-21	1	08단	放火した十七花嫁に懲役五年
232392	朝鮮朝日	南鮮版	1933-01-21	1	08단	女の泊り客宿屋で服毒自殺
232393	朝鮮朝日	南鮮版	1933-01-21	1	09단	脫走後旣に五日全く五里霧中捜査は愈よ特久戰に入る沈の所在なほ不明
232394	朝鮮朝日	南鮮版	1933-01-21	1	10단	表戶を破る三人組の賊
232395	朝鮮朝日	南鮮版	1933-01-21	1	10단	釜山の火事
232396	朝鮮朝日	南鮮版	1933-01-21	1	10단	試驗所へ賊
232397	朝鮮朝日	南鮮版	1933-01-21	1	10단	人(富田笑內氏(大阪府警察部外事課長))
232398	朝鮮朝日	南鮮版	1933-01-21	1	10단	アル横顔

일련번호	판명		간행일	면	단수	기사명
232399	朝鮮朝日	西北版	1933-01-22	1	01단	眞夏の水銀柱でぐんぐんと上昇尨大な赤字を帳消しして尙四萬餘圓の黑子
232400	朝鮮朝日	西北版	1933-01-22	1	01단	平壤の銀座街大和町お化粧道路を鋪裝街燈を擴張
232401	朝鮮朝日	西北版	1933-01-22	1	01단	國境警察隊堂々凱旋
232402	朝鮮朝日	西北版	1933-01-22	1	04단	理髮師試驗を道衛生課で
232403	朝鮮朝日	西北版	1933-01-22	1	04단	電興會社の料金値下げ
232404	朝鮮朝日	西北版	1933-01-22	1	04단	滿洲街進出の年末大賣出非常な好評
232405	朝鮮朝日	西北版	1933-01-22	1	04단	安東釜山間五、六時間短縮鮮鐵局のスピードアップで日本行は一便早い
232406	朝鮮朝日	西北版	1933-01-22	1	04단	驛手採用試驗
232407	朝鮮朝日	西北版	1933-01-22	1	05단	平壤、鎭南浦商工會議所滿浦鎭沿線の經濟調査平南の發展に資す
232408	朝鮮朝日	西北版	1933-01-22	1	05단	爆竹類の使用を嚴禁
232409	朝鮮朝日	西北版	1933-01-22	1	05단	咸興府議補缺戰六氏が當選
232410	朝鮮朝日	西北版	1933-01-22	1	05단	軍國日本の春を色どる眼かなニュース二つ
232411	朝鮮朝日	西北版	1933-01-22	1	05단	井上機の搜査一應打切り
232412	朝鮮朝日	西北版	1933-01-22	1	05단	七年度より廿萬圓增加三百二十萬圓位か平北明年度豫算
232413	朝鮮朝日	西北版	1933-01-22	1	06단	太刀洗飛行隊耐寒飛行
232414	朝鮮朝日	西北版	1933-01-22	1	06단	平南道會の副議長朝鮮人側が有望
232415	朝鮮朝日	西北版	1933-01-22	1	07단	鎭南浦道路幅員を縮小
232416	朝鮮朝日	西北版	1933-01-22	1	07단	積雪を蹴って深夜の警戒陣愛國奉公の感激圖不眠不休の有樣だ
232417	朝鮮朝日	西北版	1933-01-22	1	08단	平南線の終列車時間を遲らす
232418	朝鮮朝日	西北版	1933-01-22	1	08단	實父殺し送局
232419	朝鮮朝日	西北版	1933-01-22	1	09단	電氣用品の値上りで心細い收入
232420	朝鮮朝日	西北版	1933-01-22	1	09단	鄕軍模範會員を表彰
232421	朝鮮朝日	西北版	1933-01-22	1	09단	日滿合辦の鴨綠江商工組合安東で近く發會式
232422	朝鮮朝日	西北版	1933-01-22	1	09단	樂禮/柳京小話
232423	朝鮮朝日	西北版	1933-01-22	1	10단	もよほし(職工慰安會/中等學校長會議/滿洲事情紹介講演會)
232424	朝鮮朝日	西北版	1933-01-22	1	10단	金物商を襲った怪漢嚴探中
232425	朝鮮朝日	西北版	1933-01-22	1	10단	元山の火事
232426	朝鮮朝日	南鮮版	1933-01-22	1	01단	*私共將兵一同皇恩の厚きに感泣！有難き聖旨令旨を賜はり感激して川島軍司令官謹話/かさねがさね有難き御思召川岸侍從武官を迎へて宇垣總督謹話*

일련번호	판명		간행일	면	단수	기사명
232427	朝鮮朝日	南鮮版	1933-01-22	1	01단	新稅を制定し負擔の公平を計る稅制改正と總督府の方針
232428	朝鮮朝日	南鮮版	1933-01-22	1	01단	*府營バス買收問題 新車購入等で停頓狀態に入る武者專務株主總會へ/府當局が議員と懇談*
232429	朝鮮朝日	南鮮版	1933-01-22	1	03단	皇軍のため愛婦大活動
232430	朝鮮朝日	南鮮版	1933-01-22	1	03단	總督府辭令
232431	朝鮮朝日	南鮮版	1933-01-22	1	04단	もよほし(慶南葡萄組合總會/優良蠶業組合表彰)
232432	朝鮮朝日	南鮮版	1933-01-22	1	04단	特科隊入營
232433	朝鮮朝日	南鮮版	1933-01-22	1	04단	釜山會議所豫算編成了る
232434	朝鮮朝日	南鮮版	1933-01-22	1	04단	年に千萬圓を目標に海苔の養殖獎勵大馬力の黃海道當局
232435	朝鮮朝日	南鮮版	1933-01-22	1	05단	慶南警務課長上野盛一氏
232436	朝鮮朝日	南鮮版	1933-01-22	1	05단	釜山中學に滿蒙硏究室
232437	朝鮮朝日	南鮮版	1933-01-22	1	05단	販賣網を統制し露油が滿洲へ進出サウエート側で計劃す
232438	朝鮮朝日	南鮮版	1933-01-22	1	05단	慶南道の簡易水道明年度に敷設
232439	朝鮮朝日	南鮮版	1933-01-22	1	06단	金肥施用の合理化を計る慶南で共同配合實施
232440	朝鮮朝日	南鮮版	1933-01-22	1	06단	外國爲替取扱狀況
232441	朝鮮朝日	南鮮版	1933-01-22	1	06단	ラヂオ聽取者一萬八千餘人
232442	朝鮮朝日	南鮮版	1933-01-22	1	06단	釜山署管內の戶口調査前年より增加
232443	朝鮮朝日	南鮮版	1933-01-22	1	06단	御法度の京城に昂まるダンス熱祕密敎授に當局の眼が光るダンスホールに大手入?
232444	朝鮮朝日	南鮮版	1933-01-22	1	07단	晉州の金氏癩基金に一萬圓寄附
232445	朝鮮朝日	南鮮版	1933-01-22	1	07단	金貨引揚よりも造船技術が目標蔚山沖のリューリック號引揚の一行釜山着
232446	朝鮮朝日	南鮮版	1933-01-22	1	08단	南鮮ところどころ(馬山/大邱/大田/仁川/龍山)
232447	朝鮮朝日	南鮮版	1933-01-22	1	08단	各公設市場賣上高
232448	朝鮮朝日	南鮮版	1933-01-22	1	08단	殉職消防夫表彰
232449	朝鮮朝日	南鮮版	1933-01-22	1	09단	王玉振等の歸順部隊好成績誠意を示して活動
232450	朝鮮朝日	南鮮版	1933-01-22	1	10단	充塡の火藥轟然爆發人夫二名瀕死
232451	朝鮮朝日	南鮮版	1933-01-22	1	10단	「愛すればこそ」夫の不在に强盗の訴へ
232452	朝鮮朝日	南鮮版	1933-01-22	1	10단	オートバイに刎ねらる
232453	朝鮮朝日	西北版	1933-01-24	1	01단	道會議員の定員割當いよいよ決る總數四百二十二名現在より四十八名ふえる

일련번호	판명		간행일	면	단수	기사명
232454	朝鮮朝日	西北版	1933-01-24	1	01단	大同江改修で總督府へ陳情削減されたのを遺憾として道と土木出張所で
232455	朝鮮朝日	西北版	1933-01-24	1	01단	一萬圓を投じ待合室を擴張姑息手段だと會議所反對狹隘に惱む平壤驛
232456	朝鮮朝日	西北版	1933-01-24	1	01단	民風改善の大宣傳
232457	朝鮮朝日	西北版	1933-01-24	1	02단	保線區、保線丁場表彰式
232458	朝鮮朝日	西北版	1933-01-24	1	02단	樂浪蒔繪新案特許を申請獨創的技術の發見「古代樂浪」そのまゝだ許可と同時に會社創立
232459	朝鮮朝日	西北版	1933-01-24	1	03단	自作農決定
232460	朝鮮朝日	西北版	1933-01-24	1	04단	新年宴會廢止
232461	朝鮮朝日	西北版	1933-01-24	1	04단	電力不足で送電線切替へ
232462	朝鮮朝日	西北版	1933-01-24	1	04단	最新式の無煙炭貨車一輛平壤へ
232463	朝鮮朝日	西北版	1933-01-24	1	04단	平元線促進有力者聯合會
232464	朝鮮朝日	西北版	1933-01-24	1	05단	紹賢會を設立
232465	朝鮮朝日	西北版	1933-01-24	1	05단	鎭南浦林檎が愈よ販賣統制へ賣價の補償や駐在員を設置地方費補助を申請
232466	朝鮮朝日	西北版	1933-01-24	1	06단	洋行と決る河野平南內務
232467	朝鮮朝日	西北版	1933-01-24	1	06단	移出朝鮮牛五千百七十頭卅七萬八千圓
232468	朝鮮朝日	西北版	1933-01-24	1	06단	スケート大會
232469	朝鮮朝日	西北版	1933-01-24	1	06단	作鼈工賃銀値上げ
232470	朝鮮朝日	西北版	1933-01-24	1	06단	救濟金を給與
232471	朝鮮朝日	西北版	1933-01-24	1	07단	農村部落の綜合的指導模範部落の審査方法決る平南道の打合會
232472	朝鮮朝日	西北版	1933-01-24	1	07단	偽造紙幣と判る
232473	朝鮮朝日	西北版	1933-01-24	1	07단	映畫そつくりの大活劇を演じ警官の拳銃が左足首に命中脱走死刑囚捕はる/逃げ廻つた沈宗星八日目に御用/折重なつて漸く逮捕殊勳の三警官
232474	朝鮮朝日	西北版	1933-01-24	1	07단	平壤商議の移轉論議さる府廳舍の公會堂利用で改選後に具體化か
232475	朝鮮朝日	西北版	1933-01-24	1	08단	賽錢を盜む
232476	朝鮮朝日	西北版	1933-01-24	1	08단	通帳を竊取
232477	朝鮮朝日	西北版	1933-01-24	1	09단	列車に投石
232478	朝鮮朝日	西北版	1933-01-24	1	10단	新義州印刷會社燒く塵箱から發火
232479	朝鮮朝日	西北版	1933-01-24	1	10단	樂禮/柳京小話
232480	朝鮮朝日	南鮮版	1933-01-24	1	01단	道會議員の定員割當いよいよ決る總數は四百二十二名現在より四十八名ふえる

일련번호	판명		간행일	면	단수	기사명
232481	朝鮮朝日	南鮮版	1933-01-24	1	01단	京城府內の交通統制案完成し來月中頃發表される事故の慘禍は減少されよう
232482	朝鮮朝日	南鮮版	1933-01-24	1	01단	優渥な聖旨の傳達をなす川岸侍從武官より
232483	朝鮮朝日	南鮮版	1933-01-24	1	01단	*貧者に施米/白米を寄附*
232484	朝鮮朝日	南鮮版	1933-01-24	1	02단	地方別で鄕軍分會長會議
232485	朝鮮朝日	南鮮版	1933-01-24	1	03단	坂田文吉氏に慰勞金贈呈穀信株問題解決
232486	朝鮮朝日	南鮮版	1933-01-24	1	03단	銀盤上に描く豪華版アイスホッケー大試合火の出る如き白熱戰を演じ觀衆をして手に汗握らしむ
232487	朝鮮朝日	南鮮版	1933-01-24	1	04단	慶南の小作官任命
232488	朝鮮朝日	南鮮版	1933-01-24	1	04단	運河通航料金の引下を要望窮迫の漁業家から
232489	朝鮮朝日	南鮮版	1933-01-24	1	04단	混沙米移入禁止撤回鮮內呼應して猛運動を起す
232490	朝鮮朝日	南鮮版	1933-01-24	1	05단	南鮮ところどころ(裡里/春川/仁川)
232491	朝鮮朝日	南鮮版	1933-01-24	1	05단	忠南溫陽警官療養所賑ふ
232492	朝鮮朝日	南鮮版	1933-01-24	1	05단	群山の貿易は激增を示す近頃快適なニュース
232493	朝鮮朝日	南鮮版	1933-01-24	1	06단	ダンス研究所に愈よ鐵槌下るか小浪春葉氏招致さる
232494	朝鮮朝日	南鮮版	1933-01-24	1	07단	木炭自動車の運轉を計劃ガソリン狂騰から大邱府營自動車へこたる
232495	朝鮮朝日	南鮮版	1933-01-24	1	07단	慶北で枾の植栽を獎勵
232496	朝鮮朝日	南鮮版	1933-01-24	1	07단	釜山に痘瘡
232497	朝鮮朝日	南鮮版	1933-01-24	1	07단	機織製絲組合を部落每に設け色服着用獎勵に努む慶尚南道のあたらしい試み
232498	朝鮮朝日	南鮮版	1933-01-24	1	09단	釜山の火事
232499	朝鮮朝日	南鮮版	1933-01-24	1	09단	十錢白銅の巧な僞造貨
232500	朝鮮朝日	南鮮版	1933-01-24	1	09단	十三萬圓の經費を減じ洛東江水組工事實施
232501	朝鮮朝日	南鮮版	1933-01-24	1	09단	非常警戒の網にかゝる
232502	朝鮮朝日	南鮮版	1933-01-24	1	10단	汽船坐礁す
232503	朝鮮朝日	南鮮版	1933-01-24	1	10단	赤い印刷工九名起訴さる
232504	朝鮮朝日	南鮮版	1933-01-24	1	10단	公金を費消
232505	朝鮮朝日	南鮮版	1933-01-24	1	10단	もよほし(赤十字病院の第三回母の講座/上海事變記念映畵會/自動車運轉手試驗)
232506	朝鮮朝日	西北版	1933-01-25	1	01단	北鮮進出のため土地拂下を出願甜菜糖と酒精製造のために成行を注目の日糖

일련번호	판명		간행일	면	단수	기사명
232507	朝鮮朝日	西北版	1933-01-25	1	01단	愈よこの春から本格的活躍へ窯業と染色の平南建設のため工業試驗所の事業計劃成る
232508	朝鮮朝日	西北版	1933-01-25	1	01단	聖慮毘し御下賜品傳達川岸侍從武官から咸興の軍隊、警察官慰問
232509	朝鮮朝日	西北版	1933-01-25	1	03단	南取引を希望
232510	朝鮮朝日	西北版	1933-01-25	1	03단	煙となった八萬五千圓新義州昨年中の火災損害額
232511	朝鮮朝日	西北版	1933-01-25	1	03단	平元線延長の機運濃厚となる長林東元間鐵道用地の買收が許可された
232512	朝鮮朝日	西北版	1933-01-25	1	04단	新義州商業總會
232513	朝鮮朝日	西北版	1933-01-25	1	04단	名殘り惜しい平壤柳生全南警察
232514	朝鮮朝日	西北版	1933-01-25	1	04단	靑森林檎を九州から驅逐朝鮮林檎の一大飛躍
232515	朝鮮朝日	西北版	1933-01-25	1	04단	國境の教員慰問
232516	朝鮮朝日	西北版	1933-01-25	1	05단	零下十五度の嚴寒を吹飛ばす眼かな健康と哄笑の爆發安東スケート大會
232517	朝鮮朝日	西北版	1933-01-25	1	05단	本宮飛行場の實現確定的軍部と朝窒間に換地成立國防上最も重要視
232518	朝鮮朝日	西北版	1933-01-25	1	05단	娛樂室新設平壤法院が
232519	朝鮮朝日	西北版	1933-01-25	1	05단	二日から耐寒演習平壤聯隊が
232520	朝鮮朝日	西北版	1933-01-25	1	06단	物故教員追悼會
232521	朝鮮朝日	西北版	1933-01-25	1	06단	東邊道上流は無盡藏の寶庫石炭、人蔘、眞珠、大森林の海關東軍小林少佐視察談
232522	朝鮮朝日	西北版	1933-01-25	1	07단	感心な少年
232523	朝鮮朝日	西北版	1933-01-25	1	07단	鮮産品の宣傳
232524	朝鮮朝日	西北版	1933-01-25	1	07단	旋律に乘ってお目見の美妓美貌の王壽福がレコードで朝鮮唄を吹き込む
232525	朝鮮朝日	西北版	1933-01-25	1	07단	駐在所襲擊の陰謀暴露共匪三名射殺
232526	朝鮮朝日	西北版	1933-01-25	1	08단	母子の飛込心中
232527	朝鮮朝日	西北版	1933-01-25	1	08단	二爆死兵士に絡んだ美談父代りに師團長が葬儀を香奠を國防費へ
232528	朝鮮朝日	西北版	1933-01-25	1	09단	段當り純益僅か三十圓林檎の栽培
232529	朝鮮朝日	西北版	1933-01-25	1	09단	寒さと飢ゑに戰きながら山野を逃げ廻った沈宗星八日目に惡運盡く/馱々を捏ねる脫走死刑囚
232530	朝鮮朝日	西北版	1933-01-25	1	10단	人(梅崎第二十師團長)
232531	朝鮮朝日	西北版	1933-01-25	1	10단	樂禮/柳京小話

일련번호	판명		간행일	면	단수	기사명
232532	朝鮮朝日	南鮮版	1933-01-25	1	01단	內鮮人協力して非常時の國防獻金各地にこの美しい企て行はる
232533	朝鮮朝日	南鮮版	1933-01-25	1	01단	*鮮米統制の一策として社還米制度を復活！細農救濟の政策を加味して總督府の方針なる/農村振興彙報*
232534	朝鮮朝日	南鮮版	1933-01-25	1	01단	綱紀肅正のため黃郡守を免官す慶南の郡守異動
232535	朝鮮朝日	南鮮版	1933-01-25	1	01단	京城商議所總會二十七、八日ごろ
232536	朝鮮朝日	南鮮版	1933-01-25	1	02단	シンガポールの日本小學校へ兒童作品出品
232537	朝鮮朝日	南鮮版	1933-01-25	1	02단	貸し出し二百萬圓釜山金組勘定
232538	朝鮮朝日	南鮮版	1933-01-25	1	03단	郵貯は好調
232539	朝鮮朝日	南鮮版	1933-01-25	1	03단	花々しく海運界へデヴュー近代的構成美を輝かして群山築港修築なる
232540	朝鮮朝日	南鮮版	1933-01-25	1	04단	人(西本專賣局事業課長)
232541	朝鮮朝日	南鮮版	1933-01-25	1	04단	養蠶獎勵品質を改良し增産をはかる慶北道當局の方針
232542	朝鮮朝日	南鮮版	1933-01-25	1	05단	仁川府に公設浴場立派に竣工す
232543	朝鮮朝日	南鮮版	1933-01-25	1	05단	鎮海海員養成所
232544	朝鮮朝日	南鮮版	1933-01-25	1	05단	漁業組合の專任指導員慶南道の試み
232545	朝鮮朝日	南鮮版	1933-01-25	1	06단	南鮮ところどころ(仁川/大田/京城/釜山)
232546	朝鮮朝日	南鮮版	1933-01-25	1	06단	仁川開港五十周年記念事業決定
232547	朝鮮朝日	南鮮版	1933-01-25	1	06단	*百四十世帶の貧者に溫い舊正月を！金、米、衣類等を與ふ/缺食兒に溫い御飯を資金あつまる*
232548	朝鮮朝日	南鮮版	1933-01-25	1	07단	愈よこの春から本格的活躍へ窯業と染色の平南建設のため工業試驗所の事業計劃成る
232549	朝鮮朝日	南鮮版	1933-01-25	1	07단	旋律に乘ってお目見の美妓美貌の王壽福がレコードで朝鮮唄を吹き込む
232550	朝鮮朝日	南鮮版	1933-01-25	1	07단	實際に適するやうさらに檢討する備荒貯蓄組合設置
232551	朝鮮朝日	南鮮版	1933-01-25	1	08단	發動漁船轉覆し乘組員七名漂流中救助
232552	朝鮮朝日	南鮮版	1933-01-25	1	09단	大目玉頂戴
232553	朝鮮朝日	南鮮版	1933-01-25	1	09단	特高警官を增員し赤を嚴重取締る
232554	朝鮮朝日	南鮮版	1933-01-25	1	10단	ダンスに凄い目十數名取調ぶ
232555	朝鮮朝日	南鮮版	1933-01-25	1	10단	六棟全半燒
232556	朝鮮朝日	南鮮版	1933-01-25	1	10단	釜山傳染病患者

일련번호	판명		간행일	면	단수	기사명
232557	朝鮮朝日	西北版	1933-01-26	1	01단	成果を凝視米國バ州大學の採點式振興策我國最初の試みとして平南で實施の農村運動
232558	朝鮮朝日	西北版	1933-01-26	1	01단	約五十萬圓が本年より增加か漸く地方課の査定を終った平南明年度地方費豫算
232559	朝鮮朝日	西北版	1933-01-26	1	01단	農家更生に拍車を加ふ勤農共濟組合の發達に一層努力
232560	朝鮮朝日	西北版	1933-01-26	1	01단	鎭南浦行進曲
232561	朝鮮朝日	西北版	1933-01-26	1	04단	人(兒玉朝鮮軍參謀長/梅田裏四郎博士(安東滿鐵醫院長))
232562	朝鮮朝日	西北版	1933-01-26	1	04단	中等學校への志願者が增加それだけに入學難平壤の受驗界異狀
232563	朝鮮朝日	西北版	1933-01-26	1	05단	平壤第一敎育部豫算
232564	朝鮮朝日	西北版	1933-01-26	1	05단	てんで賣れない平醫講の卒業生愈よ及川所長滿洲へ乘出し就職の斡旋に努力
232565	朝鮮朝日	西北版	1933-01-26	1	06단	日滿官民合同の淸鄕慶祝大會鳳凰城で盛大に擧行各種餘興隊繰出し大賑ひ
232566	朝鮮朝日	西北版	1933-01-26	1	06단	兒童手藝展
232567	朝鮮朝日	西北版	1933-01-26	1	06단	脫走死刑囚平壤署へ
232568	朝鮮朝日	西北版	1933-01-26	1	06단	親子心中の身許判明す
232569	朝鮮朝日	西北版	1933-01-26	1	06단	平壤商議の改築と賦課率十パーセント近くの負擔增加となる
232570	朝鮮朝日	西北版	1933-01-26	1	07단	平壤と元山が提携して猛運動元山は中央政府へまで迫る平壤から激勵電報
232571	朝鮮朝日	西北版	1933-01-26	1	08단	靑年の毒死
232572	朝鮮朝日	西北版	1933-01-26	1	08단	四棟三戸を全燒
232573	朝鮮朝日	西北版	1933-01-26	1	08단	人質三名を慘殺し死體を送還
232574	朝鮮朝日	西北版	1933-01-26	1	08단	土地で詐欺
232575	朝鮮朝日	西北版	1933-01-26	1	08단	投石犯人捕はる
232576	朝鮮朝日	西北版	1933-01-26	1	09단	模範桑田を中心に飛躍平南の産繭增殖計劃
232577	朝鮮朝日	西北版	1933-01-26	1	09단	もよほし(肥料講習會/開豊郡地方改良講習會)
232578	朝鮮朝日	西北版	1933-01-26	1	09단	朝鮮特産の珍魚『カムルチ』養殖學校副業に新生面を開く
232579	朝鮮朝日	西北版	1933-01-26	1	10단	樂禮/柳京小話
232580	朝鮮朝日	南鮮版	1933-01-26	1	01단	半島の貧農階級に陰鬱な脅威を與ふ！米の値上りに次ぐ粟の値上りに/滿洲粟の輸入制限は農村の死活問題對策考究の總督府

일련번호	판명		간행일	면	단수	기사명
232581	朝鮮朝日	南鮮版	1933-01-26	1	01단	大御心に感激し國防費一萬圓獻納京城府明治町の田中晃氏から高射機關銃彈藥等を製作/空の護りに高射砲二つ憲兵分隊長らの發起で獻納運動起る
232582	朝鮮朝日	南鮮版	1933-01-26	1	02단	美術家協會創立記念展二月十日から
232583	朝鮮朝日	南鮮版	1933-01-26	1	02단	前二回よりうんと激增玄米に換算約廿六、七萬石第三回朝鮮米買上
232584	朝鮮朝日	南鮮版	1933-01-26	1	03단	京城府内の學校新改築起債に決る
232585	朝鮮朝日	南鮮版	1933-01-26	1	04단	もよほし(勤農共濟組合補導員懇談會)
232586	朝鮮朝日	南鮮版	1933-01-26	1	04단	資格問題の決定迄學年試驗を拒否大邱醫學講習所昇格を前に四年生が動搖す
232587	朝鮮朝日	南鮮版	1933-01-26	1	04단	農産物の共同販賣好成績收む
232588	朝鮮朝日	南鮮版	1933-01-26	1	04단	「鳩が歸って來ぬ」謎は漸く解けた矢張りネーと溜息をもらす仁川海事出張所長さん
232589	朝鮮朝日	南鮮版	1933-01-26	1	05단	邑事務所竣工
232590	朝鮮朝日	南鮮版	1933-01-26	1	05단	宇部、釜山間航路開かる良友丸定期に
232591	朝鮮朝日	南鮮版	1933-01-26	1	05단	愈よ近く公布待望の道制施行議員選擧は五月上旬一齊に各道會の定員數決定
232592	朝鮮朝日	南鮮版	1933-01-26	1	05단	農林省と直接交渉鮮米買上方法改善
232593	朝鮮朝日	南鮮版	1933-01-26	1	06단	梅洞公立普校新校舍なる理想的設備
232594	朝鮮朝日	南鮮版	1933-01-26	1	06단	農業經營改善講習會
232595	朝鮮朝日	南鮮版	1933-01-26	1	06단	スキー列車運轉中止か
232596	朝鮮朝日	南鮮版	1933-01-26	1	07단	南鮮ところどころ(大邱/光州)
232597	朝鮮朝日	南鮮版	1933-01-26	1	07단	赴任の途中引き返し娼妓と心中未遂行方不明の釜山局工事係(驚く兩郵便局)
232598	朝鮮朝日	南鮮版	1933-01-26	1	07단	人事行政刷新で適材適所主義特別技能を有する者を歡迎警官採用方針に大革新
232599	朝鮮朝日	南鮮版	1933-01-26	1	07단	空券發行、割引は犯罪と認めるか水上署の態度は？今回は不起訴か
232600	朝鮮朝日	南鮮版	1933-01-26	1	08단	濱田氏は無關係釜山火災事件
232601	朝鮮朝日	南鮮版	1933-01-26	1	08단	四人組强盜求刑
232602	朝鮮朝日	南鮮版	1933-01-26	1	09단	草梁の火事全半燒四戶
232603	朝鮮朝日	南鮮版	1933-01-26	1	09단	ダンス征伐決行つひに京城舞踊研究所は斷然閉鎖を命ぜらる
232604	朝鮮朝日	南鮮版	1933-01-26	1	10단	赤い先生へ懲役一年半
232605	朝鮮朝日	南鮮版	1933-01-26	1	10단	美事二件(その一/その二)
232606	朝鮮朝日	南鮮版	1933-01-26	1	10단	人(野口晉州署長表彰/上野盛一氏(新任慶南道警務課長))

일련번호	판명		간행일	면	단수	기사명
232607	朝鮮朝日	南鮮版	1933-01-26	1	10단	アル横顔
232608	朝鮮朝日	南鮮版	1933-01-26	1	10단	千四百圓入赤行囊紛失
232609	朝鮮朝日	西北版	1933-01-27	1	01단	鎮南浦港設備の改善策を評定來る一日道會議室で關係官廳の代表が集って
232610	朝鮮朝日	西北版	1933-01-27	1	01단	配合肥料により産米の増殖を計る地方費で手數料の半額補助愈よ乗出す平南道農會
232611	朝鮮朝日	西北版	1933-01-27	1	01단	杞柳細工と改良製紙を奬勵苗木、機具の無酬配布講習會などを開く平南道
232612	朝鮮朝日	西北版	1933-01-27	1	01단	下賜の御眞綿國境警備第一、二線へ知事以下千五百名が拜受の光榮に(警察部長講話)
232613	朝鮮朝日	西北版	1933-01-27	1	03단	民風改善の大宣傳
232614	朝鮮朝日	西北版	1933-01-27	1	03단	銀盤に火を吐く明大も參加熱戰を豫想さる滿鮮スケート大會
232615	朝鮮朝日	西北版	1933-01-27	1	04단	三巡査表彰
232616	朝鮮朝日	西北版	1933-01-27	1	04단	七百の武裝匪賊に我警官隊包圍さる泗水壺附近で苦戰に陥り領事館へ急援を求む
232617	朝鮮朝日	西北版	1933-01-27	1	04단	工賃の値上げ要求ゴム職工が
232618	朝鮮朝日	西北版	1933-01-27	1	05단	爭ひ合ひの漢時代出土品樂浪博物館に納まるかそれとも總督府か
232619	朝鮮朝日	西北版	1933-01-27	1	05단	インフレ景氣をよそに整理の嵐補給金の減額から平壤の三中等校に實施
232620	朝鮮朝日	西北版	1933-01-27	1	05단	滿洲邑長
232621	朝鮮朝日	西北版	1933-01-27	1	05단	廿七勇士の慰靈祭嚴かに執行
232622	朝鮮朝日	西北版	1933-01-27	1	06단	八ヶ所に石綿鑛發見春から採掘
232623	朝鮮朝日	西北版	1933-01-27	1	06단	舊正の休み
232624	朝鮮朝日	西北版	1933-01-27	1	06단	平壤驛待合室で美貌の妾を滅多斬情夫を慕ひ家出した後を追ひ嫉妬に狂った齒科醫
232625	朝鮮朝日	西北版	1933-01-27	1	07단	平北各郡の畑作指導圃何れも増收
232626	朝鮮朝日	西北版	1933-01-27	1	07단	美しき奉仕作品展收入を全て社會事業へ全日本的に有名である篆刻家の加藤刀畔翁が
232627	朝鮮朝日	西北版	1933-01-27	1	07단	地方費の補助を要望明年度三萬圓で施工の鎮南浦の都市計劃
232628	朝鮮朝日	西北版	1933-01-27	1	07단	共産黨再建の巨魁洪遂に捕る上海にあって鮮内同志と聯絡し暗躍を續く
232629	朝鮮朝日	西北版	1933-01-27	1	08단	農村有力者と振興座談會平南道の各首腦部が一線に乗出して

일련번호	판명		간행일	면	단수	기사명
232630	朝鮮朝日	西北版	1933-01-27	1	08단	治維法違反の五名起訴さる
232631	朝鮮朝日	西北版	1933-01-27	1	09단	教習生入所式
232632	朝鮮朝日	西北版	1933-01-27	1	09단	塵箱に捨てた謎の石炭殼から新義州印刷會社の火災原因損害は四萬圓に上る
232633	朝鮮朝日	西北版	1933-01-27	1	09단	貧民救濟を名に七人組の强盗平北松溪洞に現れ富豪宅三戸を襲ふ
232634	朝鮮朝日	西北版	1933-01-27	1	10단	樂禮/柳京小話
232635	朝鮮朝日	西北版	1933-01-27	1	10단	人(土師盛貞氏(平北道知事))
232636	朝鮮朝日	南鮮版	1933-01-27	1	01단	銀盤に火を吐く明大も參加熱戰を豫想さるゝ滿鮮スケート大會
232637	朝鮮朝日	南鮮版	1933-01-27	1	01단	朝鮮體協愈よ改革斷行更生の首途に總會を開いて先づ會則を變更純然たる體育統制機關に
232638	朝鮮朝日	南鮮版	1933-01-27	1	01단	新正月黨殖える朝鮮では「舊正取引」減少
232639	朝鮮朝日	南鮮版	1933-01-27	1	01단	掘出し物句玉考古資料としての逸品
232640	朝鮮朝日	南鮮版	1933-01-27	1	01단	釜山郵便局の增築實現か
232641	朝鮮朝日	南鮮版	1933-01-27	1	02단	爭ひ合ひの漢時代出土品樂浪博物館に納まるかそれとも總督府か
232642	朝鮮朝日	南鮮版	1933-01-27	1	03단	だらしのない釜博航路釜山水上署から警告を發す
232643	朝鮮朝日	南鮮版	1933-01-27	1	03단	模範兒童表彰
232644	朝鮮朝日	南鮮版	1933-01-27	1	04단	會社總會
232645	朝鮮朝日	南鮮版	1933-01-27	1	04단	赤布架橋實現と決定
232646	朝鮮朝日	南鮮版	1933-01-27	1	04단	癩收容所は南鮮に二ヶ所設置石田警察部長の土産話
232647	朝鮮朝日	南鮮版	1933-01-27	1	04단	醫師藥劑師試驗の日割
232648	朝鮮朝日	南鮮版	1933-01-27	1	04단	七百の武裝匪賊に我警官隊包圍さる泗水壺附近で苦戰に陷り領事館へ急援を求む
232649	朝鮮朝日	南鮮版	1933-01-27	1	04단	公設市場の聯合繁榮會を釜山府で設立
232650	朝鮮朝日	南鮮版	1933-01-27	1	05단	南鮮ところどころ(木浦/大邱/大田)
232651	朝鮮朝日	南鮮版	1933-01-27	1	05단	インチキダンスに恐怖の電波ダンス狂ひは罷りならぬと檢番でも大叱言
232652	朝鮮朝日	南鮮版	1933-01-27	1	05단	勤勞奉仕の少年團組織
232653	朝鮮朝日	南鮮版	1933-01-27	1	05단	美しき奉仕作品展收入を全て社會事業へ全日本的に有名である篆刻家の加藤刀畔翁が
232654	朝鮮朝日	南鮮版	1933-01-27	1	06단	朝鮮人巡査試驗

일련번호	판명		간행일	면	단수	기사명
232655	朝鮮朝日	南鮮版	1933-01-27	1	06단	慶南の農試擴張
232656	朝鮮朝日	南鮮版	1933-01-27	1	07단	總督府官舍へ夜陰の投石
232657	朝鮮朝日	南鮮版	1933-01-27	1	07단	映畵界ニュースフィルム沒收評判の「ジキル博士とハイド」カットされた部分を映寫して
232658	朝鮮朝日	南鮮版	1933-01-27	1	07단	八ヶ所に石綿鑛發見春から採掘
232659	朝鮮朝日	南鮮版	1933-01-27	1	07단	釜山の御婦人達はトンと讀書がお嫌ひ昨年中の府立圖書館の閲覧割合はざっと男子の一分五釐
232660	朝鮮朝日	南鮮版	1933-01-27	1	08단	共産黨再建の巨魁洪遂に捕る上海にあって鮮内同志と聯絡し暗躍を續く
232661	朝鮮朝日	南鮮版	1933-01-27	1	08단	慶南の赤色農民組合事件五名は有罪
232662	朝鮮朝日	南鮮版	1933-01-27	1	09단	貧民救濟を名に七人組の強盜平北松溪洞に現れ富豪宅三戶を襲ふ
232663	朝鮮朝日	南鮮版	1933-01-27	1	09단	道制實施に伴ふ慶南道會議員定員は四十二名に
232664	朝鮮朝日	南鮮版	1933-01-27	1	10단	書籍專門賊
232665	朝鮮朝日	南鮮版	1933-01-27	1	10단	釜山の火事
232666	朝鮮朝日	南鮮版	1933-01-27	1	10단	釣錢詐欺
232667	朝鮮朝日	南鮮版	1933-01-27	1	10단	アル横顔
232668	朝鮮朝日	西北版	1933-01-28	1	01단	無煙炭時代木炭の生産減と煤煙禍防止から爲替關係までが好轉して四十五萬トン移出の豫想
232669	朝鮮朝日	西北版	1933-01-28	1	01단	たった一言で儲けた七、八萬圓徐渭が描いた粗末な老人畵岡本さんの人類愛
232670	朝鮮朝日	西北版	1933-01-28	1	01단	滿洲國の産業方針確立の機を捉へ安東發展協議會を開き中央政府を鞭撻
232671	朝鮮朝日	西北版	1933-01-28	1	03단	噂から噂へ微妙に動く參議・會頭・議長惑星は入り亂れて飛ぶ平壤は今や噂時代
232672	朝鮮朝日	西北版	1933-01-28	1	04단	人(竹內警察部長)
232673	朝鮮朝日	西北版	1933-01-28	1	04단	紀元の佳節御馳走安東部隊で
232674	朝鮮朝日	西北版	1933-01-28	1	04단	恩賜救療箱山地帶へ配布
232675	朝鮮朝日	西北版	1933-01-28	1	04단	農山漁村振興に飛躍を期待咸南の地方振興委員會
232676	朝鮮朝日	西北版	1933-01-28	1	05단	平元線促進の上京委員出發
232677	朝鮮朝日	西北版	1933-01-28	1	05단	平壤栗生産高
232678	朝鮮朝日	西北版	1933-01-28	1	05단	無煙炭カーが北部炭田で使用經費はガソリンの五分の一やがて實用時代へ

일련번호	판명		간행일	면	단수	기사명
232679	朝鮮朝日	西北版	1933-01-28	1	05단	坐礁した羅南丸大損傷はない
232680	朝鮮朝日	西北版	1933-01-28	1	06단	待合擴張の設計案成る新年度早々工事に着手美觀を呈す平壤驛
232681	朝鮮朝日	西北版	1933-01-28	1	06단	瀆職事件勃發か詐欺事件に關聯
232682	朝鮮朝日	西北版	1933-01-28	1	06단	一戸半燒失
232683	朝鮮朝日	西北版	1933-01-28	1	06단	水銀に中毒
232684	朝鮮朝日	西北版	1933-01-28	1	07단	モヒを密賣
232685	朝鮮朝日	西北版	1933-01-28	1	07단	一攫千金の群を廿數名檢擧す富籤行爲だとみなされた彩票が生んだ悲劇
232686	朝鮮朝日	西北版	1933-01-28	1	08단	産繭十萬石を目指して養蠶農家の擴大と生産技術の更新に努力
232687	朝鮮朝日	西北版	1933-01-28	1	08단	貧困兒童に衣食を供給その方法は極内密
232688	朝鮮朝日	西北版	1933-01-28	1	09단	若妻殺し事件公判三月七八兩日
232689	朝鮮朝日	西北版	1933-01-28	1	09단	金塊密輸公判
232690	朝鮮朝日	西北版	1933-01-28	1	10단	舊年末の强盜三件嚴重な警戒網を潜って
232691	朝鮮朝日	西北版	1933-01-28	1	10단	もよほし(滿鐵社員會講演會)
232692	朝鮮朝日	西北版	1933-01-28	1	10단	樂禮/柳京小話
232693	朝鮮朝日	南鮮版	1933-01-28	1	01단	いよいよ京城に生れる少年團團長さんは井上府尹/各地の優良兒表彰(御成婚記念日に京城各初等學校で兒童奬學の表彰式擧行/釜山の表彰學童總數三十四名)
232694	朝鮮朝日	南鮮版	1933-01-28	1	01단	新學期から京城醫專を滿洲國人に開放愈よ學則の改正認可學徒による兩國親交/學窓を巢立つ乙女達の志望職業婦人の希望がことしはめっきり殖えた釜山高等女學校の調べ
232695	朝鮮朝日	南鮮版	1933-01-28	1	01단	舊正月を働いて癩協基金寄附慶南の勞働者達が競うて
232696	朝鮮朝日	南鮮版	1933-01-28	1	02단	ものものしい仔犬公賣近頃の珍入札
232697	朝鮮朝日	南鮮版	1933-01-28	1	03단	群山鄕軍分會館落成
232698	朝鮮朝日	南鮮版	1933-01-28	1	04단	物價續々値上寒氣續きで石炭又も値上/味噌と醬油
232699	朝鮮朝日	南鮮版	1933-01-28	1	04단	社交ダンス眞面目なものなら彈壓は加へぬ家庭內や私的パーティは默認ダンスホールの許可は愼重に
232700	朝鮮朝日	南鮮版	1933-01-28	1	05단	金剛山の僧侶强盜に十年の求刑
232701	朝鮮朝日	南鮮版	1933-01-28	1	05단	南鮮ところどころ(仁川/大邱/晉州)
232702	朝鮮朝日	南鮮版	1933-01-28	1	06단	小遣錢に辻强盜慶南の山中で
232703	朝鮮朝日	南鮮版	1933-01-28	1	07단	卒業生の野菜賣健氣なこどもに利益配當

일련번호	판명		간행일	면	단수	기사명
232704	朝鮮朝日	南鮮版	1933-01-28	1	07단	釜山高女に國旗揭揚台
232705	朝鮮朝日	南鮮版	1933-01-28	1	07단	左書きの贋札
232706	朝鮮朝日	南鮮版	1933-01-28	1	07단	トンだ人騷がせ火災の僞申告で恐悅する分別盛りの男面白半分のいたづら
232707	朝鮮朝日	南鮮版	1933-01-28	1	07단	この春の觀光船便り朝鮮へはレゾリュート號たゞ一隻きり來訪
232708	朝鮮朝日	南鮮版	1933-01-28	1	08단	氷點下１２度窓ガラスも凍る釜山地方の寒さ/水道の鐵管破裂係員眼を廻す
232709	朝鮮朝日	南鮮版	1933-01-28	1	10단	番犬を飼ふチンピラ組の竊盜團捕はる
232710	朝鮮朝日	南鮮版	1933-01-28	1	10단	學生の服毒
232711	朝鮮朝日	南鮮版	1933-01-28	1	10단	公金の拐帶犯人二年目に逮捕
232712	朝鮮朝日	南鮮版	1933-01-28	1	10단	胴體眞二つ黃澗トンネルの轢死體
232713	朝鮮朝日	南鮮版	1933-01-28	1	10단	もよほし(講道館支部進級式)
232714	朝鮮朝日	南鮮版	1933-01-28	1	10단	人(宇垣總督/宍戶海軍大佐(鎭海要港部參謀長))
232715	朝鮮朝日	西北版	1933-01-29	1	01단	新人の集ひ古き平壤を捨て黎明の鐘を撞く若さの熱と正義觀もて生まれんとする春秋會
232716	朝鮮朝日	西北版	1933-01-29	1	01단	民間側も蹶起し總督府へ陳情大同江改修の年限短縮に官民呼應し猛運動
232717	朝鮮朝日	西北版	1933-01-29	1	01단	春とともに艶かな躍進飛躍線上の城津港
232718	朝鮮朝日	西北版	1933-01-29	1	01단	商工役員會
232719	朝鮮朝日	西北版	1933-01-29	1	02단	小賣物價續騰
232720	朝鮮朝日	西北版	1933-01-29	1	02단	循環道路の完成を計る八年度から自力で着工の鎭南浦都計
232721	朝鮮朝日	西北版	1933-01-29	1	03단	米價高から地稅は完納農村は通貨が行渡る山地財務の視察談
232722	朝鮮朝日	西北版	1933-01-29	1	04단	養源調査員出發
232723	朝鮮朝日	西北版	1933-01-29	1	04단	飛行場の附近に競馬場新設
232724	朝鮮朝日	西北版	1933-01-29	1	04단	平北の果實收穫高
232725	朝鮮朝日	西北版	1933-01-29	1	04단	乘組員卅一名の運命氣遣はる船體の救助全く絶望に陷る鎭南浦沖合で坐礁した新屯丸/荷主連は大恐慌積荷十五萬圓/乘組員三名水上に取殘さる
232726	朝鮮朝日	西北版	1933-01-29	1	05단	平南織物と栗の輸出を斡旋サンプルを送付して三菱出張所の手で
232727	朝鮮朝日	西北版	1933-01-29	1	05단	有望な金鑛
232728	朝鮮朝日	西北版	1933-01-29	1	06단	平北漁組の水産物滿洲へ進出計劃
232729	朝鮮朝日	西北版	1933-01-29	1	06단	國境警備の警察官へ同情あつまる

일련번호	판명		간행일	면	단수	기사명
232730	朝鮮朝日	西北版	1933-01-29	1	07단	音樂隊復活す
232731	朝鮮朝日	西北版	1933-01-29	1	07단	節約して寄附
232732	朝鮮朝日	西北版	1933-01-29	1	07단	耐寒演習の日程變更す
232733	朝鮮朝日	西北版	1933-01-29	1	07단	煙草の吸殼を集めて惠與苦界に咲く美談
232734	朝鮮朝日	西北版	1933-01-29	1	07단	新らしい犯罪に金の密輸出
232735	朝鮮朝日	西北版	1933-01-29	1	07단	純情な警察官俸給二ヶ月分を投げ出して貧困に泣く七十餘名に惠與中央大學出の朴君
232736	朝鮮朝日	西北版	1933-01-29	1	07단	國境に咲いた赤い花專らの評判
232737	朝鮮朝日	西北版	1933-01-29	1	07단	渡邊以外に眞犯人なし保安課で證據固めに活動謎の若妻殺し事件
232738	朝鮮朝日	西北版	1933-01-29	1	08단	虛榮心が强く大ざっぱで主婦としては考へものだお嫁さんに貰ひ手がない
232739	朝鮮朝日	西北版	1933-01-29	1	09단	流氷盛ん時々、鎭南浦沖合で汽船が立往生する
232740	朝鮮朝日	西北版	1933-01-29	1	09단	瀆職事件判決
232741	朝鮮朝日	西北版	1933-01-29	1	09단	人(阿部平壤府尹)
232742	朝鮮朝日	西北版	1933-01-29	1	10단	赤い女性に懲役各二年
232743	朝鮮朝日	西北版	1933-01-29	1	10단	樂禮/柳京小話
232744	朝鮮朝日	南鮮版	1933-01-29	1	01단	乘組員二十二名辛くも救助さる鎭南浦沖で遭難の新屯丸船體の救助全く絶望/一部乘組員救助に成功ひよどり丸必死の救援作業/荷主連は大恐慌積荷十五萬圓
232745	朝鮮朝日	南鮮版	1933-01-29	1	01단	湖南に渦卷く稅務監督局問題土地繁榮を目指し各都市に猛烈な爭奪戰起る
232746	朝鮮朝日	南鮮版	1933-01-29	1	01단	本年の米穀大會朝鮮で開催する計劃
232747	朝鮮朝日	南鮮版	1933-01-29	1	01단	京城商議豫算決定退職議員表彰
232748	朝鮮朝日	南鮮版	1933-01-29	1	03단	期待さるゝ貿易展覽會
232749	朝鮮朝日	南鮮版	1933-01-29	1	04단	慶北では五割果然色服熱旺盛人夫も色服着用者を採用各所で染色講習始まる
232750	朝鮮朝日	南鮮版	1933-01-29	1	05단	鐵道養成所新入生募集
232751	朝鮮朝日	南鮮版	1933-01-29	1	05단	御法度のダンスでカフェにお灸
232752	朝鮮朝日	南鮮版	1933-01-29	1	05단	慶北酒造界に「更生の春」インフレ景氣の波に乘る淸酒造石高の激增
232753	朝鮮朝日	南鮮版	1933-01-29	1	05단	團平船問題圓滿解決す萬事を府に委せて
232754	朝鮮朝日	南鮮版	1933-01-29	1	06단	スポーツ(待たるゝ氷上競技明大との對抗競技)
232755	朝鮮朝日	南鮮版	1933-01-29	1	06단	農村振興はまづ經濟更生から總督府で根本方針を決定し愈五ヶ年計劃で着手

일련번호	판명		간행일	면	단수	기사명
232756	朝鮮朝日	南鮮版	1933-01-29	1	07단	南鮮ところどころ(仁川/大田/大邱)
232757	朝鮮朝日	南鮮版	1933-01-29	1	07단	漁港卅二ヶ所に防波堤築造暴風雨に備へて
232758	朝鮮朝日	南鮮版	1933-01-29	1	07단	思惑連も斷念地金の移入殆ど跡を絶つ嚴しい檢擧を恐れて
232759	朝鮮朝日	南鮮版	1933-01-29	1	08단	行商の女に峠で暴行强奪
232760	朝鮮朝日	南鮮版	1933-01-29	1	08단	女給の衣類を飲む
232761	朝鮮朝日	南鮮版	1933-01-29	1	08단	水道量水器の盜難頻發す
232762	朝鮮朝日	南鮮版	1933-01-29	1	09단	指を切り瀕死の母親に輸血京城孝悌洞の孝子
232763	朝鮮朝日	南鮮版	1933-01-29	1	09단	寒さで凍る汚水路上に凍結して通行危險
232764	朝鮮朝日	南鮮版	1933-01-29	1	10단	海老を盜む
232765	朝鮮朝日	南鮮版	1933-01-29	1	10단	電線泥棒捕はる
232766	朝鮮朝日	南鮮版	1933-01-29	1	10단	アル横顔
232767	朝鮮朝日	南鮮版	1933-01-29	1	10단	もよほし(明村里靑年團組織)
232768	朝鮮朝日	南鮮版	1933-01-29	1	10단	人(大野謙一氏(新任本府學務課長)/岡信俠助氏(殖産局事務官)/大河原重信氏(慶北警務部長)/宍戸大佐/巖佐憲兵司令官)
232769	朝鮮朝日	西北版	1933-01-31	1	01단	約四十萬圓の大斧鉞を加へる新規事業は枕を竝べて削減平南の明年度地方費豫算
232770	朝鮮朝日	西北版	1933-01-31	1	01단	起債關係の新規事業を語る阿部平壤府尹上城し總督府の諒解を得て歸る
232771	朝鮮朝日	西北版	1933-01-31	1	01단	川岸侍從武官の傳達式(茂山署)
232772	朝鮮朝日	西北版	1933-01-31	1	02단	井上機の破片でも手に入れたい長嶺大佐新義州で語る
232773	朝鮮朝日	西北版	1933-01-31	1	03단	靴下製造に力を入れる助成資金を貸付く
232774	朝鮮朝日	西北版	1933-01-31	1	04단	船橋里郵便局
232775	朝鮮朝日	西北版	1933-01-31	1	04단	建國祭は盛大に平壤府で準備
232776	朝鮮朝日	西北版	1933-01-31	1	04단	智能的犯罪が二割も激增檢擧率は九割二分平南昨年中の犯罪
232777	朝鮮朝日	西北版	1933-01-31	1	05단	寫眞((上)鎭南浦朝日旅館に打寬いた遭難船新屯丸の高級乘組員(下)同救助された滿洲國人乘組員)
232778	朝鮮朝日	西北版	1933-01-31	1	05단	道評議會開會は無期延期となる道令改正を前に現議員での豫算審議に疑義を生じて
232779	朝鮮朝日	西北版	1933-01-31	1	05단	新平北知事初度巡視
232780	朝鮮朝日	西北版	1933-01-31	1	05단	陸軍共同墓地移轉

일련번호	판명		간행일	면	단수	기사명
232781	朝鮮朝日	西北版	1933-01-31	1	06단	簡保宣傳映畫
232782	朝鮮朝日	西北版	1933-01-31	1	06단	特別入場券發行
232783	朝鮮朝日	西北版	1933-01-31	1	06단	氣候風土を利し咸南の亞麻明年以降內地へ進出
232784	朝鮮朝日	西北版	1933-01-31	1	06단	炭坑襲擊事件の首魁赤色事件の張
232785	朝鮮朝日	西北版	1933-01-31	1	07단	强盜二名を逮捕
232786	朝鮮朝日	西北版	1933-01-31	1	07단	胃腸藥の稀薄を過り遂に悶死す
232787	朝鮮朝日	西北版	1933-01-31	1	08단	空家が多い
232788	朝鮮朝日	西北版	1933-01-31	1	08단	窮民に同情
232789	朝鮮朝日	西北版	1933-01-31	1	08단	緬羊の飼育は平南には適せぬ南鮮同樣に棉作を奬勵かまだ何等の指示がない
232790	朝鮮朝日	西北版	1933-01-31	1	08단	涙ぐましい一兵士の美擧慰問の金品を割き貧民へ生きた修身教科書
232791	朝鮮朝日	西北版	1933-01-31	1	09단	思想上の內查を嚴重に行ふ中等學校の志願者に
232792	朝鮮朝日	西北版	1933-01-31	1	09단	樂禮/柳京小話
232793	朝鮮朝日	西北版	1933-01-31	1	10단	水道栓凍結
232794	朝鮮朝日	西北版	1933-01-31	1	10단	暢氣な凍死者
232795	朝鮮朝日	西北版	1933-01-31	1	10단	人(永野親彥少佐(元安東憲兵分隊長))
232796	朝鮮朝日	南鮮版	1933-01-31	1	01단	半島の鑛業時代に備ふる諸法令完備す改正の朝鮮鑛業令規定は二月十六日から實施
232797	朝鮮朝日	南鮮版	1933-01-31	1	01단	井上機の破片でも手に入れたい長嶺大佐新義州で語る
232798	朝鮮朝日	南鮮版	1933-01-31	1	01단	釜山、海雲台間鐵道開通は明年に延びる
232799	朝鮮朝日	南鮮版	1933-01-31	1	01단	慶南中等校入學試驗日割
232800	朝鮮朝日	南鮮版	1933-01-31	1	02단	新兵さん元氣で憧れの滿洲へ長旅の疲れをスッカリ休めた釜山の一夜
232801	朝鮮朝日	南鮮版	1933-01-31	1	04단	五靑年團を慶南が公認
232802	朝鮮朝日	南鮮版	1933-01-31	1	04단	賑はふ藥市高まる藥草熱茶山面に甘草栽培
232803	朝鮮朝日	南鮮版	1933-01-31	1	04단	涙ぐましい一兵士の美擧慰問の金品を割き貧民へ生きた修身教科書
232804	朝鮮朝日	南鮮版	1933-01-31	1	05단	氣候風土を利し咸南の亞麻明年以降內地へ進出
232805	朝鮮朝日	南鮮版	1933-01-31	1	05단	大新町の用地買收
232806	朝鮮朝日	南鮮版	1933-01-31	1	05단	無責任な誤診で傳染病院滿員をかしいと思ったらまづ血液檢査を受けよ
232807	朝鮮朝日	南鮮版	1933-01-31	1	06단	メリヂスト釜山教會堂落成
232808	朝鮮朝日	南鮮版	1933-01-31	1	06단	釜山府史復活決定三年繼續事業

일련번호	판명		간행일	면	단수	기사명
232809	朝鮮朝日	南鮮版	1933-01-31	1	06단	小作調停令實施と釜山法院
232810	朝鮮朝日	南鮮版	1933-01-31	1	06단	慶南の癩基金遂に十六萬圓に達す
232811	朝鮮朝日	南鮮版	1933-01-31	1	07단	南鮮ところどころ(群山/木浦/大田/光州)
232812	朝鮮朝日	南鮮版	1933-01-31	1	07단	女給さんの改稱問題首を捻って見るがトンと名案も浮んで來ない
232813	朝鮮朝日	南鮮版	1933-01-31	1	08단	智能的犯罪が二割も激增檢擧率は九割二分平南昨年中の犯罪
232814	朝鮮朝日	南鮮版	1933-01-31	1	08단	農家を霑す慶南の叺生産本年は六十八萬枚
232815	朝鮮朝日	南鮮版	1933-01-31	1	08단	市街淨化塵芥を貯めぬ工夫京城府衛生課の試み
232816	朝鮮朝日	南鮮版	1933-01-31	1	09단	經營方針を一變大衆に呼かける京城の商工獎勵館
232817	朝鮮朝日	南鮮版	1933-01-31	1	10단	アル橫顔

1933년 2월 (조선아사히)

일련번호	판명		간행일	면	단수	기사명
232818	朝鮮朝日	西北版	1933-02-01	1	01단	視聽を集む植桑獎勵法は如何にすべきか全面的可か集中的可か藤原知事の裁決如何に
232819	朝鮮朝日	西北版	1933-02-01	1	01단	凍土を掘って雪の野に坐る銃劍を握る兵士に護られて○○線敷設班の尊い姿
232820	朝鮮朝日	西北版	1933-02-01	1	04단	綿繰工場設置
232821	朝鮮朝日	西北版	1933-02-01	1	04단	無料歡迎入場券府民に配布
232822	朝鮮朝日	西北版	1933-02-01	1	05단	軍政布かれてこゝに滿三十年記念すべき五月十一日大慶祝計劃の安東縣
232823	朝鮮朝日	西北版	1933-02-01	1	05단	危機に直面す北部炭田の稼行開始の外に咸南、江原兩道の稼行が有望獨占期去る平壤炭
232824	朝鮮朝日	西北版	1933-02-01	1	06단	電氣統制と農村の電化各社で送電を計劃
232825	朝鮮朝日	西北版	1933-02-01	1	06단	永い間の懸案於之屯水組漸く創立の機運
232826	朝鮮朝日	西北版	1933-02-01	1	06단	スキー朝鮮選手
232827	朝鮮朝日	西北版	1933-02-01	1	06단	新設の代りに中央部へ移轉か臨時費の國費補助不可能で平壤の職業紹介所
232828	朝鮮朝日	西北版	1933-02-01	1	08단	農産物展覽品評會
232829	朝鮮朝日	西北版	1933-02-01	1	08단	平高女講堂案外に難産財務局では氣乘薄
232830	朝鮮朝日	西北版	1933-02-01	1	08단	起債の關係では八台を更新す新式ボギー車一台も平壤の電車更新案
232831	朝鮮朝日	西北版	1933-02-01	1	08단	身柄を咸南へ
232832	朝鮮朝日	西北版	1933-02-01	1	08단	反物商を荒す
232833	朝鮮朝日	西北版	1933-02-01	1	09단	元山武道大會
232834	朝鮮朝日	西北版	1933-02-01	1	09단	酒保の悲鳴
232835	朝鮮朝日	西北版	1933-02-01	1	09단	龍塘浦港に定期航路開く大阪商船の手により毎月三回寄港す
232836	朝鮮朝日	西北版	1933-02-01	1	10단	トラック粉碎さる列車に激突し
232837	朝鮮朝日	西北版	1933-02-01	1	10단	樂禮/柳京小話
232838	朝鮮朝日	西北版	1933-02-01	1	10단	殺人鬼近く送局
232839	朝鮮朝日	南鮮版	1933-02-01	1	01단	自作農創定は何處迄實績を擧げる注目される總督府の計劃/北海道米移入禁止で全鮮業者に大働動まづ釜山から烽火あがる/肥料吹の製織で疲弊の農村潤ふ力注ぐ忠淸南道/八年度の水利事業主任會議で決定/慶北農村の更生策なる/農業倉庫と火保

일련번호	판명		간행일	면	단수	기사명
232840	朝鮮朝日	南鮮版	1933-02-01	1	02단	光を失ふもの愛慾からの罪十二年と七年の判決/トラック粉砕さる列車に激突し/戀から放火/開城府廳舍ボヤ/投石怪犯人女中と判明/僞强盜の訴へ/五千圓の請求訴訟吉田鐵道局長に仁川の女から/女學生二名哀れ轢かる魔の場所で/殺人鬼近く送局
232841	朝鮮朝日	南鮮版	1933-02-01	1	03단	防寒服の配給を受けて勇躍渡滿の初年兵部隊
232842	朝鮮朝日	南鮮版	1933-02-01	1	04단	釜山商實生募集
232843	朝鮮朝日	南鮮版	1933-02-01	1	05단	慶北八年度の地方費豫算
232844	朝鮮朝日	南鮮版	1933-02-01	1	05단	渡滿部隊に淸酒を府と道が贈る/北間島地方全く平穩に皇軍駐屯熱望
232845	朝鮮朝日	南鮮版	1933-02-01	1	06단	前遞信局長蒲原氏逝く美しい掩話現はる
232846	朝鮮朝日	南鮮版	1933-02-01	1	06단	滯稅十七萬圓納稅の督保、差押へ處分等惱みぬく京城府當局
232847	朝鮮朝日	南鮮版	1933-02-01	1	06단	朝鮮神宮節分祭
232848	朝鮮朝日	南鮮版	1933-02-01	1	06단	國際連絡運輸換費率決定
232849	朝鮮朝日	南鮮版	1933-02-01	1	07단	南鮮ところどころ(京城)
232850	朝鮮朝日	南鮮版	1933-02-01	1	07단	京城と釜山に販賣所設立朝鮮商事の露油販賣
232851	朝鮮朝日	南鮮版	1933-02-01	1	07단	問題視される水道鐵管の破裂技術上輕視できぬ
232852	朝鮮朝日	南鮮版	1933-02-01	1	08단	バス郊外線廢止の影響商議所で調査
232853	朝鮮朝日	南鮮版	1933-02-01	1	08단	仔犬の珍入札で賣場金百六圓
232854	朝鮮朝日	南鮮版	1933-02-01	1	09단	流言蜚語を嚴重取締る憲兵隊が徹底的に
232855	朝鮮朝日	南鮮版	1933-02-01	1	09단	各方面で採氷を開始
232856	朝鮮朝日	南鮮版	1933-02-01	1	10단	赤字對策に木炭自動車大邱府で計劃
232857	朝鮮朝日	南鮮版	1933-02-01	1	10단	城大勝つスキー朝鮮選手
232858	朝鮮朝日	南鮮版	1933-02-01	1	10단	アル橫顔
232859	朝鮮朝日	西北版	1933-02-02	1	01단	平壤の生命線確保のために擧市的猛運動へ大同江改修と驛の改築に誠意なき總督府に迫る
232860	朝鮮朝日	西北版	1933-02-02	1	01단	平壤に觀光協會愈よ春をまって實現する府も會議所も豫算を計上近く具體案を協議
232861	朝鮮朝日	西北版	1933-02-02	1	01단	窮乏細民の起死回生策綠肥堆肥を獎勵指導する積極的に施肥改良
232862	朝鮮朝日	西北版	1933-02-02	1	03단	恩賜診療券入院治療券取扱方嚴達

일련번호	판명		간행일	면	단수	기사명
232863	朝鮮朝日	西北版	1933-02-02	1	03단	一郡のみで釜繭一萬石突破三月十七日に祝賀會お自慢の平南成川
232864	朝鮮朝日	西北版	1933-02-02	1	03단	內務部長に要望
232865	朝鮮朝日	西北版	1933-02-02	1	04단	もよほし(家事研究會)
232866	朝鮮朝日	西北版	1933-02-02	1	04단	運賃割引を積込手數料二月末後決定
232867	朝鮮朝日	西北版	1933-02-02	1	04단	警察官に醫療の實務を指導
232868	朝鮮朝日	西北版	1933-02-02	1	05단	アルミナ工場が西鮮に實現か總督府が特に努力を拂ふ電氣統制の副産物
232869	朝鮮朝日	西北版	1933-02-02	1	05단	支那語講習會
232870	朝鮮朝日	西北版	1933-02-02	1	05단	入學志願者の思想方面內査
232871	朝鮮朝日	西北版	1933-02-02	1	05단	中等學生に航空思想鼓吹六十名の希望者を飛行機に乗せる
232872	朝鮮朝日	西北版	1933-02-02	1	06단	優良店員を表彰
232873	朝鮮朝日	西北版	1933-02-02	1	06단	農村振興講習會
232874	朝鮮朝日	西北版	1933-02-02	1	06단	奇特な慰問金
232875	朝鮮朝日	西北版	1933-02-02	1	07단	貯蓄銀行平壤支店設置に決る
232876	朝鮮朝日	西北版	1933-02-02	1	07단	橋本大尉原作國境血陣錄平壤で上演す
232877	朝鮮朝日	西北版	1933-02-02	1	07단	地方教化の巡廻講演
232878	朝鮮朝日	西北版	1933-02-02	1	08단	自給肥料增産を徹底的に獎勵共同配合、施肥面積擴張で施肥の圓滑を期す
232879	朝鮮朝日	西北版	1933-02-02	1	08단	咸南沿岸の明太漁業素晴しい活況
232880	朝鮮朝日	西北版	1933-02-02	1	08단	職業婦人の希望者は皆無七割が上級校を志願朝鮮のみの特異性
232881	朝鮮朝日	西北版	1933-02-02	1	08단	吳天一起訴
232882	朝鮮朝日	西北版	1933-02-02	1	08단	殺人鬼送局
232883	朝鮮朝日	西北版	1933-02-02	1	09단	列車轉覆を企つ
232884	朝鮮朝日	西北版	1933-02-02	1	09단	極めて好成績な取立手形の特裁實施後一名のみ違反
232885	朝鮮朝日	西北版	1933-02-02	1	10단	列車に投石
232886	朝鮮朝日	西北版	1933-02-02	1	10단	電車事故二件
232887	朝鮮朝日	西北版	1933-02-02	1	10단	樂禮/柳京小話
232888	朝鮮朝日	南鮮版	1933-02-02	1	01단	愈よ昂まる祖國愛！各地の大歡迎受けて渡滿部隊北行す京城驛の通過時刻渡滿部隊各部隊釜山發
232889	朝鮮朝日	南鮮版	1933-02-02	1	01단	對滿貿易振興に一エポックを劃す！最初は小規模に堅實方針で生れ出る朝鮮對滿輸出協會/群山商議所總會
232890	朝鮮朝日	南鮮版	1933-02-02	1	01단	稅務監督局を全州と光州が奪合ひ成行きを注目さる

일련번호	판명		간행일	면	단수	기사명
232891	朝鮮朝日	南鮮版	1933-02-02	1	02단	有賀頭取歸來談
232892	朝鮮朝日	南鮮版	1933-02-02	1	03단	原案の一部修正大邱商議總會
232893	朝鮮朝日	南鮮版	1933-02-02	1	03단	南鮮ところどころ(京城/浦項/群山/仁川/大邱)
232894	朝鮮朝日	南鮮版	1933-02-02	1	04단	人(西龜總督府術生課長)
232895	朝鮮朝日	南鮮版	1933-02-02	1	04단	不動産融資豫定通り三百萬圓に總督府から大藏省に交渉
232896	朝鮮朝日	南鮮版	1933-02-02	1	05단	朴泳孝侯爵快癒
232897	朝鮮朝日	南鮮版	1933-02-02	1	06단	祝祭日には國旗を揭げて下さい
232898	朝鮮朝日	南鮮版	1933-02-02	1	06단	悲しき凱旋遺骨鄕里へ
232899	朝鮮朝日	南鮮版	1933-02-02	1	07단	客貨車を喰ふ犯罪釜山署活動
232900	朝鮮朝日	南鮮版	1933-02-02	1	07단	京城健兒團を設立內鮮兒童二百名をもって學校教育と心身を鍊磨する
232901	朝鮮朝日	南鮮版	1933-02-02	1	08단	惡所通ひからの猫自殺と判明す京城遊廓怪事件判決
232902	朝鮮朝日	南鮮版	1933-02-02	1	08단	二等兵又も逃亡
232903	朝鮮朝日	南鮮版	1933-02-02	1	09단	紅蔘三萬圓の大密輸發覺す釜山驛で二口を押收
232904	朝鮮朝日	南鮮版	1933-02-02	1	09단	哀れ凍死
232905	朝鮮朝日	南鮮版	1933-02-02	1	10단	お家騷動四名有罪に
232906	朝鮮朝日	南鮮版	1933-02-02	1	10단	長岡大佐の長女慘死す圓タクのため
232907	朝鮮朝日	南鮮版	1933-02-02	1	10단	アル橫顔
232908	朝鮮朝日	南鮮版	1933-02-02	1	10단	放火か
232909	朝鮮朝日	西北版	1933-02-03	1	01단	戰爭文學の偉大な金字塔『國境血陣錄』成る皇道遍照を說く討伐軍橋本大尉の劇作
232910	朝鮮朝日	西北版	1933-02-03	1	01단	若き職業婦人の就職難解消だニデパートが景氣よく增員３３年平壤商店街
232911	朝鮮朝日	西北版	1933-02-03	1	01단	乘馬を用意し選擧に備へる早くも機運うごく平南道會議員選擧
232912	朝鮮朝日	西北版	1933-02-03	1	01단	藤原知事上城
232913	朝鮮朝日	西北版	1933-02-03	1	01단	地方振興會發會式
232914	朝鮮朝日	西北版	1933-02-03	1	02단	總勢五十名で南滿の寶庫東邊道の經濟調查
232915	朝鮮朝日	西北版	1933-02-03	1	03단	運轉手試驗回數を增加
232916	朝鮮朝日	西北版	1933-02-03	1	03단	五萬五千圓沙防工事で勞銀を撒布
232917	朝鮮朝日	西北版	1933-02-03	1	04단	二度目の獻金
232918	朝鮮朝日	西北版	1933-02-03	1	04단	奇特な警官の妻
232919	朝鮮朝日	西北版	1933-02-03	1	04단	擴張說備の具體案を作成經費捻出に鐵道局へ猛運動鎭南浦擴張打合會

일련번호	판명		간행일	면	단수	기사명
232920	朝鮮朝日	西北版	1933-02-03	1	05단	二氏上城す大同江改修速成と平醫昇格問題を提げて
232921	朝鮮朝日	西北版	1933-02-03	1	06단	解氷と共に工事を開始既に材料を購入す箕林里電車複線
232922	朝鮮朝日	西北版	1933-02-03	1	07단	野積資金の利用各地とも好成績
232923	朝鮮朝日	西北版	1933-02-03	1	08단	七十餘萬噸を突破と豫想記録的數字を示す本年の平南炭稼行量
232924	朝鮮朝日	西北版	1933-02-03	1	08단	猩紅熱流行
232925	朝鮮朝日	西北版	1933-02-03	1	08단	貴重な出土品
232926	朝鮮朝日	西北版	1933-02-03	1	08단	インフレ景氣で牛豚の値が暴騰牛は昨年より一頭三十四圓農民は大喜びだ
232927	朝鮮朝日	西北版	1933-02-03	1	08단	無許可金融業を嚴重に取締る銀行法に抵觸する
232928	朝鮮朝日	西北版	1933-02-03	1	08단	大和校優勝
232929	朝鮮朝日	西北版	1933-02-03	1	08단	血書の激勵文
232930	朝鮮朝日	西北版	1933-02-03	1	08단	殺人を否認
232931	朝鮮朝日	西北版	1933-02-03	1	09단	拳銃を拾得
232932	朝鮮朝日	西北版	1933-02-03	1	09단	直通列車は折返し運轉清津に寄らぬ
232933	朝鮮朝日	西北版	1933-02-03	1	10단	樂禮/柳京小話
232934	朝鮮朝日	西北版	1933-02-03	1	10단	工場赤化の一味送らる
232935	朝鮮朝日	西北版	1933-02-03	1	10단	赤色勞組一味送局
232936	朝鮮朝日	南鮮版	1933-02-03	1	01단	襲ひ來る外材に脅威の鮮內木材界早くも前途を憂慮さる
232937	朝鮮朝日	南鮮版	1933-02-03	1	01단	各地の事情を參酌し穀物檢查法を實施當局の諒解ある回答に接し集團檢查反對問題解決
232938	朝鮮朝日	南鮮版	1933-02-03	1	01단	日章旗の波と歡呼の聲あふる渡滿部隊京城通過/第四陣釜山出發
232939	朝鮮朝日	南鮮版	1933-02-03	1	01단	獻穀奉耕者詳考
232940	朝鮮朝日	南鮮版	1933-02-03	1	02단	京東鐵決算
232941	朝鮮朝日	南鮮版	1933-02-03	1	02단	南鮮ところどころ(裡里/京城/晉州/開城/大田/大邱/釜山)
232942	朝鮮朝日	南鮮版	1933-02-03	1	03단	釜山府の幹線道路工事準備進む
232943	朝鮮朝日	南鮮版	1933-02-03	1	03단	六十萬圓を投じて木浦上水道擴張
232944	朝鮮朝日	南鮮版	1933-02-03	1	04단	慶南道評議會
232945	朝鮮朝日	南鮮版	1933-02-03	1	04단	振興講習大盛況
232946	朝鮮朝日	南鮮版	1933-02-03	1	04단	南山沙防工事又も逆轉す
232947	朝鮮朝日	南鮮版	1933-02-03	1	05단	昭陽江スケート大會

일련번호	판명		간행일	면	단수	기사명
232948	朝鮮朝日	南鮮版	1933-02-03	1	05단	愈よ成案を得た中樞院の改革參議に功勞者を任命
232949	朝鮮朝日	南鮮版	1933-02-03	1	05단	卅年の結髮淸算三名に卽賞
232950	朝鮮朝日	南鮮版	1933-02-03	1	06단	沙防地の山麓美化櫻、楓、萩等で
232951	朝鮮朝日	南鮮版	1933-02-03	1	07단	ホッケー鐵道慘敗
232952	朝鮮朝日	南鮮版	1933-02-03	1	07단	痘瘡中部地方に蔓延是非種痘して下さい
232953	朝鮮朝日	南鮮版	1933-02-03	1	07단	木浦全倉庫米棉で滿腹更に倉庫急造
232954	朝鮮朝日	南鮮版	1933-02-03	1	08단	消防用の井戶掘鑿大邱で計劃
232955	朝鮮朝日	南鮮版	1933-02-03	1	08단	人間愛をきづなに內鮮融化の美談
232956	朝鮮朝日	南鮮版	1933-02-03	1	09단	常習的の紳士賭博仁川署活動
232957	朝鮮朝日	南鮮版	1933-02-03	1	09단	數年間に互り二重帳簿で脫稅二名の計劃的惡事發覺嚴重に取締る府當局
232958	朝鮮朝日	南鮮版	1933-02-03	1	10단	一審通り求刑取引所令違反事件
232959	朝鮮朝日	南鮮版	1933-02-03	1	10단	アル橫顔
232960	朝鮮朝日	西北版	1933-02-04	1	01단	良き港・良き設備十二項目に互り大改善を加ふ二十五萬圓を捻出して鎭南浦港の狹隘を緩和
232961	朝鮮朝日	西北版	1933-02-04	1	01단	スケート王國の豪勢な熱意女學生にフィギュアー奬勵各學校では正課に
232962	朝鮮朝日	西北版	1933-02-04	1	03단	ぜんざいを御馳走士氣を鼓舞す
232963	朝鮮朝日	西北版	1933-02-04	1	03단	北鮮商銀俄然疑惑の焦點小林取締役突如拘引さる金前支配人も留置
232964	朝鮮朝日	西北版	1933-02-04	1	04단	偵察機○機平壤に到着
232965	朝鮮朝日	西北版	1933-02-04	1	04단	鎭南浦は失張不凍港
232966	朝鮮朝日	西北版	1933-02-04	1	04단	新嘗祭獻穀田
232967	朝鮮朝日	西北版	1933-02-04	1	04단	知事に要望
232968	朝鮮朝日	西北版	1933-02-04	1	04단	牛肉と豚肉四割の値上
232969	朝鮮朝日	西北版	1933-02-04	1	05단	一キロの電力料現在の半額電氣統制後の西鮮
232970	朝鮮朝日	西北版	1933-02-04	1	05단	子福長者の門脇氏着任新平壤專賣長
232971	朝鮮朝日	西北版	1933-02-04	1	05단	鎭南浦米好評
232972	朝鮮朝日	西北版	1933-02-04	1	05단	區域外に水稅を賦課
232973	朝鮮朝日	西北版	1933-02-04	1	06단	一年振りに逮捕
232974	朝鮮朝日	西北版	1933-02-04	1	06단	我國最初の警察用無電安東警察署自慢の無電台活動開始は五月頃
232975	朝鮮朝日	西北版	1933-02-04	1	07단	動力料の鞘を餘り取過ぎるこれでは工業都市平壤の實現は絶望と非難
232976	朝鮮朝日	西北版	1933-02-04	1	08단	佐藤畫伯邑里へ
232977	朝鮮朝日	西北版	1933-02-04	1	09단	若妻の放火

일련번호	판명		간행일	면	단수	기사명
232978	朝鮮朝日	西北版	1933-02-04	1	09단	電車に衝突
232979	朝鮮朝日	西北版	1933-02-04	1	09단	十年振りに父娘の奇遇虎口を脱した妓生に廻り來た人生の春
232980	朝鮮朝日	西北版	1933-02-04	1	10단	自宅に放火
232981	朝鮮朝日	西北版	1933-02-04	1	10단	樂禮/柳京小話
232982	朝鮮朝日	南鮮版	1933-02-04	1	01단	國防第一獻金して下さい馬山至誠護團が大運動/慰問袋浦項から/清州に國防義會ちかく組織/岡山、姫路、字都宮各部隊釜山着/美しい話
232983	朝鮮朝日	南鮮版	1933-02-04	1	01단	日滿經濟關係は歷史的飛躍を豫想！八月から北鮮を中心として着々と進む鐵道工事
232984	朝鮮朝日	南鮮版	1933-02-04	1	01단	不動産融資二百萬圓に決定す總督府で具體的打合せ
232985	朝鮮朝日	南鮮版	1933-02-04	1	01단	鮮米買上方法改正方陳情直接本省に
232986	朝鮮朝日	南鮮版	1933-02-04	1	01단	釜山の建國祭特に盛大に
232987	朝鮮朝日	南鮮版	1933-02-04	1	02단	普通交卒業生で副業組合を設立釜山の新しい試み
232988	朝鮮朝日	南鮮版	1933-02-04	1	02단	稅務監督局と同時に稅務署も考慮に今後の誘致運動に對して高山裡里邑長歸來談
232989	朝鮮朝日	南鮮版	1933-02-04	1	04단	古墳から鏡鑑發掘學界の新資料
232990	朝鮮朝日	南鮮版	1933-02-04	1	04단	巡査の善行
232991	朝鮮朝日	南鮮版	1933-02-04	1	04단	南鮮ところどころ(京城/大邱/釜山/仁川/大田/裡里)
232992	朝鮮朝日	南鮮版	1933-02-04	1	05단	贈收賄事件判決
232993	朝鮮朝日	南鮮版	1933-02-04	1	05단	思想善導に體育を獎勵する統制指導機關を設く
232994	朝鮮朝日	南鮮版	1933-02-04	1	05단	武道場新築
232995	朝鮮朝日	南鮮版	1933-02-04	1	06단	我國最初の警察用無電安東警察署自慢の無電台活動開始は五月頃
232996	朝鮮朝日	南鮮版	1933-02-04	1	06단	義捐金橫領求刑
232997	朝鮮朝日	南鮮版	1933-02-04	1	06단	ホッケー
232998	朝鮮朝日	南鮮版	1933-02-04	1	07단	群山長項の勞働爭議解決
232999	朝鮮朝日	南鮮版	1933-02-04	1	07단	今さらながら悲慘な社會の一頁質屋の窓から見たこの現狀
233000	朝鮮朝日	南鮮版	1933-02-04	1	09단	痘瘡に御注意前年より二培の激增
233001	朝鮮朝日	南鮮版	1933-02-04	1	09단	釜山に惡性感冒小兒に注意
233002	朝鮮朝日	南鮮版	1933-02-04	1	09단	格鬪の末食刀で突き殺す跛と罵れたを憤慨し

일련번호	판명		간행일	면	단수	기사명
233003	朝鮮朝日	南鮮版	1933-02-04	1	10단	紳士賭博
233004	朝鮮朝日	南鮮版	1933-02-04	1	10단	電車に振落さる
233005	朝鮮朝日	南鮮版	1933-02-04	1	10단	人(近藤常尙氏(總督府保安課長)/池田警務局長)
233006	朝鮮朝日	南鮮版	1933-02-04	1	10단	話の箱
233007	朝鮮朝日	西北版	1933-02-05	1	01단	局部的獎勵法は農村の投機化だ朝鮮の實情には卽しない産繭獎勵は全面的が可
233008	朝鮮朝日	西北版	1933-02-05	1	01단	僅か半數しか入學が出來ないその數は一千名を超える平壤の普通學校收容力
233009	朝鮮朝日	西北版	1933-02-05	1	01단	適地主義で副業を獎勵餘剩勞働力を價値化
233010	朝鮮朝日	西北版	1933-02-05	1	03단	平南の農村座談會
233011	朝鮮朝日	西北版	1933-02-05	1	03단	三月四日に質素な祝賀會産繭五萬石突破で平南道の大滿悅
233012	朝鮮朝日	西北版	1933-02-05	1	04단	淸津國防義會生る
233013	朝鮮朝日	西北版	1933-02-05	1	04단	是非、石湖亭に積込設備が必要保山だけでは作業が困難だ無煙炭移出上の重大問題
233014	朝鮮朝日	西北版	1933-02-05	1	04단	土師知事の腕試し平北の新豫算
233015	朝鮮朝日	西北版	1933-02-05	1	05단	自力更生會
233016	朝鮮朝日	西北版	1933-02-05	1	05단	糞尿代の納入を督勵
233017	朝鮮朝日	西北版	1933-02-05	1	05단	日射觀測機を据え付けて健康狀態打診
233018	朝鮮朝日	西北版	1933-02-05	1	05단	また馬嵐から珍品を發掘樂浪時代に囚人の首斬りをした武器
233019	朝鮮朝日	西北版	1933-02-05	1	05단	咸興産組認可
233020	朝鮮朝日	西北版	1933-02-05	1	05단	東寧の敗走兵浦潮から上海へ遁走か
233021	朝鮮朝日	西北版	1933-02-05	1	06단	肥料の暴騰對策に自給肥料增産不正商人嚴戒
233022	朝鮮朝日	西北版	1933-02-05	1	06단	少女達の獻金
233023	朝鮮朝日	西北版	1933-02-05	1	06단	軍歌全盛で衰微の民謠鴨綠江節
233024	朝鮮朝日	西北版	1933-02-05	1	07단	溫泉土産の製作で多忙平壤授産場のこの頃
233025	朝鮮朝日	西北版	1933-02-05	1	07단	郵便貯金激增
233026	朝鮮朝日	西北版	1933-02-05	1	07단	表彰者詮考
233027	朝鮮朝日	西北版	1933-02-05	1	07단	德源トマト
233028	朝鮮朝日	西北版	1933-02-05	1	07단	鮮魚は好成績野菜は不成績
233029	朝鮮朝日	西北版	1933-02-05	1	07단	施療産婦人科を增設
233030	朝鮮朝日	西北版	1933-02-05	1	07단	衛生指導部落健康農村の實現に乘出した平壤署

일련번호	판명		간행일	면	단수	기사명
233031	朝鮮朝日	西北版	1933-02-05	1	07단	發火原因は煙筒不始末から
233032	朝鮮朝日	西北版	1933-02-05	1	08단	手におへぬ放蕩者新京爆彈事件首魁張基明
233033	朝鮮朝日	西北版	1933-02-05	1	08단	六巡査を表彰
233034	朝鮮朝日	西北版	1933-02-05	1	08단	國境警備の充實赤色テロに備へ『警察のことは警官の手で』警察の强力武裝化
233035	朝鮮朝日	西北版	1933-02-05	1	08단	自動車專門の賊
233036	朝鮮朝日	西北版	1933-02-05	1	09단	鐵道事故頻發
233037	朝鮮朝日	西北版	1933-02-05	1	09단	樂禮/柳京小話
233038	朝鮮朝日	西北版	1933-02-05	1	10단	老人を轢く
233039	朝鮮朝日	西北版	1933-02-05	1	10단	虛僞の申告
233040	朝鮮朝日	西北版	1933-02-05	1	10단	保護願續々
233041	朝鮮朝日	南鮮版	1933-02-05	1	01단	民間航空界に今後努力をしたい！郷土訪問の金東業機京城着
233042	朝鮮朝日	南鮮版	1933-02-05	1	01단	聯盟に對して今や躊躇の要なし脱退に向って邁進せよ全鮮時局大會で決議
233043	朝鮮朝日	南鮮版	1933-02-05	1	01단	滿洲國領事館まづ京城に開設か
233044	朝鮮朝日	南鮮版	1933-02-05	1	02단	仁川開港五十周年記念行事內定
233045	朝鮮朝日	南鮮版	1933-02-05	1	03단	總督の經過良好
233046	朝鮮朝日	南鮮版	1933-02-05	1	03단	萬歲の怒濤を浴びてけふ最終部隊北行釜山府民の熱誠なる歡迎送
233047	朝鮮朝日	南鮮版	1933-02-05	1	03단	電話から見た大邱の進展
233048	朝鮮朝日	南鮮版	1933-02-05	1	04단	釜山府會
233049	朝鮮朝日	南鮮版	1933-02-05	1	04단	內鮮相互の二重放送許可さる
233050	朝鮮朝日	南鮮版	1933-02-05	1	04단	道議員選擧の事務打合せ地方課長會議
233051	朝鮮朝日	南鮮版	1933-02-05	1	04단	學園異家
233052	朝鮮朝日	南鮮版	1933-02-05	1	05단	醫講の昇格と資格附與に總督府が盡力
233053	朝鮮朝日	南鮮版	1933-02-05	1	05단	京城府內の公園設備改善
233054	朝鮮朝日	南鮮版	1933-02-05	1	05단	釜山工俱理事會
233055	朝鮮朝日	南鮮版	1933-02-05	1	05단	南鮮ところどころ(京城/釜山/大邱/春川)
233056	朝鮮朝日	南鮮版	1933-02-05	1	06단	皇吾里の古墳發掘解氷を待って
233057	朝鮮朝日	南鮮版	1933-02-05	1	06단	釜山鎭の名物綱引き
233058	朝鮮朝日	南鮮版	1933-02-05	1	06단	小作調停申込みまだ一件もない
233059	朝鮮朝日	南鮮版	1933-02-05	1	06단	バス買收は結局斷行する模樣郊外線廢止計劃は中止する府營バスの京電身賣問題
233060	朝鮮朝日	南鮮版	1933-02-05	1	07단	採算十分で陶業の復興靑松郡一帶
233061	朝鮮朝日	南鮮版	1933-02-05	1	07단	赤魔を嚴重に取り締る滿洲國と聯絡とって

일련번호	판명		간행일	면	단수	기사명
233062	朝鮮朝日	南鮮版	1933-02-05	1	07단	京城に痘瘡
233063	朝鮮朝日	南鮮版	1933-02-05	1	07단	鐵道收入增加す一月の成績
233064	朝鮮朝日	南鮮版	1933-02-05	1	08단	一夜二ヶ所に五棟を全燒仁川の火事騒ぎ
233065	朝鮮朝日	南鮮版	1933-02-05	1	08단	母子四人が凍死燒け出されて雪の中に凍死者續出に當局も惱む
233066	朝鮮朝日	南鮮版	1933-02-05	1	09단	衛生試驗の機關を設く
233067	朝鮮朝日	南鮮版	1933-02-05	1	09단	謎の郵便行囊依然所在は不明
233068	朝鮮朝日	南鮮版	1933-02-05	1	10단	同じ日に轢傷三つ
233069	朝鮮朝日	南鮮版	1933-02-05	1	10단	一千圓拐帶逃走
233070	朝鮮朝日	南鮮版	1933-02-05	1	10단	驛を舞台に捕物二景
233071	朝鮮朝日	南鮮版	1933-02-05	1	10단	人(松本京畿道知事)
233072	朝鮮朝日	南鮮版	1933-02-05	1	10단	アル橫顔
233073	朝鮮朝日	西北版	1933-02-07	1	01단	工業都市化には犧牲も辭せぬ準備ありと阿部府尹語る平壤府電動力問題
233074	朝鮮朝日	西北版	1933-02-07	1	01단	普通江の改修平壤の工場地帶實現のため土木出張所が總督府へ陳情實現の機運を示す
233075	朝鮮朝日	西北版	1933-02-07	1	01단	十二日から取懷しを開始總督府から許可來る平壤府廳舍の改築
233076	朝鮮朝日	西北版	1933-02-07	1	01단	雪や氷に閉されて
233077	朝鮮朝日	西北版	1933-02-07	1	02단	待山所長滿洲入りか
233078	朝鮮朝日	西北版	1933-02-07	1	03단	河野內務の歸來談
233079	朝鮮朝日	西北版	1933-02-07	1	03단	安東電業公司の開業は四月
233080	朝鮮朝日	西北版	1933-02-07	1	03단	養鷄家の喜び謎の鷄疫が直ぐ癒る鹽酸キ二ーネで
233081	朝鮮朝日	西北版	1933-02-07	1	04단	豫定額を突破
233082	朝鮮朝日	西北版	1933-02-07	1	04단	禁酒禁煙で皇軍を慰問
233083	朝鮮朝日	西北版	1933-02-07	1	04단	紹介、宿泊兩所の併置は考へ物就職率を極度に惡くする平壤で職業紹介所單一化
233084	朝鮮朝日	西北版	1933-02-07	1	04단	保山、石湖停間の改修九年度可能か
233085	朝鮮朝日	西北版	1933-02-07	1	05단	可憐な純情平壤驛頭の軍國風景
233086	朝鮮朝日	西北版	1933-02-07	1	06단	採氷を終る天然氷百五十三萬貫
233087	朝鮮朝日	西北版	1933-02-07	1	06단	感激裡に出發す小島○隊羅子溝へ
233088	朝鮮朝日	西北版	1933-02-07	1	07단	滿洲か平壤か何れかに創設耐酸陶器の工場
233089	朝鮮朝日	西北版	1933-02-07	1	07단	鴨綠江は宛然筏の氾濫を呈せんインフレと滿洲景氣二重奏良くなる筏夫の懷
233090	朝鮮朝日	西北版	1933-02-07	1	07단	流石の當局も匙を投ぐ阿片の密作續出す

일련번호	판명		간행일	면	단수	기사명
233091	朝鮮朝日	西北版	1933-02-07	1	07단	死刑は最早確定的だ脱走殺人犯
233092	朝鮮朝日	西北版	1933-02-07	1	08단	犯行を否認
233093	朝鮮朝日	西北版	1933-02-07	1	08단	闇に泣く弱い女性達に救ひの手營業壓迫だと業者結束待遇改善の過巻
233094	朝鮮朝日	西北版	1933-02-07	1	09단	二人組の拳銃强盗百五十圓强奪
233095	朝鮮朝日	西北版	1933-02-07	1	09단	間道からの密輸偽造貨ウンと減る
233096	朝鮮朝日	西北版	1933-02-07	1	10단	朴巡使は不起訴
233097	朝鮮朝日	西北版	1933-02-07	1	10단	不合格品が一割强平鐵關係の度量衡器
233098	朝鮮朝日	西北版	1933-02-07	1	10단	樂禮/柳京小話
233099	朝鮮朝日	南鮮版	1933-02-07	1	01단	在滿同胞問題の根本策確立？近く開かれる滿洲國の領事會議で具體化の模樣
233100	朝鮮朝日	南鮮版	1933-02-07	1	01단	京城郊外の三線存置問題複線にする約束で存置させる當局の方針/重役會では複線にする意思なし
233101	朝鮮朝日	南鮮版	1933-02-07	1	01단	各方面の權威を集めて産業調査會設置釜山百年の大計樹立
233102	朝鮮朝日	南鮮版	1933-02-07	1	01단	約七十年箇所の橋梁新設改良慶北の窮民救濟事業
233103	朝鮮朝日	南鮮版	1933-02-07	1	01단	湧き返る歡送渡滿部隊京城通過北上
233104	朝鮮朝日	南鮮版	1933-02-07	1	02단	慶南山林會いよいよ廢止
233105	朝鮮朝日	南鮮版	1933-02-07	1	03단	養鷄家の喜び謎の鷄疫が直ぐ癒る鹽酸キニーネで
233106	朝鮮朝日	南鮮版	1933-02-07	1	04단	南鮮ところどころ(大田/浦項/裡里/大邱)
233107	朝鮮朝日	南鮮版	1933-02-07	1	04단	鼇業功勞者と團體表彰
233108	朝鮮朝日	南鮮版	1933-02-07	1	04단	牧島渡津橋の架設工事進む近く跳開部取付に移る
233109	朝鮮朝日	南鮮版	1933-02-07	1	05단	採氷を終る天然氷百五十三萬貫
233110	朝鮮朝日	南鮮版	1933-02-07	1	05단	群山新豫算
233111	朝鮮朝日	南鮮版	1933-02-07	1	05단	建設改良總工費一千九百萬圓釜山、安東間の改良に百萬圓鐵道局八年度豫算
233112	朝鮮朝日	南鮮版	1933-02-07	1	06단	全鮮的共産黨事件愈よ近く結審間道赤色暴動事件に次ぐ頗る尨大な一件書類/暴露した海上赤化運動船員四名釜山で逮捕
233113	朝鮮朝日	南鮮版	1933-02-07	1	07단	釜山靑訓所生徒を增員
233114	朝鮮朝日	南鮮版	1933-02-07	1	07단	朝鮮は『雪飢饉』滑りやうもないスキーヤー全く手特無沙汰三防行のスキー列車も取止め？

일련번호	판명		간행일	면	단수	기사명
233115	朝鮮朝日	南鮮版	1933-02-07	1	07단	卒業生の扱ひに悩む平壤と大邱兩醫學講習所の對策
233116	朝鮮朝日	南鮮版	1933-02-07	1	08단	親ザルよ出て來い！『人間』を愚弄して行方を晦ます
233117	朝鮮朝日	南鮮版	1933-02-07	1	09단	高普校へ不穩檄文机上に撒布して逃走
233118	朝鮮朝日	南鮮版	1933-02-07	1	09단	巡航船取締規則を改正
233119	朝鮮朝日	南鮮版	1933-02-07	1	09단	33年の裁判所風景貸金の催促家屋明渡し訴訟の續出
233120	朝鮮朝日	南鮮版	1933-02-07	1	09단	福運にホクホク
233121	朝鮮朝日	南鮮版	1933-02-07	1	09단	帆船の無燈火航行を取締る
233122	朝鮮朝日	南鮮版	1933-02-07	1	10단	署長一行奇禍
233123	朝鮮朝日	南鮮版	1933-02-07	1	10단	麻雀賭博檢擧
233124	朝鮮朝日	南鮮版	1933-02-07	1	10단	周旋料詐欺
233125	朝鮮朝日	南鮮版	1933-02-07	1	10단	警官の宅へ押込り『御用』
233126	朝鮮朝日	南鮮版	1933-02-07	1	10단	列車に飛込自殺
233127	朝鮮朝日	南鮮版	1933-02-07	1	10단	アル横顔
233128	朝鮮朝日	西北版	1933-02-08	1	01단	産金熱更に高揚貧鑛に花が咲く産金額は二百萬圓を突破か大小金鑛續々登場
233129	朝鮮朝日	西北版	1933-02-08	1	01단	一層城津市民の神經を尖らす惠山線合水，白巖間開通延期說商工會で對策を練る/城津港の生命線臨長線營臨線促進の猛運動
233130	朝鮮朝日	西北版	1933-02-08	1	01단	三長守備隊强行軍原隊へ歸る
233131	朝鮮朝日	西北版	1933-02-08	1	04단	學年延長を陳情
233132	朝鮮朝日	西北版	1933-02-08	1	04단	郡守以下の異動を行ふ不馬評に上る人々
233133	朝鮮朝日	西北版	1933-02-08	1	04단	開城府有志の海州地方視察
233134	朝鮮朝日	西北版	1933-02-08	1	04단	聖旨を奉體衛生施設の更新を徹底劃期的恩賜救療計劃の全貌應急根本の兩對策
233135	朝鮮朝日	西北版	1933-02-08	1	05단	鎭南浦米穀業者に致命的打擊北海道の混沙米移入禁止決議文で反對陳情
233136	朝鮮朝日	西北版	1933-02-08	1	05단	戰傷兵慰問
233137	朝鮮朝日	西北版	1933-02-08	1	05단	國境方面の交通産業に一大エポックをもたらす
233138	朝鮮朝日	西北版	1933-02-08	1	06단	春興街に共匪來襲殺人、放火、掠奪
233139	朝鮮朝日	西北版	1933-02-08	1	06단	大阪商品見本市
233140	朝鮮朝日	西北版	1933-02-08	1	06단	阿片密賣取押へ
233141	朝鮮朝日	西北版	1933-02-08	1	07단	反戰運動の不穩文郵送犯人嚴探中

일련번호	판명		간행일	면	단수	기사명
233142	朝鮮朝日	西北版	1933-02-08	1	07단	列車中で兩醫講の昇格を陳情上京する林學務局長に期成會では成行を靜觀
233143	朝鮮朝日	西北版	1933-02-08	1	07단	人口激增に伴ふ犯罪增加に備へ平壤を二警察に分割說擡頭實現までは幾曲折
233144	朝鮮朝日	西北版	1933-02-08	1	07단	最低溫度は氷點下二十度五分
233145	朝鮮朝日	西北版	1933-02-08	1	08단	導油管破裂二名死傷す
233146	朝鮮朝日	西北版	1933-02-08	1	08단	機關車の飛火から叭四百枚燒失
233147	朝鮮朝日	西北版	1933-02-08	1	08단	普校卒業生の成績を向上中堅農民を養成す
233148	朝鮮朝日	西北版	1933-02-08	1	08단	時局標榜の拳銃强盜德川署に檢擧さる/保安課長急行
233149	朝鮮朝日	西北版	1933-02-08	1	09단	無期を求刑
233150	朝鮮朝日	西北版	1933-02-08	1	09단	少年板間稼ぎ
233151	朝鮮朝日	西北版	1933-02-08	1	10단	掏摸摸逮捕さる
233152	朝鮮朝日	西北版	1933-02-08	1	10단	また列車妨害
233153	朝鮮朝日	西北版	1933-02-08	1	10단	モヒ中妓生
233154	朝鮮朝日	西北版	1933-02-08	1	10단	强盜浦はる
233155	朝鮮朝日	西北版	1933-02-08	1	10단	樂禮/柳京小話
233156	朝鮮朝日	南鮮版	1933-02-08	1	01단	電波に乘る曲者怪放送顏色なしDKの十キ口放送を機に斷然遮斷する計劃
233157	朝鮮朝日	南鮮版	1933-02-08	1	01단	火田整理に暗影北鮮開拓事業の癌火田民はどう動く？
233158	朝鮮朝日	南鮮版	1933-02-08	1	01단	國境を守る警官へ滿洲國記念牌總督府でも三名表彰
233159	朝鮮朝日	南鮮版	1933-02-08	1	01단	李鍝公殿下赤十字社名譽社員に推崇
233160	朝鮮朝日	南鮮版	1933-02-08	1	03단	全北の銀坊主と乾燥問題
233161	朝鮮朝日	南鮮版	1933-02-08	1	03단	慶北の低資貸出獎勵
233162	朝鮮朝日	南鮮版	1933-02-08	1	04단	もよほし(釜山高女學藝會/南海産組創立總會)
233163	朝鮮朝日	南鮮版	1933-02-08	1	04단	自力更生の一方面藥草增殖運動警官駐在所まで參加して全鮮に亙る獎勵指導
233164	朝鮮朝日	南鮮版	1933-02-08	1	04단	岬の燈台よ輝け命の灯影を目指して沿海を行く船舶の數々
233165	朝鮮朝日	南鮮版	1933-02-08	1	05단	沈沒露艦引揚げと現場調査
233166	朝鮮朝日	南鮮版	1933-02-08	1	05단	不正の金を高利に廻はす會計係
233167	朝鮮朝日	南鮮版	1933-02-08	1	05단	中央卸賣市場と釜山水産界の動き『營利會社を排せよ』の聲
233168	朝鮮朝日	南鮮版	1933-02-08	1	06단	中島議員へ自決勸告で釜山初府會さわぐ

일련번호	판명		간행일	면	단수	기사명
233169	朝鮮朝日	南鮮版	1933-02-08	1	06단	列車中で兩醫講の昇格を陳情上京する林學務局長に期成會では成行を靜觀
233170	朝鮮朝日	南鮮版	1933-02-08	1	07단	春興街に共匪來襲殺人、放火、掠奪
233171	朝鮮朝日	南鮮版	1933-02-08	1	07단	南鮮ところどころ(仁川/大邱)
233172	朝鮮朝日	南鮮版	1933-02-08	1	08단	陽春三月京城府營バス京電へ身賣り府の持て餘しものとあって身代金廿二萬圓以內
233173	朝鮮朝日	南鮮版	1933-02-08	1	08단	城津港の生命線臨長線營臨線促進の猛運動
233174	朝鮮朝日	南鮮版	1933-02-08	1	08단	最低溫度は氷點下二十度五分
233175	朝鮮朝日	南鮮版	1933-02-08	1	08단	普校卒業生の成績を向上中堅農民を養成す
233176	朝鮮朝日	南鮮版	1933-02-08	1	09단	戰傷兵慰問
233177	朝鮮朝日	南鮮版	1933-02-08	1	10단	水晶町交番驛前に移轉
233178	朝鮮朝日	南鮮版	1933-02-08	1	10단	自動車に列飛さる
233179	朝鮮朝日	南鮮版	1933-02-08	1	10단	怪漢拳銃を盜んで逃走
233180	朝鮮朝日	南鮮版	1933-02-08	1	10단	僞醫者捕る
233181	朝鮮朝日	南鮮版	1933-02-08	1	10단	人(大河原重信氏(慶南警察部長))
233182	朝鮮朝日	南鮮版	1933-02-08	1	10단	アル橫顏
233183	朝鮮朝日	西北版	1933-02-09	1	01단	平南無煙炭內地移出量は二十五萬屯位積込料は屯當り卅五錢內外鎭南浦積込場から
233184	朝鮮朝日	西北版	1933-02-09	1	01단	桃色の夢理想の夫をどうして選ぶ?學窓を巢立つ乙女33年の新女性の要求は/平中卒業生は何處へ行く上級學校が斷然多い就職の希望者漸次增加す
233185	朝鮮朝日	西北版	1933-02-09	1	02단	元山商議所新豫算決定
233186	朝鮮朝日	西北版	1933-02-09	1	03단	大同江改修年限短縮なほ樂觀を許さず總督らの歸任後猛運動開始
233187	朝鮮朝日	西北版	1933-02-09	1	03단	天然氷に對抗し製氷を賣出す
233188	朝鮮朝日	西北版	1933-02-09	1	03단	農業倉庫一箇所江西に新設か
233189	朝鮮朝日	西北版	1933-02-09	1	04단	窮民救濟の基金に寄附
233190	朝鮮朝日	西北版	1933-02-09	1	04단	郡當局者の熱心に驚く農山漁村振興運動を視察細見平北地方語る
233191	朝鮮朝日	西北版	1933-02-09	1	04단	混成討伐隊敵匪を擊退六十四名逮捕
233192	朝鮮朝日	西北版	1933-02-09	1	04단	美談を生む愛國の赤誠國防獻金、慰問金等
233193	朝鮮朝日	西北版	1933-02-09	1	05단	汚物問題を廻って一揉めするか十日の平壤府會

일련번호	판명		간행일	면	단수	기사명
233194	朝鮮朝日	西北版	1933-02-09	1	05단	王林蠢動し國境警備陣いよいよ緊張
233195	朝鮮朝日	西北版	1933-02-09	1	06단	灰募洞に日滿鮮人で夜警團組織
233196	朝鮮朝日	西北版	1933-02-09	1	06단	背任の嫌疑で咸興魚菜の專務ら引致
233197	朝鮮朝日	西北版	1933-02-09	1	06단	匪賊の脅威で國際列車遲る鮮鐵の運轉系統は滅茶苦茶滿鐵へ防止方要望
233198	朝鮮朝日	西北版	1933-02-09	1	06단	陽春を期し滿鮮視察團滿蒙觀光團を募集
233199	朝鮮朝日	西北版	1933-02-09	1	06단	間島農業技術員打合會
233200	朝鮮朝日	西北版	1933-02-09	1	07단	龍源里驛の昇格を考究
233201	朝鮮朝日	西北版	1933-02-09	1	07단	節酒節煙で自力更生
233202	朝鮮朝日	西北版	1933-02-09	1	07단	平壤の電車更新計劃案購入台數六台、起債額六萬圓近く府會懇談會を開く
233203	朝鮮朝日	西北版	1933-02-09	1	07단	安東中優勝
233204	朝鮮朝日	西北版	1933-02-09	1	07단	天然痘發生
233205	朝鮮朝日	西北版	1933-02-09	1	07단	列車に投石
233206	朝鮮朝日	西北版	1933-02-09	1	08단	平醫講昇格の眞劍な叫び本年の卒業生はどうなる
233207	朝鮮朝日	西北版	1933-02-09	1	08단	落磐で重傷
233208	朝鮮朝日	西北版	1933-02-09	1	08단	明眸の一女性が海陸聯絡に活躍朝鮮海上從業員赤化の大陰謀一味三十名を檢擧
233209	朝鮮朝日	西北版	1933-02-09	1	09단	人(金谷鑛三少佐(安東憲兵分隊長)/仁川芳賀稅關長/河野平南內務部長)
233210	朝鮮朝日	西北版	1933-02-09	1	09단	酒を買へと強要友人を刺殺書堂教師で元巡査の兇行
233211	朝鮮朝日	西北版	1933-02-09	1	10단	樂禮/柳京小話
233212	朝鮮朝日	南鮮版	1933-02-09	1	01단	なんと威勢のいゝ朝鮮半島に漲ぎる産金熱花わらふ陽春四月には黃金の花も咲くだらう
233213	朝鮮朝日	南鮮版	1933-02-09	1	01단	都市計劃實施は新市街地から近代化を第一目標として都市の面目を一新
233214	朝鮮朝日	南鮮版	1933-02-09	1	01단	無電で傳へる島のたより朝鮮の陸地と沿岸島嶼の通信聯絡
233215	朝鮮朝日	南鮮版	1933-02-09	1	01단	四面の住民釜山編入に反對運動
233216	朝鮮朝日	南鮮版	1933-02-09	1	02단	綠の街大邱府綠化協會近く創立
233217	朝鮮朝日	南鮮版	1933-02-09	1	04단	航路標識傳習生各地燈台に配置さる
233218	朝鮮朝日	南鮮版	1933-02-09	1	04단	白米叺に重量表示
233219	朝鮮朝日	南鮮版	1933-02-09	1	04단	混沙米の移入禁止はやむをえぬ宮本北海道商議會頭談/混沙米協議に釜山より出席

일련번호	판명		간행일	면	단수	기사명
233220	朝鮮朝日	南鮮版	1933-02-09	1	04단	全鮮にわたる警察網の充實『駐在所一面一所』の實現を計り住民の不安を除く計劃
233221	朝鮮朝日	南鮮版	1933-02-09	1	05단	南鮮ところどころ(大田/仁川/大邱/木浦/群山/晉州/光州)
233222	朝鮮朝日	南鮮版	1933-02-09	1	05단	道議選擧で慶北色めく早くも立候補の烽火
233223	朝鮮朝日	南鮮版	1933-02-09	1	06단	聲價高揚を計る刑務所の製品機械類の近代化を期して大に能率も上げる
233224	朝鮮朝日	南鮮版	1933-02-09	1	06단	張鷹相氏社會敎化議流
233225	朝鮮朝日	南鮮版	1933-02-09	1	07단	日本キリスト敎會釜山敎會堂落成
233226	朝鮮朝日	南鮮版	1933-02-09	1	07단	目覺しい輸送線に活躍する新造貨車貨物輸送上に一新機軸
233227	朝鮮朝日	南鮮版	1933-02-09	1	07단	釜山の愛犬クラブ
233228	朝鮮朝日	南鮮版	1933-02-09	1	08단	果樹の害蟲調査
233229	朝鮮朝日	南鮮版	1933-02-09	1	09단	漁船大擧して東萊沿岸を荒らす地元漁民悲痛の陳情
233230	朝鮮朝日	南鮮版	1933-02-09	1	09단	背後の黑幕?檄文撒布事件取調べ進む
233231	朝鮮朝日	南鮮版	1933-02-09	1	09단	釜山と馬山に腸チフス續發各住民に强制注射
233232	朝鮮朝日	南鮮版	1933-02-09	1	09단	飛込み自殺
233233	朝鮮朝日	南鮮版	1933-02-09	1	10단	大田名物栬羊羹
233234	朝鮮朝日	南鮮版	1933-02-09	1	10단	農夫慘殺犯人に死刑を求刑
233235	朝鮮朝日	南鮮版	1933-02-09	1	10단	戀仲同士無斷家出をしたが
233236	朝鮮朝日	南鮮版	1933-02-09	1	10단	枕許の炭火で親子中毒死
233237	朝鮮朝日	南鮮版	1933-02-09	1	10단	人(田岡選手逝去)
233238	朝鮮朝日	西北版	1933-02-10	1	01단	普通江大改修平壤港を實現工場地帶を形成大工業都市建設のために最も緊急な施設だ
233239	朝鮮朝日	西北版	1933-02-10	1	01단	平壤工場のみ晝夜兼行の作業滿洲國の需要に應ずるため製糖界隨一の寵兒
233240	朝鮮朝日	西北版	1933-02-10	1	01단	萬事學務局に任せておけ心配の必要なしと知事語る平壤醫講昇格問題
233241	朝鮮朝日	西北版	1933-02-10	1	02단	各種の表彰式
233242	朝鮮朝日	西北版	1933-02-10	1	03단	水道料が春から安くなります
233243	朝鮮朝日	西北版	1933-02-10	1	04단	支那語講習
233244	朝鮮朝日	西北版	1933-02-10	1	04단	民業壓迫の善後策協議
233245	朝鮮朝日	西北版	1933-02-10	1	04단	建築と電氣の技術者を設置伸びゆく平壤の取締上知事會議へ提案
233246	朝鮮朝日	西北版	1933-02-10	1	04단	活況を呈す一月中の平壤貿易額

일련번호	판명		간행일	면	단수	기사명
233247	朝鮮朝日	西北版	1933-02-10	1	04단	十人に一人志願者殺到の平壤師範
233248	朝鮮朝日	西北版	1933-02-10	1	04단	道會議員選擧に備ふ平南警察部
233249	朝鮮朝日	西北版	1933-02-10	1	05단	二萬トンの移出を豫想昨年より倍加するだらう平南のアルミナ
233250	朝鮮朝日	西北版	1933-02-10	1	05단	大同江改修速成運動
233251	朝鮮朝日	西北版	1933-02-10	1	05단	本宮飛行場建設は愈よ確定的
233252	朝鮮朝日	西北版	1933-02-10	1	05단	運輸系統に劃期的躍進惠山線白巖までの開通で城津發展を期待
233253	朝鮮朝日	西北版	1933-02-10	1	05단	酷寒はモウ過ぎた温かい平壤
233254	朝鮮朝日	西北版	1933-02-10	1	06단	國境開發の先決問題は道路の完成だと痛感土師平北知事語る
233255	朝鮮朝日	西北版	1933-02-10	1	06단	新義州の建國祭盛大に擧行
233256	朝鮮朝日	西北版	1933-02-10	1	06단	女學生が手製の樂浪パン行商缺食兒童や戰傷者へ慰問金を贈るため
233257	朝鮮朝日	西北版	1933-02-10	1	07단	出世した教へ子から恨を晴らさる苛酷な教師が
233258	朝鮮朝日	西北版	1933-02-10	1	07단	赤字卅五萬圓を帳消して黑字へ昨年十月以來躍進また躍進微笑む平鐵の業績
233259	朝鮮朝日	西北版	1933-02-10	1	07단	總豫算額は四十萬圓位咸興府新年度豫算
233260	朝鮮朝日	西北版	1933-02-10	1	08단	前年度より約十萬圓減三十二、三萬圓となる模樣新義州府の新豫算
233261	朝鮮朝日	西北版	1933-02-10	1	08단	坑內設備の改善を促す事故頻出の安州炭坑に
233262	朝鮮朝日	西北版	1933-02-10	1	08단	無賃乘車二件
233263	朝鮮朝日	西北版	1933-02-10	1	08단	圓滿協定の對策に善處發動機手繰船と刺網業者の
233264	朝鮮朝日	西北版	1933-02-10	1	09단	自轉車竊盜
233265	朝鮮朝日	西北版	1933-02-10	1	10단	温突で縊死
233266	朝鮮朝日	西北版	1933-02-10	1	10단	醉拂って刀傷
233267	朝鮮朝日	西北版	1933-02-10	1	10단	もよほし(開城高麗靑年會學藝部/開城蔘業組合役員會)
233268	朝鮮朝日	西北版	1933-02-10	1	10단	人(平井出雄次氏(咸興署警務主任))
233269	朝鮮朝日	西北版	1933-02-10	1	10단	樂禮/柳京小話
233270	朝鮮朝日	南鮮版	1933-02-10	1	01단	スッカリ健康を回復した宇垣さん政界入の放送をフンと笑殺して元氣で農村更生を說く/海雲台の湯治で農村の娛樂設備の必要を痛感して歸った總督/十二日京城通過の北上部隊

일련번호	판명		간행일	면	단수	기사명
233271	朝鮮朝日	南鮮版	1933-02-10	1	01단	税務監督局の候補地は釜山? 九年度に設置をみるか
233272	朝鮮朝日	南鮮版	1933-02-10	1	01단	國境警官に慰問金を贈る
233273	朝鮮朝日	南鮮版	1933-02-10	1	01단	渡滿部隊盛んな歡送裡に北上
233274	朝鮮朝日	南鮮版	1933-02-10	1	02단	赤字卅五萬圓を帳消して黑字へ昨年十月以來躍進また躍進微笑む平鐵の業績
233275	朝鮮朝日	南鮮版	1933-02-10	1	02단	南鮮ところところ(裡里/光州/春川/淸州)
233276	朝鮮朝日	南鮮版	1933-02-10	1	03단	在滿鮮農のため金融機關確立奉天、新京、吉林の各地に金融組合を設置する
233277	朝鮮朝日	南鮮版	1933-02-10	1	04단	酷寒はモウ過ぎた温かい平壤
233278	朝鮮朝日	南鮮版	1933-02-10	1	04단	足を棒にして國防獻金を募集する奇特なお婆さん
233279	朝鮮朝日	南鮮版	1933-02-10	1	04단	辭令(東京電話)
233280	朝鮮朝日	南鮮版	1933-02-10	1	04단	野猪出沒東萊郡で家畜作物を荒す
233281	朝鮮朝日	南鮮版	1933-02-10	1	05단	女學生が手製の樂浪パン行商缺食兒童や戰傷者へ慰問金を贈るため
233282	朝鮮朝日	南鮮版	1933-02-10	1	05단	肥料低資と慶南の割當額
233283	朝鮮朝日	南鮮版	1933-02-10	1	05단	魂よ何處へ?鐵路に散った人々降り積む雪を鮮血に染めて胸を病む人妻の死/轢れた男身許も知れず/鐵橋からザンブと河へそして凍死した男
233284	朝鮮朝日	南鮮版	1933-02-10	1	06단	チフスが筆頭で猩紅熱、赤痢の順慶南七年中の傳染病
233285	朝鮮朝日	南鮮版	1933-02-10	1	06단	中島議員辭職拒否釜山府會更に紛糾か
233286	朝鮮朝日	南鮮版	1933-02-10	1	06단	家庭映畫に及ぶフィルム檢閲16ミリファン心得べし
233287	朝鮮朝日	南鮮版	1933-02-10	1	07단	温突火事
233288	朝鮮朝日	南鮮版	1933-02-10	1	07단	埋められた幼兒の死體
233289	朝鮮朝日	南鮮版	1933-02-10	1	07단	裵增は無期上告棄却さる
233290	朝鮮朝日	南鮮版	1933-02-10	1	08단	これでは堪ったものでない保険金目當ての放火騷ぎ頻發消防協會で對策腐心
233291	朝鮮朝日	南鮮版	1933-02-10	1	08단	釣錢詐欺常習の男遂に逮捕さる
233292	朝鮮朝日	南鮮版	1933-02-10	1	08단	寒さとたゝかひ朝鮮海峽を七日間漂流、四名奇蹟的にたすかる
233293	朝鮮朝日	南鮮版	1933-02-10	1	08단	明暗三世相上映釜山昭和館で(本紙讀者優待)
233294	朝鮮朝日	南鮮版	1933-02-10	1	08단	人(宇佐美勝夫氏(滿洲國最高顧問))

일련번호	판명		간행일	면	단수	기사명
233295	朝鮮朝日	南鮮版	1933-02-10	1	09단	(國旗を揭げよ)徹底を期し京城府の內務課でビラ十萬枚を配布
233296	朝鮮朝日	南鮮版	1933-02-10	1	09단	男爵夫人に不利な「お家騷動」一件李男爵家の訴訟沙汰
233297	朝鮮朝日	南鮮版	1933-02-10	1	10단	アービン氏逝く
233298	朝鮮朝日	南鮮版	1933-02-10	1	10단	少女の氣轉で金簪の賊難なく逮捕
233299	朝鮮朝日	西北版	1933-02-11	1	01단	非難解消へ工業試驗所が近く料金を値下全鮮一の平壤靴下擁護に染色界の紛擾を一掃す
233300	朝鮮朝日	西北版	1933-02-11	1	01단	平壤觀光協會各種の組合を單位に組織し廉く便利に古都情緒を滿喫內地の協會に參加
233301	朝鮮朝日	西北版	1933-02-11	1	01단	味噌汁給與は大成功だった涙含ましい婦人連の尊い奉仕大部隊輸送の苦心を語る
233302	朝鮮朝日	西北版	1933-02-11	1	03단	皇軍に寄する純情の數々勞役の結晶を贈る
233303	朝鮮朝日	西北版	1933-02-11	1	04단	滿洲産業公司一千圓を獻金
233304	朝鮮朝日	西北版	1933-02-11	1	05단	銃後は女だと誰しも涙す
233305	朝鮮朝日	西北版	1933-02-11	1	05단	第二の羅津北鮮の寵兒大城津建設に邁進
233306	朝鮮朝日	西北版	1933-02-11	1	06단	日の丸辨當で自覺を促す
233307	朝鮮朝日	西北版	1933-02-11	1	06단	四月中旬から本格的猛運動へ指導と取締りに多忙な當局平南道會議員選擧
233308	朝鮮朝日	西北版	1933-02-11	1	06단	證據がために道警察部乘出す道邊以外に犯人はなしとて謎の若妻殺し事件
233309	朝鮮朝日	西北版	1933-02-11	1	07단	功勞記章を授與し兩警部を表彰
233310	朝鮮朝日	西北版	1933-02-11	1	08단	年度內での土地買收は可能豫定通りに進捗する滿浦鎭線延長工事
233311	朝鮮朝日	西北版	1933-02-11	1	08단	平壤府廳舍公會堂移轉
233312	朝鮮朝日	西北版	1933-02-11	1	08단	樂禮柳京小話
233313	朝鮮朝日	西北版	1933-02-11	1	09단	朝鮮側の見送り增加將士感激す
233314	朝鮮朝日	西北版	1933-02-11	1	09단	方針を協議
233315	朝鮮朝日	西北版	1933-02-11	1	09단	貯金を慰問金へ
233316	朝鮮朝日	西北版	1933-02-11	1	10단	城津國防義會當局を激勵要路に打電
233317	朝鮮朝日	西北版	1933-02-11	1	10단	納稅組合表彰
233318	朝鮮朝日	西北版	1933-02-11	1	10단	海州上水道給水制限
233319	朝鮮朝日	西北版	1933-02-11	1	10단	農山漁村振興講習會
233320	朝鮮朝日	西北版	1933-02-11	1	10단	管轄變更を陳情

일련번호	판명		간행일	면	단수	기사명
233321	朝鮮朝日	南鮮版	1933-02-11	1	01단	人・團體榮えある表彰教育者の譽れ功勞者十七名を選獎/慶南の表彰功勞者と優良團體/慶福會から助成金の交付を受くる諸團體/靑年團體や優良部落に總督府から補助金
233322	朝鮮朝日	南鮮版	1933-02-11	1	01단	カレッヂ・ライフを終る若人の悩み不安の就職戰線を前に「春は來れど」一向朗かになれぬ今日此頃
233323	朝鮮朝日	南鮮版	1933-02-11	1	03단	鎭南浦沖の流氷受難を避ける航路圖表作成
233324	朝鮮朝日	南鮮版	1933-02-11	1	03단	世界へ紹介金剛山をはじめ朝鮮の景勝をを紹介する具體案を作成觀光協會設立の前提
233325	朝鮮朝日	南鮮版	1933-02-11	1	04단	著しき膨脹慶南道豫算
233326	朝鮮朝日	南鮮版	1933-02-11	1	04단	慶南評議會
233327	朝鮮朝日	南鮮版	1933-02-11	1	04단	集合苗代で米の增收東萊郡の計劃
233328	朝鮮朝日	南鮮版	1933-02-11	1	05단	南鮮ところところ(仁川/大田/群山/浦項/釜山)
233329	朝鮮朝日	南鮮版	1933-02-11	1	05단	地方部落開發の恩人小西翁内鮮融和と農村振興の朗らかな交響樂
233330	朝鮮朝日	南鮮版	1933-02-11	1	06단	樹てよ日の丸極貧者達へ國旗の贈物
233331	朝鮮朝日	南鮮版	1933-02-11	1	06단	優良納稅組合表彰
233332	朝鮮朝日	南鮮版	1933-02-11	1	06단	美術協會記念展六日間開催
233333	朝鮮朝日	南鮮版	1933-02-11	1	06단	少額商品券發禁の規定を受ける百貨店
233334	朝鮮朝日	南鮮版	1933-02-11	1	07단	夫は妻に對しの扶養の義務あり夫婦愛の破局に對する新判例
233335	朝鮮朝日	南鮮版	1933-02-11	1	07단	追憶に映ゆる仁川海岸の大焚火日露役の發端を記念する廿九回目の仁川デー
233336	朝鮮朝日	南鮮版	1933-02-11	1	08단	慶南水試の落成式
233337	朝鮮朝日	南鮮版	1933-02-11	1	08단	四月から更生朝鮮體育協會新事業計劃に着手
233338	朝鮮朝日	南鮮版	1933-02-11	1	09단	釜山府史の内容決定す
233339	朝鮮朝日	南鮮版	1933-02-11	1	09단	轢斷死體發見
233340	朝鮮朝日	南鮮版	1933-02-11	1	09단	凄まじい痘瘡防疫陣を突破新患者ぞくぞく發生
233341	朝鮮朝日	南鮮版	1933-02-11	1	10단	古村面の酒屋へ三人組强盜
233342	朝鮮朝日	南鮮版	1933-02-11	1	10단	幼女の燒死德川里の火事
233343	朝鮮朝日	南鮮版	1933-02-11	1	10단	派出所内傷害事件責任者を處分
233344	朝鮮朝日	南鮮版	1933-02-11	1	10단	もよほし(建國祭映畫大會/天晴地明會法要)

일련번호	판명		간행일	면	단수	기사명
233345	朝鮮朝日	南鮮版	1933-02-11	1	10단	アル横顔
233346	朝鮮朝日	西北版	1933-02-12	1	01단	生活科學の偉大なる收穫『日本衣服史』成る家庭生活廿年の一女性が學界の謎を解く
233347	朝鮮朝日	西北版	1933-02-12	1	01단	江界地方には十七ヶ所の炭田鐵路延長と共に愈よ有望なわが北部無煙炭田
233348	朝鮮朝日	西北版	1933-02-12	1	01단	安東築港計劃俄然色めく要は滿鐵の腹一つ
233349	朝鮮朝日	西北版	1933-02-12	1	01단	新義州の建國祭盛大に擧行
233350	朝鮮朝日	西北版	1933-02-12	1	01단	愛國の結晶
233351	朝鮮朝日	西北版	1933-02-12	1	02단	極力實現を鐵道局へ要望平南線の輕快列車今秋までに實現すべく
233352	朝鮮朝日	西北版	1933-02-12	1	03단	元氣一杯で北行
233353	朝鮮朝日	西北版	1933-02-12	1	03단	ケーブルカーを大同江に架設對岸新里に遊園地を設けて道へ認可を申請す
233354	朝鮮朝日	西北版	1933-02-12	1	03단	白菜地に牛疫發生卅餘頭斃死
233355	朝鮮朝日	西北版	1933-02-12	1	04단	平壤坩堝の需要激增
233356	朝鮮朝日	西北版	1933-02-12	1	04단	龜の尾米の加工品內地移出活況
233357	朝鮮朝日	西北版	1933-02-12	1	04단	大成炭坑で大炭層發見
233358	朝鮮朝日	西北版	1933-02-12	1	05단	貧困兒童に榮養食給與女學生を總動員し造花などを賣らせる
233359	朝鮮朝日	西北版	1933-02-12	1	05단	大密林を拓き心臟部を貫く三巨里から奧地へ森林道路「天空の森」伐採計劃
233360	朝鮮朝日	西北版	1933-02-12	1	06단	軍部預金を橫領費消本町郵便所員
233361	朝鮮朝日	西北版	1933-02-12	1	07단	名スポーツ諸孃悉く試驗にパス揃ひも揃って上級校へ進出西鮮運動界の誇り
233362	朝鮮朝日	西北版	1933-02-12	1	08단	鴨綠江商工組合に面白からぬ風說今後の成行注目さる
233363	朝鮮朝日	西北版	1933-02-12	1	08단	闇に咲く彼女等の人生煩悶を解決エロ戰線に歡聲あがる淸津署の新戰術
233364	朝鮮朝日	西北版	1933-02-12	1	09단	成元自動車ストライキ
233365	朝鮮朝日	西北版	1933-02-12	1	09단	巡査の篤行
233366	朝鮮朝日	西北版	1933-02-12	1	10단	詐欺賭博捕はる
233367	朝鮮朝日	西北版	1933-02-12	1	10단	告訴氾濫時代來る
233368	朝鮮朝日	西北版	1933-02-12	1	10단	廿日に公判米川一味事件
233369	朝鮮朝日	西北版	1933-02-12	1	10단	樂禮/柳京小話
233370	朝鮮朝日	南鮮版	1933-02-12	1	01단	紀元節・建國祭全鮮にみなぎる奉祝氣分/總督府の拜賀/京城府の奉祝/釜山の建國祭

일련번호	판명		간행일	면	단수	기사명
233371	朝鮮朝日	南鮮版	1933-02-12	1	01단	女人過剰の首都大京城の人口總數３７４９２０人トンと振はぬ年々の增加率
233372	朝鮮朝日	南鮮版	1933-02-12	1	01단	新羅文化の匂ひ掘り出された王者のかんむり純金や貴重品がざくざく皇吾里古墳の發掘物
233373	朝鮮朝日	南鮮版	1933-02-12	1	02단	期待さるゝドルメン發掘
233374	朝鮮朝日	南鮮版	1933-02-12	1	03단	長い鬚のおぢさんは恐しい誘拐魔？行方不明の少女八日目に歸る奇妙な少女誘拐事件
233375	朝鮮朝日	南鮮版	1933-02-12	1	04단	*佳き日の表彰と補助金功勞者選奬京畿道では八名/優良納稅者/勤續教員表彰盛んな釜山府の式典/九ヶ面受賞/慶南各團體に補助金交付*
233376	朝鮮朝日	南鮮版	1933-02-12	1	04단	旱害の影響で五萬餘石減慶南米實收高
233377	朝鮮朝日	南鮮版	1933-02-12	1	05단	仁川府民大會國威宣揚を決議す
233378	朝鮮朝日	南鮮版	1933-02-12	1	05단	校庭に咲く愛國の花國防獻金をめぐる裡里農林學校の佳話
233379	朝鮮朝日	南鮮版	1933-02-12	1	06단	慶南各團體總會
233380	朝鮮朝日	南鮮版	1933-02-12	1	06단	南鮮ところところ(大邱/裡里/大田/春川)
233381	朝鮮朝日	南鮮版	1933-02-12	1	07단	基金募集好成績病者の樂園を南鮮に二箇所建設癩豫防協會寄附近く打切り
233382	朝鮮朝日	南鮮版	1933-02-12	1	08단	豆腐値上
233383	朝鮮朝日	南鮮版	1933-02-12	1	08단	派遣將士を送る朝鮮樂人妓生も交る盛んな歡送振り京城驛頭に歡送者激增
233384	朝鮮朝日	南鮮版	1933-02-12	1	10단	狂ふ母親列車から愛兒を投殺す
233385	朝鮮朝日	南鮮版	1933-02-12	1	10단	六戶全燒光州目拔き本町の火事
233386	朝鮮朝日	南鮮版	1933-02-12	1	10단	アル横顔
233387	朝鮮朝日	南鮮版	1933-02-12	1	10단	鐵路に呻く
233388	朝鮮朝日	西北版	1933-02-14	1	01단	大同江文化光は溶々乎たるこの旺流から平壤を中心に沿岸民は何を鬪ひ取るべきか
233389	朝鮮朝日	西北版	1933-02-14	1	01단	是非本年度に改修調査を行ふ都合では暗礁取除きに着工保山、石湖亭間の改修
233390	朝鮮朝日	西北版	1933-02-14	1	01단	滿洲中央銀行安東支行業績は順調
233391	朝鮮朝日	西北版	1933-02-14	1	01단	優良商工從業員表彰式と茶話會
233392	朝鮮朝日	西北版	1933-02-14	1	03단	二大財閥で早くも水力電氣の競願東拓と金剛と對立
233393	朝鮮朝日	西北版	1933-02-14	1	04단	十年勤續の教諭を表彰

일련번호	판명		간행일	면	단수	기사명
233394	朝鮮朝日	西北版	1933-02-14	1	04단	城津漁港の完成近づく運賃低減を期待さる
233395	朝鮮朝日	西北版	1933-02-14	1	05단	山砲隊勇士堂々と凱旋驛頭をゆるがす萬歳
233396	朝鮮朝日	西北版	1933-02-14	1	06단	土地熱の後始末十五萬圓の訴訟群
233397	朝鮮朝日	西北版	1933-02-14	1	06단	間島出動將士ヘポンと百圓
233398	朝鮮朝日	西北版	1933-02-14	1	07단	三月七日から開會か平南道評議會
233399	朝鮮朝日	西北版	1933-02-14	1	07단	中等校入學を抑壓すると非難平南道が私立學校へ出した指令を廻る舊市側の輿論
233400	朝鮮朝日	西北版	1933-02-14	1	07단	藝妓の美擧
233401	朝鮮朝日	西北版	1933-02-14	1	08단	アルミナ工場平壤設置いよいよ有望
233402	朝鮮朝日	西北版	1933-02-14	1	08단	空炭車と衝突し坑夫絶命す
233403	朝鮮朝日	西北版	1933-02-14	1	08단	景氣はまづ花柳界から春に魁けて輝かしい氣分前途洋々の城津港
233404	朝鮮朝日	西北版	1933-02-14	1	09단	十郡を割き一道を編成施設の促進と資源の開發咸北南部、咸南北部
233405	朝鮮朝日	西北版	1933-02-14	1	10단	稀代の詐欺漢小林を送局
233406	朝鮮朝日	西北版	1933-02-14	1	10단	樂禮/柳京小話
233407	朝鮮朝日	南鮮版	1933-02-14	1	01단	ほがらかな黑字報告赤字を蹴飛ばし素晴しい好轉景氣上々吉の鐵道商賣
233408	朝鮮朝日	南鮮版	1933-02-14	1	01단	不正移入品に大鐵槌を下す引火爆發の危險物が多いインチキ品橫行時代
233409	朝鮮朝日	南鮮版	1933-02-14	1	01단	モヒ患者指導授産所の施設鮮內の患者約四千人
233410	朝鮮朝日	南鮮版	1933-02-14	1	01단	神慮に申譯なし馬山神社氏子總代連袂總辭職
233411	朝鮮朝日	南鮮版	1933-02-14	1	02단	內鮮滿經濟座談會京城で開催
233412	朝鮮朝日	南鮮版	1933-02-14	1	03단	釜山管理所振替貯金受拂高激增
233413	朝鮮朝日	南鮮版	1933-02-14	1	03단	滿洲へ草花の進出朝鮮慶南の園藝は好成績
233414	朝鮮朝日	南鮮版	1933-02-14	1	04단	非常時の覺悟を高唱大邱鄕軍の意氣軒昂
233415	朝鮮朝日	南鮮版	1933-02-14	1	04단	消化し切れぬ不振狀態慶北の野積籾の融資
233416	朝鮮朝日	南鮮版	1933-02-14	1	04단	再婚を許さぬ風習若い寡婦の惱み頻々たる「嬰兒殺し」の犯行朝鮮に多い特殊犯罪
233417	朝鮮朝日	南鮮版	1933-02-14	1	05단	鮮米統制案は成行を樂觀一部修正は免れまい

일련번호	판명		간행일	면	단수	기사명
233418	朝鮮朝日	南鮮版	1933-02-14	1	05단	各校の校舎増築京城府は廿一萬圓計上
233419	朝鮮朝日	南鮮版	1933-02-14	1	06단	美談のあるじ鮮女朴氏の話病夫妻に代り二兒を育つ
233420	朝鮮朝日	南鮮版	1933-02-14	1	06단	慶州西面の水税不納同盟地主七百餘名結束
233421	朝鮮朝日	南鮮版	1933-02-14	1	07단	南鮮ところところ(淸州/光州/春川/晉州/釜山)
233422	朝鮮朝日	南鮮版	1933-02-14	1	07단	スマートな服装で釜山靑年音樂會
233423	朝鮮朝日	南鮮版	1933-02-14	1	07단	群山の怪火發覺した保險金詐欺
233424	朝鮮朝日	南鮮版	1933-02-14	1	08단	飛出して怪我
233425	朝鮮朝日	南鮮版	1933-02-14	1	09단	鮮人勞働者の不正內地渡航規則違反で處罰
233426	朝鮮朝日	南鮮版	1933-02-14	1	09단	行囊紛失事件迷宮入り？各署の努力も空しく
233427	朝鮮朝日	南鮮版	1933-02-14	1	10단	不良兒童の投石を防止釜山交通事故防止會で
233428	朝鮮朝日	南鮮版	1933-02-14	1	10단	アル横顔
233429	朝鮮朝日	西北版	1933-02-15	1	01단	學務部を實現し自力運動に拍車か税制改正で財務部解消から地方廳で取沙汰さる
233430	朝鮮朝日	西北版	1933-02-15	1	01단	昇格決定まで卒業試驗を延期第一回生が恩典に除外の時は醫講生一致して起つ
233431	朝鮮朝日	西北版	1933-02-15	1	01단	女中と小使が全部を占め就職率は二割五分平壤職紹所の成績
233432	朝鮮朝日	西北版	1933-02-15	1	01단	王德林部下の紅槍會匪歸順
233433	朝鮮朝日	西北版	1933-02-15	1	04단	傷病兵慰問
233434	朝鮮朝日	西北版	1933-02-15	1	04단	高層建築物屋上に高射機關銃平壤鄕軍は計劃す
233435	朝鮮朝日	西北版	1933-02-15	1	04단	平壤に空中燈台四月一日から東京、大連間の航程を一日に短縮するために定期航空の一大飛躍
233436	朝鮮朝日	西北版	1933-02-15	1	05단	純情な人々
233437	朝鮮朝日	西北版	1933-02-15	1	05단	東京○團の勇士北上す
233438	朝鮮朝日	西北版	1933-02-15	1	05단	民間精米業者この疑念を抱く農倉との檢査に於て手心の相違はないか
233439	朝鮮朝日	西北版	1933-02-15	1	05단	鐵道局の採用試驗
233440	朝鮮朝日	西北版	1933-02-15	1	05단	鴨綠江上流に平壤商人進出し安東縣商人を脅かす
233441	朝鮮朝日	西北版	1933-02-15	1	06단	平壤競馬場九萬圓で移轉競馬令の改正から內容を充實する

일련번호	판명		간행일	면	단수	기사명
233442	朝鮮朝日	西北版	1933-02-15	1	06단	スケート納會
233443	朝鮮朝日	西北版	1933-02-15	1	06단	混沙米移入禁止反對平壤商議參加
233444	朝鮮朝日	西北版	1933-02-15	1	06단	日滿合同警備會議
233445	朝鮮朝日	西北版	1933-02-15	1	07단	王曉頭部下の武裝を解除
233446	朝鮮朝日	西北版	1933-02-15	1	07단	記念日を待つ滿洲事變の數々の鹵獲品 三月十日東京で展觀
233447	朝鮮朝日	西北版	1933-02-15	1	07단	藝妓と情夫平壤に驅落
233448	朝鮮朝日	西北版	1933-02-15	1	08단	密輸取締りの武裝緝私隊先發隊來安す
233449	朝鮮朝日	西北版	1933-02-15	1	08단	一戸當り桑田一反步を目標に模範桑田を設置し大いに頑張る平南
233450	朝鮮朝日	西北版	1933-02-15	1	08단	逃走死刑囚の公判を延期
233451	朝鮮朝日	西北版	1933-02-15	1	08단	强大な蔓延力痘禍おそろし浦項中心の天然痘は何處まで擴がる？
233452	朝鮮朝日	西北版	1933-02-15	1	09단	線路に石塊
233453	朝鮮朝日	西北版	1933-02-15	1	09단	常習賭博
233454	朝鮮朝日	西北版	1933-02-15	1	09단	請負師盗む
233455	朝鮮朝日	西北版	1933-02-15	1	10단	また住宅實地檢證若妻殺し事件
233456	朝鮮朝日	西北版	1933-02-15	1	10단	反物を盗む
233457	朝鮮朝日	西北版	1933-02-15	1	10단	又も三人組の强盗現はる
233458	朝鮮朝日	西北版	1933-02-15	1	10단	牛泥棒捕はる
233459	朝鮮朝日	西北版	1933-02-15	1	10단	樂禮/柳京小話
233460	朝鮮朝日	南鮮版	1933-02-15	1	01단	新スキー地の紹介化川一帶は廣大なスロープの連續だ雪は一尺から二尺
233461	朝鮮朝日	南鮮版	1933-02-15	1	01단	定員勵行を嚴達私學校の統制を期する學務局の方針インチキ學校に恐慌來
233462	朝鮮朝日	南鮮版	1933-02-15	1	01단	登龍門城大の入學志願者減る試驗日と不況が祟って文理兩科何れも減少
233463	朝鮮朝日	南鮮版	1933-02-15	1	01단	帝國學士院から學術研究費の補助城大關係の研究者へ
233464	朝鮮朝日	南鮮版	1933-02-15	1	04단	東萊邑の農村振興策具體的に決定
233465	朝鮮朝日	南鮮版	1933-02-15	1	04단	朝鮮神宮の奉獻菊花
233466	朝鮮朝日	南鮮版	1933-02-15	1	04단	南鮮ところどころ(裡里/大田/公州)
233467	朝鮮朝日	南鮮版	1933-02-15	1	05단	洛東、南旨の兩橋開通式
233468	朝鮮朝日	南鮮版	1933-02-15	1	05단	タクシー値上京城では結局不許可か
233469	朝鮮朝日	南鮮版	1933-02-15	1	05단	强硬意見通り中島議員に釜山府議から絶交狀果して實行出來るか
233470	朝鮮朝日	南鮮版	1933-02-15	1	06단	龍山師團の國防獻金俸給を割いて
233471	朝鮮朝日	南鮮版	1933-02-15	1	06단	釜山靑訓所の生徒を募集
233472	朝鮮朝日	南鮮版	1933-02-15	1	06단	釜山稅關の植物檢查所新設の準備を進む

일련번호	판명		간행일	면	단수	기사명
233473	朝鮮朝日	南鮮版	1933-02-15	1	06단	强大な蔓延力痘禍おそろし浦項中心の天然痘は何處まで擴がる？
233474	朝鮮朝日	南鮮版	1933-02-15	1	07단	記念日を待つ滿洲事變の數々の鹵獲品三月十日東京で展觀
233475	朝鮮朝日	南鮮版	1933-02-15	1	08단	慶南鼈業實地視察
233476	朝鮮朝日	南鮮版	1933-02-15	1	08단	釜山公設市場聯合會の役員
233477	朝鮮朝日	南鮮版	1933-02-15	1	08단	又も三人組の强盜現はる
233478	朝鮮朝日	南鮮版	1933-02-15	1	08단	釜山の大火深夜の出火で工場主宅多數類燒す
233479	朝鮮朝日	南鮮版	1933-02-15	1	08단	巡查部長殺しに「無期」
233480	朝鮮朝日	南鮮版	1933-02-15	1	09단	お歷々の方々でも容赦しませぬ滯納處分に困る京城府
233481	朝鮮朝日	南鮮版	1933-02-15	1	09단	池の氷を踏割り水藻採取中の三名無殘の溺死
233482	朝鮮朝日	南鮮版	1933-02-15	1	10단	跋扈する贋札慶南で發見
233483	朝鮮朝日	南鮮版	1933-02-15	1	10단	食刀で脅し大豆二升五合を强奪
233484	朝鮮朝日	南鮮版	1933-02-15	1	10단	人(李王職次官/大木夫人逝去)
233485	朝鮮朝日	南鮮版	1933-02-15	1	10단	斷崖から墜つ
233486	朝鮮朝日	西北版	1933-02-16	1	01단	皮肉な現象インフレ景氣で惱む一面一校制土地、建築材料の昂騰で受難期の新設校
233487	朝鮮朝日	西北版	1933-02-16	1	01단	肥料の昂騰で施肥減を憂慮共同購入資金增加や貸出法緩和で善處の平南
233488	朝鮮朝日	西北版	1933-02-16	1	01단	販路擴張の經費捻出が困難繁榮會に委任經營平南商品陳列所
233489	朝鮮朝日	西北版	1933-02-16	1	01단	小島部隊羅子溝へ
233490	朝鮮朝日	西北版	1933-02-16	1	03단	西鮮の農村電化愈よ第二期へ本年度は十八部落を選び朝鮮送電が實施
233491	朝鮮朝日	西北版	1933-02-16	1	04단	開城驛業績
233492	朝鮮朝日	西北版	1933-02-16	1	04단	不思議にも若返る老人醫藥も服用せぬのに齒が生え髮は黑く
233493	朝鮮朝日	西北版	1933-02-16	1	04단	平壤驛の擴張十六日入札
233494	朝鮮朝日	西北版	1933-02-16	1	04단	在鄉將校會生る
233495	朝鮮朝日	西北版	1933-02-16	1	05단	談合防止と道民愛護を當局に陳情
233496	朝鮮朝日	西北版	1933-02-16	1	05단	八萬平方米の地均しを完成試驗飛行までに間に合はす咸興の本宮飛行場
233497	朝鮮朝日	西北版	1933-02-16	1	05단	無言の勇士光永號病死
233498	朝鮮朝日	西北版	1933-02-16	1	06단	カフエとダンスの取締規則を作る續生に惱む平南警察部が道令で發布の計劃

일련번호	판명		간행일	면	단수	기사명
233499	朝鮮朝日	西北版	1933-02-16	1	06단	火田開發に重要打合せ原地定着の徹底化新規入山者防止
233500	朝鮮朝日	西北版	1933-02-16	1	06단	影を潛めた早婚の弊風平壤府の戶籍係から見た朝鮮の結婚線打診
233501	朝鮮朝日	西北版	1933-02-16	1	07단	クリーク設備の理想的工場地帶普通江改修によって實現す平壤府民猛運動へ
233502	朝鮮朝日	西北版	1933-02-16	1	07단	奇特な香奠返し
233503	朝鮮朝日	西北版	1933-02-16	1	08단	二少女の獻金
233504	朝鮮朝日	西北版	1933-02-16	1	08단	國難打開に奮鬪を祈るゼネヴァと各要路に打電龍井村內地人民會
233505	朝鮮朝日	西北版	1933-02-16	1	08단	昨年より發生數減る平南の傳染病
233506	朝鮮朝日	西北版	1933-02-16	1	09단	詐欺賭博
233507	朝鮮朝日	西北版	1933-02-16	1	09단	教育の本質上やむを得ぬ私學の入學數限定につき平南學務當局語る
233508	朝鮮朝日	西北版	1933-02-16	1	09단	强盜捕はる
233509	朝鮮朝日	西北版	1933-02-16	1	09단	マイト爆發し坑夫二名重傷
233510	朝鮮朝日	西北版	1933-02-16	1	10단	平北各地に天然痘流行
233511	朝鮮朝日	西北版	1933-02-16	1	10단	もよほし(軍事講演會)
233512	朝鮮朝日	西北版	1933-02-16	1	10단	人(京畿道警察部高等課長古賀菊次郎氏)
233513	朝鮮朝日	西北版	1933-02-16	1	10단	樂禮/柳京小話
233514	朝鮮朝日	南鮮版	1933-02-16	1	01단	好望の滿洲へ大量移民計劃半官半民の移民會社を組織し長期に互って
233515	朝鮮朝日	南鮮版	1933-02-16	1	01단	痘禍をおそれよ傳播力頗る旺盛京畿道は罹病約二百名/痘瘡豫防に大童の慶南ビラ一萬枚を配布
233516	朝鮮朝日	南鮮版	1933-02-16	1	01단	慶南道議の選擧競爭激甚？警察部で嚴重取締る
233517	朝鮮朝日	南鮮版	1933-02-16	1	01단	商工振興座談會京城商議で
233518	朝鮮朝日	南鮮版	1933-02-16	1	02단	南鮮ところところ獻穀田奉耕者決定(大田/公州/大邱/釜山)
233519	朝鮮朝日	南鮮版	1933-02-16	1	03단	キネマ界近事朝鮮人經營館の目覺しい躍進人を呼ぶ近代的色彩內地人側は兎角押され氣味
233520	朝鮮朝日	南鮮版	1933-02-16	1	04단	京城靑年團兎狩
233521	朝鮮朝日	南鮮版	1933-02-16	1	04단	昌原自作農地買收に應ずる東拓
233522	朝鮮朝日	南鮮版	1933-02-16	1	04단	四十日以上も勞資の對立新規女工を募集し東洋製絲の罷業一段落/工賃値下でゴム工場の女工罷業
233523	朝鮮朝日	南鮮版	1933-02-16	1	05단	漢藥時代到來？植物學者の名藥さがし

일련번호	판명		간행일	면	단수	기사명
233524	朝鮮朝日	南鮮版	1933-02-16	1	05단	農事改良指導員打合せ
233525	朝鮮朝日	南鮮版	1933-02-16	1	05단	指紋採錄の範圍擴大重要性を痛感した警務局
233526	朝鮮朝日	南鮮版	1933-02-16	1	05단	降った降った珍らしい雪各地スキー場色めきスキー列車も出る
233527	朝鮮朝日	南鮮版	1933-02-16	1	06단	裡里の大空に飜る國旗六旒競うて揭揚台を建設
233528	朝鮮朝日	南鮮版	1933-02-16	1	06단	草鞋使用獎勵で釜山のゴム工場大恐慌を來し陳情
233529	朝鮮朝日	南鮮版	1933-02-16	1	07단	無言の勇士光永號病死
233530	朝鮮朝日	南鮮版	1933-02-16	1	08단	影を潜めた早婚の弊風平壤府の戸籍係から見た朝鮮の結婚線打診
233531	朝鮮朝日	南鮮版	1933-02-16	1	08단	教室へ暴犬二生徒咬まる
233532	朝鮮朝日	南鮮版	1933-02-16	1	08단	僞造紙幣に御主意なさい
233533	朝鮮朝日	南鮮版	1933-02-16	1	08단	五十萬圓では全く燒石に水慶北の農民負債五千萬圓何うして救濟するか
233534	朝鮮朝日	南鮮版	1933-02-16	1	09단	困った風習寡婦を掠奪一味難なく逮捕さる
233535	朝鮮朝日	南鮮版	1933-02-16	1	09단	强盗捕はる
233536	朝鮮朝日	南鮮版	1933-02-16	1	09단	不思議にも若返る老人醫藥も服用せぬのに齒が生え髮は黑く
233537	朝鮮朝日	南鮮版	1933-02-16	1	09단	人(淸水圖書課長)
233538	朝鮮朝日	南鮮版	1933-02-16	1	10단	マイト爆發し坑夫二名重傷
233539	朝鮮朝日	南鮮版	1933-02-16	1	10단	二少女の獻金
233540	朝鮮朝日	西北版	1933-02-17	1	01단	惱みの農民米價に數倍の金肥の値上りこれでは全くやりきれぬと當局に對策を熱望
233541	朝鮮朝日	西北版	1933-02-17	1	01단	長津江水電成立の曙光見ゆ三菱から野口氏へ肩代り案外早急に實現か
233542	朝鮮朝日	西北版	1933-02-17	1	01단	龍井飛行隊新廳舍竣工自祝宴愛國朝鮮號頻りに活躍す
233543	朝鮮朝日	西北版	1933-02-17	1	03단	平北道第一期の自作農設定計劃どほり完了す
233544	朝鮮朝日	西北版	1933-02-17	1	04단	選擧人名簿縱覽
233545	朝鮮朝日	西北版	1933-02-17	1	04단	東邊道の調査は大規模に實施
233546	朝鮮朝日	西北版	1933-02-17	1	04단	萬難を排し定時に運轉匪禍で延着の國際列車滿鐵から平壤へ入電
233547	朝鮮朝日	西北版	1933-02-17	1	04단	水陸相呼應日滿警備の萬全を期す
233548	朝鮮朝日	西北版	1933-02-17	1	05단	糧食運搬に龍王廟へ

일련번호	판명		간행일	면	단수	기사명
233549	朝鮮朝日	西北版	1933-02-17	1	05단	堆肥品評會成績
233550	朝鮮朝日	西北版	1933-02-17	1	05단	高層建築物の非常時設備萬全を期するやう當局通牒を發す
233551	朝鮮朝日	西北版	1933-02-17	1	06단	元山府の新豫算卅七萬圓見當
233552	朝鮮朝日	西北版	1933-02-17	1	06단	平南織物の販路を北鮮に竹內商陳主任自ら一線に乘出して
233553	朝鮮朝日	西北版	1933-02-17	1	06단	新豫算を附議し滿場一致可決
233554	朝鮮朝日	西北版	1933-02-17	1	06단	全部落が擧って戶每に日の丸
233555	朝鮮朝日	西北版	1933-02-17	1	07단	新義州側の鴨綠江採氷總計七十萬貫
233556	朝鮮朝日	西北版	1933-02-17	1	07단	平壤師範の軍事敎練査閱
233557	朝鮮朝日	西北版	1933-02-17	1	07단	尊い兒童の勞作平南では昨年八千圓に達す兒童一人當りが一圓十錢也今後大いに助長
233558	朝鮮朝日	西北版	1933-02-17	1	07단	壯烈な市街戰や官民合同祝賀會平壤と陸軍記念日
233559	朝鮮朝日	西北版	1933-02-17	1	08단	牛馬を斃す炭疽病發生咸北で必死の防疫陣
233560	朝鮮朝日	西北版	1933-02-17	1	08단	平南の鷄卵京城に進出
233561	朝鮮朝日	西北版	1933-02-17	1	08단	水揚高約二百萬圓咸南の明太漁業
233562	朝鮮朝日	西北版	1933-02-17	1	08단	獻金、慰問金
233563	朝鮮朝日	西北版	1933-02-17	1	09단	簡保積立金平南割當
233564	朝鮮朝日	西北版	1933-02-17	1	09단	耐寒行軍好人氣
233565	朝鮮朝日	西北版	1933-02-17	1	09단	債權者泣かせ無斷夜逃げの支那商人排華事件の副産物
233566	朝鮮朝日	西北版	1933-02-17	1	10단	傷害事件實地檢證
233567	朝鮮朝日	西北版	1933-02-17	1	10단	三人組竊盜
233568	朝鮮朝日	西北版	1933-02-17	1	10단	樂禮柳京小話
233569	朝鮮朝日	南鮮版	1933-02-17	1	01단	模倣を脫して諸制改革斷行まづ敎育と社會施設から
233570	朝鮮朝日	南鮮版	1933-02-17	1	01단	軍國の春をたゝへて京城府を中心に空陸の精銳を擧げて攻防演習期待さるゝ三月十日
233571	朝鮮朝日	南鮮版	1933-02-17	1	01단	警官大異動京畿道幹部級大搖れ
233572	朝鮮朝日	南鮮版	1933-02-17	1	01단	樹氷に聽く音樂嚴冬の金剛
233573	朝鮮朝日	南鮮版	1933-02-17	1	03단	避難民を收容する滿洲の「安全村」歸還不能の者をかぎって春耕季に全部整理
233574	朝鮮朝日	南鮮版	1933-02-17	1	03단	南鮮ところところ(大邱/裡里/浦項/大田/釜山)
233575	朝鮮朝日	南鮮版	1933-02-17	1	04단	麗水電氣點燈許可

일련번호	판명		간행일	면	단수	기사명
233576	朝鮮朝日	南鮮版	1933-02-17	1	04단	京城組銀帳尻
233577	朝鮮朝日	南鮮版	1933-02-17	1	04단	洛東江の結氷ゆるむ氷上通行危險
233578	朝鮮朝日	南鮮版	1933-02-17	1	04단	色服運動促進
233579	朝鮮朝日	南鮮版	1933-02-17	1	05단	新令發布後に總會を開け漁組に通牒
233580	朝鮮朝日	南鮮版	1933-02-17	1	05단	小作法と地主會の要望
233581	朝鮮朝日	南鮮版	1933-02-17	1	05단	種痘を勵行
233582	朝鮮朝日	南鮮版	1933-02-17	1	06단	大邱の府營バス監督等召喚
233583	朝鮮朝日	南鮮版	1933-02-17	1	06단	四月から統一される京城の金融組合加入者は頗る便利になる
233584	朝鮮朝日	南鮮版	1933-02-17	1	07단	朝鮮へ朝鮮へ觀光團が齎す素晴しい春景氣昨年にくらべて二割方增加
233585	朝鮮朝日	南鮮版	1933-02-17	1	07단	慶南の海苔生産減・値段も下落
233586	朝鮮朝日	南鮮版	1933-02-17	1	07단	早春可惜美人の自殺評判のよい職業婦人の死
233587	朝鮮朝日	南鮮版	1933-02-17	1	08단	時局問題で群山鄕軍分會の研究活動
233588	朝鮮朝日	南鮮版	1933-02-17	1	09단	京城小學校の新入學生はトンと振はず
233589	朝鮮朝日	南鮮版	1933-02-17	1	09단	罷業女工一齊就業京城ゴム工場爭議手打ち
233590	朝鮮朝日	南鮮版	1933-02-17	1	10단	大邱驛の怪盜貨車の封印をやぶる
233591	朝鮮朝日	南鮮版	1933-02-17	1	10단	電柱に攀る怪しげな男
233592	朝鮮朝日	南鮮版	1933-02-17	1	10단	轟然爆破すストーブに爆藥混入？
233593	朝鮮朝日	南鮮版	1933-02-17	1	10단	無許可の醫生橫行
233594	朝鮮朝日	南鮮版	1933-02-17	1	10단	もよほし(局友會支部の催し/三島高女音樂會/釜山工業生徒募集)
233595	朝鮮朝日	南鮮版	1933-02-17	1	10단	人(高松遞信海事課長)
233596	朝鮮朝日	西北版	1933-02-18	1	01단	一石三鳥を狙ふ商陳の委託經營販路擴張係新設のこと繩叺增産の無利子金融節約費の融通で
233597	朝鮮朝日	西北版	1933-02-18	1	01단	滿洲と內地とに産業職員を駐在九年度には是非實現すと藤原平南の抱負
233598	朝鮮朝日	西北版	1933-02-18	1	01단	聯盟脫退に十分の覺悟各要路と松岡全權に打電平壤府民大會から
233599	朝鮮朝日	西北版	1933-02-18	1	01단	再びわが平中の霸業を建設か平實、平鐵も愈よ內容充實す春の平壤球界前記
233600	朝鮮朝日	西北版	1933-02-18	1	04단	人(梅崎第二十師團長/中島步兵第七十七聯隊長)
233601	朝鮮朝日	西北版	1933-02-18	1	04단	空の護りに重機關銃淸津で計劃
233602	朝鮮朝日	西北版	1933-02-18	1	04단	汽車時間に惠まれるスピード化で

일련번호	판명		간행일	면	단수	기사명
233603	朝鮮朝日	西北版	1933-02-18	1	04단	平南産業課内容を充實四係に統制分けして産業平南に善處
233604	朝鮮朝日	西北版	1933-02-18	1	05단	花の安東に楊貴妃早生都を増植
233605	朝鮮朝日	西北版	1933-02-18	1	06단	第二爆彈犯人思想轉換を誓ふ飜然アジア主義に感銘して平壤生れの獄囚張基明
233606	朝鮮朝日	西北版	1933-02-18	1	07단	黄海道警察部内地見學團大阪から東京へ
233607	朝鮮朝日	西北版	1933-02-18	1	07단	ピーコン燈で空の大照明四哩先から目標となる平壤三中井で計劃
233608	朝鮮朝日	西北版	1933-02-18	1	07단	檢査には手加減せぬ當局の釋明
233609	朝鮮朝日	西北版	1933-02-18	1	08단	平壤高女の美擧
233610	朝鮮朝日	西北版	1933-02-18	1	08단	無條件で學生側卒業試驗應試
233611	朝鮮朝日	西北版	1933-02-18	1	08단	二連發の獵銃で船長自殺す
233612	朝鮮朝日	西北版	1933-02-18	1	09단	發掘當時の實情を調査
233613	朝鮮朝日	西北版	1933-02-18	1	09단	賃銀値下で世昌ゴムストライキ
233614	朝鮮朝日	西北版	1933-02-18	1	10단	賃銀値上要求太平ゴム怠業
233615	朝鮮朝日	西北版	1933-02-18	1	10단	國防獻金の數々
233616	朝鮮朝日	西北版	1933-02-18	1	10단	海軍鑛區を大々的盜掘
233617	朝鮮朝日	西北版	1933-02-18	1	10단	樂禮柳京小話
233618	朝鮮朝日	南鮮版	1933-02-18	1	01단	幽靈電話の惡評を吹飛し今は鼻たかだか内鮮電話の好成績
233619	朝鮮朝日	南鮮版	1933-02-18	1	01단	造林の合理化京畿道ではすこぶる好成績持主の負擔も著しく輕減
233620	朝鮮朝日	南鮮版	1933-02-18	1	01단	銀幕にをどる派遣將兵朝鮮軍の派遣撮影班一行間島方面の撮影を了る
233621	朝鮮朝日	南鮮版	1933-02-18	1	03단	桑田競作會入賞者決定
233622	朝鮮朝日	南鮮版	1933-02-18	1	03단	南鮮ところところ(大邱/公州/釜山)
233623	朝鮮朝日	南鮮版	1933-02-18	1	04단	大邱商業の報國貯金
233624	朝鮮朝日	南鮮版	1933-02-18	1	04단	警察官分限令三月一日から實施？
233625	朝鮮朝日	南鮮版	1933-02-18	1	04단	物價騰貴一休み低落せるもの十二品
233626	朝鮮朝日	南鮮版	1933-02-18	1	04단	師範演習科の年限延長問題實施はいよいよ確實
233627	朝鮮朝日	南鮮版	1933-02-18	1	04단	社會主事に振興祕策京畿道の振興講習會
233628	朝鮮朝日	南鮮版	1933-02-18	1	05단	ピーコン燈で空の大照明四哩先から目標となる平壤三中井で計劃
233629	朝鮮朝日	南鮮版	1933-02-18	1	05단	嚴罰で取締る麻藥令を急施違反者には「五年以上」
233630	朝鮮朝日	南鮮版	1933-02-18	1	06단	福岡、廣島で慶南物産宣傳
233631	朝鮮朝日	南鮮版	1933-02-18	1	06단	釜山港外朝島に船溜の設備

일련번호	판명		간행일	면	단수	기사명
233632	朝鮮朝日	南鮮版	1933-02-18	1	06단	初名乗り慶南道議選擧に早くも立候補届出
233633	朝鮮朝日	南鮮版	1933-02-18	1	07단	慶南水組打合の日程變更
233634	朝鮮朝日	南鮮版	1933-02-18	1	07단	第二爆彈犯人思想轉換を誓ふ飄然アジア主義に感銘して平壤生れの獄囚張基明
233635	朝鮮朝日	南鮮版	1933-02-18	1	07단	金井鑛山發電所の出火
233636	朝鮮朝日	南鮮版	1933-02-18	1	08단	朝鮮名物濁酒の密造いくら當局で禁止しても密造者は絶えぬ
233637	朝鮮朝日	南鮮版	1933-02-18	1	08단	急行列車から落つ十一歳の子供不思議に助かる
233638	朝鮮朝日	南鮮版	1933-02-18	1	09단	老婆轢死
233639	朝鮮朝日	南鮮版	1933-02-18	1	09단	內房から屋外へ朝鮮女性の棉作行進好成績を擧げた慶北の婦人共同棉作圃
233640	朝鮮朝日	南鮮版	1933-02-18	1	09단	季節外れのチフス流行慶南道懸命の防疫
233641	朝鮮朝日	南鮮版	1933-02-18	1	10단	京畿道の痘瘡猖獗新患者卅二名
233642	朝鮮朝日	南鮮版	1933-02-18	1	10단	もよほし(釜山商議所懇談會釜山觀光協會打合會三勇士慰靈祭桐葉會洋畫展)
233643	朝鮮朝日	南鮮版	1933-02-18	1	10단	人(莊司昌氏(新任慶南昌原郡守))
233644	朝鮮朝日	西北版	1933-02-19	1	01단	道令で七郡に小作委員會設置實情に通じた人々を選び調停の萬全を期す平南道
233645	朝鮮朝日	西北版	1933-02-19	1	01단	全鮮最初の婦人消防隊高原婦女會で結成
233646	朝鮮朝日	西北版	1933-02-19	1	01단	旣定計劃の遂行に前進各要路に陳情書提出
233647	朝鮮朝日	西北版	1933-02-19	1	01단	柞蠶飼育宣傳
233648	朝鮮朝日	西北版	1933-02-19	1	01단	平壤空軍京城で活躍陸軍記念日に
233649	朝鮮朝日	西北版	1933-02-19	1	02단	平壤女高普の防火演習
233650	朝鮮朝日	西北版	1933-02-19	1	03단	高給、老朽を整理平南道の非常豫算過剩要求豫算削減のために中等校、農務課が三名づつを
233651	朝鮮朝日	西北版	1933-02-19	1	03단	ゴム工場が次々に新設農村購買力增進で平壤の斯業大躍進
233652	朝鮮朝日	西北版	1933-02-19	1	04단	無煙炭貨車廿輛を增發三月中に全部調製平南線の新陳容
233653	朝鮮朝日	西北版	1933-02-19	1	04단	對滿水產物輸出に合理的統制
233654	朝鮮朝日	西北版	1933-02-19	1	05단	三神坑の汽動車
233655	朝鮮朝日	西北版	1933-02-19	1	05단	安東守備隊凱旋祝賀會威勢のいゝ軍歌を合唱萬歳聲裡に散會
233656	朝鮮朝日	西北版	1933-02-19	1	05단	鴨綠江を挾んで壯烈な演習
233657	朝鮮朝日	西北版	1933-02-19	1	05단	環境生活樣式思想傾向も調査社會事業の指針たらしむべく平壤府が下層調べ

일련번호	판명		간행일	면	단수	기사명
233658	朝鮮朝日	西北版	1933-02-19	1	06단	元山水産共進會
233659	朝鮮朝日	西北版	1933-02-19	1	06단	俗謠「間島の娘」
233660	朝鮮朝日	西北版	1933-02-19	1	07단	樂浪時代の物だ馬嵐の出土品
233661	朝鮮朝日	西北版	1933-02-19	1	07단	染色料金改訂に反對の靴下業者都合では染色工場創設の腹當局の强腰を要望
233662	朝鮮朝日	西北版	1933-02-19	1	08단	子供の天國三中井屋上に
233663	朝鮮朝日	西北版	1933-02-19	1	08단	牧場を經營
233664	朝鮮朝日	西北版	1933-02-19	1	08단	龍井、八道滿間定期自動車
233665	朝鮮朝日	西北版	1933-02-19	1	08단	平北八年度豫算
233666	朝鮮朝日	西北版	1933-02-19	1	09단	缺食兒童は一名もない平壤の初等校
233667	朝鮮朝日	西北版	1933-02-19	1	09단	高句麗時代の八重の石塔陽德の山林中で發見
233668	朝鮮朝日	西北版	1933-02-19	1	09단	眞心こめた手編の靴下
233669	朝鮮朝日	西北版	1933-02-19	1	09단	樂禮/柳京小話
233670	朝鮮朝日	西北版	1933-02-19	1	10단	奇拔な金塊密輸出
233671	朝鮮朝日	西北版	1933-02-19	1	10단	天然痘發生
233672	朝鮮朝日	西北版	1933-02-19	1	10단	人(梅崎二十師團長)
233673	朝鮮朝日	西北版	1933-02-19	1	10단	もよほし(安東朝日小學校、家政女學校大學藝會)
233674	朝鮮朝日	南鮮版	1933-02-19	1	01단	馬の國際結婚ばなし內地の婿馬に蒙古産の花嫁を迎へて駿馬三萬頭を生ます計劃
233675	朝鮮朝日	南鮮版	1933-02-19	1	01단	皇軍慰問に參議派遣二班に分れて出發
233676	朝鮮朝日	南鮮版	1933-02-19	1	01단	朝鮮貿易協會の創立總會
233677	朝鮮朝日	南鮮版	1933-02-19	1	02단	二十年計劃で棉花の大增産慶南のプラン決定
233678	朝鮮朝日	南鮮版	1933-02-19	1	02단	角サトウは一つで澤山朝鮮放送協會節約祝賀會
233679	朝鮮朝日	南鮮版	1933-02-19	1	03단	釜山道路鋪裝近日入札着工
233680	朝鮮朝日	南鮮版	1933-02-19	1	04단	天晴會總會
233681	朝鮮朝日	南鮮版	1933-02-19	1	04단	滿洲官吏の募集に應じて我も我もの前景氣月百圓、六ヶ月間は練習生
233682	朝鮮朝日	南鮮版	1933-02-19	1	05단	簡保資金慶南の借受額
233683	朝鮮朝日	南鮮版	1933-02-19	1	05단	防疫陣を突破し痘瘡はびこる京城府では患者三十五名十八衛生班の活動/鰹節屋に痘瘡患者發生/無料で種痘/兩親共謀で傳染患者脫走病院では患者をころす特有の迷信から
233684	朝鮮朝日	南鮮版	1933-02-19	1	05단	露艦に浮標繫留福井氏歸東

일련번호	판명		간행일	면	단수	기사명
233685	朝鮮朝日	南鮮版	1933-02-19	1	05단	釜山高女の入學志望者三百名に達す
233686	朝鮮朝日	南鮮版	1933-02-19	1	05단	全北警官異動
233687	朝鮮朝日	南鮮版	1933-02-19	1	06단	囚人も奮ひ立つ盛んな防空獻金軍司令部へ續々寄託
233688	朝鮮朝日	南鮮版	1933-02-19	1	07단	釜山府で方面委員設置
233689	朝鮮朝日	南鮮版	1933-02-19	1	07단	浮氣封じに妻の狂言
233690	朝鮮朝日	南鮮版	1933-02-19	1	07단	社長さん住所不定
233691	朝鮮朝日	南鮮版	1933-02-19	1	07단	不良衛苗慶南で密賣嚴重取締る
233692	朝鮮朝日	南鮮版	1933-02-19	1	08단	南鮮ところところ(馬山/大田/郡山/釜山)
233693	朝鮮朝日	南鮮版	1933-02-19	1	08단	死んだ息子歸る占ひの言葉を信じ五年間行方不明殺されたものと葬式執行すみ
233694	朝鮮朝日	南鮮版	1933-02-19	1	09단	「赤」暗躍大邱で檢擧
233695	朝鮮朝日	南鮮版	1933-02-19	1	09단	もよほし(釜山實業靑年解散)
233696	朝鮮朝日	南鮮版	1933-02-19	1	09단	寄生蟲保有者が多い洛東江沿岸慶南衛生課で大掛りな糞便檢査を行ふ
233697	朝鮮朝日	南鮮版	1933-02-19	1	10단	人(瀨戶道一氏(京畿道財務部長)/金秋月孃逝く)
233698	朝鮮朝日	南鮮版	1933-02-19	1	10단	アレ横顔
233699	朝鮮朝日	西北版	1933-02-21	1	01단	問題の商陳と移轉改築の意見稅務監督局が實現の際に買上げて貰ひ平壤驛前へ根本的な刷新案
233700	朝鮮朝日	西北版	1933-02-21	1	01단	消極から積極へ徹底的更新策書堂、學術講習會對策を一變教育行政の本流へ
233701	朝鮮朝日	西北版	1933-02-21	1	01단	愛國朝鮮監盛んに活躍(龍井村にて)
233702	朝鮮朝日	西北版	1933-02-21	1	02단	四社合同も順調に進捗西鮮の電氣統制愈よ實現吉田電興專務語る
233703	朝鮮朝日	西北版	1933-02-21	1	02단	學校起債認可
233704	朝鮮朝日	西北版	1933-02-21	1	03단	鐵道警備演習の準備を進む
233705	朝鮮朝日	西北版	1933-02-21	1	03단	皇軍慰問に內鮮一致で勞力奉仕每日十七日な奉公日とし元山の理髮業者が
233706	朝鮮朝日	西北版	1933-02-21	1	04단	運賃制引交涉
233707	朝鮮朝日	西北版	1933-02-21	1	04단	貧困兒救濟基金を勇しく街頭に求めて朝鮮人女學生一團の行商
233708	朝鮮朝日	西北版	1933-02-21	1	04단	井上機を再搜査解氷期を待ち
233709	朝鮮朝日	西北版	1933-02-21	1	05단	通學區域を變更
233710	朝鮮朝日	西北版	1933-02-21	1	05단	前年度より七十萬圓も膨脹然も見るべき新規事業なし平南の八年度豫算
233711	朝鮮朝日	西北版	1933-02-21	1	05단	約百萬坪の大金鑛
233712	朝鮮朝日	西北版	1933-02-21	1	05단	工場用水盜用で片倉製絲咸興支所長收容

일련번호	판명		간행일	면	단수	기사명
233713	朝鮮朝日	西北版	1933-02-21	1	06단	瑞氣山上で府民の木祝賀會を開く
233714	朝鮮朝日	西北版	1933-02-21	1	06단	木材約三萬尺締をダムを利用大同江の本流まで搬出
233715	朝鮮朝日	西北版	1933-02-21	1	07단	樂浪古墳の婦人の遺骨ゼラチンで固結、保存する風化作用を恐れて
233716	朝鮮朝日	西北版	1933-02-21	1	07단	簡保積立金借入額
233717	朝鮮朝日	西北版	1933-02-21	1	07단	三月十日は陸軍記念日非常時に際し軍部、地方を合體國防思想の普及徹底を期し日露戰役を偲ぶ
233718	朝鮮朝日	西北版	1933-02-21	1	07단	物騷な忘れ物
233719	朝鮮朝日	西北版	1933-02-21	1	08단	渡邊以外に若妻殺し眞犯人伏在か/若妻殺し新發展容疑者取調/局面急轉回
233720	朝鮮朝日	西北版	1933-02-21	1	09단	認可あり次第汽動車運轉
233721	朝鮮朝日	西北版	1933-02-21	1	09단	官舍荒し逮捕
233722	朝鮮朝日	西北版	1933-02-21	1	09단	疑似天然痘で消毒のため國際列車またも大遲延運轉系統滅茶々々
233723	朝鮮朝日	西北版	1933-02-21	1	10단	天然痘に包圍され春季種痘綜上げ
233724	朝鮮朝日	西北版	1933-02-21	1	10단	牡円台で縊死
233725	朝鮮朝日	西北版	1933-02-21	1	10단	もよほし(開城府酒類製造販賣組合表彰式)
233726	朝鮮朝日	西北版	1933-02-21	1	10단	人(池田間島派遣隊長)
233727	朝鮮朝日	西北版	1933-02-21	1	10단	樂禮/柳京小話
233728	朝鮮朝日	南鮮版	1933-02-21	1	01단	南鮮ところところ(晉州/公州/大邱/大田)
233729	朝鮮朝日	南鮮版	1933-02-21	1	01단	これは勿體ないはなし採掘すれば出る金山が石ころ同樣ゴロゴロしてる全鮮に其數320鑛/大乘氣の總督府鑛業時代出現を目指し助成金の大奮發鑛區稅地方委讓の說
233730	朝鮮朝日	南鮮版	1933-02-21	1	01단	優良兒を集めて京城健兒團愈よ近く産ぶ聲を揚げる三月十日發團式
233731	朝鮮朝日	南鮮版	1933-02-21	1	01단	京畿道の私學校革新まづ內容充實が第一
233732	朝鮮朝日	南鮮版	1933-02-21	1	04단	大部分は上級學校へ釜山小學校の卒業生
233733	朝鮮朝日	南鮮版	1933-02-21	1	05단	小商工業者に營業資金を至極便利に貸出す京畿道金融組合聯合會
233734	朝鮮朝日	南鮮版	1933-02-21	1	05단	こんな心掛けでは高文は通らぬ怠け者はドシドシ「クビ」の方針
233735	朝鮮朝日	南鮮版	1933-02-21	1	05단	映畫で農村指導慶南の試み
233736	朝鮮朝日	南鮮版	1933-02-21	1	05단	どんな異動をやるか吉田局長の腹？來月中に鐵道局搖れる模樣/黑字景氣に反動來るか
233737	朝鮮朝日	南鮮版	1933-02-21	1	05단	慶南農村の色服獎勵運動白衣驅逐の宣傳

일련번호	판명		간행일	면	단수	기사명
233738	朝鮮朝日	南鮮版	1933-02-21	1	06단	各學校卒業式
233739	朝鮮朝日	南鮮版	1933-02-21	1	06단	全州繁榮座談會稅監局問題を中心に
233740	朝鮮朝日	南鮮版	1933-02-21	1	07단	兒童達に航空知識京城の上空を翔って一同大喜び
233741	朝鮮朝日	南鮮版	1933-02-21	1	07단	誘惑から少年を護れ「全州輔導聯盟」發會
233742	朝鮮朝日	南鮮版	1933-02-21	1	07단	貿易展覽會と見本市開催商議と貿易協會主催で
233743	朝鮮朝日	南鮮版	1933-02-21	1	08단	聯絡船は朝便に限る夜は込合ふ
233744	朝鮮朝日	南鮮版	1933-02-21	1	08단	海雲台にゴルフ場四月から開場
233745	朝鮮朝日	南鮮版	1933-02-21	1	09단	大それた少年竊盜團釜山で軍用列車の金物を盜んて古物屋に賣る
233746	朝鮮朝日	南鮮版	1933-02-21	1	09단	二人組空巢
233747	朝鮮朝日	南鮮版	1933-02-21	1	10단	核心に觸れた大邱バス疑獄事件擴大
233748	朝鮮朝日	南鮮版	1933-02-21	1	10단	汽車天然痘を乘せて走る
233749	朝鮮朝日	南鮮版	1933-02-21	1	10단	疑問の棺桶
233750	朝鮮朝日	南鮮版	1933-02-21	1	10단	山中で銀貨僞造犯人檢擧さる
233751	朝鮮朝日	南鮮版	1933-02-21	1	10단	もよほし(産婆講習員募集)
233752	朝鮮朝日	西北版	1933-02-22	1	01단	待望から實現へ八年度において化倉まで延長愈よ鐵道局腹を決める伸び行く平元線
233753	朝鮮朝日	西北版	1933-02-22	1	01단	保留鹽田から擴張工事に着手八年度割當額は廿二、三萬圓廣梁灣の鹽田擴張
233754	朝鮮朝日	西北版	1933-02-22	1	01단	三角地帶の寶庫開拓に經濟調査隊を派遣
233755	朝鮮朝日	西北版	1933-02-22	1	01단	三月一日に建國一周年記念大祝典
233756	朝鮮朝日	西北版	1933-02-22	1	02단	川岸侍從武官江界から滿浦鎭へ
233757	朝鮮朝日	西北版	1933-02-22	1	02단	若葉薫る五月平壤で鄕軍大會八十三の分會が參集
233758	朝鮮朝日	西北版	1933-02-22	1	02단	軍民合體で咸興神社に忠魂碑建設
233759	朝鮮朝日	西北版	1933-02-22	1	03단	道議選擧に運動員制限
233760	朝鮮朝日	西北版	1933-02-22	1	04단	もよほし(咸興府第一、第二教育會)
233761	朝鮮朝日	西北版	1933-02-22	1	04단	平壤に國防協會
233762	朝鮮朝日	西北版	1933-02-22	1	04단	男の兒たちはダン然陸軍大將女兒に潛む職業婦人的意識ほがらかな時代色(男/飛/優)
233763	朝鮮朝日	西北版	1933-02-22	1	05단	開城の人口五萬人突破
233764	朝鮮朝日	西北版	1933-02-22	1	05단	電燈配給を廻り紛糾を豫想北鎭電氣對朝鮮送電
233765	朝鮮朝日	西北版	1933-02-22	1	06단	平南稅務課人員を增加山林稅の徵收員に郡所在員の增置

일련번호	판명		간행일	면	단수	기사명
233766	朝鮮朝日	西北版	1933-02-22	1	06단	城津の人口
233767	朝鮮朝日	西北版	1933-02-22	1	06단	社會主事制遂にお流れ財政難で
233768	朝鮮朝日	西北版	1933-02-22	1	07단	馬糧調達にからまる愛國美談
233769	朝鮮朝日	西北版	1933-02-22	1	07단	輸移出增加で採取方法を改善機船貝桁網を使用すべく平南道で研究中
233770	朝鮮朝日	西北版	1933-02-22	1	07단	管內全警察署に寫眞機を設備犯人搜査上重要なので平南警察部の試み
233771	朝鮮朝日	西北版	1933-02-22	1	07단	咸南の果實
233772	朝鮮朝日	西北版	1933-02-22	1	07단	勞賃値下げの中止を勸告爭議に鑑み平壤署がゴム工場主を牽制
233773	朝鮮朝日	西北版	1933-02-22	1	08단	三月末には昇格は確實十六日法制局へ回付兩醫講昇格問題
233774	朝鮮朝日	西北版	1933-02-22	1	08단	韓國時代の鎭南浦地圖松井氏が奇附
233775	朝鮮朝日	西北版	1933-02-22	1	08단	警察官に銃劍術を獎勵平南で最初の試み
233776	朝鮮朝日	西北版	1933-02-22	1	09단	續々と慰問金
233777	朝鮮朝日	西北版	1933-02-22	1	10단	乾海苔の出廻り良好
233778	朝鮮朝日	西北版	1933-02-22	1	10단	匪賊の頭目義正正式に歸順
233779	朝鮮朝日	西北版	1933-02-22	1	10단	流言蜚語は嚴重取締る
233780	朝鮮朝日	西北版	1933-02-22	1	10단	五十錢銀貨僞造犯人一綱打盡さる
233781	朝鮮朝日	西北版	1933-02-22	1	10단	列車に投石
233782	朝鮮朝日	南鮮版	1933-02-22	1	01단	巢立つ彼女達お嫁入り前にまづ一働きといふ寸法進學もメッキリ殖えた
233783	朝鮮朝日	南鮮版	1933-02-22	1	01단	恩賜施療の有り難さ極貧部落蘇生惡病になやむ四十七名全快
233784	朝鮮朝日	南鮮版	1933-02-22	1	01단	寄附金は三倍意外の好成績に癩豫防事業擴大
233785	朝鮮朝日	南鮮版	1933-02-22	1	01단	南鮮ところところ(犯罪の多い全北檢擧件數も斷然全鮮第一(裡里/釜山))
233786	朝鮮朝日	南鮮版	1933-02-22	1	04단	京城職業學校生徒募集
233787	朝鮮朝日	南鮮版	1933-02-22	1	04단	釜山初等教學級の增加職員も增員
233788	朝鮮朝日	南鮮版	1933-02-22	1	04단	三橋架設慶南で明年度に着工
233789	朝鮮朝日	南鮮版	1933-02-22	1	04단	釜山の方面委員顔觸れ決定委員の顔合せも濟む
233790	朝鮮朝日	南鮮版	1933-02-22	1	05단	府營バス身代金廿一萬二千圓と決定
233791	朝鮮朝日	南鮮版	1933-02-22	1	05단	慶南で大麻栽培を獎勵優良種子移入
233792	朝鮮朝日	南鮮版	1933-02-22	1	05단	京城は積雪三寸
233793	朝鮮朝日	南鮮版	1933-02-22	1	05단	藥草を植えよ全鮮に漲る栽培運動
233794	朝鮮朝日	南鮮版	1933-02-22	1	06단	給料を割き鎭海要港部從業員の獻金
233795	朝鮮朝日	南鮮版	1933-02-22	1	06단	慶南水試開場式三月五日擧行する

일련번호	판명		간행일	면	단수	기사명
233796	朝鮮朝日	南鮮版	1933-02-22	1	07단	慶南豫算大膨脹前年に比し百九十萬圓增
233797	朝鮮朝日	南鮮版	1933-02-22	1	07단	教員の萬引再度の犯罪
233798	朝鮮朝日	南鮮版	1933-02-22	1	07단	*防疫陣最後の線三十餘萬の京城府民に一齊種痘を勵行/鐵道人夫其他一時に五名發病/對岸の天然痘に怯ゆる大邱府界隈/全北一帶も警戒を要す*
233799	朝鮮朝日	南鮮版	1933-02-22	1	08단	貧ゆえに悲慘・母子の心中オンドルの薪さへ買へす世を諦めた親子の毒死
233800	朝鮮朝日	南鮮版	1933-02-22	1	09단	大邱の赤色陰謀全貌暴露
233801	朝鮮朝日	南鮮版	1933-02-22	1	10단	アレ横顔
233802	朝鮮朝日	南鮮版	1933-02-22	1	10단	紳士賭博
233803	朝鮮朝日	南鮮版	1933-02-22	1	10단	懲役十五年毒酒を盛った殺人事件
233804	朝鮮朝日	南鮮版	1933-02-22	1	10단	人(谷哲次氏(警務局警察務官補)/元鐵道局潛業課長)
233805	朝鮮朝日	西北版	1933-02-23	1	01단	輕銀文化時代わが平南道に實現確定視さる野口遵氏の投資により創設は十一年頃になる
233806	朝鮮朝日	西北版	1933-02-23	1	01단	咸南明太魚の特定賃率要望業者保護と鐵道收入も增加一石二鳥の妙案
233807	朝鮮朝日	西北版	1933-02-23	1	01단	滿洲國旗で全市を彩る建國一周年記念日
233808	朝鮮朝日	西北版	1933-02-23	1	01단	第二回鐵道警備演習
233809	朝鮮朝日	西北版	1933-02-23	1	02단	半島最初の水産夏季大學元山の水産共進會を機に咸南水産會で計劃
233810	朝鮮朝日	西北版	1933-02-23	1	03단	癩協寄附金四萬圓突破確實となる
233811	朝鮮朝日	西北版	1933-02-23	1	03단	忠魂碑の大自然石篤志家が寄附
233812	朝鮮朝日	西北版	1933-02-23	1	04단	平南奧地の積雪
233813	朝鮮朝日	西北版	1933-02-23	1	04단	武道階級査定會
233814	朝鮮朝日	西北版	1933-02-23	1	04단	ふつくらとした桃色の夢におさらば水兵服のお嬢さん達が拘く未來のハズ模樣
233815	朝鮮朝日	西北版	1933-02-23	1	05단	養鷄研究に內地へ派遣崇實專門から
233816	朝鮮朝日	西北版	1933-02-23	1	05단	商業道德を無視する漢銀を糾彈
233817	朝鮮朝日	西北版	1933-02-23	1	05단	*若妻殺しに投書した謎な女性は彼女のいとこ容疑者は新聞記者/夢に見た姉さん殺しの犯人/行動が不明*
233818	朝鮮朝日	西北版	1933-02-23	1	06단	在壞遺族軍部で招待陸軍記念日に
233819	朝鮮朝日	西北版	1933-02-23	1	06단	下層民調査の具體案成る健康、食物、思想等に互り詳細な調査を行ふ
233820	朝鮮朝日	西北版	1933-02-23	1	06단	黃金の月桂冠を獨逸市民が贈る近く歸朝する平壤出身の天才的樂人桂貞植君

일련번호	판명		간행일	면	단수	기사명
233821	朝鮮朝日	西北版	1933-02-23	1	06단	平壤靴下が滿洲へ進出常置員を設置して
233822	朝鮮朝日	西北版	1933-02-23	1	07단	早くも二名の立侯補出づ四月に入り出揃ふか平南の道會議員選擧
233823	朝鮮朝日	西北版	1933-02-23	1	08단	軍事劇開演
233824	朝鮮朝日	西北版	1933-02-23	1	08단	乙女の獻金
233825	朝鮮朝日	西北版	1933-02-23	1	08단	痘瘡患者脫出す警察署から
233826	朝鮮朝日	西北版	1933-02-23	1	09단	闘鷄賭博罰金
233827	朝鮮朝日	西北版	1933-02-23	1	09단	劉泰豹事件
233828	朝鮮朝日	西北版	1933-02-23	1	09단	中國領事館の支配下に在る平南管內の滿洲國人新領事館の設置を希望
233829	朝鮮朝日	西北版	1933-02-23	1	09단	十圓紛失から人妻自殺あらぬ嫌疑に憤慨して
233830	朝鮮朝日	西北版	1933-02-23	1	09단	府民二萬人に豫防注射を行ふ腸チフス流行の平壤
233831	朝鮮朝日	西北版	1933-02-23	1	10단	盜掘者捕はる
233832	朝鮮朝日	西北版	1933-02-23	1	10단	人(河野平南內務部長)
233833	朝鮮朝日	西北版	1933-02-23	1	10단	樂禮/柳京小話
233834	朝鮮朝日	南鮮版	1933-02-23	1	01단	南鮮ところところ(人夫の天引貯金慶北で十七萬圓の巨額に達す/釜山の石炭消費量(大邱/普州/釜山/大田))
233835	朝鮮朝日	南鮮版	1933-02-23	1	01단	朝鮮一の長い橋慶南名物の洛東橋竣工南旨橋も見事に出來た三月上旬盛んな竣工式
233836	朝鮮朝日	南鮮版	1933-02-23	1	03단	新就職戰線展望捌け口に困る大學卒業者鐵道局の新採用は六割まで中等學校出身
233837	朝鮮朝日	南鮮版	1933-02-23	1	05단	運動員や費用を制限慶南道議選擧
233838	朝鮮朝日	南鮮版	1933-02-23	1	05단	釜山教育部會二十五日頃開く
233839	朝鮮朝日	南鮮版	1933-02-23	1	05단	早くも産金地に鑛毒騷ぎ起る慶北星州金山附近の住民から出た猛烈な苦情
233840	朝鮮朝日	南鮮版	1933-02-23	1	06단	釜山港外朝島の船溜築造に決定
233841	朝鮮朝日	南鮮版	1933-02-23	1	06단	釜山局管內に郵便所を四ヶ所新設
233842	朝鮮朝日	南鮮版	1933-02-23	1	06단	全鮮のトップ受驗地獄は廿一日の釜山高女から
233843	朝鮮朝日	南鮮版	1933-02-23	1	07단	南大門の雪
233844	朝鮮朝日	南鮮版	1933-02-23	1	07단	ちかく圓滿解決釜山水産と漁組の紛爭
233845	朝鮮朝日	南鮮版	1933-02-23	1	08단	痘瘡恐怖時代總動員の防疫陣を突破し京畿道に患者續出す/鮮內の患者は新發生每日十名內外/朝鮮ホテルの消毒所騷ぎ

일련번호	판명		간행일	면	단수	기사명
233846	朝鮮朝日	南鮮版	1933-02-23	1	09단	大邊港の防波堤本年度內に築造完了
233847	朝鮮朝日	南鮮版	1933-02-23	1	09단	おそろしい出來ごころ酒代欲しさに一杯機嫌の男辻强盗に早がはり
233848	朝鮮朝日	南鮮版	1933-02-23	1	10단	十圓紛失から人妻自殺あらぬ嬢疑に憤慨して
233849	朝鮮朝日	南鮮版	1933-02-23	1	10단	人(吉岡保貞中將(海軍燃料廠長))
233850	朝鮮朝日	西北版	1933-02-24	1	01단	雙曲線上の噂個性「平壤」の赤裸々な爭鬪性暗躍流轉の幾展開を見る平壤會頭の選擧風聞錄
233851	朝鮮朝日	西北版	1933-02-24	1	01단	農民相談所を各郡農會で創設指導本位から自主本位に平南道での試み
233852	朝鮮朝日	西北版	1933-02-24	1	01단	百二萬圓の多額に達す八年度平南土木費
233853	朝鮮朝日	西北版	1933-02-24	1	01단	咸興府會
233854	朝鮮朝日	西北版	1933-02-24	1	02단	平南提出案知事會議へ
233855	朝鮮朝日	西北版	1933-02-24	1	02단	廿八日來壤川岸侍從武官
233856	朝鮮朝日	西北版	1933-02-24	1	02단	船運賃の割引昨年同樣に二割會社側の犧牲的奉仕で實現大喜びの平壤商人
233857	朝鮮朝日	西北版	1933-02-24	1	03단	安中志願者百九十餘名
233858	朝鮮朝日	西北版	1933-02-24	1	03단	まづ九郡に小作委員會を設置
233859	朝鮮朝日	西北版	1933-02-24	1	04단	大いに增掘
233860	朝鮮朝日	西北版	1933-02-24	1	04단	派遣將士と松岡全權に感謝の電報
233861	朝鮮朝日	西北版	1933-02-24	1	04단	改訂料金率は少なくさよとの忠告平壤の染色料金問題につき中央試驗所が公平な判斷
233862	朝鮮朝日	西北版	1933-02-24	1	05단	電氣と石炭を分離電興會社
233863	朝鮮朝日	西北版	1933-02-24	1	05단	繩叺製造を懸賞で獎勵農閑期を利用して
233864	朝鮮朝日	西北版	1933-02-24	1	06단	平壤機不時着
233865	朝鮮朝日	西北版	1933-02-24	1	06단	平壤設置は有望だ耐酸陶器工場
233866	朝鮮朝日	西北版	1933-02-24	1	07단	軍事映畵を上映
233867	朝鮮朝日	西北版	1933-02-24	1	07단	綿布密輸團一網打盡
233868	朝鮮朝日	西北版	1933-02-24	1	07단	標識燈を三ヶ所に增置船舶事故續出から鎭南浦が陳情書提出
233869	朝鮮朝日	西北版	1933-02-24	1	07단	樂禮/柳京小話
233870	朝鮮朝日	西北版	1933-02-24	1	08단	炭坑業者の希望に副ふか三月中には決定する鐵道運炭費割引
233871	朝鮮朝日	西北版	1933-02-24	1	08단	春の平壤へ殺到の觀光客團體申込みが多い
233872	朝鮮朝日	西北版	1933-02-24	1	08단	給水鐵管に加工工場用水盜用片倉製絲咸興支所で巧妙な計劃的犯罪

일련번호	판명		간행일	면	단수	기사명
233873	朝鮮朝日	西北版	1933-02-24	1	10단	剃刀自殺を企つ
233874	朝鮮朝日	西北版	1933-02-24	1	10단	容疑者釋放
233875	朝鮮朝日	西北版	1933-02-24	1	10단	亭主を絞殺
233876	朝鮮朝日	南鮮版	1933-02-24	1	01단	京城の銀座本町通美化運動中村本町署長の斡旋で
233877	朝鮮朝日	南鮮版	1933-02-24	1	01단	痘苗を配給し無料種痘奬勵痘禍撲滅へ全鮮的の總動員/仁川でも一齊種痘初發以來五十一名の患者
233878	朝鮮朝日	南鮮版	1933-02-24	1	01단	何んといっても金肥の天下全北の金肥消費量三百三十萬圓に上る
233879	朝鮮朝日	南鮮版	1933-02-24	1	01단	明るい選擧を說く宇垣總督人格第一を高調全鮮地方課長會議で
233880	朝鮮朝日	南鮮版	1933-02-24	1	03단	ばら撒かれる榮銀百卄萬圓全北の救濟事業は陽春四月から
233881	朝鮮朝日	南鮮版	1933-02-24	1	04단	田作技術員三名を增置
233882	朝鮮朝日	南鮮版	1933-02-24	1	04단	派遣隊歡送龍山、京城兩驛の盛觀
233883	朝鮮朝日	南鮮版	1933-02-24	1	04단	ハーモニカ少年去る釜山でお馴染の「孤兒」
233884	朝鮮朝日	南鮮版	1933-02-24	1	05단	公立を道立に仁川の二商業校合併道立に移管さる
233885	朝鮮朝日	南鮮版	1933-02-24	1	05단	南鮮ところところ(春川/馬山/大田/木浦/群山/釜山)
233886	朝鮮朝日	南鮮版	1933-02-24	1	05단	流言蜚語嚴禁不逞の徒に徹底彈壓
233887	朝鮮朝日	南鮮版	1933-02-24	1	05단	帆船の轉覆一名行方不明
233888	朝鮮朝日	南鮮版	1933-02-24	1	05단	農村振興策の一つ産組の改革を繞って殖産農林兩局の意見對立
233889	朝鮮朝日	南鮮版	1933-02-24	1	06단	勇士達に感謝狀贈呈釜山の美しい集ひ
233890	朝鮮朝日	南鮮版	1933-02-24	1	07단	渡津橋工事で船舶通航すこぶる危險
233891	朝鮮朝日	南鮮版	1933-02-24	1	07단	迷惑な忘れ物裸包みの爆藥恐る恐る京城驛から届出る
233892	朝鮮朝日	南鮮版	1933-02-24	1	08단	朝鮮にも武德殿建立全鮮に會員を募る
233893	朝鮮朝日	南鮮版	1933-02-24	1	08단	京城の火事六軒を全燒
233894	朝鮮朝日	南鮮版	1933-02-24	1	08단	リンヂを行ふ少年竊盜團
233895	朝鮮朝日	南鮮版	1933-02-24	1	09단	五年目に女房殺しの「夫」捕はる
233896	朝鮮朝日	南鮮版	1933-02-24	1	09단	雪の平野に選擧戰展開慶北逐鹿界の活況
233897	朝鮮朝日	南鮮版	1933-02-24	1	10단	保險詐欺事件起訴被告は群山商議の常議員
233898	朝鮮朝日	南鮮版	1933-02-24	1	10단	モヒを隱愼販賣

일련번호	판명		간행일	면	단수	기사명
233899	朝鮮朝日	南鮮版	1933-02-24	1	10단	人(守屋榮夫氏(代議士)/福島二一氏(總督府警務局奉天派遣員))
233900	朝鮮朝日	南鮮版	1933-02-24	1	10단	アレ横顔
233901	朝鮮朝日	西北版	1933-02-25	1	01단	軍資金の募集に匪賊が强盜を働く張學良の援助を受け朝鮮の○○を夢見る(富豪を襲って軍資金を强奪警官から爆彈を奪って爆死德川郡の拳銃强盜/鶴嘴一挺で五百餘萬圓朝鮮○○運動の大立物/爆彈は官衙爆破に使用のためか/發覺の端緒は新十圓紙幣)
233902	朝鮮朝日	西北版	1933-02-25	1	03단	學校關係起債で府民の負擔增加八年度は一人當一圓八十錢平壤第一特經豫算
233903	朝鮮朝日	西北版	1933-02-25	1	04단	黑字行進の平鐵
233904	朝鮮朝日	西北版	1933-02-25	1	05단	盤龍山頂に國旗揚揭塔
233905	朝鮮朝日	西北版	1933-02-25	1	05단	財源の培養に國有林を買收三ヶ年間繼續事業として九年度から平南か
233906	朝鮮朝日	西北版	1933-02-25	1	05단	前年に比し卅萬圓增加三百二十七萬餘圓平北八年度豫算
233907	朝鮮朝日	西北版	1933-02-25	1	06단	絶勝成川に庭園を新設天然美に人工美を配す春を待って着工
233908	朝鮮朝日	西北版	1933-02-25	1	06단	警務局長に陳情
233909	朝鮮朝日	西北版	1933-02-25	1	06단	工事を急ぐ平壤驛貴寶室を新設
233910	朝鮮朝日	西北版	1933-02-25	1	07단	愛國の純情
233911	朝鮮朝日	西北版	1933-02-25	1	07단	赤誠溢るゝ愛國の勞働奉仕商工會社の鐵工夫が得た勞賃を國防に獻金
233912	朝鮮朝日	西北版	1933-02-25	1	07단	約一割四分水道料値下
233913	朝鮮朝日	西北版	1933-02-25	1	07단	顏に自信のある娘さんを歡迎平壤三中井で四十名を採用女性の就職難解消
233914	朝鮮朝日	西北版	1933-02-25	1	08단	松山驛復活か
233915	朝鮮朝日	西北版	1933-02-25	1	08단	世昌ゴム爭議解決/中の島に强制種痘
233916	朝鮮朝日	西北版	1933-02-25	1	08단	軍需品工場平壤に設置か資本金は二千萬圓政黨關係實業家により
233917	朝鮮朝日	西北版	1933-02-25	1	08단	友を救ふ美しい師弟愛の發露
233918	朝鮮朝日	西北版	1933-02-25	1	09단	看守に暴行
233919	朝鮮朝日	西北版	1933-02-25	1	09단	十五萬人に種痘を實施なほ早期發見に努む平南の天然痘防疫陣/列車內發生に備ふ天然痘と平鐵
233920	朝鮮朝日	西北版	1933-02-25	1	10단	不義の嬰兒殺し
233921	朝鮮朝日	西北版	1933-02-25	1	10단	人(池田警務局長)
233922	朝鮮朝日	西北版	1933-02-25	1	10단	樂禮/柳京小話

일련번호	판명		간행일	면	단수	기사명
233923	朝鮮朝日	南鮮版	1933-02-25	1	01단	軍資金の募集に匪賊が強盗を働く張學良の援助を受け朝鮮の○○を夢見る(富豪を襲って軍資金を強奪警官から爆彈を奪って爆死德川郡の拳銃強盗/鶴嘴一挺で五百餘萬圓朝鮮○○運動の大立物/爆彈は官衙爆破に使用のためか/發覺の端緒は新十圓紙幣)
233924	朝鮮朝日	南鮮版	1933-02-25	1	03단	追放さるゝ滿洲ルンペン關東軍司令部で斷乎たる處置
233925	朝鮮朝日	南鮮版	1933-02-25	1	04단	朝鮮教育令改正案審査會に併託
233926	朝鮮朝日	南鮮版	1933-02-25	1	05단	浦潮から本國へ餓死のほかない支那人たち
233927	朝鮮朝日	南鮮版	1933-02-25	1	05단	公正を期し取締りは嚴に全鮮高等課長會議を開いて迫る道會議員選擧
233928	朝鮮朝日	南鮮版	1933-02-25	1	05단	實行委員ら總督と會見全鮮辯護士大會の決議事項實現運動
233929	朝鮮朝日	南鮮版	1933-02-25	1	05단	貨物列車の時刻的改良兩線の開通によって
233930	朝鮮朝日	南鮮版	1933-02-25	1	06단	慶南から産業組合に事業資金貸付
233931	朝鮮朝日	南鮮版	1933-02-25	1	06단	代行會社詮考の方針定まる漁業組合との紛爭解決せば釜山中央市場實現へ
233932	朝鮮朝日	南鮮版	1933-02-25	1	06단	咸南に鼻疽蔓延の兆
233933	朝鮮朝日	南鮮版	1933-02-25	1	07단	今度は眞性牛疫いよいよ國境に迫り農家は非常な脅威
233934	朝鮮朝日	南鮮版	1933-02-25	1	07단	痘瘡恐怖時代を彩る街のスナップ
233935	朝鮮朝日	南鮮版	1933-02-25	1	08단	シンパが漸次增加民族主義運動の名にかくれた左翼運動
233936	朝鮮朝日	南鮮版	1933-02-25	1	08단	自宅に放火保險金ゆえに
233937	朝鮮朝日	南鮮版	1933-02-25	1	08단	鮮內で最初の刑事補償要求？放火犯から無罪となった女性
233938	朝鮮朝日	南鮮版	1933-02-25	1	09단	もよほし(修養講演會)
233939	朝鮮朝日	南鮮版	1933-02-25	1	09단	またまた捨子
233940	朝鮮朝日	南鮮版	1933-02-25	1	10단	アレ横顔
233941	朝鮮朝日	南鮮版	1933-02-25	1	10단	釜山の大賭博十六名一網打盡となる
233942	朝鮮朝日	西北版	1933-02-26	1	01단	扶助精神の高揚林檎補償制平南道が三千圓を補助し計一萬圓で愈よ實施すわが鎭南浦産組
233943	朝鮮朝日	西北版	1933-02-26	1	01단	黃海道の諸線また施工を延期熱のない朝鐵の態度に對し地元民は成行凝視

일련번호	판명		간행일	면	단수	기사명
233944	朝鮮朝日	西北版	1933-02-26	1	01단	鎭南浦國防義會發會式
233945	朝鮮朝日	西北版	1933-02-26	1	02단	滿洲建國一周年全市擧って慶祝
233946	朝鮮朝日	西北版	1933-02-26	1	03단	二十八名を表彰産繭祝賀に
233947	朝鮮朝日	西北版	1933-02-26	1	03단	危機に立つ産組經營の轉向生産の機械化につれて農村の副業生産は衰退この對策が急務
233948	朝鮮朝日	西北版	1933-02-26	1	04단	松都普校の授業料減額
233949	朝鮮朝日	西北版	1933-02-26	1	04단	定時運轉を要望滿鐵に對し
233950	朝鮮朝日	西北版	1933-02-26	1	05단	簡保募集好成績
233951	朝鮮朝日	西北版	1933-02-26	1	05단	平壤醫講志願者五百名突破か
233952	朝鮮朝日	西北版	1933-02-26	1	05단	女流選手十傑に平女高普が二名姜福信、玄金女の二孃入選かくて日本的榮譽
233953	朝鮮朝日	西北版	1933-02-26	1	05단	捕獲品等を飾窓に陣列陸軍記念日の當日平壤繁榮會の試み
233954	朝鮮朝日	西北版	1933-02-26	1	06단	コートピヤ武陵桃源鄕名も相應しい桃源面楚山、雲山、熙川三郡の頂點
233955	朝鮮朝日	西北版	1933-02-26	1	07단	平南鷄卵滿洲へ輸出頗る好望だ
233956	朝鮮朝日	西北版	1933-02-26	1	07단	各産業團體に國庫補助三千圓六千圓の要望に半額支給割當額を審議中の平南
233957	朝鮮朝日	西北版	1933-02-26	1	07단	千人針腹卷十枚愛國の赤誠
233958	朝鮮朝日	西北版	1933-02-26	1	08단	城津都市計劃委員會生る
233959	朝鮮朝日	西北版	1933-02-26	1	08단	缺食兒童は二名
233960	朝鮮朝日	西北版	1933-02-26	1	08단	鐵道引込線を複線にする本部や兵器庫の増築平壤空軍の擴張
233961	朝鮮朝日	西北版	1933-02-26	1	08단	喜びと喘ぎ一時に至る工事は多いが材料高平壤土木業者の惱み
233962	朝鮮朝日	西北版	1933-02-26	1	09단	黃金の夢から罪に轉落す一老婆の盜掘悲話
233963	朝鮮朝日	西北版	1933-02-26	1	10단	匪賊强盜送局
233964	朝鮮朝日	西北版	1933-02-26	1	10단	樂禮/柳京小話
233965	朝鮮朝日	南鮮版	1933-02-26	1	01단	發育不完全丈も低くなる朝鮮むすめ女子教育無關心から來る好ましからぬ現象
233966	朝鮮朝日	南鮮版	1933-02-26	1	01단	學業は良く體格が惡い試驗勉强の崇りか釜山高女試驗成績
233967	朝鮮朝日	南鮮版	1933-02-26	1	02단	慶南の自作農土地購入契約完了す
233968	朝鮮朝日	南鮮版	1933-02-26	1	03단	京城本町通をメークアップする相談愈よ會則も出來た
233969	朝鮮朝日	南鮮版	1933-02-26	1	03단	橋梁の架設慶南廿六ケ所

일련번호	판명		간행일	면	단수	기사명
233970	朝鮮朝日	南鮮版	1933-02-26	1	03단	癩豫防基金に擧って寄附各道官公吏の美擧
233971	朝鮮朝日	南鮮版	1933-02-26	1	03단	南鮮ところところ(大邱/裡里)
233972	朝鮮朝日	南鮮版	1933-02-26	1	04단	種子の共同保管に倉庫建設
233973	朝鮮朝日	南鮮版	1933-02-26	1	04단	緬羊を殖やせ羊毛自給自足を目指し增殖計劃近く具體化
233974	朝鮮朝日	南鮮版	1933-02-26	1	05단	惡の花咲くころ不良男女學生を取締る
233975	朝鮮朝日	南鮮版	1933-02-26	1	05단	普通文官の試驗
233976	朝鮮朝日	南鮮版	1933-02-26	1	05단	特別裝置で長期の盜電
233977	朝鮮朝日	南鮮版	1933-02-26	1	06단	大繁昌の釜山火葬場
233978	朝鮮朝日	南鮮版	1933-02-26	1	06단	スポーツの春/憂鬱な雌伏から眼かな跳躍へ待望の朝鮮ラグビースケヂュール成る
233979	朝鮮朝日	南鮮版	1933-02-26	1	07단	京城に新患者續出痘瘡ますます蔓延種痘濟みのもの二十萬人府衛生課で懸命の防疫/幼兒の罹病鐵道工事場に新患者
233980	朝鮮朝日	南鮮版	1933-02-26	1	08단	農村と港を荒す庫破りの賊惡運盡きた竊盜團二組
233981	朝鮮朝日	南鮮版	1933-02-26	1	09단	黃金の夢から罪に轉落す一老婆の盜掘悲話
233982	朝鮮朝日	南鮮版	1933-02-26	1	09단	飛降りて右足指轢斷
233983	朝鮮朝日	南鮮版	1933-02-26	1	10단	暴風で漂流中の五名救はる
233984	朝鮮朝日	南鮮版	1933-02-26	1	10단	巖石崩れ三名卽死し三名は重傷
233985	朝鮮朝日	南鮮版	1933-02-26	1	10단	萬引男御用
233986	朝鮮朝日	南鮮版	1933-02-26	1	10단	人(近藤常尙氏(總督府保安課長)/西龜總督府衛生課長/高橋京城專賣支局長)
233987	朝鮮朝日	南鮮版	1933-02-26	1	10단	藥草研究の石戶谷講師衛生課囑託に
233988	朝鮮朝日	西北版	1933-02-28	1	01단	重農政策の下にかなり新味を盛る林野基本調査が最も大物だ平南道の新規事業(叺增産計劃/米倉の新設/養鷄組合助成/配合肥料實施/秋耕獎勵指導/私立學校助成/林野基本調査/平中體堂增築)
233989	朝鮮朝日	西北版	1933-02-28	1	01단	無煙炭界は近年稀な活況インフレと鴻基炭輸入難で合同問題消し飛ぶ
233990	朝鮮朝日	西北版	1933-02-28	1	01단	聖旨令旨御下賜品傳達川岸侍從武官
233991	朝鮮朝日	西北版	1933-02-28	1	01단	正眞正銘の虎の子
233992	朝鮮朝日	西北版	1933-02-28	1	02단	道議選にお達示運動員制限等
233993	朝鮮朝日	西北版	1933-02-28	1	03단	商議設置懇談會
233994	朝鮮朝日	西北版	1933-02-28	1	03단	社會衛生消防の各施設を改善咸興八年度新規事業

일련번호	판명		간행일	면	단수	기사명
233995	朝鮮朝日	西北版	1933-02-28	1	04단	立候補三名油が乗らぬ平南道議選
233996	朝鮮朝日	西北版	1933-02-28	1	04단	福田氏に決定す貯銀支店長
233997	朝鮮朝日	西北版	1933-02-28	1	04단	風致保安林松毛蟲退治蔓延を防止
233998	朝鮮朝日	西北版	1933-02-28	1	05단	咸南の新豫算四百八十四萬圓前年比四十萬圓增
233999	朝鮮朝日	西北版	1933-02-28	1	05단	重要工藝品年産額五十萬圓突破か
234000	朝鮮朝日	西北版	1933-02-28	1	06단	保線掛全員の偉大な體驗軍部と平鐵共同の鐵道警備演習終る
234001	朝鮮朝日	西北版	1933-02-28	1	06단	長泡子一帶の討匪を敢行
234002	朝鮮朝日	西北版	1933-02-28	1	06단	謝々を連發滿軍の勇士北滿に進發
234003	朝鮮朝日	西北版	1933-02-28	1	06단	國際列車がまた大延着鮮鐵の運轉系統滅茶苦茶一般旅客は大迷惑
234004	朝鮮朝日	西北版	1933-02-28	1	07단	年度內昇格を裏書する吉報追加豫算に善處せよと電話平醫講昇格の消息
234005	朝鮮朝日	西北版	1933-02-28	1	07단	靴直しを襲った不敵の少年
234006	朝鮮朝日	西北版	1933-02-28	1	07단	腦背髓膜炎
234007	朝鮮朝日	西北版	1933-02-28	1	08단	新義州商業志願者五百名に上る
234008	朝鮮朝日	西北版	1933-02-28	1	08단	匪賊討伐の齒獲品陳列
234009	朝鮮朝日	西北版	1933-02-28	1	08단	氣候不順で流感が續出
234010	朝鮮朝日	西北版	1933-02-28	1	08단	興味を唆る絶好の取組開城の朴氏對林氏道議選擧を廻って
234011	朝鮮朝日	西北版	1933-02-28	1	09단	實母の首を斬る
234012	朝鮮朝日	西北版	1933-02-28	1	10단	先生を毆った生徒不關で捕はる
234013	朝鮮朝日	西北版	1933-02-28	1	10단	もよほし(咸興在鄕軍人團)
234014	朝鮮朝日	西北版	1933-02-28	1	10단	人(朝鮮憲兵隊司令部高級副官村野少佐)
234015	朝鮮朝日	西北版	1933-02-28	1	10단	樂禮/柳京小話
234016	朝鮮朝日	南鮮版	1933-02-28	1	01단	發團式は十日陸軍記念日に愈よ産聲を揚げる京城健兒團
234017	朝鮮朝日	南鮮版	1933-02-28	1	01단	半島宗教調べ恐怖的不況の及ぼす各宗教への影響基督教も佛教も信者減少著しい反宗教的傾向
234018	朝鮮朝日	南鮮版	1933-02-28	1	01단	帝都銀座に慶南梨の進出千疋屋が賣出す
234019	朝鮮朝日	南鮮版	1933-02-28	1	01단	風致保安林松毛蟲退治蔓延を防止
234020	朝鮮朝日	南鮮版	1933-02-28	1	02단	交通事故殖える一方
234021	朝鮮朝日	南鮮版	1933-02-28	1	03단	慶北の道議選擧立候補續々
234022	朝鮮朝日	南鮮版	1933-02-28	1	03단	氣候不順で流感が續出
234023	朝鮮朝日	南鮮版	1933-02-28	1	04단	商品券發行と届出手續
234024	朝鮮朝日	南鮮版	1933-02-28	1	04단	慶南評議會二十七日開會
234025	朝鮮朝日	南鮮版	1933-02-28	1	04단	實母の首を斬る

일련번호	판명		간행일	면	단수	기사명
234026	朝鮮朝日	南鮮版	1933-02-28	1	04단	普通學校を出て早くも就職地獄雄々しき三百の小鬪士に釜山職紹で豫備訓練を施す
234027	朝鮮朝日	南鮮版	1933-02-28	1	05단	正眞正銘の虎の子
234028	朝鮮朝日	南鮮版	1933-02-28	1	05단	花の春に江華島遊覽鐵道局の企て
234029	朝鮮朝日	南鮮版	1933-02-28	1	05단	本社特派員撮影熱河戰線映畫斷然他社に先んじ京城では壓倒的好評
234030	朝鮮朝日	南鮮版	1933-02-28	1	06단	新醫博李榮俊氏
234031	朝鮮朝日	南鮮版	1933-02-28	1	07단	京城教化團體聯合會發會式
234032	朝鮮朝日	南鮮版	1933-02-28	1	07단	龍尾山神社近く遷宮祭
234033	朝鮮朝日	南鮮版	1933-02-28	1	07단	朝鮮人巡査募集に押すなすなで殺到す定員三十名に六百名志願慶南道警察部の巡査試驗
234034	朝鮮朝日	南鮮版	1933-02-28	1	08단	劇を通じて左翼思想宣傳鍾路署に檢擧さる
234035	朝鮮朝日	南鮮版	1933-02-28	1	08단	無帽背廣姿でオーバ泥棒昨年來總督府や各官廳學校等を荒した美男靑年
234036	朝鮮朝日	南鮮版	1933-02-28	1	08단	南鮮ところところ(大田/光州/晉州)
234037	朝鮮朝日	南鮮版	1933-02-28	1	09단	區長以下八名で山番を袋たゝき山林の盜伐を見付た山番の災難
234038	朝鮮朝日	南鮮版	1933-02-28	1	10단	仁川沖で男女身投失業と悲戀の果て
234039	朝鮮朝日	南鮮版	1933-02-28	1	10단	演藝記念興行

1933년 3월 (조선아사히)

일련번호	판명		간행일	면	단수	기사명
234040	朝鮮朝日	西北版	1933-03-01	1	01단	醫科學の驚異下顎を入替へる骨と歯を全部切りとって錫材の骨と義齒に代へる平壤醫院で成功
234041	朝鮮朝日	西北版	1933-03-01	1	01단	樂浪研究所の平壤設置運動林學務局長が東京で斡旋平南から電請す
234042	朝鮮朝日	西北版	1933-03-01	1	01단	侍從武官新義州へ
234043	朝鮮朝日	西北版	1933-03-01	1	03단	侍從武官來壤
234044	朝鮮朝日	西北版	1933-03-01	1	03단	四月十五日から實施ダイヤ改正
234045	朝鮮朝日	西北版	1933-03-01	1	03단	解氷期と共に工事を進める平元線長林、化倉間地元の熱望默し難く
234046	朝鮮朝日	西北版	1933-03-01	1	04단	寺洞學校組合議員選擧
234047	朝鮮朝日	西北版	1933-03-01	1	04단	本年度支出三萬六千圓原鹽種移轉
234048	朝鮮朝日	西北版	1933-03-01	1	04단	漢銀支店の猛省を促す商道德破壞だとて平壤舊市街商人の決議
234049	朝鮮朝日	西北版	1933-03-01	1	05단	愛國心の發露
234050	朝鮮朝日	西北版	1933-03-01	1	05단	前年に比し約四十二萬圓增四百四十八萬四千餘圓黃海道八年度豫算
234051	朝鮮朝日	西北版	1933-03-01	1	05단	ある方法で整理はせぬ中等校職員整理につき藤原平南知事語る
234052	朝鮮朝日	西北版	1933-03-01	1	06단	素晴らしい桃色の學園咸興高女新築に決る
234053	朝鮮朝日	西北版	1933-03-01	1	06단	新式銃を購入す鎭南浦靑訓
234054	朝鮮朝日	西北版	1933-03-01	1	06단	共同購入費や宣傳費まで融通平壤に本町マート近く實現奇特な家主の經營
234055	朝鮮朝日	西北版	1933-03-01	1	06단	簡保加入者非常な好成績悠々三萬口を突破國境が意外に良い
234056	朝鮮朝日	西北版	1933-03-01	1	07단	海州、延安、白川、開城視察團(黃海道廳にて)
234057	朝鮮朝日	西北版	1933-03-01	1	07단	鎭南浦國防義會陸軍記念日當日に發會式全府民を擧げ入會
234058	朝鮮朝日	西北版	1933-03-01	1	07단	四棟を全半燒
234059	朝鮮朝日	西北版	1933-03-01	1	08단	樂禮/柳京小話
234060	朝鮮朝日	西北版	1933-03-01	1	09단	桃の節句に花召しませ咸興小學校で
234061	朝鮮朝日	西北版	1933-03-01	1	09단	公設市場の新設と改善淸津府の八年度新規事業二萬圓の融資で
234062	朝鮮朝日	西北版	1933-03-01	1	09단	優良部落へ賞金を授與堆肥增産の萬全を期す
234063	朝鮮朝日	西北版	1933-03-01	1	09단	買上不振につき刷新を要望五項目を列擧して鎭南浦米穀倉庫が

일련번호	판명		간행일	면	단수	기사명
234064	朝鮮朝日	西北版	1933-03-01	1	10단	女給さんに救ひの手平壤署の試み
234065	朝鮮朝日	南鮮版	1933-03-01	1	01단	宇垣總督の大號令棉作増殖の首途に各道主任官を激勵鼓舞す
234066	朝鮮朝日	南鮮版	1933-03-01	1	01단	水不足の京城でたっぷりと水が飲める？この夏からは大丈夫だと府水道課での話
234067	朝鮮朝日	南鮮版	1933-03-01	1	01단	「自力更生」を練る各道知事會議
234068	朝鮮朝日	南鮮版	1933-03-01	1	01단	特命檢閱使谷口海軍大將本月初旬來鮮
234069	朝鮮朝日	南鮮版	1933-03-01	1	02단	釜山二商に滿洲語科新設
234070	朝鮮朝日	南鮮版	1933-03-01	1	02단	車輛稅と漁業稅兩稅引下げ慶南農漁村には福音
234071	朝鮮朝日	南鮮版	1933-03-01	1	03단	慶南の癩協寄附二十四萬圓を突破す
234072	朝鮮朝日	南鮮版	1933-03-01	1	03단	滿期除隊兵續々內地歸還
234073	朝鮮朝日	南鮮版	1933-03-01	1	04단	人(池田警務局長)
234074	朝鮮朝日	南鮮版	1933-03-01	1	04단	大邱に大運動場全鮮一を誇る計劃
234075	朝鮮朝日	南鮮版	1933-03-01	1	04단	大掛りな産金奬勵に補助金が足りない鑛區出願の殺到を控へて鑛務課善後策に惱む
234076	朝鮮朝日	南鮮版	1933-03-01	1	04단	その頃の話道制施行で愈よ勇退する評議員金斗賛氏の想出
234077	朝鮮朝日	南鮮版	1933-03-01	1	05단	蠶種密造や繭の密賣買を慶南で取締り勵行
234078	朝鮮朝日	南鮮版	1933-03-01	1	05단	强制種痘を尻目に痘瘡益々猖獗京畿道の各地を通じて更に新患者十九名/天然痘の熱に浮かされた患者アスファルトの街を步き廻る
234079	朝鮮朝日	南鮮版	1933-03-01	1	05단	有害飮食物處分
234080	朝鮮朝日	南鮮版	1933-03-01	1	06단	南鮮ところところ(大邱/星州/釜山)
234081	朝鮮朝日	南鮮版	1933-03-01	1	07단	龍尾山神社遷宮祭は四月一日
234082	朝鮮朝日	南鮮版	1933-03-01	1	07단	神社を荒す少年竊盜團遂に逮捕さる
234083	朝鮮朝日	南鮮版	1933-03-01	1	07단	美貌の女を繞り大亂鬪を展開殘雪を蹴散らし京城の小學校校庭で廿餘名爭ふ
234084	朝鮮朝日	南鮮版	1933-03-01	1	08단	夫の賭博癖を直さんと賭場に放火「愛すればこそ」だが何んと淺墓な女心
234085	朝鮮朝日	南鮮版	1933-03-01	1	09단	無一文で大散財深夜本町署員に捕はる
234086	朝鮮朝日	南鮮版	1933-03-01	1	09단	奇怪な犯罪知らぬ間に個人名義に變更された國有林
234087	朝鮮朝日	南鮮版	1933-03-01	1	10단	京城の傳染患者二百六十一人
234088	朝鮮朝日	南鮮版	1933-03-01	1	10단	新樣式の建築增加釜山署で嚴重取締る

일련번호	판명		간행일	면	단수	기사명
234089	朝鮮朝日	西北版	1933-03-02	1	01단	非常時農村振興策社還米制度を愈よ實現に決定一面一ヶ所の社倉楔を實施農民の相互扶助を計る
234090	朝鮮朝日	西北版	1933-03-02	1	01단	空を護れ元山防空の獻金を募る高射機關砲四個が必要だ公共團體の發起で
234091	朝鮮朝日	西北版	1933-03-02	1	01단	鳥取、姫路、岡山の歸還部隊凱旋安東市民の熱狂裡に/除隊兵凱旋
234092	朝鮮朝日	西北版	1933-03-02	1	01단	阿部伍長の聯隊葬
234093	朝鮮朝日	西北版	1933-03-02	1	03단	京城へのみ參加飛行六聯隊
234094	朝鮮朝日	西北版	1933-03-02	1	03단	非常時協力會議所出現は不可能視スタートにおいて旣に輕率藤井干城氏の提唱
234095	朝鮮朝日	西北版	1933-03-02	1	04단	第三普校兒童募集
234096	朝鮮朝日	西北版	1933-03-02	1	04단	平壤聯隊の軍事講演會陸軍記念日に
234097	朝鮮朝日	西北版	1933-03-02	1	04단	黃海線猪島、信川間敷設促進の猛運動を開始する
234098	朝鮮朝日	西北版	1933-03-02	1	05단	入學難で學級增加を當局に要望
234099	朝鮮朝日	西北版	1933-03-02	1	05단	聖旨、令旨に感激勇氣を百倍し一死報國の意氣漲る池田警務局長の國境視察談
234100	朝鮮朝日	西北版	1933-03-02	1	06단	道立平壤醫院本館を新築五月早々から着工
234101	朝鮮朝日	西北版	1933-03-02	1	06단	重役を改選陣容を一新一路更生の道を辿るその後の北鮮商銀
234102	朝鮮朝日	西北版	1933-03-02	1	07단	箕城券番四月末完成モダンな建物
234103	朝鮮朝日	西北版	1933-03-02	1	07단	女給さんの獻金
234104	朝鮮朝日	西北版	1933-03-02	1	07단	約一萬圓を投じ燈火管制設備電車車體更新は豫定通り箕林里電車複線は七月竣工
234105	朝鮮朝日	西北版	1933-03-02	1	08단	樂禮/柳京小話
234106	朝鮮朝日	西北版	1933-03-02	1	08단	埠頭勞働者の赤化に努め祕密出版で赤い思想研究尹相南一味を送局
234107	朝鮮朝日	西北版	1933-03-02	1	08단	竊盜捕はる
234108	朝鮮朝日	西北版	1933-03-02	1	08단	劉永奎一味豫審に回付
234109	朝鮮朝日	西北版	1933-03-02	1	08단	巡査分限令、懲戒令朝鮮にも適用三月一日より實施
234110	朝鮮朝日	西北版	1933-03-02	1	09단	大同江名物黑船の爭議賃銀値上げを容認せねば惹起すといきまく
234111	朝鮮朝日	西北版	1933-03-02	1	10단	豚を盜む
234112	朝鮮朝日	西北版	1933-03-02	1	10단	平北昨年度火災損害十三萬五千圓

일련번호	판명		간행일	면	단수	기사명
234113	朝鮮朝日	南鮮版	1933-03-02	1	01단	惱みの種・交通競爭不況に喘ぐ私鐵に取り最大禁物の自動車並行線交通上の統制が肝要
234114	朝鮮朝日	南鮮版	1933-03-02	1	01단	檜舞台へ初お目見得の朝鮮海苔が素晴しい好評
234115	朝鮮朝日	南鮮版	1933-03-02	1	01단	心强し「防空獻金」十挺揃ふ高射機關銃
234116	朝鮮朝日	南鮮版	1933-03-02	1	02단	南鮮ところところ(大邱/仁川/群山/公州/晉州/釜山)
234117	朝鮮朝日	南鮮版	1933-03-02	1	03단	歡呼を浴びて凱旋將士京城を通過
234118	朝鮮朝日	南鮮版	1933-03-02	1	04단	釜山府立病院いよいよ移轉敷地は釜山高女附近
234119	朝鮮朝日	南鮮版	1933-03-02	1	04단	非常時の記念日大邱で盛大に擧行
234120	朝鮮朝日	南鮮版	1933-03-02	1	04단	陽氣立つ春を浮かれ狂ふ街頭の敗者よ損はれた三百の魂を何う監視する制度新設が先決問題
234121	朝鮮朝日	南鮮版	1933-03-02	1	04단	新顔競ひ立ち漸次白熱化する慶南道議選擧
234122	朝鮮朝日	南鮮版	1933-03-02	1	05단	京城藥專指定認可
234123	朝鮮朝日	南鮮版	1933-03-02	1	05단	慶南の道議定員二十八日發表
234124	朝鮮朝日	南鮮版	1933-03-02	1	05단	痘瘡迷信犬の生血を啜る
234125	朝鮮朝日	南鮮版	1933-03-02	1	06단	川岸侍從武官南鮮巡視日程
234126	朝鮮朝日	南鮮版	1933-03-02	1	06단	馬山棧橋計劃道評議會で問題となる
234127	朝鮮朝日	南鮮版	1933-03-02	1	06단	湖南線一部沈下運轉不能で徒步聯絡
234128	朝鮮朝日	南鮮版	1933-03-02	1	07단	朝鮮にも來たヨーヨー
234129	朝鮮朝日	南鮮版	1933-03-02	1	07단	道廳に怪盜外套や帽子の盜難頻々
234130	朝鮮朝日	南鮮版	1933-03-02	1	08단	慶南中等校卒業式日割
234131	朝鮮朝日	南鮮版	1933-03-02	1	08단	ロシア商船釜山へ入港
234132	朝鮮朝日	南鮮版	1933-03-02	1	08단	劉永奎一味豫審に回付
234133	朝鮮朝日	南鮮版	1933-03-02	1	09단	內鮮電話大繁忙時局柄開通以來の新記錄
234134	朝鮮朝日	南鮮版	1933-03-02	1	09단	占師盜む
234135	朝鮮朝日	南鮮版	1933-03-02	1	09단	海外と通ずる不逞分子に當局の目がひかる
234136	朝鮮朝日	南鮮版	1933-03-02	1	10단	著しき生産減濁酒の釀造
234137	朝鮮朝日	南鮮版	1933-03-02	1	10단	箕城券番四月末完成モダンな建物
234138	朝鮮朝日	南鮮版	1933-03-02	1	10단	もよほし(第五回卓球大會/鰯油組合總代會)
234139	朝鮮朝日	南鮮版	1933-03-02	1	10단	人(マルトフ氏出發)
234140	朝鮮朝日	南鮮版	1933-03-02	1	10단	新刊紹介(『新滿洲國見物』)
234141	朝鮮朝日	西北版	1933-03-03	1	01단	繰り廣げられた慶祝の豪華版滿洲建國一週年記念安東全市は空前の大賑はひ

일련번호	판명		간행일	면	단수	기사명
234142	朝鮮朝日	西北版	1933-03-03	1	01단	上水道の計量制實施と共に一切を土木課に移管事務の統一を計る
234143	朝鮮朝日	西北版	1933-03-03	1	01단	十六圓で立派な縮緬の紋服
234144	朝鮮朝日	西北版	1933-03-03	1	02단	防空獻金續々
234145	朝鮮朝日	西北版	1933-03-03	1	02단	最惡の場合も輕擧妄動を愼め外人には大國民の襟度を示せ中普學校長に知事より訓示
234146	朝鮮朝日	西北版	1933-03-03	1	03단	川內里に國防義會
234147	朝鮮朝日	西北版	1933-03-03	1	03단	木材の城津港躍進を續く
234148	朝鮮朝日	西北版	1933-03-03	1	04단	選擧人名簿縱覽
234149	朝鮮朝日	西北版	1933-03-03	1	04단	十ヶ年計劃で養鷄の大增殖一般農家に副業として獎勵昭和八年度から
234150	朝鮮朝日	西北版	1933-03-03	1	04단	各部隊とも非常に緊張國境守備隊檢閲の中島平壤聯隊長の土産話
234151	朝鮮朝日	西北版	1933-03-03	1	05단	月林里驛を妙香山驛と命名されたいと陳情
234152	朝鮮朝日	西北版	1933-03-03	1	05단	新規事業懇談會
234153	朝鮮朝日	西北版	1933-03-03	1	05단	朝鮮漬物の漬方を出教授する
234154	朝鮮朝日	西北版	1933-03-03	1	05단	安東守備隊慰問(川岸侍從武官)
234155	朝鮮朝日	西北版	1933-03-03	1	06단	園兒募集
234156	朝鮮朝日	西北版	1933-03-03	1	06단	道路改修、下水工事大和町道路鋪裝船橋里への送水工事など平讓府八年度土木事業
234157	朝鮮朝日	西北版	1933-03-03	1	06단	間島地理視察班
234158	朝鮮朝日	西北版	1933-03-03	1	06단	二校を殘す一面一校計劃
234159	朝鮮朝日	西北版	1933-03-03	1	07단	茂山、三長兩守備隊第一期檢閲
234160	朝鮮朝日	西北版	1933-03-03	1	07단	勞働者のために託兒所開設
234161	朝鮮朝日	西北版	1933-03-03	1	07단	朝鮮人女子に鼈業技術の指導を行ふ
234162	朝鮮朝日	西北版	1933-03-03	1	07단	十八歳の女運轉手
234163	朝鮮朝日	西北版	1933-03-03	1	08단	樂禮/柳京小話
234164	朝鮮朝日	西北版	1933-03-03	1	08단	規格を統一し品質を精選標準樽で出荷する明太子の內地販路を開拓
234165	朝鮮朝日	西北版	1933-03-03	1	08단	土幕民を繞る美談の二重奏李巡査と近所の人々
234166	朝鮮朝日	西北版	1933-03-03	1	08단	平南新豫算前年比七十五萬圓增總額四百四十五萬圓
234167	朝鮮朝日	西北版	1933-03-03	1	09단	養苗事業を民間に移管補助金を交付
234168	朝鮮朝日	西北版	1933-03-03	1	09단	手數料詐欺
234169	朝鮮朝日	西北版	1933-03-03	1	10단	三輪車を盜む

일련번호	판명		간행일	면	단수	기사명
234170	朝鮮朝日	西北版	1933-03-03	1	10단	豆腐を賣って悲惨な一家を救ふ愛國二青年
234171	朝鮮朝日	西北版	1933-03-03	1	10단	賭博大檢擧
234172	朝鮮朝日	南鮮版	1933-03-03	1	01단	萬歳！おめでたう輝やく武勳にさても晴れやかな將士の顔宇都宮姫路兩部隊の凱旋
234173	朝鮮朝日	南鮮版	1933-03-03	1	01단	豫想さるゝ初等教員異動京城府內の學級整理に伴ふ本月末の整理更迭
234174	朝鮮朝日	南鮮版	1933-03-03	1	01단	就職難時代に心强き者は實業學校出の彼女達(鐵道局の女子採用試驗を見て)
234175	朝鮮朝日	南鮮版	1933-03-03	1	02단	國威宣揚の祈願祭執行
234176	朝鮮朝日	南鮮版	1933-03-03	1	03단	防げよ空を！記念日當日京城の防空デー/參加將士に防空マークを
234177	朝鮮朝日	南鮮版	1933-03-03	1	04단	在滿將兵に謝電を發す慶南道評議會から
234178	朝鮮朝日	南鮮版	1933-03-03	1	04단	鑛業時代に備へまづ「頭」の整頓多角形的大方針達成のため鑛務課へ新知識注入
234179	朝鮮朝日	南鮮版	1933-03-03	1	04단	たぎる愛國熱大邱の非常時突破講演會
234180	朝鮮朝日	南鮮版	1933-03-03	1	05단	南鮮ところところ(裡里/馬山/大田/仁川/大邱/東萊/釜山)
234181	朝鮮朝日	南鮮版	1933-03-03	1	05단	京畿道農會豫算
234182	朝鮮朝日	南鮮版	1933-03-03	1	05단	驚くべき醫術下顎の附け替へ骨は錫材、齒は全部義齒滿足に食事も出來る
234183	朝鮮朝日	南鮮版	1933-03-03	1	05단	釜山國防義會記念日に發會
234184	朝鮮朝日	南鮮版	1933-03-03	1	06단	京城「母の日會」
234185	朝鮮朝日	南鮮版	1933-03-03	1	06단	質屋に賊
234186	朝鮮朝日	南鮮版	1933-03-03	1	06단	支那人も交る金塊密輸事件京城で主犯を逮捕
234187	朝鮮朝日	南鮮版	1933-03-03	1	07단	干瓢になるバカチ增産好望の農家新副業
234188	朝鮮朝日	南鮮版	1933-03-03	1	08단	川岸侍從武官南方を巡視
234189	朝鮮朝日	南鮮版	1933-03-03	1	08단	痘瘡衰へず鮮內の死者百七十名/慶南に新患者二名續發す/大邱の强制種痘
234190	朝鮮朝日	南鮮版	1933-03-03	1	09단	春惱まし愛慾に悶へ酒に狂ふうら若き女二人
234191	朝鮮朝日	南鮮版	1933-03-03	1	09단	悔い改めた婦人十數年前の拾得金を屆出る
234192	朝鮮朝日	南鮮版	1933-03-03	1	09단	人(山下秀樹氏(京城地方法院判事)/笠井總督府法務局長)
234193	朝鮮朝日	南鮮版	1933-03-03	1	10단	大邱バス疑獄事件の一味送らる
234194	朝鮮朝日	南鮮版	1933-03-03	1	10단	富豪を襲った四人組强盗悉く逮捕さる

일련번호	판명		간행일	면	단수	기사명
234195	朝鮮朝日	南鮮版	1933-03-03	1	10단	寄邊なき漂泊の娘醜業を强ひられ逃出す
234196	朝鮮朝日	西北版	1933-03-04	1	01단	軍國多事の秋發明館を新設すより良き兵器製造のため全所員の智的總動員へ平壤兵器製造所
234197	朝鮮朝日	西北版	1933-03-04	1	01단	この中旬には候補者が出揃ふ一日までに四名出馬平南道會議員選擧
234198	朝鮮朝日	西北版	1933-03-04	1	01단	女子義勇軍が雄々しくも活動負傷者の收容救護のために來る十日の平壤攻防演習
234199	朝鮮朝日	西北版	1933-03-04	1	04단	城津案內編纂
234200	朝鮮朝日	西北版	1933-03-04	1	04단	*慰問袋募集/慰問金を贈る*
234201	朝鮮朝日	西北版	1933-03-04	1	04단	西鮮への送電十年後と見らる國營送電線に伴ふ財源難でそれまで火力本位
234202	朝鮮朝日	西北版	1933-03-04	1	04단	就學の出來ぬ鮮童は四百名平壤初等學校の收容難
234203	朝鮮朝日	西北版	1933-03-04	1	04단	北斗日面宣傳の準備を進む
234204	朝鮮朝日	西北版	1933-03-04	1	05단	電車車體の更新起債を認可
234205	朝鮮朝日	西北版	1933-03-04	1	05단	時報のサイレン
234206	朝鮮朝日	西北版	1933-03-04	1	05단	街頭へ職場へと進出する女性群女店員三十名募集に對して五百名突破の平壤三中井
234207	朝鮮朝日	西北版	1933-03-04	1	06단	歷史的金融制度紳士貸借「時邊」僅かに餘喘を保つ
234208	朝鮮朝日	西北版	1933-03-04	1	06단	長津江水電朝窒で愈よ着工する
234209	朝鮮朝日	西北版	1933-03-04	1	06단	十一日に發會式
234210	朝鮮朝日	西北版	1933-03-04	1	07단	第一期檢閱梅崎師團長
234211	朝鮮朝日	西北版	1933-03-04	1	07단	圓滿に解決鎭南浦の魚類取引問題
234212	朝鮮朝日	西北版	1933-03-04	1	07단	朝窒の生命線貯水池枯渴降雨量僅少で刻々に減水今後三週間で一大水飢饉一部工場を休止か
234213	朝鮮朝日	西北版	1933-03-04	1	07단	*三千圓を鷲摑み一目散に逃走鮮銀平壤支店の窓口から行員が追跡取押ふ/漢銀からの入金を失敬*
234214	朝鮮朝日	西北版	1933-03-04	1	08단	本宮飛行場地鎭祭
234215	朝鮮朝日	西北版	1933-03-04	1	08단	人(原義光氏(鐵道局平壤分工場主任技師))
234216	朝鮮朝日	西北版	1933-03-04	1	09단	飛込み自殺
234217	朝鮮朝日	西北版	1933-03-04	1	09단	モヒ患者治療所四萬五千圓を投じて平南道で新設する
234218	朝鮮朝日	西北版	1933-03-04	1	10단	教員のお國調べ

일련번호	판명		간행일	면	단수	기사명
234219	朝鮮朝日	西北版	1933-03-04	1	10단	持兇器强盗五百圓强奪
234220	朝鮮朝日	西北版	1933-03-04	1	10단	父子三名がガスで窒息
234221	朝鮮朝日	西北版	1933-03-04	1	10단	もよほし(販賣主任會議)
234222	朝鮮朝日	西北版	1933-03-04	1	10단	樂禮/柳京小話
234223	朝鮮朝日	南鮮版	1933-03-04	1	01단	鶴嘴一本で農村の魂を蝕む成金夢ばなし留守宅は飢餓線上に呻ぐ/黃金狂時代特異の犯罪金銀鑛石の盗難頻々
234224	朝鮮朝日	南鮮版	1933-03-04	1	01단	採用上の大革新人格第一主義分限令施行を機とし朝鮮人巡査を嚴選
234225	朝鮮朝日	南鮮版	1933-03-04	1	01단	中堅人物養成の京城公民學校四月からいよいよ開校
234226	朝鮮朝日	南鮮版	1933-03-04	1	01단	地久節奉祝釜山婦人會で
234227	朝鮮朝日	南鮮版	1933-03-04	1	02단	寫眞說明
234228	朝鮮朝日	南鮮版	1933-03-04	1	03단	仁川で地震計に感じた東北地方の地震
234229	朝鮮朝日	南鮮版	1933-03-04	1	04단	南鮮ところところ(仁川/大田/大邱/鎮海/釜山)
234230	朝鮮朝日	南鮮版	1933-03-04	1	04단	記念日に傷兵慰問京城鄉軍聯合分會で
234231	朝鮮朝日	南鮮版	1933-03-04	1	04단	疊の上もく久し振り打ち寬ぐ將兵凱旋部隊續々釜山へ/朝鮮「愛婦」皇軍慰問
234232	朝鮮朝日	南鮮版	1933-03-04	1	05단	近代都市の惡の華から學生達を救ふ「救護聯盟」
234233	朝鮮朝日	南鮮版	1933-03-04	1	05단	住心地が良いか女學生や兒童のお腹に巢食ふ雜多な寄生蟲の群れ
234234	朝鮮朝日	南鮮版	1933-03-04	1	06단	何んと鼻摘みな糞尿泥棒の橫行京城だけで十萬石の盗難盗んでは農村に密賣
234235	朝鮮朝日	南鮮版	1933-03-04	1	07단	南海彌助航路に新造船就航
234236	朝鮮朝日	南鮮版	1933-03-04	1	07단	缺食兒童に寄附
234237	朝鮮朝日	南鮮版	1933-03-04	1	07단	痘禍·犧牲者を生む防疫の巡査病毒に感染發病す/慶北も猖獗初發以來百二十一名/慶南の痘瘡患者十一名/京城で乳兒に種痘を勵行
234238	朝鮮朝日	南鮮版	1933-03-04	1	08단	古雅な文廟釋奠
234239	朝鮮朝日	南鮮版	1933-03-04	1	08단	慶南普通校學級增加八年度に三十八學級
234240	朝鮮朝日	南鮮版	1933-03-04	1	09단	湖南線開通故障箇所復舊
234241	朝鮮朝日	南鮮版	1933-03-04	1	09단	インフレで勞働宿泊所のお客減少
234242	朝鮮朝日	南鮮版	1933-03-04	1	10단	放火老人に無罪の論告
234243	朝鮮朝日	南鮮版	1933-03-04	1	10단	死因に疑問
234244	朝鮮朝日	南鮮版	1933-03-04	1	10단	口論の末出刃を揮ふ瀕死の重傷を負はせて自首

일련번호	판명		간행일	면	단수	기사명
234245	朝鮮朝日	南鮮版	1933-03-04	1	10단	持兇器强盜五百圓强奪
234246	朝鮮朝日	南鮮版	1933-03-04	1	10단	父子三名がガスで窒息
234247	朝鮮朝日	南鮮版	1933-03-04	1	10단	もよほし(慶南淸酒品評會/釜山卸商同盟總會/高麗人蔘展示會/慶南水産會記念)
234248	朝鮮朝日	南鮮版	1933-03-04	1	10단	人(新見中佐(大邱憲兵隊長)/篠崎龍太郎氏(新任大邱專賣支局釜山出張所長)/岸本房吉氏(新任大邱專賣支局販賣課長))
234249	朝鮮朝日	西北版	1933-03-05	1	01단	輝ける蕾二輪逆境に身を置き共に優等で卒業激しい勞働、病父へ孝養平中に咲く美談
234250	朝鮮朝日	西北版	1933-03-05	1	01단	協力劇には躍らぬ一部元老の自重筋書以外の新人頻りに出馬平壤會議所の改選
234251	朝鮮朝日	西北版	1933-03-05	1	01단	*昇格の吉報で平醫講に喜色漲る新名稱は平壤醫學專門感激する及川所長/昇格決定は誠に愉快だ喜びを語る藤原知事恩典に浴する今春の卒業生*
234252	朝鮮朝日	西北版	1933-03-05	1	03단	咸南鰯の水揚高八十五萬圓
234253	朝鮮朝日	西北版	1933-03-05	1	03단	昭和製鋼所誘致の期成同盟會存續に決定
234254	朝鮮朝日	西北版	1933-03-05	1	04단	もよほし(咸南道水産會總代會)
234255	朝鮮朝日	西北版	1933-03-05	1	04단	少年の就職に乘出す平讓府性能調査表やポスターを作り最も組織的に斡旋
234256	朝鮮朝日	西北版	1933-03-05	1	04단	軍部輸送の燕麥は近く納入を完了鐵道工事等で山地帶活況岡田農務課長語る
234257	朝鮮朝日	西北版	1933-03-05	1	05단	朝鮮マッチ新義州に進出
234258	朝鮮朝日	西北版	1933-03-05	1	05단	女子鷿業講習所
234259	朝鮮朝日	西北版	1933-03-05	1	05단	應募者狀況一日現在調べ(平壤中學/平壤高女/平壤農學校/平壤商業學校/平壤高等普通/平壤女子高普)
234260	朝鮮朝日	西北版	1933-03-05	1	05단	依然引續き定時に不發南行國際列車の遲延で滿鐵にまた苦情を
234261	朝鮮朝日	西北版	1933-03-05	1	06단	隨時無通告で警察事務を監察平南警察部で實施綱紀刷新のために
234262	朝鮮朝日	西北版	1933-03-05	1	06단	商工省の音頭で平南輕銀の進出內地で二大水電會社が企業實現有望視さる
234263	朝鮮朝日	西北版	1933-03-05	1	07단	高射機關銃十挺を獻納平壤の空を護る
234264	朝鮮朝日	西北版	1933-03-05	1	07단	幼なき祖國愛
234265	朝鮮朝日	西北版	1933-03-05	1	07단	平南庶務主任會議
234266	朝鮮朝日	西北版	1933-03-05	1	07단	自動車料金の値上げには反對客が增したとの見解から要望しても不許可
234267	朝鮮朝日	西北版	1933-03-05	1	07단	請負業者大恐慌咸興署大活動

일련번호	판명		간행일	면	단수	기사명
234268	朝鮮朝日	西北版	1933-03-05	1	08단	失火事件二つ
234269	朝鮮朝日	西北版	1933-03-05	1	08단	攻防兩軍に分れ模擬市街戰陸軍記念日に元山で
234270	朝鮮朝日	西北版	1933-03-05	1	08단	褌三千八十枚
234271	朝鮮朝日	西北版	1933-03-05	1	08단	乙女の縊死
234272	朝鮮朝日	西北版	1933-03-05	1	09단	買ひませう銀翼のマーク利益を國防獻金へ
234273	朝鮮朝日	西北版	1933-03-05	1	10단	道議選擧取締り標準を決定
234274	朝鮮朝日	西北版	1933-03-05	1	10단	樂禮/柳京小話
234275	朝鮮朝日	南鮮版	1933-03-05	1	01단	*喜びの日は來た！ 目出度く昇格の平壤、大邱兩醫學講習所十日ごろ正式認可/歡喜の亂舞に包まれたその日の大邱醫講山根所長喜びを語る*
234276	朝鮮朝日	南鮮版	1933-03-05	1	01단	從業員も引繼ぎ京城府營バス讓渡しの交渉成立
234277	朝鮮朝日	南鮮版	1933-03-05	1	01단	聖旨、令旨を大田大邱諸隊に傳達
234278	朝鮮朝日	南鮮版	1933-03-05	1	02단	姫路凱旋部隊釜山を出發盛んな歡送を受けて
234279	朝鮮朝日	南鮮版	1933-03-05	1	03단	釜山の教育費豫算減る
234280	朝鮮朝日	南鮮版	1933-03-05	1	04단	山口縣特産釜山で卸賣
234281	朝鮮朝日	南鮮版	1933-03-05	1	04단	慶南の地稅徵收成績良好
234282	朝鮮朝日	南鮮版	1933-03-05	1	04단	朝鮮マッチ新義州に進出
234283	朝鮮朝日	南鮮版	1933-03-05	1	04단	熱血たぎる大邱府民大會火を吐く非常時突破の叫び夜は盛大な提燈行列
234284	朝鮮朝日	南鮮版	1933-03-05	1	04단	*半島資源調査地下の寶庫開發上重大な缺陷立證機關が無い/黃金狂時代に慶北鑛業家の大同團結を計劃(近く大邱に大會)*
234285	朝鮮朝日	南鮮版	1933-03-05	1	05단	釜山の學童に齲齒の手當て府內小學校に施療設備
234286	朝鮮朝日	南鮮版	1933-03-05	1	06단	南鮮ところところ(裡里/大田/光州/淸州/釜山)
234287	朝鮮朝日	南鮮版	1933-03-05	1	06단	慶南の鰯油水産組合解散
234288	朝鮮朝日	南鮮版	1933-03-05	1	07단	大蒜獎勵慶南で增植
234289	朝鮮朝日	南鮮版	1933-03-05	1	07단	間島行政に內鮮官吏派遣總督府部長級一部異動？
234290	朝鮮朝日	南鮮版	1933-03-05	1	07단	一面一校の完成慶南の教育機關普及
234291	朝鮮朝日	南鮮版	1933-03-05	1	07단	留置場入り志願の男を眞人間に鈴木巡査ヤケ青年を救ふ

일련번호	판명		간행일	면	단수	기사명
234292	朝鮮朝日	南鮮版	1933-03-05	1	08단	紳士賭博に罰金求刑
234293	朝鮮朝日	南鮮版	1933-03-05	1	08단	半島をめがけて雪崩るゝトーキー本格の檢閲設備も愈よ完成
234294	朝鮮朝日	南鮮版	1933-03-05	1	09단	全北土木疑獄事件公判
234295	朝鮮朝日	南鮮版	1933-03-05	1	10단	尚州の火事溫突の焚過ぎ
234296	朝鮮朝日	南鮮版	1933-03-05	1	10단	全北は一日三名宛痘瘡患者發生/忠北の痘瘡
234297	朝鮮朝日	南鮮版	1933-03-05	1	10단	金の密輸で懲役三月を求刑さる
234298	朝鮮朝日	南鮮版	1933-03-05	1	10단	老婆を毆って僞證
234299	朝鮮朝日	南鮮版	1933-03-05	1	10단	三十一件の拳銃强盗に十年求刑
234300	朝鮮朝日	南鮮版	1933-03-05	1	10단	もよほし(消防講習會)
234301	朝鮮朝日	南鮮版	1933-03-05	1	10단	人(吉田浩氏(朝鮮鐵道局長))
234302	朝鮮朝日	西北版	1933-03-07	1	01단	春の平壤樂壇にお目見得の彼女平壤が生んだボーカル・ソロ鄭勳謨女史の飛躍
234303	朝鮮朝日	西北版	1933-03-07	1	01단	勞働奉仕で機關銃を獻納その他美談とりどり
234304	朝鮮朝日	西北版	1933-03-07	1	01단	八日から愈よ平壤醫專と改稱盛んな昇格祝賀會や提燈行列のもよほし
234305	朝鮮朝日	西北版	1933-03-07	1	02단	咸興の○隊勇躍任地に出發す
234306	朝鮮朝日	西北版	1933-03-07	1	02단	興南邑八年度新事業
234307	朝鮮朝日	西北版	1933-03-07	1	03단	東上面の馬鈴薯品評會
234308	朝鮮朝日	西北版	1933-03-07	1	04단	國防獻金や慰問金募集
234309	朝鮮朝日	西北版	1933-03-07	1	04단	五萬石突破の平南産繭自祝會十一萬石生産を目標として增産の徹底に邁進
234310	朝鮮朝日	西北版	1933-03-07	1	05단	記念日にオール茂山の國防演習
234311	朝鮮朝日	西北版	1933-03-07	1	05단	元山高女の入試
234312	朝鮮朝日	西北版	1933-03-07	1	06단	匪賊三名靑年を拉去拳銃を放ち三千圓を要求して對岸に姿をかくす
234313	朝鮮朝日	西北版	1933-03-07	1	06단	富豪の息も交る鎭南浦讀書會事件首魁尹相南以下商工學校の生徒等一味送局さる
234314	朝鮮朝日	西北版	1933-03-07	1	07단	平壤觀光協會近く具體化す
234315	朝鮮朝日	西北版	1933-03-07	1	08단	惡に轉落するモヒ患者今年は平南で百名を收容
234316	朝鮮朝日	西北版	1933-03-07	1	08단	北部炭移出量で波瀾を豫想さる福井氏は五萬トンを要求し組合側は二萬トンを主張
234317	朝鮮朝日	西北版	1933-03-07	1	08단	獻穀田奉耕者に示達書

일련번호	판명		간행일	면	단수	기사명
234318	朝鮮朝日	西北版	1933-03-07	1	09단	第一金剛丸消息を絶つ帆船二隻も行方不明朝鮮沿海の大時化
234319	朝鮮朝日	西北版	1933-03-07	1	10단	煙管自殺(未遂)
234320	朝鮮朝日	西北版	1933-03-07	1	10단	樂禮/柳京小話
234321	朝鮮朝日	南鮮版	1933-03-07	1	01단	熾んな防空熱防空獻金に木炭二萬俵を提供する忠南の李氏
234322	朝鮮朝日	南鮮版	1933-03-07	1	01단	劇務の警官を給與品で優遇何んと嬉しいニュースよ！
234323	朝鮮朝日	南鮮版	1933-03-07	1	01단	排日何んのその鮮內水産物ぞくぞく支那へ輸出
234324	朝鮮朝日	南鮮版	1933-03-07	1	01단	窮民再生！好成績の慶南巡廻診療
234325	朝鮮朝日	南鮮版	1933-03-07	1	01단	川岸侍從武官馬山に向ふ
234326	朝鮮朝日	南鮮版	1933-03-07	1	03단	「慶南水試」の盛大な開場式釜山府綠町下の埋立地堂々新建築成る
234327	朝鮮朝日	南鮮版	1933-03-07	1	04단	盛り澤山新規事業で賑ふ京城府新豫算著しい膨脹振り
234328	朝鮮朝日	南鮮版	1933-03-07	1	04단	京畿道の實話一念巖も徹す固い巖磐を破り續けて十年目に見事美田と化せしむ
234329	朝鮮朝日	南鮮版	1933-03-07	1	04단	一面一校祝賀會釜山府公會堂で盛大に擧行
234330	朝鮮朝日	南鮮版	1933-03-07	1	04단	釜山初等學校二十日卒業式
234331	朝鮮朝日	南鮮版	1933-03-07	1	04단	「朝取」臨時休業地金は十錢値下り
234332	朝鮮朝日	南鮮版	1933-03-07	1	05단	南鮮ところところ(各郡の立候補で忠北選擧界活氣づく淸州/晉州/公州/大田/浦項/釜山)
234333	朝鮮朝日	南鮮版	1933-03-07	1	05단	國旗は正しく揭げませう釜山高女の運動
234334	朝鮮朝日	南鮮版	1933-03-07	1	06단	全鮮の小包內地移出量
234335	朝鮮朝日	南鮮版	1933-03-07	1	06단	京畿道の痘瘡ますます蔓延
234336	朝鮮朝日	南鮮版	1933-03-07	1	07단	箱入りのお醫者救急醫藥百五十七萬人分を全鮮に亙って配布
234337	朝鮮朝日	南鮮版	1933-03-07	1	07단	第一金剛丸消息を絶つ帆船二隻も行方不明朝鮮沿海の大時化
234338	朝鮮朝日	南鮮版	1933-03-07	1	09단	京畿道評議會
234339	朝鮮朝日	南鮮版	1933-03-07	1	09단	雪明かりで強賊と闘ふ北漢山の巖窟に潛む賊を永登浦署員逮捕す
234340	朝鮮朝日	南鮮版	1933-03-07	1	09단	木、釜定期船長久丸坐礁乘客無事、行囊流失
234341	朝鮮朝日	南鮮版	1933-03-07	1	10단	強盜の訴へ實は戀の鞘當てと判る
234342	朝鮮朝日	南鮮版	1933-03-07	1	10단	軍資金募集の覆面強盜拳銃で脅す

일련번호	판명		간행일	면	단수	기사명
234343	朝鮮朝日	南鮮版	1933-03-07	1	10단	ゴム工場罷業解決釜山署長の調停で
234344	朝鮮朝日	南鮮版	1933-03-07	1	10단	人(瀬戸道一氏(京畿道財務部長)/服部伊勢松氏(京城西大門署長))
234345	朝鮮朝日	西北版	1933-03-08	1	01단	驚異の連鎖下顎骨の入替へ今度は患者の大腿骨を切取って代用品とする平壤醫院で成功
234346	朝鮮朝日	西北版	1933-03-08	1	01단	平壤陶土の特徴を強調する縮小率が內地陶土より尠い內地移出を擴大
234347	朝鮮朝日	西北版	1933-03-08	1	01단	咸興國防義會で壯烈な攻防演習最惡の場合を想定して
234348	朝鮮朝日	西北版	1933-03-08	1	01단	咸興○隊間島派遣軍補充爲の出發
234349	朝鮮朝日	西北版	1933-03-08	1	03단	選擧を機會に滯納大整理
234350	朝鮮朝日	西北版	1933-03-08	1	03단	國防義會發會式/海州國防義會發會式擧行
234351	朝鮮朝日	西北版	1933-03-08	1	03단	漢銀本店へ強硬な談判商業道德を破壞するとて華商整理紛擾問題
234352	朝鮮朝日	西北版	1933-03-08	1	04단	戰傷兵慰問
234353	朝鮮朝日	西北版	1933-03-08	1	04단	本紙を教材に
234354	朝鮮朝日	西北版	1933-03-08	1	04단	前年に比し約四十一萬圓增總額四百八十五萬千六百圓咸南道八年度豫算
234355	朝鮮朝日	西北版	1933-03-08	1	05단	中旬ごろ竣工式無煙炭積込場
234356	朝鮮朝日	西北版	1933-03-08	1	05단	巡査募集試驗
234357	朝鮮朝日	西北版	1933-03-08	1	05단	結氷中にも廉く移出可能鎭南浦無煙炭積込設備を感謝する加藤常務
234358	朝鮮朝日	西北版	1933-03-08	1	05단	滿洲一周旅行團平鐵の試み
234359	朝鮮朝日	西北版	1933-03-08	1	06단	上級小學生に劍道を課す平壤山手校の試み
234360	朝鮮朝日	西北版	1933-03-08	1	06단	電興の株主總會今月中に開く
234361	朝鮮朝日	西北版	1933-03-08	1	06단	輕機關銃を獻納/大塚氏の獻金
234362	朝鮮朝日	西北版	1933-03-08	1	06단	妓生の花代
234363	朝鮮朝日	西北版	1933-03-08	1	06단	當分の間は犧牲も辭せぬ商品陳列所經營に善處する繁榮會
234364	朝鮮朝日	西北版	1933-03-08	1	07단	大滿洲國建國祝賀會稀に見る盛會感謝と慶びの二重奏王道政體の實現
234365	朝鮮朝日	西北版	1933-03-08	1	07단	買收は嚴重取締る平壤會議所の議員改選
234366	朝鮮朝日	西北版	1933-03-08	1	07단	天然痘蔓延
234367	朝鮮朝日	西北版	1933-03-08	1	07단	過って射殺
234368	朝鮮朝日	西北版	1933-03-08	1	08단	滿浦鎭線速成と海龍線の敷設總督府と滿鐵當局に對し西鮮實業大會から要望す

일련번호	판명		간행일	면	단수	기사명
234369	朝鮮朝日	西北版	1933-03-08	1	09단	三百圓を盜む
234370	朝鮮朝日	西北版	1933-03-08	1	09단	德川强盜事件三名起訴さる
234371	朝鮮朝日	西北版	1933-03-08	1	09단	控訴の申立て
234372	朝鮮朝日	西北版	1933-03-08	1	10단	樂禮/柳京小話
234373	朝鮮朝日	西北版	1933-03-08	1	10단	もよほし(旅行座談會)
234374	朝鮮朝日	南鮮版	1933-03-08	1	01단	近代科學戰を展開軍國の春を讚へ京城府の空と陸に壯烈な立體的攻防演習を行ふ待たるゝ陸軍記念日
234375	朝鮮朝日	南鮮版	1933-03-08	1	01단	龍山から高射砲獻納國防獻金に各方面奮起す
234376	朝鮮朝日	南鮮版	1933-03-08	1	01단	顔觸も變る官選道議名門や形式に捉はれない新しい詮考方針で
234377	朝鮮朝日	南鮮版	1933-03-08	1	03단	慶北豫算大膨脹大邱醫講昇格その他で
234378	朝鮮朝日	南鮮版	1933-03-08	1	04단	川岸侍從武官釜山を巡視六日夜退鮮
234379	朝鮮朝日	南鮮版	1933-03-08	1	04단	釜山第一部會教育費可決豫算五十六萬餘圓
234380	朝鮮朝日	南鮮版	1933-03-08	1	04단	大邱・平壤兩醫專愈よ公認八日公式發表
234381	朝鮮朝日	南鮮版	1933-03-08	1	04단	名橋洛東橋竣工式盛んな渡初め
234382	朝鮮朝日	南鮮版	1933-03-08	1	04단	巡査分限令と委員會組織
234383	朝鮮朝日	南鮮版	1933-03-08	1	04단	南鮮ところところ(馬山/光州/全州/群山/釜山)
234384	朝鮮朝日	南鮮版	1933-03-08	1	05단	門鐵釜山營業所主任更送/働き甲斐がある上田新主任喜んで語る
234385	朝鮮朝日	南鮮版	1933-03-08	1	05단	定員を六名超過慶北選擧界色めく
234386	朝鮮朝日	南鮮版	1933-03-08	1	06단	五月開校する京城公立小學校
234387	朝鮮朝日	南鮮版	1933-03-08	1	06단	滿洲一周旅行團平鐵の試み
234388	朝鮮朝日	南鮮版	1933-03-08	1	06단	罹病者千五百全鮮の痘瘡大警戒
234389	朝鮮朝日	南鮮版	1933-03-08	1	06단	本紙の附錄世界地圖を各學校に寄贈
234390	朝鮮朝日	南鮮版	1933-03-08	1	06단	莨の吸殼から釜山綠町の出火原因消防組員三名負傷
234391	朝鮮朝日	南鮮版	1933-03-08	1	07단	血に染む鐵路厭世靑年と不和を歎く少女の死
234392	朝鮮朝日	南鮮版	1933-03-08	1	07단	墓を發ばき死體を取卷き篝火を焚いてをどる南鮮・グロ百パーセントの話
234393	朝鮮朝日	南鮮版	1933-03-08	1	08단	地久節奉祝釜山婦人會の美しき集ひ
234394	朝鮮朝日	南鮮版	1933-03-08	1	08단	左翼劇團一味起訴
234395	朝鮮朝日	南鮮版	1933-03-08	1	09단	群山地方の痘瘡
234396	朝鮮朝日	南鮮版	1933-03-08	1	10단	技術幼稚の贋貨續出す
234397	朝鮮朝日	南鮮版	1933-03-08	1	10단	妓生の花代

일련번호	판명		간행일	면	단수	기사명
234398	朝鮮朝日	南鮮版	1933-03-08	1	10단	放蕩老人の毒藥自殺(未遂)
234399	朝鮮朝日	南鮮版	1933-03-08	1	10단	慶州の火事
234400	朝鮮朝日	南鮮版	1933-03-08	1	10단	漁船と機船衝突沈沒す
234401	朝鮮朝日	南鮮版	1933-03-08	1	10단	嚴寒盛り返す
234402	朝鮮朝日	西北版	1933-03-09	1	01단	小作生徒制貧困な學生が學資の自給自足校有畑を開放して實施平壤農業で實施
234403	朝鮮朝日	西北版	1933-03-09	1	01단	モダン空の旅空の北鮮開拓咸興から一日行程で東京へ本宮飛行場整備す
234404	朝鮮朝日	西北版	1933-03-09	1	01단	勇躍征途へ
234405	朝鮮朝日	西北版	1933-03-09	1	01단	平壤醫專晴の開校式
234406	朝鮮朝日	西北版	1933-03-09	1	03단	平讓府新年度豫算前年より卅四萬圓增加
234407	朝鮮朝日	西北版	1933-03-09	1	03단	堂々名乘を揚げた人々立候補者續出せん平北道會議員選擧/續々と出馬平壤商議改選
234408	朝鮮朝日	西北版	1933-03-09	1	04단	もよほし(金光敎元山敎會所婦人會)
234409	朝鮮朝日	西北版	1933-03-09	1	04단	記念日に軍事講演會本社映畫上映
234410	朝鮮朝日	西北版	1933-03-09	1	04단	國防展を開く! 四月十八日前後の約一週間なほ引續き廉賣會を開催更生の商陳で實施
234411	朝鮮朝日	西北版	1933-03-09	1	05단	戰歿者慰靈祭
234412	朝鮮朝日	西北版	1933-03-09	1	05단	官有地處分
234413	朝鮮朝日	西北版	1933-03-09	1	05단	校舍增築費捻出に腐心
234414	朝鮮朝日	西北版	1933-03-09	1	05단	出馬廿二名猛運動開始叩頭戰に文書戰に平南道會議員選擧
234415	朝鮮朝日	西北版	1933-03-09	1	05단	叺の增産平南の試み
234416	朝鮮朝日	西北版	1933-03-09	1	06단	鴨綠江の鐵橋を敵機が爆破「想定」を中心に攻防模擬戰新義州の守備隊で
234417	朝鮮朝日	西北版	1933-03-09	1	06단	國境の各地で見本市を開く九月から一月間に互って平壤商圈の擴張
234418	朝鮮朝日	西北版	1933-03-09	1	06단	諮問機關最後の平南道評議會十三日から開會
234419	朝鮮朝日	西北版	1933-03-09	1	06단	手形交換高
234420	朝鮮朝日	西北版	1933-03-09	1	07단	知事の諭告を讚へて自力更生大同郡管內の各面で
234421	朝鮮朝日	西北版	1933-03-09	1	07단	ひよどり丸鎭南浦へ難航
234422	朝鮮朝日	西北版	1933-03-09	1	08단	桑田品評會豫期に反した成績十六日褒賞授與式
234423	朝鮮朝日	西北版	1933-03-09	1	08단	天然痘新患五名

일련번호	판명		간행일	면	단수	기사명
234424	朝鮮朝日	西北版	1933-03-09	1	08단	モヒ患者の治療頗る好成績
234425	朝鮮朝日	西北版	1933-03-09	1	09단	平南金組の下降運動案組合員約五萬人を三年後には八萬四千人に
234426	朝鮮朝日	西北版	1933-03-09	1	09단	純東拓系の新會社設立か電興の石炭事業を分離し近く株主總會開催
234427	朝鮮朝日	西北版	1933-03-09	1	10단	虛僞の申告
234428	朝鮮朝日	西北版	1933-03-09	1	10단	線路に石塊
234429	朝鮮朝日	西北版	1933-03-09	1	10단	殺人未遂公判
234430	朝鮮朝日	西北版	1933-03-09	1	10단	樂禮/柳京小話
234431	朝鮮朝日	南鮮版	1933-03-09	1	01단	非常時日本の記念日に蘇る我國難の追想奮ひ起つ愛國の熱情に川島司令官の感激/頼もしき熱情防空獻金殺到す午後の短時間に高射機關銃十基分の獻金集る/見事に出來た高射機關銃盛んな九日の獻納式
234432	朝鮮朝日	南鮮版	1933-03-09	1	04단	人(平田胤春氏(醫學博士))
234433	朝鮮朝日	南鮮版	1933-03-09	1	04단	辯護士法建議案として今議會に提出
234434	朝鮮朝日	南鮮版	1933-03-09	1	04단	古參判任の優遇理事官制設置總督府役人大喜び
234435	朝鮮朝日	南鮮版	1933-03-09	1	04단	國旗三百旒を寄贈配布す
234436	朝鮮朝日	南鮮版	1933-03-09	1	04단	電車代用にバス運轉四月一日から/府營バス讓渡府會で可決
234437	朝鮮朝日	南鮮版	1933-03-09	1	04단	南鮮ところところ(大邱/全州/光州/統營/公州)
234438	朝鮮朝日	南鮮版	1933-03-09	1	05단	慶州土産に竹細工賣出し
234439	朝鮮朝日	南鮮版	1933-03-09	1	05단	各道をつなぐ警備電話完成いよいよ半島警察界待望の電話網全鮮に普及す
234440	朝鮮朝日	南鮮版	1933-03-09	1	06단	希望を遂げて喜びの開校式新しき首途の大邱醫專
234441	朝鮮朝日	南鮮版	1933-03-09	1	06단	看護婦團一行滿洲に向ふ
234442	朝鮮朝日	南鮮版	1933-03-09	1	06단	釜山紹介所二月の成績
234443	朝鮮朝日	南鮮版	1933-03-09	1	08단	嶮岨な峠で雪搔き二十七年奉仕に燃ゆる篤志家の一念(京城街道の美談)
234444	朝鮮朝日	南鮮版	1933-03-09	1	08단	紳士賭博判決
234445	朝鮮朝日	南鮮版	1933-03-09	1	08단	銀貨僞造三人男
234446	朝鮮朝日	南鮮版	1933-03-09	1	08단	竣工の洛東橋初日の渡橋數萬人
234447	朝鮮朝日	南鮮版	1933-03-09	1	08단	あぶないあぶない痘瘡患者旅行京城で發見病院へ
234448	朝鮮朝日	南鮮版	1933-03-09	1	09단	求職兒童社會見學

일련번호	판명		간행일	면	단수	기사명
234449	朝鮮朝日	南鮮版	1933-03-09	1	10단	釜山普通校入學希望昨年より減少
234450	朝鮮朝日	南鮮版	1933-03-09	1	10단	煎子乾燥機二ヶ所に配置
234451	朝鮮朝日	南鮮版	1933-03-09	1	10단	忍び寄る春の笑顔
234452	朝鮮朝日	南鮮版	1933-03-09	1	10단	食刀で一夜に四戸を襲うた強盗
234453	朝鮮朝日	南鮮版	1933-03-09	1	10단	釣鐘を盗む
234454	朝鮮朝日	西北版	1933-03-10	1	01단	細農の救濟に備荒倉庫を建設天變地異にも十分の食糧を大規模な社會施設
234455	朝鮮朝日	西北版	1933-03-10	1	01단	黑字を鼇食し赤字また赤字平壤運事の貨物收入大減收貨客の吸收に大童
234456	朝鮮朝日	西北版	1933-03-10	1	01단	春讚仰の麗光陽春三月の陽ざし
234457	朝鮮朝日	西北版	1933-03-10	1	02단	産繭五萬石突破祝賀會
234458	朝鮮朝日	西北版	1933-03-10	1	03단	沿岸警備船建造中止
234459	朝鮮朝日	西北版	1933-03-10	1	03단	非常時陸軍デー展開された壯烈な市街戰繰り擴げる軍國日本の姿平壤全市大賑ひ
234460	朝鮮朝日	西北版	1933-03-10	1	04단	癩協寄附金四萬千餘圓
234461	朝鮮朝日	西北版	1933-03-10	1	04단	經費半減で八年度大同江改修防水壁に開扉を設け堤防の腹付土盛りを行ふ
234462	朝鮮朝日	西北版	1933-03-10	1	04단	鎮南浦林檎運賃特割利用者激增
234463	朝鮮朝日	西北版	1933-03-10	1	05단	偉勳を立て堂々と凱旋咸興聯隊の滿期除隊兵十八日祝賀會を開く
234464	朝鮮朝日	西北版	1933-03-10	1	05단	元山港から內地移出牛五千八百餘頭
234465	朝鮮朝日	西北版	1933-03-10	1	05단	英靈を弔ふ忠魂碑建設同情集まる
234466	朝鮮朝日	西北版	1933-03-10	1	06단	田作改良に指導圃設立を計劃
234467	朝鮮朝日	西北版	1933-03-10	1	06단	箕林里・西平壤驛電車複線十五日頃から着工
234468	朝鮮朝日	西北版	1933-03-10	1	06단	寄附を募り高射砲購入清津國防義會
234469	朝鮮朝日	西北版	1933-03-10	1	06단	約廿萬圓の出超を示す二月中平壤の對外貿易
234470	朝鮮朝日	西北版	1933-03-10	1	07단	樂浪漆器は非常な人氣絹織物の北鮮進出も有望竹內商陳主任語る
234471	朝鮮朝日	西北版	1933-03-10	1	07단	稅務機關の獨立で早くも爭奪戰監督局平壤設置は動かぬ
234472	朝鮮朝日	西北版	1933-03-10	1	07단	燈光器を取付け發車の合圖
234473	朝鮮朝日	西北版	1933-03-10	1	07단	白骨の勇士を繞って日露戰役の物凄い激戰を追想二十八年間を地下に眠る
234474	朝鮮朝日	西北版	1933-03-10	1	08단	燃ゆる祖國愛
234475	朝鮮朝日	西北版	1933-03-10	1	08단	貨物自動車谷底に墜落二名死傷す
234476	朝鮮朝日	西北版	1933-03-10	1	08단	放火殺人強盗兇暴極まる鮮匪李振武ら公判

일련번호	판명		간행일	면	단수	기사명
234477	朝鮮朝日	西北版	1933-03-10	1	09단	七五事件求刑言渡は十三日
234478	朝鮮朝日	西北版	1933-03-10	1	09단	輕油動車に美少年車掌四月一日からお目見得
234479	朝鮮朝日	西北版	1933-03-10	1	09단	列車轉覆を企てた怪犯人捕はる大膽不敵な計劃
234480	朝鮮朝日	西北版	1933-03-10	1	10단	咸北道の天然痘終熄必死の防疫で
234481	朝鮮朝日	西北版	1933-03-10	1	10단	むらむらと惡心
234482	朝鮮朝日	西北版	1933-03-10	1	10단	棍棒で撲殺
234483	朝鮮朝日	南鮮版	1933-03-10	1	01단	南鮮ところところ(裡里/仁川/光州/大邱/木浦/大田/釜山)
234484	朝鮮朝日	南鮮版	1933-03-10	1	01단	折惡く經濟異變大崇りの産金地金値下りは業者に痛棒獎勵方針再吟味?
234485	朝鮮朝日	南鮮版	1933-03-10	1	01단	大局から見て支障は起るまい「雨降って地固まる」と觀測宇垣總督は斯く語る
234486	朝鮮朝日	南鮮版	1933-03-10	1	01단	全南、無等山に花と咲く霧氷
234487	朝鮮朝日	南鮮版	1933-03-10	1	04단	全鮮一の穀物倉庫釜山に建設
234488	朝鮮朝日	南鮮版	1933-03-10	1	04단	見本市を狙ふ春・半島商戰京城商議所の計劃にわれもわれもと參加
234489	朝鮮朝日	南鮮版	1933-03-10	1	04단	缺食兒を救へ貧しき故にお辨當も食へぬ釜山普通校で二百五十名こども達の「不況受難」
234490	朝鮮朝日	南鮮版	1933-03-10	1	05단	慶南産業橋南旨橋竣工初日の渡橋五萬人
234491	朝鮮朝日	南鮮版	1933-03-10	1	06단	爛漫の花にほふ碧蹄館記念碑エジプト樣式の建碑計劃
234492	朝鮮朝日	南鮮版	1933-03-10	1	06단	震災義捐のトップ
234493	朝鮮朝日	南鮮版	1933-03-10	1	06단	金組職員の選擧運動嚴禁
234494	朝鮮朝日	南鮮版	1933-03-10	1	06단	京城に開く國防展新兵器や記念品網羅
234495	朝鮮朝日	南鮮版	1933-03-10	1	07단	民間國防團體の全鮮的統制機關創設群山國防研究會で熱心に希望
234496	朝鮮朝日	南鮮版	1933-03-10	1	07단	競ひ立つ十八候補者京畿道は郡部から市部は鳴りを鎭む
234497	朝鮮朝日	南鮮版	1933-03-10	1	07단	物價指數から勞働爭議を見る深刻な近年の物價高
234498	朝鮮朝日	南鮮版	1933-03-10	1	08단	不正旅館を一齊に取締る
234499	朝鮮朝日	南鮮版	1933-03-10	1	09단	吸殼山林を燒く
234500	朝鮮朝日	南鮮版	1933-03-10	1	09단	船長痘瘡に罹る
234501	朝鮮朝日	南鮮版	1933-03-10	1	09단	樂浪漆器は非常な人氣絹織物の北鮮進出も有望竹内商陳主任語る

일련번호	판명		간행일	면	단수	기사명
234502	朝鮮朝日	南鮮版	1933-03-10	1	09단	電線に下る黒焦げ死體電線を盜まうとして(高壓線に燒かる)
234503	朝鮮朝日	南鮮版	1933-03-10	1	10단	トラックに轢かれて慘死
234504	朝鮮朝日	南鮮版	1933-03-10	1	10단	もよほし(兩氏送別會)
234505	朝鮮朝日	南鮮版	1933-03-10	1	10단	人(瀨渡光雄氏(專賣局技師)/脇谷洋次郎博士(元總督府釜山水産試驗場長)/松井左馬太郎氏(釜山消防組義勇消防手))
234506	朝鮮朝日	南鮮版	1933-03-10	1	10단	アル横顔
234507	朝鮮朝日	西北版	1933-03-11	1	01단	十ヶ年繼續で平南の棉作增殖技手十名指導員五十名增加他道と異って在來棉を
234508	朝鮮朝日	西北版	1933-03-11	1	01단	無盡藏の陶土を利用し大窯業地へ平壤工試で技術員を養成簡易窯業講習會
234509	朝鮮朝日	西北版	1933-03-11	1	01단	朝鮮軍で唯一輝く『殊勳甲』防野曹長は平壤聯隊の出身新家屯の花と散る
234510	朝鮮朝日	西北版	1933-03-11	1	04단	公設浴場開業
234511	朝鮮朝日	西北版	1933-03-11	1	04단	十三日頃から元山府會
234512	朝鮮朝日	西北版	1933-03-11	1	04단	元山府の防空獻金續々と集まる
234513	朝鮮朝日	西北版	1933-03-11	1	04단	油肥價格協定は有利に纏る劉咸南産業課長談
234514	朝鮮朝日	西北版	1933-03-11	1	04단	陸接特惠關稅復活は見當がつかぬ滿洲の沙糖消費量は年間百三十萬ピクル
234515	朝鮮朝日	西北版	1933-03-11	1	05단	愛國の熱情
234516	朝鮮朝日	西北版	1933-03-11	1	05단	國防マーク
234517	朝鮮朝日	西北版	1933-03-11	1	05단	投資額に對し三と四の割合電氣統制に伴ひ電興會社は電氣と石炭に分離
234518	朝鮮朝日	西北版	1933-03-11	1	06단	平壤醫專授業料値上げ
234519	朝鮮朝日	西北版	1933-03-11	1	06단	咸南農會通常總會
234520	朝鮮朝日	西北版	1933-03-11	1	06단	諮問機關最後の道評議員會
234521	朝鮮朝日	西北版	1933-03-11	1	06단	初等學校の卒業式日割
234522	朝鮮朝日	西北版	1933-03-11	1	07단	船橋里方面に窯業工場の設置を計劃
234523	朝鮮朝日	西北版	1933-03-11	1	07단	電工舍宅新築電車車體の更新平壤府電の八年度新規事業九年度は多事多端
234524	朝鮮朝日	西北版	1933-03-11	1	07단	迷信打破に大童となる白色甘藷を食ふと肋膜炎にか〻る
234525	朝鮮朝日	西北版	1933-03-11	1	07단	インフレで電球一割五分値上げ
234526	朝鮮朝日	西北版	1933-03-11	1	08단	虛弱兒童に肝油試驗的に服用
234527	朝鮮朝日	西北版	1933-03-11	1	08단	續々と生れる各地の國防義會非常時相を反映して國民の關心を喚起

일련번호	판명		간행일	면	단수	기사명
234528	朝鮮朝日	西北版	1933-03-11	1	08단	扁額を盗む
234529	朝鮮朝日	西北版	1933-03-11	1	08단	小作米を騙取
234530	朝鮮朝日	西北版	1933-03-11	1	09단	興南、元山等各地に引火拘束者既に十六名に上る咸興土木談合事件
234531	朝鮮朝日	西北版	1933-03-11	1	09단	日滿合同の歡送迎會
234532	朝鮮朝日	西北版	1933-03-11	1	09단	鮮匪の巢窟下漏河子へ佐藤巡査の一隊急行
234533	朝鮮朝日	西北版	1933-03-11	1	10단	簀止花廢止
234534	朝鮮朝日	西北版	1933-03-11	1	10단	治維法違反公判
234535	朝鮮朝日	西北版	1933-03-11	1	10단	強盗罪で送局
234536	朝鮮朝日	西北版	1933-03-11	1	10단	もよほし(國防義會第一回評議員會)
234537	朝鮮朝日	西北版	1933-03-11	1	10단	樂禮/柳京小話
234538	朝鮮朝日	南鮮版	1933-03-11	1	01단	輝かし・半島軍國デー鳩も喜び舞ふ空には飛機亂舞地に「市街軍」記念日に躍る首都京城/霽降るこの日! 國防義會發會轟く全府民の萬歲奉唱釜山の陸軍記念日/壯烈・防空演習裡里奉公團の活躍/全府民の愛國祈願大邱の大祝賀/陸相揮毫の旒旗を揭揚/非常時に感奮國防費獻金結婚費を節約して「一千圓」
234539	朝鮮朝日	南鮮版	1933-03-11	1	05단	慶北道議の定數を發表
234540	朝鮮朝日	南鮮版	1933-03-11	1	05단	プラタナスと街燈のある風景京城府のメーキャップ(一、街路樹/二、街燈の增加/三、道路撒水/四、公園の手入)
234541	朝鮮朝日	南鮮版	1933-03-11	1	05단	假想敵機に猛射の實演高射機銃の獻納式
234542	朝鮮朝日	南鮮版	1933-03-11	1	06단	南鮮ところところ(馬山/公州/仁川/大邱/釜山)
234543	朝鮮朝日	南鮮版	1933-03-11	1	07단	京城で檢擧の反帝同盟一味送局さる
234544	朝鮮朝日	南鮮版	1933-03-11	1	08단	教會で籠拔詐欺百貨店を欺く
234545	朝鮮朝日	南鮮版	1933-03-11	1	09단	富豪に脅迫狀一萬圓を強要
234546	朝鮮朝日	南鮮版	1933-03-11	1	09단	地金密輸で懲役三月判決
234547	朝鮮朝日	南鮮版	1933-03-11	1	09단	熱河平定の祝電を可決豫算審議京城府會開く
234548	朝鮮朝日	南鮮版	1933-03-11	1	09단	京城の銀座街本町の火事早曉出火三戶を燒く
234549	朝鮮朝日	南鮮版	1933-03-11	1	10단	稀代の拳銃強盗懲役十年
234550	朝鮮朝日	南鮮版	1933-03-11	1	10단	血液か植物液か蔚山老婆殺し判決注目さる
234551	朝鮮朝日	南鮮版	1933-03-11	1	10단	放火老人に無罪の判決

일련번호	판명		간행일	면	단수	기사명
234552	朝鮮朝日	南鮮版	1933-03-11	1	10단	人(小池泉氏(釜山稅關長)/野村調太郎氏(高等法院判事))
234553	朝鮮朝日	南鮮版	1933-03-11	1	10단	朝鮮地方選擧取締規則詳解
234554	朝鮮朝日	南鮮版	1933-03-11	1	10단	アル横顔
234555	朝鮮朝日	西北版	1933-03-12	1	01단	彗星的飛躍本年は內地へ四十四萬噸移出北部炭田からは四萬噸出炭量めでたく協定
234556	朝鮮朝日	西北版	1933-03-12	1	01단	貨物列車は何れも超滿載待機中の各線は一齊に着工輝く樂土の建設へ
234557	朝鮮朝日	西北版	1933-03-12	1	02단	府域擴張に贊否相對立面協議員連袂辭職
234558	朝鮮朝日	西北版	1933-03-12	1	03단	勇壯極まりなき國際的征魚戰日本海から一轉し沿海州へ內地漁船の勢揃ひ
234559	朝鮮朝日	西北版	1933-03-12	1	04단	傷病兵を慰問
234560	朝鮮朝日	西北版	1933-03-12	1	04단	西鮮無盡協會總會
234561	朝鮮朝日	西北版	1933-03-12	1	04단	新北鮮の創造群五月頃乘込み
234562	朝鮮朝日	西北版	1933-03-12	1	04단	不況を尻目に物凄い躍進二月中の淸津貿易
234563	朝鮮朝日	西北版	1933-03-12	1	05단	異彩を放つ大牧場經營全郡緬羊化の大計劃咸北道産業課の新規事業
234564	朝鮮朝日	西北版	1933-03-12	1	05단	愈よ本格的に營業認可の申請經濟的に滿鮮の兩地を結ぶ重要な自動車網
234565	朝鮮朝日	西北版	1933-03-12	1	06단	陸軍記念日(開城/淸津/江界)
234566	朝鮮朝日	西北版	1933-03-12	1	07단	持てあます敎育費
234567	朝鮮朝日	西北版	1933-03-12	1	07단	咸北道議選白熱化淸津の二氏出馬
234568	朝鮮朝日	西北版	1933-03-12	1	08단	旅順一中の春の觀光客トップを切る
234569	朝鮮朝日	西北版	1933-03-12	1	08단	官製煙草まで滿洲へ進出配給不十分のため
234570	朝鮮朝日	西北版	1933-03-12	1	09단	强硬な態度で口錢値下に反對不賣同盟も辭せぬとて仲介人口錢問題
234571	朝鮮朝日	西北版	1933-03-12	1	09단	樂禮/柳京小話
234572	朝鮮朝日	西北版	1933-03-12	1	10단	片倉製絲の水道盜用事件判決言渡さる
234573	朝鮮朝日	西北版	1933-03-12	1	10단	平師に惡疫
234574	朝鮮朝日	西北版	1933-03-12	1	10단	前滿洲國要職自殺を企つ就職難のため
234575	朝鮮朝日	南鮮版	1933-03-12	1	01단	オッと危ないぞ魔物・阿片の足元麻藥取締令施行を前に官憲の陣容整ふ
234576	朝鮮朝日	南鮮版	1933-03-12	1	01단	半島ビール合戰の火蓋片や大日本こなたキリン朝鮮麥酒市場に巨彈
234577	朝鮮朝日	南鮮版	1933-03-12	1	01단	活氣づく選擧界出馬三十五名慶南早くも定員超過

일련번호	판명		간행일	면	단수	기사명
234578	朝鮮朝日	南鮮版	1933-03-12	1	01단	議會を語る朴泳孝侯
234579	朝鮮朝日	南鮮版	1933-03-12	1	02단	盛んな防空デー街上をトラック行進
234580	朝鮮朝日	南鮮版	1933-03-12	1	03단	群山貿易激減
234581	朝鮮朝日	南鮮版	1933-03-12	1	03단	結誓式健兒團發會京城に氷雨降る朝
234582	朝鮮朝日	南鮮版	1933-03-12	1	03단	十三人に一人稀しい入學難殺到する裡里農林志願
234583	朝鮮朝日	南鮮版	1933-03-12	1	04단	總督揮毫の團旗入魂式
234584	朝鮮朝日	南鮮版	1933-03-12	1	04단	望み薄の春蠶慶北鼈況不振
234585	朝鮮朝日	南鮮版	1933-03-12	1	04단	腕の人を養成する釜山の職業學校四月一日から昇格開校する
234586	朝鮮朝日	南鮮版	1933-03-12	1	05단	慶北自作農創設
234587	朝鮮朝日	南鮮版	1933-03-12	1	05단	檢擧を恨み係官を中傷犯人は婦人
234588	朝鮮朝日	南鮮版	1933-03-12	1	05단	慶北から水産試驗船新造を注文
234589	朝鮮朝日	南鮮版	1933-03-12	1	05단	官製煙草まで滿洲へ進出配給不十分のため
234590	朝鮮朝日	南鮮版	1933-03-12	1	06단	物資續々動く役立つ南旨橋迂回の面倒なく一路馬山へ
234591	朝鮮朝日	南鮮版	1933-03-12	1	06단	マイト混入し大釜爆發天井を突拔く
234592	朝鮮朝日	南鮮版	1933-03-12	1	06단	打つゞく火難京城の宵火事本町通りから出火全半燒六戶損害約十萬圓の見込
234593	朝鮮朝日	南鮮版	1933-03-12	1	06단	南鮮ところところ(統營/裡里/大田/晉州/群山/浦項/釜山)
234594	朝鮮朝日	南鮮版	1933-03-12	1	07단	彼女の志望は斷然・自動車運轉手荒くれ男を向ふに廻はして勞働參加の穗坂壽惠さん
234595	朝鮮朝日	南鮮版	1933-03-12	1	08단	就職難から自殺を企つ
234596	朝鮮朝日	南鮮版	1933-03-12	1	08단	昌德宮大消毒李王職奉仕者の家族に痘瘡患者發生す
234597	朝鮮朝日	南鮮版	1933-03-12	1	08단	ベルトに卷かれ慘死
234598	朝鮮朝日	南鮮版	1933-03-12	1	09단	佛壇から料亭へ南無三「七百圓」巨刹通度寺から消え去った若僧と虎の子の行方
234599	朝鮮朝日	南鮮版	1933-03-12	1	10단	溶け合ふ溫い心助けた人に助けらる
234600	朝鮮朝日	南鮮版	1933-03-12	1	10단	釜山の船火事油に引火して
234601	朝鮮朝日	南鮮版	1933-03-12	1	10단	人(境長三郎氏(高等法院檢事長))
234602	朝鮮朝日	西北版	1933-03-14	1	01단	三箇年計劃で叺の大增産を獎勵原料購入費は無利息で貸付自給自足をはかる
234603	朝鮮朝日	西北版	1933-03-14	1	01단	立候補廿七名運動白熱化す早くも選擧違反續出平南道會議員選擧

일련번호	판명		간행일	면	단수	기사명
234604	朝鮮朝日	西北版	1933-03-14	1	01단	諸稅金取立頗る好成績徵收總額十四萬餘圓未收入金は約一割弱
234605	朝鮮朝日	西北版	1933-03-14	1	01단	百害あって一利もない鐵橋の開閉斷然廢止せよ國境に異常な衝動を與ふ傾聽すべき主張
234606	朝鮮朝日	西北版	1933-03-14	1	03단	十年計劃で鼇業振興桑樹を增植
234607	朝鮮朝日	西北版	1933-03-14	1	03단	咸南道議逐鹿戰本格的運動
234608	朝鮮朝日	西北版	1933-03-14	1	04단	東北地方へ震災義捐金
234609	朝鮮朝日	西北版	1933-03-14	1	04단	每日燕麥を三匙宛自力更生貯金
234610	朝鮮朝日	西北版	1933-03-14	1	04단	獻金申合せ
234611	朝鮮朝日	西北版	1933-03-14	1	04단	四、五月の交總督が視察鎭南浦無煙炭積込場海陸聯絡設備の改善も陳情
234612	朝鮮朝日	西北版	1933-03-14	1	05단	國防費へ獻納
234613	朝鮮朝日	西北版	1933-03-14	1	05단	震災地出身兵隊さんに慰問金を贈る
234614	朝鮮朝日	西北版	1933-03-14	1	05단	平鐵ひそかに黃金時代を描く優秀選手を招聘して選手難を解消か
234615	朝鮮朝日	西北版	1933-03-14	1	05단	草花を贈り傷病兵慰問
234616	朝鮮朝日	西北版	1933-03-14	1	06단	外國からの注文が殺到鮮産黑鉛の將來期待さる
234617	朝鮮朝日	西北版	1933-03-14	1	06단	見舞金國防獻金
234618	朝鮮朝日	西北版	1933-03-14	1	06단	陽春四月を期し盛大な發會式擧府一致會員五千名を募集平壤國防義會結成
234619	朝鮮朝日	西北版	1933-03-14	1	07단	大刀會匪三十名下長俳に侵入中江署員出動擊退す
234620	朝鮮朝日	西北版	1933-03-14	1	07단	震災義捐金
234621	朝鮮朝日	西北版	1933-03-14	1	07단	萬國婦人子供博入選兒童作品
234622	朝鮮朝日	西北版	1933-03-14	1	07단	燃料籾殼の値上で貧民大恐慌財界前途の見越しつかず精米所は休業狀態
234623	朝鮮朝日	西北版	1933-03-14	1	07단	若松小學校の模範兒童優等で卒業
234624	朝鮮朝日	西北版	1933-03-14	1	08단	昭和水利の事務所引っ張り凧猛烈な爭奪戰を演ぜん
234625	朝鮮朝日	西北版	1933-03-14	1	08단	平壤醫專昇格祝賀會
234626	朝鮮朝日	西北版	1933-03-14	1	08단	腸チフスが平南に大流行三萬八千名に對して大々的豫防注射
234627	朝鮮朝日	西北版	1933-03-14	1	09단	タイヤを盜む
234628	朝鮮朝日	西北版	1933-03-14	1	09단	咸興産業組合總會
234629	朝鮮朝日	西北版	1933-03-14	1	09단	關稅領收書の金額を書換へ大金を橫領着服豫審終結、公判に
234630	朝鮮朝日	西北版	1933-03-14	1	10단	ワカサギの增殖を計劃

일련번호	판명		간행일	면	단수	기사명
234631	朝鮮朝日	西北版	1933-03-14	1	10단	臨時種痘好成績
234632	朝鮮朝日	西北版	1933-03-14	1	10단	天然痘蔓延
234633	朝鮮朝日	西北版	1933-03-14	1	10단	トラホーム撲滅
234634	朝鮮朝日	西北版	1933-03-14	1	10단	殺人に無期
234635	朝鮮朝日	西北版	1933-03-14	1	10단	春季種痘繰上げ
234636	朝鮮朝日	西北版	1933-03-14	1	10단	四月上旬に開廷
234637	朝鮮朝日	西北版	1933-03-14	1	10단	もよほし(安東青年訓練所)
234638	朝鮮朝日	西北版	1933-03-14	1	10단	治維法違反公判
234639	朝鮮朝日	南鮮版	1933-03-14	1	01단	愛せよ・敬せよ!あなたのお子様を大切に全鮮幼兒愛護運動
234640	朝鮮朝日	南鮮版	1933-03-14	1	01단	濟州島の赤禍內地から延びる赤い魔の手鬪爭意識を煽ふる不穩ビラ撒布伊藤警務官急行す
234641	朝鮮朝日	南鮮版	1933-03-14	1	01단	釜山の道議候補概ね內定す官選四名と民選二名/油の乘らぬ忠南道議戰
234642	朝鮮朝日	南鮮版	1933-03-14	1	02단	自力更生農村振興歌
234643	朝鮮朝日	南鮮版	1933-03-14	1	02단	海苔と牡蠣の養殖場增設洛東江下流に
234644	朝鮮朝日	南鮮版	1933-03-14	1	02단	南鮮ところところ(大田/釜山/京城)
234645	朝鮮朝日	南鮮版	1933-03-14	1	03단	裡里の國防獻金ぞくぞく集る
234646	朝鮮朝日	南鮮版	1933-03-14	1	03단	百害あって一利もない鐵橋の開閉斷然廢止せよ國境に異常な衝動を與ふ傾聽すべき主張
234647	朝鮮朝日	南鮮版	1933-03-14	1	04단	本紙附錄地圖の表裝引受け
234648	朝鮮朝日	南鮮版	1933-03-14	1	05단	回收不能の貸金二百萬圓に上る慶北金組の融通金焦げつく道財務當局打開策に腐心
234649	朝鮮朝日	南鮮版	1933-03-14	1	06단	赤誠詠進を募る明治節御二十周年に當りで
234650	朝鮮朝日	南鮮版	1933-03-14	1	06단	半島教育界に光明を放つものだ兩醫講の昇格に大ニコニコで林學務局長の歸鮮/平壤醫專昇格祝賀會
234651	朝鮮朝日	南鮮版	1933-03-14	1	06단	大邱聯隊長に片山大佐新任
234652	朝鮮朝日	南鮮版	1933-03-14	1	07단	朝鮮神宮で祈年祭執行
234653	朝鮮朝日	南鮮版	1933-03-14	1	07단	初等教員講習會
234654	朝鮮朝日	南鮮版	1933-03-14	1	07단	糸山五段京城棋院を創立
234655	朝鮮朝日	南鮮版	1933-03-14	1	07단	伏兵山に移る釜山測候所最新の設備を施す
234656	朝鮮朝日	南鮮版	1933-03-14	1	07단	裁かるゝ日を待つ京城の土木談合事件(大法廷が無く今から苦心慘澹)

일련번호	판명		간행일	면	단수	기사명
234657	朝鮮朝日	南鮮版	1933-03-14	1	08단	國有林名義變更事件面長代理の犯行と判る
234658	朝鮮朝日	南鮮版	1933-03-14	1	08단	外國からの注文が殺到鮮産黑鉛の將來期待さる
234659	朝鮮朝日	南鮮版	1933-03-14	1	09단	湯の街東萊で妓生ストライキ檢番重役への反感から
234660	朝鮮朝日	南鮮版	1933-03-14	1	09단	不義の子を壓殺
234661	朝鮮朝日	南鮮版	1933-03-14	1	10단	釜山府立病院看護婦募集に現はれた受驗地獄
234662	朝鮮朝日	南鮮版	1933-03-14	1	10단	投げた三百八十圓海中へドブン
234663	朝鮮朝日	南鮮版	1933-03-14	1	10단	もよほし(軍事映畫會)
234664	朝鮮朝日	南鮮版	1933-03-14	1	10단	人(川島軍司令官/西川直一氏(本社京城販賣局員))
234665	朝鮮朝日	南鮮版	1933-03-14	1	10단	アル横顔
234666	朝鮮朝日	西北版	1933-03-15	1	01단	肥料購入低資六萬三千圓で需要百萬圓の金肥の緩和策八年度から配合肥料を自給一萬八千叺を配合
234667	朝鮮朝日	西北版	1933-03-15	1	01단	獨自の方針で收穫高を增加棉作試驗場設置を要望する平南の棉增殖計劃
234668	朝鮮朝日	西北版	1933-03-15	1	01단	社會敎化の第一步は敬老より純眞な運動を續くさらに銃後の赤誠を披攊
234669	朝鮮朝日	西北版	1933-03-15	1	01단	咸興聯隊除隊兵凱旋
234670	朝鮮朝日	西北版	1933-03-15	1	03단	國境警備の花と散った殉職自衛團員吳、金兩氏へ永久扶助料を贈る
234671	朝鮮朝日	西北版	1933-03-15	1	03단	運賃割引陳情に出荷統制勸告平壤運事の荷主懇談會席上ゴム靴、靴下業者へ
234672	朝鮮朝日	西北版	1933-03-15	1	04단	京城商議見本市
234673	朝鮮朝日	西北版	1933-03-15	1	04단	平壤府會豫算內示會
234674	朝鮮朝日	西北版	1933-03-15	1	04단	開城府會
234675	朝鮮朝日	西北版	1933-03-15	1	05단	平南道評議會々場
234676	朝鮮朝日	西北版	1933-03-15	1	05단	國境警備の憲兵補助若干名募集
234677	朝鮮朝日	西北版	1933-03-15	1	05단	流氷に阻まれ非常な手違ひ悲鳴をあぐる荷主船舶業者無煙炭の積出遲る
234678	朝鮮朝日	西北版	1933-03-15	1	06단	先生と生徒の飛行機試乘多大の效果
234679	朝鮮朝日	西北版	1933-03-15	1	06단	床しい農夫
234680	朝鮮朝日	西北版	1933-03-15	1	06단	電興石炭部は東拓へ讓渡西鮮電氣統制により東京の株主總會で決定す
234681	朝鮮朝日	西北版	1933-03-15	1	07단	市街地建築物取締規則適用を要望
234682	朝鮮朝日	西北版	1933-03-15	1	07단	平壤受恩給者の防空獻金會生る年額百分の一以上を醵出防空兵器を獻納

일련번호	판명		간행일	면	단수	기사명
234683	朝鮮朝日	西北版	1933-03-15	1	08단	腹の探り合ひで日和見の態一向氣乘薄の平壤商議選繁榮會の對策決る
234684	朝鮮朝日	西北版	1933-03-15	1	08단	平中野球部長宇野教諭引退
234685	朝鮮朝日	西北版	1933-03-15	1	08단	立候補者廿一名定員を突破
234686	朝鮮朝日	西北版	1933-03-15	1	08단	缺食兒童救濟資金九十七圓八十五錢
234687	朝鮮朝日	西北版	1933-03-15	1	08단	警官へ同情
234688	朝鮮朝日	西北版	1933-03-15	1	08단	痘瘡新患また一名臨時種痘勵行
234689	朝鮮朝日	西北版	1933-03-15	1	09단	自動車に轢殺
234690	朝鮮朝日	西北版	1933-03-15	1	09단	二人組强盜捕はる
234691	朝鮮朝日	西北版	1933-03-15	1	09단	定員一名に立候補七名龜城郡は第一の激戰地だ平北の道會議員選
234692	朝鮮朝日	西北版	1933-03-15	1	09단	痘瘡患者六十六名
234693	朝鮮朝日	西北版	1933-03-15	1	10단	入學難を狙ふ詐欺を嚴重に取締る
234694	朝鮮朝日	西北版	1933-03-15	1	10단	尾籠な金密輸
234695	朝鮮朝日	西北版	1933-03-15	1	10단	弱くなった氷
234696	朝鮮朝日	西北版	1933-03-15	1	10단	不良坑夫廿名を淘汰今後も嚴罰
234697	朝鮮朝日	南鮮版	1933-03-15	1	01단	忘らるゝ半島古美術名所古蹟の荒廢寶物類の海外流出を防ぐ保存令近く實施か
234698	朝鮮朝日	南鮮版	1933-03-15	1	01단	下火と見えた痘瘡盛り返す俄然京畿道に新患者續出初發以來七百三名/慶南に痘瘡新患者發生
234699	朝鮮朝日	南鮮版	1933-03-15	1	01단	軍事思想普及に文武官合同會議朝鮮軍司令部の試み
234700	朝鮮朝日	南鮮版	1933-03-15	1	03단	鮮銀は靜觀對米爲替對策
234701	朝鮮朝日	南鮮版	1933-03-15	1	03단	宇垣總督南鮮を巡視慶南の行程
234702	朝鮮朝日	南鮮版	1933-03-15	1	04단	朝鮮神宮祈年祭
234703	朝鮮朝日	南鮮版	1933-03-15	1	04단	派遣部隊へ謝電京畿道評議會
234704	朝鮮朝日	南鮮版	1933-03-15	1	04단	春暖と共に油斷が萠す各方面火の御用心!
234705	朝鮮朝日	南鮮版	1933-03-15	1	04단	南鮮ところところ(統營/淸州/春川/群山/大邱/釜山)
234706	朝鮮朝日	南鮮版	1933-03-15	1	05단	蔚山邑事務所落成
234707	朝鮮朝日	南鮮版	1933-03-15	1	05단	ゴム靴と草鞋の亂戰ゴム靴側は價格切下げて對抗
234708	朝鮮朝日	南鮮版	1933-03-15	1	05단	京釜間電話回線の增設
234709	朝鮮朝日	南鮮版	1933-03-15	1	05단	東北震災義捐金を街頭で募集
234710	朝鮮朝日	南鮮版	1933-03-15	1	06단	大阪の料理屋殺し金珍甲逮捕さる東萊の母親に逢ひに來て所轄署員に踏込まる
234711	朝鮮朝日	南鮮版	1933-03-15	1	07단	證明書の僞造が多い釜山へ殺到する內地渡航者

일련번호	판명		간행일	면	단수	기사명
234712	朝鮮朝日	南鮮版	1933-03-15	1	07단	學童を損ふ物すごい寄生蟲の群
234713	朝鮮朝日	南鮮版	1933-03-15	1	07단	失業大工の自殺
234714	朝鮮朝日	南鮮版	1933-03-15	1	07단	威勢のいゝ釜山北濱の荷揚場工事
234715	朝鮮朝日	南鮮版	1933-03-15	1	08단	闇の家で病難の少女二人酌婦に醜業を強いた女將に手嚴しい檢事の求刑
234716	朝鮮朝日	南鮮版	1933-03-15	1	08단	ジリジリ値上りか京城の牛肉一般の賣り惜みから
234717	朝鮮朝日	南鮮版	1933-03-15	1	09단	百貨店荒し一年振で逮捕
234718	朝鮮朝日	南鮮版	1933-03-15	1	09단	美名に隱れ義捐金募集一味四名檢擧さる
234719	朝鮮朝日	南鮮版	1933-03-15	1	10단	愛の破局から妾宅へ放火審理は妻に有利に傾く
234720	朝鮮朝日	南鮮版	1933-03-15	1	10단	京城怪火の原因わかる
234721	朝鮮朝日	南鮮版	1933-03-15	1	10단	作業場から出火
234722	朝鮮朝日	南鮮版	1933-03-15	1	10단	もよほし(警察官講習所卒業式)
234723	朝鮮朝日	南鮮版	1933-03-15	1	10단	燒けた海苔三千枚釜山の火事
234724	朝鮮朝日	西北版	1933-03-16	1	01단	黃海特信(A)/産業道の心臟を射とめる循環線その實現に邁進する道民興味深い猪島線の運命
234725	朝鮮朝日	西北版	1933-03-16	1	01단	技術的に見て絶對的に可能但七百萬圓の工事費を要す鴨綠江の築港問題
234726	朝鮮朝日	西北版	1933-03-16	1	01단	春の牡丹台
234727	朝鮮朝日	西北版	1933-03-16	1	02단	輸出好望品多數を出品大連市の滿洲博へ
234728	朝鮮朝日	西北版	1933-03-16	1	03단	一部修正で原案を承認元山府特經豫算內示會
234729	朝鮮朝日	西北版	1933-03-16	1	04단	もよほし(安東普通學校卒業式)
234730	朝鮮朝日	西北版	1933-03-16	1	04단	法規を改正滿洲國彩票十萬圓發行
234731	朝鮮朝日	西北版	1933-03-16	1	04단	平北庶務主任會議
234732	朝鮮朝日	西北版	1933-03-16	1	05단	春を訪ねて觀光團續々と來壤
234733	朝鮮朝日	西北版	1933-03-16	1	05단	薄幸の孤兒を收容救ひの手を差し伸べる傷ける魂を大地愛で抱擁更生園近く開園
234734	朝鮮朝日	西北版	1933-03-16	1	05단	一匁十圓が七圓五十錢米國經濟界恐慌の影響で地金相場急に暴落
234735	朝鮮朝日	西北版	1933-03-16	1	06단	邑電氣の讓渡は愼重に審議沙里院邑豫算內示會
234736	朝鮮朝日	西北版	1933-03-16	1	06단	銃後の赤心
234737	朝鮮朝日	西北版	1933-03-16	1	07단	平壤府豫算內示會
234738	朝鮮朝日	西北版	1933-03-16	1	07단	少年團結成
234739	朝鮮朝日	西北版	1933-03-16	1	08단	産聲をあげる平壤蹴球團活躍期待さる
234740	朝鮮朝日	西北版	1933-03-16	1	08단	五十錢銀貨僞造團一網打盡さる

일련번호	판명		간행일	면	단수	기사명
234741	朝鮮朝日	西北版	1933-03-16	1	08단	一萬五千名に臨時種痘勵行痘禍遂に平壤を襲ふ
234742	朝鮮朝日	西北版	1933-03-16	1	09단	平壤高女生裁判を傍聽
234743	朝鮮朝日	西北版	1933-03-16	1	09단	土地定着に疑念を抱く平北上流の火田民海老原事務官實施を踏査
234744	朝鮮朝日	西北版	1933-03-16	1	09단	無免許醫師が氣管支炎と診斷毒藥を注射患者遂に死亡醫師法違反で送局
234745	朝鮮朝日	西北版	1933-03-16	1	09단	宴會花や船遊花時間制を研究
234746	朝鮮朝日	西北版	1933-03-16	1	10단	平壤、鎭南浦、大同三署の高等係增員
234747	朝鮮朝日	西北版	1933-03-16	1	10단	監視巡査を射殺し行方を晦す
234748	朝鮮朝日	西北版	1933-03-16	1	10단	死刑の判決が不服で上告
234749	朝鮮朝日	南鮮版	1933-03-16	1	01단	花見にごんせ！春を控へて「觀光協會」の設置相談とはちと遲いぞ
234750	朝鮮朝日	南鮮版	1933-03-16	1	01단	「纏」を繞る紛議鬱積した感情の爆發から勇み肌で鳴る京城義勇消防の脫退
234751	朝鮮朝日	南鮮版	1933-03-16	1	01단	七十に餘る國防義會全鮮に漲る國防熱
234752	朝鮮朝日	南鮮版	1933-03-16	1	01단	輝かしき貧者の一燈/國境警備の警官に慰問金/農村女性の獻金
234753	朝鮮朝日	南鮮版	1933-03-16	1	03단	街頭から消えるお馴染みの赤線近くお目見得の警官改正服夏服に近いのが御難
234754	朝鮮朝日	南鮮版	1933-03-16	1	03단	捕へた强盗は近所の男
234755	朝鮮朝日	南鮮版	1933-03-16	1	04단	三陸震災義捐金
234756	朝鮮朝日	南鮮版	1933-03-16	1	04단	春に躍る半島スポーツ京城競技聯盟の陸上最高記錄/同大を迎へるオール京城/産聲をあげる平壤蹴球團活躍期待る/總督府の陸上競技部新役員決定
234757	朝鮮朝日	南鮮版	1933-03-16	1	05단	國防獻金と震災義捐京城新町組合から
234758	朝鮮朝日	南鮮版	1933-03-16	1	05단	京城に納稅組合增設府稅務課喜ぶ
234759	朝鮮朝日	南鮮版	1933-03-16	1	05단	輸出好望品多數を出品大連市の滿洲博へ
234760	朝鮮朝日	南鮮版	1933-03-16	1	05단	鮮産果樹病蟲害の講習
234761	朝鮮朝日	南鮮版	1933-03-16	1	06단	殺人犯と思へぬ小柄の優男大阪の料理屋殺し犯人金珍甲はこんな男
234762	朝鮮朝日	南鮮版	1933-03-16	1	06단	釜山棧橋で見た人生哀話・悲劇歡喜の親子連れ「乘船お斷り」のレプラ患者
234763	朝鮮朝日	南鮮版	1933-03-16	1	07단	南鮮ところところ(公州/晉州/群山/釜山)
234764	朝鮮朝日	南鮮版	1933-03-16	1	08단	少年の暴行
234765	朝鮮朝日	南鮮版	1933-03-16	1	08단	産金獎勵に再檢討か米財界の動き一つ
234766	朝鮮朝日	南鮮版	1933-03-16	1	09단	蔓こる痘瘡患者二千名出ないのは全南だけ

일련번호	판명		간행일	면	단수	기사명
234767	朝鮮朝日	南鮮版	1933-03-16	1	09단	大金を盗んで若僧の惡夢通度寺の虎の子竊取犯人釜山綠町で捕はる
234768	朝鮮朝日	南鮮版	1933-03-16	1	09단	仁川を本據とする幽靈會社事件それぞれ判決言渡し
234769	朝鮮朝日	南鮮版	1933-03-16	1	10단	アル横顔
234770	朝鮮朝日	西北版	1933-03-17	1	01단	黃海特信(B)/海州と沙里院が道廳を挾み對峙暗躍的に爭奪戰を展開結局は流産を豫想
234771	朝鮮朝日	西北版	1933-03-17	1	01단	立候補廿八名運動白熱化す平南道會議員選擧
234772	朝鮮朝日	西北版	1933-03-17	1	01단	團體歡迎の準備に忙殺花に魁けて柳京を訪れる
234773	朝鮮朝日	西北版	1933-03-17	1	01단	堂々たるモダン建物
234774	朝鮮朝日	西北版	1933-03-17	1	03단	棚ざらへで不用品大安賣を行ふ商品陳列所で
234775	朝鮮朝日	西北版	1933-03-17	1	03단	旬日餘に迫り顔觸れ決らず依然腹の探り合ひに終始平壤商議員選擧
234776	朝鮮朝日	西北版	1933-03-17	1	04단	人(黃海道知事韓圭復氏)
234777	朝鮮朝日	西北版	1933-03-17	1	04단	平女高普卒業式
234778	朝鮮朝日	西北版	1933-03-17	1	04단	簡保勸誘に拍車をかく宣傳用蓄音器を配備
234779	朝鮮朝日	西北版	1933-03-17	1	05단	平壤驛擴張工事竣工は四月下旬
234780	朝鮮朝日	西北版	1933-03-17	1	05단	食堂を直營
234781	朝鮮朝日	西北版	1933-03-17	1	06단	咸興聯隊除隊式
234782	朝鮮朝日	西北版	1933-03-17	1	06단	軍旗祭を盛大に四月十八日擧行
234783	朝鮮朝日	西北版	1933-03-17	1	06단	樂浪漆器の製産を增加販路を擴張
234784	朝鮮朝日	西北版	1933-03-17	1	06단	支那人多數鮮內に出稼
234785	朝鮮朝日	西北版	1933-03-17	1	06단	養鷄王國を建設のため養鷄飼料の自給自足計劃見本を各郡に配布
234786	朝鮮朝日	西北版	1933-03-17	1	07단	農民の副業に明るい將來を帝國製麻の咸南進出具體化經濟狀態好轉せん
234787	朝鮮朝日	西北版	1933-03-17	1	07단	亂暴狼藉を働く怪トラック平壤署で行方嚴探中
234788	朝鮮朝日	西北版	1933-03-17	1	08단	瀆職詐欺で一味を送局咸南土木談合事件
234789	朝鮮朝日	西北版	1933-03-17	1	08단	勞農ロシア領事館敷地を賣却
234790	朝鮮朝日	西北版	1933-03-17	1	08단	千人針胴卷二十枚寄贈
234791	朝鮮朝日	西北版	1933-03-17	1	09단	劉金堂歸順
234792	朝鮮朝日	西北版	1933-03-17	1	09단	鎭南浦商工學校讀書會事件七名は起訴、四名は起訴猶豫

일련번호	판명		간행일	면	단수	기사명
234793	朝鮮朝日	西北版	1933-03-17	1	09단	共産黨事件判決言渡し
234794	朝鮮朝日	西北版	1933-03-17	1	09단	殺人未遂に求刑
234795	朝鮮朝日	西北版	1933-03-17	1	10단	長壽山宣傳
234796	朝鮮朝日	西北版	1933-03-17	1	10단	妓生をカフェへ
234797	朝鮮朝日	西北版	1933-03-17	1	10단	重大事件の被疑者取調中急死す巡査三名收容
234798	朝鮮朝日	西北版	1933-03-17	1	10단	三人組の不良少年御用
234799	朝鮮朝日	南鮮版	1933-03-17	1	01단	陽春の序幕は公認競馬から人氣沸騰の春競馬を前に各權威者「大宣傳」に登場
234800	朝鮮朝日	南鮮版	1933-03-17	1	01단	何處まで昇るか防空獻金熱! 今度は空中聽音器の獻金/防空マークの純益金を京城青年團から獻納
234801	朝鮮朝日	南鮮版	1933-03-17	1	01단	大丈夫春デス鋪道を濡す銀糸春雨
234802	朝鮮朝日	南鮮版	1933-03-17	1	02단	癩協基金へ釜山高女生から寄附金
234803	朝鮮朝日	南鮮版	1933-03-17	1	02단	可憐な貧困兒に授業料を免除京城府學務課で調査する
234804	朝鮮朝日	南鮮版	1933-03-17	1	03단	釜山水晶町に普通校要望
234805	朝鮮朝日	南鮮版	1933-03-17	1	04단	京城の敎化聯合幹事會
234806	朝鮮朝日	南鮮版	1933-03-17	1	04단	武德會朝鮮弓部道場再築に着手す
234807	朝鮮朝日	南鮮版	1933-03-17	1	04단	映ゆる日の丸藤崎大尉名譽の戰傷
234808	朝鮮朝日	南鮮版	1933-03-17	1	04단	首都に相應しい京城公會堂を建てる相談京電の寄附金百萬圓を充當するか
234809	朝鮮朝日	南鮮版	1933-03-17	1	04단	昇格のお蔭で就職難ケシ飛ぶ卒業生の賣れ口頗る良好大邱醫專春風たいとう/大邱醫專の入試
234810	朝鮮朝日	南鮮版	1933-03-17	1	05단	殺風景な駐在所に草花を植ゑて美化する
234811	朝鮮朝日	南鮮版	1933-03-17	1	05단	密航船の一味逮捕鎭海署の手で
234812	朝鮮朝日	南鮮版	1933-03-17	1	05단	負債の償還に釜山水道料金値上？八年度から一割五分引上げる使用料收入廿四萬圓
234813	朝鮮朝日	南鮮版	1933-03-17	1	06단	除名處分で妓生の憤慨ダンゼン株主總會を要求東萊妓生の罷業激化
234814	朝鮮朝日	南鮮版	1933-03-17	1	06단	京畿道産婆講習
234815	朝鮮朝日	南鮮版	1933-03-17	1	07단	南鮮ところところ(馬山/星州/大邱/群山)
234816	朝鮮朝日	南鮮版	1933-03-17	1	08단	色服獎勵染色の講習
234817	朝鮮朝日	南鮮版	1933-03-17	1	09단	處女を誑かす美貌の青年弄んで酌婦に賣る
234818	朝鮮朝日	南鮮版	1933-03-17	1	10단	蔚山の痘瘡
234819	朝鮮朝日	南鮮版	1933-03-17	1	10단	台山寺の溫突火事

일련번호	판명		간행일	면	단수	기사명
234820	朝鮮朝日	南鮮版	1933-03-17	1	10단	トラックに敷かれて死傷
234821	朝鮮朝日	南鮮版	1933-03-17	1	10단	出會頭に衝突して死亡
234822	朝鮮朝日	南鮮版	1933-03-17	1	10단	人(古莊逸夫氏(總督府土地改良課長)/谷多喜磨氏(朝鮮火災保險社長))
234823	朝鮮朝日	南鮮版	1933-03-17	1	10단	アル横顔
234824	朝鮮朝日	西北版	1933-03-18	1	01단	黃海特信(C)/わが龍塘浦港の現狀とその將來繁榮を誘致するためには精白米業勃興が急務だ
234825	朝鮮朝日	西北版	1933-03-18	1	01단	林野賦課金を合理的に改正五段步以下には課稅しない弱小地主の大福音
234826	朝鮮朝日	西北版	1933-03-18	1	01단	平壤醫專昇格祝賀會
234827	朝鮮朝日	西北版	1933-03-18	1	02단	植桑を改良産繭を增殖米國の金融恐慌など懸念するに及ばず
234828	朝鮮朝日	西北版	1933-03-18	1	04단	もよほし(安東高等女學校卒業式/沙里院農學校卒業式)
234829	朝鮮朝日	西北版	1933-03-18	1	04단	新義州府會
234830	朝鮮朝日	西北版	1933-03-18	1	04단	俸給生活者に信用貸しを行ふ俸給の一割近くまでを融通平壤南金組で研究中
234831	朝鮮朝日	西北版	1933-03-18	1	04단	地方振興の輝かしい報告書新年度の飛躍に備ふ知事會議の重要な參考資料
234832	朝鮮朝日	西北版	1933-03-18	1	05단	局鐵出張所を元山に新設か
234833	朝鮮朝日	西北版	1933-03-18	1	05단	安東縣教育會議
234834	朝鮮朝日	西北版	1933-03-18	1	06단	黃海道の棉增産十ヶ年計劃
234835	朝鮮朝日	西北版	1933-03-18	1	06단	長泡子に出動
234836	朝鮮朝日	西北版	1933-03-18	1	07단	續々と獻金
234837	朝鮮朝日	西北版	1933-03-18	1	07단	一時延期す平壤神社改築
234838	朝鮮朝日	西北版	1933-03-18	1	07단	旅行趣味の座談會
234839	朝鮮朝日	西北版	1933-03-18	1	07단	平南陶土を廣く宣傳す鮮內滿の四十都市へ原土を寄贈して
234840	朝鮮朝日	西北版	1933-03-18	1	08단	三月末日に異動を發表す相當廣範圍を豫想の平南初等教員異動
234841	朝鮮朝日	西北版	1933-03-18	1	08단	鎭南浦勞働者結束して反對客主組合の勞働自給策に對し生活權擁護のため
234842	朝鮮朝日	西北版	1933-03-18	1	08단	嫉妬に驅られ我家に放火妻を離緣せんとして
234843	朝鮮朝日	西北版	1933-03-18	1	09단	淸敦航路に快速船就航新高丸は廢船
234844	朝鮮朝日	西北版	1933-03-18	1	09단	黃州郡下に二名發生す二千名に對し臨時種痘平南の天然痘防疫
234845	朝鮮朝日	西北版	1933-03-18	1	09단	急性肺炎で死亡と判明

일련번호	판명		간행일	면	단수	기사명
234846	朝鮮朝日	西北版	1933-03-18	1	10단	實費診療所を新設貧困者のため
234847	朝鮮朝日	西北版	1933-03-18	1	10단	辻强盗に襲はれ大金を奪はる
234848	朝鮮朝日	西北版	1933-03-18	1	10단	チフス患者爆發的に廿三名發生
234849	朝鮮朝日	南鮮版	1933-03-18	1	01단	就職戰線展望花咲く頃の惱ましさ新學士『憂鬱篇』朝鮮では醫者になれ！ 無風帶を行く高商出身
234850	朝鮮朝日	南鮮版	1933-03-18	1	01단	四月一日から朝鮮鐵道に超特急を運轉發着驛釜山の準備成る
234851	朝鮮朝日	南鮮版	1933-03-18	1	03단	滿洲派遣將兵釜山通過北行
234852	朝鮮朝日	南鮮版	1933-03-18	1	04단	南鮮ところところ(裡里/浦項/公州/群山/晉州/大邱/釜山/統營)
234853	朝鮮朝日	南鮮版	1933-03-18	1	04단	ニッポン一の桃太郎さがし33年に希望をかけて本社主催の日本一健康兒選拔
234854	朝鮮朝日	南鮮版	1933-03-18	1	04단	紫雲英栽培の功勞者表彰
234855	朝鮮朝日	南鮮版	1933-03-18	1	05단	群山公會堂建設と決まる
234856	朝鮮朝日	南鮮版	1933-03-18	1	05단	新醫部補配置
234857	朝鮮朝日	南鮮版	1933-03-18	1	05단	名譽會長に政務總監を推薦朝鮮體協の新役員
234858	朝鮮朝日	南鮮版	1933-03-18	1	06단	總督府辭令
234859	朝鮮朝日	南鮮版	1933-03-18	1	06단	仁川の國防義會發會
234860	朝鮮朝日	南鮮版	1933-03-18	1	06단	派遣への慰問袋を京城女學生の手で調製
234861	朝鮮朝日	南鮮版	1933-03-18	1	07단	斷崖から失明の弟を蹴落した男に判決
234862	朝鮮朝日	南鮮版	1933-03-18	1	07단	商船北海丸釜山に寄港
234863	朝鮮朝日	南鮮版	1933-03-18	1	07단	妓生罷業に和解勸告東萊署長から
234864	朝鮮朝日	南鮮版	1933-03-18	1	08단	郵貯利下で金組へ流入慶北では預入が殖えるばかり一向動かぬ農村貸出
234865	朝鮮朝日	南鮮版	1933-03-18	1	08단	釜山公設市場食料品値下
234866	朝鮮朝日	南鮮版	1933-03-18	1	09단	鐵道線路に大巖石墜落隧道內で列車乘り上ぐ危ふく慘禍を免る
234867	朝鮮朝日	南鮮版	1933-03-18	1	09단	狐の襟卷に飛つく怪漢白晝婦人を襲ふ常習犯
234868	朝鮮朝日	南鮮版	1933-03-18	1	10단	船中で安産關釜聯絡船で女兒を生む
234869	朝鮮朝日	南鮮版	1933-03-18	1	10단	停車中の機關車不意に動き轢かる
234870	朝鮮朝日	南鮮版	1933-03-18	1	10단	人(井上鐵之氏(元門鐵釜山營業所主任))
234871	朝鮮朝日	南鮮版	1933-03-18	1	10단	アル橫顔
234872	朝鮮朝日	西北版	1933-03-19	1	01단	黃海特信(D)/味覺に乘って海苔の躍進强行五年後には産額百萬圓棉作でも記錄的大增産

일련번호	판명		간행일	면	단수	기사명
234873	朝鮮朝日	西北版	1933-03-19	1	01단	水源地の擴張が急務の鎭南浦大同江から引水して鎭南浦分院は愈よ分離獨立
234874	朝鮮朝日	西北版	1933-03-19	1	01단	咸南農山漁村振興指導講演會(咸興にて)
234875	朝鮮朝日	西北版	1933-03-19	1	03단	ニッポン一の桃太郎さがし
234876	朝鮮朝日	西北版	1933-03-19	1	03단	君國のため懸命に努力國境警備の重任は光榮だ牛島羅南師團長談
234877	朝鮮朝日	西北版	1933-03-19	1	04단	元山府特經豫算
234878	朝鮮朝日	西北版	1933-03-19	1	04단	役員中から五氏を公認當選を期す
234879	朝鮮朝日	西北版	1933-03-19	1	05단	兵器支廠を廻り平壤、龍山が爭奪皇軍多事に鑑みてでも平壤が有望視さる
234880	朝鮮朝日	西北版	1933-03-19	1	06단	元中元商入學試驗
234881	朝鮮朝日	西北版	1933-03-19	1	07단	平壤府新年度の十大新規事業二十三日からの府會で附議波瀾なく通過豫想
234882	朝鮮朝日	西北版	1933-03-19	1	08단	會員組織で祕密ダンス若き男女が夜每に亂舞す嚴罰すべく取調中
234883	朝鮮朝日	西北版	1933-03-19	1	08단	小學兒童に勤勞精神涵養安東朝日小學校で勤勞奉仕週間を實施
234884	朝鮮朝日	西北版	1933-03-19	1	08단	眞先に出馬
234885	朝鮮朝日	西北版	1933-03-19	1	08단	天圖鐵路を改稱吉林で管理す
234886	朝鮮朝日	西北版	1933-03-19	1	09단	營繕主任を廻る土木談合事件十八名送局さる
234887	朝鮮朝日	西北版	1933-03-19	1	09단	咸南水産會新役員決定
234888	朝鮮朝日	西北版	1933-03-19	1	10단	一部路線を變更か平南自動車網
234889	朝鮮朝日	西北版	1933-03-19	1	10단	もよほし(平高女卒業式/沙里院高女校卒業式)
234890	朝鮮朝日	西北版	1933-03-19	1	10단	人(片倉製絲咸興支所長新村正夫氏)
234891	朝鮮朝日	西北版	1933-03-19	1	10단	樂禮/柳京小話
234892	朝鮮朝日	南鮮版	1933-03-19	1	01단	南鮮ところところ(春川/淸州/仁川/群山/大邱/大田/統營/釜山)
234893	朝鮮朝日	南鮮版	1933-03-19	1	01단	都人士愛好の妓生の舞踊我等に娛樂を與へよ農村を朖らかに乾枯びた生活に潤ひをつける大衆娛樂・當局乘出す
234894	朝鮮朝日	南鮮版	1933-03-19	1	01단	牡丹台と妓生の平壤へ日歸りの旅汽車で寢る面倒も無くなる四月からスピードアップで
234895	朝鮮朝日	南鮮版	1933-03-19	1	01단	新規の仕事は府立病院や府廳舍、公益質庫の新設釜山府新豫算成る
234896	朝鮮朝日	南鮮版	1933-03-19	1	03단	慶南の綠化運動四月三日全道一齊に植樹
234897	朝鮮朝日	南鮮版	1933-03-19	1	04단	模範衛生部落表彰眞先に表彰された五部落

일련번호	판명		간행일	면	단수	기사명
234898	朝鮮朝日	南鮮版	1933-03-19	1	04단	忘れられ勝ちの「朝鮮の面劇」
234899	朝鮮朝日	南鮮版	1933-03-19	1	04단	京城の中心街に夜店の開業
234900	朝鮮朝日	南鮮版	1933-03-19	1	04단	麻雀禁止の決議
234901	朝鮮朝日	南鮮版	1933-03-19	1	05단	釜山中央市場敷地變更運動
234902	朝鮮朝日	南鮮版	1933-03-19	1	05단	慶南衛生課で空氣を打診塵埃器を購入
234903	朝鮮朝日	南鮮版	1933-03-19	1	06단	鮮內火藥庫の設計を統一企業家にとって頗る便利出願手續の簡易化
234904	朝鮮朝日	南鮮版	1933-03-19	1	06단	兵隊さんへ上げて下さい可愛い兒童の獻金
234905	朝鮮朝日	南鮮版	1933-03-19	1	06단	神宮プールに次ぐ立派なプールだ四月から着工京城運動場內に
234906	朝鮮朝日	南鮮版	1933-03-19	1	07단	東萊妓生の爭議手打ち雙方白紙にかへって
234907	朝鮮朝日	南鮮版	1933-03-19	1	07단	覆面强盜金槌(?)で脅す
234908	朝鮮朝日	南鮮版	1933-03-19	1	07단	愛慾はおそろし相續人に毒を盛る繼母と妻と其愛人と共謀で孤島鬱陵島の出來事
234909	朝鮮朝日	南鮮版	1933-03-19	1	07단	虎がゐるから竹があるといふ見込籠細工職人宮城縣から渡鮮
234910	朝鮮朝日	南鮮版	1933-03-19	1	08단	喜び樂んで家を建てる少年大工さん釜山工業實修校で
234911	朝鮮朝日	南鮮版	1933-03-19	1	09단	食はれた幼兒の肝臟レプラ患者の犯行
234912	朝鮮朝日	南鮮版	1933-03-19	1	10단	胴體眞二つ不成績を悲觀した生徒の死
234913	朝鮮朝日	南鮮版	1933-03-19	1	10단	もよほし(珠算競技會)
234914	朝鮮朝日	南鮮版	1933-03-19	1	10단	アル横顔
234915	朝鮮朝日	南鮮版	1933-03-19	1	10단	女中の放火暇をとりたさに
234916	朝鮮朝日	西北版	1933-03-21	1	01단	半島教育界に空前の大搖れ?恩給法改正で退職希望者續出教員豫備軍には福音
234917	朝鮮朝日	西北版	1933-03-21	1	01단	鮮米統制案はまさに大失敗土壇場でウッチャリを食ふ滅茶苦茶の大削減
234918	朝鮮朝日	西北版	1933-03-21	1	01단	總督府から間島に顧問實質的の行政權延長
234919	朝鮮朝日	西北版	1933-03-21	1	01단	商陳經營善處したい繁榮會長語る
234920	朝鮮朝日	西北版	1933-03-21	1	02단	光榮の五警官靖國神社に合祀討匪第一線で名譽の戰死輝くその事績(久原乾氏/垣浪貢一氏/大谷武夫氏/宋希靑氏/采野太三郎氏)
234921	朝鮮朝日	西北版	1933-03-21	1	03단	小集團的の安全農村を建設間島の鮮農發展策播種期までに間に合はす
234922	朝鮮朝日	西北版	1933-03-21	1	04단	平壤を通過

일련번호	판명		간행일	면	단수	기사명
234923	朝鮮朝日	西北版	1933-03-21	1	04단	東邊道の匪賊數僅かに五千
234924	朝鮮朝日	西北版	1933-03-21	1	04단	志願者が殺到補助憲兵募集
234925	朝鮮朝日	西北版	1933-03-21	1	05단	鴨綠江の解氷開始約一週間遲る
234926	朝鮮朝日	西北版	1933-03-21	1	05단	愈よ賄ひを直營道立平壤醫院
234927	朝鮮朝日	西北版	1933-03-21	1	05단	運動員は五名深夜訪問は禁止平壤會議所議員改選に伴ふ取締り協定事項
234928	朝鮮朝日	西北版	1933-03-21	1	05단	一萬石突破産繭祝賀會よろこびの成川郡
234929	朝鮮朝日	西北版	1933-03-21	1	06단	部下將兵と一心同體で御奉公をする覺悟新任牛島羅南師團長語る
234930	朝鮮朝日	西北版	1933-03-21	1	06단	國勢調査の記念章授與
234931	朝鮮朝日	西北版	1933-03-21	1	06단	元山府立病院增築工事近く公入札
234932	朝鮮朝日	西北版	1933-03-21	1	07단	樂浪趣味を誇る物産會社を新設本月中に創立總會を開く資本金は三萬圓
234933	朝鮮朝日	西北版	1933-03-21	1	07단	成功を收めた畜牛短期肥育三ヶ月間に非常な利益冬季の副業に好適
234934	朝鮮朝日	西北版	1933-03-21	1	07단	不良を一掃行樂の春を前に斷乎平壤署で行ふ
234935	朝鮮朝日	西北版	1933-03-21	1	08단	元山貿易額
234936	朝鮮朝日	西北版	1933-03-21	1	09단	相續く獻金
234937	朝鮮朝日	西北版	1933-03-21	1	09단	インテリ向の新職業紹介所勞働宿泊所は兼營せぬ時代の要求に副ふ
234938	朝鮮朝日	西北版	1933-03-21	1	09단	巡査殺しの共犯捕はる主犯は實父の復讐だと豪語す
234939	朝鮮朝日	西北版	1933-03-21	1	09단	鐵道工事中馬賊に拉致高木氏の安否氣遣はる
234940	朝鮮朝日	西北版	1933-03-21	1	10단	廿四勇士慰靈祭平壤聯隊で
234941	朝鮮朝日	西北版	1933-03-21	1	10단	樂禮/柳京小話
234942	朝鮮朝日	南鮮版	1933-03-21	1	01단	大京城を繞るピクニック地帶を小禽類の樂園とする禁獵のお布令遠足も愉快に出來よう
234943	朝鮮朝日	南鮮版	1933-03-21	1	01단	道議前哨戰を見る立ちも立ったり京畿道郡部は約三倍「八人に一人」の熱戰地區もある/新顏競ひ起ち超過十九名白熱化する慶南の逐鹿戰/全北選擧色めく二筋道の待機組もある
234944	朝鮮朝日	南鮮版	1933-03-21	1	01단	光榮の五警官靖國神社に合祀討匪第一線で名譽の戰死輝くその事績(久原乾氏/垣浪貢一氏/大谷武夫氏/宋希胄氏/采野太三郎氏)

일련번호	판명		간행일	면	단수	기사명
234945	朝鮮朝日	南鮮版	1933-03-21	1	04단	南鮮ところところ(淸州/大邱/大田/春川/釜山/裡里/鎭海)
234946	朝鮮朝日	南鮮版	1933-03-21	1	05단	部下將兵と一心同體で御奉公をする覺悟新任牛島羅南師團長語る
234947	朝鮮朝日	南鮮版	1933-03-21	1	06단	仁川に國防義會發會會衆數千の盛況
234948	朝鮮朝日	南鮮版	1933-03-21	1	06단	編成替への大邱府豫算
234949	朝鮮朝日	南鮮版	1933-03-21	1	07단	競點射擊で夫人連鼻たかだか釜山鄕軍の射擊場開き
234950	朝鮮朝日	南鮮版	1933-03-21	1	07단	金銀が欲しさに祖先の墓を發く「高價買入れ」の看板に釣られて慶南地方で芳しからぬ流行
234951	朝鮮朝日	南鮮版	1933-03-21	1	07단	京城『纏』の紛議笑って手打ち保安課長の斡旋で
234952	朝鮮朝日	南鮮版	1933-03-21	1	08단	大邱醫專昇格祝賀廿五日大邱公會堂で/醫專第一回卒業式
234953	朝鮮朝日	南鮮版	1933-03-21	1	08단	釜山工業實修の製品展
234954	朝鮮朝日	南鮮版	1933-03-21	1	09단	自肥使用と共同購入奬勵慶南の肥料騰貴對策
234955	朝鮮朝日	南鮮版	1933-03-21	1	10단	いよいよ露油を配給來る廿八日釜山へ荷揚
234956	朝鮮朝日	南鮮版	1933-03-21	1	10단	ほまれの軍犬目出度く入營
234957	朝鮮朝日	南鮮版	1933-03-21	1	10단	內鮮融和の「實」
234958	朝鮮朝日	南鮮版	1933-03-21	1	10단	贋貨頻々
234959	朝鮮朝日	南鮮版	1933-03-21	1	10단	人(瀨戶道一氏(京畿道財務部長))
234960	朝鮮朝日	西北版	1933-03-22	1	01단	八年度から更に同種二校を開設し農業教育方針を強化注目される咸南農業公民校
234961	朝鮮朝日	西北版	1933-03-22	1	01단	窮民救濟事業は繼續する意向但し各道に繼承させ漸次縮小して圓滿に解消する
234962	朝鮮朝日	西北版	1933-03-22	1	01단	羅南で補油し咸興に向ふ北鮮航空路開拓の日本空輸機と本社モス機/二飛行機咸興着647同乘飛行や訪問飛行で賑ふ
234963	朝鮮朝日	西北版	1933-03-22	1	04단	信川演藝會
234964	朝鮮朝日	西北版	1933-03-22	1	04단	『米穀業者に便利を計れ』釜山穀檢所に陳情す
234965	朝鮮朝日	西北版	1933-03-22	1	04단	東北震災の義捐金募集安東滿洲人が/滿洲國人が義金を寄託
234966	朝鮮朝日	西北版	1933-03-22	1	05단	開城特別經濟歲出入豫算
234967	朝鮮朝日	西北版	1933-03-22	1	05단	平醫敎授團の新陣容ほゞ完成專任敎授一名と助敎授三名は四月早々に任命

일련번호	판명		간행일	면	단수	기사명
234968	朝鮮朝日	西北版	1933-03-22	1	05단	値上げよりも公定賃金嚴守業者の快立で各地値下同樣の自動車運賃
234969	朝鮮朝日	西北版	1933-03-22	1	06단	咸興で盛大に凱旋祝賀會
234970	朝鮮朝日	西北版	1933-03-22	1	06단	靖國神社の大祭參列を警官遺族に勸む
234971	朝鮮朝日	西北版	1933-03-22	1	06단	運轉手さんも不況には勝てず受驗者だんだん減る
234972	朝鮮朝日	西北版	1933-03-22	1	07단	演藝會利金を獻金
234973	朝鮮朝日	西北版	1933-03-22	1	07단	八木庭球選手鐵道入り/ゴルフ場の會費を徵收
234974	朝鮮朝日	西北版	1933-03-22	1	08단	百卅五萬本の桑苗を增植慶南の繭增産計劃春鼈掃立は三千餘枚增す
234975	朝鮮朝日	西北版	1933-03-22	1	08단	國語の判らぬ朝鮮人が半分以上會話に差支へぬ者はその中でも割合少い
234976	朝鮮朝日	西北版	1933-03-22	1	08단	朝鮮證券元山支店
234977	朝鮮朝日	西北版	1933-03-22	1	08단	繼母を恐れ女生徒オーバを盜む
234978	朝鮮朝日	西北版	1933-03-22	1	08단	赤い鮮女の上告を棄却
234979	朝鮮朝日	西北版	1933-03-22	1	09단	清津稅關倉庫烈風で倒壞被害相當ある見込
234980	朝鮮朝日	西北版	1933-03-22	1	09단	出獄五日目に廻れ右元の刑務所へ
234981	朝鮮朝日	西北版	1933-03-22	1	10단	子供のいたづら
234982	朝鮮朝日	西北版	1933-03-22	1	10단	樂禮/柳京小話
234983	朝鮮朝日	南鮮版	1933-03-22	1	01단	春宵巷談話の拔き書き看護婦を泣かせた男/變態男に嚴刑/開けてビックリ玉手箱の中味/子供のいたづら/小爲替の僞造犯人は元郵便局員？/商法違反事件控訴/慶南に患者續發す痘瘡二十名/鮮女鞣がる/癩患者騷ぐ幼兒慘殺事件から/赤い鮮女の上告を棄却
234984	朝鮮朝日	南鮮版	1933-03-22	1	01단	半島敎育界に空前の大搖れ？恩給法改正で退職者續出
234985	朝鮮朝日	南鮮版	1933-03-22	1	01단	値上げよりも公定賃金嚴守業者の快立で各地値下同樣の自動車運賃
234986	朝鮮朝日	南鮮版	1933-03-22	1	01단	慶南警官異動
234987	朝鮮朝日	南鮮版	1933-03-22	1	02단	八木庭球選手鐵道入り/ゴルフ場の會費を徵收
234988	朝鮮朝日	南鮮版	1933-03-22	1	02단	色調も明快に春のアラモードパラソルの柄は透明セルロイド流行男の帽子は中折が全盛！
234989	朝鮮朝日	南鮮版	1933-03-22	1	03단	國語の判らぬ朝鮮人が半分以上會話に差支へぬ者はその中でも割合少い

일련번호	판명		간행일	면	단수	기사명
234990	朝鮮朝日	南鮮版	1933-03-22	1	04단	京城外人の國籍しらべ
234991	朝鮮朝日	南鮮版	1933-03-22	1	04단	『米穀業者に便利を計れ』釜山穀檢所に陳情す
234992	朝鮮朝日	南鮮版	1933-03-22	1	06단	慰問演藝會
234993	朝鮮朝日	南鮮版	1933-03-22	1	06단	南鮮ところところ(京城/大田/釜山/鎭海)
234994	朝鮮朝日	南鮮版	1933-03-22	1	06단	異常の大膨脹釜山府の豫算總額三百三十六萬餘圓豫算府會は二十五日から
234995	朝鮮朝日	南鮮版	1933-03-22	1	07단	旗日の午後(或る公園スケッチ)
234996	朝鮮朝日	南鮮版	1933-03-22	1	09단	生きた「自力更生」失明の青年にからまる奮闘美談
234997	朝鮮朝日	南鮮版	1933-03-22	1	09단	羅南で補油し咸興に向ふ北鮮航空路開拓の日本空輸機と本社モス機/二飛行機咸興着同乘飛行や訪問飛行で賑ふ
234998	朝鮮朝日	南鮮版	1933-03-22	1	10단	人(一杉京畿道保安課長/谷哲次氏(新任黃海道保安課長)/梶原繁嘉氏(農林省京城米穀事務所長)/安樂城敏男氏(農林省枝師)/上田滿治郎氏(新任門鐵釜山營業所主任))
234999	朝鮮朝日	西北版	1933-03-23	1	01단	向學の激ち卅二歳の紳士が平醫專を受驗すサラリー生活解消のため岡山縣の一中學教諭が
235000	朝鮮朝日	西北版	1933-03-23	1	01단	農村の窮乏に備へる貯穀契設置に關する具體案成り四月末迄に部落を選定
235001	朝鮮朝日	西北版	1933-03-23	1	01단	咸南評議會八年度總豫算額は四百八十五萬七千二百九圓
235002	朝鮮朝日	西北版	1933-03-23	1	01단	戰死者慰靈祭
235003	朝鮮朝日	西北版	1933-03-23	1	02단	川井軍曹戰死
235004	朝鮮朝日	西北版	1933-03-23	1	02단	滿場一致で感謝慰問電
235005	朝鮮朝日	西北版	1933-03-23	1	02단	蠶種同業組合創立總會
235006	朝鮮朝日	西北版	1933-03-23	1	03단	産繭十萬石增産を計劃具體案を練る
235007	朝鮮朝日	西北版	1933-03-23	1	03단	インテリ層を排撃　既成團體を解消勞動層を赤化朝鮮最初の赤色勞組事件豫審終結公判へ/委員會、班等の細胞組織に狂奔職業別から産業別へ資本家對抗の力を擴大强化/乙密台の屋根女姜は保釋中死亡趙は女工の赤化に活躍/乞食に變裝同志を獲得首魁鄭達憲
235008	朝鮮朝日	西北版	1933-03-23	1	04단	整理品廉賣
235009	朝鮮朝日	西北版	1933-03-23	1	04단	配水管工事落札
235010	朝鮮朝日	西北版	1933-03-23	1	04단	櫻樹七千本を大同江右岸に植樹記念日に平壤官民が總出で植栽する

일련번호	판명		간행일	면	단수	기사명
235011	朝鮮朝日	西北版	1933-03-23	1	05단	優良保線區の美擧國防に獻金
235012	朝鮮朝日	西北版	1933-03-23	1	06단	まづ差當り崇靈殿を修理日に日に荒廢する平壤の古建築物
235013	朝鮮朝日	西北版	1933-03-23	1	06단	不滿の聲高い試乘者の人選藝妓風情など敎化上惡影響遞信局長に抗議す
235014	朝鮮朝日	西北版	1933-03-23	1	07단	五十個入りの軍用雷管大同江鐵橋下で發見奉天兵工廠の製品
235015	朝鮮朝日	西北版	1933-03-23	1	08단	鮮滿親善の佳話
235016	朝鮮朝日	西北版	1933-03-23	1	08단	布木商荒し
235017	朝鮮朝日	西北版	1933-03-23	1	09단	巡査殺しと鮮匪の關係嚴重取調べ
235018	朝鮮朝日	西北版	1933-03-23	1	09단	專賣局員を襲ひ調書を破棄公務執行妨害で取調中
235019	朝鮮朝日	西北版	1933-03-23	1	09단	強盜に押入って兩人を殺害放火して犯跡を晦ます
235020	朝鮮朝日	西北版	1933-03-23	1	10단	傷害事件判決
235021	朝鮮朝日	西北版	1933-03-23	1	10단	人命救助表彰
235022	朝鮮朝日	西北版	1933-03-23	1	10단	もよほし(開城第三公立普通學校卒業式/元山公立等常高等小學校卒業式)
235023	朝鮮朝日	西北版	1933-03-23	1	10단	人(新任第十九師團長牛島貞雄中將/中島步兵學校敎導隊長)
235024	朝鮮朝日	南鮮版	1933-03-23	1	01단	交通地獄に惱む京城目拔き街を「一路一線」交通巡査增配で緩和統制する新案
235025	朝鮮朝日	南鮮版	1933-03-23	1	01단	黃金狂時代に稅收入は鰻上り鑛山關係の稅金だけで五十一萬圓の激增
235026	朝鮮朝日	南鮮版	1933-03-23	1	01단	物すごい慶州の土沙津浪田園變じて大沙原と化す地元では川床を變へて高さ五メートルの堰堤を急設
235027	朝鮮朝日	南鮮版	1933-03-23	1	02단	引っ張り凧の一キロ放送機放送協會支部は釜山？
235028	朝鮮朝日	南鮮版	1933-03-23	1	04단	ツーリスト俱樂部を京城、平壤に
235029	朝鮮朝日	南鮮版	1933-03-23	1	04단	春・京城モンタージュ赤狐は大汗だ！街頭にをどる女人風景デパート食堂に何んと凄じい食慾群像
235030	朝鮮朝日	南鮮版	1933-03-23	1	04단	産繭十萬石增産を計劃具體案を練る
235031	朝鮮朝日	南鮮版	1933-03-23	1	05단	銅像になる蠶業功勞者故宮原氏
235032	朝鮮朝日	南鮮版	1933-03-23	1	05단	八名の採用に百餘名殺到す慶南産業技手採用に
235033	朝鮮朝日	南鮮版	1933-03-23	1	05단	南鮮ところどころ(大邱/春川/光州)
235034	朝鮮朝日	南鮮版	1933-03-23	1	06단	スポーツ(釜山卓球戰)

일련번호	판명		간행일	면	단수	기사명
235035	朝鮮朝日	南鮮版	1933-03-23	1	07단	故障だらけ自動發賣機京城驛で持てあます
235036	朝鮮朝日	南鮮版	1933-03-23	1	07단	女給も交る赤の一團京城で檢擧
235037	朝鮮朝日	南鮮版	1933-03-23	1	08단	牛・豚・馬・鷄慶北家畜調べ
235038	朝鮮朝日	南鮮版	1933-03-23	1	08단	賑やかなお菓子まつり釜山の菓子商組合主催で
235039	朝鮮朝日	南鮮版	1933-03-23	1	08단	奇怪な絞殺死體
235040	朝鮮朝日	南鮮版	1933-03-23	1	09단	龍頭山公園美化の企てドシドシ綠樹を植ゑて
235041	朝鮮朝日	南鮮版	1933-03-23	1	09단	少年たちは給仕が志望サラリーマンにならうといふ子供らしい希望から
235042	朝鮮朝日	南鮮版	1933-03-23	1	10단	天國へ急ぐ少女入水辛くも救はる
235043	朝鮮朝日	南鮮版	1933-03-23	1	10단	もよほし(朝鮮化學會例會/朝鮮建築會總會)
235044	朝鮮朝日	西北版	1933-03-24	1	01단	雌伏せる西鮮鑛業資源開發に國營工業試驗所採鑛冶金に重點を置け平南試驗所に移管要望
235045	朝鮮朝日	西北版	1933-03-24	1	01단	日本海橫斷飛行咸興を中繼か濃霧に災される北鮮地方東海岸の太刀洗は何處
235046	朝鮮朝日	西北版	1933-03-24	1	01단	寫眞說明(十九日龍井郊外で擧行された○○線南廻線の歷史的鍬入式(上)は祭壇正面に整列した各機關代表の列席者(下左)は南廻り線工事の溝添滿鐵代表と柳谷滿洲土木協會長の鍬入式(下右)は來賓として列席した池田間島派遣軍司令官の祝辭眼讀)
235047	朝鮮朝日	西北版	1933-03-24	1	02단	平壤國防義會最初の事業高射砲數台を獻納會員五千名を目標に活動
235048	朝鮮朝日	西北版	1933-03-24	1	04단	平壤聯隊の震災義捐金
235049	朝鮮朝日	西北版	1933-03-24	1	04단	盛大な送別宴
235050	朝鮮朝日	西北版	1933-03-24	1	04단	臨江縣長より慰靈祭に百五十圓寄贈
235051	朝鮮朝日	西北版	1933-03-24	1	04단	定員突破早くも十五名を算す平南道議選擧逐日白熱化し各郡で激戰を演出
235052	朝鮮朝日	西北版	1933-03-24	1	05단	麗春を唆る白魚の姿近づくめばる釣り冬籠りから脫した大自然
235053	朝鮮朝日	西北版	1933-03-24	1	05단	樂浪文化研究所の平壤設置に一層努力藤原知事は樂觀
235054	朝鮮朝日	西北版	1933-03-24	1	06단	水銀鑛採掘
235055	朝鮮朝日	西北版	1933-03-24	1	07단	城津都計委員會
235056	朝鮮朝日	西北版	1933-03-24	1	07단	愛せよ敬せよ强く育てよ缺食兒童に榮養食料給與乳幼兒愛護週間

일련번호	판명		간행일	면	단수	기사명
235057	朝鮮朝日	西北版	1933-03-24	1	07단	靑春は曇る若人の心は惱む平壤醫專の入學試驗
235058	朝鮮朝日	西北版	1933-03-24	1	07단	假出獄者の成績大體に良好平壤排華事件關係
235059	朝鮮朝日	西北版	1933-03-24	1	08단	賃銀値上げを要求紛糾を續く無煙炭輸送の船夫が結束强硬な態度を持す
235060	朝鮮朝日	西北版	1933-03-24	1	10단	可憐な獻金
235061	朝鮮朝日	西北版	1933-03-24	1	10단	痲れ行く市場
235062	朝鮮朝日	西北版	1933-03-24	1	10단	自殺を企つ
235063	朝鮮朝日	西北版	1933-03-24	1	10단	自動車に轢殺
235064	朝鮮朝日	西北版	1933-03-24	1	10단	花見時に跳梁する空巢に備へよ
235065	朝鮮朝日	西北版	1933-03-24	1	10단	若妻殺し公判廿八、九日開廷
235066	朝鮮朝日	南鮮版	1933-03-24	1	01단	山鄕を美化せよ半島を擧げて綠化愛林運動拍車をかける記念植樹デー/龍頭山に松檜を植ゑる植樹デー當日の釜山/釜山の綠化座談會二十八日開催
235067	朝鮮朝日	南鮮版	1933-03-24	1	01단	跳躍を期待さるゝ全鮮陸上競技聯盟鮮內の選手權を確立して對外的に立派な代表
235068	朝鮮朝日	南鮮版	1933-03-24	1	03단	慶南の小作委員二十二日付でそれぞれ囑託
235069	朝鮮朝日	南鮮版	1933-03-24	1	04단	門司豐國中學在鮮子弟募集
235070	朝鮮朝日	南鮮版	1933-03-24	1	04단	中樞院の改革問題中央に諒解を求む
235071	朝鮮朝日	南鮮版	1933-03-24	1	04단	表彰された模範衛生部落鮮內有數の「淸潔村」
235072	朝鮮朝日	南鮮版	1933-03-24	1	05단	京畿道の國防獻金二萬三千餘圓に達す
235073	朝鮮朝日	南鮮版	1933-03-24	1	05단	商船北海丸釜山へ入港
235074	朝鮮朝日	南鮮版	1933-03-24	1	05단	樹てよ日の丸春風にはためく威勢の良い全北の國旗風景
235075	朝鮮朝日	南鮮版	1933-03-24	1	06단	農村副業に蕁麻栽培を慶南で奬勵
235076	朝鮮朝日	南鮮版	1933-03-24	1	06단	墓地使用料で內鮮議員對立京城府會にごたごた
235077	朝鮮朝日	南鮮版	1933-03-24	1	06단	正副會頭の處置不當だと大邱商議所の朝鮮人議員結束して反對表明
235078	朝鮮朝日	南鮮版	1933-03-24	1	07단	南鮮ところどころ(馬山/大邱/大田/釜山)
235079	朝鮮朝日	南鮮版	1933-03-24	1	08단	釜山府の水道會計獨立新規事業計劃の內容
235080	朝鮮朝日	南鮮版	1933-03-24	1	08단	バリトンの金文輔氏來城
235081	朝鮮朝日	南鮮版	1933-03-24	1	08단	良家の子女に赤い魔手を伸さんとした朝鮮反帝同盟一味八名起訴さる

일련번호	판명		간행일	면	단수	기사명
235082	朝鮮朝日	南鮮版	1933-03-24	1	08단	飲み盡すー萬五千石京城だけのお酒の消費量
235083	朝鮮朝日	南鮮版	1933-03-24	1	08단	もよほし(釜山府政批判演說會)
235084	朝鮮朝日	南鮮版	1933-03-24	1	10단	犯人は商業生徒强盜捕はる
235085	朝鮮朝日	南鮮版	1933-03-24	1	10단	交換孃にも深刻な試驗地獄
235086	朝鮮朝日	南鮮版	1933-03-24	1	10단	季節を前に旅館の調査女中さん給料値上の要求
235087	朝鮮朝日	南鮮版	1933-03-24	1	10단	花見時のエロ魔とスリ御用心
235088	朝鮮朝日	南鮮版	1933-03-24	1	10단	人(川島軍司令官/長岡大佐(戶田學校教育部長)/春見中佐(獨立守備隊第六大隊長)/田中從之氏(新任黃海道衛生課長))
235089	朝鮮朝日	西北版	1933-03-25	1	01단	新味を盛る平壤府新豫算主なる十七事業時節柄社會的施設に對し重點を置き編成
235090	朝鮮朝日	西北版	1933-03-25	1	01단	道民の二割は窮乏線下に喘ぐ戶別稅免除戶數三萬六千戶平南の窮民調査
235091	朝鮮朝日	西北版	1933-03-25	1	01단	敦賀、北鮮間命令航路北日本汽船に決定政府補助は四萬圓
235092	朝鮮朝日	西北版	1933-03-25	1	01단	襲擊された黃海道公浦面事務所
235093	朝鮮朝日	西北版	1933-03-25	1	02단	鎭南浦豫算府會
235094	朝鮮朝日	西北版	1933-03-25	1	03단	志願者殺到す
235095	朝鮮朝日	西北版	1933-03-25	1	03단	軍犬五頭の寄贈を受く平壤七七聯隊
235096	朝鮮朝日	西北版	1933-03-25	1	03단	新義州のみ至って靜穩各郡では既に猛運動平北道會議員選
235097	朝鮮朝日	西北版	1933-03-25	1	04단	銃後の赤誠
235098	朝鮮朝日	西北版	1933-03-25	1	04단	電報取扱ひ平壤は二倍
235099	朝鮮朝日	西北版	1933-03-25	1	04단	姉妹島に無電局挂燈浮標も新設大同江口での流氷遭難はこれで減少を豫想
235100	朝鮮朝日	西北版	1933-03-25	1	04단	黃海道會議員各郡割當
235101	朝鮮朝日	西北版	1933-03-25	1	05단	契約更新絶望視さる穀産會社の供電問題
235102	朝鮮朝日	西北版	1933-03-25	1	05단	國防獻金募集
235103	朝鮮朝日	西北版	1933-03-25	1	05단	商工會社大飛躍滿鮮運輸を創設して
235104	朝鮮朝日	西北版	1933-03-25	1	05단	超特急で旅行
235105	朝鮮朝日	西北版	1933-03-25	1	06단	自力更生の大施農村振興の徹底振りを打診
235106	朝鮮朝日	西北版	1933-03-25	1	06단	國防上産業上極めて重要北鮮航空路開拓見事に成功遞信局航空官佐藤大佐談
235107	朝鮮朝日	西北版	1933-03-25	1	06단	速かに同志を返せ巡査に脅迫狀
235108	朝鮮朝日	西北版	1933-03-25	1	06단	高射機關銃六台を獻納平壤府內各官公署全職員が三ヶ月間俸給の百分の一醵金
235109	朝鮮朝日	西北版	1933-03-25	1	07단	鎭南浦に痘瘡發生

일련번호	판명		간행일	면	단수	기사명
235110	朝鮮朝日	西北版	1933-03-25	1	07단	ゴム職工の賃銀統一を提議全鮮的に實施の必要を認め平壤ゴム工業組合で決定
235111	朝鮮朝日	西北版	1933-03-25	1	08단	樂禮/柳京小話
235112	朝鮮朝日	西北版	1933-03-25	1	08단	試驗地獄にとどろく胸各校とも定員超過各中等學校の入試始まる
235113	朝鮮朝日	西北版	1933-03-25	1	08단	土屋校長を脅迫裏口から避難
235114	朝鮮朝日	西北版	1933-03-25	1	09단	四月早々から再び測量開始六月までに完成する多忙な昭和水利
235115	朝鮮朝日	西北版	1933-03-25	1	09단	後妻の披露宴に八十七名中毒下痢を起し四名死亡
235116	朝鮮朝日	西北版	1933-03-25	1	09단	賃銀値上げを撤回圓滿に解決その代り食料に二割補助電興の運炭夫爭議
235117	朝鮮朝日	西北版	1933-03-25	1	10단	トラック墜落二名重傷す
235118	朝鮮朝日	西北版	1933-03-25	1	10단	密獵を嚴禁
235119	朝鮮朝日	西北版	1933-03-25	1	10단	もよほし(徐椿氏經濟講演會)
235120	朝鮮朝日	西北版	1933-03-25	1	10단	氷上交通禁止
235121	朝鮮朝日	南鮮版	1933-03-25	1	01단	日を逐うて激化南鮮は定員超過全鮮の立候補千二、三百名？半島道議戰の豫想/京畿道の有權者總數二千四百十五名
235122	朝鮮朝日	南鮮版	1933-03-25	1	01단	大學出の悩み塞がるゝ就職戰線鐵道局ことしの新採用率は實業學校出が大部分
235123	朝鮮朝日	南鮮版	1933-03-25	1	01단	釜山工業家から水道の値上見合せを府尹に陳情
235124	朝鮮朝日	南鮮版	1933-03-25	1	01단	京城府の墓地問題原案修正可決
235125	朝鮮朝日	南鮮版	1933-03-25	1	02단	京畿道畜産技術員會議
235126	朝鮮朝日	南鮮版	1933-03-25	1	02단	勇敢な人氣もの「軍犬」に昂まる熱慶南に軍犬協會生る/軍犬五頭の寄贈を受く平壤七七聯隊
235127	朝鮮朝日	南鮮版	1933-03-25	1	04단	京城健兒團指導員の講習
235128	朝鮮朝日	南鮮版	1933-03-25	1	04단	群山に高射砲二門の建設費募集
235129	朝鮮朝日	南鮮版	1933-03-25	1	04단	物凄い數字天然痘患者全鮮で二千二百四十名死亡者三百七十名/慶南は強制種痘蔚山地方はますます猖獗
235130	朝鮮朝日	南鮮版	1933-03-25	1	05단	堂々たる外觀内容釜山中央市場愈よ近く設計に着手
235131	朝鮮朝日	南鮮版	1933-03-25	1	05단	橫領銀行員の懲役一年
235132	朝鮮朝日	南鮮版	1933-03-25	1	06단	肝取り夫婦收容
235133	朝鮮朝日	南鮮版	1933-03-25	1	06단	血を吸ふ鐵路に死を托する女性二人　鐵道線路で手を合せて死を待つ憐れな婦人/睡眠劑を呷り鐵道自殺を企つ美しく痲しい交換孃

일련번호	판명		간행일	면	단수	기사명
235134	朝鮮朝日	南鮮版	1933-03-25	1	06단	南鮮ところところ(大邱/大田/光州/群山)
235135	朝鮮朝日	南鮮版	1933-03-25	1	07단	內地へ、內地へ春になって渡航者激增
235136	朝鮮朝日	南鮮版	1933-03-25	1	07단	近海を荒す不正漁船を驅逐慶南の漁業家保護のため取締船の總動員で
235137	朝鮮朝日	南鮮版	1933-03-25	1	08단	二名は卽死マイトの爆發
235138	朝鮮朝日	南鮮版	1933-03-25	1	08단	仁川海上警備船
235139	朝鮮朝日	南鮮版	1933-03-25	1	09단	京城府議の歲費案否決感情問題も絡んで
235140	朝鮮朝日	南鮮版	1933-03-25	1	09단	敦賀、北鮮間命令航路北日本汽船に決定政府補助は四萬圓
235141	朝鮮朝日	南鮮版	1933-03-25	1	09단	亂鬪の末死亡
235142	朝鮮朝日	南鮮版	1933-03-25	1	10단	僞造五十錢銀貨
235143	朝鮮朝日	南鮮版	1933-03-25	1	10단	お茶のあと
235144	朝鮮朝日	南鮮版	1933-03-25	1	10단	人(山口大佐(新任朝鮮軍高級副官)/矢野大佐(新任朝鮮軍高級參謀)/松井米倉社長/河口鮮銀本店支配人/加藤鮮銀總裁/谷朝信社長)
235145	朝鮮朝日	南鮮版	1933-03-25	1	10단	城大卒業式
235146	朝鮮朝日	西北版	1933-03-26	1	01단	平壤豫算府會給水條例改正は委員附託となる鵜呑みは議員の良心に反す議論百出の第一日
235147	朝鮮朝日	西北版	1933-03-26	1	01단	四千餘町步に一千萬本植栽農校生徒を雇傭實地指導平南道の造林計劃
235148	朝鮮朝日	西北版	1933-03-26	1	01단	賦課金滯納次第に解消約五千圓中二千圓餘納入商議所はホクホク
235149	朝鮮朝日	西北版	1933-03-26	1	01단	日滿空の握手
235150	朝鮮朝日	西北版	1933-03-26	1	04단	植樹記念日會員を募集
235151	朝鮮朝日	西北版	1933-03-26	1	04단	平壤商議の表彰規定決る
235152	朝鮮朝日	西北版	1933-03-26	1	04단	ホームスパン的存在に努力する大同江の水は染色に最適だ平南織物の將來
235153	朝鮮朝日	西北版	1933-03-26	1	04단	中等校新設その他を陳情
235154	朝鮮朝日	西北版	1933-03-26	1	05단	咸興聯隊の除隊兵續々と滿洲へ
235155	朝鮮朝日	西北版	1933-03-26	1	05단	文井普通學校假校舍で授業開始
235156	朝鮮朝日	西北版	1933-03-26	1	05단	警官郡守異動
235157	朝鮮朝日	西北版	1933-03-26	1	05단	五月に假調印十月に合同實現西鮮の電氣統制順調に進捗新社名は朝鮮電興
235158	朝鮮朝日	西北版	1933-03-26	1	06단	學校通學生の大きな福音區間乘車制を撤廢す平壤電車の大英斷
235159	朝鮮朝日	西北版	1933-03-26	1	06단	海州豫算邑會
235160	朝鮮朝日	西北版	1933-03-26	1	06단	俸給を割き高射機關銃二台を獻納

일련번호	판명		간행일	면	단수	기사명
235161	朝鮮朝日	西北版	1933-03-26	1	07단	高射機關銃獻金好成績
235162	朝鮮朝日	西北版	1933-03-26	1	07단	解氷期に入り滿浦鎭線の工事着々進捗 价川までは七月早々に開通熙川へは明年十月
235163	朝鮮朝日	西北版	1933-03-26	1	07단	日曜祭日は自動車出入一切嚴禁す
235164	朝鮮朝日	西北版	1933-03-26	1	07단	偵察機が逆立ち搭乗者は無事
235165	朝鮮朝日	西北版	1933-03-26	1	08단	退職恩給を獻金
235166	朝鮮朝日	西北版	1933-03-26	1	08단	教員大異動
235167	朝鮮朝日	西北版	1933-03-26	1	08단	一百圓支拂へ
235168	朝鮮朝日	西北版	1933-03-26	1	08단	トラック谷底へ墜落十名死傷す
235169	朝鮮朝日	西北版	1933-03-26	1	08단	輕油動車に少年車掌四月一日からデヴユー
235170	朝鮮朝日	西北版	1933-03-26	1	09단	天然痘猖獗
235171	朝鮮朝日	西北版	1933-03-26	1	09단	危險を冒し三名を救助氷塊に乗り漂流中を人命救助で近く表彰
235172	朝鮮朝日	西北版	1933-03-26	1	09단	業務橫領に懲役一年半
235173	朝鮮朝日	西北版	1933-03-26	1	10단	平壤府內に天然痘患者また一名發生
235174	朝鮮朝日	西北版	1933-03-26	1	10단	八年目に御用
235175	朝鮮朝日	西北版	1933-03-26	1	10단	樂禮/柳京小話
235176	朝鮮朝日	南鮮版	1933-03-26	1	01단	南鮮ところところ(群山/馬山/浦項/仁川/淸州/光州)
235177	朝鮮朝日	南鮮版	1933-03-26	1	01단	寶庫を開らく地下の燈台！鑛業家の團結を提唱して慶北鑛業家大會花々しく大邱に開催
235178	朝鮮朝日	南鮮版	1933-03-26	1	01단	公設質屋と水産市場仁川府新事業
235179	朝鮮朝日	南鮮版	1933-03-26	1	01단	京城診療所本館の新築四月上旬から着工
235180	朝鮮朝日	南鮮版	1933-03-26	1	02단	南山一帶の古蹟調査に黑板博士來鮮
235181	朝鮮朝日	南鮮版	1933-03-26	1	02단	綠・を・戀・ふ全北の林相更新
235182	朝鮮朝日	南鮮版	1933-03-26	1	03단	慶北自作農土地買收終る
235183	朝鮮朝日	南鮮版	1933-03-26	1	04단	普通學校で製陶の實習
235184	朝鮮朝日	南鮮版	1933-03-26	1	04단	沈沒露艦を繞り對馬沖の監視戰何派が本物を摑んでゐる？
235185	朝鮮朝日	南鮮版	1933-03-26	1	05단	師範卒業生六十三名を慶南へ配置
235186	朝鮮朝日	南鮮版	1933-03-26	1	05단	北嶽山の南麓へ京城の記念植樹デー
235187	朝鮮朝日	南鮮版	1933-03-26	1	05단	全北道の記念植樹百數十萬本
235188	朝鮮朝日	南鮮版	1933-03-26	1	05단	自力更生に女性の力を動かす京畿道の新方針婦人の主事を登用
235189	朝鮮朝日	南鮮版	1933-03-26	1	06단	南洋へ進出する朝鮮産のトマト・サージン

일련번호	판명		간행일	면	단수	기사명
235190	朝鮮朝日	南鮮版	1933-03-26	1	06단	京・城・の交通安全デー
235191	朝鮮朝日	南鮮版	1933-03-26	1	06단	泥醉暴行の巡査は懲戒免官處分に巡査懲戒令の初適用
235192	朝鮮朝日	南鮮版	1933-03-26	1	07단	功勞者表彰慶南水産會十周年記念
235193	朝鮮朝日	南鮮版	1933-03-26	1	07단	大それた若妻夫の毒殺を圖る一服盛って感づかる
235194	朝鮮朝日	南鮮版	1933-03-26	1	08단	京電バス四月から愈よ運轉
235195	朝鮮朝日	南鮮版	1933-03-26	1	08단	警官を乘せて自動車轉落一名卽死、四名重輕傷
235196	朝鮮朝日	南鮮版	1933-03-26	1	08단	寫眞師自殺釜山鎭踏切て
235197	朝鮮朝日	南鮮版	1933-03-26	1	09단	奇特な獻金高射機關銃へ千六百圓
235198	朝鮮朝日	南鮮版	1933-03-26	1	09단	全北道の土木談合事件大森以下十一名求刑
235199	朝鮮朝日	南鮮版	1933-03-26	1	10단	地主の息子を殺した小作男
235200	朝鮮朝日	南鮮版	1933-03-26	1	10단	晝は行商夜間は泥棒七ツ道具の主人公逮捕
235201	朝鮮朝日	南鮮版	1933-03-26	1	10단	咸興聯隊の除隊兵續々と滿洲へ
235202	朝鮮朝日	南鮮版	1933-03-26	1	10단	人(內尾政雄氏(釜山刑務所看守長)/全州神社社掌)
235203	朝鮮朝日	西北版	1933-03-28	1		缺號
235204	朝鮮朝日	南鮮版	1933-03-28	1	01단	李王殿下御視察妃殿下御同列にて京城へ
235205	朝鮮朝日	南鮮版	1933-03-28	1	01단	大改革を前に先づ事務を刷新牙城中樞院の老朽淘汰新進有爲の士を拔擢
235206	朝鮮朝日	南鮮版	1933-03-28	1	01단	知識の眼は開く光明は彼方から釜山府內の徒弟八百名に敎育機關の設置運動
235207	朝鮮朝日	南鮮版	1933-03-28	1	01단	明大學生が日滿親善の旅歸路朝鮮各地を歷訪
235208	朝鮮朝日	南鮮版	1933-03-28	1	03단	大邱府議の補缺選擧執行
235209	朝鮮朝日	南鮮版	1933-03-28	1	03단	陣容更新の朝鮮體育協會名譽會長に今井田總監役員三十一名の顔を揃へて新しき步みを踏出す
235210	朝鮮朝日	南鮮版	1933-03-28	1	04단	殉職の朴巡査部長驚部補に昇進
235211	朝鮮朝日	南鮮版	1933-03-28	1	04단	レントゲンの診療を開始釜山簡保健康相談所で
235212	朝鮮朝日	南鮮版	1933-03-28	1	05단	慰問演藝會愛婦朝鮮本部の主催で
235213	朝鮮朝日	南鮮版	1933-03-28	1	05단	設立になやむ釜山競馬俱樂部纏まらぬ土地會社との交涉春競馬開催困難？
235214	朝鮮朝日	南鮮版	1933-03-28	1	05단	元檢事局の書記娘塡を刺す自分は股を刺して昏倒亂醉して口論の果て

일련번호	판명		간행일	면	단수	기사명
235215	朝鮮朝日	南鮮版	1933-03-28	1	06단	南鮮ところどころ(鎮海/釜山/大田/春川/統營/大邱/群山)
235216	朝鮮朝日	南鮮版	1933-03-28	1	06단	乳幼兒の愛護週間
235217	朝鮮朝日	南鮮版	1933-03-28	1	07단	植林の久保田女史總督から賞揚さる
235218	朝鮮朝日	南鮮版	1933-03-28	1	07단	京畿道の非常時對策SOSに應へて各種社會事業の施設婦人も乗り出す自力更生
235219	朝鮮朝日	南鮮版	1933-03-28	1	08단	流行性の腦脊髓膜炎釜山に發生
235220	朝鮮朝日	南鮮版	1933-03-28	1	08단	搭鬪して老賊を捕ふ
235221	朝鮮朝日	南鮮版	1933-03-28	1	09단	アッといふ間に線路に飛び込む通ましい二幼兒の死傷親達の不注意から
235222	朝鮮朝日	南鮮版	1933-03-28	1	10단	學校にパン燒器を備へて缺食兒を救濟
235223	朝鮮朝日	南鮮版	1933-03-28	1	10단	三戸全燒釜山の火事
235224	朝鮮朝日	南鮮版	1933-03-28	1	10단	鎮海側優勝憲兵隊慶南武道大會
235225	朝鮮朝日	南鮮版	1933-03-28	1	10단	もよほし(郡區長會議と品評會)
235226	朝鮮朝日	西北版	1933-03-29	1	01단	速成の造林休閑地を利用し燃料と綠肥增産五年間に一千萬本を播植農村の自力更生に拍車
235227	朝鮮朝日	西北版	1933-03-29	1	01단	間島からの密輸入牛二萬頭禁制の國境を破って大進出牛價は物凄い暴騰
235228	朝鮮朝日	西北版	1933-03-29	1	01단	水溫むなにやら萠ゆる水の底子規
235229	朝鮮朝日	西北版	1933-03-29	1	02단	六月早々から建築に着手正門は平醫と共同新築の道立平壤醫院
235230	朝鮮朝日	西北版	1933-03-29	1	04단	國威發揚祈願祭
235231	朝鮮朝日	西北版	1933-03-29	1	04단	森前師團長羅南を出發鄉里に向ふ
235232	朝鮮朝日	西北版	1933-03-29	1	04단	國際特急の列車名『ひかり』と決定
235233	朝鮮朝日	西北版	1933-03-29	1	04단	平醫專卒業式
235234	朝鮮朝日	西北版	1933-03-29	1	04단	平北道議選擧ますます猛烈定員廿三名に五十名立候補各地とも混戰狀態
235235	朝鮮朝日	西北版	1933-03-29	1	04단	口蹄疫猖獗內地移出牛假檢疫を嚴重に勵行
235236	朝鮮朝日	西北版	1933-03-29	1	05단	平壤靑訓修業式
235237	朝鮮朝日	西北版	1933-03-29	1	05단	旅客の便を計る
235238	朝鮮朝日	西北版	1933-03-29	1	05단	漁船避難港が愈よ實現する北漕鴨島港の代りに江西農場の手で
235239	朝鮮朝日	西北版	1933-03-29	1	05단	府民の同情續々と集る氣の毒な平飛隊員に
235240	朝鮮朝日	西北版	1933-03-29	1	06단	平壤驛前の鋪裝を要望鐵道局長の對して
235241	朝鮮朝日	西北版	1933-03-29	1	06단	映畫鑑賞會平醫生が組織
235242	朝鮮朝日	西北版	1933-03-29	1	06단	美しき獻金

일련번호	판명		간행일	면	단수	기사명
235243	朝鮮朝日	西北版	1933-03-29	1	06단	全署員を擧げ早期發見に努む平壤に三名の患者が發生必死の痘禍防疫陣
235244	朝鮮朝日	西北版	1933-03-29	1	06단	積込みを開始工事關係者引揚ぐ鎭南浦無煙炭積込場
235245	朝鮮朝日	西北版	1933-03-29	1	06단	禁酒禁煙會各地に組織
235246	朝鮮朝日	西北版	1933-03-29	1	07단	旱害に備へ雨量觀測所を慶北の各地に新設
235247	朝鮮朝日	西北版	1933-03-29	1	07단	色仕掛のお目見得泥棒大瞻な鮮少女
235248	朝鮮朝日	西北版	1933-03-29	1	07단	樂禮/柳京小話
235249	朝鮮朝日	西北版	1933-03-29	1	08단	飛込自殺を企つ
235250	朝鮮朝日	西北版	1933-03-29	1	08단	松林で縊死
235251	朝鮮朝日	西北版	1933-03-29	1	08단	今樣豫言者八人大衆を惑はして化北面にお寺を建立し一味倭館署に檢擧さる
235252	朝鮮朝日	西北版	1933-03-29	1	09단	國境獵銃四人心中の面々(二十八日の母紙參照)
235253	朝鮮朝日	西北版	1933-03-29	1	09단	依然として犯行を否認廿九日は證人喚問
235254	朝鮮朝日	西北版	1933-03-29	1	09단	選擧違反に光る當局の眼二候補を繞り取調べ開始平南道會議員選擧
235255	朝鮮朝日	西北版	1933-03-29	1	10단	共産被疑者ハンスト決行
235256	朝鮮朝日	西北版	1933-03-29	1	10단	竝樹から發火
235257	朝鮮朝日	南鮮版	1933-03-29	1	01단	*春だ・旅行だ・春だ! 内地から、滿洲から團體客の殺到朝鮮見物/手具脛ひいて待ちうける京城の旅館や料亭*
235258	朝鮮朝日	南鮮版	1933-03-29	1	01단	怪奇犯罪の謎は解けるか?マリヤ殺事件新容疑者釜山署に拉致被害者に戀ひした男
235259	朝鮮朝日	南鮮版	1933-03-29	1	01단	事故の多い京城南大門通を中心に交通統制に相談本町署で官民懇談會
235260	朝鮮朝日	南鮮版	1933-03-29	1	02단	京城鄕軍役員決定
235261	朝鮮朝日	南鮮版	1933-03-29	1	03단	?の偵察宇垣總督政界進出の噂とりどり
235262	朝鮮朝日	南鮮版	1933-03-29	1	04단	八周年記念の京城圖書館讀書宣傳
235263	朝鮮朝日	南鮮版	1933-03-29	1	04단	シーズン掉尾の好ゲーム同大を迎へて京城のラグビー手合
235264	朝鮮朝日	南鮮版	1933-03-29	1	04단	京城組銀張尻
235265	朝鮮朝日	南鮮版	1933-03-29	1	04단	京城の銀座本町通りを美化する名案百出
235266	朝鮮朝日	南鮮版	1933-03-29	1	05단	三陸地方震災義捐金京城から發送
235267	朝鮮朝日	南鮮版	1933-03-29	1	06단	豫算案は委員附託釜山府會(二日目)
235268	朝鮮朝日	南鮮版	1933-03-29	1	06단	防空獻金七萬圓を突破妓生達も奮起
235269	朝鮮朝日	南鮮版	1933-03-29	1	06단	今樣豫言者八人大衆を惑はして化北面にお寺を建立し一味倭館署に檢擧さる

일련번호	판명		간행일	면	단수	기사명
235270	朝鮮朝日	南鮮版	1933-03-29	1	07단	かをりも高く東萊メロンお目見得ウドの促成栽培も成功
235271	朝鮮朝日	南鮮版	1933-03-29	1	07단	南鮮ところどころ(晉州/東萊/釜山)
235272	朝鮮朝日	南鮮版	1933-03-29	1	07단	授業料の滯納
235273	朝鮮朝日	南鮮版	1933-03-29	1	09단	釜山の火事全半燒五戶
235274	朝鮮朝日	南鮮版	1933-03-29	1	09단	もよほし(綠旗聯盟修養會)
235275	朝鮮朝日	南鮮版	1933-03-29	1	10단	釜山鄉軍海軍班發會式を擧ぐ
235276	朝鮮朝日	南鮮版	1933-03-29	1	10단	釜山・春の市
235277	朝鮮朝日	南鮮版	1933-03-29	1	10단	水振赤色事件一味に無罪の言ひ渡し
235278	朝鮮朝日	南鮮版	1933-03-29	1	10단	人(新舊大邱聯隊長)
235279	朝鮮朝日	南鮮版	1933-03-29	1	10단	お茶のあと
235280	朝鮮朝日	西北版	1933-03-30	1	01단	平壤府會第四日目料金引下げで水道使用を普及反對意見續出採決の結果委員會案が優勢
235281	朝鮮朝日	西北版	1933-03-30	1	01단	繩叺增産獎勵積極的に改善八年度に自給自足に漕付く融資補助金を增額
235282	朝鮮朝日	西北版	1933-03-30	1	01단	滿洲に進出販路を擴張平壤ゴム對滿輸出組合
235283	朝鮮朝日	西北版	1933-03-30	1	01단	四千貫の咸興忠魂碑
235284	朝鮮朝日	西北版	1933-03-30	1	03단	高射砲一門を獻納に決定第一期に二萬五千圓募集平壤國防義會打合せ
235285	朝鮮朝日	西北版	1933-03-30	1	04단	加藤少佐凱旋
235286	朝鮮朝日	西北版	1933-03-30	1	04단	咸南の緬羊放牧徹底的に更新家庭工業の振興主義に轉換製織技術を授ける
235287	朝鮮朝日	西北版	1933-03-30	1	04단	樂浪研究所設置は可能性十分平壤醫專昇格は眞に結構林學務局長は語る
235288	朝鮮朝日	西北版	1933-03-30	1	05단	電車委員會で原案を承認運轉系統を整理し西平壤驛迄直通運轉せよ
235289	朝鮮朝日	西北版	1933-03-30	1	05단	銃後の純情
235290	朝鮮朝日	西北版	1933-03-30	1	05단	鎭南浦、安嶽間の電話線架設陸上線は全部竣工すちかく水底線完成し開通
235291	朝鮮朝日	西北版	1933-03-30	1	06단	鎭南浦分院獨立か
235292	朝鮮朝日	西北版	1933-03-30	1	06단	除隊兵凱旋
235293	朝鮮朝日	西北版	1933-03-30	1	06단	三ヶ年計劃で待望の咸南道廳新築
235294	朝鮮朝日	西北版	1933-03-30	1	06단	最大能力は一時間三百トン鎭南浦無煙炭積機運送船和歌丸で本操作
235295	朝鮮朝日	西北版	1933-03-30	1	07단	西鮮野球聯盟結成を計劃近く打合せ
235296	朝鮮朝日	西北版	1933-03-30	1	07단	鐵道局自慢の無煙炭積機作業第一日に故障シートのつけ根が折損して

일련번호	판명		간행일	면	단수	기사명
235297	朝鮮朝日	西北版	1933-03-30	1	07단	春季淸潔法日割
235298	朝鮮朝日	西北版	1933-03-30	1	08단	東甫里に私立學校の設立を計劃
235299	朝鮮朝日	西北版	1933-03-30	1	08단	荒くれ男の中に紅一點颯爽、石崇孃の運轉振り生活戰線を縱橫に疾驅
235300	朝鮮朝日	西北版	1933-03-30	1	08단	月給値上げを要求紛糾を續く黑船々夫五十餘名が結束
235301	朝鮮朝日	西北版	1933-03-30	1	09단	猛烈な勢で牛疫蔓延す病菌更に平安南道に侵入內地移出牛に感染/五十四頭中十二頭罹病殘りも傳染か
235302	朝鮮朝日	西北版	1933-03-30	1	10단	人(中村ひさ子刀自(田中咸南高等課長母堂))
235303	朝鮮朝日	西北版	1933-03-30	1	10단	樂禮/柳京小話
235304	朝鮮朝日	南鮮版	1933-03-30	1	01단	內・鮮・滿聯絡列車愈よスピード・アップ四月一日から實施さる準備なった釜山機關區
235305	朝鮮朝日	南鮮版	1933-03-30	1	01단	釜山府幹線道路着工は困難か一向に立退かぬ道路敷地の家屋いよいよの場合は强制執行に
235306	朝鮮朝日	南鮮版	1933-03-30	1	01단	春を讚へて彼女は出場する
235307	朝鮮朝日	南鮮版	1933-03-30	1	02단	金的を狙ふ立候補續々京畿道は五十五名
235308	朝鮮朝日	南鮮版	1933-03-30	1	04단	もよほし(京城菓子祭)
235309	朝鮮朝日	南鮮版	1933-03-30	1	04단	國際特急の列車名『ひかり』と決定
235310	朝鮮朝日	南鮮版	1933-03-30	1	04단	鮑採取禁止期限の延長慶南の養殖保護
235311	朝鮮朝日	南鮮版	1933-03-30	1	04단	鎭海活寫悲慘事事件斷然解消す國家非常時の折柄とて宮川氏が訴訟取下ぐ/慰靈祭執行
235312	朝鮮朝日	南鮮版	1933-03-30	1	05단	この抬話は如何
235313	朝鮮朝日	南鮮版	1933-03-30	1	05단	蔚山の痘瘡續發當局懸命に防疫
235314	朝鮮朝日	南鮮版	1933-03-30	1	05단	蘆蓆製造を慶南で獎勵同業組合を組織
235315	朝鮮朝日	南鮮版	1933-03-30	1	05단	春少しも脈がでない話/女の溺死體/鱈漁に出て行方不明四名の中一名の死體漂着/機關車の觸れ無殘に卽死踏切番の妻
235316	朝鮮朝日	南鮮版	1933-03-30	1	06단	馬山棧橋の起賃認可さる
235317	朝鮮朝日	南鮮版	1933-03-30	1	06단	希望に輝く內四面農村開發の一兵士として働く雄々しき宋伯爵の坊っちゃん
235318	朝鮮朝日	南鮮版	1933-03-30	1	06단	列車內で獵銃盜難
235319	朝鮮朝日	南鮮版	1933-03-30	1	07단	入港漁船に仲買人殺到水上署で取締る

일련번호	판명		간행일	면	단수	기사명
235320	朝鮮朝日	南鮮版	1933-03-30	1	07단	東萊と釜山に二人組強盗ピストルやヒ首をつきつけて一ケ所では十一圓强奪/韓國時代の火繩銃で强盗に押し入る大格闘の末捕ふ
235321	朝鮮朝日	南鮮版	1933-03-30	1	07단	贓品隱匿に祕密の地下室三人組竊盜團の根據を襲ひ裡里警察の大捕物
235322	朝鮮朝日	南鮮版	1933-03-30	1	08단	南鮮ところどころ(大邱/裡里/春川/晉州/馬山)
235323	朝鮮朝日	南鮮版	1933-03-30	1	10단	二人組の拳銃强盜釜山署で逮捕
235324	朝鮮朝日	南鮮版	1933-03-30	1	10단	妻殺し公判
235325	朝鮮朝日	南鮮版	1933-03-30	1	10단	人(高山聰郎氏(裡里邑長))
235326	朝鮮朝日	南鮮版	1933-03-30	1	10단	アル横顔
235327	朝鮮朝日	西北版	1933-03-31	1	01단	叩頭戰・文書戰二百有餘名の運動員亂れ飛ぶ平坦部の五郡は非常な激戰平南道會議員選擧
235328	朝鮮朝日	西北版	1933-03-31	1	01단	開城上水道工事七分通り進行十一月頃完成の豫定一般への給水は明年一月頃
235329	朝鮮朝日	西北版	1933-03-31	1	01단	讚へよわが春を
235330	朝鮮朝日	西北版	1933-03-31	1	02단	驚異的の含有量有望な鑛山
235331	朝鮮朝日	西北版	1933-03-31	1	02단	乳幼兒愛護週間社會通念を改善虐待防止、人格尊重宣傳ビラ配布、活寫會開催
235332	朝鮮朝日	西北版	1933-03-31	1	03단	伸び行く西平壤電車はめでたく複線となり途中での折返しは愈よ廢止多年の待望が實現
235333	朝鮮朝日	西北版	1933-03-31	1	04단	綱民調査を實施
235334	朝鮮朝日	西北版	1933-03-31	1	04단	鎭南浦第二部敎育會
235335	朝鮮朝日	西北版	1933-03-31	1	04단	はっきりした謎の大家族在家莊の全貌堆肥奬勵には輝く一等賞咸北一の模範部落
235336	朝鮮朝日	西北版	1933-03-31	1	05단	神武天皇祭に記念の植樹盤龍山を中心として松三千本、萩三千本
235337	朝鮮朝日	西北版	1933-03-31	1	05단	保安組合の活動强盜に備ふ
235338	朝鮮朝日	西北版	1933-03-31	1	06단	美しい獻金
235339	朝鮮朝日	西北版	1933-03-31	1	06단	選擧違反續出す
235340	朝鮮朝日	西北版	1933-03-31	1	06단	平壤、大平驛間に簡易驛を要望野菜供給の圓滑を期して府會から鐵道局へ
235341	朝鮮朝日	西北版	1933-03-31	1	07단	鉈樣の鈍器で慘殺し五百圓奪取
235342	朝鮮朝日	西北版	1933-03-31	1	07단	結婚から見た內鮮融和相七年度に五十一組平南での融和愛

일련번호	판명		간행일	면	단수	기사명
235343	朝鮮朝日	西北版	1933-03-31	1	07단	國有林冒耕を嚴重に取締る林野の連帶防衛を徹底さす火田民氾濫を防止
235344	朝鮮朝日	西北版	1933-03-31	1	08단	十一萬人に種痘を施す定期種痘を四月に繰上げ平南の痘禍防疫陣
235345	朝鮮朝日	西北版	1933-03-31	1	08단	また發生す平壤の痘瘡患者計六名
235346	朝鮮朝日	西北版	1933-03-31	1	09단	十三名起訴豫審に回付土木談合事件
235347	朝鮮朝日	西北版	1933-03-31	1	09단	踏切番の妻殉職不馴のため
235348	朝鮮朝日	西北版	1933-03-31	1	09단	春をよそに强盗脅迫陣平南の郡部に二件
235349	朝鮮朝日	西北版	1933-03-31	1	10단	樂禮/柳京小話
235350	朝鮮朝日	南鮮版	1933-03-31	1	01단	花やかな近代色に彩らるゝ半島の舞台に暗くそぐはぬ犯罪の黑幕此統計は何を語る？
235351	朝鮮朝日	南鮮版	1933-03-31	1	01단	聯盟脫退に關する詔書奉讀武擧行一日總督府階上ホールで
235352	朝鮮朝日	南鮮版	1933-03-31	1	01단	定員超過立候補三十四名慶南道議戰白熱化
235353	朝鮮朝日	南鮮版	1933-03-31	1	01단	朝鮮神宮で勸學祭執行
235354	朝鮮朝日	南鮮版	1933-03-31	1	01단	綠化時代から山林經營時代に
235355	朝鮮朝日	南鮮版	1933-03-31	1	02단	官有地の無償拂下を馬山より申請
235356	朝鮮朝日	南鮮版	1933-03-31	1	03단	學者群の目標匪賊の死體が解剖の材料になるぞくぞく滿洲入り
235357	朝鮮朝日	南鮮版	1933-03-31	1	04단	皇軍に慰問金發送
235358	朝鮮朝日	南鮮版	1933-03-31	1	04단	春の讚歌花見の御用意は？
235359	朝鮮朝日	南鮮版	1933-03-31	1	05단	京城敎化團聯合理事會
235360	朝鮮朝日	南鮮版	1933-03-31	1	05단	鮮農の赤誠
235361	朝鮮朝日	南鮮版	1933-03-31	1	05단	釜山の春祭り龍尾山神社の遷座祭をかねて
235362	朝鮮朝日	南鮮版	1933-03-31	1	06단	花嫁の顔にポッツリ面皰がお婿さんは惡病だと嫌って持ち上った解消問題
235363	朝鮮朝日	南鮮版	1933-03-31	1	06단	食堂組合代表減稅陳情
235364	朝鮮朝日	南鮮版	1933-03-31	1	06단	雷管四百個盜まる
235365	朝鮮朝日	南鮮版	1933-03-31	1	06단	レプラ患者覺悟の自殺
235366	朝鮮朝日	南鮮版	1933-03-31	1	07단	行惱やむ釜山府の競馬場問題岐路に立つ競馬俱樂部新舊馬場何れに？
235367	朝鮮朝日	南鮮版	1933-03-31	1	08단	老夫妻の家出奇怪な事件
235368	朝鮮朝日	南鮮版	1933-03-31	1	08단	南鮮ところところ(大田/淸州/釜山)
235369	朝鮮朝日	南鮮版	1933-03-31	1	08단	外泊中に官舍の出火釜山の火事
235370	朝鮮朝日	南鮮版	1933-03-31	1	09단	雄基山中で大金を强奪暗闇から突如怪漢

일련번호	판명		간행일	면	단수	기사명
235371	朝鮮朝日	南鮮版	1933-03-31	1	09단	人(安藤源次氏(警務局技師)/高野了三博士(釜山鐵道病院長)/添田一貫氏(安田銀行新任支店長))
235372	朝鮮朝日	南鮮版	1933-03-31	1	10단	淺墓な孫殺し素封家は裁きの庭に
235373	朝鮮朝日	南鮮版	1933-03-31	1	10단	アル横顔
235374	朝鮮朝日	南鮮版	1933-03-31	1	10단	三人強盗の一味悉く逮捕さる

1933년 4월 (조선아사히)

일련번호	판명		간행일	면	단수	기사명
235375	朝鮮朝日	西北版	1933-04-01	1	01단	實業界貢獻の爲選ばれた卅名平壤商工會議所選擧終る(當選者)
235376	朝鮮朝日	西北版	1933-04-01	1	01단	北鮮の開拓・まづ春の潮に乘って內地の港々へ黑船は躍進する航路開始定期船の增加等/伏木、雄基間に花やかなスタート第一船として北祐丸が就航/咸北の雄基港/兩船の航路/對岸と愈よ密接對岸貿易振興會長齋藤知事談/日滿聯絡港として敦賀港の新陣容臨港線延長倉庫建設/增加した各航路非常の便利に
235377	朝鮮朝日	西北版	1933-04-01	1	03단	平醫合格者
235378	朝鮮朝日	西北版	1933-04-01	1	05단	小學校入生
235379	朝鮮朝日	西北版	1933-04-01	1	05단	元山府豫算二十八萬九千圓前年度より七萬二千圓減
235380	朝鮮朝日	西北版	1933-04-01	1	05단	櫻と柳で水都平壤の名所に船橋里を美化する記念日に植樹
235381	朝鮮朝日	西北版	1933-04-01	1	05단	各地ニュース(平壤/新義州/城津/元山)
235382	朝鮮朝日	西北版	1933-04-01	1	06단	公金で金塊密輸つひに捕まる
235383	朝鮮朝日	西北版	1933-04-01	1	07단	京城に觀光協會設立を協議
235384	朝鮮朝日	西北版	1933-04-01	1	07단	舞踊や音樂でお國の爲に盡す可憐な少年少女達收益金で兵器獻納/防空獻金
235385	朝鮮朝日	西北版	1933-04-01	1	07단	痘魔春を無茶苦茶に全北に百二十六名
235386	朝鮮朝日	西北版	1933-04-01	1	07단	平北上流に口蹄疫流行すでに二百六十七頭/徹底的に防疫に努む
235387	朝鮮朝日	西北版	1933-04-01	1	07단	次第に解氷
235388	朝鮮朝日	西北版	1933-04-01	1	08단	誘き出し大金强奪雄基山中で
235389	朝鮮朝日	西北版	1933-04-01	1	08단	お米値下げ一キロ五釐
235390	朝鮮朝日	西北版	1933-04-01	1	09단	厚昌に國防義會國境では最初
235391	朝鮮朝日	西北版	1933-04-01	1	09단	日本語研究盛んな長白縣
235392	朝鮮朝日	西北版	1933-04-01	1	09단	部落民一致して飯米貯蓄を計劃八十老翁の雄叫び從って柏子洞里の自力更生
235393	朝鮮朝日	西北版	1933-04-01	1	10단	子供を手先に金物專門の賊主要都市を荒す
235394	朝鮮朝日	西北版	1933-04-01	1	10단	强盜捕まる
235395	朝鮮朝日	西北版	1933-04-01	1	10단	春日巷談
235396	朝鮮朝日	南鮮版	1933-04-01	1	01단	春・宵・話・題由緒ある名刹月精寺財政難で山林を手離す/大渚面事務所移轉問題で多數面民騷ぐ
235397	朝鮮朝日	南鮮版	1933-04-01	1	01단	防空演習の前奏曲講演會に展覽會にまづ防空思想普及京城の軍民協議會で決定

일련번호	판명		간행일	면	단수	기사명
235398	朝鮮朝日	南鮮版	1933-04-01	1	01단	釜山商議所で工場診斷開始能率の增進が目的
235399	朝鮮朝日	南鮮版	1933-04-01	1	01단	李王殿下の御日程
235400	朝鮮朝日	南鮮版	1933-04-01	1	02단	統營邑豫算
235401	朝鮮朝日	南鮮版	1933-04-01	1	02단	六十名位濫立し大混戰を演ずるか注目される全北道會議員選擧現在の候補者顏觸
235402	朝鮮朝日	南鮮版	1933-04-01	1	03단	慶南地方職員定員を增加
235403	朝鮮朝日	南鮮版	1933-04-01	1	03단	小口貨物作業の訓練列車のスピードアップ
235404	朝鮮朝日	南鮮版	1933-04-01	1	04단	狂はしい春列車死傷二つ
235405	朝鮮朝日	南鮮版	1933-04-01	1	04단	贋貨密造團の根據地は滿洲に
235406	朝鮮朝日	南鮮版	1933-04-01	1	04단	京城に觀光協會設立を協議
235407	朝鮮朝日	南鮮版	1933-04-01	1	04단	筍の初荷
235408	朝鮮朝日	南鮮版	1933-04-01	1	05단	昌慶苑の虎怒る見物の幼兒に一擊
235409	朝鮮朝日	南鮮版	1933-04-01	1	05단	農村子弟のため教育機關を改善私設講習所の擴充
235410	朝鮮朝日	南鮮版	1933-04-01	1	05단	南鮮ところところ(群山/京城/光州/釜山/東萊/統營)
235411	朝鮮朝日	南鮮版	1933-04-01	1	06단	飾窓から時計盜まる
235412	朝鮮朝日	南鮮版	1933-04-01	1	06단	頭上の崖俄然崩潰人夫五名重輕傷を負ふ
235413	朝鮮朝日	南鮮版	1933-04-01	1	07단	京城府會議員の會議費を歲費にやうやく復活實現/本會議
235414	朝鮮朝日	南鮮版	1933-04-01	1	07단	水道値上は原案通り可決釜山府會の最終日
235415	朝鮮朝日	南鮮版	1933-04-01	1	07단	痘魔春を無茶苦茶に全北に百二十六名
235416	朝鮮朝日	南鮮版	1933-04-01	1	07단	家畜業者に警告口蹄疫は爆發的に流行すでに三百四十七頭に上る
235417	朝鮮朝日	南鮮版	1933-04-01	1	08단	獻金
235418	朝鮮朝日	南鮮版	1933-04-01	1	08단	お米値下げ一キロ五釐
235419	朝鮮朝日	南鮮版	1933-04-01	1	09단	全北警官異動
235420	朝鮮朝日	南鮮版	1933-04-01	1	09단	厚化粧の女給が街上ウインク京城の銀座本町通で所轄署で嚴重取締る
235421	朝鮮朝日	南鮮版	1933-04-01	1	09단	もよほし(梶原茂嘉氏歡迎會)
235422	朝鮮朝日	南鮮版	1933-04-01	1	10단	子供を手先に金物專門の賊主要都市を荒す
235423	朝鮮朝日	南鮮版	1933-04-01	1	10단	アル橫顏
235424	朝鮮朝日	西北版	1933-04-02	1	01단	農治史を飾る大英斷淚の耕作から安農の樂土へ! 越江農民に武力保護の發動

일련번호	판명		간행일	면	단수	기사명
235425	朝鮮朝日	西北版	1933-04-02	1	01단	普通江の改修九年度は有望第二次窮民救濟事業として總督府の諮問に答申か
235426	朝鮮朝日	西北版	1933-04-02	1	01단	惠まれぬ咸南道の人々一萬人に醫師一人に割合七ヶ所に公醫配置
235427	朝鮮朝日	西北版	1933-04-02	1	02단	城津邑豫算
235428	朝鮮朝日	西北版	1933-04-02	1	03단	內地の春を翔ける可愛い彼女『朝鮮カラス』福岡の片田舍に樂しい生活
235429	朝鮮朝日	西北版	1933-04-02	1	04단	人(間島元山郵便局長/新貝黃海道警察部長)
235430	朝鮮朝日	西北版	1933-04-02	1	04단	メートル大宣傳平南道の計劃
235431	朝鮮朝日	西北版	1933-04-02	1	05단	平壤沙里院間輕油車運轉
235432	朝鮮朝日	西北版	1933-04-02	1	05단	咸南道の一面一校着々と進む
235433	朝鮮朝日	西北版	1933-04-02	1	05단	普通學校に女教員增加勇退教員は二十一名平南初等學校異動
235434	朝鮮朝日	西北版	1933-04-02	1	05단	卒業式茶話會
235435	朝鮮朝日	西北版	1933-04-02	1	05단	四孃京師にパス
235436	朝鮮朝日	西北版	1933-04-02	1	06단	新證人登場若妻殺し事件
235437	朝鮮朝日	西北版	1933-04-02	1	06단	七十五萬圓で廣梁灣の鹽田擴張每日一千名の人夫を使役
235438	朝鮮朝日	西北版	1933-04-02	1	06단	土管中に嬰兒死體何者がしたか
235439	朝鮮朝日	西北版	1933-04-02	1	06단	準强盜に懲役三年
235440	朝鮮朝日	西北版	1933-04-02	1	07단	各地ニュース(平北/間島/咸興/平壤/江界)
235441	朝鮮朝日	西北版	1933-04-02	1	07단	鴨綠江は解氷
235442	朝鮮朝日	西北版	1933-04-02	1	07단	平南奧地に强盜が橫行各署嚴重警戒
235443	朝鮮朝日	西北版	1933-04-02	1	07단	三百名の船夫同盟罷業か賃銀値上を拒絶され注目される平壤無煙炭輸送/土地收用令の手續に着手地主は結束して反對朝無輕使用地
235444	朝鮮朝日	西北版	1933-04-02	1	08단	電話區域を擴張
235445	朝鮮朝日	西北版	1933-04-02	1	08단	寄宿舍を荒す
235446	朝鮮朝日	西北版	1933-04-02	1	09단	終熄見込つかず平北に流行の口蹄疫
235447	朝鮮朝日	西北版	1933-04-02	1	09단	十三名の審理開始
235448	朝鮮朝日	西北版	1933-04-02	1	09단	鬼の如き二人女つひに捕まる
235449	朝鮮朝日	西北版	1933-04-02	1	10단	廿四名を起訴猶豫土木談合事件
235450	朝鮮朝日	西北版	1933-04-02	1	10단	口論から蹴殺す犯人は逃走
235451	朝鮮朝日	西北版	1933-04-02	1	10단	春日巷談
235452	朝鮮朝日	南鮮版	1933-04-02	1	01단	三年振りに御人城の兩殿下沿道の奉迎に御會釋を賜ひつゝ昌德宮に入らせらる
235453	朝鮮朝日	南鮮版	1933-04-02	1	01단	高商設置運動釜山府に起る府尹に意見書を提出刑務所を移轉させて

일련번호	판명		간행일	면	단수	기사명
235454	朝鮮朝日	南鮮版	1933-04-02	1	01단	設備は東洋一京城飛行場竣工式
235455	朝鮮朝日	南鮮版	1933-04-02	1	01단	新進を拔擢慶南教員異動/慶北道の教員大異動
235456	朝鮮朝日	南鮮版	1933-04-02	1	01단	米麥は食ひ盡し草根木皮を食ふ慘・春窮時の貧農たち
235457	朝鮮朝日	南鮮版	1933-04-02	1	03단	金剛山國立公園の建議同山協會から
235458	朝鮮朝日	南鮮版	1933-04-02	1	04단	櫻の名所鎭海の宣傳
235459	朝鮮朝日	南鮮版	1933-04-02	1	04단	豫算は無修正で京城府會を通過
235460	朝鮮朝日	南鮮版	1933-04-02	1	04단	釜山の競馬場は現在の馬場を擴張使用することに決定土地會社と妥協成立/京城競馬場公式に認可
235461	朝鮮朝日	南鮮版	1933-04-02	1	05단	大邱府の豫算決定總額七十三萬六千餘圓
235462	朝鮮朝日	南鮮版	1933-04-02	1	06단	釜山府で水道施設調査會設置
235463	朝鮮朝日	南鮮版	1933-04-02	1	06단	春の封切り夜櫻も近づきます/昌慶苑夜櫻の電燈とユウヨウたる象の鼻
235464	朝鮮朝日	南鮮版	1933-04-02	1	06단	交換孃の採用試驗に候補者殺到
235465	朝鮮朝日	南鮮版	1933-04-02	1	07단	釜山局郵便取集め時刻
235466	朝鮮朝日	南鮮版	1933-04-02	1	07단	頗る好成績慶南勤農組合
235467	朝鮮朝日	南鮮版	1933-04-02	1	08단	月一回の異狀萬引女房捕はる娘にも強制する竊盜
235468	朝鮮朝日	南鮮版	1933-04-02	1	08단	特急「ひかり」動く
235469	朝鮮朝日	南鮮版	1933-04-02	1	08단	時計店盜難
235470	朝鮮朝日	南鮮版	1933-04-02	1	09단	父よ何處？六歲の幼兒が遙々とひとり旅
235471	朝鮮朝日	南鮮版	1933-04-02	1	10단	徘徊する宿なし少年は痘瘡と判明
235472	朝鮮朝日	南鮮版	1933-04-02	1	10단	物騷な宵通行婦人から金簪强奪
235473	朝鮮朝日	南鮮版	1933-04-02	1	10단	姑を殺す仲の惡い嫁が
235474	朝鮮朝日	西北版	1933-04-04	1		休刊
235475	朝鮮朝日	南鮮版	1933-04-04	1		休刊
235476	朝鮮朝日	西北版	1933-04-05	1	01단	花の春を他所に激烈な逐鹿戰を展開定員超過すでに四百名愈よ期日切迫の各道議員選擧/定員より二十八名の超過激戰の平南議員選擧/平北道では五十八名出馬
235477	朝鮮朝日	西北版	1933-04-05	1	01단	興味ある會頭選擧有力な候補福島、富田、古莊三氏近く招集の平壤商議總會
235478	朝鮮朝日	西北版	1933-04-05	1	01단	愈よ廿日から十キロ二重放送記念に『實演とラヂオの夕』や『ラヂヂオ展』も開く
235479	朝鮮朝日	西北版	1933-04-05	1	03단	茂山守備隊長滿田氏着任
235480	朝鮮朝日	西北版	1933-04-05	1	04단	人(李雲鵬氏(茂山郡守)/石崎主計正(十九師司令部附)/黑澤參男氏(前茂普校長))

일련번호	판명		간행일	면	단수	기사명
235481	朝鮮朝日	西北版	1933-04-05	1	04단	菅原大佐
235482	朝鮮朝日	西北版	1933-04-05	1	04단	愛國滿洲號六日京城着
235483	朝鮮朝日	西北版	1933-04-05	1	04단	暗から棒的に淸津漁港を移轉す羅南寄りの海岸に敷地の昂騰が禍して
235484	朝鮮朝日	西北版	1933-04-05	1	05단	愛國の結晶
235485	朝鮮朝日	西北版	1933-04-05	1	05단	江界邑豫算決定
235486	朝鮮朝日	西北版	1933-04-05	1	05단	近く出現する樂浪文化の殿堂貴重な多數の出土品を一堂に集める工事着々と進む樂浪博物館
235487	朝鮮朝日	西北版	1933-04-05	1	05단	牛疫は益々蔓延平北に五百頭/損失補助を陳情
235488	朝鮮朝日	西北版	1933-04-05	1	06단	各地ニュース(平壤/開城/江界/雄基/新義州)
235489	朝鮮朝日	西北版	1933-04-05	1	06단	平南道に特別警官隊編成非常時に備へるため
235490	朝鮮朝日	西北版	1933-04-05	1	06단	朝鮮女性の爲に大いに氣を吐く東京音樂學校に見事パスした平壤の韓仁河孃/上級校入學者增加
235491	朝鮮朝日	西北版	1933-04-05	1	07단	廿四名釋放八名を送局學校敷地事件
235492	朝鮮朝日	西北版	1933-04-05	1	08단	半島警察網に一新紀元を劃する完備してゆく各道を繫ぐ電話線咸興羅南間も開通
235493	朝鮮朝日	西北版	1933-04-05	1	09단	平壤驛改築廿日頃竣工
235494	朝鮮朝日	西北版	1933-04-05	1	10단	平壤に天然痘七名となる
235495	朝鮮朝日	西北版	1933-04-05	1	10단	春日巷談
235496	朝鮮朝日	南鮮版	1933-04-05	1	01단	李王殿下朝鮮統治の近情御聽取/神宮御參拜御陵御展謁
235497	朝鮮朝日	南鮮版	1933-04-05	1	01단	花の春を他所に激烈な逐鹿戰を展開定員超過すでに四百名愈よ期日切迫の各道議員選擧
235498	朝鮮朝日	南鮮版	1933-04-05	1	01단	暖流に乘り救急船回航全北沿岸民の喜び
235499	朝鮮朝日	南鮮版	1933-04-05	1	01단	綠化運動の綠化旗制定
235500	朝鮮朝日	南鮮版	1933-04-05	1	02단	密航者滿載の怪船捕はる僅か十五トンの小船に密航者六十六名潛伏
235501	朝鮮朝日	南鮮版	1933-04-05	1	02단	愛國滿洲號六日京城着
235502	朝鮮朝日	南鮮版	1933-04-05	1	03단	軍艦八重山鎭海灣へ
235503	朝鮮朝日	南鮮版	1933-04-05	1	03단	ハローハル！グラフの說明に代へ
235504	朝鮮朝日	南鮮版	1933-04-05	1	04단	丁士源氏一路歸國言葉少なに語る
235505	朝鮮朝日	南鮮版	1933-04-05	1	04단	半島各地に防空熱は上昇續々と獻金は集るすでに機關銃四十挺を注文

일련번호	판명		간행일	면	단수	기사명
235506	朝鮮朝日	南鮮版	1933-04-05	1	05단	慶南の記念植樹見事に終る
235507	朝鮮朝日	南鮮版	1933-04-05	1	06단	大德山一帶大邱市民の郊外遊園地に十萬本の栗を植栽
235508	朝鮮朝日	南鮮版	1933-04-05	1	06단	强盗捕まる
235509	朝鮮朝日	南鮮版	1933-04-05	1	06단	邪推の刃傷
235510	朝鮮朝日	南鮮版	1933-04-05	1	07단	龍頭山のお祭り掛聲勇しく神輿お渡り
235511	朝鮮朝日	南鮮版	1933-04-05	1	07단	火事騒き三件
235512	朝鮮朝日	南鮮版	1933-04-05	1	08단	南鮮ところところ(晉州/春川/淸州/大田/密陽/裡里/浦項)
235513	朝鮮朝日	南鮮版	1933-04-05	1	08단	人(谷多喜磨氏(朝鮮信託社長)/飛島文吉氏(貴族院議員)/永井十太郎氏(釜山郵便局長))
235514	朝鮮朝日	南鮮版	1933-04-05	1	09단	石油を浴び點火自殺家出した若い女中
235515	朝鮮朝日	南鮮版	1933-04-05	1	10단	アル横顔
235516	朝鮮朝日	西北版	1933-04-06	1	01단	軍隊を通じて內鮮融和に努めよ！有難い御言葉を賜はり感激して川島軍司令官謹話
235517	朝鮮朝日	西北版	1933-04-06	1	01단	鐵の暴騰から工事の模樣替へ平壤船橋里船着場
235518	朝鮮朝日	西北版	1933-04-06	1	01단	李王殿下
235519	朝鮮朝日	西北版	1933-04-06	1	01단	羅南聯隊長中野大佐着任
235520	朝鮮朝日	西北版	1933-04-06	1	02단	池田大佐送別會盛大に催さる
235521	朝鮮朝日	西北版	1933-04-06	1	02단	山農指導職員を合理的に働かす近く勤務規定を公布
235522	朝鮮朝日	西北版	1933-04-06	1	03단	間島にもやうやく希望の春訪るその裏に輝く皇軍警官の活躍
235523	朝鮮朝日	西北版	1933-04-06	1	04단	(間島)
235524	朝鮮朝日	西北版	1933-04-06	1	04단	希望に胸躍らして北鮮へ！北鮮へ！裏日本からの移住者一千名この勇しき開拓の裸像群
235525	朝鮮朝日	西北版	1933-04-06	1	05단	二拘置監を新築
235526	朝鮮朝日	西北版	1933-04-06	1	06단	改修なり水害解消城川江や南大川地方何れも大喜び
235527	朝鮮朝日	西北版	1933-04-06	1	06단	半島各地に防空熱は上昇續々と獻金は集るすでに機關銃四十挺を注文
235528	朝鮮朝日	西北版	1933-04-06	1	07단	咸興を擧げて軍旗祭を盛大に！十八日營庭で種々催し
235529	朝鮮朝日	西北版	1933-04-06	1	08단	工場法を近く制定草案を作成
235530	朝鮮朝日	西北版	1933-04-06	1	08단	五名が袋叩きにして九千五百圓强奪賭博からこの慘劇

일련번호	판명		간행일	면	단수	기사명
235531	朝鮮朝日	西北版	1933-04-06	1	09단	京城電話局收入が激増熱河討伐のお蔭で
235532	朝鮮朝日	西北版	1933-04-06	1	10단	粟の輸入高
235533	朝鮮朝日	西北版	1933-04-06	1	10단	農家に大脅威牛疫益々蔓延すでに八白頭
235534	朝鮮朝日	西北版	1933-04-06	1	10단	同樂一派の匪賊各地に逃走
235535	朝鮮朝日	西北版	1933-04-06	1	10단	廿四ヶ所鉈で斬る古茂山商人殺しの犯人二名捕る
235536	朝鮮朝日	南鮮版	1933-04-06	1	01단	軍隊を通じて内鮮融和に努めよ！有難い御言葉を賜はり感激して川島軍司令官謹話
235537	朝鮮朝日	南鮮版	1933-04-06	1	01단	京城府の豫算は近年にない膨脹振教育費を別に四百九十萬圓
235538	朝鮮朝日	南鮮版	1933-04-06	1	01단	各郡とも激戰忠南道議員選擧
235539	朝鮮朝日	南鮮版	1933-04-06	1	01단	李王殿下
235540	朝鮮朝日	南鮮版	1933-04-06	1	02단	醫師試驗應募五百名突破
235541	朝鮮朝日	南鮮版	1933-04-06	1	02단	出動一周年に盛んな祝ひ間島派遣隊
235542	朝鮮朝日	南鮮版	1933-04-06	1	03단	いよいよ開所する慶南の女子棉作傳習所
235543	朝鮮朝日	南鮮版	1933-04-06	1	03단	春！を外れる者女への未練から兇刃を揮ふ飲食店で女三人を斬る一名は瀕死二名重傷/少婢の竊盜/税務係り袋叩き滯納處分で/二青年の死/チンピラ掏摸團を檢擧
235544	朝鮮朝日	南鮮版	1933-04-06	1	04단	慶南の人口
235545	朝鮮朝日	南鮮版	1933-04-06	1	05단	統營運河の通航料徵收一日より實施
235546	朝鮮朝日	南鮮版	1933-04-06	1	05단	篤農青年二十餘名內地の農業視察
235547	朝鮮朝日	南鮮版	1933-04-06	1	05단	眞の國防は防空だ・防空だ防空演習を前にし一般に強調/公州の國防義會發會式行はる
235548	朝鮮朝日	南鮮版	1933-04-06	1	05단	水組を中心とする土地改良事業決定明年度に七百萬圓
235549	朝鮮朝日	南鮮版	1933-04-06	1	06단	沈沒艦から引揚げた藥囊管
235550	朝鮮朝日	南鮮版	1933-04-06	1	08단	南鮮ところところ(鎭海/釜山/大田)
235551	朝鮮朝日	南鮮版	1933-04-06	1	08단	東萊溫泉に大異狀あり溫度の急降、溫泉の混濁揚水管の修理を始む
235552	朝鮮朝日	南鮮版	1933-04-06	1	08단	春は櫻の鎭海へお出でなさいよ
235553	朝鮮朝日	南鮮版	1933-04-06	1	08단	勞働宿泊者調べ
235554	朝鮮朝日	南鮮版	1933-04-06	1	09단	慶南道當局紛議調停に立つ釜山水産と漁組のもつれ
235555	朝鮮朝日	南鮮版	1933-04-06	1	10단	傳染病の非常時現出京畿道の調べ
235556	朝鮮朝日	南鮮版	1933-04-06	1	10단	アル横顔

일련번호	판명		간행일	면	단수	기사명
235557	朝鮮朝日	南鮮版	1933-04-06	1	10단	人(池田警務局長/川島軍司令官/權藤四郎介氏)
235558	朝鮮朝日	西北版	1933-04-07	1	01단	牛の春大暴れ朝鮮牛の本場を猛烈な勢ひで鬣食口蹄疫は恐ろしく猖獗/防疫に大童平南道當局
235559	朝鮮朝日	西北版	1933-04-07	1	01단	平壤にわだかまる紛爭の禍根を解消まづ會頭選擧を圓滿にして力を入れる新人の春秋會/平壤商議總會八日午後から
235560	朝鮮朝日	西北版	1933-04-07	1	01단	滿浦鎭線に沿ひ自動車商隊進行見本市や座談會も開く平壤の營業者が準備
235561	朝鮮朝日	西北版	1933-04-07	1	01단	今の處前哨戰咸南道議選擧
235562	朝鮮朝日	西北版	1933-04-07	1	02단	この女のやうにナゼ陽氣でない！短刀で二名を斬る/稀代の四人組のスリ團京城、平壤、鎭南浦で三千圓/自殺未遂男/八峰里に持兇器強盜/新義州飛行場の畑で若い女を慘殺す/強盜未遂
235563	朝鮮朝日	西北版	1933-04-07	1	03단	三十七旅團長德野少將着任
235564	朝鮮朝日	西北版	1933-04-07	1	04단	色服の染料試驗
235565	朝鮮朝日	西北版	1933-04-07	1	04단	京義線に輕油動車一部から要望
235566	朝鮮朝日	西北版	1933-04-07	1	04단	惠山鎭上流奧地で匪賊と交戰一時間我軍の死傷三名を出す長白派遣隊最初の犧牲者
235567	朝鮮朝日	西北版	1933-04-07	1	05단	平壤燒酎販路擴張鮮滿方面に
235568	朝鮮朝日	西北版	1933-04-07	1	05단	非常時の警察隊平南道に組織
235569	朝鮮朝日	西北版	1933-04-07	1	06단	春の道しるべ南鮮
235570	朝鮮朝日	西北版	1933-04-07	1	06단	日一日と增してゆく滿鮮視察のお客さん平壤に觀光協會設立の準備
235571	朝鮮朝日	西北版	1933-04-07	1	07단	平壤土産には雅趣豊かな樂浪盆
235572	朝鮮朝日	西北版	1933-04-07	1	08단	各地ニュース(間島/鎭南浦)
235573	朝鮮朝日	西北版	1933-04-07	1	09단	解氷を機に井上機を再搜査
235574	朝鮮朝日	西北版	1933-04-07	1	10단	平南道に天然痘猛威を揮ふ
235575	朝鮮朝日	西北版	1933-04-07	1	10단	春日巷談
235576	朝鮮朝日	南鮮版	1933-04-07	1	01단	交通禍を防げ！釜山の防止宣傳
235577	朝鮮朝日	南鮮版	1933-04-07	1	01단	創定農家の課稅狀況調査二千戶のスタートを前にして負擔輕減を策する本府
235578	朝鮮朝日	南鮮版	1933-04-07	1	01단	驢馬に乘って運動員が叩頭戰激烈な慶北道議選
235579	朝鮮朝日	南鮮版	1933-04-07	1	01단	忠淸南道の國防獻金
235580	朝鮮朝日	南鮮版	1933-04-07	1	01단	署長小異動
235581	朝鮮朝日	南鮮版	1933-04-07	1	02단	南明普通校金台原氏經營

일련번호	판명		간행일	면	단수	기사명
235582	朝鮮朝日	南鮮版	1933-04-07	1	03단	群山の公會堂原設計通りに
235583	朝鮮朝日	南鮮版	1933-04-07	1	03단	農家に必要な繪入り陰曆實費で配布
235584	朝鮮朝日	南鮮版	1933-04-07	1	03단	惠山鎭上流奧地で匪賊と交戰一時間我軍の死傷三名を出す長白派遣隊最初の犠牲者
235585	朝鮮朝日	南鮮版	1933-04-07	1	04단	京城府內に簡易鋪裝
235586	朝鮮朝日	南鮮版	1933-04-07	1	04단	お火元拜見！京城の防火宣傳各家庭に主意を喚起
235587	朝鮮朝日	南鮮版	1933-04-07	1	04단	大邱公益質屋敷地內定す
235588	朝鮮朝日	南鮮版	1933-04-07	1	04단	春・胸算用の大當て外れ觀光船レゾリュート號乘客大急ぎで京城退去
235589	朝鮮朝日	南鮮版	1933-04-07	1	05단	半島鑛山界の元締め鑛務課の新陣容工學士理學士を增員
235590	朝鮮朝日	南鮮版	1933-04-07	1	05단	群山競馬場
235591	朝鮮朝日	南鮮版	1933-04-07	1	05단	細民達はただ感謝釜山方面委員の救濟活動に
235592	朝鮮朝日	南鮮版	1933-04-07	1	06단	釜山の商店街は脅やかさる飾窓を破って又も貴金屬盜まる稀代の犯人盛んに橫行
235593	朝鮮朝日	南鮮版	1933-04-07	1	06단	ルンペンの巢名所南大門立入り禁止の制札
235594	朝鮮朝日	南鮮版	1933-04-07	1	06단	幻影を追ふ男女の家出春のダークサイド
235595	朝鮮朝日	南鮮版	1933-04-07	1	07단	癩病新療養所設置準備進む
235596	朝鮮朝日	南鮮版	1933-04-07	1	07단	怯えつゞけた新容疑者の擧動マリヤ殺事件取調進む釜山署は愼重な態度で
235597	朝鮮朝日	南鮮版	1933-04-07	1	07단	飛んだ藥種商
235598	朝鮮朝日	南鮮版	1933-04-07	1	08단	十圓債券を僞造
235599	朝鮮朝日	南鮮版	1933-04-07	1	09단	耕整事務受託規定全北道の制定
235600	朝鮮朝日	南鮮版	1933-04-07	1	09단	大ぬくて小兒を咬殺す山奧にくはへ去って
235601	朝鮮朝日	南鮮版	1933-04-07	1	10단	劍道大會
235602	朝鮮朝日	南鮮版	1933-04-07	1	10단	南鮮ところどころ(大邱/釜山)
235603	朝鮮朝日	南鮮版	1933-04-07	1	10단	映畵と演劇(京城/團成社)
235604	朝鮮朝日	南鮮版	1933-04-07	1	10단	人(今井田政務總監/川島朝鮮軍司令官/梅崎第二十師團長/巖佐朝鮮憲兵司令官/渡邊慶南道知事/久松前平氏)
235605	朝鮮朝日	西北版	1933-04-08	1	01단	教育方針を近く大改革
235606	朝鮮朝日	西北版	1933-04-08	1	01단	迷信行爲で文明を毒する巫女驚くなかれ現在一千名根絶を期する平南道當局

일련번호	판명		간행일	면	단수	기사명
235607	朝鮮朝日	西北版	1933-04-08	1	01단	平壤府民から高射砲二台獻納六萬圓の寄附を募集
235608	朝鮮朝日	西北版	1933-04-08	1	01단	獻金募集舞踊會
235609	朝鮮朝日	西北版	1933-04-08	1	01단	七十七聯隊長畑中大佐着任
235610	朝鮮朝日	西北版	1933-04-08	1	02단	航空官配置
235611	朝鮮朝日	西北版	1933-04-08	1	03단	平壤商議特別議員
235612	朝鮮朝日	西北版	1933-04-08	1	03단	陸軍用地立退圓滿に解決
235613	朝鮮朝日	西北版	1933-04-08	1	03단	農村中心人物養成力を盡す平南道當局
235614	朝鮮朝日	西北版	1933-04-08	1	04단	賣に快い試み水産學校でお百姓の實習/平壤師で農業教育本年度から
235615	朝鮮朝日	西北版	1933-04-08	1	04단	農家經濟の腹の中を打診高利償の苦難を緩和して模範部落をつくる
235616	朝鮮朝日	西北版	1933-04-08	1	04단	西鮮野球聯盟規則を作成
235617	朝鮮朝日	西北版	1933-04-08	1	05단	卅一組合植桑開始漸く準備進む
235618	朝鮮朝日	西北版	1933-04-08	1	06단	咸興第一校に講堂を建設父兄等の寄附により
235619	朝鮮朝日	西北版	1933-04-08	1	06단	黃海道知事に鄭氏榮轉す
235620	朝鮮朝日	西北版	1933-04-08	1	07단	鳳塘里公普校位置で紛糾
235621	朝鮮朝日	西北版	1933-04-08	1	07단	教員檢試合格者
235622	朝鮮朝日	西北版	1933-04-08	1	07단	雄羅線近く着工館洞嶺隧道工事は難事/滿浦鎭線の工事進捗す宗洞价川間七月から開通
235623	朝鮮朝日	西北版	1933-04-08	1	07단	歡樂境の蔭に泣く救ひの手を伸ばす平壤署カフェーの女給
235624	朝鮮朝日	西北版	1933-04-08	1	08단	兒童の保健に徹底を期する! 平壤の學校施設改善
235625	朝鮮朝日	西北版	1933-04-08	1	08단	牛豚羊等搬出禁止口蹄疫豫防
235626	朝鮮朝日	西北版	1933-04-08	1	08단	襦袢から取調を進む鮮女絞殺事件
235627	朝鮮朝日	西北版	1933-04-08	1	08단	春の道しるべ南鮮
235628	朝鮮朝日	西北版	1933-04-08	1	09단	妓生百名が憤慨花代支拂ひを要求す
235629	朝鮮朝日	西北版	1933-04-08	1	10단	平壤を中心に各道を鋪裝
235630	朝鮮朝日	西北版	1933-04-08	1	10단	口錢値下解決す
235631	朝鮮朝日	西北版	1933-04-08	1	10단	林野關係者の生活を更生諸事業試驗
235632	朝鮮朝日	南鮮版	1933-04-08	1	01단	政界放送を外に總督墓場探し?「君子危きに近寄らず」と宇垣さん眼かに語る
235633	朝鮮朝日	南鮮版	1933-04-08	1	01단	一兩日中に正式調印? 釜山水産と漁組の妥協その內容と條件
235634	朝鮮朝日	南鮮版	1933-04-08	1	01단	李王殿下軍司令部へ/步砲兵聯合動作を御視察遊さる

일련번호	판명		간행일	면	단수	기사명
235635	朝鮮朝日	南鮮版	1933-04-08	1	02단	高射砲の購入資金一般から募集
235636	朝鮮朝日	南鮮版	1933-04-08	1	03단	二萬餘人の連署で食鹽の配給改正を嘆願農民の不便損失甚しいとて
235637	朝鮮朝日	南鮮版	1933-04-08	1	03단	本月中ごろ官選議員を內示道議選擧直後に正式任命
235638	朝鮮朝日	南鮮版	1933-04-08	1	03단	モヒと阿片物々交換生産過剰の朝鮮産阿片と台灣産のモルヒネと
235639	朝鮮朝日	南鮮版	1933-04-08	1	04단	吉村、金両氏滿洲國入り間島行政の顧問に
235640	朝鮮朝日	南鮮版	1933-04-08	1	04단	釜山棧橋への電車線路敷設瓦電で着工
235641	朝鮮朝日	南鮮版	1933-04-08	1	04단	七十七聯隊長畑中大佐着任
235642	朝鮮朝日	南鮮版	1933-04-08	1	05단	仁川國防義會評議員會
235643	朝鮮朝日	南鮮版	1933-04-08	1	05단	春宵を驚かす病院の火事騒ぎ若い醫師を取り巻く看護婦さんのいたづらから
235644	朝鮮朝日	南鮮版	1933-04-08	1	05단	南鮮ところところ(大邱/淸州/釜山/大田/晉州)
235645	朝鮮朝日	南鮮版	1933-04-08	1	06단	捨子名物大邱府の悩み
235646	朝鮮朝日	南鮮版	1933-04-08	1	06단	春を世界の旅(昨報世界周遊船レゾリュート號乘客の京城見物)
235647	朝鮮朝日	南鮮版	1933-04-08	1	06단	黃海道知事に鄭氏榮轉す
235648	朝鮮朝日	南鮮版	1933-04-08	1	07단	不況を尻目に花街に落ちる金・金
235649	朝鮮朝日	南鮮版	1933-04-08	1	08단	取引所の聯合大會重要案附議/朝穀聯合幹事會
235650	朝鮮朝日	南鮮版	1933-04-08	1	08단	豚にまで口蹄疫が傳染す/大邱に痘瘡新患者發生/釜山に天然痘五名/腦脊髓炎發生
235651	朝鮮朝日	南鮮版	1933-04-08	1	08단	掘り當てた幼女の死體バラバラに切斷されて
235652	朝鮮朝日	南鮮版	1933-04-08	1	09단	水道係員に化ける泥棒
235653	朝鮮朝日	南鮮版	1933-04-08	1	09단	僞刑事二名捕る
235654	朝鮮朝日	南鮮版	1933-04-08	1	09단	乞食殺し十五年
235655	朝鮮朝日	南鮮版	1933-04-08	1	09단	間接殺人に寬大な處分
235656	朝鮮朝日	南鮮版	1933-04-08	1	10단	興味ある人妻死亡の裁判
235657	朝鮮朝日	南鮮版	1933-04-08	1	10단	春の道しるべ北鮮
235658	朝鮮朝日	西北版	1933-04-09	1	01단	李王殿下の有難き御思召癩協會へ六萬圓御下賜/兩殿下金剛山へ蘭谷牧場も御視察
235659	朝鮮朝日	西北版	1933-04-09	1	01단	日滿陸路交通上劃期的使命を有する待望の吉會線五月一日から假營業

일련번호	판명		간행일	면	단수	기사명
235660	朝鮮朝日	西北版	1933-04-09	1	01단	滿場一致で會頭に福島莊平氏副會頭に金、當田の兩氏平壤商議所の役員選擧終る
235661	朝鮮朝日	西北版	1933-04-09	1	01단	北鮮中部に『道』新設の運動成り行きを注目さる
235662	朝鮮朝日	西北版	1933-04-09	1	03단	城津都計委員會
235663	朝鮮朝日	西北版	1933-04-09	1	03단	朝鮮教育會大會
235664	朝鮮朝日	西北版	1933-04-09	1	03단	松都第二普通校閉鎖
235665	朝鮮朝日	西北版	1933-04-09	1	04단	各地ニュース(羅南/新義州/開城/咸興)
235666	朝鮮朝日	西北版	1933-04-09	1	04단	大和通りを立派な銀座街に愈よ路面を鋪裝する
235667	朝鮮朝日	西北版	1933-04-09	1	04단	咸南特殊水産物共同出荷
235668	朝鮮朝日	西北版	1933-04-09	1	05단	七十四聯隊兵除隊
235669	朝鮮朝日	西北版	1933-04-09	1	05단	罌粟栽培獎勵大方針確立
235670	朝鮮朝日	西北版	1933-04-09	1	05단	達利洞にマグネサイト鑛無盡藏と稱さる
235671	朝鮮朝日	西北版	1933-04-09	1	05단	これも因緣被害者の初七日に慘劇の一切を自白古茂山の雜貨商人殺しの詳報
235672	朝鮮朝日	西北版	1933-04-09	1	06단	ダンスはまかりならぬ
235673	朝鮮朝日	西北版	1933-04-09	1	06단	平壤府郊外栗里に朝鮮一の大競馬場二千五百人を收容する設備
235674	朝鮮朝日	西北版	1933-04-09	1	08단	道直營で製炭する飛躍の平北道
235675	朝鮮朝日	西北版	1933-04-09	1	09단	拷問警官二名免官となる被疑者取調中の珍事
235676	朝鮮朝日	西北版	1933-04-09	1	10단	ヨーヨー
235677	朝鮮朝日	西北版	1933-04-09	1	10단	春の道しるべ南鮮
235678	朝鮮朝日	南鮮版	1933-04-09	1	01단	大豫算通過のお土産ドッサリ携へて意氣揚々の快感今井田總督の歸鮮
235679	朝鮮朝日	南鮮版	1933-04-09	1	01단	*李王殿下の有難き御思召癩協會へ六萬圓御下賜/兩殿下金剛山へ蘭谷牧場も御視察*
235680	朝鮮朝日	南鮮版	1933-04-09	1	02단	定員の二倍の上る京畿道議員の選擧
235681	朝鮮朝日	南鮮版	1933-04-09	1	04단	農業功勞者表彰
235682	朝鮮朝日	南鮮版	1933-04-09	1	04단	京畿道初等學校長一次異動行はる
235683	朝鮮朝日	南鮮版	1933-04-09	1	04단	馬山の櫻十五日ごろが見頃
235684	朝鮮朝日	南鮮版	1933-04-09	1	05단	鴨緑江鐵橋十五日から開閉
235685	朝鮮朝日	南鮮版	1933-04-09	1	05단	二重試驗の放送時刻表
235686	朝鮮朝日	南鮮版	1933-04-09	1	05단	朝鮮陸上聯盟競技發會期待さるゝ半島スポーツ
235687	朝鮮朝日	南鮮版	1933-04-09	1	06단	南鮮ところところ(群山/馬山/木浦/裡里/釜山)

일련번호	판명		간행일	면	단수	기사명
235688	朝鮮朝日	南鮮版	1933-04-09	1	06단	癩療養所敷地買收小鹿島で評價廿六萬圓
235689	朝鮮朝日	南鮮版	1933-04-09	1	06단	俄然急調子立候補者の足取り全北の選擧界動く
235690	朝鮮朝日	南鮮版	1933-04-09	1	07단	掘り當てた純金の首飾り裏の畑から實物がざくざく慶州の新花咲爺物語
235691	朝鮮朝日	南鮮版	1933-04-09	1	07단	朝鮮名物線路うたた寢のハシリ
235692	朝鮮朝日	南鮮版	1933-04-09	1	08단	路上で男兒を産む哀れな母親
235693	朝鮮朝日	南鮮版	1933-04-09	1	09단	釜山、嚴原間にケーブル敷設愈よこの十日から
235694	朝鮮朝日	南鮮版	1933-04-09	1	09단	春の道しるべ北鮮
235695	朝鮮朝日	南鮮版	1933-04-09	1	10단	家出靑年が入水
235696	朝鮮朝日	南鮮版	1933-04-09	1	10단	仁川の貴金屬泥棒一味捕はる
235697	朝鮮朝日	南鮮版	1933-04-09	1	10단	もよほし(朝鮮警察協會總會/京城內地人辯護士會)
235698	朝鮮朝日	西北版	1933-04-11	1	01단	半島官界人事異動
235699	朝鮮朝日	西北版	1933-04-11	1	01단	麗らかな陽光にしっかりと鍬を握る八段步の野菜は靑々と非常時の春平壤農校の生徒達/まづ大地への力强い一步/國防義會發會式十六日平壤で
235700	朝鮮朝日	西北版	1933-04-11	1	01단	防空演習序曲仁川月尾島で射擊對空戰鬪實彈を發して壯烈に十四日港內の船舶航行中止/僅か一ケ月で高射砲術を速成修得さす
235701	朝鮮朝日	西北版	1933-04-11	1	04단	全鮮警察部長會議十七日から三日間
235702	朝鮮朝日	西北版	1933-04-11	1	04단	三十萬キロを引續き供電日本穀産へ
235703	朝鮮朝日	西北版	1933-04-11	1	04단	夜櫻
235704	朝鮮朝日	西北版	1933-04-11	1	05단	部制確立實現か平壤商議所
235705	朝鮮朝日	西北版	1933-04-11	1	05단	鰮の回游に影響ないか三陸地方の地震で當業者憂慮
235706	朝鮮朝日	西北版	1933-04-11	1	06단	春の道しるべ南鮮
235707	朝鮮朝日	西北版	1933-04-11	1	06단	土山子地方に兵匪の一團來襲三道溝方面にも
235708	朝鮮朝日	西北版	1933-04-11	1	06단	春繭は昨春より高値にこの分だと二十三掛內外か
235709	朝鮮朝日	西北版	1933-04-11	1	06단	遊んでるお金がマアー三百萬圓始末に困る平南金組聯合會
235710	朝鮮朝日	西北版	1933-04-11	1	07단	各地ニュース(新義州/平壤/城津/元山)
235711	朝鮮朝日	西北版	1933-04-11	1	08단	西鮮女子のオリンピック大會五月十四日(日曜)平壤で
235712	朝鮮朝日	西北版	1933-04-11	1	09단	九千圓强奪逃走犯人二名だけ捕まる

일련번호	판명		간행일	면	단수	기사명
235713	朝鮮朝日	西北版	1933-04-11	1	09단	音信スピード化受命航路船を利用して遞送の速達を期する
235714	朝鮮朝日	西北版	1933-04-11	1	09단	無罪から懲役に若妻殺しに判決廿四日
235715	朝鮮朝日	西北版	1933-04-11	1	10단	一ヶ月間牛の檢病牛疫流行の爲
235716	朝鮮朝日	西北版	1933-04-11	1	10단	春日巷談
235717	朝鮮朝日	南鮮版	1933-04-11	1	01단	半島官界人事異動
235718	朝鮮朝日	南鮮版	1933-04-11	1	01단	草根木皮でカボソイ命を繋ぐ悲慘な慶北內の貧農者社還米制度で根本的救濟か(社還米制度は各地に倉庫を設立し/道內の貧農卅萬人とみ)
235719	朝鮮朝日	南鮮版	1933-04-11	1	01단	中心問題は農村の振興策十一日から知事會議
235720	朝鮮朝日	南鮮版	1933-04-11	1	01단	全鮮警察部長會議十七日から三日間
235721	朝鮮朝日	南鮮版	1933-04-11	1	02단	徹底的に取締る慶北道議選
235722	朝鮮朝日	南鮮版	1933-04-11	1	03단	自農打合會
235723	朝鮮朝日	南鮮版	1933-04-11	1	03단	南鮮ところところ(京城/仁川/大邱/大田/釜山/木浦/果川面/鎭海)
235724	朝鮮朝日	南鮮版	1933-04-11	1	04단	大邱府の起債總額
235725	朝鮮朝日	南鮮版	1933-04-11	1	04단	土山子地方に兵匪の一團來襲三道溝方面にも
235726	朝鮮朝日	南鮮版	1933-04-11	1	04단	赤誠溢るゝ貧者の一燈國防獻金插話
235727	朝鮮朝日	南鮮版	1933-04-11	1	04단	錦江に船橋
235728	朝鮮朝日	南鮮版	1933-04-11	1	05단	大田招鬼祭きたる二十五日に
235729	朝鮮朝日	南鮮版	1933-04-11	1	05단	扶蘇山に自動車道路
235730	朝鮮朝日	南鮮版	1933-04-11	1	05단	防空演習序曲仁川月尾島で射擊對空戰鬪實彈を發して壯烈に十四日港內の船舶航行中止
235731	朝鮮朝日	南鮮版	1933-04-11	1	06단	愛國滿洲號五機京城へ
235732	朝鮮朝日	南鮮版	1933-04-11	1	06단	京城窯業會社麒社に身賣
235733	朝鮮朝日	南鮮版	1933-04-11	1	07단	釜山の花祭りとても賑やかに
235734	朝鮮朝日	南鮮版	1933-04-11	1	07단	春の巷は騷がし
235735	朝鮮朝日	南鮮版	1933-04-11	1	08단	民衆百濟博物館
235736	朝鮮朝日	南鮮版	1933-04-11	1	08단	春日巷談
235737	朝鮮朝日	南鮮版	1933-04-11	1	09단	全鮮に亙って米の生產費調査百八戶を指定して
235738	朝鮮朝日	南鮮版	1933-04-11	1	09단	扶餘土產に百濟燒出現
235739	朝鮮朝日	南鮮版	1933-04-11	1	09단	音信スピード化受命航路船を利用して遞送の速達を期する
235740	朝鮮朝日	南鮮版	1933-04-11	1	10단	瓊浦丸沈沒

일련번호	판명		간행일	면	단수	기사명
235741	朝鮮朝日	南鮮版	1933-04-11	1	10단	春の道しるべ北鮮
235742	朝鮮朝日	南鮮版	1933-04-11	1	10단	人(吉田秀次郎氏(仁川商工會議所會頭)/佐藤久吉氏(新任全北道警勞課長)/今井田政務總監)
235743	朝鮮朝日	西北版	1933-04-12	1	01단	宛然・窮民の都其名を『平壤』といふ三萬一千戸中免税二萬二千戸防貧制度の確立が急
235744	朝鮮朝日	西北版	1933-04-12	1	01단	半島の産業政策愈よ實行期に當面の重要問題附議道知事會議開かる
235745	朝鮮朝日	西北版	1933-04-12	1	01단	工科大學は平壤に設置せよ近く府會から要望
235746	朝鮮朝日	西北版	1933-04-12	1	01단	各地とも白熱化平北道議選擧
235747	朝鮮朝日	西北版	1933-04-12	1	02단	鐵道工事北鮮の新線を主に五線の工事を續行五月中旬頃から着工の豫定/簡易驛を昇格/平壤驛工事廿日ごろ竣工/八年度の鐵道局豫算
235748	朝鮮朝日	西北版	1933-04-12	1	03단	朝鮮の大阪たらしめる平壤商議所の重要問題對策
235749	朝鮮朝日	西北版	1933-04-12	1	03단	軍都平壤に輝く軍旗祭十八日、七七聯隊で
235750	朝鮮朝日	西北版	1933-04-12	1	04단	各地ニュース(間島/開城/平壤)
235751	朝鮮朝日	西北版	1933-04-12	1	04단	立派な花嫁に研究料を投ける平壤高女校
235752	朝鮮朝日	西北版	1933-04-12	1	05단	三中井デパート工事進む
235753	朝鮮朝日	西北版	1933-04-12	1	05단	內容を充實する東拓石炭會社
235754	朝鮮朝日	西北版	1933-04-12	1	05단	鴨綠江下流を浚渫し二千噸級を自由に滿鐵と總督府に請願する
235755	朝鮮朝日	西北版	1933-04-12	1	07단	六月から計量制平壤上水道
235756	朝鮮朝日	西北版	1933-04-12	1	07단	平南道人口二十五萬戸百三十萬人
235757	朝鮮朝日	西北版	1933-04-12	1	07단	鮮産水産物の進出を促進海産輸入組合
235758	朝鮮朝日	西北版	1933-04-12	1	08단	不思議だ不思議だと活動寫眞に驚嘆田舍の滿洲國の人々本社寄贈の映畫大盛況
235759	朝鮮朝日	西北版	1933-04-12	1	08단	春の道しるべ南鮮
235760	朝鮮朝日	西北版	1933-04-12	1	09단	十月までには四電氣が合併す沙里院電氣も新會社に
235761	朝鮮朝日	西北版	1933-04-12	1	09단	少年の放火
235762	朝鮮朝日	西北版	1933-04-12	1	10단	軍用箱はマッチ箱問題は解消か
235763	朝鮮朝日	西北版	1933-04-12	1	10단	妻滅多斬りの夫は土の中
235764	朝鮮朝日	西北版	1933-04-12	1	10단	電球泥棒橫行
235765	朝鮮朝日	西北版	1933-04-12	1	10단	春日巷談

일련번호	판명		간행일	면	단수	기사명
235766	朝鮮朝日	南鮮版	1933-04-12	1	01단	春・海は靜かだが蒼白い映像四萬の失業者は何處へ/幼兒無殘の卽死/佐川町海岸に心中の死體/天然痘續發の釜山水晶町を流行地に指定す/一名十圓で密航者募集/義捐金橫領上告を棄却
235767	朝鮮朝日	南鮮版	1933-04-12	1	01단	半島に新生面産業政策の實現へ！道知事會議開かる
235768	朝鮮朝日	南鮮版	1933-04-12	1	01단	各地の道議選擧情勢慶南道は白熱化定員超過實に四十名/京城府の候補者顔觸/選擧違反容疑すでに六件
235769	朝鮮朝日	南鮮版	1933-04-12	1	03단	將校の現地演習
235770	朝鮮朝日	南鮮版	1933-04-12	1	03단	工大を平壤に設置を要望
235771	朝鮮朝日	南鮮版	1933-04-12	1	03단	南鮮ところどころ(京城/淸州/釜山/群山/大田)
235772	朝鮮朝日	南鮮版	1933-04-12	1	04단	龍山病院火事騷ぎ
235773	朝鮮朝日	南鮮版	1933-04-12	1	04단	釜中創立記念式
235774	朝鮮朝日	南鮮版	1933-04-12	1	04단	鐵道工事北鮮の新線を主に五線の工事を續行五月中旬頃から着工の豫定
235775	朝鮮朝日	南鮮版	1933-04-12	1	05단	簡易驛を昇格
235776	朝鮮朝日	南鮮版	1933-04-12	1	05단	防空演習と鐵道局の對策
235777	朝鮮朝日	南鮮版	1933-04-12	1	06단	全朝鮮陸上競技聯盟事業と役員決定
235778	朝鮮朝日	南鮮版	1933-04-12	1	06단	釜山府立病院新築計劃進む
235779	朝鮮朝日	南鮮版	1933-04-12	1	07단	春の道しるべ北鮮
235780	朝鮮朝日	南鮮版	1933-04-12	1	08단	朝鮮の經濟槪況米は賣行不良金融は平穩
235781	朝鮮朝日	南鮮版	1933-04-12	1	09단	鮮産水産物の進出を促進海産輸入組合
235782	朝鮮朝日	南鮮版	1933-04-12	1	09단	非常の好成績京畿道の共同耕作
235783	朝鮮朝日	南鮮版	1933-04-12	1	09단	全北道內の主なる藥草
235784	朝鮮朝日	南鮮版	1933-04-12	1	09단	人(橫田五郞氏(前高等法院長)/吉良喜重氏(新任京畿道警務課長)/磯崎廣行氏(新任江原道警務課長))
235785	朝鮮朝日	南鮮版	1933-04-12	1	10단	煙草
235786	朝鮮朝日	南鮮版	1933-04-12	1	10단	アル橫顔
235787	朝鮮朝日	西北版	1933-04-13	1	01단	民力の充實と民生の寧福を眠目に調整を計ることが緊要知事會議における宇垣總督訓示/知事會議(二日目)
235788	朝鮮朝日	西北版	1933-04-13	1	01단	平南の産業を刷新根本的の對策を研究するまづ商議員を設置
235789	朝鮮朝日	西北版	1933-04-13	1	01단	李王殿下十三日御歸東
235790	朝鮮朝日	西北版	1933-04-13	1	02단	平壤鎭南浦を除き各郡とも立候補激烈な平南道議選

일련번호	판명		간행일	면	단수	기사명
235791	朝鮮朝日	西北版	1933-04-13	1	03단	司法官會議出席者
235792	朝鮮朝日	西北版	1933-04-13	1	03단	春の幕は開かれて鮮滿旅行團が殺到有卦に入ってホクホクの鐵道局
235793	朝鮮朝日	西北版	1933-04-13	1	04단	咸興府臨時府會
235794	朝鮮朝日	西北版	1933-04-13	1	04단	平壤辯護士總會
235795	朝鮮朝日	西北版	1933-04-13	1	04단	平壤府の戶別稅査定を終る
235796	朝鮮朝日	西北版	1933-04-13	1	05단	平壤商議所滯納金
235797	朝鮮朝日	西北版	1933-04-13	1	05단	教科書の不足から平壤の兒童大困りやっと謄寫刷りで間に合はす
235798	朝鮮朝日	西北版	1933-04-13	1	06단	平壤の春空を賑はすプロペラの珍客ヒルスや仲鈴孃等々
235799	朝鮮朝日	西北版	1933-04-13	1	06단	東洋鑛業社
235800	朝鮮朝日	西北版	1933-04-13	1	06단	自力更生に力をそゝぐ勸農共濟組合
235801	朝鮮朝日	西北版	1933-04-13	1	07단	殘匪二百名を掃蕩西田部隊二名死傷す
235802	朝鮮朝日	西北版	1933-04-13	1	07단	花見列車
235803	朝鮮朝日	西北版	1933-04-13	1	08단	獻金醵出を協議平壤國防義會/生徒からも獻金
235804	朝鮮朝日	西北版	1933-04-13	1	08단	咸南北の警備電話いよいよ開通
235805	朝鮮朝日	西北版	1933-04-13	1	09단	宣教師が暴行働く毆打するなど
235806	朝鮮朝日	西北版	1933-04-13	1	09단	口蹄疫の牛三頭を密移入恐るべき牛肉商二名/罹病牛二百頭平南道內に
235807	朝鮮朝日	西北版	1933-04-13	1	09단	手錠をはめたまま詐欺犯人逃走す
235808	朝鮮朝日	西北版	1933-04-13	1	09단	公金橫領の三名を送致咸興道病院不正事件
235809	朝鮮朝日	西北版	1933-04-13	1	10단	瀆職の二警官强制處分に平壤刑務所に收容
235810	朝鮮朝日	西北版	1933-04-13	1	10단	失戀死體
235811	朝鮮朝日	西北版	1933-04-13	1	10단	五千圓を花街に
235812	朝鮮朝日	南鮮版	1933-04-13	1	01단	民力の充實と民生の寧福を眼目に調整を計ることが緊要知事會議における宇垣總督訓示/知事會議(二日目)
235813	朝鮮朝日	南鮮版	1933-04-13	1	01단	李王殿下十三日御歸東
235814	朝鮮朝日	南鮮版	1933-04-13	1	01단	獵奇的犯罪も遂に終局ヘマリヤ殺し新容疑者愈よ收容さる眠を眞赤に辨當も手につけずに/犯人と推定し得る諸種の材料からつひに有力な供述/驚いて語る配給所の主任/飼犬に手を嚙まれた形大橋夫人談/解決せしめる自信がある古市署長談/釜山鐵道界に驚きの過卷

일련번호	판명		간행일	면	단수	기사명
235815	朝鮮朝日	南鮮版	1933-04-13	1	04단	司法官會議出席者
235816	朝鮮朝日	南鮮版	1933-04-13	1	04단	靑年時代第一課戀はすまじきもの裏切られで泣きに泣いた男あり
235817	朝鮮朝日	南鮮版	1933-04-13	1	05단	春・港の街に花見大賣出し群山で色んな崔し
235818	朝鮮朝日	南鮮版	1933-04-13	1	06단	春の幕は開かれて鮮滿旅行團が殺到有掛に入ってホクホクの鐵道局
235819	朝鮮朝日	南鮮版	1933-04-13	1	06단	佛さんが行方不明何者が盜んだか
235820	朝鮮朝日	南鮮版	1933-04-13	1	07단	治安維持法違反で四名の身柄送局
235821	朝鮮朝日	南鮮版	1933-04-13	1	08단	暗夜に光明蘇へる貧困患者恩賜救療感謝の聲
235822	朝鮮朝日	南鮮版	1933-04-13	1	09단	失戀死體
235823	朝鮮朝日	南鮮版	1933-04-13	1	10단	鐵道自慢の石炭專車破損
235824	朝鮮朝日	南鮮版	1933-04-13	1	10단	江界での初筏式
235825	朝鮮朝日	南鮮版	1933-04-13	1	10단	アル横顔
235826	朝鮮朝日	南鮮版	1933-04-13	1	10단	白劃橫行の竊盜團一味群山を荒す
235827	朝鮮朝日	西北版	1933-04-14	1	01단	日滿文化開拓の吉會線が進捗假營業開始近づく
235828	朝鮮朝日	西北版	1933-04-14	1	01단	過去の官選に一脈の新味注入か注目される平南道議選擧/日に日に運動猛烈候補者五十名
235829	朝鮮朝日	西北版	1933-04-14	1	01단	各地からの新しき話(公州/仁川/浦項/大邱/釜山/群山/蘇城/京城/新義州/咸興/龍興/城津/開城/平壤/羅津)
235830	朝鮮朝日	西北版	1933-04-14	1	04단	朝鮮藥友會本社を見學
235831	朝鮮朝日	西北版	1933-04-14	1	04단	平壤醫專入試に醜・替玉事件發覺大田郡廳員が擧力を懸念して姻戚の靑年に受驗さす/願書の寫眞は替玉そっくりだ及川醫專校長談
235832	朝鮮朝日	西北版	1933-04-14	1	05단	軍旗祭に國防展覽會本社も出品
235833	朝鮮朝日	西北版	1933-04-14	1	05단	銀貨僞造團一名捕まる
235834	朝鮮朝日	西北版	1933-04-14	1	06단	池田大佐羅南に着任
235835	朝鮮朝日	西北版	1933-04-14	1	06단	人を轢倒し電線を切斷す無免許運轉手
235836	朝鮮朝日	西北版	1933-04-14	1	07단	盤龍山頂に十四疊の大國旗天長節から飜へる
235837	朝鮮朝日	西北版	1933-04-14	1	07단	戀の淸算書添はれぬのを悲觀して娼妓と運ちゃん心中
235838	朝鮮朝日	西北版	1933-04-14	1	07단	牛疫益々流行す平南道內に二百七十頭/天然痘が又も發生猖獗の平南道/一家四名チフス名遂に死亡

일련번호	판명		간행일	면	단수	기사명
235839	朝鮮朝日	西北版	1933-04-14	1	08단	高射機關銃二台分獻金崔昌學氏から
235840	朝鮮朝日	西北版	1933-04-14	1	08단	批峴郵所長の惡事內容
235841	朝鮮朝日	西北版	1933-04-14	1	09단	囚人から獻金續出旣に百十二圓
235842	朝鮮朝日	西北版	1933-04-14	1	09단	賣笑婦の生活調査平壤府內で
235843	朝鮮朝日	西北版	1933-04-14	1	10단	鴨綠江名物白魚漁開始一斤十錢位
235844	朝鮮朝日	西北版	1933-04-14	1	10단	春日巷談
235845	朝鮮朝日	南鮮版	1933-04-14	1	01단	日滿文化開拓の吉會線が進捗假營業開始近づく
235846	朝鮮朝日	南鮮版	1933-04-14	1	01단	道議員選擧情勢迎日郡は相當混戰か/慶北道は定員の三倍各地に監視官/京畿道一部選擧を早む
235847	朝鮮朝日	南鮮版	1933-04-14	1	01단	脹はふ裡里三つの催しもの
235848	朝鮮朝日	南鮮版	1933-04-14	1	02단	形勝の地に群山公會堂潮湯や宴會場の設備もある今秋竣工の見込み
235849	朝鮮朝日	南鮮版	1933-04-14	1	02단	各地からの新しき話(公州/仁川/浦項/大邱/釜山/群山/蘇城/京城)
235850	朝鮮朝日	南鮮版	1933-04-14	1	04단	朝鮮藥友會本社を見學
235851	朝鮮朝日	南鮮版	1933-04-14	1	04단	平壤醫專入試に醜・替玉事件發覺大田郡廳員が學力を懸念して姻戚の青年に受驗さす/願書の寫眞は替玉そっくりだ及川醫專校長談
235852	朝鮮朝日	南鮮版	1933-04-14	1	04단	內地人青年自殺二重奏
235853	朝鮮朝日	南鮮版	1933-04-14	1	05단	龍山聯隊軍旗祭來る十八日
235854	朝鮮朝日	南鮮版	1933-04-14	1	06단	小鳥への贈物
235855	朝鮮朝日	南鮮版	1933-04-14	1	06단	人(色部貢氏(鮮銀理事)/船越光雄氏(朝鮮農會理事)/石川登盛氏(朝鮮火災社長))
235856	朝鮮朝日	南鮮版	1933-04-14	1	06단	參考に湯川氏訊問マリヤ事件
235857	朝鮮朝日	南鮮版	1933-04-14	1	06단	四月の食慾を諳へる西瓜と胡瓜が來ました
235858	朝鮮朝日	南鮮版	1933-04-14	1	07단	京城銀座通り街路の美化運動大賣出しを前にこの企て
235859	朝鮮朝日	南鮮版	1933-04-14	1	07단	痘瘡に引續いて今度はチフス京畿道に三十八名
235860	朝鮮朝日	南鮮版	1933-04-14	1	07단	全鮮各地で貯金變造詐欺
235861	朝鮮朝日	南鮮版	1933-04-14	1	08단	海外に朝鮮宣傳大童の鐵道局
235862	朝鮮朝日	南鮮版	1933-04-14	1	09단	京城觀光協會設立/釜山も計劃
235863	朝鮮朝日	南鮮版	1933-04-14	1	09단	刑事補償法適用朝鮮で最初の人二百三十九圓を許今伊へ
235864	朝鮮朝日	南鮮版	1933-04-14	1	10단	觀音夜市
235865	朝鮮朝日	南鮮版	1933-04-14	1	10단	山櫻一萬本

일련번호	판명		간행일	면	단수	기사명
235866	朝鮮朝日	南鮮版	1933-04-14	1	10단	慶南道の雜穀實收高
235867	朝鮮朝日	南鮮版	1933-04-14	1	10단	アル横顔
235868	朝鮮朝日	西北版	1933-04-15	1	01단	ナンと心强い半島にこの愛國熱高射機關銃四十梃に上る素晴しや日に五百圓の獻金
235869	朝鮮朝日	西北版	1933-04-15	1	01단	呑吐量九百萬噸の大貿易港とする！羅津港を愈よ五月から修築
235870	朝鮮朝日	西北版	1933-04-15	1	01단	社會敎化主事五郡に設置
235871	朝鮮朝日	西北版	1933-04-15	1	02단	道議員選擧情勢(平北道/咸南道)
235872	朝鮮朝日	西北版	1933-04-15	1	02단	兒童を健やかに平壤府の學校衛生を確立
235873	朝鮮朝日	西北版	1933-04-15	1	02단	溫井里陸軍射擊場で實彈演習を行ふ防空演習の下準備
235874	朝鮮朝日	西北版	1933-04-15	1	03단	咸南道の土木事業總額二百萬圓
235875	朝鮮朝日	西北版	1933-04-15	1	03단	平壤驛美裝
235876	朝鮮朝日	西北版	1933-04-15	1	04단	大同江流域水力電能力
235877	朝鮮朝日	西北版	1933-04-15	1	04단	公共貸付金利引下十五日から
235878	朝鮮朝日	西北版	1933-04-15	1	04단	各地からの新しき話(茂山/開城/咸興/新義州/安東縣/慈山/平壤)
235879	朝鮮朝日	西北版	1933-04-15	1	05단	山地細農者を更生させる亞麻栽培獎勵
235880	朝鮮朝日	西北版	1933-04-15	1	05단	あなたは白衣を廢しなさいそして經濟的な色服を
235881	朝鮮朝日	西北版	1933-04-15	1	06단	本年度も繼續する窮民の救濟事業二千五百萬圓位で
235882	朝鮮朝日	西北版	1933-04-15	1	06단	鑛業技術官派遣規則改正
235883	朝鮮朝日	西北版	1933-04-15	1	07단	平壤商議所事務局新築
235884	朝鮮朝日	西北版	1933-04-15	1	07단	平壤附近で優秀な耐酸陶土を發見製陶の都にこの喜び
235885	朝鮮朝日	西北版	1933-04-15	1	08단	鎭南浦製氷成績は良好
235886	朝鮮朝日	西北版	1933-04-15	1	08단	心中後報
235887	朝鮮朝日	西北版	1933-04-15	1	08단	悲劇一幕上新嬰兒殺し
235888	朝鮮朝日	西北版	1933-04-15	1	09단	北鮮地方に緬羊增産を計劃力瘤を入れる總督
235889	朝鮮朝日	西北版	1933-04-15	1	10단	鮮女殺しの犯人
235890	朝鮮朝日	西北版	1933-04-15	1	10단	春日巷談
235891	朝鮮朝日	南鮮版	1933-04-15	1	01단	ナンと心强い半島にこの愛國熱高射機關銃四十挺に上る素晴しや日に五百圓の獻金
235892	朝鮮朝日	南鮮版	1933-04-15	1	01단	釜山愛國少年團の團旗できあがる十六日盛大な推戴式

일련번호	판명		간행일	면	단수	기사명
235893	朝鮮朝日	南鮮版	1933-04-15	1	01단	李王兩殿下
235894	朝鮮朝日	南鮮版	1933-04-15	1	01단	公共貸付金利引下十五日から
235895	朝鮮朝日	南鮮版	1933-04-15	1	02단	貧困兒童に學資を貢ぐ大塚源七氏
235896	朝鮮朝日	南鮮版	1933-04-15	1	02단	春の猾り台から
235897	朝鮮朝日	南鮮版	1933-04-15	1	03단	三私立中學昇格
235898	朝鮮朝日	南鮮版	1933-04-15	1	03단	本年度も繼續する窮民の救濟事業二千五百萬圓位で
235899	朝鮮朝日	南鮮版	1933-04-15	1	03단	釜山嚴原間海底電話線完成第一回通話試驗好成績
235900	朝鮮朝日	南鮮版	1933-04-15	1	04단	人(八木朔一氏(京城郵便局前監督課長)/中村京城本町署長/磯貝一氏(柔道節士))
235901	朝鮮朝日	南鮮版	1933-04-15	1	04단	鰯搾粕運賃
235902	朝鮮朝日	南鮮版	1933-04-15	1	05단	各地からの新しき話(大邱/京城/裡里/大田/群山/木浦/鎭海/釜山)
235903	朝鮮朝日	南鮮版	1933-04-15	1	05단	仁川窮細民調査
235904	朝鮮朝日	南鮮版	1933-04-15	1	05단	春の豪華ミス・サクラの饗宴十六日の休みはどこへ(釜山/東萊/馬山/鎭海/蔚山)
235905	朝鮮朝日	南鮮版	1933-04-15	1	06단	木浦病院料値下
235906	朝鮮朝日	南鮮版	1933-04-15	1	07단	スポーツ(早大陸競部來る/陸競練習會)
235907	朝鮮朝日	南鮮版	1933-04-15	1	07단	あなたは白衣を廢しなさいそして經濟的な色服を
235908	朝鮮朝日	南鮮版	1933-04-15	1	08단	平北平南に六十四頭發生す牛疫初發以來千七百頭
235909	朝鮮朝日	南鮮版	1933-04-15	1	08단	悲劇一幕上新嬰兒殺し
235910	朝鮮朝日	南鮮版	1933-04-15	1	08단	實父毒殺に十年
235911	朝鮮朝日	南鮮版	1933-04-15	1	09단	求刑より五年輕い
235912	朝鮮朝日	南鮮版	1933-04-15	1	10단	釜山三ヶ所に輕費診療所ちかく設置
235913	朝鮮朝日	南鮮版	1933-04-15	1	10단	カチ鳥が電柱に巢
235914	朝鮮朝日	南鮮版	1933-04-15	1	10단	アル横顔
235915	朝鮮朝日	西北版	1933-04-16	1	01단	平壤附近一帶に製陶の都を建設する民間窯業の助長に盡す平壤工試所窯業部を充實(原料調査完成/原料實用試驗/採算試驗/家內工業建設/徒弟養成/共同作業場/販賣助成會/燃料問題)
235916	朝鮮朝日	西北版	1933-04-16	1	01단	農村振興に根本策を要望當面の諸問題を愼重に協議道知事會議終る
235917	朝鮮朝日	西北版	1933-04-16	1	01단	徹底的に市街地を整備興南を近代都市に
235918	朝鮮朝日	西北版	1933-04-16	1	01단	各地からの新しき話(平壤/鎭南浦/間島/城津/慈山/定州/開城)
235919	朝鮮朝日	西北版	1933-04-16	1	04단	本町や驛通り鋪裝を希望

일련번호	판명		간행일	면	단수	기사명
235920	朝鮮朝日	西北版	1933-04-16	1	04단	平壤府內の下層階級者基本的調査
235921	朝鮮朝日	西北版	1933-04-16	1	06단	總督府の官制改正實施は六月
235922	朝鮮朝日	西北版	1933-04-16	1	06단	十八日いとも盛大に平壤聯隊の軍旗祭盛りの澤山の餘興を催して/咸興でも軍旗祭
235923	朝鮮朝日	西北版	1933-04-16	1	07단	花の頃を前に零下一度の寒さふるひ上る平壤府民
235924	朝鮮朝日	西北版	1933-04-16	1	07단	雙方の主張著しく交渉は決裂の狀態朝穀對鮮航の運賃改訂問題
235925	朝鮮朝日	西北版	1933-04-16	1	07단	面民四百名の戶別稅を代納す還曆祝に崔氏の美擧
235926	朝鮮朝日	西北版	1933-04-16	1	07단	肥育牛を增殖せよ咸南道で獎勵
235927	朝鮮朝日	西北版	1933-04-16	1	08단	野菜供給は支那人から朝鮮人の手に
235928	朝鮮朝日	西北版	1933-04-16	1	09단	五十名の朝鮮人密輸團鴨綠江鐵橋下手で陸揚中警官に發砲されて逃走
235929	朝鮮朝日	西北版	1933-04-16	1	09단	六回に亙り金塊數貫を密輸男女四名平壤署へ
235930	朝鮮朝日	西北版	1933-04-16	1	09단	竹行李から阿片十餘貫犯人は平壤署へ
235931	朝鮮朝日	西北版	1933-04-16	1	10단	匪賊の手から無事救はる高木彌次馬氏
235932	朝鮮朝日	西北版	1933-04-16	1	10단	沈沒船から積荷を盜む十二名が數回に
235933	朝鮮朝日	西北版	1933-04-16	1	10단	窪田藤壽巡査を懲戒委員會へ
235934	朝鮮朝日	南鮮版	1933-04-16	1	01단	馬山の錦繪
235935	朝鮮朝日	南鮮版	1933-04-16	1	01단	『稅金を納めよ』の旗は春風に飜へる京畿道の試み好成績
235936	朝鮮朝日	南鮮版	1933-04-16	1	01단	候補者は定員の三培激戰の慶南道議戰
235937	朝鮮朝日	南鮮版	1933-04-16	1	01단	總督府の官制改正實施は六月
235938	朝鮮朝日	南鮮版	1933-04-16	1	02단	各地からの新しき話面民四百名の戶別稅を代納す還曆祝に崔氏の美擧/溫泉試掘/强制種痘/京城府の傳染病者二千人に上る
235939	朝鮮朝日	南鮮版	1933-04-16	1	03단	訪日のマ嬢機京城に安着
235940	朝鮮朝日	南鮮版	1933-04-16	1	04단	應じない時は土地收用令市區改修道路敷地
235941	朝鮮朝日	南鮮版	1933-04-16	1	05단	一生懸命でマリーズ嬢談
235942	朝鮮朝日	南鮮版	1933-04-16	1	05단	農村振興に根本策を要望當面の諸問題を愼重に協議道知事會議終る
235943	朝鮮朝日	南鮮版	1933-04-16	1	05단	民間と協力し朝鮮軍將兵慰問葉書や封緘を贈る/機關銃獻納大田靑年團から資金を募集
235944	朝鮮朝日	南鮮版	1933-04-16	1	06단	慶北鰊漁業者倒破産續出減稅を陳情

일련번호	판명		간행일	면	단수	기사명
235945	朝鮮朝日	南鮮版	1933-04-16	1	06단	京城の氷會社合同は困難生産制限問題から
235946	朝鮮朝日	南鮮版	1933-04-16	1	07단	春宵悲戀哀話女は無樣佛に
235947	朝鮮朝日	南鮮版	1933-04-16	1	07단	雙方の主張著しく交渉は決裂の狀態朝穀對鮮航の運賃改訂問題/委託販賣の紛糾漸やく妥協成立釜山水産對釜山漁組
235948	朝鮮朝日	南鮮版	1933-04-16	1	08단	貯金返還を叫び四百名殺到
235949	朝鮮朝日	南鮮版	1933-04-16	1	09단	各方面から調査を進むマリア殺し事件
235950	朝鮮朝日	南鮮版	1933-04-16	1	10단	電管爆發し六名が負傷
235951	朝鮮朝日	南鮮版	1933-04-16	1	10단	又も爲贊詐欺犯
235952	朝鮮朝日	南鮮版	1933-04-16	1	10단	人(三木義之氏(前慶南道學務課長)/板本官藏氏(新任慶南道學務課長)/廣瀨博氏(朝汽社長)/藤村寬太氏(台南警察部長)/福岡縣會議員産業視察團/本間德雄氏(元總督府技師)/坂上滿壽雄氏(平北警務課長)/谷口尚眞大將(海軍特命檢閱使))
235953	朝鮮朝日	南鮮版	1933-04-16	1	10단	アル橫顔
235954	朝鮮朝日	西北版	1933-04-18	1	01단	越江耕作保護に一萬の警官出動國境に帝國の威信を顯揚
235955	朝鮮朝日	西北版	1933-04-18	1	01단	六月下旬には國境廻周線が全通期待される歐亞聯絡の捷徑
235956	朝鮮朝日	西北版	1933-04-18	1	02단	全鮮に産組普及農村振興に
235957	朝鮮朝日	西北版	1933-04-18	1	02단	二十七夫人に有功章授與戰傷兵弔慰等の獻身的功績で
235958	朝鮮朝日	西北版	1933-04-18	1	03단	平壤驛本屋の改增築進む
235959	朝鮮朝日	西北版	1933-04-18	1	04단	全國警察部長會議に五氏が出席する
235960	朝鮮朝日	西北版	1933-04-18	1	04단	危險思想の撲滅根本策委員會で考究
235961	朝鮮朝日	西北版	1933-04-18	1	04단	平南道定員に對し卅三名の超過/官選の顔觸
235962	朝鮮朝日	西北版	1933-04-18	1	05단	平壤國防義會發會式宣言
235963	朝鮮朝日	西北版	1933-04-18	1	05단	道警察部長會議非常時警察を高揚す
235964	朝鮮朝日	西北版	1933-04-18	1	05단	けなげな兒童達
235965	朝鮮朝日	西北版	1933-04-18	1	06단	思想善導に體育を大獎勵まづラヂオ體操を普及する
235966	朝鮮朝日	西北版	1933-04-18	1	06단	西鮮聯盟野球戰日割きまる/グラウンド開き/新義州野球團
235967	朝鮮朝日	西北版	1933-04-18	1	07단	一ケ年振りに明るみの社會へ鮮銀事件の牧野正男
235968	朝鮮朝日	西北版	1933-04-18	1	07단	平昌に點燈要望
235969	朝鮮朝日	西北版	1933-04-18	1	07단	安東の人口

일련번호	판명		간행일	면	단수	기사명
235970	朝鮮朝日	西北版	1933-04-18	1	08단	(新義州/安東縣/平壤)
235971	朝鮮朝日	西北版	1933-04-18	1	08단	牡丹台公園に諸車交通禁止
235972	朝鮮朝日	西北版	1933-04-18	1	08단	花時交通整理
235973	朝鮮朝日	西北版	1933-04-18	1	09단	富士紡重役が寶石密輸を企て散々に油をしぼらる
235974	朝鮮朝日	西北版	1933-04-18	1	09단	美人殺しの主犯行方不明
235975	朝鮮朝日	西北版	1933-04-18	1	09단	熟睡中の繼父を食刀で滅多斬り飛んだことからこの兇行
235976	朝鮮朝日	西北版	1933-04-18	1	10단	漁撈中の二名激浪に呑まる
235977	朝鮮朝日	西北版	1933-04-18	1	10단	春日巷談
235978	朝鮮朝日	南鮮版	1933-04-18	1	01단	思想の善導に社會體育を奬勵まづラヂオ體操を普及
235979	朝鮮朝日	南鮮版	1933-04-18	1	01단	各地の道會議員選擧情勢慶南道全鮮一の大激戰地と化す! 各地に頻々たる違反事件/忠淸南道/全北道/大體において官選議員は決定
235980	朝鮮朝日	南鮮版	1933-04-18	1	02단	謳春譜櫻に浮れ出た人人ひろげられた眽かな舞台
235981	朝鮮朝日	南鮮版	1933-04-18	1	04단	全國警察部長會議に五氏が出席する
235982	朝鮮朝日	南鮮版	1933-04-18	1	04단	危險思想の撲滅根本策委員會で考究
235983	朝鮮朝日	南鮮版	1933-04-18	1	05단	全鮮に産組普及農村振興に
235984	朝鮮朝日	南鮮版	1933-04-18	1	05단	大田大隊軍旗祭廿一日盛大に
235985	朝鮮朝日	南鮮版	1933-04-18	1	05단	道警察部長會議非常時警察を高揚す
235986	朝鮮朝日	南鮮版	1933-04-18	1	06단	殉職警官招魂祭盛大に營まる
235987	朝鮮朝日	南鮮版	1933-04-18	1	06단	おらが誇りの繪卷全國特産品展覽會當業者の參考と販路の擴張に廿一日から總督府商工奬勵館で
235988	朝鮮朝日	南鮮版	1933-04-18	1	07단	大邱醫專校入試
235989	朝鮮朝日	南鮮版	1933-04-18	1	07단	釜山競馬正式認可申請
235990	朝鮮朝日	南鮮版	1933-04-18	1	07단	スポーツ(野球戰/優勝劍道部/武德祭)
235991	朝鮮朝日	南鮮版	1933-04-18	1	08단	癩豫防理事監事
235992	朝鮮朝日	南鮮版	1933-04-18	1	08단	各地短信(興南/大邱)
235993	朝鮮朝日	南鮮版	1933-04-18	1	09단	不敵の竊盜團鎮海署で逮捕
235994	朝鮮朝日	南鮮版	1933-04-18	1	09단	十八年目に父親を捜し出す嬉し淚の一等兵
235995	朝鮮朝日	南鮮版	1933-04-18	1	09단	カフエがエロ化大邱署が警告
235996	朝鮮朝日	南鮮版	1933-04-18	1	10단	證據品を化學的分析愈よ注目されるマリヤ殺事件
235997	朝鮮朝日	南鮮版	1933-04-18	1	10단	續發する天然痘全南の榮山面

일련번호	판명		간행일	면	단수	기사명
235998	朝鮮朝日	南鮮版	1933-04-18	1	10단	人(坂上滿壽雄氏(新任平北道警務課長)
235999	朝鮮朝日	南鮮版	1933-04-18	1	10단	アル横顔
236000	朝鮮朝日	西北版	1933-04-19	1	01단	人材本位に中樞院改革/對滿關稅の改正を考究/鮮米統制と社還米制度
236001	朝鮮朝日	西北版	1933-04-19	1	01단	非常時警察の精神を高揚す(道警察部長會議における)總督、警務局長の訓示/指示事項
236002	朝鮮朝日	西北版	1933-04-19	1	02단	平壤を朝鮮の大阪に速やかに大同江改修せよ支流普通江とともに府民の熱烈なる叫び
236003	朝鮮朝日	西北版	1933-04-19	1	04단	平南平北管下鄕軍の支部大會平壤で盛大に催ず
236004	朝鮮朝日	西北版	1933-04-19	1	05단	赫々たる武勳の愛國機偵察機凱旋十八日平壤飛行聯隊へ
236005	朝鮮朝日	西北版	1933-04-19	1	05단	お化粉もすんでお客を招く大同江の遊船
236006	朝鮮朝日	西北版	1933-04-19	1	06단	通溝方面の派遣隊凱旋
236007	朝鮮朝日	西北版	1933-04-19	1	07단	平南道の沙防工事三百廿町步
236008	朝鮮朝日	西北版	1933-04-19	1	07단	平壤へ・花見列車牡丹台の櫻は三十日頃見ごろ
236009	朝鮮朝日	西北版	1933-04-19	1	07단	猛威の口蹄疫遂に平壤府內に入るお注意人間にも感染
236010	朝鮮朝日	西北版	1933-04-19	1	07단	平鐵ベビーゴルフ
236011	朝鮮朝日	西北版	1933-04-19	1	07단	七七聯隊軍旗祭軍民合同の餘興で賑ふ
236012	朝鮮朝日	西北版	1933-04-19	1	08단	墓地から生首出る胴體を食ったか
236013	朝鮮朝日	西北版	1933-04-19	1	08단	(城津/江界/新安州)
236014	朝鮮朝日	西北版	1933-04-19	1	09단	判決を延期して更に二名を調ふ鎭南浦の若妻殺し事件
236015	朝鮮朝日	西北版	1933-04-19	1	09단	藝妓も妓生も宵口から入箱切れ景氣が好い平壤花柳界
236016	朝鮮朝日	西北版	1933-04-19	1	10단	チンピラ竊盜團
236017	朝鮮朝日	西北版	1933-04-19	1	10단	失戀の鐵道自殺
236018	朝鮮朝日	西北版	1933-04-19	1	10단	春日巷談
236019	朝鮮朝日	南鮮版	1933-04-19	1	01단	人材本位に中樞院改革/對滿關稅の改正を考究/總督府と豫算の方針/鮮米統制と社還米制度
236020	朝鮮朝日	南鮮版	1933-04-19	1	02단	非違を糺彈し思想の善導に努めよ警察部長會議總督、警務局長の訓示/指示事項
236021	朝鮮朝日	南鮮版	1933-04-19	1	02단	春光を浴びる

일련번호	판명		간행일	면	단수	기사명
236022	朝鮮朝日	南鮮版	1933-04-19	1	03단	釜山の空を護る高射機關銃二台近く獻金で購入する/軍旗祭で大賑ひ(大邱聯隊)/花に賑ふ馬山重砲隊創立記念日
236023	朝鮮朝日	南鮮版	1933-04-19	1	04단	棧橋派出所ちかく改築
236024	朝鮮朝日	南鮮版	1933-04-19	1	04단	苦しいながら今年は樂だ救濟事業の普遍化で息をつく慶北農民
236025	朝鮮朝日	南鮮版	1933-04-19	1	05단	稅監局を釜山に猛運動を起す
236026	朝鮮朝日	南鮮版	1933-04-19	1	05단	京城北鮮間の旅客が激增數年ない成績
236027	朝鮮朝日	南鮮版	1933-04-19	1	05단	首相と合作の寶刀を獻納する武運長久祈願に朝鮮神宮へ國盟の栗原代議士が
236028	朝鮮朝日	南鮮版	1933-04-19	1	06단	京城府會
236029	朝鮮朝日	南鮮版	1933-04-19	1	06단	花見歸りの母子五人六人組の强盜團に襲はる二十圓札一枚を强奪逃走
236030	朝鮮朝日	南鮮版	1933-04-19	1	06단	夏場運賃解決せず改めて交涉
236031	朝鮮朝日	南鮮版	1933-04-19	1	07단	各地からの新しき話(京城/釜山/馬山/新坪洞)
236032	朝鮮朝日	南鮮版	1933-04-19	1	07단	全鮮では最初赤布橋を吊橋に總工費二十一萬圓で
236033	朝鮮朝日	南鮮版	1933-04-19	1	07단	乳幼兒愛護釜山の催し
236034	朝鮮朝日	南鮮版	1933-04-19	1	07단	京城物價は下落步調騰貴は僅か十品
236035	朝鮮朝日	南鮮版	1933-04-19	1	07단	ピンデ征伐から二兒が命とらる他一名は瀕死の重體に水銀中毒を起して
236036	朝鮮朝日	南鮮版	1933-04-19	1	08단	東萊邑に配湯權讓渡多年の懸案解決
236037	朝鮮朝日	南鮮版	1933-04-19	1	08단	痘瘡患者十五名隱匿を發見
236038	朝鮮朝日	南鮮版	1933-04-19	1	09단	大格鬪で巡査の負傷屈せず取押へた不審の男
236039	朝鮮朝日	南鮮版	1933-04-19	1	10단	新判例略式命令に對する正式裁判の請求
236040	朝鮮朝日	南鮮版	1933-04-19	1	10단	選擧違反嫌疑で三名を取調ぶ
236041	朝鮮朝日	南鮮版	1933-04-19	1	10단	金元變懲役十年
236042	朝鮮朝日	南鮮版	1933-04-19	1	10단	六戶全燒
236043	朝鮮朝日	南鮮版	1933-04-19	1	10단	チンピラ竊盜團
236044	朝鮮朝日	西北版	1933-04-20	1	01단	近く具體化信託の大合同問題同時に地方の普通銀行を整理當局の調査準備進む/朝商銀と北商銀の合同具體案なる廿五日頃迄には假調印が
236045	朝鮮朝日	西北版	1933-04-20	1	01단	百十數回に互り匪賊討伐に參加武勳を立てた朝鮮愛國機(凱旋して宮崎曹長語る
236046	朝鮮朝日	西北版	1933-04-20	1	03단	無蓋記念日
236047	朝鮮朝日	西北版	1933-04-20	1	03단	朝鐵總會

일련번호	판명		간행일	면	단수	기사명
236048	朝鮮朝日	西北版	1933-04-20	1	03단	中堅農民の養成に普通校卒業生指導初等校長訓導を集めて講習
236049	朝鮮朝日	西北版	1933-04-20	1	03단	警察行政の萬全を高調警察部長會議終る
236050	朝鮮朝日	西北版	1933-04-20	1	04단	平壤で遊覽飛行
236051	朝鮮朝日	西北版	1933-04-20	1	04단	農家經濟更生の基本調査を行ふ各方面から詳細に
236052	朝鮮朝日	西北版	1933-04-20	1	04단	總督府辭令
236053	朝鮮朝日	西北版	1933-04-20	1	05단	平北道候補者亂立狀態
236054	朝鮮朝日	西北版	1933-04-20	1	05단	辭令(東京電話)
236055	朝鮮朝日	西北版	1933-04-20	1	05단	開城電氣料金値下愈よ認可さる
236056	朝鮮朝日	西北版	1933-04-20	1	05단	新裝の平壤驛悩みの一つ
236057	朝鮮朝日	西北版	1933-04-20	1	06단	各地からの新しき話(平壤/安東縣/城津/新義州/開城/茂山)
236058	朝鮮朝日	西北版	1933-04-20	1	06단	國境の春霞の鶯に送られて筏は矢のやうに新義州で盛んな着筏式行はる
236059	朝鮮朝日	西北版	1933-04-20	1	06단	元德隧道崩潰す
236060	朝鮮朝日	西北版	1933-04-20	1	06단	交通事故二萬件僅か四時間で
236061	朝鮮朝日	西北版	1933-04-20	1	07단	全國特産品展覽會本府商工獎勵館で廿一日から
236062	朝鮮朝日	西北版	1933-04-20	1	07단	櫻お出よ牡丹台へ見頃が近づいた
236063	朝鮮朝日	西北版	1933-04-20	1	07단	大邱府會に常置委員
236064	朝鮮朝日	西北版	1933-04-20	1	08단	谷口大將檢閲の日程
236065	朝鮮朝日	西北版	1933-04-20	1	09단	食刀所持の四人組强盗大尼面龍和里に現はれ百廿圓を强奪逃走
236066	朝鮮朝日	西北版	1933-04-20	1	09단	平北の牛疫下火
236067	朝鮮朝日	西北版	1933-04-20	1	09단	列車妨害を嚴重取締る
236068	朝鮮朝日	西北版	1933-04-20	1	09단	十圓札搔拂はる
236069	朝鮮朝日	西北版	1933-04-20	1	09단	匪賊首魁邊洛奎
236070	朝鮮朝日	西北版	1933-04-20	1	10단	敗殘者百餘名救助
236071	朝鮮朝日	西北版	1933-04-20	1	10단	拷問巡查公判へ
236072	朝鮮朝日	西北版	1933-04-20	1	10단	春日巷談
236073	朝鮮朝日	南鮮版	1933-04-20	1	01단	近く具體化信託の大合同問題同時に地方の普通銀行を整理當局の調査準備進む/朝商銀と北商銀の合同具體案なる廿五日頃迄には假調印か
236074	朝鮮朝日	南鮮版	1933-04-20	1	01단	各地道會議員選擧の情勢京畿道定員の三培に上る百餘名の立候補まさに白熱戰を展開/慶尙南道やうやく選擧氣分/有權者二千名/全北道愈よ二期戰へ

일련번호	판명		간행일	면	단수	기사명
236075	朝鮮朝日	南鮮版	1933-04-20	1	01단	しやしんせつめい((上)軍旗祭/(中)修養團南鮮大會/(下)花見の洪水)
236076	朝鮮朝日	南鮮版	1933-04-20	1	03단	總督府辭令
236077	朝鮮朝日	南鮮版	1933-04-20	1	03단	辭令(東京電話)
236078	朝鮮朝日	南鮮版	1933-04-20	1	04단	大邱軍旗祭
236079	朝鮮朝日	南鮮版	1933-04-20	1	05단	各地からの新しき話(公州/浦項/光州/大邱)
236080	朝鮮朝日	南鮮版	1933-04-20	1	05단	警察行政の萬全を高調警察部長會議終る
236081	朝鮮朝日	南鮮版	1933-04-20	1	06단	朝鐵總會
236082	朝鮮朝日	南鮮版	1933-04-20	1	07단	內地移出牛はほとんど全滅の形傳染は飼料からか伊佐山技師等調査歸來談
236083	朝鮮朝日	南鮮版	1933-04-20	1	07단	天然痘が百五十六名全北道內に
236084	朝鮮朝日	南鮮版	1933-04-20	1	08단	谷口大將檢閲の日程
236085	朝鮮朝日	南鮮版	1933-04-20	1	08단	櫻だより(淸州/公州)
236086	朝鮮朝日	南鮮版	1933-04-20	1	08단	資金四十錢の代りに肋骨三枚を折る
236087	朝鮮朝日	南鮮版	1933-04-20	1	08단	問題の山祭堂燒火
236088	朝鮮朝日	南鮮版	1933-04-20	1	09단	マイト突如爆發し二名が無殘の死機張面で巖石採取中の珍事
236089	朝鮮朝日	南鮮版	1933-04-20	1	09단	敗殘者百餘名救助
236090	朝鮮朝日	南鮮版	1933-04-20	1	10단	玄界灘に身投げ
236091	朝鮮朝日	南鮮版	1933-04-20	1	10단	スポーツ(野球リーグ戰)
236092	朝鮮朝日	南鮮版	1933-04-20	1	10단	桑苗品評會
236093	朝鮮朝日	南鮮版	1933-04-20	1	10단	人(高山東拓總裁/朴榮喆氏(朝鮮商銀頭取)/新田留次郎氏(朝鐵專務)/堤永市氏(滿鮮專務)/山口正賢氏(東拓殖産課長)/吉田秀次郎氏(仁川商工會議所會頭))
236094	朝鮮朝日	西北版	1933-04-21	1	01단	恩給法改正に不滿の朝鮮官吏
236095	朝鮮朝日	西北版	1933-04-21	1	01단	日滿交通に大革命吉會北廻り線全通二十日歷史的光景の裡に葦子溝で盛大な祝典
236096	朝鮮朝日	西北版	1933-04-21	1	01단	各地道會議員選擧の情勢平南道各郡とも形勢は俄然一變候補續出亂戰狀態に/平北道/城津郡
236097	朝鮮朝日	西北版	1933-04-21	1	02단	遊資を濫りに放資すな本府から平南金組に嚴しい達し
236098	朝鮮朝日	西北版	1933-04-21	1	04단	總督府辭令
236099	朝鮮朝日	西北版	1933-04-21	1	05단	昭和水利測量視察
236100	朝鮮朝日	西北版	1933-04-21	1	05단	在壤部隊觀兵式特に盛大に
236101	朝鮮朝日	西北版	1933-04-21	1	05단	朝鮮の春を訪ねて內地からぞくぞくと平壤へ花見列車も出ます/各地から團體客

일련번호	판명		간행일	면	단수	기사명
236102	朝鮮朝日	西北版	1933-04-21	1	05단	春風に耕す
236103	朝鮮朝日	西北版	1933-04-21	1	06단	茂山守備隊軍旗祭の催し
236104	朝鮮朝日	西北版	1933-04-21	1	06단	亂打から遂に死亡六名を引致
236105	朝鮮朝日	西北版	1933-04-21	1	07단	(平壤/開城)
236106	朝鮮朝日	西北版	1933-04-21	1	07단	ナントスパラシイデス一尺五寸の靴一間を一歩で歩く電柱のやうな男咸興へ
236107	朝鮮朝日	西北版	1933-04-21	1	07단	猛威をふるふ牛疫平安南道に約四百頭
236108	朝鮮朝日	西北版	1933-04-21	1	07단	西鮮電氣統制問題四社相互間の協定圓滿解決は困難結局は遞信局に一任か
236109	朝鮮朝日	西北版	1933-04-21	1	08단	若者よ田舍者を騙すな
236110	朝鮮朝日	西北版	1933-04-21	1	08단	張泰國を死刑に朴を無期懲役
236111	朝鮮朝日	西北版	1933-04-21	1	09단	繼母殺しに無期とは輕い被告から不服の訴へ
236112	朝鮮朝日	西北版	1933-04-21	1	10단	八名が共謀しお天氣詐欺各地に大被害
236113	朝鮮朝日	西北版	1933-04-21	1	10단	春日巷談
236114	朝鮮朝日	南鮮版	1933-04-21	1	01단	日滿交通に大革命吉會北廻り線全通二十日歷史的光景の裡に葦子溝で盛大な祝典
236115	朝鮮朝日	南鮮版	1933-04-21	1	01단	農村振興に警官も獻身的活動明らかにされたその實績
236116	朝鮮朝日	南鮮版	1933-04-21	1	01단	天長節奉祝會神宮廣場で
236117	朝鮮朝日	南鮮版	1933-04-21	1	02단	道議選情勢慶南道/忠南道候補者の顔觸れ/慶北道
236118	朝鮮朝日	南鮮版	1933-04-21	1	02단	各地からの新しき話(大邱/大田/京城/釜山)
236119	朝鮮朝日	南鮮版	1933-04-21	1	03단	職制改正で鐵道局の人事異動沈滯せる空氣を刷新
236120	朝鮮朝日	南鮮版	1933-04-21	1	04단	無資格の銀行整理調査は進む
236121	朝鮮朝日	南鮮版	1933-04-21	1	05단	春の幕は開かれた
236122	朝鮮朝日	南鮮版	1933-04-21	1	06단	總督府辭令
236123	朝鮮朝日	南鮮版	1933-04-21	1	06단	貴重品が續々出る路西里から
236124	朝鮮朝日	南鮮版	1933-04-21	1	06단	ナントスパラシイデス一尺五寸の靴一間を一歩で歩く電柱のやうな男咸興へ
236125	朝鮮朝日	南鮮版	1933-04-21	1	07단	マリヤ殺事件いよいよ大詰に證據品蒐集に活動
236126	朝鮮朝日	南鮮版	1933-04-21	1	07단	春を踏みにじる痘禍・益々流行
236127	朝鮮朝日	南鮮版	1933-04-21	1	08단	無期懲役
236128	朝鮮朝日	南鮮版	1933-04-21	1	09단	花見時の交通訓練二十二日二回目の交通安全デー
236129	朝鮮朝日	南鮮版	1933-04-21	1	09단	若者よ田舍者を騙すな

일련번호	판명		간행일	면	단수	기사명
236130	朝鮮朝日	南鮮版	1933-04-21	1	09단	投票用紙十五枚紛失木浦署活動
236131	朝鮮朝日	南鮮版	1933-04-21	1	10단	三門里に覆面強盗取押へんとしたがつひに逃走
236132	朝鮮朝日	南鮮版	1933-04-21	1	10단	若い人妻慘殺さる子供は蟲の息痴情からか
236133	朝鮮朝日	南鮮版	1933-04-21	1	10단	鬼のやうな女懲役二年
236134	朝鮮朝日	西北版	1933-04-22	1	01단	陸に海に清津の大飛躍一番新しい現代都市を築く府地區四百七十萬坪を擴張し區劃整然たる市街に/原案通りに清津漁港築造十二萬坪の買收交涉なる
236135	朝鮮朝日	西北版	1933-04-22	1	01단	綜合的指導で五千餘戶を更生指導基本調查を急ぐ
236136	朝鮮朝日	西北版	1933-04-22	1	01단	平壤飛隊記念祭五月七日に
236137	朝鮮朝日	西北版	1933-04-22	1	02단	獻穀田の地鎭祭
236138	朝鮮朝日	西北版	1933-04-22	1	03단	第二十大隊祝典
236139	朝鮮朝日	西北版	1933-04-22	1	03단	朝鮮美展審查員新顔重鎭等
236140	朝鮮朝日	西北版	1933-04-22	1	03단	新京と雄基を結ぶ吉敦延長線が開通對滿經濟に一大轉換を劃す
236141	朝鮮朝日	西北版	1933-04-22	1	04단	米穀大會會長
236142	朝鮮朝日	西北版	1933-04-22	1	04단	府廳舍前を集合場所に買收費用計上
236143	朝鮮朝日	西北版	1933-04-22	1	05단	春に族立つ各校修學旅行
236144	朝鮮朝日	西北版	1933-04-22	1	05단	勤勞愛好の精神を吹き込む平壤府內の各初等學校に好成績の職業科
236145	朝鮮朝日	西北版	1933-04-22	1	05단	咸興步兵七十四聯隊軍旗祭の官民祝宴
236146	朝鮮朝日	西北版	1933-04-22	1	05단	多田畫伯展
236147	朝鮮朝日	西北版	1933-04-22	1	06단	全滿警察同一步調で改革案に絶對反對注目される警察機關改革案(市民側も對策考究)
236148	朝鮮朝日	西北版	1933-04-22	1	06단	咲く花も待たで寂しく散った中年女/深い事情がホテルの話
236149	朝鮮朝日	西北版	1933-04-22	1	07단	(開城/羅南/平壤)
236150	朝鮮朝日	西北版	1933-04-22	1	07단	迷信から二棟全燒占ひに『病人の着物に鬼神がついてる』着物を燒いたことから遂に
236151	朝鮮朝日	西北版	1933-04-22	1	07단	他人の家を自分の如く壞して賣る
236152	朝鮮朝日	西北版	1933-04-22	1	08단	頻發の強盜事件はいづれも虛僞生活難からこの訴へ
236153	朝鮮朝日	西北版	1933-04-22	1	09단	天然痘は漸く終熄平壤一名發生
236154	朝鮮朝日	西北版	1933-04-22	1	09단	紅燈の巷に咲く美しい姉と妹!

일련번호	판명		간행일	면	단수	기사명
236155	朝鮮朝日	西北版	1933-04-22	1	09단	長津江水電朝室社長が引受く
236156	朝鮮朝日	西北版	1933-04-22	1	10단	婦女子を迷はす水天宮教會
236157	朝鮮朝日	西北版	1933-04-22	1	10단	春日巷談
236158	朝鮮朝日	南鮮版	1933-04-22	1	01단	宇垣總督さんすこぶる朓かです！政變切迫說は濱の松風同樣實力手腕の士が出ねばねー
236159	朝鮮朝日	南鮮版	1933-04-22	1	01단	全滿警察同一步調で改革案に絶對反對注目される警察機關改革案(市民側も對策考究)
236160	朝鮮朝日	南鮮版	1933-04-22	1	01단	小作令要項作成を急ぐ農林局
236161	朝鮮朝日	南鮮版	1933-04-22	1	02단	谷口大將廿二日鎭海へ
236162	朝鮮朝日	南鮮版	1933-04-22	1	02단	全國視學官會議
236163	朝鮮朝日	南鮮版	1933-04-22	1	03단	各地からの新しき話(京城/淸州/釜山/大田/光州/大邱)
236164	朝鮮朝日	南鮮版	1933-04-22	1	04단	米穀大會會長
236165	朝鮮朝日	南鮮版	1933-04-22	1	04단	釜山中學記念式盛大に催さる
236166	朝鮮朝日	南鮮版	1933-04-22	1	05단	在外派遣員會議
236167	朝鮮朝日	南鮮版	1933-04-22	1	05단	朝鮮美展審査員新顔重鎭等
236168	朝鮮朝日	南鮮版	1933-04-22	1	05단	新京と雄基を結ぶ吉敦延長線が開通對滿經濟に一大轉換を劃す
236169	朝鮮朝日	南鮮版	1933-04-22	1	06단	防空演習の講演映畫會
236170	朝鮮朝日	南鮮版	1933-04-22	1	06단	釜山商議所總會
236171	朝鮮朝日	南鮮版	1933-04-22	1	07단	畜犬品評會釜山公設運動場で
236172	朝鮮朝日	南鮮版	1933-04-22	1	07단	大豆大の雹が降る大邱地方に
236173	朝鮮朝日	南鮮版	1933-04-22	1	07단	まづ龍頭山を綠化一般に獻木を獎勵
236174	朝鮮朝日	南鮮版	1933-04-22	1	07단	草刈鎌で斬つく
236175	朝鮮朝日	南鮮版	1933-04-22	1	08단	沙防工事を撮影
236176	朝鮮朝日	南鮮版	1933-04-22	1	08단	不正投票ありとし二百名が激昂す長川金組役員選擧紛糾
236177	朝鮮朝日	南鮮版	1933-04-22	1	08단	新造新京丸
236178	朝鮮朝日	南鮮版	1933-04-22	1	08단	權大術一味に判決言渡す
236179	朝鮮朝日	南鮮版	1933-04-22	1	09단	人妻殺し無罪に
236180	朝鮮朝日	南鮮版	1933-04-22	1	09단	バッカスの誘惑か無錢飮食が增加
236181	朝鮮朝日	南鮮版	1933-04-22	1	09단	十名の身柄送局
236182	朝鮮朝日	南鮮版	1933-04-22	1	10단	長津江水電朝室社長が引受く
236183	朝鮮朝日	南鮮版	1933-04-22	1	10단	人(福江鹿好氏(警務局圖書課屬)/有馬賴寧伯(農林政務次官)/横山敬教氏(農林省米穀課長)/船越光雄氏(朝鮮農會理事)/鹽田總督府林政課長)

일련번호	판명		간행일	면	단수	기사명
236184	朝鮮朝日	西北版	1933-04-23	1	01단	農村經濟に低金利時代を現出！高利債整理・低資金融いよいよ乘り出した總督府
236185	朝鮮朝日	西北版	1933-04-23	1	01단	大日本米穀大會議案全部を委員附託/提出議案
236186	朝鮮朝日	西北版	1933-04-23	1	01단	二千萬圓で長津江水電設立卅二萬キロ發電計劃/半島産業に劃期的貢獻咸南知事談
236187	朝鮮朝日	西北版	1933-04-23	1	02단	間島派遣隊司令官齊藤大佐巡閱
236188	朝鮮朝日	西北版	1933-04-23	1	03단	條件つきで朝鮮牛の移出停止農林省令で公布さる
236189	朝鮮朝日	西北版	1933-04-23	1	03단	口蹄病はなほ猖獗更に二十三頭
236190	朝鮮朝日	西北版	1933-04-23	1	03단	遞信局辭令
236191	朝鮮朝日	西北版	1933-04-23	1	04단	盆栽展
236192	朝鮮朝日	西北版	1933-04-23	1	04단	洋襪とゴム靴非常の活況滿洲へ進出
236193	朝鮮朝日	西北版	1933-04-23	1	04단	龍井飛行隊原隊へ引揚げ
236194	朝鮮朝日	西北版	1933-04-23	1	06단	平壤商議所近く初總會
236195	朝鮮朝日	西北版	1933-04-23	1	06단	陣中で祝典東南部守備隊
236196	朝鮮朝日	西北版	1933-04-23	1	06단	三年がかりの獵奇的なマリヤ殺し事件龍山鐵道局の消費部會計係を眞犯人と認定愈よ廿二日夜起訴豫審に迴さる/自白を待たず各種の證據材料によって苦心を重ねた元橋檢事/元氣回復し佛書に耽る/井上隆雄の人となるは/夫が人殺しなど考へられない！井上の妻女は語る
236197	朝鮮朝日	西北版	1933-04-23	1	07단	滿鐵社員と藝妓の無理心中
236198	朝鮮朝日	西北版	1933-04-23	1	08단	ベビーゴルフ場
236199	朝鮮朝日	西北版	1933-04-23	1	08단	花見列車は延期
236200	朝鮮朝日	西北版	1933-04-23	1	08단	(平壤)
236201	朝鮮朝日	西北版	1933-04-23	1	09단	小作爭議續發す慶北道內に
236202	朝鮮朝日	西北版	1933-04-23	1	10단	若妻殺し判決廿九日
236203	朝鮮朝日	西北版	1933-04-23	1	10단	春日巷談
236204	朝鮮朝日	南鮮版	1933-04-23	1	01단	全道の立候補定員三倍の快立絶對多數を占める朝鮮人の候補者半旬に迫った道會議員選擧/慶北道地盤固めや切崩しに九十七候補が狂奔いよいよ白兵戰に入る/忠南道
236205	朝鮮朝日	南鮮版	1933-04-23	1	01단	大日本米穀大會議案全部を委員附託/提出議案

일련번호	판명		간행일	면	단수	기사명
236206	朝鮮朝日	南鮮版	1933-04-23	1	03단	二千萬圓で長津江水電設立廿二萬キロ發電計劃/半島産業に劃期的貢獻咸南知事談
236207	朝鮮朝日	南鮮版	1933-04-23	1	04단	昌慶苑夜櫻愈よ二十四日から
236208	朝鮮朝日	南鮮版	1933-04-23	1	04단	三年がかりの獵奇的なマリヤ殺し事件龍山鐵道局の消費部會計係を眞犯人と認定愈よ廿二日夜起訴豫審に廻さる/自白を待たず各種の證據材料によって苦心を重ねた元橋檢事/元氣回復し佛書に耽る/井上隆雄の人となりは/夫が人殺しなど考へられない！井上の妻女は語る/內容は實に複雜元橋檢事談
236209	朝鮮朝日	南鮮版	1933-04-23	1	05단	遞信局辭令
236210	朝鮮朝日	南鮮版	1933-04-23	1	05단	我等の愛國機朝鮮號四機が輝かしい奮鬪關東軍より朝鮮司令部へ報道
236211	朝鮮朝日	南鮮版	1933-04-23	1	05단	益々上昇する銃後の慰問
236212	朝鮮朝日	南鮮版	1933-04-23	1	06단	各地短信(京城/春川/釜山)
236213	朝鮮朝日	南鮮版	1933-04-23	1	06단	交涉は斷然決裂京城氷合同
236214	朝鮮朝日	南鮮版	1933-04-23	1	07단	浦項地方に降雹
236215	朝鮮朝日	南鮮版	1933-04-23	1	07단	條件つきで朝鮮牛の移出停止農林省令で公布さる
236216	朝鮮朝日	南鮮版	1933-04-23	1	08단	小作爭議續發す慶北道內に
236217	朝鮮朝日	南鮮版	1933-04-23	1	08단	佛像を賣步く不都合な三人組
236218	朝鮮朝日	南鮮版	1933-04-23	1	09단	納稅者のために夜間金庫を開設京城府內の各所に
236219	朝鮮朝日	南鮮版	1933-04-23	1	10단	トロッコ轉覆し一名無殘の死
236220	朝鮮朝日	南鮮版	1933-04-23	1	10단	人(松村謙三氏(農林省參與官)/大村卓一氏(關東軍交通部長)/澁谷體治氏(朝銀調査課長)/宮川しげの刀自(釜山鐵道ホテル支配人宮川肇氏母堂)
236221	朝鮮朝日	南鮮版	1933-04-23	1	10단	アル橫顔
236222	朝鮮朝日	西北版	1933-04-25	1	01단	鬱然！擡頭した遊覽都市平壤の再建論『朝鮮の大阪と同時に奈良たらしめよ』と種々の設備を計劃/古雅な建物が荒廢から崩潰へ修繕や再建が急務
236223	朝鮮朝日	西北版	1933-04-25	1	02단	結婚適齡期の人に奬める簡易と嚴肅な結婚用式こゝに結ばれる新郎新婦の一組
236224	朝鮮朝日	西北版	1933-04-25	1	04단	城津商工會
236225	朝鮮朝日	西北版	1933-04-25	1	04단	平南道內の市街地漸次！面目を一新各地の市街地計劃着々と進む

일련번호	판명		간행일	면	단수	기사명
236226	朝鮮朝日	西北版	1933-04-25	1	04단	道會議員選擧(平壤/咸南道)
236227	朝鮮朝日	西北版	1933-04-25	1	05단	*平壤農業校滿洲語敎授/龍井の滿洲校日本語敎授*
236228	朝鮮朝日	西北版	1933-04-25	1	06단	大孤山上空に怪飛行機出現し爆彈三個投下農家三軒を爆破して西北方に飛び去る
236229	朝鮮朝日	西北版	1933-04-25	1	06단	肺ヂストマを徹底的に撲滅する平南衛生課の計劃
236230	朝鮮朝日	西北版	1933-04-25	1	06단	平壤に小公園二ヶ所できる
236231	朝鮮朝日	西北版	1933-04-25	1	07단	各地からの新しき話(新義州/咸興/平壤/間島/開城)
236232	朝鮮朝日	西北版	1933-04-25	1	07단	*長奉鐵道や港の修築を促進城津市民から猛運動/城津港開港以來玆に三十五周年盛大な祝賀方法計劃*
236233	朝鮮朝日	西北版	1933-04-25	1	07단	不都合な男
236234	朝鮮朝日	西北版	1933-04-25	1	08단	平壤體協陸上部スケジュール
236235	朝鮮朝日	西北版	1933-04-25	1	08단	頻出する列車妨害嚴重取締る
236236	朝鮮朝日	西北版	1933-04-25	1	09단	元妓生二人上海で嘆く
236237	朝鮮朝日	西北版	1933-04-25	1	09단	平壤の不良狩り
236238	朝鮮朝日	西北版	1933-04-25	1	09단	鎭南浦府內托鉢の僧侶は眞性痘瘡二千名に臨時種痘
236239	朝鮮朝日	西北版	1933-04-25	1	10단	線路上に大石塊
236240	朝鮮朝日	西北版	1933-04-25	1	10단	春日巷談
236241	朝鮮朝日	南鮮版	1933-04-25	1	01단	沿岸や港を嚴に警備船を充實する! 赤船や密漁船の激增から
236242	朝鮮朝日	南鮮版	1933-04-25	1	01단	半島最初の假想工場爆擊演習勝湖里春の夜空の壯烈さ非常の好成績を收む
236243	朝鮮朝日	南鮮版	1933-04-25	1	01단	昌原面十三ヶ所に國旗揭揚台建設祖國愛の精神を高調
236244	朝鮮朝日	南鮮版	1933-04-25	1	01단	三千の慰問袋ちかく發送
236245	朝鮮朝日	南鮮版	1933-04-25	1	02단	公州郡
236246	朝鮮朝日	南鮮版	1933-04-25	1	02단	谷口特命檢閱使鎭海の要港部檢閱
236247	朝鮮朝日	南鮮版	1933-04-25	1	03단	名譽の遺骨
236248	朝鮮朝日	南鮮版	1933-04-25	1	03단	大孤山上空に怪飛行機出現し爆彈三個投下農家三軒を爆破して西北方に飛び去る
236249	朝鮮朝日	南鮮版	1933-04-25	1	04단	醫學講演會
236250	朝鮮朝日	南鮮版	1933-04-25	1	04단	東萊溫泉の玄關口美化
236251	朝鮮朝日	南鮮版	1933-04-25	1	04단	朝鮮海員協會陣容を更生

일련번호	판명		간행일	면	단수	기사명
236252	朝鮮朝日	南鮮版	1933-04-25	1	04단	男澤氏のポインター名響賞を受く釜山の畜犬品評會
236253	朝鮮朝日	南鮮版	1933-04-25	1	05단	滿開の木蓮
236254	朝鮮朝日	南鮮版	1933-04-25	1	06단	南山天滿宮大祭
236255	朝鮮朝日	南鮮版	1933-04-25	1	06단	國旗の下で安心してよく働け端川軍人會の模擬演習を見て幼な子供にこの感想
236256	朝鮮朝日	南鮮版	1933-04-25	1	06단	各地からの新しき話(淸州/京城/釜山/大田)
236257	朝鮮朝日	南鮮版	1933-04-25	1	07단	夫は漁業に家族は蔬菜栽培に長承浦漁組の漁村苦境打開築
236258	朝鮮朝日	南鮮版	1933-04-25	1	08단	故馬越翁追悼式廿五日傳文寺
236259	朝鮮朝日	南鮮版	1933-04-25	1	08단	裡里に出來た公設グラウンド天長節に盛大な竣工式
236260	朝鮮朝日	南鮮版	1933-04-25	1	08단	平壤體協陸上部スケジュール
236261	朝鮮朝日	南鮮版	1933-04-25	1	10단	大邱府營バス黑字に好轉
236262	朝鮮朝日	南鮮版	1933-04-25	1	10단	見世物的視察嚴重取締る
236263	朝鮮朝日	南鮮版	1933-04-25	1	10단	釜山に痘禍蔓延初發以來十六名
236264	朝鮮朝日	南鮮版	1933-04-25	1	10단	僞形事捕る
236265	朝鮮朝日	南鮮版	1933-04-25	1	10단	不都合な男
236266	朝鮮朝日	西北版	1933-04-26	1	01단	九萬町步の干潟地を全鮮一の貝類産地に各種の養貝試驗に見事成功し平南道當局飛躍の第一步へ
236267	朝鮮朝日	西北版	1933-04-26	1	01단	前年に比し八百萬圓の增八年度の各道豫算/稅制整理と負擔の均衡本府で考究
236268	朝鮮朝日	西北版	1933-04-26	1	01단	大同郡面の農村振興委員會
236269	朝鮮朝日	西北版	1933-04-26	1	03단	茂山金組總代會
236270	朝鮮朝日	西北版	1933-04-26	1	03단	櫻の春に彼女を美しく流行のパラソルいかが日傘やショールもついでに
236271	朝鮮朝日	西北版	1933-04-26	1	04단	憲兵分隊長會議
236272	朝鮮朝日	西北版	1933-04-26	1	04단	靖國神社に合祀される朝鮮關係者百四十七氏二十七日大祭行はる/新京で慰靈祭滿洲事變における戰死者の爲め
236273	朝鮮朝日	西北版	1933-04-26	1	05단	三機で夜間飛行沙鎭平間で平壤飛機野外演習
236274	朝鮮朝日	西北版	1933-04-26	1	05단	十三ヶ所に國旗揭揚台
236275	朝鮮朝日	西北版	1933-04-26	1	05단	三千の慰問袋ちかく發送
236276	朝鮮朝日	西北版	1933-04-26	1	05단	鳳山郡
236277	朝鮮朝日	西北版	1933-04-26	1	06단	各地花便り
236278	朝鮮朝日	西北版	1933-04-26	1	06단	軍用犬協會分會を設く平壤府の畜犬近く調査する

일련번호	판명		간행일	면	단수	기사명
236279	朝鮮朝日	西北版	1933-04-26	1	06단	沿岸や港を嚴に警備船を充實赤船密漁船の激增で
236280	朝鮮朝日	西北版	1933-04-26	1	06단	井上機を再搜査海上の解氷で
236281	朝鮮朝日	西北版	1933-04-26	1	07단	新義州の軍旗祭五月六日に
236282	朝鮮朝日	西北版	1933-04-26	1	07단	各町里每に會員を募集平壤國防義會
236283	朝鮮朝日	西北版	1933-04-26	1	07단	松都金融組總會
236284	朝鮮朝日	西北版	1933-04-26	1	07단	修學旅行
236285	朝鮮朝日	西北版	1933-04-26	1	07단	箕子陵附近の松毛蟲退治敵蟲を放って
236286	朝鮮朝日	西北版	1933-04-26	1	07단	平壤の大公園大成山や安鶴宮を公園化して牡丹台公園などと連鎖させる三十萬圓で建設計劃
236287	朝鮮朝日	西北版	1933-04-26	1	08단	(平壤/新義州)
236288	朝鮮朝日	西北版	1933-04-26	1	08단	珍・珍年賀狀の怪旅行名古屋と大阪から四月目に平壤の受取人へ
236289	朝鮮朝日	西北版	1933-04-26	1	08단	平壤電話申込み
236290	朝鮮朝日	西北版	1933-04-26	1	08단	ゴム職工同盟罷業賃銀値下要求
236291	朝鮮朝日	西北版	1933-04-26	1	08단	墓地を美しく
236292	朝鮮朝日	西北版	1933-04-26	1	09단	平壤花祭り
236293	朝鮮朝日	西北版	1933-04-26	1	09단	乳幼兒愛護週間平壤府で種々の催し
236294	朝鮮朝日	西北版	1933-04-26	1	09단	自轉車專門泥棒
236295	朝鮮朝日	西北版	1933-04-26	1	10단	酒に浮かれて死んだ卅男
236296	朝鮮朝日	西北版	1933-04-26	1	10단	二百餘圓拐帶逃走
236297	朝鮮朝日	西北版	1933-04-26	1	10단	春日巷談
236298	朝鮮朝日	南鮮版	1933-04-26	1	01단	前年に比し八百萬圓の增加(時局匡救事業費等の新規計上のより)本年度の各道豫算集計なる/稅制整理と負擔の均衡本府で考究
236299	朝鮮朝日	南鮮版	1933-04-26	1	01단	靖國神社に合祀される朝鮮關係者百四十七氏二十七日大祭行はる/新京で慰靈祭滿洲事變における戰死者の爲め
236300	朝鮮朝日	南鮮版	1933-04-26	1	01단	(馬山)
236301	朝鮮朝日	南鮮版	1933-04-26	1	01단	警務官補
236302	朝鮮朝日	南鮮版	1933-04-26	1	02단	故高場伍長の府民葬執行きたる二十八日
236303	朝鮮朝日	南鮮版	1933-04-26	1	02단	農村の高利債借替まづ好成績を擧ぐ
236304	朝鮮朝日	南鮮版	1933-04-26	1	02단	春風は話題を載せて珍・珍年賀狀の怪旅行名古屋と大阪から四月目に平壤の受取人へ/飛乘り常習男飛乘り往生/ロアングリの飛行機墜落/大型の墓口に二つの金塊
236305	朝鮮朝日	南鮮版	1933-04-26	1	04단	谷口大將京城へ

일련번호	판명		간행일	면	단수	기사명
236306	朝鮮朝日	南鮮版	1933-04-26	1	04단	昭和ビール五月から着工
236307	朝鮮朝日	南鮮版	1933-04-26	1	04단	豪華な春の浮世繪お出よ昌慶苑の夜櫻へ
236308	朝鮮朝日	南鮮版	1933-04-26	1	05단	釜山府の中央卸資市場開設準備進む
236309	朝鮮朝日	南鮮版	1933-04-26	1	06단	十四萬枚掃立でる慶北の春蠶
236310	朝鮮朝日	南鮮版	1933-04-26	1	06단	北安面に日本空輸機墜落物凄かった當時の模樣無事に助かった三氏は語る
236311	朝鮮朝日	南鮮版	1933-04-26	1	07단	井上機を再捜査海上の解氷で
236312	朝鮮朝日	南鮮版	1933-04-26	1	07단	ゴム職工同盟罷業賃銀値下要求
236313	朝鮮朝日	南鮮版	1933-04-26	1	07단	鐵道局の職制改正で思ひきった大異動早くも噂に上る人々
236314	朝鮮朝日	南鮮版	1933-04-26	1	08단	痘瘡患者の死體を密葬釜山署で種痘強制
236315	朝鮮朝日	南鮮版	1933-04-26	1	08단	濃霧の豊和異沖で發動船が暗礁に附近航行中の汽船に五十三名救助さる
236316	朝鮮朝日	南鮮版	1933-04-26	1	08단	各家庭へお主意授業料をねらふ不都合男横行
236317	朝鮮朝日	南鮮版	1933-04-26	1	09단	基地を美しく
236318	朝鮮朝日	南鮮版	1933-04-26	1	10단	金鑛掘鑿に固城水組反對貯水に影響するとて
236319	朝鮮朝日	南鮮版	1933-04-26	1	10단	(釜山/蔚山/馬山)
236320	朝鮮朝日	南鮮版	1933-04-26	1	10단	慶北道內に山火事續出
236321	朝鮮朝日	南鮮版	1933-04-26	1	10단	自動車專門泥棒
236322	朝鮮朝日	南鮮版	1933-04-26	1	10단	人(吉野藤藏氏)
236323	朝鮮朝日	西北版	1933-04-27	1	01단	見よ！ 空へ横へ伸びゆく新平壤の姿鑿の音も眼らかに(新府廳舍/道立醫院/樂浪博物館/高女講堂/鮮銀支店/華頂寺/百貨店)
236324	朝鮮朝日	西北版	1933-04-27	1	01단	せつめい(平壤府廳舍/樂浪博物館/三中井百貨店/道立平壤醫院/華頂寺)
236325	朝鮮朝日	西北版	1933-04-27	1	03단	鐵道局の職制改正で思ひきった大異動早くも噂に上る人々
236326	朝鮮朝日	西北版	1933-04-27	1	04단	京城勞銀
236327	朝鮮朝日	西北版	1933-04-27	1	04단	愈よ激戰狀態に各地の道會議員選擧(平安北道/平壤)
236328	朝鮮朝日	西北版	1933-04-27	1	04단	二重放送を機に鮮內ラヂオ網擴張各地に中繼放送所を設けて
236329	朝鮮朝日	西北版	1933-04-27	1	05단	平北農漁村の振興に努むまづ基本調査
236330	朝鮮朝日	西北版	1933-04-27	1	06단	朝鮮無煙炭大々的採掘
236331	朝鮮朝日	西北版	1933-04-27	1	06단	愈よ實現する特別警備隊道內から警官を選拔して
236332	朝鮮朝日	西北版	1933-04-27	1	06단	龍井飛行隊野外送別宴盛大に催さる

일련번호	판명		간행일	면	단수	기사명
236333	朝鮮朝日	西北版	1933-04-27	1	07단	このごろの百草溝奧地漸く活氣づいた
236334	朝鮮朝日	西北版	1933-04-27	1	07단	ヨーヨー遊びは斷然！禁止する平壤鐘路普通校兒童に對し交通の危險勉强の邪魔になる
236335	朝鮮朝日	西北版	1933-04-27	1	07단	新綠の金剛探勝に直通寢台車運轉長安寺、溫井里のホテルも開く／新安州、宜川間に輕油動車運轉が『ひかり』の中間時間緩和の爲
236336	朝鮮朝日	西北版	1933-04-27	1	08단	在庫米は殖える最近の米價安から
236337	朝鮮朝日	西北版	1933-04-27	1	08단	殉職二通信夫記念碑建立
236338	朝鮮朝日	西北版	1933-04-27	1	08단	(平壤/間島/開城/新義州)
236339	朝鮮朝日	西北版	1933-04-27	1	10단	光靜丸成績良好
236340	朝鮮朝日	西北版	1933-04-27	1	10단	自動車乘せた渡船沈沒す大同江渡航中
236341	朝鮮朝日	西北版	1933-04-27	1	10단	織女の家に放火
236342	朝鮮朝日	西北版	1933-04-27	1	10단	春日巷談
236343	朝鮮朝日	南鮮版	1933-04-27	1	01단	根本的農村振興策に産組制度を改革近く實行案を決定の上實施
236344	朝鮮朝日	南鮮版	1933-04-27	1	01단	二重放送を機に鮮內ラヂオ網擴張各地に中繼放送所を設けて
236345	朝鮮朝日	南鮮版	1933-04-27	1	01단	府民總動員京城に國防議會活躍を期待さる
236346	朝鮮朝日	南鮮版	1933-04-27	1	01단	全北道
236347	朝鮮朝日	南鮮版	1933-04-27	1	01단	惡の華から生徒を遠ざける京城に學生敎護聯盟
236348	朝鮮朝日	南鮮版	1933-04-27	1	02단	京城の家屋稅種別と等級賦課率も決定
236349	朝鮮朝日	南鮮版	1933-04-27	1	03단	京城觀光委員會
236350	朝鮮朝日	南鮮版	1933-04-27	1	03단	栗の輸入關稅引上げ實施は五月中旬か
236351	朝鮮朝日	南鮮版	1933-04-27	1	03단	各地からの新しき話(京城/鎭海/仁川/釜山/淸州/浦項)
236352	朝鮮朝日	南鮮版	1933-04-27	1	04단	忠南道署長會議
236353	朝鮮朝日	南鮮版	1933-04-27	1	04단	谷口特命檢閱使
236354	朝鮮朝日	南鮮版	1933-04-27	1	04단	釜山の表通り鋪裝五十萬圓でいよいよ着手さる
236355	朝鮮朝日	南鮮版	1933-04-27	1	05단	金塊に奇怪は話自稱持主三名
236356	朝鮮朝日	南鮮版	1933-04-27	1	05단	京城招魂祭
236357	朝鮮朝日	南鮮版	1933-04-27	1	06단	三人で撲殺し海中へ投ず
236358	朝鮮朝日	南鮮版	1933-04-27	1	06단	內地への移出牛に檢疫海港地を指定
236359	朝鮮朝日	南鮮版	1933-04-27	1	07단	新綠の金剛探勝に直通寢台車運轉長安寺、溫井里のホテルも開く

일련번호	판명		간행일	면	단수	기사명
236360	朝鮮朝日	南鮮版	1933-04-27	1	07단	無法な四十男踏切で慘死
236361	朝鮮朝日	南鮮版	1933-04-27	1	07단	窮盜容務者逃走
236362	朝鮮朝日	南鮮版	1933-04-27	1	07단	親達へ注意哀れ幼兒死亡
236363	朝鮮朝日	南鮮版	1933-04-27	1	08단	住職檢事局送り
236364	朝鮮朝日	南鮮版	1933-04-27	1	08단	自動車の妨害防止に少年二名が街頭に出現釜山での試み成績を期待さる
236365	朝鮮朝日	南鮮版	1933-04-27	1	09단	在庫米は殖える最近の米價安から
236366	朝鮮朝日	南鮮版	1933-04-27	1	09단	國有林二百町燒失
236367	朝鮮朝日	南鮮版	1933-04-27	1	09단	スリにやられた男新安スリを釣る空の財布の紐を長くして
236368	朝鮮朝日	南鮮版	1933-04-27	1	10단	光靜丸成績良好
236369	朝鮮朝日	南鮮版	1933-04-27	1	10단	泛漁川に他殺死體
236370	朝鮮朝日	南鮮版	1933-04-27	1	10단	人(川口利一氏(總督府衛生課技師)/竹內一氏(總督府學務局體育主任)/大村卓一氏(關東軍交通監督部長))
236371	朝鮮朝日	南鮮版	1933-04-27	1	10단	アル橫顔
236372	朝鮮朝日	西北版	1933-04-28	1	01단	全面的飛躍へ平壤商議の協議/米價の前途加賀字之吉氏談
236373	朝鮮朝日	西北版	1933-04-28	1	01단	淸、羅、雄三港の滿鐵委任經營は不可總督府の方針決定
236374	朝鮮朝日	西北版	1933-04-28	1	01단	花花花笑って待ってますよ/滿洲國唯一の櫻の名所どしどし鎭江山へ/牡丹台へ花見列車五月七日に
236375	朝鮮朝日	西北版	1933-04-28	1	01단	見事第三位で村會議員に當選兵庫縣武庫村に居住する北安面出身の金南出氏
236376	朝鮮朝日	西北版	1933-04-28	1	03단	二千年前の樂浪瓦發見
236377	朝鮮朝日	西北版	1933-04-28	1	04단	平北道/平壤
236378	朝鮮朝日	西北版	1933-04-28	1	04단	自作農創定本年度の計劃
236379	朝鮮朝日	西北版	1933-04-28	1	04단	水もぬるんで流れくる筏情緒もうあと半月
236380	朝鮮朝日	西北版	1933-04-28	1	05단	府尹郡守會議
236381	朝鮮朝日	西北版	1933-04-28	1	05단	咸興に近代的街路一部は本年中に
236382	朝鮮朝日	西北版	1933-04-28	1	05단	內地への移出牛に檢疫海港地を指定/なほ猖獗を極める平南道內の牛疫連日二、三十頭發生/牛肉大缺乏
236383	朝鮮朝日	西北版	1933-04-28	1	06단	櫻綻んで賑ふ安東三重奏安東デー、競馬、協和會發會式待れる五月一日
236384	朝鮮朝日	西北版	1933-04-28	1	07단	春日風景土いぢりで自然に親します平壤若松校の好い試み

일련번호	판명		간행일	면	단수	기사명
236385	朝鮮朝日	西北版	1933-04-28	1	07단	箕城券番を新築
236386	朝鮮朝日	西北版	1933-04-28	1	08단	(平壤)
236387	朝鮮朝日	西北版	1933-04-28	1	08단	平壤聯隊招魂祭きたる卅日
236388	朝鮮朝日	西北版	1933-04-28	1	08단	平壤驛前を美化の計劃土地拂下げを陳情
236389	朝鮮朝日	西北版	1933-04-28	1	09단	四十八名の選擧違反公判
236390	朝鮮朝日	西北版	1933-04-28	1	09단	人妻暴行未遂男氣違ひを裝ふ
236391	朝鮮朝日	西北版	1933-04-28	1	09단	西湖津沖に飛機沈沒を發見地元民で引揚を協議
236392	朝鮮朝日	西北版	1933-04-28	1	10단	春は浮氣者痴情事件頻發
236393	朝鮮朝日	西北版	1933-04-28	1	10단	春日巷談
236394	朝鮮朝日	南鮮版	1933-04-28	1	01단	*七年度決算まづ好成績/米價の前途加賀字之吉氏談*
236395	朝鮮朝日	南鮮版	1933-04-28	1	01단	愈よ本年度から癩病患者を收容各道の補助金支出決定
236396	朝鮮朝日	南鮮版	1933-04-28	1	01단	痘瘡猛威の裏に哀れこの悲慘事續々現はれる隱匿患者戶口調査にやつきの釜山府當局
236397	朝鮮朝日	南鮮版	1933-04-28	1	01단	釜山の痘瘡徹底的に豫防
236398	朝鮮朝日	南鮮版	1933-04-28	1	02단	慶南道
236399	朝鮮朝日	南鮮版	1933-04-28	1	03단	觀兵式
236400	朝鮮朝日	南鮮版	1933-04-28	1	03단	奉祝園遊會
236401	朝鮮朝日	南鮮版	1933-04-28	1	03단	天晴會
236402	朝鮮朝日	南鮮版	1933-04-28	1	03단	*本社全國中等野球大會の前哨戰釜山中等學校春季野球リーグ戰觀衆五千人に上る/釜山體育協會スケジュール/野球試合*
236403	朝鮮朝日	南鮮版	1933-04-28	1	04단	釜山府
236404	朝鮮朝日	南鮮版	1933-04-28	1	04단	名譽の三氏表彰を受く
236405	朝鮮朝日	南鮮版	1933-04-28	1	04단	見事第三位で村會議員に當選兵庫縣武庫村に居住する北安面出身の金南出氏
236406	朝鮮朝日	南鮮版	1933-04-28	1	05단	植田上等兵絶命
236407	朝鮮朝日	南鮮版	1933-04-28	1	06단	釜山府廳の移轉に反對地元の一部から
236408	朝鮮朝日	南鮮版	1933-04-28	1	06단	半島防空獻金十萬圓を突破新たに高射砲を建造
236409	朝鮮朝日	南鮮版	1933-04-28	1	06단	鮮滿取引にエポックを劃す朝鮮貿易協會活躍
236410	朝鮮朝日	南鮮版	1933-04-28	1	07단	二千年前の樂浪瓦發見
236411	朝鮮朝日	南鮮版	1933-04-28	1	07단	外國爲替管理法朝鮮に影響は薄い旅行決定につき林財務局長談
236412	朝鮮朝日	南鮮版	1933-04-28	1	07단	警部級異動

일련번호	판명		간행일	면	단수	기사명
236413	朝鮮朝日	南鮮版	1933-04-28	1	08단	武安面に夜な夜な怪火不安にかられる住民
236414	朝鮮朝日	南鮮版	1933-04-28	1	08단	簡易染色法慶北産業課で出版
236415	朝鮮朝日	南鮮版	1933-04-28	1	08단	父は頓死娘は精神病者涙をそそる人生哀話
236416	朝鮮朝日	南鮮版	1933-04-28	1	09단	日射病で兒童廿五名卒倒大邱慰靈祭での珍事
236417	朝鮮朝日	南鮮版	1933-04-28	1	10단	厚浦港の竣工なる盛大な祝賀
236418	朝鮮朝日	南鮮版	1933-04-28	1	10단	墓場の人殺し懲役三年
236419	朝鮮朝日	南鮮版	1933-04-28	1	10단	一つの話題
236420	朝鮮朝日	南鮮版	1933-04-28	1	10단	春は浮氣者痴情事件頻發
236421	朝鮮朝日	南鮮版	1933-04-28	1	10단	人(福江鹿好氏(警務局圖書課屬)/大西勵治氏(新任釜山府財務課長))
236422	朝鮮朝日	南鮮版	1933-04-28	1	10단	お花見會
236423	朝鮮朝日	西北版	1933-04-29	1	01단	石炭部の分離は無煙炭合同に拍車！序幕期の電氣統制問題と將來吉田電興專務に聽く/价川郡の藍田里に大炭層を發見埋藏量一千萬トンを豫想さる
236424	朝鮮朝日	西北版	1933-04-29	1	01단	北鮮の緬羊増殖計劃着々進む官民合同の緬羊協會設立國立の牧場も設ける/協會長には政務總監を
236425	朝鮮朝日	西北版	1933-04-29	1	01단	谷口特命檢関使
236426	朝鮮朝日	西北版	1933-04-29	1	03단	社會教化聯盟結成具體案を考究
236427	朝鮮朝日	西北版	1933-04-29	1	04단	龍山病院記念祭
236428	朝鮮朝日	西北版	1933-04-29	1	04단	國防義會に婦人部設置
236429	朝鮮朝日	西北版	1933-04-29	1	04단	平壤水源地に『ゴカイ』が繁殖體内に入れば寄生蟲に小林博士が撲滅を研究
236430	朝鮮朝日	西北版	1933-04-29	1	04단	五月一日から燒酎の値上
236431	朝鮮朝日	西北版	1933-04-29	1	05단	鳳山郡官選議員/平壤
236432	朝鮮朝日	西北版	1933-04-29	1	05단	警官退職者急激に増加割の惡い思軤法の爲
236433	朝鮮朝日	西北版	1933-04-29	1	06단	新緑輝くスポーツ西鮮女子オリンピックを初めとし四月から五月への行事きまる
236434	朝鮮朝日	西北版	1933-04-29	1	07단	栗の輸入關稅引上げ實施は五月中旬か
236435	朝鮮朝日	西北版	1933-04-29	1	07단	金塊密輸の五名捕まる
236436	朝鮮朝日	西北版	1933-04-29	1	08단	珍らしや時ならぬ銀世界平安南道に積雪二寸
236437	朝鮮朝日	西北版	1933-04-29	1	08단	新義州の花祭り
236438	朝鮮朝日	西北版	1933-04-29	1	08단	牡丹台公園に遊客案內所

일련번호	판명		간행일	면	단수	기사명
236439	朝鮮朝日	西北版	1933-04-29	1	08단	鮮女殺しの犯人は誰か血液鑑定から文の嫌疑薄し
236440	朝鮮朝日	西北版	1933-04-29	1	09단	仁川に强盗
236441	朝鮮朝日	西北版	1933-04-29	1	09단	拓銀大田支店で一千圓をスラル僅か二、三分の間に
236442	朝鮮朝日	西北版	1933-04-29	1	10단	(開城/新義州)
236443	朝鮮朝日	西北版	1933-04-29	1	10단	鐵道局に損害賠償
236444	朝鮮朝日	西北版	1933-04-29	1	10단	春日巷談
236445	朝鮮朝日	南鮮版	1933-04-29	1	01단	春に亂れたステップ珍らしや時ならぬ銀世界平安南道に積雪二寸/切符六枚改竄し一家族警察へ/花見を荒すスリの親分御用活劇を演して逮捕/仁川に强盗/一千圓をスラル拓銀支店で/土木大疑獄公判五月下旬/京城から三原山へわざわざ自殺に危い所を救はる/マイト爆發一名は慘死す/痘瘡患者隱匿す科料十九圓に/光州で三戸全燒
236446	朝鮮朝日	南鮮版	1933-04-29	1	01단	北鮮の緬羊增殖計劃着々進む官民合同の緬羊協會設立國立の牧場も設ける/協會長には政務總監を
236447	朝鮮朝日	南鮮版	1933-04-29	1	02단	遣外艦隊に慰問品贈る鎭海愛婦會
236448	朝鮮朝日	南鮮版	1933-04-29	1	03단	演藝會純益で慰問袋調製
236449	朝鮮朝日	南鮮版	1933-04-29	1	04단	龍山病院記念祭
236450	朝鮮朝日	南鮮版	1933-04-29	1	04단	大邱慰靈祭
236451	朝鮮朝日	南鮮版	1933-04-29	1	04단	滿洲國へ滿洲國へもの凄い輸出振り特に著るしい綿絲布やゴム靴
236452	朝鮮朝日	南鮮版	1933-04-29	1	05단	スポーツ(京城中等春季野球觀衆の黑山/注目される釜山中等野球/京城陸競リーグ戰/大邱體協庭球選手)
236453	朝鮮朝日	南鮮版	1933-04-29	1	08단	四年前の一ルンペン今は立派な商人お禮に釜山の職紹所へ十圓恩を忘れぬ三十男
236454	朝鮮朝日	南鮮版	1933-04-29	1	08단	鮮米夏場運賃は百石六十圓に決定朝穀聯合と鮮航同盟會の協定仁川のみは脫會す/大邱府內の官選
236455	朝鮮朝日	南鮮版	1933-04-29	1	08단	江原道
236456	朝鮮朝日	南鮮版	1933-04-29	1	09단	藍田里で大炭層埋藏量千萬噸
236457	朝鮮朝日	南鮮版	1933-04-29	1	09단	京城花祭り
236458	朝鮮朝日	南鮮版	1933-04-29	1	10단	各地短信(釜山/密陽/鎭海/春川)
236459	朝鮮朝日	南鮮版	1933-04-29	1	10단	鐵道局に損害賠償

일련번호	판명		간행일	면	단수	기사명
236460	朝鮮朝日	西北版	1933-04-30	1	01단	朝鮮の農村副業將來の對策を如何に
236461	朝鮮朝日	西北版	1933-04-30	1	01단	現在の二倍に鎭南浦港擴張本年度中に岸壁完成九年度に陸上設備輝けるその將來
236462	朝鮮朝日	西北版	1933-04-30	1	01단	滿洲へ滿洲へ物凄い輸出振特に著しい綿絲布やゴム靴
236463	朝鮮朝日	西北版	1933-04-30	1	02단	平壤國防婦人部
236464	朝鮮朝日	西北版	1933-04-30	1	03단	今井田總監
236465	朝鮮朝日	西北版	1933-04-30	1	03단	平壤の道議候補三名となる
236466	朝鮮朝日	西北版	1933-04-30	1	03단	沙里院農學校國旗揭揚式
236467	朝鮮朝日	西北版	1933-04-30	1	03단	自動車事業令實現は六月頃
236468	朝鮮朝日	西北版	1933-04-30	1	04단	牛疫難に今度は豚コレラ流行平北に十一頭發生し全部斃死
236469	朝鮮朝日	西北版	1933-04-30	1	04단	國境地方の人口
236470	朝鮮朝日	西北版	1933-04-30	1	04단	平壤府公設市場メートル宣傳
236471	朝鮮朝日	西北版	1933-04-30	1	05단	總督府辭令
236472	朝鮮朝日	西北版	1933-04-30	1	05단	十六ミリを嚴重取締る必らず檢閱を要す
236473	朝鮮朝日	西北版	1933-04-30	1	05단	愛せよ敬せよ子供は國の寶平壤の行事
236474	朝鮮朝日	西北版	1933-04-30	1	06단	とても貴重な吉祥語文字瓦
236475	朝鮮朝日	西北版	1933-04-30	1	06단	活きたま〻の章魚がどしどしと大阪市場へ本年の冬季だけでも十一萬貫慶南の沿海漁業者ホクホク
236476	朝鮮朝日	西北版	1933-04-30	1	07단	鮮米夏場運賃は百石六十圓に決定朝穀聯合と鮮航同盟會の協定仁川のみは脱會す
236477	朝鮮朝日	西北版	1933-04-30	1	07단	五千餘戸經濟調査平南農村更生/咸南道でも
236478	朝鮮朝日	西北版	1933-04-30	1	08단	製絲咸興支場業務を刷新
236479	朝鮮朝日	西北版	1933-04-30	1	09단	咸興興南間電車敷設實現か長津江水電事業開始と共に成り行きを注目さる/咸南舊津間鐵道を敷設許可を申請
236480	朝鮮朝日	西北版	1933-04-30	1	10단	各地短信(沙里院/城津)
236481	朝鮮朝日	西北版	1933-04-30	1	10단	春日巷談
236482	朝鮮朝日	南鮮版	1933-04-30	1	01단	春まさに爛漫(群山公園誇りの櫻)
236483	朝鮮朝日	南鮮版	1933-04-30	1	04단	天長節祝賀
236484	朝鮮朝日	南鮮版	1933-04-30	1	04단	愛兒故にとはいへ痘患隱匿者續出あまりのことに驚く釜山署當局豫防警戒に全く大童
236485	朝鮮朝日	南鮮版	1933-04-30	1	04단	定員廿八名に百七名が立候補す猛烈な京畿道議戰
236486	朝鮮朝日	南鮮版	1933-04-30	1	05단	龍山師團觀兵式嚴かに擧行

일련번호	판명		간행일	면	단수	기사명
236487	朝鮮朝日	南鮮版	1933-04-30	1	05단	總督府辭令
236488	朝鮮朝日	南鮮版	1933-04-30	1	06단	各地からの新しき話(京城/釜山/淸州/大邱/仁川)
236489	朝鮮朝日	南鮮版	1933-04-30	1	06단	京畿道初等校長二次異動行はる十名は依願免官に
236490	朝鮮朝日	南鮮版	1933-04-30	1	07단	新麤驛新設
236491	朝鮮朝日	南鮮版	1933-04-30	1	07단	不用品の廉賣會
236492	朝鮮朝日	南鮮版	1933-04-30	1	08단	取締りを打合す
236493	朝鮮朝日	南鮮版	1933-04-30	1	08단	觀光協會發起人會
236494	朝鮮朝日	南鮮版	1933-04-30	1	08단	納稅篤行者表彰
236495	朝鮮朝日	南鮮版	1933-04-30	1	08단	活きたまゝの章魚がどしどしと大阪市場へ本年の冬季だけでも十一萬貫慶南の沿海漁業者ホクホク
236496	朝鮮朝日	南鮮版	1933-04-30	1	09단	犯人と格鬪刑事重傷す
236497	朝鮮朝日	南鮮版	1933-04-30	1	09단	長湖院里で四戶全燒
236498	朝鮮朝日	南鮮版	1933-04-30	1	10단	スポーツ(釜山中等校野球リーグ)
236499	朝鮮朝日	南鮮版	1933-04-30	1	10단	家が倒れて六名重輕傷
236500	朝鮮朝日	南鮮版	1933-04-30	1	10단	五十男亂暴

1933년 5월 (조선아사히)

일련번호	판명		간행일	면	단수	기사명
236501	朝鮮朝日	西北版	1933-05-02	1	01단	職制改正で六百人の大異動勇退高等官六名に上る鐵道局近來ない大刷新/价川に建設出張所
236502	朝鮮朝日	西北版	1933-05-02	1	02단	道議選擧白熱戰を展開全鮮百三十九名の官選議員決定す正式任命は十一日
236503	朝鮮朝日	西北版	1933-05-02	1	02단	春日頌讚
236504	朝鮮朝日	西北版	1933-05-02	1	04단	今井田總監
236505	朝鮮朝日	西北版	1933-05-02	1	04단	稅監局を平壤に早くも暗躍
236506	朝鮮朝日	西北版	1933-05-02	1	05단	平壤飛行聯隊創立記念祭
236507	朝鮮朝日	西北版	1933-05-02	1	05단	瑞氣山で祝賀會一日を樂しく
236508	朝鮮朝日	西北版	1933-05-02	1	05단	廿六萬足のゴム靴大注文滿洲から平壤の當業者へ
236509	朝鮮朝日	西北版	1933-05-02	1	06단	スポーツ(平鐵對安東/グランド開き野球と庭球試合)
236510	朝鮮朝日	西北版	1933-05-02	1	07단	發生地內の往來を解禁牛疫の下火で
236511	朝鮮朝日	西北版	1933-05-02	1	07단	乘客を裝うた馬賊六名一千七百圓を强奪鴨綠江渡船場附近で
236512	朝鮮朝日	西北版	1933-05-02	1	07단	間島朝鮮村樂しい團欒
236513	朝鮮朝日	西北版	1933-05-02	1	07단	嘉義丸寄港中止は産業開發に打擊城津商工會對策考究
236514	朝鮮朝日	西北版	1933-05-02	1	08단	平壤の舊市街地に平安デパート新設白衣の大衆をめざして
236515	朝鮮朝日	西北版	1933-05-02	1	09단	新義州に天然痘
236516	朝鮮朝日	西北版	1933-05-02	1	09단	夫を捜す若い女
236517	朝鮮朝日	西北版	1933-05-02	1	09단	戰病兵のお花見
236518	朝鮮朝日	西北版	1933-05-02	1	10단	判決不服で上告
236519	朝鮮朝日	西北版	1933-05-02	1	10단	南鮮ところどころ(開城)
236520	朝鮮朝日	西北版	1933-05-02	1	10단	春日巷談
236521	朝鮮朝日	南鮮版	1933-05-02	1	01단	職制改正で六百人の大異動勇退高等官六名に上る鐵道局近來ない大刷新
236522	朝鮮朝日	南鮮版	1933-05-02	1	01단	朝鮮獨自の都市計劃法を實施いよいよちかく法令を發布
236523	朝鮮朝日	南鮮版	1933-05-02	1	01단	李堣殿下
236524	朝鮮朝日	南鮮版	1933-05-02	1	02단	慶北道の署長會議十五日道廳で
236525	朝鮮朝日	南鮮版	1933-05-02	1	02단	乳幼兒愛護週間！强く正しく愛らしく各地の行事始まる(釜山府/忠北道)
236526	朝鮮朝日	南鮮版	1933-05-02	1	03단	商工從業員表彰規定なる
236527	朝鮮朝日	南鮮版	1933-05-02	1	04단	今井田總監

일련번호	판명		간행일	면	단수	기사명
236528	朝鮮朝日	南鮮版	1933-05-02	1	04단	道議選擧白熱戰を展開全鮮百三十九名の官選議員決定す正式任命は十一日/慶南道
236529	朝鮮朝日	南鮮版	1933-05-02	1	05단	スポーツ(新人野球試合/西選手が日本的記錄京城陸上競技/京城中等リーグ戰)
236530	朝鮮朝日	南鮮版	1933-05-02	1	05단	朝鮮にも港灣法ちかく制定
236531	朝鮮朝日	南鮮版	1933-05-02	1	06단	お花見會
236532	朝鮮朝日	南鮮版	1933-05-02	1	06단	釜山府內の電車網を充實する瓦電の計劃は着々と進む
236533	朝鮮朝日	南鮮版	1933-05-02	1	07단	嚴かに招魂祭賑うた京城
236534	朝鮮朝日	南鮮版	1933-05-02	1	07단	アスパラガスは朝鮮にもできる大場農場で栽培に成功
236535	朝鮮朝日	南鮮版	1933-05-02	1	07단	補充部隊北行す萬歲聲裡に
236536	朝鮮朝日	南鮮版	1933-05-02	1	08단	馬賊六名が千七百圓を强奪鴨綠江渡船場附近で
236537	朝鮮朝日	南鮮版	1933-05-02	1	09단	所有主を個別督促家屋移轉問題
236538	朝鮮朝日	南鮮版	1933-05-02	1	10단	南鮮ところどころ(鎭海/蔚山/密陽)
236539	朝鮮朝日	南鮮版	1933-05-02	1	10단	不穩文撒布の容疑者引致釜山署活動
236540	朝鮮朝日	西北版	1933-05-03	1	01단	北鮮商と朝商銀漸やく合併成立朝商銀百萬圓增資/店開きは六月頃
236541	朝鮮朝日	西北版	1933-05-03	1	01단	人事を新たに今後を大いに期待さる鐵道局異動の副參事各係長
236542	朝鮮朝日	西北版	1933-05-03	1	02단	平壤神社春の大祭賑やかに崔さる
236543	朝鮮朝日	西北版	1933-05-03	1	04단	開城府會
236544	朝鮮朝日	西北版	1933-05-03	1	04단	朝鮮獨自の都市計劃法近く法令發布
236545	朝鮮朝日	西北版	1933-05-03	1	04단	總督府辭令
236546	朝鮮朝日	西北版	1933-05-03	1	04단	相寄る魂十六年振りに母子が涙の對面ここにほゝ笑ましき物語
236547	朝鮮朝日	西北版	1933-05-03	1	05단	火災保險料率の引き下げを要望平壤商議所猛運動
236548	朝鮮朝日	西北版	1933-05-03	1	06단	山砲隊歸還に盛んな歡送
236549	朝鮮朝日	西北版	1933-05-03	1	06단	朝鮮教育會總會十三日から新義州で
236550	朝鮮朝日	西北版	1933-05-03	1	06단	一千年前の古墳發掘雲峰里の畑から
236551	朝鮮朝日	西北版	1933-05-03	1	07단	日本軍の駐屯要望
236552	朝鮮朝日	西北版	1933-05-03	1	07단	忠魂碑
236553	朝鮮朝日	西北版	1933-05-03	1	07단	奇特な兵士
236554	朝鮮朝日	西北版	1933-05-03	1	07단	子男山の櫻
236555	朝鮮朝日	西北版	1933-05-03	1	07단	藤原知事等巡視
236556	朝鮮朝日	西北版	1933-05-03	1	07단	平壤醫專運動會

일련번호	판명		간행일	면	단수	기사명
236557	朝鮮朝日	西北版	1933-05-03	1	08단	巧みな僞造紙幣開城で發見
236558	朝鮮朝日	西北版	1933-05-03	1	08단	朝鮮一の大鳥居平壤大神宮に
236559	朝鮮朝日	西北版	1933-05-03	1	08단	平壤南職紹所愈開業さる
236560	朝鮮朝日	西北版	1933-05-03	1	08단	南鮮ところどころ(平壤/間島)
236561	朝鮮朝日	西北版	1933-05-03	1	08단	普通江の改修を要望する第二次窮民救濟事業として
236562	朝鮮朝日	西北版	1933-05-03	1	09단	巧みな僞造紙幣開城で發見
236563	朝鮮朝日	西北版	1933-05-03	1	09단	平壤府稅滯納處分五萬一千圓
236564	朝鮮朝日	西北版	1933-05-03	1	10단	鍬で父親を毆る
236565	朝鮮朝日	西北版	1933-05-03	1	10단	牧師宅で喧嘩騷ぎ四名檢束さる
236566	朝鮮朝日	西北版	1933-05-03	1	10단	共匪のため二名が死傷
236567	朝鮮朝日	西北版	1933-05-03	1	10단	春日巷談
236568	朝鮮朝日	南鮮版	1933-05-03	1	01단	又も仁川に強盜主人と下男を縛り上げて在金廿九圓を強奪/質屋強盜の二容疑者引致/二人組の覆面強盜弘濟內里に/危險・危險各家庭に注意/巧みな僞造紙幣開城で發見/いづれも上告棄却/數萬圓騙取/家出女身投自殺/京畿道の痘瘡下火一月以降千名/痘患隱匿で嚴重に警戒釜山署活動/鍬で父親を毆る
236569	朝鮮朝日	南鮮版	1933-05-03	1	01단	北商と朝商銀愈よ合併成立朝銀は百萬圓增資/店開きは六月頃
236570	朝鮮朝日	南鮮版	1933-05-03	1	01단	人事を新たに今後を大いに期待さる鐵道局異動の副參事各係長
236571	朝鮮朝日	南鮮版	1933-05-03	1	03단	朝鮮教育會總會十三日から新義州で
236572	朝鮮朝日	南鮮版	1933-05-03	1	04단	水もぬるんで流れくる筏情緒もうあと半月
236573	朝鮮朝日	南鮮版	1933-05-03	1	05단	總督府辭令
236574	朝鮮朝日	南鮮版	1933-05-03	1	06단	防空普及講演映畵各地で開く
236575	朝鮮朝日	南鮮版	1933-05-03	1	07단	野球選手十名の採用に吏員十名整理さる極祕の裡に行うた京城府
236576	朝鮮朝日	南鮮版	1933-05-03	1	07단	南鮮ところどころ(釜山/京城/鎭海/晉州)
236577	朝鮮朝日	南鮮版	1933-05-03	1	08단	一千年前の古墳發掘雲峰里の畑から
236578	朝鮮朝日	南鮮版	1933-05-03	1	08단	高場作一伍長府民葬執行いと盛大に
236579	朝鮮朝日	南鮮版	1933-05-03	1	08단	京畿道官選議員愈よ十四氏に決定/慶南道の官選議員殘るは二名
236580	朝鮮朝日	南鮮版	1933-05-03	1	09단	朝鮮の地に接して水利事業を痛感土地改良事業に盡したい入城して高山東拓總裁談

일련번호	판명		간행일	면	단수	기사명
236581	朝鮮朝日	南鮮版	1933-05-03	1	10단	人(香椎浩平中將(敎育總監部本部長)/三重縣縣會議員鮮滿視察團/高山長幸氏(東拓總裁)/田淵勳氏(東拓理事)/楢山敬敦氏(農林省米穀課長))
236582	朝鮮朝日	西北版	1933-05-04	1	01단	南鮮ところどころ(平壤/間島/崇仁)
236583	朝鮮朝日	西北版	1933-05-04	1	01단	公職者が一致し民風の刷新に努める色服奬勵、冠婚葬祭費の節約等大わらはの平南道當局
236584	朝鮮朝日	西北版	1933-05-04	1	01단	朝商銀北商銀臨時株主總會きたる二十二日
236585	朝鮮朝日	西北版	1933-05-04	1	01단	春日頌讚
236586	朝鮮朝日	西北版	1933-05-04	1	03단	開城の愛護週間
236587	朝鮮朝日	西北版	1933-05-04	1	04단	愈よ激戰狀態緊張の道會議員選擧/平北道/平南道/鎭南浦
236588	朝鮮朝日	西北版	1933-05-04	1	04단	平南道署長會議慰靈祭、武道大會も催す
236589	朝鮮朝日	西北版	1933-05-04	1	04단	全鮮の俳句大會
236590	朝鮮朝日	西北版	1933-05-04	1	05단	安東デー一大賑ひ花に浮かれて人の渦
236591	朝鮮朝日	西北版	1933-05-04	1	05단	十六年振りに再會の母子
236592	朝鮮朝日	西北版	1933-05-04	1	05단	便利となる平元間交通最新式の渡船を購入し四佳面に二橋を架設
236593	朝鮮朝日	西北版	1933-05-04	1	06단	稀に見る奇病の患者
236594	朝鮮朝日	西北版	1933-05-04	1	06단	國境の櫻
236595	朝鮮朝日	西北版	1933-05-04	1	06단	全鮮的に商品の戶口調査！販路の擴張を計る爲
236596	朝鮮朝日	西北版	1933-05-04	1	07단	平壤で鄕軍大會盛大に催す
236597	朝鮮朝日	西北版	1933-05-04	1	07단	DKだより
236598	朝鮮朝日	西北版	1933-05-04	1	08단	若い女宿で自殺
236599	朝鮮朝日	西北版	1933-05-04	1	08단	他人の家に二十六回も放火す夫から離緣されたさに
236600	朝鮮朝日	西北版	1933-05-04	1	08단	果樹園主の妻を小刀で滅多斬窮盜の嫌疑を受けて
236601	朝鮮朝日	西北版	1933-05-04	1	08단	辭令(東京電話)
236602	朝鮮朝日	西北版	1933-05-04	1	08단	鮮女殺し犯人捕る
236603	朝鮮朝日	西北版	1933-05-04	1	09단	金品掠奪三名殺害共匪が橫行
236604	朝鮮朝日	西北版	1933-05-04	1	09단	刑務所を出てまたもスリ
236605	朝鮮朝日	西北版	1933-05-04	1	10단	逃歸つた妻を殺害水溜に投込む
236606	朝鮮朝日	西北版	1933-05-04	1	10단	死刑の判決若い殺人男に
236607	朝鮮朝日	西北版	1933-05-04	1	10단	春日巷談
236608	朝鮮朝日	南鮮版	1933-05-04	1	01단	朝鮮としては劃期的取締/橫山米穀課長に種々要望す

일련번호	판명		간행일	면	단수	기사명
236609	朝鮮朝日	南鮮版	1933-05-04	1	01단	全鮮的に産業・商品の戸口調査內地資本家の誘致と販路の擴張を計る爲め
236610	朝鮮朝日	南鮮版	1933-05-04	1	01단	愈よ激戰狀態緊張の道會議員選擧/忠南道/全南道/慶南道官選議員
236611	朝鮮朝日	南鮮版	1933-05-04	1	02단	辭令(東京電話)
236612	朝鮮朝日	南鮮版	1933-05-04	1	02단	五十三の英靈を祀る梨泰院に合同基碑四日合祀祭執行
236613	朝鮮朝日	南鮮版	1933-05-04	1	02단	スポーツ(排球朝鮮支部事業/軟式野球/庭球大會)
236614	朝鮮朝日	南鮮版	1933-05-04	1	03단	DKだより
236615	朝鮮朝日	南鮮版	1933-05-04	1	04단	洛東江に愈よ架橋まづ基礎事業
236616	朝鮮朝日	南鮮版	1933-05-04	1	04단	思想善導社會敎化に地方敎化主事を配置す本年度から慶南十九ヶ郡に
236617	朝鮮朝日	南鮮版	1933-05-04	1	04단	南鮮ところどころ(釜山/淸州/京城/大邱/仁川/大田)
236618	朝鮮朝日	南鮮版	1933-05-04	1	05단	春日頌讚
236619	朝鮮朝日	南鮮版	1933-05-04	1	05단	氷卸賣三錢
236620	朝鮮朝日	南鮮版	1933-05-04	1	06단	李花の香りを訪ねて滿洲へ! 滿洲へ! ナンと素晴しい旅行團體よ
236621	朝鮮朝日	南鮮版	1933-05-04	1	06단	死刑の判決若い殺人男に
236622	朝鮮朝日	南鮮版	1933-05-04	1	06단	弘濟內里の二人組强盜捕る/四人組のスリ團非常警戒で逮捕
236623	朝鮮朝日	南鮮版	1933-05-04	1	06단	アル橫顔
236624	朝鮮朝日	南鮮版	1933-05-04	1	07단	兄と口論して自殺
236625	朝鮮朝日	南鮮版	1933-05-04	1	09단	映畵と演劇(釜山昭和館/映光キネマ組織)
236626	朝鮮朝日	南鮮版	1933-05-04	1	09단	慶北道內荒しの四人組强盜捕る
236627	朝鮮朝日	南鮮版	1933-05-04	1	09단	無理心中食刀で人妻を滅多斬り自分は洛東江で自殺
236628	朝鮮朝日	南鮮版	1933-05-04	1	10단	闇を稼ぐ四十八件愈よ解消さる
236629	朝鮮朝日	南鮮版	1933-05-04	1	10단	人(諸富鹿四郞氏(新任釜山鐵道事務所長))
236630	朝鮮朝日	西北版	1933-05-05	1	01단	道議選擧愈よあと一週間各道とも激戰狀態候補實に千名定員の三倍半/平南道/平北道の官選議員十一名決定す/咸南の官選議員
236631	朝鮮朝日	西北版	1933-05-05	1	01단	平壤府廳舍愈よ建築に着手十萬二千圓を投じて
236632	朝鮮朝日	西北版	1933-05-05	1	01단	辭令(東京電話)
236633	朝鮮朝日	西北版	1933-05-05	1	01단	朝鮮信託定期總會重要案附議
236634	朝鮮朝日	西北版	1933-05-05	1	02단	理髮規則を咸南で改正

일련번호	판명		간행일	면	단수	기사명
236635	朝鮮朝日	西北版	1933-05-05	1	02단	スポーツ(咸興對興南/實業野球/平壤醫專山岳會)
236636	朝鮮朝日	西北版	1933-05-05	1	03단	春日頌讃
236637	朝鮮朝日	西北版	1933-05-05	1	03단	鎮南浦港の發展に海陸聯絡の擴充が急 宇垣總督に視察を求む
236638	朝鮮朝日	西北版	1933-05-05	1	04단	平壤醫專記念祭
236639	朝鮮朝日	西北版	1933-05-05	1	04단	大豆大の雹が降る安東附近に
236640	朝鮮朝日	西北版	1933-05-05	1	05단	公園の夜を明るくする
236641	朝鮮朝日	西北版	1933-05-05	1	05단	動力最低料値上
236642	朝鮮朝日	西北版	1933-05-05	1	05단	若葉薫る平壤へ嬉しや續々と來る觀光團
236643	朝鮮朝日	西北版	1933-05-05	1	06단	日滿婦人觀櫻大會花の鎮江山で
236644	朝鮮朝日	西北版	1933-05-05	1	06단	重大犯人か
236645	朝鮮朝日	西北版	1933-05-05	1	06단	引き續き猛威を揮ふ平南道の口蹄疫連日十餘頭も發生
236646	朝鮮朝日	西北版	1933-05-05	1	06단	鎮南浦に痘瘡續發七名となる
236647	朝鮮朝日	西北版	1933-05-05	1	07단	「ヌクテ」を退治四匹捕殺、二匹生捕る
236648	朝鮮朝日	西北版	1933-05-05	1	07단	平南勞働者調べ
236649	朝鮮朝日	西北版	1933-05-05	1	07단	無等山に描かれた慘・春の地獄圖繪殖えて來た草根木皮の人々
236650	朝鮮朝日	西北版	1933-05-05	1	07단	南鮮ところどころ(涉里院/開城/平壤)
236651	朝鮮朝日	西北版	1933-05-05	1	08단	家屋泥棒公判へ
236652	朝鮮朝日	西北版	1933-05-05	1	09단	一家族六名が三年間穀物泥棒
236653	朝鮮朝日	西北版	1933-05-05	1	09단	獵奇な若妻殺し愈高等法院へ
236654	朝鮮朝日	西北版	1933-05-05	1	10단	人(成富文五氏(平南道高等課長)/柳本朝光氏(平南官房主事)/高山東拓總裁)
236655	朝鮮朝日	西北版	1933-05-05	1	10단	春日巷談
236656	朝鮮朝日	南鮮版	1933-05-05	1	01단	道議選擧愈よあと一週間各道とも激戰狀態候補實に千名定員の三倍半/開票の十日迄は暗中摸索の仁川　京畿道/定員二十九名に立候補九十六名　慶南道/釜山府/晉州郡/府郡選擧監視人/慶北道/慶北道官選議員/忠南道
236657	朝鮮朝日	南鮮版	1933-05-05	1	01단	宇垣さん京城の花祭りへ
236658	朝鮮朝日	南鮮版	1933-05-05	1	03단	軍用犬朝鮮支部七日龍山で發會式第一回品評會も開く
236659	朝鮮朝日	南鮮版	1933-05-05	1	03단	スポーツ(京城運動場使用料改正/對抗射擊)
236660	朝鮮朝日	南鮮版	1933-05-05	1	04단	鎮海邑會
236661	朝鮮朝日	南鮮版	1933-05-05	1	04단	一部落擧って國旗掲揚塔建設範を示す柳川里

일련번호	판명		간행일	면	단수	기사명
236662	朝鮮朝日	南鮮版	1933-05-05	1	05단	音樂會
236663	朝鮮朝日	南鮮版	1933-05-05	1	05단	全南聯合靑年大會七日潭陽邑で
236664	朝鮮朝日	南鮮版	1933-05-05	1	06단	恩師の軍人に激勵の鐵兜贈呈釜山第一商卒業生から
236665	朝鮮朝日	南鮮版	1933-05-05	1	06단	無等山に描かれた慘・春の地獄圖繪殖えて來た草根木皮の人々
236666	朝鮮朝日	南鮮版	1933-05-05	1	06단	元山府立病院を道立病院に昇格內容の充實を計る
236667	朝鮮朝日	南鮮版	1933-05-05	1	06단	蟾津江上流に大橋を架設
236668	朝鮮朝日	南鮮版	1933-05-05	1	06단	南鮮ところどころ(京城)
236669	朝鮮朝日	南鮮版	1933-05-05	1	07단	私の赤ちゃん診てちょうだい/五日生れの赤ちゃんに府尹からお祝
236670	朝鮮朝日	南鮮版	1933-05-05	1	08단	辭令(東京電話)
236671	朝鮮朝日	南鮮版	1933-05-05	1	09단	痘兒を山に隱す發見した者旣に五名
236672	朝鮮朝日	南鮮版	1933-05-05	1	09단	朝鮮信託定期總會重要案附議
236673	朝鮮朝日	南鮮版	1933-05-05	1	10단	困った樓主
236674	朝鮮朝日	南鮮版	1933-05-05	1	10단	隧道內に嬰兒死體
236675	朝鮮朝日	南鮮版	1933-05-05	1	10단	漂流船の十名救助
236676	朝鮮朝日	南鮮版	1933-05-05	1	10단	アル橫顔
236677	朝鮮朝日	西北版	1933-05-06	1	01단	なんと悲慘太陽なき人々の生活平壤府內下層者の調べなる
236678	朝鮮朝日	西北版	1933-05-06	1	01단	端午の節句に時ならぬ銀世界 咸南長津郡一帶積雪八寸に上る/平北國境地方にも農作に被害なし
236679	朝鮮朝日	西北版	1933-05-06	1	01단	刻々と迫る道議選黃海道/元山
236680	朝鮮朝日	西北版	1933-05-06	1	02단	開城に國防議會
236681	朝鮮朝日	西北版	1933-05-06	1	02단	平南道辭令
236682	朝鮮朝日	西北版	1933-05-06	1	03단	可憐な草花を見棄てないで利用して下さい
236683	朝鮮朝日	西北版	1933-05-06	1	04단	元山壯丁好成績
236684	朝鮮朝日	西北版	1933-05-06	1	04단	平南道廳舍改築を熱望餘りに貧弱
236685	朝鮮朝日	西北版	1933-05-06	1	04단	尊い殉職
236686	朝鮮朝日	西北版	1933-05-06	1	05단	嘉義丸が寄港要望通り城津に/土木出張所長城津港視察
236687	朝鮮朝日	西北版	1933-05-06	1	06단	南鮮ところどころ(价川/開城/平壤)
236688	朝鮮朝日	西北版	1933-05-06	1	07단	轉任途中の三等主計正ピストルで自殺す密輸の嫌疑を發見されて/西本願寺で葬儀行はる
236689	朝鮮朝日	西北版	1933-05-06	1	08단	鮮女殺しの主犯を送還新義州署へ

일련번호	판명		간행일	면	단수	기사명
236690	朝鮮朝日	西北版	1933-05-06	1	08단	通帳泥棒捕まる
236691	朝鮮朝日	西北版	1933-05-06	1	08단	城井獸醫學博士口蹄疫研究
236692	朝鮮朝日	西北版	1933-05-06	1	09단	半島の初夏を飾る朝鮮美術展覽會六日から審査を開始
236693	朝鮮朝日	西北版	1933-05-06	1	09단	牛島中將初巡視
236694	朝鮮朝日	西北版	1933-05-06	1	09단	煙突が倒れ二名が死傷
236695	朝鮮朝日	西北版	1933-05-06	1	10단	公金二千圓拐帶逃走す
236696	朝鮮朝日	西北版	1933-05-06	1	10단	機關車と衝突汽動車破壞三名負傷す
236697	朝鮮朝日	西北版	1933-05-06	1	10단	漁船轉覆し三名行方不明
236698	朝鮮朝日	西北版	1933-05-06	1	10단	春日巷談
236699	朝鮮朝日	南鮮版	1933-05-06	1	01단	刻々迫る道議選定員減から一名も立候補せず一般から成り行きを注目さる/官選議員でついに絶叫 仁川/多少によって騷ぐ理由はない總督府當局の談/文書言論に火花慶南道/慶北道/京城/午後四時から開票/馬山/群山
236700	朝鮮朝日	南鮮版	1933-05-06	1	01단	參議の顔觸を一新し中樞院の空氣を刷新六月の任期を機に候補者を詮考
236701	朝鮮朝日	南鮮版	1933-05-06	1	01단	釜山・大阪は十一日から開通釜山、嚴原間海底線は好成績
236702	朝鮮朝日	南鮮版	1933-05-06	1	01단	嚴肅を極めた合同墓碑除幕式
236703	朝鮮朝日	南鮮版	1933-05-06	1	02단	延坪島と釜浦郵便局出張所漁期中臨時に開設
236704	朝鮮朝日	南鮮版	1933-05-06	1	03단	名響の遺骨
236705	朝鮮朝日	南鮮版	1933-05-06	1	04단	草梁町海岸の船溜所改修
236706	朝鮮朝日	南鮮版	1933-05-06	1	04단	端午の節句に時ならぬ銀世界咸南長津郡一帶積雪八寸に上る/平北國境地方にも農作に被害なし
236707	朝鮮朝日	南鮮版	1933-05-06	1	05단	脚部二萬圓の舞踊家
236708	朝鮮朝日	南鮮版	1933-05-06	1	05단	露艦引揚に特殊潛水器到着次第使用
236709	朝鮮朝日	南鮮版	1933-05-06	1	05단	龍城産組の組合員三百名連袂脫退組合長選擧問題から
236710	朝鮮朝日	南鮮版	1933-05-06	1	06단	移出口蹄牛回復後解放取引も自由に
236711	朝鮮朝日	南鮮版	1933-05-06	1	07단	轉任途中の三等主計正ピストルで自殺す密輸の嫌疑を發見されて/西本願寺で葬儀行はる
236712	朝鮮朝日	南鮮版	1933-05-06	1	07단	半島の初夏を飾る朝鮮美術展覽會六日から審査を開始
236713	朝鮮朝日	南鮮版	1933-05-06	1	07단	四十戶を全燒す河同と西面に

일련번호	판명		간행일	면	단수	기사명
236714	朝鮮朝日	南鮮版	1933-05-06	1	08단	群山に痘瘡
236715	朝鮮朝日	南鮮版	1933-05-06	1	08단	新堂に強盗
236716	朝鮮朝日	南鮮版	1933-05-06	1	08단	春は泥棒にもユーモアーがある話
236717	朝鮮朝日	南鮮版	1933-05-06	1	09단	南鮮ところどころ(馬山/京城)
236718	朝鮮朝日	南鮮版	1933-05-06	1	09단	厭世自殺
236719	朝鮮朝日	南鮮版	1933-05-06	1	10단	乞食しながら各地で強盗四人組の惡事續々
236720	朝鮮朝日	南鮮版	1933-05-06	1	10단	女工を煽動し怠業を劃策釜山署警戒
236721	朝鮮朝日	南鮮版	1933-05-06	1	10단	人(伊藤旺氏(新任元山鐵道事務所長)/小原延太郎氏(新任鐵道局運轉課列車係長)/鶴野收氏(新任大田鐵道事務所營業主任))
236722	朝鮮朝日	南鮮版	1933-05-06	1	10단	アル横顔
236723	朝鮮朝日	西北版	1933-05-07	1	01단	農民の友として農民警察官を養成！百五十六名から二十二名を選拔して咸南道の新しい試み
236724	朝鮮朝日	西北版	1933-05-07	1	01단	オッカない警察から明るい警察の姿を見せる京城で警察兒童展覽會
236725	朝鮮朝日	西北版	1933-05-07	1	01단	鐵道移管港灣問題で總督府と折衝に村上滿鐵理事等來城
236726	朝鮮朝日	西北版	1933-05-07	1	01단	全鮮學務課長會當面の重大案件附議
236727	朝鮮朝日	西北版	1933-05-07	1	02단	道議選平北道/沙里院/選擧取締り監察官派遣
236728	朝鮮朝日	西北版	1933-05-07	1	03단	北鮮開拓の先驅國有林監視增員
236729	朝鮮朝日	西北版	1933-05-07	1	03단	平安神社の大祭
236730	朝鮮朝日	西北版	1933-05-07	1	03단	益々人を襲ひ牛を襲ふ愈よ天然痘猖獗鎭南浦府民臨時種痘/全北の痘瘡/北青郡にチフス/罹病牛四百餘頭黃海道も危險狀態
236731	朝鮮朝日	西北版	1933-05-07	1	04단	咸南醫友會總會
236732	朝鮮朝日	西北版	1933-05-07	1	04단	電興總會
236733	朝鮮朝日	西北版	1933-05-07	1	04단	春日頌讚
236734	朝鮮朝日	西北版	1933-05-07	1	05단	農繁期に家庭實修力注ぐ普通校
236735	朝鮮朝日	西北版	1933-05-07	1	05단	西鮮電氣の統制問題平壤で今井電氣課長語る
236736	朝鮮朝日	西北版	1933-05-07	1	05단	とんだ迷信
236737	朝鮮朝日	西北版	1933-05-07	1	06단	平壤高女たより
236738	朝鮮朝日	西北版	1933-05-07	1	06단	學校の位置爭ひ
236739	朝鮮朝日	西北版	1933-05-07	1	06단	高勾麗時代の古墳を調査
236740	朝鮮朝日	西北版	1933-05-07	1	07단	樺太から羅津へ二百名移民計劃羅津港の工事を目ざして京城商議に問合せ來る

일련번호	판명		간행일	면	단수	기사명
236741	朝鮮朝日	西北版	1933-05-07	1	07단	ラデオ盜聽者三十件告發
236742	朝鮮朝日	西北版	1933-05-07	1	07단	無擔保で百萬圓鴨綠江土地會社に崔氏が貸付く
236743	朝鮮朝日	西北版	1933-05-07	1	07단	平南交通に劃期的の改善本年度十九橋架設
236744	朝鮮朝日	西北版	1933-05-07	1	08단	平南道の敎育方針を變更滿洲語や支那語を敎授
236745	朝鮮朝日	西北版	1933-05-07	1	08단	南鮮ところどころ(新義州)
236746	朝鮮朝日	西北版	1933-05-07	1	08단	忠魂碑
236747	朝鮮朝日	西北版	1933-05-07	1	08단	頻發する金塊密輸旣に十九件
236748	朝鮮朝日	西北版	1933-05-07	1	09단	拐帶小使捕まる
236749	朝鮮朝日	西北版	1933-05-07	1	09단	徂く春とともに散ってく人々
236750	朝鮮朝日	西北版	1933-05-07	1	10단	遭難機再搜査愈よ九日から
236751	朝鮮朝日	西北版	1933-05-07	1	10단	三名死傷竝木に衝突してトラック大破
236752	朝鮮朝日	西北版	1933-05-07	1	10단	春日巷談
236753	朝鮮朝日	南鮮版	1933-05-07	1	01단	聽音器や情報器更に三台を建造半島に溢るゝ防空熱/半島未曾有の大規模な防空演習逐次分解して豫行演習實施/防空演習打合會淸州で開かる
236754	朝鮮朝日	南鮮版	1933-05-07	1	01단	五百の孤兒がピクニック一日を樂しく
236755	朝鮮朝日	南鮮版	1933-05-07	1	03단	慶南第一回道會
236756	朝鮮朝日	南鮮版	1933-05-07	1	04단	京城帝大弓道場七日披露發射大會
236757	朝鮮朝日	南鮮版	1933-05-07	1	04단	本年度は十四校京畿道普通校
236758	朝鮮朝日	南鮮版	1933-05-07	1	04단	忠北道郡守會議
236759	朝鮮朝日	南鮮版	1933-05-07	1	04단	道議選擧淸算の日ちかづく鎭安郡は無競爭全北道/釜山/群山/馬山/選擧取締り監察官派遣
236760	朝鮮朝日	南鮮版	1933-05-07	1	05단	京城觀光協會九日發起人會
236761	朝鮮朝日	南鮮版	1933-05-07	1	05단	釜山府會
236762	朝鮮朝日	南鮮版	1933-05-07	1	05단	全鮮學務課長會當面の重大案件附議
236763	朝鮮朝日	南鮮版	1933-05-07	1	05단	忠北金組理事會
236764	朝鮮朝日	南鮮版	1933-05-07	1	06단	講演と映畫の夕
236765	朝鮮朝日	南鮮版	1933-05-07	1	06단	群山の兒童愛護
236766	朝鮮朝日	南鮮版	1933-05-07	1	06단	大田鐵道事務所長古賀亮一氏着任
236767	朝鮮朝日	南鮮版	1933-05-07	1	06단	オッカない警察から明るい警察の姿を見せる京城で警察兒童展覽會
236768	朝鮮朝日	南鮮版	1933-05-07	1	06단	北海道から朝鮮へ叔父を訪ねる孤獨少年
236769	朝鮮朝日	南鮮版	1933-05-07	1	07단	英靈燒香場に高張り提燈無名で寄贈
236770	朝鮮朝日	南鮮版	1933-05-07	1	08단	自動車が畑の中に妓生等六名中傷台彰面奉寧寺の珍事

일련번호	판명		간행일	면	단수	기사명
236771	朝鮮朝日	南鮮版	1933-05-07	1	08단	ヌクテに咬殺さる摘草の少女が
236772	朝鮮朝日	南鮮版	1933-05-07	1	08단	世の中が嫌になり母の居る處へ! 友達へ遺書を殘して鐵道自殺の十九娘
236773	朝鮮朝日	南鮮版	1933-05-07	1	09단	鐵道移管港灣問題で總督府と折衝に村上滿鐵理事等來城
236774	朝鮮朝日	南鮮版	1933-05-07	1	10단	全半燒十二棟光州の火事
236775	朝鮮朝日	南鮮版	1933-05-07	1	10단	合百トバクの廿一名檢擧大搦闘の末
236776	朝鮮朝日	南鮮版	1933-05-07	1	10단	南鮮ところどころ(大邱/群山)
236777	朝鮮朝日	西北版	1933-05-09	1	01단	道制實施最初の記念すべき道議選擧十日全鮮一齊に行はる輝く榮冠は果して何人に!
236778	朝鮮朝日	西北版	1933-05-09	1	01단	羅津の港灣修築六月早々愈よ着手
236779	朝鮮朝日	西北版	1933-05-09	1	01단	國境警備の警官を慰問する
236780	朝鮮朝日	西北版	1933-05-09	1	01단	國防費を募集する平壤婦人部/受恩給者から國防費獻金
236781	朝鮮朝日	西北版	1933-05-09	1	01단	美展入賞者嚴選主義で審査さる
236782	朝鮮朝日	西北版	1933-05-09	1	03단	憲兵隊長異動
236783	朝鮮朝日	西北版	1933-05-09	1	03단	平壤府廳舍定礎式擧行
236784	朝鮮朝日	西北版	1933-05-09	1	04단	鎭南浦の痘瘡益々蔓延す
236785	朝鮮朝日	西北版	1933-05-09	1	04단	平北第二守備隊軍旗祭擧行/近來ない大賑ひ飛行隊記念祭
236786	朝鮮朝日	西北版	1933-05-09	1	04단	滿洲と金融機關色部鮮銀理事視察談
236787	朝鮮朝日	西北版	1933-05-09	1	05단	入賞した乳幼兒
236788	朝鮮朝日	西北版	1933-05-09	1	05단	二百餘名に貸した十萬圓を棒引に! 世に珍らしい篤行者金仁煥氏感激した一同が公德碑建設
236789	朝鮮朝日	西北版	1933-05-09	1	06단	六月に春競馬平壤で準備
236790	朝鮮朝日	西北版	1933-05-09	1	06단	二十日から犧牲的廉賣商品陳列所で
236791	朝鮮朝日	西北版	1933-05-09	1	06단	スポーツ(西鮮野球聯盟最初の試合兼二浦勝つ)
236792	朝鮮朝日	西北版	1933-05-09	1	07단	獸醫を總動員し畜牛の檢病調査平南の農家大弱り
236793	朝鮮朝日	西北版	1933-05-09	1	07단	南鮮ところどころ(開城/義州/平壤/咸興)
236794	朝鮮朝日	西北版	1933-05-09	1	07단	慶州博物分館長臟物故買で送局! 古墳盜掘犯人二名と聯絡をとり約二萬圓賣却の事實判明
236795	朝鮮朝日	西北版	1933-05-09	1	09단	慈山面に二人强盜百五十圓强奪
236796	朝鮮朝日	西北版	1933-05-09	1	09단	無煙炭船二隻沈沒
236797	朝鮮朝日	西北版	1933-05-09	1	09단	大豹が現はれ幼女を咬み殺す龍浦民が近く豹狩

일련번호	판명		간행일	면	단수	기사명
236798	朝鮮朝日	西北版	1933-05-09	1	10단	二ヶ所に強盗出現陽德署活動
236799	朝鮮朝日	西北版	1933-05-09	1	10단	春日巷談
236800	朝鮮朝日	西北版	1933-05-09	1	10단	群山府議補缺選
236801	朝鮮朝日	南鮮版	1933-05-09	1	01단	*道制實施最初の記念すべき道議選擧十日全鮮一齊に行はる輝く榮冠は果して何人に！定員二十九名に落選を見る六十名慶南道/釜山/慶北道/晉州*
236802	朝鮮朝日	南鮮版	1933-05-09	1	01단	*美展入賞者(1)/嚴選主義で審査さる*
236803	朝鮮朝日	南鮮版	1933-05-09	1	02단	*新綠薫るスポーツ新人多數を加へた京城實業野球リーグ戰遞信7-6京電殖銀7-6鮮鐵/京城陸上競技選手權大會/春季軟式野球大會/釜山中等野球リーグ釜山一商優勝す/釜山一商チームに優勝旗/龍中17A一5鐵道/釜山實業庭球大會/訪問リレー競技*
236804	朝鮮朝日	南鮮版	1933-05-09	1	04단	群山府議補缺選
236805	朝鮮朝日	南鮮版	1933-05-09	1	04단	憲兵隊長異動
236806	朝鮮朝日	南鮮版	1933-05-09	1	04단	ボート轉覆し男女の溺死
236807	朝鮮朝日	南鮮版	1933-05-09	1	06단	慶州博物分館長臟物故買で送局！古墳盜掘犯人二名と聯絡をとり約二萬圓賣却の事實判明
236808	朝鮮朝日	南鮮版	1933-05-09	1	07단	三日間を經過するも首と胴體が判らぬ長距離の記錄捜査も遂に駄目奇怪な女の轢死事件
236809	朝鮮朝日	南鮮版	1933-05-09	1	10단	十七日は裡里デー全市擧げて賑ふ
236810	朝鮮朝日	西北版	1933-05-10	1	01단	道制施行に伴ひ榮譽を擔ふ官選議員十一日付任命さる(京畿道(十四名)/忠清北道(七名)/忠清南道(八名)/全羅北道(十名)/全羅南道(十四名)/慶尚北道(十五名)/慶尚南道(十四名)/黃海道(十名)/平安南道(九名)/平安北道(十一名)/江原道(十名)/咸鏡南道(十名)/咸鏡北道(七名))
236811	朝鮮朝日	西北版	1933-05-10	1	02단	西鮮女子オリンピック大會前記(1)/若葉に薫る乙女達の勇躍各校共淚ぐましい練習
236812	朝鮮朝日	西北版	1933-05-10	1	04단	缺食兒童救濟金
236813	朝鮮朝日	西北版	1933-05-10	1	05단	平南道の發展に四大事業を協議す道內の民間有力者が集って十日綜合期成會組織
236814	朝鮮朝日	西北版	1933-05-10	1	05단	民間有力者から聽く産業開發の意見總督府の試み好評

일련번호	판명		간행일	면	단수	기사명
236815	朝鮮朝日	西北版	1933-05-10	1	07단	局鐵の滿鐵委任經營條件の細目協定村上滿鐵理事京城着一般に成行を注目
236816	朝鮮朝日	西北版	1933-05-10	1	07단	平壤商議所特別議員
236817	朝鮮朝日	西北版	1933-05-10	1	07단	滿浦鎭沿線經濟調査
236818	朝鮮朝日	西北版	1933-05-10	1	08단	全國高女校長會九、十兩日城大講堂で
236819	朝鮮朝日	西北版	1933-05-10	1	08단	栗里競馬場から樂浪古墳を發掘貴重な史料續出す
236820	朝鮮朝日	西北版	1933-05-10	1	09단	軍用犬品評會入賞者發表
236821	朝鮮朝日	西北版	1933-05-10	1	10단	牛肉商は大弱り日蹄疫流行で
236822	朝鮮朝日	西北版	1933-05-10	1	10단	畑に埋めた五百圓盜難
236823	朝鮮朝日	西北版	1933-05-10	1	10단	甘八里五棟全燒
236824	朝鮮朝日	西北版	1933-05-10	1	10단	落磐で二名死傷
236825	朝鮮朝日	西北版	1933-05-10	1	10단	春日巷談
236826	朝鮮朝日	南鮮版	1933-05-10	1	01단	道制施行に伴ひ榮譽を擔ふ官選議員十一日付任命さる(京畿道(十四名)/忠淸北道(七名)/忠淸南道(八名)/全羅北道(十名)/全羅南道(十四名)/慶尙北道(十五名)/慶尙南道(十四名)/黃海道(十名)/平安南道(九名)/平安北道(十一名)/江原道(十名)/咸鏡南道(十名)/咸鏡北道(七名))
236827	朝鮮朝日	南鮮版	1933-05-10	1	02단	全國高女校長會九、十兩日城大講堂で
236828	朝鮮朝日	南鮮版	1933-05-10	1	04단	防空演習講演活寫會
236829	朝鮮朝日	南鮮版	1933-05-10	1	04단	局鐵の滿鐵委任經營條件の細目協定村上滿鐵理事京城着一般に成行を注目
236830	朝鮮朝日	南鮮版	1933-05-10	1	05단	五月の食慾を唆る西瓜・胡瓜・李もきました
236831	朝鮮朝日	南鮮版	1933-05-10	1	05단	忠南警察署長會議
236832	朝鮮朝日	南鮮版	1933-05-10	1	06단	內鮮聯絡電話試驗好成績廿日頃開通
236833	朝鮮朝日	南鮮版	1933-05-10	1	06단	陸上競技の決勝記錄
236834	朝鮮朝日	南鮮版	1933-05-10	1	06단	東・湖兩銀行合倂二百萬圓に增資する
236835	朝鮮朝日	南鮮版	1933-05-10	1	07단	海軍記念日鎭海の行事
236836	朝鮮朝日	南鮮版	1933-05-10	1	07단	軍用犬品評會入賞者發表
236837	朝鮮朝日	南鮮版	1933-05-10	1	08단	慶南道の徵兵檢査
236838	朝鮮朝日	南鮮版	1933-05-10	1	08단	野口氏等は無事
236839	朝鮮朝日	南鮮版	1933-05-10	1	08단	恐ろしい罪を私は犯した靑年自首す
236840	朝鮮朝日	南鮮版	1933-05-10	1	09단	大邱女子校火事
236841	朝鮮朝日	南鮮版	1933-05-10	1	09단	鬼のやうな親幼兒生埋め悲鳴を聞いて救助
236842	朝鮮朝日	南鮮版	1933-05-10	1	09단	盤石事變三勇士總督府からも表彰

일련번호	판명		간행일	면	단수	기사명
236843	朝鮮朝日	南鮮版	1933-05-10	1	10단	倉庫破りの七名捕まる
236844	朝鮮朝日	南鮮版	1933-05-10	1	10단	崔(八日鐵道局課長、所長會議/九日 第二十師團の陸軍獻醫分團聯合研究會/二十日 忠淸南道金融組合聯合會總會)
236845	朝鮮朝日	南鮮版	1933-05-10	1	10단	アル橫顏
236846	朝鮮朝日	西北版	1933-05-11	1	01단	*歷史的光景裡に無事！道議選擧終る一部は卽日開票され最初の榮響を擔ふ人々大半きまる/輝く當選の人々/豫期以上の成績一般に棄權率が少い/選擧違反卅八件續々と現はる*
236847	朝鮮朝日	西北版	1933-05-11	1	04단	慶北の農村苗代を改良
236848	朝鮮朝日	西北版	1933-05-11	1	08단	本年度に增設平壤府に三市場市場土地買收を計劃
236849	朝鮮朝日	西北版	1933-05-11	1	08단	全鮮の有力者を集め一大産業懇談會十三日本府で開く
236850	朝鮮朝日	西北版	1933-05-11	1	08단	慶南道全體に濶葉樹增植保育組合組織
236851	朝鮮朝日	西北版	1933-05-11	1	08단	時の記念日慶南道の行事
236852	朝鮮朝日	西北版	1933-05-11	1	09단	物資缺乏に惱む赤露の裸像
236853	朝鮮朝日	西北版	1933-05-11	1	10단	インチキ寄附嚴重取締る
236854	朝鮮朝日	西北版	1933-05-11	1	10단	四月中の採鹽高
236855	朝鮮朝日	西北版	1933-05-11	1	10단	五移出港の四月在米高
236856	朝鮮朝日	西北版	1933-05-11	1	10단	平壤貿易高
236857	朝鮮朝日	南鮮版	1933-05-11	1	01단	*歷史的光景裡に無事！道議選擧終る一部は卽日開票され最初の榮響を擔ふ人々大半きまる/輝く當選の人々/豫期以上の成績一般に棄權率が少い/選擧違反卅八件續々と現はる*
236858	朝鮮朝日	南鮮版	1933-05-11	1	04단	慶北の農村苗代を改良
236859	朝鮮朝日	南鮮版	1933-05-11	1	08단	本年度に增設平壤府に三市場市場土地買收を計劃
236860	朝鮮朝日	南鮮版	1933-05-11	1	08단	全鮮の有力者を集め一大産業懇談會十三日本府で開く
236861	朝鮮朝日	南鮮版	1933-05-11	1	08단	慶南道全體に濶葉樹增植保育組合組織
236862	朝鮮朝日	南鮮版	1933-05-11	1	08단	時の記念日慶南道の行事
236863	朝鮮朝日	南鮮版	1933-05-11	1	09단	物資缺乏に惱む赤露の裸像
236864	朝鮮朝日	南鮮版	1933-05-11	1	10단	インチキ寄附嚴重取締る
236865	朝鮮朝日	南鮮版	1933-05-11	1	10단	四月中の採鹽高
236866	朝鮮朝日	南鮮版	1933-05-11	1	10단	五移出港の四月在米高
236867	朝鮮朝日	南鮮版	1933-05-11	1	10단	平壤貿易高

일련번호	판명		간행일	면	단수	기사명
236868	朝鮮朝日	西北版	1933-05-12	1	01단	統治に一新紀元大政戰も遂に大團圓輝く道議當選の人々(黃海道/江原道/咸鏡南道/咸鏡北道/全羅南道/全羅北道/忠淸北道/慶尙南道/慶尙北道/平安南道/平安北道)
236869	朝鮮朝日	西北版	1933-05-12	1	03단	朝鮮美術展特選と受賞者
236870	朝鮮朝日	西北版	1933-05-12	1	04단	清津以北局線滿鐵委任問題協議始まる
236871	朝鮮朝日	西北版	1933-05-12	1	04단	無事に終了し誠に欣快に堪へぬ內務局長牛島氏談議員諸氏に自重と努力を希望す
236872	朝鮮朝日	西北版	1933-05-12	1	07단	滿洲粟の輸入關稅引上率百斤が從來の二倍に十四五日頃から實施
236873	朝鮮朝日	西北版	1933-05-12	1	08단	平南道五大要望事業ちかく期成會を組織する平壤鎮南浦の有志を一丸として
236874	朝鮮朝日	西北版	1933-05-12	1	08단	釜山中心地に天然痘三名またまた發生
236875	朝鮮朝日	西北版	1933-05-12	1	09단	泰川と雲山に口蹄疫十頭
236876	朝鮮朝日	西北版	1933-05-12	1	09단	僞造紙幣犯人九名を逮捕
236877	朝鮮朝日	西北版	1933-05-12	1	10단	仁川に强盜
236878	朝鮮朝日	西北版	1933-05-12	1	10단	大音響と共に天井が墜落宿直員大騷ぎ
236879	朝鮮朝日	西北版	1933-05-12	1	10단	前審通り四名を死刑慘殺强盜犯人
236880	朝鮮朝日	西北版	1933-05-12	1	10단	五人組强盜團首魁に十五年
236881	朝鮮朝日	南鮮版	1933-05-12	1	01단	統治に一新紀元大政戰も遂に大團圓輝く道議當選の人々(黃海道/江原道/咸鏡南道/咸鏡北道/全羅南道/全羅北道/忠淸北道/慶尙南道/慶尙北道/平安南道/平安北道)
236882	朝鮮朝日	南鮮版	1933-05-12	1	03단	朝鮮美術展特選と受賞者
236883	朝鮮朝日	南鮮版	1933-05-12	1	04단	清津以北局線滿鐵委任問題協議始まる
236884	朝鮮朝日	南鮮版	1933-05-12	1	04단	無事に終了し誠に欣快に堪へぬ內務局長牛島氏談議員諸氏に自重と努力を希望す
236885	朝鮮朝日	南鮮版	1933-05-12	1	07단	滿洲粟の輸入關稅引上率百斤が從來の二倍に十四五日頃から實施
236886	朝鮮朝日	南鮮版	1933-05-12	1	08단	平南道五大要望事業ちかく期成會を組織する平壤鎮南浦の有志を一丸として
236887	朝鮮朝日	南鮮版	1933-05-12	1	08단	釜山中心地に天然痘三名またまた發生
236888	朝鮮朝日	南鮮版	1933-05-12	1	09단	泰川と雲山に口蹄疫十頭
236889	朝鮮朝日	南鮮版	1933-05-12	1	09단	僞造紙幣犯人九名を逮捕
236890	朝鮮朝日	南鮮版	1933-05-12	1	10단	仁川に强盜
236891	朝鮮朝日	南鮮版	1933-05-12	1	10단	大音響と共に天井が墜落宿直員大騷ぎ
236892	朝鮮朝日	南鮮版	1933-05-12	1	10단	前審通り四名を死刑慘殺强盜犯人
236893	朝鮮朝日	南鮮版	1933-05-12	1	10단	五人組强盜團首魁に十五年

일련번호	판명		간행일	면	단수	기사명
236894	朝鮮朝日	西北版	1933-05-13	1	01단	農業補習學校の全廢論がもちあがる餘り成績が上らぬので改善策考究の平南道當局
236895	朝鮮朝日	西北版	1933-05-13	1	01단	平壤飛行隊の大擴張を行ふ飛行場廿萬坪を擴げ輕爆隊設置と共に輕爆場併置
236896	朝鮮朝日	西北版	1933-05-13	1	01단	朝鮮無煙炭の前途は有望內地の業界を視察し福井武次郎氏は語る
236897	朝鮮朝日	西北版	1933-05-13	1	01단	平元、滿浦鎭兩線工事進捗をはかる小林所長の談
236898	朝鮮朝日	西北版	1933-05-13	1	02단	國防婦人が街頭で行商
236899	朝鮮朝日	西北版	1933-05-13	1	02단	西鮮女子オリンピック大會前記(2)/七選手に加へて期待される姜福信孃侮り難い平壤女高普
236900	朝鮮朝日	西北版	1933-05-13	1	03단	畜類通行搬出禁止を解く
236901	朝鮮朝日	西北版	1933-05-13	1	04단	天龍大の里一行の相撲
236902	朝鮮朝日	西北版	1933-05-13	1	04단	萬國兒童博で防寒帽入選
236903	朝鮮朝日	西北版	1933-05-13	1	04단	平南道の窮民減るインフレ景氣や散濟事業
236904	朝鮮朝日	西北版	1933-05-13	1	04단	開城內地人の人口は殖えない當局の考慮要望さる
236905	朝鮮朝日	西北版	1933-05-13	1	05단	榮ある第一回平南道會を招集二十九日から二日間
236906	朝鮮朝日	西北版	1933-05-13	1	05단	咸南道會議員當選者氏名
236907	朝鮮朝日	西北版	1933-05-13	1	05단	平南産業の內地進出と內地産業の平南移植工藤屬の興味ある土産話
236908	朝鮮朝日	西北版	1933-05-13	1	06단	七日間燃え續き八千町歩燒く鎭火の見込立たぬ慶尚北道英陽郡の大山火事
236909	朝鮮朝日	西北版	1933-05-13	1	06단	朝鮮無煙炭が輕鐵を敷設送炭の利便大に增す
236910	朝鮮朝日	西北版	1933-05-13	1	07단	世界一周旅行家來滿す
236911	朝鮮朝日	西北版	1933-05-13	1	08단	平南道にチフス續々と發生す
236912	朝鮮朝日	西北版	1933-05-13	1	08단	滿洲國で勞働者大量募集だが應募者が尠ない
236913	朝鮮朝日	西北版	1933-05-13	1	08단	治維法違反と强盜の求刑
236914	朝鮮朝日	西北版	1933-05-13	1	08단	戀人の後を追うて自殺/無政府主義者一味の判決
236915	朝鮮朝日	西北版	1933-05-13	1	09단	間島總領事館家族總會
236916	朝鮮朝日	西北版	1933-05-13	1	09단	現職巡査二名暴行を働くまづカフェであばれ新義州守備隊を襲ふ
236917	朝鮮朝日	西北版	1933-05-13	1	10단	春日巷談

일련번호	판명		간행일	면	단수	기사명
236918	朝鮮朝日	南鮮版	1933-05-13	1	01단	七日間燃え續き山林八千町步燒く當分鎭火の見込ない慶北道英陽郡の大山火事
236919	朝鮮朝日	南鮮版	1933-05-13	1	01단	江原道の山火事やうやく鎭火燒失面積廣大に上り損害も相當多額に上る見込
236920	朝鮮朝日	南鮮版	1933-05-13	1	01단	品評會を開き多絲量系蠶種獎勵養蠶敎師も表彰さる大邱三製絲の新しき試み
236921	朝鮮朝日	南鮮版	1933-05-13	1	01단	慶南道會副議長噂に上る人々
236922	朝鮮朝日	南鮮版	1933-05-13	1	02단	藥草の栽培慶南道で獎勵
236923	朝鮮朝日	南鮮版	1933-05-13	1	02단	産業調査會は有名無實だとし京城府當局非難さる
236924	朝鮮朝日	南鮮版	1933-05-13	1	03단	信交倶樂部結局解消か選擧に絡んで
236925	朝鮮朝日	南鮮版	1933-05-13	1	03단	慶北農家經濟調査
236926	朝鮮朝日	南鮮版	1933-05-13	1	04단	忠北警察署長會議
236927	朝鮮朝日	南鮮版	1933-05-13	1	04단	慶州南山の沙防に着工
236928	朝鮮朝日	南鮮版	1933-05-13	1	04단	內地人が互讓し仁川の道議選擧無事に濟む
236929	朝鮮朝日	南鮮版	1933-05-13	1	04단	松毛蟲退治
236930	朝鮮朝日	南鮮版	1933-05-13	1	04단	煙草の耕作で農家惠まる忠淸北道の耕作成績
236931	朝鮮朝日	南鮮版	1933-05-13	1	04단	外出際鮮展特選李玉順氏作
236932	朝鮮朝日	南鮮版	1933-05-13	1	05단	京城五卸市場前年度成績
236933	朝鮮朝日	南鮮版	1933-05-13	1	05단	兄弟打揃って道議に當選お目出度い申氏一家
236934	朝鮮朝日	南鮮版	1933-05-13	1	05단	群山港の貿易額四月中の調べ
236935	朝鮮朝日	南鮮版	1933-05-13	1	06단	慶北の蠶種代金
236936	朝鮮朝日	南鮮版	1933-05-13	1	06단	二萬人の貯金約四百萬圓
236937	朝鮮朝日	南鮮版	1933-05-13	1	06단	京城本町署の兒童警察展覽會あかるい警察の姿を坊ちゃん孃ちゃんに見せる
236938	朝鮮朝日	南鮮版	1933-05-13	1	07단	南鮮四道に藥草行脚本府の川口技師が美談を幾つも齎して歸る
236939	朝鮮朝日	南鮮版	1933-05-13	1	07단	兄の內妻に斬付る日本刀を揮ひ
236940	朝鮮朝日	南鮮版	1933-05-13	1	08단	嬰兒を殺す
236941	朝鮮朝日	南鮮版	1933-05-13	1	08단	齒醫者さんの醫師法違反上告の公判開廷さる
236942	朝鮮朝日	南鮮版	1933-05-13	1	09단	人夫殺しに四年の判決
236943	朝鮮朝日	南鮮版	1933-05-13	1	09단	自殺事件三つ
236944	朝鮮朝日	南鮮版	1933-05-13	1	10단	女運轉手が老婆を轢殺
236945	朝鮮朝日	南鮮版	1933-05-13	1	10단	揮發油燒く
236946	朝鮮朝日	南鮮版	1933-05-13	1	10단	もよほし(光州小學講堂上棟式/朝鮮運送重役會)

일련번호	판명		간행일	면	단수	기사명
236947	朝鮮朝日	南鮮版	1933-05-13	1	10단	人(金恩演氏(京城府議))
236948	朝鮮朝日	南鮮版	1933-05-13	1	10단	アル横顔
236949	朝鮮朝日	西北版	1933-05-14	1	01단	全滿洲にわたり移民の農耕適地調査本月中に調査班三班を派遣期待される鮮農の進出
236950	朝鮮朝日	西北版	1933-05-14	1	01단	咸南道の産金量昨年來跳躍的進展百二十五萬三千圓に上る
236951	朝鮮朝日	西北版	1933-05-14	1	01단	朝鮮教育會總會約五百名が出席
236952	朝鮮朝日	西北版	1933-05-14	1	01단	微かな望みもない嘆きのルンペン! 調べれば調べるほど悲慘
236953	朝鮮朝日	西北版	1933-05-14	1	02단	各道署長會日程
236954	朝鮮朝日	西北版	1933-05-14	1	03단	喜ばしい國防熱獻金が續出
236955	朝鮮朝日	西北版	1933-05-14	1	04단	大同江渡船紛糾
236956	朝鮮朝日	西北版	1933-05-14	1	04단	川島署長赴任す
236957	朝鮮朝日	西北版	1933-05-14	1	04단	無盡協會總會
236958	朝鮮朝日	西北版	1933-05-14	1	05단	全鮮の銀行大會廿日京城で
236959	朝鮮朝日	西北版	1933-05-14	1	05단	大同江で漁獲産卵期の『河豚』學界の謎を解くか平南水産課で研究
236960	朝鮮朝日	西北版	1933-05-14	1	05단	役に立つ商人養成平商校の實習
236961	朝鮮朝日	西北版	1933-05-14	1	06단	邑會議員等八名辭表を提出
236962	朝鮮朝日	西北版	1933-05-14	1	06단	貧民救濟に千三百圓寄附
236963	朝鮮朝日	西北版	1933-05-14	1	06단	總督府と妥協ならず折衝を一先づ打切りつひに村上滿鐵理事歸滿す清津以北線移管と港灣問題/林總裁が折衝に十四日朝來城
236964	朝鮮朝日	西北版	1933-05-14	1	07단	咸興に放送局本年度新設か
236965	朝鮮朝日	西北版	1933-05-14	1	08단	平壤の銷夏施設
236966	朝鮮朝日	西北版	1933-05-14	1	08단	海軍記念日を時局柄有意義に平壤の行事きまる
236967	朝鮮朝日	西北版	1933-05-14	1	08단	寢台車二輛脫線
236968	朝鮮朝日	西北版	1933-05-14	1	09단	暴行警官二名處分を考慮
236969	朝鮮朝日	西北版	1933-05-14	1	09단	借金苦から女給を救ひ出す當業者に嚴しい達し
236970	朝鮮朝日	西北版	1933-05-14	1	10단	若妻殺し公判日
236971	朝鮮朝日	西北版	1933-05-14	1	10단	春日巷談
236972	朝鮮朝日	西北版	1933-05-14	1	10단	張享弼懲役七年
236973	朝鮮朝日	南鮮版	1933-05-14	1	01단	全滿洲にわたり移民の農耕適地調査本月中に調査班三班を派遣期待される鮮農の進出

일련번호	판명		간행일	면	단수	기사명
236974	朝鮮朝日	南鮮版	1933-05-14	1	01단	總督府と妥協ならず折衝を一先づ打切りつひに村上滿鐵理事歸滿す淸津以北線移管と港灣問題/林總裁が折衝に十四日朝來城
236975	朝鮮朝日	南鮮版	1933-05-14	1	01단	朝鮮教育會總會約五百名が出席
236976	朝鮮朝日	南鮮版	1933-05-14	1	02단	無盡協會總會
236977	朝鮮朝日	南鮮版	1933-05-14	1	03단	各道署長會日程
236978	朝鮮朝日	南鮮版	1933-05-14	1	03단	鮮展特選「風景」田中幸明氏
236979	朝鮮朝日	南鮮版	1933-05-14	1	04단	釜山梅花間通話
236980	朝鮮朝日	南鮮版	1933-05-14	1	04단	全鮮の銀行大會廿日京城で
236981	朝鮮朝日	南鮮版	1933-05-14	1	04단	慶南府尹郡守會
236982	朝鮮朝日	南鮮版	1933-05-14	1	04단	農業實習校新設
236983	朝鮮朝日	南鮮版	1933-05-14	1	05단	被服協會朝鮮支部
236984	朝鮮朝日	南鮮版	1933-05-14	1	05단	京城觀光協會本年度事業
236985	朝鮮朝日	南鮮版	1933-05-14	1	05단	雲村と高頭山里の託兒所を表彰する本社から慈愛旗や助成金傳達
236986	朝鮮朝日	南鮮版	1933-05-14	1	05단	有志を集めて産業懇談會委員を設けて研究
236987	朝鮮朝日	南鮮版	1933-05-14	1	06단	釜山府會の空氣は愈よ險惡成り行きを注目さる/官選議員や府議を召喚釜山署取調ぶ
236988	朝鮮朝日	南鮮版	1933-05-14	1	06단	各地ところどころ(大田/京城/大邱)
236989	朝鮮朝日	南鮮版	1933-05-14	1	07단	慶南の徵兵成績
236990	朝鮮朝日	南鮮版	1933-05-14	1	07단	南海統營の沿岸にサンマの大群襲來一日十萬尾漁獲漁村大喜び
236991	朝鮮朝日	南鮮版	1933-05-14	1	07단	迷信から非道な結婚解消妻から夫に抗議
236992	朝鮮朝日	南鮮版	1933-05-14	1	08단	京城府內にチフスが流行する皆さん御用心御用心
236993	朝鮮朝日	南鮮版	1933-05-14	1	08단	仁川と釜山に植物檢査所病蟲害防止に
236994	朝鮮朝日	南鮮版	1933-05-14	1	09단	大邱刑務所に諸鹿氏收容
236995	朝鮮朝日	南鮮版	1933-05-14	1	09단	スポーツ(南鮮女子庭球大會)
236996	朝鮮朝日	南鮮版	1933-05-14	1	09단	藍浦峠に强盜
236997	朝鮮朝日	南鮮版	1933-05-14	1	10단	寢台車二輛脫線
236998	朝鮮朝日	南鮮版	1933-05-14	1	10단	農事試驗場火事
236999	朝鮮朝日	南鮮版	1933-05-14	1	10단	七年間も切符をスリ替ゆ
237000	朝鮮朝日	南鮮版	1933-05-14	1	10단	內地教育視察に京城府で十名增員
237001	朝鮮朝日	南鮮版	1933-05-14	1	10단	アル横顔
237002	朝鮮朝日	西北版	1933-05-16	1	01단	季節は五月潑刺起上る平壤全鮮に魁けて自力更生

일련번호	판명		간행일	면	단수	기사명
237003	朝鮮朝日	西北版	1933-05-16	1	01단	引續いて行ふ窮民救濟事業本府で目下財源調査
237004	朝鮮朝日	西北版	1933-05-16	1	01단	七月中旬までに平壤博物館竣工陳列等の準備着々進む
237005	朝鮮朝日	西北版	1933-05-16	1	01단	在鄉軍人支部大會非常の盛況
237006	朝鮮朝日	西北版	1933-05-16	1	02단	咸興府會七名補選三十一日執行
237007	朝鮮朝日	西北版	1933-05-16	1	03단	平壤府廳の式場を飾る加藤氏の力作
237008	朝鮮朝日	西北版	1933-05-16	1	03단	生産品の見本送付滿洲國進出に
237009	朝鮮朝日	西北版	1933-05-16	1	03단	內地資金の流入實に百六十萬圓日に增加の朝鮮信託
237010	朝鮮朝日	西北版	1933-05-16	1	04단	國防獻金
237011	朝鮮朝日	西北版	1933-05-16	1	04단	天然痘猖獗自警團を組織し毎日檢疫戶口調查大童で防疫に努める鎭南浦
237012	朝鮮朝日	西北版	1933-05-16	1	05단	消防協會平南支部九月に發會式
237013	朝鮮朝日	西北版	1933-05-16	1	05단	スポーツ(全鮮憲兵劍道大會京城側優勝/平壤醫專運動會)
237014	朝鮮朝日	西北版	1933-05-16	1	06단	栗里から古墳三基更に發見さる
237015	朝鮮朝日	西北版	1933-05-16	1	07단	拷問事實を實演
237016	朝鮮朝日	西北版	1933-05-16	1	07단	二千圓橫領費消
237017	朝鮮朝日	西北版	1933-05-16	1	07단	待望の敦圖線愈よ全線營業豫定を早めて十五日から
237018	朝鮮朝日	西北版	1933-05-16	1	07단	咸南體育協會スケジュール
237019	朝鮮朝日	西北版	1933-05-16	1	07단	井上大尉、橋本小尉告別式行はる
237020	朝鮮朝日	西北版	1933-05-16	1	07단	農村振興講演會
237021	朝鮮朝日	西北版	1933-05-16	1	08단	黃海道知事の官舍が火事
237022	朝鮮朝日	西北版	1933-05-16	1	08단	飛行兵士突如逃亡自殺したか
237023	朝鮮朝日	西北版	1933-05-16	1	08단	咸興普通校で二名を斬る
237024	朝鮮朝日	西北版	1933-05-16	1	09단	どうしても死ぬるんだといふ三十男
237025	朝鮮朝日	西北版	1933-05-16	1	09단	江東炭坑と勝湖里間貨客線敷設計劃八十萬圓で東拓鑛が
237026	朝鮮朝日	西北版	1933-05-16	1	10단	警官八名銃殺さる匪賊の爲めに
237027	朝鮮朝日	西北版	1933-05-16	1	10단	春日巷談
237028	朝鮮朝日	南鮮版	1933-05-16	1	01단	引續いて行ふ二次窮民救濟事業本府で目下財源調查
237029	朝鮮朝日	南鮮版	1933-05-16	1	01단	待望の敦圖線愈よ全線營業豫定を早めて十五日から
237030	朝鮮朝日	南鮮版	1933-05-16	1	01단	內地資金の流入實に百六十萬圓日に增加の朝鮮信託
237031	朝鮮朝日	南鮮版	1933-05-16	1	02단	法院仁川支廳復活實現か

일련번호	판명		간행일	면	단수	기사명
237032	朝鮮朝日	南鮮版	1933-05-16	1	02단	スポーツ(京專主催の陸上運動會/全鮮憲兵劍道大會京城側優勝/京實野球リーグ戰/釜山軟式リーグ戰)
237033	朝鮮朝日	南鮮版	1933-05-16	1	04단	船舶航行の事故を防止
237034	朝鮮朝日	南鮮版	1933-05-16	1	04단	生産品の見本送付滿洲國進出に
237035	朝鮮朝日	南鮮版	1933-05-16	1	04단	新造客車が滿洲へ御覽の通り釜山に陸揚げ
237036	朝鮮朝日	南鮮版	1933-05-16	1	05단	鯉の漁場
237037	朝鮮朝日	南鮮版	1933-05-16	1	06단	早くも街頭に凉しい風景だ！
237038	朝鮮朝日	南鮮版	1933-05-16	1	06단	東萊メロン見事に結實
237039	朝鮮朝日	南鮮版	1933-05-16	1	06단	黃海道知事の官舍が火事
237040	朝鮮朝日	南鮮版	1933-05-16	1	06단	初夏の河原でもの凄い大殺陣劇乞食二十名とレプラ三十名とがこれも生活難からの一幕
237041	朝鮮朝日	南鮮版	1933-05-16	1	07단	普成專門校の新築地決定
237042	朝鮮朝日	南鮮版	1933-05-16	1	07단	各務ヶ原機大破蔚山で溝に衝突轉覆
237043	朝鮮朝日	南鮮版	1933-05-16	1	09단	どうしても死ぬんだといふ三十男
237044	朝鮮朝日	南鮮版	1933-05-16	1	09단	線路では遊ぶな子共二名が死傷
237045	朝鮮朝日	南鮮版	1933-05-16	1	10단	新泰仁に強盜三名七十九圓強奪
237046	朝鮮朝日	南鮮版	1933-05-16	1	10단	警官八名銃殺さる匪賊の爲めに
237047	朝鮮朝日	南鮮版	1933-05-16	1	10단	飛行兵士突如逃亡自殺したか
237048	朝鮮朝日	南鮮版	1933-05-16	1	10단	二千圓橫領費消
237049	朝鮮朝日	西北版	1933-05-17	1	01단	平壤府營電氣惱みの十字路に立つ長津江水電の實現を前にして注目される打開策
237050	朝鮮朝日	西北版	1933-05-17	1	01단	表彰狀と慈愛旗助成金をも傳達す本社社會事業團から優良の高頭山と雲村兩託兒所へ/兩託兒所の內容/農村の爲一層努力兩代表者談/農村婦人も自覺大に託兒所を獎勵する松本京畿道知事談
237051	朝鮮朝日	西北版	1933-05-17	1	03단	總督府辭令
237052	朝鮮朝日	西北版	1933-05-17	1	04단	菊山專賣局長
237053	朝鮮朝日	西北版	1933-05-17	1	04단	滿洲農耕適地調查班一行の顏觸決定
237054	朝鮮朝日	西北版	1933-05-17	1	05단	スクスクと伸びる彼女等平壤高女の身體檢查
237055	朝鮮朝日	西北版	1933-05-17	1	05단	平壤府營電車四萬圓缺損
237056	朝鮮朝日	西北版	1933-05-17	1	05단	滿鐵との折衝につき今井田總監談
237057	朝鮮朝日	西北版	1933-05-17	1	05단	平壤特産品滿洲見本市へ
237058	朝鮮朝日	西北版	1933-05-17	1	06단	國防義會開城で發會す

일련번호	판명		간행일	면	단수	기사명
237059	朝鮮朝日	西北版	1933-05-17	1	06단	國境一帶の商圏擴張に備へるちかく經濟調査團を派遣
237060	朝鮮朝日	西北版	1933-05-17	1	06단	本社見學の元山商業生
237061	朝鮮朝日	西北版	1933-05-17	1	06단	平壤附近の陶土優秀の折紙つく日本陶器で試驗の結果更に大量の見本注文
237062	朝鮮朝日	西北版	1933-05-17	1	07단	滿洲粟の輸入激增日に五十輛
237063	朝鮮朝日	西北版	1933-05-17	1	08단	滿浦鎭線の敷設工事進捗す价川迄は七月に開通
237064	朝鮮朝日	西北版	1933-05-17	1	08단	松毛蟲が松を食ひ枯らす悲慘な鎭南浦三和公園
237065	朝鮮朝日	西北版	1933-05-17	1	08단	道議選擧の成績
237066	朝鮮朝日	西北版	1933-05-17	1	08단	兵器支廠設置九月に着手
237067	朝鮮朝日	西北版	1933-05-17	1	09단	連帶輸送廢棄さる敦圖線營業で
237068	朝鮮朝日	西北版	1933-05-17	1	10단	脱走兵士の遺書
237069	朝鮮朝日	西北版	1933-05-17	1	10단	殺人未遂で送局
237070	朝鮮朝日	西北版	1933-05-17	1	10단	花嫁起訴
237071	朝鮮朝日	西北版	1933-05-17	1	10단	春日巷談
237072	朝鮮朝日	西北版	1933-05-17	1	10단	人(吉田英三郎氏(電興專務)/高田敏夫氏(東拓鑛業重役))
237073	朝鮮朝日	南鮮版	1933-05-17	1	01단	少年少女を何が不良に導いたか二百六十名のこの告白こそ世の親達への大きな指針
237074	朝鮮朝日	南鮮版	1933-05-17	1	01단	表彰狀と慈愛旗助成金をも傳達す本社社會事業團から優良の高頭山と雲村兩託兒所へ/兩託兒所の內容/農村の爲一層努力兩代表者談/農村婦人も自覺大に託兒所を奬勵する松本京畿道知事談
237075	朝鮮朝日	南鮮版	1933-05-17	1	03단	滿浦鎭線の敷設工事進捗す价川迄は七月に開通
237076	朝鮮朝日	南鮮版	1933-05-17	1	04단	金烏山へ
237077	朝鮮朝日	南鮮版	1933-05-17	1	04단	總督府辭令
237078	朝鮮朝日	南鮮版	1933-05-17	1	05단	新義州における朝鮮敎育會總會
237079	朝鮮朝日	南鮮版	1933-05-17	1	05단	注目される副議長選擧六月上旬慶北道會
237080	朝鮮朝日	南鮮版	1933-05-17	1	05단	滿洲農耕適地調査班一行の顔觸決定
237081	朝鮮朝日	南鮮版	1933-05-17	1	05단	滿鐵との折衝につき今井田總監談
237082	朝鮮朝日	南鮮版	1933-05-17	1	06단	生首を割って腦漿を搔き取る! 梅毒患者等の迷信的行爲か探偵犬で胴體捜査
237083	朝鮮朝日	南鮮版	1933-05-17	1	07단	高射機關銃各地で見せる
237084	朝鮮朝日	南鮮版	1933-05-17	1	07단	久方ぶりの慈雨生氣づいた棉作や桑まだ雨不足の苗代田/慶南地方も慈雨

일련번호	판명		간행일	면	단수	기사명
237085	朝鮮朝日	南鮮版	1933-05-17	1	07단	益々紛糾する洛東水組の設立道の收給策どうなる
237086	朝鮮朝日	南鮮版	1933-05-17	1	07단	スポーツ(釜鐵對大鐵/忠南武德殿)
237087	朝鮮朝日	南鮮版	1933-05-17	1	08단	釜山嚴原間最後的試驗
237088	朝鮮朝日	南鮮版	1933-05-17	1	08단	納屋に呼び入れて少女を刺し殺す神經衰弱の元電信配達夫が
237089	朝鮮朝日	南鮮版	1933-05-17	1	09단	廿四日か夏物の廉賣京城公會堂で
237090	朝鮮朝日	南鮮版	1933-05-17	1	09단	貨物列車脫線轉覆京城蓬萊町で
237091	朝鮮朝日	南鮮版	1933-05-17	1	09단	嬰兒殺し判明す
237092	朝鮮朝日	南鮮版	1933-05-17	1	10단	連帶輸送廢棄さる敦圖線營業で
237093	朝鮮朝日	南鮮版	1933-05-17	1	10단	密航ブローカー
237094	朝鮮朝日	南鮮版	1933-05-17	1	10단	强盜捕まる
237095	朝鮮朝日	南鮮版	1933-05-17	1	10단	降雨のため山火事鎭火
237096	朝鮮朝日	南鮮版	1933-05-17	1	10단	アル横顔
237097	朝鮮朝日	西北版	1933-05-18	1	01단	潑刺・初夏の伴奏者清流に躍る躍る若鮎
237098	朝鮮朝日	西北版	1933-05-18	1	01단	工業都市の門を開く平壤普通江の大改修普通江の流れに一直線新河開鑿三百廿萬坪の工場地帶を設置/大同江改修に調査班が測量開始
237099	朝鮮朝日	西北版	1933-05-18	1	01단	平壤醫專で男女共學を獎勵！鹿島平壤高女校長の主張
237100	朝鮮朝日	西北版	1933-05-18	1	03단	學童貯金
237101	朝鮮朝日	西北版	1933-05-18	1	04단	平壤府の本年度起債
237102	朝鮮朝日	西北版	1933-05-18	1	04단	防空演習種々準備各地で行はる
237103	朝鮮朝日	西北版	1933-05-18	1	04단	妓生も藝妓も獻金を醵出
237104	朝鮮朝日	西北版	1933-05-18	1	05단	永興牡蠣養殖獎勵二千餘圓補助
237105	朝鮮朝日	西北版	1933-05-18	1	05단	ファン待望の全鮮蹴球大會風薫る廿二日京城で
237106	朝鮮朝日	西北版	1933-05-18	1	05단	製炭改良講習會咸南道の主要産地で
237107	朝鮮朝日	西北版	1933-05-18	1	05단	西鮮地方事業視察菊山局長談
237108	朝鮮朝日	西北版	1933-05-18	1	06단	近頃珍らしい阿片犯罪綺談警官、酌婦、密賣團、强盜等々
237109	朝鮮朝日	西北版	1933-05-18	1	06단	京城産業調査會
237110	朝鮮朝日	西北版	1933-05-18	1	06단	騎馬隊を三倍に增員する平南警察部の計劃
237111	朝鮮朝日	西北版	1933-05-18	1	07단	第一回の平南道會廿九卅の兩日
237112	朝鮮朝日	西北版	1933-05-18	1	07단	平壤附近一帶陶土埋藏量を調査地元用と移出可能量を決定して平壤の窯業發展を保護

일련번호	판명		간행일	면	단수	기사명
237113	朝鮮朝日	西北版	1933-05-18	1	08단	インテリ職業紹介まづ好成績
237114	朝鮮朝日	西北版	1933-05-18	1	08단	溺死體
237115	朝鮮朝日	西北版	1933-05-18	1	09단	口蹄疫の損害約二百八十萬圓
237116	朝鮮朝日	西北版	1933-05-18	1	10단	不義女鐵道自殺
237117	朝鮮朝日	西北版	1933-05-18	1	10단	柳京日記
237118	朝鮮朝日	西北版	1933-05-18	1	10단	各地山火事の損害見積高
237119	朝鮮朝日	西北版	1933-05-18	1	10단	人(越尾豫審判事(平壤地方法院))
237120	朝鮮朝日	南鮮版	1933-05-18	1	01단	潑刺・初夏の伴奏者淸流に躍る躍る若鮎
237121	朝鮮朝日	南鮮版	1933-05-18	1	01단	數字的協議を離れて當分は基礎的な折衝注目される滿鐵との鐵道問題
237122	朝鮮朝日	南鮮版	1933-05-18	1	01단	診療所や學校等增改築の分決定京城府の本年度事業
237123	朝鮮朝日	南鮮版	1933-05-18	1	01단	馬山商工會總會
237124	朝鮮朝日	南鮮版	1933-05-18	1	02단	防空演習種々準備各地で行はる
237125	朝鮮朝日	南鮮版	1933-05-18	1	02단	高射砲獻金釜山で募集
237126	朝鮮朝日	南鮮版	1933-05-18	1	03단	大邱國防獻金一萬三千圓
237127	朝鮮朝日	南鮮版	1933-05-18	1	03단	ファン待望の全鮮蹴球大會風薫る廿二日京城で/遞信大勝/春川の陸上競技
237128	朝鮮朝日	南鮮版	1933-05-18	1	04단	忠南陳列所開所
237129	朝鮮朝日	南鮮版	1933-05-18	1	04단	釜山觀光協會六月に發會
237130	朝鮮朝日	南鮮版	1933-05-18	1	05단	京城府政の刷新を計る監察員新設
237131	朝鮮朝日	南鮮版	1933-05-18	1	05단	漁業組合に半漁半農部落設立慶南漁村の疲弊打開策に
237132	朝鮮朝日	南鮮版	1933-05-18	1	05단	京城商議所臨時總會
237133	朝鮮朝日	南鮮版	1933-05-18	1	05단	勸業共濟組合設立の目標一面四ヶ組合に
237134	朝鮮朝日	南鮮版	1933-05-18	1	06단	京城産業調査會
237135	朝鮮朝日	南鮮版	1933-05-18	1	06단	百萬長者の次男に一萬六千圓請求愛兒と共に路頭に迷ふ棄てられた女から
237136	朝鮮朝日	南鮮版	1933-05-18	1	07단	九陽橋竣工
237137	朝鮮朝日	南鮮版	1933-05-18	1	07단	學童貯金
237138	朝鮮朝日	南鮮版	1933-05-18	1	07단	生首の胴體は何處に西大門署の物々しい搜査陣/癩患部落を燒き拂って追放まだ判らぬ首と胴體
237139	朝鮮朝日	南鮮版	1933-05-18	1	08단	京城府議視察旅行十二名派遣
237140	朝鮮朝日	南鮮版	1933-05-18	1	08단	レプラと乞食またまた大騷ぎ
237141	朝鮮朝日	南鮮版	1933-05-18	1	09단	稀な濃霧に船舶遲着し釜山は大混雜
237142	朝鮮朝日	南鮮版	1933-05-18	1	09단	各地山火事の損害見積高
237143	朝鮮朝日	南鮮版	1933-05-18	1	10단	自覺して來た在滿朝鮮人
237144	朝鮮朝日	南鮮版	1933-05-18	1	10단	惡臭石粉を女にぶっかく

일련번호	판명		간행일	면	단수	기사명
237145	朝鮮朝日	南鮮版	1933-05-18	1	10단	不義女鐵道自殺
237146	朝鮮朝日	南鮮版	1933-05-18	1	10단	アル横顔
237147	朝鮮朝日	西北版	1933-05-19	1	01단	福島會頭が力說する送電線國營の急務!百の施設より遙かに優ると
237148	朝鮮朝日	西北版	1933-05-19	1	01단	積極的に牡蠣の養殖を計る力をそゝぐ平南道の水産係
237149	朝鮮朝日	西北版	1933-05-19	1	01단	海事出張所の新築や法院支廳復活に猛運動起す鎭南浦
237150	朝鮮朝日	西北版	1933-05-19	1	01단	京城平壤夜間飛行五機が演習
237151	朝鮮朝日	西北版	1933-05-19	1	02단	獻金募集に婦人部活動
237152	朝鮮朝日	西北版	1933-05-19	1	02단	社會教化巡廻講演
237153	朝鮮朝日	西北版	1933-05-19	1	03단	天恩の宏大に今さら感泣受施藥者一同
237154	朝鮮朝日	西北版	1933-05-19	1	03단	射擊と劍術競技
237155	朝鮮朝日	西北版	1933-05-19	1	03단	新鮮なる野の幸
237156	朝鮮朝日	西北版	1933-05-19	1	04단	土木課長
237157	朝鮮朝日	西北版	1933-05-19	1	04단	勞働者の大拂底にルンペン君の救援頼む北鮮の諸工事愈本格的となる
237158	朝鮮朝日	西北版	1933-05-19	1	05단	開城商議所議員の選擧七月十一日に執行
237159	朝鮮朝日	西北版	1933-05-19	1	05단	平壤醫院の本館を新築
237160	朝鮮朝日	西北版	1933-05-19	1	06단	箕林里西平壤驛間電車複線工事進む六月一日から開通
237161	朝鮮朝日	西北版	1933-05-19	1	06단	まだ判らぬ胴體は何處に!西大門署が必死の活動
237162	朝鮮朝日	西北版	1933-05-19	1	06단	新義州の春競馬廿五日から新馬場で
237163	朝鮮朝日	西北版	1933-05-19	1	06단	西鮮女子オリンピック大會愈よ廿日平壤山手校で
237164	朝鮮朝日	西北版	1933-05-19	1	07단	他殺?の溺死體牡丹台大同江に漂着
237165	朝鮮朝日	西北版	1933-05-19	1	07단	少女を誘拐しては七十圓位で賣る子を持つ親にご注意
237166	朝鮮朝日	西北版	1933-05-19	1	08단	殺人男に十五年
237167	朝鮮朝日	西北版	1933-05-19	1	08단	總督府辭令
237168	朝鮮朝日	西北版	1933-05-19	1	08단	逃亡兵捕る
237169	朝鮮朝日	西北版	1933-05-19	1	08단	ありなれ五月例會
237170	朝鮮朝日	西北版	1933-05-19	1	09단	でかした女探偵遂に詐欺犯人を逮捕
237171	朝鮮朝日	西北版	1933-05-19	1	09단	不都合な男
237172	朝鮮朝日	西北版	1933-05-19	1	09단	辨當代りのパンを禁止安東中學校で
237173	朝鮮朝日	西北版	1933-05-19	1	10단	全鮮の角力大會
237174	朝鮮朝日	西北版	1933-05-19	1	10단	チフスが流行す平壤府內に
237175	朝鮮朝日	西北版	1933-05-19	1	10단	空腹から線路に倒る安東行列車が救助

일련번호	판명		간행일	면	단수	기사명
237176	朝鮮朝日	西北版	1933-05-19	1	10단	滿洲奧地から歸鮮者續出
237177	朝鮮朝日	南鮮版	1933-05-19	1	01단	産業組合の組織を根本的に改革する! 本位田博士を招聘して研究一面一組合を目標に
237178	朝鮮朝日	南鮮版	1933-05-19	1	01단	專門家を委員に食糧問題等を討議近く農業部會を開く
237179	朝鮮朝日	南鮮版	1933-05-19	1	01단	五輛建造する新大型の展望車半島國際列車に運轉
237180	朝鮮朝日	南鮮版	1933-05-19	1	01단	*仁川地區防空演習廿九日から/京城平壤夜間飛行五機が演習*
237181	朝鮮朝日	南鮮版	1933-05-19	1	02단	可憐な草花を見棄てないで利用して下さい
237182	朝鮮朝日	南鮮版	1933-05-19	1	03단	總督府辭令
237183	朝鮮朝日	南鮮版	1933-05-19	1	04단	都計委員會
237184	朝鮮朝日	南鮮版	1933-05-19	1	04단	府郡庶務主任異動
237185	朝鮮朝日	南鮮版	1933-05-19	1	04단	福島派からナ號占有訴訟提起藤井派、片岡派を相手取ってまたも新波紋を投ず
237186	朝鮮朝日	南鮮版	1933-05-19	1	05단	鮮銀總裁歸來談棉花問題等々
237187	朝鮮朝日	南鮮版	1933-05-19	1	05단	慶南道會來月五六兩日
237188	朝鮮朝日	南鮮版	1933-05-19	1	05단	滿鮮視察團
237189	朝鮮朝日	南鮮版	1933-05-19	1	06단	忠南道署長會議
237190	朝鮮朝日	南鮮版	1933-05-19	1	06단	*探偵小說以上生首少年の胴體は何處に! 必死に活動の西大門署/露出狂の惡戲か捜査陣の攪亂か怪奇に絡まる疑問符*
237191	朝鮮朝日	南鮮版	1933-05-19	1	06단	慶南金組聯總會
237192	朝鮮朝日	南鮮版	1933-05-19	1	07단	スポーツ(京城實業野球殖銀5A-2鐵道/鮮滿拳鬪會創立)
237193	朝鮮朝日	南鮮版	1933-05-19	1	08단	本格的に藥草獎勵七十町に擴張
237194	朝鮮朝日	南鮮版	1933-05-19	1	08단	模型飛機競技會
237195	朝鮮朝日	南鮮版	1933-05-19	1	09단	慶北面廢合問題
237196	朝鮮朝日	南鮮版	1933-05-19	1	09단	珠算競技會
237197	朝鮮朝日	南鮮版	1933-05-19	1	09단	慶北の天然痘漸く下火に
237198	朝鮮朝日	南鮮版	1933-05-19	1	10단	腐爛溺死體漂着
237199	朝鮮朝日	南鮮版	1933-05-19	1	10단	バス疑獄四名有罪
237200	朝鮮朝日	南鮮版	1933-05-19	1	10단	人夫に强制貯金
237201	朝鮮朝日	南鮮版	1933-05-19	1	10단	滿洲奧地から歸鮮者續出
237202	朝鮮朝日	南鮮版	1933-05-19	1	10단	人(川島軍司令官/加藤鮮銀總裁/篠田李王職長官/植村茂夫中將(鎭海港司令部官代理))

일련번호	판명		간행일	면	단수	기사명
237203	朝鮮朝日	西北版	1933-05-20	1	01단	歪められたる人間生活の裸像都市の致命的腫物といへるルンペンドン底生活の脈搏
237204	朝鮮朝日	西北版	1933-05-20	1	01단	在滿朝鮮人の爲營口に新しい村八百戸四千の移民を收容
237205	朝鮮朝日	西北版	1933-05-20	1	02단	黃海道會議
237206	朝鮮朝日	西北版	1933-05-20	1	02단	北鮮空路試驗飛行二十日から
237207	朝鮮朝日	西北版	1933-05-20	1	03단	鎭南浦港更に第三期擴張を要望物資輸送の激增を豫想して
237208	朝鮮朝日	西北版	1933-05-20	1	04단	人(中山理美氏)
237209	朝鮮朝日	西北版	1933-05-20	1	04단	平南金組理事會
237210	朝鮮朝日	西北版	1933-05-20	1	04단	財務部長會
237211	朝鮮朝日	西北版	1933-05-20	1	05단	平壤聯隊諸兵演習
237212	朝鮮朝日	西北版	1933-05-20	1	06단	鮮米七萬五千石今月下旬に拂下げ
237213	朝鮮朝日	西北版	1933-05-20	1	06단	ドルメンやうの古墳が發掘さる鎭南浦出張所工事場から
237214	朝鮮朝日	西北版	1933-05-20	1	06단	平川里民有地買收を計劃兵器支廠の設置で
237215	朝鮮朝日	西北版	1933-05-20	1	06단	光輝ある軍旗祭江界守備隊で
237216	朝鮮朝日	西北版	1933-05-20	1	07단	禁止はしたが解除ができず當局ヂレンマに陷いる朝鮮家畜防疫令に缺陷發見
237217	朝鮮朝日	西北版	1933-05-20	1	08단	東邊道南部福鐵沿線朝鮮人移住地に關東軍特務部で實地調査
237218	朝鮮朝日	西北版	1933-05-20	1	08단	在滿鮮農に農耕金貸出ちかく金組理事會
237219	朝鮮朝日	西北版	1933-05-20	1	08단	全滿朝鮮人民會聯合總會卅日から奉天で
237220	朝鮮朝日	西北版	1933-05-20	1	08단	平安南道に口蹄疫猖獗
237221	朝鮮朝日	西北版	1933-05-20	1	09단	平壤の國防獻金四萬圓に達する
237222	朝鮮朝日	西北版	1933-05-20	1	09단	自殺二件
237223	朝鮮朝日	西北版	1933-05-20	1	09단	西鮮三道徵兵檢査
237224	朝鮮朝日	西北版	1933-05-20	1	10단	三名に懲役五年
237225	朝鮮朝日	西北版	1933-05-20	1	10단	機關車脫線
237226	朝鮮朝日	西北版	1933-05-20	1	10단	京畿道刑事課に理化學試驗室
237227	朝鮮朝日	西北版	1933-05-20	1	10단	柳京日記
237228	朝鮮朝日	南鮮版	1933-05-20	1	01단	御存じでせうか半島に注ぎ込んだ借金四億六千萬圓利子のみでも年二千萬圓
237229	朝鮮朝日	南鮮版	1933-05-20	1	01단	二十七ヶ所の中小漁港を修築す慶南道の漁村救濟振興策に
237230	朝鮮朝日	南鮮版	1933-05-20	1	01단	木浦府議六名補選早くも潜行運動

일련번호	판명		간행일	면	단수	기사명
237231	朝鮮朝日	南鮮版	1933-05-20	1	01단	怪奇と戰慄出るは出るは幼兒死體だが搜す胴體は何處に二警察署の搜査餘話/首と胴體なしの女の身許判明す京釜線で覺悟の自殺
237232	朝鮮朝日	南鮮版	1933-05-20	1	02단	財務部長會
237233	朝鮮朝日	南鮮版	1933-05-20	1	02단	薫る昌慶苑
237234	朝鮮朝日	南鮮版	1933-05-20	1	04단	川島軍司令官
237235	朝鮮朝日	南鮮版	1933-05-20	1	04단	爲替管理令逐條審議す京城の懇談會
237236	朝鮮朝日	南鮮版	1933-05-20	1	05단	二萬町步を美田と化する！昭和水利と洛東水利愈明年度から着手
237237	朝鮮朝日	南鮮版	1933-05-20	1	05단	鑛業技術生の規定を制定
237238	朝鮮朝日	南鮮版	1933-05-20	1	06단	赤愛支部診療班巡回を開始
237239	朝鮮朝日	南鮮版	1933-05-20	1	06단	北鮮空路試驗飛行二十日から
237240	朝鮮朝日	南鮮版	1933-05-20	1	06단	鮮米七萬五千石今月下旬に拂下げ
237241	朝鮮朝日	南鮮版	1933-05-20	1	07단	釜山に高射砲獻金を募集/京城國防義會發起人會
237242	朝鮮朝日	南鮮版	1933-05-20	1	07단	全滿朝鮮人民會聯合總會卅日から奉天で
237243	朝鮮朝日	南鮮版	1933-05-20	1	07단	六十萬圓の大棧橋持ち腐れ汽船が少しも寄りつかず對策懇談の木浦商議
237244	朝鮮朝日	南鮮版	1933-05-20	1	07단	南鮮女子庭球會
237245	朝鮮朝日	南鮮版	1933-05-20	1	08단	營農計劃論文入選者決定
237246	朝鮮朝日	南鮮版	1933-05-20	1	08단	家屋公賣に驚いた十名滯納處分風景
237247	朝鮮朝日	南鮮版	1933-05-20	1	09단	在滿鮮農に農耕金貸出ちかく金組理事會
237248	朝鮮朝日	南鮮版	1933-05-20	1	09단	金光教のお告げで幼女を慘殺した仁川では珍しい犯罪
237249	朝鮮朝日	南鮮版	1933-05-20	1	09단	諸鹿分館長愈起訴さる
237250	朝鮮朝日	南鮮版	1933-05-20	1	10단	親から叱られ三十男自殺
237251	朝鮮朝日	南鮮版	1933-05-20	1	10단	府議六名の書類を送局選擧違反で
237252	朝鮮朝日	南鮮版	1933-05-20	1	10단	三名に懲役五年
237253	朝鮮朝日	南鮮版	1933-05-20	1	10단	人(熙澤鎭海要港部司令官/全北道裡里の高山邑長ほか邑會議員十餘名)
237254	朝鮮朝日	南鮮版	1933-05-20	1	10단	アル横顔
237255	朝鮮朝日	西北版	1933-05-21	1	01단	平壤商議總會で重要問題を可決す送電線國營ほか數件
237256	朝鮮朝日	西北版	1933-05-21	1	01단	救濟事業として三大河川を改修か平安南北、黃海三道の平壤土木出張所で調査す
237257	朝鮮朝日	西北版	1933-05-21	1	01단	平南五大事業要望期成會生る委員長以下役員決定いよいよ今後猛運動を起す

일련번호	판명		간행일	면	단수	기사명
237258	朝鮮朝日	西北版	1933-05-21	1	01단	栗注文取りの中止を陳情取引上不利益だとて
237259	朝鮮朝日	西北版	1933-05-21	1	02단	鎭南浦警察署新築と決る
237260	朝鮮朝日	西北版	1933-05-21	1	03단	京城咸興間試驗飛行愼鑛項飛行士が試みる
237261	朝鮮朝日	西北版	1933-05-21	1	03단	內鮮融和の事實を蒐集
237262	朝鮮朝日	西北版	1933-05-21	1	04단	牡蠣の大敵ヒトデこれを採取して肥料にする
237263	朝鮮朝日	西北版	1933-05-21	1	04단	前年に比して三倍の增加無煙炭の內地移出高
237264	朝鮮朝日	西北版	1933-05-21	1	04단	資本をかけず靴下を製造させ緬羊事業を獎勵する普通校上級女生徒を煩はし
237265	朝鮮朝日	西北版	1933-05-21	1	05단	增給要求は圓滿に解決
237266	朝鮮朝日	西北版	1933-05-21	1	05단	水産共進會を機會に各種會同元山の賑ひ豫想さる
237267	朝鮮朝日	西北版	1933-05-21	1	05단	市街建築物取締法平壤鎭南浦に實施方を申請
237268	朝鮮朝日	西北版	1933-05-21	1	05단	山名氏の講演會
237269	朝鮮朝日	西北版	1933-05-21	1	06단	鴨綠江流域の鑛山を調査
237270	朝鮮朝日	西北版	1933-05-21	1	06단	今後勤勞敎育に一層力を注ぎ授業料の滯納による退學と入學難を極力防止する
237271	朝鮮朝日	西北版	1933-05-21	1	07단	木槨及木棺を新博物館へ
237272	朝鮮朝日	西北版	1933-05-21	1	07단	性病豫防展
237273	朝鮮朝日	西北版	1933-05-21	1	07단	平壤府へ諸團體ワンサ押寄す
237274	朝鮮朝日	西北版	1933-05-21	1	07단	鄕軍平壤分會總會
237275	朝鮮朝日	西北版	1933-05-21	1	07단	金密輸を種に約七千圓猫ばゝ平北の富豪一杯食ふ
237276	朝鮮朝日	西北版	1933-05-21	1	08단	咸興體育協會陣容を建て直すまづ新役員會を開く
237277	朝鮮朝日	西北版	1933-05-21	1	08단	小林氏醫博を獲得
237278	朝鮮朝日	西北版	1933-05-21	1	08단	罪を一人に負はせ謝禮金を恐喝二警官は有罪
237279	朝鮮朝日	西北版	1933-05-21	1	09단	每日五斗餘の松毛蟲捕獲
237280	朝鮮朝日	西北版	1933-05-21	1	09단	談合事件の豫審終結す
237281	朝鮮朝日	西北版	1933-05-21	1	09단	トラック崖下へ墜落し一名卽死し二名重傷
237282	朝鮮朝日	西北版	1933-05-21	1	10단	泥棒捕まる
237283	朝鮮朝日	西北版	1933-05-21	1	10단	腸チフス患者爆發的發生
237284	朝鮮朝日	西北版	1933-05-21	1	10단	スポーツ(全鮮蹴球大會/全開城卓球大會/柔角拳競技)

일련번호	판명		간행일	면	단수	기사명
237285	朝鮮朝日	西北版	1933-05-21	1	10단	柳京日記
237286	朝鮮朝日	南鮮版	1933-05-21	1	01단	制限選擧に伴ふ一大缺陷を暴露す次期に選擧權擴大か道會議員選擧成績の考察
237287	朝鮮朝日	南鮮版	1933-05-21	1	01단	小作權回復の調停申立が多く廿數件は協定成立す田植を前に全北の農民あせる
237288	朝鮮朝日	南鮮版	1933-05-21	1	01단	山林盜伐から險惡な空氣面民互に睨み合ふ
237289	朝鮮朝日	南鮮版	1933-05-21	1	01단	忠南道會副議長結局白石氏か/全北初道會
237290	朝鮮朝日	南鮮版	1933-05-21	1	02단	いづれ劣らぬ花形强豪ぞろひ果してたれが優勝か興味深き第七回全鮮蹴球大會/朝鮮乘馬大會/鎭海港要部の角力大會/京城實業團陸上競技リーグ戰/釜山大邱庭球試合
237291	朝鮮朝日	南鮮版	1933-05-21	1	03단	モダン鼎鷺橋
237292	朝鮮朝日	南鮮版	1933-05-21	1	04단	第二艦隊近く鎭海に入港
237293	朝鮮朝日	南鮮版	1933-05-21	1	04단	慶尙南道の松毛蟲退治
237294	朝鮮朝日	南鮮版	1933-05-21	1	05단	京城府廳に監査員新設
237295	朝鮮朝日	南鮮版	1933-05-21	1	05단	中央電話局の移轉に反對京城都計委員會に遞信局は大に憤る
237296	朝鮮朝日	南鮮版	1933-05-21	1	05단	選擧無效の異議申立つ
237297	朝鮮朝日	南鮮版	1933-05-21	1	05단	仁川の盛んな銃後の熱援
237298	朝鮮朝日	南鮮版	1933-05-21	1	06단	信交倶樂部解散す道議選擧から
237299	朝鮮朝日	南鮮版	1933-05-21	1	06단	鰯締粕を共同購入し農村に配給す
237300	朝鮮朝日	南鮮版	1933-05-21	1	06단	五箇年計劃で養蠶を奬勵全北道本腰を入れる/慶南春蠶掃立豫想
237301	朝鮮朝日	南鮮版	1933-05-21	1	07단	植村中將着任
237302	朝鮮朝日	南鮮版	1933-05-21	1	07단	林業講習會
237303	朝鮮朝日	南鮮版	1933-05-21	1	08단	慶南に林業協會
237304	朝鮮朝日	南鮮版	1933-05-21	1	08단	海軍記念日講演會京城各學校で
237305	朝鮮朝日	南鮮版	1933-05-21	1	08단	多額の橫領
237306	朝鮮朝日	南鮮版	1933-05-21	1	08단	男女を論ぜず會員を募集釜山國防義會で決る
237307	朝鮮朝日	南鮮版	1933-05-21	1	09단	金密輸を種に約七千圓猫ばゝ平北の富豪一杯食ふ
237308	朝鮮朝日	南鮮版	1933-05-21	1	09단	奇蹟的にも命をひろふ列車に飛込み
237309	朝鮮朝日	南鮮版	1933-05-21	1	09단	窮盜團捕る
237310	朝鮮朝日	南鮮版	1933-05-21	1	09단	豪雨で交通杜絶
237311	朝鮮朝日	南鮮版	1933-05-21	1	10단	若葉のころ死魔が誘ふ

일련번호	판명		간행일	면	단수	기사명
237312	朝鮮朝日	南鮮版	1933-05-21	1	10단	強盜押入る
237313	朝鮮朝日	南鮮版	1933-05-21	1	10단	アル横顔
237314	朝鮮朝日	西北版	1933-05-23	1	01단	新緑の風薫る熱戰快技を展開優勝旗はつひに平壤高女へ大盛況の西鮮女子オリンピック大會
237315	朝鮮朝日	西北版	1933-05-23	1	03단	ファン待望の國境中等野球大會六月九日から新義州で
237316	朝鮮朝日	西北版	1933-05-23	1	04단	人(成富文五氏(平南高等課長)/和氣巖氏(平壤醫專敎授)/成島正氏(平壤醫專敎授))
237317	朝鮮朝日	西北版	1933-05-23	1	06단	僅か廿八時間で日本海を橫斷淸敦航路の滿洲丸
237318	朝鮮朝日	西北版	1933-05-23	1	06단	朝鮮貿易協會長に加藤鮮銀總裁就任快諾
237319	朝鮮朝日	西北版	1933-05-23	1	06단	朝商銀と北鮮銀正式に合倂を可決二十二日の朝商銀株主總會
237320	朝鮮朝日	西北版	1933-05-23	1	06단	北鮮諸港の取締を充實
237321	朝鮮朝日	西北版	1933-05-23	1	07단	高射機關銃四基元山から獻納する
237322	朝鮮朝日	西北版	1933-05-23	1	08단	黃海道署長會議
237323	朝鮮朝日	西北版	1933-05-23	1	08단	淸津府議補選八氏決定す
237324	朝鮮朝日	西北版	1933-05-23	1	09단	立派に出來上った新義州の競馬場愈よ廿五日から開始
237325	朝鮮朝日	西北版	1933-05-23	1	09단	高勾麗時代の珍しい佛像二體平南の元五里で發見
237326	朝鮮朝日	西北版	1933-05-23	1	10단	三人組強盜捕る
237327	朝鮮朝日	西北版	1933-05-23	1	10단	夫の毒殺を計る
237328	朝鮮朝日	西北版	1933-05-23	1	10단	平壤に痘瘡
237329	朝鮮朝日	南鮮版	1933-05-23	1	01단	組合令を制定し水産團體を統轄漁組水組水産會を一丸として産業の振興を計る/漁業稅を大改正近く實現か
237330	朝鮮朝日	南鮮版	1933-05-23	1	01단	朝商銀と北鮮銀正式に合倂を可決二十二日の朝商銀株主總會
237331	朝鮮朝日	南鮮版	1933-05-23	1	01단	朝鮮貿易協會長に加藤鮮銀總裁就任快諾
237332	朝鮮朝日	南鮮版	1933-05-23	1	01단	初夏を彩るスポーツ全鮮中等陸競大會六月十一日京城運動場で/大學專門校對抗陸競大會/京城野球リーグ戰/釜山府聯合靑年團對抗訪問リレー競技の大體方針決定/京城中等リーグ戰/木浦商店訪問リレー優勝旗寄贈
237333	朝鮮朝日	南鮮版	1933-05-23	1	02단	朝鮮統治講習會
237334	朝鮮朝日	南鮮版	1933-05-23	1	03단	蔚山に國防義會廿七日發會式/海軍記念日講演會日割

일련번호	판명		간행일	면	단수	기사명
237335	朝鮮朝日	南鮮版	1933-05-23	1	04단	居昌と河東に邑制を施行
237336	朝鮮朝日	南鮮版	1933-05-23	1	04단	全道保安課長會議廿三日から總督府で
237337	朝鮮朝日	南鮮版	1933-05-23	1	04단	全鮮金融組合理事長會議
237338	朝鮮朝日	南鮮版	1933-05-23	1	04단	獎學資金交付兒童
237339	朝鮮朝日	南鮮版	1933-05-23	1	05단	産業懇談會副業部會廿五、六兩日
237340	朝鮮朝日	南鮮版	1933-05-23	1	05단	慶南水組の設立問題で釜山地主會合
237341	朝鮮朝日	南鮮版	1933-05-23	1	05단	僅か廿八時間で日本海を横斷淸敦航路の滿洲丸
237342	朝鮮朝日	南鮮版	1933-05-23	1	06단	國旗揭揚台竣工式
237343	朝鮮朝日	南鮮版	1933-05-23	1	07단	混沙米禁止令除外例力說當局に陳情
237344	朝鮮朝日	南鮮版	1933-05-23	1	08단	廿六日に完成する內鮮電話中斷所廿七日から京大間試驗
237345	朝鮮朝日	南鮮版	1933-05-23	1	08단	中堅靑年指導講習
237346	朝鮮朝日	南鮮版	1933-05-23	1	08단	滿洲見本市に慶南特産出品
237347	朝鮮朝日	南鮮版	1933-05-23	1	09단	大規模の金塊密賣或は暴露か
237348	朝鮮朝日	南鮮版	1933-05-23	1	10단	格鬪の末スリ逮捕釜山の大騒ぎ
237349	朝鮮朝日	南鮮版	1933-05-23	1	10단	強盗犯人捕まる
237350	朝鮮朝日	南鮮版	1933-05-23	1	10단	慶北に豪雨自動車は交通杜絶
237351	朝鮮朝日	西北版	1933-05-24	1	01단	二次救濟事業に漁港百ヶ所修築漁村自力更生策
237352	朝鮮朝日	西北版	1933-05-24	1	01단	半島最初の試み全鮮保安課長會議池田警務局長から一場の訓示/成當高等課長談
237353	朝鮮朝日	西北版	1933-05-24	1	01단	平壤高射砲隊の防空演習陣を充實百五十名を徹底的に敎育
237354	朝鮮朝日	西北版	1933-05-24	1	01단	平壤國防義會が高射砲二門建造近く高射砲隊へ獻納
237355	朝鮮朝日	西北版	1933-05-24	1	01단	大規模に建設か平壤兵器支廠
237356	朝鮮朝日	西北版	1933-05-24	1	02단	蓄音器レコードを今後嚴重取締る六月十五日から實施
237357	朝鮮朝日	西北版	1933-05-24	1	03단	高、金の兩氏壯烈な戰死
237358	朝鮮朝日	西北版	1933-05-24	1	04단	新力士團平壤へ
237359	朝鮮朝日	西北版	1933-05-24	1	04단	泉洞价川間開通期遲る
237360	朝鮮朝日	西北版	1933-05-24	1	04단	沙里院醫院擴張
237361	朝鮮朝日	西北版	1933-05-24	1	04단	淸津に晴の初入港記錄的スピードの滿洲丸
237362	朝鮮朝日	西北版	1933-05-24	1	05단	平壤商議所各部の議員
237363	朝鮮朝日	西北版	1933-05-24	1	05단	理論よりも實力有能の材をつくれ諮問案『實業敎育の改善』に對し平南道學務課の答申大要

일련번호	판명		간행일	면	단수	기사명
237364	朝鮮朝日	西北版	1933-05-24	1	06단	スポーツ(排籠球大會)
237365	朝鮮朝日	西北版	1933-05-24	1	06단	父子全員六名が揃ひも揃って現役壯丁檢查美談の數々
237366	朝鮮朝日	西北版	1933-05-24	1	06단	ゴム靴卅萬足大量注文に晝夜兼行で全能力をあげ生産を急ぐ全工場有卦に入る
237367	朝鮮朝日	西北版	1933-05-24	1	07단	第七回全鮮中等學校對抗陸上競技大會
237368	朝鮮朝日	西北版	1933-05-24	1	07단	金塊密輸男姿を晦ます
237369	朝鮮朝日	西北版	1933-05-24	1	08단	黃海道に猖獗す厄介な口蹄疫
237370	朝鮮朝日	西北版	1933-05-24	1	08단	鹽の輸送を主とする鐵道會社を計劃五島榮藏氏が中心に
237371	朝鮮朝日	西北版	1933-05-24	1	09단	大公望を待つ海州龍塘浦沖
237372	朝鮮朝日	西北版	1933-05-24	1	09단	林檎の運賃割引まづ協定は出來さう
237373	朝鮮朝日	西北版	1933-05-24	1	10단	叺增産に大馬力平南道當局が
237374	朝鮮朝日	西北版	1933-05-24	1	10단	二人組の覆面强盜當豪を襲ふ
237375	朝鮮朝日	西北版	1933-05-24	1	10단	靑息吐息の遊廓やカフエ
237376	朝鮮朝日	西北版	1933-05-24	1	10단	金龍雲君
237377	朝鮮朝日	西北版	1933-05-24	1	10단	人(岸本中將(陸軍造兵廠長官))
237378	朝鮮朝日	南鮮版	1933-05-24	1	01단	ファン熱狂の全鮮蹴球大會第一日は醫專と鐵道局勝つ//ハワイ大學の籠球チーム
237379	朝鮮朝日	南鮮版	1933-05-24	1	01단	二次救濟事業に漁港百ヶ所修築漁村の自力更生策
237380	朝鮮朝日	南鮮版	1933-05-24	1	01단	半島最初の試み全鮮保安課長會議池田警務局長から一場の訓示
237381	朝鮮朝日	南鮮版	1933-05-24	1	01단	楊平郡に國防義會廿七日發會式
237382	朝鮮朝日	南鮮版	1933-05-24	1	02단	馬山商工會總會
237383	朝鮮朝日	南鮮版	1933-05-24	1	02단	時にはこんな話題も滯納處分でタンス火鉢等が二千點/僧侶ゆゑに戀の天國へ女と家出す/嬰兒を預けて女行方不明/懷中からエロの人形/便所の中から腕が現はる/女から珍訴訟提起
237384	朝鮮朝日	南鮮版	1933-05-24	1	03단	慶北學校長異動
237385	朝鮮朝日	南鮮版	1933-05-24	1	04단	簡保募集成績優良局所表彰
237386	朝鮮朝日	南鮮版	1933-05-24	1	05단	未曾有の豊作か慶北の綿作
237387	朝鮮朝日	南鮮版	1933-05-24	1	05단	混沙米移入禁止令の阻止運動は絶望全鮮當業者の打擊は甚大
237388	朝鮮朝日	南鮮版	1933-05-24	1	06단	蓄音器レコードを令後嚴重取締る六月十五日から實施
237389	朝鮮朝日	南鮮版	1933-05-24	1	07단	第七回全鮮中等學校對抗陸上競技大會
237390	朝鮮朝日	南鮮版	1933-05-24	1	07단	大がかりな金塊密輸暴露京城の地金商三名を引致

일련번호	판명		간행일	면	단수	기사명
237391	朝鮮朝日	南鮮版	1933-05-24	1	08단	慶南道農民デー一齊に行ふ
237392	朝鮮朝日	南鮮版	1933-05-24	1	09단	龍頭山神社を中心に公園地帶とする綠化觀念强調の爲
237393	朝鮮朝日	南鮮版	1933-05-24	1	09단	人(湯川寅吉氏(新任鐵本部總主事))
237394	朝鮮朝日	南鮮版	1933-05-24	1	10단	大田敬老會
237395	朝鮮朝日	南鮮版	1933-05-24	1	10단	金龍雲君
237396	朝鮮朝日	西北版	1933-05-25	1	01단	藥草獎勵の折柄得難き仙道家を發見十五年間藥草の研究に沒頭學界に貢獻の齊藤龍本氏
237397	朝鮮朝日	西北版	1933-05-25	1	01단	重要諸問題を協議平南道府尹郡守會議
237398	朝鮮朝日	西北版	1933-05-25	1	02단	三金單位復歸のため二つの實施要望鎭南浦林檎の輸出に
237399	朝鮮朝日	西北版	1933-05-25	1	03단	學務課長と視學官會議
237400	朝鮮朝日	西北版	1933-05-25	1	03단	平北道會
237401	朝鮮朝日	西北版	1933-05-25	1	04단	滿洲國境に旅券査證所
237402	朝鮮朝日	西北版	1933-05-25	1	04단	京城咸興間試驗飛行
237403	朝鮮朝日	西北版	1933-05-25	1	04단	百五十三戶の戶稅を代納
237404	朝鮮朝日	西北版	1933-05-25	1	04단	一日に三回自力更生の鐘は鳴る活氣と勤勞の不二農村
237405	朝鮮朝日	西北版	1933-05-25	1	05단	鮮滿方面への視察團が激增す
237406	朝鮮朝日	西北版	1933-05-25	1	06단	安東縣の海軍記念日
237407	朝鮮朝日	西北版	1933-05-25	1	07단	新安州宣川間列車增發方當局へ陳情
237408	朝鮮朝日	西北版	1933-05-25	1	07단	犬や雀が病菌媒介口蹄疫に惱む平南、黃海兩當局
237409	朝鮮朝日	西北版	1933-05-25	1	07단	大規模の莫大小工場平壤に建設
237410	朝鮮朝日	西北版	1933-05-25	1	07단	活躍する高原婦女會消防組を組織
237411	朝鮮朝日	西北版	1933-05-25	1	07단	豚コレラ八十七頭嚴重に防疫
237412	朝鮮朝日	西北版	1933-05-25	1	07단	工事進捗の栗里競馬場
237413	朝鮮朝日	西北版	1933-05-25	1	08단	滿浦鎭線の驛名きまる
237414	朝鮮朝日	西北版	1933-05-25	1	08단	警官十名を配置
237415	朝鮮朝日	西北版	1933-05-25	1	08단	漂着死體は他殺が濃厚
237416	朝鮮朝日	西北版	1933-05-25	1	08단	氷雪業者續出す五百名突破か
237417	朝鮮朝日	西北版	1933-05-25	1	08단	上東里に三人强盗六十四圓强奪
237418	朝鮮朝日	西北版	1933-05-25	1	09단	七道の在來燒酎販賣の統制なる三井物産が九月から
237419	朝鮮朝日	西北版	1933-05-25	1	09단	蔡洙轍に無期懲役七十四名に求刑
237420	朝鮮朝日	西北版	1933-05-25	1	10단	妻殺しに懲役十年
237421	朝鮮朝日	西北版	1933-05-25	1	10단	豚を賣って家出
237422	朝鮮朝日	西北版	1933-05-25	1	10단	柳京日記

일련번호	판명		간행일	면	단수	기사명
237423	朝鮮朝日	南鮮版	1933-05-25	1	01단	藥草獎勵の折柄得難き仙道家を發見十五年間藥草の研究に沒頭學界に貢獻の齊藤龍本氏
237424	朝鮮朝日	南鮮版	1933-05-25	1	01단	*攻防の限りを盡し球界最初の延長戰輝く優勝旗は醫專へ第七回全鮮蹴球大會終る/京城實業野球京城4-3鐵道/ハヤイ勝つ(松之内氏六段に)*
237425	朝鮮朝日	南鮮版	1933-05-25	1	03단	宇垣さん上京政治的意味はない
237426	朝鮮朝日	南鮮版	1933-05-25	1	04단	群山府議補缺選
237427	朝鮮朝日	南鮮版	1933-05-25	1	04단	一日に三回自力更生の鐘は鳴る活氣と勤勞の不二農村
237428	朝鮮朝日	南鮮版	1933-05-25	1	05단	自動車事務協議會
237429	朝鮮朝日	南鮮版	1933-05-25	1	06단	學務課長と視學官會議
237430	朝鮮朝日	南鮮版	1933-05-25	1	06단	山のギャング松毛蟲慶北道内の美林悉く食はる
237431	朝鮮朝日	南鮮版	1933-05-25	1	06단	ヌクテがお江戸へ
237432	朝鮮朝日	南鮮版	1933-05-25	1	07단	慶南水組の設立計劃案可決釜山側の地主會
237433	朝鮮朝日	南鮮版	1933-05-25	1	07단	保安課長會議打合せ事項
237434	朝鮮朝日	南鮮版	1933-05-25	1	07단	積極的に書堂を保護堅實に指導
237435	朝鮮朝日	南鮮版	1933-05-25	1	08단	京城咸興間試驗飛行
237436	朝鮮朝日	南鮮版	1933-05-25	1	08단	一ケ年餘の審理が覆がへされるか高等法院で事實審理注目される巡査殺し事件
237437	朝鮮朝日	南鮮版	1933-05-25	1	09단	電線不通はカチ鳥のため
237438	朝鮮朝日	南鮮版	1933-05-25	1	09단	釜山鎭から東萊間に百人乘ボギー車六月中旬から運轉
237439	朝鮮朝日	南鮮版	1933-05-25	1	09단	内鮮滿聯絡荷物打合會
237440	朝鮮朝日	南鮮版	1933-05-25	1	10단	滿浦鎭線の驛名きまる
237441	朝鮮朝日	南鮮版	1933-05-25	1	10단	珍らしい夫婦壺
237442	朝鮮朝日	南鮮版	1933-05-25	1	10단	朝室精錬所
237443	朝鮮朝日	南鮮版	1933-05-25	1	10단	アレ横顔
237444	朝鮮朝日	西北版	1933-05-26	1	01단	*風薰る・季節の窓長い汽車の旅客を慰める安東驛を百花撩亂の園に/ダンサーと女優に哀れな張蓮紅と朴英道/BEER氏の競爭激烈/平壤師に音樂會/線路枕にゴロ寢男出始む/京城の春季競馬/草根木皮の生活者木浦地方に八千名/妓生がレコードに/新興力士團/楠公遺品展*
237445	朝鮮朝日	西北版	1933-05-26	1	01단	休日以外の日に遊ぶ惡習を打破る平南の農村に休日を定む

일련번호	판명		간행일	면	단수	기사명
237446	朝鮮朝日	西北版	1933-05-26	1	01단	本年度も百六十戸自作農を創定する
237447	朝鮮朝日	西北版	1933-05-26	1	01단	自力更生の實着々とあがる！山本江界郡守活動
237448	朝鮮朝日	西北版	1933-05-26	1	03단	國境地帯の衛生氣象を觀測住民の保健のため
237449	朝鮮朝日	西北版	1933-05-26	1	03단	ホクセンモダン物語り/流行の尖兵續々北鮮の港へまづカフエ服装の卷
237450	朝鮮朝日	西北版	1933-05-26	1	04단	平南道會六月五、六兩日
237451	朝鮮朝日	西北版	1933-05-26	1	04단	來月上旬に朝信託總會配當は六分か
237452	朝鮮朝日	西北版	1933-05-26	1	05단	セーラー型サージ服に兒童の服装統一平壤若松校で計劃
237453	朝鮮朝日	西北版	1933-05-26	1	05단	貯蓄支店の成績
237454	朝鮮朝日	西北版	1933-05-26	1	06단	無煙炭を窯業燃料に使用を研究
237455	朝鮮朝日	西北版	1933-05-26	1	06단	獻金募集に平壤婦人活動
237456	朝鮮朝日	西北版	1933-05-26	1	06단	品質優良で無盡藏梧梨里の大水銀鑛
237457	朝鮮朝日	西北版	1933-05-26	1	07단	朝鮮の人口二千五十萬人前年より卅三萬人の增
237458	朝鮮朝日	西北版	1933-05-26	1	09단	鴨緑江上流に小匪賊蠢動
237459	朝鮮朝日	西北版	1933-05-26	1	09단	義州農校に火事
237460	朝鮮朝日	西北版	1933-05-26	1	10단	放火女に懲役三年
237461	朝鮮朝日	西北版	1933-05-26	1	10단	柳京日記
237462	朝鮮朝日	西北版	1933-05-26	1	10단	蘋果は大減收か
237463	朝鮮朝日	南鮮版	1933-05-26	1	01단	風薫る・季節の窓長い汽車の旅客を慰める安東驛を百花撩亂の園に/ダンサーと女優に哀れな張蓮紅と朴英道/線路枕にゴロ瘦男出始む/京城の春季競馬/妓生がレコードに/京城で大相撲/天龍一行木浦へ
237464	朝鮮朝日	南鮮版	1933-05-26	1	01단	初等教育の普及と充實に大刷新書堂の活用をも計劃
237465	朝鮮朝日	南鮮版	1933-05-26	1	01단	朝鮮の人口二千五十萬人前年より卅三萬人の增
237466	朝鮮朝日	南鮮版	1933-05-26	1	02단	知事さん等射擊
237467	朝鮮朝日	南鮮版	1933-05-26	1	04단	忠南郡守會
237468	朝鮮朝日	南鮮版	1933-05-26	1	04단	模擬日本海々戰釜山の紀念日催し
237469	朝鮮朝日	南鮮版	1933-05-26	1	04단	來月上旬に朝信託總會配當は六分が
237470	朝鮮朝日	南鮮版	1933-05-26	1	05단	兒童警察展終る
237471	朝鮮朝日	南鮮版	1933-05-26	1	05단	海軍機關學校生
237472	朝鮮朝日	南鮮版	1933-05-26	1	05단	副業獎勵と統制機關問題

일련번호	판명		간행일	면	단수	기사명
237473	朝鮮朝日	南鮮版	1933-05-26	1	05단	草根木皮で露命をつなぐ木浦地方に八千名
237474	朝鮮朝日	南鮮版	1933-05-26	1	06단	釜山聯合分會長
237475	朝鮮朝日	南鮮版	1933-05-26	1	06단	各郡農會單位に苗代改良競進會力を入れる慶南道
237476	朝鮮朝日	南鮮版	1933-05-26	1	06단	スポーツ(全鮮柔道優勝旗戰/コート開き/府廳8A–7遞信)
237477	朝鮮朝日	南鮮版	1933-05-26	1	06단	軍用犬示威
237478	朝鮮朝日	南鮮版	1933-05-26	1	07단	大邱第一小學校に猩紅熱四名發生
237479	朝鮮朝日	南鮮版	1933-05-26	1	07단	忠清南道武德殿の地鎭祭(岡崎支部長の玉串奉奠)
237480	朝鮮朝日	南鮮版	1933-05-26	1	07단	怪奇と戰慄の生道事件迷宮入り警察部長指揮の大搜査陣展開
237481	朝鮮朝日	南鮮版	1933-05-26	1	08단	三名共謀で金塊二萬圓密輸愈よ各方面に飛火
237482	朝鮮朝日	南鮮版	1933-05-26	1	08단	苗代を減茶々々
237483	朝鮮朝日	南鮮版	1933-05-26	1	08단	近視眼の時期十一歳から十三歳迄に
237484	朝鮮朝日	南鮮版	1933-05-26	1	09단	橫領額確定の上正式に告發する達城郡の森林主事
237485	朝鮮朝日	南鮮版	1933-05-26	1	10단	門司で入水自殺病苦の人妻
237486	朝鮮朝日	南鮮版	1933-05-26	1	10단	巡査の辭職に奇怪な風評
237487	朝鮮朝日	西北版	1933-05-27	1	01단	とても詩的に妓生學校の報告書! 黒い瞳に『パーネツソヨ』ナンと彼女等の妖術よ
237488	朝鮮朝日	西北版	1933-05-27	1	01단	朝鮮獨自の體育要目制定近く學校體育を大改革
237489	朝鮮朝日	西北版	1933-05-27	1	01단	在滿將兵に慰問文を發送す
237490	朝鮮朝日	西北版	1933-05-27	1	01단	開城國防義會役員きまる
237491	朝鮮朝日	西北版	1933-05-27	1	02단	獻金續出
237492	朝鮮朝日	西北版	1933-05-27	1	02단	季節の窓初夏の風爽やか三百圓の札ビラは飛ぶ/銀貨二百圓が消え去る/空の客と郵便物/巫女を嚴重取締る/料理屋と料理屋が喧譁/踏切では遊ぶな
237493	朝鮮朝日	西北版	1933-05-27	1	03단	咸南道會議六月八日から三日間
237494	朝鮮朝日	西北版	1933-05-27	1	03단	咸北府議七名補選に七名だけ立候補
237495	朝鮮朝日	西北版	1933-05-27	1	04단	平鐵大勝
237496	朝鮮朝日	西北版	1933-05-27	1	04단	總督府辭令
237497	朝鮮朝日	西北版	1933-05-27	1	05단	外科同攻會
237498	朝鮮朝日	西北版	1933-05-27	1	05단	平南道の警察署長會議
237499	朝鮮朝日	西北版	1933-05-27	1	05단	北鮮商業銀行も朝銀に合併可決

일련번호	판명		간행일	면	단수	기사명
237500	朝鮮朝日	西北版	1933-05-27	1	05단	東拓炭鑛と役員
237501	朝鮮朝日	西北版	1933-05-27	1	06단	咸南醫友總會
237502	朝鮮朝日	西北版	1933-05-27	1	07단	石器代の遺物發見柳里村落で
237503	朝鮮朝日	西北版	1933-05-27	1	07단	廿五萬人になっても水には困らぬやう平壤の上水道を大擴張
237504	朝鮮朝日	西北版	1933-05-27	1	08단	普通江改修後に大同江を改修か
237505	朝鮮朝日	西北版	1933-05-27	1	08단	好かぬ夫の毒殺を計る
237506	朝鮮朝日	西北版	1933-05-27	1	09단	嬰兒を棄つ
237507	朝鮮朝日	西北版	1933-05-27	1	09단	三名共謀の强盜團捕る
237508	朝鮮朝日	西北版	1933-05-27	1	10단	大力無雙の泥棒
237509	朝鮮朝日	西北版	1933-05-27	1	10단	柳京日記
237510	朝鮮朝日	南鮮版	1933-05-27	1	01단	季節の窓 初夏の風爽やか三百圓の札ビラは飛ぶ/銀貨二百圓が消え去る/朖らかな宇垣さん/入城視察團/空の客と郵便物
237511	朝鮮朝日	南鮮版	1933-05-27	1	01단	學校體育の大改革を斷行する！朝鮮獨自の體育要目制定
237512	朝鮮朝日	南鮮版	1933-05-27	1	01단	小作農家は慘めなドン底生活見て下さいこの經濟調査
237513	朝鮮朝日	南鮮版	1933-05-27	1	02단	總督府辭令
237514	朝鮮朝日	南鮮版	1933-05-27	1	02단	全南道會
237515	朝鮮朝日	南鮮版	1933-05-27	1	03단	京畿道會
237516	朝鮮朝日	南鮮版	1933-05-27	1	03단	半島最初の統制ある學生對抗全鮮大學專門陸競愈よ六月四日京城で/門鐵硬球部來城/鐵道局陸競部內地遠征決定/ハワイ籠球チーム
237517	朝鮮朝日	南鮮版	1933-05-27	1	04단	群山府議補缺選
237518	朝鮮朝日	南鮮版	1933-05-27	1	04단	開城國防義會役員きまる
237519	朝鮮朝日	南鮮版	1933-05-27	1	05단	京城國防義會會員を募集
237520	朝鮮朝日	南鮮版	1933-05-27	1	05단	卒業生指導研究發表會
237521	朝鮮朝日	南鮮版	1933-05-27	1	06단	北鮮商業銀行も朝銀に合併可決
237522	朝鮮朝日	南鮮版	1933-05-27	1	06단	東拓炭鑛と役員
237523	朝鮮朝日	南鮮版	1933-05-27	1	06단	貯水池で嚴寒でも鮎は育つ！學說を見事に破った釜山試驗場のお手柄
237524	朝鮮朝日	南鮮版	1933-05-27	1	07단	普通校十校本年度に新設
237525	朝鮮朝日	南鮮版	1933-05-27	1	07단	金組功勞者七名を表彰
237526	朝鮮朝日	南鮮版	1933-05-27	1	08단	群山家政校存續
237527	朝鮮朝日	南鮮版	1933-05-27	1	08단	貧困患者に大きな福音釜山診療所
237528	朝鮮朝日	南鮮版	1933-05-27	1	08단	南原谷城間驛名きまる
237529	朝鮮朝日	南鮮版	1933-05-27	1	08단	運賃協定に復歸を望む仁穀飯野汽船との不圓滑から

일련번호	판명		간행일	면	단수	기사명
237530	朝鮮朝日	南鮮版	1933-05-27	1	09단	石器代の遺物發見柳里村落で
237531	朝鮮朝日	南鮮版	1933-05-27	1	09단	二百二十五萬圓を疲弊せる農村へ港灣河川道路改修に
237532	朝鮮朝日	南鮮版	1933-05-27	1	09단	幼兒死體を犬が食ふ家出女の罪
237533	朝鮮朝日	南鮮版	1933-05-27	1	10단	生活苦から自殺へ
237534	朝鮮朝日	南鮮版	1933-05-27	1	10단	好かぬ夫の毒殺を計る
237535	朝鮮朝日	南鮮版	1933-05-27	1	10단	大力無雙の泥棒
237536	朝鮮朝日	南鮮版	1933-05-27	1	10단	釜山に痘瘡
237537	朝鮮朝日	南鮮版	1933-05-27	1	10단	嬰兒を棄つ
237538	朝鮮朝日	南鮮版	1933-05-27	1	10단	人(山光侍從武官)
237539	朝鮮朝日	西北版	1933-05-28	1	01단	季節の窓　涼味をそゝる江戸趣味の『ユカタ』/河豚て自殺/ソハ屋に捨子!/新義州競馬場落成/栗里競馬場/青葉の金剛山へ二、三等寢台車を運轉/沙が飴となる/泥醉男線路に熟睡
237540	朝鮮朝日	西北版	1933-05-28	1	01단	護れよ大空! 二旬に迫った防空演習着々と準備訓練行はる/デパートの屋上に空の燈台を設く
237541	朝鮮朝日	西北版	1933-05-28	1	01단	下關て一休みの宇垣さん
237542	朝鮮朝日	西北版	1933-05-28	1	03단	○○名凱旋
237543	朝鮮朝日	西北版	1933-05-28	1	03단	店員に靑訓
237544	朝鮮朝日	西北版	1933-05-28	1	04단	輕爆○機平壤到着
237545	朝鮮朝日	西北版	1933-05-28	1	04단	愈よ六月一日から內鮮聯絡電話開通普通通話區域として
237546	朝鮮朝日	西北版	1933-05-28	1	05단	國境方面の守備隊狀況五反田副官歸來談
237547	朝鮮朝日	西北版	1933-05-28	1	05단	中小商工業者の分布狀態を調査平壤商議所で着手
237548	朝鮮朝日	西北版	1933-05-28	1	07단	道議選擧投票成績各道別調べ
237549	朝鮮朝日	西北版	1933-05-28	1	07단	溺死體は他殺と判明水のことから口論の末に
237550	朝鮮朝日	西北版	1933-05-28	1	08단	遊資過剰の緩和策に預金利率を引下か
237551	朝鮮朝日	西北版	1933-05-28	1	08단	自力更生の手本長公洞の金允福氏
237552	朝鮮朝日	西北版	1933-05-28	1	08단	鮮內の春繭相場卅五六掛見當
237553	朝鮮朝日	西北版	1933-05-28	1	09단	平南道では橋梁方面に窮民救濟事業
237554	朝鮮朝日	西北版	1933-05-28	1	09단	毒死事件は過失と判明解剖の結果
237555	朝鮮朝日	西北版	1933-05-28	1	09단	豚コレラが平北に流行
237556	朝鮮朝日	西北版	1933-05-28	1	10단	金助教授の美學
237557	朝鮮朝日	西北版	1933-05-28	1	10단	マーケット
237558	朝鮮朝日	西北版	1933-05-28	1	10단	人(野田博士(京都帝大文學部教授))

일련번호	판명		간행일	면	단수	기사명
237559	朝鮮朝日	西北版	1933-05-28	1	10단	柳京日記
237560	朝鮮朝日	南鮮版	1933-05-28	1	01단	季節の窓凉味をそゝる江戸趣味の『ユカタ』/青葉の金剛山へニ、三等寝台車を運轉する/河豚て自殺/沙が飴となる/鎭海でも
237561	朝鮮朝日	南鮮版	1933-05-28	1	01단	護れよ大空! 二旬に迫った防空演習着々と準備訓練行はる/獻金募集に一婦人の善行/群山の獻金募集
237562	朝鮮朝日	南鮮版	1933-05-28	1	01단	下關て一休みの宇垣さん
237563	朝鮮朝日	南鮮版	1933-05-28	1	03단	愈よ六月一日から內鮮聯絡電話開通普通通話區域として
237564	朝鮮朝日	南鮮版	1933-05-28	1	04단	遊資過剩の緩和策に預金利率を引下か
237565	朝鮮朝日	南鮮版	1933-05-28	1	05단	種々の催しで釜山大賑ひ海軍記念日
237566	朝鮮朝日	南鮮版	1933-05-28	1	05단	篤行者表彰
237567	朝鮮朝日	南鮮版	1933-05-28	1	06단	愈よ馬山港を修築吉辰をトして起工式行はる
237568	朝鮮朝日	南鮮版	1933-05-28	1	06단	四萬千人の旱害民救濟
237569	朝鮮朝日	南鮮版	1933-05-28	1	06단	道議選擧投票成績各道別調べ
237570	朝鮮朝日	南鮮版	1933-05-28	1	07단	鮮內の春繭相場卅五六掛見當
237571	朝鮮朝日	南鮮版	1933-05-28	1	07단	生首の胴體搜しから暴露された エロの暗黑街出るは出る幼兒死體十數個
237572	朝鮮朝日	南鮮版	1933-05-28	1	07단	京城中學校六棟全半燒損害二十萬圓に上る原因に種々の風說
237573	朝鮮朝日	南鮮版	1933-05-28	1	08단	松木中尉慰靈祭
237574	朝鮮朝日	南鮮版	1933-05-28	1	08단	京城府の産業調査會
237575	朝鮮朝日	南鮮版	1933-05-28	1	08단	國際籠球戰延福48—42ハワイ
237576	朝鮮朝日	南鮮版	1933-05-28	1	09단	馬山大邱統營間道路鋪裝方當局へ懇請
237577	朝鮮朝日	南鮮版	1933-05-28	1	09단	京城府內の下水改修工事
237578	朝鮮朝日	南鮮版	1933-05-28	1	09단	公金五千圓橫領郡屬や學校書記が
237579	朝鮮朝日	南鮮版	1933-05-28	1	10단	數地に惱む京城府民館
237580	朝鮮朝日	南鮮版	1933-05-28	1	10단	府議等收容さる選擧違反で
237581	朝鮮朝日	南鮮版	1933-05-28	1	10단	永宗面に二人組强盜
237582	朝鮮朝日	南鮮版	1933-05-28	1	10단	人(松本京機道知事)
237583	朝鮮朝日	西北版	1933-05-30	1	01단	季節の窓可愛い河童早くも大同江に現はる/國境警備警官の子供達に慰問品/女給さんを表彰/携帶用寝台一學生が發明/空の護りに婦人七十名が活動
237584	朝鮮朝日	西北版	1933-05-30	1	01단	下層農民は依然!ドン底生活平南道內に草根木皮者五千戶

일련번호	판명		간행일	면	단수	기사명
237585	朝鮮朝日	西北版	1933-05-30	1	01단	壞はれ行く平壤の古建築物! 近く保存會を組織/平壤博物館を本府經營に移管の運動
237586	朝鮮朝日	西北版	1933-05-30	1	01단	實戰そのままの壯烈さを展開!賑うた海軍記念日
237587	朝鮮朝日	西北版	1933-05-30	1	04단	防空演習諸兵器統監部へ續々と倒着
237588	朝鮮朝日	西北版	1933-05-30	1	04단	平北道會
237589	朝鮮朝日	西北版	1933-05-30	1	05단	滿洲國建國記念運動會
237590	朝鮮朝日	西北版	1933-05-30	1	05단	咸興聯隊除隊式
237591	朝鮮朝日	西北版	1933-05-30	1	05단	咸南道の府尹郡守會
237592	朝鮮朝日	西北版	1933-05-30	1	05단	昭和水組事務所を是非とも安州に!『場合により公職者は總辭職する』と公職者大會で決議
237593	朝鮮朝日	西北版	1933-05-30	1	05단	朝鮮人靑年團統制誘導す不良團體は淘汰
237594	朝鮮朝日	西北版	1933-05-30	1	06단	鎭南浦商工學校で夏休みの實習
237595	朝鮮朝日	西北版	1933-05-30	1	06단	全鮮に魁けて邑面職員共濟組合平南道に組織する
237596	朝鮮朝日	西北版	1933-05-30	1	06단	私立學校統制斷行インチキ校閉鎖
237597	朝鮮朝日	西北版	1933-05-30	1	07단	歡樂境を淨化する風紀の取締を嚴重に
237598	朝鮮朝日	西北版	1933-05-30	1	07단	傷病兵を相撲に勸進元で招待
237599	朝鮮朝日	西北版	1933-05-30	1	08단	二公醫表彰
237600	朝鮮朝日	西北版	1933-05-30	1	08단	退學者が年々增加平壤での調べ
237601	朝鮮朝日	西北版	1933-05-30	1	08단	公立普通校進展の狀況
237602	朝鮮朝日	西北版	1933-05-30	1	08단	咸南道と救濟事業漁村方面に
237603	朝鮮朝日	西北版	1933-05-30	1	09단	朝鮮醫學會外科同攻會
237604	朝鮮朝日	西北版	1933-05-30	1	09단	二ヶ所に地下タンク防火の櫻町
237605	朝鮮朝日	西北版	1933-05-30	1	09단	金塊密輸を一網打盡に檢擧の手延ぶ
237606	朝鮮朝日	西北版	1933-05-30	1	10단	永興農民暴動事件の七十四名に判決
237607	朝鮮朝日	西北版	1933-05-30	1	10단	電車通りの荷車通行禁止
237608	朝鮮朝日	西北版	1933-05-30	1	10단	人(山形平壤憲兵隊長)
237609	朝鮮朝日	西北版	1933-05-30	1	10단	柳京日記
237610	朝鮮朝日	南鮮版	1933-05-30	1	01단	季節の窓可愛い河童早くも大同江に現はる/國境警備警官の子供達に慰問品/女給さんを表彰/携帶用寢臺一學生が發明/空の護りに婦人七十名が活動
237611	朝鮮朝日	南鮮版	1933-05-30	1	01단	國防の熱意を發揚し非常時の打開を期す蔚山國防義會發會/防空演習諸兵器統監部へ續々と倒着/京城國防義會會員を募集非常の好成績/防空演習豫行飛行二機は京城安着一機は水原に不時着/防空演習を放送

일련번호	판명		간행일	면	단수	기사명
237612	朝鮮朝日	南鮮版	1933-05-30	1	03단	新綠輝くスポーツ殖銀12-2府廳/遞信7-4鐵道/釜鐵4A-1大邱/釜山對大邱庭球/釜山軟式リーグ/陸競リーグ戰遞信29-55鐵道/慶南道武道大會/弓道大會
237613	朝鮮朝日	南鮮版	1933-05-30	1	05단	釜山に衛生組合
237614	朝鮮朝日	南鮮版	1933-05-30	1	06단	ラヂオの盜聽者が非常に殖えて來た數十人の監視人が戶別調査
237615	朝鮮朝日	南鮮版	1933-05-30	1	06단	新裝を整へて夏を招く大邱遊園地
237616	朝鮮朝日	南鮮版	1933-05-30	1	07단	殉職警官招魂祭
237617	朝鮮朝日	南鮮版	1933-05-30	1	07단	平壤博物館を本府經營に移管の運動
237618	朝鮮朝日	南鮮版	1933-05-30	1	07단	金塊大密輸の一味を一網打盡に檢擧の手は安東や新義州に延ぶ
237619	朝鮮朝日	南鮮版	1933-05-30	1	08단	釜山敬老會
237620	朝鮮朝日	南鮮版	1933-05-30	1	09단	私立學校統制斷行インチキ校閉鎖
237621	朝鮮朝日	南鮮版	1933-05-30	1	09단	五十萬キロ無事故競技釜山鐵事務所の試み
237622	朝鮮朝日	南鮮版	1933-05-30	1	10단	朝鮮醫學會外科同攻會
237623	朝鮮朝日	南鮮版	1933-05-30	1	10단	木浦商店訪問三團商會チーム優勝
237624	朝鮮朝日	西北版	1933-05-31	1	01단	燦と輝く健康優良兒六名日本一を目指す朝鮮代表
237625	朝鮮朝日	西北版	1933-05-31	1	01단	選ばれた健康兒(1)/(龜田君大のシポーツ家明るい家庭に惠まる/高尾さん　無邪氣で郎らか子供中心に田園生活/一校から二名も市川木浦校長大喜び)
237626	朝鮮朝日	西北版	1933-05-31	1	03단	季節の窓青葉の金剛山へ最も便利な旅行は？
237627	朝鮮朝日	西北版	1933-05-31	1	04단	軍事講演
237628	朝鮮朝日	西北版	1933-05-31	1	04단	太刀洗から八機が參加八日頃空輸
237629	朝鮮朝日	西北版	1933-05-31	1	04단	平壤京城間の夜間飛行は好成績
237630	朝鮮朝日	西北版	1933-05-31	1	04단	小靑島燈台
237631	朝鮮朝日	西北版	1933-05-31	1	04단	燈火管制實施時刻方法をも決定
237632	朝鮮朝日	西北版	1933-05-31	1	05단	茂山守備隊除隊兵出發
237633	朝鮮朝日	西北版	1933-05-31	1	05단	樂浪文化研究の完璧を期する學術振興會から補助し小場講師平壤へ
237634	朝鮮朝日	西北版	1933-05-31	1	06단	熊本部隊勇躍戰地へ
237635	朝鮮朝日	西北版	1933-05-31	1	06단	朝鮮神宮で國威發揚祈願祭戰病歿者慰靈祭執行
237636	朝鮮朝日	西北版	1933-05-31	1	07단	水稅の徵收成績
237637	朝鮮朝日	西北版	1933-05-31	1	07단	首魁は控訴
237638	朝鮮朝日	西北版	1933-05-31	1	07단	淡谷のり子

일련번호	판명		간행일	면	단수	기사명
237639	朝鮮朝日	西北版	1933-05-31	1	08단	母校擁護の火の手を揚ぐ! 西鮮京大學士會有志
237640	朝鮮朝日	西北版	1933-05-31	1	08단	收用令を適用して所要土地を收用か頑迷なる地主に對しては平壤飛行場の擴張問題
237641	朝鮮朝日	西北版	1933-05-31	1	08단	スポーツ(平鐵12-5鎮南/卓球大會/庭球試合)
237642	朝鮮朝日	西北版	1933-05-31	1	08단	平南道の殉職警官招魂祭武道大會も催さる
237643	朝鮮朝日	西北版	1933-05-31	1	09단	春鼇掃立豫想六十七萬八千枚
237644	朝鮮朝日	西北版	1933-05-31	1	10단	墓を發掘して遺骨を捨つ
237645	朝鮮朝日	西北版	1933-05-31	1	10단	警官暴行の數名を告發
237646	朝鮮朝日	南鮮版	1933-05-31	1	01단	燦と輝く健康優良兒六名日本一を目指す朝鮮代表
237647	朝鮮朝日	南鮮版	1933-05-31	1	01단	選ばれた健康兒(1)/(龜田君大のシポーツ家明るい家庭に惠まる/高尾さん 無邪氣で郎らか子供中心に田園生活/一校から二名も市川木浦校長大喜び)
237648	朝鮮朝日	南鮮版	1933-05-31	1	03단	母校擁護の火の手を揚ぐ! 西鮮京大學士會有志/京城在住者も京大側支持
237649	朝鮮朝日	南鮮版	1933-05-31	1	03단	釜山靑年團訪問リレー訪問箇所決定し各團猛練習始む大會の役員きまる/實業野球リーグ殖銀11A-2府聽/釜山軟式リーグ/總督府勝つ
237650	朝鮮朝日	南鮮版	1933-05-31	1	04단	軍事講演
237651	朝鮮朝日	南鮮版	1933-05-31	1	04단	稅關長會議
237652	朝鮮朝日	南鮮版	1933-05-31	1	04단	廿五日ごろ群山競馬
237653	朝鮮朝日	南鮮版	1933-05-31	1	04단	社會教化巡廻講演
237654	朝鮮朝日	南鮮版	1933-05-31	1	05단	悲嘆の裡にも復興へ・更生へ! 柔道場で早くも授業を開始火災に見舞はれた京城中學/出火原因また不明
237655	朝鮮朝日	南鮮版	1933-05-31	1	06단	朝鮮神宮で國威發揚祈願祭戰病歿者慰靈祭執行
237656	朝鮮朝日	南鮮版	1933-05-31	1	06단	春鼇掃立豫想六十七萬八千枚
237657	朝鮮朝日	南鮮版	1933-05-31	1	06단	無資格銀行を整理東萊銀行は湖南銀行に鮮南銀行は慶一銀行に
237658	朝鮮朝日	南鮮版	1933-05-31	1	07단	平壤京城間の夜間飛行は好成績/太刀洗から八機が參加八日頃空輪
237659	朝鮮朝日	南鮮版	1933-05-31	1	07단	燈火管制實施時刻方法をも決定
237660	朝鮮朝日	南鮮版	1933-05-31	1	08단	復興費廿五萬圓校舍は鐵筋に

일련번호	판명		간행일	면	단수	기사명
237661	朝鮮朝日	南鮮版	1933-05-31	1	08단	半島が産んだピアニスト朴慶浩氏來城
237662	朝鮮朝日	南鮮版	1933-05-31	1	09단	群山にノータイ運動
237663	朝鮮朝日	南鮮版	1933-05-31	1	09단	人(大坪豊博士)
237664	朝鮮朝日	南鮮版	1933-05-31	1	10단	爭議の女工卅名が復職
237665	朝鮮朝日	南鮮版	1933-05-31	1	10단	押し倒しからつひに死亡潛伏中の犯人捕る
237666	朝鮮朝日	南鮮版	1933-05-31	1	10단	悲しき數學
237667	朝鮮朝日	南鮮版	1933-05-31	1	10단	傳染病の便衣隊

1933년 6월 (조선아사히)

일련번호	판명		간행일	면	단수	기사명
237668	朝鮮朝日	西北版	1933-06-01	1	01단	明年度豫算方針を具體的に協議する! 永井拓相と宇垣總督會見し特に鮮內の實情報告
237669	朝鮮朝日	西北版	1933-06-01	1	01단	*選ばれた健康兒(2) 幼時からスクスクと病氣一つもせぬ大正十年四月十二日生疋田正人君/早起早寢を嚴しく實行した大正十年十月一日生松本美代子さん/飲食に注意し身體を特に訓練大正十一年二月十八日生関丙善君/熟睡して規則正しい習慣大正十一年三月廿六日生朴榮淑さん*
237670	朝鮮朝日	西北版	1933-06-01	1	03단	季節の窓(不景氣を吹き拂ふ全州扇南原團扇すばらしい注文/軍用鳩/蟲齒の豫防/兒童草花栽培/婦人消防春季演習/酒好きの父に注意)
237671	朝鮮朝日	西北版	1933-06-01	1	04단	製絲總會
237672	朝鮮朝日	西北版	1933-06-01	1	05단	財政輕減の爲め平北道の面を廢合まづ五十四ヶ面に對して
237673	朝鮮朝日	西北版	1933-06-01	1	05단	警官退職者多數續出か
237674	朝鮮朝日	西北版	1933-06-01	1	06단	各道財務部長會議根本的に稅制整理を表明
237675	朝鮮朝日	西北版	1933-06-01	1	07단	繭價の高値豫想で農家はホクホクの態
237676	朝鮮朝日	西北版	1933-06-01	1	07단	朝運總會
237677	朝鮮朝日	西北版	1933-06-01	1	08단	牛島內務局長來壤を求む
237678	朝鮮朝日	西北版	1933-06-01	1	08단	口蹄疫漸く終熄し農家まづ一安心
237679	朝鮮朝日	西北版	1933-06-01	1	08단	元巡査二名起訴
237680	朝鮮朝日	西北版	1933-06-01	1	09단	脚力大會
237681	朝鮮朝日	西北版	1933-06-01	1	09단	密輸の玄關口警戒を嚴に
237682	朝鮮朝日	西北版	1933-06-01	1	09단	中堅人物の養成に農業補習校刷新季節制を採用して
237683	朝鮮朝日	西北版	1933-06-01	1	10단	密漁船を嚴重取締る
237684	朝鮮朝日	西北版	1933-06-01	1	10단	狂犬豫防
237685	朝鮮朝日	西北版	1933-06-01	1	10단	柳京日記
237686	朝鮮朝日	南鮮版	1933-06-01	1	01단	明年度豫算方針を具體的に協議する! 永井拓相と宇垣總督會見し特に鮮內の實情報告
237687	朝鮮朝日	南鮮版	1933-06-01	1	01단	*選ばれた健康兒(2) 幼時からスクスクと病氣一つもせぬ大正十年四月十二日生疋田正人君/早起早寢を嚴しく實行した大正十年十月一日生松本美代子さん/飲食に注意し身體を特に訓練大正十一年二月十八日生関丙善君/熟睡して規則正しい習慣大正十一年三月廿六日生朴榮淑さん*

일련번호	판명		간행일	면	단수	기사명
237688	朝鮮朝日	南鮮版	1933-06-01	1	03단	敵機襲來で京城は暗黑街警報燈火管制行はる防空演習の序曲
237689	朝鮮朝日	南鮮版	1933-06-01	1	04단	製絲總會
237690	朝鮮朝日	南鮮版	1933-06-01	1	05단	各道財務部長會議根本的に稅制整理を表明
237691	朝鮮朝日	南鮮版	1933-06-01	1	05단	忠北道郡守會議
237692	朝鮮朝日	南鮮版	1933-06-01	1	06단	斷乎として土地收用令適用釜山幹線道路敷地問題
237693	朝鮮朝日	南鮮版	1933-06-01	1	06단	京城府の防護計劃具體案なる/釜山國防義會積極的活動
237694	朝鮮朝日	南鮮版	1933-06-01	1	07단	珍・四つ兒産る母子ともに健在
237695	朝鮮朝日	南鮮版	1933-06-01	1	07단	一千五百圓拐帶し滿洲で愛の巢を! 釜山で捕った京都の男と情婦
237696	朝鮮朝日	南鮮版	1933-06-01	1	07단	鷄卵大の降雹二十町步の農作物全滅
237697	朝鮮朝日	南鮮版	1933-06-01	1	08단	金氏辭表を提出
237698	朝鮮朝日	南鮮版	1933-06-01	1	08단	朝運總會
237699	朝鮮朝日	南鮮版	1933-06-01	1	08단	京城府工業部會
237700	朝鮮朝日	南鮮版	1933-06-01	1	08단	釜山の水天宮祭三日間賑かに
237701	朝鮮朝日	南鮮版	1933-06-01	1	08단	關西大相撲三日から五日間
237702	朝鮮朝日	南鮮版	1933-06-01	1	08단	松浦丸坐礁
237703	朝鮮朝日	南鮮版	1933-06-01	1	09단	京城府に體育館建設を協議
237704	朝鮮朝日	南鮮版	1933-06-01	1	09단	京中の火因は漏電でない京電の調査
237705	朝鮮朝日	南鮮版	1933-06-01	1	09단	三千二百圓の公金を拐帶逃走外金剛郵便所員が
237706	朝鮮朝日	南鮮版	1933-06-01	1	09단	釜山に痘瘡
237707	朝鮮朝日	南鮮版	1933-06-01	1	09단	密輸の玄關口警戒を嚴に
237708	朝鮮朝日	南鮮版	1933-06-01	1	10단	慶北交通網促進期成會會長に小倉氏推薦
237709	朝鮮朝日	南鮮版	1933-06-01	1	10단	選擧違反
237710	朝鮮朝日	南鮮版	1933-06-01	1	10단	アル橫顔
237711	朝鮮朝日	西北版	1933-06-02	1	01단	鮮內から申告の健康優良兒童代表以外に四十三名(內地人男/內地人女/朝鮮人男/朝鮮人女)
237712	朝鮮朝日	西北版	1933-06-02	1	01단	國境へ! 國境へ! 黎明の鐘は鳴る平壤から經濟調査班派遣/滿浦鎭沿線經濟調査班七日に出發
237713	朝鮮朝日	西北版	1933-06-02	1	03단	滿洲からも健康優良兒を推薦日本一を目ざして選ばれた晴の六君/體格とともに學業成績も優秀/大和校は大喜び二名も出して

일련번호	판명		간행일	면	단수	기사명
237714	朝鮮朝日	西北版	1933-06-02	1	03단	季節の窓(田植が始まったまづ水工合も好い/螢螢螢狩りには/石首魚は稀な豊漁一隻八萬尾/大邱地方に腦膜炎五名)
237715	朝鮮朝日	西北版	1933-06-02	1	05단	咸興府議七名補選平穩に終る
237716	朝鮮朝日	西北版	1933-06-02	1	06단	武道昇段者
237717	朝鮮朝日	西北版	1933-06-02	1	06단	ただ恐懼統治の現況奏上宇垣總督謹話
237718	朝鮮朝日	西北版	1933-06-02	1	07단	總督府辭令
237719	朝鮮朝日	西北版	1933-06-02	1	07단	普通江の實地測量改修の前提か
237720	朝鮮朝日	西北版	1933-06-02	1	08단	平讓府の交通取締注意が三萬件
237721	朝鮮朝日	西北版	1933-06-02	1	08단	原料暴騰で平壤ゴム靴大惱み前途の受難を期待さる
237722	朝鮮朝日	西北版	1933-06-02	1	08단	三井の燒酎統制に俄然暗影を投ず釀造業者には不利として平壤の業者不參加
237723	朝鮮朝日	西北版	1933-06-02	1	09단	平壤大和町の道路を鋪裝七月に完成
237724	朝鮮朝日	西北版	1933-06-02	1	10단	江界學校の組合員改選
237725	朝鮮朝日	西北版	1933-06-02	1	10단	またも發生平南に口蹄疫
237726	朝鮮朝日	西北版	1933-06-02	1	10단	柳京日記
237727	朝鮮朝日	南鮮版	1933-06-02	1	01단	鮮內から申告の健康優良兒童代表以外に四十三名/滿洲からの健康優良兒
237728	朝鮮朝日	南鮮版	1933-06-02	1	01단	ただ恐懼統治の現況奏上謹んで宇垣總督語る
237729	朝鮮朝日	南鮮版	1933-06-02	1	01단	明年度豫算は空前の編成難？稅制整理や公債等注目さる
237730	朝鮮朝日	南鮮版	1933-06-02	1	01단	注目される副議長選擧慶南道會の新分野は
237731	朝鮮朝日	南鮮版	1933-06-02	1	02단	全北道會
237732	朝鮮朝日	南鮮版	1933-06-02	1	03단	季節の窓(むやみやたらに街路樹を坊主に/記念の日章旗/俸給から獻金/生徒の糞便檢查/御覽なさい四人の赤ん坊)
237733	朝鮮朝日	南鮮版	1933-06-02	1	04단	慶北道會
237734	朝鮮朝日	南鮮版	1933-06-02	1	04단	窮民救濟事業案大體出來上る
237735	朝鮮朝日	南鮮版	1933-06-02	1	05단	京畿道の國防義會既に十ヶ所設置さる
237736	朝鮮朝日	南鮮版	1933-06-02	1	05단	總督府辭令
237737	朝鮮朝日	南鮮版	1933-06-02	1	05단	軍艦「多摩」
237738	朝鮮朝日	南鮮版	1933-06-02	1	05단	武道昇段者
237739	朝鮮朝日	南鮮版	1933-06-02	1	06단	農事實習終了す
237740	朝鮮朝日	南鮮版	1933-06-02	1	06단	大規模の棉作東拓で着手する
237741	朝鮮朝日	南鮮版	1933-06-02	1	06단	朝鮮にも保險業令原案出來上る
237742	朝鮮朝日	南鮮版	1933-06-02	1	07단	公益質屋條例改正

일련번호	판명		간행일	면	단수	기사명
237743	朝鮮朝日	南鮮版	1933-06-02	1	07단	嚴原經由內鮮電話初日に三十六通話まづまづ好成績を擧ぐ
237744	朝鮮朝日	南鮮版	1933-06-02	1	08단	統營馬山大邱間の幹線道路鋪裝方期成會から猛運動
237745	朝鮮朝日	南鮮版	1933-06-02	1	08단	東萊邑に溫泉村起工式行はる
237746	朝鮮朝日	南鮮版	1933-06-02	1	08단	兩水組の合流懇邃意見を交換
237747	朝鮮朝日	南鮮版	1933-06-02	1	08단	惠まれぬ彼女等を光明の世界へ法の手を伸ばす慶南當局
237748	朝鮮朝日	南鮮版	1933-06-02	1	09단	待遇改善を要求し女工三百名罷業片倉の京城製絲場
237749	朝鮮朝日	南鮮版	1933-06-02	1	09단	ラジオ體操
237750	朝鮮朝日	南鮮版	1933-06-02	1	10단	大邱地方に腦膜炎五名
237751	朝鮮朝日	南鮮版	1933-06-02	1	10단	切符改竄男を警察に案內
237752	朝鮮朝日	南鮮版	1933-06-02	1	10단	列車に飛込自殺
237753	朝鮮朝日	南鮮版	1933-06-02	1	10단	軸物七十本竊取逃走す
237754	朝鮮朝日	南鮮版	1933-06-02	1	10단	スリ廿九件男捕る
237755	朝鮮朝日	西北版	1933-06-03	1	01단	原料移出地たる前にまづ窯業の生産地に無盡藏の陶土の地平壤の意氣込み
237756	朝鮮朝日	西北版	1933-06-03	1	01단	高勾麗時代の古墳順川郡で四個發見
237757	朝鮮朝日	西北版	1933-06-03	1	01단	樂浪博物館の國庫經營が急務來壤して濱田博士語る
237758	朝鮮朝日	西北版	1933-06-03	1	01단	防空警報豫行演習關係者を訓練/開城の防空演習日割決定す/防空宣傳の標語を募集
237759	朝鮮朝日	西北版	1933-06-03	1	02단	季節の窓(夏から秋へ昆蟲のいろいろ/平壤師範音樂會天才兒が出演)
237760	朝鮮朝日	西北版	1933-06-03	1	03단	鮮展受賞者
237761	朝鮮朝日	西北版	1933-06-03	1	03단	小作調停申立つ
237762	朝鮮朝日	西北版	1933-06-03	1	04단	師範生農事講習
237763	朝鮮朝日	西北版	1933-06-03	1	04단	鎭南浦分院醫院に獨立
237764	朝鮮朝日	西北版	1933-06-03	1	04단	選手二百名に上る全鮮大學專門對抗陸競愈よ四日京城競技場で
237765	朝鮮朝日	西北版	1933-06-03	1	05단	鎭南浦分監を少年刑務所にだが實現は困難
237766	朝鮮朝日	西北版	1933-06-03	1	05단	林檎の內地移出に本年度も特別運賃を實施
237767	朝鮮朝日	西北版	1933-06-03	1	05단	選擧違反の公判
237768	朝鮮朝日	西北版	1933-06-03	1	06단	外人入滿者の旅券を檢査
237769	朝鮮朝日	西北版	1933-06-03	1	06단	小型フィルム嚴重取締る

일련번호	판명		간행일	면	단수	기사명
237770	朝鮮朝日	西北版	1933-06-03	1	06단	産業組合擴充運動具體策考究
237771	朝鮮朝日	西北版	1933-06-03	1	07단	平南道內の産金熱旺盛各金鑛大々的採掘
237772	朝鮮朝日	西北版	1933-06-03	1	07단	間島地方に共匪團が妄動いづれも我官憲に檢擧さる
237773	朝鮮朝日	西北版	1933-06-03	1	07단	米の生産費調査いよいよ着手さる
237774	朝鮮朝日	西北版	1933-06-03	1	08단	明年度は試驗移民程度に東邊道を適地として近く大網を決める
237775	朝鮮朝日	西北版	1933-06-03	1	08단	公金費消の三名に求刑
237776	朝鮮朝日	西北版	1933-06-03	1	09단	落雷のため一名は重傷畜犬は瀕死
237777	朝鮮朝日	西北版	1933-06-03	1	09단	四十圓無錢飲食
237778	朝鮮朝日	西北版	1933-06-03	1	09단	時は金なり！十日は時の記念日
237779	朝鮮朝日	西北版	1933-06-03	1	10단	火傷から幼兒死亡す平壤黃金町の火事
237780	朝鮮朝日	西北版	1933-06-03	1	10단	暴行巡査執行猶豫
237781	朝鮮朝日	西北版	1933-06-03	1	10단	老人溺死體
237782	朝鮮朝日	西北版	1933-06-03	1	10단	柳京日記
237783	朝鮮朝日	南鮮版	1933-06-03	1	01단	顔のギャングふたたび猛威を揮ふ天然痘に惱む釜山府內
237784	朝鮮朝日	南鮮版	1933-06-03	1	01단	釜山國防義會積極的に活動豫算事業役員等決定/總督府廳防護演習好成績を收む/府廳舍でも/防空警報豫行演習關係者を訓練/各學校から獻金
237785	朝鮮朝日	南鮮版	1933-06-03	1	02단	中小商工業振興座談會當業者の猛省が急
237786	朝鮮朝日	南鮮版	1933-06-03	1	02단	季節の窓(愛國の熱辯揮ふ大邱高女の田中孃/鮮展受賞者/ポスター入選者/慶南の田植本月中旬最盛)
237787	朝鮮朝日	南鮮版	1933-06-03	1	03단	群山公會堂設計を變更
237788	朝鮮朝日	南鮮版	1933-06-03	1	04단	人(吉岡中將(騎兵監)/武藤少將(軍馬補充部本部長))
237789	朝鮮朝日	南鮮版	1933-06-03	1	04단	不正事件續出に鑑み特に官紀肅正强調慶北の府尹郡守會議を召集/忠南道郡守會議
237790	朝鮮朝日	南鮮版	1933-06-03	1	04단	明年度は試驗移民程度に東邊道を適地として近く大網を決める
237791	朝鮮朝日	南鮮版	1933-06-03	1	05단	選手二百名に上る全鮮大學專門對抗陸競愈よ四日京城競技場で
237792	朝鮮朝日	南鮮版	1933-06-03	1	05단	簡保運用課新設
237793	朝鮮朝日	南鮮版	1933-06-03	1	05단	群山靑年夜學校愈よ實現す
237794	朝鮮朝日	南鮮版	1933-06-03	1	05단	米の生産費調査いよいよ着手さる
237795	朝鮮朝日	南鮮版	1933-06-03	1	06단	普通學校の職業科振興力を注ぐ慶北

일련번호	판명		간행일	면	단수	기사명
237796	朝鮮朝日	南鮮版	1933-06-03	1	07단	忠南に三校新設
237797	朝鮮朝日	南鮮版	1933-06-03	1	07단	間島地方に共匪團が妄動いづれも我官憲に檢擧さる
237798	朝鮮朝日	南鮮版	1933-06-03	1	07단	火藥使用は先願に長崎縣側が違法慶南道から取消しを要求渦卷くナヒモフ號
237799	朝鮮朝日	南鮮版	1933-06-03	1	08단	群山中記念事業
237800	朝鮮朝日	南鮮版	1933-06-03	1	08단	朝鮮物産協會の改革を叫ばる！役員全部を改選
237801	朝鮮朝日	南鮮版	1933-06-03	1	08단	老人溺死體
237802	朝鮮朝日	南鮮版	1933-06-03	1	08단	店村峠に強盜出現
237803	朝鮮朝日	南鮮版	1933-06-03	1	08단	行方不明の幼兒死體となって現はる發見者が殺害犯人と判明
237804	朝鮮朝日	南鮮版	1933-06-03	1	09단	釜山と救濟事業
237805	朝鮮朝日	南鮮版	1933-06-03	1	09단	産業組合擴充運動具體策考究
237806	朝鮮朝日	南鮮版	1933-06-03	1	10단	不都合な英國豫備大尉
237807	朝鮮朝日	南鮮版	1933-06-03	1	10단	致死被告に懲役
237808	朝鮮朝日	南鮮版	1933-06-03	1	10단	歡迎されぬ不動産融資
237809	朝鮮朝日	南鮮版	1933-06-03	1	10단	落雷のため一名は重傷畜犬は瀕死
237810	朝鮮朝日	西北版	1933-06-04	1	01단	本社主催第十九回全國中等學校優勝野球大會朝鮮豫選朝鮮中等學校野球大會(南鮮第一次豫選/湖南第一次豫選/中部第一次豫選/西北部第一次豫選/朝鮮第二次豫選)
237811	朝鮮朝日	西北版	1933-06-04	1	03단	*統治の諮問機關中樞院を改革す新たに五十四名任命/社會の各方面から優秀なる人士を網羅參議改選に就て今井田總督談*
237812	朝鮮朝日	西北版	1933-06-04	1	03단	季節の窓(篤行に輝く平壤の千々母さん/蛇と鮎の怪魚刺身で試食/珍本/モダンな券番/めっきり殖えた人妻の家出)
237813	朝鮮朝日	西北版	1933-06-04	1	04단	咸南府尹郡守協議題決定
237814	朝鮮朝日	西北版	1933-06-04	1	04단	五大要望事業實行委員會
237815	朝鮮朝日	西北版	1933-06-04	1	05단	全市をあげて祝賀氣分に賑った城津港開港記念日
237816	朝鮮朝日	西北版	1933-06-04	1	06단	社會教化に五氏を囑託す
237817	朝鮮朝日	西北版	1933-06-04	1	06단	故若林大尉記念碑
237818	朝鮮朝日	西北版	1933-06-04	1	07단	安東朝日校記念祝賀大會
237819	朝鮮朝日	西北版	1933-06-04	1	07단	廳舍前に大廣場
237820	朝鮮朝日	西北版	1933-06-04	1	08단	*獻金の洪水で軍部側はただ感激/空を護れ兒童が旗行列/防空演習實況放送*

일련번호	판명		간행일	면	단수	기사명
237821	朝鮮朝日	西北版	1933-06-04	1	08단	大和島の沖が井上機遭難地點か出漁中の漁夫が手がかり發見
237822	朝鮮朝日	西北版	1933-06-04	1	08단	李産業課長視察談
237823	朝鮮朝日	西北版	1933-06-04	1	08단	社還米制度平南も實施
237824	朝鮮朝日	西北版	1933-06-04	1	08단	四十三名服罪す
237825	朝鮮朝日	西北版	1933-06-04	1	09단	農補校卒業生で部落に消費組合逼迫せる經濟緩和に平南道最初の試み
237826	朝鮮朝日	西北版	1933-06-04	1	10단	十五名起訴
237827	朝鮮朝日	西北版	1933-06-04	1	10단	人(栂原平壤覆審法院檢事長/永島平壤地方法院檢事正)
237828	朝鮮朝日	南鮮版	1933-06-04	1	01단	本社主催第十九回全國中等學校優勝野球大會朝鮮豫選朝鮮中等學校野球大會(南鮮第一次豫選/湖南第一次豫選/中部第一次豫選/西北部第一次豫選/朝鮮第二次豫選)
237829	朝鮮朝日	南鮮版	1933-06-04	1	03단	統治の諮問機關中樞院を改革す新たに五十四名任命/社會の各方面から優秀なる人士を網羅參議改選に就て今井田總督談
237830	朝鮮朝日	南鮮版	1933-06-04	1	03단	季節の窓(夏を呼ぶ松台岬に水族館/眠らかな田植歌/珍本/犬を食って生活/蛇と鮎の怪魚刺身で試食)
237831	朝鮮朝日	南鮮版	1933-06-04	1	04단	原法院長統營へ
237832	朝鮮朝日	南鮮版	1933-06-04	1	04단	松田の海岸にテント村を建設七月中旬から
237833	朝鮮朝日	南鮮版	1933-06-04	1	05단	金組中央金庫獨立具體化來期中には實現か
237834	朝鮮朝日	南鮮版	1933-06-04	1	06단	拂下米賣却の申し込み者が殺到米價の上向きに煽られて
237835	朝鮮朝日	南鮮版	1933-06-04	1	07단	支廳復活郡民大會役員等を決定
237836	朝鮮朝日	南鮮版	1933-06-04	1	07단	象に惡戲して象に仇討ちさる
237837	朝鮮朝日	南鮮版	1933-06-04	1	07단	防空演習實況放送
237838	朝鮮朝日	南鮮版	1933-06-04	1	07단	鮮米輸移出
237839	朝鮮朝日	南鮮版	1933-06-04	1	08단	わが子を持て餘し父親が淚の訴訟
237840	朝鮮朝日	南鮮版	1933-06-04	1	08단	珠算競技入賞者
237841	朝鮮朝日	南鮮版	1933-06-04	1	08단	盗んだ小船で玄海を乗り切る前科四犯男群山で逮捕
237842	朝鮮朝日	南鮮版	1933-06-04	1	08단	忠南道郡屬の異動
237843	朝鮮朝日	南鮮版	1933-06-04	1	09단	釜山の高地配水明年度着工
237844	朝鮮朝日	南鮮版	1933-06-04	1	09단	三道の牛移出禁止解除を交渉

일련번호	판명		간행일	면	단수	기사명
237845	朝鮮朝日	南鮮版	1933-06-04	1	10단	太合堀の通航料引下
237846	朝鮮朝日	南鮮版	1933-06-04	1	10단	女工の罷業解決
237847	朝鮮朝日	南鮮版	1933-06-04	1	10단	アル横顔
237848	朝鮮朝日	西北版	1933-06-06	1	01단	都市偏重だとて不平の聲たかまる道會で問題となるか平安南道の五大要望事業
237849	朝鮮朝日	西北版	1933-06-06	1	01단	朝鮮商議總會の提案を檢討し贊否の態度を決定す平壤商工會議所の總會にて
237850	朝鮮朝日	西北版	1933-06-06	1	01단	對抗的意味は寸毫もない平壤栗の贈答につき松浦大阪物産協會理事談
237851	朝鮮朝日	西北版	1933-06-06	1	02단	新京迄の直通列車七月ごろ實現
237852	朝鮮朝日	西北版	1933-06-06	1	03단	柞蠶絲値上
237853	朝鮮朝日	西北版	1933-06-06	1	03단	城津の賑ひ
237854	朝鮮朝日	西北版	1933-06-06	1	04단	懸賞音樂會
237855	朝鮮朝日	西北版	1933-06-06	1	04단	安東商埠地の電氣事業復活
237856	朝鮮朝日	西北版	1933-06-06	1	04단	大豆、小麥の選別用設備平壤驛構内に
237857	朝鮮朝日	西北版	1933-06-06	1	04단	三重要問題の緊急動議成立す平壤商議の總會にて
237858	朝鮮朝日	西北版	1933-06-06	1	05단	藤原上等兵告別式
237859	朝鮮朝日	西北版	1933-06-06	1	05단	安奉線の送電決定各驛の暗黑これで一掃さる
237860	朝鮮朝日	西北版	1933-06-06	1	05단	私有林保護規則を改正平北道の森林保護策
237861	朝鮮朝日	西北版	1933-06-06	1	06단	朝鮮人側の奮起を望む國防獻金につき
237862	朝鮮朝日	西北版	1933-06-06	1	06단	開城府の水道工事着々と進む
237863	朝鮮朝日	西北版	1933-06-06	1	06단	忠滿金鑛の資金を調達
237864	朝鮮朝日	西北版	1933-06-06	1	06단	合同の打合は近く開始か西鮮の電氣統一問題
237865	朝鮮朝日	西北版	1933-06-06	1	07단	和製ノラが再度家出す
237866	朝鮮朝日	西北版	1933-06-06	1	07단	水も漏らさぬ警戒網を張り犯人の逮捕につとむ平壤のピストル發射事件/ピストル發射事實を否認平壤に護送の安永俊
237867	朝鮮朝日	西北版	1933-06-06	1	08단	三警察官に同情ある論告三年と二年の求刑元山署の拷問致死事件/瀆職警官に峻烈な論告
237868	朝鮮朝日	西北版	1933-06-06	1	09단	鴨江鐵橋を閉鎖し新義州署の物物しき演習振
237869	朝鮮朝日	西北版	1933-06-06	1	10단	猛烈を極める沙金採取熱
237870	朝鮮朝日	西北版	1933-06-06	1	10단	人妻を殺す
237871	朝鮮朝日	西北版	1933-06-06	1	10단	平南に降雹

일련번호	판명		간행일	면	단수	기사명
237872	朝鮮朝日	西北版	1933-06-06	1	10단	學生の家出
237873	朝鮮朝日	西北版	1933-06-06	1	10단	柳京日記
237874	朝鮮朝日	南鮮版	1933-06-06	1	01단	株主を相手取り拂込の訴訟を起す株主側もいきり立つ朝鮮輸出水産會社の紛擾
237875	朝鮮朝日	南鮮版	1933-06-06	1	01단	教育常任委員の猛烈な爭奪戰京城府議暗鬪を始め心ある議員は淨化をさけぶ
237876	朝鮮朝日	南鮮版	1933-06-06	1	01단	約二百萬坪の增加を示す全北道の苗代面積
237877	朝鮮朝日	南鮮版	1933-06-06	1	01단	京城全市は暗黑街警報傳達、燈火管制豫行演習
237878	朝鮮朝日	南鮮版	1933-06-06	1	02단	殖銀チームは霸權を握る六戰六勝の成績京城實業野球リーグ戰/釜山軟式野球リーグ試合/大邱高女優勝南鮮女子庭球/京城中等野球リーグ戰/釜山の相撲
237879	朝鮮朝日	南鮮版	1933-06-06	1	03단	時間尊重の申合をなす
237880	朝鮮朝日	南鮮版	1933-06-06	1	03단	仁川國防義會から兵器を獻納す盛な獻納式を擧ぐ
237881	朝鮮朝日	南鮮版	1933-06-06	1	04단	慶南が竹林の栽培を獎勵
237882	朝鮮朝日	南鮮版	1933-06-06	1	04단	肥料溜設置
237883	朝鮮朝日	南鮮版	1933-06-06	1	05단	匪賊と戰ひ軍曹戰死す
237884	朝鮮朝日	南鮮版	1933-06-06	1	05단	既に責任額を超過の成績群山局簡保募集成績/簡保募集は好成績釜山郵便局分掌管內の
237885	朝鮮朝日	南鮮版	1933-06-06	1	06단	自慢の愛犬を連れデモ大行進釜山の軍用犬宣傳
237886	朝鮮朝日	南鮮版	1933-06-06	1	06단	京城地方の水銀あがる
237887	朝鮮朝日	南鮮版	1933-06-06	1	07단	大田の酷暑
237888	朝鮮朝日	南鮮版	1933-06-06	1	07단	迫間房太郎氏副議長に當選す坂田氏の讓步により光輝ある初回慶南道會開かる
237889	朝鮮朝日	南鮮版	1933-06-06	1	07단	慶南體協資金募集の活寫
237890	朝鮮朝日	南鮮版	1933-06-06	1	08단	五十萬圓で下水道を改修釜山の窮民救濟事業
237891	朝鮮朝日	南鮮版	1933-06-06	1	08단	石塊を示して詐欺を働く
237892	朝鮮朝日	南鮮版	1933-06-06	1	08단	卅五年間の貯蓄を投出し一家の窮乏を救ふ恐ろしく辛抱强い貯蓄心昭和の山ノ內一豐の夫人
237893	朝鮮朝日	南鮮版	1933-06-06	1	09단	猛烈を極める沙金採取熱
237894	朝鮮朝日	南鮮版	1933-06-06	1	10단	大邱の客引の服裝を統一
237895	朝鮮朝日	南鮮版	1933-06-06	1	10단	技手に暴行

일련번호	판명		간행일	면	단수	기사명
237896	朝鮮朝日	南鮮版	1933-06-06	1	10단	不良飲料水大邱署の臨檢
237897	朝鮮朝日	南鮮版	1933-06-06	1	10단	嬰兒の死體を川中に捨つ極端な迷信から
237898	朝鮮朝日	南鮮版	1933-06-06	1	10단	平南に降雹
237899	朝鮮朝日	西北版	1933-06-07	1	01단	前年にくらべて繭値は二倍の高値養蠶家は非常に有利春繭値の協定いよいよ成る
237900	朝鮮朝日	西北版	1933-06-07	1	01단	無煙炭の合同は結局雲散霧消自由競爭にまかせる電氣統制とは正に反對の現象
237901	朝鮮朝日	西北版	1933-06-07	1	01단	咸興部隊凱旋
237902	朝鮮朝日	西北版	1933-06-07	1	03단	胴體を發見し漸く身許わかる迷宮入を傳へられた幼兒生首事件の解決近づく(容疑者を引致し峻烈な取調べを始む/謎を祕める疑問點別個の生首事件現はれるか/診察もせずに死亡診斷書)
237903	朝鮮朝日	西北版	1933-06-07	1	04단	江原道會招集
237904	朝鮮朝日	西北版	1933-06-07	1	04단	平南道會の副議長朴經錫氏當選/三建議可決平安南道道會/質問で賑ふ慶尙南道々會
237905	朝鮮朝日	西北版	1933-06-07	1	04단	麥の刈取りは夜間に行へ慶南道の新しい宣傳
237906	朝鮮朝日	西北版	1933-06-07	1	05단	短銃發射犯人/銀行會社等の襲擊を計劃友人の殺害をも企つピストル事件の首魁/結局府外へ脫出か短銃發射犯人
237907	朝鮮朝日	西北版	1933-06-07	1	05단	蘋果試驗場の新設を要求主産地の鎭南浦に
237908	朝鮮朝日	西北版	1933-06-07	1	06단	在滿朝鮮同胞に非常な恩惠だ事變被害救恤につき田中總督府外事課長は語る
237909	朝鮮朝日	西北版	1933-06-07	1	07단	衛生座談會
237910	朝鮮朝日	西北版	1933-06-07	1	08단	普通學校長にヂゴマ式脅迫狀犯人は釜山のものか
237911	朝鮮朝日	西北版	1933-06-07	1	08단	羅南學校組合議員當選者
237912	朝鮮朝日	西北版	1933-06-07	1	08단	愛し子を殺し縊死を遂ぐ京城の哀な母子心中
237913	朝鮮朝日	西北版	1933-06-07	1	09단	東拓鑛業の披露
237914	朝鮮朝日	西北版	1933-06-07	1	09단	米倉會社の拂込み四分の一徵收
237915	朝鮮朝日	西北版	1933-06-07	1	10단	沙里院邑電讓渡は一切を委員六名に一任
237916	朝鮮朝日	西北版	1933-06-07	1	10단	關釜聯絡船は時化で缺航
237917	朝鮮朝日	西北版	1933-06-07	1	10단	大邱府議起訴猶豫暴力行爲取締規則違反事件
237918	朝鮮朝日	西北版	1933-06-07	1	10단	瀆職警官に求刑どほり判決を言渡す

일련번호	판명		간행일	면	단수	기사명
237919	朝鮮朝日	西北版	1933-06-07	1	10단	戶稅を代納
237920	朝鮮朝日	西北版	1933-06-07	1	10단	スポーツ(大鐵軍勝つ/咸興軍雪辱)
237921	朝鮮朝日	南鮮版	1933-06-07	1	01단	前年にくらべて繭値は二倍の高値養蠶家は非常に有利春繭値の協定いよいよ成る
237922	朝鮮朝日	南鮮版	1933-06-07	1	01단	無煙炭の合同は結局雲散霧消自由競爭にまかせる電氣統制とは正に反對の現象
237923	朝鮮朝日	南鮮版	1933-06-07	1	01단	咸興部隊凱旋
237924	朝鮮朝日	南鮮版	1933-06-07	1	03단	胴體を發見し漸く身許わかる迷宮入を傳へられた幼兒生首事件の解決近づく(容疑者を引致し峻烈な取調べを始む/謎を祕める疑問點別個の生首事件現はれるか/診察もせずに死亡診斷書)
237925	朝鮮朝日	南鮮版	1933-06-07	1	04단	江原道會招集
237926	朝鮮朝日	南鮮版	1933-06-07	1	04단	平南道會の副議長朴經錫氏當選/三建議可決平安南道道會/質問で賑ふ慶尙南道々會
237927	朝鮮朝日	南鮮版	1933-06-07	1	04단	麥の刈取りは夜間に行へ慶南道の新しい宣傳
237928	朝鮮朝日	南鮮版	1933-06-07	1	05단	短銃發射犯人/銀行會社等の襲擊を計劃/友人の殺害をも企つピストル事件の首魁/結局府外へ脫出か短銃發射犯人
237929	朝鮮朝日	南鮮版	1933-06-07	1	05단	蘋果試驗場の新設を要求主産地の鎭南浦に
237930	朝鮮朝日	南鮮版	1933-06-07	1	06단	在滿朝鮮同胞に非常な恩惠だ事變被害救恤につき田中總督府外事課長は語る
237931	朝鮮朝日	南鮮版	1933-06-07	1	07단	衛生座談會
237932	朝鮮朝日	南鮮版	1933-06-07	1	08단	普通學校長にヂゴマ式脅迫狀犯人は釜山のものか
237933	朝鮮朝日	南鮮版	1933-06-07	1	08단	羅南學校組合議員當選者
237934	朝鮮朝日	南鮮版	1933-06-07	1	09단	愛し子を殺し縊死を遂ぐ京城の哀な母子心中
237935	朝鮮朝日	南鮮版	1933-06-07	1	09단	東拓鑛業の披露
237936	朝鮮朝日	南鮮版	1933-06-07	1	09단	米倉會社の拂込み四分の一徵收
237937	朝鮮朝日	南鮮版	1933-06-07	1	10단	沙里院邑電讓渡は一切を委員六名に一任
237938	朝鮮朝日	南鮮版	1933-06-07	1	10단	關釜聯絡船は時化で缺航
237939	朝鮮朝日	南鮮版	1933-06-07	1	10단	大邱府議起訴猶豫暴力行爲取締規則違反事件
237940	朝鮮朝日	南鮮版	1933-06-07	1	10단	瀆職警官に求刑どほり判決を言渡す
237941	朝鮮朝日	南鮮版	1933-06-07	1	10단	戶稅を代納

일련번호	판명		간행일	면	단수	기사명
237942	朝鮮朝日	南鮮版	1933-06-07	1	10단	スポーツ(大鐵軍勝つ/咸興軍雪辱)
237943	朝鮮朝日	西北版	1933-06-08	1	01단	咸南奧地中心の國境道建設說起り漸次有力化せんとす北鮮開拓の使命に立脚し
237944	朝鮮朝日	西北版	1933-06-08	1	01단	鮮內林檎業者の販賣を統制し堅實にあゆまんとす平南道から殖産局に申請
237945	朝鮮朝日	西北版	1933-06-08	1	01단	アンゴラ兎の養殖を獎勵飼育易く利益が多い
237946	朝鮮朝日	西北版	1933-06-08	1	02단	平壤衛成部隊の戰死者合祀祭
237947	朝鮮朝日	西北版	1933-06-08	1	03단	十一提案は異議無く評議會で認む
237948	朝鮮朝日	西北版	1933-06-08	1	04단	鹽田擴張を行ふ
237949	朝鮮朝日	西北版	1933-06-08	1	04단	明倫女普校の運動場擴張
237950	朝鮮朝日	西北版	1933-06-08	1	04단	南浦大連間を小船で横断壯快なる企て
237951	朝鮮朝日	西北版	1933-06-08	1	04단	五月の平壤は團體で賑ふ
237952	朝鮮朝日	西北版	1933-06-08	1	04단	黃海道で畓の裏作に成功食糧問題も近く解決
237953	朝鮮朝日	西北版	1933-06-08	1	05단	愛兒の死を顧みず消防精神發揮
237954	朝鮮朝日	西北版	1933-06-08	1	05단	黃海道農會員視察をなす
237955	朝鮮朝日	西北版	1933-06-08	1	05단	蛤、淺蜊の陸上保存倉庫に成功完全に冬眠させ得る近頃頗る耳寄りなニュース
237956	朝鮮朝日	西北版	1933-06-08	1	05단	勤儉貯蓄を獎勵
237957	朝鮮朝日	西北版	1933-06-08	1	06단	これは珍しい地方振興曆咸南道地方振興會で
237958	朝鮮朝日	西北版	1933-06-08	1	06단	高射機關銃八台を購入近く獻納する
237959	朝鮮朝日	西北版	1933-06-08	1	06단	井上機は絶望かペンキは別のものとわかる
237960	朝鮮朝日	西北版	1933-06-08	1	06단	列車から落ち線路に昏倒
237961	朝鮮朝日	西北版	1933-06-08	1	07단	最近五ヶ年の開城の火災
237962	朝鮮朝日	西北版	1933-06-08	1	07단	簡易授産場の擴張を行ひ工業傳習所と改める
237963	朝鮮朝日	西北版	1933-06-08	1	07단	小爲替紛失
237964	朝鮮朝日	西北版	1933-06-08	1	07단	强盜殺人犯に死刑と無期
237965	朝鮮朝日	西北版	1933-06-08	1	07단	幼女殺しに無期の求刑
237966	朝鮮朝日	西北版	1933-06-08	1	08단	夫婦共謀して惡事を働く生活苦の內鮮人夫婦
237967	朝鮮朝日	西北版	1933-06-08	1	09단	强盜を捕ふ
237968	朝鮮朝日	西北版	1933-06-08	1	09단	非常警戒を解除し特別捜査班を動員する
237969	朝鮮朝日	西北版	1933-06-08	1	09단	匪賊蠢動す
237970	朝鮮朝日	西北版	1933-06-08	1	10단	開城の火事
237971	朝鮮朝日	西北版	1933-06-08	1	10단	スポーツ(義州農學校遂に優勝す)

일련번호	판명		간행일	면	단수	기사명
237972	朝鮮朝日	西北版	1933-06-08	1	10단	柳京日記
237973	朝鮮朝日	南鮮版	1933-06-08	1	01단	松毛蟲を退治てその儘肥料に製造豆粕より遙かに利く今年は二萬貫を越す豫定
237974	朝鮮朝日	南鮮版	1933-06-08	1	01단	京畿道副議長に韓相龍氏當選壓倒的大多數を以て議員選擧後最初の京畿道會
237975	朝鮮朝日	南鮮版	1933-06-08	1	01단	輕機に優る重寶な拳銃ドイツから倒着す近く國境各道に配布する
237976	朝鮮朝日	南鮮版	1933-06-08	1	02단	經口ワクチン各道に配布
237977	朝鮮朝日	南鮮版	1933-06-08	1	02단	郵便切手賣捌所數
237978	朝鮮朝日	南鮮版	1933-06-08	1	03단	全南道會の副議長決る
237979	朝鮮朝日	南鮮版	1933-06-08	1	03단	朝鮮人の雇備計劃滿鐵が建てる
237980	朝鮮朝日	南鮮版	1933-06-08	1	03단	*生首事件の解決近づく法醫學的主張遂にうち消さる胴體と生首を包んだチマが同一のものと判明す/解剖の結果同一人と確定死因は病死と判る/凶器らしい證據物基地から發見捜査陣色めく/有力な容疑者三名西大門署で檢擧*
237981	朝鮮朝日	南鮮版	1933-06-08	1	04단	繭購入資金の貸付を開始
237982	朝鮮朝日	南鮮版	1933-06-08	1	04단	一絲亂れぬ統制を期す列車の燈火管制
237983	朝鮮朝日	南鮮版	1933-06-08	1	04단	牛の値上で農家は戎顔昔の繁昌を取り戻す
237984	朝鮮朝日	南鮮版	1933-06-08	1	05단	三千浦港改修工事九年度に實施
237985	朝鮮朝日	南鮮版	1933-06-08	1	05단	時間の短縮で燃料節約となる鐵道局自信をつける
237986	朝鮮朝日	南鮮版	1933-06-08	1	06단	滿洲行貨物は卽時に通關釜山稅關の更宣扱ひ
237987	朝鮮朝日	南鮮版	1933-06-08	1	06단	ニッケル鑛の試掘願を提出す朝鮮ではこれが最初特殊鑛業の開發上期待さる
237988	朝鮮朝日	南鮮版	1933-06-08	1	07단	巡廻診療班全南に出張
237989	朝鮮朝日	南鮮版	1933-06-08	1	07단	農民デーに釜山も參加金海郡で田植ゑ
237990	朝鮮朝日	南鮮版	1933-06-08	1	07단	實直な小使は假面を被る泥棒釜山府立病院で惡事
237991	朝鮮朝日	南鮮版	1933-06-08	1	08단	時の記念日と釜山の催し
237992	朝鮮朝日	南鮮版	1933-06-08	1	08단	地方法院支廳明年度から復活差當りまづ二、三箇所
237993	朝鮮朝日	南鮮版	1933-06-08	1	08단	老人の自殺
237994	朝鮮朝日	南鮮版	1933-06-08	1	08단	小爲替證書を三百枚拐帶
237995	朝鮮朝日	南鮮版	1933-06-08	1	09단	慶北繭市場に奸商出沒す係員を増して取締る

일련번호	판명		간행일	면	단수	기사명
237996	朝鮮朝日	南鮮版	1933-06-08	1	10단	齒の優良な兒童を表彰
237997	朝鮮朝日	南鮮版	1933-06-08	1	10단	靑化澱物を盜む
237998	朝鮮朝日	南鮮版	1933-06-08	1	10단	スポーツ(南鮮陸上競技選手權大會)
237999	朝鮮朝日	南鮮版	1933-06-08	1	10단	ストロー
238000	朝鮮朝日	西北版	1933-06-09	1	01단	近く實施される社還米制度は不評平南の實情に卽せず屋上屋を架すものとして
238001	朝鮮朝日	西北版	1933-06-09	1	01단	法人加入を認め資金を貸付くこれで遊資を處分す平南金組の一石二鳥の良策
238002	朝鮮朝日	西北版	1933-06-09	1	01단	鑛務移管は考へものだ上瀧鑛務課長は語る
238003	朝鮮朝日	西北版	1933-06-09	1	02단	平北道の農業倉庫二ケ所に增設
238004	朝鮮朝日	西北版	1933-06-09	1	03단	年間三回の視察旅行で見聞を廣める
238005	朝鮮朝日	西北版	1933-06-09	1	03단	茂山の緬羊熱
238006	朝鮮朝日	西北版	1933-06-09	1	04단	陸軍辭令
238007	朝鮮朝日	西北版	1933-06-09	1	04단	堅牢な設備で水禍と緣を切る大同江護岸工事進む
238008	朝鮮朝日	西北版	1933-06-09	1	05단	高嶺土の主文殺到新朝無會社擴張を行ふ
238009	朝鮮朝日	西北版	1933-06-09	1	05단	平壤管內の貨物取扱高
238010	朝鮮朝日	西北版	1933-06-09	1	05단	戰死してなほ引金を固く握る忠烈鬼神を泣かしむ故細海時二郎上等兵の奮戰
238011	朝鮮朝日	西北版	1933-06-09	1	05단	平壤博物館開館準備進む
238012	朝鮮朝日	西北版	1933-06-09	1	05단	林相を整備
238013	朝鮮朝日	西北版	1933-06-09	1	06단	海洋生物の調査を行ふ
238014	朝鮮朝日	西北版	1933-06-09	1	06단	染色講習會
238015	朝鮮朝日	西北版	1933-06-09	1	06단	平南民有林の基本調査を行ふ七十五萬町步に亙り
238016	朝鮮朝日	西北版	1933-06-09	1	07단	縣城の奪回は今のところ困難張安圖懸長等かたる
238017	朝鮮朝日	西北版	1933-06-09	1	07단	平北道の府尹郡守會議
238018	朝鮮朝日	西北版	1933-06-09	1	07단	世界に比なき逸品ぞろひ公賣の日を待たれる某密輸事件の沒收品
238019	朝鮮朝日	西北版	1933-06-09	1	08단	十六件の建議案平南道會にて滿場一致可決
238020	朝鮮朝日	西北版	1933-06-09	1	08단	救療藥配布
238021	朝鮮朝日	西北版	1933-06-09	1	08단	時の記念日の宣傳を改む
238022	朝鮮朝日	西北版	1933-06-09	1	09단	李朝時代の遺物か香爐を堀出す
238023	朝鮮朝日	西北版	1933-06-09	1	09단	寧邊署改築
238024	朝鮮朝日	西北版	1933-06-09	1	10단	大邱の防空兵器獻納式
238025	朝鮮朝日	西北版	1933-06-09	1	10단	死に損って狂言强盜

일련번호	판명		간행일	면	단수	기사명
238026	朝鮮朝日	西北版	1933-06-09	1	10단	苦汁を呑んで自殺を遂ぐ
238027	朝鮮朝日	西北版	1933-06-09	1	10단	電車で負傷
238028	朝鮮朝日	西北版	1933-06-09	1	10단	柳京日記
238029	朝鮮朝日	南鮮版	1933-06-09	1	01단	地上では閲兵式空では飛機分列式參加機は卅台に上る朝鮮では全く初めての試み/太刀洗機着く
238030	朝鮮朝日	南鮮版	1933-06-09	1	01단	二百萬貫以上の甘藷を生産か京畿道の獎勵が利き作付面積一千町步以上に達す
238031	朝鮮朝日	南鮮版	1933-06-09	1	01단	決選投票なら山本氏優勢反對派の作戰は見物全北道會の副議長爭奪戰
238032	朝鮮朝日	南鮮版	1933-06-09	1	02단	産業調査會
238033	朝鮮朝日	南鮮版	1933-06-09	1	02단	四萬名を突破か京城國防義會の會員數
238034	朝鮮朝日	南鮮版	1933-06-09	1	03단	慶尙北道の麥收穫豫想
238035	朝鮮朝日	南鮮版	1933-06-09	1	03단	釜山靑年團訪問リレー大會期日切迫し興味次第に白熱化渡邊總裁以下選手へ熱烈且つ强き激勵の辭寄せらる/靑年選手は雄々しく競へ! 總裁、知事渡邊豊日子/全鮮に範を示せ大會場、府尹大島良士/堂々戰へ
238036	朝鮮朝日	南鮮版	1933-06-09	1	04단	陸軍辭令
238037	朝鮮朝日	南鮮版	1933-06-09	1	04단	群中創立記念事業
238038	朝鮮朝日	南鮮版	1933-06-09	1	04단	遊資だぶつき始末に困る結局は金利引下げか
238039	朝鮮朝日	南鮮版	1933-06-09	1	05단	憂慮される林野稅の完納
238040	朝鮮朝日	南鮮版	1933-06-09	1	05단	慶北府尹郡守會議
238041	朝鮮朝日	南鮮版	1933-06-09	1	05단	慶北東海岸の鯖は盛漁
238042	朝鮮朝日	南鮮版	1933-06-09	1	05단	慶南の春繭は二萬石を突破する愈よ本月中旬頃から共同販賣を實施する
238043	朝鮮朝日	南鮮版	1933-06-09	1	06단	防空器材獻納式
238044	朝鮮朝日	南鮮版	1933-06-09	1	06단	全北穀物協會總會
238045	朝鮮朝日	南鮮版	1933-06-09	1	07단	樂器を盜む
238046	朝鮮朝日	南鮮版	1933-06-09	1	07단	生首事件の全貌遂に明るみへ恐るべき迷信の罪顚癎治したさから首を買ふ
238047	朝鮮朝日	南鮮版	1933-06-09	1	08단	大盡氣取りで豪遊を極む公金拐帶犯人捕まる
238048	朝鮮朝日	南鮮版	1933-06-09	1	08단	大鐵對全大邱戰
238049	朝鮮朝日	南鮮版	1933-06-09	1	08단	大田の相撲
238050	朝鮮朝日	南鮮版	1933-06-09	1	09단	密航團捕る
238051	朝鮮朝日	南鮮版	1933-06-09	1	09단	帆船轉覆し十四名海中へ幸ひ全員救助さる

일련번호	판명		간행일	면	단수	기사명
238052	朝鮮朝日	南鮮版	1933-06-09	1	10단	苦汁を呑んで自殺を遂ぐ
238053	朝鮮朝日	南鮮版	1933-06-09	1	10단	巖石爆破の破片が飛び住民は大弱り
238054	朝鮮朝日	南鮮版	1933-06-09	1	10단	ストロー
238055	朝鮮朝日	西北版	1933-06-10	1	01단	平壤の在來栗を米國へ大量輸出し伊國栗と鎬を削らす近ごろ耳よりなニュース
238056	朝鮮朝日	西北版	1933-06-10	1	01단	林檎をどうして加工すべきか一日も早く其對策を確立すべく眞劍に研究を始む
238057	朝鮮朝日	西北版	1933-06-10	1	01단	講習會を開き木炭を改善平北木炭滿洲に進出
238058	朝鮮朝日	西北版	1933-06-10	1	01단	稅關支署の設置を陳情
238059	朝鮮朝日	西北版	1933-06-10	1	02단	軍部方面から絶讚を博し日本水銀鑛元氣づく
238060	朝鮮朝日	西北版	1933-06-10	1	03단	平北の田植
238061	朝鮮朝日	西北版	1933-06-10	1	03단	羅南學議選擧
238062	朝鮮朝日	西北版	1933-06-10	1	03단	新坑を開いて塊炭を稼行東鑛中島氏談
238063	朝鮮朝日	西北版	1933-06-10	1	04단	昨年を凌ぐ鰯の加工狀況
238064	朝鮮朝日	西北版	1933-06-10	1	04단	平安北道の教育研究會
238065	朝鮮朝日	西北版	1933-06-10	1	04단	二千町步を目指しへアリベッチの栽培を獎勵
238066	朝鮮朝日	西北版	1933-06-10	1	04단	凱旋祝賀會
238067	朝鮮朝日	西北版	1933-06-10	1	05단	危ぶまれるカキの附着
238068	朝鮮朝日	西北版	1933-06-10	1	05단	工業試驗所に廣く白衣を集め無料染色すればよい色服獎勵徹底の新しい說
238069	朝鮮朝日	西北版	1933-06-10	1	05단	知事も乘出し正條植を督勵す咸南道の農民デーで
238070	朝鮮朝日	西北版	1933-06-10	1	06단	女子副業を助けよ平壤女子副業組合から陳情
238071	朝鮮朝日	西北版	1933-06-10	1	06단	山葡萄有望
238072	朝鮮朝日	西北版	1933-06-10	1	06단	燃料備林を造成し林相を整備す咸南道の新しい試み
238073	朝鮮朝日	西北版	1933-06-10	1	07단	今後は內地語一點張りで進む平北道會の議事進行
238074	朝鮮朝日	西北版	1933-06-10	1	07단	沙里院邑副長李氏辭職す
238075	朝鮮朝日	西北版	1933-06-10	1	07단	鳳山郡の春繭增收の見込
238076	朝鮮朝日	西北版	1933-06-10	1	07단	開城商議選で三名立候補
238077	朝鮮朝日	西北版	1933-06-10	1	07단	高麗靑年會に柔劍道部
238078	朝鮮朝日	西北版	1933-06-10	1	08단	城津の好景氣郵便に現る
238079	朝鮮朝日	西北版	1933-06-10	1	08단	平北道物産京城に進出

일련번호	판명		간행일	면	단수	기사명
238080	朝鮮朝日	西北版	1933-06-10	1	08단	角振り立て猛牛暴れ廻る咸北に恐水病蔓延發生次第撲殺はするが絶滅の見込みが立たぬ
238081	朝鮮朝日	西北版	1933-06-10	1	08단	江界の降雹
238082	朝鮮朝日	西北版	1933-06-10	1	09단	海州邑の防空演習燈火管制實施/防空演習を見擧
238083	朝鮮朝日	西北版	1933-06-10	1	09단	馬賊暴れる
238084	朝鮮朝日	西北版	1933-06-10	1	09단	北鮮に降雪
238085	朝鮮朝日	西北版	1933-06-10	1	10단	放火犯人に無罪の判決
238086	朝鮮朝日	西北版	1933-06-10	1	10단	海州のお役人詰襟服着用
238087	朝鮮朝日	西北版	1933-06-10	1	10단	機船沈沒し一名溺死す
238088	朝鮮朝日	西北版	1933-06-10	1	10단	柳京日記
238089	朝鮮朝日	南鮮版	1933-06-10	1	01단	愈よ明年度から私鐵補助を大改革中央政府の諒解を得今期議會に提案する方針
238090	朝鮮朝日	南鮮版	1933-06-10	1	01단	恩給法改正前の警察官退職者想像したよりも少いこれで警察界も落つくか
238091	朝鮮朝日	南鮮版	1933-06-10	1	01단	工事助成金を請負人に交付し工事を早くして貰ふ釜山の道路鋪裝工事
238092	朝鮮朝日	南鮮版	1933-06-10	1	01단	衣類整理講習會釜山府が開く
238093	朝鮮朝日	南鮮版	1933-06-10	1	02단	水産市場を牧ノ島側へ設置方を陳情
238094	朝鮮朝日	南鮮版	1933-06-10	1	02단	ウェルカム
238095	朝鮮朝日	南鮮版	1933-06-10	1	03단	慶南道內の松毛蟲退治
238096	朝鮮朝日	南鮮版	1933-06-10	1	03단	釜山自轉車業古物組合
238097	朝鮮朝日	南鮮版	1933-06-10	1	04단	教員の田植
238098	朝鮮朝日	南鮮版	1933-06-10	1	04단	國防義會へ大口の寄附
238099	朝鮮朝日	南鮮版	1933-06-10	1	04단	慶北で早くも春繭出廻る
238100	朝鮮朝日	南鮮版	1933-06-10	1	04단	官廳、會社等で部分演習を行ひ相當な好成績を擧ぐ防空演習迫り一段と緊張す/所澤の戰鬪機三台飛來す太刀洗の十機を加へ空の精銳十三台待機/大衆文庫を開放し防空思想の宣傳をなす
238101	朝鮮朝日	南鮮版	1933-06-10	1	05단	この可愛いお馬を御覽よお子供衆にはよい相手になるでせう
238102	朝鮮朝日	南鮮版	1933-06-10	1	05단	馬山の上水道三年を迎ふ
238103	朝鮮朝日	南鮮版	1933-06-10	1	06단	藥草類の共同販賣京畿道山林會にて斡旋する
238104	朝鮮朝日	南鮮版	1933-06-10	1	06단	今後は內地語一點張りで進む平北道會の議事進行
238105	朝鮮朝日	南鮮版	1933-06-10	1	07단	母堂還曆祝の經費を節約缺食兒童に劃食を與へて欲しいと二千圓寄附

일련번호	판명		간행일	면	단수	기사명
238106	朝鮮朝日	南鮮版	1933-06-10	1	07단	全鮮に誇る種禽場完備を期して更に增築する
238107	朝鮮朝日	南鮮版	1933-06-10	1	07단	機會を捉へて運動すれば復活悲觀する必要はない混沙米禁輸につき井谷氏語る
238108	朝鮮朝日	南鮮版	1933-06-10	1	08단	忠南の麥作
238109	朝鮮朝日	南鮮版	1933-06-10	1	08단	擧動不審男はしたゝか者
238110	朝鮮朝日	南鮮版	1933-06-10	1	09단	鮎が少くて太公望連失望
238111	朝鮮朝日	南鮮版	1933-06-10	1	09단	石船轉覆し溺死を遂ぐ
238112	朝鮮朝日	南鮮版	1933-06-10	1	09단	京城を荒した强盜捕まる出所して間のない男
238113	朝鮮朝日	南鮮版	1933-06-10	1	09단	盟休さわぎ(中央基督靑年會學館)
238114	朝鮮朝日	南鮮版	1933-06-10	1	10단	機船沈沒し一名溺死す
238115	朝鮮朝日	南鮮版	1933-06-10	1	10단	機船救はる
238116	朝鮮朝日	南鮮版	1933-06-10	1	10단	學校費橫領は巧妙を極む一萬圓を突破
238117	朝鮮朝日	南鮮版	1933-06-10	1	10단	人(羽田滿鐵鐵道部長、佐藤同敦圖線建設部長)
238118	朝鮮朝日	西北版	1933-06-11	1	01단	明年度は差當り內地の半額を課稅一郡一稅務所を置く第三種所得稅制定の方針/國稅整理と共に地方稅も整理課稅の適正をはかる地方稅特別所得稅を賦課か
238119	朝鮮朝日	西北版	1933-06-11	1	01단	安東中央銀行分行を閉鎖取引僅少馬賊橫行で
238120	朝鮮朝日	西北版	1933-06-11	1	02단	四十萬尺締着筏の見込
238121	朝鮮朝日	西北版	1933-06-11	1	03단	密漁船の取締り咸南道の監視船總動員
238122	朝鮮朝日	西北版	1933-06-11	1	03단	新義州製材界苦境に惱む
238123	朝鮮朝日	西北版	1933-06-11	1	04단	軌條沈下す
238124	朝鮮朝日	西北版	1933-06-11	1	04단	端川署管內の國防費獻金
238125	朝鮮朝日	西北版	1933-06-11	1	04단	鴨綠江口の漁撈最盛期
238126	朝鮮朝日	西北版	1933-06-11	1	04단	城津驛改築の運動を起す旅客虐待の聲もあり改築の輿論愈よ昂る
238127	朝鮮朝日	西北版	1933-06-11	1	04단	良民十數名を血祭りにあげた慘虐を極めた飢民團一味廿八名公判に附せらる
238128	朝鮮朝日	西北版	1933-06-11	1	05단	五大要望の實現を陳情
238129	朝鮮朝日	西北版	1933-06-11	1	05단	西平壤の發展策眞劍に研究さる府有地處分をも含む大平壤建設の爲の種々の施設
238130	朝鮮朝日	西北版	1933-06-11	1	06단	咸南道の府尹郡守會議
238131	朝鮮朝日	西北版	1933-06-11	1	06단	船橋里小學の增築近く着工
238132	朝鮮朝日	西北版	1933-06-11	1	06단	選擧違反の判決くだる

일련번호	판명		간행일	면	단수	기사명
238133	朝鮮朝日	西北版	1933-06-11	1	06단	健康相談所平壤府に設置
238134	朝鮮朝日	西北版	1933-06-11	1	07단	愈よ明年から工事に着手難工事猿巖里の閘門
238135	朝鮮朝日	西北版	1933-06-11	1	07단	スポーツ(平鐵軍滿洲遠征か)
238136	朝鮮朝日	西北版	1933-06-11	1	07단	興南市區改正工事認可となる愈よ近く工事に着手完成の曉には面目一新する
238137	朝鮮朝日	西北版	1933-06-11	1	08단	人質七名を奪取し賊三名を斃す
238138	朝鮮朝日	西北版	1933-06-11	1	08단	河中に墜落し溺死
238139	朝鮮朝日	西北版	1933-06-11	1	08단	煤煙に冒され老松枯死に瀕す
238140	朝鮮朝日	西北版	1933-06-11	1	08단	パスを強奪改竄して使用
238141	朝鮮朝日	西北版	1933-06-11	1	08단	政治的解決に俟つより道ない新興鹽倉庫移轉問題
238142	朝鮮朝日	西北版	1933-06-11	1	09단	穴掘を怠けて生命を失ふ
238143	朝鮮朝日	西北版	1933-06-11	1	09단	民意を代表し弔辭を捧げ深甚な謝意を表す獨山事件と滿洲國側
238144	朝鮮朝日	西北版	1933-06-11	1	10단	死神につかれ老人縊死す
238145	朝鮮朝日	西北版	1933-06-11	1	10단	幼兒を轢殺
238146	朝鮮朝日	西北版	1933-06-11	1	10단	柳京日記
238147	朝鮮朝日	南鮮版	1933-06-11	1	01단	明年度は差當り內地の半額を課稅一郡一稅務署を置く第三種所得稅制定の方針/國稅整理と共に地方稅も整理課稅の適正をはかる地方稅特別所得稅を賦課か
238148	朝鮮朝日	南鮮版	1933-06-11	1	01단	衛生の指導と實行事項を決定釜山の衛生組合施設
238149	朝鮮朝日	南鮮版	1933-06-11	1	01단	棉花栽培の擴張論印棉不買問題からさけばる
238150	朝鮮朝日	南鮮版	1933-06-11	1	02단	三團體表彰
238151	朝鮮朝日	南鮮版	1933-06-11	1	02단	南鮮ところどころ(淸州/公州/群山/大田/馬山/光州)
238152	朝鮮朝日	南鮮版	1933-06-11	1	03단	麥類の適期刈取を獎勵
238153	朝鮮朝日	南鮮版	1933-06-11	1	03단	珍蟹を發見
238154	朝鮮朝日	南鮮版	1933-06-11	1	04단	郵便所長會總會
238155	朝鮮朝日	南鮮版	1933-06-11	1	04단	國民學堂のプール開放
238156	朝鮮朝日	南鮮版	1933-06-11	1	04단	優良部落を法人とし金融組合に加入させる
238157	朝鮮朝日	南鮮版	1933-06-11	1	04단	民意を代表し弔辭を捧げ深甚な謝意を表す獨山事件と滿洲國側
238158	朝鮮朝日	南鮮版	1933-06-11	1	05단	斷髮色服を採用條件とすさばさばして働く沙防工事出役人夫

일련번호	판명		간행일	면	단수	기사명
238159	朝鮮朝日	南鮮版	1933-06-11	1	05단	農繁期託兒所を道內各地に設け婦人の勞働を助ける愛國婦人會慶南支部の計劃
238160	朝鮮朝日	南鮮版	1933-06-11	1	06단	防空演習記念スタンプ
238161	朝鮮朝日	南鮮版	1933-06-11	1	07단	死神につかれ老人縊死す
238162	朝鮮朝日	南鮮版	1933-06-11	1	07단	馬が暴れて老婆を傷く
238163	朝鮮朝日	南鮮版	1933-06-11	1	07단	組織的統一的な捜査を斷行し見事に事件を解決す生首事件で有力な示唆を受く
238164	朝鮮朝日	南鮮版	1933-06-11	1	07단	金塊密輸犯人十五名を送局す甘い汁を吸った一味
238165	朝鮮朝日	南鮮版	1933-06-11	1	08단	炭酸冷凍會社解消の訴訟株式拂込み問題から
238166	朝鮮朝日	南鮮版	1933-06-11	1	09단	借金したさに一狂言書き警察を騒がす
238167	朝鮮朝日	南鮮版	1933-06-11	1	09단	薄幸な少年を巡査が養ふ就職難が生んだ悲劇
238168	朝鮮朝日	南鮮版	1933-06-11	1	10단	谷間に墜落し二名負傷す
238169	朝鮮朝日	南鮮版	1933-06-11	1	10단	短刀を呑む四人組の不良
238170	朝鮮朝日	南鮮版	1933-06-11	1	10단	良心の苛責で興奮し續く公金拐帶犯人
238171	朝鮮朝日	南鮮版	1933-06-11	1	10단	幼兒を轢殺
238172	朝鮮朝日	西北版	1933-06-13	1	01단	敵は空から・護れ空を半島史上を飾る近づいた防空演習十五日からの演習經過概要/暗闇を衝いて偵察機！大活躍京城・水原・元山・羅南へ/國防獻金を篤志者に勸誘
238173	朝鮮朝日	西北版	1933-06-13	1	01단	黃海道の西湖橋に突如！ 出現の徐元俊發砲して再び姿を晦ます 當田部長盲管銃創で絶命/遭難現場の模樣目擊者朴致俊君の話/『巡査を殺して逃げて來た』自轉車を盗まれた李鐘勳君談/輸血したが西村醫官の話/部長は敏腕家死を惜まる
238174	朝鮮朝日	西北版	1933-06-13	1	03단	間島三道溝分隊匪賊三百と激戰牛心山の南方に於て我軍死傷四名出す/豫ての覺悟貞子夫人談/多村にも共匪卅名放火發砲す
238175	朝鮮朝日	西北版	1933-06-13	1	04단	農糧貸付資金制度咸南道に設置
238176	朝鮮朝日	西北版	1933-06-13	1	05단	奇特な青年表彰
238177	朝鮮朝日	西北版	1933-06-13	1	06단	全鮮にわたって社會敎化講演會
238178	朝鮮朝日	西北版	1933-06-13	1	06단	一郡に一税務署税監局は五ヶ所に(京城平壤咸興光州大邱)税制整理の大體方針
238179	朝鮮朝日	西北版	1933-06-13	1	07단	盛大な樂浪慰靈祭樂浪博物館開館式當日に慰靈碑建立も計劃

일련번호	판명		간행일	면	단수	기사명
238180	朝鮮朝日	西北版	1933-06-13	1	07단	久し振りに運動會頭道溝普通校
238181	朝鮮朝日	西北版	1933-06-13	1	08단	朝鮮木炭の振興策樹立廿九日官民懇談會で
238182	朝鮮朝日	西北版	1933-06-13	1	08단	憲兵分隊長異動
238183	朝鮮朝日	西北版	1933-06-13	1	09단	鮮內の痘瘡南は依然として猖獗
238184	朝鮮朝日	西北版	1933-06-13	1	09단	九井里射擊場の井戶に男の死體
238185	朝鮮朝日	西北版	1933-06-13	1	10단	金組中央金庫愈よ獨立す(十月一日から)
238186	朝鮮朝日	西北版	1933-06-13	1	10단	晉州本町線工事
238187	朝鮮朝日	西北版	1933-06-13	1	10단	公金費消に判決
238188	朝鮮朝日	西北版	1933-06-13	1	10단	天井に吊る
238189	朝鮮朝日	西北版	1933-06-13	1	10단	乘馬教育會釜山で發會す
238190	朝鮮朝日	西北版	1933-06-13	1	10단	四十女自殺
238191	朝鮮朝日	南鮮版	1933-06-13	1	01단	敵は空から・護れ空を半島史上を飾る近づいた防空演習十五日からの演習經過槪要/暗闇を衝いて偵察機! 大活躍京城・水原・元山・羅南へ/仁川/燈火管制に隱し一般に注意/高射砲を獻納する群山米取組合
238192	朝鮮朝日	南鮮版	1933-06-13	1	01단	一郡に一稅務署稅監局は五ヶ所に(京城平壤咸興光州大邱)稅制整理の大體方針
238193	朝鮮朝日	南鮮版	1933-06-13	1	01단	第二艦隊鎮海へ十四日莊嚴な觀兵式
238194	朝鮮朝日	南鮮版	1933-06-13	1	01단	群山府議當選者
238195	朝鮮朝日	南鮮版	1933-06-13	1	02단	輝く大旆は養正高普へ朝鮮新記錄をも出した全鮮中等陸上競技/殖銀13-3遞信/釜山軟式野球大會/招待硬球試合
238196	朝鮮朝日	南鮮版	1933-06-13	1	03단	忠淸南道會副議長に白石氏/忠北道會廿二、三兩日
238197	朝鮮朝日	南鮮版	1933-06-13	1	04단	海底電話の利用者激增釜山局から內地へ六十四通話
238198	朝鮮朝日	南鮮版	1933-06-13	1	04단	朝鮮神宮で京城國防義會發會イト盛大に行はる
238199	朝鮮朝日	南鮮版	1933-06-13	1	07단	憲兵分隊長異動
238200	朝鮮朝日	南鮮版	1933-06-13	1	07단	釜山靑年團訪問リレー選手は猛練習幹部は作戰を凝す參加靑年團の全選手決定
238201	朝鮮朝日	南鮮版	1933-06-13	1	08단	金組中央金庫愈よ獨立す(十月一日から)
238202	朝鮮朝日	南鮮版	1933-06-13	1	08단	朝鮮木炭の振興策樹立廿九日官民懇談會で
238203	朝鮮朝日	南鮮版	1933-06-13	1	09단	釜山四校記念式
238204	朝鮮朝日	南鮮版	1933-06-13	1	10단	乘馬教育會釜山で發會す

일련번호	판명		간행일	면	단수	기사명
238205	朝鮮朝日	南鮮版	1933-06-13	1	10단	主要幹線鋪裝工事猛運動起す慶南自動車協會
238206	朝鮮朝日	南鮮版	1933-06-13	1	10단	地主に收用令釜山にセンセイション
238207	朝鮮朝日	南鮮版	1933-06-13	1	10단	天井に吊る
238208	朝鮮朝日	南鮮版	1933-06-13	1	10단	四十女自殺
238209	朝鮮朝日	南鮮版	1933-06-13	1	10단	公金橫領男起訴
238210	朝鮮朝日	西北版	1933-06-14	1	01단	當然計上される明年度新規事業早くも下準備の平壤府豫算
238211	朝鮮朝日	西北版	1933-06-14	1	01단	不振の水産業を起死回生せしめる平南道の計劃着々と進む
238212	朝鮮朝日	西北版	1933-06-14	1	01단	大和校あげて非常の歡び滿洲代表の健康兒を二名まで出して
238213	朝鮮朝日	西北版	1933-06-14	1	01단	いよいよ三次折衝滿鐵移管問題
238214	朝鮮朝日	西北版	1933-06-14	1	02단	蠅憎むべきは傳染病媒介
238215	朝鮮朝日	西北版	1933-06-14	1	03단	政務總監等ちかく平壤へ
238216	朝鮮朝日	西北版	1933-06-14	1	03단	石谷氏榮轉
238217	朝鮮朝日	西北版	1933-06-14	1	03단	安東に愛婦支部
238218	朝鮮朝日	西北版	1933-06-14	1	04단	建國記念運動會滿洲の各地で
238219	朝鮮朝日	西北版	1933-06-14	1	04단	平壤圖書館
238220	朝鮮朝日	西北版	1933-06-14	1	04단	生れる赤ン坊一日に千人
238221	朝鮮朝日	西北版	1933-06-14	1	04단	鐵道局の普通政策に北部炭業者不平注目される運賃問題
238222	朝鮮朝日	西北版	1933-06-14	1	05단	ボーナスが三十萬圓平壤での調べ
238223	朝鮮朝日	西北版	1933-06-14	1	05단	大麥競作會に出品者決定
238224	朝鮮朝日	西北版	1933-06-14	1	05단	給水を制限し不良水を水源地へ安東縣に早くも水難序曲
238225	朝鮮朝日	西北版	1933-06-14	1	06단	無煙炭積込み全能力發揮
238226	朝鮮朝日	西北版	1933-06-14	1	06단	平壤驛前鋪裝要望各方面から
238227	朝鮮朝日	西北版	1933-06-14	1	07단	三井側は飽までも燒酎販賣を統制江崎萬八氏歸來談
238228	朝鮮朝日	西北版	1933-06-14	1	07단	茂山野球リーグ戰に大勝の茂山郡國軍
238229	朝鮮朝日	西北版	1933-06-14	1	07단	半島に初名乘りの群山ノー・タイ聯盟近く黎明の月明山上で發會式
238230	朝鮮朝日	西北版	1933-06-14	1	08단	鶴岡小隊と共匪の戰鬪詳報/三勇士の告別式十三日行はる/悲壯な戰死の遺骨鄕里へ
238231	朝鮮朝日	西北版	1933-06-14	1	08단	沙金採取船ドレッヂ竣工す國産で僅か二十萬圓
238232	朝鮮朝日	西北版	1933-06-14	1	09단	コレラの防疫陣平北で準備

일련번호	판명		간행일	면	단수	기사명
238233	朝鮮朝日	西北版	1933-06-14	1	10단	妓生救助に身許嚴重調査
238234	朝鮮朝日	西北版	1933-06-14	1	10단	嬰兒死體を釣上ぐ
238235	朝鮮朝日	西北版	1933-06-14	1	10단	柳京日記
238236	朝鮮朝日	南鮮版	1933-06-14	1	01단	更に思ひ切った棉作大增殖計劃非常時の産業政策として期待される將來の農家經濟
238237	朝鮮朝日	南鮮版	1933-06-14	1	01단	朝鮮信託預金優に二百萬圓突破
238238	朝鮮朝日	南鮮版	1933-06-14	1	01단	全北の初道會副議長に姜氏
238239	朝鮮朝日	南鮮版	1933-06-14	1	01단	大邱の細民者五萬五百廿三人救濟に副業を奬勵
238240	朝鮮朝日	南鮮版	1933-06-14	1	01단	いよいよ三次折衝滿鐵移管問題
238241	朝鮮朝日	南鮮版	1933-06-14	1	02단	スポーツ(城大陸競部出發對九大定期戰に/全鮮中等劍道大會/京醫專レカッタ/大鐵13A–10大邱/射擊會/京城球場を改造)
238242	朝鮮朝日	南鮮版	1933-06-14	1	03단	沙金採取船ドレッヂ竣工す國産で僅か二十萬圓
238243	朝鮮朝日	南鮮版	1933-06-14	1	04단	京城府府債
238244	朝鮮朝日	南鮮版	1933-06-14	1	04단	*防空演習前哨戰非常の好成績を收む海軍への獻金は鎭海要港部へ*
238245	朝鮮朝日	南鮮版	1933-06-14	1	05단	人(中山少將(騎兵監部監附))
238246	朝鮮朝日	南鮮版	1933-06-14	1	05단	府民館設立の建議案出る
238247	朝鮮朝日	南鮮版	1933-06-14	1	05단	大麥競作會に出品者決定
238248	朝鮮朝日	南鮮版	1933-06-14	1	06단	不良レコードは斷然廢棄處分に十五日から取締規則施行
238249	朝鮮朝日	南鮮版	1933-06-14	1	06단	內鮮融和のとても美はしい話
238250	朝鮮朝日	南鮮版	1933-06-14	1	07단	半島に初名乘りの群山ノー・タイ聯盟近く黎明の月明山上で發會式
238251	朝鮮朝日	南鮮版	1933-06-14	1	07단	殖えて行く淸潔な模範農村全北の誇り更に廿四部落
238252	朝鮮朝日	南鮮版	1933-06-14	1	08단	生れる赤ン坊一日に千人
238253	朝鮮朝日	南鮮版	1933-06-14	1	08단	悲壯な戰死の遺骨鄉里へ
238254	朝鮮朝日	南鮮版	1933-06-14	1	09단	地方色豊かな土産品製作大邱で穩々研究
238255	朝鮮朝日	南鮮版	1933-06-14	1	09단	無殘にも二幼兒燒死夏の景物蚊帳に注意
238256	朝鮮朝日	南鮮版	1933-06-14	1	09단	妓生救助に身許嚴重調査
238257	朝鮮朝日	南鮮版	1933-06-14	1	10단	ギャング團公判
238258	朝鮮朝日	南鮮版	1933-06-14	1	10단	嬰兒死體を釣上ぐ
238259	朝鮮朝日	南鮮版	1933-06-14	1	10단	渡津橋工事で橋下航行禁止
238260	朝鮮朝日	南鮮版	1933-06-14	1	10단	少年强盜捕まる

일련번호	판명		간행일	면	단수	기사명
238261	朝鮮朝日	西北版	1933-06-15	1	01단	防空大演習眞の國防備へよ空に歴史的大光景愈よ序幕戰開かる仁川の沖合で花々しく繰り出した人出五萬に上る/實戰さながら壯烈・爆彈投下十八技威力を發揮/高射砲から一齊に標的集彈/鮮やかな高等飛行/命令一下飛機出動摸乘の人々/三百發の實彈投下非常の好成績
238262	朝鮮朝日	西北版	1933-06-15	1	04단	夜市
238263	朝鮮朝日	西北版	1933-06-15	1	04단	珍魚テウサメ鴨綠江口で捕まる
238264	朝鮮朝日	西北版	1933-06-15	1	05단	舟遊會
238265	朝鮮朝日	西北版	1933-06-15	1	05단	四建議案採擇す(平壤府會)
238266	朝鮮朝日	西北版	1933-06-15	1	05단	三驅逐艦西岸警備に巡航七月三日鎭南浦港へ
238267	朝鮮朝日	西北版	1933-06-15	1	06단	咸南初道會
238268	朝鮮朝日	西北版	1933-06-15	1	06단	平北道會副議長に多田氏
238269	朝鮮朝日	西北版	1933-06-15	1	06단	時局柄弓道薙刀熱各地に昂まる
238270	朝鮮朝日	西北版	1933-06-15	1	06단	蘋果試驗所設置品質を改善販路を擴張
238271	朝鮮朝日	西北版	1933-06-15	1	07단	五龍背の溫泉デー
238272	朝鮮朝日	西北版	1933-06-15	1	07단	業者に有利に轉換反對者は漸次減少平南と燒酎販賣統制問題
238273	朝鮮朝日	西北版	1933-06-15	1	07단	自殺と判明
238274	朝鮮朝日	西北版	1933-06-15	1	08단	大寧江改修繼續を陳情
238275	朝鮮朝日	西北版	1933-06-15	1	08단	入江に死刑尹に懲役十年
238276	朝鮮朝日	西北版	1933-06-15	1	08단	殉職四警官の偉大なる功績よ獨山事件の戰鬪詳報/遺骨は鄉里へ/尊き犠牲者鶴岡少尉、平松軍曹
238277	朝鮮朝日	西北版	1933-06-15	1	09단	慘殺男に無期懲役
238278	朝鮮朝日	西北版	1933-06-15	1	09단	拷問警官に判決
238279	朝鮮朝日	西北版	1933-06-15	1	10단	學校葬
238280	朝鮮朝日	西北版	1933-06-15	1	10단	貴城面に蜃氣樓平南では最初
238281	朝鮮朝日	西北版	1933-06-15	1	10단	坑夫監督窒息死
238282	朝鮮朝日	南鮮版	1933-06-15	1	01단	防空大演習眞の國防備へよ空に歴史的大光景愈よ序幕戰開かる仁川の沖合で花々しく繰り出した人出五萬に上る/實戰さながら壯烈・爆彈投下十八技威力を發揮/高射砲から一齊に標的集彈/鮮やかな高等飛行/命令一下飛機出動摸乘の人々/三百發の實彈投下非常の好成績/清州地區でも警防に活動/空は分列飛行地上では大觀兵式雨中鎭海の壯觀

일련번호	판명		간행일	면	단수	기사명
238283	朝鮮朝日	南鮮版	1933-06-15	1	04단	朝土信總會
238284	朝鮮朝日	南鮮版	1933-06-15	1	04단	石油倉庫の燒失現狀
238285	朝鮮朝日	南鮮版	1933-06-15	1	06단	京城東京間通話七月一日からの豫定/各地との試驗通話/釜山局電話
238286	朝鮮朝日	南鮮版	1933-06-15	1	06단	珍魚テウサメ鴨綠江口で捕まる
238287	朝鮮朝日	南鮮版	1933-06-15	1	06단	軟式野球
238288	朝鮮朝日	南鮮版	1933-06-15	1	07단	京大總長一先づ歸學文相との會見幾分歩み寄る
238289	朝鮮朝日	南鮮版	1933-06-15	1	07단	慶北道の北部に大暴風雨襲來十五分間に亙って雹も降り死者も出し被害甚大
238290	朝鮮朝日	南鮮版	1933-06-15	1	08단	關稅の引上實施で滿洲粟の輸入激減
238291	朝鮮朝日	南鮮版	1933-06-15	1	09단	敎員講習會
238292	朝鮮朝日	南鮮版	1933-06-15	1	09단	若草觀音
238293	朝鮮朝日	南鮮版	1933-06-15	1	10단	哀れな娘
238294	朝鮮朝日	南鮮版	1933-06-15	1	10단	弓道競射會
238295	朝鮮朝日	南鮮版	1933-06-15	1	10단	土木沙防事業案財務局に提出
238296	朝鮮朝日	南鮮版	1933-06-15	1	10단	煙草小賣業の權利に注意
238297	朝鮮朝日	南鮮版	1933-06-15	1	10단	自殺と判明
238298	朝鮮朝日	西北版	1933-06-16	1	01단	毒ガスに煙幕に壯烈なる大空中戰觀衆十萬・龍山空前の盛觀防空綜合演習第一日/敵機來る地上部隊は猛然應戰/非常警報で京城は暗黑街轟く砲聲悽愴の氣漲る/防空思想の普及徹底に婦人會活動/防空標語
238299	朝鮮朝日	西北版	1933-06-16	1	04단	卵島燈台霧信號
238300	朝鮮朝日	西北版	1933-06-16	1	05단	國立蘋果試驗所鎭南浦に設立方申請地元民の熱意が大切
238301	朝鮮朝日	西北版	1933-06-16	1	05단	宇垣總督廿五、六日頃歸鮮
238302	朝鮮朝日	西北版	1933-06-16	1	06단	工業振興座談會京城で開かる
238303	朝鮮朝日	西北版	1933-06-16	1	06단	この秋までには民營か國營かに! 咸南の送電幹線問題について總監と福島氏會見
238304	朝鮮朝日	西北版	1933-06-16	1	07단	平壤府に警備電話架設を要求
238305	朝鮮朝日	西北版	1933-06-16	1	07단	朝鮮雅樂を全國へ放送
238306	朝鮮朝日	西北版	1933-06-16	1	07단	中等學校設立氣勢安東人民大會
238307	朝鮮朝日	西北版	1933-06-16	1	08단	平南道から多數を出品職業教育展へ
238308	朝鮮朝日	西北版	1933-06-16	1	08단	棉作獎勵に大馬力をかける平南道の增收計劃
238309	朝鮮朝日	西北版	1933-06-16	1	08단	海州驛七月一日開通
238310	朝鮮朝日	西北版	1933-06-16	1	09단	平壤購買組合益々擴大す

일련번호	판명		간행일	면	단수	기사명
238311	朝鮮朝日	西北版	1933-06-16	1	09단	雨の日も傘不用平壤銀座街の計劃
238312	朝鮮朝日	西北版	1933-06-16	1	10단	平南道の繭價協定
238313	朝鮮朝日	西北版	1933-06-16	1	10단	國境一帶に不安はなし山形憲兵隊長視察談
238314	朝鮮朝日	西北版	1933-06-16	1	10단	柳京日記
238315	朝鮮朝日	南鮮版	1933-06-16	1	01단	毒ガスに煙幕に壯烈なる大空中戰觀衆十萬・龍山空前の盛觀防空綜合演習第一日/敵機來る地上部隊は猛然應戰/非常警報で京城は暗黑街轟く砲聲悽愴の氣漲る/民間も協力の義勇自動車隊好結果收む/記念スタンプ
238316	朝鮮朝日	南鮮版	1933-06-16	1	04단	卵島燈台霧信號
238317	朝鮮朝日	南鮮版	1933-06-16	1	05단	年五百戶宛自作農創定本府東拓の交渉成立
238318	朝鮮朝日	南鮮版	1933-06-16	1	06단	このすばらしさ
238319	朝鮮朝日	南鮮版	1933-06-16	1	06단	第二艦隊の拜觀者殺到
238320	朝鮮朝日	南鮮版	1933-06-16	1	06단	邑面吏員講習會
238321	朝鮮朝日	南鮮版	1933-06-16	1	06단	全府民興味の的靑年團訪問リレーいよいよ十八日午後一時より釜山南濱埋立地を出發
238322	朝鮮朝日	南鮮版	1933-06-16	1	07단	宇垣總督廿五、六日頃歸鮮
238323	朝鮮朝日	南鮮版	1933-06-16	1	07단	慶北道會副議長に中谷竹三郞氏
238324	朝鮮朝日	南鮮版	1933-06-16	1	08단	植物檢査指定港に博多を編入運動
238325	朝鮮朝日	南鮮版	1933-06-16	1	08단	農村の負擔輕減稅制整理の方針
238326	朝鮮朝日	南鮮版	1933-06-16	1	08단	系圖を中心に一門の爭ひ
238327	朝鮮朝日	南鮮版	1933-06-16	1	09단	慶南道に林業協會ちかく設立
238328	朝鮮朝日	南鮮版	1933-06-16	1	09단	急行列車と衝突し貨物自動車大破懷德驛構內で二名死傷
238329	朝鮮朝日	南鮮版	1933-06-16	1	09단	インチキ寄附嚴重取締る
238330	朝鮮朝日	南鮮版	1933-06-16	1	10단	第二回の米拂下今月下旬か
238331	朝鮮朝日	南鮮版	1933-06-16	1	10단	女を追うて軍曹逃走す
238332	朝鮮朝日	西北版	1933-06-17	1	01단	深い眠りの京城に突如！敵機襲來高射砲で擊退・廳舍を煙幕で防護防空綜合演習第二日/黃白色の濃煙もうもう立ち上り白堊の殿堂を包む/京城の銀座街は修羅の巷と化す！爆彈や毒瓦斯彈の投下に
238333	朝鮮朝日	西北版	1933-06-17	1	04단	黃海道郡守會議
238334	朝鮮朝日	西北版	1933-06-17	1	04단	商議役員會

일련번호	판명		간행일	면	단수	기사명
238335	朝鮮朝日	西北版	1933-06-17	1	05단	變態性慾劇一幕(人物移動警官男女五名/場所國境の列車中にて)
238336	朝鮮朝日	西北版	1933-06-17	1	05단	國境一線へ
238337	朝鮮朝日	西北版	1933-06-17	1	06단	開城商議選十九名立候補
238338	朝鮮朝日	西北版	1933-06-17	1	06단	平壤驛前鋪裝急には困難
238339	朝鮮朝日	西北版	1933-06-17	1	06단	市區改正と水道擴張明年度は本格的に平壤府で具體案作成を急ぐ
238340	朝鮮朝日	西北版	1933-06-17	1	06단	平壤府に子供の天國愈よ遊園地ができる
238341	朝鮮朝日	西北版	1933-06-17	1	06단	元山夏季水産大學會期と講師も決定
238342	朝鮮朝日	西北版	1933-06-17	1	07단	鎮南浦を工業都市に將來は有望
238343	朝鮮朝日	西北版	1933-06-17	1	08단	嫁入り婿入りの希望者はお出よ安東に相談所ができました
238344	朝鮮朝日	西北版	1933-06-17	1	08단	平壤府理事官復活を要望
238345	朝鮮朝日	西北版	1933-06-17	1	08단	五十名の匪賊襲來二名は死傷し七名は人質に
238346	朝鮮朝日	西北版	1933-06-17	1	09단	泉洞价川間七月十五日開通
238347	朝鮮朝日	西北版	1933-06-17	1	09단	薪割で妻を慘殺夫の發作的の兇行
238348	朝鮮朝日	西北版	1933-06-17	1	10단	農家は大打擊肥料高の爲に
238349	朝鮮朝日	西北版	1933-06-17	1	10단	洋灰制限に工事進まず當業者大弱り
238350	朝鮮朝日	西北版	1933-06-17	1	10단	靑年演武會
238351	朝鮮朝日	南鮮版	1933-06-17	1	01단	*深い眠りの京城に突如! 敵機襲來高射砲で擊退・廳舍を煙幕で防護防空綜合演習第二日/黃白色の煙幕白堊の殿堂を包む/爆彈や毒瓦斯彈で銀座街は修羅の巷/仁川の防護非常の好成績/春川地方も晝夜の活動/警報傳達に應急措置の三君近く遞信局で表彰/國威發場祈願祭朝鮮神宮で/國防獻金*
238352	朝鮮朝日	南鮮版	1933-06-17	1	05단	艦隊の勇姿
238353	朝鮮朝日	南鮮版	1933-06-17	1	07단	訪問リレーに優勝旗寄贈本社から
238354	朝鮮朝日	南鮮版	1933-06-17	1	08단	黃海道郡守會議
238355	朝鮮朝日	南鮮版	1933-06-17	1	08단	釜山鎭に警察署新設豫算を要求
238356	朝鮮朝日	南鮮版	1933-06-17	1	09단	靑年演武會
238357	朝鮮朝日	南鮮版	1933-06-17	1	09단	元山夏季水産大學會期と講師も決定
238358	朝鮮朝日	南鮮版	1933-06-17	1	09단	慘劇事件に十年と五年
238359	朝鮮朝日	南鮮版	1933-06-17	1	10단	珍貴な獅子像
238360	朝鮮朝日	南鮮版	1933-06-17	1	10단	面長の橫領發覺
238361	朝鮮朝日	南鮮版	1933-06-17	1	10단	魚釣競技
238362	朝鮮朝日	南鮮版	1933-06-17	1	10단	各官公署に嚴しい達し

일련번호	판명		간행일	면	단수	기사명
238363	朝鮮朝日	南鮮版	1933-06-17	1	10단	泉洞价川間七月十五日開通
238364	朝鮮朝日	南鮮版	1933-06-17	1	10단	催(二十二日朝鮮工榮協會總會)
238365	朝鮮朝日	南鮮版	1933-06-17	1	10단	人(三宅光治中將(陸軍運輸部長))
238366	朝鮮朝日	西北版	1933-06-18	1	01단	徐玄俊逮捕に出動警官一萬一千人搜査費用五萬員に上る平壤及附近のトラック總動員/逃走の徑路/非常の健脚で變裝に巧妙/逮捕の殊勳者兩巡査語る/金一封で表彰す/出稼ぎ男と思ってゐた朴載燁語る/ソバ四杯を平げ大鼾をかいて寢る平壤署留置場の徐玄俊素直に犯行を自白/共犯安永俊は京城驛で逮捕す居宅から短銃彈丸を押收/學校へも行けぬ不平から徐の母親の涙話/守衛を增員し拳銃をもたせる鮮銀平壤支店の警戒
238367	朝鮮朝日	西北版	1933-06-18	1	04단	人(飯塚覺次氏(十九師經理部附主計)/橫井弘氏(十九師附技師)/酒井技手氏(咸北道))
238368	朝鮮朝日	西北版	1933-06-18	1	06단	龍山一帶を物凄いまでに遮蔽非常の好成績を收めて大防空演習終る/京城空襲を低雲が防禦
238369	朝鮮朝日	西北版	1933-06-18	1	07단	咸興府會
238370	朝鮮朝日	西北版	1933-06-18	1	07단	西平壤の發展座談會
238371	朝鮮朝日	西北版	1933-06-18	1	07단	明年度には實現か平壤に職業校新設當局の具體案大體決定
238372	朝鮮朝日	西北版	1933-06-18	1	08단	平壤博物館へ樂浪古墳を保存學界の貴重な資料
238373	朝鮮朝日	西北版	1933-06-18	1	08단	健康增進へ輝しき一步若松校の試み
238374	朝鮮朝日	西北版	1933-06-18	1	08단	殺人强盜に死刑大聲で泣く被告
238375	朝鮮朝日	西北版	1933-06-18	1	09단	京義線宣川に監視員派出所
238376	朝鮮朝日	西北版	1933-06-18	1	10단	名譽の遺骨
238377	朝鮮朝日	西北版	1933-06-18	1	10단	航空郵便
238378	朝鮮朝日	西北版	1933-06-18	1	10단	間島赤化幹部廿餘名檢擧
238379	朝鮮朝日	西北版	1933-06-18	1	10단	賊三名逮捕
238380	朝鮮朝日	西北版	1933-06-18	1	10단	柳京日記
238381	朝鮮朝日	南鮮版	1933-06-18	1	01단	演習終りて川島中將談
238382	朝鮮朝日	南鮮版	1933-06-18	1	01단	鮮史に輝やく大防空演習終る非常の好成績收めて/鐵道局/遞信局/防空雜觀/燈火管制の三日分電料を拂ひ戻す京城電から約三千圓
238383	朝鮮朝日	南鮮版	1933-06-18	1	05단	防空思想の普及映畫會

일련번호	판명		간행일	면	단수	기사명
238384	朝鮮朝日	南鮮版	1933-06-18	1	05단	裡里高女校新築
238385	朝鮮朝日	南鮮版	1933-06-18	1	06단	ダンス夏季講習
238386	朝鮮朝日	南鮮版	1933-06-18	1	06단	全鮮關係者を網羅し工業懇談會を開く二十三日京城中央試驗所で
238387	朝鮮朝日	南鮮版	1933-06-18	1	07단	レコードー萬廢棄アリラン等
238388	朝鮮朝日	南鮮版	1933-06-18	1	07단	東萊殖産に繩大量注文
238389	朝鮮朝日	南鮮版	1933-06-18	1	07단	各地在庫米
238390	朝鮮朝日	南鮮版	1933-06-18	1	08단	愈よ實行期に入った農村の振興運動總監、局長等各地へ
238391	朝鮮朝日	南鮮版	1933-06-18	1	08단	航空郵便
238392	朝鮮朝日	南鮮版	1933-06-18	1	08단	長承浦漁港の防波堤築造
238393	朝鮮朝日	南鮮版	1933-06-18	1	08단	學校の給仕が盜んだ金で大盡遊び
238394	朝鮮朝日	南鮮版	1933-06-18	1	08단	無殘の轢死者に同情集まる
238395	朝鮮朝日	南鮮版	1933-06-18	1	09단	現場の慘狀
238396	朝鮮朝日	南鮮版	1933-06-18	1	10단	電車內で赤ン坊産る
238397	朝鮮朝日	南鮮版	1933-06-18	1	10단	慶北道の荒廢地調査
238398	朝鮮朝日	南鮮版	1933-06-18	1	10단	落雷で卽死
238399	朝鮮朝日	南鮮版	1933-06-18	1	10단	人(原邦造氏(愛國生命社長、殖銀監事)/堂本多美子氏(堂本總督府駐滿事務官夫人))
238400	朝鮮朝日	南鮮版	1933-06-18	1	10단	ストロー
238401	朝鮮朝日	西北版	1933-06-20	1	01단	育兒讀本健康優良兒はどうして出來る若きママへの手引き(生水は飮み放題よく熟睡すること/今村輯私隊長夫人/間食は絶對禁止喧しく干涉せぬこと/中村稅關長夫人)
238402	朝鮮朝日	西北版	1933-06-20	1	01단	全鮮に亙って農家婦人を總動員！棉花の栽培普及の爲めに
238403	朝鮮朝日	西北版	1933-06-20	1	01단	鎭南浦港の施設改善計劃四百七十萬圓を投じ實現を期する府當局
238404	朝鮮朝日	西北版	1933-06-20	1	01단	北部炭田の運賃相當の割引を希望
238405	朝鮮朝日	西北版	1933-06-20	1	02단	高嶺土採掘擴張の計劃加藤常務談
238406	朝鮮朝日	西北版	1933-06-20	1	03단	租稅賦課に訴願令制定本府の方針
238407	朝鮮朝日	西北版	1933-06-20	1	04단	茂山に體育協會
238408	朝鮮朝日	西北版	1933-06-20	1	04단	大同江の名魚ソガリ研究內田技師談
238409	朝鮮朝日	西北版	1933-06-20	1	04단	暑さはこれからだ今から弱り切ってはならぬ
238410	朝鮮朝日	西北版	1933-06-20	1	05단	飛行聯隊射擊演習
238411	朝鮮朝日	西北版	1933-06-20	1	05단	刑事講習會

일련번호	판명		간행일	면	단수	기사명
238412	朝鮮朝日	西北版	1933-06-20	1	05단	月蝕
238413	朝鮮朝日	西北版	1933-06-20	1	05단	滿洲見學團
238414	朝鮮朝日	西北版	1933-06-20	1	06단	手藝展と音樂會
238415	朝鮮朝日	西北版	1933-06-20	1	06단	勤勞精神を養ふ兒童に職業教育! 平南各校の試み好成績
238416	朝鮮朝日	西北版	1933-06-20	1	07단	犯人搜査に統制的活動刷新を叫ばる
238417	朝鮮朝日	西北版	1933-06-20	1	08단	徐玄俊の取調進む親戚數名引致
238418	朝鮮朝日	西北版	1933-06-20	1	08단	警官隊員の苦心は全く想像以上だ國境方面の視察から歸って栬原檢事長は語る/丹下警察部長國境視察談/藤原課長巡視談
238419	朝鮮朝日	西北版	1933-06-20	1	08단	二等兵脫走
238420	朝鮮朝日	西北版	1933-06-20	1	09단	嚴かに國威發揚祈願祭慰靈祭も行はる
238421	朝鮮朝日	西北版	1933-06-20	1	10단	神洞坑爆發の死傷者氏名
238422	朝鮮朝日	西北版	1933-06-20	1	10단	人(岡本安東領事)
238423	朝鮮朝日	西北版	1933-06-20	1	10단	柳京日記
238424	朝鮮朝日	南鮮版	1933-06-20	1	01단	古刹佛國寺へ再び歸る『金舍利塔』轉々して既に三十年美談の主長野欽彌氏
238425	朝鮮朝日	南鮮版	1933-06-20	1	01단	物凄い力走力走大旆は水産靑年會へ府民を擧げて熱狂せしめた釜山靑年團對坑訪問リレー(必勝の意氣燃えてスタートに立つ/各町で應援の嵐接戰に接戰/非常の番狂はせ等級を決定/優勝旗授與式水産靑年へ)
238426	朝鮮朝日	南鮮版	1933-06-20	1	05단	溫突で煤けた市街地を美化する獨自の立場から立案された朝鮮都市計劃令
238427	朝鮮朝日	南鮮版	1933-06-20	1	07단	釜鐵惜敗
238428	朝鮮朝日	南鮮版	1933-06-20	1	07단	嚴かに國威發揚祈願祭慰靈祭も行はる
238429	朝鮮朝日	南鮮版	1933-06-20	1	08단	重油動車ちかく運轉
238430	朝鮮朝日	南鮮版	1933-06-20	1	08단	三菱の海苔統制に反對の烽火擧るまづ全南の莞島面から木浦や麗水も合流
238431	朝鮮朝日	南鮮版	1933-06-20	1	08단	傳染病の流行期に入る京畿道に既に十八名
238432	朝鮮朝日	南鮮版	1933-06-20	1	08단	仁汽と朝汽再び對立す
238433	朝鮮朝日	南鮮版	1933-06-20	1	08단	林野施業取締規則ちかく發布
238434	朝鮮朝日	南鮮版	1933-06-20	1	09단	刑事講習會
238435	朝鮮朝日	南鮮版	1933-06-20	1	10단	租稅賦課に訴願令制定本府の方針
238436	朝鮮朝日	南鮮版	1933-06-20	1	10단	京畿道の收繭豫想二萬七千石
238437	朝鮮朝日	南鮮版	1933-06-20	1	10단	慶南道金組帳尻
238438	朝鮮朝日	南鮮版	1933-06-20	1	10단	犯人搜査に統制的活動刷新を叫ばる

일련번호	판명		간행일	면	단수	기사명
238439	朝鮮朝日	南鮮版	1933-06-20	1	10단	酌婦の阿片自殺
238440	朝鮮朝日	西北版	1933-06-21	1	01단	秋の北滿物資を目指し早くも爭奪戰起る素早く北陸汽船が他社に魁けて小豆三車の祝儀商内
238441	朝鮮朝日	西北版	1933-06-21	1	01단	兩者步寄りで大體解決點に到達せん局鐵の滿鐵移管問題
238442	朝鮮朝日	西北版	1933-06-21	1	01단	東拓支社で職制を變更殖産土木兩課合倂
238443	朝鮮朝日	西北版	1933-06-21	1	02단	私立中等校內容改善斷行する
238444	朝鮮朝日	西北版	1933-06-21	1	03단	鎭南浦に林檎試驗所設置の計劃
238445	朝鮮朝日	西北版	1933-06-21	1	03단	國際座談會
238446	朝鮮朝日	西北版	1933-06-21	1	04단	人(川島軍司令官/滿警記者團)
238447	朝鮮朝日	西北版	1933-06-21	1	04단	警備電話綱第一次擴充完成し京城、羅南間開通す
238448	朝鮮朝日	西北版	1933-06-21	1	04단	臨時郵便所
238449	朝鮮朝日	西北版	1933-06-21	1	05단	*滿洲國建國記念運動會盛況を呈す/安東軍大勝/平壤南浦兩府對抗陸競大會/引分で閉戰*
238450	朝鮮朝日	西北版	1933-06-21	1	05단	朝鮮神職會總代會の陳情
238451	朝鮮朝日	西北版	1933-06-21	1	05단	農家のお手本有畜模範農家經營實施一ヶ年で相當好成績
238452	朝鮮朝日	西北版	1933-06-21	1	05단	白樺の木炭平南で造り輸入品防遏の計劃
238453	朝鮮朝日	西北版	1933-06-21	1	06단	土地改良主任會議總督府で開いた
238454	朝鮮朝日	西北版	1933-06-21	1	06단	平壤の諸展覽會
238455	朝鮮朝日	西北版	1933-06-21	1	07단	載寧支鹿沙里院移轉實現は難しい柹原檢事長は語る
238456	朝鮮朝日	西北版	1933-06-21	1	07단	花嫁が男になったお話
238457	朝鮮朝日	西北版	1933-06-21	1	07단	兇彈に斃れた當田氏警察葬
238458	朝鮮朝日	西北版	1933-06-21	1	08단	橫領書記送局
238459	朝鮮朝日	西北版	1933-06-21	1	08단	鷄を飼ふなら三河種に限る實益と趣味が伴ふ
238460	朝鮮朝日	西北版	1933-06-21	1	09단	金鑛襲擊を企てたギャング平壤署で逮捕す
238461	朝鮮朝日	西北版	1933-06-21	1	09단	南浦若妻殺上告公判廿六日開く
238462	朝鮮朝日	西北版	1933-06-21	1	09단	少年が行方不明
238463	朝鮮朝日	西北版	1933-06-21	1	10단	安東奉天へ金塊を密輸二人檢擧さる
238464	朝鮮朝日	西北版	1933-06-21	1	10단	柳京日記
238465	朝鮮朝日	南鮮版	1933-06-21	1	01단	兩者が步寄りで大體解決點に到達せん局鐵の一部滿鐵へ移管問題

일련번호	판명		간행일	면	단수	기사명
238466	朝鮮朝日	南鮮版	1933-06-21	1	01단	東拓支社職制變更殖産、土木兩課併合社內外に波動を捲起す/總裁の人事行政に非難起る
238467	朝鮮朝日	南鮮版	1933-06-21	1	01단	土地改良主任會議總督府で開いた
238468	朝鮮朝日	南鮮版	1933-06-21	1	02단	國際座談會
238469	朝鮮朝日	南鮮版	1933-06-21	1	03단	臨時郵便所
238470	朝鮮朝日	南鮮版	1933-06-21	1	04단	人(川島軍司令官/神谷熊弘氏(新任釜山憲兵分隊長))
238471	朝鮮朝日	南鮮版	1933-06-21	1	04단	朝鮮神職會總代會の陳情
238472	朝鮮朝日	南鮮版	1933-06-21	1	04단	警備電話綱第一次擴充完成し京城、羅南間開通す
238473	朝鮮朝日	南鮮版	1933-06-21	1	04단	朝鮮最初の海岸の沙防愈よ慶北で實施す
238474	朝鮮朝日	南鮮版	1933-06-21	1	05단	馬山府民獻納の高射銃一般に觀覽さす
238475	朝鮮朝日	南鮮版	1933-06-21	1	05단	江華郡仙源の燒酎甕工場此程竣工す
238476	朝鮮朝日	南鮮版	1933-06-21	1	05단	まづ內容改善朝鮮の教育行政方針改主建從に決る
238477	朝鮮朝日	南鮮版	1933-06-21	1	05단	スポーツ(早大軍と試合する全京城メンバー/城大卓球部遠征/弓道入賞者/學生相撲優勝者)
238478	朝鮮朝日	南鮮版	1933-06-21	1	06단	癩豫防令九月ごろ發布
238479	朝鮮朝日	南鮮版	1933-06-21	1	06단	釜山觀光協會創立總會會則等決定
238480	朝鮮朝日	南鮮版	1933-06-21	1	07단	慶南幹線道路鋪裝計劃樹立自動車協會の實現運動
238481	朝鮮朝日	南鮮版	1933-06-21	1	07단	漢江人道橋に電飾
238482	朝鮮朝日	南鮮版	1933-06-21	1	07단	花嫁が男になったお話
238483	朝鮮朝日	南鮮版	1933-06-21	1	07단	東京と京城間聯絡電話來月一日より開通來る三十一日開通式
238484	朝鮮朝日	南鮮版	1933-06-21	1	08단	全國案內打合會に朝鮮から提案す案の內容もきまる
238485	朝鮮朝日	南鮮版	1933-06-21	1	09단	安東奉天へ金塊を密輸二人檢擧さる
238486	朝鮮朝日	南鮮版	1933-06-21	1	09단	瀟州で悲壯な最期を遂げた安原謙藏氏昨年迄釜山に居た人
238487	朝鮮朝日	南鮮版	1933-06-21	1	09단	橫領書記送局
238488	朝鮮朝日	南鮮版	1933-06-21	1	09단	肉彈勇士劇の火藥爆發し五名重輕傷す
238489	朝鮮朝日	南鮮版	1933-06-21	1	10단	金十一錢の喧嘩から遂に絶命す
238490	朝鮮朝日	南鮮版	1933-06-21	1	10단	南浦若妻殺上告公判廿六日開く
238491	朝鮮朝日	南鮮版	1933-06-21	1	10단	船に挾まれ船長卽死す曳船柏丸珍事
238492	朝鮮朝日	西北版	1933-06-22	1	01단	師團移駐には平壤が最好適地西鮮三道民の援助を受けて平壤に獲得運動起らん

일련번호	판명		간행일	면	단수	기사명
238493	朝鮮朝日	西北版	1933-06-22	1	01단	北鮮開拓愈よ復活か農林局から百卅萬圓要求せん實施は十年度以後
238494	朝鮮朝日	西北版	1933-06-22	1	01단	繪のやうな展望
238495	朝鮮朝日	西北版	1933-06-22	1	03단	漁村を更生させる咸南道で來月協議會を開き根本策を討究する
238496	朝鮮朝日	西北版	1933-06-22	1	04단	人(宇垣朝鮮總督)
238497	朝鮮朝日	西北版	1933-06-22	1	04단	船橋里農倉に籾摺作業場設置に反對
238498	朝鮮朝日	西北版	1933-06-22	1	04단	二十二日來壤總監と內務局長平南初度巡視要望中の平南重要問題　實地に就て說明/視察日程
238499	朝鮮朝日	西北版	1933-06-22	1	05단	咸興府營の健康相談所愈よ開所した
238500	朝鮮朝日	西北版	1933-06-22	1	05단	遏水で草蓬々安東の水源地グラウンドと化した
238501	朝鮮朝日	西北版	1933-06-22	1	06단	朝鮮發滿洲行鐵道賃金の二割引案早急實現は難しい
238502	朝鮮朝日	西北版	1933-06-22	1	06단	元山署長決定
238503	朝鮮朝日	西北版	1933-06-22	1	06단	總督府明年豫算近く編成に着手
238504	朝鮮朝日	西北版	1933-06-22	1	07단	平壤に窯業の資本誘致策明年度に具體化さん
238505	朝鮮朝日	西北版	1933-06-22	1	07단	平元鐵道完成促進の運動元山公職者會で協議
238506	朝鮮朝日	西北版	1933-06-22	1	07단	購組排擊の聲平壤商工會議所で調査した會員の主なる希望
238507	朝鮮朝日	西北版	1933-06-22	1	08단	平壤飛行隊擴張の用地買收に着手
238508	朝鮮朝日	西北版	1933-06-22	1	09단	モヒ注射で美人絶命す死體は街路に棄てらる
238509	朝鮮朝日	西北版	1933-06-22	1	09단	咸興結社事件判決
238510	朝鮮朝日	西北版	1933-06-22	1	09단	女房自殺を企つ
238511	朝鮮朝日	西北版	1933-06-22	1	09단	高射砲隊自動車と機關車衝突自動車破損し兵一名負傷す
238512	朝鮮朝日	西北版	1933-06-22	1	10단	价川地方の副業漸次隆盛に
238513	朝鮮朝日	西北版	1933-06-22	1	10단	大豆大の雹が降った北鮮地方に/平南でも
238514	朝鮮朝日	西北版	1933-06-22	1	10단	覺悟の自殺か
238515	朝鮮朝日	南鮮版	1933-06-22	1	01단	北鮮開拓事業愈よ復活されん農林局で百卅萬圓要求の計劃實施は十年度以後
238516	朝鮮朝日	南鮮版	1933-06-22	1	01단	朝鮮發滿洲行鐵道賃金の二割引案早急實現は難しい
238517	朝鮮朝日	南鮮版	1933-06-22	1	01단	沈沒露艦から大砲を引揚ぐ之れで二門となる
238518	朝鮮朝日	南鮮版	1933-06-22	1	02단	東海岸の小漁港本年度修築

일련번호	판명		간행일	면	단수	기사명
238519	朝鮮朝日	南鮮版	1933-06-22	1	03단	博物館裏手に大藥草園警察協會でつくる
238520	朝鮮朝日	南鮮版	1933-06-22	1	03단	總督府明年豫算近く編成に着手
238521	朝鮮朝日	南鮮版	1933-06-22	1	03단	慶北道の入口概要二百四十萬人
238522	朝鮮朝日	南鮮版	1933-06-22	1	04단	人(宇垣朝鮮總督)
238523	朝鮮朝日	南鮮版	1933-06-22	1	04단	無盡業者會合
238524	朝鮮朝日	南鮮版	1933-06-22	1	04단	京畿府尹郡守會議
238525	朝鮮朝日	南鮮版	1933-06-22	1	04단	朝鮮經濟史研究に大きな命題を投げる李朝後期の統制經濟事實
238526	朝鮮朝日	南鮮版	1933-06-22	1	05단	都市に巢喰ふ罪の主モヒ患者鮮內から一掃の計劃
238527	朝鮮朝日	南鮮版	1933-06-22	1	05단	朝鮮貿易協會初理事會總會議事協議
238528	朝鮮朝日	南鮮版	1933-06-22	1	05단	知事の肝煎で京城風致計劃委員會いよいよ組織さる
238529	朝鮮朝日	南鮮版	1933-06-22	1	05단	驅逐艦歸港
238530	朝鮮朝日	南鮮版	1933-06-22	1	06단	元山署長決定
238531	朝鮮朝日	南鮮版	1933-06-22	1	06단	不動産融資六百萬圓の消化は疑問各行への割當額ほゞ決定す授受は來月の上旬
238532	朝鮮朝日	南鮮版	1933-06-22	1	07단	出張の役人にご馳走すな道から府郡に嚴達
238533	朝鮮朝日	南鮮版	1933-06-22	1	07단	京城男子高小開校
238534	朝鮮朝日	南鮮版	1933-06-22	1	07단	女斬は懲役二年
238535	朝鮮朝日	南鮮版	1933-06-22	1	07단	スポーツ(體育館建設促進委員會組織/機關庫優勝/釜山高女水泳選手猛練習/明大勝つ)
238536	朝鮮朝日	南鮮版	1933-06-22	1	08단	鷄肉と附子を食って病人絶命す
238537	朝鮮朝日	南鮮版	1933-06-22	1	08단	夜の大邱を荒すエロルンペン六十餘名檢擧さる
238538	朝鮮朝日	南鮮版	1933-06-22	1	09단	留置場で親子鉢合
238539	朝鮮朝日	南鮮版	1933-06-22	1	09단	巧妙なミシン詐欺を働く
238540	朝鮮朝日	南鮮版	1933-06-22	1	09단	不況が生んだ血醒い客集め新戰術
238541	朝鮮朝日	南鮮版	1933-06-22	1	09단	井戶浚の生埋
238542	朝鮮朝日	南鮮版	1933-06-22	1	10단	親切ごかしてお金を盗む
238543	朝鮮朝日	南鮮版	1933-06-22	1	10단	覺悟の自殺か
238544	朝鮮朝日	南鮮版	1933-06-22	1	10단	咸興結社事件判決
238545	朝鮮朝日	南鮮版	1933-06-22	1	10단	もよほし(滿洲博視察團)
238546	朝鮮朝日	南鮮版	1933-06-22	1	10단	ストロー
238547	朝鮮朝日	西北版	1933-06-23	1	01단	總監腹かに語る平南地方初巡視の途上車中往訪の記者を迎へ現下の重要問題に就て

일련번호	판명		간행일	면	단수	기사명
238548	朝鮮朝日	西北版	1933-06-23	1	01단	調印は今月中北鮮鐵道の滿鐵移管淸津、雄基兩港今後の施設は總督府の手で行ふに決定/滿鐵報償年期は三年乃至五年
238549	朝鮮朝日	西北版	1933-06-23	1	01단	國境道路進捗
238550	朝鮮朝日	西北版	1933-06-23	1	02단	哀愁堂に滿つ三勇士の合同葬
238551	朝鮮朝日	西北版	1933-06-23	1	03단	喜んで買收に應じて貰ひたい
238552	朝鮮朝日	西北版	1933-06-23	1	04단	平壤商校で滿洲語を敎授す
238553	朝鮮朝日	西北版	1933-06-23	1	04단	國際列車の圖們驛乘り入れ海上の連帶輸送と呼應して八月一日から實施
238554	朝鮮朝日	西北版	1933-06-23	1	05단	道立平壤醫院設計完了す起工は七月
238555	朝鮮朝日	西北版	1933-06-23	1	05단	更生運動に拍車を加へる端川の具體方法決る
238556	朝鮮朝日	西北版	1933-06-23	1	06단	朝鮮商議の第二回總會廿一日京城で開かる
238557	朝鮮朝日	西北版	1933-06-23	1	07단	樂觀を許さぬ鮮內信託合同問題重要な合同代償に兩者異論
238558	朝鮮朝日	西北版	1933-06-23	1	07단	元山陸競大會
238559	朝鮮朝日	西北版	1933-06-23	1	08단	咸南警官異動
238560	朝鮮朝日	西北版	1933-06-23	1	08단	奧地駐在所に傳書鳩配置平南警察部で計劃
238561	朝鮮朝日	西北版	1933-06-23	1	08단	宇垣總督は二十六七日頃歸任
238562	朝鮮朝日	西北版	1933-06-23	1	08단	總督府祕書課の主服部氏榮轉
238563	朝鮮朝日	西北版	1933-06-23	1	08단	パンを食って八名中毒すパン屋は斯う語る
238564	朝鮮朝日	西北版	1933-06-23	1	09단	水銀を燻べて四名絶命すヒゼン治療の荒業
238565	朝鮮朝日	西北版	1933-06-23	1	09단	時局標榜の强盜
238566	朝鮮朝日	西北版	1933-06-23	1	10단	從弟を斬る被害者絶命
238567	朝鮮朝日	西北版	1933-06-23	1	10단	途上衝突三重奏
238568	朝鮮朝日	西北版	1933-06-23	1	10단	柳京日記
238569	朝鮮朝日	南鮮版	1933-06-23	1	01단	北鮮鐵道滿鐵移管は今月中に假調印淸津、雄基兩港今後の施設は總督府の手で行ふ/滿鐵の報償金支拂ひ年期は三年乃至五年/朝鮮商議の第二回總會廿一日京城で開かる
238570	朝鮮朝日	南鮮版	1933-06-23	1	02단	哀愁堂に滿つ三勇士の合同葬
238571	朝鮮朝日	南鮮版	1933-06-23	1	03단	今井田總監平壤南浦視察
238572	朝鮮朝日	南鮮版	1933-06-23	1	04단	人(染谷信一氏(釜山府立病院小兒科部長))

일련번호	판명		간행일	면	단수	기사명
238573	朝鮮朝日	南鮮版	1933-06-23	1	04단	宇垣總督は廿六七日頃歸任
238574	朝鮮朝日	南鮮版	1933-06-23	1	04단	總督府祕書課の主服部氏榮轉
238575	朝鮮朝日	南鮮版	1933-06-23	1	04단	朝鮮人警官に宿舍費支給明年度豫算に要求
238576	朝鮮朝日	南鮮版	1933-06-23	1	04단	樂觀を許さぬ鮮內信託合同問題重要な合同代償に兩者異論
238577	朝鮮朝日	南鮮版	1933-06-23	1	05단	忠北道會廿二日から
238578	朝鮮朝日	南鮮版	1933-06-23	1	05단	忠南郡守會議
238579	朝鮮朝日	南鮮版	1933-06-23	1	05단	中國共産黨の公判被告實に二百七十二名いよいよ九月一日から開廷す
238580	朝鮮朝日	南鮮版	1933-06-23	1	06단	馬山灣頭偉觀を呈す戰艦九隻堂々入港/鎭海を出港佐世保に向ふ
238581	朝鮮朝日	南鮮版	1933-06-23	1	06단	京城府會
238582	朝鮮朝日	南鮮版	1933-06-23	1	06단	個人所得稅制定は明年中
238583	朝鮮朝日	南鮮版	1933-06-23	1	07단	中堅訓導を集め學校經營講習
238584	朝鮮朝日	南鮮版	1933-06-23	1	07단	銃後の赤誠
238585	朝鮮朝日	南鮮版	1933-06-23	1	07단	妙齡な婦人を置き怪げな享樂に耽る阿片魔三人大邱署で檢擧
238586	朝鮮朝日	南鮮版	1933-06-23	1	07단	金泉道立醫院增改築計劃工費一萬圓
238587	朝鮮朝日	南鮮版	1933-06-23	1	08단	豫想は全く裏切られて渡滿靑年空しく歸る
238588	朝鮮朝日	南鮮版	1933-06-23	1	08단	慶南主要道路鋪裝促進陳情
238589	朝鮮朝日	南鮮版	1933-06-23	1	08단	不穩文發見の警官に賞與圖書課で計劃
238590	朝鮮朝日	南鮮版	1933-06-23	1	09단	京畿道警察消防署長會議
238591	朝鮮朝日	南鮮版	1933-06-23	1	09단	慶南の田植順調に進む
238592	朝鮮朝日	南鮮版	1933-06-23	1	09단	漢江沿岸の叢に婦人の死體他殺の嫌疑濃厚
238593	朝鮮朝日	南鮮版	1933-06-23	1	10단	人妻を殺す痴情關係から
238594	朝鮮朝日	南鮮版	1933-06-23	1	10단	脫走兵捕はる
238595	朝鮮朝日	南鮮版	1933-06-23	1	10단	祈禱婆さん拘留
238596	朝鮮朝日	南鮮版	1933-06-23	1	10단	スポーツ(明大７Ａ―４鐵道/京城中等校學年對抗陸競大會)
238597	朝鮮朝日	西北版	1933-06-24	1	01단	産米增殖計劃が畑作に姿を變へる畑地開墾に國庫から補助する土地改良課の新計劃
238598	朝鮮朝日	西北版	1933-06-24	1	01단	軍國美談健氣な鮮少年平壤聯隊副官を訪れ軍人志願副官感動して自分の籍に入れ愈よ軍人に仕立る
238599	朝鮮朝日	西北版	1933-06-24	1	01단	朝鮮商議の第二回總會第二日目二十二日

일련번호	판명		간행일	면	단수	기사명
238600	朝鮮朝日	西北版	1933-06-24	1	02단	平北の莞草スリッパ內地進出計劃
238601	朝鮮朝日	西北版	1933-06-24	1	02단	總監一行南浦視察知事實情說明
238602	朝鮮朝日	西北版	1933-06-24	1	03단	勞作教育振興教育研究會平北で開く
238603	朝鮮朝日	西北版	1933-06-24	1	04단	宇垣總督
238604	朝鮮朝日	西北版	1933-06-24	1	04단	活寫や講演で僻地帶慰問咸南の試み
238605	朝鮮朝日	西北版	1933-06-24	1	04단	城津支廳の復活九年度に實現
238606	朝鮮朝日	西北版	1933-06-24	1	04단	北韓軍の苦戰當時從軍の渡邊少尉の報告で史實が詳細に判った
238607	朝鮮朝日	西北版	1933-06-24	1	05단	鐵道事務所城津移轉有力視さる
238608	朝鮮朝日	西北版	1933-06-24	1	05단	鳳山郡春繭共販愈よ始まる
238609	朝鮮朝日	西北版	1933-06-24	1	05단	南浦の諸懸案實現の曙光鈴木陳情員お土産話
238610	朝鮮朝日	西北版	1933-06-24	1	05단	新義州水道前途氣遣はれいよいよ斷水を行ふ
238611	朝鮮朝日	西北版	1933-06-24	1	06단	不況の反映咸興滯稅多し
238612	朝鮮朝日	西北版	1933-06-24	1	06단	千二百名の學生大視察團八月中旬北鮮視察
238613	朝鮮朝日	西北版	1933-06-24	1	06단	船の米盜まる
238614	朝鮮朝日	西北版	1933-06-24	1	07단	滿浦鎭線建設工事順調に進む泉洞价川間の第三工區は來月十五日開通す
238615	朝鮮朝日	西北版	1933-06-24	1	07단	羅津の強盜捕はる
238616	朝鮮朝日	西北版	1933-06-24	1	07단	トロで慘死す
238617	朝鮮朝日	西北版	1933-06-24	1	07단	落雷で一名卽死
238618	朝鮮朝日	西北版	1933-06-24	1	08단	柳と妓生平壤窯業新作品
238619	朝鮮朝日	西北版	1933-06-24	1	08단	海州驛開業祝賀會盛大に行ふ
238620	朝鮮朝日	西北版	1933-06-24	1	08단	咸南山地帶打倒白衣の運動有效に進められてゐる
238621	朝鮮朝日	西北版	1933-06-24	1	08단	懲役七年求刑
238622	朝鮮朝日	西北版	1933-06-24	1	08단	運送店員の橫領
238623	朝鮮朝日	西北版	1933-06-24	1	09단	妻や妹を伴ひ滿洲へ高飛び途中新義州で逮捕
238624	朝鮮朝日	西北版	1933-06-24	1	09단	山のギャング松毛蟲猖獗慶北當局手をやく
238625	朝鮮朝日	西北版	1933-06-24	1	10단	柳京日記
238626	朝鮮朝日	南鮮版	1933-06-24	1	01단	産米增殖計劃が畑作に姿を變へる畑地開墾に國庫から補助する土地改良課の新計劃
238627	朝鮮朝日	南鮮版	1933-06-24	1	01단	內房の奧から朝鮮婦人が續々勞働戰線へ素晴らしい慶北の棉作

일련번호	판명		간행일	면	단수	기사명
238628	朝鮮朝日	南鮮版	1933-06-24	1	02단	涙ぐましい隣人愛物語邪道に踏み入った朝鮮人河甲嚴女俠客に救はれて更生す
238629	朝鮮朝日	南鮮版	1933-06-24	1	03단	運搬手數料撤廢を陳情釜山漁業者から
238630	朝鮮朝日	南鮮版	1933-06-24	1	03단	お定りの緊縮總督府明年度豫算編成方針大鉈をかざして財務局待ち構へる
238631	朝鮮朝日	南鮮版	1933-06-24	1	04단	宇垣總督
238632	朝鮮朝日	南鮮版	1933-06-24	1	04단	大學專門校野球戰
238633	朝鮮朝日	南鮮版	1933-06-24	1	04단	京城のプール十一月竣工の豫定
238634	朝鮮朝日	南鮮版	1933-06-24	1	05단	忠北畜産會議
238635	朝鮮朝日	南鮮版	1933-06-24	1	05단	忠北初等校長會
238636	朝鮮朝日	南鮮版	1933-06-24	1	05단	素晴しい群山の競馬場馬場の中央には立派な飛行場も在る初競馬は廿四日から蓋明け/釜山の初競馬來月七日から
238637	朝鮮朝日	南鮮版	1933-06-24	1	06단	朝鮮商議の第二回總會第二日目二十二日
238638	朝鮮朝日	南鮮版	1933-06-24	1	06단	問題の朝鮮輸出水産會社の內容檢査が行はれるその結果注目さる
238639	朝鮮朝日	南鮮版	1933-06-24	1	06단	山のギャング松毛蟲猖獗慶北當局手をやく
238640	朝鮮朝日	南鮮版	1933-06-24	1	07단	鶴岡少尉遺骨二十五日京城通過
238641	朝鮮朝日	南鮮版	1933-06-24	1	07단	問題となった大邱公營課再び府會上程
238642	朝鮮朝日	南鮮版	1933-06-24	1	07단	朝鮮の植付狀況
238643	朝鮮朝日	南鮮版	1933-06-24	1	08단	婦人更生運動一日講習會慶南で計劃
238644	朝鮮朝日	南鮮版	1933-06-24	1	08단	京畿道割當の預金部低資その使途愈よ決る
238645	朝鮮朝日	南鮮版	1933-06-24	1	08단	木浦中學校新設促進猛運動を起す
238646	朝鮮朝日	南鮮版	1933-06-24	1	08단	親子三人を縛して强奪務安郡下の二人强盗
238647	朝鮮朝日	南鮮版	1933-06-24	1	09단	水泳中溺死
238648	朝鮮朝日	南鮮版	1933-06-24	1	09단	情婦を殺して反物を奪ふ漢江畔女の怪死體事件
238649	朝鮮朝日	南鮮版	1933-06-24	1	09단	電車で掏らる
238650	朝鮮朝日	南鮮版	1933-06-24	1	10단	慶南農況
238651	朝鮮朝日	南鮮版	1933-06-24	1	10단	發動船行方不明
238652	朝鮮朝日	南鮮版	1933-06-24	1	10단	自轉車乘逃げ逮捕
238653	朝鮮朝日	南鮮版	1933-06-24	1	10단	運送店員の橫領
238654	朝鮮朝日	南鮮版	1933-06-24	1	10단	もよほし(千代田ビル開館式/童謠映畫會)
238655	朝鮮朝日	西北版	1933-06-25	1	01단	川棚溫泉に寬いだ上機嫌の宇垣總督凉しさうな浴衣姿で賦かに朝鮮重要問題を語る

일련번호	판명		간행일	면	단수	기사명
238656	朝鮮朝日	西北版	1933-06-25	1	01단	東邊道には鮮農の移住適地が無い危険を冒し一次調査を了へた總督府調査團語る
238657	朝鮮朝日	西北版	1933-06-25	1	02단	鳳山機業組合共同作業場來月十五日から開場
238658	朝鮮朝日	西北版	1933-06-25	1	03단	國境風景稅關ナンセンス
238659	朝鮮朝日	西北版	1933-06-25	1	04단	人(岡本安東醫事)
238660	朝鮮朝日	西北版	1933-06-25	1	04단	平壤滯在の總監の一行郡部を視察して京城へ
238661	朝鮮朝日	西北版	1933-06-25	1	04단	平壤飛行隊戰鬪演習大仕掛に行ふ
238662	朝鮮朝日	西北版	1933-06-25	1	05단	咸南道金組理事會議來月十一日
238663	朝鮮朝日	西北版	1933-06-25	1	05단	戰歿將士慰靈祭
238664	朝鮮朝日	西北版	1933-06-25	1	05단	南浦沿岸貿易增進には運輸機關統制が必要
238665	朝鮮朝日	西北版	1933-06-25	1	06단	大同江姉妹島附屬の無電七月起工する
238666	朝鮮朝日	西北版	1933-06-25	1	06단	更に擴張を要する鎮南浦無煙炭積込機械化設備實地に就て總監に說明
238667	朝鮮朝日	西北版	1933-06-25	1	06단	五十萬圓で燈台を增設遞信局で計劃する
238668	朝鮮朝日	西北版	1933-06-25	1	07단	明川滑石鑛採掘計劃
238669	朝鮮朝日	西北版	1933-06-25	1	07단	大會を開き地料引下を地主に交涉す
238670	朝鮮朝日	西北版	1933-06-25	1	08단	鎮南浦林檎今年は豊作內地に販路擴張計劃
238671	朝鮮朝日	西北版	1933-06-25	1	08단	北海道乾明太魚朝鮮移入增加地元の相場混亂す
238672	朝鮮朝日	西北版	1933-06-25	1	08단	スポーツ(鎮南浦軍と驅逐隊軍柔道對抗試合)
238673	朝鮮朝日	西北版	1933-06-25	1	08단	咸南警察署長會慰靈祭武道大會/平北警察署長會殖職警官招魂祭
238674	朝鮮朝日	西北版	1933-06-25	1	09단	僻陬駐在所へ藥品の配給八月頃發送
238675	朝鮮朝日	西北版	1933-06-25	1	09단	家出娼妓搜査願
238676	朝鮮朝日	西北版	1933-06-25	1	09단	生れた子を擔軍に託し先夫に送り届ける
238677	朝鮮朝日	西北版	1933-06-25	1	10단	武道行脚
238678	朝鮮朝日	西北版	1933-06-25	1	10단	平壤郵便局の健康相談所愈よ開設す
238679	朝鮮朝日	西北版	1933-06-25	1	10단	沙里院海州間汽動車增發來月一日から
238680	朝鮮朝日	西北版	1933-06-25	1	10단	咸南奧地に雹が降った農作被害多し
238681	朝鮮朝日	西北版	1933-06-25	1	10단	徐元俊月末頃送局されん
238682	朝鮮朝日	西北版	1933-06-25	1	10단	死刑と無期懲役
238683	朝鮮朝日	南鮮版	1933-06-25	1	01단	川棚溫泉に寛いだ上機嫌の宇垣總督凉しさうな浴衣姿で服かに朝鮮重要問題を語る

일련번호	판명		간행일	면	단수	기사명
238684	朝鮮朝日	南鮮版	1933-06-25	1	01단	細民の懷を潤した時局匡救事業明年度も續行する所要費額は八百八十五萬圓
238685	朝鮮朝日	南鮮版	1933-06-25	1	01단	癌視される私鐵の補助當局の意向はかうだ
238686	朝鮮朝日	南鮮版	1933-06-25	1	01단	京畿道府尹郡守會議二日目
238687	朝鮮朝日	南鮮版	1933-06-25	1	02단	鮮内の天氣槪況六月中旬の
238688	朝鮮朝日	南鮮版	1933-06-25	1	03단	慶南春繭出廻好況
238689	朝鮮朝日	南鮮版	1933-06-25	1	03단	內地へお土産の朝鮮梨は釜山稅關で檢査し門司稅關檢査の省略を釜山稅關から內地當局に交涉
238690	朝鮮朝日	南鮮版	1933-06-25	1	04단	新渡戶博士
238691	朝鮮朝日	南鮮版	1933-06-25	1	04단	暴風警報信號所鬱陵島に新設
238692	朝鮮朝日	南鮮版	1933-06-25	1	04단	五十萬圓で燈台を增設遞信局で計劃する
238693	朝鮮朝日	南鮮版	1933-06-25	1	05단	獨自の立場で軍營を誘致す裡里期成役員會決議
238694	朝鮮朝日	南鮮版	1933-06-25	1	05단	鵜の瀨燈台塗色を變更
238695	朝鮮朝日	南鮮版	1933-06-25	1	06단	裏庭の木の葉の下に盜まれた拳銃宇垣總督歸鮮を前に草梁の拳銃紛失で一時大騷ぎ
238696	朝鮮朝日	南鮮版	1933-06-25	1	06단	スポーツ(京電軍勝つ/明大９Ａ―４京電)
238697	朝鮮朝日	南鮮版	1933-06-25	1	07단	明年度は一段と馬力をかける慶南勤農組合增設
238698	朝鮮朝日	南鮮版	1933-06-25	1	07단	慶南府郡の財務主任會七月十二日
238699	朝鮮朝日	南鮮版	1933-06-25	1	07단	咸安郡下の面職員服裝統一
238700	朝鮮朝日	南鮮版	1933-06-25	1	07단	門前に葬式道具を据ゑ家族を袋叩にす
238701	朝鮮朝日	南鮮版	1933-06-25	1	07단	殺人の判決
238702	朝鮮朝日	南鮮版	1933-06-25	1	08단	興電の料金改訂發表は七、八月
238703	朝鮮朝日	南鮮版	1933-06-25	1	08단	臨時郵便出張所
238704	朝鮮朝日	南鮮版	1933-06-25	1	08단	慶北雹害總決算道から發表
238705	朝鮮朝日	南鮮版	1933-06-25	1	08단	京城傳染病猖獗す
238706	朝鮮朝日	南鮮版	1933-06-25	1	08단	大邱瀆職事件の公判
238707	朝鮮朝日	南鮮版	1933-06-25	1	09단	全北道廳員列車で自殺現場に遺書と辭職屆
238708	朝鮮朝日	南鮮版	1933-06-25	1	09단	不良レコード演奏禁止
238709	朝鮮朝日	南鮮版	1933-06-25	1	10단	もよほし(開城敎育評議員會/鮮日會社創立總會/下水掃除蠅取デー/兩小學學藏會)
238710	朝鮮朝日	南鮮版	1933-06-25	1	10단	今日の話題
238711	朝鮮朝日	西北版	1933-06-27	1	01단	總監と內務局長平南農村視察

일련번호	판명		간행일	면	단수	기사명
238712	朝鮮朝日	西北版	1933-06-27	1	02단	さて實施の曉は何んな影響を齋す九年度から實施計劃の生産籾檢查平北の實情を示すとかうだ
238713	朝鮮朝日	西北版	1933-06-27	1	02단	反對に構はず今秋から斷行總督府海苔販賣統制
238714	朝鮮朝日	西北版	1933-06-27	1	03단	八十二歲の朝鮮老人が總督へ就職依賴の手紙
238715	朝鮮朝日	西北版	1933-06-27	1	03단	黃海道會來月六日から
238716	朝鮮朝日	西北版	1933-06-27	1	04단	平壤府初等教育會總會盛況裡に終る
238717	朝鮮朝日	西北版	1933-06-27	1	05단	躍進の北鮮に唯一つの不自由北鮮と滿洲の通話しかし開通の日は近づく
238718	朝鮮朝日	西北版	1933-06-27	1	05단	電氣業者に重大視された今井田總監の談話
238719	朝鮮朝日	西北版	1933-06-27	1	06단	女給が減り藝妓增加す此頃の平壤
238720	朝鮮朝日	西北版	1933-06-27	1	06단	平壤男子硬球大會
238721	朝鮮朝日	西北版	1933-06-27	1	07단	樂浪と季朝に珍品竹典里で發見
238722	朝鮮朝日	西北版	1933-06-27	1	07단	カフェの取締が嚴重になる沙里院署から嚴達
238723	朝鮮朝日	西北版	1933-06-27	1	07단	普通江改修による工場地帶を新設の可能が認められ本府へ要望書提出
238724	朝鮮朝日	西北版	1933-06-27	1	08단	無罪か有罪か興味は最高潮鎭南浦若妻殺し事件
238725	朝鮮朝日	西北版	1933-06-27	1	08단	滿浦鎭線の新ダイヤ編成の計劃
238726	朝鮮朝日	西北版	1933-06-27	1	08단	咸興隊設營兵捕ほる
238727	朝鮮朝日	西北版	1933-06-27	1	09단	無罪になって補償金請求一審二審ともに却下
238728	朝鮮朝日	西北版	1933-06-27	1	09단	二審でも無罪
238729	朝鮮朝日	西北版	1933-06-27	1	10단	平壤に天然痘
238730	朝鮮朝日	西北版	1933-06-27	1	10단	柳京日記
238731	朝鮮朝日	西北版	1933-06-27	1	10단	人(植村中將)
238732	朝鮮朝日	南鮮版	1933-06-27	1	01단	奇拔な保險魔豚骨を毛布に包み死體に見せかけて保險金詐取せんとした一味本町署で逮捕す
238733	朝鮮朝日	南鮮版	1933-06-27	1	01단	女兒の怪死體京城敦二洞倉庫裏に暗葬支那人の兇行と判明
238734	朝鮮朝日	南鮮版	1933-06-27	1	01단	海雲台海岸のキャンプ村來月二十日から開設
238735	朝鮮朝日	南鮮版	1933-06-27	1	01단	愛婦會長一行來月一日入城す
238736	朝鮮朝日	南鮮版	1933-06-27	1	01단	忠北道會無事閉會す

일련번호	판명		간행일	면	단수	기사명
238737	朝鮮朝日	南鮮版	1933-06-27	1	02단	南鮮スポーツの花釜山陸競選手權大會 (全南武道大會/しやしん)
238738	朝鮮朝日	南鮮版	1933-06-27	1	04단	もよほし(大救式と鎭火祭)
238739	朝鮮朝日	南鮮版	1933-06-27	1	04단	木浦府會議員七名の補選九月八日執行
238740	朝鮮朝日	南鮮版	1933-06-27	1	04단	忠南に慈雨田植で忙し
238741	朝鮮朝日	南鮮版	1933-06-27	1	04단	鎭海の海水浴場準備は整ふ
238742	朝鮮朝日	南鮮版	1933-06-27	1	04단	反對に構はず今秋から斷行總督府海苔販賣統制
238743	朝鮮朝日	南鮮版	1933-06-27	1	05단	防空兵器獻納式大邱で擧行
238744	朝鮮朝日	南鮮版	1933-06-27	1	05단	無罪になって補償金請求一審二審ともに却下
238745	朝鮮朝日	南鮮版	1933-06-27	1	07단	全軍勝の盛葬
238746	朝鮮朝日	南鮮版	1933-06-27	1	07단	京城に怪火! 黃金町七丁目と西四軒町に僅二時間中に四ヶ所
238747	朝鮮朝日	南鮮版	1933-06-27	1	08단	木浦共産黨取調一段落一味近く送局される
238748	朝鮮朝日	南鮮版	1933-06-27	1	08단	明大對野球戰
238749	朝鮮朝日	南鮮版	1933-06-27	1	09단	無罪か有罪か興味は最高潮鎭南浦若妻殺し事件
238750	朝鮮朝日	南鮮版	1933-06-27	1	09단	人(佐々木文雄氏(新任京城疑兵分隊長))
238751	朝鮮朝日	南鮮版	1933-06-27	1	09단	列車から飛下りて子供を助く朴機關助手のお手柄
238752	朝鮮朝日	南鮮版	1933-06-27	1	10단	うんと醉はして盜む裁縫師のご難
238753	朝鮮朝日	南鮮版	1933-06-27	1	10단	海雲台のゴルフ場殆ど完成す
238754	朝鮮朝日	西北版	1933-06-28	1	01단	平南工業試驗所國營移管好轉近く其猛運動開始の機運釀成
238755	朝鮮朝日	西北版	1933-06-28	1	01단	平壤第二工場地帶今の處必要はない平南五大要望事業は都市偏重此の非難に對して道當局は斯う語る
238756	朝鮮朝日	西北版	1933-06-28	1	01단	畑地開墾補助財源決定す國有未墾地を賣る
238757	朝鮮朝日	西北版	1933-06-28	1	01단	朝鮮郵船の北鮮京濱間航路スピードアップ
238758	朝鮮朝日	西北版	1933-06-28	1	02단	商銀人事異動
238759	朝鮮朝日	西北版	1933-06-28	1	03단	平壤府明年度土木事業補助を申請
238760	朝鮮朝日	西北版	1933-06-28	1	04단	平南第二次救濟事業具體案作成
238761	朝鮮朝日	西北版	1933-06-28	1	04단	水に躍る(大同江にて)
238762	朝鮮朝日	西北版	1933-06-28	1	05단	城津畜産總會

일련번호	판명		간행일	면	단수	기사명
238763	朝鮮朝日	西北版	1933-06-28	1	05단	北鮮開拓事業に意外な缺陷を生ず兩農法の特異性を誤った指導者を集め講習
238764	朝鮮朝日	西北版	1933-06-28	1	05단	不良水組更生促進明年度も行ふ
238765	朝鮮朝日	西北版	1933-06-28	1	06단	明年度から事業着手する主なる水利組合
238766	朝鮮朝日	西北版	1933-06-28	1	06단	梅崎師團長平壤部除檢開
238767	朝鮮朝日	西北版	1933-06-28	1	06단	江界學祖會議
238768	朝鮮朝日	西北版	1933-06-28	1	06단	咸南中部の公職者總會廿九日開く
238769	朝鮮朝日	西北版	1933-06-28	1	07단	海州に中學校設置期成會
238770	朝鮮朝日	西北版	1933-06-28	1	07단	鐵山景氣は昂る非常時局に鐵價は奔騰し北鮮に採鑛熱旺盛
238771	朝鮮朝日	西北版	1933-06-28	1	07단	徐元俊逮捕の金巡査に脅迫狀を送る南浦署で犯人搜査
238772	朝鮮朝日	西北版	1933-06-28	1	07단	鴨綠江對岸匪賊漸次跳梁その數は一萬に近い
238773	朝鮮朝日	西北版	1933-06-28	1	08단	夜の大同江に不良の徒橫行
238774	朝鮮朝日	西北版	1933-06-28	1	08단	スポーツ(京城軍勝つ)
238775	朝鮮朝日	西北版	1933-06-28	1	08단	安東縣下の滿洲國小學日本語講習
238776	朝鮮朝日	西北版	1933-06-28	1	08단	非常時のトラック借上げ計劃
238777	朝鮮朝日	西北版	1933-06-28	1	09단	北鮮水産疑獄判決
238778	朝鮮朝日	西北版	1933-06-28	1	09단	咸南永興郡下婦人力行會村民に勤勞の範を示す
238779	朝鮮朝日	西北版	1933-06-28	1	09단	通行人に捕はる
238780	朝鮮朝日	西北版	1933-06-28	1	10단	自轉車泥棒逮捕
238781	朝鮮朝日	西北版	1933-06-28	1	10단	空氣銃で子供を擊つ
238782	朝鮮朝日	西北版	1933-06-28	1	10단	人(岡勢雄三君(本社門司支局營業部社員岡勢喜惣次氏三男))
238783	朝鮮朝日	西北版	1933-06-28	1	10단	柳京日記
238784	朝鮮朝日	南鮮版	1933-06-28	1	01단	激戰を豫想される來月二日京城運動場で開催の早大と全京城の陸競/馬山高女優勝/馬山軍惜敗
238785	朝鮮朝日	南鮮版	1933-06-28	1	01단	まだ確と判らぬが四百萬圓浮ばう目下司計課の手で集計中の總督府七年度決算
238786	朝鮮朝日	南鮮版	1933-06-28	1	01단	補助金支給で工事を促進させる明年度の不良水組更生計劃
238787	朝鮮朝日	南鮮版	1933-06-28	1	01단	明年度から事業着手する主なる水利組合
238788	朝鮮朝日	南鮮版	1933-06-28	1	03단	大田郡教育會總會
238789	朝鮮朝日	南鮮版	1933-06-28	1	04단	商銀人事異動
238790	朝鮮朝日	南鮮版	1933-06-28	1	04단	朝鮮郵船の北鮮京濱間航路スピードアップ

일련번호	판명		간행일	면	단수	기사명
238791	朝鮮朝日	南鮮版	1933-06-28	1	04단	亭子港修築促進陳情
238792	朝鮮朝日	南鮮版	1933-06-28	1	05단	京畿道郡部一夜講習日割決定す
238793	朝鮮朝日	南鮮版	1933-06-28	1	05단	畑地開墾補助財源決定す國有未墾地を賣る
238794	朝鮮朝日	南鮮版	1933-06-28	1	05단	農村指導巡廻講演慶南で開く
238795	朝鮮朝日	南鮮版	1933-06-28	1	05단	濃霧に惱まされ聯絡船遲着
238796	朝鮮朝日	南鮮版	1933-06-28	1	05단	珍・キッス裁判
238797	朝鮮朝日	南鮮版	1933-06-28	1	06단	釜山競馬場竣工
238798	朝鮮朝日	南鮮版	1933-06-28	1	06단	藥草黃金時代内地製藥業者から注文殺到漢藥業者相好を崩す
238799	朝鮮朝日	南鮮版	1933-06-28	1	06단	田植は出來たが各所に水害忠南に降った雨
238800	朝鮮朝日	南鮮版	1933-06-28	1	06단	全南北荒し三人強盜全部逮捕さる
238801	朝鮮朝日	南鮮版	1933-06-28	1	07단	京城の露人防空獻金
238802	朝鮮朝日	南鮮版	1933-06-28	1	07단	安東縣下の滿洲國小學日本語講習
238803	朝鮮朝日	南鮮版	1933-06-28	1	07단	無鑑札車輛群山で檢擧
238804	朝鮮朝日	南鮮版	1933-06-28	1	07단	鴨綠江對岸匪賊漸次跳梁その數は一萬に近い
238805	朝鮮朝日	南鮮版	1933-06-28	1	08단	出沒の密漁船六十隻檢擧慶南の各漁場にて
238806	朝鮮朝日	南鮮版	1933-06-28	1	08단	京城の傳染病
238807	朝鮮朝日	南鮮版	1933-06-28	1	08단	無斷で家出して女優になる
238808	朝鮮朝日	南鮮版	1933-06-28	1	08단	漢江河原の男兒怪死體殺したのは母
238809	朝鮮朝日	南鮮版	1933-06-28	1	08단	釜山の不良客引に驅られ自殺を企つ
238810	朝鮮朝日	南鮮版	1933-06-28	1	09단	逃げ場に窮し次々に放火京城の放火犯人捕はる
238811	朝鮮朝日	南鮮版	1933-06-28	1	09단	通行人に捕はる
238812	朝鮮朝日	南鮮版	1933-06-28	1	10단	豺に咬み殺さる
238813	朝鮮朝日	南鮮版	1933-06-28	1	10단	飛行機關士惡事を働き本町署で檢擧
238814	朝鮮朝日	南鮮版	1933-06-28	1	10단	北鮮水産疑獄判決
238815	朝鮮朝日	南鮮版	1933-06-28	1	10단	人(新潟縣會議員滿鮮産業視察團一行/原邦道氏(大藏省預金部適用總長)/岡勢雄三君(本社門司支局營業部社員岡勢喜慰次氏三男))
238816	朝鮮朝日	西北版	1933-06-29	1	01단	まだ確と判らぬが四百萬圓浮ばう目下司計課の手で集計中の總督府七年度決算
238817	朝鮮朝日	西北版	1933-06-29	1	01단	平南の陶土基本調査に就て本府から回答道當局力を得調査班の派遣を再申請

일련번호	판명		간행일	면	단수	기사명
238818	朝鮮朝日	西北版	1933-06-29	1	01단	安藤部隊が匪賊を殲滅我が軍二名負傷
238819	朝鮮朝日	西北版	1933-06-29	1	01단	邑面上水道敷設費補助本府へ要望
238820	朝鮮朝日	西北版	1933-06-29	1	01단	茂山將軍射擊會
238821	朝鮮朝日	西北版	1933-06-29	1	03단	スポーツ(永生高普優勝/興南軍快勝/平壌軍惜敗)
238822	朝鮮朝日	西北版	1933-06-29	1	03단	鎭海要港部驅逐艦三隻西鮮を巡航
238823	朝鮮朝日	西北版	1933-06-29	1	03단	十餘名の武裝警官に護られ徐元俊一味送局さる/一味の犯罪內容
238824	朝鮮朝日	西北版	1933-06-29	1	04단	高値で小麥先賣契約
238825	朝鮮朝日	西北版	1933-06-29	1	04단	藥草黃金時代
238826	朝鮮朝日	西北版	1933-06-29	1	04단	俄然敵機襲來投下された燒夷彈で大火起る咸興部隊の防空演習
238827	朝鮮朝日	西北版	1933-06-29	1	05단	朝鮮燐寸會社新義州工場擴張一頓挫
238828	朝鮮朝日	西北版	1933-06-29	1	05단	表彰された優良兒
238829	朝鮮朝日	西北版	1933-06-29	1	06단	南浦に米の山
238830	朝鮮朝日	西北版	1933-06-29	1	07단	無蓋貨車の中に怪しな男滿洲行きの薩摩の守
238831	朝鮮朝日	西北版	1933-06-29	1	07단	農村中堅人物養成講習會
238832	朝鮮朝日	西北版	1933-06-29	1	07단	谷山鑛山の人夫衝突圓滿解決す
238833	朝鮮朝日	西北版	1933-06-29	1	07단	新義州飛行場に遞信係員常置
238834	朝鮮朝日	西北版	1933-06-29	1	08단	哀れ母子慘死す元山南山洞の火事
238835	朝鮮朝日	西北版	1933-06-29	1	08단	三德の火事男女三名死傷牛豚二頭燒死
238836	朝鮮朝日	西北版	1933-06-29	1	08단	貧鑛に花が笑く農民は盛んに沙金をあさる旺盛な平南産金熱
238837	朝鮮朝日	西北版	1933-06-29	1	08단	大同江の保山港大船が入る
238838	朝鮮朝日	西北版	1933-06-29	1	09단	大同江で失戀自殺平壌の妓生校生
238839	朝鮮朝日	西北版	1933-06-29	1	09단	公金拐帶の金組書記列車中で逮捕
238840	朝鮮朝日	西北版	1933-06-29	1	09단	季振武等の判決
238841	朝鮮朝日	西北版	1933-06-29	1	09단	女房を盜まれた遺恨晴しか海州郡彌栗の殺人
238842	朝鮮朝日	西北版	1933-06-29	1	10단	柳京日記
238843	朝鮮朝日	西北版	1933-06-29	1	10단	平北の豪雨各地に被害
238844	朝鮮朝日	南鮮版	1933-06-29	1	01단	サ聯邦の壓迫で浦潮商船組引揚ぐ各船會社の打擊は大きいと海運界から注目さる
238845	朝鮮朝日	南鮮版	1933-06-29	1	01단	匪賊が出たら徹底的に掃蕩する間島の匪賊蠢動の形勢に駐屯軍の準備は整ふ
238846	朝鮮朝日	南鮮版	1933-06-29	1	01단	安藤部隊が匪賊を殲滅我が軍二名負傷
238847	朝鮮朝日	南鮮版	1933-06-29	1	01단	酷熱線へ

일련번호	판명		간행일	면	단수	기사명
238848	朝鮮朝日	南鮮版	1933-06-29	1	03단	釜山貧困者診療所來月一日開所
238849	朝鮮朝日	南鮮版	1933-06-29	1	03단	希望に輝いて働く靑年の一群京畿道農村尖兵として躍進の卒業生指導校生徒
238850	朝鮮朝日	南鮮版	1933-06-29	1	04단	全鮮取引所聯合會
238851	朝鮮朝日	南鮮版	1933-06-29	1	04단	三鶴島側に千米の岸壁を築造木浦港灣修築の計劃
238852	朝鮮朝日	南鮮版	1933-06-29	1	04단	慶北の慈雨田植進捗す
238853	朝鮮朝日	南鮮版	1933-06-29	1	05단	師團移駐地西鮮地方が有力だ爭奪運動はまかり成らぬ總督府からお布令
238854	朝鮮朝日	南鮮版	1933-06-29	1	06단	植物檢査は愈よ近く實施す檢査場は仁川、釜山
238855	朝鮮朝日	南鮮版	1933-06-29	1	06단	スポーツ(神宮競技協議會)
238856	朝鮮朝日	南鮮版	1933-06-29	1	06단	林業副業品展覽會慶南で開く
238857	朝鮮朝日	南鮮版	1933-06-29	1	06단	鎭海要港部驅逐艦三隻卅日仁川入港
238858	朝鮮朝日	南鮮版	1933-06-29	1	06단	漁業令違反處分緩和の陳情道當局は一笑に附す
238859	朝鮮朝日	南鮮版	1933-06-29	1	07단	遞信部內の判任以下增俸
238860	朝鮮朝日	南鮮版	1933-06-29	1	07단	新義州飛行場に遞信係員常置
238861	朝鮮朝日	南鮮版	1933-06-29	1	07단	釜山郊外向島に水陸兩用飛行場を設置か現場を視察の四王天中將歸京具體的に計劃を進む
238862	朝鮮朝日	南鮮版	1933-06-29	1	08단	恐しい誘拐魔京城の女兒殺害暗葬事件被害者の身許判明す
238863	朝鮮朝日	南鮮版	1933-06-29	1	08단	今度は密造酒檢擧の郡屬一行に暴行人氣の惡い高靈郡の蓮洞
238864	朝鮮朝日	南鮮版	1933-06-29	1	08단	慶北各地の水害
238865	朝鮮朝日	南鮮版	1933-06-29	1	08단	盜んだ金を預けて捕はる
238866	朝鮮朝日	南鮮版	1933-06-29	1	09단	刑務所に收容中の夫に對して女房から離婚の訴訟
238867	朝鮮朝日	南鮮版	1933-06-29	1	09단	谷山鑛山の人夫衝突圓滿解決す
238868	朝鮮朝日	南鮮版	1933-06-29	1	10단	若い未亡人行倒る
238869	朝鮮朝日	南鮮版	1933-06-29	1	10단	夫婦別々に自殺を企つ二人共助かる
238870	朝鮮朝日	南鮮版	1933-06-29	1	10단	橫領主事判決
238871	朝鮮朝日	南鮮版	1933-06-29	1	10단	もよほし(京畿警察消防署長會)
238872	朝鮮朝日	南鮮版	1933-06-29	1	10단	ストロー
238873	朝鮮朝日	西北版	1933-06-30	1	01단	師團移駐地は西鮮が有力視さる爭奪運動は絕對にまかり成らぬ總督府からお布令
238874	朝鮮朝日	西北版	1933-06-30	1	01단	間島各地に轉戰する我北鮮部隊沿道各地官民の大歡迎を受け武勳を輝かせ凱旋

일련번호	판명		간행일	면	단수	기사명
238875	朝鮮朝日	西北版	1933-06-30	1	01단	沖合漁船補助西鮮には必要平南道から復活要望
238876	朝鮮朝日	西北版	1933-06-30	1	01단	サ聯邦壓迫で浦潮商船組營業不能で引揚ぐ
238877	朝鮮朝日	西北版	1933-06-30	1	03단	遞信部內の判任以下增俸
238878	朝鮮朝日	西北版	1933-06-30	1	03단	匿名の愛國女性
238879	朝鮮朝日	西北版	1933-06-30	1	04단	平壤柳町公設市場
238880	朝鮮朝日	西北版	1933-06-30	1	04단	城津港貨物激增し置場對策協議
238881	朝鮮朝日	西北版	1933-06-30	1	04단	榮華を誇った樂浪の四縣文獻や出土品によって治跡が確認された
238882	朝鮮朝日	西北版	1933-06-30	1	05단	咸北道會二日間で閉會/咸南道會第一日を終る
238883	朝鮮朝日	西北版	1933-06-30	1	05단	孤兒收容の更生園平壤に建設
238884	朝鮮朝日	西北版	1933-06-30	1	05단	輪城平野の地下に眠る白骨の勇士合祀し記念碑建立の議起り北韓軍奮鬪史も計劃
238885	朝鮮朝日	西北版	1933-06-30	1	06단	鬼熊沈宗星死刑執行さる
238886	朝鮮朝日	西北版	1933-06-30	1	06단	問題は國庫補助是非と道當局から副申新義州鮮人街市街整理
238887	朝鮮朝日	西北版	1933-06-30	1	07단	金融組合の中央金庫十月一日から設置
238888	朝鮮朝日	西北版	1933-06-30	1	07단	諸鹿氏有罪と決定公判へ
238889	朝鮮朝日	西北版	1933-06-30	1	07단	懲役七年求刑
238890	朝鮮朝日	西北版	1933-06-30	1	07단	匪賊が出たら徹底的に掃蕩する間島の匪賊蠢動の形勢に駐屯軍の準備は整ふ
238891	朝鮮朝日	西北版	1933-06-30	1	08단	警備用トラック一台を寄附
238892	朝鮮朝日	西北版	1933-06-30	1	08단	過度の運動で卵巢が破裂平壤の某鮮人女學生
238893	朝鮮朝日	西北版	1933-06-30	1	09단	輕金工業へ方向轉換か朝窒の人絹兼營問題
238894	朝鮮朝日	西北版	1933-06-30	1	09단	技師や支所長の贈收賄公判
238895	朝鮮朝日	西北版	1933-06-30	1	09단	人(山岸精雄氏(忠北官房主部))
238896	朝鮮朝日	西北版	1933-06-30	1	10단	朝鮮蕎麥で多數中毒新義州の珍事
238897	朝鮮朝日	西北版	1933-06-30	1	10단	咸南の思想犯人昨年中檢擧數
238898	朝鮮朝日	西北版	1933-06-30	1	10단	密輪の兄弟溺死す
238899	朝鮮朝日	西北版	1933-06-30	1	10단	元山の火事
238900	朝鮮朝日	南鮮版	1933-06-30	1	01단	問題の北鮮開拓特別會計說有力しかし議會の協贊を要するから早急に實現は困難
238901	朝鮮朝日	南鮮版	1933-06-30	1	01단	松毛蟲の液で石鹼を造る全山林界注目の的

일련번호	판명		간행일	면	단수	기사명
238902	朝鮮朝日	南鮮版	1933-06-30	1	01단	警察の斡旋で釜山幹線道豫定通り工事進捗せん
238903	朝鮮朝日	南鮮版	1933-06-30	1	01단	裡里の保導聯盟來月五日發會式
238904	朝鮮朝日	南鮮版	1933-06-30	1	02단	取引振興策協議取引所聯合會
238905	朝鮮朝日	南鮮版	1933-06-30	1	02단	慘・各地の水害 自動車は不通/浸水決潰多し/電燈線に故障/各河川刻々增水危險迫る/浸水地一萬五千町步/一千戶倒壞耕地二萬六千町埋沒死者十名を出す/堤防各所に龜裂/列車不通となる/各所の築堤崩潰/漢江著しく增水
238906	朝鮮朝日	南鮮版	1933-06-30	1	03단	スポーツ(拳鬪の紅白試合/早大軍滯城日程/遞信局漕艇大會)
238907	朝鮮朝日	南鮮版	1933-06-30	1	04단	鐵道局辭令
238908	朝鮮朝日	南鮮版	1933-06-30	1	04단	愈よ朝鮮でもアルミが出來る總督力瘤を入れる/アルミ原鑛埋藏量調査明年度から開始す
238909	朝鮮朝日	南鮮版	1933-06-30	1	05단	名勝地記念スタンプ
238910	朝鮮朝日	南鮮版	1933-06-30	1	06단	未敎育兵敎育
238911	朝鮮朝日	南鮮版	1933-06-30	1	06단	宇垣總督重要問題方針を指示
238912	朝鮮朝日	南鮮版	1933-06-30	1	06단	金組中央金庫愈よ今秋設置するこれで金組が完全に獨立す
238913	朝鮮朝日	南鮮版	1933-06-30	1	07단	下關で京城の二美人心中を企つ原因は戀愛三角關係か今の處二人とも助かる模樣
238914	朝鮮朝日	南鮮版	1933-06-30	1	07단	松島海水浴場一日から開場
238915	朝鮮朝日	南鮮版	1933-06-30	1	08단	農村振興映畫會と講演會慶南各地で開く
238916	朝鮮朝日	南鮮版	1933-06-30	1	09단	二頭四本足の畸形兒
238917	朝鮮朝日	南鮮版	1933-06-30	1	10단	諸鹿氏有罪と決定公判へ
238918	朝鮮朝日	南鮮版	1933-06-30	1	10단	僞名士の詐欺
238919	朝鮮朝日	南鮮版	1933-06-30	1	10단	巡査の宅へ忍込んで捕はる
238920	朝鮮朝日	南鮮版	1933-06-30	1	10단	不正を働いた郡廳員捕はる
238921	朝鮮朝日	南鮮版	1933-06-30	1	10단	もよほし(朝鮮神宮大祓式)
238922	朝鮮朝日	南鮮版	1933-06-30	1	10단	人(山岸精雄氏(忠北官房主事))

1933년 7월 (조선아사히)

일련번호	판명		간행일	면	단수	기사명
238923	朝鮮朝日	西北版	1933-07-01	1	01단	問題の北鮮開拓特別會計說有力しかし議會の協贊を要するから早急に實現は困難
238924	朝鮮朝日	西北版	1933-07-01	1	01단	愈よ朝鮮でもアルミが出來る總督力瘤を入れる/アルミ原鑛埋藏量調査明年度から開始す
238925	朝鮮朝日	西北版	1933-07-01	1	01단	平壤私立校內容改善斷行する
238926	朝鮮朝日	西北版	1933-07-01	1	02단	蒼空へ高く高く朝鮮女學生のブランコ
238927	朝鮮朝日	西北版	1933-07-01	1	03단	羅津駐在所署に昇格咸北道で計劃
238928	朝鮮朝日	西北版	1933-07-01	1	04단	人(篠田李王職長官)
238929	朝鮮朝日	西北版	1933-07-01	1	04단	西鮮牛の足止め近く解かる
238930	朝鮮朝日	西北版	1933-07-01	1	04단	竈と林野を結び着ける咸北の新造林計劃
238931	朝鮮朝日	西北版	1933-07-01	1	05단	安東海開園遊會
238932	朝鮮朝日	西北版	1933-07-01	1	05단	セメント問題で土木業者激昂救濟工事にも惡影響を及ぼすと平壤商議對策考究
238933	朝鮮朝日	西北版	1933-07-01	1	05단	新義州飛行場擴張愈實現場長に松尾氏說有力
238934	朝鮮朝日	西北版	1933-07-01	1	07단	羅南部隊は三十日凱旋咸興部隊は一日凱旋
238935	朝鮮朝日	西北版	1933-07-01	1	07단	愛婦平北支部總會
238936	朝鮮朝日	西北版	1933-07-01	1	07단	借金で苦しみ拔く平北の農家根本的建直しを行はねば自力更生も至難だ
238937	朝鮮朝日	西北版	1933-07-01	1	07단	發令は何時か豫測つかぬ朝鮮自動車交通令
238938	朝鮮朝日	西北版	1933-07-01	1	08단	自今白衣の小賣を差控へよ平南布木商に通牒
238939	朝鮮朝日	西北版	1933-07-01	1	09단	女房にする女の足を溫突の焚口に突込む
238940	朝鮮朝日	西北版	1933-07-01	1	09단	小鳥を繁殖して松毛蟲驅除
238941	朝鮮朝日	西北版	1933-07-01	1	09단	騷ぐのが面白さに八回放火す恐しい朝鮮人少年
238942	朝鮮朝日	西北版	1933-07-01	1	09단	平北新設の普校三校一日から開校
238943	朝鮮朝日	西北版	1933-07-01	1	09단	平北殉職警官慰靈祭明二日擧行
238944	朝鮮朝日	西北版	1933-07-01	1	10단	送電會社の農村電化着々進捗す
238945	朝鮮朝日	西北版	1933-07-01	1	10단	於之屯狀堰堤決潰當分復舊至難
238946	朝鮮朝日	西北版	1933-07-01	1	10단	失戀から自殺を企つ
238947	朝鮮朝日	西北版	1933-07-01	1	10단	黃州驛で貨車激突

일련번호	판명		간행일	면	단수	기사명
238948	朝鮮朝日	南鮮版	1933-07-01	1	01단	南鮮地方を襲ふ豪雨物凄く各地に水害續出し警備機關總動員で必死の防禦住民は恐怖に包まる/線路道路流失破損して列車自動車不通/死傷者續出家屋倒壊多く田畑浸水堤防決潰夥し/慶南の各鐵道殆ど全滅す楡林亭、洛東江両驛は避難す復舊の見込みたゝず/洛東江刻々危險村民戰々兢々/村民數十名の救助は絶望迫間農場堤防決潰/浦項は孤立の状態/馬山地方の惨状/河川氾濫し決潰、浸水、水死、倒壊慶北の惨害/大山水利の堤防決潰警官隊急行
238949	朝鮮朝日	南鮮版	1933-07-01	1	01단	金海の平野は全く泥海と化し住民は避難し炊出で救助す現場は惨憺たる光景
238950	朝鮮朝日	南鮮版	1933-07-01	1	04단	もよほし(釜山漁組懇談會)
238951	朝鮮朝日	南鮮版	1933-07-01	1	05단	珍らしい貝まだ世界で發見されぬ馬山商業校で發見
238952	朝鮮朝日	南鮮版	1933-07-01	1	06단	拳鬪は禁止する民族的鬪爭心激發の懼がある之れが當局の言分
238953	朝鮮朝日	南鮮版	1933-07-01	1	07단	信託配當率との均衡問題で終始し利下問題には觸れなかった利下問題を協議の京城組合銀委員會/今後適當の時期に考慮する殖銀東拓の方針決る
238954	朝鮮朝日	南鮮版	1933-07-01	1	08단	學校專門の賊捕はる被害は廿七件數百圓に上る賊は鮮人少年二人
238955	朝鮮朝日	南鮮版	1933-07-01	1	08단	本紙愛讀者優待の福引幸運者決る
238956	朝鮮朝日	南鮮版	1933-07-01	1	09단	中等校長の勅待發令初等校長八十名奏任待遇も發令
238957	朝鮮朝日	南鮮版	1933-07-01	1	09단	拳銃突きつけ夫婦を脅し強奪の木浦強盜逮捕
238958	朝鮮朝日	南鮮版	1933-07-01	1	09단	京城の銀座本町の火事一棟全燒す
238959	朝鮮朝日	南鮮版	1933-07-01	1	10단	加陽の豊年踊全國鄉土大會に出演
238960	朝鮮朝日	西北版	1933-07-02	1	01단	新規事業として農業巡廻展を開く平坦部の九郡を廻る平南道、各道に魁けて計劃
238961	朝鮮朝日	西北版	1933-07-02	1	01단	セメント飢饉をつぶさに訴へ制限緩和を交渉する富田平壤商議副會頭上城す
238962	朝鮮朝日	西北版	1933-07-02	1	01단	平北龍山面に有望な炭層片倉鑛業所で發見す

일련번호	판명		간행일	면	단수	기사명
238963	朝鮮朝日	西北版	1933-07-02	1	01단	今秋の野積籾問題となる前途頗る憂慮さる
238964	朝鮮朝日	西北版	1933-07-02	1	01단	電話擴張に色よい返事
238965	朝鮮朝日	西北版	1933-07-02	1	02단	平南の二神社道社に昇格
238966	朝鮮朝日	西北版	1933-07-02	1	03단	新義州稅關の支署長會議成果注目さる
238967	朝鮮朝日	西北版	1933-07-02	1	03단	咸南道八年度追加更正豫算總額十三萬四千圓/咸南道會副議長李曦燮氏當選
238968	朝鮮朝日	西北版	1933-07-02	1	04단	殉職警官の遺族內地へ
238969	朝鮮朝日	西北版	1933-07-02	1	04단	平壤にブラシ工場
238970	朝鮮朝日	西北版	1933-07-02	1	04단	愛婦が會員募集に成功
238971	朝鮮朝日	西北版	1933-07-02	1	04단	松毛蟲の液で石鹼を造る全山林界注目の的
238972	朝鮮朝日	西北版	1933-07-02	1	05단	南浦商議議員總會
238973	朝鮮朝日	西北版	1933-07-02	1	05단	崖が崩潰して交通杜絶す
238974	朝鮮朝日	西北版	1933-07-02	1	05단	農糧資金制度一切の準備終り今秋から實施と決る咸南道の山農大衆に副音來
238975	朝鮮朝日	西北版	1933-07-02	1	06단	赤い灯青い灯罷りならぬ嚴しいカフェ取締り
238976	朝鮮朝日	西北版	1933-07-02	1	06단	開城地方の田植終了す
238977	朝鮮朝日	西北版	1933-07-02	1	06단	公金を橫領
238978	朝鮮朝日	西北版	1933-07-02	1	07단	トラック襲はる二名の强盜に
238979	朝鮮朝日	西北版	1933-07-02	1	07단	配下を殺し數名に負傷さす
238980	朝鮮朝日	西北版	1933-07-02	1	07단	大事件に際し迅速に活動する食糧まで考慮に入れる平南警察部の警備機關擴張
238981	朝鮮朝日	西北版	1933-07-02	1	08단	『仲買のデマを信用するな』繭の共同販賣につき平南當局大童で宣傳
238982	朝鮮朝日	西北版	1933-07-02	1	08단	端川赤農事件豫審終結公判に附さる
238983	朝鮮朝日	西北版	1933-07-02	1	08단	散髮中の囚人自殺を遂ぐ同囚の剃刀を奪ひ
238984	朝鮮朝日	西北版	1933-07-02	1	09단	腸チフス豫防注射
238985	朝鮮朝日	西北版	1933-07-02	1	10단	人夫宿所を襲擊し重傷を負はす
238986	朝鮮朝日	西北版	1933-07-02	1	10단	死刑の求刑に控訴取下げ殺人事件公判
238987	朝鮮朝日	西北版	1933-07-02	1	10단	柳京日記
238988	朝鮮朝日	南鮮版	1933-07-02	1	01단	統治の狀況をつぶさに奏上し有難き御諚を賜はる宇垣總督感激し謹みて語る

일련번호	판명		간행일	면	단수	기사명
238989	朝鮮朝日	南鮮版	1933-07-02	1	01단	慘憺たる南鮮の大水害　河川氾濫増水し濁流滔々渦を卷く各鐵道は全滅に瀕し溺死者、行方不明者續出す/あっといふ間に二百戸を吞む物凄い堤防の大決潰土嚢の延長二十五町に達す/避難民一千名發動船で避難す慶南の河川減水せぬ/死傷卅三名家屋倒壞流出百十八慶尙南道の洪水被害/鎭海防備隊から兵員出動し避難民の救助に努む/多數人夫を急派し萬全を期す/高壓送電線豪雨で倒壞二名死傷す/各河川の堤防決潰泥海と化し家屋の浸水は夥しい全羅北道の慘憺たる大水害/罹災民救濟に豫備金支出取敢ず係官を派遣す/慶北の豪雨/全南忠南兩道水害警務局の報告/大邱聯隊附近堤防危ふし應急修理につとむ
238990	朝鮮朝日	南鮮版	1933-07-02	1	04단	慶北道初等學校長會議
238991	朝鮮朝日	南鮮版	1933-07-02	1	08단	京電から殘額五十萬圓を寄附結局府民館を新築か
238992	朝鮮朝日	南鮮版	1933-07-02	1	08단	師團誘致の第一聲師團設置會本部で擧げる
238993	朝鮮朝日	南鮮版	1933-07-02	1	09단	少年の惡戲を矯める保導聯盟愈よ京城府に生れる
238994	朝鮮朝日	南鮮版	1933-07-02	1	10단	大邱バス疑獄判決言渡し
238995	朝鮮朝日	南鮮版	1933-07-02	1	10단	補助金を交付し棉作の飛躍的發展を期す
238996	朝鮮朝日	南鮮版	1933-07-02	1	10단	夏季職業學校教員講習會
238997	朝鮮朝日	南鮮版	1933-07-02	1	10단	京城府のチフス猖獗をきはむ
238998	朝鮮朝日	西北版	1933-07-04	1	01단	明年度の買付は二百萬圓を下らぬ有望な西鮮産玉蜀黍關稅高は逆に農民を潤す
238999	朝鮮朝日	西北版	1933-07-04	1	01단	學童の養蠶は大當りに當り授業料には事缺かぬ繭値暴騰で平南農民大喜び
239000	朝鮮朝日	西北版	1933-07-04	1	01단	學校內賣店の撤廢を期し猛烈なる運動を起す
239001	朝鮮朝日	西北版	1933-07-04	1	01단	北日本汽船と局鐵の連帶輸送愈よ開始
239002	朝鮮朝日	西北版	1933-07-04	1	01단	蠶紙一枚から八貫匁の繭
239003	朝鮮朝日	西北版	1933-07-04	1	02단	南鮮の水禍
239004	朝鮮朝日	西北版	1933-07-04	1	03단	林財務局長江界を視察
239005	朝鮮朝日	西北版	1933-07-04	1	04단	野砲二六聯隊幹部演習
239006	朝鮮朝日	西北版	1933-07-04	1	04단	開城府教育會副會長決る

일련번호	판명		간행일	면	단수	기사명
239007	朝鮮朝日	西北版	1933-07-04	1	04단	スポーツ(新義州税關の對抗庭球戰/都市對抗野球北鮮豫選會)
239008	朝鮮朝日	西北版	1933-07-04	1	05단	平南愛婦臨時集會
239009	朝鮮朝日	西北版	1933-07-04	1	05단	鎭南浦林檎は愈よ有望だ福田産祖理事歸來談
239010	朝鮮朝日	西北版	1933-07-04	1	06단	どっとあがる嵐のやうな歡呼咸興部隊元氣で凱旋
239011	朝鮮朝日	西北版	1933-07-04	1	06단	道路品評會の賞品授與式
239012	朝鮮朝日	西北版	1933-07-04	1	07단	金鑛を種に五千圓詐取
239013	朝鮮朝日	西北版	1933-07-04	1	07단	『吾等の基督教會を米國人から奪へ』と猛烈な宗教改革運動起り既に『イエス教』の創設を見る
239014	朝鮮朝日	西北版	1933-07-04	1	08단	恩給法改正で退職警官續出す平南道で百名突破か
239015	朝鮮朝日	西北版	1933-07-04	1	08단	爲替管理法違反で控訴
239016	朝鮮朝日	西北版	1933-07-04	1	08단	樂浪盆一般から漸くみとめられる
239017	朝鮮朝日	西北版	1933-07-04	1	09단	咸南道の傳染病猖獗期に入る
239018	朝鮮朝日	西北版	1933-07-04	1	09단	醫者氣取りでヘロインを注射つひに死に至らしむ
239019	朝鮮朝日	西北版	1933-07-04	1	10단	姦通罪の公訴を棄却
239020	朝鮮朝日	西北版	1933-07-04	1	10단	柳京日記
239021	朝鮮朝日	南鮮版	1933-07-04	1	01단	さしもの洪水も天候回復で減水やうやく危機を脱す久し振に罹災民天日を仰ぐ/損害總額は實に一千萬圓以上死者二十九名に上り行方不明の者無數といはる/五水利組合は殆ど全滅し復舊の見込が立たぬ/南鮮の水禍/交通諸機關も漸く開通す死者十二名にのぼる慶尙北道の洪水被害/浚渫船一隻押流され乘組員七名辛くも避難/水害の三道へ三課長派遣被害狀況を調査さす/慶北道幹部が對策を練る/木浦の米倉二棟倒壞す/全鮮內地から義捐金募集/凱旋兵から義捐金
239022	朝鮮朝日	南鮮版	1933-07-04	1	04단	簡易染色法を增刷
239023	朝鮮朝日	南鮮版	1933-07-04	1	05단	遠來の早大軍全京城軍を破る京城で對抗陸上競技(トラック/フィールド)
239024	朝鮮朝日	南鮮版	1933-07-04	1	06단	本紙續者招待トーキー映畫班來る！！時局ニュース發聲映畫の會
239025	朝鮮朝日	南鮮版	1933-07-04	1	07단	京城組合銀行預金利下を斷行三日の協議會で決る鮮銀貸出金利引下も內定す

일련번호	판명		간행일	면	단수	기사명
239026	朝鮮朝日	南鮮版	1933-07-04	1	07단	床屋や錢湯で男振をあげ弘前、豊橋兩部隊凱旋
239027	朝鮮朝日	南鮮版	1933-07-04	1	09단	群山の棧橋に本船横付け愈よ近く實現を見る
239028	朝鮮朝日	南鮮版	1933-07-04	1	09단	趣味の作品展(京城三越で開く)
239029	朝鮮朝日	南鮮版	1933-07-04	1	10단	京畿警察部が異動を發表
239030	朝鮮朝日	南鮮版	1933-07-04	1	10단	硫安分割販賣防止慶北道で講す
239031	朝鮮朝日	南鮮版	1933-07-04	1	10단	基督教青年會創立記念式
239032	朝鮮朝日	南鮮版	1933-07-04	1	10단	船舶業者の便宜を計る
239033	朝鮮朝日	西北版	1933-07-05	1	01단	鴨緑江岸を縫ふ羊腸たる國境道路完成はほんの後一息明い文化は道路に乗って
239034	朝鮮朝日	西北版	1933-07-05	1	01단	清津埠頭地帯の引繼ぎを終る貨車乗入れ晴の日はいよいよ近日にせまって來た
239035	朝鮮朝日	西北版	1933-07-05	1	02단	平壌組合銀行預金利子引下げ臨時總會の結果決る
239036	朝鮮朝日	西北版	1933-07-05	1	03단	平壌商議の商店分布調査その結果期待さる
239037	朝鮮朝日	西北版	1933-07-05	1	03단	豫定を超過し五百萬圓を突破どれだけ實現するか平南道の第二次窮民救済事業
239038	朝鮮朝日	西北版	1933-07-05	1	04단	新浦局で交換事務開始
239039	朝鮮朝日	西北版	1933-07-05	1	04단	何れ劣らね愛國心飛行場買收で前川主計正談
239040	朝鮮朝日	西北版	1933-07-05	1	05단	新銳武器の配給を受く平壌高射砲隊
239041	朝鮮朝日	西北版	1933-07-05	1	05단	池田警務局長平南道視察
239042	朝鮮朝日	西北版	1933-07-05	1	05단	今年は少くとも二十萬圓以上農家の懐に轉げ込む高利債整理資金と平南の割當
239043	朝鮮朝日	西北版	1933-07-05	1	05단	昭和水利區域編入を陳情
239044	朝鮮朝日	西北版	1933-07-05	1	05단	鮮農を鮮內に避難せしむ
239045	朝鮮朝日	西北版	1933-07-05	1	06단	咸興の忠魂碑近く除幕式擧行
239046	朝鮮朝日	西北版	1933-07-05	1	06단	平壌醫専生が聯隊へ赴き軍教を受ける
239047	朝鮮朝日	西北版	1933-07-05	1	06단	平北道の土木事業順調に進出
239048	朝鮮朝日	西北版	1933-07-05	1	06단	スポーツ(平壌軍大勝都市對抗陸競/平壌府廳軍勝つ/清鐵軍優勝)
239049	朝鮮朝日	西北版	1933-07-05	1	07단	幼鯉を養殖
239050	朝鮮朝日	西北版	1933-07-05	1	07단	日本で最初の奇病發生す手足の節々が痛み舌が萎縮し食事ができぬ
239051	朝鮮朝日	西北版	1933-07-05	1	07단	恐るべき赤の煽動工夫清津港から百名逃走す
239052	朝鮮朝日	西北版	1933-07-05	1	08단	傳染病續出

일련번호	판명		간행일	면	단수	기사명
239053	朝鮮朝日	西北版	1933-07-05	1	08단	咸北の農作は豊年滿作かすくすく順調に成育
239054	朝鮮朝日	西北版	1933-07-05	1	08단	松樹枯死の原因わかる
239055	朝鮮朝日	西北版	1933-07-05	1	08단	鐵道の開通で採掘準備を進む滿浦鎭沿線の炭田
239056	朝鮮朝日	西北版	1933-07-05	1	10단	線路散歩の牛を轢殺す
239057	朝鮮朝日	西北版	1933-07-05	1	10단	釜山刑務所の公金を橫領
239058	朝鮮朝日	西北版	1933-07-05	1	10단	柳京日記
239059	朝鮮朝日	南鮮版	1933-07-05	1	01단	定例局長會議で水害救濟方針決る差當り凶歉費を支出根本的復舊費を豫算に追加/咸安水組の堤防濁流で決潰し馬山より救援隊急行密陽、金海兩郡の被害も大きい/開通直後また不通となる東海中部線と尉山線/慶南地方に又も豪雨雷鳴轟き物凄き光景を呈す/慶尙北道にまたも降雨/水組の復舊は見込立たずその前途は憂慮さる二十四組合の廣漠たる被害/慶南の被害/洪水後の防疫陣遺憾なく布く/慶北道一帶に淸潔法施行
239060	朝鮮朝日	南鮮版	1933-07-05	1	01단	寫眞說明((上)三日夕御用船曉光丸で釜山發內地に向った弘前凱旋部隊と釜山府民の見送り(下右)三日京城で擧行した早大對全京城對抗陸上競技でオリンピック選手早大西田君の棒高跳(下左)三日慶南道金海郡大渚面の罹災地を視察した渡邊知事)
239061	朝鮮朝日	南鮮版	1933-07-05	1	04단	極力病蟲害の防止に努む
239062	朝鮮朝日	南鮮版	1933-07-05	1	05단	當然增減を調べ豫算額を算出赤字補塡には一苦勞總督府の明年度豫算編成方針
239063	朝鮮朝日	南鮮版	1933-07-05	1	05단	私設郵便函規則を制定
239064	朝鮮朝日	南鮮版	1933-07-05	1	06단	朝鮮競馬協會設立近く京城で發會式を擧げる
239065	朝鮮朝日	南鮮版	1933-07-05	1	06단	明年度は是非森林鐵道を實現總督府當局意氣込む
239066	朝鮮朝日	南鮮版	1933-07-05	1	07단	信託配當率は引下に內定朝鮮信託の態度決る
239067	朝鮮朝日	南鮮版	1933-07-05	1	07단	咸安驛附近減水し四日中に復舊
239068	朝鮮朝日	南鮮版	1933-07-05	1	07단	慶北道內の校長會延期
239069	朝鮮朝日	南鮮版	1933-07-05	1	07단	安くて便利な京電の貨切バス公共的な場合に限り許可することに決定を見る

일련번호	판명		간행일	면	단수	기사명
239070	朝鮮朝日	南鮮版	1933-07-05	1	08단	京畿道內の普通市場調べ賣買高は元に戻る
239071	朝鮮朝日	南鮮版	1933-07-05	1	08단	貨車脫線す
239072	朝鮮朝日	南鮮版	1933-07-05	1	08단	蠅取液取扱の注意を促す
239073	朝鮮朝日	南鮮版	1933-07-05	1	09단	社會敎化講演會
239074	朝鮮朝日	南鮮版	1933-07-05	1	09단	倒れた少年を自動車轢く
239075	朝鮮朝日	南鮮版	1933-07-05	1	09단	釜山刑務所の公金を橫領
239076	朝鮮朝日	南鮮版	1933-07-05	1	10단	陳列窓にエロ浴衣遂に檢擧さる
239077	朝鮮朝日	南鮮版	1933-07-05	1	10단	注目を惹く最高審判齒科醫師法違反の判決
239078	朝鮮朝日	南鮮版	1933-07-05	1	10단	線路散步の牛を轢殺す
239079	朝鮮朝日	南鮮版	1933-07-05	1	10단	平壤醫專生が聯隊へ赴き軍敎を受ける
239080	朝鮮朝日	南鮮版	1933-07-05	1	10단	人(川口利一氏(總督府衛生課技師))
239081	朝鮮朝日	西北版	1933-07-06	1	01단	農民の血を啜る惡辣極まる高利貸平均年利は三割六分虛禮の廢止は何より急務
239082	朝鮮朝日	西北版	1933-07-06	1	01단	特惠關稅實現の猛運動を行ふその實施如何は延て平壤の物産に大影響を及ぼす
239083	朝鮮朝日	西北版	1933-07-06	1	01단	滿洲關稅率を詳細調査し貿易業者に配布す
239084	朝鮮朝日	西北版	1933-07-06	1	01단	平壤府の國防獻金三萬圓突破か
239085	朝鮮朝日	西北版	1933-07-06	1	02단	平北金組職員制服を着用
239086	朝鮮朝日	西北版	1933-07-06	1	02단	開城第二松都普通校復活
239087	朝鮮朝日	西北版	1933-07-06	1	03단	人造氷の今夏市中値決る
239088	朝鮮朝日	西北版	1933-07-06	1	03단	樂浪時代の遺物またも三種發掘さるいつれも盛んな往古を語る貴重な史料として保存さる
239089	朝鮮朝日	西北版	1933-07-06	1	04단	驅逐艦三隻鴨綠江入港
239090	朝鮮朝日	西北版	1933-07-06	1	04단	本年上半期の平壤港貿易
239091	朝鮮朝日	西北版	1933-07-06	1	04단	寫眞說明(二日平北道廳で執行された國境殉職警察官の慰靈祭(知事の祭文朗讀))
239092	朝鮮朝日	西北版	1933-07-06	1	05단	畑作增收獎勵平北の計劃
239093	朝鮮朝日	西北版	1933-07-06	1	05단	平壤の林間學校
239094	朝鮮朝日	西北版	1933-07-06	1	05단	着用の白衣をその儘染色平北道で染色講習會
239095	朝鮮朝日	西北版	1933-07-06	1	06단	硫安の賣行すこぶる旺盛
239096	朝鮮朝日	西北版	1933-07-06	1	06단	平壤機關區に表彰額授與
239097	朝鮮朝日	西北版	1933-07-06	1	06단	地位を利用し業務橫領や詐欺第二次咸興不祥事件豫審終結し近く公判へ回付

일련번호	판명		간행일	면	단수	기사명
239098	朝鮮朝日	西北版	1933-07-06	1	07단	七月一日より開通した海州驛
239099	朝鮮朝日	西北版	1933-07-06	1	07단	スポーツ(安義對抗武道大會/寧遠署優勝)
239100	朝鮮朝日	西北版	1933-07-06	1	07단	五十餘名はそばに中毒廿七名重體に陷る豚肉が腐敗してゐたため
239101	朝鮮朝日	西北版	1933-07-06	1	08단	全鮮第一の金山全山これ悉く金で高山東拓總裁賞揚
239102	朝鮮朝日	西北版	1933-07-06	1	09단	江界道立醫院惡疫で滿員
239103	朝鮮朝日	西北版	1933-07-06	1	09단	平壤師範生が軍隊で生活
239104	朝鮮朝日	西北版	1933-07-06	1	09단	洋灰不足と梅雨で西鮮の土木建築は憂慮さる
239105	朝鮮朝日	西北版	1933-07-06	1	09단	嬰兒を壓殺し川中に遺棄
239106	朝鮮朝日	西北版	1933-07-06	1	10단	公金を橫領
239107	朝鮮朝日	西北版	1933-07-06	1	10단	拷問被疑事件求刑
239108	朝鮮朝日	西北版	1933-07-06	1	10단	柳京日記
239109	朝鮮朝日	南鮮版	1933-07-06	1	01단	南鮮の各河川は四日正午から減水各地とも危機を脱す死傷行方不明は百四名/郵遞線流出は實に百十三箇所徹宵復舊工事を急ぐ復舊までは人夫を使って遞送/各鐵道は漸次平常に復す一部だけはまだ不通/農作物の被害調査慶南道で行ふ/咸安水利堤防決潰の被害/罹災民續々復歸し復興氣分漲る/水害後に來る惡疫を豫防特別巡廻診療班出動/患者の早期發見に努む
239110	朝鮮朝日	南鮮版	1933-07-06	1	04단	人(池田警務局長)
239111	朝鮮朝日	南鮮版	1933-07-06	1	04단	京城公益質屋利用成績六月における
239112	朝鮮朝日	南鮮版	1933-07-06	1	04단	民家を修理し病舍とする全南小鹿島癩療養所
239113	朝鮮朝日	南鮮版	1933-07-06	1	05단	勞働宿泊所の利用者調べ
239114	朝鮮朝日	南鮮版	1933-07-06	1	05단	京城組合銀行六月末帳尻
239115	朝鮮朝日	南鮮版	1933-07-06	1	05단	傳染病發生の旗頭は京畿一番少ないのは全南昨年中全鮮の統計
239116	朝鮮朝日	南鮮版	1933-07-06	1	05단	水害慰問使慶北に來る
239117	朝鮮朝日	南鮮版	1933-07-06	1	05단	中樞院施政研究會設置にきまる
239118	朝鮮朝日	南鮮版	1933-07-06	1	06단	朝鮮火保の配當は据置
239119	朝鮮朝日	南鮮版	1933-07-06	1	06단	種々の方法で買上米を處分約三十萬石の政府米消化につき頻りに頭を惱ます
239120	朝鮮朝日	南鮮版	1933-07-06	1	06단	本野愛婦會長大田に來る
239121	朝鮮朝日	南鮮版	1933-07-06	1	07단	內鮮電話の利用殖える

일련번호	판명		간행일	면	단수	기사명
239122	朝鮮朝日	南鮮版	1933-07-06	1	07단	朝鮮に本店を有する銀行會社竝にこれが資本調べ
239123	朝鮮朝日	南鮮版	1933-07-06	1	07단	京城府に犬泥棒近頃はげしい朝の間御注意
239124	朝鮮朝日	南鮮版	1933-07-06	1	08단	穴を掘って老兄を埋め更に棺の中に押込む
239125	朝鮮朝日	南鮮版	1933-07-06	1	09단	本社特輯トーキーこの一戰釜山で
239126	朝鮮朝日	南鮮版	1933-07-06	1	09단	レコード五人廻し禁止さる
239127	朝鮮朝日	南鮮版	1933-07-06	1	10단	スポーツ(京城高商軍神戶へ遠征/都市對抗野球朝鮮豫選)
239128	朝鮮朝日	南鮮版	1933-07-06	1	10단	ストロー
239129	朝鮮朝日	西北版	1933-07-07	1	01단	『今後配給を増し不自由はさせない』十月會ではかく言明これでセメント飢饉解消/洋灰消費組合を平壤に組織し組合の消費量に應じ三井物産會社と取引するか
239130	朝鮮朝日	西北版	1933-07-07	1	01단	咸興府擧げて湧きかへる忠魂碑除幕式をかね凱旋部隊歡迎會を開く
239131	朝鮮朝日	西北版	1933-07-07	1	01단	六十三萬圓平北の農村に入る
239132	朝鮮朝日	西北版	1933-07-07	1	02단	苦熱に喘ぐ頃海と山はまねく登山海水浴は何處？快適な避暑地と海水浴場
239133	朝鮮朝日	西北版	1933-07-07	1	03단	滿浦鎭線の泉洞价川間十五日から開通
239134	朝鮮朝日	西北版	1933-07-07	1	03단	犯人搜査大演習平南道で行ふ
239135	朝鮮朝日	西北版	1933-07-07	1	04단	衛生模範部落設立
239136	朝鮮朝日	西北版	1933-07-07	1	04단	一般の需要を賄ひ切れぬ平壤魚市場氷
239137	朝鮮朝日	西北版	1933-07-07	1	04단	將來の人口を十萬と豫想南浦水道擴張
239138	朝鮮朝日	西北版	1933-07-07	1	04단	堅牢で格安なコンクリート箱朝鮮では最初の試み興味ある大同江護岸工事
239139	朝鮮朝日	西北版	1933-07-07	1	05단	斷然會場を壓する學校職業展の平南道出品物
239140	朝鮮朝日	西北版	1933-07-07	1	06단	强硬な態度で賦役を慫憑
239141	朝鮮朝日	西北版	1933-07-07	1	06단	農村を目指して戰車的に邁進指導部落成績採點等平南道當局は大童に活動す
239142	朝鮮朝日	西北版	1933-07-07	1	07단	咸南道の春繭取引素晴らしい景氣で農民大喜び
239143	朝鮮朝日	西北版	1933-07-07	1	07단	婦女子に赤い魔手朱乙靑年會事件一味を送局
239144	朝鮮朝日	西北版	1933-07-07	1	07단	上蓮坪對岸に匪賊現はる住民朝鮮側に避難す
239145	朝鮮朝日	西北版	1933-07-07	1	07단	國境警官の肩章を廢止

일련번호	판명		간행일	면	단수	기사명
239146	朝鮮朝日	西北版	1933-07-07	1	08단	音吐朗々たる東鄕元帥の肉聲本社のトーキー此一戰十八日平壤で上映する
239147	朝鮮朝日	西北版	1933-07-07	1	08단	增産六萬石咸北の産米奬勵方針
239148	朝鮮朝日	西北版	1933-07-07	1	08단	三名死傷す炭坑の落磐で
239149	朝鮮朝日	西北版	1933-07-07	1	09단	平壤大和町の車馬の交通禁止
239150	朝鮮朝日	西北版	1933-07-07	1	09단	血腥い淸津地方法院の三殺人公判
239151	朝鮮朝日	西北版	1933-07-07	1	10단	竊盜犯人が警察を逃走
239152	朝鮮朝日	西北版	1933-07-07	1	10단	嬰兒の生首畑中で發見す
239153	朝鮮朝日	西北版	1933-07-07	1	10단	メロン、西瓜の初お目見得
239154	朝鮮朝日	西北版	1933-07-07	1	10단	會寧部隊無事凱旋
239155	朝鮮朝日	西北版	1933-07-07	1	10단	人(石川しやう子刀自)
239156	朝鮮朝日	西北版	1933-07-07	1	10단	柳京日記
239157	朝鮮朝日	南鮮版	1933-07-07	1	01단	全鮮を通じ實に出場卅一校に上り年々の隆盛さを示す全國中等優勝野球朝鮮豫選(中部豫選(十校)/西北部豫選(六校)/南鮮豫選(七校)/湖南豫選(八校))
239158	朝鮮朝日	南鮮版	1933-07-07	1	01단	貸付の大半は結局回收不能か未曾有の洪水のため殖銀及東拓被害調査を急ぐ/報告來る每に被害を增す南鮮を襲った大水害/解熱劑を調製各地に寄附/總督府が水害義捐金募集/忠淸南道の被害は少い/水害死亡者に簡保を至急拂ふいそいで調査を行ふ/義捐金募集の趣意書配布/水害地方に病人が多い/極力苗配給の斡旋に努む
239159	朝鮮朝日	南鮮版	1933-07-07	1	03단	朝鮮一健康兒の高尾孃を表彰
239160	朝鮮朝日	南鮮版	1933-07-07	1	04단	人(今井田政務總監/美座京畿道內務部長)
239161	朝鮮朝日	南鮮版	1933-07-07	1	05단	被服協會朝鮮支部發會式京城で盛に擧げらる
239162	朝鮮朝日	南鮮版	1933-07-07	1	05단	有功章の傳達式愛婦婦人會釜山支部で
239163	朝鮮朝日	南鮮版	1933-07-07	1	05단	本紙續者招待トーキー映畫班來る！！時局ニュース發聲映畫の會
239164	朝鮮朝日	南鮮版	1933-07-07	1	06단	朝鮮信託會社群山信託を買收九十七萬五千圓にて假契約に調印の運びとなる
239165	朝鮮朝日	南鮮版	1933-07-07	1	07단	慶南道の巡査募集
239166	朝鮮朝日	南鮮版	1933-07-07	1	07단	慶南欲智島に無電を設備
239167	朝鮮朝日	南鮮版	1933-07-07	1	07단	日本文學硏究會城大國文學會の主催で開く
239168	朝鮮朝日	南鮮版	1933-07-07	1	08단	鐵道優勝

일련번호	판명		간행일	면	단수	기사명
239169	朝鮮朝日	南鮮版	1933-07-07	1	08단	悲觀忽ちー變農作を豫想全北農民は豪雨謳歌
239170	朝鮮朝日	南鮮版	1933-07-07	1	09단	麻藥購入の身分證明撤廢陳情
239171	朝鮮朝日	南鮮版	1933-07-07	1	09단	忠南春蠶收繭量百萬圓を突破
239172	朝鮮朝日	南鮮版	1933-07-07	1	10단	赤色分子に檢事の求刑
239173	朝鮮朝日	南鮮版	1933-07-07	1	10단	殺人強盜に死刑の求刑
239174	朝鮮朝日	南鮮版	1933-07-07	1	10단	金組橫領書記遂に捕まる
239175	朝鮮朝日	南鮮版	1933-07-07	1	10단	泥棒捕まる
239176	朝鮮朝日	西北版	1933-07-08	1	01단	米國の不況から基督教に大嵐吹く外國人は漸次引揚げ學校、病院は朝鮮側で經營
239177	朝鮮朝日	西北版	1933-07-08	1	01단	多年の懸案たる林檎販賣組合豊作を機會に組織し一絲亂れぬ販賣の統制を行ふ
239178	朝鮮朝日	西北版	1933-07-08	1	01단	裏返し洋服を一着に及び池田警務局長來壤す當面の諸問題を一席語る
239179	朝鮮朝日	西北版	1933-07-08	1	03단	平壤に廣大な工場地帶と低廉なる動力
239180	朝鮮朝日	西北版	1933-07-08	1	03단	平壤商議議員李氏辭任か
239181	朝鮮朝日	西北版	1933-07-08	1	04단	風雅な點燈
239182	朝鮮朝日	西北版	1933-07-08	1	04단	平南道の防水會議
239183	朝鮮朝日	西北版	1933-07-08	1	04단	大吉宜官瓦樂浪常文樣の謎解決
239184	朝鮮朝日	西北版	1933-07-08	1	04단	虛弱生徒に寄宿舍を開放愉快に一夏送らす平壤高等女學校の計劃
239185	朝鮮朝日	西北版	1933-07-08	1	05단	守備隊臨江縣へ
239186	朝鮮朝日	西北版	1933-07-08	1	05단	平壤繁榮會の夏季賣出し
239187	朝鮮朝日	西北版	1933-07-08	1	05단	滿浦鎭線建設の兩端起工を計劃豫定通り竣工のため目下鐵道當局で調査を進む
239188	朝鮮朝日	西北版	1933-07-08	1	05단	酒類品評會平南道で開く
239189	朝鮮朝日	西北版	1933-07-08	1	05단	平安南道の春繭出廻高
239190	朝鮮朝日	西北版	1933-07-08	1	06단	滿洲産業建設研究團員新京へ
239191	朝鮮朝日	西北版	1933-07-08	1	06단	東邊道警備會議開催さる
239192	朝鮮朝日	西北版	1933-07-08	1	06단	龍井村チフス豫防注射
239193	朝鮮朝日	西北版	1933-07-08	1	06단	安東の酷暑
239194	朝鮮朝日	西北版	1933-07-08	1	06단	泥棒浦まる
239195	朝鮮朝日	西北版	1933-07-08	1	06단	運賃引下げは考慮して貰へる北部炭田問題につき福井武次郎氏のお土産話
239196	朝鮮朝日	西北版	1933-07-08	1	07단	バークシャの雜種を普及採肥豚の徹底的施行
239197	朝鮮朝日	西北版	1933-07-08	1	07단	鹽船沈沒す
239198	朝鮮朝日	西北版	1933-07-08	1	07단	『貸出し方法を今少し簡易にし今後も續けて欲しい』少額成業者金融通希望が多い

일련번호	판명		간행일	면	단수	기사명
239199	朝鮮朝日	西北版	1933-07-08	1	08단	着工もせぬに現場代人を忌避遂に請負權を放棄す朝鮮では最初のこと
239200	朝鮮朝日	西北版	1933-07-08	1	09단	迷信を種に結婚詐欺巫女を利用し
239201	朝鮮朝日	西北版	1933-07-08	1	09단	控訴取下げ金塊密輸事件
239202	朝鮮朝日	西北版	1933-07-08	1	09단	牛肉を食って中毒さわぎ
239203	朝鮮朝日	西北版	1933-07-08	1	10단	柳京日記
239204	朝鮮朝日	西北版	1933-07-08	1	10단	盜んだ上脅迫狀靑年二名捕る
239205	朝鮮朝日	南鮮版	1933-07-08	1	01단	京城東京間の劃期的長距離電話愈よ十四日から開通兩局で盛んな開通式を擧げる
239206	朝鮮朝日	南鮮版	1933-07-08	1	01단	米國の不況から基督敎に大嵐米國人が漸次引揚げ學校病院は朝鮮側で經營
239207	朝鮮朝日	南鮮版	1933-07-08	1	01단	國民高校式と農民訓練所農村振興第一線の鬪士を養成するために
239208	朝鮮朝日	南鮮版	1933-07-08	1	01단	釜山府愼の低利借替へ
239209	朝鮮朝日	南鮮版	1933-07-08	1	02단	釜山北鮮間運賃低減關係筋に陳情
239210	朝鮮朝日	南鮮版	1933-07-08	1	02단	度量衡檢査
239211	朝鮮朝日	南鮮版	1933-07-08	1	03단	敎化主事の動員を行ひ復興に努める
239212	朝鮮朝日	南鮮版	1933-07-08	1	03단	向井最一氏の胸像を建設
239213	朝鮮朝日	南鮮版	1933-07-08	1	03단	慶北道金組も金利引下を行ふ貸出は任意に行はす
239214	朝鮮朝日	南鮮版	1933-07-08	1	04단	在滿補充部隊通過
239215	朝鮮朝日	南鮮版	1933-07-08	1	04단	群山棧橋愈よ使用朝鮮郵船承諾
239216	朝鮮朝日	南鮮版	1933-07-08	1	04단	野菜賣りして醫師になる苦學力行靑年
239217	朝鮮朝日	南鮮版	1933-07-08	1	05단	草梁町海岸に埋立地をつくり棧橋と市街地を造る大釜山建設途上の一大計劃
239218	朝鮮朝日	南鮮版	1933-07-08	1	05단	わが子を生埋し殺害せんとす
239219	朝鮮朝日	南鮮版	1933-07-08	1	06단	全北裡里に保導聯盟成立し次第道聯合會を結成
239220	朝鮮朝日	南鮮版	1933-07-08	1	06단	佛領印度支那との貿易を希望す在京城佛國領事から京城商議快諾を與ふ
239221	朝鮮朝日	南鮮版	1933-07-08	1	06단	大金の盜難
239222	朝鮮朝日	南鮮版	1933-07-08	1	06단	釜山峨嵋山の基石を移轉その傍に記念碑建立
239223	朝鮮朝日	南鮮版	1933-07-08	1	07단	棉作の大敵炭疽病發生す
239224	朝鮮朝日	南鮮版	1933-07-08	1	07단	忠南道農會の農倉きまる
239225	朝鮮朝日	南鮮版	1933-07-08	1	07단	女性運轉手又一人現はる
239226	朝鮮朝日	南鮮版	1933-07-08	1	08단	元巡査暴る
239227	朝鮮朝日	南鮮版	1933-07-08	1	08단	在校中に十分職業補導を行ふ釜山高等小學の計劃

일련번호	판명		간행일	면	단수	기사명
239228	朝鮮朝日	南鮮版	1933-07-08	1	08단	二名溺死す
239229	朝鮮朝日	南鮮版	1933-07-08	1	09단	不良會社を峻烈に檢擧
239230	朝鮮朝日	南鮮版	1933-07-08	1	09단	女房を斬る
239231	朝鮮朝日	南鮮版	1933-07-08	1	09단	妻を十三人持ったドンファン相手に訴訟
239232	朝鮮朝日	南鮮版	1933-07-08	1	10단	仁川に強盜覆面せぬ三人組
239233	朝鮮朝日	南鮮版	1933-07-08	1	10단	女給と兩親に見放されて自殺を企てる
239234	朝鮮朝日	南鮮版	1933-07-08	1	10단	スポーツ(神宮競技の開催期決る/庭球選手權大會準決勝)
239235	朝鮮朝日	西北版	1933-07-09	1	01단	大枚百五十萬兩鎭南浦に轉げ込む內地の不作を橫目に鎭南浦のリンゴはあたり年
239236	朝鮮朝日	西北版	1933-07-09	1	01단	燒酎釀造の制限撤廢方を運動近年稀に見る賣行に品不足をかこつ平南の釀造家
239237	朝鮮朝日	西北版	1933-07-09	1	01단	萬事は知事に白紙で一任沙里院邑電讓渡問題
239238	朝鮮朝日	西北版	1933-07-09	1	01단	黃海道會副議長張大翼氏當選
239239	朝鮮朝日	西北版	1933-07-09	1	01단	城津の貿易
239240	朝鮮朝日	西北版	1933-07-09	1	02단	肉牛品評會
239241	朝鮮朝日	西北版	1933-07-09	1	02단	兵營だより 匪賊討伐を夢に見飯は殘らず食ふ教育は著しく進む强い安東守備隊の新兵さん/いざといへば直ちに出動匪賊襲來に備へる安東の軍隊と警察
239242	朝鮮朝日	西北版	1933-07-09	1	03단	火田民を滿洲へ移住せしめる
239243	朝鮮朝日	西北版	1933-07-09	1	04단	平北道議の視察
239244	朝鮮朝日	西北版	1933-07-09	1	04단	節約申合せ
239245	朝鮮朝日	西北版	1933-07-09	1	04단	鮮內の向けて避難民殺到十四道溝の危機迫る
239246	朝鮮朝日	西北版	1933-07-09	1	05단	安東の夜店街は暑さで大賑ひ
239247	朝鮮朝日	西北版	1933-07-09	1	05단	兒童と生徒を社會惡から救ふ平壤に校外保導會いよいよ近く設立を見る
239248	朝鮮朝日	西北版	1933-07-09	1	07단	內地平壤間直通電話愈よ近く開通
239249	朝鮮朝日	西北版	1933-07-09	1	07단	眞に賴母しい警官を養成
239250	朝鮮朝日	西北版	1933-07-09	1	08단	貨客列車の分離を要望明年度に實現を期す
239251	朝鮮朝日	西北版	1933-07-09	1	08단	滿鐵移管希望者平鐵管內で四百名にのぼる
239252	朝鮮朝日	西北版	1933-07-09	1	09단	平安南道の滿蒙博出品
239253	朝鮮朝日	西北版	1933-07-09	1	09단	九十七日間の貞操代を支拂へ妓生、旦那相手に訴ふ

일련번호	판명		간행일	면	단수	기사명
239254	朝鮮朝日	西北版	1933-07-09	1	09단	平北の乞食數著しく減少
239255	朝鮮朝日	西北版	1933-07-09	1	10단	寧邊農學校の盟休解決す
239256	朝鮮朝日	西北版	1933-07-09	1	10단	巡査阿片を所持し料理屋の主人と喧嘩す
239257	朝鮮朝日	西北版	1933-07-09	1	10단	徐玄俊ら豫審へいづれも廻付
239258	朝鮮朝日	西北版	1933-07-09	1	10단	朝鮮一の大鳥居
239259	朝鮮朝日	南鮮版	1933-07-09	1	01단	漢江人道橋架替近く實現するか事の重大に刺激され京畿道知事實現に邁進す/明年度の豫算に經費を要求す數ヶ年繼續事業とし工費二百二十萬圓を投する
239260	朝鮮朝日	南鮮版	1933-07-09	1	01단	今度は貸出で激化するか信託、普通銀行の對立
239261	朝鮮朝日	南鮮版	1933-07-09	1	01단	釜山測候所の伏兵山移轉
239262	朝鮮朝日	南鮮版	1933-07-09	1	01단	釜山郵便局黑字を現す
239263	朝鮮朝日	南鮮版	1933-07-09	1	02단	洛東江楡林亭間開通す
239264	朝鮮朝日	南鮮版	1933-07-09	1	02단	南鮮ところどころ(大田/浦項/群山/公州/光州)
239265	朝鮮朝日	南鮮版	1933-07-09	1	03단	京城府內の防疫打合せ
239266	朝鮮朝日	南鮮版	1933-07-09	1	03단	國庫補助を支給し堤防決潰箇所を復舊させる
239267	朝鮮朝日	南鮮版	1933-07-09	1	04단	金剛山探勝
239268	朝鮮朝日	南鮮版	1933-07-09	1	04단	未納家屋稅の整理に努む
239269	朝鮮朝日	南鮮版	1933-07-09	1	04단	諭告を發し奮起を促す
239270	朝鮮朝日	南鮮版	1933-07-09	1	04단	普通校教員の一夜講習會
239271	朝鮮朝日	南鮮版	1933-07-09	1	04단	鮮滿美術界の注視をあつめる鮮滿中等學校美術展十月十四日から四日間開く
239272	朝鮮朝日	南鮮版	1933-07-09	1	05단	釜山府各町の衛生協議會
239273	朝鮮朝日	南鮮版	1933-07-09	1	05단	スポーツ(立教柔道部遠征/八木優勝す)
239274	朝鮮朝日	南鮮版	1933-07-09	1	05단	十四日から釜山の春競馬馬券で前人氣を唆る
239275	朝鮮朝日	南鮮版	1933-07-09	1	05단	圖々しい偽刑事痛ぶってゐる現場で捕まる
239276	朝鮮朝日	南鮮版	1933-07-09	1	06단	聯絡船から身投自殺す
239277	朝鮮朝日	南鮮版	1933-07-09	1	06단	壞れた道路や橋梁を修理する第二次窮民救濟事業京畿道で目下調査を進む
239278	朝鮮朝日	南鮮版	1933-07-09	1	07단	カフエ取締の內規を制定各道共通的なものを
239279	朝鮮朝日	南鮮版	1933-07-09	1	07단	時局標榜の三人組强盜
239280	朝鮮朝日	南鮮版	1933-07-09	1	07단	一審より更に重く求刑す拷問警察官に對し峻烈に論告に三年を求む

일련번호	판명		간행일	면	단수	기사명
239281	朝鮮朝日	南鮮版	1933-07-09	1	08단	仁川の合百賭博やうやく手蔓を摑み檢擧の手峻嚴に延る
239282	朝鮮朝日	南鮮版	1933-07-09	1	08단	啞を裝うて詐欺を働く
239283	朝鮮朝日	南鮮版	1933-07-09	1	09단	機船沈沒す
239284	朝鮮朝日	南鮮版	1933-07-09	1	09단	助けられた(車掌さんに金を返す)
239285	朝鮮朝日	南鮮版	1933-07-09	1	09단	荷馬車墜落人馬負傷す
239286	朝鮮朝日	南鮮版	1933-07-09	1	10단	國際的幼兒誘拐か山東省に小兒連れ込まれる
239287	朝鮮朝日	南鮮版	1933-07-09	1	10단	自動車上から人夫轉落し一名遂に死亡
239288	朝鮮朝日	南鮮版	1933-07-09	1	10단	ストロー
239289	朝鮮朝日	西北版	1933-07-11	1	01단	全島に亙って愛國の波を捲き起す(中樞院參議李炳烈氏等が發起となり)ちかく保安黨を組織
239290	朝鮮朝日	西北版	1933-07-11	1	01단	國境空の防備に奮ひ立つ新義州府民高射機關銃數台据付の計劃
239291	朝鮮朝日	西北版	1933-07-11	1	01단	平壤を中心に都市防衛の演習廿日諸兵が參加して
239292	朝鮮朝日	西北版	1933-07-11	1	01단	祭粢料御下賜殉職警官三氏に
239293	朝鮮朝日	西北版	1933-07-11	1	01단	全國中等優勝野球西鮮豫選前記(1)/全鮮的に凄味ある平壤中老巧味を加へた平壤高普(平壤中學/平壤高普)
239294	朝鮮朝日	西北版	1933-07-11	1	02단	黃海道會二日目
239295	朝鮮朝日	西北版	1933-07-11	1	03단	開城商議選擧迫る出馬三十名
239296	朝鮮朝日	西北版	1933-07-11	1	03단	黃海道警官異動
239297	朝鮮朝日	西北版	1933-07-11	1	04단	(咸興/公州)
239298	朝鮮朝日	西北版	1933-07-11	1	04단	咸興神社に祀られる人
239299	朝鮮朝日	西北版	1933-07-11	1	04단	平壤の陶土を愈よ基本的調査本府から波多江技師派遣
239300	朝鮮朝日	西北版	1933-07-11	1	05단	成佛寺改築
239301	朝鮮朝日	西北版	1933-07-11	1	05단	トマトサージン續々南洋へ
239302	朝鮮朝日	西北版	1933-07-11	1	05단	北鮮開拓北陸線航路八月から淸津丸が就航
239303	朝鮮朝日	西北版	1933-07-11	1	05단	城津發展に拍車
239304	朝鮮朝日	西北版	1933-07-11	1	05단	三陟無煙炭田買收採掘す
239305	朝鮮朝日	西北版	1933-07-11	1	06단	石湖亭に石炭積込場實現の運動
239306	朝鮮朝日	西北版	1933-07-11	1	06단	咸南道の傳染病
239307	朝鮮朝日	西北版	1933-07-11	1	07단	着々と進む開城上水道工事至急給水申込者に特典

일련번호	판명		간행일	면	단수	기사명
239308	朝鮮朝日	西北版	1933-07-11	1	07단	山形縣から漁民の大家族が北鮮に移住を計劃
239309	朝鮮朝日	西北版	1933-07-11	1	08단	*金塊密輸出公判/春日丸沈沒三名は溺死*
239310	朝鮮朝日	西北版	1933-07-11	1	08단	德川价川地方の指導部落好成績小田島産業課長視察談
239311	朝鮮朝日	西北版	1933-07-11	1	09단	大賣出しを前に女店員同盟罷業大狼狽の平壤丁子屋
239312	朝鮮朝日	西北版	1933-07-11	1	09단	老人と子供無殘にも燒死す三興面に放火？の珍事
239313	朝鮮朝日	西北版	1933-07-11	1	10단	十三名が中毒騷ぎ四名は重體
239314	朝鮮朝日	西北版	1933-07-11	1	10단	腕角力から命を棄てる
239315	朝鮮朝日	西北版	1933-07-11	1	10단	蟹が放火させる
239316	朝鮮朝日	西北版	1933-07-11	1	10단	酒人を殺す
239317	朝鮮朝日	西北版	1933-07-11	1	10단	レコード濫賣戰
239318	朝鮮朝日	南鮮版	1933-07-11	1	01단	*全島に互って愛國の波を捲き起す(中樞院參議李炳烈氏等が發起となり)ちかく保安黨を組織/力を注ぐ國防思想活寫會等計劃*
239319	朝鮮朝日	南鮮版	1933-07-11	1	01단	祭粢料御下賜殉職警官三氏に
239320	朝鮮朝日	南鮮版	1933-07-11	1	01단	全國中等優勝野球西鮮豫選前記(1)/全鮮的に凄味ある平壤中老巧味を加へた平壤高普(平壤中學/平壤高普)
239321	朝鮮朝日	南鮮版	1933-07-11	1	02단	龍山騎兵軍旗祭莊嚴に行はる
239322	朝鮮朝日	南鮮版	1933-07-11	1	02단	北鮮開拓北陸線航路八月から淸津丸が就航
239323	朝鮮朝日	南鮮版	1933-07-11	1	02단	禁止してあるのに誘致運動は猛烈注目される師團移駐問題
239324	朝鮮朝日	南鮮版	1933-07-11	1	03단	保險金支拂總高
239325	朝鮮朝日	南鮮版	1933-07-11	1	03단	預金利子は五釐引下げ慶南道金組
239326	朝鮮朝日	南鮮版	1933-07-11	1	04단	大田地方は九十五度二
239327	朝鮮朝日	南鮮版	1933-07-11	1	04단	釜山にできる花嫁さんの學校皆さんどうぞお出よ
239328	朝鮮朝日	南鮮版	1933-07-11	1	05단	スポーツ(全京城優勝釜山鍼敗る都市對抗朝鮮豫選)
239329	朝鮮朝日	南鮮版	1933-07-11	1	05단	慶南に水産倉庫開設を計劃
239330	朝鮮朝日	南鮮版	1933-07-11	1	05단	不破教授歸朝す
239331	朝鮮朝日	南鮮版	1933-07-11	1	05단	水泳指導講習會
239332	朝鮮朝日	南鮮版	1933-07-11	1	05단	醫師齒科醫試驗期日決定
239333	朝鮮朝日	南鮮版	1933-07-11	1	06단	(京城/浦項)

일련번호	판명		간행일	면	단수	기사명
239334	朝鮮朝日	南鮮版	1933-07-11	1	06단	水害罹災地に消化器病流行慶南に巡廻衛生班活動
239335	朝鮮朝日	南鮮版	1933-07-11	1	06단	牛靈法要
239336	朝鮮朝日	南鮮版	1933-07-11	1	06단	美貌妓生さん五千圓請求(自動車會社に)
239337	朝鮮朝日	南鮮版	1933-07-11	1	07단	公州の痘瘡終熄
239338	朝鮮朝日	南鮮版	1933-07-11	1	07단	本紙續者招待トーキー映畵班來る!! 時局ニュース發聲映畵の會
239339	朝鮮朝日	南鮮版	1933-07-11	1	08단	海上觀月納凉大會釜山港附近で
239340	朝鮮朝日	南鮮版	1933-07-11	1	08단	胴體眞二つに女鐵道自殺
239341	朝鮮朝日	南鮮版	1933-07-11	1	09단	水禍の一線に活躍の警官調査ちかく慶南で表彰
239342	朝鮮朝日	南鮮版	1933-07-11	1	09단	病害蟲の侵入を防ぐ植物檢査を嚴重に釜山稅關を擴張
239343	朝鮮朝日	南鮮版	1933-07-11	1	10단	漂着した絞殺死體洛東江河口に
239344	朝鮮朝日	南鮮版	1933-07-11	1	10단	諸鹿氏に一年求刑
239345	朝鮮朝日	南鮮版	1933-07-11	1	10단	春日丸沈沒三名は溺死
239346	朝鮮朝日	西北版	1933-07-12	1	01단	出來るだけ緊縮の方針平南道豫算
239347	朝鮮朝日	西北版	1933-07-12	1	01단	北鮮奧地開拓の重大ポイントを握る着々進む惠山、森林二大鐵道/惠山線延起說に地方民は大衝動有志間で對策考究/恐らくデマだらう/清津貿易大躍進當局も驚く/城津の都市計劃
239348	朝鮮朝日	西北版	1933-07-12	1	01단	全國中等優勝野球西鮮豫選前記(2)/本年こそはと蹶起の南浦商工闘志滿々初出場の光成高普(鎭南浦商工/光成高普)
239349	朝鮮朝日	西北版	1933-07-12	1	05단	愈よ十五日から泉洞、价川間開通盛大な祝賀會を計劃さる
239350	朝鮮朝日	西北版	1933-07-12	1	05단	十五日に納凉列車美林方面に
239351	朝鮮朝日	西北版	1933-07-12	1	06단	會寧地方百廿度酷暑の大記錄
239352	朝鮮朝日	西北版	1933-07-12	1	06단	基教學校等の經營權委任朝鮮人に
239353	朝鮮朝日	西北版	1933-07-12	1	06단	兵器出張所八月に着工
239354	朝鮮朝日	西北版	1933-07-12	1	06단	『朝鮮藝術の夕』平壤の妓生も放送
239355	朝鮮朝日	西北版	1933-07-12	1	07단	本紙讀者招待トーキー映畵班來る! 時局ニュース發聲映畵の會
239356	朝鮮朝日	西北版	1933-07-12	1	07단	學校移轉を協議
239357	朝鮮朝日	西北版	1933-07-12	1	08단	高梁繁茂期にパツコする匪賊特に鐵道沿線を嚴戒/七十名の馬賊團石炭溝へ出現
239358	朝鮮朝日	西北版	1933-07-12	1	09단	咸興聯隊祝賀會十四日擧行
239359	朝鮮朝日	西北版	1933-07-12	1	09단	平南學校職員講習會日割

일련번호	판명		간행일	면	단수	기사명
239360	朝鮮朝日	西北版	1933-07-12	1	10단	ヌクテに咬殺さる外井洞の子供
239361	朝鮮朝日	西北版	1933-07-12	1	10단	女店員罷業圓滿に解決
239362	朝鮮朝日	西北版	1933-07-12	1	10단	元山、咸興、咸南三都對抗陸競大會
239363	朝鮮朝日	西北版	1933-07-12	1	10단	柳京日記
239364	朝鮮朝日	南鮮版	1933-07-12	1	01단	取り殘された街頭の敗者を救ふ！明年度に廿一萬圓を投じて精神病院新設の計劃
239365	朝鮮朝日	南鮮版	1933-07-12	1	01단	滿蒙の經濟調査近く委員派遣
239366	朝鮮朝日	南鮮版	1933-07-12	1	01단	北鮮巡廻見本市商店多數參加
239367	朝鮮朝日	南鮮版	1933-07-12	1	01단	飛行場長
239368	朝鮮朝日	南鮮版	1933-07-12	1	01단	全國中等優勝野球西鮮豫選前記（２)/本年こそはと蹶起の南浦商工鬪志滿々初出場の光成高普・(鎭南浦商工/光成高普)
239369	朝鮮朝日	南鮮版	1933-07-12	1	02단	金融組合の新利率決定廿日より實施
239370	朝鮮朝日	南鮮版	1933-07-12	1	02단	(浦項/大邱)
239371	朝鮮朝日	南鮮版	1933-07-12	1	02단	釜山組合長衛生協議會
239372	朝鮮朝日	南鮮版	1933-07-12	1	03단	茶山面の藥草良好慶北の大馬力
239373	朝鮮朝日	南鮮版	1933-07-12	1	03단	酷熱襲來 海水浴場へ避暑地へ誘ふ鐵道局が運賃割引の大宣傳/水泳に注意一名は溺死
239374	朝鮮朝日	南鮮版	1933-07-12	1	04단	人(境高等法院檢事長)
239375	朝鮮朝日	南鮮版	1933-07-12	1	04단	慶南道內の水稻被害地二萬八千町步/水害義損金
239376	朝鮮朝日	南鮮版	1933-07-12	1	05단	千代ケ濱は開場
239377	朝鮮朝日	南鮮版	1933-07-12	1	06단	朝郵櫻島丸群山港に横づけ
239378	朝鮮朝日	南鮮版	1933-07-12	1	07단	善山に豪雨田畑多數浸水
239379	朝鮮朝日	南鮮版	1933-07-12	1	07단	慓悍なる老兵兒玉參謀長から讚へられた日露役の勇士大田佐吉氏
239380	朝鮮朝日	南鮮版	1933-07-12	1	08단	咸南都市對抗陸競
239381	朝鮮朝日	南鮮版	1933-07-12	1	08단	公金橫領男
239382	朝鮮朝日	南鮮版	1933-07-12	1	09단	死刑から無罪に龍浦面の強盜殺人男
239383	朝鮮朝日	南鮮版	1933-07-12	1	09단	人(竹內京畿道警察部長)
239384	朝鮮朝日	南鮮版	1933-07-12	1	09단	夏夜・蚊帳異變一名は窒息死一名は全身に大火傷
239385	朝鮮朝日	南鮮版	1933-07-12	1	10단	ヌクテに咬殺さる外井洞の子供
239386	朝鮮朝日	南鮮版	1933-07-12	1	10단	心中を企つ
239387	朝鮮朝日	南鮮版	1933-07-12	1	10단	自殺女の身許判明

일련번호	판명		간행일	면	단수	기사명
239388	朝鮮朝日	西北版	1933-07-13	1	01단	安東榮州奉化を中心に農村蜂起を企てた！暗躍の一味八十餘名を檢擧赤色テロの全貌判明(巧緻を極めたコングループ組織あらゆる既設團體を獲得/幾多鬪爭經歷をもつ一味首腦部/絶えざる當局の彈壓からつひに表面化す/安東邑に赤い女性二名が活躍/洞窟内で再建熟議榮州に支部を/沙防人夫の暴動計劃等未然に防ぐ/檢擧した首腦部)
239389	朝鮮朝日	西北版	1933-07-13	1	01단	全國中等優勝野球西鮮豫選前記(3)/ただ意氣で猛練の海州高普活躍を期待される新義州商業(海州高普/新義州商業)
239390	朝鮮朝日	西北版	1933-07-13	1	04단	(沙里院/城津)
239391	朝鮮朝日	西北版	1933-07-13	1	05단	警備行政の一大革新を計る滿洲各警務機關を統一した安東警察廳を開設
239392	朝鮮朝日	西北版	1933-07-13	1	06단	間島地方は稀れな暑さ
239393	朝鮮朝日	西北版	1933-07-13	1	07단	殺人的暑熱に傳染病は蔓延
239394	朝鮮朝日	西北版	1933-07-13	1	08단	涼しい話南洲山の武勇傳一くさり
239395	朝鮮朝日	西北版	1933-07-13	1	09단	夢金浦に海水浴場汽車賃も割引
239396	朝鮮朝日	西北版	1933-07-13	1	10단	平壤高女の耕作品評會
239397	朝鮮朝日	西北版	1933-07-13	1	10단	評判娘自殺
239398	朝鮮朝日	西北版	1933-07-13	1	10단	五十男自殺
239399	朝鮮朝日	西北版	1933-07-13	1	10단	柳京日記
239400	朝鮮朝日	南鮮版	1933-07-13	1	01단	安東榮州奉化を中心に農村蜂起を企てた！暗躍の一味八十餘名を檢擧赤色テロの全貌判明/赤化十七名一審通り判決
239401	朝鮮朝日	南鮮版	1933-07-13	1	04단	(裡里/大田)
239402	朝鮮朝日	南鮮版	1933-07-13	1	04단	酷熱隊の爆進で傳染病が大流行(大邱/慶南地方/大敵を防げ)
239403	朝鮮朝日	南鮮版	1933-07-13	1	06단	この暑さにも斷水の憂はない水源地濾過機完成の曉には京城市民は一安心
239404	朝鮮朝日	南鮮版	1933-07-13	1	06단	スポーツ(神宮競技に選手/江原道庭球大會/京城實業野球聯盟審判協會創立)
239405	朝鮮朝日	南鮮版	1933-07-13	1	06단	月ノ浦海水浴場/水泳練習
239406	朝鮮朝日	南鮮版	1933-07-13	1	07단	幼き命あたら奪はる海水浴に氣をつけよ
239407	朝鮮朝日	南鮮版	1933-07-13	1	08단	大島釜山府尹名譽職辭退專心府政に盡す
239408	朝鮮朝日	南鮮版	1933-07-13	1	08단	獄窓の夫に對し妻から離婚訴訟
239409	朝鮮朝日	南鮮版	1933-07-13	1	08단	裡里農村の經濟更生に副業を獎勵
239410	朝鮮朝日	南鮮版	1933-07-13	1	09단	愛國藝妓として釜山の君鶴表彰さる
239411	朝鮮朝日	南鮮版	1933-07-13	1	10단	兇歉救濟費四萬圓支出水害各地へ

일련번호	판명		간행일	면	단수	기사명
239412	朝鮮朝日	南鮮版	1933-07-13	1	10단	大食堂時代京城に實現か
239413	朝鮮朝日	西北版	1933-07-14	1	01단	*地方廳事務一段と刷新/配肥不十分農家大困り*
239414	朝鮮朝日	西北版	1933-07-14	1	01단	幾多の謎を祕めた樂浪文化を究明する古墳の發掘作業を大々的に愈よ九月から學術研究會を開設
239415	朝鮮朝日	西北版	1933-07-14	1	01단	棉作獎勵には價格の補償が緊要餘りに價格の動搖が激しいので今後の推移注目さる
239416	朝鮮朝日	西北版	1933-07-14	1	01단	平壤から福岡へモシモシ愈よ十五日から通話
239417	朝鮮朝日	西北版	1933-07-14	1	01단	傷痍軍人と遺族の調査
239418	朝鮮朝日	西北版	1933-07-14	1	02단	平壤の國防獻金
239419	朝鮮朝日	西北版	1933-07-14	1	03단	半島水産界の功勞者表彰共進會を機會に
239420	朝鮮朝日	西北版	1933-07-14	1	03단	波止場スナップ
239421	朝鮮朝日	西北版	1933-07-14	1	04단	大同江の水泳場
239422	朝鮮朝日	西北版	1933-07-14	1	04단	納凉列車
239423	朝鮮朝日	西北版	1933-07-14	1	05단	平壤醫院本館ちかく着工
239424	朝鮮朝日	西北版	1933-07-14	1	05단	(城津/平壤/開城)
239425	朝鮮朝日	西北版	1933-07-14	1	05단	農村更生巡廻展平南道の各地で催す
239426	朝鮮朝日	西北版	1933-07-14	1	05단	京城地方珍しい地震
239427	朝鮮朝日	西北版	1933-07-14	1	06단	開城商議當選者
239428	朝鮮朝日	西北版	1933-07-14	1	06단	國境地帶郵便自動車輸送
239429	朝鮮朝日	西北版	1933-07-14	1	06단	本紙讀者招待トーキー映畫班來る！時局ニュース發聲映畫の會
239430	朝鮮朝日	西北版	1933-07-14	1	07단	平南道內林道新設豫定線救濟事業として待望
239431	朝鮮朝日	西北版	1933-07-14	1	08단	果敢ない戀
239432	朝鮮朝日	西北版	1933-07-14	1	08단	猛烈な勢ひで赤痢が大流行平壤府民よ御用心
239433	朝鮮朝日	西北版	1933-07-14	1	08단	大げさの誘拐團山崎領事から當局に注意す
239434	朝鮮朝日	西北版	1933-07-14	1	09단	農村家內工業を一段と振興さす兒童に製陶技術指導
239435	朝鮮朝日	西北版	1933-07-14	1	09단	日滿兩軍で第二次剿匪工作鴨綠江上流に進擊
239436	朝鮮朝日	西北版	1933-07-14	1	09단	怪しい愛の巢
239437	朝鮮朝日	西北版	1933-07-14	1	10단	拷問事件に判決
239438	朝鮮朝日	西北版	1933-07-14	1	10단	柳京日記

일련번호	판명		간행일	면	단수	기사명
239439	朝鮮朝日	南鮮版	1933-07-14	1	01단	地方廳事務一段と刷新/配肥不十分農家大困り
239440	朝鮮朝日	南鮮版	1933-07-14	1	01단	私立學校を今後嚴重に統制教育上の惡影響一掃の爲め京畿道當局の方針なる
239441	朝鮮朝日	南鮮版	1933-07-14	1	01단	棉作獎勵には價格の補償が緊要餘りに價格の動搖が激しいので今後の推移注目さる
239442	朝鮮朝日	南鮮版	1933-07-14	1	01단	全國中等優勝野球西鮮豫選前記(3)/ただ意氣で猛練の海州高普活躍を期待される新義州商業(海州高普/新義州商業)
239443	朝鮮朝日	南鮮版	1933-07-14	1	02단	仁川府勞振興會役員と事業
239444	朝鮮朝日	南鮮版	1933-07-14	1	03단	教化講習會
239445	朝鮮朝日	南鮮版	1933-07-14	1	04단	教育講習會
239446	朝鮮朝日	南鮮版	1933-07-14	1	04단	半島水産界の功勞者表彰井池會を機會に/記念スタンプ
239447	朝鮮朝日	南鮮版	1933-07-14	1	05단	巡廻見本市計劃案なる
239448	朝鮮朝日	南鮮版	1933-07-14	1	05단	幾多の謎を祕めた樂浪文化を究明する古墳の發掘作業を大々的に學術研究會を開設
239449	朝鮮朝日	南鮮版	1933-07-14	1	06단	水害地を巡廻診療
239450	朝鮮朝日	南鮮版	1933-07-14	1	06단	通話開始
239451	朝鮮朝日	南鮮版	1933-07-14	1	06단	精靈流し
239452	朝鮮朝日	南鮮版	1933-07-14	1	07단	スポーツ(柔道試合/庭球選手豫選會)
239453	朝鮮朝日	南鮮版	1933-07-14	1	07단	やっと準備はできた釜山中央卸賣市場だが敷地がなかなか問題
239454	朝鮮朝日	南鮮版	1933-07-14	1	07단	二ケ年の波瀾を愈よ淸算する!十七日若妻殺し公判
239455	朝鮮朝日	南鮮版	1933-07-14	1	07단	(晉州/大邱/大田/仁川)
239456	朝鮮朝日	南鮮版	1933-07-14	1	08단	焦熱地獄で大邱集配人がバタバタ倒る仁丹、水筒を携帯さす
239457	朝鮮朝日	南鮮版	1933-07-14	1	09단	本社の活寫班非常の盛況
239458	朝鮮朝日	南鮮版	1933-07-14	1	10단	京城地方珍らしい地震
239459	朝鮮朝日	南鮮版	1933-07-14	1	10단	感心な水兵さん
239460	朝鮮朝日	南鮮版	1933-07-14	1	10단	夕凉みから命を棄つ
239461	朝鮮朝日	南鮮版	1933-07-14	1	10단	現はれたヌクテ七匹大騷ぎの榮州
239462	朝鮮朝日	南鮮版	1933-07-14	1	10단	人(八木信雄氏(總督府警務局事務官)/池田警務局長/永井威三郎博士(總督府水原農事試驗場技師)/加藤敬三郎氏(鮮銀總裁)/松原純一氏(鮮銀理事))

일련번호	판명		간행일	면	단수	기사명
239463	朝鮮朝日	南鮮版	1933-07-14	1	10단	催(十七日京城府産業調査會第二部(商業)部會)
239464	朝鮮朝日	西北版	1933-07-15	1	01단	內鮮通信一大エポックこちらは平壤貴方は福岡ですか十五日から愈よ開通まづ兩地局長が挨拶
239465	朝鮮朝日	西北版	1933-07-15	1	01단	はかどらぬ西鮮電氣の統制問題は遞信局案二つ
239466	朝鮮朝日	西北版	1933-07-15	1	01단	中等學校長會
239467	朝鮮朝日	西北版	1933-07-15	1	01단	全國中等優勝野球湖南豫選前記(1)/湖南よりも强チーム出でよ今夏起ち上るは何校か(木浦商業/裡里農林)
239468	朝鮮朝日	西北版	1933-07-15	1	02단	修養團講習會
239469	朝鮮朝日	西北版	1933-07-15	1	02단	素晴しいマグネ鑛荷田里で發見
239470	朝鮮朝日	西北版	1933-07-15	1	03단	大同橋修理國庫補助陳情
239471	朝鮮朝日	西北版	1933-07-15	1	03단	(新義州/茂山/平壤/安東縣)
239472	朝鮮朝日	西北版	1933-07-15	1	04단	讀者優待大相撲盛況
239473	朝鮮朝日	西北版	1933-07-15	1	04단	山口總領事海氣を甘味さうに
239474	朝鮮朝日	西北版	1933-07-15	1	04단	金屬類百八十圓を密輸の銀行員！安東稅關に擧げられ追徵金五百圓の處分/カフェの借金からこの惡事に
239475	朝鮮朝日	西北版	1933-07-15	1	06단	本紙讀者招待トーキー映畫班來る！時局ニュース發聲映畫の會
239476	朝鮮朝日	西北版	1933-07-15	1	06단	大事件の突發に備ふ平南道警察部
239477	朝鮮朝日	西北版	1933-07-15	1	07단	皆さん節水して下さい暑い暑い鎭南浦地方
239478	朝鮮朝日	西北版	1933-07-15	1	07단	滿洲景氣に浮れて家出人の氾濫藝妓、女給、女中、人妻、僧侶、娘等々保護願ひに大弱りの安東署
239479	朝鮮朝日	西北版	1933-07-15	1	08단	無罪から死刑へ强盜殺人の男に
239480	朝鮮朝日	西北版	1933-07-15	1	09단	徐元俊一味の二名を起訴
239481	朝鮮朝日	西北版	1933-07-15	1	09단	死者は赤痢
239482	朝鮮朝日	西北版	1933-07-15	1	10단	平壤醫專昇格記念音樂會
239483	朝鮮朝日	西北版	1933-07-15	1	10단	失戀から妓生が自殺未遂
239484	朝鮮朝日	西北版	1933-07-15	1	10단	柳京日記
239485	朝鮮朝日	南鮮版	1933-07-15	1	01단	我が通信界に一大エポック帝都と京城で肉聲がハッキリまづ遞相と總督とが祝辭交換十五日から一般に通話開始(劃期的の施設完成し晴れの通話祝賀/喜びの第一聲に耳を傾ける)

일련번호	판명		간행일	면	단수	기사명
239486	朝鮮朝日	南鮮版	1933-07-15	1	01단	全國中等優勝野球湖南豫選前記(1)/湖南よりも强チーム出でよ今夏起ち上るは何校か(木浦商業/裡里農林)
239487	朝鮮朝日	南鮮版	1933-07-15	1	02단	京城春川間を近代道路に明年度に鋪裝の計劃/慶南西部道路鋪裝を要望
239488	朝鮮朝日	南鮮版	1933-07-15	1	04단	人(古市平南道警察部長/竹內京畿道警察部長)
239489	朝鮮朝日	南鮮版	1933-07-15	1	05단	信託合同は時期の問題
239490	朝鮮朝日	南鮮版	1933-07-15	1	05단	靑訓指導員講習
239491	朝鮮朝日	南鮮版	1933-07-15	1	05단	愈よ週日に迫り早くもファン熱狂全國中等優勝野球朝鮮一次豫選/長崎藥專に京醫大勝高專西部豫選/忠南選手豫選會/體育講習會
239492	朝鮮朝日	南鮮版	1933-07-15	1	06단	(京城/群山/釜山/大田/馬山)
239493	朝鮮朝日	南鮮版	1933-07-15	1	06단	慶南金組利下げ
239494	朝鮮朝日	南鮮版	1933-07-15	1	06단	滿洲景氣に浮れて家出人の氾濫藝妓、女給、女中、人妻、僧侶、娘等々保護願ひに大弱りの安東署
239495	朝鮮朝日	南鮮版	1933-07-15	1	08단	金屬類百八十圓を密輸の銀行員！安東稅關に擧げられ追徵金五百圓の處分
239496	朝鮮朝日	南鮮版	1933-07-15	1	09단	凉味溢るる松島へ本紙讀者を優待釜山の本社夏季施設に種々の特典と奉任
239497	朝鮮朝日	南鮮版	1933-07-15	1	10단	海雲台溫泉にキャンプ村二十日から開設
239498	朝鮮朝日	南鮮版	1933-07-15	1	10단	水害免稅地
239499	朝鮮朝日	西北版	1933-07-16	1	01단	農村の更生に國を富ますことは土地を富ますことだ平南農民へ手引書を配布
239500	朝鮮朝日	西北版	1933-07-16	1	01단	平南道の二次窮民救濟事業本府も約八割は認めてくれよう歸壤した藤原土木課長談
239501	朝鮮朝日	西北版	1933-07-16	1	01단	內鮮融和美談
239502	朝鮮朝日	西北版	1933-07-16	1	02단	全國中等優勝野球湖南豫選前記(2)/興味をそそる群山中學の實力捨身の戰法で行く光州高普(群山中學/光州高普)
239503	朝鮮朝日	西北版	1933-07-16	1	03단	价川泉洞間一往復增發通學兒童のために
239504	朝鮮朝日	西北版	1933-07-16	1	04단	咸南道獻金
239505	朝鮮朝日	西北版	1933-07-16	1	04단	結婚簡易化
239506	朝鮮朝日	西北版	1933-07-16	1	04단	色服着用獎勵各地で染色講習會
239507	朝鮮朝日	西北版	1933-07-16	1	04단	職員の服裝統一
239508	朝鮮朝日	西北版	1933-07-16	1	05단	酒類品評會役員
239509	朝鮮朝日	西北版	1933-07-16	1	06단	(城津/平壤/開城)

일련번호	판명		간행일	면	단수	기사명
239510	朝鮮朝日	西北版	1933-07-16	1	06단	各地に赤痢とチフス猛烈な勢ひで流行(平壤/沙里院)
239511	朝鮮朝日	西北版	1933-07-16	1	06단	せつめい(平壤、福岡間の電話開通で福岡の柴田電話局長と挨拶を交す小城平壤郵便局長)
239512	朝鮮朝日	西北版	1933-07-16	1	07단	二百圓もって情婦の女給と驅落妻には釜山に行くとて姿晦ました密輸の鮮銀支店長/現金は行金橫領か/釜山の旅館に潛伏の二名逮捕
239513	朝鮮朝日	西北版	1933-07-16	1	08단	滿鮮國境で各縣の盆踊大會
239514	朝鮮朝日	西北版	1933-07-16	1	09단	賃銀の値下からゴム職工六十名罷業
239515	朝鮮朝日	西北版	1933-07-16	1	10단	平壤醫院本館地鎭祭行はる
239516	朝鮮朝日	西北版	1933-07-16	1	10단	水の犧牲者二つ
239517	朝鮮朝日	西北版	1933-07-16	1	10단	柳京日記
239518	朝鮮朝日	西北版	1933-07-16	1	10단	健兒團指導實習
239519	朝鮮朝日	南鮮版	1933-07-16	1	01단	涼味の滿喫にキャンプ村へきたる二十一日から八月十五日まで絶勝の松田海岸に開設/白沙の海水浴場江口に開設/松島海水浴場に無料脱衣場/南平の川開き/虛弱兒童に林間學校水晶公園で開設/健兒團指導實習
239520	朝鮮朝日	南鮮版	1933-07-16	1	01단	九千六百餘戶をまづ經濟水平線上へ京畿道の徹底的自力更生
239521	朝鮮朝日	南鮮版	1933-07-16	1	01단	勅任級に近く異動中央金庫理事長に松本知事か
239522	朝鮮朝日	南鮮版	1933-07-16	1	02단	全國中等優勝野球湖南豫選前記(２)/興味をそそる群山中學の實力捨身の戰法で行く光州高普(群山中學/光州高普)
239523	朝鮮朝日	南鮮版	1933-07-16	1	03단	開城商議當選者
239524	朝鮮朝日	南鮮版	1933-07-16	1	04단	大田郡邑面長會
239525	朝鮮朝日	南鮮版	1933-07-16	1	05단	活動寫眞で自力更生を吹き込む！粹を利かした京畿道當局
239526	朝鮮朝日	南鮮版	1933-07-16	1	05단	(淸州/大田/浦項/光州)
239527	朝鮮朝日	南鮮版	1933-07-16	1	05단	トラック轉落し死傷八名を出す光陽面竹林松峠の珍事
239528	朝鮮朝日	南鮮版	1933-07-16	1	06단	せつめい((上)東京京城間の通話式(十四日)に遞相の祝辭を聽く宇垣總督/(下)京城局における通話式)
239529	朝鮮朝日	南鮮版	1933-07-16	1	06단	ポスター展
239530	朝鮮朝日	南鮮版	1933-07-16	1	07단	慶南の山林功勞者二百五十名を表彰

일련번호	판명		간행일	면	단수	기사명
239531	朝鮮朝日	南鮮版	1933-07-16	1	08단	酒代をくれぬ親を怨んで放火病母の藥も買へないのにこの世の大の不孝息
239532	朝鮮朝日	南鮮版	1933-07-16	1	09단	二百圓もって情婦と驅落妻には釜山に行くとて銀行員竊盜密輸事件/現金は行金橫領か/釜山で二名逮捕旅館に潛伏中を
239533	朝鮮朝日	南鮮版	1933-07-16	1	10단	高專野球西部豫選第二日戰績
239534	朝鮮朝日	南鮮版	1933-07-16	1	10단	人(川島軍司令官/森本太眞夫氏(大阪毎日新聞記者)/藤野愛泉氏(前京畿道覆審法院判事))
239535	朝鮮朝日	西北版	1933-07-18	1	01단	獨自の立場で稅制整理斷行明年度から當局の方針決定
239536	朝鮮朝日	西北版	1933-07-18	1	01단	多年の懸案なり滿蒙に大飛躍期待される北鮮水産
239537	朝鮮朝日	西北版	1933-07-18	1	01단	朝鮮の人々ばかりで新興靑年團組織東京市民館で發會式を擧ぐ
239538	朝鮮朝日	西北版	1933-07-18	1	01단	平北道の道路網計劃
239539	朝鮮朝日	西北版	1933-07-18	1	02단	平北の借金三百六萬圓
239540	朝鮮朝日	西北版	1933-07-18	1	02단	全國中等優勝野球湖南豫選前記(４)/猛進こそ唯一の光州中學雄圖の完成を志す高敞高普(光州中學/高敞高普)
239541	朝鮮朝日	西北版	1933-07-18	1	03단	普通校授業料半額引下に平南當局要望
239542	朝鮮朝日	西北版	1933-07-18	1	04단	三憲兵の表彰申請
239543	朝鮮朝日	西北版	1933-07-18	1	04단	忠魂碑除幕式
239544	朝鮮朝日	西北版	1933-07-18	1	04단	痛烈に論告し前審通り懲役六年に若妻殺し上告審公判開かる
239545	朝鮮朝日	西北版	1933-07-18	1	04단	模範靑年が知らぬ間に罪人に
239546	朝鮮朝日	西北版	1933-07-18	1	05단	燕湖面に學校創設
239547	朝鮮朝日	西北版	1933-07-18	1	05단	麻布製織改良試驗場設備
239548	朝鮮朝日	西北版	1933-07-18	1	06단	本紙讀者招待トーキー映畫班來る! 時局ニュース發聲映畫の會
239549	朝鮮朝日	西北版	1933-07-18	1	06단	開城音樂會
239550	朝鮮朝日	西北版	1933-07-18	1	07단	問題の男
239551	朝鮮朝日	西北版	1933-07-18	1	07단	猛暑だ・酷熱だ三十四度八京城地方では今夏の最高記錄
239552	朝鮮朝日	西北版	1933-07-18	1	08단	玉名檢事の論告に入り
239553	朝鮮朝日	西北版	1933-07-18	1	08단	鎭南浦林檎早くも出荷
239554	朝鮮朝日	西北版	1933-07-18	1	09단	モヒ中毒の增加を防ぐ
239555	朝鮮朝日	西北版	1933-07-18	1	09단	假病舍新築傳染病室滿員の爲め續發する平壤府內

일련번호	판명		간행일	면	단수	기사명
239556	朝鮮朝日	西北版	1933-07-18	1	09단	妓生學校を嚴重に取り締る從來の弊風一掃の爲
239557	朝鮮朝日	西北版	1933-07-18	1	09단	氷の注文殺到す
239558	朝鮮朝日	西北版	1933-07-18	1	10단	僞憲兵捕る
239559	朝鮮朝日	西北版	1933-07-18	1	10단	スポーツ(記者團勝つ)
239560	朝鮮朝日	西北版	1933-07-18	1	10단	(平壤/開城)
239561	朝鮮朝日	西北版	1933-07-18	1	10단	人(長谷川少佐)
239562	朝鮮朝日	南鮮版	1933-07-18	1	01단	獨自の立場で稅制整理斷行明年度から當局の方針決定
239563	朝鮮朝日	南鮮版	1933-07-18	1	01단	二十萬町步の沙防工事を計劃治山治水の根本策に立案を急ぐ本府當局
239564	朝鮮朝日	南鮮版	1933-07-18	1	01단	全國中等優勝野球湖南豫選前記(４)/猛進こそ唯一の光州中學雄圖の完成を志す高敝高普(光州中學/高敝高普)
239565	朝鮮朝日	南鮮版	1933-07-18	1	02단	特別警察隊平南當局計劃
239566	朝鮮朝日	南鮮版	1933-07-18	1	02단	朝鮮の人々ばかりで新興靑年團組織東京市民館で發會式を擧ぐ
239567	朝鮮朝日	南鮮版	1933-07-18	1	02단	水害地に御救恤金御下賜遊ばさる
239568	朝鮮朝日	南鮮版	1933-07-18	1	03단	見事な國旗揭揚塔
239569	朝鮮朝日	南鮮版	1933-07-18	1	04단	鐵道局の實行豫算八年度決定
239570	朝鮮朝日	南鮮版	1933-07-18	1	04단	南鮮地方の蔬菜果實北へ北へと進出近年にないレコード
239571	朝鮮朝日	南鮮版	1933-07-18	1	05단	萬を越ゆる浴客松島海濱を埋む本紙讀者優待デー盛況
239572	朝鮮朝日	南鮮版	1933-07-18	1	05단	(大邱/晉州/仁川)
239573	朝鮮朝日	南鮮版	1933-07-18	1	06단	痛烈に論告し前審通り懲役六年に若妻殺し上告審公判開かる
239574	朝鮮朝日	南鮮版	1933-07-18	1	07단	猛暑だ・酷熱だ三十四度八京城地方では今夏の最高記錄
239575	朝鮮朝日	南鮮版	1933-07-18	1	08단	龜浦に痘瘡親子三名發生
239576	朝鮮朝日	南鮮版	1933-07-18	1	09단	玉名檢事の論告に入り
239577	朝鮮朝日	南鮮版	1933-07-18	1	09단	若い生魚商人庖丁で突刺さる
239578	朝鮮朝日	南鮮版	1933-07-18	1	10단	大陰謀を抱く金を逮捕す
239579	朝鮮朝日	南鮮版	1933-07-18	1	10단	スポーツ(高專豫選四日目の戰績/全南西部陸競)
239580	朝鮮朝日	西北版	1933-07-19	1	01단	近づく中等野球第一次豫選　選手の意氣愈よ昂まる各地の試合番組決定/朝鮮神宮競技大會日程

일련번호	판명		간행일	면	단수	기사명
239581	朝鮮朝日	西北版	1933-07-19	1	01단	炎暑に拘らず流石に清新の氣漲る陣容一新最初の中樞院會議
239582	朝鮮朝日	西北版	1933-07-19	1	01단	棉作獎勵に補償制度實施いよいよ明年度から
239583	朝鮮朝日	西北版	1933-07-19	1	01단	目下の急務は師團の兵員增加師團の移駐など考へてゐぬ川島朝鮮軍司令官談
239584	朝鮮朝日	西北版	1933-07-19	1	03단	軍事美談
239585	朝鮮朝日	西北版	1933-07-19	1	04단	林間學校
239586	朝鮮朝日	西北版	1933-07-19	1	04단	五、六兩日平壤デー盛澤山に放送
239587	朝鮮朝日	西北版	1933-07-19	1	04단	平壤に空の燈台二里の遠方から見えるもの秋までには實現
239588	朝鮮朝日	西北版	1933-07-19	1	05단	暑休を利用して商業生が實習
239589	朝鮮朝日	西北版	1933-07-19	1	05단	(沙里院/江界)
239590	朝鮮朝日	西北版	1933-07-19	1	06단	赤二名を列車中で逮捕
239591	朝鮮朝日	西北版	1933-07-19	1	07단	成川郡地方豪雨
239592	朝鮮朝日	西北版	1933-07-19	1	07단	平壤舊市街側が商議所の冷淡に憤慨滿洲進出の靴下問題に對して成り行き注目さる
239593	朝鮮朝日	西北版	1933-07-19	1	07단	サッカリンと間違へ昇汞水を飮む
239594	朝鮮朝日	西北版	1933-07-19	1	08단	被告席にうなだれた若妻殺しの被告渡邊廣吉十七日高等法院事實審理公判
239595	朝鮮朝日	西北版	1933-07-19	1	08단	港から港へ物産船が來る八月二十日頃鎭南浦へ
239596	朝鮮朝日	西北版	1933-07-19	1	08단	話の種
239597	朝鮮朝日	西北版	1933-07-19	1	09단	蟹を食ひ八名中毒鎭南浦府で
239598	朝鮮朝日	西北版	1933-07-19	1	10단	盟休事件で十一名檢束
239599	朝鮮朝日	西北版	1933-07-19	1	10단	婦人病を若にして女給の自殺未遂
239600	朝鮮朝日	西北版	1933-07-19	1	10단	偽造紙幣を發見
239601	朝鮮朝日	西北版	1933-07-19	1	10단	柳京日記
239602	朝鮮朝日	西北版	1933-07-19	1	10단	人(川島朝鮮軍司令官)
239603	朝鮮朝日	南鮮版	1933-07-19	1	01단	近づく中等野球第一次豫選　選手の意氣愈よ昂まる各地の試合番組決定/朝鮮神宮競技大會日程
239604	朝鮮朝日	南鮮版	1933-07-19	1	01단	炎暑に拘らず流石に清新の氣漲る陣容一新最初の中樞院會議
239605	朝鮮朝日	南鮮版	1933-07-19	1	01단	棉作獎勵に補償制度實施いよいよ明年度から
239606	朝鮮朝日	南鮮版	1933-07-19	1	01단	卸賣市場を牧島に設置せよ地元民猛運動を起す移轉論の理由は

일련번호	판명		간행일	면	단수	기사명
239607	朝鮮朝日	南鮮版	1933-07-19	1	04단	社會教化講演會
239608	朝鮮朝日	南鮮版	1933-07-19	1	04단	河童は踊る
239609	朝鮮朝日	南鮮版	1933-07-19	1	05단	釜山觀光協會本年度事業
239610	朝鮮朝日	南鮮版	1933-07-19	1	06단	夏は海へ!! 武昌浦軍入里行きに客車の直通運轉開始/殺人的酷暑大田地方九十六度二
239611	朝鮮朝日	南鮮版	1933-07-19	1	07단	一人當りに八斗の使用水の使用激增
239612	朝鮮朝日	南鮮版	1933-07-19	1	08단	被告席にうなだれた若妻殺しの被告渡邊廣吉十七日高等法院事實審理公判
239613	朝鮮朝日	南鮮版	1933-07-19	1	08단	動物について熱河の祕庫を探る滿蒙學術調査團員森教授談
239614	朝鮮朝日	南鮮版	1933-07-19	1	08단	(馬山/釜山/浦項/大邱)
239615	朝鮮朝日	南鮮版	1933-07-19	1	10단	大邱の人口
239616	朝鮮朝日	南鮮版	1933-07-19	1	10단	望雲山丸進水南海彌助に就航
239617	朝鮮朝日	南鮮版	1933-07-19	1	10단	スポーツ(松山と佐高遂に殘る高專西部豫選準決勝戰)
239618	朝鮮朝日	西北版	1933-07-20	1	01단	鎭南浦林檎の悩み出荷統制實現も難産好しからぬ産組同組の對立
239619	朝鮮朝日	西北版	1933-07-20	1	01단	咸南北兩道に亞麻の大增植自給自足を目ざして
239620	朝鮮朝日	西北版	1933-07-20	1	01단	矢鍋殖銀理事が中央金庫理事長に愈よ辭職認可さる
239621	朝鮮朝日	西北版	1933-07-20	1	01단	中樞院會議
239622	朝鮮朝日	西北版	1933-07-20	1	02단	(平壤/間島/新義州/明月溝)
239623	朝鮮朝日	西北版	1933-07-20	1	02단	中元には何が好いでせうまづお値段を參考に
239624	朝鮮朝日	西北版	1933-07-20	1	04단	慰問袋
239625	朝鮮朝日	西北版	1933-07-20	1	04단	二十日から使用の名所スタンプ
239626	朝鮮朝日	西北版	1933-07-20	1	05단	川水が熱して惨・魚類が死ぬ! 惡疫にも悩む新義州
239627	朝鮮朝日	西北版	1933-07-20	1	05단	咸南道下校長會議九月二日から
239628	朝鮮朝日	西北版	1933-07-20	1	06단	土にしたしむ
239629	朝鮮朝日	西北版	1933-07-20	1	06단	上津、舊津間の鐵道工事認可
239630	朝鮮朝日	西北版	1933-07-20	1	07단	赤痢やチフスが益々・猛威を振ふ! 連日三四名發生の平壤府
239631	朝鮮朝日	西北版	1933-07-20	1	08단	賣られ行く女に泣寢入りの受難
239632	朝鮮朝日	西北版	1933-07-20	1	08단	咸南道武道大會
239633	朝鮮朝日	西北版	1933-07-20	1	08단	殉職警官招魂祭咸興で行はる
239634	朝鮮朝日	西北版	1933-07-20	1	08단	子供用のプール平壤に設ける

일련번호	판명		간행일	면	단수	기사명
239635	朝鮮朝日	西北版	1933-07-20	1	09단	少年の惡事
239636	朝鮮朝日	西北版	1933-07-20	1	09단	水泳者に灸
239637	朝鮮朝日	西北版	1933-07-20	1	09단	運炭輕鐵敷地地主が反對
239638	朝鮮朝日	西北版	1933-07-20	1	09단	阿片專賣公署長が公金五千圓着服情婦と高飛中を御用
239639	朝鮮朝日	西北版	1933-07-20	1	10단	原審通り死刑求刑觀梅洞の金に
239640	朝鮮朝日	西北版	1933-07-20	1	10단	若妻殺しは廿七日判決
239641	朝鮮朝日	西北版	1933-07-20	1	10단	柳京日記
239642	朝鮮朝日	南鮮版	1933-07-20	1	01단	南鮮水害地の復舊根本策なる國庫補助を支給して着手
239643	朝鮮朝日	南鮮版	1933-07-20	1	01단	咸南北兩道に惡麻の大增植自給自足を目ざして
239644	朝鮮朝日	南鮮版	1933-07-20	1	01단	矢鍋殖銀理事が中央金庫理事長に愈よ辭職認可さる
239645	朝鮮朝日	南鮮版	1933-07-20	1	01단	中樞院會議
239646	朝鮮朝日	南鮮版	1933-07-20	1	02단	慶北警察部署長級異動
239647	朝鮮朝日	南鮮版	1933-07-20	1	03단	潑剌だる人魚總督府幕の三淸洞プール
239648	朝鮮朝日	南鮮版	1933-07-20	1	04단	六郵便局で名勝日附印廿日から使用
239649	朝鮮朝日	南鮮版	1933-07-20	1	04단	初等教員の服裝統一か學務局で考究
239650	朝鮮朝日	南鮮版	1933-07-20	1	04단	三島高女講習會
239651	朝鮮朝日	南鮮版	1933-07-20	1	05단	京城組合銀行預金貸出高
239652	朝鮮朝日	南鮮版	1933-07-20	1	05단	不況に祟られて解散か改革か注目される京城商工聯合會
239653	朝鮮朝日	南鮮版	1933-07-20	1	06단	釜山に『府警會』
239654	朝鮮朝日	南鮮版	1933-07-20	1	06단	優秀警官に加俸を支給月十圓以內
239655	朝鮮朝日	南鮮版	1933-07-20	1	06단	酷暑人を殺す
239656	朝鮮朝日	南鮮版	1933-07-20	1	06단	各郡の主要生産地に副業獎勵組合組織力を注ぐ慶南當局
239657	朝鮮朝日	南鮮版	1933-07-20	1	06단	(京城/公州/釜山)
239658	朝鮮朝日	南鮮版	1933-07-20	1	07단	京城府內の傳染病猖獗嚴重に各戶檢疫調査
239659	朝鮮朝日	南鮮版	1933-07-20	1	07단	スポーツ(松山高商優勝す西部高專野球/九大再勝水上競技に)
239660	朝鮮朝日	南鮮版	1933-07-20	1	08단	朝窒が硫安値下一叺三圓五十錢
239661	朝鮮朝日	南鮮版	1933-07-20	1	08단	群山公會堂愈よ建築にちかく入札
239662	朝鮮朝日	南鮮版	1933-07-20	1	09단	群山築港に各船が繫留
239663	朝鮮朝日	南鮮版	1933-07-20	1	09단	阿片專賣公署長が公金五千圓着服情婦と高飛中を御用
239664	朝鮮朝日	南鮮版	1933-07-20	1	09단	水害實況活寫會

일련번호	판명		간행일	면	단수	기사명
239665	朝鮮朝日	南鮮版	1933-07-20	1	09단	若妻殺しは廿七日判決
239666	朝鮮朝日	南鮮版	1933-07-20	1	10단	混沙米を樺太に販路開拓計劃
239667	朝鮮朝日	南鮮版	1933-07-20	1	10단	朝運大田支店人夫百卅名罷業
239668	朝鮮朝日	南鮮版	1933-07-20	1	10단	原審通り死刑求刑觀梅洞の金に
239669	朝鮮朝日	南鮮版	1933-07-20	1	10단	話の箱
239670	朝鮮朝日	西北版	1933-07-21	1	01단	爽快感激白球唸る
239671	朝鮮朝日	西北版	1933-07-21	1	02단	半島スポーツの華炎天下に繰展ぐ待望の日愈よあと二日に迫る/全國中等優勝野球朝鮮一次豫選(出場選手氏名)
239672	朝鮮朝日	西北版	1933-07-21	1	03단	たんととれてよ女學生の馬鈴薯耕作
239673	朝鮮朝日	西北版	1933-07-21	1	04단	電料値下困難か
239674	朝鮮朝日	西北版	1933-07-21	1	05단	簡易雨量觀測所平南の全郡に普及
239675	朝鮮朝日	西北版	1933-07-21	1	05단	十萬圓轉げ込む大喜びの咸南
239676	朝鮮朝日	西北版	1933-07-21	1	06단	注目される開城商議役員
239677	朝鮮朝日	西北版	1933-07-21	1	06단	密輸公金橫領の銀行員情婦とともに送局さる
239678	朝鮮朝日	西北版	1933-07-21	1	07단	平壤驛美化
239679	朝鮮朝日	西北版	1933-07-21	1	07단	風紀を紊す學生が增加嚴重に取締る
239680	朝鮮朝日	西北版	1933-07-21	1	07단	「平壤の夕」は不公開放送
239681	朝鮮朝日	西北版	1933-07-21	1	07단	靑年部隊大演習輪城台平野で
239682	朝鮮朝日	西北版	1933-07-21	1	08단	平壤、价川間に專用貨車運轉計劃奧地への雜貨進出から
239683	朝鮮朝日	西北版	1933-07-21	1	08단	東川淸津署長滿洲に榮轉奉天省警務課長に
239684	朝鮮朝日	西北版	1933-07-21	1	08단	城津攪亂の百八十餘名檢擧半歲に亘る警官の活動で漸くにして赤を根治
239685	朝鮮朝日	西北版	1933-07-21	1	09단	鮮匪に襲はれ警官重傷を受く
239686	朝鮮朝日	西北版	1933-07-21	1	09단	廿四日淸津で發聲映畫會
239687	朝鮮朝日	西北版	1933-07-21	1	10단	五公設市場の借地を購入起債許可申請
239688	朝鮮朝日	西北版	1933-07-21	1	10단	牛の飛込み自殺
239689	朝鮮朝日	西北版	1933-07-21	1	10단	農場の騷ぎ
239690	朝鮮朝日	西北版	1933-07-21	1	10단	柳京日記
239691	朝鮮朝日	南鮮版	1933-07-21	1	01단	爽快感激白球唸る
239692	朝鮮朝日	南鮮版	1933-07-21	1	02단	半島スポーツの華炎天下に繰展ぐ待望の日愈よあと二日に迫る全國中等優勝野球朝鮮一次豫選(出場選手氏名)/熱狂的見送りを受け咸興商選手出發/仁川に愛球會
239693	朝鮮朝日	南鮮版	1933-07-21	1	04단	(裡里/大邱/仁川/京城)

일련번호	판명		간행일	면	단수	기사명
239694	朝鮮朝日	南鮮版	1933-07-21	1	04단	荒れるに任かせた古代文化を保存ちかく制令を發布
239695	朝鮮朝日	南鮮版	1933-07-21	1	05단	春窮期にナント服らかな姿細民層に自力更生の輝き
239696	朝鮮朝日	南鮮版	1933-07-21	1	05단	水銀は狂騰大邱地方は卅六度六
239697	朝鮮朝日	南鮮版	1933-07-21	1	06단	總督さんも避暑
239698	朝鮮朝日	南鮮版	1933-07-21	1	06단	湖南銀支店
239699	朝鮮朝日	南鮮版	1933-07-21	1	06단	警察部長を勅任制に朝鮮でも研究
239700	朝鮮朝日	南鮮版	1933-07-21	1	07단	苦熱に大繁昌のプールを消毒せよ病毒流布の危險から各署に警告
239701	朝鮮朝日	南鮮版	1933-07-21	1	07단	話の箱
239702	朝鮮朝日	南鮮版	1933-07-21	1	07단	赤の暗躍發覺し八十名を取調ぶ全州署一段の活動
239703	朝鮮朝日	南鮮版	1933-07-21	1	08단	婦人も銃後の活動に規則改正の裡里國防義會
239704	朝鮮朝日	南鮮版	1933-07-21	1	08단	裡里邑水道九分通り竣工
239705	朝鮮朝日	南鮮版	1933-07-21	1	08단	水害地に巡廻診療
239706	朝鮮朝日	南鮮版	1933-07-21	1	08단	利用者次第に增加京城、東京間の聯絡電話
239707	朝鮮朝日	南鮮版	1933-07-21	1	09단	裡里雜種稅改正
239708	朝鮮朝日	南鮮版	1933-07-21	1	10단	本紙讀者優待デー船賃を割引し福引も行ふ
239709	朝鮮朝日	西北版	1933-07-22	1	01단	輝く！一球一打爭霸の意氣昂る愈よ廿三日から朝鮮中等野球一次大會/劈頭戰を飾る木浦商と全州高人氣沸返る湖南豫選
239710	朝鮮朝日	西北版	1933-07-22	1	01단	中樞院に施政研究會役員等決まる
239711	朝鮮朝日	西北版	1933-07-22	1	02단	山は招く行け國士峰へ準備を急ぐ平壤登山會
239712	朝鮮朝日	西北版	1933-07-22	1	03단	平壤局減便
239713	朝鮮朝日	西北版	1933-07-22	1	03단	部落每に成人學校文盲退治の爲
239714	朝鮮朝日	西北版	1933-07-22	1	04단	(沙里院/開城)
239715	朝鮮朝日	西北版	1933-07-22	1	04단	花やかな快技を展開する平壤公設運動場
239716	朝鮮朝日	西北版	1933-07-22	1	04단	私立校內容調查
239717	朝鮮朝日	西北版	1933-07-22	1	05단	清津に油房設置採算不引合から一時計劃中止
239718	朝鮮朝日	西北版	1933-07-22	1	05단	これでは火の中も同然平壤地方卅九度九
239719	朝鮮朝日	西北版	1933-07-22	1	06단	同情集る
239720	朝鮮朝日	西北版	1933-07-22	1	06단	赤痢の案內者果物の食ひ過ぎ氷の飲みすぎ等遂に女學校にも侵入

일련번호	판명		간행일	면	단수	기사명
239721	朝鮮朝日	西北版	1933-07-22	1	06단	朝鮮人少女を支那で賣飛ばす誘拐團の一味を逮捕
239722	朝鮮朝日	西北版	1933-07-22	1	07단	林間學校
239723	朝鮮朝日	西北版	1933-07-22	1	07단	話の箱
239724	朝鮮朝日	西北版	1933-07-22	1	08단	簡閲點呼成績良好七七聯隊管內
239725	朝鮮朝日	西北版	1933-07-22	1	08단	線路に寝る
239726	朝鮮朝日	西北版	1933-07-22	1	08단	百浬の沖合へ行け魚はどっさり居る平南水産界に嬉しい便り
239727	朝鮮朝日	西北版	1933-07-22	1	09단	夏の夜の獵奇幼女の腦味噌を黑燒にして食ふ五十老婆の怪事
239728	朝鮮朝日	西北版	1933-07-22	1	09단	小切手專門の怪盜平壤府內に横行す
239729	朝鮮朝日	西北版	1933-07-22	1	10단	平壤に纖維工場內地某財閥が設置の計劃
239730	朝鮮朝日	西北版	1933-07-22	1	10단	光成校に赤が二名身柄を押送
239731	朝鮮朝日	南鮮版	1933-07-22	1	01단	輝く！一球一打爭霸の意氣昂む愈よ廿三日から朝鮮中等野球一次大會/劈頭戰を飾る木浦商と全州高人氣沸返る湖南豫選/戰績速報揭示場京城府內で卅四ヶ所
239732	朝鮮朝日	南鮮版	1933-07-22	1	02단	花やかな快技を展開する平壤公設運動場
239733	朝鮮朝日	南鮮版	1933-07-22	1	03단	部落毎に成人學校文盲退治の爲
239734	朝鮮朝日	南鮮版	1933-07-22	1	03단	龍山の市區改修
239735	朝鮮朝日	南鮮版	1933-07-22	1	04단	修身講習會
239736	朝鮮朝日	南鮮版	1933-07-22	1	04단	教育夏季講習會
239737	朝鮮朝日	南鮮版	1933-07-22	1	04단	半島統治上の重要問題研究中樞院に施政研究會新設
239738	朝鮮朝日	南鮮版	1933-07-22	1	04단	東京京城間に短波長無電設備八月上旬に工事完成
239739	朝鮮朝日	南鮮版	1933-07-22	1	04단	(清州/釜山)
239740	朝鮮朝日	南鮮版	1933-07-22	1	05단	洪水罹災地の經濟的復舊を計る沙防や土木工事等を起して準備を急ぐ慶南道當局
239741	朝鮮朝日	南鮮版	1933-07-22	1	05단	京畿道に自作農本年は二百四十二戸
239742	朝鮮朝日	南鮮版	1933-07-22	1	05단	舍利塔に盛んな供養近く佛國寺へ
239743	朝鮮朝日	南鮮版	1933-07-22	1	06단	納凉夜市
239744	朝鮮朝日	南鮮版	1933-07-22	1	06단	保護される老樹の喜び京城に八本
239745	朝鮮朝日	南鮮版	1933-07-22	1	06단	釜山に阿片窟陶醉境の五名を檢擧
239746	朝鮮朝日	南鮮版	1933-07-22	1	07단	夏の夜の獵奇幼女の腦味噌を黑燒にして食ふ五十老婆の怪事
239747	朝鮮朝日	南鮮版	1933-07-22	1	07단	內地人よりも體質が弱い朝鮮人傳染病調査で判明す

일련번호	판명		간행일	면	단수	기사명
239748	朝鮮朝日	南鮮版	1933-07-22	1	08단	釜山府の衛生施設着々と進む
239749	朝鮮朝日	南鮮版	1933-07-22	1	08단	納凉對馬觀光團
239750	朝鮮朝日	南鮮版	1933-07-22	1	08단	困りますね！レール枕に往生なんて
239751	朝鮮朝日	南鮮版	1933-07-22	1	08단	北鮮との警備電話八月中旬から
239752	朝鮮朝日	南鮮版	1933-07-22	1	09단	カフエに嚴重な達し
239753	朝鮮朝日	南鮮版	1933-07-22	1	09단	「ヒヤカシ」も度を越さぬやう娼妓から訴へられた男
239754	朝鮮朝日	南鮮版	1933-07-22	1	09단	溺死二件
239755	朝鮮朝日	南鮮版	1933-07-22	1	10단	四階から墜落慘死
239756	朝鮮朝日	南鮮版	1933-07-22	1	10단	學校荒し捕まる
239757	朝鮮朝日	南鮮版	1933-07-22	1	10단	絶壁から突き落す
239758	朝鮮朝日	南鮮版	1933-07-22	1	10단	借地料問題解決
239759	朝鮮朝日	南鮮版	1933-07-22	1	10단	人(有賀光豊氏(殖銀頭取))
239760	朝鮮朝日	西北版	1933-07-23	1	01단	朝鮮中等野球一次大會 愈よ廿三日から火蓋切らる半島四ヶ所に純眞豪快の大繪卷/和氣靄々の裡に選手歡迎會開かる/南鮮選手茶話會七チーム招待/ファン熱狂す釜山の速報所/早大選手軍來る/マラソンレース
239761	朝鮮朝日	西北版	1933-07-23	1	01단	冠婚葬禮を根本的改善近く準則制定
239762	朝鮮朝日	西北版	1933-07-23	1	02단	農村よりも漁村救濟が急とても慘めなこの生活
239763	朝鮮朝日	西北版	1933-07-23	1	03단	沙里院學校組合
239764	朝鮮朝日	西北版	1933-07-23	1	03단	警備機關の充實と警官優遇に努む警務局の新規事業
239765	朝鮮朝日	西北版	1933-07-23	1	04단	新義州法院廳舍
239766	朝鮮朝日	西北版	1933-07-23	1	04단	平南は廿七年振の暑さ 日射病で牛二頭が斃死/水泥棒續出/水の犧牲者各地に續出/夏季酎暑の訓練/河童で賑ふ各地の海水浴場
239767	朝鮮朝日	西北版	1933-07-23	1	05단	平商生等が實習
239768	朝鮮朝日	西北版	1933-07-23	1	05단	『人身賣買は斷じて罷りならぬ』平壤署で特別陳情を拒絶
239769	朝鮮朝日	西北版	1933-07-23	1	05단	警官の待遇改善が必要
239770	朝鮮朝日	西北版	1933-07-23	1	06단	樂浪文化研究所所長所員決定
239771	朝鮮朝日	西北版	1933-07-23	1	06단	農産物の出荷統制總督府で立案
239772	朝鮮朝日	西北版	1933-07-23	1	06단	(開城/平壤)
239773	朝鮮朝日	西北版	1933-07-23	1	07단	川島司令官傷病兵慰問

일련번호	판명		간행일	면	단수	기사명
239774	朝鮮朝日	西北版	1933-07-23	1	07단	金庫を破壊され三千三百圓盜まる南陽郵便局出張所の珍事全鮮に怪盜搜査の手配/龜城面に三名の覆面強盜沙金鑛事務所に押し入り沙金二千圓を強奪逃走す
239775	朝鮮朝日	西北版	1933-07-23	1	08단	普生醫院大擴張明年度着手
239776	朝鮮朝日	西北版	1933-07-23	1	08단	李道議に選擧違反
239777	朝鮮朝日	西北版	1933-07-23	1	09단	鴨綠江鐵橋に支那銃發見
239778	朝鮮朝日	西北版	1933-07-23	1	09단	社會敎化打合會
239779	朝鮮朝日	西北版	1933-07-23	1	10단	道路網の完備に力を盡す平北
239780	朝鮮朝日	西北版	1933-07-23	1	10단	子の愛！慘事を防ぐ
239781	朝鮮朝日	西北版	1933-07-23	1	10단	飛行場敷地圓滿に解決
239782	朝鮮朝日	西北版	1933-07-23	1	10단	柳京日記
239783	朝鮮朝日	南鮮版	1933-07-23	1	01단	朝鮮中等野球一次大會　愈よ廿三日から火蓋切らる半島四ヶ所に純眞豪快の大繪卷/和氣靄々の裡に選手歡迎會開かる/南鮮選手茶話會七チーム招待/ファン熱狂す釜山の速報所
239784	朝鮮朝日	南鮮版	1933-07-23	1	01단	洪水罹災者へ御下賜傳達配分率と郡割當額
239785	朝鮮朝日	南鮮版	1933-07-23	1	01단	警備機關の充實と警官優遇に努む警務局の新規事業
239786	朝鮮朝日	南鮮版	1933-07-23	1	03단	釜山行政調査會
239787	朝鮮朝日	南鮮版	1933-07-23	1	04단	ラヂオ體操
239788	朝鮮朝日	南鮮版	1933-07-23	1	04단	生業資金貸付ける一口三十圓で
239789	朝鮮朝日	南鮮版	1933-07-23	1	04단	明日への飛躍を語る一夜講習會非常の好績
239790	朝鮮朝日	南鮮版	1933-07-23	1	04단	冠婚葬禮を根本的改善近く準則制定
239791	朝鮮朝日	南鮮版	1933-07-23	1	04단	わしの銷夏法は二時間も馬に乘り廻はし汗だくだくになることだとても元氣な宇垣總督さん
239792	朝鮮朝日	南鮮版	1933-07-23	1	05단	京城國防評議員會
239793	朝鮮朝日	南鮮版	1933-07-23	1	05단	とても簡便な火葬機考案釜山火葬揭職員が
239794	朝鮮朝日	南鮮版	1933-07-23	1	05단	都會の惡の華から學生の心を健やかに京畿道に敎護聯盟を組織
239795	朝鮮朝日	南鮮版	1933-07-23	1	06단	(群山/京城/大邱)
239796	朝鮮朝日	南鮮版	1933-07-23	1	06단	救護班歸る
239797	朝鮮朝日	南鮮版	1933-07-23	1	06단	ボート轉覆し五名海中へいづれも救助さる
239798	朝鮮朝日	南鮮版	1933-07-23	1	07단	炎熱線に久し振りの驟雨農作物やっと蘇生か

일련번호	판명		간행일	면	단수	기사명
239799	朝鮮朝日	南鮮版	1933-07-23	1	07단	暑熱にあふられて猛威を揮ふ傳染病全北の各地で衛生展覽會
239800	朝鮮朝日	南鮮版	1933-07-23	1	08단	京城撮影所で拳鬪映畫製作朴惠淑孃出演
239801	朝鮮朝日	南鮮版	1933-07-23	1	08단	恐喝漢二名檢擧
239802	朝鮮朝日	南鮮版	1933-07-23	1	09단	水泳場異變衣類を何者かに盜まれ歸へるに歸られぬ女
239803	朝鮮朝日	南鮮版	1933-07-23	1	10단	奇怪な犯人京城に横行
239804	朝鮮朝日	南鮮版	1933-07-23	1	10단	二十六名の判決
239805	朝鮮朝日	南鮮版	1933-07-23	1	10단	人(羽根修君(警務事局羽根兵三氏三男)/池田大佐(前向島派遣隊長)/吉田小佐(朝鮮軍參謀))
239806	朝鮮朝日	西北版	1933-07-25	1	01단	熱風を切る銀球の快技爽凉愈よ熱狂するボールマニヤ朝鮮中等野球一次大會二日/中部豫選京城球場 敗れても悔なき春高普の奮鬪/女子籠球/鐵道への追擊及ばず徽文高普惜敗す/南鮮豫選大邱球場/準決勝息詰る接戰健鬪の大中勝つ/降雨の爲ノーゲーム邱商と釜一商/西部豫選平壤球場/準決勝初陣の光成・惜敗九對八にて新義州商勝つ/湖南豫選光州球場準決勝十六對十六で光高光中補回戰
239807	朝鮮朝日	西北版	1933-07-25	1	04단	ネット裏から
239808	朝鮮朝日	西北版	1933-07-25	1	08단	三百の漁船遭難大暴風に行方不明平南の大同丸救助に活動/慶南地方豪雨襲來各地に大被害
239809	朝鮮朝日	西北版	1933-07-25	1	09단	江界のチフス百名に上る
239810	朝鮮朝日	西北版	1933-07-25	1	09단	安東驛の變ったサービス旅客にウドンや燗酒八月から飲食店開業
239811	朝鮮朝日	西北版	1933-07-25	1	10단	棍棒で毆り殺す亂暴な若者
239812	朝鮮朝日	西北版	1933-07-25	1	10단	讀者優待大福引三等幸運者
239813	朝鮮朝日	南鮮版	1933-07-25	1	01단	熱風を切る銀球の快技爽凉愈よ熱狂するボールマニヤ朝鮮中等野球一次大會二日/中部豫選京城球場 堂々京城師大勝敗れても悔なき春高普の奮鬪/女子籠球/鐵道への追擊及ばず徽文高普惜敗す/南鮮豫選大邱球場/準決勝息詰る接戰健鬪の大中勝つ/降雨の爲ノーゲーム邱商と釜一商/西部豫選平壤球場/準決勝初陣の光成・惜敗九對八にて新義州商勝つ/湖南豫選光州球場準決勝十六對十六で光高光中補回戰
239814	朝鮮朝日	南鮮版	1933-07-25	1	04단	ネット裏から

일련번호	판명		간행일	면	단수	기사명
239815	朝鮮朝日	南鮮版	1933-07-25	1	08단	三百の漁船遭難大暴風に行方不明平南の大同丸救助に活動/慶南地方豪雨襲來各地に大被害
239816	朝鮮朝日	南鮮版	1933-07-25	1	09단	江界のチフス百名に上る
239817	朝鮮朝日	南鮮版	1933-07-25	1	09단	安東驛の變ったサービス旅客にウドンや燗酒八月から飲食店開業
239818	朝鮮朝日	南鮮版	1933-07-25	1	10단	棍棒で毆り殺す亂暴な若者
239819	朝鮮朝日	南鮮版	1933-07-25	1	10단	讀者優待大福引三等幸運者
239820	朝鮮朝日	西北版	1933-07-26	1	01단	次第に大詰めへ愈よ爆彈的興奮球場はファンの山・白扇の波朝鮮中等野球一次大會三日/中部豫選京城球場 7A–5最後の挽回ならず京師・惜くも敗る好く鬪った京城商業/7A–6形勢逆轉善隣遂に名をなす惜くも敗れた鐵道校/南鮮豫選大邱球場　豪雨浦然と來り又ドロンゲーム白眉の釜一商對邱商/西部豫選平壤球場　平壤中學再び優勝旗獲得晴れの第二次豫選へ/湖南豫選光州球場 6A–2投手戰を演じ光中に凱歌擧がる遂に及ばなかった光州高普/6A–0木浦商快勝振はなかった大田中
239821	朝鮮朝日	西北版	1933-07-26	1	04단	御下賜金
239822	朝鮮朝日	西北版	1933-07-26	1	07단	釜山で日本相撲
239823	朝鮮朝日	西北版	1933-07-26	1	07단	京釜線列車立往生旅客千名に炊出し大混雜を呈した金泉驛南鮮各地暴風雨被害/家屋倒壞四十戶浸水三百戶
239824	朝鮮朝日	西北版	1933-07-26	1	08단	平壤に紡績工場設置の計劃
239825	朝鮮朝日	西北版	1933-07-26	1	09단	國境方面河川氾濫電話も不通
239826	朝鮮朝日	西北版	1933-07-26	1	10단	工作部病院新築
239827	朝鮮朝日	西北版	1933-07-26	1	10단	自動車が正面衝突八名が重輕傷
239828	朝鮮朝日	西北版	1933-07-26	1	10단	大同ゴム百名解雇退職金を要求
239829	朝鮮朝日	西北版	1933-07-26	1	10단	生首事件の公判主犯裵に懲役四年共犯平に三年六月
239830	朝鮮朝日	南鮮版	1933-07-26	1	01단	次第に大詰めへ愈よ爆彈的興奮球場はファンの山・白扇の波朝鮮中等野球一次大會三日/中部豫選京城球場 7A–5最後の挽回ならず京師・惜くも敗る好く鬪った京城商業/7A–6形勢逆轉善隣遂に名をなす惜くも敗れた鐵道校/南鮮豫選大邱球場　豪雨浦然と來り又ドロンゲーム白眉の釜一商對邱商/西部豫選平壤球場　平壤中學再び優勝旗獲得晴れの第二次豫選へ/湖南豫選光州球場 6A–2投手戰を演じ光中に凱歌擧がる遂に及ばなかった光州高普/6A–0木浦商快勝振はなかった大田中

일련번호	판명		간행일	면	단수	기사명
239831	朝鮮朝日	南鮮版	1933-07-26	1	04단	御下賜金
239832	朝鮮朝日	南鮮版	1933-07-26	1	07단	釜山で日本相撲
239833	朝鮮朝日	南鮮版	1933-07-26	1	07단	京釜線列車立往生旅客千名に炊出し大混雜を呈した金泉驛南鮮各地暴風雨被害/家屋倒壞四十戶浸水三百戶
239834	朝鮮朝日	南鮮版	1933-07-26	1	08단	平壤に紡績工場設置の計劃
239835	朝鮮朝日	南鮮版	1933-07-26	1	09단	國境方面河川氾濫電話も不通
239836	朝鮮朝日	南鮮版	1933-07-26	1	10단	工作部病院新築
239837	朝鮮朝日	南鮮版	1933-07-26	1	10단	自動車が正面衝突八名が重輕傷
239838	朝鮮朝日	南鮮版	1933-07-26	1	10단	大同ゴム百名解雇退職金を要求
239839	朝鮮朝日	南鮮版	1933-07-26	1	10단	生首事件の公判主犯裵に懲役四年共犯平に三年六月
239840	朝鮮朝日	西北版	1933-07-27	1	01단	意氣と意氣攻防の熱戰展開大觀衆ただ興奮の坩堝に朝鮮中等野球一次大會四日/中部豫選京城球場 豫想を裏切り善商榮冠を獲得優勝旗優勝牌を受く/10－6新銳善隣商打棒振ふ京商の追擊遂に空し/雨に祟たられて惜しや優勝戰中止廿七日に行ふ湖南と南鮮豫選/平中ナイン勇躍京城へ
239841	朝鮮朝日	西北版	1933-07-27	1	04단	賃銀値上を要求
239842	朝鮮朝日	西北版	1933-07-27	1	05단	暑いとて戶外では寢るな哀れ、子供は豺の餌に
239843	朝鮮朝日	西北版	1933-07-27	1	06단	東一銀總會
239844	朝鮮朝日	西北版	1933-07-27	1	06단	洪水の慘害地に又も水禍の難道路橋梁決潰死者續出等々南鮮地方に豪雨襲來/光州地方/慶北一帶
239845	朝鮮朝日	西北版	1933-07-27	1	07단	支店長宅に强盜押入る三十圓受取り悠々と立去る
239846	朝鮮朝日	西北版	1933-07-27	1	08단	重大犯人を奪ひ取らる怪漢三名の爲
239847	朝鮮朝日	西北版	1933-07-27	1	08단	十名を檢束反戰デーの豫備に平壤署活動
239848	朝鮮朝日	西北版	1933-07-27	1	09단	武藤全權重體輕い胃腸病から黃疸て
239849	朝鮮朝日	西北版	1933-07-27	1	09단	赤痢患者を醫師の宅に隱匿平壤では益々猖獗/コレラを嚴重防疫滿洲國の對策
239850	朝鮮朝日	西北版	1933-07-27	1	10단	慶南産組に低資を融通
239851	朝鮮朝日	西北版	1933-07-27	1	10단	人(宇垣總督夫人)
239852	朝鮮朝日	南鮮版	1933-07-27	1	01단	意氣と意氣攻防の熱戰展開大觀衆ただ興奮の坩堝に朝鮮中等野球一次大會四日/中部豫選京城球場 豫想を裏切り善商榮冠を獲得優勝旗優勝牌を受く/10－6新銳善隣商打棒振ふ京商の追擊遂に空し/雨に祟たられて惜しや優勝戰中止廿七日に行ふ湖南と南鮮豫選/平中ナイン勇躍京城へ

일련번호	판명		간행일	면	단수	기사명
239853	朝鮮朝日	南鮮版	1933-07-27	1	04단	賃銀値上を要求
239854	朝鮮朝日	南鮮版	1933-07-27	1	05단	暑いとて戶外では寢るな哀れ、子供は豺の餌に
239855	朝鮮朝日	南鮮版	1933-07-27	1	06단	東一銀總會
239856	朝鮮朝日	南鮮版	1933-07-27	1	06단	洪水の慘害地に又も水禍の難道路橋梁決潰死者續出等々南鮮地方に豪雨襲來/光州地方/慶北一帶
239857	朝鮮朝日	南鮮版	1933-07-27	1	07단	支店長宅に强盜押入る三十圓受取り悠々と立去る
239858	朝鮮朝日	南鮮版	1933-07-27	1	08단	重大犯人を奪ひ取らる怪漢三名の爲
239859	朝鮮朝日	南鮮版	1933-07-27	1	08단	十名を檢束反戰デーの豫備に平壤署活動
239860	朝鮮朝日	南鮮版	1933-07-27	1	09단	武藤全權重體輕い胃腸病から黃疸て
239861	朝鮮朝日	南鮮版	1933-07-27	1	09단	赤痢患者を醫師の宅に隱匿平壤では益々猖獗/コレラを嚴重防疫滿洲國の對策
239862	朝鮮朝日	南鮮版	1933-07-27	1	10단	慶南産組に低資を融通
239863	朝鮮朝日	南鮮版	1933-07-27	1	10단	人(宇垣總督夫人)
239864	朝鮮朝日	西北版	1933-07-28	1	01단	甲子園へ出場の榮の朝鮮代表は？廿九日から中等野球二次大會注目される四代表の爭霸/南鮮豫選大邱球場　釜山一商優勝凄壯雨中に球場を埋めた觀衆/3A―1チャンスを逸し大邱商惜敗す/湖南豫選光州球場　木商二年連續湖南に霸を稱ふ/釜山府民熱狂す多數のファン續々と京城へ
239865	朝鮮朝日	西北版	1933-07-28	1	01단	證據不十分で若妻殺しは無罪に感謝の淚を流す渡邊廣吉/二年振に出所更生の生活へ/無罪判決は見解の相違/眞犯人を擧げるのみ鎭南浦署談/麻しげに初子の實父談/一日五圓以下の補償適用か
239866	朝鮮朝日	西北版	1933-07-28	1	04단	馬山で大相撲
239867	朝鮮朝日	西北版	1933-07-28	1	08단	農政農産兩課新設人事課も同時に
239868	朝鮮朝日	西北版	1933-07-28	1	08단	水稻の植付成績百六十五萬町を終る
239869	朝鮮朝日	西北版	1933-07-28	1	08단	慶北道郡守異動/忠南財務主任異動/東拓異動
239870	朝鮮朝日	西北版	1933-07-28	1	08단	凉味滿喫總監空から沙防事業視察飛行機に乘って『愉快だね』
239871	朝鮮朝日	西北版	1933-07-28	1	10단	遞信局辭令(廿六日付)
239872	朝鮮朝日	西北版	1933-07-28	1	10단	行金橫領の小川を起訴女給は不起訴
239873	朝鮮朝日	西北版	1933-07-28	1	10단	漁夫卅一名行方不明に

일련번호	판명		간행일	면	단수	기사명
239874	朝鮮朝日	西北版	1933-07-28	1	10단	軍營設置期成會
239875	朝鮮朝日	南鮮版	1933-07-28	1	01단	甲子園へ出場の榮の朝鮮代表は？廿九日から中等野球二次大會注目される四代表の爭霸/南鮮豫選大邱球場 釜山一商優勝凄壯雨中に球場を埋めた觀衆/3A一1チャンスを逸し大邱商惜敗す/湖南豫選光州球場 木商二年連續湖南に霸を稱ふ/釜山府民熱狂す多數のファン續々と京城へ
239876	朝鮮朝日	南鮮版	1933-07-28	1	01단	證據不十分で若妻殺しは無罪に感謝の涙を流す渡邊廣吉/二年振に出所更生の生活へ/無罪判決は見解の相違/眞犯人を擧げるのみ鎭南浦署談/痲しげに初子の實父談/一日五圓以下の補償適用か
239877	朝鮮朝日	南鮮版	1933-07-28	1	04단	馬山で大相撲
239878	朝鮮朝日	南鮮版	1933-07-28	1	08단	農政農産兩課新設人事課も同時に
239879	朝鮮朝日	南鮮版	1933-07-28	1	08단	水稻の植付成績百六十五萬町を終る
239880	朝鮮朝日	南鮮版	1933-07-28	1	08단	慶北道郡守異動/忠南財務主任異動/東拓異動
239881	朝鮮朝日	南鮮版	1933-07-28	1	08단	涼味滿喫總監空から沙防事業視察飛行機に乘って『愉快だね』
239882	朝鮮朝日	南鮮版	1933-07-28	1	10단	遞信局辭令(廿六日付)
239883	朝鮮朝日	南鮮版	1933-07-28	1	10단	行金橫領の小川を起訴女給は不起訴
239884	朝鮮朝日	南鮮版	1933-07-28	1	10단	漁夫卅一名行方不明に
239885	朝鮮朝日	南鮮版	1933-07-28	1	10단	軍營設置期成會
239886	朝鮮朝日	西北版	1933-07-29	1	01단	甲子園の檜舞台めざして凄壯! 勇躍! 球技の華四代表愈よ廿九日から火蓋切らる中等野球二次大會/强敵は善隣商意氣込む平壤中/一日の入場五千人/釜鐵對關學/水泳講習終了式
239887	朝鮮朝日	西北版	1933-07-29	1	03단	平北國防義會設立
239888	朝鮮朝日	西北版	1933-07-29	1	04단	臨海學校
239889	朝鮮朝日	西北版	1933-07-29	1	04단	植民地の兒童に國體觀念を養ふ同時に産業敎育をも施す近く敎科書の大改正
239890	朝鮮朝日	西北版	1933-07-29	1	05단	西鮮地方の風土病退治流行地で咯痰檢査
239891	朝鮮朝日	西北版	1933-07-29	1	05단	平壤府の新規事業水道擴張等
239892	朝鮮朝日	西北版	1933-07-29	1	05단	東京、新京往復飛行朴敬元孃が
239893	朝鮮朝日	西北版	1933-07-29	1	06단	七警官表彰
239894	朝鮮朝日	西北版	1933-07-29	1	06단	平南初等學校兒童の健康狀態を調査特に寄生蟲驅除に努む

일련번호	판명		간행일	면	단수	기사명
239895	朝鮮朝日	西北版	1933-07-29	1	06단	總會を前に有賀頭取東上關係方面で注目さる
239896	朝鮮朝日	西北版	1933-07-29	1	06단	千代ヶ濱海水浴場
239897	朝鮮朝日	西北版	1933-07-29	1	06단	平壤を中心に主要道鋪裝滿川線、送安線等
239898	朝鮮朝日	西北版	1933-07-29	1	07단	ギャング密輸團依然鴨綠江岸に出沒
239899	朝鮮朝日	西北版	1933-07-29	1	07단	迷宮事件として永久に葬り去られるか更に注目される若妻殺し事件/證據物は依然謎だ增永裁判長談
239900	朝鮮朝日	西北版	1933-07-29	1	08단	七月から電料値下朝送電會社が
239901	朝鮮朝日	西北版	1933-07-29	1	08단	夫婦喧嘩も度を過さぬやう冗談から妻は自殺
239902	朝鮮朝日	西北版	1933-07-29	1	08단	平壤署に警察犬全鮮では最初
239903	朝鮮朝日	西北版	1933-07-29	1	09단	全南豪雨被害流失家屋三百餘浸水家屋千餘
239904	朝鮮朝日	西北版	1933-07-29	1	10단	國境警官に救急藥配布本府で準備
239905	朝鮮朝日	西北版	1933-07-29	1	10단	四日間も五名漂流やっと救助さる
239906	朝鮮朝日	西北版	1933-07-29	1	10단	助けんとじて兄弟が溺死
239907	朝鮮朝日	西北版	1933-07-29	1	10단	強盜犯人捕まる
239908	朝鮮朝日	南鮮版	1933-07-29	1	01단	甲子園の檜舞台めざして凄壯! 勇躍! 球技の華四代表愈よ廿九日から火蓋切らる中等野球二次大會/強敵は善隣商意氣込む平壤中/一日の入場五千人/釜鐵對關學/水泳講習終了式
239909	朝鮮朝日	南鮮版	1933-07-29	1	03단	平北國防義會設立
239910	朝鮮朝日	南鮮版	1933-07-29	1	04단	臨海學校
239911	朝鮮朝日	南鮮版	1933-07-29	1	04단	植民地の兒童に國體觀念を養ふ同時に産業教育をも施す近く教科書の大改正
239912	朝鮮朝日	南鮮版	1933-07-29	1	05단	西鮮地方の風土病退治流行地で咯痰檢査
239913	朝鮮朝日	南鮮版	1933-07-29	1	05단	平壤府の新規事業水道擴張等
239914	朝鮮朝日	南鮮版	1933-07-29	1	05단	東京、新京往復飛行朴敬元孃が
239915	朝鮮朝日	南鮮版	1933-07-29	1	06단	七警官表彰
239916	朝鮮朝日	南鮮版	1933-07-29	1	06단	平南初等學校兒童の健康狀態を調査特に寄生蟲驅除に努む
239917	朝鮮朝日	南鮮版	1933-07-29	1	06단	總會を前に有賀頭取東上關係方面で注目さる
239918	朝鮮朝日	南鮮版	1933-07-29	1	06단	千代ヶ濱海水浴場
239919	朝鮮朝日	南鮮版	1933-07-29	1	06단	平壤を中心に主要道鋪裝滿川線、送安線等

일련번호	판명		간행일	면	단수	기사명
239920	朝鮮朝日	南鮮版	1933-07-29	1	07단	ギャング密輸團依然鴨綠江岸に出沒
239921	朝鮮朝日	南鮮版	1933-07-29	1	07단	迷宮事件として永久に葬り去られるか更に注目される若妻殺し事件/證據物は依然謎だ增永裁判長談
239922	朝鮮朝日	南鮮版	1933-07-29	1	08단	七月から電料値下朝送電會社が
239923	朝鮮朝日	南鮮版	1933-07-29	1	08단	夫婦喧嘩も度を過さぬやう冗談から妻は自殺
239924	朝鮮朝日	南鮮版	1933-07-29	1	08단	平壤署に警察犬全鮮では最初
239925	朝鮮朝日	南鮮版	1933-07-29	1	09단	全南豪雨被害流失家屋三百餘浸水家屋千餘
239926	朝鮮朝日	南鮮版	1933-07-29	1	10단	國境警官に救急藥配布本府で準備
239927	朝鮮朝日	南鮮版	1933-07-29	1	10단	四日間も五名漂流やっと救助さる
239928	朝鮮朝日	南鮮版	1933-07-29	1	10단	助けんとじて兄弟が溺死
239929	朝鮮朝日	南鮮版	1933-07-29	1	10단	强盜犯人捕まる
239930	朝鮮朝日	西北版	1933-07-30	1	01단	戰前の休養に選手の意氣猛奮半島ファンの熱愈よ昂まる中等野球二次大會(中部代表善隣商業は/南鮮代表釜山一商は/湖南代表木浦商業は/西北代表平壤中學は)
239931	朝鮮朝日	西北版	1933-07-30	1	01단	農政・農産兩課事務の分擔きまる近く將來畜産課も新設か
239932	朝鮮朝日	西北版	1933-07-30	1	01단	淸羅道に輪城大橋來月廿日竣工
239933	朝鮮朝日	西北版	1933-07-30	1	02단	水産夏季大學
239934	朝鮮朝日	西北版	1933-07-30	1	03단	元山夏季講習會
239935	朝鮮朝日	西北版	1933-07-30	1	03단	各地に水の恐怖家屋浸水・交通杜絶等々/京城地方/平南地方/平北地方/慶南地方/傳染病に對し診察班派遣
239936	朝鮮朝日	西北版	1933-07-30	1	04단	武道稽古
239937	朝鮮朝日	西北版	1933-07-30	1	04단	釜山穀物商總會
239938	朝鮮朝日	西北版	1933-07-30	1	04단	家庭への一大脅威手足が動かなくなる恐ろしい病氣が流行/兒童の蛔蟲驅除海人草を頒布/平壤府內の傳染病續出
239939	朝鮮朝日	西北版	1933-07-30	1	05단	暑さに狂うた若者庖丁で妻を滅多斬り
239940	朝鮮朝日	西北版	1933-07-30	1	06단	朝鮮軍經理部長
239941	朝鮮朝日	西北版	1933-07-30	1	06단	ラヂオの演奏場平壤に設置
239942	朝鮮朝日	西北版	1933-07-30	1	07단	汗みづくで精進の平壤農校の農業講習會
239943	朝鮮朝日	西北版	1933-07-30	1	07단	初等教員農事講習
239944	朝鮮朝日	西北版	1933-07-30	1	08단	平昌局電話開始
239945	朝鮮朝日	西北版	1933-07-30	1	08단	夏なればこそ團扇人を殺す皆さん御用心下さい

일련번호	판명		간행일	면	단수	기사명
239946	朝鮮朝日	西北版	1933-07-30	1	08단	統營運河航料改訂
239947	朝鮮朝日	西北版	1933-07-30	1	08단	十名の募集に應募二百名驚く平壤專賣局
239948	朝鮮朝日	西北版	1933-07-30	1	09단	窮民救濟二次事業五千五百萬圓
239949	朝鮮朝日	西北版	1933-07-30	1	09단	京城の勞銀指數
239950	朝鮮朝日	西北版	1933-07-30	1	09단	久し振りに暖かい夢を結ぶ平壤に歸った渡邊氏
239951	朝鮮朝日	西北版	1933-07-30	1	10단	證書を呑み込む新手の犯人
239952	朝鮮朝日	西北版	1933-07-30	1	10단	不義の子を殺す
239953	朝鮮朝日	西北版	1933-07-30	1	10단	赤の二名を逮捕
239954	朝鮮朝日	西北版	1933-07-30	1	10단	失戀から飛込自殺
239955	朝鮮朝日	西北版	1933-07-30	1	10단	人(望月瀧三氏(前總督府獸疫血淸製造所長))
239956	朝鮮朝日	南鮮版	1933-07-30	1	01단	戰前の休養に選手の意氣猛奮半島ファンの熱愈よ昂まる中等野球二次大會(中部代表善隣商業は/南鮮代表釜山一商は/湖南代表木浦商業は/西北代表平壤中學は)
239957	朝鮮朝日	南鮮版	1933-07-30	1	01단	農政・農産兩課事務の分擔きまる近く將來畜産課も新設か
239958	朝鮮朝日	南鮮版	1933-07-30	1	01단	淸羅道に輪城大橋來月廿日竣工
239959	朝鮮朝日	南鮮版	1933-07-30	1	02단	水産夏季大學
239960	朝鮮朝日	南鮮版	1933-07-30	1	03단	元山夏季講習會
239961	朝鮮朝日	南鮮版	1933-07-30	1	03단	各地に水の恐怖家屋浸水・交通杜絶等々/京城地方/平南地方/平北地方/慶南地方/傳染病に對し診察班派遣
239962	朝鮮朝日	南鮮版	1933-07-30	1	04단	武道稽古
239963	朝鮮朝日	南鮮版	1933-07-30	1	04단	釜山穀物商總會
239964	朝鮮朝日	南鮮版	1933-07-30	1	04단	家庭への一大脅威手足が動かなくなる恐ろしい病氣が流行/兒童の蛔蟲驅除海人草を頒布/平壤府內の傳染病續出
239965	朝鮮朝日	南鮮版	1933-07-30	1	05단	暑さに狂うた若者庖丁で妻を滅多斬り
239966	朝鮮朝日	南鮮版	1933-07-30	1	06단	朝鮮軍經理部長
239967	朝鮮朝日	南鮮版	1933-07-30	1	06단	ラヂオの演奏場平壤に設置
239968	朝鮮朝日	南鮮版	1933-07-30	1	07단	汗みづくで精進の平壤農校の農業講習會
239969	朝鮮朝日	南鮮版	1933-07-30	1	07단	初等教員農事講習
239970	朝鮮朝日	南鮮版	1933-07-30	1	08단	平昌局電話開始
239971	朝鮮朝日	南鮮版	1933-07-30	1	08단	夏なればこそ團扇人を殺す皆さん御用心下さい
239972	朝鮮朝日	南鮮版	1933-07-30	1	08단	統營運河航料改訂
239973	朝鮮朝日	南鮮版	1933-07-30	1	08단	十名の募集に應募二百名驚く平壤專賣局

일련번호	판명		간행일	면	단수	기사명
239974	朝鮮朝日	南鮮版	1933-07-30	1	09단	窮民救濟二次事業五千五百萬圓
239975	朝鮮朝日	南鮮版	1933-07-30	1	09단	京城の勞銀指數
239976	朝鮮朝日	南鮮版	1933-07-30	1	09단	久し振りに暖かい夢を結ぶ平壤に歸った渡邊氏
239977	朝鮮朝日	南鮮版	1933-07-30	1	10단	證書を呑み込む新手の犯人
239978	朝鮮朝日	南鮮版	1933-07-30	1	10단	不義の子を殺す
239979	朝鮮朝日	南鮮版	1933-07-30	1	10단	赤の二名を逮捕
239980	朝鮮朝日	南鮮版	1933-07-30	1	10단	失戀から飛込自殺
239981	朝鮮朝日	南鮮版	1933-07-30	1	10단	人(望月瀧三氏(前總督府獸疫血淸製造所長))

1933년 8월 (조선아사히)

일련번호	판명		간행일	면	단수	기사명
239982	朝鮮朝日	西北版	1933-08-01	1		缺號
239983	朝鮮朝日	南鮮版	1933-08-01	1	01단	善商、木商チーム最後の爭霸戰へ榮光の半島代表は何校に中等野球二次大會/準優勝試合の成績2-1武運つたなく釜山一商敗退す凱歌を擧げた善隣商業/優勝戰(一日午後二時)善商對木商/7A-0昨年の優勝校平中惜くも敗る湖南の木商遂に名をなす
239984	朝鮮朝日	南鮮版	1933-08-01	1	02단	警察犬飼育/軍犬慶北分會發會式擧行
239985	朝鮮朝日	南鮮版	1933-08-01	1	04단	兩三日中に根本問題を解決關係當局の妥協的交涉で局鐵の滿鐵委任問題
239986	朝鮮朝日	南鮮版	1933-08-01	1	05단	ネット裏から
239987	朝鮮朝日	南鮮版	1933-08-01	1	05단	淸州農事講習會
239988	朝鮮朝日	南鮮版	1933-08-01	1	06단	平壤に三人組强盜二十五圓奪ひ金庫を破壞す一夜に二ケ所を襲ふ
239989	朝鮮朝日	南鮮版	1933-08-01	1	06단	平南道內模範桑田百餘を選定
239990	朝鮮朝日	南鮮版	1933-08-01	1	07단	本府各課新事業總額五千萬圓
239991	朝鮮朝日	南鮮版	1933-08-01	1	07단	夏の夜は恐ろし猛獸・姙婦を咬殺暑くとも戶外で寢るな
239992	朝鮮朝日	南鮮版	1933-08-01	1	08단	女給から妓生へ生活轉向の李寶英孃
239993	朝鮮朝日	南鮮版	1933-08-01	1	08단	釜山血淸所長牡蠣崎博士引退
239994	朝鮮朝日	南鮮版	1933-08-01	1	08단	市場に消防組
239995	朝鮮朝日	南鮮版	1933-08-01	1	08단	感心な兵士
239996	朝鮮朝日	南鮮版	1933-08-01	1	08단	神戶取引所で鮮米格付改正十二月限りから
239997	朝鮮朝日	南鮮版	1933-08-01	1	09단	釜山婦人會から機關銃獻納
239998	朝鮮朝日	南鮮版	1933-08-01	1	09단	面民六十名が陳情
239999	朝鮮朝日	南鮮版	1933-08-01	1	10단	平南酒類品評會
240000	朝鮮朝日	南鮮版	1933-08-01	1	10단	松茸登場
240001	朝鮮朝日	南鮮版	1933-08-01	1	10단	吉安、一直、臨河の暴風雨被害
240002	朝鮮朝日	南鮮版	1933-08-01	1	10단	プールで溺死す
240003	朝鮮朝日	南鮮版	1933-08-01	1	10단	少女の身投自殺
240004	朝鮮朝日	南鮮版	1933-08-01	1	10단	讀者優待映畫の夕三日釜山で
240005	朝鮮朝日	西北版	1933-08-02	1	01단	晴の朝鮮代表は善隣商業と決る全國中等野球朝鮮第二次豫選盛況裡に幕を閉づ/5A-1木商最後の攻擊も空しく善隣商業に破らる/しゃしん((1)第二次豫選入場式(2)林學務局長始球式(3)八回裏木浦商鬼木二三壘間挾擧(4)會場聽衆飛行機訪(5)優勝善隣商業チーム)/ネット裏から

일련번호	판명		간행일	면	단수	기사명
240006	朝鮮朝日	西北版	1933-08-02	1	04단	人(溝口旨脈氏(京城公立商業學校長)/大村金治氏(京城公立商業學校長))
240007	朝鮮朝日	西北版	1933-08-02	1	05단	道財務部廢止稅務署の新設いよいよ明年度實施される稅制改正は七月から
240008	朝鮮朝日	西北版	1933-08-02	1	07단	解雇職工全部復職で解決平壤大同ゴム工場
240009	朝鮮朝日	西北版	1933-08-02	1	07단	慶州の古墳六基愈よ發掘する經費も豊富大掛りで行ふその結果期待さる
240010	朝鮮朝日	西北版	1933-08-02	1	08단	關釜聯絡船に猩紅熱患者乘客上陸禁地で檢疫
240011	朝鮮朝日	西北版	1933-08-02	1	08단	アメリカの三少年釜山上陸北行
240012	朝鮮朝日	西北版	1933-08-02	1	08단	北鮮の密林は世界的鏑木博士語る
240013	朝鮮朝日	西北版	1933-08-02	1	08단	天王寺商業音樂部軍隊慰問
240014	朝鮮朝日	西北版	1933-08-02	1	09단	上告で無罪慶北巡査殺し
240015	朝鮮朝日	西北版	1933-08-02	1	09단	水組紛彈で數千の群衆咸安校庭で騷ぐ武裝警官隊急行
240016	朝鮮朝日	西北版	1933-08-02	1	10단	平壤飛行隊滿期兵凱旋除隊
240017	朝鮮朝日	西北版	1933-08-02	1	10단	理事問題で又揉める鎭海漁業組合
240018	朝鮮朝日	西北版	1933-08-02	1	10단	昌慶丸二等女乘客航海中行方不明
240019	朝鮮朝日	西北版	1933-08-02	1	10단	晉州の判決二件
240020	朝鮮朝日	南鮮版	1933-08-02	1	01단	晴の朝鮮代表は善隣商業と決る全國中等野球朝鮮第二次豫選盛況裡に幕を閉ヅ/5A―1木商最後の攻擊も空しく善隣商業に破らる/しゃしん((1)第二次豫選入場式(2)林學務局長始球式(3)八回裏木浦商鬼木二三壘間挾擊(4)會場聽衆飛行機訪(5)優勝善隣商業チーム)/ネット裏から
240021	朝鮮朝日	南鮮版	1933-08-02	1	04단	人(溝口旨脈氏(京城公立商業學校長)/大村金治氏(京城公立商業學校長))
240022	朝鮮朝日	南鮮版	1933-08-02	1	05단	道財務部廢止稅務署の新設いよいよ明年度實施される稅制改正は七月から
240023	朝鮮朝日	南鮮版	1933-08-02	1	07단	解雇職工全部復職で解決平壤大同ゴム工場
240024	朝鮮朝日	南鮮版	1933-08-02	1	07단	慶州の古墳六基愈よ發掘する經費も豊富大掛りで行ふその結果期待さる
240025	朝鮮朝日	南鮮版	1933-08-02	1	08단	關釜聯絡船に猩紅熱患者乘客上陸禁地で檢疫
240026	朝鮮朝日	南鮮版	1933-08-02	1	08단	アメリカの三少年釜山上陸北行
240027	朝鮮朝日	南鮮版	1933-08-02	1	08단	北鮮の密林は世界的鏑木博士語る

일련번호	판명		간행일	면	단수	기사명
240028	朝鮮朝日	南鮮版	1933-08-02	1	08단	天王寺商業音樂部軍隊慰問
240029	朝鮮朝日	南鮮版	1933-08-02	1	09단	上告で無罪慶北巡査殺し
240030	朝鮮朝日	南鮮版	1933-08-02	1	09단	水組糺彈で數千の群衆咸安校庭で騷ぐ武裝警官隊急行
240031	朝鮮朝日	南鮮版	1933-08-02	1	10단	平壤飛行隊滿期兵凱旋除隊
240032	朝鮮朝日	南鮮版	1933-08-02	1	10단	理事問題で又揉める鎭海漁業組合
240033	朝鮮朝日	南鮮版	1933-08-02	1	10단	昌慶丸二等女乘客航海中行方不明
240034	朝鮮朝日	南鮮版	1933-08-02	1	10단	晉州の判決二件
240035	朝鮮朝日	西北版	1933-08-03	1	01단	愈よ！九月から樂浪文化の扉を拓く樂浪研究所長に選はれた！小場翁のこと樂浪古墳發掘作中の小場恒吉翁X印
240036	朝鮮朝日	西北版	1933-08-03	1	02단	陸軍定期異動(朝鮮關係の分)(括弧內は現職)
240037	朝鮮朝日	西北版	1933-08-03	1	02단	*榮轉する人々今回の轉任は非常の名譽新羅南卅八施園長太田少將談/決死的奉公朝鮮は全く未知だ坂西大佐語る/去るに際し兒玉中將談*
240038	朝鮮朝日	西北版	1933-08-03	1	03단	鮮米拂下不成績豊作見越しと米價軟調で
240039	朝鮮朝日	西北版	1933-08-03	1	04단	滿州視察團出發
240040	朝鮮朝日	西北版	1933-08-03	1	04단	當然昇格の恩典にちかく解決するだらう卒業生の醫師免許問題につき及川平壤醫專校長語る
240041	朝鮮朝日	西北版	1933-08-03	1	05단	元山里漁港改修築運動
240042	朝鮮朝日	西北版	1933-08-03	1	06단	平元線の速成運動三四名が上城
240043	朝鮮朝日	西北版	1933-08-03	1	06단	鴨緑江岸干潟地一干町步を干拓
240044	朝鮮朝日	西北版	1933-08-03	1	06단	平壤柳町公設市場
240045	朝鮮朝日	西北版	1933-08-03	1	06단	平壤に纖維工場設置說に對し三井側で調査
240046	朝鮮朝日	西北版	1933-08-03	1	07단	宴會花代廢止する(平壤券番)
240047	朝鮮朝日	西北版	1933-08-03	1	07단	栗大豆は根腐れ
240048	朝鮮朝日	西北版	1933-08-03	1	07단	判決に不服で控訴申立つ死刑男等六名
240049	朝鮮朝日	西北版	1933-08-03	1	07단	兒童のお腹は病院四千名が蛔蟲保持者驅除につとめる平壤府當局
240050	朝鮮朝日	西北版	1933-08-03	1	07단	去るに際し兒玉中將談
240051	朝鮮朝日	西北版	1933-08-03	1	08단	支那人誘拐魔十二名送局
240052	朝鮮朝日	西北版	1933-08-03	1	08단	二萬圓を投じ陶器實驗工場新設明年度平南工業試驗所に
240053	朝鮮朝日	西北版	1933-08-03	1	08단	誘拐團の片割捕る

일련번호	판명		간행일	면	단수	기사명
240054	朝鮮朝日	西北版	1933-08-03	1	09단	夫の家出を悲觀し母子心中を計る勇敢な四女學生の爲に娘のみ漸やく助かる
240055	朝鮮朝日	西北版	1933-08-03	1	10단	四名が死傷モーターカーが脱線轉覆して
240056	朝鮮朝日	西北版	1933-08-03	1	10단	人(畑中平壤步兵第七十七備隊長)
240057	朝鮮朝日	西北版	1933-08-03	1	10단	柳京日記
240058	朝鮮朝日	南鮮版	1933-08-03	1	01단	産金一億圓は愈よ近い將來か七年中の鑛産額三千五百萬圓躍進的の增加を示す
240059	朝鮮朝日	南鮮版	1933-08-03	1	01단	不穩思想の防止に出版警察を强化明年度に警務局檢閱係員增加
240060	朝鮮朝日	南鮮版	1933-08-03	1	01단	釜山穀商組合鮮航會脱退注目される鮮航會の動き
240061	朝鮮朝日	南鮮版	1933-08-03	1	01단	金海邑に上水道二年繼續で
240062	朝鮮朝日	南鮮版	1933-08-03	1	02단	森林司法講習會
240063	朝鮮朝日	南鮮版	1933-08-03	1	02단	陸軍定期異動(朝鮮關係の分)(括弧內は現職)
240064	朝鮮朝日	南鮮版	1933-08-03	1	02단	榮轉する人々今回の轉任は非常の名譽新羅南卅八施園長太田少將談/決死的奉公朝鮮は全く未知だ坂西大佐語る/去るに際し兒玉中將談
240065	朝鮮朝日	南鮮版	1933-08-03	1	03단	馬山の怪童大關に弟子入り
240066	朝鮮朝日	南鮮版	1933-08-03	1	04단	大田市民會
240067	朝鮮朝日	南鮮版	1933-08-03	1	04단	李命福氏の美擧
240068	朝鮮朝日	南鮮版	1933-08-03	1	04단	五十尺の國旗揭揚塔釜山署玄關前に設置
240069	朝鮮朝日	南鮮版	1933-08-03	1	04단	釜山聯合靑年團に道から感謝狀
240070	朝鮮朝日	南鮮版	1933-08-03	1	04단	林業副業品評會今秋蔚山で
240071	朝鮮朝日	南鮮版	1933-08-03	1	05단	せつめい((上)善隣商業對木浦商業の優勝戰(下)優勝旗獲得善隣商チーム)
240072	朝鮮朝日	南鮮版	1933-08-03	1	05단	安東、義城兩郡暴風雨被害
240073	朝鮮朝日	南鮮版	1933-08-03	1	05단	鮮米拂下不成績豊作見越しと米價軟調で
240074	朝鮮朝日	南鮮版	1933-08-03	1	07단	平壤に纖維工場設置說に對し三井側で調査
240075	朝鮮朝日	南鮮版	1933-08-03	1	07단	宴會花代廢止する(平壤券番)
240076	朝鮮朝日	西北版	1933-08-03	1	07단	去るに際し兒玉中將談
240077	朝鮮朝日	南鮮版	1933-08-03	1	08단	本社の映畵馬山も大盛況
240078	朝鮮朝日	南鮮版	1933-08-03	1	08단	運轉手と車掌列車飛込み心中頭部を粉碎無殘の死
240079	朝鮮朝日	南鮮版	1933-08-03	1	08단	剃刀で友を殺し自分も自殺を計る
240080	朝鮮朝日	南鮮版	1933-08-03	1	08단	空券發行防止に近く嚴重警告
240081	朝鮮朝日	南鮮版	1933-08-03	1	09단	釜山陳列窓裝飾競技會

일련번호	판명		간행일	면	단수	기사명
240082	朝鮮朝日	南鮮版	1933-08-03	1	09단	夫の家出を悲觀し母子心中を計る勇敢な四女學生の爲に娘のみ漸やく助かる
240083	朝鮮朝日	南鮮版	1933-08-03	1	10단	四名が死傷モーターカーが脱線轉覆して
240084	朝鮮朝日	南鮮版	1933-08-03	1	10단	身投女の身許判明
240085	朝鮮朝日	南鮮版	1933-08-03	1	10단	人(畑中平壤步兵第七十七聯隊長/添田一貴氏(安田銀行釜山店長))
240086	朝鮮朝日	南鮮版	1933-08-03	1	10단	ストロー
240087	朝鮮朝日	西北版	1933-08-04	1	01단	赤の潜入を防ぎ本腰で思想善導警務局の大體方針決定
240088	朝鮮朝日	西北版	1933-08-04	1	01단	既婚者入學不許可に學務局一部で異論だが平南當局曰く『問題ではない』
240089	朝鮮朝日	西北版	1933-08-04	1	01단	晴の大會へ善隣商五日出發
240090	朝鮮朝日	西北版	1933-08-04	1	01단	咸南道廳舍新築設計難豫算の削減で
240091	朝鮮朝日	西北版	1933-08-04	1	02단	けふの話題
240092	朝鮮朝日	西北版	1933-08-04	1	03단	窯業振興委員會平南に設ける
240093	朝鮮朝日	西北版	1933-08-04	1	04단	獻穀畓作柄良好
240094	朝鮮朝日	西北版	1933-08-04	1	04단	總督府辭令
240095	朝鮮朝日	西北版	1933-08-04	1	04단	丹村面觀得洞に三重の石塔鮮內稀れな國寶以上の物藤島工學博士の鑑定で折り紙をつけらる
240096	朝鮮朝日	西北版	1933-08-04	1	05단	平南金組理事異動
240097	朝鮮朝日	西北版	1933-08-04	1	05단	國境警備に努力した民間有志に感謝狀を贈る
240098	朝鮮朝日	西北版	1933-08-04	1	05단	開城府會
240099	朝鮮朝日	西北版	1933-08-04	1	05단	高利整理低資融通四十二萬圓
240100	朝鮮朝日	西北版	1933-08-04	1	06단	島根縣漁業者が朝鮮近海に進出近海に見切りつけて
240101	朝鮮朝日	西北版	1933-08-04	1	06단	安東邑學組議員
240102	朝鮮朝日	西北版	1933-08-04	1	06단	王陵を發見
240103	朝鮮朝日	西北版	1933-08-04	1	06단	南鮮一帶强風に襲はる各定期航路船缺航し旅客立往生釜山大混雜
240104	朝鮮朝日	西北版	1933-08-04	1	06단	間道の匪賊團なほ各地に出沒
240105	朝鮮朝日	西北版	1933-08-04	1	07단	法院復活方瑞山で運動
240106	朝鮮朝日	西北版	1933-08-04	1	07단	前年より一割五分增蠶兒の發育も良好夏秋蠶の第一回豫想
240107	朝鮮朝日	西北版	1933-08-04	1	07단	注射の分量を過りモヒ患者が悶死死體隱匿に山に埋沒共謀の二名遂に御用
240108	朝鮮朝日	西北版	1933-08-04	1	07단	不都合な寫眞屋
240109	朝鮮朝日	西北版	1933-08-04	1	08단	厄介な若者

일련번호	판명		간행일	면	단수	기사명
240110	朝鮮朝日	西北版	1933-08-04	1	09단	山林內で妻の慘死體發見屆出た夫が怪しい
240111	朝鮮朝日	西北版	1933-08-04	1	09단	滿浦鎭沿線に商旅隊派遣平壤卸商組合から
240112	朝鮮朝日	西北版	1933-08-04	1	09단	安東義城地方暴風雨慘害救恤金支出
240113	朝鮮朝日	西北版	1933-08-04	1	10단	可興里一帶にヌクテ出沒都落民は戰々兢々
240114	朝鮮朝日	西北版	1933-08-04	1	10단	穀物專門賊二名
240115	朝鮮朝日	西北版	1933-08-04	1	10단	原審通り罰金百圓
240116	朝鮮朝日	西北版	1933-08-04	1	10단	鎭南浦署活動十一名檢擧
240117	朝鮮朝日	南鮮版	1933-08-04	1		缺號
240118	朝鮮朝日	西北版	1933-08-05	1	01단	愈よ發令された鮮內知事級の異動拓務省の原案通りに/腹らかに語る人々再び白紙で大いにやる考へ新學務局長の渡邊豊日子氏談/故鄉に歸る懷しさ大いに勉强する新慶南知事關水武氏談/始めての地方勤め心機一轉働くよ新咸南知事萩原彦三氏談/今去るは心殘り新任山口縣知事菊山嘉男氏談/半島官界廿三年殖銀入りをなす林茂樹氏談
240119	朝鮮朝日	西北版	1933-08-05	1	03단	列車を吹き飛ばす慘澹たる暴風雨地獄家屋倒壞、道路埋沒、死傷續出被害劇甚の南鮮一帶/風速廿六メートル眞に記錄的釜山測候所の話/慶南地方死傷者等十八名家屋倒壞三百餘船舶沈沒等百七十隻/上下列車立往生三百名炊出し咸興地方/機關車が埋沒す麗水地方/沈沒船三百餘全市暗黑に馬山地方/死者、行方不明九名に上る春川地方/共進會場建物大部分破壞元山地方/遭難船から七名を救助櫻島丸の篤行/七月下旬の暴風雨被害七道の調べなる/水害地に豫防注射施行
240120	朝鮮朝日	西北版	1933-08-05	1	04단	社會敎化巡回講演
240121	朝鮮朝日	西北版	1933-08-05	1	06단	陸軍定期異動朝鮮軍關係(軍司令部/二十師團)
240122	朝鮮朝日	西北版	1933-08-05	1	06단	平壤飛行隊編成贊
240123	朝鮮朝日	西北版	1933-08-05	1	07단	鎭南浦の貧窮兒童四十二名に晝食を支給する二學期から一食五錢程度で
240124	朝鮮朝日	西北版	1933-08-05	1	07단	上野課長土産話
240125	朝鮮朝日	西北版	1933-08-05	1	07단	約卅名の匪賊滿洲軍艦に發砲鴨綠江口を巡航中に死傷三名を出す

일련번호	판명		간행일	면	단수	기사명
240126	朝鮮朝日	西北版	1933-08-05	1	07단	朝鮮商銀異動
240127	朝鮮朝日	西北版	1933-08-05	1	08단	咸南道內にもの凄いチフス豫防に手を燒く當局
240128	朝鮮朝日	西北版	1933-08-05	1	09단	ストロー
240129	朝鮮朝日	西北版	1933-08-05	1	10단	釜山も鎭海も空前の盛況本社の映畫會
240130	朝鮮朝日	西北版	1933-08-05	1	10단	十三間の道路に釜山棧橋通り
240131	朝鮮朝日	南鮮版	1933-08-05	1	01단	愈よ發令された鮮內知事級の異動拓務省の原案通りに/服らかに語る人々再び白紙で大いにやる考へ新學務局長の渡邊豊日子氏談/故鄉に歸る懷しき大いに勉强する新慶南知事關水武氏談/始めての地方勤め心機一轉働くよ新咸南知事萩原彦三氏談/今去るは心殘り新任山口懸知事菊山嘉男氏談/半島官界廿三年殖銀入りをなす林茂樹氏談
240132	朝鮮朝日	南鮮版	1933-08-05	1	03단	列車を吹き飛ばす慘澹たる暴風雨地獄家屋倒壞、道路埋沒、死傷續出被害劇甚の南鮮一帶/風速廿六メートル眞に記錄的釜山測候所の話/慶南地方死傷者等十八名家屋倒壞三百餘船舶沈沒等百七十隻/上下列車立往生三百名炊出し咸興地方/機關車が埋沒す麗水地方/沈沒船三百餘全市暗黑に馬山地方/死者、行方不明九名に上る春川地方/共進會場建物大部分破壞元山地方/遭難船から七名を救助櫻島丸の篤行/七月下旬の暴風雨被害七道の調べなる/水害地に豫防注射施行
240133	朝鮮朝日	南鮮版	1933-08-05	1	04단	社會敎化巡回講演
240134	朝鮮朝日	南鮮版	1933-08-05	1	06단	陸軍定期異動朝鮮軍關係(軍司令部/二十師團)
240135	朝鮮朝日	南鮮版	1933-08-05	1	06단	平壤飛行隊編成贊
240136	朝鮮朝日	南鮮版	1933-08-05	1	07단	鎭南浦の貧窮兒童四十二名に畫食を支給する二學期から一食五錢程度で
240137	朝鮮朝日	南鮮版	1933-08-05	1	07단	上野課長土産話
240138	朝鮮朝日	南鮮版	1933-08-05	1	07단	約卅名の匪賊滿洲軍艦に發砲鴨綠江口を巡航中に死傷三名を出す
240139	朝鮮朝日	南鮮版	1933-08-05	1	07단	朝鮮商銀異動
240140	朝鮮朝日	南鮮版	1933-08-05	1	08단	咸南道內にもの凄いチフス豫防に手を燒く當局
240141	朝鮮朝日	南鮮版	1933-08-05	1	09단	ストロー

일련번호	판명		간행일	면	단수	기사명
240142	朝鮮朝日	南鮮版	1933-08-05	1	10단	釜山も鎭海も空前の盛況本社の映畵會
240143	朝鮮朝日	南鮮版	1933-08-05	1	10단	十三間の道路に釜山棧橋通り
240144	朝鮮朝日	西北版	1933-08-06	1	01단	半島官界稀れな大異動斷行さる三課新設、事務官增員等で/平南の三課長異動/平壤驛長更迭す
240145	朝鮮朝日	西北版	1933-08-06	1	01단	平南道と天然記念物保存令指定について藤原知事語る
240146	朝鮮朝日	西北版	1933-08-06	1	01단	明年度に雄基、麗水港改修
240147	朝鮮朝日	西北版	1933-08-06	1	02단	營業稅減稅方料理屋組合が陳情
240148	朝鮮朝日	西北版	1933-08-06	1	02단	高利債の低利化平壤府で整理
240149	朝鮮朝日	西北版	1933-08-06	1	03단	東拓、殖銀も近く利下げ
240150	朝鮮朝日	西北版	1933-08-06	1	03단	職業教育好成績平南初等校
240151	朝鮮朝日	西北版	1933-08-06	1	03단	暑い時は笑って下さい刑務所はイヤ別に家を建てよ哲學研究に妻帶は第一禁物だ女の大切な處に曹達をそゝぐ
240152	朝鮮朝日	西北版	1933-08-06	1	04단	盲人講習會
240153	朝鮮朝日	西北版	1933-08-06	1	04단	恩給法改正で退職警官續出
240154	朝鮮朝日	西北版	1933-08-06	1	04단	竊盜橫領銀行員懲役一年六ヶ月を求刑し罰金五百六十四圓を科す
240155	朝鮮朝日	西北版	1933-08-06	1	05단	知名士取締に情實を排擊外勤警官が主張
240156	朝鮮朝日	西北版	1933-08-06	1	05단	弟の妻を殺害し三ヶ所も埋め替へた酷い兄つひに御用となる
240157	朝鮮朝日	西北版	1933-08-06	1	06단	高射砲と機關銃平壤國防義會が獻納
240158	朝鮮朝日	西北版	1933-08-06	1	06단	僞造紙幣銀貨盛んに流出一般に注意
240159	朝鮮朝日	西北版	1933-08-06	1	07단	永宗島に巡廻診療
240160	朝鮮朝日	西北版	1933-08-06	1	07단	歡樂境の蔭に泣く薄倖な女給を救ふ平壤署の嚴しいオキテ
240161	朝鮮朝日	西北版	1933-08-06	1	07단	月經帶に祕めた金塊六千五百圓大膽な三十女捕まる
240162	朝鮮朝日	西北版	1933-08-06	1	07단	純情な夫の愛に叛いた妻！愛想をつかして離婚の訴へ
240163	朝鮮朝日	西北版	1933-08-06	1	08단	鎭南浦で海上巡廻展大成丸入港
240164	朝鮮朝日	西北版	1933-08-06	1	08단	西電統制樂觀さる廿日に懇談會
240165	朝鮮朝日	西北版	1933-08-06	1	09단	愛の巢を滿洲に父親に抗して若者の道行き
240166	朝鮮朝日	西北版	1933-08-06	1	10단	滿洲國に牛疫猖獗國境農村恐慌
240167	朝鮮朝日	西北版	1933-08-06	1	10단	不都合な元訓導
240168	朝鮮朝日	西北版	1933-08-06	1	10단	柳京日記
240169	朝鮮朝日	西北版	1933-08-06	1	10단	人(宮本大尉(飛行六聯隊))

일련번호	판명		간행일	면	단수	기사명
240170	朝鮮朝日	南鮮版	1933-08-06	1	01단	半島官界稀れな大異動斷行さる三課新設、事務官增員等で/慶北道人事異動/京畿道金組理事
240171	朝鮮朝日	南鮮版	1933-08-06	1	01단	暴風雨慘害の跡((上)鎮海線聖住寺、慶知間で進行中の列車が暴風雨のため轉落破壞した客車(中)同線路上から廿五尺餘の水田中に轉落した客車(下)釜山棧橋に打ちあげられた發動機船の慘狀(鎮海灣要審司令都檢閲濟))
240172	朝鮮朝日	南鮮版	1933-08-06	1	03단	南鮮の稻作各地に害蟲蔓延一部は收穫皆無水害も加はって不作豫想
240173	朝鮮朝日	南鮮版	1933-08-06	1	04단	盲人講習會
240174	朝鮮朝日	南鮮版	1933-08-06	1	05단	東拓、殖銀も近く利下げ
240175	朝鮮朝日	南鮮版	1933-08-06	1	05단	京中校舍新築十七萬二千圓宮本組に落札す
240176	朝鮮朝日	南鮮版	1933-08-06	1	05단	慶南地方慘澹たる被害/死者十三名行方不明百五十名家屋流失全壞千餘戶に上る/山が崩潰し五戶を押し潰す大泉洞で八名死傷/電信電話線全部復舊す/永宗島に巡廻診療
240177	朝鮮朝日	南鮮版	1933-08-06	1	06단	三大橋入札
240178	朝鮮朝日	南鮮版	1933-08-06	1	07단	女流飛行家李貞喜孃服毒自殺を計る失戀の痛手に惱んで
240179	朝鮮朝日	南鮮版	1933-08-06	1	07단	インチキ金品募集を今後嚴重に取締る違反者は懲役か罰金二百圓規則を公布九月から實施
240180	朝鮮朝日	南鮮版	1933-08-06	1	08단	仁穀の內紛
240181	朝鮮朝日	南鮮版	1933-08-06	1	08단	赤色の大立物嚴重に朴憲永を取調ぶ
240182	朝鮮朝日	南鮮版	1933-08-06	1	09단	不都合な元訓導
240183	朝鮮朝日	南鮮版	1933-08-06	1	10단	大邱府に公營課新設
240184	朝鮮朝日	南鮮版	1933-08-06	1	10단	死刑囚の再審請求成行注目さる
240185	朝鮮朝日	南鮮版	1933-08-06	1	10단	鎮海漁組理事改選で紛糾
240186	朝鮮朝日	南鮮版	1933-08-06	1	10단	人(加藤鮮銀總裁母堂)
240187	朝鮮朝日	西北版	1933-08-08	1	01단	特韓輯ペーヂ凉み台夜話海のギャング鱇の大群洋上に跳躍北鮮の鰯漁撈大たり/アイヌの元祖北鮮に住んでた/鮮內では最初鼠癩を發見す
240188	朝鮮朝日	西北版	1933-08-08	1	01단	本府各局課の新規要求總額八千五十萬圓！國策的事業の他は大削減し豫算總額二億五千萬圓位に

일련번호	판명		간행일	면	단수	기사명
240189	朝鮮朝日	西北版	1933-08-08	1	01단	勇躍・甲子園へ萬歳聲裡に善商出發
240190	朝鮮朝日	西北版	1933-08-08	1	03단	平壤ゴム靴等滿洲に輸出大いに期待さる
240191	朝鮮朝日	西北版	1933-08-08	1	03단	北鮮鐵道にも移動警察官四十名增員
240192	朝鮮朝日	西北版	1933-08-08	1	04단	平壤で電氣展覽會非常の盛況
240193	朝鮮朝日	西北版	1933-08-08	1	04단	空券渡し實情調査平南警察部
240194	朝鮮朝日	西北版	1933-08-08	1	05단	咸興運動場近く實現か七千五百圓を三菱から寄附
240195	朝鮮朝日	西北版	1933-08-08	1	05단	南浦林檎の內地進出に當業者の覺醒が急內鮮聯絡特定割引運賃制に責任移出を果せ/南浦林檎續々出荷內地各地へ
240196	朝鮮朝日	西北版	1933-08-08	1	06단	四ヶ月も匪賊に監禁さるやうやく救はれた敦化の德滿氏/剿匪團を進擊討伐日滿兩軍活躍
240197	朝鮮朝日	西北版	1933-08-08	1	08단	郵便局南陽出張所の金庫破壞犯人二名主犯は意外にも局員共犯の青年も捕る
240198	朝鮮朝日	西北版	1933-08-08	1	08단	水害義捐金
240199	朝鮮朝日	西北版	1933-08-08	1	08단	石塊で叩き殺す
240200	朝鮮朝日	西北版	1933-08-08	1	08단	五名を縛り老母に火を放つ妻の行方不明から邪推した男の兇行
240201	朝鮮朝日	西北版	1933-08-08	1	09단	鬼警部にこの情け
240202	朝鮮朝日	西北版	1933-08-08	1	09단	罰金埋めにさらに罪へ
240203	朝鮮朝日	西北版	1933-08-08	1	10단	奇蹟的に命助かる
240204	朝鮮朝日	西北版	1933-08-08	1	10단	森林主事講習會
240205	朝鮮朝日	西北版	1933-08-08	1	10단	柳京日記
240206	朝鮮朝日	南鮮版	1933-08-08	1	01단	特輯ペーヂ涼み台夜話海のギャング鱶の大群洋上に跳躍北鮮の鰯漁撈大たたり/アイヌの元祖北鮮に住んでた/鮮內では最初鼠癩を發見す
240207	朝鮮朝日	南鮮版	1933-08-08	1	01단	本府各局課の新規要求總額八千五十萬圓！國策的事業の他は大削減し豫算總額二億五千萬圓位に
240208	朝鮮朝日	南鮮版	1933-08-08	1	01단	勇躍・甲子園へ萬歳聲裡に善商出發
240209	朝鮮朝日	南鮮版	1933-08-08	1	03단	大邱に府營ガス設置調査進む
240210	朝鮮朝日	南鮮版	1933-08-08	1	03단	北鮮鐵道にも移動警察官四十名增員
240211	朝鮮朝日	南鮮版	1933-08-08	1	04단	百の治療より豫防が第一だ十日から京城で防疫展
240212	朝鮮朝日	南鮮版	1933-08-08	1	05단	軍人の龜鑑松本重雄一等兵を聯隊長激賞
240213	朝鮮朝日	南鮮版	1933-08-08	1	06단	自作農標札

일련번호	판명		간행일	면	단수	기사명
240214	朝鮮朝日	南鮮版	1933-08-08	1	06단	戰車隊を迎へ大邱で演習
240215	朝鮮朝日	南鮮版	1933-08-08	1	06단	見事に出來上った京城に散策道路一日の都塵を拂ふに好適
240216	朝鮮朝日	南鮮版	1933-08-08	1	07단	密陽邑議當選者
240217	朝鮮朝日	南鮮版	1933-08-08	1	07단	第二次の鮮米拂下大部分消化
240218	朝鮮朝日	南鮮版	1933-08-08	1	07단	釜山國防義會員大々的に募集するちかく各町靑年團員が活動
240219	朝鮮朝日	南鮮版	1933-08-08	1	07단	灼熱の陽光下に二十一の土饅頭一入の哀れをそゝる慶北古頂洞の惨事後報
240220	朝鮮朝日	南鮮版	1933-08-08	1	08단	燒酎壺工場竣工
240221	朝鮮朝日	南鮮版	1933-08-08	1	08단	明年度に雄基、麗水港改修
240222	朝鮮朝日	南鮮版	1933-08-08	1	08단	さながら生地獄慶南の被害
240223	朝鮮朝日	南鮮版	1933-08-08	1	08단	急速瀘過の設備竣工す京城上水道
240224	朝鮮朝日	南鮮版	1933-08-08	1	09단	京城質屋利用成績
240225	朝鮮朝日	南鮮版	1933-08-08	1	09단	母子心中を企つ逃げた後を捜しあぐみ朝鮮釜山棧橋から
240226	朝鮮朝日	南鮮版	1933-08-08	1	10단	全京城優勝
240227	朝鮮朝日	南鮮版	1933-08-08	1	10단	マイトと知らず嚙み碎いて爆發大負傷
240228	朝鮮朝日	南鮮版	1933-08-08	1	10단	慰藉料千圓請求
240229	朝鮮朝日	南鮮版	1933-08-08	1	10단	人(渡邊豊日子氏)
240230	朝鮮朝日	西北版	1933-08-09	1	01단	特輯ペーヂ涼み台夜話裸體の美人繪葉書から飛出す賑やかなジャズトーキーカードが市場へ/半島の警視廳!! 指紋と寫眞を蒐集/春川に新名所鯉釣場ができた
240231	朝鮮朝日	西北版	1933-08-09	1	01단	着々と進む全南浦港の岸壁工事卅七萬圓を投じ本年度に完成
240232	朝鮮朝日	西北版	1933-08-09	1	01단	せつめい((上)完成した鎭南浦港岸壁の一部(下)同岸壁工事の状況)
240233	朝鮮朝日	西北版	1933-08-09	1	02단	十月から改正全滿列車時刻新京、雄基間に直通列車約二十三時間で走破する
240234	朝鮮朝日	西北版	1933-08-09	1	05단	平南道の緊要問題藤原知事語る
240235	朝鮮朝日	西北版	1933-08-09	1	05단	平南の各無煙炭抗近年稀れな活況
240236	朝鮮朝日	西北版	1933-08-09	1	05단	敵機襲來せば! 防空思想の普及に咸興聯隊でも大規模の演習
240237	朝鮮朝日	西北版	1933-08-09	1	06단	軍營設置を當局に陳情
240238	朝鮮朝日	西北版	1933-08-09	1	07단	平南提出議案何れも可決實現に善處

일련번호	판명		간행일	면	단수	기사명
240239	朝鮮朝日	西北版	1933-08-09	1	07단	空中火災を起し屋上に墜落大破高等飛行中の荒岡軍曹慘死平壤飛行第六聯隊の珍事/飛行機の火が擴がり三戸三棟半燒す一名は重傷、豚は燒死/滿洲事變や匪賊討伐に武勳豪膽快活な荒岡軍曹/空中火災の原因につき當局者語る/優秀な下士誠に惜しい六聯隊長談/墜落の目擊者談
240240	朝鮮朝日	西北版	1933-08-09	1	08단	山崩れや家屋倒壞で十六名が卽死す
240241	朝鮮朝日	西北版	1933-08-09	1	08단	吉江大佐赴任す
240242	朝鮮朝日	西北版	1933-08-09	1	09단	咸南醫學會
240243	朝鮮朝日	西北版	1933-08-09	1	09단	炭水車脫線
240244	朝鮮朝日	西北版	1933-08-09	1	10단	朝運會發會
240245	朝鮮朝日	西北版	1933-08-09	1	10단	鍛冶工が同盟罷業値上を要求し
240246	朝鮮朝日	西北版	1933-08-09	1	10단	マイトと知らず嚙み碎いて爆發大負傷
240247	朝鮮朝日	西北版	1933-08-09	1	10단	柳京日記
240248	朝鮮朝日	南鮮版	1933-08-09	1	01단	特輯ペーヂ涼み台夜話裸體の美人繪葉書から飛出す賑やかなジャズトーキーカードが市場へ/半島の警視廳！！指紋と寫眞を蒐集/春川に新名所鯉釣場ができた
240249	朝鮮朝日	南鮮版	1933-08-09	1	01단	鮮米生産制限に民間側で猛烈に反對米穀研究會で對策協議
240250	朝鮮朝日	南鮮版	1933-08-09	1	01단	十月から改正全滿列車時刻 新京、雄基間に直通列車約二十三時間で走破する
240251	朝鮮朝日	南鮮版	1933-08-09	1	01단	無爲徒食の兩班部落を救ふ自力更生を促がして機業講習會を開く
240252	朝鮮朝日	南鮮版	1933-08-09	1	02단	本月末から仕事を開始京城觀光協會
240253	朝鮮朝日	南鮮版	1933-08-09	1	03단	精神病院法の制定に難點當局で考究
240254	朝鮮朝日	南鮮版	1933-08-09	1	03단	增幅裝置の改善で暴風雨の際も良好內鮮聯絡電話
240255	朝鮮朝日	南鮮版	1933-08-09	1	04단	全國中等野球本年の優勝校は？京城龍山の本紙販賣店で豫想懸賞投票募集
240256	朝鮮朝日	南鮮版	1933-08-09	1	05단	朝運會發會
240257	朝鮮朝日	南鮮版	1933-08-09	1	05단	送別會
240258	朝鮮朝日	南鮮版	1933-08-09	1	06단	廣壯津と兩水里に愈よ橋梁ができる總工費百二十萬圓を投じて住民の要望ちかく實現
240259	朝鮮朝日	南鮮版	1933-08-09	1	07단	空中火災を起し屋上に墜落大破荒岡軍曹慘死す平壤飛行六聯隊の珍事/火が擴がり三棟を半燒一名は重傷/滿洲事變に幾多の武勳

일련번호	판명		간행일	면	단수	기사명
240260	朝鮮朝日	南鮮版	1933-08-09	1	07단	六月に歸省して母達を喜ばせたこれが最後でしたと朴孃慘死に姉の嘆き
240261	朝鮮朝日	南鮮版	1933-08-09	1	07단	暴風雨被害地の復舊對策を樹つ海陸調査大體終る/暴風被害實に甚大死者八十一名
240262	朝鮮朝日	南鮮版	1933-08-09	1	08단	自分が自殺したら表彰して下さい刑務所長宛に珍無類の遠書ビッコの若者・警察へ
240263	朝鮮朝日	南鮮版	1933-08-09	1	08단	全鮮取引臨時總會
240264	朝鮮朝日	南鮮版	1933-08-09	1	09단	北鮮鐵道移管從業員入替三百三十名
240265	朝鮮朝日	南鮮版	1933-08-09	1	09단	馬鞍山遂道見事に開通直前內部に大龜裂人夫十八名危く救る
240266	朝鮮朝日	南鮮版	1933-08-09	1	10단	家屋倒壞し二名は卽死
240267	朝鮮朝日	南鮮版	1933-08-09	1	10단	榮福丸救助さる
240268	朝鮮朝日	南鮮版	1933-08-09	1	10단	千鳥足は危いよ
240269	朝鮮朝日	南鮮版	1933-08-09	1	10단	人(菊山山口縣知事/渡邊豊日子氏(本府學務局長)/石田千太郎氏(新任本府鑛山課長)/畑中將(十四師團長))
240270	朝鮮朝日	西北版	1933-08-10	1	01단	特輯ペーヂ涼み台夜話　魔術を行ひ金指輪を盜む僧侶/妓生がレコードに/男妾二人を圍ふ卅女卅餘件の泥棒/券番小使の惡事/月の明りに接吻を盜む
240271	朝鮮朝日	西北版	1933-08-10	1	01단	唯一の輸出品が依然・据置關稅に滿洲國へ第二次改訂を要望鮮滿貿易上に遺憾
240272	朝鮮朝日	西北版	1933-08-10	1	01단	せつめい((上)平壤飛行第六聯隊荒岡軍曹操縱の九二式戰鬪機墜落し大破粉碎した機體の一部と家屋の被害及び荒岡軍曹(下)墜落現場と民家の延燒に消防活動中の飛行消防班と消防隊員)
240273	朝鮮朝日	西北版	1933-08-10	1	02단	漁村の子供に漁業知識を授けよ漁船保險制度も急務平南から本府へ實施を要望
240274	朝鮮朝日	西北版	1933-08-10	1	05단	警官優遇と刑事警察の刷新五百四十萬圓を要求する總督府警務局豫算
240275	朝鮮朝日	西北版	1933-08-10	1	06단	沙里院醫院增設
240276	朝鮮朝日	西北版	1933-08-10	1	06단	鮮米生產制限に民間で猛烈反對米穀研究會で研究
240277	朝鮮朝日	西北版	1933-08-10	1	06단	釜山に百噸貯藏の林檎倉庫を設ける海外市場への輸移出圓滑に鎭南浦産組で計劃さる
240278	朝鮮朝日	西北版	1933-08-10	1	07단	警察部長勅任制朝鮮も實施

일련번호	판명		간행일	면	단수	기사명
240279	朝鮮朝日	西北版	1933-08-10	1	07단	九月末汔には纏るか西鮮電氣統制問題早くも下馬評に上る社長專務
240280	朝鮮朝日	西北版	1933-08-10	1	07단	淸州學祖議員選擧氣乘薄
240281	朝鮮朝日	西北版	1933-08-10	1	08단	全鮮司法監督官會議
240282	朝鮮朝日	西北版	1933-08-10	1	08단	炎熱百餘度に涙ぐましい任務國境視察から歸って畑中聯隊長語る
240283	朝鮮朝日	西北版	1933-08-10	1	09단	燒酎組創立總會
240284	朝鮮朝日	西北版	1933-08-10	1	09단	地下道廢止困難
240285	朝鮮朝日	西北版	1933-08-10	1	09단	平元線を陽德まで本年度に延長
240286	朝鮮朝日	西北版	1933-08-10	1	10단	秋季演習に臨時放送所
240287	朝鮮朝日	西北版	1933-08-10	1	10단	暴風雨と咸南の被害
240288	朝鮮朝日	西北版	1933-08-10	1	10단	十八名を生埋めだが危く救ふ
240289	朝鮮朝日	西北版	1933-08-10	1	10단	久田ゴム工場爭議解決す(女工側の慘敗で)
240290	朝鮮朝日	西北版	1933-08-10	1	10단	橫領銀行員に懲役十ヶ月罰金五百圓
240291	朝鮮朝日	西北版	1933-08-10	1	10단	お寺に强盜
240292	朝鮮朝日	西北版	1933-08-10	1	10단	人(太田義三少將(新任羅南第三十八旅團長))
240293	朝鮮朝日	南鮮版	1933-08-10	1	01단	特輯ペーヂ凉み台夜話　魔術を行ひ金指輪を盜む僧侶/妓生がレコードに/男妾二人を圍ふ卅女卅餘件の泥棒/券番小使の惡事/月の明りに接吻を盜む
240294	朝鮮朝日	南鮮版	1933-08-10	1	01단	東拓、殖銀が更に七釐引下十日からの不動産貸付に
240295	朝鮮朝日	南鮮版	1933-08-10	1	01단	鮮內の各旅館はサービス第一に！全鮮旅館大會で種々協議する
240296	朝鮮朝日	南鮮版	1933-08-10	1	01단	警官優遇と刑事警察の刷新五百四十萬圓を要求する總督府警務局豫算
240297	朝鮮朝日	南鮮版	1933-08-10	1	02단	警察部長勅任制朝鮮も實施
240298	朝鮮朝日	南鮮版	1933-08-10	1	03단	全鮮司法監督官會議
240299	朝鮮朝日	南鮮版	1933-08-10	1	03단	大田西本願寺に於ける大田邑國防議會主催武藤元師追悼會
240300	朝鮮朝日	南鮮版	1933-08-10	1	04단	吉岡氏惜しまる
240301	朝鮮朝日	南鮮版	1933-08-10	1	04단	小西城趾を森林公園とする城趾を永久保存の爲
240302	朝鮮朝日	南鮮版	1933-08-10	1	04단	沙防令の實施協議關係法規制定
240303	朝鮮朝日	南鮮版	1933-08-10	1	05단	釜山に百噸貯藏の林檎倉庫を設ける海外市場への輸移出圓滑に鎭南浦産組で計劃さる

일련번호	판명		간행일	면	단수	기사명
240304	朝鮮朝日	南鮮版	1933-08-10	1	05단	卅年振りにもどる舍利塔に大供養僧侶五十餘名參集して近く佛國寺で嚴修
240305	朝鮮朝日	南鮮版	1933-08-10	1	06단	大邱にゼヒ國際的飛行場を期成會で誘致運動
240306	朝鮮朝日	南鮮版	1933-08-10	1	06단	元山共進會廿日まで延期
240307	朝鮮朝日	南鮮版	1933-08-10	1	06단	朝鮮最古の木造建築物西後面鳳停寺
240308	朝鮮朝日	南鮮版	1933-08-10	1	07단	全鮮まれな王陵
240309	朝鮮朝日	南鮮版	1933-08-10	1	07단	府尹後任
240310	朝鮮朝日	南鮮版	1933-08-10	1	07단	滿三年振りに懷しのわが娘は歸った
240311	朝鮮朝日	南鮮版	1933-08-10	1	08단	京城運動競技後援會創立計劃最近專門家の間で
240312	朝鮮朝日	南鮮版	1933-08-10	1	08단	水上競技
240313	朝鮮朝日	南鮮版	1933-08-10	1	08단	第二次水害復舊に十六萬五千圓！慶南道で追加豫算
240314	朝鮮朝日	南鮮版	1933-08-10	1	08단	漢江水泳場
240315	朝鮮朝日	南鮮版	1933-08-10	1	08단	三大橋入札
240316	朝鮮朝日	南鮮版	1933-08-10	1	08단	秋季演習に臨時放送所
240317	朝鮮朝日	南鮮版	1933-08-10	1	08단	インチキ賭博九名を一網に
240318	朝鮮朝日	南鮮版	1933-08-10	1	09단	大田にできる簡易プール
240319	朝鮮朝日	南鮮版	1933-08-10	1	09단	細民から二千圓橫領
240320	朝鮮朝日	南鮮版	1933-08-10	1	10단	お寺に强盜
240321	朝鮮朝日	南鮮版	1933-08-10	1	10단	溺れんとする二名救助さる
240322	朝鮮朝日	南鮮版	1933-08-10	1	10단	ラヂオで空米相場
240323	朝鮮朝日	南鮮版	1933-08-10	1	10단	道議違反最終審判一般に注目さる
240324	朝鮮朝日	南鮮版	1933-08-10	1	10단	人(宇垣總督/大串敬吉少將(新任朝鮮軍參謀長)/奧田德三郎主計監(新任朝鮮軍經理部長)/熊谷則正大尉(新任朝鮮軍副官)/兒玉中將(新任下關要塞司令官)/長瀨明治氏(新任舊馬山驛長))
240325	朝鮮朝日	西北版	1933-08-11	1	01단	特輯ペーヂ涼み台夜話 驚くなかれ死者四百十四名家屋流失全壞七千戶/水が生んだ悲劇嬰兒の片腕が漂着/鯖の大群が襲來す/心中から訴訟沙汰
240326	朝鮮朝日	西北版	1933-08-11	1	01단	鮮米差別扱ひに斷乎として反對對策の意見を交換米穀研究會/昭和水利はどうなるか 靑木同氏語る
240327	朝鮮朝日	西北版	1933-08-11	1	01단	平壤飛行隊擴張編成替へ行はる/平壤機が新京訪問本月廿日頃/故荒岡曹長告別式盛大に行はる

일련번호	판명		간행일	면	단수	기사명
240328	朝鮮朝日	西北版	1933-08-11	1	02단	燒酎販賣組合役員を決定
240329	朝鮮朝日	西北版	1933-08-11	1	02단	思想判檢事の可及的增員豫算を要求
240330	朝鮮朝日	西北版	1933-08-11	1	03단	宗山洙山にトンネル式王陵周圍に龍虎の壁畫千數百年前のもの
240331	朝鮮朝日	西北版	1933-08-11	1	05단	總督府辭令
240332	朝鮮朝日	西北版	1933-08-11	1	06단	姉妹島燈台に無電を裝置する流氷禍を防止の爲
240333	朝鮮朝日	西北版	1933-08-11	1	07단	新北漕鴨島に漁港の新設進む
240334	朝鮮朝日	西北版	1933-08-11	1	07단	鎭南浦高女新築
240335	朝鮮朝日	西北版	1933-08-11	1	08단	南浦沿岸を貿易地帶に匿名組合組織
240336	朝鮮朝日	西北版	1933-08-11	1	08단	入學率の緩和に平壤府の對策
240337	朝鮮朝日	西北版	1933-08-11	1	08단	自警團教育
240338	朝鮮朝日	西北版	1933-08-11	1	08단	北鮮地方に亞麻の栽培獎勵十ヶ年計劃で
240339	朝鮮朝日	西北版	1933-08-11	1	09단	大阪にも林檎倉庫設置の計劃
240340	朝鮮朝日	西北版	1933-08-11	1	09단	勇敢な二等兵英國人感激
240341	朝鮮朝日	西北版	1933-08-11	1	10단	巡警狙擊さる
240342	朝鮮朝日	西北版	1933-08-11	1	10단	僞金時計を賣る
240343	朝鮮朝日	西北版	1933-08-11	1	10단	轢死二件
240344	朝鮮朝日	西北版	1933-08-11	1	10단	人(莊司巽少佐(二十九旅團高級副官)/小野武雄大尉(三十九旅團副官)/鮮于 氏(中樞院參議)/針替理平氏(平壤府圖書館長))
240345	朝鮮朝日	西北版	1933-08-11	1	10단	柳京日記
240346	朝鮮朝日	南鮮版	1933-08-11	1	01단	特輯ペーヂ涼み台夜話　驚くなかれ死者四百十四名家屋流失全壞七千戶/水が生んだ悲劇/鯖の大群が襲來す/嬰兒の片腕が漂着/心中から訴訟沙汰
240347	朝鮮朝日	南鮮版	1933-08-11	1	01단	鮮米差別扱ひ斷乎反對する對策の意見交換米穀研究會
240348	朝鮮朝日	南鮮版	1933-08-11	1	01단	防疫衛生展始まる十日から京城壽松洞普通校で異彩を放つ本社の出品
240349	朝鮮朝日	南鮮版	1933-08-11	1	02단	總督府辭令
240350	朝鮮朝日	南鮮版	1933-08-11	1	04단	要求豫算に再檢討を加へよ總監から各局課に命ず
240351	朝鮮朝日	南鮮版	1933-08-11	1	04단	宗山洙山にトンネル式王陵周圍に龍虎の壁畫千數百年前のもの
240352	朝鮮朝日	南鮮版	1933-08-11	1	05단	夜は四人の子供が朝では五人になってゐる
240353	朝鮮朝日	南鮮版	1933-08-11	1	06단	廣い甲子園に驚く選手連だがいづれも大元氣わが善隣商チーム/全國中等野球大會大邱に速報所設置

일련번호	판명		간행일	면	단수	기사명
240354	朝鮮朝日	南鮮版	1933-08-11	1	08단	滿鮮對抗陸競選手
240355	朝鮮朝日	南鮮版	1933-08-11	1	09단	公醫を總動員水害地巡廻診察/罹災民へ救濟金/慶南道被害
240356	朝鮮朝日	南鮮版	1933-08-11	1	09단	先祖の墓を賣りカフェーで遊興出所後又も惡事の若い男
240357	朝鮮朝日	南鮮版	1933-08-11	1	10단	巡査の時計をスッてゐた
240358	朝鮮朝日	南鮮版	1933-08-11	1	10단	人(東川茂氏/萩原咸南道知事/山中忠太氏(高等法院書記長))
240359	朝鮮朝日	南鮮版	1933-08-11	1	10단	催(十二日釜山工業俱樂部總會)
240360	朝鮮朝日	西北版	1933-08-12	1	01단	特輯ペーヂ涼み台夜話　山のギャング農作物蹂躙慘害に泣く農民/新秋を思はせる早くも松茸の走り/平壤に遊覽自動車/嘘のやうな幸運者/佛地庵の佛像盜難
240361	朝鮮朝日	西北版	1933-08-12	1	01단	新京からネオン渦卷く大阪へ六十七時間で走破空間の大飛躍從來より一晝夜抹殺する日滿聯絡スピード化
240362	朝鮮朝日	西北版	1933-08-12	1	01단	映畵デーを定めて兒童の情操を陶冶まづ平壤において試みる
240363	朝鮮朝日	西北版	1933-08-12	1	01단	朝鮮人學童の爲校舍を新築する安東居留朝鮮人大喜び
240364	朝鮮朝日	西北版	1933-08-12	1	03단	空の犧牲者平壤飛行聯隊荒岡曹長の告別式
240365	朝鮮朝日	西北版	1933-08-12	1	04단	百五十名の警吏を馘首
240366	朝鮮朝日	西北版	1933-08-12	1	04단	廣範圍の異動か近く鐵道局で
240367	朝鮮朝日	西北版	1933-08-12	1	05단	明大自動車班平壤を視察
240368	朝鮮朝日	西北版	1933-08-12	1	05단	平南に水産デー設置の計劃
240369	朝鮮朝日	西北版	1933-08-12	1	05단	內地市場で林檎販賣戰を防ぐ青森と朝鮮の營業者が握手
240370	朝鮮朝日	西北版	1933-08-12	1	06단	優勝候補中京商業に何處迄喰ひ下るか命懸けで戰ふ我が善隣商頑張れの聲擧がる(善隣を恐れぬ物凄い中京商業今村中京商野球部長談)
240371	朝鮮朝日	西北版	1933-08-12	1	07단	平南五大事業陳情の結果は？松井氏等歸壤して語る
240372	朝鮮朝日	西北版	1933-08-12	1	08단	キリスト病院からチフス患者逃走平壤署大狼狽/平壤の赤痢終熄
240373	朝鮮朝日	西北版	1933-08-12	1	08단	大手口に寄附を依賴咸興運動場設置
240374	朝鮮朝日	西北版	1933-08-12	1	08단	府理事官復活か
240375	朝鮮朝日	西北版	1933-08-12	1	09단	痲藥治療所敷地
240376	朝鮮朝日	西北版	1933-08-12	1	09단	樓主が虐待娼妓から嘆願

일련번호	판명		간행일	면	단수	기사명
240377	朝鮮朝日	西北版	1933-08-12	1	09단	主人強盜を捕ふ
240378	朝鮮朝日	西北版	1933-08-12	1	09단	玩具の拳銃で荒し廻る強盜團平壤で首魁を逮捕
240379	朝鮮朝日	西北版	1933-08-12	1	10단	選擧違反擴大か安州署活動
240380	朝鮮朝日	西北版	1933-08-12	1	10단	邊洛奎に懲役十年
240381	朝鮮朝日	西北版	1933-08-12	1	10단	人(滿田新吉少佐(前茂守隊長)/鳥飼副官(茂守隊附)/橋島少尉(前茂守隊附))
240382	朝鮮朝日	西北版	1933-08-12	1	10단	柳京日記
240383	朝鮮朝日	南鮮版	1933-08-12	1	01단	特輯ペーヂ涼み台夜話　山のギャング農作物蹂躙慘害に泣く農民/新秋を思はせる早くも松茸の走り/平壤に遊覽自動車/嘘のやうな幸運者/佛地庵の佛像盜難
240384	朝鮮朝日	南鮮版	1933-08-12	1	01단	新京からネオン渦巻く大阪へ六十七時間で走破空間の大飛躍從來より一晝夜抹殺する日滿聯絡スピード化
240385	朝鮮朝日	南鮮版	1933-08-12	1	01단	朝鮮信託預金三百萬圓突破內地よりの資金流入から
240386	朝鮮朝日	南鮮版	1933-08-12	1	01단	鐵道局の明年度豫算大體に前年度と同樣
240387	朝鮮朝日	南鮮版	1933-08-12	1	02단	裡里當面の諸問題協議
240388	朝鮮朝日	南鮮版	1933-08-12	1	03단	群山から瑞山へ航路延長か
240389	朝鮮朝日	南鮮版	1933-08-12	1	04단	江原道戶稅良好
240390	朝鮮朝日	南鮮版	1933-08-12	1	04단	群山棧橋の利用を慫慂
240391	朝鮮朝日	南鮮版	1933-08-12	1	04단	試合組合せの抽籤を引く答、主將猫沖君(十一日航空便)
240392	朝鮮朝日	南鮮版	1933-08-12	1	05단	優勝候補中京商業に何處迄食ひ下るか命懸けで戰ふ我が善隣商頑張れの聲擧がる(善隣を恐れぬ物凄い中京商業今村中京商野球部長談)
240393	朝鮮朝日	南鮮版	1933-08-12	1	06단	託兒所が急に增加現在百十ヶ所
240394	朝鮮朝日	南鮮版	1933-08-12	1	06단	釜山驛迄電車延長
240395	朝鮮朝日	南鮮版	1933-08-12	1	06단	大邱を綠の街に準備を進む
240396	朝鮮朝日	南鮮版	1933-08-12	1	07단	稅監局誘致に釜山も猛運動起す
240397	朝鮮朝日	南鮮版	1933-08-12	1	07단	武者修行團
240398	朝鮮朝日	南鮮版	1933-08-12	1	07단	數千年の歷史を誇る古代文化を保存する朝鮮最初の法令制定さる
240399	朝鮮朝日	南鮮版	1933-08-12	1	08단	京畿道から出品
240400	朝鮮朝日	南鮮版	1933-08-12	1	08단	螢石の大鑛床傳說の玉巖で發見
240401	朝鮮朝日	南鮮版	1933-08-12	1	08단	京城法院大法廷
240402	朝鮮朝日	南鮮版	1933-08-12	1	08단	八幡宮例祭

일련번호	판명		간행일	면	단수	기사명
240403	朝鮮朝日	南鮮版	1933-08-12	1	08단	電車に注意せよ
240404	朝鮮朝日	南鮮版	1933-08-12	1	08단	咸鏡本線列車不通土沙崩潰等
240405	朝鮮朝日	南鮮版	1933-08-12	1	09단	阿片窟の暗面一切が暴露十五名を起訴
240406	朝鮮朝日	南鮮版	1933-08-12	1	09단	商機にうとい鮮內商人の態度關係方面でただ啞然
240407	朝鮮朝日	南鮮版	1933-08-12	1	10단	奇術師失敗
240408	朝鮮朝日	南鮮版	1933-08-12	1	10단	萬引常習者
240409	朝鮮朝日	南鮮版	1933-08-12	1	10단	主人强盜を捕ふ
240410	朝鮮朝日	南鮮版	1933-08-12	1	10단	人(大串敬吉少將(朝鮮軍參謀長)/畑俊六中將(新任第十四師團長)/中山隆禮大尉(大邱憲兵分隊長)/金岡又右衛門氏(貴族院議員)/關水武氏(新任慶南道知事)/下村進氏(新任慶南道警察部長)/渡邊豊日子氏(本府學務局長)/石田千太郎氏(本府鑛山課長))
240411	朝鮮朝日	南鮮版	1933-08-12	1	10단	線路に寝る
240412	朝鮮朝日	西北版	1933-08-13	1	01단	特輯ペーヂ涼み台夜話 滿洲博の土産物がナンと怪しい地圖袋大仕掛の不正商人がばっこか/迷信が生んだ大きな悲劇遂に子供を殺す/靑年の西瓜役人を感服さす!
240413	朝鮮朝日	西北版	1933-08-13	1	01단	技術は習得したがサテ行き場所がない獨立する資本もない講習生平壤授産場の使命は何處へ
240414	朝鮮朝日	西北版	1933-08-13	1	01단	大豪を敵とし文字通り善戰敗れても悔なき善商重來を期待さる/危機の打開に必死の力を傾倒投手戰に觀衆熱狂/早大惜敗
240415	朝鮮朝日	西北版	1933-08-13	1	06단	北鮮一帶に稀有の大豪雨淸津市內三十戶激流に吞まる
240416	朝鮮朝日	西北版	1933-08-13	1	07단	北鮮の船車に移動警察班九月から實施する
240417	朝鮮朝日	西北版	1933-08-13	1	07단	兵匪五十名が邦人に一齊射擊森永巡査悲壯な殉職吉會線長財村一帶を警戒/驚くべき敵の正體判明す怪船には米國旗掲ぐ
240418	朝鮮朝日	西北版	1933-08-13	1	08단	平壤土木臨時總會
240419	朝鮮朝日	西北版	1933-08-13	1	08단	平南工業試驗所本府に移管の聲だが一部では反對
240420	朝鮮朝日	西北版	1933-08-13	1	08단	平壤圖書館記念

일련번호	판명		간행일	면	단수	기사명
240421	朝鮮朝日	西北版	1933-08-13	1	09단	警官派出所から拳銃を盗み出す
240422	朝鮮朝日	西北版	1933-08-13	1	09단	生活難から自殺を計る
240423	朝鮮朝日	西北版	1933-08-13	1	09단	總督府辭令
240424	朝鮮朝日	西北版	1933-08-13	1	10단	釜山新京ひかり今秋に實現か
240425	朝鮮朝日	西北版	1933-08-13	1	10단	黃海道の産業視察南浦から廿名
240426	朝鮮朝日	西北版	1933-08-13	1	10단	奉天地方から不良飲料水氣をつけよ
240427	朝鮮朝日	西北版	1933-08-13	1	10단	自動車墜落
240428	朝鮮朝日	南鮮版	1933-08-13	1	01단	大豪を敵とし全く文字通りの善戰敗れても悔なき善商再び來る日を期待さる/危機の打開に必死の力を傾倒投手戰に觀衆熱狂/ファンがつかり武運拙なきを哀惜その日の京城地方/優勝野球速報所釜山府內の
240429	朝鮮朝日	南鮮版	1933-08-13	1	04단	釜山局增築
240430	朝鮮朝日	南鮮版	1933-08-13	1	04단	驚くべき敵の正體判明す怪船には米國旗掲ぐ
240431	朝鮮朝日	南鮮版	1933-08-13	1	05단	閣議で決定す朝鮮金組聯合會/役員の顔觸
240432	朝鮮朝日	南鮮版	1933-08-13	1	06단	新舊朝鮮軍參謀長の事務引繼十二日山陽ホテルにて(右)大串少將(左)兒玉中將
240433	朝鮮朝日	南鮮版	1933-08-13	1	06단	內鮮聯絡海底電話四回線が八回線に釜福間の搬送式裝置好成績
240434	朝鮮朝日	南鮮版	1933-08-13	1	06단	仁川開港五十周年祝賀計劃案なる
240435	朝鮮朝日	南鮮版	1933-08-13	1	07단	總督府辭令
240436	朝鮮朝日	南鮮版	1933-08-13	1	07단	大々的に敎化運動大震災十周年記念に釜山府の催し
240437	朝鮮朝日	南鮮版	1933-08-13	1	08단	朝穀聯合會に決議文つきつく釜山穀物商組合から穀聯の擴大强化を要望
240438	朝鮮朝日	南鮮版	1933-08-13	1	08단	千鳥足は命を取る
240439	朝鮮朝日	南鮮版	1933-08-13	1	08단	大興電氣料金を値下動力料と附帶料を重點に
240440	朝鮮朝日	南鮮版	1933-08-13	1	09단	北部對岸は駄目南滿地方は好適農耕地調査の吉池技師歸來談
240441	朝鮮朝日	南鮮版	1933-08-13	1	10단	チフス京城に續發
240442	朝鮮朝日	南鮮版	1933-08-13	1	10단	ホテルで自殺す
240443	朝鮮朝日	南鮮版	1933-08-13	1	10단	消防功勞者山賀敬治氏
240444	朝鮮朝日	南鮮版	1933-08-13	1	10단	ストロー
240445	朝鮮朝日	西北版	1933-08-15	1	01단	特輯ペーヂ涼み台夜話　滿鮮國境の平北はゴールドラッシュの波/珍らしい厄介な男/漂着した片腕は!/今度は牛に氣腫疽/健康と幸福の種子

일련번호	판명		간행일	면	단수	기사명
240446	朝鮮朝日	西北版	1933-08-15	1	01단	蒸氣も電氣も使はぬ自動式原動機を發明大手柄平壤兵器製造所の職工金土德君機械工業界に大革命
240447	朝鮮朝日	西北版	1933-08-15	1	01단	滿洲事變出動と戰歿將兵の靈を慰める平壤に記念碑を建設
240448	朝鮮朝日	西北版	1933-08-15	1	01단	道路鋪裝の完備に感心した內地から歸って阿部府尹談
240449	朝鮮朝日	西北版	1933-08-15	1	02단	咸南道風水害救濟費配分
240450	朝鮮朝日	西北版	1933-08-15	1	03단	窮民救濟事業費三千五百萬圓位本府で大削減の模樣/咸南窮民救濟資金
240451	朝鮮朝日	西北版	1933-08-15	1	04단	總督府辭令
240452	朝鮮朝日	西北版	1933-08-15	1	04단	江界邑議當選者
240453	朝鮮朝日	西北版	1933-08-15	1	04단	元山府會
240454	朝鮮朝日	西北版	1933-08-15	1	05단	咸南醫友會總會
240455	朝鮮朝日	西北版	1933-08-15	1	05단	約七里に亘る大鍾乳洞發見大同郡松花里の花洞で/金剛山探勝團募集
240456	朝鮮朝日	西北版	1933-08-15	1	06단	平壤專賣支局移轉費要求
240457	朝鮮朝日	西北版	1933-08-15	1	06단	保存令の適用古蹟多數の平壤府
240458	朝鮮朝日	西北版	1933-08-15	1	07단	スポーツ(記者團惜敗/籠球試合)
240459	朝鮮朝日	西北版	1933-08-15	1	07단	各漁業組合にラヂオ裝置天氣通報と娛樂機關として咸南の明年度新事業
240460	朝鮮朝日	西北版	1933-08-15	1	07단	焚書
240461	朝鮮朝日	西北版	1933-08-15	1	07단	鐵道局活寫班巡廻
240462	朝鮮朝日	西北版	1933-08-15	1	07단	十萬六千石目標に優良養鱉地區設定平南の增殖强行陣なる
240463	朝鮮朝日	西北版	1933-08-15	1	08단	國境の警官に賞與金要求
240464	朝鮮朝日	西北版	1933-08-15	1	08단	秋競馬の日割平壤の九月七日をトップに/騎手を養成朝鮮競馬協會で
240465	朝鮮朝日	西北版	1933-08-15	1	09단	大興電氣料金値下やっと實現
240466	朝鮮朝日	西北版	1933-08-15	1	09단	平南道工業試驗所に絹織物千圓盜難犯人は春の事件と同一か
240467	朝鮮朝日	西北版	1933-08-15	1	09단	道議選擧違反擴大
240468	朝鮮朝日	西北版	1933-08-15	1	10단	レコード濫賣戰平壤や南浦
240469	朝鮮朝日	西北版	1933-08-15	1	10단	柳京日記
240470	朝鮮朝日	西北版	1933-08-15	1	10단	同盟罷業の五名を解雇
240471	朝鮮朝日	西北版	1933-08-15	1	10단	服毒自殺
240472	朝鮮朝日	南鮮版	1933-08-15	1	01단	特輯ペーヂ凉み台夜話 滿鮮國境の平北はゴールドラッシュの波/珍らしい厄介な男/今度は牛に氣腫疽/漂着した片腕は！/健康と幸福の種子

일련번호	판명		간행일	면	단수	기사명
240473	朝鮮朝日	南鮮版	1933-08-15	1	01단	恩給負擔金財政難の折柄五百萬圓を突破惱み拔く本府當局
240474	朝鮮朝日	南鮮版	1933-08-15	1	01단	釜山の愛國少年團有名無實となる！官廳の都合で生れたり消えたり父兄から非難の聲
240475	朝鮮朝日	南鮮版	1933-08-15	1	01단	財政の均衡上面の廢合を行ふ全北道地方課で調査
240476	朝鮮朝日	南鮮版	1933-08-15	1	01단	中堅訓導講習會十六日から
240477	朝鮮朝日	南鮮版	1933-08-15	1	02단	商工振興座談會釜山で計劃
240478	朝鮮朝日	南鮮版	1933-08-15	1	03단	自力更生標語募集
240479	朝鮮朝日	南鮮版	1933-08-15	1	03단	全北風水害罹災者救濟
240480	朝鮮朝日	南鮮版	1933-08-15	1	04단	忠南の棉作良好
240481	朝鮮朝日	南鮮版	1933-08-15	1	05단	總督府辭令
240482	朝鮮朝日	南鮮版	1933-08-15	1	05단	金舍利塔佛國寺着
240483	朝鮮朝日	南鮮版	1933-08-15	1	06단	納凉會
240484	朝鮮朝日	南鮮版	1933-08-15	1	06단	秋競馬の日割平壤の九月七日をトップに/騎手を養成朝鮮競馬協會で
240485	朝鮮朝日	南鮮版	1933-08-15	1	07단	下村慶南道警察部長着任
240486	朝鮮朝日	南鮮版	1933-08-15	1	07단	宇佐八幡宮夏祭
240487	朝鮮朝日	南鮮版	1933-08-15	1	07단	女工二百名が罷業賃銀値下げから丸太ゴム工場で成り行き注目さる
240488	朝鮮朝日	南鮮版	1933-08-15	1	07단	窮民救濟事業費三千五百萬圓位本府で大削減の模樣
240489	朝鮮朝日	南鮮版	1933-08-15	1	08단	京城の新映畫陣不人氣のトーキーを見棄て日本物で再生を計劃
240490	朝鮮朝日	南鮮版	1933-08-15	1	08단	運動界(早大對野球試合/早大軍勝つ/京城軍勝つ)
240491	朝鮮朝日	南鮮版	1933-08-15	1	09단	支那人農夫山中で殺害さる怨恨からの兇行か
240492	朝鮮朝日	南鮮版	1933-08-15	1	09단	大田順天病院全燒損害二萬圓の見込み
240493	朝鮮朝日	南鮮版	1933-08-15	1	10단	人(高橋敏氏(新任全北警察部長))
240494	朝鮮朝日	南鮮版	1933-08-15	1	10단	レコード濫賣戰平壤や南浦
240495	朝鮮朝日	南鮮版	1933-08-15	1	10단	服毒自殺
240496	朝鮮朝日	西北版	1933-08-16	1	01단	特輯ペーヂ凉み台夜話　平北の慈城厚昌一帶に三枝九葉草が無盡藏！驚異的の補精强壯劑/端川婦人會員活動/女流鳥人の遺骨/和やかな盆踊情緒/淸川江の鮎
240497	朝鮮朝日	西北版	1933-08-16	1	01단	赤化工作の魔手を全鮮に延さんとした一味數十名を檢擧豫審終結十六名有罪、四名免訴(上から)韓琠鐘申太成鄭宗爽(事件の內容と陰謀發覺の端緒/被告氏名)

일련번호	판명		간행일	면	단수	기사명
240498	朝鮮朝日	西北版	1933-08-16	1	03단	敦圖線の完成で日、鮮、滿貿易に一新紀元滿洲側で北鮮の經濟調査/鮮滿運賃低減が急內地より高い
240499	朝鮮朝日	西北版	1933-08-16	1	06단	スポーツ(平實辛勝/劍道試合)
240500	朝鮮朝日	西北版	1933-08-16	1	06단	王肝墓附近に樂浪墳塋慰靈碑九月に盛大な除幕式
240501	朝鮮朝日	西北版	1933-08-16	1	06단	運ちゃんをヨク休ませて下さい
240502	朝鮮朝日	西北版	1933-08-16	1	07단	萩原知事
240503	朝鮮朝日	西北版	1933-08-16	1	07단	新義州中江鎭間十往復試驗飛行航路開拓の準備として
240504	朝鮮朝日	西北版	1933-08-16	1	07단	咸興高女改築移轉是非明年度に
240505	朝鮮朝日	西北版	1933-08-16	1	07단	國境警備の光榮を記念する寫眞帳『國境の守り』平北警察部で刊行する
240506	朝鮮朝日	西北版	1933-08-16	1	08단	南浦廳舍增築計劃
240507	朝鮮朝日	西北版	1933-08-16	1	08단	鳩廿羽で脚氣の研究成島教授
240508	朝鮮朝日	西北版	1933-08-16	1	08단	水害美談
240509	朝鮮朝日	西北版	1933-08-16	1	09단	ゴム職工の賃銀を統一する平壤ゴム組合改革
240510	朝鮮朝日	西北版	1933-08-16	1	09단	特惠關稅急に困難景山稅關長談
240511	朝鮮朝日	西北版	1933-08-16	1	09단	咸南主要幹線路の復舊工事が急務本府へ工費支出を要望
240512	朝鮮朝日	西北版	1933-08-16	1	10단	送電線架設西湖津から東川へ
240513	朝鮮朝日	西北版	1933-08-16	1	10단	柳京日記
240514	朝鮮朝日	南鮮版	1933-08-16	1	01단	特輯ペーヂ涼み台夜話　平北の慈城厚昌一帶に三枝九葉草が無盡藏！驚異的の補精强壯劑/端川婦人會員活動/女流鳥人の遺骨/和やかな盆踊情緒/淸川江の鮎
240515	朝鮮朝日	南鮮版	1933-08-16	1	01단	赤化工作の魔手を全鮮に延さんとした一味數十名を檢擧豫審終結十六名有罪、四名免訴(上から)韓琠鐘申太成鄭宗奭(事件の內容と陰謀發覺の端緒/被告氏名)
240516	朝鮮朝日	南鮮版	1933-08-16	1	03단	敦圖線の完成で日、鮮、滿貿易に一新紀元滿洲側で北鮮の經濟調査/鮮滿運賃低減が急內地より高い
240517	朝鮮朝日	南鮮版	1933-08-16	1	06단	忠北武德殿淸州署も新築
240518	朝鮮朝日	南鮮版	1933-08-16	1	06단	季節を走る初松茸が續々と入荷
240519	朝鮮朝日	南鮮版	1933-08-16	1	07단	太田久氏講演會
240520	朝鮮朝日	南鮮版	1933-08-16	1	07단	漁業放送の必要が今更に痛感さる！暴風雨被害と慶南道の對策/行方不明の八十餘名が生存打ち喜ぶ遺族たち

일련번호	판명		간행일	면	단수	기사명
240521	朝鮮朝日	南鮮版	1933-08-16	1	07단	昔戀しい夏祭りの風景
240522	朝鮮朝日	南鮮版	1933-08-16	1	08단	淸州學校組合議員
240523	朝鮮朝日	南鮮版	1933-08-16	1	08단	救護所維持費
240524	朝鮮朝日	南鮮版	1933-08-16	1	09단	朝鮮水産物を支那に販路開拓近く上海の實情調査
240525	朝鮮朝日	南鮮版	1933-08-16	1	09단	大合川に架橋陳情
240526	朝鮮朝日	南鮮版	1933-08-16	1	10단	妾の家に覆面强盜申立に不審
240527	朝鮮朝日	南鮮版	1933-08-16	1	10단	片眼の靑年强盜潛伏中を逮捕
240528	朝鮮朝日	南鮮版	1933-08-16	1	10단	溺死者續出
240529	朝鮮朝日	南鮮版	1933-08-16	1	10단	航路標識巡視船
240530	朝鮮朝日	南鮮版	1933-08-16	1	10단	犯人逮捕に表彰
240531	朝鮮朝日	南鮮版	1933-08-16	1	10단	人(關水武氏(新任京南道知事)/有馬光豊氏(殖銀頭取))
240532	朝鮮朝日	西北版	1933-08-17	1	01단	特輯ペーヂ凉み台夜話　水原邑の名勝訪花隨柳亭を修理する/名樹を保護/車內の南京蟲退治/京城の電話九千口/少年二名が强盜を協議
240533	朝鮮朝日	西北版	1933-08-17	1	01단	內地を目ざして大々的に進出する！風味卓絶の蘋果と肉用朝鮮牛/蘋果/肉用牛/平壤栗は大不作相當高値豫想
240534	朝鮮朝日	西北版	1933-08-17	1	02단	植物の檢査規則十月から實施
240535	朝鮮朝日	西北版	1933-08-17	1	02단	古都平壤に二つの名所ができる樂浪博物館と妓生學校
240536	朝鮮朝日	西北版	1933-08-17	1	03단	朝鮮の靴下が滿洲からボイコット業者大弱り當局へ對策陳情
240537	朝鮮朝日	西北版	1933-08-17	1	04단	殖銀總會
240538	朝鮮朝日	西北版	1933-08-17	1	05단	辭令
240539	朝鮮朝日	西北版	1933-08-17	1	06단	棉花共販の價格を協定する十六日から總督府で
240540	朝鮮朝日	西北版	1933-08-17	1	06단	平壤府會
240541	朝鮮朝日	西北版	1933-08-17	1	06단	兵器支廠の敷地解決す
240542	朝鮮朝日	西北版	1933-08-17	1	07단	各道衛生課長會議二十四日から總督府で
240543	朝鮮朝日	西北版	1933-08-17	1	07단	一部重役が突如身賣に反對注目される電氣統制
240544	朝鮮朝日	西北版	1933-08-17	1	07단	間島視察團募集
240545	朝鮮朝日	西北版	1933-08-17	1	07단	醫師開業免許書は月末迄には下付か待ち焦がれる平壤大邱醫專卒業生
240546	朝鮮朝日	西北版	1933-08-17	1	07단	スポーツ(軟式野球)
240547	朝鮮朝日	西北版	1933-08-17	1	07단	貸付減退で苦しい金組

일련번호	판명		간행일	면	단수	기사명
240548	朝鮮朝日	西北版	1933-08-17	1	08단	德源郡各地で國旗を揭揚百卅枚準備
240549	朝鮮朝日	西北版	1933-08-17	1	08단	在滿靑年惰氣滿々奮起を促す
240550	朝鮮朝日	西北版	1933-08-17	1	08단	西鮮に黃金時代各地で採金稼行開始
240551	朝鮮朝日	西北版	1933-08-17	1	09단	圖書館に赤本發見エ口本も續出
240552	朝鮮朝日	西北版	1933-08-17	1	09단	農繁期から鐵道人夫が不足他より十錢高で募集
240553	朝鮮朝日	西北版	1933-08-17	1	10단	割引はせぬが賣値を廉く平壤吳服商組合
240554	朝鮮朝日	西北版	1933-08-17	1	10단	柳京日記
240555	朝鮮朝日	南鮮版	1933-08-17	1	01단	特輯ペーヂ凉み台夜話 水原邑の名勝訪花隨柳亭を修理する/名樹を保護/車內の南京蟲退治/京城の電話九千口/少年二名が强盜を協議
240556	朝鮮朝日	南鮮版	1933-08-17	1	01단	內地を目ざして大々的に進出する！風味卓絶の蘋果と肉用朝鮮牛/蘋果/肉用牛/平壤栗は大不作相當高値豫想
240557	朝鮮朝日	南鮮版	1933-08-17	1	02단	植物の檢査規則十月から實施
240558	朝鮮朝日	南鮮版	1933-08-17	1	02단	古都平壤に二つの名所ができる樂浪博物館と妓生學校
240559	朝鮮朝日	南鮮版	1933-08-17	1	03단	朝鮮の靴下が滿洲からボイコット業者大弱り當局へ對策陳情
240560	朝鮮朝日	南鮮版	1933-08-17	1	04단	殖銀總會
240561	朝鮮朝日	南鮮版	1933-08-17	1	05단	辭令
240562	朝鮮朝日	南鮮版	1933-08-17	1	06단	棉花共販の價格を協定する十六日から總督府で
240563	朝鮮朝日	南鮮版	1933-08-17	1	06단	優秀な靑年達で明日の農村建設全北各地で講習會
240564	朝鮮朝日	南鮮版	1933-08-17	1	07단	各道衛生課長會議二十四日から總督府で
240565	朝鮮朝日	南鮮版	1933-08-17	1	07단	鐵道聯絡切符發賣北九州商船
240566	朝鮮朝日	南鮮版	1933-08-17	1	07단	慶南からも出品
240567	朝鮮朝日	南鮮版	1933-08-17	1	07단	肥效價値のない醱酵素に注意せよ
240568	朝鮮朝日	南鮮版	1933-08-17	1	08단	鐘紡が京城にサービスステーション三越の舊館を買收して
240569	朝鮮朝日	南鮮版	1933-08-17	1	08단	米穀統制と最後的協議
240570	朝鮮朝日	南鮮版	1933-08-17	1	08단	大暴風雨被害慶南道の復舊策低資融通、副業獎勵
240571	朝鮮朝日	南鮮版	1933-08-17	1	09단	富民普校學級增加秋には竣工
240572	朝鮮朝日	南鮮版	1933-08-17	1	10단	運動界(京城6Aー3早大/早大對大鐵/全京城軍歡迎會/朝鮮體協神宮競技/鎭海警察武道場)

일련번호	판명		간행일	면	단수	기사명
240573	朝鮮朝日	南鮮版	1933-08-17	1	10단	人(對島百之氏(憲兵少佐)/奧田德三郎少將(新任朝鮮軍經理部長)/長屋尚作少將(新任步兵第四十旅團長))
240574	朝鮮朝日	西北版	1933-08-18	1	01단	特輯ペーヂ涼み台夜話 踊り出た味覺の尖兵『松茸』昨年より約十圓安の初取引/國旗讚仰の非常時/棄てられた佛さま/可哀想に捨子三名
240575	朝鮮朝日	西北版	1933-08-18	1	01단	半島無煙炭界に異常な活氣招來西北鮮開拓滿浦線の進行で球場炭が大量的に登場
240576	朝鮮朝日	西北版	1933-08-18	1	01단	黑潮吼ゆる沿海州沖に大擧出動豊富な鱈鰈明太等をめざして秋漁期から活躍の北鮮漁業者
240577	朝鮮朝日	西北版	1933-08-18	1	01단	二千年前の輝く文化の品々樂浪博物館に陣列異彩を放つものは
240578	朝鮮朝日	西北版	1933-08-18	1	03단	東拓の無煙炭運搬船二百隻同盟罷業現場監督の不當から/船夫側の態度強硬解決は困難か
240579	朝鮮朝日	西北版	1933-08-18	1	04단	殖銀理事
240580	朝鮮朝日	西北版	1933-08-18	1	05단	大演習中特別警戒鐵道に船客に
240581	朝鮮朝日	西北版	1933-08-18	1	05단	鮮米の生産制限は南浦港の死活問題猛烈な制限阻止運動を起す
240582	朝鮮朝日	西北版	1933-08-18	1	05단	政府米四回拂下商人より歡迎さる
240583	朝鮮朝日	西北版	1933-08-18	1	06단	不良運轉手嚴罰
240584	朝鮮朝日	西北版	1933-08-18	1	06단	スポーツ(本社旗爭奪全間島野球二ヶ年目に復活/咸南豫選會)
240585	朝鮮朝日	西北版	1933-08-18	1	07단	籠拔詐欺犯人平壤に横行
240586	朝鮮朝日	西北版	1933-08-18	1	07단	近代兵器を總動員咸興、興南の兩市で大防空演習廿八日から準備着々進む/太田旅團長十七日着任
240587	朝鮮朝日	西北版	1933-08-18	1	07단	小林平鐵所長
240588	朝鮮朝日	西北版	1933-08-18	1	08단	當業者の折衝では纏らず結局總監の裁定にまつか西鮮電氣の統制問題
240589	朝鮮朝日	西北版	1933-08-18	1	08단	清津港內に貿易岸壁を築造廿五萬圓で着工計劃
240590	朝鮮朝日	西北版	1933-08-18	1	09단	事故防止の列車平鐵管內に運轉
240591	朝鮮朝日	西北版	1933-08-18	1	09단	敦化行きの機關車轉覆大破犬釘が拔取られて居た爲兵共匪の仕業か
240592	朝鮮朝日	西北版	1933-08-18	1	10단	富豪から一萬圓詐取
240593	朝鮮朝日	西北版	1933-08-18	1	10단	柳京日記

일련번호	판명		간행일	면	단수	기사명
240594	朝鮮朝日	南鮮版	1933-08-18	1	01단	特輯ペーヂ涼み台夜話 踊り出た味覺の尖兵『松茸』昨年より約十圓安の初取引/國旗讚仰の非常時/棄てられた佛さま/可哀想に捨子三名
240595	朝鮮朝日	南鮮版	1933-08-18	1	01단	半島無煙炭界に異常な活氣招來西北鮮開拓滿浦線の進行で球場炭が大量的に登場
240596	朝鮮朝日	南鮮版	1933-08-18	1	01단	黑潮吼ゆる沿海州沖に大擧出動豐富な鱈鰈明太等をめざして秋漁期から活躍の北鮮漁業者
240597	朝鮮朝日	南鮮版	1933-08-18	1	01단	二千年前の輝く文化の品々樂浪博物館に陳列異彩を放つものは
240598	朝鮮朝日	南鮮版	1933-08-18	1	03단	東拓の無煙炭運搬船二百隻同盟罷業現場監督の不當から/船夫側の態度强硬解決は困難か
240599	朝鮮朝日	南鮮版	1933-08-18	1	04단	殖銀理事
240600	朝鮮朝日	南鮮版	1933-08-18	1	05단	大演習中特別警戒鐵道に船客に
240601	朝鮮朝日	南鮮版	1933-08-18	1	05단	細農者は依然生活苦靑田賣りの續出に當局もホトホト弱り拔く
240602	朝鮮朝日	南鮮版	1933-08-18	1	05단	政府米四回拂下商人より歡迎さる
240603	朝鮮朝日	南鮮版	1933-08-18	1	06단	不良運轉手嚴罰
240604	朝鮮朝日	南鮮版	1933-08-18	1	06단	滿洲國から女子スポーツ使節京城で排球試合日滿親善美を展開/南鮮庭球
240605	朝鮮朝日	南鮮版	1933-08-18	1	07단	四人組强盜全くの狂言
240606	朝鮮朝日	南鮮版	1933-08-18	1	07단	明るい腴らかな慰安機關たらしめるカフェの取締規則を改正
240607	朝鮮朝日	南鮮版	1933-08-18	1	07단	淸州學議員選擧
240608	朝鮮朝日	南鮮版	1933-08-18	1	08단	傳染病患者を隱したりするな釜山各町に衛生組合設立
240609	朝鮮朝日	南鮮版	1933-08-18	1	08단	鮮南銀內容調査增資か、慶銀に合倂か
240610	朝鮮朝日	南鮮版	1933-08-18	1	08단	蓄妾費から惡事
240611	朝鮮朝日	南鮮版	1933-08-18	1	09단	空券相場師七名に罰金
240612	朝鮮朝日	南鮮版	1933-08-18	1	09단	胡瓜泥棒を發見され小刀で斬殺す犯人は隣家の支那人
240613	朝鮮朝日	南鮮版	1933-08-18	1	10단	二棟全燒
240614	朝鮮朝日	南鮮版	1933-08-18	1	10단	人(今井田政務總監/一松定吉氏(代議士)/中山福藏氏(辯護士)/松島淸氏(全州專賣支局長)/大串敬吉少將(新任朝鮮軍參謀長)/關水慶南道知事/兵頭本府水産課長)
240615	朝鮮朝日	南鮮版	1933-08-18	1	10단	ストロー

일련번호	판명		간행일	면	단수	기사명
240616	朝鮮朝日	西北版	1933-08-19	1	01단	特輯ペーヂ涼み台夜話　白樺にかこまれた毘盧峰のヒュッテは閑散/平壤から東京へ松茸を航空輸送/犯罪搜査に傳書鳩/筏遊びに危險信號/平壤に大道場建築
240617	朝鮮朝日	西北版	1933-08-19	1	01단	本年度の棉花販賣價格協定比率は一等品を一〇〇とし大體は前年の通り
240618	朝鮮朝日	西北版	1933-08-19	1	01단	鮮米に移入稅こんなことは實行不可能だ一部の報道に總監は語る
240619	朝鮮朝日	西北版	1933-08-19	1	01단	廿萬のロシヤ人に鰊は生活の必需品水産物の北滿進出は有望/裏日本の漁業者北鮮沿岸に進出
240620	朝鮮朝日	西北版	1933-08-19	1	04단	宇垣總督
240621	朝鮮朝日	西北版	1933-08-19	1	04단	今月末ごろ警視級異動七八名が昇進
240622	朝鮮朝日	西北版	1933-08-19	1	04단	貞柏里の古墳發掘本年も繼出
240623	朝鮮朝日	西北版	1933-08-19	1	05단	ゴム靴女工百名は同盟罷業賃銀値下に反對し/あくまで監督の處分要求大掛りな運送船罷業
240624	朝鮮朝日	西北版	1933-08-19	1	05단	暑さが生んだ憂鬱ナイフで父を刺したり斧で人妻を殺したり少年が少年を蹴殺す
240625	朝鮮朝日	西北版	1933-08-19	1	06단	全鮮警官射擊大會
240626	朝鮮朝日	西北版	1933-08-19	1	06단	國防思想普及映畫講演會
240627	朝鮮朝日	西北版	1933-08-19	1	07단	餘儀ない農主魚從藤原知事談
240628	朝鮮朝日	西北版	1933-08-19	1	07단	大地愛によって薄倖な少年を救ふ平壤に更生園設置
240629	朝鮮朝日	西北版	1933-08-19	1	07단	咸南の五漁組施設を改善
240630	朝鮮朝日	西北版	1933-08-19	1	08단	元山漁港修築期成會創立
240631	朝鮮朝日	西北版	1933-08-19	1	08단	近く榮轉谷本、中川兩氏
240632	朝鮮朝日	西北版	1933-08-19	1	08단	傳染病患者が平壤に九百餘名/飮み物に注意せよチフスが流行
240633	朝鮮朝日	西北版	1933-08-19	1	09단	龍川郡廳綱紀紊亂公金を費消
240634	朝鮮朝日	西北版	1933-08-19	1	10단	全日本スケート選手權大會鴨綠江で開催か
240635	朝鮮朝日	西北版	1933-08-19	1	10단	ダンス講習
240636	朝鮮朝日	西北版	1933-08-19	1	10단	水害義捐金
240637	朝鮮朝日	西北版	1933-08-19	1	10단	滿洲へ驅落
240638	朝鮮朝日	西北版	1933-08-19	1	10단	列車に投石
240639	朝鮮朝日	西北版	1933-08-19	1	10단	柳京日記

일련번호	판명		간행일	면	단수	기사명
240640	朝鮮朝日	南鮮版	1933-08-19	1	01단	特輯ペーヂ涼み台夜話　白樺にかこまれた毘盧峰のヒュッテは閑散/平壌から東京へ松茸を航空輸送/犯罪捜査に傳書鳩/筏遊びに危險信號/平壌に大道場建築
240641	朝鮮朝日	南鮮版	1933-08-19	1	01단	本年度の棉花販賣價格協定比率は一等品を一〇〇とし大體は前年の通り
240642	朝鮮朝日	南鮮版	1933-08-19	1	01단	鮮米に移入稅こんなことは實行不可能だ一部の報道に總監は語る
240643	朝鮮朝日	南鮮版	1933-08-19	1	01단	廿萬のロシヤ人に鍊は生活の必需品水産物の北滿進出は有望/裏日本の漁業者北鮮沿岸に進出
240644	朝鮮朝日	南鮮版	1933-08-19	1	04단	宇垣總督
240645	朝鮮朝日	南鮮版	1933-08-19	1	04단	今月末ごろ警視級異動七八名が昇進
240646	朝鮮朝日	南鮮版	1933-08-19	1	04단	貞柏里の古墳發掘本年も繼出
240647	朝鮮朝日	南鮮版	1933-08-19	1	05단	ゴム靴女工百名は同盟罷業賃銀値下に反對し/あくまで監督の處分要求大掛りな運送船罷業
240648	朝鮮朝日	南鮮版	1933-08-19	1	05단	旱水害を除く禿山征服へ驀進！全北の根本的防衛策
240649	朝鮮朝日	南鮮版	1933-08-19	1	06단	全鮮警官射擊大會
240650	朝鮮朝日	南鮮版	1933-08-19	1	07단	龍山步兵、野砲兩隊に赤痢患者百四十名蔓延防止に豫防班大童/水害地に傳染病氣をつけて下さい
240651	朝鮮朝日	南鮮版	1933-08-19	1	07단	瑞山を群山の商圈內に仁川から奪ふ計劃
240652	朝鮮朝日	南鮮版	1933-08-19	1	07단	群山商議役員會
240653	朝鮮朝日	南鮮版	1933-08-19	1	08단	國旗揭揚の觀念を發揚する釜山の各所に揭揚柱建設
240654	朝鮮朝日	南鮮版	1933-08-19	1	08단	獻納者に感謝狀陸軍大臣から
240655	朝鮮朝日	南鮮版	1933-08-19	1	09단	電車內で赤ん坊を出産！！三十女にこの哀話
240656	朝鮮朝日	南鮮版	1933-08-19	1	10단	體操講習會
240657	朝鮮朝日	南鮮版	1933-08-19	1	10단	死因が怪し
240658	朝鮮朝日	南鮮版	1933-08-19	1	10단	京城驛ボヤ
240659	朝鮮朝日	南鮮版	1933-08-19	1	10단	人(飯尾登次男氏(前釜山朝鮮簡易保險健康相談所主任醫師))
240660	朝鮮朝日	南鮮版	1933-08-19	1	10단	ストロー
240661	朝鮮朝日	西北版	1933-08-20	1	01단	特輯ペーチ涼み台夜話　無智な科學的遊戲鐵道を爆破す/栗の花が蟲を殺す/火達磨となって絶命/警官の退職者續出

일련번호	판명		간행일	면	단수	기사명
240662	朝鮮朝日	西北版	1933-08-20	1	01단	是非・白衣を廢しませう無駄な金と時間不經濟な白衣洗濯費節約高二千七百五十萬圓衣質の損傷節約高五百五十萬圓
240663	朝鮮朝日	西北版	1933-08-20	1	01단	島根縣の境港に滿鮮出荷斡旋所設置鳥取と聯合して進出の計劃
240664	朝鮮朝日	西北版	1933-08-20	1	01단	さらに三ヶ所安全農村を增設歸滿不能の鮮農を救濟
240665	朝鮮朝日	西北版	1933-08-20	1	01단	四分の一拂込徵收朝鮮貯蓄銀行
240666	朝鮮朝日	西北版	1933-08-20	1	02단	僻陬地警官や家族一萬人に救急藥本府で大々的に生産
240667	朝鮮朝日	西北版	1933-08-20	1	03단	朝鮮金組聯合設立委員會
240668	朝鮮朝日	西北版	1933-08-20	1	04단	船夫四百名輸送に就業監督の處分問題は飽くまで要求
240669	朝鮮朝日	西北版	1933-08-20	1	04단	朝鮮農會を民間機關に改造設起る
240670	朝鮮朝日	西北版	1933-08-20	1	05단	北鮮經濟調査團新京から來る
240671	朝鮮朝日	西北版	1933-08-20	1	05단	ヂストマ菌の媒介者蟹の捕獲禁止を撤廢か本府の意向に平南では反對
240672	朝鮮朝日	西北版	1933-08-20	1	05단	鮮內に馬賊侵入警務局で眞相調査
240673	朝鮮朝日	西北版	1933-08-20	1	05단	朝鮮の水産業を映畫で紹介する鰯漁況等を撮影計劃
240674	朝鮮朝日	西北版	1933-08-20	1	05단	火の出る商戰展開平壤商店街
240675	朝鮮朝日	西北版	1933-08-20	1	06단	お菓子どころか口の中に爆彈三歲の子供瀕死の重傷
240676	朝鮮朝日	西北版	1933-08-20	1	06단	獻穀田成育順調
240677	朝鮮朝日	西北版	1933-08-20	1	06단	南浦電氣は合同に參加
240678	朝鮮朝日	西北版	1933-08-20	1	07단	スポーツ(全鮮軟式野球大會)
240679	朝鮮朝日	西北版	1933-08-20	1	07단	滿鮮經濟の握手に安奉線運賃の輕減が急だがまづ鮮鐵から引下げよ
240680	朝鮮朝日	西北版	1933-08-20	1	08단	フランスお政
240681	朝鮮朝日	西北版	1933-08-20	1	08단	高射銃四基を咸興に備へたい
240682	朝鮮朝日	西北版	1933-08-20	1	08단	開城商業校充實を陳情
240683	朝鮮朝日	西北版	1933-08-20	1	09단	平元線首陽驛の金庫破壞を企つ新倉の事件と同一犯人か
240684	朝鮮朝日	西北版	1933-08-20	1	09단	モルヒネを密輸
240685	朝鮮朝日	西北版	1933-08-20	1	10단	平壤兼二浦間架橋竣工す
240686	朝鮮朝日	西北版	1933-08-20	1	10단	グラウンド修理
240687	朝鮮朝日	西北版	1933-08-20	1	10단	三十女身投自殺
240688	朝鮮朝日	西北版	1933-08-20	1	10단	柳京日記

일련번호	판명		간행일	면	단수	기사명
240689	朝鮮朝日	南鮮版	1933-08-20	1	01단	特輯ベーチ涼み台夜話　無智な科學的遊戲鐵道を爆破す/栗の花が蟲を殺す/火達磨となって絶命/警官の退職者續出
240690	朝鮮朝日	南鮮版	1933-08-20	1	01단	是非・白衣を廢しませう無駄な金と時間不經濟な白衣洗濯費節約高二千七百五十萬圓衣質の損傷節約高五百五十萬圓
240691	朝鮮朝日	南鮮版	1933-08-20	1	01단	島根縣の境港に滿鮮出荷斡旋所設置鳥取と聯合して進出の計劃
240692	朝鮮朝日	南鮮版	1933-08-20	1	01단	さらに三ヶ所安全農村を增設歸滿不能の鮮農を救濟
240693	朝鮮朝日	南鮮版	1933-08-20	1	01단	四分の一拂込徵收朝鮮貯蓄銀行
240694	朝鮮朝日	南鮮版	1933-08-20	1	02단	僻陬地警官や家族一萬人に救急藥本府で大々的に生産
240695	朝鮮朝日	南鮮版	1933-08-20	1	03단	朝鮮金組聯合設立委員會
240696	朝鮮朝日	南鮮版	1933-08-20	1	04단	船夫四百名輸送に就業監督の處分問題は飽くまで要求
240697	朝鮮朝日	南鮮版	1933-08-20	1	04단	朝鮮農會を民間機關に改造設起る
240698	朝鮮朝日	南鮮版	1933-08-20	1	05단	北鮮經濟調査團新京から來る
240699	朝鮮朝日	南鮮版	1933-08-20	1	05단	ヂストマ菌の媒介者蟹の捕獲禁止を撤廢か本府の意向に平南では反對
240700	朝鮮朝日	南鮮版	1933-08-20	1	05단	鮮內に馬賊侵入警務局で眞相調査
240701	朝鮮朝日	南鮮版	1933-08-20	1	05단	朝鮮の水産業を映畫で紹介する鰯漁況等を撮影計劃
240702	朝鮮朝日	南鮮版	1933-08-20	1	05단	京城商工聯合更生策なる
240703	朝鮮朝日	南鮮版	1933-08-20	1	06단	お菓子どころか口の中に爆彈三歲の子供瀕死の重傷
240704	朝鮮朝日	南鮮版	1933-08-20	1	06단	碧蹄館弔魂碑見事に竣工
240705	朝鮮朝日	南鮮版	1933-08-20	1	07단	宇垣總監/大串參謀長
240706	朝鮮朝日	南鮮版	1933-08-20	1	07단	アキレタニ家族老幼男女十四名が大亂鬪日頃の反目つひに爆發し
240707	朝鮮朝日	南鮮版	1933-08-20	1	07단	朴孃有志葬
240708	朝鮮朝日	南鮮版	1933-08-20	1	08단	南鮮ゴム靴滿洲進出を計劃不況の折柄期待さる
240709	朝鮮朝日	南鮮版	1933-08-20	1	08단	京城組合銀行預金貸出高
240710	朝鮮朝日	南鮮版	1933-08-20	1	08단	東萊溫泉場に上水道完成
240711	朝鮮朝日	南鮮版	1933-08-20	1	08단	モヒ密藏者を狙うた僞刑事
240712	朝鮮朝日	南鮮版	1933-08-20	1	09단	水害地の貧困者に無料診療班派遣
240713	朝鮮朝日	南鮮版	1933-08-20	1	09단	名大專門の泥棒
240714	朝鮮朝日	南鮮版	1933-08-20	1	10단	船舶漁船の被害復舊策建造に補助

일련번호	판명		간행일	면	단수	기사명
240715	朝鮮朝日	南鮮版	1933-08-20	1	10단	全鮮軟式野球大會
240716	朝鮮朝日	南鮮版	1933-08-20	1	10단	馬賊の頭目狐毛皮を盜む
240717	朝鮮朝日	南鮮版	1933-08-20	1	10단	線路枕に見事往生
240718	朝鮮朝日	南鮮版	1933-08-20	1	10단	人(關水慶南道知事)
240719	朝鮮朝日	西北版	1933-08-22	1	01단	都市農村を通じ年々激增の借金大衆重壓下から救ふ金錢債務臨時調停法本府で實施の計劃を進む
240720	朝鮮朝日	西北版	1933-08-22	1	01단	山林綠化の前に盜伐防止が急務だサテ燃料供給はどうする？慶北當局で研究調査
240721	朝鮮朝日	西北版	1933-08-22	1	01단	文盲退治に「農民讀本」を發行希望者に五錢で頒布
240722	朝鮮朝日	西北版	1933-08-22	1	01단	道財務部は現在通り存置
240723	朝鮮朝日	西北版	1933-08-22	1	02단	*脚自慢の三君裡里から安東縣へ耐熱マラソン百八十四里を九日間で走破/明年の大會を目標に猛練習あるのみ元氣で歸城の善隣商*
240724	朝鮮朝日	西北版	1933-08-22	1	03단	三德面に鍾乳洞
240725	朝鮮朝日	西北版	1933-08-22	1	03단	新秋話題
240726	朝鮮朝日	西北版	1933-08-22	1	04단	練習船巡航
240727	朝鮮朝日	西北版	1933-08-22	1	04단	朝鮮內の旅館總會九月に平壤で
240728	朝鮮朝日	西北版	1933-08-22	1	04단	元妓生朴英道自殺戀を割かれんとして
240729	朝鮮朝日	西北版	1933-08-22	1	04단	聯隊の赤痢は下火なほ必死で防疫陣
240730	朝鮮朝日	西北版	1933-08-22	1	05단	高射砲と機關銃平壤から獻納する
240731	朝鮮朝日	西北版	1933-08-22	1	05단	傳票賣廢止に對策を講ず平壤購買組合
240732	朝鮮朝日	西北版	1933-08-22	1	06단	高利債の低利債借贊で利鞘が二十萬圓平壤府の財務難緩和
240733	朝鮮朝日	西北版	1933-08-22	1	06단	スポーツ(陸上競技場や水泳プール平壤に新設/開城署武道成績/體競大會平南代表)
240734	朝鮮朝日	西北版	1933-08-22	1	07단	平壤中學校生徒兵營生活を見學
240735	朝鮮朝日	西北版	1933-08-22	1	07단	實彈射擊
240736	朝鮮朝日	西北版	1933-08-22	1	07단	又も金庫破壞犯人今度は龍城驛に出現首陽驛を襲うた犯人と同一か
240737	朝鮮朝日	西北版	1933-08-22	1	07단	京城行き團體列車
240738	朝鮮朝日	西北版	1933-08-22	1	07단	兼二浦平壤間に通學バス運轉か知事から兼二浦側に慫慂
240739	朝鮮朝日	西北版	1933-08-22	1	07단	舊永明寺敷地一萬坪返還
240740	朝鮮朝日	西北版	1933-08-22	1	08단	江東炭坑出炭好成績(月に一千五百屯)
240741	朝鮮朝日	西北版	1933-08-22	1	08단	奇蹟的に命拾ひ

일련번호	판명		간행일	면	단수	기사명
240742	朝鮮朝日	西北版	1933-08-22	1	08단	優良鑛區が貯水池の底部に昭和水利貯水池取入口設置で輪西製鐵から抗議
240743	朝鮮朝日	西北版	1933-08-22	1	09단	平壤製陶所移轉
240744	朝鮮朝日	西北版	1933-08-22	1	09단	戰死病歿者追悼
240745	朝鮮朝日	西北版	1933-08-22	1	09단	平壤に怪盗
240746	朝鮮朝日	西北版	1933-08-22	1	10단	農作物を盛に荒す价川郡山間地
240747	朝鮮朝日	西北版	1933-08-22	1	10단	板の間稼ぎで豪奢な生活
240748	朝鮮朝日	西北版	1933-08-22	1	10단	赤車總出動滯稅整理に
240749	朝鮮朝日	西北版	1933-08-22	1	10단	人(新井新藏氏(鎮南浦賣業家))
240750	朝鮮朝日	西北版	1933-08-22	1	10단	柳京日記
240751	朝鮮朝日	南鮮版	1933-08-22	1	01단	都市農村を通じ年々激增の借金大衆重壓下から救ふ金錢債務臨時調停法本府で實施の計劃を進む
240752	朝鮮朝日	南鮮版	1933-08-22	1	01단	山林綠化の前に盜伐防止が急務だサテ燃料供給はどうする？慶北當局で研究調査
240753	朝鮮朝日	南鮮版	1933-08-22	1	01단	文盲退治に「農民讀本」を發行希望者に五錢で頒布
240754	朝鮮朝日	南鮮版	1933-08-22	1	01단	道財務部は現在通り存置
240755	朝鮮朝日	南鮮版	1933-08-22	1	02단	脚自慢の三君裡里から安東縣へ耐熱マラソン百八十四里を九日間で走破/明年の大會を目標に猛練習あるのみ元氣で歸城の善隣商
240756	朝鮮朝日	南鮮版	1933-08-22	1	03단	三德面に鍾乳洞
240757	朝鮮朝日	南鮮版	1933-08-22	1	03단	新秋話題
240758	朝鮮朝日	南鮮版	1933-08-22	1	04단	練習船巡航
240759	朝鮮朝日	南鮮版	1933-08-22	1	04단	朝鮮內の旅館總會九月に平壤で
240760	朝鮮朝日	南鮮版	1933-08-22	1	04단	元妓生朴英道自殺戀を割かれんとして
240761	朝鮮朝日	南鮮版	1933-08-22	1	04단	聯隊の赤痢は下火なほ必死で防疫陣
240762	朝鮮朝日	南鮮版	1933-08-22	1	05단	西行に絲瓜の歌はなかりけり/子規
240763	朝鮮朝日	南鮮版	1933-08-22	1	05단	朝鮮人間にも俄然愛國熱揚る滿洲事變映畫に感激して
240764	朝鮮朝日	南鮮版	1933-08-22	1	06단	和順郡廳近く新築最新樣式に
240765	朝鮮朝日	南鮮版	1933-08-22	1	07단	忠南道理事異動
240766	朝鮮朝日	南鮮版	1933-08-22	1	07단	暴風雨の漁村全滅は氣象知識の缺乏から慘禍を未然に各地で氣象講演/罹災者救濟支出金內譯
240767	朝鮮朝日	南鮮版	1933-08-22	1	07단	極禾面と飛鴉面の渡船・濁流に轉覆四名行方不明となる
240768	朝鮮朝日	南鮮版	1933-08-22	1	08단	慶南郵便局所長會

일련번호	판명		간행일	면	단수	기사명
240769	朝鮮朝日	南鮮版	1933-08-22	1	08단	天然痘發生
240770	朝鮮朝日	南鮮版	1933-08-22	1	08단	魚市場敷地今さら變更せぬ釜山府の旣定方針に牧の島側の對策
240771	朝鮮朝日	南鮮版	1933-08-22	1	09단	慶北地方にまたも豪雨線路流失等被害續出/慶南も被害甚大
240772	朝鮮朝日	南鮮版	1933-08-22	1	09단	赤車總出動滯稅整理に
240773	朝鮮朝日	南鮮版	1933-08-22	1	10단	各種の寄附や負擔激增に釜山民苦しむ
240774	朝鮮朝日	南鮮版	1933-08-22	1	10단	金剛山に探勝路山小屋等施設
240775	朝鮮朝日	西北版	1933-08-23	1	01단	此世ながらの地獄圖繪を展開餓死體は蒼蠅の餌食に沿海州居住の悲慘な同胞十六萬
240776	朝鮮朝日	西北版	1933-08-23	1	01단	秋風に追はれながら南へ南へ徒步の旅滿州へ憬れた人々の末路
240777	朝鮮朝日	西北版	1933-08-23	1	01단	恩給法改正を機に敎員退職者續出か三、四百名を豫想され敎育上の支障を憂慮
240778	朝鮮朝日	西北版	1933-08-23	1	01단	內地行林檎運賃を引下げる鐵道局との交涉なる
240779	朝鮮朝日	西北版	1933-08-23	1	03단	新秋爽涼(警察の仲立で正式に結婚眼らかな話/趣味の吸煙具展/地中から佛樣現はる/美聲の妓生がレコードに)
240780	朝鮮朝日	西北版	1933-08-23	1	04단	阿部課長
240781	朝鮮朝日	西北版	1933-08-23	1	04단	金組聯合會設置委員會監事を選任
240782	朝鮮朝日	西北版	1933-08-23	1	04단	秋繭値元協定
240783	朝鮮朝日	西北版	1933-08-23	1	05단	昭和水利は飽迄も實現總監が言明
240784	朝鮮朝日	西北版	1933-08-23	1	05단	內鮮通信聯絡に一エポックを劃す九月一日から豫約通話開始
240785	朝鮮朝日	西北版	1933-08-23	1	05단	二次窮民事業費七百萬圓も削減平南當局大弱り
240786	朝鮮朝日	西北版	1933-08-23	1	05단	殖銀異動
240787	朝鮮朝日	西北版	1933-08-23	1	06단	六道溝に匪賊襲來彈丸等を强奪
240788	朝鮮朝日	西北版	1933-08-23	1	06단	防空豫行演習咸興で二十六日夜
240789	朝鮮朝日	西北版	1933-08-23	1	06단	綿作問題と北條氏歸來談/邦胎洞にも
240790	朝鮮朝日	西北版	1933-08-23	1	07단	待山所長
240791	朝鮮朝日	西北版	1933-08-23	1	07단	平壤へ訪づる團體
240792	朝鮮朝日	西北版	1933-08-23	1	07단	沙里院邑營電氣價格十八萬餘圓西鮮電氣に讓渡か
240793	朝鮮朝日	西北版	1933-08-23	1	08단	沙里院署の逃走犯人七日目に逮捕す南嚴里で大格鬪の末各驛の金庫荒しは同人

일련번호	판명		간행일	면	단수	기사명
240794	朝鮮朝日	西北版	1933-08-23	1	09단	滿洲國海防艦三艦安東へ
240795	朝鮮朝日	西北版	1933-08-23	1	09단	河童が裸體で歸れぬ海水浴場に衣類專門賊橫行
240796	朝鮮朝日	西北版	1933-08-23	1	09단	柳京日記
240797	朝鮮朝日	西北版	1933-08-23	1	10단	妓生も加へた消費組合組織
240798	朝鮮朝日	西北版	1933-08-23	1	10단	大規模の沙金採掘
240799	朝鮮朝日	西北版	1933-08-23	1	10단	龍川郡廳公金費消事件は更に進展
240800	朝鮮朝日	南鮮版	1933-08-23	1	01단	此世ながらの地獄圖繪を展開餓死體は蒼蠅の餌食に沿海州居住の悲慘な同胞十六萬
240801	朝鮮朝日	南鮮版	1933-08-23	1	01단	秋風に追はれながら南へ南へ徒步の旅滿州へ憬れた人々の末路
240802	朝鮮朝日	南鮮版	1933-08-23	1	01단	恩給法改正を機に教員退職者續出か三、四百名を豫想され教育上の支障を憂慮
240803	朝鮮朝日	南鮮版	1933-08-23	1	01단	內地行林檎運賃を引下げる鐵道局との交涉なる
240804	朝鮮朝日	南鮮版	1933-08-23	1	03단	新秋爽凉(警察の仲立で正式に結婚眼らかな話/趣味の吸煙具展/地中から佛樣現はる/美聲の妓生がレコードに)
240805	朝鮮朝日	南鮮版	1933-08-23	1	04단	杉山理事官
240806	朝鮮朝日	南鮮版	1933-08-23	1	04단	金組聯合會設置委員會監事を選任
240807	朝鮮朝日	南鮮版	1933-08-23	1	04단	秋繭値元協定
240808	朝鮮朝日	南鮮版	1933-08-23	1	05단	欲知島近海大鰺の豊漁
240809	朝鮮朝日	南鮮版	1933-08-23	1	05단	鮮航同盟會に對し運賃引下の挑戰狀釜山側の主張が容認されて朝穀聯合會も同一步調
240810	朝鮮朝日	南鮮版	1933-08-23	1	05단	殖銀異動
240811	朝鮮朝日	南鮮版	1933-08-23	1	06단	大邱でも防空演習
240812	朝鮮朝日	南鮮版	1933-08-23	1	06단	死體遺棄で起訴
240813	朝鮮朝日	南鮮版	1933-08-23	1	07단	中等野球優勝校豫想投票 驚くなかれ正解者千二百名抽籤で當選者決定/鐵道局野球部滿洲遠征/滿鮮對抗朝鮮代表
240814	朝鮮朝日	南鮮版	1933-08-23	1	08단	內鮮通信聯絡に一エポックを劃す九月一日から豫約通話開始
240815	朝鮮朝日	南鮮版	1933-08-23	1	08단	日萬實業協會愈よ創立に決定賀田氏が創立委員に
240816	朝鮮朝日	南鮮版	1933-08-23	1	08단	强盜捕まる
240817	朝鮮朝日	南鮮版	1933-08-23	1	09단	全南道の被害船舶八白七十隻十三萬九千圓

일련번호	판명		간행일	면	단수	기사명
240818	朝鮮朝日	南鮮版	1933-08-23	1	09단	慶南の稲作柄平年作より五分減か
240819	朝鮮朝日	南鮮版	1933-08-23	1	10단	バス疑獄に判決
240820	朝鮮朝日	南鮮版	1933-08-23	1	10단	怪漢庖丁を投ぐ
240821	朝鮮朝日	南鮮版	1933-08-23	1	10단	大規模の沙金採掘
240822	朝鮮朝日	南鮮版	1933-08-23	1	10단	人(武谷水城氏(福岡縣教育會願問軍內監/關水慶南道知事)
240823	朝鮮朝日	西北版	1933-08-24	1	01단	雄々しく出現半島最初の農民警察官鋤鍬とって農村指導の一線へまづ十三ヶ所へ配置
240824	朝鮮朝日	西北版	1933-08-24	1	01단	埋れた新羅文化古墳の扉を開く慶州で六基の發掘に着手
240825	朝鮮朝日	南鮮版	1933-08-24	1	01단	貴重な百濟の王陵關野博士調査
240826	朝鮮朝日	西北版	1933-08-24	1	01단	朝鮮人人體の基準を確定する! 平壤醫専田邊教授が研究
240827	朝鮮朝日	西北版	1933-08-24	1	01단	農林省にも贊否の兩論結局鼠一匹も出ずか朝鮮米穀生産統制
240828	朝鮮朝日	西北版	1933-08-24	1	02단	行政講習會
240829	朝鮮朝日	西北版	1933-08-24	1	03단	新秋爽凉(慶北のアナゴが鰻ドンに化ける/林檎園をフィルムに/早くも獵場だより/新聞包から金塊)
240830	朝鮮朝日	西北版	1933-08-24	1	04단	隔離病舍落成す
240831	朝鮮朝日	西北版	1933-08-24	1	04단	鮮銀雄基出張所
240832	朝鮮朝日	西北版	1933-08-24	1	04단	驛の金庫を狙ふ怪盜四度現はる今度は京義線の桂東驛に
240833	朝鮮朝日	西北版	1933-08-24	1	04단	リレー式の四人組スリ捕る
240834	朝鮮朝日	西北版	1933-08-24	1	04단	刑務所から二名逃走大搜査開始
240835	朝鮮朝日	西北版	1933-08-24	1	05단	自動車事業令愈よ今月中に發布
240836	朝鮮朝日	西北版	1933-08-24	1	05단	覆面二人組强盜食刀を突きつけて百七十餘圓强奪逃走
240837	朝鮮朝日	西北版	1933-08-24	1	05단	吉會線馬鞍山隧道工事着々と進む
240838	朝鮮朝日	西北版	1933-08-24	1	07단	寫眞は
240839	朝鮮朝日	西北版	1933-08-24	1	07단	西湖普通校で職業教育實施
240840	朝鮮朝日	西北版	1933-08-24	1	07단	平壤の遊覽客を無料で世話します愈よ近く觀光協會を組織
240841	朝鮮朝日	西北版	1933-08-24	1	08단	平南普通校の農業科好績
240842	朝鮮朝日	西北版	1933-08-24	1	08단	近づく滿洲事變記念日戰死者慰靈祭慰安會等平壤各部隊種々計劃
240843	朝鮮朝日	西北版	1933-08-24	1	08단	平南道陶土調査
240844	朝鮮朝日	西北版	1933-08-24	1	08단	南浦電氣の土産金問題處分は府會に

일련번호	판명		간행일	면	단수	기사명
240845	朝鮮朝日	西北版	1933-08-24	1	08단	僞醫師捕る
240846	朝鮮朝日	西北版	1933-08-24	1	09단	在來燒酎統制組合創立總會
240847	朝鮮朝日	西北版	1933-08-24	1	09단	粟や大麥作豊作を豫想さる
240848	朝鮮朝日	西北版	1933-08-24	1	10단	モルヒネ患者治療所新說
240849	朝鮮朝日	西北版	1933-08-24	1	10단	舞台から警察へ
240850	朝鮮朝日	西北版	1933-08-24	1	10단	柳京日記
240851	朝鮮朝日	南鮮版	1933-08-24	1	01단	雄々しく出現半島最初の農民警察官鋤鍬とって農村指導の一線へまづ十三ヶ所へ配置
240852	朝鮮朝日	南鮮版	1933-08-24	1	01단	埋れた新羅文化古墳の扉を開く慶州で六基の發掘に着手
240853	朝鮮朝日	南鮮版	1933-08-24	1	01단	貴重な百濟の王陵關野博士調査
240854	朝鮮朝日	南鮮版	1933-08-24	1	01단	朝鮮人人體の基準を確定する! 平壤醫專田邊教授が研究
240855	朝鮮朝日	南鮮版	1933-08-24	1	01단	農林省にも贊否の兩論結局鼠一匹も出ずか朝鮮米穀生產統制
240856	朝鮮朝日	南鮮版	1933-08-24	1	02단	行政講習會
240857	朝鮮朝日	南鮮版	1933-08-24	1	03단	新秋爽涼(慶北のアナゴが鰻ドンに化ける/林檎園をフィルムに/早くも獵場だより/新聞包から金塊)
240858	朝鮮朝日	南鮮版	1933-08-24	1	04단	大邱醫專上棟式
240859	朝鮮朝日	南鮮版	1933-08-24	1	04단	鮮銀雄基出張所
240860	朝鮮朝日	南鮮版	1933-08-24	1	04단	初等教員講習會
240861	朝鮮朝日	南鮮版	1933-08-24	1	04단	驛の金庫を狙ふ怪盗四度現はる今度は京義線の桂東驛に
240862	朝鮮朝日	南鮮版	1933-08-24	1	04단	自動車事業令愈よ今月中に發布
240863	朝鮮朝日	南鮮版	1933-08-24	1	04단	慶北道の一面一校着々と進む
240864	朝鮮朝日	南鮮版	1933-08-24	1	05단	稔る珠玉(葡萄園にて)
240865	朝鮮朝日	南鮮版	1933-08-24	1	05단	リレー式の四人組スリ捕る
240866	朝鮮朝日	南鮮版	1933-08-24	1	06단	刑務所から二名逃走大捜査開始
240867	朝鮮朝日	南鮮版	1933-08-24	1	07단	日滿實業懇談平井氏歸來談
240868	朝鮮朝日	南鮮版	1933-08-24	1	07단	山林ギャング征伐に妙案シェパード使用凄い眼を山から山へ走らす/憲兵さんも出動し大々的に猪退治作物被害甚大の河德方面
240869	朝鮮朝日	南鮮版	1933-08-24	1	08단	キャラメルで小娘誘拐さる福岡から船で釜山へ怪しい男は行方不明
240870	朝鮮朝日	南鮮版	1933-08-24	1	08단	潛水橋に鐵桁架設水禍を除く爲
240871	朝鮮朝日	南鮮版	1933-08-24	1	09단	覆面二人組強盗食刀を突きつけて百七十餘圓強奪逃走

일련번호	판명		간행일	면	단수	기사명
240872	朝鮮朝日	南鮮版	1933-08-24	1	09단	京城陸競聯盟幹事
240873	朝鮮朝日	南鮮版	1933-08-24	1	10단	京畿道巡廻診療
240874	朝鮮朝日	南鮮版	1933-08-24	1	10단	大邱遊園地紛絹
240875	朝鮮朝日	南鮮版	1933-08-24	1	10단	ストロー
240876	朝鮮朝日	南鮮版	1933-08-24	1	10단	人(宇垣總督/國富信一氏(新任仁川觀測所長)/小林櫂一氏(釜山郵便局保險課長兼釜山貯金管理所長))
240877	朝鮮朝日	西北版	1933-08-25	1	01단	日鮮滿産業交通に一大革新國際的大環狀線の完成によって愈よ明年度から飛躍を期待さる/直通列車運轉か雄基新京間、清津新京間/九月七日雄基で圖們線全通祝賀全鮮から有力者招待/明春日一月から吉會南部線全通一氣に本式營業へ
240878	朝鮮朝日	西北版	1933-08-25	1	01단	三角地帶の敵を求めて轉戰また轉戰宮本○隊拔群の偉功
240879	朝鮮朝日	西北版	1933-08-25	1	01단	銀幕を通じて大々的に思想善導明年度から朝鮮でも映畵敎育
240880	朝鮮朝日	西北版	1933-08-25	1	01단	第四會鮮米賣却數量四萬四千九百石
240881	朝鮮朝日	西北版	1933-08-25	1	03단	植物檢査規則公布十月から實施
240882	朝鮮朝日	西北版	1933-08-25	1	04단	郵便所でも徵稅事務
240883	朝鮮朝日	西北版	1933-08-25	1	04단	御鎭座滿十年朝鮮神宮奉祝種々協議さる
240884	朝鮮朝日	西北版	1933-08-25	1	04단	小學三年生が立派な兒を産む敎育界醫學界で注目さる
240885	朝鮮朝日	西北版	1933-08-25	1	04단	米出庫狀況
240886	朝鮮朝日	西北版	1933-08-25	1	04단	新秋爽凉(ものを言ふ可愛い犬/受難の佛樣/鯉二萬尾を配布)
240887	朝鮮朝日	西北版	1933-08-25	1	05단	スポーツ(野球と庭球大會)
240888	朝鮮朝日	西北版	1933-08-25	1	06단	寫眞は
240889	朝鮮朝日	西北版	1933-08-25	1	07단	暗夜に大亂鬪雙方數名負傷
240890	朝鮮朝日	西北版	1933-08-25	1	07단	大豊作を裏切り憂慮される平南の稻作
240891	朝鮮朝日	西北版	1933-08-25	1	08단	鐵道と警察側の見解は全然相違犯人だ犯人ではないと疑問うづまく死體
240892	朝鮮朝日	西北版	1933-08-25	1	08단	野球優勝校投票入賞者
240893	朝鮮朝日	西北版	1933-08-25	1	08단	妓生學校移轉す
240894	朝鮮朝日	西北版	1933-08-25	1	08단	學校長が生徒を弄ぶ　つひに免職となる
240895	朝鮮朝日	西北版	1933-08-25	1	08단	大犯人が思想轉向共産黨の一被告
240896	朝鮮朝日	西北版	1933-08-25	1	09단	自動車轉覆四名重輕傷
240897	朝鮮朝日	西北版	1933-08-25	1	09단	三時間に三萬件平壤の交通取締違反
240898	朝鮮朝日	西北版	1933-08-25	1	10단	トンボ捕りから哀れ子供溺死

일련번호	판명		간행일	면	단수	기사명
240899	朝鮮朝日	西北版	1933-08-25	1	10단	人(眞木辰次氏(全南麗水の本紙販賣店竝に通信員)
240900	朝鮮朝日	西北版	1933-08-25	1	10단	街の話題
240901	朝鮮朝日	南鮮版	1933-08-25	1	01단	*日鮮滿産業交通に一大革新國際的大環狀線の完成によって愈よ明年度から飛躍を期待さる/直通列車運轉か雄基新京間、清津新京間/九月七日雄基で圖門線全通祝賀全鮮から有力者招待/明春日一月から吉會南部線全通一氣に本式營業へ*
240902	朝鮮朝日	南鮮版	1933-08-25	1	01단	三角地帶の敵を求めて轉戰また轉戰宮本○隊拔群の偉功
240903	朝鮮朝日	南鮮版	1933-08-25	1	01단	銀幕を通じて大々的に思想善導明年度から朝鮮でも映畵教育
240904	朝鮮朝日	南鮮版	1933-08-25	1	01단	第四回鮮米賣却數量四萬四千九百石
240905	朝鮮朝日	南鮮版	1933-08-25	1	03단	植物檢査規則公布十月から實施
240906	朝鮮朝日	南鮮版	1933-08-25	1	04단	御鎭座滿十年朝鮮神宮奉祝種々協議さる
240907	朝鮮朝日	南鮮版	1933-08-25	1	04단	小學三年生が立派な兒を産む教育界醫學界で注目さる
240908	朝鮮朝日	南鮮版	1933-08-25	1	04단	米出庫狀況
240909	朝鮮朝日	南鮮版	1933-08-25	1	04단	新秋爽凉(ものを言ふ可愛い犬/受難の佛樣/鯉二萬尾を配布)
240910	朝鮮朝日	南鮮版	1933-08-25	1	05단	スポーツ(野球と庭球大會)
240911	朝鮮朝日	南鮮版	1933-08-25	1	06단	慶北重要問題折衝の結果知事歸來談
240912	朝鮮朝日	南鮮版	1933-08-25	1	06단	政府の拂下米に一部の變質發見農林省の無責任から？受渡し不能となる
240913	朝鮮朝日	南鮮版	1933-08-25	1	07단	居昌金泉間に電話を架設
240914	朝鮮朝日	南鮮版	1933-08-25	1	07단	京城府內外の風致維持に努める委員會を新たに設置
240915	朝鮮朝日	南鮮版	1933-08-25	1	07단	衛生功勞者六氏を表彰
240916	朝鮮朝日	南鮮版	1933-08-25	1	08단	北鮮航路の船賃低減を要望釜山から朝郵側に
240917	朝鮮朝日	南鮮版	1933-08-25	1	08단	金剛山道路修理に着手
240918	朝鮮朝日	南鮮版	1933-08-25	1	08단	射擊大會
240919	朝鮮朝日	南鮮版	1933-08-25	1	08단	農倉利用を農村に勸奬
240920	朝鮮朝日	南鮮版	1933-08-25	1	08단	十六娘誘拐さる愚かな父親
240921	朝鮮朝日	南鮮版	1933-08-25	1	09단	手錠をはめたま〉護送犯人が逃走奉化署では大狼狽
240922	朝鮮朝日	南鮮版	1933-08-25	1	10단	鮑の密漁續出す取締を嚴に
240923	朝鮮朝日	南鮮版	1933-08-25	1	10단	自動車轉覆四名重輕傷

일련번호	판명		간행일	면	단수	기사명
240924	朝鮮朝日	南鮮版	1933-08-25	1	10단	トンボ捕りから哀れ子供溺死
240925	朝鮮朝日	南鮮版	1933-08-25	1	10단	人(野田新吾氏(殖銀新大阪支店長)/眞木辰次氏(全南麗水の本紙販賣店竝に通信員))
240926	朝鮮朝日	南鮮版	1933-08-25	1	10단	ストロー
240927	朝鮮朝日	西北版	1933-08-26	1	01단	何等惠まれぬ氣の毒な國境警察官家族の病人は見殺しの悲慘さ慰安の方法に頭を痛める平北道當局
240928	朝鮮朝日	西北版	1933-08-26	1	01단	若き婦人を農村の生産線上へ各郡に女子青年會を組織して活動を促す平南當局/明るい農村建設美談二つ
240929	朝鮮朝日	西北版	1933-08-26	1	02단	朝鮮の山林大會溫井里で開く
240930	朝鮮朝日	西北版	1933-08-26	1	03단	皇室御繁榮祈願祭
240931	朝鮮朝日	西北版	1933-08-26	1	04단	昭和水利に五十餘萬圓補助を計上
240932	朝鮮朝日	西北版	1933-08-26	1	04단	私鐵補助法の改正案作成明年度實施か
240933	朝鮮朝日	西北版	1933-08-26	1	04단	不動産融資額三百萬圓果して消化されるかまづ金利引下が急
240934	朝鮮朝日	西北版	1933-08-26	1	05단	殖産銀行店長級異動
240935	朝鮮朝日	西北版	1933-08-26	1	06단	明年九月から大田に府制を施行つひに光州と全州は削除さる
240936	朝鮮朝日	西北版	1933-08-26	1	06단	吳服組合に對策を講ず平壌購買組合
240937	朝鮮朝日	西北版	1933-08-26	1	06단	嫉妬に狂った夫妻を滅多斬り刺身庖丁や出刀庖丁を揮って平壌府泉町白劃の慘劇/毎日痴話喧譁下宿屋の話/女給等して男を養ってた
240938	朝鮮朝日	西北版	1933-08-26	1	07단	明年度から本格的に平南の窯業を建設優秀な陶土の認識を機に
240939	朝鮮朝日	西北版	1933-08-26	1	08단	內地行き林檎二千噸を割當つ南浦の當業者に
240940	朝鮮朝日	西北版	1933-08-26	1	08단	父親も氣づかぬ我娘の妊娠
240941	朝鮮朝日	西北版	1933-08-26	1	09단	渡船轉覆し二名行方不明
240942	朝鮮朝日	西北版	1933-08-26	1	10단	陸相から感謝狀平壌府尹宛
240943	朝鮮朝日	西北版	1933-08-26	1	10단	工業都市へ延びて行く大同ヶ原一帶
240944	朝鮮朝日	西北版	1933-08-26	1	10단	柳京日記
240945	朝鮮朝日	南鮮版	1933-08-26	1	01단	何等惠まれぬ氣の毒な國境警察官家族の病人は見殺しの悲慘さ慰安の方法に頭を痛める平北道當局
240946	朝鮮朝日	南鮮版	1933-08-26	1	01단	若き婦人を農村の生産線上へ各郡に女子青年會を組織して活動を促す平南當局/明るい農村建設美談二つ

일련번호	판명		간행일	면	단수	기사명
240947	朝鮮朝日	南鮮版	1933-08-26	1	02단	朝鮮の山林大會溫井里で開く
240948	朝鮮朝日	南鮮版	1933-08-26	1	03단	皇室御繁榮祈願祭
240949	朝鮮朝日	南鮮版	1933-08-26	1	04단	昭和水利に五十餘萬圓補助を計上
240950	朝鮮朝日	南鮮版	1933-08-26	1	04단	私鐵補助法の改正案作成明年度實施か
240951	朝鮮朝日	南鮮版	1933-08-26	1	04단	不動産融資額三百萬圓果して消化されるかまづ金利引下が急
240952	朝鮮朝日	南鮮版	1933-08-26	1	05단	殖産銀行店長級異動
240953	朝鮮朝日	南鮮版	1933-08-26	1	06단	明年九月から大田に府制を施行つひに光州と全州は削除さる
240954	朝鮮朝日	南鮮版	1933-08-26	1	06단	故澁澤翁記念碑
240955	朝鮮朝日	南鮮版	1933-08-26	1	06단	慶北邑の發展から古墳地帶に續々建築貴重な新羅遺物の保存に頭を惱ます慶州古跡保存會
240956	朝鮮朝日	南鮮版	1933-08-26	1	06단	戶八演奏會
240957	朝鮮朝日	南鮮版	1933-08-26	1	07단	釜山局交換手悲鳴を擧ぐ手不足から
240958	朝鮮朝日	南鮮版	1933-08-26	1	07단	名譽警視に昇進し藤井吉浦兩氏退官
240959	朝鮮朝日	南鮮版	1933-08-26	1	07단	憶へ震災・緊れ國民九月一日の大震災記念日に釜山の自力更生運動
240960	朝鮮朝日	南鮮版	1933-08-26	1	08단	起債の認可がなく假工事の儘放置釜山の繁華街大迷惑
240961	朝鮮朝日	南鮮版	1933-08-26	1	08단	籠球試合/朝神競技慶南豫選
240962	朝鮮朝日	南鮮版	1933-08-26	1	08단	兒童四名が古井戶に轉落す三名救助、一名は死亡井戶の蓋の上では遊ぶな
240963	朝鮮朝日	南鮮版	1933-08-26	1	09단	製麵研究會
240964	朝鮮朝日	南鮮版	1933-08-26	1	09단	十九の春を初秋の海に投ず母娘の醜き愛慾から
240965	朝鮮朝日	南鮮版	1933-08-26	1	10단	溝に潛伏中の逃走犯人逮捕
240966	朝鮮朝日	南鮮版	1933-08-26	1	10단	催(二十七日釜山考古學會)
240967	朝鮮朝日	南鮮版	1933-08-26	1	10단	中西面に白劃强盗犯人は三十男
240968	朝鮮朝日	南鮮版	1933-08-26	1	10단	人(關一氏(大阪市長)/宮川富次郎氏(大藏省理財局長)/宮田勇太郎氏(大藏省理財局長)/大阪府參事會員)
240969	朝鮮朝日	西北版	1933-08-27	1	01단	國境警備警官の痲しい子供達に玩具を贈りませう坊っちゃん達のお古でも結構寄贈の方は平北道の警察部長さんへ
240970	朝鮮朝日	西北版	1933-08-27	1	01단	四階建て鐵筋の農村博物館建設多木代議士卅五萬圓の寄附で敷地も京城太平通りに決定(ほんの少額誠に恥しい多木氏語る)

일련번호	판명		간행일	면	단수	기사명
240971	朝鮮朝日	西北版	1933-08-27	1	01단	關東廳警務局長に藤原知事が有力
240972	朝鮮朝日	西北版	1933-08-27	1	01단	琿春より露滿國境間三間幅國道新說愈よ今秋より着工
240973	朝鮮朝日	西北版	1933-08-27	1	03단	秋・味覺の挺身隊
240974	朝鮮朝日	西北版	1933-08-27	1	03단	滿洲に聽く新京經濟調査團一行(1)/北鮮起てよと鵬鴻の羽ばたき經濟調査團一行を迎ふ
240975	朝鮮朝日	西北版	1933-08-27	1	04단	三ケ所に警察分局
240976	朝鮮朝日	西北版	1933-08-27	1	04단	朝鮮神宮獻詠歌兼題は『紅葉』
240977	朝鮮朝日	西北版	1933-08-27	1	05단	佛像專門の泥棒佛の罪遂に捕まる
240978	朝鮮朝日	西北版	1933-08-27	1	06단	チフスで驚き逃走潛伏中を捕る
240979	朝鮮朝日	西北版	1933-08-27	1	07단	妻に情痴の刀を揮った夫は留置場で怪死 心臓痲痺か服毒してゐたか取調前に平壤署の珍事/夫はどうして死んだのでせう平壤醫院で妻は語る/膵臓卒中から病死と判明解剖の結課
240980	朝鮮朝日	西北版	1933-08-27	1	08단	退職警官續出し經費手薄となる內勤から補充の計劃
240981	朝鮮朝日	西北版	1933-08-27	1	09단	西鮮のゴム靴販賣を統制三井物産で計劃す
240982	朝鮮朝日	西北版	1933-08-27	1	09단	咸南借入金
240983	朝鮮朝日	西北版	1933-08-27	1	09단	平壤聯隊に赤痢發生す一名眞性三名は疑似
240984	朝鮮朝日	西北版	1933-08-27	1	10단	需要期に煉炭値上か
240985	朝鮮朝日	西北版	1933-08-27	1	10단	讚美歌を着押ふ不穩句發見で
240986	朝鮮朝日	西北版	1933-08-27	1	10단	大同江驛を改築
240987	朝鮮朝日	西北版	1933-08-27	1	10단	トラックが幼兒を轢殺
240988	朝鮮朝日	南鮮版	1933-08-27	1	01단	國境警備警官の痲しい子供達に玩具を贈りませう坊っちゃん達のお古でも結構寄贈の方は平北道の警察部長さんへ
240989	朝鮮朝日	南鮮版	1933-08-27	1	01단	四階健て鐵筋の農村博物館建設多木代議士卅五萬圓の寄附で敷地も京城太平通りに決定(ほんの少額誠に恥しい多木氏語る)
240990	朝鮮朝日	南鮮版	1933-08-27	1	01단	關東廳警務局長に藤原知事が有力
240991	朝鮮朝日	南鮮版	1933-08-27	1	01단	琿春より露滿國境間三間幅國道新說愈よ今秋より着工
240992	朝鮮朝日	南鮮版	1933-08-27	1	03단	朝鮮神宮獻詠歌兼題は『紅葉』
240993	朝鮮朝日	南鮮版	1933-08-27	1	03단	憲兵隊員の教育に力癌名所を見學

일련번호	판명		간행일	면	단수	기사명
240994	朝鮮朝日	南鮮版	1933-08-27	1	03단	滿洲に聽く新京經濟調査團一行(1)/北鮮起てよと鵬鴻の羽ばたき經濟調査團一行を迎ふ
240995	朝鮮朝日	南鮮版	1933-08-27	1	04단	佛巡洋艦仁川へ
240996	朝鮮朝日	南鮮版	1933-08-27	1	04단	總督府觀測所長國富氏着任
240997	朝鮮朝日	南鮮版	1933-08-27	1	04단	手厚い施療に感激の罹災地民慶南の衛生班好評
240998	朝鮮朝日	南鮮版	1933-08-27	1	05단	府民館の新設敷地やうやく決定
240999	朝鮮朝日	南鮮版	1933-08-27	1	06단	慶南の警官百三十名も缺員恩給法改正から退官者續出で
241000	朝鮮朝日	南鮮版	1933-08-27	1	06단	京城驛構內に觀光事務所
241001	朝鮮朝日	南鮮版	1933-08-27	1	07단	農村の燈台卒業生指導校
241002	朝鮮朝日	南鮮版	1933-08-27	1	07단	色服獎勵の染色講習會
241003	朝鮮朝日	南鮮版	1933-08-27	1	07단	佛像專門の泥棒佛の罪遂に捕まる
241004	朝鮮朝日	南鮮版	1933-08-27	1	08단	風水害と免稅地慶南、慶北の調査なる
241005	朝鮮朝日	南鮮版	1933-08-27	1	09단	母親が子供を溜池に投ぐ
241006	朝鮮朝日	南鮮版	1933-08-27	1	09단	スポーツ(早大對大邱/慶熙對龍中)
241007	朝鮮朝日	南鮮版	1933-08-27	1	09단	酒精ランプ爆發し父子とも大火傷哀れ幼兒は死亡
241008	朝鮮朝日	南鮮版	1933-08-27	1	10단	各港別在米高六十萬九千名
241009	朝鮮朝日	南鮮版	1933-08-27	1	10단	ロシア銃や刀槍が續々掘り出さる
241010	朝鮮朝日	南鮮版	1933-08-27	1	10단	感電卽死
241011	朝鮮朝日	南鮮版	1933-08-27	1	10단	人(後藤澄心師)
241012	朝鮮朝日	西北版	1933-08-29	1	01단	新秋爽凉(四つに組んで雙方頑張り合ふこの勝敗こそは見物朝鮮對滿洲の漁場侵犯問題)
241013	朝鮮朝日	西北版	1933-08-29	1	01단	半島農村待望の小作令法制局へ愈よ近く回付される小作令制定委員會も設置
241014	朝鮮朝日	西北版	1933-08-29	1	01단	旣定計劃を變更擴張をはかる經費を明年度に計上必要に迫った畑作增殖計劃
241015	朝鮮朝日	西北版	1933-08-29	1	01단	歲入は殆んど黑字を出し歲出は節約で減る七年度慶北地方費の決算
241016	朝鮮朝日	西北版	1933-08-29	1	04단	掘出した犀の片足延吉守信鄕許哥地方で
241017	朝鮮朝日	西北版	1933-08-29	1	04단	京城府の戶口調査
241018	朝鮮朝日	西北版	1933-08-29	1	04단	平壤驛構內に移轉を希望稅關支署を
241019	朝鮮朝日	西北版	1933-08-29	1	04단	關東州轉出を望まぬ藤原平南知事
241020	朝鮮朝日	西北版	1933-08-29	1	05단	幽靈の正體は黑猫と判る平壤福壯ビルの騷ぎ
241021	朝鮮朝日	西北版	1933-08-29	1	05단	事故の防止は二百卅二件警官便乘列車

일련번호	판명		간행일	면	단수	기사명
241022	朝鮮朝日	西北版	1933-08-29	1	05단	平壤の簡保健康相談所
241023	朝鮮朝日	西北版	1933-08-29	1	05단	平壤給水條例改正遲れる
241024	朝鮮朝日	西北版	1933-08-29	1	05단	慶北の地主を四箇所にあつめ農村振興問題を懇談道當局から各種の諒解を求む
241025	朝鮮朝日	西北版	1933-08-29	1	06단	味の點では米産も遠く及ばぬ慶北アスパラガス
241026	朝鮮朝日	西北版	1933-08-29	1	06단	道面直營で木炭を燒く
241027	朝鮮朝日	西北版	1933-08-29	1	06단	旅費を節約し國防獻金
241028	朝鮮朝日	西北版	1933-08-29	1	07단	閣下とお茶人間違からわかった茶ん茶良ナンセンス
241029	朝鮮朝日	西北版	1933-08-29	1	07단	道路敷設の陳情書提出
241030	朝鮮朝日	西北版	1933-08-29	1	07단	北部炭田側は活況を呈す鐵道開通を前に控へ
241031	朝鮮朝日	西北版	1933-08-29	1	07단	運動界(黃海乾式野球大會)
241032	朝鮮朝日	西北版	1933-08-29	1	08단	神宮競技の黃海道豫選
241033	朝鮮朝日	西北版	1933-08-29	1	08단	あはや血の雨土工と部落民睨み合ふ
241034	朝鮮朝日	西北版	1933-08-29	1	09단	二人組強盗の片割れ捕る
241035	朝鮮朝日	西北版	1933-08-29	1	09단	一流の紳士が麻雀大賭博辯護士數名もまじる
241036	朝鮮朝日	西北版	1933-08-29	1	10단	母と妹を慘殺す精神異狀の男
241037	朝鮮朝日	西北版	1933-08-29	1	10단	釋尊を種に詐欺を働く
241038	朝鮮朝日	西北版	1933-08-29	1	10단	猩紅熱で春川校閉鎖す
241039	朝鮮朝日	西北版	1933-08-29	1	10단	人妻の自殺
241040	朝鮮朝日	南鮮版	1933-08-29	1	01단	新秋爽凉(四つに組んで雙方頑張り合ふこの勝敗こそは見物朝鮮對滿洲の漁場侵犯問題)
241041	朝鮮朝日	南鮮版	1933-08-29	1	01단	半島農村待望の小作令法制局へ愈よ近く回付される小作令制定委員會も設置
241042	朝鮮朝日	南鮮版	1933-08-29	1	01단	既定計劃を變更擴張をはかる經費を明年度に計上必要に迫った畑作增殖計劃
241043	朝鮮朝日	南鮮版	1933-08-29	1	01단	重要諸問題は大體うまく運ぶ杉山釜山內務課長談
241044	朝鮮朝日	南鮮版	1933-08-29	1	04단	掘出した犀の片足延吉守信鄕許哥地方で
241045	朝鮮朝日	南鮮版	1933-08-29	1	04단	京城府の戶口調査
241046	朝鮮朝日	南鮮版	1933-08-29	1	04단	慶北の地主を四箇所にあつめ農村振興問題を懇談道當局から各種の諒解を求む
241047	朝鮮朝日	南鮮版	1933-08-29	1	05단	幽靈の正體は黑猫と判る平壤福壯ビルの騷ぎ
241048	朝鮮朝日	南鮮版	1933-08-29	1	05단	事故の防止は二百卅二件警官便乘列車

일련번호	판명		간행일	면	단수	기사명
241049	朝鮮朝日	南鮮版	1933-08-29	1	05단	街の話題は全北驛傳競走各地出場チームはお互に必勝を期す/マラソン王國に仕上る積りだ
241050	朝鮮朝日	南鮮版	1933-08-29	1	06단	味の點では米産も遠く及ばぬ慶北アスパラガス
241051	朝鮮朝日	南鮮版	1933-08-29	1	07단	閣下とお茶人間違からわかった茶ん茶良ナンセンス
241052	朝鮮朝日	南鮮版	1933-08-29	1	07단	京城の大正館で刺青判官上映
241053	朝鮮朝日	南鮮版	1933-08-29	1	07단	關東州轉出を望まぬ藤原平南知事
241054	朝鮮朝日	南鮮版	1933-08-29	1	08단	哀れな一家釜山で救はる
241055	朝鮮朝日	南鮮版	1933-08-29	1	09단	復舊に要する全額を補助牡蠣養殖に力を注ぐ
241056	朝鮮朝日	南鮮版	1933-08-29	1	09단	一流の紳士が麻雀大賭博辯護士數名もまじる
241057	朝鮮朝日	南鮮版	1933-08-29	1	10단	鮮女轢死す
241058	朝鮮朝日	南鮮版	1933-08-29	1	10단	妾を殺し飲食店主人に重傷を負はす
241059	朝鮮朝日	南鮮版	1933-08-29	1	10단	睡眠中轢死
241060	朝鮮朝日	西北版	1933-08-30	1	01단	新秋爽涼(變った救命主/流れてくればむんづとつかみそのまゝ引きあぐ八十人助けた牡蠣船主人)
241061	朝鮮朝日	西北版	1933-08-30	1	01단	百萬圓を投じて大運河をつくる愈よ明年度から着工/大同江樂浪地帶前南串面の
241062	朝鮮朝日	西北版	1933-08-30	1	02단	二千四百萬圓の大增加を來し尨大なる豫算となる總督府明年度豫算編成終る/新規要求殆ど削減せらる目星しきものはない/明年度公債發行高總額實に四千萬圓にのぼる
241063	朝鮮朝日	西北版	1933-08-30	1	04단	文井普通校竣工式
241064	朝鮮朝日	西北版	1933-08-30	1	05단	開城第二教育部會
241065	朝鮮朝日	西北版	1933-08-30	1	05단	米栗、養蠶等の不作を豫想
241066	朝鮮朝日	西北版	1933-08-30	1	05단	稅務監督局を五箇所に新設同時に財務部を廢止/稅制整理に伴ふ諸機關更改
241067	朝鮮朝日	西北版	1933-08-30	1	05단	三箇年繼續で窮民救濟事業實施大體の決定を見る中央政府に折衝す
241068	朝鮮朝日	西北版	1933-08-30	1	06단	表面は筍の鑵詰で中はパインアップル稅關吏のために觀破さる不正輸出品は益々增加す
241069	朝鮮朝日	西北版	1933-08-30	1	06단	平壤を防れる各種の團體
241070	朝鮮朝日	西北版	1933-08-30	1	07단	綿布鹽の密輸入血だらけとなっても敢行す

일련번호	판명		간행일	면	단수	기사명
241071	朝鮮朝日	西北版	1933-08-30	1	07단	愈よ九月から新港を開放鎭南浦沿岸貿易地帶
241072	朝鮮朝日	西北版	1933-08-30	1	07단	隣接八ヶ里の合併を行ひ大元山府を建設する
241073	朝鮮朝日	西北版	1933-08-30	1	08단	色々の話題を作る近頃の安東非常時の副産物か
241074	朝鮮朝日	西北版	1933-08-30	1	09단	淺利の鹽辛市場に賣出す
241075	朝鮮朝日	西北版	1933-08-30	1	09단	開城盆踊り
241076	朝鮮朝日	西北版	1933-08-30	1	09단	元山負債の低利借債へ
241077	朝鮮朝日	西北版	1933-08-30	1	09단	飛行機墜落し民家に激突操縦者微傷も負はず
241078	朝鮮朝日	西北版	1933-08-30	1	09단	袋の鼠の匪賊追詰られ半死半生全滅は時期の問題
241079	朝鮮朝日	西北版	1933-08-30	1	09단	無免許で入れ齒
241080	朝鮮朝日	西北版	1933-08-30	1	10단	拳銃を擬し脅迫す平壤強盜騷ぎ
241081	朝鮮朝日	西北版	1933-08-30	1	10단	公判停止八ヶ年被告が逃走
241082	朝鮮朝日	西北版	1933-08-30	1	10단	スポーツ(開城局勝つ)
241083	朝鮮朝日	西北版	1933-08-30	1	10단	案內狀の中に不穩な文字
241084	朝鮮朝日	南鮮版	1933-08-30	1	01단	二千四百萬圓の大增加をきたし尨大なる豫算となる總督府明年度豫算編成終る/新規事業の要求殆ど削減さる目星しきものはない　豫算はしごく平凡となる/公債發行高總額四千萬圓に上り實に七百萬圓の增加
241085	朝鮮朝日	南鮮版	1933-08-30	1	01단	恐懼感激に堪へぬ御內帑金拜受して總督謹話
241086	朝鮮朝日	南鮮版	1933-08-30	1	02단	本社優勝旗爭奪全北驛傳競走健康讚仰の體育デーを期し花々しく擧行する/奈良高田高女京城で全勝/松山濟美高女快勝を續く/慶熙倶一勝龍中倶敗る
241087	朝鮮朝日	南鮮版	1933-08-30	1	03단	警察官異動
241088	朝鮮朝日	南鮮版	1933-08-30	1	03단	改正恩給法に誤解が多い
241089	朝鮮朝日	南鮮版	1933-08-30	1	04단	震災記念日の釜山局行事
241090	朝鮮朝日	南鮮版	1933-08-30	1	04단	釜山漁組議員選擧
241091	朝鮮朝日	南鮮版	1933-08-30	1	04단	駿馬五十頭釜山に陸揚げ
241092	朝鮮朝日	南鮮版	1933-08-30	1	04단	黑黃金蟲の捕獲好成績
241093	朝鮮朝日	南鮮版	1933-08-30	1	04단	綿作大行進の基本調査を行ふ力瘤を入れる慶北道
241094	朝鮮朝日	南鮮版	1933-08-30	1	05단	騷いだために虻蜂とらず三邑の府制中止となる

일련번호	판명		간행일	면	단수	기사명
241095	朝鮮朝日	南鮮版	1933-08-30	1	05단	レプラ患者姿を消す小鹿島に全部收容するため/慶南の患者百二、三十名を送る
241096	朝鮮朝日	南鮮版	1933-08-30	1	06단	エジプトから葉煙草注文
241097	朝鮮朝日	南鮮版	1933-08-30	1	06단	税務監督局を五箇所に新設同時に財務部を廢止/税制整理に伴ふ諸機關更改
241098	朝鮮朝日	南鮮版	1933-08-30	1	07단	巡査醉拂って行人と喧譁
241099	朝鮮朝日	南鮮版	1933-08-30	1	07단	全州談合事件全被告上告
241100	朝鮮朝日	南鮮版	1933-08-30	1	08단	なんと物凄い黄金の洪水慶北道昨年度の産金
241101	朝鮮朝日	南鮮版	1933-08-30	1	08단	半島二大事件公判きまる土木談合事件では空前の在野法曹陣を布く
241102	朝鮮朝日	南鮮版	1933-08-30	1	09단	蜻蛉釣の幼兒溺死
241103	朝鮮朝日	南鮮版	1933-08-30	1	09단	雷鳴で頓死
241104	朝鮮朝日	南鮮版	1933-08-30	1	10단	失戀の自殺
241105	朝鮮朝日	南鮮版	1933-08-30	1	10단	自動車通行人に衝突す
241106	朝鮮朝日	南鮮版	1933-08-30	1	10단	ストロー
241107	朝鮮朝日	西北版	1933-08-31	1	01단	新秋爽涼(國境に普ねく皇國農法の光り匪禍なくて豊年滿作功績多き越境武力の保護)
241108	朝鮮朝日	西北版	1933-08-31	1	01단	官業型を脱して萬事前垂掛でやるお役人の鮮かな轉向日滿通信會社あすから開業
241109	朝鮮朝日	西北版	1933-08-31	1	01단	郡を單位として税務署を置く經費は現在と變らぬ税務監督局の位置も大體決る
241110	朝鮮朝日	西北版	1933-08-31	1	02단	いゝ加減な噂にすぎぬ關東州入を否定する平北知事土師盛貞氏
241111	朝鮮朝日	西北版	1933-08-31	1	04단	圖書館を買收か平壌商議財源捻出に一苦勞
241112	朝鮮朝日	西北版	1933-08-31	1	05단	秋の大同江 退屈をせぬ魚釣と貝拾ひこれからの日曜は川あそびに賑はう/僞證の聲に吃驚し事實を陳述す/黑ん坊表彰安東大和校で
241113	朝鮮朝日	西北版	1933-08-31	1	05단	彰德普通校内容を充實
241114	朝鮮朝日	西北版	1933-08-31	1	05단	荒廢した火田に漆樹を植栽し/多額な利潤をあげる平南道成川郡の新しい試み
241115	朝鮮朝日	西北版	1933-08-31	1	06단	高射機關銃獻納式咸興で擧行す
241116	朝鮮朝日	西北版	1933-08-31	1	06단	大阪千日式の一大歡樂境平壌船橋里に設ける
241117	朝鮮朝日	西北版	1933-08-31	1	07단	咸南の鰯漁活況を呈す

일련번호	판명		간행일	면	단수	기사명
241118	朝鮮朝日	西北版	1933-08-31	1	08단	*各道警視級の異動行はる適材適所主義をとる/役人臭のない池內新警視不言實行で努力家の吉利氏*
241119	朝鮮朝日	西北版	1933-08-31	1	09단	平北道各課の新規事業しらべ二百九十萬圓を突破
241120	朝鮮朝日	西北版	1933-08-31	1	10단	金平北道議違反で失格
241121	朝鮮朝日	西北版	1933-08-31	1	10단	元山の種痘
241122	朝鮮朝日	西北版	1933-08-31	1	10단	人(皆川治廣氏(司法事務官))
241123	朝鮮朝日	南鮮版	1933-08-31	1	01단	新秋爽凉(河蟹の捕獲を解禁せよと陳情坡州郡內十一面長が結束し京畿道對策に困る)
241124	朝鮮朝日	南鮮版	1933-08-31	1	01단	資金が多過ぎて運用に頭を捻る信託の高配を見越し內地資金どしどし流入す
241125	朝鮮朝日	南鮮版	1933-08-31	1	01단	郡を單位として稅務署を置く經費は現在と變らぬ稅務監督局の位置も大體決る
241126	朝鮮朝日	南鮮版	1933-08-31	1	01단	*各道警視級の異動行はる適材適所主義をとる/京畿道警察部幹部級異動/慶尙北道の署長級異動*
241127	朝鮮朝日	南鮮版	1933-08-31	1	04단	か弱い女性が熱辯を揮ひ汗愛生活綿作改良を說いて農村婦人を勵ます
241128	朝鮮朝日	南鮮版	1933-08-31	1	04단	九大對城大定期蹴球試合九月十、十一の兩日京城運動場で擧行
241129	朝鮮朝日	南鮮版	1933-08-31	1	05단	野猪群の防止陳鐵條網や陷穽を設ける
241130	朝鮮朝日	南鮮版	1933-08-31	1	05단	忠南の産金は全鮮で三位
241131	朝鮮朝日	南鮮版	1933-08-31	1	05단	診療券配布
241132	朝鮮朝日	南鮮版	1933-08-31	1	05단	神宮競技の京畿道豫選
241133	朝鮮朝日	南鮮版	1933-08-31	1	06단	春川に松茸
241134	朝鮮朝日	南鮮版	1933-08-31	1	06단	江原道警官が相撲に精進
241135	朝鮮朝日	南鮮版	1933-08-31	1	06단	京城の湯屋が菊湯を立る
241136	朝鮮朝日	南鮮版	1933-08-31	1	06단	立退を要求
241137	朝鮮朝日	南鮮版	1933-08-31	1	06단	闊葉樹を植ゑ防蟲の萬里長城松毛蟲の侵入を防ぐ慶北道に防蟲樹林を設ける
241138	朝鮮朝日	南鮮版	1933-08-31	1	06단	濟美大勝す
241139	朝鮮朝日	南鮮版	1933-08-31	1	07단	制服の處女を守る協議會
241140	朝鮮朝日	南鮮版	1933-08-31	1	07단	總督府辭令(廿八日)
241141	朝鮮朝日	南鮮版	1933-08-31	1	07단	群山公會堂地鎭祭
241142	朝鮮朝日	南鮮版	1933-08-31	1	07단	慶熙軍勝つ龍俱敗退す
241143	朝鮮朝日	南鮮版	1933-08-31	1	08단	今井田總監が水害地視察慶南道の金海沃野を

일련번호	판명		간행일	면	단수	기사명
241144	朝鮮朝日	南鮮版	1933-08-31	1	08단	綿花及對抗作物の生産費を調査慶北産業府が行ふ獎勵價値を闡明するため
241145	朝鮮朝日	南鮮版	1933-08-31	1	08단	拳鬪試合
241146	朝鮮朝日	南鮮版	1933-08-31	1	08단	全州軍勝つ南鮮庭球大會
241147	朝鮮朝日	南鮮版	1933-08-31	1	09단	釜山の酒無し日
241148	朝鮮朝日	南鮮版	1933-08-31	1	09단	啞者を團長に七人組の船荒し惡運つきて逮捕さる
241149	朝鮮朝日	南鮮版	1933-08-31	1	09단	群山府民運動會
241150	朝鮮朝日	南鮮版	1933-08-31	1	10단	妾を撲殺す
241151	朝鮮朝日	南鮮版	1933-08-31	1	10단	貨物墜落し二名重傷す
241152	朝鮮朝日	南鮮版	1933-08-31	1	10단	素人探偵が掏摸を捕ふ
241153	朝鮮朝日	南鮮版	1933-08-31	1	10단	人(結城豊太郎氏(興銀總裁)/中野金次郎氏(東京商工會議所府會頭)/賀田直治氏(京城商工會議所會頭)/伊藤榮氏(同商議理事)/今井田政務總監/池內勝太郎氏(新任鎭南浦警察署長)/小野綱方氏(警務局北平派遣員)/西本專賣局事業課長/馬野健氏(京城地方注院司法官試補))

1933년 9월 (조선아사히)

일련번호	판명		간행일	면	단수	기사명
241154	朝鮮朝日	西北版	1933-09-01	1	01단	彈丸二發を受け怯まず逮捕に努む淸津府の盛り場にて靑年巡査怪漢に射殺さる/高尾咸北警察部長の談
241155	朝鮮朝日	西北版	1933-09-01	1	01단	朝鮮では最初の背割堤式制水淸川江の沿岸に施し甚だしかった江落を防止す
241156	朝鮮朝日	西北版	1933-09-01	1	01단	戰死者を弔ふ盛な慰靈祭
241157	朝鮮朝日	西北版	1933-09-01	1	02단	鈴木副議長辭表提出鎭南浦府尹に
241158	朝鮮朝日	西北版	1933-09-01	1	02단	南浦經濟界を極度に攪亂した劉泰豹の豫審終結す有價證券僞造等一部は免訴
241159	朝鮮朝日	西北版	1933-09-01	1	03단	軍部と稅關の對立惡化し兵站司令官と參謀態度決定のため急遽來安/急轉値下して圓滿に解決
241160	朝鮮朝日	西北版	1933-09-01	1	04단	平北の秋蠶豐作を豫想
241161	朝鮮朝日	西北版	1933-09-01	1	04단	元山局の簡保宣傳日割
241162	朝鮮朝日	西北版	1933-09-01	1	05단	咸興防空演習
241163	朝鮮朝日	西北版	1933-09-01	1	05단	眞にせまった咸興防空演習敵機の襲來に高射砲がうなり煙幕の遮蔽を行ふ各種團體は機敏に活動す
241164	朝鮮朝日	西北版	1933-09-01	1	06단	スポーツ(滿鐵工事區遂に優勝す)
241165	朝鮮朝日	西北版	1933-09-01	1	07단	巡廻見本市を國境各地で開く滿浦鎭線開通を前に平壤御賣商組合の販路擴張
241166	朝鮮朝日	西北版	1933-09-01	1	07단	小作人のため貯穀契をつくる東拓平壤支店の計劃
241167	朝鮮朝日	西北版	1933-09-01	1	08단	全鮮第一のプール廢川敷を利用して作る
241168	朝鮮朝日	西北版	1933-09-01	1	09단	秋繭の價格は片倉と協定咸南の出廻り豫想は六萬七千八百貫の豫定
241169	朝鮮朝日	西北版	1933-09-01	1	09단	天井墜落して二名慘死し五名重輕傷を負ふ
241170	朝鮮朝日	西北版	1933-09-01	1	09단	貿易促進展に南浦の出品
241171	朝鮮朝日	西北版	1933-09-01	1	10단	妻を斬って自宅に放火
241172	朝鮮朝日	西北版	1933-09-01	1	10단	柳京日記
241173	朝鮮朝日	南鮮版	1933-09-01	1	01단	金組聯合會の施行細目發布され幹部級の顏觸も決るいよいよけふから事務開始
241174	朝鮮朝日	南鮮版	1933-09-01	1	01단	實現したものは要求の一割強警察官優遇案葬らる警察局の新規事業殆ど討死
241175	朝鮮朝日	南鮮版	1933-09-01	1	01단	閣議で決定し十日頃發布自動車交通事業令
241176	朝鮮朝日	南鮮版	1933-09-01	1	01단	順化院增築近く竣工明年度第二期の增築も計劃
241177	朝鮮朝日	南鮮版	1933-09-01	1	02단	色服着用の獎勵を行ふ

일련번호	판명		간행일	면	단수	기사명
241178	朝鮮朝日	南鮮版	1933-09-01	1	02단	釜山府民に謝意を表す小磯將軍から
241179	朝鮮朝日	南鮮版	1933-09-01	1	03단	行政講習會慶南出席者
241180	朝鮮朝日	南鮮版	1933-09-01	1	03단	大邱郊外束村の治水着工ときまる
241181	朝鮮朝日	南鮮版	1933-09-01	1	03단	京仁線改修の工費を負擔
241182	朝鮮朝日	南鮮版	1933-09-01	1	03단	怪漢のために巡査射殺さる身に二彈を受け乍らひるまず逮捕につとむ/高尾咸北警察部長の談
241183	朝鮮朝日	南鮮版	1933-09-01	1	04단	慶南の秋繭活況を呈す
241184	朝鮮朝日	南鮮版	1933-09-01	1	04단	稻作立毛差押へめっぽう增す
241185	朝鮮朝日	南鮮版	1933-09-01	1	04단	關係各方面で記念催を計劃さる愈よ今秋擧行される仁川開港五十年記念
241186	朝鮮朝日	南鮮版	1933-09-01	1	05단	京城のプール工事を急ぐ
241187	朝鮮朝日	南鮮版	1933-09-01	1	05단	忠南道の警部補級異動
241188	朝鮮朝日	南鮮版	1933-09-01	1	05단	本邦で最初に發見された棉作病原ホーマー菌
241189	朝鮮朝日	南鮮版	1933-09-01	1	06단	京城府內の土幕民整理
241190	朝鮮朝日	南鮮版	1933-09-01	1	06단	十一年度には實現するか浦項築港工事
241191	朝鮮朝日	南鮮版	1933-09-01	1	06단	一步前進して書類事務を淸算各署を指揮統一する京畿道刑事課の面目を一新
241192	朝鮮朝日	南鮮版	1933-09-01	1	07단	帝國飛行協會地方支部を設け會員を大々的に募集
241193	朝鮮朝日	南鮮版	1933-09-01	1	07단	水害地兒童に義捐金分配
241194	朝鮮朝日	南鮮版	1933-09-01	1	07단	京城府の傳染病猖獗を極む
241195	朝鮮朝日	南鮮版	1933-09-01	1	08단	慶南道の失業者
241196	朝鮮朝日	南鮮版	1933-09-01	1	08단	增改築中の學校を視察
241197	朝鮮朝日	南鮮版	1933-09-01	1	08단	今度は鮮米が遙々樺太へ混沙米を入禁されて北海米の向ふを張る
241198	朝鮮朝日	南鮮版	1933-09-01	1	08단	劍劇俐の刀で不良と亂鬪
241199	朝鮮朝日	南鮮版	1933-09-01	1	09단	妻を殺し自殺を裝はしめたこと發覺す
241200	朝鮮朝日	南鮮版	1933-09-01	1	09단	小屋に檻禁し暴行を加ふ被害者の告訴で判明
241201	朝鮮朝日	南鮮版	1933-09-01	1	09단	巡査の人命救助
241202	朝鮮朝日	南鮮版	1933-09-01	1	10단	二科會入選三木、申の兩氏
241203	朝鮮朝日	南鮮版	1933-09-01	1	10단	運動界(對滿六競出場者顔ぶれきまる/全鮮個人庭球大會)
241204	朝鮮朝日	南鮮版	1933-09-01	1	10단	ストロー
241205	朝鮮朝日	南鮮版	1933-09-01	1	10단	人(明大劍道部員/谷口廣弘氏(新任釜山署長))/今井田政務總監/鹽田正洪氏(本府林政課長))

일련번호	판명		간행일	면	단수	기사명
241206	朝鮮朝日	西北版	1933-09-02	1	01단	どちらか一方で通關檢査する敦圖線の開通に伴ふ打合をなした藤本稅務課長談
241207	朝鮮朝日	西北版	1933-09-02	1	01단	檢事の異動長尾氏の勇退で
241208	朝鮮朝日	西北版	1933-09-02	1	01단	十月を期して盛な獻納式獻納承認の通知來る
241209	朝鮮朝日	西北版	1933-09-02	1	01단	平壤を出發す大刀洗へ飛行/平壤機安着/國境縱斷試驗飛行
241210	朝鮮朝日	西北版	1933-09-02	1	02단	新義州高女の風變りな教育お孃さん達が給仕やら小使の仕事をみなでやるお不淨當番まで置いて
241211	朝鮮朝日	西北版	1933-09-02	1	03단	平壤太刀洗間飛行を實施
241212	朝鮮朝日	西北版	1933-09-02	1	03단	李埈公妃殿下開城御成り
241213	朝鮮朝日	西北版	1933-09-02	1	03단	西北鮮地方の天候は安全
241214	朝鮮朝日	西北版	1933-09-02	1	03단	全鮮旅館組合總會
241215	朝鮮朝日	西北版	1933-09-02	1	04단	返還される樂浪出土品僅かに二十點
241216	朝鮮朝日	西北版	1933-09-02	1	04단	平壤の道路を思ひ切って鋪裝工費三十萬圓を投じ明年度より實施すべく計劃
241217	朝鮮朝日	西北版	1933-09-02	1	04단	午睡の惡風打破を叫ぶ
241218	朝鮮朝日	西北版	1933-09-02	1	05단	平壤實費院十月一日から開業す
241219	朝鮮朝日	西北版	1933-09-02	1	05단	平南陶土の資源調査に大橋主任來壤
241220	朝鮮朝日	西北版	1933-09-02	1	05단	事變記念日と元山の催し
241221	朝鮮朝日	西北版	1933-09-02	1	06단	安東通關の改善を運動
241222	朝鮮朝日	西北版	1933-09-02	1	06단	セメント需要降雨で減る結氷直前を憂慮さる
241223	朝鮮朝日	西北版	1933-09-02	1	06단	合議制裁判所設置を陳情
241224	朝鮮朝日	西北版	1933-09-02	1	07단	驅逐艦三隻安東に入港
241225	朝鮮朝日	西北版	1933-09-02	1	07단	巡査志願者殺到す卅名の募集に六百名應募す
241226	朝鮮朝日	西北版	1933-09-02	1	07단	內地人に變裝途中竊盜を働き非常線を巧に突破す巡查殺し犯人の大膽な逃走/宋巡查葬儀
241227	朝鮮朝日	西北版	1933-09-02	1	08단	小林平鐵所長北鐵入りか
241228	朝鮮朝日	西北版	1933-09-02	1	08단	ピストル强盗押入る
241229	朝鮮朝日	西北版	1933-09-02	1	08단	平壤商議理事の息子家出す
241230	朝鮮朝日	西北版	1933-09-02	1	08단	要塞地帶を無斷で撮影
241231	朝鮮朝日	西北版	1933-09-02	1	09단	安東商議會頭荒川氏逝く
241232	朝鮮朝日	西北版	1933-09-02	1	09단	醫專生と僞り妓生と同棲平壤署の取調を受く
241233	朝鮮朝日	西北版	1933-09-02	1	09단	檢查局から犯人逃走す

일련번호	판명		간행일	면	단수	기사명
241234	朝鮮朝日	西北版	1933-09-02	1	10단	十四少年の强竊盜平壤で捕まる
241235	朝鮮朝日	西北版	1933-09-02	1	10단	柳京日記
241236	朝鮮朝日	南鮮版	1933-09-02	1	01단	大阪米穀會が內紛の隙に乘じ遂に直積みをはじむ憂慮すべき鮮米運賃問題/反鮮航會の機運高潮す力武物産穀協を脱し自由荷積の態度を明にす
241237	朝鮮朝日	南鮮版	1933-09-02	1	01단	今井田總監宮中に參內
241238	朝鮮朝日	南鮮版	1933-09-02	1	01단	小村榮三氏醫博となる
241239	朝鮮朝日	南鮮版	1933-09-02	1	02단	牛島內務局長馬山を視察
241240	朝鮮朝日	南鮮版	1933-09-02	1	02단	日章旗のもとに自力更生を勵む
241241	朝鮮朝日	南鮮版	1933-09-02	1	03단	大邱府議補缺選擧目下のところ無風狀態
241242	朝鮮朝日	南鮮版	1933-09-02	1	03단	關東大震災の釜山記念式/京城における震災默禱會
241243	朝鮮朝日	南鮮版	1933-09-02	1	04단	稅務監督局の誘致を陳情
241244	朝鮮朝日	南鮮版	1933-09-02	1	04단	どちらか一方で通關檢查する敦圖線の開通に伴ふ打合をなした藤本稅務課長談
241245	朝鮮朝日	南鮮版	1933-09-02	1	04단	檢查の異動長尾氏の勇退で
241246	朝鮮朝日	南鮮版	1933-09-02	1	05단	丸仁米豆の宣傳を行ふ
241247	朝鮮朝日	南鮮版	1933-09-02	1	05단	再調查の必要に迫られた京城の行政區
241248	朝鮮朝日	南鮮版	1933-09-02	1	05단	笛吹けども客きたらず京城カフエ街漸く哀調を辿り懷ろさむき風吹く反對にお座敷料理は榮える
241249	朝鮮朝日	南鮮版	1933-09-02	1	05단	神宮競技選手派遣後援會
241250	朝鮮朝日	南鮮版	1933-09-02	1	06단	朝鮮産繩叺を臺灣で使用吉報本府に舞込む
241251	朝鮮朝日	南鮮版	1933-09-02	1	06단	松山濟美高女京城で全勝
241252	朝鮮朝日	南鮮版	1933-09-02	1	07단	裡里上水道通水式盛に擧行する
241253	朝鮮朝日	南鮮版	1933-09-02	1	07단	朝鮮神宮競技水上競技延期
241254	朝鮮朝日	南鮮版	1933-09-02	1	07단	脚戲大會と自轉車競走
241255	朝鮮朝日	南鮮版	1933-09-02	1	07단	事變記念日に慰靈祭と講演會京城において擧行す
241256	朝鮮朝日	南鮮版	1933-09-02	1	08단	四時間搏鬪し遂に死亡す
241257	朝鮮朝日	南鮮版	1933-09-02	1	08단	サ政府從來の不法を改む抑留漁船六隻歸還す
241258	朝鮮朝日	南鮮版	1933-09-02	1	08단	人夫の腕を毆り折った巡查を免職す
241259	朝鮮朝日	南鮮版	1933-09-02	1	09단	龍山部隊の赤痢終熄す
241260	朝鮮朝日	南鮮版	1933-09-02	1	09단	カフエで自殺を企つ
241261	朝鮮朝日	南鮮版	1933-09-02	1	10단	釜山鎭で心中す添はれぬのを悲觀して
241262	朝鮮朝日	南鮮版	1933-09-02	1	10단	鐵窓の夫に離婚訴訟結局妻の勝訴

일련번호	판명		간행일	면	단수	기사명
241263	朝鮮朝日	南鮮版	1933-09-02	1	10단	平壤商議理事の息子家出す
241264	朝鮮朝日	南鮮版	1933-09-02	1	10단	厄日は平穩
241265	朝鮮朝日	南鮮版	1933-09-02	1	10단	人(河口眞氏(鮮銀祕書課長)/堀正一氏(商銀專務)/野田新吾氏(殖銀大阪支店長)/谷口慶弘氏(新任釜山署長)/吉市金彌氏(前釜山署長))
241266	朝鮮朝日	西北版	1933-09-03	1	01단	鑛山水利兩課で目下頻りに折衝圓滿な解決を確信す昭和水利對淪西製鐵問題
241267	朝鮮朝日	西北版	1933-09-03	1	01단	割引の率を減じ一方では中止平壤各購組に對する吳服商組合の態度決定す
241268	朝鮮朝日	西北版	1933-09-03	1	01단	鎭南浦林檎の鐵道輸送契約成立まづ二千トンを輸送紛糾も解決の緒につく
241269	朝鮮朝日	西北版	1933-09-03	1	01단	滿洲長白縣へ麥粉を輸出保稅品として
241270	朝鮮朝日	西北版	1933-09-03	1	02단	京城の問屋が特惠解消を迫り平壤の洋服屋さんを怒らす冬服季節前の唖合ひ
241271	朝鮮朝日	西北版	1933-09-03	1	03단	立退問題は圓滿解決平壤兵器支廠敷地內の
241272	朝鮮朝日	西北版	1933-09-03	1	03단	百貨サービス組合と會社平壤でも組織を計劃
241273	朝鮮朝日	西北版	1933-09-03	1	04단	平壤師範生が兵器生活
241274	朝鮮朝日	西北版	1933-09-03	1	04단	平壤兵器支廠落札者決る
241275	朝鮮朝日	西北版	1933-09-03	1	04단	窮民救濟費削除され豫定を變更す
241276	朝鮮朝日	西北版	1933-09-03	1	05단	平讓府廳舍の壁間を飾る萬歲樂園出來
241277	朝鮮朝日	西北版	1933-09-03	1	05단	大島旅團碑の修理を行ふ
241278	朝鮮朝日	西北版	1933-09-03	1	05단	利益の多い山葵栽培咸南道で獎勵
241279	朝鮮朝日	西北版	1933-09-03	1	06단	朝鮮牛移出續々開始さる
241280	朝鮮朝日	西北版	1933-09-03	1	06단	平壤船橋里は水禍の懸念なく全く面目を一新して工業地帶としてデビューす
241281	朝鮮朝日	西北版	1933-09-03	1	06단	"菊の湯"運動に咸興も合流
241282	朝鮮朝日	西北版	1933-09-03	1	07단	畜魂碑建立
241283	朝鮮朝日	西北版	1933-09-03	1	07단	大敷網の快設に弱小漁民不滿
241284	朝鮮朝日	西北版	1933-09-03	1	07단	公設市場設置西鮮電氣の統制南浦商議から意見書
241285	朝鮮朝日	西北版	1933-09-03	1	08단	朝鮮より轉出全く立消え關東州警務局長問題
241286	朝鮮朝日	西北版	1933-09-03	1	08단	勤務演習召集日割
241287	朝鮮朝日	西北版	1933-09-03	1	08단	解雇職工五名監督に暴行
241288	朝鮮朝日	西北版	1933-09-03	1	08단	醫療救急箱を月賦で配布咸鏡南道の僻陬地に

일련번호	판명		간행일	면	단수	기사명
241289	朝鮮朝日	西北版	1933-09-03	1	10단	平壤の葉煙草增收を豫想
241290	朝鮮朝日	西北版	1933-09-03	1	10단	プロ劇團の座員檢擧脚本に不穩な箇所あり
241291	朝鮮朝日	西北版	1933-09-03	1	10단	强制處分で李氏を收容
241292	朝鮮朝日	西北版	1933-09-03	1	10단	柳京日記
241293	朝鮮朝日	南鮮版	1933-09-03	1	01단	驛名標示板から諺文羅馬字を消し全部漢字に統一する鐵道局の思ひ切った改善
241294	朝鮮朝日	南鮮版	1933-09-03	1	01단	十月一日から德壽宮を開放一般人に拜觀を許す李王殿下の思召しにより
241295	朝鮮朝日	南鮮版	1933-09-03	1	02단	DKの電波を大連が買ふ一日より中繼放送
241296	朝鮮朝日	南鮮版	1933-09-03	1	03단	*慶南警官異動七日頃發表/慶北道第二次警察官異動/忠南警察部幹部異動/頗る氣輕に轉任できる河村檢事長談/趣味の澁い柳原檢事正*
241297	朝鮮朝日	南鮮版	1933-09-03	1	04단	人(堂本成一氏(總督府新京派遣員)/正岡喜一氏(新任慶州署長))
241298	朝鮮朝日	南鮮版	1933-09-03	1	04단	遭難船に見舞金慶南道一萬四千餘圓を支出
241299	朝鮮朝日	南鮮版	1933-09-03	1	04단	健康相談所を大邱に設立
241300	朝鮮朝日	南鮮版	1933-09-03	1	04단	鮮米拂下げの成績良好か八割程度賣却を豫想
241301	朝鮮朝日	南鮮版	1933-09-03	1	05단	鮮銀地金買値五錢引上げ
241302	朝鮮朝日	南鮮版	1933-09-03	1	05단	爭議を起した山の散髮屋さん禿山の綠化に驚き元の所有者が返還を求む
241303	朝鮮朝日	南鮮版	1933-09-03	1	05단	豫約の開通で通話が輻湊內鮮電話の增設計劃
241304	朝鮮朝日	南鮮版	1933-09-03	1	06단	海底に欠伸する銀八千萬兩愈よ引揚に着手
241305	朝鮮朝日	南鮮版	1933-09-03	1	06단	スポーツ(全鮮野球爭霸戰/大邱對釜山記者團野球/體育デーの打合會)
241306	朝鮮朝日	南鮮版	1933-09-03	1	07단	客車等級表示撤廢にきまる列車の美化
241307	朝鮮朝日	南鮮版	1933-09-03	1	07단	朝鮮で最初の釜山の工場診斷十月頃から着手するすでに實際家の內諾を得
241308	朝鮮朝日	南鮮版	1933-09-03	1	08단	レプラ患者の收容割當きまる慈惠醫院長も決定す
241309	朝鮮朝日	南鮮版	1933-09-03	1	08단	總督府辭令
241310	朝鮮朝日	南鮮版	1933-09-03	1	09단	馬賊志願の三少年釜山で捕まる
241311	朝鮮朝日	南鮮版	1933-09-03	1	09단	自ら額に汗し更生に努む慶北農村の空氣一新

일련번호	판명		간행일	면	단수	기사명
241312	朝鮮朝日	南鮮版	1933-09-03	1	09단	幼兒中毒で死亡/衛生警察の父と仰がる 周防新任院長
241313	朝鮮朝日	南鮮版	1933-09-03	1	10단	南鮮方面は暴風雨圈內
241314	朝鮮朝日	南鮮版	1933-09-03	1	10단	トロッコに轢き殺らる
241315	朝鮮朝日	西北版	1933-09-05	1	01단	南鮮一帶に荒れ狂ふ暴風雨風速十五米から二十五米被害甚しい山間部/江西面の一部落浸水で孤立狀態に東海中部線は不通慶北地方/農作物は全滅の悲慘街路樹は根こそぎの狀態浦項地方/浸水家屋九百餘戶に上る慶南地方/電信電話線不通/石垣崩潰三名輕傷/御內帑金配分決定近く傳達式擧行/風水害義捐金六萬圓募集
241316	朝鮮朝日	西北版	1933-09-05	1	02단	新合同會社に平電の合流を反對『再び平和を攪亂するもの』とし早くも一部から與論を喚起/西鮮電氣合同愈よ調印を終了合同實現は明年一月から近く重役割當を協議
241317	朝鮮朝日	西北版	1933-09-05	1	04단	辭令(東京電話)
241318	朝鮮朝日	西北版	1933-09-05	1	04단	伊藤公の命日に釋迦牟尼佛安置京城春畝山の博文寺に
241319	朝鮮朝日	西北版	1933-09-05	1	05단	營口に武裝移民約二百名選拔
241320	朝鮮朝日	西北版	1933-09-05	1	05단	京畿道金組理事異動
241321	朝鮮朝日	西北版	1933-09-05	1	05단	內鮮人に滿洲來を歡迎呼海線を除く滿線全部に運賃を割引する
241322	朝鮮朝日	西北版	1933-09-05	1	05단	小林平鐵所長
241323	朝鮮朝日	西北版	1933-09-05	1	06단	人に賴るな勤勞を愛せよ!第一回の卒業生を出す新義州高女校
241324	朝鮮朝日	西北版	1933-09-05	1	06단	兒童に齒科診療釜山の各校で
241325	朝鮮朝日	西北版	1933-09-05	1	07단	自動車專用道路にも土地收用令を適用範圍を擴張した新改正規則
241326	朝鮮朝日	西北版	1933-09-05	1	08단	稔りの秋讚へる豊年踊り明朖な慶北農村風景
241327	朝鮮朝日	西北版	1933-09-05	1	08단	空陸對抗演習終る
241328	朝鮮朝日	西北版	1933-09-05	1	08단	母親と息が巡査に暴行
241329	朝鮮朝日	西北版	1933-09-05	1	08단	鴨綠江に現はれた大密輸團を擊退奮闘した我武裝隊員
241330	朝鮮朝日	西北版	1933-09-05	1	10단	兵共匪掃滅に非常に苦心我が警備隊
241331	朝鮮朝日	西北版	1933-09-05	1	10단	痲藥取締を一層嚴重に法令を改革
241332	朝鮮朝日	西北版	1933-09-05	1	10단	少年强盜二名靑郊面で逮捕

일련번호	판명		간행일	면	단수	기사명
241333	朝鮮朝日	西北版	1933-09-05	1	10단	スポーツ(群山府民運動會/全鮮野球爭奪戰)
241334	朝鮮朝日	南鮮版	1933-09-05	1	01단	南鮮一帶に荒れ狂ふ暴風雨風速十五米から二十五米被害甚しい山間部/江西面の一部落浸水で孤立狀態に東海中部線は不通慶北地方/農作物は全滅の悲慘街路樹は根こそぎの狀態浦項地方/浸水家屋九百餘戶に上る慶南地方/電信電話線不通/石垣崩潰三名輕傷/御內帑金配分決定近く傳達式擧行/風水害義捐金六萬圓募集
241335	朝鮮朝日	南鮮版	1933-09-05	1	02단	新合同會社に平電の合流を反對『再び平和を攪亂するもの』とし早くも一部から輿論を喚起/西鮮電氣合同愈よ調印を終了合同實現は明年一月から近く重役割當を協議
241336	朝鮮朝日	南鮮版	1933-09-05	1	04단	辭令(東京電話)
241337	朝鮮朝日	南鮮版	1933-09-05	1	04단	伊藤公の命日に釋迦牟尼佛安置京城春畝山の博文寺に
241338	朝鮮朝日	南鮮版	1933-09-05	1	05단	營口に武裝移民約二百名選拔
241339	朝鮮朝日	南鮮版	1933-09-05	1	05단	京畿道金組理事異動
241340	朝鮮朝日	南鮮版	1933-09-05	1	05단	內鮮人に滿洲來を歡迎呼海線を除く滿線全部に運賃を割引する
241341	朝鮮朝日	南鮮版	1933-09-05	1	05단	小林平鐵所長
241342	朝鮮朝日	南鮮版	1933-09-05	1	06단	人に賴るな勤勞を愛せよ！第一回の卒業生を出す新義州高女校
241343	朝鮮朝日	南鮮版	1933-09-05	1	06단	兒童に齒科診療釜山の各校で
241344	朝鮮朝日	南鮮版	1933-09-05	1	07단	自動車專用道路にも土地收用令を適用範圍を擴張した新改正規則
241345	朝鮮朝日	南鮮版	1933-09-05	1	08단	稔りの秋讚へる豐年踊り明朖な慶北農村風景
241346	朝鮮朝日	南鮮版	1933-09-05	1	08단	空陸對抗演習終る
241347	朝鮮朝日	南鮮版	1933-09-05	1	08단	母親と息が巡查に暴行
241348	朝鮮朝日	南鮮版	1933-09-05	1	08단	鴨綠江に現はれた大密輸團を擊退奮鬪した我武裝隊員
241349	朝鮮朝日	南鮮版	1933-09-05	1	10단	兵共匪掃滅に非常に苦心我が警備隊
241350	朝鮮朝日	南鮮版	1933-09-05	1	10단	痲藥取締を一層嚴重に法令を改革
241351	朝鮮朝日	南鮮版	1933-09-05	1	10단	少年强盜二名靑郊面で逮捕
241352	朝鮮朝日	南鮮版	1933-09-05	1	10단	スポーツ(群山府民運動會/全鮮野球爭奪戰)

일련번호	판명		간행일	면	단수	기사명
241353	朝鮮朝日	西北版	1933-09-06	1	01단	美しい同情各地から玩具の山國境警官の子供に贈って下さいと感激の白石警察部長さん/トラックに積んで二百里の山奥へドンナに喜ぶでせう
241354	朝鮮朝日	西北版	1933-09-06	1	01단	國境地方に見本市や商旅隊が巡回商圈擴張に力を注ぐ平壤當業者
241355	朝鮮朝日	西北版	1933-09-06	1	03단	粟獻穀田鎌入行はる
241356	朝鮮朝日	西北版	1933-09-06	1	04단	丹頂鶴一羽捕はる
241357	朝鮮朝日	西北版	1933-09-06	1	04단	燃えあがる祖國愛各地から機關銃獻納
241358	朝鮮朝日	西北版	1933-09-06	1	04단	漢時代の漆器研究古墳發掘隊に田窪氏を加ふ/出土品返送の問題解決す知事から聲明
241359	朝鮮朝日	西北版	1933-09-06	1	04단	茂山、會寧間の國防道路に着工十二月迄には竣成
241360	朝鮮朝日	西北版	1933-09-06	1	05단	ちかく郡守異動人心一新の爲
241361	朝鮮朝日	西北版	1933-09-06	1	05단	平南財務協議會
241362	朝鮮朝日	西北版	1933-09-06	1	05단	朝鮮紡平壤進出愈よ決定的と見らる齋藤工場の買收終る
241363	朝鮮朝日	西北版	1933-09-06	1	06단	全鮮に率先して藥草漢藥展十六日から咸南商陳所で
241364	朝鮮朝日	西北版	1933-09-06	1	06단	表彰される林業功勞者
241365	朝鮮朝日	西北版	1933-09-06	1	06단	棉花は共同販賣に平南と黃海道で協定
241366	朝鮮朝日	西北版	1933-09-06	1	07단	八漁組に資金貸出
241367	朝鮮朝日	西北版	1933-09-06	1	07단	价川球場間九月中旬に開通
241368	朝鮮朝日	西北版	1933-09-06	1	07단	着々進む農村電化本年は十一ヶ所
241369	朝鮮朝日	西北版	1933-09-06	1	07단	天候不順から傳染病が流行氣をつけて下さいよ
241370	朝鮮朝日	西北版	1933-09-06	1	08단	法院支廳四ヶ所復活か
241371	朝鮮朝日	西北版	1933-09-06	1	09단	黃海道秋繭共販値基準決定
241372	朝鮮朝日	西北版	1933-09-06	1	09단	潮に乘って押し寄せる豊漁
241373	朝鮮朝日	西北版	1933-09-06	1	09단	檢事局からの逃走犯人逮捕
241374	朝鮮朝日	西北版	1933-09-06	1	09단	人(梅崎第二十師團長)
241375	朝鮮朝日	西北版	1933-09-06	1	10단	家族慰安運動會
241376	朝鮮朝日	西北版	1933-09-06	1	10단	柳京日記
241377	朝鮮朝日	南鮮版	1933-09-06	1	01단	鮮産商品の販路擴張にエポック鮮内商品の戶口調査を基準とし力をそゝぐ本府殖産局
241378	朝鮮朝日	南鮮版	1933-09-06	1	01단	預託主義により緬羊增殖に努めるまづ北鮮に國立種羊場新設/軍部では羊肉主義に緬羊の增殖と共に

일련번호	판명		간행일	면	단수	기사명
241379	朝鮮朝日	南鮮版	1933-09-06	1	01단	水に没した鐵道線路
241380	朝鮮朝日	南鮮版	1933-09-06	1	03단	滿洲事變慰靈祭
241381	朝鮮朝日	南鮮版	1933-09-06	1	03단	農村副業に茸栽培獎勵
241382	朝鮮朝日	南鮮版	1933-09-06	1	03단	三種所得稅免稅點六百圓程度に! 當局の大體方針決定
241383	朝鮮朝日	南鮮版	1933-09-06	1	04단	先進地視察
241384	朝鮮朝日	南鮮版	1933-09-06	1	04단	釜山に園藝組合
241385	朝鮮朝日	南鮮版	1933-09-06	1	04단	鮮滿の農業統制當局打合す
241386	朝鮮朝日	南鮮版	1933-09-06	1	04단	京城府體育デー競技の種目決定す/體育デーにお祭騷ぎ禁止/殖銀5-0遞信
241387	朝鮮朝日	南鮮版	1933-09-06	1	05단	慶南米が樺太へ進出注目さる
241388	朝鮮朝日	南鮮版	1933-09-06	1	05단	鮮産一を目ざして栗の增殖改良京畿道當局で對策協議
241389	朝鮮朝日	南鮮版	1933-09-06	1	05단	鮮米擁護を叫ぶ矢島技師の來鮮を機に
241390	朝鮮朝日	南鮮版	1933-09-06	1	06단	波の脅威から海岸を護る近く迎日郡東海面に沙防工事實施
241391	朝鮮朝日	南鮮版	1933-09-06	1	06단	表彰される林業功勞者
241392	朝鮮朝日	南鮮版	1933-09-06	1	06단	ちかく郡守異動人心一新の爲
241393	朝鮮朝日	南鮮版	1933-09-06	1	06단	猛獸類の人害百六十名に上る筆頭は牛馬の咬殺百廿二頭
241394	朝鮮朝日	南鮮版	1933-09-06	1	07단	一つの話題
241395	朝鮮朝日	南鮮版	1933-09-06	1	07단	漂流船救助に出て五名激浪に呑まる慶北九龍港沖合の珍事/石峴面は泥海に面事務所流失
241396	朝鮮朝日	南鮮版	1933-09-06	1	08단	粟多收穫競作會出品者決定
241397	朝鮮朝日	南鮮版	1933-09-06	1	08단	空家に腐爛死體他殺か死體を解剖
241398	朝鮮朝日	南鮮版	1933-09-06	1	08단	牛の傳染病氣腫疽退治各地に豫防組合
241399	朝鮮朝日	南鮮版	1933-09-06	1	08단	釜山に僞刑事納涼中の八名から九圓を奪ふ
241400	朝鮮朝日	南鮮版	1933-09-06	1	09단	近く竣工の大法廷で愈大公判開かる間島赤色暴動事件
241401	朝鮮朝日	南鮮版	1933-09-06	1	09단	お家騷動に求刑
241402	朝鮮朝日	南鮮版	1933-09-06	1	09단	マァーナンと奉で衣類を釣る蛸釣り專門賊を逮捕
241403	朝鮮朝日	南鮮版	1933-09-06	1	10단	京城府內の傳染病狀況
241404	朝鮮朝日	南鮮版	1933-09-06	1	10단	滿洲稅關員募集

일련번호	판명		간행일	면	단수	기사명
241405	朝鮮朝日	南鮮版	1933-09-06	1	10단	人(湯淺久吉氏(新任慶北醴泉署長)/長尾戒三氏(前大邱覆審法院檢事長)/碓井總督府土地改良課長/周防正孝氏(新任小鹿島慈惠醫院長)/吉利惠美喜氏(新任會寧署長)/藤原洋子さん(二つ)(本社釜山通信部主任藤原德次郎氏長女))
241406	朝鮮朝日	西北版	1933-09-07	1	01단	北部無煙炭の全盛時代を招來する十月十五日に愈よ開通价川球場間線
241407	朝鮮朝日	西北版	1933-09-07	1	01단	古墳六基發掘斯界の權威者が集まって
241408	朝鮮朝日	西北版	1933-09-07	1	01단	和氣平壤醫專敎授學界の謎を解く舞踏病の原因を究明
241409	朝鮮朝日	西北版	1933-09-07	1	01단	滿洲事變記念行事安東で盛大に/平壤の行事
241410	朝鮮朝日	西北版	1933-09-07	1	02단	狗峴嶺の測量視察永田技師談
241411	朝鮮朝日	西北版	1933-09-07	1	02단	明朖·瀟洒近代文化村出現平壤の瑞氣山と箕林里に
241412	朝鮮朝日	西北版	1933-09-07	1	03단	窯業知識を生徒に吹込む
241413	朝鮮朝日	西北版	1933-09-07	1	03단	靑光山上に忠魂碑建設
241414	朝鮮朝日	西北版	1933-09-07	1	03단	鴨綠江名物の筏流しを安全に山林警察隊派遣
241415	朝鮮朝日	西北版	1933-09-07	1	04단	鍾乳洞探險
241416	朝鮮朝日	西北版	1933-09-07	1	04단	警官の子弟を修養させる東京の遺芳寮
241417	朝鮮朝日	西北版	1933-09-07	1	04단	平壤ゴムの滿洲輸出に關稅や運賃の引下を要望
241418	朝鮮朝日	西北版	1933-09-07	1	04단	學校から家庭へ染色方法指導
241419	朝鮮朝日	西北版	1933-09-07	1	05단	新らしい國境土産二つ計劃さる
241420	朝鮮朝日	西北版	1933-09-07	1	05단	愈よ明年度から雄基麗水の二港改修本府財務局の査定を通過
241421	朝鮮朝日	西北版	1933-09-07	1	06단	阪神國道に比肩する快適な疾走道路咸興西湖津間四里に二十萬圓投じて改修
241422	朝鮮朝日	西北版	1933-09-07	1	06단	咸南道の鹽魚輸出組合計劃案なる
241423	朝鮮朝日	西北版	1933-09-07	1	07단	國境警官の家族達を慰める近くラヂオを設置
241424	朝鮮朝日	西北版	1933-09-07	1	07단	豫想に反して平壤栗豊作走りは十五日頃
241425	朝鮮朝日	西北版	1933-09-07	1	07단	血を湧かす秋季競馬大會七日から平壤府外の栗里で
241426	朝鮮朝日	西北版	1933-09-07	1	07단	農家副業に薄荷栽培を試作力を入れる咸南當局
241427	朝鮮朝日	西北版	1933-09-07	1	08단	靈藥「人蔘」を謳歌愛兒の一命取り止む
241428	朝鮮朝日	西北版	1933-09-07	1	08단	煉獄に咲く美談の數々

일련번호	판명		간행일	면	단수	기사명
241429	朝鮮朝日	西北版	1933-09-07	1	09단	平壤購買組合對策を講ず
241430	朝鮮朝日	西北版	1933-09-07	1	09단	痲藥中毒治療所
241431	朝鮮朝日	西北版	1933-09-07	1	10단	農作を荒す猪を退治る部落民が一齊に
241432	朝鮮朝日	西北版	1933-09-07	1	10단	柳京日記
241433	朝鮮朝日	南鮮版	1933-09-07	1	01단	愈よ明年度から雄基麗水の二港改修本府財務局の査定を通過
241434	朝鮮朝日	南鮮版	1933-09-07	1	01단	風水害に悲慘事續々と現はる/山が崩潰し四戶埋沒九名卽死慶南道の神院面莊亭里で/山津浪に襲はれ草刈男四名が卽死突然慶北伽倻山の珍事/慶北では死者三十二名上り家屋全半壞五百餘戶/鬱陵島も大被害
241435	朝鮮朝日	南鮮版	1933-09-07	1	01단	電氣事業施行規則十月に公布
241436	朝鮮朝日	南鮮版	1933-09-07	1	02단	渡邊農林局長巡視
241437	朝鮮朝日	南鮮版	1933-09-07	1	02단	二つの優秀映畵を見にお出なさい釜山の寶來館と相生館へ讀者優待券配布
241438	朝鮮朝日	南鮮版	1933-09-07	1	03단	肥料資金貸付高五百九十萬圓
241439	朝鮮朝日	南鮮版	1933-09-07	1	03단	京城組合銀行預金と貸出
241440	朝鮮朝日	南鮮版	1933-09-07	1	04단	辯護士試驗合格者
241441	朝鮮朝日	南鮮版	1933-09-07	1	04단	小麥國檢好成績京畿道の調べ
241442	朝鮮朝日	南鮮版	1933-09-07	1	04단	赤い男女の數名を引致
241443	朝鮮朝日	南鮮版	1933-09-07	1	05단	愛慾の放火二つの判決
241444	朝鮮朝日	南鮮版	1933-09-07	1	05단	秋·爽凉松本知事さんの漫談
241445	朝鮮朝日	南鮮版	1933-09-07	1	05단	三選手出場を禁止教職の故で
241446	朝鮮朝日	南鮮版	1933-09-07	1	06단	公判廷を假留置場となし裁判は非公開の方針間島赤色暴動事件
241447	朝鮮朝日	南鮮版	1933-09-07	1	06단	上告棄却し七名の刑を確定朝鮮の共産黨事件注目される新判例
241448	朝鮮朝日	南鮮版	1933-09-07	1	07단	コバルトの空高き來凉な廻遊式道路京城の南山に見事に出來ました紙上漫步でコース御案內
241449	朝鮮朝日	南鮮版	1933-09-07	1	08단	國境警官の家族達を慰める近くラヂオを設置
241450	朝鮮朝日	南鮮版	1933-09-07	1	08단	空家死體は病死と判明
241451	朝鮮朝日	南鮮版	1933-09-07	1	09단	靈藥「人蔘」を謳歌愛兒の一命取り止む
241452	朝鮮朝日	南鮮版	1933-09-07	1	09단	イタヅラ雀を退治せよ水稻の被害が甚しい
241453	朝鮮朝日	南鮮版	1933-09-07	1	10단	京釜線車中にスリが出沒御用心御用心
241454	朝鮮朝日	南鮮版	1933-09-07	1	10단	人(谷口慶弘氏(新任釜山署長))

일련번호	판명		간행일	면	단수	기사명
241455	朝鮮朝日	西北版	1933-09-08	1	01단	別莊生活で天氣晴朖の宇垣さん久し振りに當面の問題を語る曰く『教育産業に力を注ぐ』と
241456	朝鮮朝日	西北版	1933-09-08	1	01단	雄基を擧げて祝賀と歡喜の亂舞滿鮮の名士五百名を招いて圖們線全通式行はる
241457	朝鮮朝日	西北版	1933-09-08	1	01단	敵機が襲來したら馬山を中心に防空演習
241458	朝鮮朝日	西北版	1933-09-08	1	04단	本年度から社還米制度復活の準備
241459	朝鮮朝日	西北版	1933-09-08	1	04단	新義州金組大會三百名出席
241460	朝鮮朝日	西北版	1933-09-08	1	04단	內地からもオモチャが來ましたよどんなに喜ぶことでせうか痲しい國境警官の子供達/第一回輸送
241461	朝鮮朝日	西北版	1933-09-08	1	05단	禿山に植桑せよ平地耕作より立派な成育振り掛場本府技師の研究なる
241462	朝鮮朝日	西北版	1933-09-08	1	06단	奇特な驛夫
241463	朝鮮朝日	西北版	1933-09-08	1	06단	惠まれぬ面の吏員を保護財團法人共濟組合を新設平南道で計劃さる
241464	朝鮮朝日	西北版	1933-09-08	1	06단	橫領書記捕まる
241465	朝鮮朝日	西北版	1933-09-08	1	07단	見事に出來ました樂浪博物館觀覽は廿日頃から
241466	朝鮮朝日	西北版	1933-09-08	1	07단	十ヶ年に十萬町步沙防工事計劃
241467	朝鮮朝日	西北版	1933-09-08	1	07단	貧農から自作農へ慶南當局の經濟更生
241468	朝鮮朝日	西北版	1933-09-08	1	08단	遠くフ首府から耳寄りな注文來る京城商議所へ有力商店照會
241469	朝鮮朝日	西北版	1933-09-08	1	08단	四人組の强盜出現鎭南浦碑石に
241470	朝鮮朝日	西北版	1933-09-08	1	08단	優秀な書堂を普通校の補助に平南當局で計劃
241471	朝鮮朝日	西北版	1933-09-08	1	08단	京城舞鶴町に强盜現はる
241472	朝鮮朝日	西北版	1933-09-08	1	09단	十三名がチフス將進里に爆發的に發生
241473	朝鮮朝日	西北版	1933-09-08	1	10단	續出する警官退職平南で百餘名
241474	朝鮮朝日	西北版	1933-09-08	1	10단	幼兒を絞殺す邪魔になるとて四十男の兇行
241475	朝鮮朝日	西北版	1933-09-08	1	10단	鮮米の拂下げ月末ごろか
241476	朝鮮朝日	南鮮版	1933-09-08	1	01단	別莊生活で天氣晴朖の宇垣さん久し振りに當面の問題を語る曰く『教育産業に力を注ぐ』と
241477	朝鮮朝日	南鮮版	1933-09-08	1	01단	雄基を擧げて祝賀と歡喜の亂舞滿鮮の名士五百名を招いて圖們線全通式行はる
241478	朝鮮朝日	南鮮版	1933-09-08	1	01단	敵機が襲來したら馬山を中心防空演習
241479	朝鮮朝日	南鮮版	1933-09-08	1	04단	本年度から社還米制度復活の準備

일련번호	판명		간행일	면	단수	기사명
241480	朝鮮朝日	南鮮版	1933-09-08	1	04단	新義州金組大會三百名出席
241481	朝鮮朝日	南鮮版	1933-09-08	1	04단	內地からもオモチャが來ましたよどんなに喜ぶことでせうか寂しい國境警官の子供達/第一回輸送
241482	朝鮮朝日	南鮮版	1933-09-08	1	05단	禿山に植桑せよ平地耕作より立派な成育振り掛場本府技師の研究なる
241483	朝鮮朝日	南鮮版	1933-09-08	1	06단	奇特な驛夫
241484	朝鮮朝日	南鮮版	1933-09-08	1	06단	惠まれぬ面の吏員を保護財團法人共濟組合を新設平南道で計劃さる
241485	朝鮮朝日	南鮮版	1933-09-08	1	06단	橫領書記捕まる
241486	朝鮮朝日	南鮮版	1933-09-08	1	07단	見事に出來ました樂浪博物館觀覽は廿日頃から
241487	朝鮮朝日	南鮮版	1933-09-08	1	07단	十ケ年に十萬町步沙防工事計劃
241488	朝鮮朝日	南鮮版	1933-09-08	1	07단	貧農から自作農へ慶南當局の經濟更生
241489	朝鮮朝日	南鮮版	1933-09-08	1	08단	遠くフ首府から耳寄りな注文來る京城商議所へ有力商店照會
241490	朝鮮朝日	南鮮版	1933-09-08	1	08단	四人組の强盜出現鎭南浦碑石に
241491	朝鮮朝日	南鮮版	1933-09-08	1	08단	優秀な書堂を普通校の補助に平南當局で計劃
241492	朝鮮朝日	南鮮版	1933-09-08	1	08단	京城舞鶴町に强盜現はる
241493	朝鮮朝日	南鮮版	1933-09-08	1	09단	十三名がチフス將進里に爆發的に發生
241494	朝鮮朝日	南鮮版	1933-09-08	1	10단	續出する警官退職平南で百餘名
241495	朝鮮朝日	南鮮版	1933-09-08	1	10단	幼兒を絞殺す邪魔になるとて四十男の兇行
241496	朝鮮朝日	南鮮版	1933-09-08	1	10단	鮮米の拂下げ月末ごろか
241497	朝鮮朝日	西北版	1933-09-09	1	01단	德壽宮公開白堊の石造殿は日本美術展覽場に各部の精粹を一堂に陳列し第一回を十月一日から二ケ月間開く
241498	朝鮮朝日	西北版	1933-09-09	1	01단	品質聲價向上の爲木炭の規格を統一十三日關係有力者が協議
241499	朝鮮朝日	西北版	1933-09-09	1	01단	武裝移民四十家族愈よ壯途に上る團長は南元哲氏
241500	朝鮮朝日	西北版	1933-09-09	1	01단	木浦府議補增選擧當選者決定
241501	朝鮮朝日	西北版	1933-09-09	1	02단	總督府辭令
241502	朝鮮朝日	西北版	1933-09-09	1	02단	美味しさうな朝御飯新義州高女校の勤勞教育
241503	朝鮮朝日	西北版	1933-09-09	1	03단	殖銀支店長異動
241504	朝鮮朝日	西北版	1933-09-09	1	04단	警官派出所
241505	朝鮮朝日	西北版	1933-09-09	1	04단	山林一坪十六圓で記錄破りの賣買羅津の素晴しい景氣

일련번호	판명		간행일	면	단수	기사명
241506	朝鮮朝日	西北版	1933-09-09	1	04단	海員審判制度改正一審から二審へ
241507	朝鮮朝日	西北版	1933-09-09	1	05단	六社側が値段協定露油の進出に
241508	朝鮮朝日	西北版	1933-09-09	1	05단	運動界(九大對城大ア式蹴球戰十月京城グラウンド/中等野球出場校)
241509	朝鮮朝日	西北版	1933-09-09	1	05단	國境の馬匪被害記錄殺害七百廿六名、金品五十五萬圓
241510	朝鮮朝日	西北版	1933-09-09	1	06단	運動會や學藝會は形式に流れるな當局から各校へ警告
241511	朝鮮朝日	西北版	1933-09-09	1	06단	大手を振って旅行するにはこれだけの心得を
241512	朝鮮朝日	西北版	1933-09-09	1	07단	安東新米の走り一石廿五圓の初手合
241513	朝鮮朝日	西北版	1933-09-09	1	07단	矢島技師當局と懇談米生產問題
241514	朝鮮朝日	西北版	1933-09-09	1	07단	朝鮮人百餘名が十隻で綿布を密輸安東稅關の監視船が發砲
241515	朝鮮朝日	西北版	1933-09-09	1	08단	沙防事務所忠南で統一
241516	朝鮮朝日	西北版	1933-09-09	1	08단	新手の釣錢詐欺トテモ油斷がならぬ
241517	朝鮮朝日	西北版	1933-09-09	1	08단	八千貫の昆布注文北滿商人から
241518	朝鮮朝日	西北版	1933-09-09	1	08단	牛肉から六名中毒一名遂に死亡
241519	朝鮮朝日	西北版	1933-09-09	1	10단	朝鮮酒が內地へ品質認めらる
241520	朝鮮朝日	西北版	1933-09-09	1	10단	平壤醫專に三項目照會總督府から
241521	朝鮮朝日	西北版	1933-09-09	1	10단	赤の七名に求刑
241522	朝鮮朝日	西北版	1933-09-09	1	10단	人(河野榮氏(前農林省技師)/村田保太郎氏(本社京城通信局員村田武夫氏嚴父))
241523	朝鮮朝日	南鮮版	1933-09-09	1		缺號
241524	朝鮮朝日	西北版	1933-09-10	1		缺號
241525	朝鮮朝日	南鮮版	1933-09-10	1	01단	朝鮮米の繼子扱ひは民心に多大の惡影響斷乎たる意向を明かにして米穀統制に臨む本府當局
241526	朝鮮朝日	南鮮版	1933-09-10	1	01단	電鈴仕掛で探し出した美談の主一年間每月夜中に獻金した赤誠こもる仁川の一靑年
241527	朝鮮朝日	南鮮版	1933-09-10	1	01단	慶南道署長異動
241528	朝鮮朝日	南鮮版	1933-09-10	1	01단	總督府辭令
241529	朝鮮朝日	南鮮版	1933-09-10	1	02단	勇躍營口安全農村へ
241530	朝鮮朝日	南鮮版	1933-09-10	1	03단	內鮮滿航空機運用を改正
241531	朝鮮朝日	南鮮版	1933-09-10	1	04단	殊勝な婦人表彰
241532	朝鮮朝日	南鮮版	1933-09-10	1	04단	農村振興講演映畵各地で開く
241533	朝鮮朝日	南鮮版	1933-09-10	1	04단	高梁茂る南滿平野に全滿中等學生總動員演習

일련번호	판명		간행일	면	단수	기사명
241534	朝鮮朝日	南鮮版	1933-09-10	1	04단	朝鮮で最初の高度飛行記錄なる平壤六聯隊の泊中尉
241535	朝鮮朝日	南鮮版	1933-09-10	1	04단	二割餘の移出增加鮮牛の大進展
241536	朝鮮朝日	南鮮版	1933-09-10	1	05단	古墳の盜掘に活躍する犬
241537	朝鮮朝日	南鮮版	1933-09-10	1	05단	寄生蟲の多いことナンと平壤が一位不名譽ではありませんか
241538	朝鮮朝日	南鮮版	1933-09-10	1	06단	匪賊擊滅共同作戰愈よ今冬から
241539	朝鮮朝日	南鮮版	1933-09-10	1	06단	放送スポーツ
241540	朝鮮朝日	南鮮版	1933-09-10	1	07단	第三回全鮮金融組合地方大會(三日新義州公會堂)
241541	朝鮮朝日	南鮮版	1933-09-10	1	07단	『椿姬』を地で行った平壤の元代表妓生朴英道上海での謎の死漸く判明
241542	朝鮮朝日	南鮮版	1933-09-10	1	08단	法學士が巡査さんになる就職線異狀の近代相
241543	朝鮮朝日	南鮮版	1933-09-10	1	08단	平南、黃海兩道の棉花共販を協定保護さるる生産者
241544	朝鮮朝日	南鮮版	1933-09-10	1	09단	地方的に解禁し處罰も寬大に! ザリ、モクズ蟹取締
241545	朝鮮朝日	南鮮版	1933-09-10	1	09단	二等兵又も逃走
241546	朝鮮朝日	南鮮版	1933-09-10	1	10단	京城府立診療所
241547	朝鮮朝日	南鮮版	1933-09-10	1	10단	守衛君の六感的中官舍荒し二名つひに捕まる
241548	朝鮮朝日	南鮮版	1933-09-10	1	10단	怪しい老人死體
241549	朝鮮朝日	南鮮版	1933-09-10	1	10단	秋らしい遺失物一ヶ月に百點
241550	朝鮮朝日	西北版	1933-09-12	1		缺號
241551	朝鮮朝日	南鮮版	1933-09-12	1	01단	農村の懷に繭代が二百萬圓共販が利いた平安南道
241552	朝鮮朝日	南鮮版	1933-09-12	1	01단	ポンポン船の渦中に割り込む・滿鐵快速船羅津雄基沿岸の聯絡に臨む
241553	朝鮮朝日	南鮮版	1933-09-12	1	01단	西鮮電氣合同會社の初代社長は誰に三つ巴の混沌狀態
241554	朝鮮朝日	南鮮版	1933-09-12	1	01단	第五回九大對城大定期蹴球試合/九大雪辱の意氣凄く白熱戰を展開す四對○で城大一勝
241555	朝鮮朝日	南鮮版	1933-09-12	1	03단	全鮮的に防疫政策近く打合會
241556	朝鮮朝日	南鮮版	1933-09-12	1	03단	京城府史
241557	朝鮮朝日	南鮮版	1933-09-12	1	04단	宇垣總督
241558	朝鮮朝日	南鮮版	1933-09-12	1	04단	電報の値下運動全滿に擴大
241559	朝鮮朝日	南鮮版	1933-09-12	1	04단	省線局線汽船連帶運輸を實施圖們線の全通を機に

일련번호	판명		간행일	면	단수	기사명
241560	朝鮮朝日	南鮮版	1933-09-12	1	04단	鰯油二錢値下
241561	朝鮮朝日	南鮮版	1933-09-12	1	05단	四百名が校長排斥これで三度目
241562	朝鮮朝日	南鮮版	1933-09-12	1	05단	死んだ筈の父と廿六年目に涙の對面送って來た遺骨は友人のもの/喜び勇んで大阪から鄕里へ
241563	朝鮮朝日	南鮮版	1933-09-12	1	06단	恐るべき迷信/少女を誘拐させて殺害癩患者が生膽を食ふ
241564	朝鮮朝日	南鮮版	1933-09-12	1	07단	失戀から女給自殺
241565	朝鮮朝日	南鮮版	1933-09-12	1	07단	寺の講金百卅萬圓の大部分を橫領費消犯人は慶南道地方に潛伏か
241566	朝鮮朝日	南鮮版	1933-09-12	1	07단	小學校の金庫破壞
241567	朝鮮朝日	南鮮版	1933-09-12	1	07단	發動船で密行の三十餘名を捕ふ手數料十圓を取って旣に四百名が內地へ
241568	朝鮮朝日	南鮮版	1933-09-12	1	08단	西湖津沿岸魚類が死滅凄慘を極む
241569	朝鮮朝日	南鮮版	1933-09-12	1	08단	亂暴男を毆殺し精神病者姿を晦す
241570	朝鮮朝日	南鮮版	1933-09-12	1	08단	逃走兵捕る
241571	朝鮮朝日	南鮮版	1933-09-12	1	08단	貞柏里に强盜二名四十女を亂打
241572	朝鮮朝日	南鮮版	1933-09-12	1	09단	六十餘ケ所を刺し不身持の妻を慘殺す
241573	朝鮮朝日	南鮮版	1933-09-12	1	09단	故宋部長追悼會盛大に行はる
241574	朝鮮朝日	南鮮版	1933-09-12	1	09단	女の口の中に牛糞を詰め込む
241575	朝鮮朝日	南鮮版	1933-09-12	1	10단	小刀で腹を刺す金品を拒まれ
241576	朝鮮朝日	南鮮版	1933-09-12	1	10단	京城の物價
241577	朝鮮朝日	西北版	1933-09-13	1		缺號
241578	朝鮮朝日	南鮮版	1933-09-13	1	01단	今日の問題(鮮米の前途/棉作と畑作/個人所得稅)
241579	朝鮮朝日	南鮮版	1933-09-13	1	01단	穀商側の要求を斷然・拒否に決定す强硬に出た鮮航同盟會成り行き注目さる
241580	朝鮮朝日	南鮮版	1933-09-13	1	01단	秋の話題　平壤最初のこと平壤の內地人某が卅萬圓を定期預金金利が總理大臣の年俸と同額/朝鮮稅制の缺陷を暴露預金者は久保氏
241581	朝鮮朝日	南鮮版	1933-09-13	1	01단	九大の奮鬪空しく城大五回も連勝す光榮の本社優勝楯を獲得/弓道大會
241582	朝鮮朝日	南鮮版	1933-09-13	1	03단	北鮮鐵監理局開設準備會
241583	朝鮮朝日	南鮮版	1933-09-13	1	04단	滿洲國の視察談皆川司法次官
241584	朝鮮朝日	南鮮版	1933-09-13	1	04단	平北道署長異動
241585	朝鮮朝日	南鮮版	1933-09-13	1	05단	本府局長會
241586	朝鮮朝日	南鮮版	1933-09-13	1	05단	家庭爭議の種酒一升三圓に値上り！ナゼッテ酒屋の話をお聞き

일련번호	판명		간행일	면	단수	기사명
241587	朝鮮朝日	南鮮版	1933-09-13	1	06단	古雅な建物浮碧樓崩潰北隅の梁が折れて
241588	朝鮮朝日	南鮮版	1933-09-13	1	07단	行政科筆記合格
241589	朝鮮朝日	南鮮版	1933-09-13	1	07단	お腹の廻りが驚くなかれ九尺餘グロテスクな患者現はる
241590	朝鮮朝日	南鮮版	1933-09-13	1	07단	鯵も鰯も豊漁慶南漁業者活氣づく
241591	朝鮮朝日	南鮮版	1933-09-13	1	07단	釜山中學赤痢發生
241592	朝鮮朝日	南鮮版	1933-09-13	1	08단	慶南道に豚の天然痘蔓延すでに八十餘頭罹病
241593	朝鮮朝日	南鮮版	1933-09-13	1	08단	追悼會歸りの自動車轉覆二巡査負傷
241594	朝鮮朝日	南鮮版	1933-09-13	1	09단	恐るべし少年强盗が二名幾多の惡事を自白
241595	朝鮮朝日	南鮮版	1933-09-13	1	10단	公益質屋好成績重要地に增設
241596	朝鮮朝日	南鮮版	1933-09-13	1	10단	奉天新京に貿易協會支部取引促進の爲
241597	朝鮮朝日	南鮮版	1933-09-13	1	10단	涙ぐましいこの風景
241598	朝鮮朝日	南鮮版	1933-09-13	1	10단	光州消防聯合演習十月九日擧行
241599	朝鮮朝日	西北版	1933-09-14	1		缺號
241600	朝鮮朝日	南鮮版	1933-09-14	1	01단	十萬圓を投じ木炭の增産計劃生産者と當局とが種々懇談
241601	朝鮮朝日	南鮮版	1933-09-14	1	01단	羅南の溪谷から沙金がザクザクアーラ不思議夢のお告から大沙金鑛を發見
241602	朝鮮朝日	南鮮版	1933-09-14	1	01단	西鮮電氣合同社長に藤原平南知事が有力
241603	朝鮮朝日	南鮮版	1933-09-14	1	01단	記念日を盛大に朝鮮軍司令部で各種行事決定
241604	朝鮮朝日	南鮮版	1933-09-14	1	02단	爽凉の野にとゞろく銃聲愈よ狩獵期近づく
241605	朝鮮朝日	南鮮版	1933-09-14	1	03단	鐵道局の大異動顔觸大體決定
241606	朝鮮朝日	南鮮版	1933-09-14	1	04단	群山商議役員會
241607	朝鮮朝日	南鮮版	1933-09-14	1	04단	米倉會社在庫米二十九萬石
241608	朝鮮朝日	南鮮版	1933-09-14	1	04단	コカイン注射はカンフル注射と同作用坂田博士の研究なる
241609	朝鮮朝日	南鮮版	1933-09-14	1	05단	賃銀を固定給に日本穀産會社がだが職工は不滿
241610	朝鮮朝日	南鮮版	1933-09-14	1	05단	*日本一の大飛行場輕爆擊機中隊新設に伴うて軍都の誇り平壤に出現/新義州に合同飛行港新設日本では第二番目のもの*
241611	朝鮮朝日	南鮮版	1933-09-14	1	05단	勞働者の大洪水北鮮國境地方
241612	朝鮮朝日	南鮮版	1933-09-14	1	06단	一部崩潰した牡丹台の浮碧樓
241613	朝鮮朝日	南鮮版	1933-09-14	1	06단	歡喜の失明者闇から光へ見事手術に成功す

일련번호	판명		간행일	면	단수	기사명
241614	朝鮮朝日	南鮮版	1933-09-14	1	06단	匪賊團の掃蕩計劃警備陣を固む
241615	朝鮮朝日	南鮮版	1933-09-14	1	07단	要救濟者に弔慰見舞金七千圓配給
241616	朝鮮朝日	南鮮版	1933-09-14	1	07단	元郡守を首魁に金塊大密輪發覺京城から巧みに手荷物で安東へ密輪額既に二萬圓
241617	朝鮮朝日	南鮮版	1933-09-14	1	08단	人妻誘拐は全く怪しからぬ喧嘩から投げ殺す
241618	朝鮮朝日	南鮮版	1933-09-14	1	08단	金品募集取締手續を制定
241619	朝鮮朝日	南鮮版	1933-09-14	1	08단	飛込み自殺
241620	朝鮮朝日	南鮮版	1933-09-14	1	08단	六名が眞性赤痢釜中校大消毒
241621	朝鮮朝日	南鮮版	1933-09-14	1	09단	全鮮のトップを切り釜山の工場診斷
241622	朝鮮朝日	南鮮版	1933-09-14	1	09단	強盗捕まる
241623	朝鮮朝日	南鮮版	1933-09-14	1	10단	刑事補償法の手續を執る渡邊廣吉氏
241624	朝鮮朝日	南鮮版	1933-09-14	1	10단	こんな慘い目にあひますぞ
241625	朝鮮朝日	南鮮版	1933-09-14	1	10단	羅紗運賃紛糾解決
241626	朝鮮朝日	南鮮版	1933-09-14	1	10단	頭部を粉碎卽死
241627	朝鮮朝日	西北版	1933-09-15	1		缺號
241628	朝鮮朝日	南鮮版	1933-09-15	1	01단	長旒に銅羅入りで秋晴れの農村を行脚知事さん先頭に農事奬勵/慘めな慶北農村吉田氏歸來談/農産販賣斡旋早くも依賴蕎麥、胡桃、林檎等々
241629	朝鮮朝日	南鮮版	1933-09-15	1	01단	益々湧き起る半島の愛國熱各地から續々と獻金
241630	朝鮮朝日	南鮮版	1933-09-15	1	01단	東拓の癌外債問題を語る總會から歸城した田淵東拓理事
241631	朝鮮朝日	南鮮版	1933-09-15	1	01단	近代美術の精粹を陳列する德壽宮內の石造殿大家の作品廿六日京城着
241632	朝鮮朝日	南鮮版	1933-09-15	1	03단	變り種二つ出品樂浪博物館へ
241633	朝鮮朝日	南鮮版	1933-09-15	1	04단	宇垣總督
241634	朝鮮朝日	南鮮版	1933-09-15	1	04단	長白縣長白に領事館駐在所武裝警官赴任
241635	朝鮮朝日	南鮮版	1933-09-15	1	05단	內地人に比較して骨格は良好だ！朝鮮人體の基準研究
241636	朝鮮朝日	南鮮版	1933-09-15	1	05단	德川副社長
241637	朝鮮朝日	南鮮版	1933-09-15	1	05단	公平なる統制なら止む得ず政府の外地米統制問題について民間有力者の意見一致す
241638	朝鮮朝日	南鮮版	1933-09-15	1	06단	朝鮮神宮奉贊準備委員會
241639	朝鮮朝日	南鮮版	1933-09-15	1	06단	新京で朝鮮水産品卽賣會平南よりグチ、エビなどを出品

일련번호	판명		간행일	면	단수	기사명
241640	朝鮮朝日	南鮮版	1933-09-15	1	06단	密輸入の支那靴下に平壤靴下大打擊嚴重取締を陳情
241641	朝鮮朝日	南鮮版	1933-09-15	1	06단	慶南道內に豚天然痘蔓延旣に二百八十四頭に上る
241642	朝鮮朝日	南鮮版	1933-09-15	1	07단	無煙炭移出は支障を來す機械の運轉不能で
241643	朝鮮朝日	南鮮版	1933-09-15	1	08단	妾數名を圍うた平壤に金品專門賊
241644	朝鮮朝日	南鮮版	1933-09-15	1	08단	乘合自動車轉落し乘客四名が重傷す牛を追ひ越さんとしたばかりに
241645	朝鮮朝日	南鮮版	1933-09-15	1	08단	元山府立惠化病院名稱を改む
241646	朝鮮朝日	南鮮版	1933-09-15	1	08단	朝鮮神宮競技水上競技大會愈よ十六、七の兩日京城プールで開かる/平壤府の體育デー十月一日に
241647	朝鮮朝日	南鮮版	1933-09-15	1	09단	山に潛伏中の殺人男捕る
241648	朝鮮朝日	南鮮版	1933-09-15	1	09단	廢品被服賣却
241649	朝鮮朝日	南鮮版	1933-09-15	1	09단	巡査講義錄
241650	朝鮮朝日	南鮮版	1933-09-15	1	10단	罷業の裏に赤い男煽動
241651	朝鮮朝日	南鮮版	1933-09-15	1	10단	人を助けて自分は重傷殊勝な踏切番
241652	朝鮮朝日	南鮮版	1933-09-15	1	10단	郵便所長公金橫領遂に慶州署へ
241653	朝鮮朝日	西北版	1933-09-16	1		缺號
241654	朝鮮朝日	南鮮版	1933-09-16	1	01단	自らは困苦を嘗めつゝも故國の風水害に同情十五日迄に一千六百八十八圓にも達した在滿朝鮮同胞に當局感激
241655	朝鮮朝日	南鮮版	1933-09-16	1	01단	朝鮮金融組合聯合會各道一律に金利の引下げ
241656	朝鮮朝日	南鮮版	1933-09-16	1	01단	新京淸津間直通列車の祝賀十月一日盛大に
241657	朝鮮朝日	南鮮版	1933-09-16	1	01단	松田正之男
241658	朝鮮朝日	南鮮版	1933-09-16	1	01단	刑務所長異動
241659	朝鮮朝日	南鮮版	1933-09-16	1	02단	基督教の革新運動全鮮的に波及
241660	朝鮮朝日	南鮮版	1933-09-16	1	02단	全鮮書道展
241661	朝鮮朝日	南鮮版	1933-09-16	1	02단	鮮米のみを犠牲にはしまい米穀統制の內鮮台打合會に渡邊農林局長等出席
241662	朝鮮朝日	南鮮版	1933-09-16	1	03단	驛名標示板に諺文を全廢實現は困難か
241663	朝鮮朝日	南鮮版	1933-09-16	1	03단	ブタブタいっても豚は平北畜産の王農家副業に大々的增産計劃
241664	朝鮮朝日	南鮮版	1933-09-16	1	04단	ベロフ領事
241665	朝鮮朝日	南鮮版	1933-09-16	1	04단	滿洲視察團

일련번호	판명		간행일	면	단수	기사명
241666	朝鮮朝日	南鮮版	1933-09-16	1	05단	石造殿陳列日本畵洋畵出品者決定(日本畵(故人の部)/日本畵(今人の部)/西洋畵)
241667	朝鮮朝日	南鮮版	1933-09-16	1	05단	八月末の郵便貯金四千百萬圓
241668	朝鮮朝日	南鮮版	1933-09-16	1	05단	昭和水利の實現促進を請願大地主五十餘名から
241669	朝鮮朝日	南鮮版	1933-09-16	1	06단	強盜恐怖時代四人組強盜が主人夫婦を縛り二百六十圓強奪逃走/三ヶ所に出現す/夜警男を慘殺す朝鮮人二名が
241670	朝鮮朝日	南鮮版	1933-09-16	1	06단	國境警官の子供に同情の波擴がる白石警察部長感激
241671	朝鮮朝日	南鮮版	1933-09-16	1	07단	初雪
241672	朝鮮朝日	南鮮版	1933-09-16	1	08단	捨子を拾ったがまたも捨てた老婆社會の裏に哀れな物語
241673	朝鮮朝日	南鮮版	1933-09-16	1	09단	德壽丸から親子三人が心中金の調達を苦にして
241674	朝鮮朝日	南鮮版	1933-09-16	1	09단	原審同樣死刑に生膽食ひの女
241675	朝鮮朝日	南鮮版	1933-09-16	1	09단	無罪から死刑に強盜殺人男
241676	朝鮮朝日	南鮮版	1933-09-16	1	10단	お家騷動の判決言渡す草深他三名
241677	朝鮮朝日	西北版	1933-09-17	1		缺號
241678	朝鮮朝日	南鮮版	1933-09-17	1	01단	滿洲事變二周年記念日を迎へて！(軍司令官談/師團長談)
241679	朝鮮朝日	南鮮版	1933-09-17	1	01단	南鮮の水禍に今度は北鮮の病蟲禍農村の慘害に當局憂慮
241680	朝鮮朝日	南鮮版	1933-09-17	1	01단	米は永く經つ程味も營養分も少い恰度魚と同じやうなもの丸本經理部長の研究なる
241681	朝鮮朝日	南鮮版	1933-09-17	1	03단	朝鮮神宮水上競技始まる觀衆多く非常の盛況/釜山中等校野球リーグ
241682	朝鮮朝日	南鮮版	1933-09-17	1	04단	松波氏一行
241683	朝鮮朝日	南鮮版	1933-09-17	1	04단	夏秋蠶收繭豫想二十三萬四千石前年より三割の增收
241684	朝鮮朝日	南鮮版	1933-09-17	1	05단	金利廿萬圓節約平壤當局が高利借替
241685	朝鮮朝日	南鮮版	1933-09-17	1	05단	武裝移民團田莊台に到着
241686	朝鮮朝日	南鮮版	1933-09-17	1	05단	裡里安東間往復千哩を見事走破の李、崔兩君一躍して「街の人氣者」となる
241687	朝鮮朝日	南鮮版	1933-09-17	1	06단	金河橙氏新醫博に
241688	朝鮮朝日	南鮮版	1933-09-17	1	07단	松赴間鐵道十日から開業
241689	朝鮮朝日	南鮮版	1933-09-17	1	07단	樺太から新京へナンと少年の一人旅左腕には行先の布片を着けて長旅の愛嬌者の言ふことは

일련번호	판명		간행일	면	단수	기사명
241690	朝鮮朝日	南鮮版	1933-09-17	1	08단	歴史の都平壤を護れ朽ちて行く各建築物/修理の聲高まる
241691	朝鮮朝日	南鮮版	1933-09-17	1	08단	各道衛生技術員會議
241692	朝鮮朝日	南鮮版	1933-09-17	1	08단	面長を袋叩き部落民卅名が
241693	朝鮮朝日	南鮮版	1933-09-17	1	08단	二名を杵で亂打一名遂に死亡
241694	朝鮮朝日	南鮮版	1933-09-17	1	09단	張に死刑朴に十五年
241695	朝鮮朝日	南鮮版	1933-09-17	1	10단	拾った雷管爆發若者大負傷
241696	朝鮮朝日	南鮮版	1933-09-17	1	10단	出刃で突刺し犯人は逃走
241697	朝鮮朝日	南鮮版	1933-09-17	1	10단	高等法院の取扱に興味渡邊廣吉氏提出の刑事補償請求
241698	朝鮮朝日	南鮮版	1933-09-17	1	10단	人(松田正久氏(新任專賣局長)/小林省三氏(朝鮮金融組合聯合會慶南道支部長)/古市金彌氏(前釜山警察署長)/尾島靜雄氏(大每京城支局長))
241699	朝鮮朝日	西北版	1933-09-19	1		缺號
241700	朝鮮朝日	南鮮版	1933-09-19	1	01단	思ひ出新たに壯烈な演習や慰靈祭滿洲事變二周年を迎へて各地の行事盛大に行はる(京城/釜山/裡里/大田/平壤)
241701	朝鮮朝日	南鮮版	1933-09-19	1	01단	國境對岸の形勢愈よ險惡化す共匪三名承良洞に出現し警官ら三名殺傷
241702	朝鮮朝日	南鮮版	1933-09-19	1	01단	百米背泳に朝鮮新記錄出す朝鮮神宮水上競技
241703	朝鮮朝日	南鮮版	1933-09-19	1	02단	大島釜山府尹京城府尹に榮轉か
241704	朝鮮朝日	南鮮版	1933-09-19	1	04단	對滿輸出振興安東に出張所
241705	朝鮮朝日	南鮮版	1933-09-19	1	04단	辭令(東京電話)
241706	朝鮮朝日	南鮮版	1933-09-19	1	04단	溫井里で山林大會功勞者表彰
241707	朝鮮朝日	南鮮版	1933-09-19	1	04단	韓國時代の監察官制度を復活まづ安井文書課長を任命し平北道內の事務檢関
241708	朝鮮朝日	南鮮版	1933-09-19	1	05단	土地改良會社問題視さる縮小か解散か
241709	朝鮮朝日	南鮮版	1933-09-19	1	06단	南浦や黃州林檎記錄的の大飛躍！關東州の全滅青森の不作に乘じ滿洲へ內地へ獨占的移出
241710	朝鮮朝日	南鮮版	1933-09-19	1	07단	平壤日本穀産の職工三百名罷業賃銀改正に反對して
241711	朝鮮朝日	南鮮版	1933-09-19	1	08단	颱風襲來か各地とも警戒せよ
241712	朝鮮朝日	南鮮版	1933-09-19	1	08단	密輸で沒收した金塊が十三萬圓平壤署の金庫の中へ
241713	朝鮮朝日	南鮮版	1933-09-19	1	08단	得意先から四千圓橫領すでに三千圓を費消した京城遊廓で惡玉捕る

일련번호	판명		간행일	면	단수	기사명
241714	朝鮮朝日	南鮮版	1933-09-19	1	08단	故尾島氏告別式二十二日護國寺で
241715	朝鮮朝日	南鮮版	1933-09-19	1	09단	ヒスは恐ろし愛兒に鹽酸を飮ます
241716	朝鮮朝日	南鮮版	1933-09-19	1	09단	名譽賞受賞
241717	朝鮮朝日	南鮮版	1933-09-19	1	10단	未曾有の産繭額六萬石突破
241718	朝鮮朝日	南鮮版	1933-09-19	1	10단	清津に桃色爭議成行注目さる
241719	朝鮮朝日	南鮮版	1933-09-19	1	10단	鐵道枕に四つの死これも酒故
241720	朝鮮朝日	西北版	1933-09-20	1		缺號
241721	朝鮮朝日	南鮮版	1933-09-20	1	01단	又も暴風雨もの凄い釜山地方各航路缺航鐵道も一部運轉中止各方面に被害續出か/風水害義捐金優に六萬圓突破か
241722	朝鮮朝日	南鮮版	1933-09-20	1	01단	鐵道局大異動(清鐵事務所移轉に伴ふ)
241723	朝鮮朝日	南鮮版	1933-09-20	1	01단	國境地方は夏から一足飛ひに早くも冬の感觸店頭を飾る毛皮の値段調べ
241724	朝鮮朝日	南鮮版	1933-09-20	1	04단	通話增設開通大阪朝日京城通信局本局四六二○番
241725	朝鮮朝日	南鮮版	1933-09-20	1	04단	間島各地の共匪續々皇軍に歸順誤謬清算一千名突破
241726	朝鮮朝日	南鮮版	1933-09-20	1	04단	飛行場の整備工事ちかく着手
241727	朝鮮朝日	南鮮版	1933-09-20	1	05단	鮎鮎
241728	朝鮮朝日	南鮮版	1933-09-20	1	05단	滿洲輸出の鮮材に調節自給自足の爲
241729	朝鮮朝日	南鮮版	1933-09-20	1	05단	朝鮮米收穫豫想平年作以上は確實
241730	朝鮮朝日	南鮮版	1933-09-20	1	06단	禁止稚魚を盛んに捕獲取締を陳情
241731	朝鮮朝日	南鮮版	1933-09-20	1	06단	日本海と滿洲を結ぶ吉惠線工事進捗愈よ十一月から營業を開始
241732	朝鮮朝日	南鮮版	1933-09-20	1	06단	新京清津間運轉が遲る
241733	朝鮮朝日	南鮮版	1933-09-20	1	07단	朝鮮製線の工場を燒く
241734	朝鮮朝日	南鮮版	1933-09-20	1	07단	妓生達の共濟組合愈よ組織さる
241735	朝鮮朝日	南鮮版	1933-09-20	1	07단	二殉職警官の弔ひ合戰に凱歌各地から討伐隊が出動し共匪二名殺傷一名逮捕/匪賊十名掠奪暴行大花甸子に出現
241736	朝鮮朝日	南鮮版	1933-09-20	1	08단	戲談はいふまじ棍棒で毆り殺さる
241737	朝鮮朝日	南鮮版	1933-09-20	1	08단	梵鐘五個盜まる錦江寺驚く
241738	朝鮮朝日	南鮮版	1933-09-20	1	09단	海に陸に警戒網大演習に際し
241739	朝鮮朝日	南鮮版	1933-09-20	1	10단	罷業側益々結束日本穀産爭議/徹宵監視の職工轢死す
241740	朝鮮朝日	南鮮版	1933-09-20	1	10단	僞渡航證明で手數料詐欺
241741	朝鮮朝日	南鮮版	1933-09-20	1	10단	上告の理由なし
241742	朝鮮朝日	西北版	1933-09-21	1		缺號

일련번호	판명		간행일	면	단수	기사명
241743	朝鮮朝日	南鮮版	1933-09-21	1	01단	百萬圓を投じ本格的に北鮮開拓森林保護員增員鐵道八線も敷設する愈よ飛躍時代に入る
241744	朝鮮朝日	南鮮版	1933-09-21	1	01단	獨自の意見で米穀統制顧問會議へ注目される有賀殖銀頭取
241745	朝鮮朝日	南鮮版	1933-09-21	1	01단	內鮮滿台聯絡運輸會議十月卅一日から京城で/下關京城間を十七時間に短縮全國的スピードアップ/奉天直通列車增加鐵道局で計劃
241746	朝鮮朝日	南鮮版	1933-09-21	1	03단	齋藤局長等一行
241747	朝鮮朝日	南鮮版	1933-09-21	1	03단	齒科醫總會
241748	朝鮮朝日	南鮮版	1933-09-21	1	03단	明治卅八年以來第五位の豪雨慶南道各地の被害/立往生の客で船車は滿員/運轉中止や折返し運轉中部線の被害/電話線漸時復舊/記錄的な雨量！
241749	朝鮮朝日	南鮮版	1933-09-21	1	04단	電話增設開通大阪朝日新聞京城通信局本局四六二〇番
241750	朝鮮朝日	南鮮版	1933-09-21	1	04단	平壤商議總會
241751	朝鮮朝日	南鮮版	1933-09-21	1	04단	本府の折衷案に愈よ具體化せん鮮南、慶一兩銀行合併
241752	朝鮮朝日	南鮮版	1933-09-21	1	04단	紅葉の金剛山へ探勝客すでに六百名に上る列車ホテルも計劃
241753	朝鮮朝日	南鮮版	1933-09-21	1	05단	女給の放れ業見物人驚嘆
241754	朝鮮朝日	南鮮版	1933-09-21	1	05단	釜中校に猩紅熱寄宿舍大消毒/滿洲國にペスト北鮮に防疫陣
241755	朝鮮朝日	南鮮版	1933-09-21	1	05단	學校外に渦卷く社會惡から保護平壤公私立學校長が集って校外指導聯盟組織
241756	朝鮮朝日	南鮮版	1933-09-21	1	06단	大膽にも變裝侵入警官狙擊犯人の身許判明す
241757	朝鮮朝日	南鮮版	1933-09-21	1	07단	鮮航會對社外船の猛烈なる爭奪戰米の出廻り期を控へ
241758	朝鮮朝日	南鮮版	1933-09-21	1	07단	京城に怪火淸凉社倉庫全燒
241759	朝鮮朝日	南鮮版	1933-09-21	1	07단	各地に二人組强盜一ケ所では主人を縛り上ぐ/德安面/沙上面/生比良に白晝强盜つひに捕まる
241760	朝鮮朝日	南鮮版	1933-09-21	1	08단	帳簿を胡麻化し公金四千圓費消覆審法院の二名が共謀し一名は平壤刑務所へ
241761	朝鮮朝日	南鮮版	1933-09-21	1	08단	川島夫人を襲うたスリ團の一味つかまる驛や百貨店を足場にした奴
241762	朝鮮朝日	南鮮版	1933-09-21	1	09단	『若鷹』宮內省へ

일련번호	판명		간행일	면	단수	기사명
241763	朝鮮朝日	南鮮版	1933-09-21	1	09단	穀産爭議圓滿解決職工側有利に
241764	朝鮮朝日	南鮮版	1933-09-21	1	10단	滿洲語講座
241765	朝鮮朝日	南鮮版	1933-09-21	1	10단	中性男現はる
241766	朝鮮朝日	南鮮版	1933-09-21	1	10단	大邱府議補選當選者
241767	朝鮮朝日	西北版	1933-09-22	1		缺號
241768	朝鮮朝日	南鮮版	1933-09-22	1	01단	鮮內の窮乏大衆に溫い愛の手を伸ばす救急藥十五種を百五萬人へ歡迎される胃腸藥
241769	朝鮮朝日	南鮮版	1933-09-22	1	01단	西部國境に商談成立四十萬圓商圈確立に努むる平壤當業者
241770	朝鮮朝日	南鮮版	1933-09-22	1	01단	林檎販賣統制聯合會を京城に平南から設置を要望
241771	朝鮮朝日	南鮮版	1933-09-22	1	01단	蹶然起って國防婦人會組織淸津の婦人や娘達で
241772	朝鮮朝日	南鮮版	1933-09-22	1	01단	宇垣總督
241773	朝鮮朝日	南鮮版	1933-09-22	1	02단	花やかな鑛業時代西鮮を視察して石田課長談
241774	朝鮮朝日	南鮮版	1933-09-22	1	03단	平南に冬の尖兵早くも降霜
241775	朝鮮朝日	南鮮版	1933-09-22	1	03단	現代娘氣質牛肉とバナナわたし大好きよ
241776	朝鮮朝日	南鮮版	1933-09-22	1	04단	西鮮合電新社長
241777	朝鮮朝日	南鮮版	1933-09-22	1	04단	無報酬で移動式私塾感心な小板橋氏
241778	朝鮮朝日	南鮮版	1933-09-22	1	04단	大谷紅子裏方京城婦人會大會へ
241779	朝鮮朝日	南鮮版	1933-09-22	1	05단	新義州競馬來月七日から
241780	朝鮮朝日	南鮮版	1933-09-22	1	05단	物凄い空中戰つひに敵機を擊退好成績の鎭海馬山防空演習
241781	朝鮮朝日	南鮮版	1933-09-22	1	06단	産組更生の進路を示す輝かしい實績
241782	朝鮮朝日	南鮮版	1933-09-22	1	06단	總督府辭令
241783	朝鮮朝日	南鮮版	1933-09-22	1	07단	朝鮮木材が滿洲から逆輸入輸出しすぎての拂底から
241784	朝鮮朝日	南鮮版	1933-09-22	1	07단	慶南の豚天然痘益々猖獗蔓延罹病五百頭に達す
241785	朝鮮朝日	南鮮版	1933-09-22	1	07단	平南の退職警官申出者二百餘名
241786	朝鮮朝日	南鮮版	1933-09-22	1	08단	馬賊百餘名滿洲警官と交戰慈城署で江岸を警戒
241787	朝鮮朝日	南鮮版	1933-09-22	1	08단	中部線は漸次開通廿三日迄に
241788	朝鮮朝日	南鮮版	1933-09-22	1	08단	減段案は實行不能湯村課長談
241789	朝鮮朝日	南鮮版	1933-09-22	1	09단	愈着工の油脂會社創立委員長には長久氏を推薦
241790	朝鮮朝日	南鮮版	1933-09-22	1	09단	漢芝面のゴム工場女工百名が罷業投石騷ぎまで演ず

일련번호	판명		간행일	면	단수	기사명
241791	朝鮮朝日	南鮮版	1933-09-22	1	10단	トラック衝突大破
241792	朝鮮朝日	南鮮版	1933-09-22	1	10단	田畑校長溺死す
241793	朝鮮朝日	南鮮版	1933-09-22	1	10단	人(藤本源市氏/立田淸辰氏(總督府警務課長)/八木信雄氏(總督府警務局事務官)/美座流石氏(京畿道內務部長)/小鹽完次氏(日本禁酒同盟總主事)/京城農業學校四年生六十五名/咸鏡南道端川郡地方振興會役員十二名/安部磯雄氏(代議士)/植村東彥中將(陸軍省兵器局長))
241794	朝鮮朝日	西北版	1933-09-23	1		缺號
241795	朝鮮朝日	南鮮版	1933-09-23	1	01단	慶南の豚天然痘慶北忠北兩道に侵入近く三道に徹底的防備
241796	朝鮮朝日	南鮮版	1933-09-23	1	01단	北鮮時代相に躍り出る西湖津港北鮮九州台灣航路の呑吐港として
241797	朝鮮朝日	南鮮版	1933-09-23	1	01단	秋のスケッチ古都の色調
241798	朝鮮朝日	南鮮版	1933-09-23	1	03단	秋を飾る三學會權威者集合(婦人科學會)
241799	朝鮮朝日	南鮮版	1933-09-23	1	04단	中央線に不通箇所
241800	朝鮮朝日	南鮮版	1933-09-23	1	04단	咸南道の靑年講習好成績を收む
241801	朝鮮朝日	南鮮版	1933-09-23	1	04단	京城府市區改修工費二百六十八萬圓
241802	朝鮮朝日	南鮮版	1933-09-23	1	04단	朝鮮の籾種で島根縣が二毛作
241803	朝鮮朝日	南鮮版	1933-09-23	1	05단	貴重な珍品が續出平壤府外の古墳發掘隊勇躍/高句麗時代の名古墳に雨漏り本府へ修繕を要望
241804	朝鮮朝日	南鮮版	1933-09-23	1	06단	貯金通帳の記號を更訂十月一日から
241805	朝鮮朝日	南鮮版	1933-09-23	1	06단	平南消防聯合發會功勞者表彰
241806	朝鮮朝日	南鮮版	1933-09-23	1	07단	奏任官以上のみでも約三百名に上る恩給改正の退職官吏
241807	朝鮮朝日	南鮮版	1933-09-23	1	07단	明治神宮競技競泳朝鮮代表決定
241808	朝鮮朝日	南鮮版	1933-09-23	1	07단	齒科醫師試驗日割
241809	朝鮮朝日	南鮮版	1933-09-23	1	07단	石油鑵が引火爆發一名慘死、七名火傷平壤下宿屋の大珍事
241810	朝鮮朝日	南鮮版	1933-09-23	1	07단	鮮米の輸出狀況移出は減ず
241811	朝鮮朝日	南鮮版	1933-09-23	1	08단	鐘紡京城工場四百名怠業狀態待遇條件の不滿から/ゴム女工全部就業條件を撤回し
241812	朝鮮朝日	南鮮版	1933-09-23	1	08단	不時着し一部大破平壤飛行隊機
241813	朝鮮朝日	南鮮版	1933-09-23	1	08단	家屋倒壞し二名が壓死
241814	朝鮮朝日	南鮮版	1933-09-23	1	08단	囚人一名が逃走
241815	朝鮮朝日	南鮮版	1933-09-23	1	09단	六名に判決

일련번호	판명		간행일	면	단수	기사명
241816	朝鮮朝日	南鮮版	1933-09-23	1	09단	故尾島氏告別式
241817	朝鮮朝日	南鮮版	1933-09-23	1	10단	平壤はカフェ街二町に十三軒
241818	朝鮮朝日	南鮮版	1933-09-23	1	10단	渡邊氏の刑事補償請求高等法院受理
241819	朝鮮朝日	南鮮版	1933-09-23	1	10단	人(伏見信九郎氏(新任釜山鐵道事務所長)/諸富鹿四郎氏(前釜山鐵道事務所長)/佐野元溫氏/森野和郎氏(新任三菱商事會社釜山出張所主任)/大島良士氏(釜山府尹)/京都府々會議員一行九名)
241820	朝鮮朝日	西北版	1933-09-24	1		休刊
241821	朝鮮朝日	南鮮版	1933-09-24	1		休刊
241822	朝鮮朝日	西北版	1933-09-26	1		缺號
241823	朝鮮朝日	南鮮版	1933-09-26	1	01단	物々しい光景裡に開かれた間島暴動公判つひに傍聽禁止となり怒號喧騒の一場面を展開/赤化運動の四名に求刑
241824	朝鮮朝日	南鮮版	1933-09-26	1	03단	朝鮮滿洲の開業者に醫師免許證を下付醫師の過多に惱む內地への防止から平壤、大邱の兩醫專卒業生へ
241825	朝鮮朝日	南鮮版	1933-09-26	1	04단	肥培管理の桑田品評會
241826	朝鮮朝日	南鮮版	1933-09-26	1	04단	全國師範校長會二十八、九兩日京城で
241827	朝鮮朝日	南鮮版	1933-09-26	1	05단	人(李恒九男(李王職次官))
241828	朝鮮朝日	南鮮版	1933-09-26	1	05단	全鮮高普校長會
241829	朝鮮朝日	南鮮版	1933-09-26	1	05단	全、忠、慶北三道に豊富な鑛脈が埋藏露天掘から進んで機械掘をやれ本府鑛山課宮原技師視察談
241830	朝鮮朝日	南鮮版	1933-09-26	1	06단	當業者を一丸として慶南自動車會社二十二萬圓で創立交通統制と經營合理化の爲
241831	朝鮮朝日	南鮮版	1933-09-26	1	06단	新嘗祭の獻上穀
241832	朝鮮朝日	南鮮版	1933-09-26	1	06단	警務局長一行小鹿島視察
241833	朝鮮朝日	南鮮版	1933-09-26	1	06단	平壤商議員に鄭仁淑氏推薦
241834	朝鮮朝日	南鮮版	1933-09-26	1	07단	教育視察團
241835	朝鮮朝日	南鮮版	1933-09-26	1	07단	四線の金山道路開設工事着々と進む
241836	朝鮮朝日	南鮮版	1933-09-26	1	07단	釜山に失業群約三千人に上る求人開拓デーを催し就職の斡旋に努める
241837	朝鮮朝日	南鮮版	1933-09-26	1	08단	內地行き航空便速達を見る
241838	朝鮮朝日	南鮮版	1933-09-26	1	08단	難水路の燈台にラヂオコンパス船舶の海難防止に
241839	朝鮮朝日	南鮮版	1933-09-26	1	08단	運動界(陸競に新賞杯追加授與する/門鐵ラグビー部/學生青年射擊大會)

일련번호	판명		간행일	면	단수	기사명
241840	朝鮮朝日	南鮮版	1933-09-26	1	09단	蛤の稚貝採取嚴重に禁止
241841	朝鮮朝日	南鮮版	1933-09-26	1	10단	許可制は不便だ河川地使用につき當業者が陳情
241842	朝鮮朝日	南鮮版	1933-09-26	1	10단	滿洲內の牛疫猖獗旣に數百頭
241843	朝鮮朝日	南鮮版	1933-09-26	1	10단	まだ判らぬ逃走犯人釜山署で活動
241844	朝鮮朝日	南鮮版	1933-09-26	1	10단	滿洲各地に匪賊が橫行農耕適地調査中止
241845	朝鮮朝日	西北版	1933-09-27	1		缺號
241846	朝鮮朝日	南鮮版	1933-09-27	1	01단	秋深む樂浪の丘に掘り出す文化の香り一匙毎にヘラで土を起しゆく發掘班の人知れぬ感激と苦心/見事な魚の化石
241847	朝鮮朝日	南鮮版	1933-09-27	1	01단	廣汎にわたる慶南道の警官異動
241848	朝鮮朝日	南鮮版	1933-09-27	1	02단	井上京城府尹喜びの勅任に!『今後は大いに努力』
241849	朝鮮朝日	南鮮版	1933-09-27	1	03단	總督府辭令
241850	朝鮮朝日	南鮮版	1933-09-27	1	03단	朝鮮にも國有財産法目下施行準備を急ぐ
241851	朝鮮朝日	南鮮版	1933-09-27	1	04단	人(高山東拓總裁/中野東拓理事)
241852	朝鮮朝日	南鮮版	1933-09-27	1	04단	驅逐隊巡航
241853	朝鮮朝日	南鮮版	1933-09-27	1	05단	新上公立普通校長突如刑務所に收容さる咸興郵便所讓渡問題に絡んで
241854	朝鮮朝日	南鮮版	1933-09-27	1	05단	平南の三面に電燈がつく
241855	朝鮮朝日	南鮮版	1933-09-27	1	05단	將來聯盟に對し絶對支援しない記者クラブから聲明野球リーグ審判問題
241856	朝鮮朝日	南鮮版	1933-09-27	1	06단	準備進む德壽宮公開美術品の陳列に着手
241857	朝鮮朝日	南鮮版	1933-09-27	1	06단	總督府局長會議
241858	朝鮮朝日	南鮮版	1933-09-27	1	06단	吉州産の新大豆走り
241859	朝鮮朝日	南鮮版	1933-09-27	1	07단	平壤で開く全鮮ゴム業大會關稅引下を滿洲國に陳情
241860	朝鮮朝日	南鮮版	1933-09-27	1	07단	老婆身投げ
241861	朝鮮朝日	南鮮版	1933-09-27	1	07단	女給の身の上を丸裸に家庭の事情、女給になった動機等々平壤署で百餘名を調査/慶北當業者へ注意を促す
241862	朝鮮朝日	南鮮版	1933-09-27	1	07단	警官四名を告訴
241863	朝鮮朝日	南鮮版	1933-09-27	1	08단	南浦電氣も合併を可決
241864	朝鮮朝日	南鮮版	1933-09-27	1	08단	匪賊の一團盛んに蠢動釜洞警官派出所に發砲したり滿洲國警官と衝突したり
241865	朝鮮朝日	南鮮版	1933-09-27	1	08단	豚天然痘益々蔓延慶南道內に
241866	朝鮮朝日	南鮮版	1933-09-27	1	09단	平壤競馬又も缺損京城以外は駄目
241867	朝鮮朝日	南鮮版	1933-09-27	1	10단	平壤府の低利借替一部承認さる
241868	朝鮮朝日	南鮮版	1933-09-27	1	10단	屹坪里に大炭田警官が發見

일련번호	판명		간행일	면	단수	기사명
241869	朝鮮朝日	南鮮版	1933-09-27	1	10단	南浦林檎が各地に進出
241870	朝鮮朝日	南鮮版	1933-09-27	1	10단	素封家に三人强盜食刀突つけて三百餘圓强奪
241871	朝鮮朝日	南鮮版	1933-09-27	1	10단	酒の上から
241872	朝鮮朝日	西北版	1933-09-28	1		缺號
241873	朝鮮朝日	南鮮版	1933-09-28	1	01단	南鮮地方にSOS豚天然痘は猖獗十萬頭增殖計劃を前に大打擊恐るべし人體にも傳染/全南にも七十頭發生/今度は義城に氣腫疽が爆發的發生/金泉に飛火
241874	朝鮮朝日	南鮮版	1933-09-28	1	01단	秋のスケッチ妓生學校
241875	朝鮮朝日	南鮮版	1933-09-28	1	03단	總督府辭令
241876	朝鮮朝日	南鮮版	1933-09-28	1	04단	今井田總監
241877	朝鮮朝日	南鮮版	1933-09-28	1	04단	慶南道校長異動
241878	朝鮮朝日	南鮮版	1933-09-28	1	04단	棉花收穫豫想一億六千餘萬斤前年に比し八分增
241879	朝鮮朝日	南鮮版	1933-09-28	1	05단	京畿道校長異動
241880	朝鮮朝日	南鮮版	1933-09-28	1	05단	減段案は實行不能産米增殖も中止か菱本鮮米理事からの情報
241881	朝鮮朝日	南鮮版	1933-09-28	1	05단	冬の訪づれ
241882	朝鮮朝日	南鮮版	1933-09-28	1	06단	朝鮮婦人染色講習會
241883	朝鮮朝日	南鮮版	1933-09-28	1	06단	平常通り作業開始鐘紡京城工場
241884	朝鮮朝日	南鮮版	1933-09-28	1	06단	平南陶土の埋藏量調査明年から本格的に
241885	朝鮮朝日	南鮮版	1933-09-28	1	07단	大々的に斡旋する內地移出牛に
241886	朝鮮朝日	南鮮版	1933-09-28	1	07단	列車の屋根の上で現金一萬圓が一人旅怪しい男を調べて見れば!
241887	朝鮮朝日	南鮮版	1933-09-28	1	07단	二千六百萬圓拐帶犯人捕まる京城から東京に潛伏中を
241888	朝鮮朝日	南鮮版	1933-09-28	1	08단	鮮米輸送の圓滑を期し得ぬ鮮航同盟會との紛擾から善後策考究の穀聯側
241889	朝鮮朝日	南鮮版	1933-09-28	1	08단	引き續き非公開間島暴動事件公判
241890	朝鮮朝日	南鮮版	1933-09-28	1	08단	五百圓橫領し女と驅落す
241891	朝鮮朝日	南鮮版	1933-09-28	1	08단	五名から刑事補償請求
241892	朝鮮朝日	南鮮版	1933-09-28	1	08단	電車內で女兒分娩母子とも健在
241893	朝鮮朝日	南鮮版	1933-09-28	1	08단	困った學生
241894	朝鮮朝日	南鮮版	1933-09-28	1	09단	四人組ピストル强盜和道面の煙草店を襲ふ
241895	朝鮮朝日	南鮮版	1933-09-28	1	10단	水産災害復舊資金百十萬圓を借入れ決定
241896	朝鮮朝日	南鮮版	1933-09-28	1	10단	牛の賣買激增す(大邱地方)

일련번호	판명		간행일	면	단수	기사명
241897	朝鮮朝日	南鮮版	1933-09-28	1	10단	人(山形平壤憲兵隊長/河野平南道內務部長/加納吾腹氏(新仕釜山驛助役)/八木信雄氏(警務局事務官)/西本專賣局事業課長)
241898	朝鮮朝日	西北版	1933-09-29	1		缺號
241899	朝鮮朝日	南鮮版	1933-09-29	1	01단	*農村自力更生の一線に立つ青年養成全鮮から卅四名を選拔して(十月五日から水原高農で講習會)/優良青年を內地農村へ視察に派遣*
241900	朝鮮朝日	南鮮版	1933-09-29	1	01단	農閑期に學習を農繁期に實地農耕農業補習學校經營の刷新策に平南校長會議で討議
241901	朝鮮朝日	南鮮版	1933-09-29	1	01단	樂浪研究上の一つの謎を解消地上から古墳內への階段發見發掘隊祝杯を擧ぐ
241902	朝鮮朝日	南鮮版	1933-09-29	1	01단	全鮮刑務所長會議二日まで開く
241903	朝鮮朝日	南鮮版	1933-09-29	1	02단	關係者集合し密輸座談會腹臟なき意見を交換座談內容は近く連載
241904	朝鮮朝日	南鮮版	1933-09-29	1	03단	商工主任會
241905	朝鮮朝日	南鮮版	1933-09-29	1	04단	電興總會合倂承認
241906	朝鮮朝日	南鮮版	1933-09-29	1	04단	橫須賀羅津間飛行演習廿九日から五日間
241907	朝鮮朝日	南鮮版	1933-09-29	1	04단	內地鮮內から贈られる玩具で國境警官の子供一千七十六名痲しいながらも嬉しい冬が迎へられる！
241908	朝鮮朝日	南鮮版	1933-09-29	1	05단	*門鐵惜敗/刑務所武道大會/全鮮硬球大會*
241909	朝鮮朝日	南鮮版	1933-09-29	1	05단	*初雪・初氷/初霜*
241910	朝鮮朝日	南鮮版	1933-09-29	1	05단	廣告ビラ配布兒童隊組織月謝をつくるため
241911	朝鮮朝日	南鮮版	1933-09-29	1	06단	天晴れ張徹壽君外交官試驗に合格す朝鮮人では最初
241912	朝鮮朝日	南鮮版	1933-09-29	1	06단	ビール用麥を試作成績如何で全鮮に奬勵
241913	朝鮮朝日	南鮮版	1933-09-29	1	07단	內鮮融和に純情な美談長谷川氏起つ
241914	朝鮮朝日	南鮮版	1933-09-29	1	07단	癩患者の樂園花々しく小鹿島へ二百六十五名が二隻に乘船して釜山鎭岸壁に淚の場面展開
241915	朝鮮朝日	南鮮版	1933-09-29	1	08단	隣人愛の母に記念品贈呈近くメ女史歸米
241916	朝鮮朝日	南鮮版	1933-09-29	1	08단	秋！戀の四角を淸算戀人の自殺を知り醫學士後追ひ心中(盧氏に妻子あるを悲しみ/二人の妻を持つ盧醫學士)
241917	朝鮮朝日	南鮮版	1933-09-29	1	08단	スッタ十一圓を口中に呑み込む
241918	朝鮮朝日	南鮮版	1933-09-29	1	09단	釜山の火事

일련번호	판명		간행일	면	단수	기사명
241919	朝鮮朝日	南鮮版	1933-09-29	1	09단	政府米九萬一千石拂下全賣却は殆んと確實
241920	朝鮮朝日	南鮮版	1933-09-29	1	09단	五月會洋畫展
241921	朝鮮朝日	南鮮版	1933-09-29	1	10단	斷崖から馬車墜落九名が重輕傷
241922	朝鮮朝日	南鮮版	1933-09-29	1	10단	囚人二名逃走す刑務所から
241923	朝鮮朝日	南鮮版	1933-09-29	1	10단	人(庭田義道氏)
241924	朝鮮朝日	西北版	1933-09-30	1		缺號
241925	朝鮮朝日	南鮮版	1933-09-30	1	01단	風水害御救恤金今日迄に二十五萬圓誠に恐懼感激に堪へません御禮言上の後永井拓相謹話/驚くべき暴風被害漸く調査なる
241926	朝鮮朝日	南鮮版	1933-09-30	1	01단	半島の山野に砲聲・爆音轟く/廿師團管下演習の日程/十九師管下
241927	朝鮮朝日	南鮮版	1933-09-30	1	02단	總督府辭令
241928	朝鮮朝日	南鮮版	1933-09-30	1	02단	密輸座談會ギャング化した最近の密輸團安東稅關さへ破壞すれば密輸は自由と考へてから(廣瀨/中村稅關長/白石/岡本領事)
241929	朝鮮朝日	南鮮版	1933-09-30	1	04단	柔劍道試合
241930	朝鮮朝日	南鮮版	1933-09-30	1	04단	忠南棉花共販開始
241931	朝鮮朝日	南鮮版	1933-09-30	1	04단	一日から開放待望の德壽宮半島の秋に一段の精彩を添へる綜合美展も蓋開け
241932	朝鮮朝日	南鮮版	1933-09-30	1	05단	サスガに滿洲は豪勢石コロが金塊
241933	朝鮮朝日	南鮮版	1933-09-30	1	06단	刑務所長會(第二日目)
241934	朝鮮朝日	南鮮版	1933-09-30	1	07단	內鮮滿貿易懇談京城で開く
241935	朝鮮朝日	南鮮版	1933-09-30	1	08단	鮮米一回收穫豫想高千八百廿五萬石前年より一割一分增
241936	朝鮮朝日	南鮮版	1933-09-30	1	08단	慶南八ヶ郡に天然痘豚が八百頭當業者はいづれも大恐慌
241937	朝鮮朝日	南鮮版	1933-09-30	1	08단	間島共産黨暴動公判(四日)
241938	朝鮮朝日	南鮮版	1933-09-30	1	09단	人(川島朝鮮軍司令官/大阪市浪華商業學校生徒四十名/廣島醫學事視察團一行/竹林爲助氏(新任釜山普通學校長)/德川國順侯(赤十字社副社長)/高山東拓總裁/有吉忠一氏(同理事)/星野孝太郎氏(新任灑川署長)/野村秀調君(高等法院部長野村調太郎氏令息))
241939	朝鮮朝日	南鮮版	1933-09-30	1	09단	借金を拒絶され短刀で滅多斬り
241940	朝鮮朝日	南鮮版	1933-09-30	1	10단	張泰國を死刑に朴に十五年

1933년 10월 (조선아사히)

일련번호	판명		간행일	면	단수	기사명
241941	朝鮮朝日	南鮮版	1933-10-01	1	01단	愈よ明年度から稅制の體系を整へる五種目に大改正稅務機關も獨立稅制整理案の改正內容
241942	朝鮮朝日	南鮮版	1933-10-01	1	01단	漢江人道橋架替へ二百三十萬圓を投じ目下計劃案を大藏省で審議
241943	朝鮮朝日	南鮮版	1933-10-01	1	01단	鮮米增收は全くの意外米界有力筋での話五十萬石位減收か
241944	朝鮮朝日	南鮮版	1933-10-01	1	01단	船中で語る今井田總監
241945	朝鮮朝日	南鮮版	1933-10-01	1	02단	密輸座談會憎くむべきは密輸の商人だ何よりもこの根絶が急務これより他に防止法はない
241946	朝鮮朝日	南鮮版	1933-10-01	1	03단	一日から開放の德壽宮
241947	朝鮮朝日	南鮮版	1933-10-01	1	04단	拇指大の降雹林檎に被害
241948	朝鮮朝日	南鮮版	1933-10-01	1	04단	卵島燈台
241949	朝鮮朝日	南鮮版	1933-10-01	1	05단	度量衡制度一日から改正計量器は値下
241950	朝鮮朝日	南鮮版	1933-10-01	1	05단	十萬圓に上る大規模な金塊密輸機關車乘務員を主役として五名を一網打盡に檢擧す
241951	朝鮮朝日	南鮮版	1933-10-01	1	06단	白雪皚々
241952	朝鮮朝日	南鮮版	1933-10-01	1	06단	總督府辭令
241953	朝鮮朝日	南鮮版	1933-10-01	1	07단	瞼の父を求める數奇な運命に飜弄された朝鮮人娘の哀話
241954	朝鮮朝日	南鮮版	1933-10-01	1	08단	妻から夫へ抗議書續出裁判官も全く憂鬱
241955	朝鮮朝日	南鮮版	1933-10-01	1	09단	全山紅葉の金剛山へ京城から直通寢台車運轉
241956	朝鮮朝日	南鮮版	1933-10-01	1	09단	米壽の祝に招かれて豚に十三名中毒一名は遂に死亡す
241957	朝鮮朝日	南鮮版	1933-10-01	1	09단	强盜殺人に死刑を執行
241958	朝鮮朝日	南鮮版	1933-10-01	1	10단	人(樺山愛輔伯(貴族院議員)/池田總督府警務局長)
241959	朝鮮朝日	南鮮版	1933-10-01	1	10단	某子爵家の大金橫領か書記を引致
241960	朝鮮朝日	西北版	1933-10-01	1		缺號
241961	朝鮮朝日	西北版	1933-10-02	1		缺號
241962	朝鮮朝日	南鮮版	1933-10-03	1	01단	冬の早足から惡疫! 猖獗の徵候まづ第一に寢冷えが禁物/京城地方/平壤地方
241963	朝鮮朝日	南鮮版	1933-10-03	1	01단	朝鮮林檎が內地へ內地へ記錄的の移出値段も昨年の二倍以上に奔騰鮮內當業者は好況來謳歌
241964	朝鮮朝日	南鮮版	1933-10-03	1	01단	昌德宮で赤十字總會廳舍落成式も擧行

일련번호	판명		간행일	면	단수	기사명
241965	朝鮮朝日	南鮮版	1933-10-03	1	03단	刑務所長會追悼會執行
241966	朝鮮朝日	南鮮版	1933-10-03	1	03단	內鮮聯絡電話技術官會議
241967	朝鮮朝日	南鮮版	1933-10-03	1	04단	人(大橋宏一氏(平南道立江界醫院長))
241968	朝鮮朝日	南鮮版	1933-10-03	1	04단	總督府辭令
241969	朝鮮朝日	南鮮版	1933-10-03	1	04단	齋藤總理大臣から感謝狀と記念碑帝都復興事業完了の記念に慶南道へ
241970	朝鮮朝日	南鮮版	1933-10-03	1	05단	十餘萬圓を投じ漁船八十餘隻を建造する慶南漁業者の暫定的救濟に
241971	朝鮮朝日	南鮮版	1933-10-03	1	06단	日滿航空路開拓の舞鶴羅津間飛行に無事羅津に着水せる相漠機
241972	朝鮮朝日	南鮮版	1933-10-03	1	06단	新義州驛の轢死體は坂上か寫眞と人相が似てるちかく假埋葬の死體を發掘
241973	朝鮮朝日	南鮮版	1933-10-03	1	06단	見物人二百名が棍棒や洋杖で亂鬪やっと警官二名が拔劍して制止鏡城蹴球大會での珍事
241974	朝鮮朝日	南鮮版	1933-10-03	1	06단	北鮮鐵の引繼式歷史的場面展開
241975	朝鮮朝日	南鮮版	1933-10-03	1	07단	朝鮮海事會總會
241976	朝鮮朝日	南鮮版	1933-10-03	1	08단	遞信省辭令
241977	朝鮮朝日	南鮮版	1933-10-03	1	08단	鐵道局異動濟津分工場昇格
241978	朝鮮朝日	南鮮版	1933-10-03	1	08단	京畿金組理事異動
241979	朝鮮朝日	南鮮版	1933-10-03	1	08단	スポーツ(新人競技の成績/刑務所武道大會)
241980	朝鮮朝日	南鮮版	1933-10-03	1	08단	德壽宮の入場者一日に六千人
241981	朝鮮朝日	南鮮版	1933-10-03	1	09단	六十五名奏任待遇卅日付發令
241982	朝鮮朝日	南鮮版	1933-10-03	1	09단	工場地帶船橋里の內部的施設が急平壤府當局で計劃
241983	朝鮮朝日	南鮮版	1933-10-03	1	09단	闇夜から突然怪漢挌鬪の末逮捕
241984	朝鮮朝日	南鮮版	1933-10-03	1	10단	家出女は無殘の死
241985	朝鮮朝日	南鮮版	1933-10-03	1	10단	南浦分院獨立確實となる
241986	朝鮮朝日	南鮮版	1933-10-03	1	10단	女の寫眞持つ男の縊死體
241987	朝鮮朝日	南鮮版	1933-10-03	1	10단	脫走犯人は何處に居る
241988	朝鮮朝日	南鮮版	1933-10-03	1	10단	赤の四名に判決
241989	朝鮮朝日	西北版	1933-10-03	1		缺號
241990	朝鮮朝日	南鮮版	1933-10-04	1	01단	總督府辭令
241991	朝鮮朝日	南鮮版	1933-10-04	1	01단	商陳所を一線に立て鮮內物産の販路擴張鮮滿內地三ヶ所で宣傳卽賣會も開く各道商工主任會議で決定
241992	朝鮮朝日	南鮮版	1933-10-04	1	01단	昭和の官場異變警官の退職ナンと一千名突破恩給法の改正を機として
241993	朝鮮朝日	南鮮版	1933-10-04	1	01단	警視級に一部異動戶谷氏榮進

일련번호	판명		간행일	면	단수	기사명
241994	朝鮮朝日	南鮮版	1933-10-04	1	01단	辭令
241995	朝鮮朝日	南鮮版	1933-10-04	1	02단	平壤女高普連續大勝す本社の優勝旗を獲得全鮮女子オリンピック大會/醫專4A城大1/硬球選手權大會
241996	朝鮮朝日	南鮮版	1933-10-04	1	03단	鮮滿中等生美展
241997	朝鮮朝日	南鮮版	1933-10-04	1	04단	京城府に町洞會隣保相助の規定を告示
241998	朝鮮朝日	南鮮版	1933-10-04	1	04단	妻を棄てて紅燈の巷に通ひ金に窮して公金橫領覆審法院雇員の惡事
241999	朝鮮朝日	南鮮版	1933-10-04	1	05단	本社優勝旗爭奪仁川靑年團リレー期日切迫し各團選手猛練習
242000	朝鮮朝日	南鮮版	1933-10-04	1	05단	女性の結髮改善や白衣の廢止を運動農村の自力更生に平南の婦人立つ
242001	朝鮮朝日	南鮮版	1933-10-04	1	07단	謎は深まる死體發掘の上撮影遺留品では『坂上』とは判らぬ新義州驛自殺男の正體は？
242002	朝鮮朝日	南鮮版	1933-10-04	1	08단	自轉車乘り突飛ばす
242003	朝鮮朝日	南鮮版	1933-10-04	1	08단	父への面當に娘の劇藥一人心中
242004	朝鮮朝日	南鮮版	1933-10-04	1	09단	飛込み自殺
242005	朝鮮朝日	南鮮版	1933-10-04	1	09단	總督府の元屬官十萬圓を詐取す身柄を送局さる
242006	朝鮮朝日	南鮮版	1933-10-04	1	09단	盜人たけだけし係官も呆れ返る
242007	朝鮮朝日	南鮮版	1933-10-04	1	10단	放火か
242008	朝鮮朝日	南鮮版	1933-10-04	1	10단	沙里院電電料値下愈よ認可さる
242009	朝鮮朝日	南鮮版	1933-10-04	1	10단	女だてらに
242010	朝鮮朝日	南鮮版	1933-10-04	1	10단	人(林愼太郎博士(滿鐵總裁)/時岡莊平氏(朝紡庶務課長)/土岐章氏(陸軍故務次官))
242011	朝鮮朝日	西北版	1933-10-04	1		缺號
242012	朝鮮朝日	南鮮版	1933-10-05	1	01단	特別手當廢止に半島の官界は大恐慌國費のみにても年約三百萬圓漸減主義で實現か
242013	朝鮮朝日	南鮮版	1933-10-05	1	01단	新京と淸津間直通列車運轉いよいよ十五日から實施さる
242014	朝鮮朝日	南鮮版	1933-10-05	1	01단	鮮滿商業校長會六日から仁川商業學校で
242015	朝鮮朝日	南鮮版	1933-10-05	1	01단	總督府辭令
242016	朝鮮朝日	南鮮版	1933-10-05	1	02단	剃刀で腹一文字/人肉を切る淺はかな貞節/犯人捕へて自らも罪に/美貌が祟りクッレ生活/蝮五十匹がどこへやら
242017	朝鮮朝日	南鮮版	1933-10-05	1	04단	宇垣總督
242018	朝鮮朝日	南鮮版	1933-10-05	1	04단	在滿朝鮮人を就籍させる利益擁護の爲

일련번호	판명		간행일	면	단수	기사명
242019	朝鮮朝日	南鮮版	1933-10-05	1	04단	牡丹台より酒巖にドライヴウェイ計劃平南當局で國立公園の準備
242020	朝鮮朝日	南鮮版	1933-10-05	1	04단	朝鮮最初の試み鋼桁架設に成功南原谷城間に
242021	朝鮮朝日	南鮮版	1933-10-05	1	05단	鮮米運賃對策協議京阪神地方有力者の移入聯合會
242022	朝鮮朝日	南鮮版	1933-10-05	1	06단	學界に貴重なる盃や酒壺が現はる意氣込む樂浪古墳發掘隊
242023	朝鮮朝日	南鮮版	1933-10-05	1	06단	朝鮮白治の制度を調査台灣から來る
242024	朝鮮朝日	南鮮版	1933-10-05	1	07단	牛生飼ひ品評會慶南で開く
242025	朝鮮朝日	南鮮版	1933-10-05	1	07단	西鮮地方暗黑化す發電所落雷で
242026	朝鮮朝日	南鮮版	1933-10-05	1	07단	この出來秋から玄米籾の貯藏獎勵全鮮一齊に統制案を實施
242027	朝鮮朝日	南鮮版	1933-10-05	1	08단	朝鮮貿易促進展各方面より申込殺到
242028	朝鮮朝日	南鮮版	1933-10-05	1	08단	岡山商品見本展
242029	朝鮮朝日	南鮮版	1933-10-05	1	08단	相擁して劇的對面十二年振りに母親と息とが
242030	朝鮮朝日	南鮮版	1933-10-05	1	09단	地方商工團體の統制聯絡をとる地方の發展振興を計る爲め朝鮮商工聯合會組織
242031	朝鮮朝日	南鮮版	1933-10-05	1	10단	來春迄に缺員補充內地でも募集
242032	朝鮮朝日	南鮮版	1933-10-05	1	10단	國庫補助好都合に碓井課長談
242033	朝鮮朝日	南鮮版	1933-10-05	1	10단	人(樺山貴族院議員一行十名/林滿鐵總裁)
242034	朝鮮朝日	西北版	1933-10-05	1		缺號
242035	朝鮮朝日	南鮮版	1933-10-06	1	01단	蘆荻の一漁村から朝鮮開發の中心地へ仁川開港五十周年を迎へて歡喜に湧き返る七萬市民/開港は明治十六年當時は濟物浦と稱した！躍進に躍進を重ねて今日に
242036	朝鮮朝日	南鮮版	1933-10-06	1	03단	昔と今
242037	朝鮮朝日	南鮮版	1933-10-06	1	04단	人(高山東拓總裁)
242038	朝鮮朝日	南鮮版	1933-10-06	1	04단	開港後の貿易進展の跡
242039	朝鮮朝日	南鮮版	1933-10-06	1	04단	花々しく催される樂浪博物館開館式同時に慰靈碑除幕式も行ふ宇垣總督さん出席/貴重品を又も發掘樂浪古墳から
242040	朝鮮朝日	南鮮版	1933-10-06	1	06단	男も巫女の繩張りに醜い爭ひを展開ちかく取締道令統一/昌原郡は保健地長壽者が多い
242041	朝鮮朝日	南鮮版	1933-10-06	1	06단	自力更生戰の尖兵を訓練する！高陽郡延禧面で一夜講習會農村知事松本さん出席

일련번호	판명		간행일	면	단수	기사명
242042	朝鮮朝日	南鮮版	1933-10-06	1	06단	小兒科學會(八日平壤醫專で)
242043	朝鮮朝日	南鮮版	1933-10-06	1	07단	スポーツ(硬球選手權大會/朝鮮神宮競技ラグビー豫選)
242044	朝鮮朝日	南鮮版	1933-10-06	1	08단	癩豫防協會寄附金非常の好成績百廿二萬圓にも上る
242045	朝鮮朝日	南鮮版	1933-10-06	1	08단	近年ない在米薄移出激增から
242046	朝鮮朝日	南鮮版	1933-10-06	1	08단	關釜聯絡船に七千噸級を用ひよ實現を總督府に要望する(釜山府會)
242047	朝鮮朝日	南鮮版	1933-10-06	1	09단	上海から怪鮮人二名潛入平南當局で嚴重取調ぶ
242048	朝鮮朝日	南鮮版	1933-10-06	1	10단	除隊兵の爲め臨時列車を運轉
242049	朝鮮朝日	南鮮版	1933-10-06	1	10단	三年目に犯人捕る二名殺害男
242050	朝鮮朝日	南鮮版	1933-10-06	1	10단	光信幸氏博士に
242051	朝鮮朝日	南鮮版	1933-10-06	1	10단	花月主人取調らる
242052	朝鮮朝日	西北版	1933-10-06	1		缺號
242053	朝鮮朝日	南鮮版	1933-10-07	1	01단	仁川開港五十周年仁川を擧げて沸きかへる賑ひ各町とも餘興の準備に大童(仁川の使命を認識し一段の飛躍を望む仁川商議所會頭吉田秀次郎氏談/功績者と永年在住高齡者表彰)
242054	朝鮮朝日	南鮮版	1933-10-07	1	01단	密輸座談會根本問題は關稅の改正だ同時に密輸朝鮮人を救濟せよこれ以外に解決の妙案はない
242055	朝鮮朝日	南鮮版	1933-10-07	1	04단	三名共謀し數千圓橫領
242056	朝鮮朝日	南鮮版	1933-10-07	1	05단	囚人に情操教育レコードやラヂオで/勇敢なマダム泥棒を捕ふ/すばらしいこの大景氣土地の大競賣
242057	朝鮮朝日	南鮮版	1933-10-07	1	05단	祭粢料を御下賜二殉職警官に
242058	朝鮮朝日	南鮮版	1933-10-07	1	06단	電氣業令關係法規來月公布實施
242059	朝鮮朝日	南鮮版	1933-10-07	1	06단	百二十七名に貸した貸金四千八百圓を棒引に秋晴の腹かさ奇特な孫炳燦氏
242060	朝鮮朝日	南鮮版	1933-10-07	1	07단	鮮米の差別扱ひに反對の運動を起す三井不二興業專務に電報
242061	朝鮮朝日	南鮮版	1933-10-07	1	07단	空輸機不時着
242062	朝鮮朝日	南鮮版	1933-10-07	1	08단	新京淸津間直通列車主要驛發着時刻
242063	朝鮮朝日	南鮮版	1933-10-07	1	09단	人(巖佐朝鮮憲兵司令官)
242064	朝鮮朝日	南鮮版	1933-10-07	1	09단	本府に理事官制差し當り八名だけ
242065	朝鮮朝日	南鮮版	1933-10-07	1	10단	女學生の赤暴露五名を引致
242066	朝鮮朝日	南鮮版	1933-10-07	1	10단	放蕩息を父が刺す改めないので
242067	朝鮮朝日	南鮮版	1933-10-07	1	10단	前釜山府議留置取調らる

일련번호	판명		간행일	면	단수	기사명
242068	朝鮮朝日	南鮮版	1933-10-07	1	10단	大同ゴム工場職工が罷業
242069	朝鮮朝日	南鮮版	1933-10-07	1	10단	自動車轉覆し淸水道議員負傷
242070	朝鮮朝日	西北版	1933-10-07	1		缺號
242071	朝鮮朝日	南鮮版	1933-10-08	1	01단	朝鮮の稅制整理遽に雲行險惡となる明年度から極力實施を政府側と折衝
242072	朝鮮朝日	南鮮版	1933-10-08	1	01단	モヒ患者を根絶する平壤に治療所が出來た！十五日から治療を開始する
242073	朝鮮朝日	南鮮版	1933-10-08	1	01단	警察官の療養所明年度に二ヶ所設置
242074	朝鮮朝日	南鮮版	1933-10-08	1	01단	宇垣總督車中談
242075	朝鮮朝日	南鮮版	1933-10-08	1	01단	ナントコノトホリ禿山を若返へらす京畿道沙防工事着々と進む
242076	朝鮮朝日	南鮮版	1933-10-08	1	04단	上野取締役會長
242077	朝鮮朝日	南鮮版	1933-10-08	1	04단	樂浪慰靈碑除幕式行はる
242078	朝鮮朝日	南鮮版	1933-10-08	1	04단	日本赤十字社新義州總會
242079	朝鮮朝日	南鮮版	1933-10-08	1	04단	癩豫防協會基金大口寄附者旌賞
242080	朝鮮朝日	南鮮版	1933-10-08	1	05단	內地人巡査を道でも採用規程を改正
242081	朝鮮朝日	南鮮版	1933-10-08	1	05단	ごらんなさい見事に出來た椎茸京畿道で栽培試驗に成功
242082	朝鮮朝日	南鮮版	1933-10-08	1	05단	釜奉間に直通列車運轉を計劃
242083	朝鮮朝日	南鮮版	1933-10-08	1	06단	萬病藥とはマア何んとこんな物インチキ男にかからぬやう/記念スタンプ
242084	朝鮮朝日	南鮮版	1933-10-08	1	06단	朝鮮神宮野球試合スケジュール
242085	朝鮮朝日	南鮮版	1933-10-08	1	06단	ソウルゴム工場再び總罷業に入る原料騰貴を名に工賃値下から/大同でも總罷業需要期に會社側は大弱り
242086	朝鮮朝日	南鮮版	1933-10-08	1	08단	紙幣僞造團の一味長崎へ
242087	朝鮮朝日	南鮮版	1933-10-08	1	08단	保險金一萬圓詐取の取調進む釜山署に關係者留置
242088	朝鮮朝日	南鮮版	1933-10-08	1	08단	山田本社通信部長
242089	朝鮮朝日	南鮮版	1933-10-08	1	09단	牡丹台を背景に映畵を撮影する
242090	朝鮮朝日	南鮮版	1933-10-08	1	09단	ゴム靴を取らんとして幼兒無殘の轢死
242091	朝鮮朝日	南鮮版	1933-10-08	1	10단	赤の七名有罪に
242092	朝鮮朝日	南鮮版	1933-10-08	1	10단	明治節に菊の湯
242093	朝鮮朝日	南鮮版	1933-10-08	1	10단	間島暴動事件スピード審理
242094	朝鮮朝日	西北版	1933-10-08	1		缺號
242095	朝鮮朝日	西北版	1933-10-09	1		缺號
242096	朝鮮朝日	南鮮版	1933-10-10	1	01단	今日の問題米穀問題と總督府當局/加俸廢止と半島警察官/徵稅機關の新設お流れ/救療施設を充實の計劃

일련번호	판명		간행일	면	단수	기사명
242097	朝鮮朝日	南鮮版	1933-10-10	1	02단	清津と新京間にスピード列車の跳躍(十五日から直通の汽笛も高らかに)僅か廿四時間で快走
242098	朝鮮朝日	南鮮版	1933-10-10	1	02단	祝へよ讚へよ(開港五十周年に八日から大賑ひの仁川(上)京城から乗り込んで來た商工聯盟の祝賀自動車隊と仁川神社慶場の群衆(下右)人目をひいた支郡町中華人の祝賀行列(下左)仁川神社にあける記念式典)
242099	朝鮮朝日	南鮮版	1933-10-10	1	04단	當業者の指針朝鮮最初の企て貿易促進展覽會十四日から京城で開く
242100	朝鮮朝日	南鮮版	1933-10-10	1	06단	金塊十貫目を安東へ十數回密輸果物箱や腹部に仕舞ひ込んでさらに一味五名逮捕
242101	朝鮮朝日	南鮮版	1933-10-10	1	06단	韓昌洙男逝く告別式は十三日執行
242102	朝鮮朝日	南鮮版	1933-10-10	1	07단	平壤交通、金融兩部長
242103	朝鮮朝日	南鮮版	1933-10-10	1	07단	未曾有の千客萬來壤各部隊宿舍決定す
242104	朝鮮朝日	南鮮版	1933-10-10	1	07단	隣家の男を三名が食刀で慘殺悔みに來なかった腹癒せから
242105	朝鮮朝日	南鮮版	1933-10-10	1	07단	鮮滿人六十餘名が流血の亂鬪演ず
242106	朝鮮朝日	南鮮版	1933-10-10	1	08단	覆面の强盜妻女に見破られ金槌で亂打して逃走遂に就寢中を捕る
242107	朝鮮朝日	南鮮版	1933-10-10	1	09단	殺人未遂女
242108	朝鮮朝日	南鮮版	1933-10-10	1	09단	人妻を叩き殺す若者が誘き出しての兇行か
242109	朝鮮朝日	南鮮版	1933-10-10	1	09단	新義州の轢死男は確かに保險魔の坂上だサルマタから札束百八十圓死體檢視で發見
242110	朝鮮朝日	南鮮版	1933-10-10	1	09단	乘客等九名下敷自動車轉落し
242111	朝鮮朝日	南鮮版	1933-10-10	1	10단	保險詐欺俄然進展醫師も取調ぶ
242112	朝鮮朝日	南鮮版	1933-10-10	1	10단	文書僞造や橫領詐欺未遂
242113	朝鮮朝日	西北版	1933-10-10	1		缺號
242114	朝鮮朝日	南鮮版	1933-10-11	1	01단	豚に天然痘江原道に侵入し危險・北上の情勢發生すでに千五十頭
242115	朝鮮朝日	南鮮版	1933-10-11	1	01단	取引所官營問題や鮮米擁護運動を協議全鮮取引所聯合大會を開く/米穀問題につき渡邊局長から情報/鮮米移入商聯合會に運賃問題を提議鮮內からも關係者を派遣結果を注目さる

일련번호	판명		간행일	면	단수	기사명
242116	朝鮮朝日	南鮮版	1933-10-11	1	01단	*秋深む大邱で第五回朝鮮朝日會總會上野會長初め五十餘名出席/上野本社取締役會長*
242117	朝鮮朝日	南鮮版	1933-10-11	1	03단	國防思想宣傳班演習各地に派遣
242118	朝鮮朝日	南鮮版	1933-10-11	1	04단	人(壽田淸笑氏(羅南衛成病院附軍醫)/石田千太郎氏(本府鑛山課長)/萩原本府鐵道課長一行)
242119	朝鮮朝日	南鮮版	1933-10-11	1	04단	新嘗祭の獻上穀納受式行はる
242120	朝鮮朝日	南鮮版	1933-10-11	1	04단	陽德に初氷
242121	朝鮮朝日	南鮮版	1933-10-11	1	04단	慶南の欲知島に簡易無電の設備本年度內には實現か
242122	朝鮮朝日	南鮮版	1933-10-11	1	05단	最後の一幕((上)掘り出した死體檢證(左から五人目坂上俊雄、六人目白のエプロン姿が扮本奈良縣五條署巡査)(下)新義州署で遺品檢視の扮本巡査)
242123	朝鮮朝日	南鮮版	1933-10-11	1	05단	齒科試驗の一部合格者
242124	朝鮮朝日	南鮮版	1933-10-11	1	05단	全鮮相撲選手權大會
242125	朝鮮朝日	南鮮版	1933-10-11	1	06단	『帽子一つで命を捨てた男』がナンと保險魔の坂上とは埋葬死體檢視と刑事の銳い眼
242126	朝鮮朝日	南鮮版	1933-10-11	1	08단	母が女中してた家に息が强盜に入る
242127	朝鮮朝日	南鮮版	1933-10-11	1	09단	平壤府立の授産場で古代樂浪漆器紋樣色合もそっくり輸出向に大量的生産宇垣さんまづ十台注文
242128	朝鮮朝日	南鮮版	1933-10-11	1	09단	獸醫講習會
242129	朝鮮朝日	南鮮版	1933-10-11	1	10단	教師に謝罪要求生徒側から鏡城校の運動會で
242130	朝鮮朝日	南鮮版	1933-10-11	1	10단	大中銀行合同促進當局の方針
242131	朝鮮朝日	南鮮版	1933-10-11	1	10단	賃銀二割値上要求平壤の大工さん
242132	朝鮮朝日	南鮮版	1933-10-11	1	10단	檢事が控訴
242133	朝鮮朝日	南鮮版	1933-10-11	1	10단	鮮滿魚市場總會
242134	朝鮮朝日	西北版	1933-10-11	1		缺號
242135	朝鮮朝日	南鮮版	1933-10-12	1	01단	*鮮內米穀界に早くも恐慌を來す! 羅津台灣間定期航路の開設で台灣米が鮮滿に進出/鮮米擁護幹部會今後の重要對策を協議*
242136	朝鮮朝日	南鮮版	1933-10-12	1	01단	平壤ゴム靴が滿洲進出に大飛躍同業組合總會で對策協議
242137	朝鮮朝日	南鮮版	1933-10-12	1	01단	全鮮的に憂慮總督府の增産獎勵を前に棉花は漸落步調

일련번호	판명		간행일	면	단수	기사명
242138	朝鮮朝日	南鮮版	1933-10-12	1	01단	价川球場、南原谷城間十五日より開通す/驛長と助役異動
242139	朝鮮朝日	南鮮版	1933-10-12	1	02단	戰歿者の慰靈大祭盛大に行ふ
242140	朝鮮朝日	南鮮版	1933-10-12	1	03단	細農救濟保導講習京城で開く
242141	朝鮮朝日	南鮮版	1933-10-12	1	04단	司法官會議十八日から
242142	朝鮮朝日	南鮮版	1933-10-12	1	04단	各等五釐方白米値上げ京城公設市場
242143	朝鮮朝日	南鮮版	1933-10-12	1	04단	生徒の手で白菜を販賣
242144	朝鮮朝日	南鮮版	1933-10-12	1	04단	新しい試み學校マーケット平壤商業學校時々で開く
242145	朝鮮朝日	南鮮版	1933-10-12	1	05단	帝展に初入選喜びの姜昌奎君(慶南道咸安面北村洞出身)/星野二彦氏も喜びに輝く
242146	朝鮮朝日	南鮮版	1933-10-12	1	05단	とても氣輕に日滿旅行が出來る簡易の北鮮國境關稅協定
242147	朝鮮朝日	南鮮版	1933-10-12	1	06단	京城に傳染病猖獗
242148	朝鮮朝日	南鮮版	1933-10-12	1	06단	大々的に匪賊討伐一名を射殺
242149	朝鮮朝日	南鮮版	1933-10-12	1	06단	昌德宮署長異動
242150	朝鮮朝日	南鮮版	1933-10-12	1	07단	大同丸船長奇禍
242151	朝鮮朝日	南鮮版	1933-10-12	1	07단	國境の警官に防彈チョッキまづ主要駐在所に配布
242152	朝鮮朝日	南鮮版	1933-10-12	1	07단	召集に赴く途中巡査が川で溺死殉職として葬儀執行
242153	朝鮮朝日	南鮮版	1933-10-12	1	08단	近代復興式のモダーンな建物上棟式擧行の平壤府新廳舍
242154	朝鮮朝日	南鮮版	1933-10-12	1	08단	金が欲しさに自家に放火
242155	朝鮮朝日	南鮮版	1933-10-12	1	10단	新義州署失態暴露責任問題起るか
242156	朝鮮朝日	南鮮版	1933-10-12	1	10단	間島共産黨暴動公判
242157	朝鮮朝日	南鮮版	1933-10-12	1	10단	人(川島軍司令官/山田三良氏(城大總長)/服部宇之吉氏(東大名譽教授)/原邦道氏(大藏省預金部通用課長)/川畑文字變(舞踊家))
242158	朝鮮朝日	西北版	1933-10-12	1		缺號
242159	朝鮮朝日	南鮮版	1933-10-13	1	01단	京圖線の運輸營業を本格的に北鮮經由局線と連帶運輸實施十五日から淸津新京間直通列車運轉
242160	朝鮮朝日	南鮮版	1933-10-13	1	01단	匪賊三百名に我討伐隊包圍され四十餘名行方不明安東から討伐隊百名を急派/國境警備に劃期的改善まづ滿浦鎭、新義州間に二重聯絡制を計劃
242161	朝鮮朝日	南鮮版	1933-10-13	1	01단	京城の秋を飾る鮮滿中等學生美術展十四日から京城齒醫專校で

일련번호	판명		간행일	면	단수	기사명
242162	朝鮮朝日	南鮮版	1933-10-13	1	03단	各道藥劑技術官會議
242163	朝鮮朝日	南鮮版	1933-10-13	1	04단	人(戶谷正路氏(新任本町署長)/石川支一氏(新任慶北警察課長))
242164	朝鮮朝日	南鮮版	1933-10-13	1	04단	七氏を理事官に任命
242165	朝鮮朝日	南鮮版	1933-10-13	1	04단	總督府辭令
242166	朝鮮朝日	南鮮版	1933-10-13	1	04단	濱松平壤間僅が八時間濱松機成功
242167	朝鮮朝日	南鮮版	1933-10-13	1	05단	軍用地に關し軍部が反對羅津都計案
242168	朝鮮朝日	南鮮版	1933-10-13	1	05단	支那より輸入の漢藥を驅逐するここに出現した本府自慢の藥草園
242169	朝鮮朝日	南鮮版	1933-10-13	1	05단	晉州農校に火事
242170	朝鮮朝日	南鮮版	1933-10-13	1	06단	文書で反對陳情鮮米擁護會
242171	朝鮮朝日	南鮮版	1933-10-13	1	06단	滿洲派遣軍補充部隊萬歲聲裡に北行
242172	朝鮮朝日	南鮮版	1933-10-13	1	07단	草刈鎌で斬る
242173	朝鮮朝日	南鮮版	1933-10-13	1	07단	秋晴に惠まれて愈よ本舞台に入る第九回朝鮮神宮競技
242174	朝鮮朝日	南鮮版	1933-10-13	1	07단	大同ゴム爭議惡化成行注目さる
242175	朝鮮朝日	南鮮版	1933-10-13	1	08단	故韓男の告別式十三日執行
242176	朝鮮朝日	南鮮版	1933-10-13	1	09단	食刀をまって亂暴を働く
242177	朝鮮朝日	南鮮版	1933-10-13	1	09단	不當な地主七名に土地收用令適用長津江水電工事の支障から總督府へ手續をとる
242178	朝鮮朝日	南鮮版	1933-10-13	1	09단	渡邊廣吉氏に刑事補償必要なし玉名檢事の意見確定
242179	朝鮮朝日	南鮮版	1933-10-13	1	10단	開城廉賣市
242180	朝鮮朝日	南鮮版	1933-10-13	1	10단	息子殺しの父親は自殺
242181	朝鮮朝日	西北版	1933-10-13	1		缺號
242182	朝鮮朝日	南鮮版	1933-10-14	1	01단	減段實施に反對籾の買上貯藏強調穩健な方法で政府に進言する鮮米擁護期成會の方針/他に適當の法がなければ減段もやむを得ぬ米穀顧問有賀殖銀頭取談
242183	朝鮮朝日	南鮮版	1933-10-14	1	01단	アイコー大きな絲瓜
242184	朝鮮朝日	南鮮版	1933-10-14	1	02단	吉州平野で壯烈なる肉彈戰十九師團の演習終る
242185	朝鮮朝日	南鮮版	1933-10-14	1	04단	初雪
242186	朝鮮朝日	南鮮版	1933-10-14	1	04단	地方人が愛國的努力軍當局感激
242187	朝鮮朝日	南鮮版	1933-10-14	1	04단	半島空の護りに防空機や獻金相次ぐ
242188	朝鮮朝日	南鮮版	1933-10-14	1	04단	總督府辭令
242189	朝鮮朝日	南鮮版	1933-10-14	1	05단	滿洲國の教育狀況藤谷視學談
242190	朝鮮朝日	南鮮版	1933-10-14	1	05단	藤本課長歸來談

일련번호	판명		간행일	면	단수	기사명
242191	朝鮮朝日	南鮮版	1933-10-14	1	05단	*朝鮮神宮競技(四日目)/全鮮學生卓球大會本社から優勝楯寄贈*
242192	朝鮮朝日	南鮮版	1933-10-14	1	06단	滿浦鎭線と平元線發着時間を改正
242193	朝鮮朝日	南鮮版	1933-10-14	1	06단	六社の大巾引上に露油でも値上げ濫賣戰は一段落か
242194	朝鮮朝日	南鮮版	1933-10-14	1	07단	大谷裏方の記念植樹
242195	朝鮮朝日	南鮮版	1933-10-14	1	08단	花輪で式場埋む故韓男告別式
242196	朝鮮朝日	南鮮版	1933-10-14	1	08단	*廿五名が同情罷業ゴム工場狼狽/平壤の木工罷業*
242197	朝鮮朝日	南鮮版	1933-10-14	1	09단	赤の男女二十數名嚴重取調ぶ
242198	朝鮮朝日	南鮮版	1933-10-14	1	09단	哀れな老女の訴へ
242199	朝鮮朝日	南鮮版	1933-10-14	1	09단	今までにない貴重な漆器箱貞柏里古墳で發掘
242200	朝鮮朝日	南鮮版	1933-10-14	1	10단	入江には死刑を尹に十五年
242201	朝鮮朝日	南鮮版	1933-10-14	1	10단	喜多券番の設置に疑惑成行注目さる
242202	朝鮮朝日	南鮮版	1933-10-14	1	10단	同性心中
242203	朝鮮朝日	南鮮版	1933-10-14	1	10단	衣類貴金專門賊
242204	朝鮮朝日	西北版	1933-10-14	1		缺號
242205	朝鮮朝日	南鮮版	1933-10-15	1	01단	*半島の山野に砲聲殷々壯烈・火蓋切らる廿師團管下の聯隊聯合演習/七十七聯隊*
242206	朝鮮朝日	南鮮版	1933-10-15	1	01단	鮮米差別待遇愈よ表面化する情勢となり積極的反對運動計劃
242207	朝鮮朝日	南鮮版	1933-10-15	1	01단	慶南二十四ヶ所の小漁港を修築する過般の風水害に刺激されて
242208	朝鮮朝日	南鮮版	1933-10-15	1	01단	慶北社還米制度ちかく細目打合す
242209	朝鮮朝日	南鮮版	1933-10-15	1	01단	總督府の豫算査定大體終了す
242210	朝鮮朝日	南鮮版	1933-10-15	1	02단	司法官會議十八日から
242211	朝鮮朝日	南鮮版	1933-10-15	1	03단	貿易促進展始まる
242212	朝鮮朝日	南鮮版	1933-10-15	1	04단	警察犬訓練場
242213	朝鮮朝日	南鮮版	1933-10-15	1	04단	昭和水利愈よ着工明年度から
242214	朝鮮朝日	南鮮版	1933-10-15	1	05단	靑鶴洞附近に武裝共匪團現はる一名卽死三名は人質に拉致白米滿載馬車も强奪さる
242215	朝鮮朝日	南鮮版	1933-10-15	1	05단	金簪を强奪逃走
242216	朝鮮朝日	南鮮版	1933-10-15	1	06단	朝鮮神宮祭に參列光榮者各道で人選
242217	朝鮮朝日	南鮮版	1933-10-15	1	06단	*朝鮮神宮競技五日/忠北道各郡で長距離競走*
242218	朝鮮朝日	南鮮版	1933-10-15	1	07단	放送局誘致大邱で猛運動
242219	朝鮮朝日	南鮮版	1933-10-15	1	07단	籠の鳥も春の日に惠まれる弱い彼女達を人間的に保證する咸南當局で規則の大改革

일련번호	판명		간행일	면	단수	기사명
242220	朝鮮朝日	南鮮版	1933-10-15	1	08단	ルンペンはお金持ち家を建てる計劃
242221	朝鮮朝日	南鮮版	1933-10-15	1	08단	十七娘四名家出背後に誘拐團が潜む？
242222	朝鮮朝日	南鮮版	1933-10-15	1	08단	籠拔詐欺が平壤に頻出
242223	朝鮮朝日	南鮮版	1933-10-15	1	09단	搜す夫は居らず哀れな母子三人平壤に來て救ひを來む
242224	朝鮮朝日	南鮮版	1933-10-15	1	10단	雙方とも態度强硬平壤木工爭議
242225	朝鮮朝日	南鮮版	1933-10-15	1	10단	公開された間島暴動事件
242226	朝鮮朝日	南鮮版	1933-10-15	1	10단	人(宮里貞德氏(京畿道視學)/高山東拓總裁)
242227	朝鮮朝日	西北版	1933-10-15	1		缺號
242228	朝鮮朝日	西北版	1933-10-16	1		缺號
242229	朝鮮朝日	南鮮版	1933-10-17	1	01단	半島の守護神として益々神德を宣揚する朝鮮神宮鎭座十周年記念事業計劃神宮奉讚會を組織(國運の進展民風の作興に/記念事業)
242230	朝鮮朝日	南鮮版	1933-10-17	1	01단	米穀統制案に反對聲明打電鮮米擁護會と朝鮮農會から
242231	朝鮮朝日	南鮮版	1933-10-17	1	01단	全鮮酒類品評會褒賞授與式擧行(主なる入賞者氏名)
242232	朝鮮朝日	南鮮版	1933-10-17	1	01단	*秋空に白熱戰展開朝鮮神宮競技六日/(第七日目)*
242233	朝鮮朝日	南鮮版	1933-10-17	1	04단	軍人宿舍費を國防に獻金
242234	朝鮮朝日	南鮮版	1933-10-17	1	04단	昭和水利の最後案決定月末頃認可を申請
242235	朝鮮朝日	南鮮版	1933-10-17	1	05단	*內地開業の特典を剝がれては大變だ開業免許證下付問題について平壤醫專生動搖/心配はいらぬ輕擧な行動は愼しめ本府學務當局談/學校の體面を傷つけるな學校當局談*
242236	朝鮮朝日	南鮮版	1933-10-17	1	07단	慶南道內各所に共同染色所設置本年度內に百餘ヶ所
242237	朝鮮朝日	南鮮版	1933-10-17	1	07단	棍棒で亂打
242238	朝鮮朝日	南鮮版	1933-10-17	1	08단	靖國神社へ合祀される殉職二警官
242239	朝鮮朝日	南鮮版	1933-10-17	1	09단	平壤魚市場府營問題で一波瀾か
242240	朝鮮朝日	南鮮版	1933-10-17	1	09단	お茶のあと
242241	朝鮮朝日	南鮮版	1933-10-17	1	10단	長白縣地方に醫院開設方本府に要望
242242	朝鮮朝日	南鮮版	1933-10-17	1	10단	人(森田釜山地方法院長/奈良井多一郎氏(釜山檢事局檢事正)/處興鉉氏(釜山辯護士會長)/藤原本社釜山通信部主任/時岡昇平氏(朝紡東京出張所員)/川島一義君(川島朝鮮軍司令官令息)/稻田あい氏(本社釜山通信部主任藤原德次郎氏令姉))

일련번호	판명		간행일	면	단수	기사명
242243	朝鮮朝日	西北版	1933-10-17	1		缺號
242244	朝鮮朝日	西北版	1933-10-18	1		缺號
242245	朝鮮朝日	南鮮版	1933-10-18	1	01단	ほんとの話雀の巢からナンとお金が百二十圓食ふに困った男が發見/希望通りに監獄行實現/ナントナント變な處に隱して女三名が金塊密輸/無罪から有罪に花嫁の放火/妓生身投げ/聾啞者慘死/大同ゴム圓滿解決平壤署調停で/平壤木工爭議近く解決か
242246	朝鮮朝日	南鮮版	1933-10-18	1	01단	暗雲一掃稅制整理實施に確定しかし徵稅機關新設は困難か
242247	朝鮮朝日	南鮮版	1933-10-18	1	01단	學生大會は學生代表に一任暫らく成行を靜觀平壤醫專免許問題
242248	朝鮮朝日	南鮮版	1933-10-18	1	01단	松原理事上京要務
242249	朝鮮朝日	南鮮版	1933-10-18	1	01단	大口寄附者をちかく表彰
242250	朝鮮朝日	南鮮版	1933-10-18	1	02단	滿蒙學術調查團
242251	朝鮮朝日	南鮮版	1933-10-18	1	02단	呪文と祈禱で社會を毒する巫女當局で取締りを研究
242252	朝鮮朝日	南鮮版	1933-10-18	1	03단	林業界の行詰り打開慶北に計劃
242253	朝鮮朝日	南鮮版	1933-10-18	1	03단	朝鮮神宮競技(第八日目)/金炳雲君優勝す全鮮卓球大會
242254	朝鮮朝日	南鮮版	1933-10-18	1	06단	朝鮮神宮の例祭嚴かに執り行はる/京城神社秋祭り歡樂境と化す
242255	朝鮮朝日	南鮮版	1933-10-18	1	07단	汚物タンクに浮んだ娘の死體
242256	朝鮮朝日	南鮮版	1933-10-18	1	07단	花やかな鑛業時代宙に迷ふ無緣佛
242257	朝鮮朝日	南鮮版	1933-10-18	1	08단	平壤商業座談會
242258	朝鮮朝日	南鮮版	1933-10-18	1	08단	白鷺驚が刑務所へ
242259	朝鮮朝日	南鮮版	1933-10-18	1	09단	棉作實習を視察
242260	朝鮮朝日	南鮮版	1933-10-18	1	09단	德壽宮の美展陳列替
242261	朝鮮朝日	南鮮版	1933-10-18	1	10단	高麗時代の鏡を發掘す
242262	朝鮮朝日	南鮮版	1933-10-18	1	10단	北鮮地方の赤の取締りちかく大改革
242263	朝鮮朝日	南鮮版	1933-10-18	1	10단	飛込み自殺
242264	朝鮮朝日	南鮮版	1933-10-18	1	10단	人(近藤喜久治氏(新任平北道農務課長))
242265	朝鮮朝日	西北版	1933-10-19	1		缺號
242266	朝鮮朝日	南鮮版	1933-10-19	1	01단	各道から四千の選手秋空に勇躍・技の制霸場を埋めた觀衆數萬人朝鮮神宮競技大會終る/全鮮學生卓球に釜山二商が優勝/金選手出場拒絶で遂に問題となる朝鮮體協と京畿體協間に成り行き注目さる

일련번호	판명		간행일	면	단수	기사명
242267	朝鮮朝日	南鮮版	1933-10-19	1	01단	學術參考品として飛機五台寄附する平壤飛行隊から平南道へ當局は格納庫經費に考慮
242268	朝鮮朝日	南鮮版	1933-10-19	1	01단	國境警官の子供に寄贈玩具二千點各方面から同情集る/國境に醫療機關充實が急務
242269	朝鮮朝日	南鮮版	1933-10-19	1	01단	祭り異變娘の晴着の袂を切り取る變態男京城に出現/祭の夜に若者重傷
242270	朝鮮朝日	南鮮版	1933-10-19	1	04단	齒科醫師合格者
242271	朝鮮朝日	南鮮版	1933-10-19	1	04단	年度內の決定困難羅津の都計案
242272	朝鮮朝日	南鮮版	1933-10-19	1	04단	火災のシーズン！一夜に三件！氣をつけて下さい
242273	朝鮮朝日	南鮮版	1933-10-19	1	05단	司法官會議
242274	朝鮮朝日	南鮮版	1933-10-19	1	06단	交通事業令の施行細則研究
242275	朝鮮朝日	南鮮版	1933-10-19	1	07단	釜山のニゴム工場約三百名が罷業工賃五釐値下から
242276	朝鮮朝日	南鮮版	1933-10-19	1	07단	滿鮮魚場聯合總會釜山で開かる
242277	朝鮮朝日	南鮮版	1933-10-19	1	07단	硫安の供給不足などまづ心配は不要だ本府の尾崎農務局技師談
242278	朝鮮朝日	南鮮版	1933-10-19	1	09단	一審通り死刑鎭南浦の殺人男に
242279	朝鮮朝日	南鮮版	1933-10-19	1	10단	大同江から天國へ行く若者身投自殺
242280	朝鮮朝日	南鮮版	1933-10-19	1	10단	參拜拒否事件嚴重に調査
242281	朝鮮朝日	南鮮版	1933-10-19	1	10단	重要書類入りのカバン泥捕まる
242282	朝鮮朝日	南鮮版	1933-10-19	1	10단	祕密結社の男平壤でも檢擧
242283	朝鮮朝日	南鮮版	1933-10-19	1	10단	人(藤本菊一氏(本社京城通信局長)/澤村五郎氏(同平壤通信部主任)/村常男氏(同咸興通信所主任)/西浩吉氏(同裡里通信部主任))
242284	朝鮮朝日	西北版	1933-10-20	1		缺號
242285	朝鮮朝日	南鮮版	1933-10-20	1	01단	半島の各都市は近代明粧の第一步へ明年度から愈よ都市計劃の着手
242286	朝鮮朝日	南鮮版	1933-10-20	1	01단	本省へ提案の本府明年豫算(二億五千六百四十六萬八千圓)新規事業の主要事項
242287	朝鮮朝日	南鮮版	1933-10-20	1	01단	內鮮滿台交通運輸聯絡會議三十一日から京城で
242288	朝鮮朝日	南鮮版	1933-10-20	1	01단	參與官會議
242289	朝鮮朝日	南鮮版	1933-10-20	1	02단	農業校長會
242290	朝鮮朝日	南鮮版	1933-10-20	1	02단	黃州面の黃州川岸で珍らしい貝塚を發見す
242291	朝鮮朝日	南鮮版	1933-10-20	1	04단	工業展覽會

일련번호	판명		간행일	면	단수	기사명
242292	朝鮮朝日	南鮮版	1933-10-20	1	04단	昭和水利創立問題
242293	朝鮮朝日	南鮮版	1933-10-20	1	04단	最後の一大決戰卅六旅團枝隊演習
242294	朝鮮朝日	南鮮版	1933-10-20	1	05단	小作令の委員會權威者を招いてちかく開く
242295	朝鮮朝日	南鮮版	1933-10-20	1	05단	漸くのことで無資格銀行を一掃密陽銀の廢業と共に
242296	朝鮮朝日	南鮮版	1933-10-20	1	05단	奇特な女性表彰
242297	朝鮮朝日	南鮮版	1933-10-20	1	06단	江原道病院新築
242298	朝鮮朝日	南鮮版	1933-10-20	1	06단	京城組合銀行預金と貸出(預金/貸出)
242299	朝鮮朝日	南鮮版	1933-10-20	1	06단	北部炭田の移出約五萬トンと見らる
242300	朝鮮朝日	南鮮版	1933-10-20	1	07단	再度優勝の慶南選手歡迎茶話會を催す二十一日釜山府公會堂で
242301	朝鮮朝日	南鮮版	1933-10-20	1	07단	動物祭
242302	朝鮮朝日	南鮮版	1933-10-20	1	07단	情操方面から農村の振興を計る京畿道の各地で巡廻活寫會
242303	朝鮮朝日	南鮮版	1933-10-20	1	08단	暴風警報
242304	朝鮮朝日	南鮮版	1933-10-20	1	08단	囚人の慘死
242305	朝鮮朝日	南鮮版	1933-10-20	1	08단	祭りの夜中に出刃庖丁の强盜捕へて見れば前科二犯男
242306	朝鮮朝日	南鮮版	1933-10-20	1	08단	平壤の豚に有鉤囊蟲病
242307	朝鮮朝日	南鮮版	1933-10-20	1	09단	死刑から無期に
242308	朝鮮朝日	南鮮版	1933-10-20	1	09단	金のために目が眩んだ巡査金塊密輸者の手先となる
242309	朝鮮朝日	南鮮版	1933-10-20	1	09단	中學生が强盜に
242310	朝鮮朝日	南鮮版	1933-10-20	1	09단	圓滿解決木工の爭議
242311	朝鮮朝日	南鮮版	1933-10-20	1	10단	滿鮮國境冬の警備
242312	朝鮮朝日	南鮮版	1933-10-20	1	10단	猪巖ゴム職工罷業工賃値下で
242313	朝鮮朝日	南鮮版	1933-10-20	1	10단	前府議員送局さる詐欺事件で
242314	朝鮮朝日	西北版	1933-10-21	1		缺號
242315	朝鮮朝日	南鮮版	1933-10-21	1	01단	新京淸津間に直通貨物列車を運轉十一月の蜜柑出廻期から稅關申告は凡て電報で
242316	朝鮮朝日	南鮮版	1933-10-21	1	01단	內地より一足お先に鮮內の映畵を統制日本文化の涵養と國産獎勵から本府警務局で制令案なる(獨自の立場から淸水課長談)
242317	朝鮮朝日	南鮮版	1933-10-21	1	01단	北鮮や沿海州方面の漁場開拓に努める慶北道鷄林丸の竣工式擧行
242318	朝鮮朝日	南鮮版	1933-10-21	1	03단	阿部府尹歸來談

일련번호	판명		간행일	면	단수	기사명
242319	朝鮮朝日	南鮮版	1933-10-21	1	04단	人(田中靜男氏(新任遞信局保險監理課長)/田中長茂氏(農林省産業課長))
242320	朝鮮朝日	南鮮版	1933-10-21	1	04단	吉州合水間十一月に開通
242321	朝鮮朝日	南鮮版	1933-10-21	1	04단	農村の休日整理平南道で調査
242322	朝鮮朝日	南鮮版	1933-10-21	1	04단	關釜聯絡七時間はまづ不可能とさる景福丸で試驗の結果判明(機關その他に可成り無理山本課長談)
242323	朝鮮朝日	南鮮版	1933-10-21	1	05단	黃海道黃州面禮洞里で發見された貝塚からの出土品
242324	朝鮮朝日	南鮮版	1933-10-21	1	05단	匪賊四千五百名が安東襲擊を企つ各所で日滿鮮人の被害續出安東守備隊出動
242325	朝鮮朝日	南鮮版	1933-10-21	1	06단	國境警官に溫かい慰問京城の女中さんから
242326	朝鮮朝日	南鮮版	1933-10-21	1	06단	忠北各郡の明倫會が農村振興に活動
242327	朝鮮朝日	南鮮版	1933-10-21	1	07단	通り魔の如き放火二時間に四件も發生大同江岸に頻々と燃え上る松葉/放火せんとする三十女を捕まふ
242328	朝鮮朝日	南鮮版	1933-10-21	1	07단	二名共謀で强盜
242329	朝鮮朝日	南鮮版	1933-10-21	1	07단	二ゴム工場就業
242330	朝鮮朝日	南鮮版	1933-10-21	1	08단	感心な巡査
242331	朝鮮朝日	南鮮版	1933-10-21	1	08단	京畿道體協の態度は感心せぬ選手出場拒否問題につき總督府當局の話
242332	朝鮮朝日	南鮮版	1933-10-21	1	08단	旱害常習地に棉作好成績慶北琴召洞で
242333	朝鮮朝日	南鮮版	1933-10-21	1	09단	月經帶から金塊二百匁が現はる
242334	朝鮮朝日	南鮮版	1933-10-21	1	09단	咸興疑獄に判決
242335	朝鮮朝日	南鮮版	1933-10-21	1	09단	鮮內當業者は林檎景氣を謳歌續々と內地へ値段も奔騰
242336	朝鮮朝日	南鮮版	1933-10-21	1	10단	逃走囚人捕まる勘審里に潛伏中を三十日目に
242337	朝鮮朝日	南鮮版	1933-10-21	1	10단	公金橫領の稅務屬自首
242338	朝鮮朝日	西北版	1933-10-22	1		缺號
242339	朝鮮朝日	南鮮版	1933-10-22	1	01단	敬神思想の鼓吹と日本精神作興を計る全鮮を一丸として氏子總代聯合會組織
242340	朝鮮朝日	南鮮版	1933-10-22	1	01단	非常時の認識高潮平壤で映畵會や展覽會、講演會/瑞氣山で兵器獻納式廿八日擧行
242341	朝鮮朝日	南鮮版	1933-10-22	1	01단	神饌畚の鎌入れ嚴かに行はる
242342	朝鮮朝日	南鮮版	1933-10-22	1	02단	京畿道警察部幹部級異動
242343	朝鮮朝日	南鮮版	1933-10-22	1	03단	スポーツ(明治神宮派遣選手先發隊出發)

일련번호	판명		간행일	면	단수	기사명
242344	朝鮮朝日	南鮮版	1933-10-22	1	03단	小作令制定民間側の委員
242345	朝鮮朝日	南鮮版	1933-10-22	1	03단	陸軍大演習狀況DKで全鮮中繼放送
242346	朝鮮朝日	南鮮版	1933-10-22	1	04단	催(二十六日/慶南道內中等學校長會議)
242347	朝鮮朝日	南鮮版	1933-10-22	1	04단	全鮮に魁けて棉花販賣貯金忠南で實施
242348	朝鮮朝日	南鮮版	1933-10-22	1	04단	農村振興の龜鑑涙ぐましい努力の婦人忠淸南道でちかく表彰
242349	朝鮮朝日	南鮮版	1933-10-22	1	05단	神經痛再發當分旅行困難
242350	朝鮮朝日	南鮮版	1933-10-22	1	05단	石器時代の人類が居住遺物を發見
242351	朝鮮朝日	南鮮版	1933-10-22	1	06단	滿洲栗輸入減少
242352	朝鮮朝日	南鮮版	1933-10-22	1	06단	匪賊・盛に跳梁射殺されたり身柄を拉致されたり
242353	朝鮮朝日	南鮮版	1933-10-22	1	06단	平壤署を騷がした放火犯人捕まる(人が騷ぐのを見て喜んだ精神異狀者)
242354	朝鮮朝日	南鮮版	1933-10-22	1	07단	映畫「東洋の母」に慶會樓を撮影す松竹スターが京城へ
242355	朝鮮朝日	南鮮版	1933-10-22	1	07단	感心な靑年
242356	朝鮮朝日	南鮮版	1933-10-22	1	08단	乞食や子供殺し犯人を馬山で逮捕
242357	朝鮮朝日	南鮮版	1933-10-22	1	08단	牛のために五名腹痛一名死亡す
242358	朝鮮朝日	南鮮版	1933-10-22	1	08단	純金カンザシ專門の詐欺
242359	朝鮮朝日	南鮮版	1933-10-22	1	08단	三名が行方不明
242360	朝鮮朝日	南鮮版	1933-10-22	1	08단	赤の檢擧五十名全鮮に擴大
242361	朝鮮朝日	南鮮版	1933-10-22	1	09단	愛犬の手柄
242362	朝鮮朝日	南鮮版	1933-10-22	1	09단	逃走犯人はどうして隱れてたか
242363	朝鮮朝日	南鮮版	1933-10-22	1	10단	馬山に放火頻々當局で警戒
242364	朝鮮朝日	南鮮版	1933-10-22	1	10단	汽動車內で密輸取締り
242365	朝鮮朝日	南鮮版	1933-10-22	1	10단	人(高楠博士(京城帝大醫學部長)/今井田總盟)
242366	朝鮮朝日	西北版	1933-10-24	1		缺號
242367	朝鮮朝日	南鮮版	1933-10-24	1	01단	父なくして乳牛增殖人工受精の硏究なる精液を『箱詰の種牛』として全鮮へ一般農家には大福音
242368	朝鮮朝日	南鮮版	1933-10-24	1	01단	支所を合せ卅二を新設今年度の金融組合
242369	朝鮮朝日	南鮮版	1933-10-24	1	01단	司法官會議
242370	朝鮮朝日	南鮮版	1933-10-24	1	01단	早曉の空を破って兩軍の飛行機活躍各所にもの凄い激戰を展開愈よ旅團對抗演習大詰へ/師團假設敵演習廿六日から普通江平野で/演習美談
242371	朝鮮朝日	南鮮版	1933-10-24	1	02단	各都市の電氣事業龜山課長視察談
242372	朝鮮朝日	南鮮版	1933-10-24	1	03단	飛行機は二台受理平壤府と道で

일련번호	판명		간행일	면	단수	기사명
242373	朝鮮朝日	南鮮版	1933-10-24	1	03단	郡庶務主任異動
242374	朝鮮朝日	南鮮版	1933-10-24	1	03단	昭和水利創立委員會
242375	朝鮮朝日	南鮮版	1933-10-24	1	04단	人(古莊逸夫氏(殖産局農政課長)/修理田貢氏(門鐵技師)/森鎭海要港部參謀)
242376	朝鮮朝日	南鮮版	1933-10-24	1	04단	國民精神作興全鮮的に一大運動詔書渙發十周年記念に當って
242377	朝鮮朝日	南鮮版	1933-10-24	1	04단	樂浪古墳から貴重な資料續々發掘さる磚で造った排水溝や焜爐など
242378	朝鮮朝日	南鮮版	1933-10-24	1	05단	平南絹織物に加工を研究道立試驗所
242379	朝鮮朝日	南鮮版	1933-10-24	1	05단	明太肝油生産工場咸南に新設
242380	朝鮮朝日	南鮮版	1933-10-24	1	06단	綜合美展日本畫陳列替へ
242381	朝鮮朝日	南鮮版	1933-10-24	1	06단	忠淸道內に豚痘つひに侵入
242382	朝鮮朝日	南鮮版	1933-10-24	1	07단	京城長唄演奏會
242383	朝鮮朝日	南鮮版	1933-10-24	1	07단	妻の手を握った男を棍棒で殺害
242384	朝鮮朝日	南鮮版	1933-10-24	1	07단	林檎業者活氣づく非常な豊作で
242385	朝鮮朝日	南鮮版	1933-10-24	1	07단	嬉しい話
242386	朝鮮朝日	南鮮版	1933-10-24	1	08단	篠田は無罪に大森は懲役一年
242387	朝鮮朝日	南鮮版	1933-10-24	1	08단	若者自殺を計る
242388	朝鮮朝日	南鮮版	1933-10-24	1	08단	病魔は跳梁!! 各都市の健康線を脅威全鮮で多いチフスと赤痢
242389	朝鮮朝日	南鮮版	1933-10-24	1	08단	統營神社で慰靈祭執行文祿慶長疫死者の爲
242390	朝鮮朝日	南鮮版	1933-10-24	1	09단	奇蹟だ機關車貨車二輛が蟾津橋で脱線ナンと墜落はせぬ
242391	朝鮮朝日	南鮮版	1933-10-24	1	09단	忠北道の優良部落近く選定表彰
242392	朝鮮朝日	南鮮版	1933-10-24	1	10단	警察署に雷が落つ電話に故障
242393	朝鮮朝日	南鮮版	1933-10-24	1	10단	千圓橫領し妓生と驅落金組小使捕まる
242394	朝鮮朝日	西北版	1933-10-25	1		缺號
242395	朝鮮朝日	南鮮版	1933-10-25	1	01단	內地よりお先に實施を見る小作法令權威者が集って委員會開かる(打合事項)
242396	朝鮮朝日	南鮮版	1933-10-25	1	01단	二千年に互る內鮮文化の大殿堂釜山で任那文化展覽會を開く
242397	朝鮮朝日	南鮮版	1933-10-25	1	01단	旅團對抗演習三日目
242398	朝鮮朝日	南鮮版	1933-10-25	1	02단	內鮮滿台交通聯絡の會議まづ北鮮鐵運輸協定
242399	朝鮮朝日	南鮮版	1933-10-25	1	04단	蟾津橋開通
242400	朝鮮朝日	南鮮版	1933-10-25	1	04단	あくまで既定方針昭和水利について佐原技師談

일련번호	판명		간행일	면	단수	기사명
242401	朝鮮朝日	南鮮版	1933-10-25	1	04단	西鮮合電社長は何人が推される藤原知事は一寸難色
242402	朝鮮朝日	南鮮版	1933-10-25	1	05단	防空演習準備訓練釜山で行ふ
242403	朝鮮朝日	南鮮版	1933-10-25	1	05단	粉糾から粉糾へ陸競聯盟にも飛火理事七名つひに辭職いよいよ成り行き注目さる
242404	朝鮮朝日	南鮮版	1933-10-25	1	06단	咸寧殿で見事な菊花一般に觀覽
242405	朝鮮朝日	南鮮版	1933-10-25	1	06단	春畝山博文寺開眼入佛式廿六日盛大に
242406	朝鮮朝日	南鮮版	1933-10-25	1	07단	大工さんが大日如來を運搬
242407	朝鮮朝日	南鮮版	1933-10-25	1	07단	强風に襲はれ十九隻行方不明警備船が救助に活動
242408	朝鮮朝日	南鮮版	1933-10-25	1	07단	安東の日滿兩市街警戒匪賊の密行班が潜入
242409	朝鮮朝日	南鮮版	1933-10-25	1	08단	冬へのステップ
242410	朝鮮朝日	南鮮版	1933-10-25	1	08단	レヴューにも秋は麻びし
242411	朝鮮朝日	南鮮版	1933-10-25	1	09단	內臟破裂無殘卽死京城府廳人夫
242412	朝鮮朝日	南鮮版	1933-10-25	1	09단	菊花薰る明治節に安東で敬老會開催
242413	朝鮮朝日	南鮮版	1933-10-25	1	10단	朝鮮自動車交通事業令施行細則協議
242414	朝鮮朝日	南鮮版	1933-10-25	1	10단	漫然渡航者に全くこまる氣をつけよ
242415	朝鮮朝日	南鮮版	1933-10-25	1	10단	人(伊藤博精公爵/柴垣鼎氏(文部省建築課長)/松井太郎氏(滿大敎授)/福澤卯介氏(本社大邱通信所主任)/澤村五郎氏(本社平壤通信部主任/黑田重太郎畫伯(二科重鎭)/李相協氏(每日申報副社長)/高山東拓總裁/服部宇之吉氏(元城大總長)/美座京畿道內務部長)
242416	朝鮮朝日	西北版	1933-10-26	1		缺號
242417	朝鮮朝日	南鮮版	1933-10-26	1	01단	鮮內工場取締に總督府が乘出す改善すべき餘地は十分にある鮮內各地工場に實情
242418	朝鮮朝日	南鮮版	1933-10-26	1	01단	釜山防空演習準備訓練と準備演習廿八日から順次に行はれる
242419	朝鮮朝日	南鮮版	1933-10-26	1	01단	滿洲派遣軍內地交代部隊廿七日から釜山上陸
242420	朝鮮朝日	南鮮版	1933-10-26	1	01단	民事法廷で珍原告が頓死支拂請求訴訟の口頭辯論中興奮して心臟麻痺
242421	朝鮮朝日	南鮮版	1933-10-26	1	02단	水原沿岸に黃海の大潮被害が多い
242422	朝鮮朝日	南鮮版	1933-10-26	1	02단	選擧違反求刑
242423	朝鮮朝日	南鮮版	1933-10-26	1	03단	平壤兵器獻納式廿八日擧行
242424	朝鮮朝日	南鮮版	1933-10-26	1	03단	昌城警察署に落雷

일련번호	판명		간행일	면	단수	기사명
242425	朝鮮朝日	南鮮版	1933-10-26	1	03단	官印を偽造し三千餘圓騙取
242426	朝鮮朝日	南鮮版	1933-10-26	1	04단	京城の初氷
242427	朝鮮朝日	南鮮版	1933-10-26	1	04단	元山府會
242428	朝鮮朝日	南鮮版	1933-10-26	1	04단	家內工業品展と自力更生展廿五日から開催さる
242429	朝鮮朝日	南鮮版	1933-10-26	1	04단	出刃庖丁で姦夫を斬る木浦の慘劇
242430	朝鮮朝日	南鮮版	1933-10-26	1	04단	氣遣はれた漁船十八隻發見乘組員も無事
242431	朝鮮朝日	南鮮版	1933-10-26	1	05단	中等美術展賞狀授與式本社も表彰
242432	朝鮮朝日	南鮮版	1933-10-26	1	05단	伊藤博文公南山碑竣工
242433	朝鮮朝日	南鮮版	1933-10-26	1	05단	平南山間部の悲鳴不意の秋冷に農作物殆ど全滅他地への移住續出
242434	朝鮮朝日	南鮮版	1933-10-26	1	05단	橋梁上で轢死
242435	朝鮮朝日	南鮮版	1933-10-26	1	06단	雄々しい姿
242436	朝鮮朝日	南鮮版	1933-10-26	1	06단	馬山の銀貨偽造犯逮捕さる
242437	朝鮮朝日	南鮮版	1933-10-26	1	07단	兵共匪の手中に夢のやうな客人扱ひ暴行などは全然ない福田氏夫妻拉去の眞相
242438	朝鮮朝日	南鮮版	1933-10-26	1	07단	父の死體を見俟が自殺を企つ
242439	朝鮮朝日	南鮮版	1933-10-26	1	07단	列車稼ぎ逮捕
242440	朝鮮朝日	南鮮版	1933-10-26	1	08단	大京城の美化工作散策道、綠地帶設定など風致委員會で評定
242441	朝鮮朝日	南鮮版	1933-10-26	1	08단	蔬菜展示卽賣會
242442	朝鮮朝日	南鮮版	1933-10-26	1	08단	明治節奉祝京城の擧式
242443	朝鮮朝日	南鮮版	1933-10-26	1	09단	慶南初等校長會廿四日から開かれ會議は頗る緊張す
242444	朝鮮朝日	南鮮版	1933-10-26	1	10단	本年度開通電話更に受付け
242445	朝鮮朝日	南鮮版	1933-10-26	1	10단	小作令制定委員會第二日
242446	朝鮮朝日	南鮮版	1933-10-26	1	10단	運馬購買
242447	朝鮮朝日	南鮮版	1933-10-26	1	10단	もよほし(警察部射擊會/京城女高普創立記念式/共生會バザー)
242448	朝鮮朝日	南鮮版	1933-10-26	1	10단	人(藤本菊一氏(本社京城通信局長)/演田博士(京大文學部教授))
242449	朝鮮朝日	西北版	1933-10-27	1		缺號
242450	朝鮮朝日	南鮮版	1933-10-27	1	01단	菊花薰る博文寺で御本尊の開眼入佛式伊藤博文公への追慕を今ぞ新に参列者多數盛大に營まる(御下賜の香爐/博文寺之碑除幕式に移り)
242451	朝鮮朝日	南鮮版	1933-10-27	1	01단	中樞院を名實ともに最高の諮問機關に愈よ根本的に改革を斷行する

일련번호	판명		간행일	면	단수	기사명
242452	朝鮮朝日	南鮮版	1933-10-27	1	01단	贊否兩論の猛烈な潛行運動注目される三防炭拂下
242453	朝鮮朝日	南鮮版	1933-10-27	1	03단	見事な出來榮德壽宮で菊花展二十六日から一般に公開
242454	朝鮮朝日	南鮮版	1933-10-27	1	04단	蹴球試合
242455	朝鮮朝日	南鮮版	1933-10-27	1	04단	精神作興と京畿道の催し
242456	朝鮮朝日	南鮮版	1933-10-27	1	04단	第二回全鮮産卵競進會一組及び團體受賞者(一組競進受賞者/個體競進受賞者)
242457	朝鮮朝日	南鮮版	1933-10-27	1	05단	大浦電料値下げ愈よ認可さる
242458	朝鮮朝日	南鮮版	1933-10-27	1	05단	小作令制定委員會終る
242459	朝鮮朝日	南鮮版	1933-10-27	1	05단	北鮮に亞麻增殖栽培希望者が早くも殺到す
242460	朝鮮朝日	南鮮版	1933-10-27	1	05단	通信聯絡に使用する傳書鳩を飼育！全鮮で最初平壤署の試み
242461	朝鮮朝日	南鮮版	1933-10-27	1	06단	重サ卅五貫匆の記錄的の認可申請書
242462	朝鮮朝日	南鮮版	1933-10-27	1	06단	姉妹島燈台に無電を施設流氷による船舶遭難防止
242463	朝鮮朝日	南鮮版	1933-10-27	1	06단	京城で二棟全燒
242464	朝鮮朝日	南鮮版	1933-10-27	1	07단	內鮮融和美談
242465	朝鮮朝日	南鮮版	1933-10-27	1	07단	釜山四ゴム工場の職工四百名罷業又も工賃値下に端を發して二條件强硬に要求
242466	朝鮮朝日	南鮮版	1933-10-27	1	08단	國營で木炭檢査當局で準備
242467	朝鮮朝日	南鮮版	1933-10-27	1	08단	農村の經濟更生に活躍する婦人會他の模範となる仲坪里
242468	朝鮮朝日	南鮮版	1933-10-27	1	08단	廣告ビラを貧困學生へ學資をつくる爲め
242469	朝鮮朝日	南鮮版	1933-10-27	1	09단	腰の火藥が爆發し大火傷から卽死
242470	朝鮮朝日	南鮮版	1933-10-27	1	09단	食刀で自殺す息が父を怨んで
242471	朝鮮朝日	南鮮版	1933-10-27	1	10단	强姦殺人に無期を求刑
242472	朝鮮朝日	南鮮版	1933-10-27	1	10단	怪祈禱師泥棒と變ず遂に被害者が逮捕
242473	朝鮮朝日	南鮮版	1933-10-27	1	10단	天主教長老を棍棒で毆殺破門の怨みから
242474	朝鮮朝日	南鮮版	1933-10-27	1	10단	人(加藤卓氏/田斗完氏/寶來興銀理事/松田鮮銀理事)
242475	朝鮮朝日	西北版	1933-10-28	1	01단	秋晴の平南曠野に熱河戰思はせる壯烈なる假設敵演習押し寄せた觀衆三萬に上る平壤は空前の大賑ひ/九飛機の分列式觀兵式と共に大壯觀を呈す/萬歲聲裡に勇躍北行す滿洲派遣部隊
242476	朝鮮朝日	西北版	1933-10-28	1	03단	從來の朝鮮型船は遭難にかゝり安い內地型か改良朝鮮型にせよ

일련번호	판명		간행일	면	단수	기사명
242477	朝鮮朝日	西北版	1933-10-28	1	03단	神宮大會女子庭球に四組が二回戰へ惜くも大邱高女敗る(平壤高女/京城一女/大邱高女/進明高女/京城二女)
242478	朝鮮朝日	西北版	1933-10-28	1	04단	初霜初氷
242479	朝鮮朝日	西北版	1933-10-28	1	05단	忠南の農家をコスモスの花園に明春一齊に播種させる
242480	朝鮮朝日	西北版	1933-10-28	1	06단	紺綬褒章や褒狀癩豫防協會多額寄附者七十餘名に下賜さる
242481	朝鮮朝日	西北版	1933-10-28	1	07단	米穀統制法の對策を協議取引所聯合會
242482	朝鮮朝日	西北版	1933-10-28	1	07단	北鮮開拓の鐵道は着々進捗惠山線吉州合水間は十一月一日から開通
242483	朝鮮朝日	西北版	1933-10-28	1	07단	生ける屍モヒ患者を救濟する力をそゝぐ京畿道當局
242484	朝鮮朝日	西北版	1933-10-28	1	08단	米穀の應急資金割當きまる
242485	朝鮮朝日	西北版	1933-10-28	1	08단	本省からまだ調査に來ぬまた不安の醫專校
242486	朝鮮朝日	西北版	1933-10-28	1	09단	人(高山東拓總裁)
242487	朝鮮朝日	西北版	1933-10-28	1	09단	醫學界に珍らしい雙角子宮を發見平壤道立病院で手術
242488	朝鮮朝日	西北版	1933-10-28	1	10단	棉の麥間作試作に成功
242489	朝鮮朝日	西北版	1933-10-28	1	10단	公判開廷前に書記が卒倒赤色公判延期
242490	朝鮮朝日	西北版	1933-10-28	1	10단	模範職工が泥棒となる生活難から
242491	朝鮮朝日	西北版	1933-10-28	1	10단	老人の凍死
242492	朝鮮朝日	南鮮版	1933-10-28	1	01단	秋晴の平南曠野に熱河戰思はせる壯烈なる假設敵演習押し寄せた觀衆三萬に上る平壤は空前の大賑ひ/九飛機の分列式觀兵式と共に大壯觀を呈す/萬歲聲裡に勇躍北行す滿洲派遣部隊
242493	朝鮮朝日	南鮮版	1933-10-28	1	01단	(せつめい)上から京城春故山博文寺御本尊釋迦牟尼佛尊像開眼入佛式博文寺の碑除幕式入佛式の稚見さん達
242494	朝鮮朝日	南鮮版	1933-10-28	1	03단	從來の朝鮮型船は遭難にかゝり安い內地型か改良朝鮮型にせよ
242495	朝鮮朝日	南鮮版	1933-10-28	1	03단	神宮大會女子庭球に四組が二回戰へ惜くも大邱高女敗る(平壤高女/京城一女/大邱高女/進明高女/京城二女)
242496	朝鮮朝日	南鮮版	1933-10-28	1	04단	初霜初氷
242497	朝鮮朝日	南鮮版	1933-10-28	1	05단	忠南の農家をコスモスの花園に明春一齊に播種させる
242498	朝鮮朝日	南鮮版	1933-10-28	1	05단	米穀統制法の對策を協議取引所聯合會

일련번호	판명		간행일	면	단수	기사명
242499	朝鮮朝日	南鮮版	1933-10-28	1	05단	紺綬褒章や褒狀癩豫防協會多額寄附者七十餘名に下賜さる
242500	朝鮮朝日	南鮮版	1933-10-28	1	06단	朝鮮人には胃腸病患者が多い刺激性の食物を攝る爲めか仁川巡廻診療班の話
242501	朝鮮朝日	南鮮版	1933-10-28	1	06단	模範職工が泥棒となる生活難から
242502	朝鮮朝日	南鮮版	1933-10-28	1	07단	米穀の應急資金割當きまる
242503	朝鮮朝日	南鮮版	1933-10-28	1	07단	北鮮開拓の鐵道は着々進捗惠山線吉州合水間は十一月一日から開通
242504	朝鮮朝日	南鮮版	1933-10-28	1	07단	生ける屍モヒ患者を救濟する力をそゝぐ京畿道當局
242505	朝鮮朝日	南鮮版	1933-10-28	1	08단	人(高山東拓總裁)
242506	朝鮮朝日	南鮮版	1933-10-28	1	08단	本省からまだ調査に來ぬまた不安の醫專校
242507	朝鮮朝日	南鮮版	1933-10-28	1	09단	行方不明漁船二十隻百卅名無事歸還
242508	朝鮮朝日	南鮮版	1933-10-28	1	09단	棉の麥間作試作に成功
242509	朝鮮朝日	南鮮版	1933-10-28	1	09단	罷業團が示威運動騎馬巡査出動し漸く解散さす
242510	朝鮮朝日	南鮮版	1933-10-28	1	10단	濟衆醫院二棟全燒損害六萬圓
242511	朝鮮朝日	南鮮版	1933-10-28	1	10단	公判開廷前に書記が卒倒赤色公判延期
242512	朝鮮朝日	西北版	1933-10-29	1		缺號
242513	朝鮮朝日	南鮮版	1933-10-29	1	01단	今日の問題/鮮內米界は好感以て迎ふ米穀統制の米價公定につき關係有力者は語る/鮮內の映畫統制十四條からなる取締令/田口氏個展の裸婦を撤回繪葉書にさへなってるもの
242514	朝鮮朝日	南鮮版	1933-10-29	1	01단	農村のバチルス舍音を嚴重に取締る想像以上に被害が甚し各道小作制度の實相調査で判明/小作爭議の最大原因賭地權はどうなる新義州法院では『適用法文がない』高等法院では『登記せぬば駄目だ』
242515	朝鮮朝日	南鮮版	1933-10-29	1	01단	應援して下さい(寫眞說明)神宮體育大會女子軟球に出場の我が全鮮代表選手(戶山學校コートにて)
242516	朝鮮朝日	南鮮版	1933-10-29	1	04단	全鮮の窯業調査明年度から徹底的に
242517	朝鮮朝日	南鮮版	1933-10-29	1	04단	晴れの明治神宮體育大會に活躍の朝鮮代表
242518	朝鮮朝日	南鮮版	1933-10-29	1	05단	兵役事務愈よ擴大大弱りの警察
242519	朝鮮朝日	南鮮版	1933-10-29	1	05단	秋晴の瑞氣山で國防兵器獻納式擧行(野戰高射砲一台高射機關銃六挺)イトも盛大に行はる

일련번호	판명		간행일	면	단수	기사명
242520	朝鮮朝日	南鮮版	1933-10-29	1	06단	證據金を低減する百圓を六十圓に(朝鮮取引所)/取引所稅の半減方を陳情
242521	朝鮮朝日	南鮮版	1933-10-29	1	07단	實物古蹟や天然記念物保存令を出し年內には指定
242522	朝鮮朝日	南鮮版	1933-10-29	1	07단	門を破って亂入し女工百餘名が暴る工場側は水をばらまいて防止尖銳化した罷業團/罷業團から調停を一任釜山署長に
242523	朝鮮朝日	南鮮版	1933-10-29	1	07단	空前の疑獄京城土木談合事件愈よ卅一日公判開廷
242524	朝鮮朝日	南鮮版	1933-10-29	1	08단	幼兒を絞殺し母は便所で自殺夫から邪推された末
242525	朝鮮朝日	南鮮版	1933-10-29	1	09단	生産工業振興展一日から開く
242526	朝鮮朝日	南鮮版	1933-10-29	1	10단	內鮮滿台交通會議卅一日から
242527	朝鮮朝日	南鮮版	1933-10-29	1	10단	近年ない鰯豐漁每日一萬樽
242528	朝鮮朝日	南鮮版	1933-10-29	1	10단	絶對に不正なし安東縣疑獄につき高岡參事官談
242529	朝鮮朝日	南鮮版	1933-10-29	1	10단	人(小野寺みさを氏(小野寺京城方法院監督書記夫人))
242530	朝鮮朝日	西北版	1933-10-31	1		缺號
242531	朝鮮朝日	南鮮版	1933-10-31	1	01단	故鄕に歸って棉作の一線に立つ彼女等の汗愛と努力慶南道女子棉作傳習所を訪ふ(屋外勞働/絶讚の音)
242532	朝鮮朝日	南鮮版	1933-10-31	1	01단	愈よ明年度から地方稅の整理を行ふ所得稅附加稅新設し戶稅を全廢する本府內務局で整理要項調査
242533	朝鮮朝日	南鮮版	1933-10-31	1	01단	日佛修文條約批準書寫し意外京城にも現存京城府の堀江寫明氏が所藏貴重な古文書の內容
242534	朝鮮朝日	南鮮版	1933-10-31	1	02단	明治神宮體育大會から(上)二十八日京城第一高女(勝)と館林高女の優勝試合(下)同日京城第一高女(勝)と川越高女の排球試合狀況
242535	朝鮮朝日	南鮮版	1933-10-31	1	05단	農村振興自力更生各地で講習會
242536	朝鮮朝日	南鮮版	1933-10-31	1	05단	專門校敎授は金塊密輸團の首魁一味二名と共謀二十萬圓密輸豪奢な生活から遂に暴露
242537	朝鮮朝日	南鮮版	1933-10-31	1	06단	內鮮滿聯絡飛行のダイヤグラム改正鮮內では日曜日就航
242538	朝鮮朝日	南鮮版	1933-10-31	1	06단	江東鐵道の敷設に反對大運社長上京

일련번호	판명		간행일	면	단수	기사명
242539	朝鮮朝日	南鮮版	1933-10-31	1	07단	釜山ゴム爭議擴大五工場に及ぶ/大同ゴム又も罷業賃銀問題と女工解雇で
242540	朝鮮朝日	南鮮版	1933-10-31	1	07단	地方放送局として釜山と大邱平壤に明年度には二ヶ所新設の計劃
242541	朝鮮朝日	南鮮版	1933-10-31	1	07단	間島暴動公判近く結審
242542	朝鮮朝日	南鮮版	1933-10-31	1	07단	全鮮の優秀者を集め勸農補導講習會廿二日から平壤府社會館で
242543	朝鮮朝日	南鮮版	1933-10-31	1	08단	大邱の勞銀調べ內地人左官が最高
242544	朝鮮朝日	南鮮版	1933-10-31	1	09단	朝鮮郵船株主總會
242545	朝鮮朝日	南鮮版	1933-10-31	1	09단	鮮內からの鹽密輸嚴禁鴨綠江で遭難者頻出
242546	朝鮮朝日	南鮮版	1933-10-31	1	10단	柳川面に溫泉掘鑿許可を出願
242547	朝鮮朝日	南鮮版	1933-10-31	1	10단	菊の湯
242548	朝鮮朝日	南鮮版	1933-10-31	1	10단	幼兒を轢殺
242549	朝鮮朝日	南鮮版	1933-10-31	1	10단	スポーツ(專門校陸競に水原農優勝)
242550	朝鮮朝日	南鮮版	1933-10-31	1	10단	人(大久保陸軍省軍務局防備課長/上杉古太郎氏(釜山府會議員)/白垣善四郎氏(朝運釜山支店長)

1933년 11월 (조선아사히)

일련번호	판명		간행일	면	단수	기사명
242551	朝鮮朝日	西北版	1933-11-01	1		缺號
242552	朝鮮朝日	南鮮版	1933-11-01	1	01단	慶南道女子棉作傳習所を訪ふ(B)/前作麥も棉作も大收穫働く者のみが知る喜悅と感激
242553	朝鮮朝日	南鮮版	1933-11-01	1	01단	居竝ぶ被告まさに八十七名豫審終結以來一年目土木談合事件の公判開廷
242554	朝鮮朝日	南鮮版	1933-11-01	1	02단	三陟無煙炭鑛區解放阻止の猛運動平壤商工會議所愈よ起つ業者を窒息さす/無煙炭合同會社の實現材料に三陟拂下げを要望平南の業者たちが力說
242555	朝鮮朝日	南鮮版	1933-11-01	1	06단	慶南道會
242556	朝鮮朝日	南鮮版	1933-11-01	1	06단	本年度から籾三百萬石を貯藏米穀統制のため朝鮮內で實行方法が問題
242557	朝鮮朝日	南鮮版	1933-11-01	1	06단	電氣事業令愈よけふから實施關係府令も新たに制定
242558	朝鮮朝日	南鮮版	1933-11-01	1	06단	鮮滿台聯絡運輸會議鐵道局で開催
242559	朝鮮朝日	南鮮版	1933-11-01	1	07단	朝鮮米倉總會
242560	朝鮮朝日	南鮮版	1933-11-01	1	07단	若き救ひの女神O型血液の看護婦さん數名の生命を救ふ
242561	朝鮮朝日	南鮮版	1933-11-01	1	07단	釜信、朝信の合併愈よ交涉成立
242562	朝鮮朝日	南鮮版	1933-11-01	1	08단	金塊一貫目を安東に密輸二名が數十回に互り
242563	朝鮮朝日	南鮮版	1933-11-01	1	08단	小金持ちの老婆絞殺さる犯人容疑者として元雇人を引致取調
242564	朝鮮朝日	南鮮版	1933-11-01	1	08단	神宮競技から勝ちすゝむ排球の京師
242565	朝鮮朝日	南鮮版	1933-11-01	1	09단	形勢益々惡化就業女工は工場に鑵詰め大同ゴムの爭議
242566	朝鮮朝日	南鮮版	1933-11-01	1	10단	鐵道職員の制服で惡事を働く
242567	朝鮮朝日	南鮮版	1933-11-01	1	10단	聲の取締レコード二枚發賣を禁止
242568	朝鮮朝日	南鮮版	1933-11-01	1	10단	油鑵爆發三名が重傷
242569	朝鮮朝日	南鮮版	1933-11-01	1	10단	膝下から轢斷
242570	朝鮮朝日	南鮮版	1933-11-01	1	10단	女の溺死
242571	朝鮮朝日	南鮮版	1933-11-01	1	10단	人(海部巖氏(總督府保安課囑託)/梶原農林省京城米穀事務所長/杉亭氏(本社晉州通信員))
242572	朝鮮朝日	西北版	1933-11-02	1		缺號
242573	朝鮮朝日	南鮮版	1933-11-02	1	01단	神經痛も次第に快方に向ひ久し振りに語る宇垣さん
242574	朝鮮朝日	南鮮版	1933-11-02	1	01단	全鮮三ヶ所に國立の製鍊所を設置産金獎勵上刻下の急務總督府で計劃

일련번호	판명		간행일	면	단수	기사명
242575	朝鮮朝日	南鮮版	1933-11-02	1	01단	北鮮の處女地愈よ開發さる惠山線吉州、合水間の開通で城津港も劃期的躍進
242576	朝鮮朝日	南鮮版	1933-11-02	1	01단	內地各地の農村敎育を視察富澤平南道視學談
242577	朝鮮朝日	南鮮版	1933-11-02	1	02단	滿洲事變記念展各地で催す
242578	朝鮮朝日	南鮮版	1933-11-02	1	02단	國境に初雪
242579	朝鮮朝日	南鮮版	1933-11-02	1	03단	醫師試驗の一部合格者
242580	朝鮮朝日	南鮮版	1933-11-02	1	03단	安東の日用雜貨無茶苦茶に暴騰新義州を怨めしさうに眺める府民
242581	朝鮮朝日	南鮮版	1933-11-02	1	04단	御下賜金を傳達
242582	朝鮮朝日	南鮮版	1933-11-02	1	04단	醫專調査委員決定林、森島兩博士
242583	朝鮮朝日	南鮮版	1933-11-02	1	04단	菊花薰る朝鮮神宮で獻詠歌披講式宮家からも御進詠
242584	朝鮮朝日	南鮮版	1933-11-02	1	05단	果菜耀市場平壤府會で設置認可/魚類果菜の市場公營に
242585	朝鮮朝日	南鮮版	1933-11-02	1	06단	お歷々の夫人達が大地にしたしむ服らかな芋掘り風景
242586	朝鮮朝日	南鮮版	1933-11-02	1	06단	滿洲國の玄關口から鮮産品が續々登場近く朝鮮貿易協會出張所活躍/平壤地下足袋續々と滿洲國へ九月迄に二十八萬足
242587	朝鮮朝日	南鮮版	1933-11-02	1	08단	明治神宮大會(繼走に優勝三段跳に敗る朝鮮の選手/弓道試合に決勝戰へ臨む)
242588	朝鮮朝日	南鮮版	1933-11-02	1	08단	積極的に牡蠣の養殖獎勵平南の漁村更生策
242589	朝鮮朝日	南鮮版	1933-11-02	1	09단	好い匂ひがするとてマイトを噛じって爆發
242590	朝鮮朝日	南鮮版	1933-11-02	1	09단	死體が行方不明月背面に怪事
242591	朝鮮朝日	南鮮版	1933-11-02	1	10단	捨子の都
242592	朝鮮朝日	南鮮版	1933-11-02	1	10단	母子四人無殘燒死火に注意せよ
242593	朝鮮朝日	南鮮版	1933-11-02	1	10단	帆船三隻消息不明沿岸各地搜査
242594	朝鮮朝日	南鮮版	1933-11-02	1	10단	人(高山東拓總裁/三浦計氏(日本製糖平壤工場理事)/杉亭氏(本社慶南道晉州通信員))
242595	朝鮮朝日	西北版	1933-11-03	1		缺號
242596	朝鮮朝日	南鮮版	1933-11-03	1	01단	昔は遊興に使用今日では生活の糧に談合は共存共榮でやむを得ぬ深刻に取調進む京城土木談合專件公判
242597	朝鮮朝日	南鮮版	1933-11-03	1	01단	神宮競技大會から
242598	朝鮮朝日	南鮮版	1933-11-03	1	03단	府縣對抗庭球に朝鮮軍堂々勝つ

일련번호	판명		간행일	면	단수	기사명
242599	朝鮮朝日	南鮮版	1933-11-03	1	04단	世昌ゴム一日罷業
242600	朝鮮朝日	南鮮版	1933-11-03	1	04단	一般の注目を引く西鮮合電社長は誰渡邊農林局長は總督が放さず總監も詮考に一苦心
242601	朝鮮朝日	南鮮版	1933-11-03	1	04단	大興電氣が事業を統制
242602	朝鮮朝日	南鮮版	1933-11-03	1	04단	剪燈夜話三つ(航空便速達/關釜聯絡船/季節と犯罪)
242603	朝鮮朝日	南鮮版	1933-11-03	1	05단	談合有罪と決まれば請負者無資格に成り行き注目さる
242604	朝鮮朝日	南鮮版	1933-11-03	1	06단	辭令(東京電話)
242605	朝鮮朝日	南鮮版	1933-11-03	1	06단	南鮮航路を開拓十三日から試驗飛行京城、長項、金堤、松汀里、木浦間
242606	朝鮮朝日	南鮮版	1933-11-03	1	06단	鮮內の新米は開港地へ續々殺到暗しい米穀統制問題を他所に
242607	朝鮮朝日	南鮮版	1933-11-03	1	06단	素晴しい鰯の豊漁咸南道沿岸
242608	朝鮮朝日	南鮮版	1933-11-03	1	07단	北鮮鐵道協議會四日から開く/元山近海/內鮮滿台會議今度は台北で開く
242609	朝鮮朝日	南鮮版	1933-11-03	1	08단	病を苦に鐵道自殺
242610	朝鮮朝日	南鮮版	1933-11-03	1	08단	全鮮軍用犬訓練競技會朝鮮では最初の試み/軍用犬の飼育奬勵力を注ぐ當局
242611	朝鮮朝日	南鮮版	1933-11-03	1	08단	滿浦鎭線開通の曉は滿洲物資が平壤へ工業都市としての活氣を招來
242612	朝鮮朝日	南鮮版	1933-11-03	1	09단	女給身投げ
242613	朝鮮朝日	南鮮版	1933-11-03	1	10단	米輸移出最高記錄朝鮮では最初
242614	朝鮮朝日	南鮮版	1933-11-03	1	10단	李王家博物館貴重品陳列
242615	朝鮮朝日	南鮮版	1933-11-03	1	10단	酌婦を滅多斬り無理心中計る
242616	朝鮮朝日	南鮮版	1933-11-03	1	10단	人(多田榮吉氏(新義州實業家))
242617	朝鮮朝日	西北版	1933-11-04	1		缺號
242618	朝鮮朝日	南鮮版	1933-11-04	1	01단	朝鮮神宮大前で嚴肅に行はれた獻詠歌披講式と參列者
242619	朝鮮朝日	南鮮版	1933-11-04	1	01단	負擔の輕減に面や郡の廢合を奬勵本府地方課で調査
242620	朝鮮朝日	南鮮版	1933-11-04	1	01단	滿洲事變戰歿の勇士慰靈大祭十一日龍山聯隊で盛大に執行
242621	朝鮮朝日	南鮮版	1933-11-04	1	01단	釜山稅關開廳五十周年記念式貿易展も開會さる
242622	朝鮮朝日	南鮮版	1933-11-04	1	01단	鮮銀異動
242623	朝鮮朝日	南鮮版	1933-11-04	1	02단	菊花薫る明治節(京城/平壤/馬山/咸興/開城/淸州/明治節の夕)

일련번호	판명		간행일	면	단수	기사명
242624	朝鮮朝日	南鮮版	1933-11-04	1	04단	*嚴寒の尖兵/釜山地方も*
242625	朝鮮朝日	南鮮版	1933-11-04	1	04단	信託合同着々進々共信資産調査
242626	朝鮮朝日	南鮮版	1933-11-04	1	05단	見よ我等が選手の勇躍(弓道に我朝鮮組が優勝明治神宮體育大會/大阪方を屠り庭球も榮冠獲得)
242627	朝鮮朝日	南鮮版	1933-11-04	1	07단	鮮內各地の消防功勞者精勤者各道知事から表彰狀傳達
242628	朝鮮朝日	南鮮版	1933-11-04	1	07단	社會事業に妓生が千圓寄附窮民の救濟費として
242629	朝鮮朝日	南鮮版	1933-11-04	1	07단	安東警察署長淸水氏轉任撫順署長へ
242630	朝鮮朝日	南鮮版	1933-11-04	1	08단	*選手の顔脹らか湯澤氏語る/マラソンは南君二位に/一般四百米に西君優勝す*
242631	朝鮮朝日	南鮮版	1933-11-04	1	09단	母子二人を縛り上げ金齒五本拔取る靈泉面に覆面强盜
242632	朝鮮朝日	南鮮版	1933-11-04	1	09단	巫女の取締
242633	朝鮮朝日	南鮮版	1933-11-04	1	10단	鮮航同盟への對策を協議鮮穀聯合會
242634	朝鮮朝日	南鮮版	1933-11-04	1	10단	間島暴動愈よ結審求刑本月中旬
242635	朝鮮朝日	南鮮版	1933-11-04	1	10단	罪人に宗教
242636	朝鮮朝日	西北版	1933-11-05	1		缺號
242637	朝鮮朝日	南鮮版	1933-11-05	1	01단	慶南道女子棉作傳習所を訪ふ(C)/附近の農民に『働くことだ』を强調眞劍な女性の活動にただ感激
242638	朝鮮朝日	南鮮版	1933-11-05	1	01단	*指名競爭入札と見積書提出とは違ふ檢事曰く『保釋後そんはことを研究したか』本格的の審理に入った土木談合事件公判/鐵道工事を中心にするどく追及す*
242639	朝鮮朝日	南鮮版	1933-11-05	1	03단	平壤商議總會
242640	朝鮮朝日	南鮮版	1933-11-05	1	03단	北鮮鐵道と鮮鐵局協議
242641	朝鮮朝日	南鮮版	1933-11-05	1	03단	樂浪古墳發掘報告書(狩獵畫の漆器盤や頗る珍重な壁畫多數の貴い資料が現はる)
242642	朝鮮朝日	南鮮版	1933-11-05	1	04단	新義州府民熱誠の防空兵器獻納式平北國防義會も發會
242643	朝鮮朝日	南鮮版	1933-11-05	1	05단	朝鮮書道展
242644	朝鮮朝日	南鮮版	1933-11-05	1	05단	釜山の防空演習九日正午から
242645	朝鮮朝日	南鮮版	1933-11-05	1	06단	用途と經濟價値により課稅標準を改める全鮮稅關檢査主任會議で決定
242646	朝鮮朝日	南鮮版	1933-11-05	1	06단	駐在所にも傳書鳩飼育平壤署との通信聯絡に犯人捜査上一段の活躍
242647	朝鮮朝日	南鮮版	1933-11-05	1	06단	釜山信託買收條件總買收價格は六十二萬餘圓

일련번호	판명		간행일	면	단수	기사명
242648	朝鮮朝日	南鮮版	1933-11-05	1	07단	平壤機濱松へ
242649	朝鮮朝日	南鮮版	1933-11-05	1	07단	渡邊廣吉氏に刑事補償交付金七百三十圓と決定
242650	朝鮮朝日	南鮮版	1933-11-05	1	07단	全鮮菊花品評會入賞者氏名
242651	朝鮮朝日	南鮮版	1933-11-05	1	07단	大地主の寡婦疑問の自殺財産相續問題からか
242652	朝鮮朝日	南鮮版	1933-11-05	1	08단	鮮內第二回收穫豫想高昭和五年につぐ豊作第一回豫想よりは幾分減
242653	朝鮮朝日	南鮮版	1933-11-05	1	08단	逃走兵
242654	朝鮮朝日	南鮮版	1933-11-05	1	08단	黑麴の製造に成功平壤燒酎に福音
242655	朝鮮朝日	南鮮版	1933-11-05	1	08단	飲まれぬ馬山上水道荻野博士調査
242656	朝鮮朝日	南鮮版	1933-11-05	1	09단	老婆殺しは強盗の所爲橋本檢事談
242657	朝鮮朝日	南鮮版	1933-11-05	1	09단	驛助役や驛員が金塊密輸に關係/三等客車から金の延棒を發見密輸を企てた犯人を捜査
242658	朝鮮朝日	南鮮版	1933-11-05	1	10단	三百名が同盟休業(中央高普校)
242659	朝鮮朝日	南鮮版	1933-11-05	1	10단	二千九百圓橫領の郵便所員捕る
242660	朝鮮朝日	南鮮版	1933-11-05	1	10단	死體を海岸へ
242661	朝鮮朝日	西北版	1933-11-07	1		缺號
242662	朝鮮朝日	南鮮版	1933-11-07	1	01단	慶南道女子棉作傳習所を訪ふ(D)/忍從生活を打破し中堅婦人として立つ實際の知識を習得して社會へ
242663	朝鮮朝日	南鮮版	1933-11-07	1	01단	不況の波に押されて中農は續々と轉落す年に二千戸の自農が小作農に自作農創定も前途は療遠/短期から長期に籾貯藏計劃變更振替へ籾は百萬石/素晴しい鮮米飛躍內地移出に
242664	朝鮮朝日	南鮮版	1933-11-07	1	02단	婦人と銃とって
242665	朝鮮朝日	南鮮版	1933-11-07	1	03단	隣保協助に努め內容を刷新する! 全鮮の無盡會社統制
242666	朝鮮朝日	南鮮版	1933-11-07	1	04단	血判して嘆願書提出平壤醫專生
242667	朝鮮朝日	南鮮版	1933-11-07	1	05단	半島一帶に猛烈な寒波釜山地方結氷
242668	朝鮮朝日	南鮮版	1933-11-07	1	05단	死の跳躍性格を出したシェパードビル過った「飛込め」の命令通り牡丹台の斷崖から飛降る
242669	朝鮮朝日	南鮮版	1933-11-07	1	06단	鄉軍會長から功勞賞受く石川溯爾氏
242670	朝鮮朝日	南鮮版	1933-11-07	1	06단	軍用犬資格審查訓練競技
242671	朝鮮朝日	南鮮版	1933-11-07	1	06단	大學專門校卓球大會
242672	朝鮮朝日	南鮮版	1933-11-07	1	07단	佛の罰は覿面だ佛像泥棒四名

일련번호	판명		간행일	면	단수	기사명
242673	朝鮮朝日	南鮮版	1933-11-07	1	07단	*訓導の生徒殿打致死俄然教育界に波紋 被害者父親から訓導を告訴提起東大門 署で嚴重取調開始/腦膜炎は毆打に原因 せぬ美座内務部長語る*
242674	朝鮮朝日	南鮮版	1933-11-07	1	08단	新義州の暴風大被害
242675	朝鮮朝日	南鮮版	1933-11-07	1	08단	咸興市内非常警戒不穩文書撒布
242676	朝鮮朝日	南鮮版	1933-11-07	1	09단	野生山葡萄で葡萄酒ができる從來のよ りも品質良好山の副業として有望
242677	朝鮮朝日	南鮮版	1933-11-07	1	09단	富豪脅迫犯人捕る
242678	朝鮮朝日	南鮮版	1933-11-07	1	09단	天晴れな女刑事偽僧侶の詐欺犯人を捕 ふ
242679	朝鮮朝日	南鮮版	1933-11-07	1	10단	京城荒し
242680	朝鮮朝日	南鮮版	1933-11-07	1	10단	五百餘件の泥棒
242681	朝鮮朝日	南鮮版	1933-11-07	1	10단	漢江へ身投二つ
242682	朝鮮朝日	南鮮版	1933-11-07	1	10단	人(篠田李王職長官/岡村正雄氏(釜山府 水晶町))
242683	朝鮮朝日	西北版	1933-11-08	1		缺號
242684	朝鮮朝日	南鮮版	1933-11-08	1	01단	秋の印家(A)/黑田重太郎
242685	朝鮮朝日	南鮮版	1933-11-08	1	01단	入學難の深刻から朝鮮でも弊害が續出 各道教育總會で對策を考究
242686	朝鮮朝日	南鮮版	1933-11-08	1	01단	大連と北鮮經由蜜柑の珍競走惜しや稅 關休日で北鮮經由が敗く
242687	朝鮮朝日	南鮮版	1933-11-08	1	01단	昭和水利の創立委員會開く認可の申請 大評定
242688	朝鮮朝日	南鮮版	1933-11-08	1	03단	知事級に近く異動舊慣習を打破
242689	朝鮮朝日	南鮮版	1933-11-08	1	04단	北部炭の內地移出五萬トン位
242690	朝鮮朝日	南鮮版	1933-11-08	1	04단	あたしうれしいお嫁入り支度費は時節 柄二百圓でできます
242691	朝鮮朝日	南鮮版	1933-11-08	1	05단	朝鮮への移民希望者激減當局對策考究
242692	朝鮮朝日	南鮮版	1933-11-08	1	05단	朝鮮物産を大々的に內地へ鮮米協會と 物産協會を統一し一段の進出を計劃
242693	朝鮮朝日	南鮮版	1933-11-08	1	06단	平壤兼二浦間直通自動車開通兩地の經 濟界は愈よ緊密に
242694	朝鮮朝日	南鮮版	1933-11-08	1	06단	籾の上場明年から實施
242695	朝鮮朝日	南鮮版	1933-11-08	1	07단	賠償の義務なし慰藉料請求に對し國の 方が勝つ
242696	朝鮮朝日	南鮮版	1933-11-08	1	07단	*判事の態度を眞似て裁判長を苦笑さす 各被告の嘘を申し立てた理由土木談合 事件公判四日目/九口に互る談合を鋭く 追及*

일련번호	판명		간행일	면	단수	기사명
242697	朝鮮朝日	南鮮版	1933-11-08	1	07단	大邱や釜山の質屋に奇怪な呼出狀大邱檢事局でもビックリ遂に犯人一名を逮捕
242698	朝鮮朝日	南鮮版	1933-11-08	1	09단	腦膜炎は毆打からでない武藤博士が鑑定す教師の兒童毆打致死事件
242699	朝鮮朝日	南鮮版	1933-11-08	1	10단	エロ映畫會の正體を探す
242700	朝鮮朝日	南鮮版	1933-11-08	1	10단	救人・・ニュース
242701	朝鮮朝日	南鮮版	1933-11-08	1	10단	驛員に警告密輸犯人續出から
242702	朝鮮朝日	南鮮版	1933-11-08	1	10단	二十一棟全燒す陽社面の火事
242703	朝鮮朝日	南鮮版	1933-11-08	1	10단	人(伊藤警務局事務官母堂)
242704	朝鮮朝日	南鮮版	1933-11-09	1	01단	半島二千萬民衆に新たなる奮起を促す全鮮の教化團體を總動員して精神作興の一大運動(宇垣總督の聲明)
242705	朝鮮朝日	南鮮版	1933-11-09	1	01단	朝鮮一の昭和水組設置認可の申請大評定物々しい歷史的の雰圍氣の裡に創立委員會開かる
242706	朝鮮朝日	南鮮版	1933-11-09	1	02단	舞台は廻るマリヤ殺し事件公判へ/井上さんに決定しまいたか意外な面持で大橋夫人語る/有罪と聞き驚いて語る湯川消費部主任/無罪の吉報を待ってましたに隆雄の妻女の話
242707	朝鮮朝日	南鮮版	1933-11-09	1	04단	辭令(東京電話)
242708	朝鮮朝日	南鮮版	1933-11-09	1	05단	重要なる議案討議平壤商議總會
242709	朝鮮朝日	南鮮版	1933-11-09	1	05단	上原元師薨去昨夜七時四十五分/敍位、敍勳の御沙汰
242710	朝鮮朝日	南鮮版	1933-11-09	1	06단	保安課長會
242711	朝鮮朝日	南鮮版	1933-11-09	1	06단	大男に智惠の廻りすぎたお歷々商銀頭取朴さんの首唱で生れた御覽よこの京城巨人會
242712	朝鮮朝日	南鮮版	1933-11-09	1	07단	鮮穀聯合役員會
242713	朝鮮朝日	南鮮版	1933-11-09	1	07단	慶南の名所を一般に紹介繪葉書作成
242714	朝鮮朝日	南鮮版	1933-11-09	1	08단	醫師試驗合格者
242715	朝鮮朝日	南鮮版	1933-11-09	1	08단	本年度の麥實收高千卅七萬七百石前年より二分三釐減
242716	朝鮮朝日	南鮮版	1933-11-09	1	08단	護國の鬼となった二百六十四の英魂慰靈祭十一日龍山野砲聯隊でイト盛大に執行する
242717	朝鮮朝日	南鮮版	1933-11-09	1	09단	七名が行方不明帆船の坐礁から/漢川漁組の漁船七隻も/平北道內の暴風雨被害
242718	朝鮮朝日	南鮮版	1933-11-09	1	10단	溫情主義で學生を善導取締方針を改革
242719	朝鮮朝日	南鮮版	1933-11-09	1	10단	金剛山電氣總會

일련번호	판명		간행일	면	단수	기사명
242720	朝鮮朝日	南鮮版	1933-11-09	1	10단	人(ジェームス・ランゼイ氏(カナダ國有鐵道理事)/京畿道公立普通學校長內地學事視察團(高陽公普校長藤野孝市氏外十四名)/大村卓一氏(關東軍交通監督部長)/荻原三郎氏(鐵道局監督課長))
242721	朝鮮朝日	西北版	1933-11-10	1	01단	秋の印家(B)/黑田重太郎
242722	朝鮮朝日	西北版	1933-11-10	1	01단	無煙炭合同條件に三陟炭田を拂下ぐる總督府案に反對者側も贊意炭界の波紋漸く解決か/三陟炭田開放の阻止運動に反對平壤商議一部の傾向
242723	朝鮮朝日	西北版	1933-11-10	1	01단	渦卷く興奮設置問題でつひに紛糾金創立委員長の憤然退場から昭和水利生みの惱み
242724	朝鮮朝日	西北版	1933-11-10	1	04단	平南の池雲面は石器時代の跡だ! 石庖丁、石斧、石劍、土器等出現
242725	朝鮮朝日	西北版	1933-11-10	1	04단	東拓鑛業株主總會
242726	朝鮮朝日	西北版	1933-11-10	1	05단	鮮工業會理事會
242727	朝鮮朝日	西北版	1933-11-10	1	05단	合電社長に渡邊氏拒絶結局藤原氏か
242728	朝鮮朝日	西北版	1933-11-10	1	05단	鮮米協會を社團法人に役員も改選
242729	朝鮮朝日	西北版	1933-11-10	1	05단	鐵道永年勤續百五十一名十三日表彰
242730	朝鮮朝日	西北版	1933-11-10	1	06단	本年度の酒造見込朝鮮酒增加
242731	朝鮮朝日	西北版	1933-11-10	1	06단	注目される農業者大會二十日京城社會館で
242732	朝鮮朝日	西北版	1933-11-10	1	06단	咸南鰮漁益々好調旣に七十萬樽
242733	朝鮮朝日	西北版	1933-11-10	1	07단	『談合金を出さねば仕事は取れない』谷口氏矢繼早の審問に續々と答辯土木談合事件公判五日
242734	朝鮮朝日	西北版	1933-11-10	1	07단	十名溺死し三名行方不明
242735	朝鮮朝日	西北版	1933-11-10	1	08단	娘身投も酒故に
242736	朝鮮朝日	西北版	1933-11-10	1	09단	總督府で禁止原木の滿洲移出木材の自給自足を計るため安東の製材業者打擊
242737	朝鮮朝日	西北版	1933-11-10	1	10단	行政處分は免がれまい金性達訓導
242738	朝鮮朝日	西北版	1933-11-10	1	10단	全鮮書道展特選者決定
242739	朝鮮朝日	西北版	1933-11-10	1	10단	人(山田城大總長/本村太郎氏(仁川穀物協會理事)/中原史郎氏(鎭南浦府尹)/今關信氏(茂山警察署長)/多買榮二氏(三長警察署長)/野口指導官(三長對岸安圖縣附))
242740	朝鮮朝日	南鮮版	1933-11-10	1	01단	秋の印家(B)/黑田重太郎

일련번호	판명		간행일	면	단수	기사명
242741	朝鮮朝日	南鮮版	1933-11-10	1	01단	防空演習　空襲だ爆撃だ壯烈・實戰さながら釜山附近五郡民總動員し防空陣に大活躍/防空兵器を各所に配置何れも物々しい緊張/木浦でも大活動
242742	朝鮮朝日	南鮮版	1933-11-10	1	04단	渦卷く興奮設置問題でつひに紛糾金創立委員長の憤然退場から昭和水利生みの悩み
242743	朝鮮朝日	南鮮版	1933-11-10	1	06단	合電社長に渡邊氏拒絶結局藤原氏か
242744	朝鮮朝日	南鮮版	1933-11-10	1	06단	『談合金を出さねば仕事は取れない』谷口氏矢繼早の審問に續々と答辯土木談合事件公判五日
242745	朝鮮朝日	南鮮版	1933-11-10	1	07단	鮮米協會を社團法人に役員も改選
242746	朝鮮朝日	南鮮版	1933-11-10	1	07단	全鮮書道展特選者決定
242747	朝鮮朝日	南鮮版	1933-11-10	1	08단	鐵道永年勤續百五十一名十三日表彰
242748	朝鮮朝日	南鮮版	1933-11-10	1	08단	行政處分は免がれまい金性達訓導
242749	朝鮮朝日	南鮮版	1933-11-10	1	09단	東拓鑛業株主總會
242750	朝鮮朝日	南鮮版	1933-11-10	1	10단	鮮工業會理事會
242751	朝鮮朝日	南鮮版	1933-11-10	1	10단	友達と衝突しつひに絶命
242752	朝鮮朝日	南鮮版	1933-11-10	1	10단	娘身投も酒故に
242753	朝鮮朝日	南鮮版	1933-11-10	1	10단	ストーブ泥棒
242754	朝鮮朝日	南鮮版	1933-11-10	1	10단	人(山田城大總長/本村太郎氏(仁川穀物協會理事)/中原史郎氏(鎭南浦府尹))
242755	朝鮮朝日	西北版	1933-11-11	1	01단	非常時局大いに奮起を促す半島二千萬民衆に精神作興(總督府/京城府/京畿道/平壤)
242756	朝鮮朝日	西北版	1933-11-11	1	01단	內、鮮、滿經濟のブロックを確立する生産販賣の統制を斷行まづ副業品から實施の計劃
242757	朝鮮朝日	西北版	1933-11-11	1	01단	不祥事の續發に教育行政刷新まづ教師の素質向上の爲め講習會を開催する
242758	朝鮮朝日	西北版	1933-11-11	1	01단	四道における災害復舊費總額八十萬圓
242759	朝鮮朝日	西北版	1933-11-11	1	01단	歌舞音曲停止せよ御喪儀當日
242760	朝鮮朝日	西北版	1933-11-11	1	02단	總督府辭令
242761	朝鮮朝日	西北版	1933-11-11	1	02단	新設米倉は全南麗水に
242762	朝鮮朝日	西北版	1933-11-11	1	03단	マリヤ殺しの公判はどうなる(1)/桃色遊戲から遂に恐るべき罪へ大橋夫人再び舞台に登場
242763	朝鮮朝日	西北版	1933-11-11	1	04단	人(根津南鐵社長)
242764	朝鮮朝日	西北版	1933-11-11	1	04단	共濟信託買收交涉近く假調印か

일련번호	판명		간행일	면	단수	기사명
242765	朝鮮朝日	西北版	1933-11-11	1	05단	改選役員と明年度事業學生陸競聯盟
242766	朝鮮朝日	西北版	1933-11-11	1	05단	全部の調印も纏り愈よ認可申請手續生れ出る昭和水利組合/喜びの中になほも憂慮起債か問題
242767	朝鮮朝日	西北版	1933-11-11	1	06단	安東の人氣者鎮平銀が姿を消す滿洲國の幣制統一から
242768	朝鮮朝日	西北版	1933-11-11	1	06단	忠南道廳職員が高射機關銃獻納俸給から應分の獻金をなし
242769	朝鮮朝日	西北版	1933-11-11	1	07단	京圖線の開通により清津新潟間に航路開拓
242770	朝鮮朝日	西北版	1933-11-11	1	08단	講演に映畫に缺食兒救護宣傳資金募集に活動の平高女
242771	朝鮮朝日	西北版	1933-11-11	1	09단	大邱名物藥命市
242772	朝鮮朝日	西北版	1933-11-11	1	10단	專門學校蹴球大會
242773	朝鮮朝日	西北版	1933-11-11	1	10단	大邱競馬
242774	朝鮮朝日	西北版	1933-11-11	1	10단	出刃で姦夫殺害犯人は自首
242775	朝鮮朝日	西北版	1933-11-11	1	10단	亂打して妻を絞殺若い夫の兇行
242776	朝鮮朝日	西北版	1933-11-11	1	10단	剃刀をもって妻を滅多斬
242777	朝鮮朝日	西北版	1933-11-11	1	10단	遭難船十四隻救助
242778	朝鮮朝日	南鮮版	1933-11-11	1	01단	非常時局大いに奮起を促す半島二千萬民衆に精神作興(總督府/京城府/京畿道/慶南道)
242779	朝鮮朝日	南鮮版	1933-11-11	1	01단	防空演習猛烈なる空襲地上は修羅の巷に必死となって防護陣に活躍つひに敵機を擊退
242780	朝鮮朝日	南鮮版	1933-11-11	1	02단	統監の講評豫期以上の成績
242781	朝鮮朝日	南鮮版	1933-11-11	1	04단	人(根津南鐵社長)
242782	朝鮮朝日	南鮮版	1933-11-11	1	05단	歌舞音曲停止せよ御喪儀當日
242783	朝鮮朝日	南鮮版	1933-11-11	1	05단	朝鮮人靑年團に感謝狀贈呈
242784	朝鮮朝日	南鮮版	1933-11-11	1	06단	總督府辭令
242785	朝鮮朝日	南鮮版	1933-11-11	1	06단	四道における災害復舊費總額八十萬圓
242786	朝鮮朝日	南鮮版	1933-11-11	1	06단	全部の調印も纏り愈よ認可申請手續生れ出る昭和水利組合/喜びの中になほも憂慮起債か問題
242787	朝鮮朝日	南鮮版	1933-11-11	1	06단	忠南道廳職員が高射機關銃獻納俸給から應分の獻金をなし
242788	朝鮮朝日	南鮮版	1933-11-11	1	07단	新設米倉は全南麗水に
242789	朝鮮朝日	南鮮版	1933-11-11	1	07단	共濟信託買收交涉近く假調印か
242790	朝鮮朝日	南鮮版	1933-11-11	1	08단	改善役員と明年度事業學生陸競聯盟

일련번호	판명		간행일	면	단수	기사명
242791	朝鮮朝日	南鮮版	1933-11-11	1	09단	大邱名物藥命市
242792	朝鮮朝日	南鮮版	1933-11-11	1	09단	專門學校蹴球大會
242793	朝鮮朝日	南鮮版	1933-11-11	1	09단	大邱競馬
242794	朝鮮朝日	南鮮版	1933-11-11	1	09단	遭難船十四隻救助
242795	朝鮮朝日	南鮮版	1933-11-11	1	10단	出刃で姦夫殺害犯人は自首
242796	朝鮮朝日	南鮮版	1933-11-11	1	10단	亂打して妻を絞殺若い夫の兇行
242797	朝鮮朝日	南鮮版	1933-11-11	1	10단	剃刀をもって妻を滅多斬
242798	朝鮮朝日	南鮮版	1933-11-11	1	10단	カフエに怪漢
242799	朝鮮朝日	南鮮版	1933-11-11	1	10단	釜山に火事騒ぎ
242800	朝鮮朝日	西北版	1933-11-12	1	01단	護國の鬼と化した二百六十七柱の慰靈大祭神式で莊嚴に執行、龍山營庭で秋晴れに參列者五千
242801	朝鮮朝日	西北版	1933-11-12	1	01단	農村非常時に參與官を奮起さす十三日から全鮮參與官會議
242802	朝鮮朝日	西北版	1933-11-12	1	01단	帝國教育會から表彰された人々朝鮮では三十二氏
242803	朝鮮朝日	西北版	1933-11-12	1	03단	朝信總會
242804	朝鮮朝日	西北版	1933-11-12	1	03단	特定港の必要なし日滿交通路について交通審議會
242805	朝鮮朝日	西北版	1933-11-12	1	03단	マリヤ殺しの公判はどうなる(2) 周圍の狀況は夫人に不利だった曲折な經た釜山署捜査の跡/桃色遊戲に數々の前科者だ隆雄の鄕里での噂話
242806	朝鮮朝日	西北版	1933-11-12	1	04단	人(三源鎭海神社々家/元木淺夫氏(鎭海の有力者で初代面議員))
242807	朝鮮朝日	西北版	1933-11-12	1	04단	南浦阪神間に直通貨物船朝郵で計劃
242808	朝鮮朝日	西北版	1933-11-12	1	04단	納稅標語當選者
242809	朝鮮朝日	西北版	1933-11-12	1	04단	激しい流氷のため來る春まで姿を消す筏
242810	朝鮮朝日	西北版	1933-11-12	1	05단	咸北炭は出廻最盛連日三四十輛
242811	朝鮮朝日	西北版	1933-11-12	1	05단	朝鮮林檎の當り年滿洲、內地、南支、南洋へ犬飛躍未曾有の景氣を現出
242812	朝鮮朝日	西北版	1933-11-12	1	05단	父よ何處！哀れな少年
242813	朝鮮朝日	西北版	1933-11-12	1	06단	匪賊から脱走した男の話
242814	朝鮮朝日	西北版	1933-11-12	1	07단	雙方の互讓から近く圓滿解決か羅津港臨港用地問題
242815	朝鮮朝日	西北版	1933-11-12	1	07단	利益問題押問答談合公判六日/間島暴動の判決十二月中旬の見込み
242816	朝鮮朝日	西北版	1933-11-12	1	07단	新義州驛に又も獵奇の柳行李八ヶ月振りに中を聞いて見ればサテ現はれたものは

일련번호	판명		간행일	면	단수	기사명
242817	朝鮮朝日	西北版	1933-11-12	1	08단	生活難から自殺
242818	朝鮮朝日	西北版	1933-11-12	1	10단	問題の醫師違反最後の審判
242819	朝鮮朝日	西北版	1933-11-12	1	10단	五名で袋叩き稅金徵收男を
242820	朝鮮朝日	西北版	1933-11-12	1	10단	沙上面に二人組强盗/大膽な强盗
242821	朝鮮朝日	南鮮版	1933-11-12	1	01단	護國の鬼と化した二百六十七柱の慰靈大祭神式で莊嚴に執行、龍山營庭で秋晴れに參列者五千
242822	朝鮮朝日	南鮮版	1933-11-12	1	01단	不祥事の續發に敎育行政刷新まづ敎師の素質向上の爲め講習會を開催する
242823	朝鮮朝日	南鮮版	1933-11-12	1	01단	農村非常時に參與官を奮起さす十三日から全鮮參與官會議
242824	朝鮮朝日	南鮮版	1933-11-12	1	01단	朝信總會
242825	朝鮮朝日	南鮮版	1933-11-12	1	01단	納稅標語當選者
242826	朝鮮朝日	南鮮版	1933-11-12	1	02단	マリヤ殺しの公判はどうなる(1) 桃色遊戲から遂に恐るべき罪へ大橋夫人再び舞臺に登場/大橋夫人の身柄はどうなる檢事長と協議した元橋檢事起訴か現在のまゝか
242827	朝鮮朝日	南鮮版	1933-11-12	1	04단	人(三源鎭海神社々家/元木淺夫氏(鎭海の有力者で初代面議員))
242828	朝鮮朝日	南鮮版	1933-11-12	1	04단	帝國敎育會から表彰された人々朝鮮では三十二氏
242829	朝鮮朝日	南鮮版	1933-11-12	1	04단	咸北炭は出廻最盛連日三四十輛
242830	朝鮮朝日	南鮮版	1933-11-12	1	05단	匪賊から脱走した男の話
242831	朝鮮朝日	南鮮版	1933-11-12	1	05단	特定港の必要なし日滿交通路について交通審議會
242832	朝鮮朝日	南鮮版	1933-11-12	1	05단	朝鮮林檎の當り年滿洲、內地、南支、南洋へ犬飛躍未曾有の景氣を現出
242833	朝鮮朝日	南鮮版	1933-11-12	1	06단	激しい流氷のため來る春まで姿を消す筏
242834	朝鮮朝日	南鮮版	1933-11-12	1	06단	南浦阪神間に直通貨物船朝郵で計劃
242835	朝鮮朝日	南鮮版	1933-11-12	1	06단	生活難から自殺
242836	朝鮮朝日	南鮮版	1933-11-12	1	07단	驅落者一寸待て
242837	朝鮮朝日	南鮮版	1933-11-12	1	07단	新義州驛に又も獵奇の柳行李八ヶ月振りに中を聞いて見ればサテ現はれあものは
242838	朝鮮朝日	南鮮版	1933-11-12	1	08단	問題の醫師違反最後の審判
242839	朝鮮朝日	南鮮版	1933-11-12	1	09단	城大哲學公開講演會
242840	朝鮮朝日	南鮮版	1933-11-12	1	09단	沙上面に二人組强盗
242841	朝鮮朝日	南鮮版	1933-11-12	1	09단	間島暴動の判決十二月中旬の見込み

일련번호	판명		간행일	면	단수	기사명
242842	朝鮮朝日	南鮮版	1933-11-12	1	10단	利益問題押問答談合公判六日
242843	朝鮮朝日	南鮮版	1933-11-12	1	10단	大膽な強盜
242844	朝鮮朝日	西北版	1933-11-14	1	01단	『よろこび』を歌ふ輕快・明朗の曲調近づく西鮮女子音樂大會
242845	朝鮮朝日	西北版	1933-11-14	1	01단	創立委員會を再び開け開かねば組合を脱退「先の昭和水組創立委員會を認めぬ」とて安州郡大地主大會で決議
242846	朝鮮朝日	西北版	1933-11-14	1	01단	大村關東軍鐵道部長談
242847	朝鮮朝日	西北版	1933-11-14	1	01단	咸南明太魚の新飛躍を試む大規模の製油工場を設置し工業的生産を計劃
242848	朝鮮朝日	西北版	1933-11-14	1	01단	平北の行政區域十八ヶ面を廢合新年度から實施
242849	朝鮮朝日	西北版	1933-11-14	1	02단	會寧學童の記念日行事
242850	朝鮮朝日	西北版	1933-11-14	1	03단	マリヤ殺しの公判はどうなる(3)/つひに有罪へみちびかれた徑路ひるがへって大橋夫人の立場は
242851	朝鮮朝日	西北版	1933-11-14	1	04단	辭令(東京電話)
242852	朝鮮朝日	西北版	1933-11-14	1	04단	參與官會議
242853	朝鮮朝日	西北版	1933-11-14	1	04단	平壤警察署の精勤者表彰
242854	朝鮮朝日	西北版	1933-11-14	1	05단	平南第二回桑田品評會
242855	朝鮮朝日	西北版	1933-11-14	1	05단	初等教育研究會京師校で開く
242856	朝鮮朝日	西北版	1933-11-14	1	05단	鐵道廿五年勤續者の表彰式を擧行! 平鐵管內は二十名
242857	朝鮮朝日	西北版	1933-11-14	1	06단	缺食兒を救ひませう平高女生の花賣り
242858	朝鮮朝日	西北版	1933-11-14	1	06단	釜山軍來る
242859	朝鮮朝日	西北版	1933-11-14	1	06단	北鮮の國防に輝く高射機關銃四門淸津四萬府民祖國愛の結晶廿六日獻納式を擧ぐ
242860	朝鮮朝日	西北版	1933-11-14	1	07단	安東、大孤山間に貨客輸送線開拓日滿親善の代表事業として安東に汽船會社創立
242861	朝鮮朝日	西北版	1933-11-14	1	08단	關係者集合し面營を決議當局の微溫的態度に憤慨して問題の龍巖浦魚市場
242862	朝鮮朝日	西北版	1933-11-14	1	08단	二上等兵告別式
242863	朝鮮朝日	西北版	1933-11-14	1	09단	平北の麥實收高
242864	朝鮮朝日	西北版	1933-11-14	1	09단	物騷な送り物犯人か判らぬ
242865	朝鮮朝日	西北版	1933-11-14	1	09단	金塊密輸續發す取締に手を燒く當局
242866	朝鮮朝日	西北版	1933-11-14	1	10단	父の死體に泣き叫ぶ兒
242867	朝鮮朝日	西北版	1933-11-14	1	10단	帆船二隻遭難沈沒三名溺死す

일련번호	판명		간행일	면	단수	기사명
242868	朝鮮朝日	西北版	1933-11-14	1	10단	昨年の強盗捕る
242869	朝鮮朝日	西北版	1933-11-14	1	10단	專業不振から劇藥自殺
242870	朝鮮朝日	西北版	1933-11-14	1	10단	砲艦が坐洲
242871	朝鮮朝日	西北版	1933-11-14	1	10단	人(河野平安南道內務部長)
242872	朝鮮朝日	南鮮版	1933-11-14	1	01단	沿海州目がけて內鮮露の漁業戰展開朝鮮としても應戰準備が必要
242873	朝鮮朝日	南鮮版	1933-11-14	1	01단	昭和水組創立委員會再び招集せよ! 開かねば組合を脱退安州郡大地主大會で決議
242874	朝鮮朝日	南鮮版	1933-11-14	1	01단	詔書奉讀式/(上)忠南道廳(下)大田振興聯合會
242875	朝鮮朝日	南鮮版	1933-11-14	1	01단	參與官會議
242876	朝鮮朝日	南鮮版	1933-11-14	1	01단	釜山府議五名缺員ちかく選擧
242877	朝鮮朝日	南鮮版	1933-11-14	1	02단	選擧期日
242878	朝鮮朝日	南鮮版	1933-11-14	1	02단	初等教育研究會京師校で開く
242879	朝鮮朝日	南鮮版	1933-11-14	1	03단	共濟と南朝鮮買收を交涉
242880	朝鮮朝日	南鮮版	1933-11-14	1	03단	慶南道廳に圖書館
242881	朝鮮朝日	南鮮版	1933-11-14	1	03단	漸く生氣づいた慶北東岸の漁村九月初旬來の豊漁で
242882	朝鮮朝日	南鮮版	1933-11-14	1	03단	マリヤ殺しの公判はどうなる(2) 周圍の狀況は夫人に不利だった曲折を經た釜山署搜査の跡/桃色遊戱に數々の前科者だ隆雄の郷里での噂話
242883	朝鮮朝日	南鮮版	1933-11-14	1	04단	辭令(東京電話)
242884	朝鮮朝日	南鮮版	1933-11-14	1	04단	十五日から赤十字デー
242885	朝鮮朝日	南鮮版	1933-11-14	1	04단	三千名の小作人に私設自作農を創定公州の當豪金甲淳氏が計劃
242886	朝鮮朝日	南鮮版	1933-11-14	1	04단	獻金貯金
242887	朝鮮朝日	南鮮版	1933-11-14	1	05단	二千圓寄附
242888	朝鮮朝日	南鮮版	1933-11-14	1	05단	浦項安東間道路を施設實現運動協議
242889	朝鮮朝日	南鮮版	1933-11-14	1	05단	稻の乾燥調製麥作の改良忠北で好成績
242890	朝鮮朝日	南鮮版	1933-11-14	1	06단	德壽宮石造殿の美術展陳列替
242891	朝鮮朝日	南鮮版	1933-11-14	1	06단	慶南の水害罹災地へ叺織機千八百台を配給す肥料叺穀用叺六十萬枚目標に
242892	朝鮮朝日	南鮮版	1933-11-14	1	07단	釜山の氣候
242893	朝鮮朝日	南鮮版	1933-11-14	1	07단	死體を渡さぬ不親切な病院
242894	朝鮮朝日	南鮮版	1933-11-14	1	08단	事實審理は意外に早く終了十四日から引續き證據調べ土木談合事件公判
242895	朝鮮朝日	南鮮版	1933-11-14	1	08단	病苦から自殺す
242896	朝鮮朝日	南鮮版	1933-11-14	1	09단	捕まらぬ二人組強盗

일련번호	판명		간행일	면	단수	기사명
242897	朝鮮朝日	南鮮版	1933-11-14	1	09단	父の死體に泣き叫ぶ兒
242898	朝鮮朝日	南鮮版	1933-11-14	1	09단	巡査の家に泥棒制服や現金等を盜まる
242899	朝鮮朝日	南鮮版	1933-11-14	1	09단	漢陽手帖
242900	朝鮮朝日	南鮮版	1933-11-14	1	10단	釜山に阿片窟五名を檢擧
242901	朝鮮朝日	南鮮版	1933-11-14	1	10단	千二百圓が無事に戻る
242902	朝鮮朝日	南鮮版	1933-11-14	1	10단	人(河野平安南道內務部長/大村關東軍交通監督部長/久米義鄉氏(元代護士))
242903	朝鮮朝日	西北版	1933-11-15	1	01단	可憐な「姬百合」の鍵盤にニジむ努力近づく西鮮女子音樂大會/海州高女
242904	朝鮮朝日	西北版	1933-11-15	1	01단	借金地獄の泥海から弱小漁民を救濟するまづ漁村の中堅靑年を養成(咸南水産試驗所の明年度事業計劃)
242905	朝鮮朝日	西北版	1933-11-15	1	01단	在滿朝鮮人の根本的安定策本府と關東軍と協議
242906	朝鮮朝日	西北版	1933-11-15	1	02단	西鮮より南鮮へ新米の洪水猛烈な勢ひで出廻る
242907	朝鮮朝日	西北版	1933-11-15	1	03단	公普校建設位置に反對
242908	朝鮮朝日	西北版	1933-11-15	1	04단	霧信號休止
242909	朝鮮朝日	西北版	1933-11-15	1	04단	昭和水組認可申請金委員長等四氏が十六日本府へ
242910	朝鮮朝日	西北版	1933-11-15	1	04단	西鮮の窮救事業本府で大削減哀れ平壤土木の職員二百名減員の憂目に逢着
242911	朝鮮朝日	西北版	1933-11-15	1	05단	軍都に快報! 西鮮三道防空演習と被服廠設置の新計劃
242912	朝鮮朝日	西北版	1933-11-15	1	05단	柳鍾夏氏當選す道議補缺選
242913	朝鮮朝日	西北版	1933-11-15	1	05단	競馬令に大改正近く大評定
242914	朝鮮朝日	西北版	1933-11-15	1	06단	辭令(東京電話)
242915	朝鮮朝日	西北版	1933-11-15	1	06단	价川球場間鐵道好成績
242916	朝鮮朝日	西北版	1933-11-15	1	06단	滿洲物産の輸入今年は期待薄だが淸津、雄基で廿萬噸は確實北鐵、滿鐵近く協定
242917	朝鮮朝日	西北版	1933-11-15	1	07단	恩給法改正が齎す警察官の眼笑平南で一擧に二十八名の巡査部長を新任用
242918	朝鮮朝日	西北版	1933-11-15	1	07단	平南春紗內地進出明年度から
242919	朝鮮朝日	西北版	1933-11-15	1	07단	開城學童の健氣な奉仕公德デーに
242920	朝鮮朝日	西北版	1933-11-15	1	07단	平壤は百貨店氾濫時代日一日と商戰は激化
242921	朝鮮朝日	西北版	1933-11-15	1	08단	第十回西鮮女子中等學校音樂會
242922	朝鮮朝日	西北版	1933-11-15	1	08단	密輸入取締特別監視所三ヶ所新設

일련번호	판명		간행일	면	단수	기사명
242923	朝鮮朝日	西北版	1933-11-15	1	08단	證人申請却下さる談合事件公判
242924	朝鮮朝日	西北版	1933-11-15	1	09단	不淨の金で國防獻金數十回の竊盜を働き
242925	朝鮮朝日	西北版	1933-11-15	1	09단	田畑を荒す猛獸を狩る
242926	朝鮮朝日	西北版	1933-11-15	1	09단	老婆殺し犯人捕る
242927	朝鮮朝日	西北版	1933-11-15	1	10단	官舍荒しの詐欺男捕る
242928	朝鮮朝日	西北版	1933-11-15	1	10단	輕傷老人の死因に不審注射藥が問題
242929	朝鮮朝日	西北版	1933-11-15	1	10단	三人組のピス强盜肅川に現はる
242930	朝鮮朝日	西北版	1933-11-15	1	10단	人(兒島全南內務部長(前總督府理財課長)/大村關東軍交通監督部長/廣田一二氏(總督府警務局員))
242931	朝鮮朝日	南鮮版	1933-11-15	1	01단	鮮農の近況福島二一氏談漸く生活に安定惠まれゆく在滿鮮農滿鐵の沿線に漂ふ黃金の波
242932	朝鮮朝日	南鮮版	1933-11-15	1	01단	在滿朝鮮人の根本的安定策本府と關東軍と協議/在滿朝鮮人の慰安と鄕土見學今月末六十名を招待
242933	朝鮮朝日	南鮮版	1933-11-15	1	01단	昭和水組認可申請金委員長等四氏が十六日本府へ
242934	朝鮮朝日	南鮮版	1933-11-15	1	02단	マリヤ殺しの公判はどうなる(3) つひに有罪へみちびかれた徑路ひるがへって大橋夫人の立場は/公判の結果を待って大橋夫人を起訴釜山檢事局の方針
242935	朝鮮朝日	南鮮版	1933-11-15	1	03단	競馬令に大改正近く大評定
242936	朝鮮朝日	南鮮版	1933-11-15	1	04단	霧信號休止
242937	朝鮮朝日	南鮮版	1933-11-15	1	04단	辭令(東京電話)
242938	朝鮮朝日	南鮮版	1933-11-15	1	04단	京城産業調査會
242939	朝鮮朝日	南鮮版	1933-11-15	1	04단	西鮮より南鮮へ新米の洪水猛烈な勢ひで出廻る
242940	朝鮮朝日	南鮮版	1933-11-15	1	05단	統營支廳の復活を要望廳舍新築を計劃
242941	朝鮮朝日	南鮮版	1933-11-15	1	05단	警官の缺員補充
242942	朝鮮朝日	南鮮版	1933-11-15	1	05단	歸還部隊
242943	朝鮮朝日	南鮮版	1933-11-15	1	05단	佐世保、鎭海往復飛行二機が完成
242944	朝鮮朝日	南鮮版	1933-11-15	1	06단	京城木浦間に試驗飛行
242945	朝鮮朝日	南鮮版	1933-11-15	1	06단	慶北の自作農二百一戶選定
242946	朝鮮朝日	南鮮版	1933-11-15	1	06단	京城府の市區改修本年度は三線
242947	朝鮮朝日	南鮮版	1933-11-15	1	06단	齒は健康の門兒童の口腔衛生に細心の注意釜山の各校に醫療器械を設備
242948	朝鮮朝日	南鮮版	1933-11-15	1	06단	晩秋廓心中無職の男と娼妓とが
242949	朝鮮朝日	南鮮版	1933-11-15	1	07단	城大哲學公開講演會

일련번호	판명		간행일	면	단수	기사명
242950	朝鮮朝日	南鮮版	1933-11-15	1	07단	群山港貿易
242951	朝鮮朝日	南鮮版	1933-11-15	1	08단	「數百年前の死者も蘇生する」怪教に迷はされるな
242952	朝鮮朝日	南鮮版	1933-11-15	1	08단	副業獎勵組合設置慶南の各地に
242953	朝鮮朝日	南鮮版	1933-11-15	1	09단	姐さん達から獻金
242954	朝鮮朝日	南鮮版	1933-11-15	1	09단	風水害の免稅高十三萬七千圓
242955	朝鮮朝日	南鮮版	1933-11-15	1	10단	證人申請却下さる談合事件公判
242956	朝鮮朝日	南鮮版	1933-11-15	1	10단	辯論大會の窓硝子破壞
242957	朝鮮朝日	南鮮版	1933-11-15	1	10단	人(兒島全南內務部長(前總督府理財課長)/大村關東軍交通監督部長/廣田一二氏(總督府警務局員))
242958	朝鮮朝日	南鮮版	1933-11-15	1	10단	漢陽手帖
242959	朝鮮朝日	西北版	1933-11-16	1	01단	大綱方針決定在滿朝鮮人百萬の保護を積極的に技術員派遣、金融機關設置等
242960	朝鮮朝日	西北版	1933-11-16	1	01단	在滿鮮農の近狀福島二一氏談漸やく生活に安定滿鐵沿線は黃金の波治安狀態の急速度の回復から
242961	朝鮮朝日	西北版	1933-11-16	1	01단	朝穀對鮮航會冬場新運賃七十五圓か八十圓に
242962	朝鮮朝日	西北版	1933-11-16	1	01단	京城支局和辻廣樹(１)/琿春より間島奧地蘇滿國境土門子行
242963	朝鮮朝日	西北版	1933-11-16	1	03단	平北支部の赤十字デー
242964	朝鮮朝日	西北版	1933-11-16	1	04단	警察犬を寄贈
242965	朝鮮朝日	西北版	1933-11-16	1	04단	大邱平壤醫專調査
242966	朝鮮朝日	西北版	1933-11-16	1	04단	一名づゝ審理續行間島暴動公判
242967	朝鮮朝日	西北版	1933-11-16	1	04단	この出廻期から短期貯藏を長期に籾貯藏案の應急策
242968	朝鮮朝日	西北版	1933-11-16	1	05단	秋の慈光を浴びて
242969	朝鮮朝日	西北版	1933-11-16	1	06단	金の買値引上げに決定す産金業者有卦に入る
242970	朝鮮朝日	西北版	1933-11-16	1	07단	人夫八名負傷
242971	朝鮮朝日	西北版	1933-11-16	1	08단	自動車轉覆七名負傷す
242972	朝鮮朝日	西北版	1933-11-16	1	08단	日本製氷會社が朝鮮に乘出す三浦氏の常務就任を機に
242973	朝鮮朝日	西北版	1933-11-16	1	08단	俄然拍車加はる平元線全通要望大村鐵道部長の來鮮により平南、咸南で猛運動
242974	朝鮮朝日	西北版	1933-11-16	1	08단	銀貨僞造團檢擧滿洲から鮮內に持込み行使支那人一味の犯行
242975	朝鮮朝日	西北版	1933-11-16	1	09단	第十回西鮮女子中等學校音樂會

일련번호	판명		간행일	면	단수	기사명
242976	朝鮮朝日	西北版	1933-11-16	1	09단	強盜犯に無期求刑
242977	朝鮮朝日	西北版	1933-11-16	1	10단	平壤師範の竊盜捕まる
242978	朝鮮朝日	西北版	1933-11-16	1	10단	柳京日記
242979	朝鮮朝日	南鮮版	1933-11-16	1	01단	大綱方針決定在滿朝鮮人百萬の保護を積極的に技術員派遣、金融機關設置等
242980	朝鮮朝日	南鮮版	1933-11-16	1	01단	この出廻期から短期貯藏を長期に籾貯藏案の應急策
242981	朝鮮朝日	南鮮版	1933-11-16	1	01단	衛生施設に大刷新慶南の各地に衛生部落設置
242982	朝鮮朝日	南鮮版	1933-11-16	1	01단	京城支局和辻廣樹(1)/琿春より間島奥地蘇滿國境土門子行
242983	朝鮮朝日	南鮮版	1933-11-16	1	02단	大興電氣人員整理六十名ばかり
242984	朝鮮朝日	南鮮版	1933-11-16	1	03단	農事功勞者表彰規定なる
242985	朝鮮朝日	南鮮版	1933-11-16	1	04단	人(西本源太郎氏(釜山商船組專務取締役西本榮一氏の長男))
242986	朝鮮朝日	南鮮版	1933-11-16	1	04단	各種競進會褒賞授與式來月五日に擧行
242987	朝鮮朝日	南鮮版	1933-11-16	1	04단	慶南の社還米制度いよいよ近く決定各郡割當石數
242988	朝鮮朝日	南鮮版	1933-11-16	1	05단	初等校教員試驗
242989	朝鮮朝日	南鮮版	1933-11-16	1	05단	象牙の扉を開いて哲學の講演會十七日夜京城社會館で
242990	朝鮮朝日	南鮮版	1933-11-16	1	06단	保險課の新廳舍
242991	朝鮮朝日	南鮮版	1933-11-16	1	06단	製炭者が沙金掘りお蔭で木炭缺乏
242992	朝鮮朝日	南鮮版	1933-11-16	1	06단	大邱平壤醫專調査
242993	朝鮮朝日	南鮮版	1933-11-16	1	06단	朝鮮酒の唎酒會出品百卅五點
242994	朝鮮朝日	南鮮版	1933-11-16	1	07단	勞銀の一割を强制的に貯金生業資金の一部に全北當局の好い試み
242995	朝鮮朝日	南鮮版	1933-11-16	1	07단	妻の死體は棺の中では豚の骨元郡守が保險金詐取を企つ
242996	朝鮮朝日	南鮮版	1933-11-16	1	08단	朝穀對鮮航會冬場新運賃七十五圓か八十圓に
242997	朝鮮朝日	南鮮版	1933-11-16	1	08단	騰貴した京城の物價
242998	朝鮮朝日	南鮮版	1933-11-16	1	08단	一萬圓を詐取す前科四犯男
242999	朝鮮朝日	南鮮版	1933-11-16	1	09단	京城府立診療所
243000	朝鮮朝日	南鮮版	1933-11-16	1	09단	光州に火事
243001	朝鮮朝日	南鮮版	1933-11-16	1	09단	農村の負債整理着々進める慶北金組
243002	朝鮮朝日	南鮮版	1933-11-16	1	10단	三、四年生同盟休業東萊高普校
243003	朝鮮朝日	南鮮版	1933-11-16	1	10단	自動車轉覆七名負傷す
243004	朝鮮朝日	南鮮版	1933-11-16	1	10단	僞造貨發見

일련번호	판명		간행일	면	단수	기사명
243005	朝鮮朝日	南鮮版	1933-11-16	1	10단	人夫八が名負傷
243006	朝鮮朝日	西北版	1933-11-17	1	01단	今後の戒めの爲一步も假借はできぬ三時間に亙る峻烈なる大論告土木談合事件に求刑(鮮內一流の土木業者が法を無視するも甚し判決言ひ渡しは來る二十四日/詐欺罪六十八名贈、收賄罪が十五名重きは二年輕きは六月)
243007	朝鮮朝日	西北版	1933-11-17	1	03단	咸鏡北道の玄武巖から白金世界的の文獻にもない新發見我國鑛物學界に大センセイション
243008	朝鮮朝日	西北版	1933-11-17	1	04단	流行性感冒發生
243009	朝鮮朝日	西北版	1933-11-17	1	04단	北鮮諸港を殺すか・活かすか設置ができぬ取引所この大きな惱みをどうする
243010	朝鮮朝日	西北版	1933-11-17	1	05단	西鮮電氣社長問題盥廻の就任交涉藤原知事旋毛を曲ぐ
243011	朝鮮朝日	西北版	1933-11-17	1	06단	明年度に新設の稅務署獲得へ昭和水組事務所を失った安州邑民の新運動
243012	朝鮮朝日	西北版	1933-11-17	1	06단	農村電化進捗す
243013	朝鮮朝日	西北版	1933-11-17	1	06단	二郡を荒す强盜を追及平南警察部で重視
243014	朝鮮朝日	西北版	1933-11-17	1	07단	爆破の碎巖幼女を殺す
243015	朝鮮朝日	西北版	1933-11-17	1	07단	百雷の如き音響で擬製彈が人家に落下滅茶々々に破壞され慘狀を呈す平壤聯隊空砲射擊演習中の珍事
243016	朝鮮朝日	西北版	1933-11-17	1	07단	大城炭坑同盟罷業無條件解決
243017	朝鮮朝日	西北版	1933-11-17	1	08단	就職地獄は何處吹く風惠まれた平壤娘
243018	朝鮮朝日	西北版	1933-11-17	1	08단	戀の飛行曹長柵を越えて脫走甘夢半ばにして逮捕
243019	朝鮮朝日	西北版	1933-11-17	1	08단	三興面の實父殺しいよいよ起訴
243020	朝鮮朝日	西北版	1933-11-17	1	08단	工場監督を亂打す妻を解雇され
243021	朝鮮朝日	西北版	1933-11-17	1	09단	兼二浦の戰慄老婆殺し捕まる主犯のみ檢事局送り
243022	朝鮮朝日	西北版	1933-11-17	1	09단	第十回西鮮女子中等學校音樂會
243023	朝鮮朝日	西北版	1933-11-17	1	10단	柳京日記
243024	朝鮮朝日	南鮮版	1933-11-17	1	01단	今後の戒めの爲一步も假借はできぬ三時間に亙る峻烈なる大論告土木談合事件に求刑/早田檢事談
243025	朝鮮朝日	南鮮版	1933-11-17	1	03단	咸鏡北道の玄武巖から白金世界的の文獻にもない新發見/我國鑛物學界に大センセイション
243026	朝鮮朝日	南鮮版	1933-11-17	1	04단	李鍝公殿下

일련번호	판명		간행일	면	단수	기사명
243027	朝鮮朝日	南鮮版	1933-11-17	1	05단	農業教育研究會裡里農學校で
243028	朝鮮朝日	南鮮版	1933-11-17	1	05단	慶南道の農山村へ無料診療班が巡廻まづ十七日の昌寧から
243029	朝鮮朝日	南鮮版	1933-11-17	1	05단	蒙古井戸の謎は解かる
243030	朝鮮朝日	南鮮版	1933-11-17	1	06단	馬山敬老會
243031	朝鮮朝日	南鮮版	1933-11-17	1	06단	京電身賣は紛糾 二十日京仁バス總會/朝鮮運送株主總會
243032	朝鮮朝日	南鮮版	1933-11-17	1	06단	馬山消防秋季演習/副組頭/慶南道廳防火演習
243033	朝鮮朝日	南鮮版	1933-11-17	1	06단	お台所受難鰻上りに跳ね上る今年の燃料相場
243034	朝鮮朝日	南鮮版	1933-11-17	1	07단	京城の美觀を壞はす土幕民三千三百戸當局斷乎として一掃の腹を決む
243035	朝鮮朝日	南鮮版	1933-11-17	1	07단	少年のスリ團一味捕まる
243036	朝鮮朝日	南鮮版	1933-11-17	1	08단	慶北東海岸は素晴しい鯖の群九龍浦で日に二百萬尾
243037	朝鮮朝日	南鮮版	1933-11-17	1	08단	釜山一部教育會
243038	朝鮮朝日	南鮮版	1933-11-17	1	08단	公金横領の看守
243039	朝鮮朝日	南鮮版	1933-11-17	1	08단	現役軍人が拔劍して大暴れ通行人に斬りつく
243040	朝鮮朝日	南鮮版	1933-11-17	1	09단	棉花共販で慶南北抗爭
243041	朝鮮朝日	南鮮版	1933-11-17	1	10단	龍宮に二人組強盗
243042	朝鮮朝日	南鮮版	1933-11-17	1	10단	カフェで大立廻り
243043	朝鮮朝日	南鮮版	1933-11-17	1	10단	密獵者を嚴重取締る
243044	朝鮮朝日	南鮮版	1933-11-17	1	10단	人(西龜總督府衛生課長)
243045	朝鮮朝日	南鮮版	1933-11-17	1	10단	漢陽手帳
243046	朝鮮朝日	西北版	1933-11-18	1	01단	開發の第一線に役用牛の大拂底農家の放賣と事業界の活況に困惑する北鮮地方
243047	朝鮮朝日	西北版	1933-11-18	1	01단	火田山地帶に見事米が出來る北鮮開拓事業に新分野展開
243048	朝鮮朝日	西北版	1933-11-18	1	01단	鴨江材輸出禁止に猛烈な反對氣勢安東側總督に陳情
243049	朝鮮朝日	西北版	1933-11-18	1	02단	雄基電氣の擴張なる廿日から送電
243050	朝鮮朝日	西北版	1933-11-18	1	02단	京城支局和辻廣樹(2)/琿春より奥地二十五里蘇滿國境土門子行
243051	朝鮮朝日	西北版	1933-11-18	1	03단	鰯トマト漬活況を呈す
243052	朝鮮朝日	西北版	1933-11-18	1	04단	遊擊隊中尉拳銃を密輸新義州で捕る
243053	朝鮮朝日	西北版	1933-11-18	1	04단	吉田電興專務歸壞

일련번호	판명		간행일	면	단수	기사명
243054	朝鮮朝日	西北版	1933-11-18	1	04단	北鮮漁業の轉向鰯漁の行詰りを打開すべく水試場で鯖漁試驗
243055	朝鮮朝日	西北版	1933-11-18	1	05단	松田專賣局長談
243056	朝鮮朝日	西北版	1933-11-18	1	05단	魚放浪記北海道の明太魚が日本海橫斷に二ヶ年この程咸南の沿岸で捕る
243057	朝鮮朝日	西北版	1933-11-18	1	05단	平壤下流の分は十一年度に完成大同江改修の施工年限繰上げ
243058	朝鮮朝日	西北版	1933-11-18	1	06단	教授內容にはさして支障なし教授の研究機關が不備平壤醫專を視察して兩委員は語る
243059	朝鮮朝日	西北版	1933-11-18	1	07단	怪盜又もや平北に現る平南と同一犯人か
243060	朝鮮朝日	西北版	1933-11-18	1	07단	金の延棒六本が一ヶ年も三等車內に密居獵奇の密輸一味九名平壤署へ
243061	朝鮮朝日	西北版	1933-11-18	1	08단	無罪から逆戾り公金橫領判明
243062	朝鮮朝日	西北版	1933-11-18	1	08단	念の入った彈
243063	朝鮮朝日	西北版	1933-11-18	1	09단	娘だてらに九件の竊盜
243064	朝鮮朝日	西北版	1933-11-18	1	09단	首魁周現甲に死刑他二名に對し懲役間島暴動事件一部に求刑
243065	朝鮮朝日	西北版	1933-11-18	1	10단	龍我兼二浦の老婆殺し犯人谷口藝治
243066	朝鮮朝日	西北版	1933-11-18	1	10단	人(松田專賣局長/角佐七少將(海軍燃料廠平壤鑛業部長)/マルコニー侯夫妻)
243067	朝鮮朝日	西北版	1933-11-18	1	10단	柳京日記
243068	朝鮮朝日	南鮮版	1933-11-18	1	01단	繭絲の慘落で業者の破産續出成行を憂慮・本府で對策考究
243069	朝鮮朝日	南鮮版	1933-11-18	1	01단	釜山の産業界に新生氣を吹き込む産業調査會近く實現
243070	朝鮮朝日	南鮮版	1933-11-18	1	01단	教授內容にはさして支障なし教授の研究機關が不備平壤醫專を視察して兩委員は語る
243071	朝鮮朝日	南鮮版	1933-11-18	1	01단	釜山商議所總會
243072	朝鮮朝日	南鮮版	1933-11-18	1	01단	民心作興に忠南道大童は
243073	朝鮮朝日	南鮮版	1933-11-18	1	02단	京城支局和辻廣樹(2)/琿春より奧地二十五里蘇滿國境土門子行
243074	朝鮮朝日	南鮮版	1933-11-18	1	03단	昭和水組設立認可を申請(十七日總督府へ)
243075	朝鮮朝日	南鮮版	1933-11-18	1	03단	鯖の大群
243076	朝鮮朝日	南鮮版	1933-11-18	1	03단	救急藥配布僻地駐在所に
243077	朝鮮朝日	南鮮版	1933-11-18	1	04단	練習艦隊鎭海へ
243078	朝鮮朝日	南鮮版	1933-11-18	1	04단	大田三大隊慰問(寫眞せつめい)

일련번호	판명		간행일	면	단수	기사명
243079	朝鮮朝日	南鮮版	1933-11-18	1	05단	季節の窓(早くも降雪懐かしの三防スキー場へ列車のダイヤも決まった/新海苔)
243080	朝鮮朝日	南鮮版	1933-11-18	1	05단	東萊高普父兄會
243081	朝鮮朝日	南鮮版	1933-11-18	1	05단	大自然の恩惠を感謝する勸農祭と社稷祭全北道內の各學校で催す
243082	朝鮮朝日	南鮮版	1933-11-18	1	05단	運動界(九大對城大)
243083	朝鮮朝日	南鮮版	1933-11-18	1	05단	盲人は生活難
243084	朝鮮朝日	南鮮版	1933-11-18	1	06단	釜山の三人強盗
243085	朝鮮朝日	南鮮版	1933-11-18	1	07단	牛の大敵氣腫疽慶北道內に又も發生
243086	朝鮮朝日	南鮮版	1933-11-18	1	08단	仁川に覆面強盗
243087	朝鮮朝日	南鮮版	1933-11-18	1	08단	ヒス女が放火十回やっと捕まる
243088	朝鮮朝日	南鮮版	1933-11-18	1	09단	本紙愛讀者優待
243089	朝鮮朝日	南鮮版	1933-11-18	1	10단	埋めた牛を食ふ
243090	朝鮮朝日	南鮮版	1933-11-18	1	10단	人(松田專賣局長/角佐七少將(海軍燃科廠平壤鑛業部長)/川面隆三氏(遞信局監理課長)/マルコニー侯夫妻/矢吹省三男(貴族院議員)/伊藤泰吉氏(總督府警務局事務官))
243091	朝鮮朝日	南鮮版	1933-11-18	1	10단	漢陽手帖
243092	朝鮮朝日	西北版	1933-11-19	1	01단	天津栗に對抗する平壤栗進出の大評定(品種の統一、栽培の改善、聲價發揚等につき)平壤に權威者集まる
243093	朝鮮朝日	西北版	1933-11-19	1	01단	拂下げの軍用機二台は平南道へ鎭南浦商工と平壤府內に格納庫を建設す
243094	朝鮮朝日	西北版	1933-11-19	1	01단	安州地主の態度が見物餘燼なほくすぶる昭和水組事務所問題
243095	朝鮮朝日	西北版	1933-11-19	1	01단	數字から見た醫專ボーイの生活こゝにも暗い世相の反映
243096	朝鮮朝日	西北版	1933-11-19	1	03단	穀檢の檢査事務打合會
243097	朝鮮朝日	西北版	1933-11-19	1	03단	朝鮮鑛業役員會
243098	朝鮮朝日	西北版	1933-11-19	1	03단	警察官のオアシス療養所設置決る警務課長の實地檢分により朱乙溫泉の附近に
243099	朝鮮朝日	西北版	1933-11-19	1	04단	作興週間貯金成績
243100	朝鮮朝日	西北版	1933-11-19	1	04단	木材の寶庫陽德まで是非明年度に平元線全通を要望平壤の期成會も起つ
243101	朝鮮朝日	西北版	1933-11-19	1	05단	榮轉の角少將談
243102	朝鮮朝日	西北版	1933-11-19	1	05단	傳染病一切疑似も隔離平南で新たに
243103	朝鮮朝日	西北版	1933-11-19	1	05단	黑潮躍る露領に決死の漁撈合戰素晴しい沿海州の近況數々白洋丸の土産話

일련번호	판명		간행일	면	단수	기사명
243104	朝鮮朝日	西北版	1933-11-19	1	06단	季節の手帳(今冬・初の大雪茂山郡一圓、積量一尺/平南の蛤が行方不明/お母さんへ注意)
243105	朝鮮朝日	西北版	1933-11-19	1	06단	ゴム靴關稅率引下に內鮮業者共同戰線を張る來壤した工藤朝貿協會主事談
243106	朝鮮朝日	西北版	1933-11-19	1	07단	安東への金塊密輸ナンと三十萬圓に上る!平壤署に檢擧された者十三名
243107	朝鮮朝日	西北版	1933-11-19	1	08단	哀れな少年に濺ぐ級友の溫い情平壤山手校の三年生兒童が自發的に同情金醵金
243108	朝鮮朝日	西北版	1933-11-19	1	08단	完全に審理結末間島暴動事件
243109	朝鮮朝日	西北版	1933-11-19	1	09단	元山米相場下押
243110	朝鮮朝日	西北版	1933-11-19	1	09단	兎狩りの平農生が豹の兒を生捕る敢然手を嚙まれたが屈せず
243111	朝鮮朝日	西北版	1933-11-19	1	10단	少女職工のストライキ世昌ゴム工場
243112	朝鮮朝日	西北版	1933-11-19	1	10단	人(小磯關東軍參謀長)
243113	朝鮮朝日	西北版	1933-11-19	1	10단	柳京日記
243114	朝鮮朝日	南鮮版	1933-11-19	1	01단	飛行機の關釜聯絡實現の可能なし總監の計劃は机上の名案だこの幾多の難點が問題/近く實現か關釜聯絡船七千噸日本商議所總會委員會を通過
243115	朝鮮朝日	南鮮版	1933-11-19	1	01단	六百の聽衆異常な感激近來にない盛況を呈した城大哲學講演會
243116	朝鮮朝日	南鮮版	1933-11-19	1	03단	小作令に絶對反對全北農友會
243117	朝鮮朝日	南鮮版	1933-11-19	1	03단	季節の窓(お巡りさんのためにモダン語辭典作成一部金六十錢で賣ります/記錄を破る朝鮮觀光團調べ/猩紅熱流行)
243118	朝鮮朝日	南鮮版	1933-11-19	1	04단	在鄕軍人反省週間
243119	朝鮮朝日	南鮮版	1933-11-19	1	04단	農山村婦人の共同作業場非常の好成績
243120	朝鮮朝日	南鮮版	1933-11-19	1	04단	檢定合格者
243121	朝鮮朝日	南鮮版	1933-11-19	1	04단	大邱行政區擴張府議反對で計劃變更
243122	朝鮮朝日	南鮮版	1933-11-19	1	05단	榮轉の角少將談
243123	朝鮮朝日	南鮮版	1933-11-19	1	05단	朝鮮酒入賞者
243124	朝鮮朝日	南鮮版	1933-11-19	1	05단	鮮滿貿易の促進と意見を交換廿八日京城の銀行集會所において滿洲貿易品展も開く
243125	朝鮮朝日	南鮮版	1933-11-19	1	06단	朝鮮鑛業役員會
243126	朝鮮朝日	南鮮版	1933-11-19	1	06단	褒賞授與式
243127	朝鮮朝日	南鮮版	1933-11-19	1	06단	忠南の稻作好成績
243128	朝鮮朝日	南鮮版	1933-11-19	1	07단	見事に實を結んだ農村の自力更生全北道一年間の成績

일련번호	판명		간행일	면	단수	기사명
243129	朝鮮朝日	南鮮版	1933-11-19	1	07단	天晴な素人探偵
243130	朝鮮朝日	南鮮版	1933-11-19	1	07단	初冬の京城の樂擅を飾る京城女子中等學校音樂會廿三日午後から公會堂で/城大管絃演奏會
243131	朝鮮朝日	南鮮版	1933-11-19	1	08단	アナゴの取引難各地の豊漁で
243132	朝鮮朝日	南鮮版	1933-11-19	1	08단	捕鯨船行方不明
243133	朝鮮朝日	南鮮版	1933-11-19	1	08단	安州地主の態度が見物昭和水組事務所問題
243134	朝鮮朝日	南鮮版	1933-11-19	1	09단	鐵道勝つ
243135	朝鮮朝日	南鮮版	1933-11-19	1	09단	倉庫に女の死體
243136	朝鮮朝日	南鮮版	1933-11-19	1	10단	完全に審理結末間島暴動事件
243137	朝鮮朝日	南鮮版	1933-11-19	1	10단	少女職工のストライキ世昌ゴム工場
243138	朝鮮朝日	南鮮版	1933-11-19	1	10단	元山米相場下押
243139	朝鮮朝日	南鮮版	1933-11-19	1	10단	人(小磯關東軍參謀長)
243140	朝鮮朝日	南鮮版	1933-11-19	1	10단	漢陽手帳
243141	朝鮮朝日	西北版	1933-11-21	1	01단	妙なる調べに滿場たゞ恍惚歌姫二百・可憐の至技盛況を極めた西鮮女子中等音樂會
243142	朝鮮朝日	西北版	1933-11-21	1	01단	『時期尚早だ』と小作令制定に反對全鮮農業者大會開かる
243143	朝鮮朝日	西北版	1933-11-21	1	01단	音樂の殿堂から
243144	朝鮮朝日	西北版	1933-11-21	1	02단	商品陳列所直營引戻か知事は否定
243145	朝鮮朝日	西北版	1933-11-21	1	04단	宿營拒絶を糺彈
243146	朝鮮朝日	西北版	1933-11-21	1	04단	黃海農友懇談會
243147	朝鮮朝日	西北版	1933-11-21	1	04단	平南警察部騎馬隊壯擧十六郡を踏破
243148	朝鮮朝日	西北版	1933-11-21	1	05단	平壤にまた洋灰の缺乏貨車不足が因
243149	朝鮮朝日	西北版	1933-11-21	1	05단	農村當面の肥料對策を樹てる廿日から各道肥料主任官會議
243150	朝鮮朝日	西北版	1933-11-21	1	06단	薄板工場の三時間罷業半數なほ續行
243151	朝鮮朝日	西北版	1933-11-21	1	06단	荷役人夫ら二百名罷業物産組合に對抗して
243152	朝鮮朝日	西北版	1933-11-21	1	06단	邑議補缺選あと一週日
243153	朝鮮朝日	西北版	1933-11-21	1	07단	安州側地主更に新安州と提携脱線の昭和水利事務所問題何處まで縺れる？
243154	朝鮮朝日	西北版	1933-11-21	1	07단	新義州署の浮浪者彈壓
243155	朝鮮朝日	西北版	1933-11-21	1	07단	一年間は現在通り原則は漁組聯に龍巖浦の魚市場問題に對し道當局、聲明書發表

일련번호	판명		간행일	면	단수	기사명
243156	朝鮮朝日	西北版	1933-11-21	1	08단	薄倖兒童に溫い救護の手平壤兩高女生の美しい寄金府內の四十七名に
243157	朝鮮朝日	西北版	1933-11-21	1	08단	朝鮮化學會例會
243158	朝鮮朝日	西北版	1933-11-21	1	08단	當局、辭を盡して統制の要を力說業者は緊急に非ずと樂觀靴下業第一回懇談會
243159	朝鮮朝日	西北版	1933-11-21	1	09단	咸興の强盗犯懲役十二年
243160	朝鮮朝日	西北版	1933-11-21	1	10단	酌婦を連れ主金持逃げたちまち御用
243161	朝鮮朝日	西北版	1933-11-21	1	10단	元山府內の豚小屋一掃
243162	朝鮮朝日	西北版	1933-11-21	1	10단	人(立田警務局警務課長/佐仲才一郎氏(新任元山移出牛檢疫所長)/小磯參謀長)
243163	朝鮮朝日	西北版	1933-11-21	1	10단	柳京日記
243164	朝鮮朝日	南鮮版	1933-11-21	1	01단	心構へといふこと速水教授講演要旨
243165	朝鮮朝日	南鮮版	1933-11-21	1	01단	貴女の白い首筋をヤンワリと包む魅惑的な狐! 狐! 狐サテ今年のお値段は
243166	朝鮮朝日	南鮮版	1933-11-21	1	02단	『時期尚早だ』と小作令の制定に反對小作人擁護に偏し地主利益を無視してる全鮮農業者大會/農村當面の肥料對策を樹てる廿日から各道肥料主任官會議
243167	朝鮮朝日	南鮮版	1933-11-21	1	03단	論山の水道完成通水式行はる/統營水道擴張工事
243168	朝鮮朝日	南鮮版	1933-11-21	1	04단	靑訓所の査閲日割
243169	朝鮮朝日	南鮮版	1933-11-21	1	04단	冬場運賃交涉開始成行注目さる
243170	朝鮮朝日	南鮮版	1933-11-21	1	05단	京城府內納稅獎勵
243171	朝鮮朝日	南鮮版	1933-11-21	1	05단	農村婦人の活模範忠南で表彰する三婦人
243172	朝鮮朝日	南鮮版	1933-11-21	1	05단	一千町歩の桑田を擴張
243173	朝鮮朝日	南鮮版	1933-11-21	1	06단	季節の窓(お正月の門松は神社でお祓ひした上で頒つ/大邱で「放送の夕」廿五・六兩日)
243174	朝鮮朝日	南鮮版	1933-11-21	1	06단	檢番の泥試合愈よ深刻に
243175	朝鮮朝日	南鮮版	1933-11-21	1	06단	大電總會
243176	朝鮮朝日	南鮮版	1933-11-21	1	06단	甘藷の栽培獎勵慶南道當局で春窮期の爲に
243177	朝鮮朝日	南鮮版	1933-11-21	1	06단	釜山棧橋大混雜列車の故障で
243178	朝鮮朝日	南鮮版	1933-11-21	1	07단	京城府內戶口調査
243179	朝鮮朝日	南鮮版	1933-11-21	1	07단	鮮産品愛用宣傳全鮮特產品卽賣會來月一日から釜山の獎勵館で
243180	朝鮮朝日	南鮮版	1933-11-21	1	07단	朝鮮化學會例會
243181	朝鮮朝日	南鮮版	1933-11-21	1	08단	まづ時間の勵行から大田邑の精神作興
243182	朝鮮朝日	南鮮版	1933-11-21	1	08단	千五百圓を橫領

일련번호	판명		간행일	면	단수	기사명
243183	朝鮮朝日	南鮮版	1933-11-21	1	08단	逃げ遅れ老爺燒死老婆も大火傷
243184	朝鮮朝日	南鮮版	1933-11-21	1	08단	踏切番殉職
243185	朝鮮朝日	南鮮版	1933-11-21	1	09단	平壤にまた洋灰の缺乏貨車不足が因
243186	朝鮮朝日	南鮮版	1933-11-21	1	10단	荷役人夫ら二百名罷業物産組合に對抗して
243187	朝鮮朝日	南鮮版	1933-11-21	1	10단	新榮丸沈沒
243188	朝鮮朝日	南鮮版	1933-11-21	1	10단	淑明女學校動搖
243189	朝鮮朝日	南鮮版	1933-11-21	1	10단	人(マルコ二ー侯夫妻/佐仲才一郎氏(新任元山移出牛檢疫所長)/立田警務局警務課長)
243190	朝鮮朝日	西北版	1933-11-22	1	01단	國境一線の警官にこの悲劇この哀話産婆も居らず出産が恐ろしい
243191	朝鮮朝日	西北版	1933-11-22	1	01단	朝鮮の現狀に鑑み小作令に絶對反對決議文を中央當局へ打電全鮮農業者大會
243192	朝鮮朝日	西北版	1933-11-22	1	01단	討匪戰線より明月溝奧地、二青背の險路
243193	朝鮮朝日	西北版	1933-11-22	1	02단	平南工藝品內地へ進出三越の手で
243194	朝鮮朝日	西北版	1933-11-22	1	04단	正義高普作品展
243195	朝鮮朝日	西北版	1933-11-22	1	04단	地方稅改正調査着々進む
243196	朝鮮朝日	西北版	1933-11-22	1	04단	煉炭組合の組織を計劃協和クラブで
243197	朝鮮朝日	西北版	1933-11-22	1	04단	朝鮮でも委員手當を減額委員連は一寸恐慌
243198	朝鮮朝日	西北版	1933-11-22	1	05단	可愛い軍服姿演習美談を脚色して上演南山女普の兒童劇
243199	朝鮮朝日	西北版	1933-11-22	1	05단	同盟會の提案に聯合會は反對す穀物冬場運賃問題
243200	朝鮮朝日	西北版	1933-11-22	1	05단	驛前廣場の拂下を陳情平壤商議より
243201	朝鮮朝日	西北版	1933-11-22	1	06단	定着性を與へて徐々に普通農民へ火田民の整理に當局の惱み
243202	朝鮮朝日	西北版	1933-11-22	1	07단	飛行聯隊射擊演習來る廿八日
243203	朝鮮朝日	西北版	1933-11-22	1	07단	校外保導會規約を制定愈よ乘出す
243204	朝鮮朝日	西北版	1933-11-22	1	07단	職を求めるあはれな親子
243205	朝鮮朝日	西北版	1933-11-22	1	07단	平壤の地震
243206	朝鮮朝日	西北版	1933-11-22	1	08단	上海を憧憬れて押出す娘が今秋既に百餘名今後は鎭南浦で阻止
243207	朝鮮朝日	西北版	1933-11-22	1	08단	肥料の合理化農村の急務
243208	朝鮮朝日	西北版	1933-11-22	1	09단	二百餘台の自轉車泥棒
243209	朝鮮朝日	西北版	1933-11-22	1	09단	普校生の軍國美談忠魂碑を淸掃
243210	朝鮮朝日	西北版	1933-11-22	1	09단	鐵道乘客へサーヴィス改善を協議
243211	朝鮮朝日	西北版	1933-11-22	1	10단	一審通り懲役六月元署長と教授の控訴審

일련번호	판명		간행일	면	단수	기사명
243212	朝鮮朝日	西北版	1933-11-22	1	10단	沖仲仕罷業圓滿解決か
243213	朝鮮朝日	西北版	1933-11-22	1	10단	不義の子を殺して捨つ
243214	朝鮮朝日	西北版	1933-11-22	1	10단	人(江原道原州郡面長視察團)
243215	朝鮮朝日	西北版	1933-11-22	1	10단	柳京日記
243216	朝鮮朝日	南鮮版	1933-11-22	1	01단	心構へといふこと速水敎授講演要旨
243217	朝鮮朝日	南鮮版	1933-11-22	1	01단	季節の窓(船大工さん總動員で慶南の漁船建造二百十隻は年末迄に/新嘗祭/菊花/朝鮮天主敎小史)
243218	朝鮮朝日	南鮮版	1933-11-22	1	02단	寒さに殖える不良少年の竊盜團當局の保護善導が急
243219	朝鮮朝日	南鮮版	1933-11-22	1	02단	小作令制定は絶對に反對する決議文を中央當局へ打電全鮮農業者大會
243220	朝鮮朝日	南鮮版	1933-11-22	1	02단	同盟會の提案に聯合會は反對す穀物冬場運賃問題
243221	朝鮮朝日	南鮮版	1933-11-22	1	03단	釜山産調會委員決定す
243222	朝鮮朝日	南鮮版	1933-11-22	1	04단	朝鮮でも手當減額委員連恐慌
243223	朝鮮朝日	南鮮版	1933-11-22	1	05단	忠北武德殿/武德祭
243224	朝鮮朝日	南鮮版	1933-11-22	1	05단	練習艦隊仁川へ
243225	朝鮮朝日	南鮮版	1933-11-22	1	05단	純情の歌姬妙なる藝術の殿堂愈よ廿三日午後から公會堂で京城女子中等音樂會
243226	朝鮮朝日	南鮮版	1933-11-22	1	06단	滿洲派遣隊
243227	朝鮮朝日	南鮮版	1933-11-22	1	06단	京城府會
243228	朝鮮朝日	南鮮版	1933-11-22	1	06단	ラグビー
243229	朝鮮朝日	南鮮版	1933-11-22	1	06단	全南米の批判懇談會
243230	朝鮮朝日	南鮮版	1933-11-22	1	06단	近年ない鯖の大群江原道沿岸に
243231	朝鮮朝日	南鮮版	1933-11-22	1	06단	峻嚴なる態度で禍根を芟除せよ東萊高普校盟休に對し本府から强硬な通牒
243232	朝鮮朝日	南鮮版	1933-11-22	1	07단	われ等若し戰はば昭和館で上映する
243233	朝鮮朝日	南鮮版	1933-11-22	1	07단	副業講習會
243234	朝鮮朝日	南鮮版	1933-11-22	1	07단	木浦代書人聯合會解散
243235	朝鮮朝日	南鮮版	1933-11-22	1	07단	慶北東海岸に海岸氣象觀測所を設ける
243236	朝鮮朝日	南鮮版	1933-11-22	1	08단	十三名乘組みの捕鯨船行方不明
243237	朝鮮朝日	南鮮版	1933-11-22	1	08단	地方稅改正調査着々進む
243238	朝鮮朝日	南鮮版	1933-11-22	1	08단	ポスター展
243239	朝鮮朝日	南鮮版	1933-11-22	1	08단	鐵道乘客へサーヴィス改善を協議
243240	朝鮮朝日	南鮮版	1933-11-22	1	09단	自動車に衝突遂に絶命
243241	朝鮮朝日	南鮮版	1933-11-22	1	09단	大邱に森林墓地
243242	朝鮮朝日	南鮮版	1933-11-22	1	10단	肥料の合理化農村の急務
243243	朝鮮朝日	南鮮版	1933-11-22	1	10단	非公開で減刑論間島暴動事件

일련번호	판명		간행일	면	단수	기사명
243244	朝鮮朝日	南鮮版	1933-11-22	1	10단	平壤の地震
243245	朝鮮朝日	南鮮版	1933-11-22	1	10단	二百餘台の自轉車泥棒
243246	朝鮮朝日	南鮮版	1933-11-22	1	10단	人(江原道原州郡面長視察團)
243247	朝鮮朝日	南鮮版	1933-11-22	1	10단	漢陽手帳
243248	朝鮮朝日	西北版	1933-11-23	1	01단	宇垣總督時局縱橫談
243249	朝鮮朝日	西北版	1933-11-23	1	01단	船舶氷損害保險の改訂案に阻止運動！西鮮三道の死活問題として平壤、南浦兩商議所起つ/運動と共に碎氷船準備
243250	朝鮮朝日	西北版	1933-11-23	1	01단	教化事業に二千圓賜はる恐懼感激今井田會長謹話
243251	朝鮮朝日	西北版	1933-11-23	1	02단	小作令反對の決議打電は中止總監の注意によって/小作令の反對理由
243252	朝鮮朝日	西北版	1933-11-23	1	04단	面營は不許可龍川面の魚市場經營申請を道當局、斷然却下す
243253	朝鮮朝日	西北版	1933-11-23	1	05단	書堂根絶策を捨て正統教育合流へ道下の文盲を一掃のため咸南學務課の新方針
243254	朝鮮朝日	西北版	1933-11-23	1	05단	江阪新任鑛業部長二十日着任
243255	朝鮮朝日	西北版	1933-11-23	1	06단	子弟教育のため止むなく退職盡きぬ國境警官哀話
243256	朝鮮朝日	西北版	1933-11-23	1	06단	女流歌手姿を消す
243257	朝鮮朝日	西北版	1933-11-23	1	06단	大連の旅館業者がサービス研究に普通の團體旅客を裝ひコッソリ北鮮地方へ
243258	朝鮮朝日	西北版	1933-11-23	1	07단	宿舍料を國防獻金平壤各町の美擧
243259	朝鮮朝日	西北版	1933-11-23	1	07단	各道保安課長會議
243260	朝鮮朝日	西北版	1933-11-23	1	07단	日本一、元山牡蠣の全國的飛躍を計る先づ品質改良と販路擴張に强力な組合を組織
243261	朝鮮朝日	西北版	1933-11-23	1	08단	鮮內ではただ一軒譽れの軍人の家大田の長尾忠孝氏に鄕軍後援會から顯彰
243262	朝鮮朝日	西北版	1933-11-23	1	08단	懷かしの鄕里へ飛行隊除隊式
243263	朝鮮朝日	西北版	1933-11-23	1	08단	金塊密輸の檢擧は續く旣に廿一名
243264	朝鮮朝日	西北版	1933-11-23	1	09단	家人二人を縛上げ九十八圓也强奪平北に相つぐ强盜禍
243265	朝鮮朝日	西北版	1933-11-23	1	09단	三月振に漸く結審間島暴動公判
243266	朝鮮朝日	西北版	1933-11-23	1	10단	竈新設費の補助を申請
243267	朝鮮朝日	西北版	1933-11-23	1	10단	靑島からの警察犬斃死ヂステンバで
243268	朝鮮朝日	西北版	1933-11-23	1	10단	柳京日記
243269	朝鮮朝日	南鮮版	1933-11-23	1	01단	教化事業に二千圓賜はる恐懼感激今井田會長謹話

일련번호	판명		간행일	면	단수	기사명
243270	朝鮮朝日	南鮮版	1933-11-23	1	01단	總督府の施政方針に反對陳情は不穩當だ總監の注意で決議打電は中止農業者大會と小作令問題/小作令の反對理由
243271	朝鮮朝日	南鮮版	1933-11-23	1	01단	東海岸線の鐵道保進を陳情三ヶ道で期成會組織
243272	朝鮮朝日	南鮮版	1933-11-23	1	02단	視學機關組織改革
243273	朝鮮朝日	南鮮版	1933-11-23	1	02단	高利債を低利に慶南の起債額
243274	朝鮮朝日	南鮮版	1933-11-23	1	03단	模範林野を整理
243275	朝鮮朝日	南鮮版	1933-11-23	1	03단	季節の窓(櫻と楓を千本植ゑて回遊道路を開鑿文祿の戰趾を公園に/山また山險路は續く/上海・上海へ娘子軍が增加/驛舍に落雷)
243276	朝鮮朝日	南鮮版	1933-11-23	1	04단	京城府の人事刷新
243277	朝鮮朝日	南鮮版	1933-11-23	1	04단	馬山酒注文殺到
243278	朝鮮朝日	南鮮版	1933-11-23	1	04단	同盟會の最大限度案にも聯合會側は不滿米の冬場運賃問題は進まず
243279	朝鮮朝日	南鮮版	1933-11-23	1	05단	京城府民館敷地
243280	朝鮮朝日	南鮮版	1933-11-23	1	05단	新穀の農倉入りは減る貯藏の效果が無い爲
243281	朝鮮朝日	南鮮版	1933-11-23	1	05단	三十五萬斤突破の成績星州棉花共販
243282	朝鮮朝日	南鮮版	1933-11-23	1	05단	殊勝な女性四人
243283	朝鮮朝日	南鮮版	1933-11-23	1	06단	錦江船橋竣工す
243284	朝鮮朝日	南鮮版	1933-11-23	1	06단	産業の發展に盡す釜山の調査會委員決定第一回の會合は二十四日
243285	朝鮮朝日	南鮮版	1933-11-23	1	07단	慶北の罐詰工業漸次事業開始
243286	朝鮮朝日	南鮮版	1933-11-23	1	07단	銀尺面の桑木を保存
243287	朝鮮朝日	南鮮版	1933-11-23	1	07단	江阪新任鑛業部長二十日着任
243288	朝鮮朝日	南鮮版	1933-11-23	1	08단	各道保安課長會議
243289	朝鮮朝日	南鮮版	1933-11-23	1	08단	女流歌手姿を消す
243290	朝鮮朝日	南鮮版	1933-11-23	1	08단	四十餘名の辯護士で空前の大辯論陣京城の土木談合事件
243291	朝鮮朝日	南鮮版	1933-11-23	1	08단	マリヤ殺し公判一回は來月十二日頃
243292	朝鮮朝日	南鮮版	1933-11-23	1	09단	三月振に漸く結審間島暴動公判
243293	朝鮮朝日	南鮮版	1933-11-23	1	09단	鮮內ではただ一軒譽れの軍人の家大田の長尾忠孝氏に鄕軍後援會から顯彰
243294	朝鮮朝日	南鮮版	1933-11-23	1	10단	作興週間で郵貯の激增
243295	朝鮮朝日	南鮮版	1933-11-23	1	10단	人(宇垣總督/吉田鐵道局長)
243296	朝鮮朝日	南鮮版	1933-11-23	1	10단	漢陽手帳

일련번호	판명		간행일	면	단수	기사명
243297	朝鮮朝日	西北版	1933-11-24	1	01단	明年こそ無煙炭百萬噸突破か平南當局早くも祝賀計劃本府は燃料研究所設置か
243298	朝鮮朝日	西北版	1933-11-24	1	01단	峻嚴な國境稅關に滿洲の旅客が減る檢査緩和方を新義州、安東の兩商議所より要望
243299	朝鮮朝日	西北版	1933-11-24	1	01단	稅務監督局の平壤設置は確實稅務署は二、三郡單位財務部長の落ち行く先は？
243300	朝鮮朝日	西北版	1933-11-24	1	01단	新義州府會廿五日招集
243301	朝鮮朝日	西北版	1933-11-24	1	01단	漁組聯側の諸準備整ふ其後の龍巖浦市場問題
243302	朝鮮朝日	西北版	1933-11-24	1	02단	討匪戰線より兩江口附近の兵共匪塹壕
243303	朝鮮朝日	西北版	1933-11-24	1	03단	道內中等校敎授硏究會
243304	朝鮮朝日	西北版	1933-11-24	1	04단	醫學集談會
243305	朝鮮朝日	西北版	1933-11-24	1	04단	茂山廣興間の道路工事
243306	朝鮮朝日	西北版	1933-11-24	1	04단	貧乏線上の細農を咸南から一掃する五年計劃で澱粉製造を奬勵
243307	朝鮮朝日	西北版	1933-11-24	1	05단	平壤公會堂新築案進む
243308	朝鮮朝日	西北版	1933-11-24	1	05단	奏任校長更に十名平南道內に
243309	朝鮮朝日	西北版	1933-11-24	1	06단	腴かな石炭景氣に藝妓屋株式會社平壤花街に躍り出す
243310	朝鮮朝日	西北版	1933-11-24	1	06단	平南警察部刑事優遇案捻り出した千圓を百名の者に割當つ
243311	朝鮮朝日	西北版	1933-11-24	1	06단	軍犬協會發會式廿三日擧行
243312	朝鮮朝日	西北版	1933-11-24	1	06단	幼稚園保姆等數名の赤を檢擧朝鮮共産黨再建發覺
243313	朝鮮朝日	西北版	1933-11-24	1	07단	朝禮に異議賃銀に響くと職工動搖
243314	朝鮮朝日	西北版	1933-11-24	1	07단	商陳の歲末贈答品配給
243315	朝鮮朝日	西北版	1933-11-24	1	07단	平北の魚水揚高二百萬圓に達す漁村に漲る久方振りの喜色
243316	朝鮮朝日	西北版	1933-11-24	1	08단	平壤繁榮會歲末賣出し
243317	朝鮮朝日	西北版	1933-11-24	1	08단	平壤に犬泥橫行
243318	朝鮮朝日	西北版	1933-11-24	1	08단	醉っ拂って實兄を殺す
243319	朝鮮朝日	西北版	1933-11-24	1	08단	食器を盜む
243320	朝鮮朝日	西北版	1933-11-24	1	09단	失戀から自殺す
243321	朝鮮朝日	西北版	1933-11-24	1	09단	署長を相手に變った訴訟「子供二人を引渡せ」と野菜賣の支那人から
243322	朝鮮朝日	西北版	1933-11-24	1	09단	瑞氣山上で厭世の自殺
243323	朝鮮朝日	西北版	1933-11-24	1	09단	痴情の果の慘劇朝鮮鉈で妻を一擊自分は壁で頭を碎く

일련번호	판명		간행일	면	단수	기사명
243324	朝鮮朝日	西北版	1933-11-24	1	10단	父を搜す哀れな少年
243325	朝鮮朝日	西北版	1933-11-24	1	10단	中樞院に泥棒侵入
243326	朝鮮朝日	南鮮版	1933-11-24	1	01단	汽笛は服らかに鳴る新線延長二百キロ口の開通に來れ五百人を採用/旅客も貨物も一途に黑字線上驀進
243327	朝鮮朝日	南鮮版	1933-11-24	1	01단	君よ一匙の米を嘲笑し給ふな源泉里婦人矯風會の美擧
243328	朝鮮朝日	南鮮版	1933-11-24	1	01단	盛大なる令旨奉戴記念式釜山聯合青年團で雄辯大會も盛況
243329	朝鮮朝日	南鮮版	1933-11-24	1	01단	民心作興美談續々
243330	朝鮮朝日	南鮮版	1933-11-24	1	02단	初等教育を視察/內地の教育視察
243331	朝鮮朝日	南鮮版	1933-11-24	1	02단	季節の窓(服かな石炭景氣藝妓屋を株式會社に平壤花街に躍り出る/二人の大平善次さん/師走も間近に郵便局準備/夢は破れて哀れ異鄉で病死/京城の傳染病)
243332	朝鮮朝日	南鮮版	1933-11-24	1	03단	京龍和洋料理業聯合會組織
243333	朝鮮朝日	南鮮版	1933-11-24	1	04단	京城教育會總會
243334	朝鮮朝日	南鮮版	1933-11-24	1	04단	警察官の武道鍛鍊優勝旗新調/武道大會
243335	朝鮮朝日	南鮮版	1933-11-24	1	05단	三つの死
243336	朝鮮朝日	南鮮版	1933-11-24	1	05단	愛慾の果て四千圓竊取の眞犯人捕まる
243337	朝鮮朝日	南鮮版	1933-11-24	1	05단	不渡手形で玄米九百俵許取新手の米穀商三名
243338	朝鮮朝日	南鮮版	1933-11-24	1	06단	農村の指導機關農事林業相談所達城郡廳內に設置
243339	朝鮮朝日	南鮮版	1933-11-24	1	06단	愚かな三十男
243340	朝鮮朝日	南鮮版	1933-11-24	1	07단	父を搜す哀れな少年
243341	朝鮮朝日	南鮮版	1933-11-24	1	07단	豚の天然痘漸やく終熄狀態だが未だに病原體が判らぬ
243342	朝鮮朝日	南鮮版	1933-11-24	1	07단	幼稚園保姆等數名の赤を檢擧朝鮮共產黨再建發覺
243343	朝鮮朝日	南鮮版	1933-11-24	1	08단	獎忠山上に赤ん坊
243344	朝鮮朝日	南鮮版	1933-11-24	1	08단	署長を相手に變った訴訟「子供二人を引渡せ」と野菜賣の支那人から
243345	朝鮮朝日	南鮮版	1933-11-24	1	08단	四十男の狂言强盜
243346	朝鮮朝日	南鮮版	1933-11-24	1	09단	瑞氣山上で厭世の自殺
243347	朝鮮朝日	南鮮版	1933-11-24	1	09단	鐵棒千貫を盜み牛車ではるばる京城へ
243348	朝鮮朝日	南鮮版	1933-11-24	1	10단	失戀から自殺す
243349	朝鮮朝日	南鮮版	1933-11-24	1	10단	中樞院に泥棒侵入
243350	朝鮮朝日	南鮮版	1933-11-24	1	10단	醉っ拂って實兄を殺す

일련번호	판명		간행일	면	단수	기사명
243351	朝鮮朝日	南鮮版	1933-11-24	1	10단	食品を盗む
243352	朝鮮朝日	南鮮版	1933-11-24	1	10단	催(二十五日)
243353	朝鮮朝日	南鮮版	1933-11-24	1	10단	漢陽手帳
243354	朝鮮朝日	西北版	1933-11-25	1	01단	ありし日の村山本社長を偲ぶ溫厚篤實の人格者我國新聞界の大恩人各方面から深甚の弔意諸名士の話/小林社長談/各方面から鄭重な弔電
243355	朝鮮朝日	西北版	1933-11-25	1	01단	本府は現物出資で無煙炭統制の方針海軍の橫槍は誤報だ福島平壤商議會頭歸來談
243356	朝鮮朝日	西北版	1933-11-25	1	01단	李王妃方子女王殿下御入院遊ばさる
243357	朝鮮朝日	西北版	1933-11-25	1	02단	農務課長が乘出し地主說得に努む安州の水組反對運動惡化に
243358	朝鮮朝日	西北版	1933-11-25	1	02단	山田農務技師歸壤
243359	朝鮮朝日	西北版	1933-11-25	1	03단	朝鮮名産の外國行激增降誕祭を前に
243360	朝鮮朝日	西北版	1933-11-25	1	03단	十沙扞止保安林に編入
243361	朝鮮朝日	西北版	1933-11-25	1	04단	五柳里に簡驛
243362	朝鮮朝日	西北版	1933-11-25	1	04단	連翹返咲く鎭南浦の陽氣
243363	朝鮮朝日	西北版	1933-11-25	1	04단	官廳自動車を取締る鴨綠江鐵橋の
243364	朝鮮朝日	西北版	1933-11-25	1	04단	軍犬の妙妓
243365	朝鮮朝日	西北版	1933-11-25	1	05단	除隊兵諸君の就職は上乘郞かな軍國の一風景
243366	朝鮮朝日	西北版	1933-11-25	1	06단	唯一の小作令贊成者藤井府議歸る
243367	朝鮮朝日	西北版	1933-11-25	1	06단	今は昔の夢の跡二萬坪の處分案勸業公司と府尹間に交涉開始新義州街の新話題
243368	朝鮮朝日	西北版	1933-11-25	1	07단	四時間に互り絕對無罪論主張傍聽席は大入り滿員京城談合事件辯論開かる
243369	朝鮮朝日	西北版	1933-11-25	1	08단	鴨綠江の第一線に警官二百名補充警備手薄に備へて
243370	朝鮮朝日	西北版	1933-11-25	1	08단	鎭南浦府に發疹チフス
243371	朝鮮朝日	西北版	1933-11-25	1	08단	思想犯人取調續く
243372	朝鮮朝日	西北版	1933-11-25	1	08단	親子が力を合せて喧譁相手を毆殺
243373	朝鮮朝日	西北版	1933-11-25	1	08단	銀貨偽造犯送局
243374	朝鮮朝日	西北版	1933-11-25	1	09단	丁鬣恐慌時代
243375	朝鮮朝日	西北版	1933-11-25	1	09단	幼兒を轢く
243376	朝鮮朝日	西北版	1933-11-25	1	09단	風呂敷包の捨子
243377	朝鮮朝日	西北版	1933-11-25	1	10단	金塊密輸團八名の求刑
243378	朝鮮朝日	西北版	1933-11-25	1	10단	阿片密賣
243379	朝鮮朝日	西北版	1933-11-25	1	10단	人(張贈周氏(新任安圖縣長))

일련번호	판명		간행일	면	단수	기사명
243380	朝鮮朝日	西北版	1933-11-25	1	10단	柳京日記
243381	朝鮮朝日	南鮮版	1933-11-25	1	01단	ありし日の村山本社長を偲ぶ溫厚篤實の人格者我國新聞界の大恩人各方面から深甚の弔意諸名士の話/小林社長談/各方面から鄭重な弔電
243382	朝鮮朝日	南鮮版	1933-11-25	1	01단	全北の農糧資金二十五萬圓を百八十七邑面へ
243383	朝鮮朝日	南鮮版	1933-11-25	1	01단	李王妃方子女王殿下御入院遊ばさる
243384	朝鮮朝日	南鮮版	1933-11-25	1	01단	藝術の殿堂から((１)獨唱の李銀順孃(進明女)/(２)齊唱(女高晉)/(３)合唱(第一高女)/(４)合唱(第二高女)/(５)合唱(京師女子演習)/(６)會場を埋めた聽衆)
243385	朝鮮朝日	南鮮版	1933-11-25	1	03단	監察制度全北道復活
243386	朝鮮朝日	南鮮版	1933-11-25	1	04단	練習艦隊鎭海入港
243387	朝鮮朝日	南鮮版	1933-11-25	1	04단	宇垣總督
243388	朝鮮朝日	南鮮版	1933-11-25	1	04단	國旗揭揚台
243389	朝鮮朝日	南鮮版	1933-11-25	1	04단	蠶業功勞者大津技師逝去
243390	朝鮮朝日	南鮮版	1933-11-25	1	05단	浦項安東間の經濟道路施工方期成會組織して運動
243391	朝鮮朝日	南鮮版	1933-11-25	1	06단	一曲ごとに聽衆を魅了す晴れのステージに七百の歌姬大盛況の京城女子中等音樂會
243392	朝鮮朝日	南鮮版	1933-11-25	1	07단	慶南道に桑樹增植活着步合良好
243393	朝鮮朝日	南鮮版	1933-11-25	1	07단	共同染色所を慶南道に四百ヶ所色服着用獎勵に好成績を擧ぐ
243394	朝鮮朝日	南鮮版	1933-11-25	1	07단	四時間に互り絶對無罪論主張傍聽席は大入り滿員京城談合事件辯論開かる
243395	朝鮮朝日	南鮮版	1933-11-25	1	08단	觀光ポスター展二十六日まで延期
243396	朝鮮朝日	南鮮版	1933-11-25	1	08단	酒は泥醉するまで飲むな
243397	朝鮮朝日	南鮮版	1933-11-25	1	08단	阿片密賣
243398	朝鮮朝日	南鮮版	1933-11-25	1	09단	首謀者十名斷乎退學處分東萊高普校盟休事件
243399	朝鮮朝日	南鮮版	1933-11-25	1	10단	籾の流出を防遏さる運賃引下要望
243400	朝鮮朝日	南鮮版	1933-11-25	1	10단	幼兒を轢く
243401	朝鮮朝日	南鮮版	1933-11-25	1	10단	療術行爲取締規則
243402	朝鮮朝日	南鮮版	1933-11-25	1	10단	覺悟の自殺
243403	朝鮮朝日	西北版	1933-11-26	1	01단	全鮮農業者大會の改組問題! 俄然起る今井田總監も愈よ辭意を固むサテ後任會長の顏觸は?

일련번호	판명		간행일	면	단수	기사명
243404	朝鮮朝日	西北版	1933-11-26	1	01단	船體保險改訂問題に總督府も一肌脱ぐ流氷期間は碎氷船も備付く南浦商議の陳情に
243405	朝鮮朝日	西北版	1933-11-26	1	01단	甲論乙駁して空しく散會三陟炭田問題審議の平壤商議全員委員會
243406	朝鮮朝日	西北版	1933-11-26	1	01단	槍倉の久原金山頗る活況を呈す年産額六百萬圓を目標に平元線延長の效果
243407	朝鮮朝日	西北版	1933-11-26	1	03단	東拓鑛總會
243408	朝鮮朝日	西北版	1933-11-26	1	03단	討匪戰線より安圖縣城に迫る宮脇、日野兩部隊
243409	朝鮮朝日	西北版	1933-11-26	1	04단	機關車點檢競技受賞者
243410	朝鮮朝日	西北版	1933-11-26	1	04단	燒酎販賣統制なる三井の手で
243411	朝鮮朝日	西北版	1933-11-26	1	05단	煙草密耕の取締を嚴に
243412	朝鮮朝日	西北版	1933-11-26	1	05단	文盲退治に大いにカコブを入れる全鮮の書堂を改善
243413	朝鮮朝日	西北版	1933-11-26	1	06단	平壤府電の電氣料値下
243414	朝鮮朝日	西北版	1933-11-26	1	06단	九名を有罪に三名は免訴に赤衛隊事件
243415	朝鮮朝日	西北版	1933-11-26	1	06단	墮ちたる官史カフエで稼ぐインテリ沒落の一相？
243416	朝鮮朝日	西北版	1933-11-26	1	07단	をどる景氣に自動車賣切れ活氣漲る平壤界隈
243417	朝鮮朝日	西北版	1933-11-26	1	07단	滿浦線延長に伴ふ元山、南浦の優劣論藤原平南知事の觀察は？
243418	朝鮮朝日	西北版	1933-11-26	1	08단	不敵の强盗、悠々と七名を縛り上ぐうち二名に重輕傷戰慄下の平安兩道
243419	朝鮮朝日	西北版	1933-11-26	1	08단	密輸犯一味逮捕の手配
243420	朝鮮朝日	西北版	1933-11-26	1	08단	殊勝な少年土工
243421	朝鮮朝日	西北版	1933-11-26	1	09단	兼二浦强盗殺人犯起訴
243422	朝鮮朝日	西北版	1933-11-26	1	09단	平壤高女講堂近く竣工
243423	朝鮮朝日	西北版	1933-11-26	1	09단	曉方の街頭異變怪漢、巡査を一擊
243424	朝鮮朝日	西北版	1933-11-26	1	10단	强盗未遂男
243425	朝鮮朝日	西北版	1933-11-26	1	10단	人(大串朝鮮軍參謀長/宇垣總督/山田城大總長)
243426	朝鮮朝日	西北版	1933-11-26	1	10단	柳京日記
243427	朝鮮朝日	南鮮版	1933-11-26	1	01단	全鮮農業者大會の改組問題！俄然起る今井田總監も愈よ辭意を固むサテ後任會長の顔觸は？
243428	朝鮮朝日	南鮮版	1933-11-26	1	01단	半島航空界の發展に力を注ぐ京城飛行クラブ生る
243429	朝鮮朝日	南鮮版	1933-11-26	1	01단	自動車の取締規則近く改正さる

일련번호	판명		간행일	면	단수	기사명
243430	朝鮮朝日	南鮮版	1933-11-26	1	01단	有賀頭取歸來談
243431	朝鮮朝日	南鮮版	1933-11-26	1	02단	季節の窓(非常時のお正月全北道各戶にもれなく日の丸の旗を揭揚さす/白衣は不經濟/お台所異變/ギャング豫防座談會/陽氣ですね速翹も杏も咲く)
243432	朝鮮朝日	南鮮版	1933-11-26	1	03단	授業料の撤廢は困難
243433	朝鮮朝日	南鮮版	1933-11-26	1	04단	通信局辭令
243434	朝鮮朝日	南鮮版	1933-11-26	1	04단	京城府醫師會
243435	朝鮮朝日	南鮮版	1933-11-26	1	04단	施政研究會の貴重な調査大いに期待さる
243436	朝鮮朝日	南鮮版	1933-11-26	1	04단	科學も大切だが歷史文化の研究も大切だ京城に來たマルコニー候夫妻
243437	朝鮮朝日	南鮮版	1933-11-26	1	05단	啓星高普校動搖
243438	朝鮮朝日	南鮮版	1933-11-26	1	05단	不都合な醫專生
243439	朝鮮朝日	南鮮版	1933-11-26	1	06단	體操指導研究會
243440	朝鮮朝日	南鮮版	1933-11-26	1	06단	京城に新プール
243441	朝鮮朝日	南鮮版	1933-11-26	1	06단	武道大會
243442	朝鮮朝日	南鮮版	1933-11-26	1	07단	釜山の産業的發展第一回調査會開から
243443	朝鮮朝日	南鮮版	1933-11-26	1	08단	氣腫疽早期發見慶南各地に豫防組合
243444	朝鮮朝日	南鮮版	1933-11-26	1	08단	强盜未遂男
243445	朝鮮朝日	南鮮版	1933-11-26	1	08단	神經衰弱のため
243446	朝鮮朝日	南鮮版	1933-11-26	1	08단	天罰はテキメン惠比須、大黑を入質
243447	朝鮮朝日	南鮮版	1933-11-26	1	09단	東拓鑛總會
243448	朝鮮朝日	南鮮版	1933-11-26	1	09단	殊勝な少年土工
243449	朝鮮朝日	南鮮版	1933-11-26	1	10단	九名を有罪に三名免訴に赤衛隊事件
243450	朝鮮朝日	南鮮版	1933-11-26	1	10단	人(大串朝鮮軍參謀長/山田城大總長)
243451	朝鮮朝日	西北版	1933-11-28	1	01단	愈よ現れ出でた北滿特産の尖兵新穀の粟一車が初荷として吉林から淸津港へ
243452	朝鮮朝日	西北版	1933-11-28	1	01단	押寄せる米の波に南浦は滯貨の山沿岸貿易地帶近く設置か
243453	朝鮮朝日	西北版	1933-11-28	1	01단	更生の科學化餘剩勞力調査咸南道の集計なる
243454	朝鮮朝日	西北版	1933-11-28	1	01단	御歸鮮の李鍝公殿下
243455	朝鮮朝日	西北版	1933-11-28	1	02단	立田本府警務課長山梨縣內務部長に
243456	朝鮮朝日	西北版	1933-11-28	1	03단	平壤栗改良懇談會來月二日開催
243457	朝鮮朝日	西北版	1933-11-28	1	03단	趙平南保安課長歸來談
243458	朝鮮朝日	西北版	1933-11-28	1	04단	箕城コドモ會
243459	朝鮮朝日	西北版	1933-11-28	1	04단	平壤原蠶種製造所移轉
243460	朝鮮朝日	西北版	1933-11-28	1	04단	ジャズは御法度平壤署の街頭取締り
243461	朝鮮朝日	西北版	1933-11-28	1	05단	樂浪蒐集品の瓦譜を刊行

일련번호	판명		간행일	면	단수	기사명
243462	朝鮮朝日	西北版	1933-11-28	1	05단	世界最新のプールを建設新築の平壌公會堂に
243463	朝鮮朝日	西北版	1933-11-28	1	05단	會寧圖書館開館式擧行
243464	朝鮮朝日	西北版	1933-11-28	1	06단	金密輸一味横濱で逮捕金額十八萬圓に上る
243465	朝鮮朝日	西北版	1933-11-28	1	06단	淸津の警官殺し死刑を求刑さる平然たる犯人金集弼
243466	朝鮮朝日	西北版	1933-11-28	1	06단	落雷のため四名死傷す
243467	朝鮮朝日	西北版	1933-11-28	1	07단	金塊密輸掃蕩へ平壌署大童の檢擧
243468	朝鮮朝日	西北版	1933-11-28	1	07단	無殘な卽死
243469	朝鮮朝日	西北版	1933-11-28	1	07단	流感御用心その手當は？
243470	朝鮮朝日	西北版	1933-11-28	1	07단	百圓持って乞食の餓死
243471	朝鮮朝日	西北版	1933-11-28	1	07단	次男は重傷老婆は燒死龍岡の火事
243472	朝鮮朝日	西北版	1933-11-28	1	08단	雇ひ女の自殺未遂
243473	朝鮮朝日	西北版	1933-11-28	1	08단	郵便局の窓口で四百五十圓詐取被害者側と局とが責任をなすり合ふ
243474	朝鮮朝日	西北版	1933-11-28	1	09단	五人組のお天氣師平壌で捕る
243475	朝鮮朝日	西北版	1933-11-28	1	09단	泥醉男から現金を盜む
243476	朝鮮朝日	西北版	1933-11-28	1	09단	人斬り女に三年の求刑
243477	朝鮮朝日	西北版	1933-11-28	1	09단	落磐で坑夫重傷
243478	朝鮮朝日	西北版	1933-11-28	1	10단	妻の意趣晴らしに棍棒で毆込む
243479	朝鮮朝日	西北版	1933-11-28	1	10단	十圓強奪の犯人捕はる
243480	朝鮮朝日	西北版	1933-11-28	1	10단	京電社員自殺す
243481	朝鮮朝日	西北版	1933-11-28	1	10단	人(萩山秀雄氏(京城圖書館長)/伊藤哲一氏(十九師團軍醫部長)/大串參謀長(朝鮮軍司令部)/池田濟氏(警務局長))
243482	朝鮮朝日	西北版	1933-11-28	1	10단	柳京日記
243483	朝鮮朝日	南鮮版	1933-11-28	1	01단	年の瀬の慌しい序曲！ 手具脛引て釜山商店街の血みどろの商戰さて顧客の懷は？/群山でも大賣出し來月一日から/裡里でも/淸州でも
243484	朝鮮朝日	南鮮版	1933-11-28	1	01단	『文字の讀めぬ人が一人も無いやうにしたい』明年度豫算に二十八萬圓を投じて全鮮の書堂を改善する
243485	朝鮮朝日	南鮮版	1933-11-28	1	01단	水害を除く洛東江に沙防工事慶南、慶北兩當局が協力して
243486	朝鮮朝日	南鮮版	1933-11-28	1	03단	立田本府警務課長山梨縣內務部長に
243487	朝鮮朝日	南鮮版	1933-11-28	1	04단	靑訓査閱
243488	朝鮮朝日	南鮮版	1933-11-28	1	04단	大田に商議所邑では最初

일련번호	판명		간행일	면	단수	기사명
243489	朝鮮朝日	南鮮版	1933-11-28	1	04단	御歸鮮の李鍝公殿下
243490	朝鮮朝日	南鮮版	1933-11-28	1	05단	全南道臨時道會
243491	朝鮮朝日	南鮮版	1933-11-28	1	05단	故村山本社長告別式執行廿九日釜山通信部で
243492	朝鮮朝日	南鮮版	1933-11-28	1	05단	大邱醫專新築落成と昇格の祝賀會十二月十七日に催す/醫專生の風紀革正嚴重に行ふ
243493	朝鮮朝日	南鮮版	1933-11-28	1	06단	仁川で消防演習非常の好成績
243494	朝鮮朝日	南鮮版	1933-11-28	1	06단	練習艦隊仁川へ/軍樂隊演奏會
243495	朝鮮朝日	南鮮版	1933-11-28	1	06단	戀愛よりまづ『パン』ですわ京城でも結婚戰線に異狀あり
243496	朝鮮朝日	南鮮版	1933-11-28	1	06단	チフス七名發生孤兒收容所に
243497	朝鮮朝日	南鮮版	1933-11-28	1	07단	由緒ある聞韶閣を修理純朝鮮式に面目一新
243498	朝鮮朝日	南鮮版	1933-11-28	1	08단	密航團三十一名ブローカー四名も檢擧
243499	朝鮮朝日	南鮮版	1933-11-28	1	08단	裡里邑が愈よ町に來月一日から
243500	朝鮮朝日	南鮮版	1933-11-28	1	09단	職業指導研究會
243501	朝鮮朝日	南鮮版	1933-11-28	1	09단	春川から六名入營
243502	朝鮮朝日	南鮮版	1933-11-28	1	09단	萬引の名人
243503	朝鮮朝日	南鮮版	1933-11-28	1	10단	喧嘩から打ち殺す逃走犯人捕る
243504	朝鮮朝日	南鮮版	1933-11-28	1	10단	京電社員自殺す
243505	朝鮮朝日	南鮮版	1933-11-28	1	10단	トラック轉落大破
243506	朝鮮朝日	南鮮版	1933-11-28	1	10단	落磐で坑夫重傷
243507	朝鮮朝日	南鮮版	1933-11-28	1	10단	人(萩山秀雄氏(京城圖書館長)/大串參謀長(朝鮮軍司令部)/伊藤哲一氏(十九師團軍醫部長)/池田濟氏(警務局長)/笠井法務局長)
243508	朝鮮朝日	西北版	1933-11-29	1	01단	鹽魚の三重課稅撤廢方を要望す貿易協會と全鮮水産會より顧客先の滿洲國に
243509	朝鮮朝日	西北版	1933-11-29	1	01단	皇室御繁榮と皇后陛下御安産祈願朝鮮神宮で嚴かに執り行はる
243510	朝鮮朝日	西北版	1933-11-29	1	01단	咸北産木材が各地から引張凧木材王國新義州までも進出貨車不足に大弱り
243511	朝鮮朝日	西北版	1933-11-29	1	01단	久方振りに上り貨物に景氣鮮米の內地輸送が關釜聯絡船に移る
243512	朝鮮朝日	西北版	1933-11-29	1	02단	市日利用の生活改善策
243513	朝鮮朝日	西北版	1933-11-29	1	03단	新朝無加藤常務談
243514	朝鮮朝日	西北版	1933-11-29	1	04단	人(池田警務局長)
243515	朝鮮朝日	西北版	1933-11-29	1	04단	決議事項の實施案なる農會大會實行委員會

일련번호	판명		간행일	면	단수	기사명
243516	朝鮮朝日	西北版	1933-11-29	1	04단	由緒ある聞韶閣を修理純朝鮮式に面目一新
243517	朝鮮朝日	西北版	1933-11-29	1	05단	スポーツ(ラグビー選拔試合)
243518	朝鮮朝日	西北版	1933-11-29	1	05단	大邱醫專の昇格祝賀會
243519	朝鮮朝日	西北版	1933-11-29	1	05단	宏莊な總督府廳舍增築の運命に逢着狹隘で仕事ができぬだがこの急場をどうする?
243520	朝鮮朝日	西北版	1933-11-29	1	05단	警官よ喜べボーナスは吉
243521	朝鮮朝日	西北版	1933-11-29	1	06단	大防空演習明春三月十日擧行事前に航空思想普及の計劃
243522	朝鮮朝日	西北版	1933-11-29	1	06단	邑では最初大田に商議所
243523	朝鮮朝日	西北版	1933-11-29	1	06단	期待の吉林から大豆が來ない京圖線は全通したけれど
243524	朝鮮朝日	西北版	1933-11-29	1	07단	五千圓を關東軍慰問費に一千圓を出動部隊に愛婦朝鮮本部から
243525	朝鮮朝日	西北版	1933-11-29	1	07단	他殺嫌疑の嬰兒の死體
243526	朝鮮朝日	西北版	1933-11-29	1	07단	超スピードで粟の强行增産細農救濟に咸南當局の力瘤
243527	朝鮮朝日	西北版	1933-11-29	1	08단	平南の腸チフス
243528	朝鮮朝日	西北版	1933-11-29	1	08단	相つぐ國防獻金
243529	朝鮮朝日	西北版	1933-11-29	1	08단	平壤からの金密輸一年間三百萬圓ナント平南の年産額に匹敵
243530	朝鮮朝日	西北版	1933-11-29	1	08단	郵便局窓口の騙取犯人はこれで二度目の强か者
243531	朝鮮朝日	西北版	1933-11-29	1	09단	現金二千圓車中で紛失
243532	朝鮮朝日	西北版	1933-11-29	1	09단	哀れな産婦に溫い同情
243533	朝鮮朝日	西北版	1933-11-29	1	10단	紙幣僞造犯十名を逮捕
243534	朝鮮朝日	西北版	1933-11-29	1	10단	柳京日記
243535	朝鮮朝日	南鮮版	1933-11-29	1	01단	宏莊な白堊の殿堂も狹隘で仕事ができぬ增築のほかはない運命にだがこの急場をどうする
243536	朝鮮朝日	南鮮版	1933-11-29	1	01단	皇室御繁榮と皇后陛下御安産祈願朝鮮神宮で嚴かに執り行はる
243537	朝鮮朝日	南鮮版	1933-11-29	1	01단	五千圓を關東軍慰問費に一千圓を出動部隊に愛婦朝鮮本部から
243538	朝鮮朝日	南鮮版	1933-11-29	1	01단	僻地勤務の警官を慰安する慶南當局で實現運動/警官よ喜べボーナスは吉
243539	朝鮮朝日	南鮮版	1933-11-29	1	02단	京城の風致計劃委員會で大綱決定
243540	朝鮮朝日	南鮮版	1933-11-29	1	03단	群山府議補缺選

일련번호	판명		간행일	면	단수	기사명
243541	朝鮮朝日	南鮮版	1933-11-29	1	04단	視察團歸る
243542	朝鮮朝日	南鮮版	1933-11-29	1	04단	朝鮮信託釜山支店
243543	朝鮮朝日	南鮮版	1933-11-29	1	04단	決議事項の實施案なる農會大會實行委員會
243544	朝鮮朝日	南鮮版	1933-11-29	1	04단	お上の力や補助金も受けず見事自力更生の二部落農村の父山崎延吉翁も感激
243545	朝鮮朝日	南鮮版	1933-11-29	1	04단	舊鐵道浴場を東萊邑營に
243546	朝鮮朝日	南鮮版	1933-11-29	1	05단	日滿貿易懇談會雙方の有力者が集って熱心に希望意見交換(滿洲側/朝鮮側)
243547	朝鮮朝日	南鮮版	1933-11-29	1	05단	細農者四百餘名の戸稅を代納した年の瀬を前に美談の主二人
243548	朝鮮朝日	南鮮版	1933-11-29	1	05단	スポーツ(ラグビー選拔試合)
243549	朝鮮朝日	南鮮版	1933-11-29	1	06단	京城府民病院內容を充實
243550	朝鮮朝日	南鮮版	1933-11-29	1	06단	仁川の質屋に强盜妻女は殺害さる事情に通じた計劃的の兇行犯人は行方不明
243551	朝鮮朝日	南鮮版	1933-11-29	1	07단	慶南警官武道獎勵
243552	朝鮮朝日	南鮮版	1933-11-29	1	07단	龍頭山廣場に國旗揭揚塔
243553	朝鮮朝日	南鮮版	1933-11-29	1	07단	不正染料を退治慶北道で愈よ檢定開始
243554	朝鮮朝日	南鮮版	1933-11-29	1	07단	防火大宣傳光州消防總動員
243555	朝鮮朝日	南鮮版	1933-11-29	1	07단	阿片密賣男漢江に身投
243556	朝鮮朝日	南鮮版	1933-11-29	1	08단	阿片密賣者間に僞造紙幣を行使十名を嚴重取調ぶ
243557	朝鮮朝日	南鮮版	1933-11-29	1	08단	五千圓橫領費消
243558	朝鮮朝日	南鮮版	1933-11-29	1	08단	期待の吉林から大豆が來ない京圖線は全通したけれど
243559	朝鮮朝日	南鮮版	1933-11-29	1	09단	東萊高普盟休近く解決か
243560	朝鮮朝日	南鮮版	1933-11-29	1	09단	榮えある交換孃
243561	朝鮮朝日	南鮮版	1933-11-29	1	10단	現金二千圓車中で紛失
243562	朝鮮朝日	南鮮版	1933-11-29	1	10단	哀れな産婦に溫い同情
243563	朝鮮朝日	南鮮版	1933-11-29	1	10단	永久に別れです
243564	朝鮮朝日	南鮮版	1933-11-29	1	10단	人(湯口登氏(第一銀行釜山支店三席)/池田警務局長/脇鐵一氏(京城地方法院豫審部首席判事)/賀田直治氏(京城商工會議所會頭))
243565	朝鮮朝日	西北版	1933-11-30	1	01단	お互ひに協力し日滿親善に盡す日滿貿易懇談會槪要
243566	朝鮮朝日	西北版	1933-11-30	1	01단	暮の半島官界に廣範圍の異動行はる警務課長後任や合電社長問題で

일련번호	판명		간행일	면	단수	기사명
243567	朝鮮朝日	西北版	1933-11-30	1	01단	燃料研究所分場の新設運動進捗す鐵道、殖産局は乘氣設備費は無煙炭業者の寄附に
243568	朝鮮朝日	西北版	1933-11-30	1	02단	無煙炭百萬噸突破の祝賀會愈よ明秋十月迄に同時に全國鑛業大會も擧行
243569	朝鮮朝日	西北版	1933-11-30	1	04단	運炭設備充實に江東鐵道を敷設出炭增加の見込で南浦積込場を擴張
243570	朝鮮朝日	西北版	1933-11-30	1	05단	高層建築の防備講習會京城で開く
243571	朝鮮朝日	西北版	1933-11-30	1	05단	平南警察部の事務檢閱
243572	朝鮮朝日	西北版	1933-11-30	1	05단	籾貯藏問題にシビレ切らして渡邊農林局長等歸る
243573	朝鮮朝日	西北版	1933-11-30	1	06단	平壤の初雪
243574	朝鮮朝日	西北版	1933-11-30	1	06단	各地で嚴かに故村山社長告別式有志の參拜も多かった
243575	朝鮮朝日	西北版	1933-11-30	1	07단	數字が語る妓生の生活平壤署調査
243576	朝鮮朝日	西北版	1933-11-30	1	08단	私は生きてる轉々廿六年の女按摩失踪の宣告に抗議
243577	朝鮮朝日	西北版	1933-11-30	1	08단	警視廳にあげられた外人大密輸團を語る新義州稅關監視課員
243578	朝鮮朝日	西北版	1933-11-30	1	09단	平南道內の教育功勞者四氏を表彰
243579	朝鮮朝日	西北版	1933-11-30	1	09단	愈よ十四日にマリヤ殺し公判被告の辯護人決定
243580	朝鮮朝日	西北版	1933-11-30	1	10단	平壤神社が改築される寄附金募集を開始
243581	朝鮮朝日	西北版	1933-11-30	1	10단	三人盲目の賭博を檢擧
243582	朝鮮朝日	西北版	1933-11-30	1	10단	新義州でも贋紙幣行使
243583	朝鮮朝日	西北版	1933-11-30	1	10단	腕力で負け短刀で殺す酒の上の喧嘩
243584	朝鮮朝日	西北版	1933-11-30	1	10단	人(伊藤第十九師團軍醫部長/池田本府警務局長)
243585	朝鮮朝日	南鮮版	1933-11-30	1	01단	お互ひに協力し日滿親善に盡す日滿貿易懇談會概要
243586	朝鮮朝日	南鮮版	1933-11-30	1	01단	暮の半島官界に廣範圍の異動行はる警務課長後任や合電社長問題で
243587	朝鮮朝日	南鮮版	1933-11-30	1	01단	籾貯藏問題にシビレ切らして渡邊農林局長等歸る
243588	朝鮮朝日	南鮮版	1933-11-30	1	02단	宇垣總督
243589	朝鮮朝日	南鮮版	1933-11-30	1	02단	忠淸南道辭令
243590	朝鮮朝日	南鮮版	1933-11-30	1	03단	慶北道郡屬異動
243591	朝鮮朝日	南鮮版	1933-11-30	1	03단	低利借入れ成立

일련번호	판명		간행일	면	단수	기사명
243592	朝鮮朝日	南鮮版	1933-11-30	1	04단	各地で嚴かに故村山社長告別式有志の參拜も多かった
243593	朝鮮朝日	南鮮版	1933-11-30	1	05단	緊急事の設備改善明年度から
243594	朝鮮朝日	南鮮版	1933-11-30	1	06단	東海岸の漁場を頻々と荒し廻る內地から大掛りの密漁團出沒沿岸數萬戶漁民は大脅威
243595	朝鮮朝日	南鮮版	1933-11-30	1	07단	一千圓寄附
243596	朝鮮朝日	南鮮版	1933-11-30	1	07단	漁期は近づいたが鰊漁業者は焦躁國庫補助が決まらぬために
243597	朝鮮朝日	南鮮版	1933-11-30	1	07단	三名が凍死
243598	朝鮮朝日	南鮮版	1933-11-30	1	07단	統營の火事四棟一戶全燒
243599	朝鮮朝日	南鮮版	1933-11-30	1	08단	慶北棉花出廻旺盛
243600	朝鮮朝日	南鮮版	1933-11-30	1	08단	啓聖高普校動搖
243601	朝鮮朝日	南鮮版	1933-11-30	1	08단	質屋の妻女殺し犯人二名遂に捕る支那人二名の計劃的犯行と判明
243602	朝鮮朝日	南鮮版	1933-11-30	1	08단	灰色の人生手帳
243603	朝鮮朝日	南鮮版	1933-11-30	1	09단	愈よ十四日にマリヤ殺し公判被告の辯護人決定
243604	朝鮮朝日	南鮮版	1933-11-30	1	09단	四棟全燒し牛豚五頭を燒死
243605	朝鮮朝日	南鮮版	1933-11-30	1	09단	榛接面に强盜二名
243606	朝鮮朝日	南鮮版	1933-11-30	1	10단	腕力で負け短刀で殺す酒の上の喧嘩
243607	朝鮮朝日	南鮮版	1933-11-30	1	10단	人(伊藤第十九師團軍醫部長/失戶鎭海要港部參謀長/柳原副官(鎭海要港部)/構演永興灣要塞司令官/池田本府警務局長)
243608	朝鮮朝日	南鮮版	1933-11-30	1	10단	漢陽手帳

1933년 12월 (조선아사히)

일련번호	판명		간행일	면	단수	기사명
243609	朝鮮朝日	西北版	1933-12-01	1	01단	常夏の台灣目指し北鮮特産の大進軍今秋開始以來わづか三便の鮮、台航路にこの收穫
243610	朝鮮朝日	西北版	1933-12-01	1	01단	朝鮮の明年度豫算前途は頗る多難だ新規事業は望み薄
243611	朝鮮朝日	西北版	1933-12-01	1	01단	昭和水組認可の延期など有り得ぬ殘すは最後の折衝靑木囑託の歸來談
243612	朝鮮朝日	西北版	1933-12-01	1	01단	咸興商議所設立の機運いよいよ熟す
243613	朝鮮朝日	西北版	1933-12-01	1	02단	肺病治療に新設備平壤道立醫院
243614	朝鮮朝日	西北版	1933-12-01	1	03단	結氷近き豆滿江漢江南方にて空中より撮影
243615	朝鮮朝日	西北版	1933-12-01	1	04단	鴨綠江鐵橋の開閉中止
243616	朝鮮朝日	西北版	1933-12-01	1	04단	商品陳列所の內容を刷新
243617	朝鮮朝日	西北版	1933-12-01	1	04단	茂山守備隊除隊兵歸國
243618	朝鮮朝日	西北版	1933-12-01	1	05단	旅費を割き國防の費に奇特の除隊兵
243619	朝鮮朝日	西北版	1933-12-01	1	05단	春めぐる北鮮に觀光客の殺到申込み旣み四千名
243620	朝鮮朝日	西北版	1933-12-01	1	06단	內鮮一致の愛國運動起る朝鮮靑年が「皇國黨」を組織
243621	朝鮮朝日	西北版	1933-12-01	1	06단	平南の各水組は至って鎭靜模樣米の順調な高値に地主連は一期償還制を待望
243622	朝鮮朝日	西北版	1933-12-01	1	06단	食へぬから巡査になる正直すぎた男の話
243623	朝鮮朝日	西北版	1933-12-01	1	06단	漁民の生活改善に共同宿泊所建設元德漁業組合の計劃
243624	朝鮮朝日	西北版	1933-12-01	1	07단	水産界の大福音北鐵の運賃引下鮮魚以下十種目を五割引に期待さる對滿飛躍
243625	朝鮮朝日	西北版	1933-12-01	1	08단	色と慾との二すぢ强盜寧遠署に捕る
243626	朝鮮朝日	西北版	1933-12-01	1	08단	またまた始った南京の怪放送平壤附近のファンを惱ます
243627	朝鮮朝日	西北版	1933-12-01	1	08단	赤色農組控訴公判被告四十一名
243628	朝鮮朝日	西北版	1933-12-01	1	08단	平壤に流感猖獗
243629	朝鮮朝日	西北版	1933-12-01	1	09단	水組を相手取り賠償金の要求蒙利區域を取上げられた貯水池の持主から
243630	朝鮮朝日	西北版	1933-12-01	1	09단	簡保審査委員會
243631	朝鮮朝日	西北版	1933-12-01	1	10단	內地人專門に竊盜を働く被害二十一件
243632	朝鮮朝日	西北版	1933-12-01	1	10단	インチキ賭博師二人を檢擧
243633	朝鮮朝日	西北版	1933-12-01	1	10단	人(上田海軍少將(新任德山燃料廠長))
243634	朝鮮朝日	南鮮版	1933-12-01	1	01단	蔬菜花卉類を南鮮一帶に獎勵する農家の唯一の副業として將來は滿洲へも輸出計劃

일련번호	판명		간행일	면	단수	기사명
243635	朝鮮朝日	南鮮版	1933-12-01	1	01단	朝鮮の明年度豫算前途は頗る多難だ新規事業は望み薄
243636	朝鮮朝日	南鮮版	1933-12-01	1	01단	忠南柔劍道師範格異動
243637	朝鮮朝日	南鮮版	1933-12-01	1	01단	京城府の市區改修明年度事業
243638	朝鮮朝日	南鮮版	1933-12-01	1	02단	芙蓉寺再建計劃
243639	朝鮮朝日	南鮮版	1933-12-01	1	02단	結氷近き豆滿江滿江南方にて空中より撮影
243640	朝鮮朝日	南鮮版	1933-12-01	1	03단	行政地擴張で兒童就學難大邱當局弱る
243641	朝鮮朝日	南鮮版	1933-12-01	1	04단	簡保審査委員會
243642	朝鮮朝日	南鮮版	1933-12-01	1	04단	內鮮一致の愛國運動起る朝鮮青年が『皇化黨』組織一般に活躍期待さる
243643	朝鮮朝日	南鮮版	1933-12-01	1	05단	京城府陸聯總會
243644	朝鮮朝日	南鮮版	1933-12-01	1	05단	京城スキー倶樂部
243645	朝鮮朝日	南鮮版	1933-12-01	1	05단	統營大賣り出し
243646	朝鮮朝日	南鮮版	1933-12-01	1	05단	運賃協定の不參加を表明す釜山穀商が鮮航會に對し成り行き注目さる
243647	朝鮮朝日	南鮮版	1933-12-01	1	05단	漁民の生活改善に共同宿泊所建設元德漁業組合の計劃
243648	朝鮮朝日	南鮮版	1933-12-01	1	06단	仁川質屋殺しの犯人
243649	朝鮮朝日	南鮮版	1933-12-01	1	07단	萬全を期して歳末を警戒する慶南道下の警察官
243650	朝鮮朝日	南鮮版	1933-12-01	1	07단	本年の海苔養殖成績は良好
243651	朝鮮朝日	南鮮版	1933-12-01	1	07단	兵共匪の討伐終る琿春○隊奮鬪
243652	朝鮮朝日	南鮮版	1933-12-01	1	07단	怪放送の正體は? 突きとめに當局で調査
243653	朝鮮朝日	南鮮版	1933-12-01	1	08단	啞でも惡事
243654	朝鮮朝日	南鮮版	1933-12-01	1	08단	十二年振りにわが父親に逢ふ放浪少年の人生物語
243655	朝鮮朝日	南鮮版	1933-12-01	1	08단	土木談合公判
243656	朝鮮朝日	南鮮版	1933-12-01	1	09단	官廳や會社はボーナス景氣
243657	朝鮮朝日	南鮮版	1933-12-01	1	09단	公判關係者が打揃って實地檢證マリヤ公判近づく
243658	朝鮮朝日	南鮮版	1933-12-01	1	10단	赤色農組控訴公判被告四十一名
243659	朝鮮朝日	南鮮版	1933-12-01	1	10단	漢陽手帳
243660	朝鮮朝日	西北版	1933-12-02	1	01단	咸南禁漁區改正は漁民層に大打擊俄然、時代逆行の叫び揚がる明太漁場を繞る渦紋(十分研究し運用に善處內務部長談)
243661	朝鮮朝日	西北版	1933-12-02	1	01단	問題の小作令豫定通りに實施さる地主も小作人側も大贊成

일련번호	판명		간행일	면	단수	기사명
243662	朝鮮朝日	西北版	1933-12-02	1	01단	滿洲行の中京物産淸津經由に轉向名鐵の日本海橫斷輸送計劃
243663	朝鮮朝日	西北版	1933-12-02	1	02단	師走の世相行脚(１)/どん底に喘ぐ敗殘者の群十錢宿で辿る夢路
243664	朝鮮朝日	西北版	1933-12-02	1	04단	人(根岸莞爾氏(第十九師團經理部長)/淵村伍郎氏(本社平壤通信部主任))
243665	朝鮮朝日	西北版	1933-12-02	1	04단	兵器獻納の寄金を募集南浦國防義會
243666	朝鮮朝日	西北版	1933-12-02	1	05단	討匪行から二機凱旋す
243667	朝鮮朝日	西北版	1933-12-02	1	05단	若松校音樂隊獻金
243668	朝鮮朝日	西北版	1933-12-02	1	06단	嬌名上海を壓す桃色爭議團長かつての平壤花街の鬪士美妓張蓮紅・後日譚
243669	朝鮮朝日	西北版	1933-12-02	1	07단	贊否なほ決せぬ三陟炭田問題大勢は無煙炭廉價供給の調査委員會設置へ
243670	朝鮮朝日	西北版	1933-12-02	1	07단	金融機關を武裝で警戒舊年末まで
243671	朝鮮朝日	西北版	1933-12-02	1	08단	首魁金鶴傑を始め八十一名有罪に全鮮赤化の城津農組事件一年振りに豫審終結
243672	朝鮮朝日	西北版	1933-12-02	1	08단	海員出張所と俱樂部新設九年度實現か
243673	朝鮮朝日	西北版	1933-12-02	1	09단	金齒を引拔く無茶な强盜成川署に捕る
243674	朝鮮朝日	西北版	1933-12-02	1	09단	大橋久子夫人證人として召喚マリヤ殺し公判に他二氏とともに
243675	朝鮮朝日	西北版	1933-12-02	1	10단	金密輸犯人續々あがる
243676	朝鮮朝日	西北版	1933-12-02	1	10단	口論の揚句實兄を殺す
243677	朝鮮朝日	西北版	1933-12-02	1	10단	足袋の中に六千圓隱匿
243678	朝鮮朝日	西北版	1933-12-02	1	10단	電車に戲れ小學生重傷
243679	朝鮮朝日	南鮮版	1933-12-02	1	01단	師走明暗相　來た來た33年を終る登音繰り展げられる人生繪卷は/不良商人を嚴重に取締る/僞造紙幣暮の巷に橫行/遞信局末年賞與
243680	朝鮮朝日	南鮮版	1933-12-02	1	01단	冗費節約生活改善慶南の敎化團體を總動員して惡弊を打破する
243681	朝鮮朝日	南鮮版	1933-12-02	1	01단	忠南道を擧げて納稅觀念を强調講演や映畫で宣傳
243682	朝鮮朝日	南鮮版	1933-12-02	1	01단	洛東江改修の邑面負擔金輕減面債借替額を決定
243683	朝鮮朝日	南鮮版	1933-12-02	1	02단	農糧資金廿萬圓各郡へ貸付く
243684	朝鮮朝日	南鮮版	1933-12-02	1	03단	釜山漁組記念式功勞者等表彰
243685	朝鮮朝日	南鮮版	1933-12-02	1	03단	問題の小作令豫定通りに實施さる地主も小作人側も大贊成
243686	朝鮮朝日	南鮮版	1933-12-02	1	04단	大邱の初雪

일련번호	판명		간행일	면	단수	기사명
243687	朝鮮朝日	南鮮版	1933-12-02	1	04단	朝鮮土地重役會
243688	朝鮮朝日	南鮮版	1933-12-02	1	05단	都市經營定時總會
243689	朝鮮朝日	南鮮版	1933-12-02	1	05단	搬送式電話を裝置十二月中旬から京城群山間に
243690	朝鮮朝日	南鮮版	1933-12-02	1	05단	凄い强盜
243691	朝鮮朝日	南鮮版	1933-12-02	1	06단	商工卸商定時總會
243692	朝鮮朝日	南鮮版	1933-12-02	1	07단	慶北の各地に靑訓所增設
243693	朝鮮朝日	南鮮版	1933-12-02	1	07단	慶南靑訓敎練査閱
243694	朝鮮朝日	南鮮版	1933-12-02	1	07단	公職者等が稅金滯納水道にも不正事實釜山府の會計檢査から發覺
243695	朝鮮朝日	南鮮版	1933-12-02	1	07단	バスの假差押へで京仁間バス不通やうやく午後から運轉す原因慰藉料請求問題から
243696	朝鮮朝日	南鮮版	1933-12-02	1	07단	兩體協の紛糾解決最後的折衝で
243697	朝鮮朝日	南鮮版	1933-12-02	1	07단	獵銃を盜む
243698	朝鮮朝日	南鮮版	1933-12-02	1	08단	朝鮮の衛生行政を滿洲國の手本に都留科長視察して歸國
243699	朝鮮朝日	南鮮版	1933-12-02	1	08단	獨身クラブつひに解消
243700	朝鮮朝日	南鮮版	1933-12-02	1	08단	大橋久子夫人證人として召喚マリヤ殺し公判に他二氏とともに
243701	朝鮮朝日	南鮮版	1933-12-02	1	09단	御紋章類似の釦を禁製す業者へ嚴命
243702	朝鮮朝日	南鮮版	1933-12-02	1	10단	金密輸犯人續々あがる
243703	朝鮮朝日	南鮮版	1933-12-02	1	10단	口論の揚句實兄を殺す
243704	朝鮮朝日	南鮮版	1933-12-02	1	10단	足袋の中に六千圓隱匿
243705	朝鮮朝日	南鮮版	1933-12-02	1	10단	金齒を引拔く無茶な强盜成川署に捕る
243706	朝鮮朝日	南鮮版	1933-12-02	1	10단	人(淸津鐵道病院內科醫長/河野節夫氏(平南道內務部長)/淵村伍郎氏(本社平壤通信部主任)/根岸莞爾氏(第十九師團經理部長))
243707	朝鮮朝日	南鮮版	1933-12-02	1	10단	漢陽手帳
243708	朝鮮朝日	西北版	1933-12-03	1	01단	鮮內各銀行の營業區域を設定する經營合理化と金融統制の爲當局で計劃
243709	朝鮮朝日	西北版	1933-12-03	1	01단	西鮮合電社長は山本遞信局長に內定後任には岡崎忠南知事が推さる(後進に途を開く意味で受諾した譯山本氏語る/在任六ヶ年各方面に功績)
243710	朝鮮朝日	西北版	1933-12-03	1	01단	師走の世相打診(2)/風に吹かれて孤兒院住ひ親なき子にも樂しいーとき
243711	朝鮮朝日	西北版	1933-12-03	1	02단	完成近し・南浦港打つづく好天候に擴張工事意外に捗る

일련번호	판명		간행일	면	단수	기사명
243712	朝鮮朝日	西北版	1933-12-03	1	03단	鴨緑江結氷す
243713	朝鮮朝日	西北版	1933-12-03	1	03단	開城消防組の防火宣傳
243714	朝鮮朝日	西北版	1933-12-03	1	04단	銃砲火藥取締講習
243715	朝鮮朝日	西北版	1933-12-03	1	04단	三橋川架橋近く實現か
243716	朝鮮朝日	西北版	1933-12-03	1	04단	普通門一部崩潰遠からず全壞の懼れ全滅に瀕する平壤の古代建築
243717	朝鮮朝日	西北版	1933-12-03	1	04단	豫算問題で急遽・總監が上京す
243718	朝鮮朝日	西北版	1933-12-03	1	04단	郡守の異動近く平南道で
243719	朝鮮朝日	西北版	1933-12-03	1	05단	細民五十名の負債を棒引黃氏の美擧
243720	朝鮮朝日	西北版	1933-12-03	1	06단	簡保から三百五十八萬圓公共事業に貸付內定す
243721	朝鮮朝日	西北版	1933-12-03	1	07단	いよいよ明年度に窯業試驗場新設「窯業の平南」へ第一步
243722	朝鮮朝日	西北版	1933-12-03	1	07단	鮮産孃の悩み解消に學務課が粹を利かす內地人靑年諸君は朝鮮の高女卒業生がお嫌ひ
243723	朝鮮朝日	西北版	1933-12-03	1	07단	四十一名の赤に求刑す判決十四日
243724	朝鮮朝日	西北版	1933-12-03	1	07단	死死死
243725	朝鮮朝日	西北版	1933-12-03	1	08단	出所して又惡事
243726	朝鮮朝日	西北版	1933-12-03	1	08단	平南道でも棉花大增産龍岡棉作出張所復活
243727	朝鮮朝日	西北版	1933-12-03	1	09단	不良少年益々激增大邱署大弱り
243728	朝鮮朝日	西北版	1933-12-03	1	09단	酔った老人電車で轢死
243729	朝鮮朝日	西北版	1933-12-03	1	09단	仲居の前借踏倒し
243730	朝鮮朝日	西北版	1933-12-03	1	10단	人妻の首を刺す
243731	朝鮮朝日	西北版	1933-12-03	1	10단	危險な獵師
243732	朝鮮朝日	西北版	1933-12-03	1	10단	年賀狀準備平壤郵便局の
243733	朝鮮朝日	西北版	1933-12-03	1	10단	柳京日記
243734	朝鮮朝日	南鮮版	1933-12-03	1	01단	師走明暗相　陰慘な泥鉛筆で描かれる人生日記冬空にも似た職業紹介所/巡査を增員し暮の街を警戒/空家の戶締り主意/不景氣から萬引/火・火・氣をつけて下さいよ/正月用ポンカン台灣へ逆戻り檢査證明が無い爲
243735	朝鮮朝日	南鮮版	1933-12-03	1	01단	鮮內各銀行の營業區域を設定する經營合理化と金融統制の爲當局で計劃
243736	朝鮮朝日	南鮮版	1933-12-03	1	01단	西鮮合電社長は山本遞信局長に內定後任には岡崎忠南知事が推さる(後進に途を開く意味で受諾した譯山本氏語る/在任六ヶ年各方面に功績)

일련번호	판명		간행일	면	단수	기사명
243737	朝鮮朝日	南鮮版	1933-12-03	1	02단	戰術練習
243738	朝鮮朝日	南鮮版	1933-12-03	1	03단	豫算問題で總監が上京
243739	朝鮮朝日	南鮮版	1933-12-03	1	03단	簡保から公共事業へ貸付金內定
243740	朝鮮朝日	南鮮版	1933-12-03	1	04단	月賦式金融
243741	朝鮮朝日	南鮮版	1933-12-03	1	04단	學齡兒の未就學者慶南道で三十萬人四百の書堂を刷新改善する
243742	朝鮮朝日	南鮮版	1933-12-03	1	05단	京城府內の保護木指定
243743	朝鮮朝日	南鮮版	1933-12-03	1	05단	石神現はる
243744	朝鮮朝日	南鮮版	1933-12-03	1	05단	京城驛前交通整理漸く緩和さる
243745	朝鮮朝日	南鮮版	1933-12-03	1	06단	仁川水原間電話線新設
243746	朝鮮朝日	南鮮版	1933-12-03	1	06단	籾の貯藏に萬全を期す本府で協議
243747	朝鮮朝日	南鮮版	1933-12-03	1	06단	全南の自作農創定豫想通りの成績本年度も二百戶計劃
243748	朝鮮朝日	南鮮版	1933-12-03	1	07단	洪城農倉落成す
243749	朝鮮朝日	南鮮版	1933-12-03	1	07단	二名とも犯行自白質屋殺し事件
243750	朝鮮朝日	南鮮版	1933-12-03	1	08단	四十一名の赤に求刑す判決十四日
243751	朝鮮朝日	南鮮版	1933-12-03	1	08단	本社の映畫とともに特異の話に感激盛況の滿蒙文化講演會
243752	朝鮮朝日	南鮮版	1933-12-03	1	09단	金庫から九百圓
243753	朝鮮朝日	南鮮版	1933-12-03	1	09단	死死死
243754	朝鮮朝日	南鮮版	1933-12-03	1	10단	不良少年益々激增大邱署大弱り
243755	朝鮮朝日	南鮮版	1933-12-03	1	10단	出所して又惡事
243756	朝鮮朝日	南鮮版	1933-12-03	1	10단	人妻の首を刺す
243757	朝鮮朝日	南鮮版	1933-12-03	1	10단	危險な獵師
243758	朝鮮朝日	南鮮版	1933-12-03	1	10단	人(李貞淑孃(釜山府會議員李榮彥氏の次女))
243759	朝鮮朝日	西北版	1933-12-05	1	01단	溢るゝ祖國愛獻金廿萬圓突破(全鮮から五十錢一圓のお金が集って)銃後の熱誠に軍部當局感激
243760	朝鮮朝日	西北版	1933-12-05	1	01단	懇談會で決った平壤栗百年の大計品種の純系分離と集中指導將來は畑地、果樹園地栽培へ
243761	朝鮮朝日	西北版	1933-12-05	1	01단	各地を席卷する北鮮炭の洪水二百輛で全鮮に配給
243762	朝鮮朝日	西北版	1933-12-05	1	01단	茂山守備隊の交代
243763	朝鮮朝日	西北版	1933-12-05	1	02단	勤農組合補導員聯合會
243764	朝鮮朝日	西北版	1933-12-05	1	02단	師走の世相行脚(3)/慈生院の卷不具者を苛む人生苦の嵐利かぬ手足で草鞋絢ふ被等

일련번호	판명		간행일	면	단수	기사명
243765	朝鮮朝日	西北版	1933-12-05	1	03단	船舶保險は從前通りか南浦港の碎氷船設置で
243766	朝鮮朝日	西北版	1933-12-05	1	04단	人(河野節夫氏(平南道內務部長)/吉田電興專務)
243767	朝鮮朝日	西北版	1933-12-05	1	04단	明倫女普校の街頭販賣
243768	朝鮮朝日	西北版	1933-12-05	1	04단	鮮米協會を社團法人に
243769	朝鮮朝日	西北版	1933-12-05	1	04단	愈よ北鮮鹽干魚に好望の情報至る
243770	朝鮮朝日	西北版	1933-12-05	1	05단	開城の靴下製造講習會
243771	朝鮮朝日	西北版	1933-12-05	1	05단	飛行隊將士七日凱旋す
243772	朝鮮朝日	西北版	1933-12-05	1	05단	農村當面の重大事肥料對策を決定自給肥料增殖の擴大强化と肥料の安價共同購入
243773	朝鮮朝日	西北版	1933-12-05	1	06단	兼二浦の三菱製鐵續々復活す好景氣の波に乘って
243774	朝鮮朝日	西北版	1933-12-05	1	06단	高濱鑛山技師談
243775	朝鮮朝日	西北版	1933-12-05	1	06단	農會が中心となって肥料を共同購入割戾金は直接農會へ運賃割戾制度改正
243776	朝鮮朝日	西北版	1933-12-05	1	07단	先づ北鮮の一角に歲末景氣の爆笑手切金廿八萬圓が前淸鐵從業員の懷へ
243777	朝鮮朝日	西北版	1933-12-05	1	08단	更生園を繞る美談
243778	朝鮮朝日	西北版	1933-12-05	1	08단	係爭物の娘を誘拐隱匿す署長相手に訴訟の例の支那行商人が
243779	朝鮮朝日	西北版	1933-12-05	1	09단	支那人勞働者再び增加す朝鮮人側悲鳴
243780	朝鮮朝日	西北版	1933-12-05	1	09단	籾貯藏の實行方法を協議全鮮三四百ヶ所に農倉を建設本府から八割の補助
243781	朝鮮朝日	西北版	1933-12-05	1	10단	客主組合對埠頭勞働者對立形勢險惡化す
243782	朝鮮朝日	西北版	1933-12-05	1	10단	柳京日記
243783	朝鮮朝日	南鮮版	1933-12-05	1	01단	師走明暗相　福引の喇叭で火花散らす商店街　ナンと凄じい大賣出し/鎭海の大賣出し/浦項でも/强竊盜事件對策を協議警察と民間側/亂れた師走のステップ/立春書調査適切なものを獎勵/正月興行物映畫檢閱
243784	朝鮮朝日	南鮮版	1933-12-05	1	01단	教育功績者(孝昌公立普通學校長三好義雄氏/淸雲公立普通學校訓導大澤武雄氏/鐵路公立小學校長小山暢雄氏/京城工業學校囑託高橋新三郎氏/京城第一高女囑託藤倉良知氏/長薰普通學校教員李■氏/京城女子技術學校教員上野八重野氏/協成普通學校教員李善信氏))

일련번호	판명		간행일	면	단수	기사명
243785	朝鮮朝日	南鮮版	1933-12-05	1	01단	京城府民四十萬人の精神的總動員を行ふ六日府廳會議室で關係者が懇談
243786	朝鮮朝日	南鮮版	1933-12-05	1	01단	農村當面の重大事肥料對策を決定自給肥料の增殖擴大强化と肥料安價に共同購入
243787	朝鮮朝日	南鮮版	1933-12-05	1	02단	農會が中心となって肥料を共同購入割戾金は直接農會へ運賃割戾制度改正
243788	朝鮮朝日	南鮮版	1933-12-05	1	03단	社會事業に補助
243789	朝鮮朝日	南鮮版	1933-12-05	1	04단	人(河野節夫氏(平南道內務部長)/吉田電興專務)
243790	朝鮮朝日	南鮮版	1933-12-05	1	04단	溢るゝ祖國愛獻金廿萬圓突破(全鮮から五十錢一圓のお金が集って)銃後の熱誠に軍部當局感激
243791	朝鮮朝日	南鮮版	1933-12-05	1	04단	鮮米協會を社團法人に
243792	朝鮮朝日	南鮮版	1933-12-05	1	04단	大田商議所設立の準備
243793	朝鮮朝日	南鮮版	1933-12-05	1	05단	籾貯藏の實行方法を協議全鮮三四百ヶ所に農倉を建設/本府から八割の補助
243794	朝鮮朝日	南鮮版	1933-12-05	1	05단	裡里に愛國熱獻金が增加
243795	朝鮮朝日	南鮮版	1933-12-05	1	06단	働け働け自力更生は勤勞から全南各地に託兒所增設を計劃
243796	朝鮮朝日	南鮮版	1933-12-05	1	07단	學校爭議取締方針當局で硏究
243797	朝鮮朝日	南鮮版	1933-12-05	1	07단	感心な地主
243798	朝鮮朝日	南鮮版	1933-12-05	1	08단	工事進捗の群山公會堂
243799	朝鮮朝日	南鮮版	1933-12-05	1	08단	普成優勝
243800	朝鮮朝日	南鮮版	1933-12-05	1	08단	新町割の廢合に反對裡里總代聯合會
243801	朝鮮朝日	南鮮版	1933-12-05	1	09단	ぶつばつてきめん
243802	朝鮮朝日	南鮮版	1933-12-05	1	10단	町から田舍へレプラ橫行
243803	朝鮮朝日	南鮮版	1933-12-05	1	10단	モヒ大密移入夫婦者捕る
243804	朝鮮朝日	南鮮版	1933-12-05	1	10단	合百賭博の十數名檢擧
243805	朝鮮朝日	南鮮版	1933-12-05	1	10단	寄生蟲が多い慶北星州郡
243806	朝鮮朝日	南鮮版	1933-12-05	1	10단	漢陽手帳
243807	朝鮮朝日	西北版	1933-12-06	1	01단	愈よ北滿物産が日本海へ殺到! 新春早々、拉賓線の開通で早くも色めく輸送戰線
243808	朝鮮朝日	西北版	1933-12-06	1	01단	朝鮮軍越境部隊に畏くも眞綿御下賜町村宮內書記官捧持して來鮮
243809	朝鮮朝日	西北版	1933-12-06	1	01단	寶物名勝記念物の保存令規定なるちかく委員を任命
243810	朝鮮朝日	西北版	1933-12-06	1	01단	茂山無電部員凱旋
243811	朝鮮朝日	西北版	1933-12-06	1	02단	至急電話

일련번호	판명		간행일	면	단수	기사명
243812	朝鮮朝日	西北版	1933-12-06	1	02단	師走の世相行脚(４)/佛陀の慈悲に餘命をつなぐ廣濟會收容所の病者と捨子
243813	朝鮮朝日	西北版	1933-12-06	1	03단	京城無電不良勝ち電報は大遲延
243814	朝鮮朝日	西北版	1933-12-06	1	04단	商業學校歲末實習
243815	朝鮮朝日	西北版	1933-12-06	1	04단	總督府裁定は明年早々に紛爭の羅津滿鐵用地買收
243816	朝鮮朝日	西北版	1933-12-06	1	04단	長津江水電工事に土地收用令適用地主との紛爭漸く解決へ
243817	朝鮮朝日	西北版	1933-12-06	1	05단	總督府人事異動(山本遞信局長の合電入りに伴ひ)局長には井上京城府尹(本府府尹 井上清/慶北內務部長 伊達四雄/全北內務部長 上內彥策/本府遞信局長 山本犀藏/慶南道警察部長 下村進/本府專賣局事業課長 西本計三/大竹十郎/本府專賣局大邱支局長 高安彥/本府水産課長 兵頭僑/本府警務局事務官 伊藤泰吉/京畿道理事官 渡邊肆郎/黃海道內務部長 山本坂太郎/慶南道財務部長 信原聖/咸鏡北道財務部長兼本府事務官 美根五郎/忠淸北道警察部長 阿部明治太郎/平北道內務部長 佐々木忠右衛門/平北道警察部長 白石光治郎/咸鏡南道警察部長 丹下郁太郎/本府專賣局製造課長 山下眞一/咸北道警務課長 服部伊勢松/咸鏡南道理事官 富山修/本府事務官 山名酒喜男/本府專務官 松本伊織/本府道警視 一杉藤平/本府咸南道屬 岡久雄/本府江原道屬 竹內俊平/本府道理事官 本多武夫/本府全南道警部 鈴木授/本府忠南道屬 馬場政義/本府道警視 安田宗次/同 松岡修二)
243818	朝鮮朝日	西北版	1933-12-06	1	06단	滿員續きの平壤圖書館
243819	朝鮮朝日	西北版	1933-12-06	1	06단	「子供の天國」頗る好成績
243820	朝鮮朝日	西北版	1933-12-06	1	07단	縱へ橫へ伸びる平壤春以來の新築千餘戶大工業都市への步み
243821	朝鮮朝日	西北版	1933-12-06	1	07단	草根常食部落が牛卅頭を購入窮民救濟土木工事ガ生んだ朖かな農村景氣
243822	朝鮮朝日	西北版	1933-12-06	1	07단	石塊で叩き殺す執念深い雜貨行商人
243823	朝鮮朝日	西北版	1933-12-06	1	09단	首謀者廿名告發その他は特に寬大の處置專賣局員襲擊事件
243824	朝鮮朝日	西北版	1933-12-06	1	10단	また捕った女金密輸團

일련번호	판명		간행일	면	단수	기사명
243825	朝鮮朝日	西北版	1933-12-06	1	10단	巡査殺しに無期の判決
243826	朝鮮朝日	西北版	1933-12-06	1	10단	原審通り死刑に
243827	朝鮮朝日	南鮮版	1933-12-06	1	01단	師走明暗相 移り行く京城の歳暮科學無駄な贈物から思ひを練って/交通事故や犯罪防止に釜山署活動/通常郵便物や小包等激增 郵便車擴張
243828	朝鮮朝日	南鮮版	1933-12-06	1	01단	朝鮮軍越境部隊に畏くも眞綿御下賜町村宮內書記官捧持して來鮮
243829	朝鮮朝日	南鮮版	1933-12-06	1	01단	總督府人事異動(山本遞信局長の合電入りに伴ひ)局長には井上京城府尹大いに勉强 新任遞信局長井上淸氏談/誠心誠意で 新任京城府尹伊達四雄氏談)
243830	朝鮮朝日	南鮮版	1933-12-06	1	04단	軍事講演會
243831	朝鮮朝日	南鮮版	1933-12-06	1	04단	寶物名勝記念物の保存令規定なるちかく委員を任命
243832	朝鮮朝日	南鮮版	1933-12-06	1	05단	あらゆる階級に非常意識を徹底させる自力更生運動に街頭へ進出する京畿道當局
243833	朝鮮朝日	南鮮版	1933-12-06	1	05단	釜山商議所豫算を編成
243834	朝鮮朝日	南鮮版	1933-12-06	1	06단	十日頃に假調印共濟信買收着々と進む
243835	朝鮮朝日	南鮮版	1933-12-06	1	06단	京城無電不良勝ち電報は大遲延
243836	朝鮮朝日	南鮮版	1933-12-06	1	07단	人(朴春琴代議士)
243837	朝鮮朝日	南鮮版	1933-12-06	1	07단	釜山鐵道ホテル廢止反對運動いよいよ表面化す
243838	朝鮮朝日	南鮮版	1933-12-06	1	08단	至急電話
243839	朝鮮朝日	南鮮版	1933-12-06	1	08단	二十八女が主家に三回放火巫女のマジナヒ見たさに
243840	朝鮮朝日	南鮮版	1933-12-06	1	08단	新穀出廻り後買上げ行へ米穀研究會から當局へ要望
243841	朝鮮朝日	南鮮版	1933-12-06	1	08단	淺墓な女に懲役
243842	朝鮮朝日	南鮮版	1933-12-06	1	08단	軍用犬仁川分會
243843	朝鮮朝日	南鮮版	1933-12-06	1	09단	釜山新年互禮會
243844	朝鮮朝日	南鮮版	1933-12-06	1	09단	石塊で叩き殺す執念深い雜貨行商人
243845	朝鮮朝日	南鮮版	1933-12-06	1	09단	三名から欺さる
243846	朝鮮朝日	南鮮版	1933-12-06	1	09단	ス早い泥棒だ
243847	朝鮮朝日	南鮮版	1933-12-06	1	10단	精神異常から母を打殺す
243848	朝鮮朝日	南鮮版	1933-12-06	1	10단	嬰兒殺し
243849	朝鮮朝日	南鮮版	1933-12-06	1	10단	不起訴
243850	朝鮮朝日	南鮮版	1933-12-06	1	10단	原審通り死刑に
243851	朝鮮朝日	南鮮版	1933-12-06	1	10단	チフス患者姿を晦す

일련번호	판명		간행일	면	단수	기사명
243852	朝鮮朝日	南鮮版	1933-12-06	1	10단	困った男
243853	朝鮮朝日	南鮮版	1933-12-06	1	10단	漢陽手帖
243854	朝鮮朝日	西北版	1933-12-07	1	01단	本年度鮮米の買入れ方法決定玄米約二十萬石籾約十萬石買入れは來る十四日
243855	朝鮮朝日	西北版	1933-12-07	1	01단	米價高に米は食へず粟は關稅引上げに益々貧農の生活を窮地に落す當局の方針に各方面から反對
243856	朝鮮朝日	西北版	1933-12-07	1	01단	平南金組理事異動
243857	朝鮮朝日	西北版	1933-12-07	1	02단	咸北の警官年末賞與は全鮮一の高率
243858	朝鮮朝日	西北版	1933-12-07	1	02단	師走の世相行脚(5)/生きる惱みを脂粉に包み女給稼ぎはしがないものよ
243859	朝鮮朝日	西北版	1933-12-07	1	03단	除隊兵の就職狀況
243860	朝鮮朝日	西北版	1933-12-07	1	04단	自動車操縱演習
243861	朝鮮朝日	西北版	1933-12-07	1	04단	活動期に入った國境冬の陣機關銃や防彈衣で匪賊に備へる挺身隊
243862	朝鮮朝日	西北版	1933-12-07	1	04단	平壤飛行場に郵便局設置
243863	朝鮮朝日	西北版	1933-12-07	1	05단	異動評無理のない人事行政
243864	朝鮮朝日	西北版	1933-12-07	1	05단	問題の注射判決は十二日
243865	朝鮮朝日	西北版	1933-12-07	1	05단	晴れの入城凱旋途上の飛行隊將士
243866	朝鮮朝日	西北版	1933-12-07	1	05단	農民負擔の均衡を計れ全鮮農業者大會の決議を本府當局へ陳情
243867	朝鮮朝日	西北版	1933-12-07	1	06단	鐵窓の愛兒に狂ふ母性愛!夜な夜なあらぬ姿に身を窶し刑務所內を窺ふ
243868	朝鮮朝日	西北版	1933-12-07	1	07단	警官優遇に大いに努む上內警務課長
243869	朝鮮朝日	西北版	1933-12-07	1	07단	來年度より社還米制度平北でも實施に決る粟の積立も認める
243870	朝鮮朝日	西北版	1933-12-07	1	08단	榮轉の服部警務課長談
243871	朝鮮朝日	西北版	1933-12-07	1	08단	國境第一線に警察官缺乏折角の募集にも應募者が集らぬ
243872	朝鮮朝日	西北版	1933-12-07	1	08단	解雇を怨みなぐり込む
243873	朝鮮朝日	西北版	1933-12-07	1	09단	厭世の阿片自殺
243874	朝鮮朝日	西北版	1933-12-07	1	09단	朝紡工場設置は平壤か淸津か平南當局誘致に努む
243875	朝鮮朝日	西北版	1933-12-07	1	10단	死亡賜金を高射砲費に遙々三重縣の嚴父から
243876	朝鮮朝日	西北版	1933-12-07	1	10단	ヒステリから自殺を計る
243877	朝鮮朝日	西北版	1933-12-07	1	10단	四十女を寢室で刺す
243878	朝鮮朝日	西北版	1933-12-07	1	10단	高壓線に觸れ電工墜死す
243879	朝鮮朝日	西北版	1933-12-07	1	10단	人(中村京畿道警察部高等科長)

일련번호	판명		간행일	면	단수	기사명
243880	朝鮮朝日	南鮮版	1933-12-07	1	01단	師走明暗相　五圓均一也で第七天國へ突進　出發は京城神社から/年末年始虚禮廢止　慶南當局で/松竹梅の盆栽値段
243881	朝鮮朝日	南鮮版	1933-12-07	1	01단	本年度鮮米の買入れ方法決定玄米約二十萬石籾約十萬石買入れは來る十四日/米價高に米は食へず粟は關稅引上げに益々貧農の生活を窮地に落す當局の方針に各方面から反對/籾貯藏の實行方法關係者協議
243882	朝鮮朝日	南鮮版	1933-12-07	1	04단	郡屬候補者試驗
243883	朝鮮朝日	南鮮版	1933-12-07	1	04단	大田商議所發起人會
243884	朝鮮朝日	南鮮版	1933-12-07	1	04단	農民負擔の均衡を計れ全鮮農業者大會の決議を本府當局へ陳情
243885	朝鮮朝日	南鮮版	1933-12-07	1	04단	慶南金組理事異動四十名に上る
243886	朝鮮朝日	南鮮版	1933-12-07	1	05단	五百圓寄附
243887	朝鮮朝日	南鮮版	1933-12-07	1	06단	盈德、慶州、迎日三郡に沙防工事を行ふ魚附林造成も同時に
243888	朝鮮朝日	南鮮版	1933-12-07	1	06단	忠淸南道の道路審査
243889	朝鮮朝日	南鮮版	1933-12-07	1	06단	伊藤警察部長十二三日ごろ赴任/警官優遇に大いに努む 上內警務課長
243890	朝鮮朝日	南鮮版	1933-12-07	1	07단	設備を縮小しても存續するが當然だ各方面から反對の聲高まる釜山鐵道ホテル廢止問題
243891	朝鮮朝日	南鮮版	1933-12-07	1	08단	記者の眼オーバ盜難の記者犯人をなんなく逮捕一ヶ月振りにオーバ歸る
243892	朝鮮朝日	南鮮版	1933-12-07	1	09단	食券前賣りの强制に泣く女給當局で嚴重取締る
243893	朝鮮朝日	南鮮版	1933-12-07	1	09단	四十女自殺
243894	朝鮮朝日	南鮮版	1933-12-07	1	09단	人(加藤鮮銀總裁)
243895	朝鮮朝日	南鮮版	1933-12-07	1	10단	商工振興座談會九日釜山で
243896	朝鮮朝日	南鮮版	1933-12-07	1	10단	四十女を寢室で刺す
243897	朝鮮朝日	南鮮版	1933-12-07	1	10단	マリヤ公判に傍聽者を制限
243898	朝鮮朝日	南鮮版	1933-12-07	1	10단	手に手をとって
243899	朝鮮朝日	西北版	1933-12-08	1	01단	本年度籾三百萬石を貯藏　其間は今月から明年十月まで籾貯藏實施事項決定/米穀統制の根本策　農村振興を協議
243900	朝鮮朝日	西北版	1933-12-08	1	01단	日滿ブロック經濟の癌埠頭使用料引下と淸・雄兩港委管北滿特産南下の最盛期を控へ急速な解決を期待さる

일련번호	판명		간행일	면	단수	기사명
243901	朝鮮朝日	西北版	1933-12-08	1	01단	町村書記官から下賜の眞綿傳達川島軍司令官拜受(ただ感激の極み)
243902	朝鮮朝日	西北版	1933-12-08	1	04단	人(農林省柴田技師)
243903	朝鮮朝日	西北版	1933-12-08	1	04단	師走の世相行脚(6)/不所存者お斷り皆お上品な方々ばかりとダンス敎習所の辯
243904	朝鮮朝日	西北版	1933-12-08	1	05단	六日御來壤の李鍝公殿下(平壤驛にて謹寫)
243905	朝鮮朝日	西北版	1933-12-08	1	05단	高師受驗日
243906	朝鮮朝日	西北版	1933-12-08	1	06단	防空設備充實に後援團體組織
243907	朝鮮朝日	西北版	1933-12-08	1	07단	黎明の北鮮に勇躍する滿洲馬昨年より五倍の輸入
243908	朝鮮朝日	西北版	1933-12-08	1	08단	在壤部隊演習日割
243909	朝鮮朝日	西北版	1933-12-08	1	08단	ダイナマ爆發四名中傷す暖爐で溶解中の珍事
243910	朝鮮朝日	西北版	1933-12-08	1	08단	堂々凱旋す飛行聯隊地上部隊
243911	朝鮮朝日	西北版	1933-12-08	1	09단	平壤道立醫院本館上棟式盛大に擧行
243912	朝鮮朝日	西北版	1933-12-08	1	09단	人夫千名を繰出し食糧密輸者檢擧
243913	朝鮮朝日	西北版	1933-12-08	1	10단	刎ねた按摩を病院に殘しトラック逃ぐ
243914	朝鮮朝日	西北版	1933-12-08	1	10단	僧侶五名が通帳を改竄各地で詐取す
243915	朝鮮朝日	南鮮版	1933-12-08	1		缺號
243916	朝鮮朝日	西北版	1933-12-09	1	01단	各團體を總動員し籾の貯藏を指導督勵野積の貯藏施設方法も決定
243917	朝鮮朝日	西北版	1933-12-09	1	01단	「古蹟平南」を護る大保存會組織寶物名勝保存令實施を機に道當局も調査開始
243918	朝鮮朝日	西北版	1933-12-09	1	01단	滿洲粟の輸入稅明年末まで現行通り
243919	朝鮮朝日	西北版	1933-12-09	1	01단	水産品卽賣會
243920	朝鮮朝日	西北版	1933-12-09	1	01단	平壤特別會計部會
243921	朝鮮朝日	西北版	1933-12-09	1	02단	師走の世相行脚(7)/しかも彼等は生きて行く質屋の窓から見よどん底風景
243922	朝鮮朝日	西北版	1933-12-09	1	03단	弟一銀行の支店長異動
243923	朝鮮朝日	西北版	1933-12-09	1	03단	府內民には入學優先權平壤府立高女
243924	朝鮮朝日	西北版	1933-12-09	1	04단	人(澁澤敬三子爵/石森久彌氏(朝鮮新聞副社長))
243925	朝鮮朝日	西北版	1933-12-09	1	04단	飢餓線上の窮民を調査
243926	朝鮮朝日	西北版	1933-12-09	1	04단	咸南道は未曾有の勞働景氣現出か相つぐ大土木工事に
243927	朝鮮朝日	西北版	1933-12-09	1	05단	轉任の人々(新丹下平北警察部長談/榮轉の佐々木白石兩氏/安田保安課長)
243928	朝鮮朝日	西北版	1933-12-09	1	05단	年賀郵便の宣傳

일련번호	판명		간행일	면	단수	기사명
243929	朝鮮朝日	西北版	1933-12-09	1	05단	農家經濟の更生部落を擴充明年度から愈よ馬力かけて農村振興運動を起す
243930	朝鮮朝日	西北版	1933-12-09	1	06단	內地から滿鮮へ貨物の大洪水朝鐵局開始以來の新記錄
243931	朝鮮朝日	西北版	1933-12-09	1	07단	日滿人四名共匪に拉致さる木材調査に赴く途中八道溝より二里の地點で
243932	朝鮮朝日	西北版	1933-12-09	1	07단	西鮮合電の店開き準備
243933	朝鮮朝日	西北版	1933-12-09	1	08단	貨車の車軸にぶらさがり釜山から大邱まで逃走不良な理髮見習員
243934	朝鮮朝日	西北版	1933-12-09	1	09단	官廳の女事務員が金塊密輸を働く同類の現金も橫領
243935	朝鮮朝日	西北版	1933-12-09	1	09단	栗里坑爆發 鑛業部の發表/十名生埋め殘る六名も絶望か
243936	朝鮮朝日	西北版	1933-12-09	1	10단	荒れる狂人附近住民ら自警團組織
243937	朝鮮朝日	西北版	1933-12-09	1	10단	罰金の判決
243938	朝鮮朝日	西北版	1933-12-09	1	10단	白銅貨僞造犯三名を檢擧仲間割れから判明
243939	朝鮮朝日	西北版	1933-12-09	1	10단	拳銃を盜む
243940	朝鮮朝日	西北版	1933-12-09	1	10단	阿片密輸犯檢擧
243941	朝鮮朝日	南鮮版	1933-12-09	1	01단	師走明暗相 京城驛は感情の未來派だおゝ師走の空つ風は吹く/貧しき人々の爲によい正月を迎へさせたい京城で十四日から同情週間/氣の毒な老婆に溫い隣人愛/歲末金融は今の所緩慢
243942	朝鮮朝日	南鮮版	1933-12-09	1	01단	各團體を總動員し籾の貯藏を指導督勵野積の貯藏施設方法も決定
243943	朝鮮朝日	南鮮版	1933-12-09	1	01단	農家經濟の更生部落を擴充明年度から愈よ馬力かけて農村振興運動を起す
243944	朝鮮朝日	南鮮版	1933-12-09	1	01단	李鍝公殿下
243945	朝鮮朝日	南鮮版	1933-12-09	1	02단	滿洲粟の輸入稅明年末まで現行通り
243946	朝鮮朝日	南鮮版	1933-12-09	1	02단	組合費減免調查
243947	朝鮮朝日	南鮮版	1933-12-09	1	03단	農村振興研究會
243948	朝鮮朝日	南鮮版	1933-12-09	1	03단	鮮米協會解散總會
243949	朝鮮朝日	南鮮版	1933-12-09	1	04단	人(澁澤敬三子爵/石森久彌氏(朝鮮新聞副社長))
243950	朝鮮朝日	南鮮版	1933-12-09	1	04단	加藤總裁歸來談
243951	朝鮮朝日	南鮮版	1933-12-09	1	04단	松岡警務課長轉任を惜まる/前途洋々たる馬場警務課長
243952	朝鮮朝日	南鮮版	1933-12-09	1	04단	慶南第一次復舊漁船七百七十九隻十六日迄に全部竣工

일련번호	판명		간행일	면	단수	기사명
243953	朝鮮朝日	南鮮版	1933-12-09	1	05단	咽喉が痛い時は早くお醫者の處へ猩紅熱が各地に流行/家庭の心得六ヶ條
243954	朝鮮朝日	南鮮版	1933-12-09	1	05단	貨車の車軸にぶらさがり釜山から大邱まで逃走不良な理髪見習員
243955	朝鮮朝日	南鮮版	1933-12-09	1	06단	獻金美談この父この息/釜山國防義會會員を募集
243956	朝鮮朝日	南鮮版	1933-12-09	1	07단	實村面に覆面四人組強盗家人五名を麻繩で縛り上げ現金十二圓を強奪逃走す
243957	朝鮮朝日	南鮮版	1933-12-09	1	08단	生膽取り女は無期から死刑に
243958	朝鮮朝日	南鮮版	1933-12-09	1	08단	妻を滅多斬りに嫌はれた夫は自殺
243959	朝鮮朝日	南鮮版	1933-12-09	1	08단	マリヤ殺し辯護人決定
243960	朝鮮朝日	南鮮版	1933-12-09	1	10단	弟一銀行の支店長異動
243961	朝鮮朝日	南鮮版	1933-12-09	1	10단	釜山卸賣市場着工を延期
243962	朝鮮朝日	南鮮版	1933-12-09	1	10단	慶北棉花出廻り始む
243963	朝鮮朝日	南鮮版	1933-12-09	1	10단	釜山水上署員寒中水泳
243964	朝鮮朝日	南鮮版	1933-12-09	1	10단	漢陽手帳
243965	朝鮮朝日	西北版	1933-12-10	1	01단	半島官界史上空前の人事大異動明年度早々行政整理の實施で早くも各方面に異常な衝動
243966	朝鮮朝日	西北版	1933-12-10	1	01단	愈よ拂下げる三陟保留炭田宇垣總督ちかく實地視察
243967	朝鮮朝日	西北版	1933-12-10	1	01단	鮮內各部隊の入營兵奉告祭執行十一日朝鮮神宮で
243968	朝鮮朝日	西北版	1933-12-10	1	01단	西鮮合電認可さる明年一月一日から事業を開始
243969	朝鮮朝日	西北版	1933-12-10	1	01단	師走の世相行脚(8)/人生の吹き溜りに救ひを待つ人々いつの日か春はめぐる?
243970	朝鮮朝日	西北版	1933-12-10	1	02단	新電の供給擴張進捗す
243971	朝鮮朝日	西北版	1933-12-10	1	03단	信託合同着々進む來る二十六日に朝信臨時總會
243972	朝鮮朝日	西北版	1933-12-10	1	03단	輸城平野に眠る日露役の勇士各地の寄附金で英靈二百の忠魂碑を建設す
243973	朝鮮朝日	西北版	1933-12-10	1	04단	開成の角力大會
243974	朝鮮朝日	西北版	1933-12-10	1	04단	映畫興行取締令案を審議室へ
243975	朝鮮朝日	西北版	1933-12-10	1	05단	清津港の第四、五兩岸壁竣工全部完成は明春三月
243976	朝鮮朝日	西北版	1933-12-10	1	05단	咸南山林課獨立近く實現か稅監局設置による道財務部の解消で
243977	朝鮮朝日	西北版	1933-12-10	1	06단	鯨二頭、海豚六頭清津港に迷ひ込むランチ數隻の追跡も空しく遂に長鯨を逸す

일련번호	판명		간행일	면	단수	기사명
243978	朝鮮朝日	西北版	1933-12-10	1	06단	六名も全く絶望坑口に泣叫ぶ遭難者の家族栗里炭坑爆發慘事
243979	朝鮮朝日	西北版	1933-12-10	1	07단	福井氏商議所議員辭任
243980	朝鮮朝日	西北版	1933-12-10	1	08단	淸川江の鮎禁漁を實施平南北兩道で
243981	朝鮮朝日	西北版	1933-12-10	1	08단	自轉車泥棒捕る
243982	朝鮮朝日	西北版	1933-12-10	1	08단	間島暴動判決いよいよ廿日に內定
243983	朝鮮朝日	西北版	1933-12-10	1	09단	栗督促から人を殺して四年振り捕る
243984	朝鮮朝日	西北版	1933-12-10	1	09단	商租權利用の大詐欺團檢擧安東警察と憲兵隊で內鮮人の被害者多數
243985	朝鮮朝日	西北版	1933-12-10	1	09단	結婚費を寄附
243986	朝鮮朝日	西北版	1933-12-10	1	09단	小作權取上に抗爭
243987	朝鮮朝日	西北版	1933-12-10	1	10단	一向減らぬモヒ中患者當局必死の努力效なし
243988	朝鮮朝日	西北版	1933-12-10	1	10단	人(伊手內閣賞勵局審記官)
243989	朝鮮朝日	南鮮版	1933-12-10	1	01단	半島官界史上空前の人事大異動明年度早々行政整理の實施で早くも各方面に異常な衝動
243990	朝鮮朝日	南鮮版	1933-12-10	1	01단	愈よ拂下げる三陟保留炭田宇垣總督ちかく實地視察
243991	朝鮮朝日	南鮮版	1933-12-10	1	01단	鮮內各部隊の入營兵奉告祭執行十一日朝鮮神宮で
243992	朝鮮朝日	南鮮版	1933-12-10	1	01단	西鮮合電認可さる明年一月一日から事業を開始
243993	朝鮮朝日	南鮮版	1933-12-10	1	01단	信託合同着々進む來る二十六日に朝信臨時總會
243994	朝鮮朝日	南鮮版	1933-12-10	1	02단	映畫興行取締令案を審議室へ
243995	朝鮮朝日	南鮮版	1933-12-10	1	02단	全鮮に魁けて段階式農法を實行京畿當局が火田整理に
243996	朝鮮朝日	南鮮版	1933-12-10	1	03단	大邱に國防義會强化に努む
243997	朝鮮朝日	南鮮版	1933-12-10	1	03단	京城商議所明年度事業
243998	朝鮮朝日	南鮮版	1933-12-10	1	04단	開成の角力大會
243999	朝鮮朝日	南鮮版	1933-12-10	1	04단	藝妓十七名が國防義會員に
244000	朝鮮朝日	南鮮版	1933-12-10	1	04단	山本伯を悼む宇垣總督の思ひ出
244001	朝鮮朝日	南鮮版	1933-12-10	1	04단	澁澤敬三子
244002	朝鮮朝日	南鮮版	1933-12-10	1	04단	農村博物館設計案協議
244003	朝鮮朝日	南鮮版	1933-12-10	1	05단	慶北道廳郡廳事務を檢閲
244004	朝鮮朝日	南鮮版	1933-12-10	1	05단	朝鮮神宮奉贊會役員
244005	朝鮮朝日	南鮮版	1933-12-10	1	05단	內地から滿鮮へ貨物の大洪水朝鐵局開始以來の新記錄

일련번호	판명		간행일	면	단수	기사명
244006	朝鮮朝日	南鮮版	1933-12-10	1	05단	間島暴動判決いよいよ廿日に內定
244007	朝鮮朝日	南鮮版	1933-12-10	1	06단	嘉昌普通校開校
244008	朝鮮朝日	南鮮版	1933-12-10	1	06단	立派になった大邱の市街政務總監驚く
244009	朝鮮朝日	南鮮版	1933-12-10	1	07단	惡天候に禍され全南綿作不成績昨年より一割餘減
244010	朝鮮朝日	南鮮版	1933-12-10	1	07단	浮浪癩者の群が全南へ全南へ押し寄す小鹿島の樂園入りを希望して全南當局は大弱り
244011	朝鮮朝日	南鮮版	1933-12-10	1	07단	口論の末蹴殺す
244012	朝鮮朝日	南鮮版	1933-12-10	1	08단	全南道で栗增殖獎勵農家副業に
244013	朝鮮朝日	南鮮版	1933-12-10	1	08단	早くも籾の買付を開始尙州皮切りに
244014	朝鮮朝日	南鮮版	1933-12-10	1	09단	人夫に强制貯金非常の好成績
244015	朝鮮朝日	南鮮版	1933-12-10	1	09단	愛は悲し妻が夫を絞殺す
244016	朝鮮朝日	南鮮版	1933-12-10	1	09단	結婚費を寄附
244017	朝鮮朝日	南鮮版	1933-12-10	1	10단	正月用の鰤は不漁だ鯖を代用に
244018	朝鮮朝日	南鮮版	1933-12-10	1	10단	京電バス路線鋪裝非常の好成績
244019	朝鮮朝日	南鮮版	1933-12-10	1	10단	粟督促から人を殺して四年振に捕る
244020	朝鮮朝日	南鮮版	1933-12-10	1	10단	人(伊手內閣賞勳局審記官/伊達新京城府尹)
244021	朝鮮朝日	西北版	1933-12-12	1	01단	半島の美術品は海外へ流失を防止古跡天然記念物等も完全に保存愈よ十一日から法令實施
244022	朝鮮朝日	西北版	1933-12-12	1	01단	社會課の內容刷新各道の社會係を課に昇格して明年度に實現か
244023	朝鮮朝日	西北版	1933-12-12	1	01단	合水、惠山鎭間の自動車路線いよいよ營業開始中部滿洲、日本海の連絡なる
244024	朝鮮朝日	西北版	1933-12-12	1	01단	下賜の眞綿平壤部隊へ
244025	朝鮮朝日	西北版	1933-12-12	1	02단	平壤國防義會第二期事業ちかく着手
244026	朝鮮朝日	西北版	1933-12-12	1	02단	籾貯藏各郡割當
244027	朝鮮朝日	西北版	1933-12-12	1	02단	朝鮮最初の內鮮人共學女學校女子高普のない鎭南浦に平南道で設立計劃
244028	朝鮮朝日	西北版	1933-12-12	1	03단	業者側反對圓滿解決す咸南の藝娼妓契約改正
244029	朝鮮朝日	西北版	1933-12-12	1	03단	中等學校の入試を改善する各道教育會で研究
244030	朝鮮朝日	西北版	1933-12-12	1	04단	保安課に非常地圖備付
244031	朝鮮朝日	西北版	1933-12-12	1	04단	咸南新興郡下で黑鉛鑛脈發見含有量頗る豊富軍需鑛脈として囑望さる
244032	朝鮮朝日	西北版	1933-12-12	1	04단	咸興のギャング對策

일련번호	판명		간행일	면	단수	기사명
244033	朝鮮朝日	西北版	1933-12-12	1	05단	平壤府電料金値下の方針を協議
244034	朝鮮朝日	西北版	1933-12-12	1	05단	全鮮的に勞働者不足各種事業の活況から當局で調節に大童
244035	朝鮮朝日	西北版	1933-12-12	1	05단	平壤署の年末警戒
244036	朝鮮朝日	西北版	1933-12-12	1	05단	ポストは郵便を入れるところ金は投げ込んで下さるな
244037	朝鮮朝日	西北版	1933-12-12	1	06단	故障を起こした朝鮮一の大秤計らずも平壤で修理成る
244038	朝鮮朝日	西北版	1933-12-12	1	06단	悪い仲間
244039	朝鮮朝日	西北版	1933-12-12	1	07단	本年度米標準査定關係者が協議
244040	朝鮮朝日	西北版	1933-12-12	1	07단	遭難者救助作業依然困難を極む原因は喫煙からと判明す栗里炭坑珍事續報
244041	朝鮮朝日	西北版	1933-12-12	1	07단	平南警察の未檢擧犯罪
244042	朝鮮朝日	西北版	1933-12-12	1	07단	七百噸の機船でのん気に太平洋横斷死出の晴着は揃ひの毛皮外套露船員十四名の壯擧
244043	朝鮮朝日	西北版	1933-12-12	1	08단	御用心御用心偽造貨や紙幣が頻々
244044	朝鮮朝日	西北版	1933-12-12	1	08단	自動車轉落乘客一名卽死
244045	朝鮮朝日	西北版	1933-12-12	1	08단	突倒されて醉漢絶命す
244046	朝鮮朝日	西北版	1933-12-12	1	08단	赤本と檄文多數を押收
244047	朝鮮朝日	西北版	1933-12-12	1	09단	紳士が麻雀賭博二十七名檢擧さる
244048	朝鮮朝日	西北版	1933-12-12	1	09단	結婚出來ぬを悲觀し片目娘自殺す
244049	朝鮮朝日	西北版	1933-12-12	1	10단	怪丸藥で病人急死飲ませた男引致
244050	朝鮮朝日	西北版	1933-12-12	1	10단	船中で黑焦
244051	朝鮮朝日	西北版	1933-12-12	1	10단	列車妨害頻々
244052	朝鮮朝日	西北版	1933-12-12	1	10단	賭博からなぐり殺す
244053	朝鮮朝日	西北版	1933-12-12	1	10단	人(澤村伍郎氏(本社平壤通信部主任))
244054	朝鮮朝日	南鮮版	1933-12-12	1	01단	師走の危險信號！
244055	朝鮮朝日	南鮮版	1933-12-12	1	01단	半島の美術品は海外へ流失を防止古跡天然記念物等も完全に保存愈よ十一日から法令實施
244056	朝鮮朝日	南鮮版	1933-12-12	1	01단	社會課の內容刷新各道の社會係を課に昇格して明年度に實現か
244057	朝鮮朝日	南鮮版	1933-12-12	1	01단	輝く聯隊旗の下に嚴そかに入營式七十八、九兩聯隊
244058	朝鮮朝日	南鮮版	1933-12-12	1	01단	署長異動
244059	朝鮮朝日	南鮮版	1933-12-12	1	02단	本年度米標準査定關係者が協議
244060	朝鮮朝日	南鮮版	1933-12-12	1	03단	ポストは郵便を入れるところ金は投げ込んで下さるな

일련번호	판명		간행일	면	단수	기사명
244061	朝鮮朝日	南鮮版	1933-12-12	1	04단	光州の大賣出し
244062	朝鮮朝日	南鮮版	1933-12-12	1	04단	齒科校醫會釜山で發會式
244063	朝鮮朝日	南鮮版	1933-12-12	1	05단	御用心御用心偽造貨や紙幣が頻々/年末年始の惡習を打破官公署へ通牒/年賀郵便激增か
244064	朝鮮朝日	南鮮版	1933-12-12	1	05단	三和銀支店
244065	朝鮮朝日	南鮮版	1933-12-12	1	05단	大邱府營ガス第一期計劃明年度豫算に
244066	朝鮮朝日	南鮮版	1933-12-12	1	05단	弊害が多い中等校への準備教育今後嚴重取締る當局/入試を改善する各道教育會で研究
244067	朝鮮朝日	南鮮版	1933-12-12	1	05단	全羅南道で籾貯藏協議
244068	朝鮮朝日	南鮮版	1933-12-12	1	05단	華山學校を財團法人に
244069	朝鮮朝日	南鮮版	1933-12-12	1	06단	故障を起こした朝鮮一の大秤計らずも平壤で修理成る
244070	朝鮮朝日	南鮮版	1933-12-12	1	06단	慈善音樂會
244071	朝鮮朝日	南鮮版	1933-12-12	1	07단	故澁澤子の建碑除幕式
244072	朝鮮朝日	南鮮版	1933-12-12	1	07단	案內所設置
244073	朝鮮朝日	南鮮版	1933-12-12	1	07단	自慢にはならぬ話全南道內に巫覡が三千人も居る映畫や講演で迷信を打破
244074	朝鮮朝日	南鮮版	1933-12-12	1	07단	ラグビーリーグ
244075	朝鮮朝日	南鮮版	1933-12-12	1	08단	內鮮人の共學女校朝鮮で最初
244076	朝鮮朝日	南鮮版	1933-12-12	1	08단	全鮮的に勞働者不足各種事業の活況から當局で調節に大童
244077	朝鮮朝日	南鮮版	1933-12-12	1	08단	結婚出來ぬを悲觀し片目娘自殺す
244078	朝鮮朝日	南鮮版	1933-12-12	1	08단	怪丸藥で病人急死飮ませた男引致
244079	朝鮮朝日	南鮮版	1933-12-12	1	08단	紳士が麻雀賭博二十七名檢擧さる
244080	朝鮮朝日	南鮮版	1933-12-12	1	10단	のん気に太平洋横斷
244081	朝鮮朝日	南鮮版	1933-12-12	1	10단	自動車轉落乘客一名卽死
244082	朝鮮朝日	南鮮版	1933-12-12	1	10단	人(澤村伍郎氏(本社平壤通信部主任))
244083	朝鮮朝日	南鮮版	1933-12-12	1	10단	號外發行(慶南道赤色教育勞働者協議會事件)
244084	朝鮮朝日	西北版	1933-12-13	1	01단	ジャーンとジャーンと雪煙に亂舞する昆盧峰は三尺以上の積雪
244085	朝鮮朝日	西北版	1933-12-13	1	01단	トテもすばらしい半島三四年の銀幕界愈よトーキー時代を出現する正月映畫陳に登場の九百卷
244086	朝鮮朝日	西北版	1933-12-13	1	01단	三陟保留炭田問題の動き 解放卽合同へ本府側も傾く監督權は現物出資によらず東拓を通じて保持/無統制解放反對合同促進へ三陟炭田問題に關し平壤商議所より陳情

일련번호	판명		간행일	면	단수	기사명
244087	朝鮮朝日	西北版	1933-12-13	1	04단	京城商議所總會
244088	朝鮮朝日	西北版	1933-12-13	1	04단	兒童の思想善導に努む赤化對策の慶南當局/左傾教員の絶滅を計る關手知事談
244089	朝鮮朝日	西北版	1933-12-13	1	05단	新醫博
244090	朝鮮朝日	西北版	1933-12-13	1	05단	慶南道の生業資金二萬四千圓
244091	朝鮮朝日	西北版	1933-12-13	1	05단	準備教育實情調査京城各校で
244092	朝鮮朝日	西北版	1933-12-13	1	05단	釜鐵ホテルの維持存續を求む港友會からも陳情
244093	朝鮮朝日	西北版	1933-12-13	1	06단	高溫と崩潰を冒し死體三個掘出す殘る三名も發掘見込つく爆發した栗里炭坑
244094	朝鮮朝日	西北版	1933-12-13	1	06단	注目される法の裁きマリヤ公判は十四日から大橋夫人も證人として登場
244095	朝鮮朝日	西北版	1933-12-13	1	07단	馬山府廳員獐狩
244096	朝鮮朝日	西北版	1933-12-13	1	07단	列車脱線で二名重輕傷
244097	朝鮮朝日	西北版	1933-12-13	1	08단	平壤商議所の圖書館買收結局纏るか
244098	朝鮮朝日	西北版	1933-12-13	1	08단	漢江に婦人死體
244099	朝鮮朝日	西北版	1933-12-13	1	08단	狂犬二頭出現！通行人五名、畜犬十一頭に咬みついて逃げ去る
244100	朝鮮朝日	西北版	1933-12-13	1	08단	一年目に父娘再會警察で嬉し涙
244101	朝鮮朝日	西北版	1933-12-13	1	09단	陰鬱な巷の慘劇狂へる夫が妻を殺す？
244102	朝鮮朝日	西北版	1933-12-13	1	09단	僅か二圓の命よ
244103	朝鮮朝日	西北版	1933-12-13	1	10단	引越し荷物は盜んだ反物
244104	朝鮮朝日	西北版	1933-12-13	1	10단	人(加藤三郎氏(植銀沙里院支店長)/茂山署金井警部浦)
244105	朝鮮朝日	西北版	1933-12-13	1	10단	漢陽手帳
244106	朝鮮朝日	西北版	1933-12-13	1	10단	給仕募集
244107	朝鮮朝日	南鮮版	1933-12-13	1	01단	ジャーンとジャーンと雪煙に亂舞する昆盧峰は三尺以上の積雪
244108	朝鮮朝日	南鮮版	1933-12-13	1	01단	トテもすばらしい半島三四年の銀幕界愈よトーキー時代を出現する正月映畵陳に登場の九百卷
244109	朝鮮朝日	南鮮版	1933-12-13	1	01단	三陟保留炭田問題の動き 解放卽合同へ本府側も傾く監督權は現物出資によらず東拓を通じて保持/"無統制解放反對合同促進へ三陟炭田問題に關し平壤商議所より陳情
244110	朝鮮朝日	南鮮版	1933-12-13	1	04단	京城商議所總會
244111	朝鮮朝日	南鮮版	1933-12-13	1	04단	兒童の思想善導に努む赤化對策の慶南當局/左傾教員の絶滅を計る關手知事談

일련번호	판명		간행일	면	단수	기사명
244112	朝鮮朝日	南鮮版	1933-12-13	1	05단	新醫博
244113	朝鮮朝日	南鮮版	1933-12-13	1	05단	慶南道の生業資金二萬四千圓
244114	朝鮮朝日	南鮮版	1933-12-13	1	05단	準備教育實情調査京城各校で
244115	朝鮮朝日	南鮮版	1933-12-13	1	05단	釜鐵ホテルの維持存續を求む港友會からも陳情
244116	朝鮮朝日	南鮮版	1933-12-13	1	06단	高溫と崩潰を冒し死體三個掘出す殘る三名も發掘見込つく爆發した栗里炭坑
244117	朝鮮朝日	南鮮版	1933-12-13	1	06단	注目される法の裁きマリヤ公判は十四日から大橋夫人も證人として登場
244118	朝鮮朝日	南鮮版	1933-12-13	1	07단	馬山府廳員獐狩
244119	朝鮮朝日	南鮮版	1933-12-13	1	07단	列車脫線で二名重輕傷
244120	朝鮮朝日	南鮮版	1933-12-13	1	08단	平壤商議所の圖書館買收結局纏るか
244121	朝鮮朝日	南鮮版	1933-12-13	1	08단	漢江に婦人死體
244122	朝鮮朝日	南鮮版	1933-12-13	1	08단	狂犬二頭出現！通行人五名、畜犬十一頭に咬みついて逃げ去る
244123	朝鮮朝日	南鮮版	1933-12-13	1	08단	一年目に父娘再會警察で嬉し淚
244124	朝鮮朝日	南鮮版	1933-12-13	1	09단	陰鬱な巷の慘劇狂へる夫が妻を殺す？
244125	朝鮮朝日	南鮮版	1933-12-13	1	09단	僅か二圓の命よ
244126	朝鮮朝日	南鮮版	1933-12-13	1	10단	引越し荷物は盜んだ反物
244127	朝鮮朝日	南鮮版	1933-12-13	1	10단	人(加藤三郎氏(植銀沙里院支店長)/茂山署金井警部浦)
244128	朝鮮朝日	南鮮版	1933-12-13	1	10단	漢陽手帳
244129	朝鮮朝日	南鮮版	1933-12-13	1	10단	給仕募集
244130	朝鮮朝日	西北版	1933-12-14	1	01단	國立種羊場は咸南道に設置か咸北と競爭の形ではあるが惠山地方有望視さる
244131	朝鮮朝日	西北版	1933-12-14	1	01단	卅萬石に對し百萬石を突破米統制最初の鮮米買上げ
244132	朝鮮朝日	西北版	1933-12-14	1	01단	平壤府廳の引越し
244133	朝鮮朝日	西北版	1933-12-14	1	02단	平南道米穀貯藏打合會
244134	朝鮮朝日	西北版	1933-12-14	1	03단	道、面、伊佐奈商會三巴の啀み合ひその後の龍巖浦魚市場問題
244135	朝鮮朝日	西北版	1933-12-14	1	04단	國防議會を統制
244136	朝鮮朝日	西北版	1933-12-14	1	04단	二萬の警官に待望のボーナス本年は下に厚く上に薄くして十七日迄には手に入ります
244137	朝鮮朝日	西北版	1933-12-14	1	05단	明年度から商業補習校平壤で店員教育機關に
244138	朝鮮朝日	西北版	1933-12-14	1	05단	平壤目拔通りの道路が面目を一新明年度より二年繼續で鋪裝財源は土地收益稅

일련번호	판명		간행일	면	단수	기사명
244139	朝鮮朝日	西北版	1933-12-14	1	05단	食を減して國防の資に
244140	朝鮮朝日	西北版	1933-12-14	1	06단	百萬屯視賀の打合會開催
244141	朝鮮朝日	西北版	1933-12-14	1	06단	安州に昭和水利期成會
244142	朝鮮朝日	西北版	1933-12-14	1	06단	軍馬に流感
244143	朝鮮朝日	西北版	1933-12-14	1	06단	歳末を控へ郵便局繁昌
244144	朝鮮朝日	西北版	1933-12-14	1	07단	妓生をも交へたスリ團捕まる! 京城驛を舞台に被害數千圓
244145	朝鮮朝日	西北版	1933-12-14	1	07단	籾貯藏對策打合せ
244146	朝鮮朝日	西北版	1933-12-14	1	07단	マリヤ殺しに登場の大橋夫人人目忍んで清津から釜山へ
244147	朝鮮朝日	西北版	1933-12-14	1	07단	十三名送局專賣局員襲撃事件
244148	朝鮮朝日	西北版	1933-12-14	1	07단	主金持逃げ
244149	朝鮮朝日	西北版	1933-12-14	1	08단	治維法違反の一味二十五名に判決
244150	朝鮮朝日	西北版	1933-12-14	1	08단	平壤百貨店街の商戰愈よ激化小賣商は苦境に沈淪
244151	朝鮮朝日	西北版	1933-12-14	1	09단	無免許で入齒
244152	朝鮮朝日	西北版	1933-12-14	1	09단	棍棒で亂打し所持金强奪折よく非常警戒中の署員が大格鬪後逮捕
244153	朝鮮朝日	西北版	1933-12-14	1	09단	人(佐々木黃海道內務部長)
244154	朝鮮朝日	西北版	1933-12-14	1	10단	散財させて逃ぐ
244155	朝鮮朝日	西北版	1933-12-14	1	10단	七人共謀で仲居を誘拐
244156	朝鮮朝日	西北版	1933-12-14	1	10단	デパート稼ぎの掏摸と萬引平壤署で嚴戒
244157	朝鮮朝日	西北版	1933-12-14	1	10단	産んだ兒を畑中に埋沒
244158	朝鮮朝日	西北版	1933-12-14	1	10단	忘年會費を國防義會に
244159	朝鮮朝日	南鮮版	1933-12-14	1	01단	盜難豫防にはこの『家庭八戒』をあとで騷がぬやうに師走の街に踊る惡の華/郵便局の窓口を警戒/裡里でも警戒網/妓生をも交へたスリ團捕まる! 京城驛を舞台に被害數千圓/大田の大賣出し/小切手を盜む/僞造債券で眞物を詐取/藝妓はん自殺未遂/歳末自力更生週間釜山で十五日から實施/歳末同情週間金品の受付場所決定
244160	朝鮮朝日	南鮮版	1933-12-14	1	04단	宇垣總督
244161	朝鮮朝日	南鮮版	1933-12-14	1	04단	群山港の貿易高十一月の調べ
244162	朝鮮朝日	南鮮版	1933-12-14	1	05단	近づいたクリスマスサンタ爺さんの袋から何が出る
244163	朝鮮朝日	南鮮版	1933-12-14	1	05단	就職斡旋の詐欺を働く
244164	朝鮮朝日	南鮮版	1933-12-14	1	05단	卅萬石に對し百萬石を突破米統制最初の鮮米買上げ

일련번호	판명		간행일	면	단수	기사명
244165	朝鮮朝日	南鮮版	1933-12-14	1	06단	忘年會費を國防議會に
244166	朝鮮朝日	南鮮版	1933-12-14	1	06단	小作令實施は明年秋頃か
244167	朝鮮朝日	南鮮版	1933-12-14	1	06단	不良酒類を嚴重に處分
244168	朝鮮朝日	南鮮版	1933-12-14	1	07단	忠南でクルミ增殖
244169	朝鮮朝日	南鮮版	1933-12-14	1	07단	二萬の警官に待望のボーナス本年は下に厚く上に薄くして十七日迄には手に入ります
244170	朝鮮朝日	南鮮版	1933-12-14	1	08단	マリヤ殺しに登場の大橋夫人人目忍んで清津から釜山へ
244171	朝鮮朝日	南鮮版	1933-12-14	1	09단	一松辯護士が辯論に十時間賑うた土木談合公判
244172	朝鮮朝日	南鮮版	1933-12-14	1	09단	四百萬斤突破か忠南棉花共販
244173	朝鮮朝日	南鮮版	1933-12-14	1	10단	人(渡邊肆郎氏(新任咸北財務部長)/安田宗次氏(新任京畿道保安課長)/伊藤新任忠北警察部長/井上商銀常務母堂)
244174	朝鮮朝日	南鮮版	1933-12-14	1	10단	産んだ兒を畑中に埋沒
244175	朝鮮朝日	南鮮版	1933-12-14	1	10단	無免許で入齒
244176	朝鮮朝日	西北版	1933-12-15	1	01단	怪奇三年マリヤ殺しの公判開かる被告井上は知らぬ存ぜぬ證據をつきつけられても裁判長今日になって何故に否認する/十五日の公判に出廷の大橋夫人
244177	朝鮮朝日	西北版	1933-12-15	1	04단	大同江驛年內竣工
244178	朝鮮朝日	西北版	1933-12-15	1	06단	平壤府電の電氣料引下いよいよ成案を得て遞信局に申請の運び
244179	朝鮮朝日	西北版	1933-12-15	1	07단	內鮮を家庭より融和する楔に地元の共學女學校設置反對に藤原平南知事語る
244180	朝鮮朝日	西北版	1933-12-15	1	07단	平壤市街美の財源土地收益稅その賦課大綱決定す
244181	朝鮮朝日	西北版	1933-12-15	1	09단	平南の農倉新設地決定
244182	朝鮮朝日	西北版	1933-12-15	1	10단	鮮米買上數量決定豫定より增加
244183	朝鮮朝日	西北版	1933-12-15	1	10단	一審より經く判決下さる赤四十一名に
244184	朝鮮朝日	西北版	1933-12-15	1	10단	柳京日記
244185	朝鮮朝日	南鮮版	1933-12-15	1	01단	怪奇三年マリヤ殺しの公判開かる被告井上は知らぬ存ぜぬ證據をつきつけられても裁判長今日になって何故に否認する/十五日の公判に出廷の大橋夫人
244186	朝鮮朝日	南鮮版	1933-12-15	1	04단	大同江驛年內竣工
244187	朝鮮朝日	南鮮版	1933-12-15	1	06단	瓦村面民二百餘名が能城部落へ夜襲各戶から薪を全部沒收して燒失盜伐問題からこの珍事に

일련번호	판명		간행일	면	단수	기사명
244188	朝鮮朝日	南鮮版	1933-12-15	1	07단	間島暴動事件判決愈よ二十日と決定
244189	朝鮮朝日	南鮮版	1933-12-15	1	07단	籾貯藏と農村振興慶南道郡守會議
244190	朝鮮朝日	南鮮版	1933-12-15	1	07단	初等教育講習會
244191	朝鮮朝日	南鮮版	1933-12-15	1	08단	大京城の進展に貢獻伊達京城府尹
244192	朝鮮朝日	南鮮版	1933-12-15	1	09단	鮮米買上數量決定豫定より增加
244193	朝鮮朝日	南鮮版	1933-12-15	1	09단	防火宣傳中に裡里では四戸全燒損害一萬圓/馬山では二棟を全燒
244194	朝鮮朝日	南鮮版	1933-12-15	1	10단	一審より經く判決下さる赤四十一名に
244195	朝鮮朝日	南鮮版	1933-12-15	1	10단	人(大竹十郎氏(新任慶北內務部長)/伊達四雄氏(京城府尹))
244196	朝鮮朝日	南鮮版	1933-12-15	1	10단	漢陽手帳
244197	朝鮮朝日	西北版	1933-12-16	1	01단	謎は解かれるマリヤ殺し公判第二日キャツといふ聲はマリヤを殺害した時電燈がついたのは死體の始末に大橋夫人『そんなこと知らぬ』と押し通す
244198	朝鮮朝日	西北版	1933-12-16	1	01단	緬羊增殖計劃原案通り通過確實愈よ明年度から着手する
244199	朝鮮朝日	西北版	1933-12-16	1	01단	三陟炭田問題の要望案漸く可決平壤商工會議所總會
244200	朝鮮朝日	西北版	1933-12-16	1	03단	取出す機みに拳銃が發射二名重傷す
244201	朝鮮朝日	西北版	1933-12-16	1	03단	平壤明年度豫算中有望の新規事業盛澤山で結局斧鉞？
244202	朝鮮朝日	西北版	1933-12-16	1	04단	飛行場分局十五日開設
244203	朝鮮朝日	西北版	1933-12-16	1	04단	泥醉消防手看板を破り巡査に重傷
244204	朝鮮朝日	西北版	1933-12-16	1	05단	世界醫學界の謎の扉開く嗜眠性腦炎の病理研究で博士となる和氣教授
244205	朝鮮朝日	西北版	1933-12-16	1	09단	新線適用特定運賃ちかく發表
244206	朝鮮朝日	西北版	1933-12-16	1	09단	崖から落ち親子卽死す
244207	朝鮮朝日	西北版	1933-12-16	1	10단	覆面の強盜寡婦を脅し養女を斬る
244208	朝鮮朝日	西北版	1933-12-16	1	10단	遭難坑夫の遺族が訴訟東拓相手に損害賠償の
244209	朝鮮朝日	西北版	1933-12-16	1	10단	無煙炭を盜んで賣る部落民百廿名
244210	朝鮮朝日	西北版	1933-12-16	1	10단	柳京日記
244211	朝鮮朝日	南鮮版	1933-12-16	1	01단	謎は解かれるマリヤ殺し公判第二日キャツといふ聲はマリヤを殺害した時電燈がついたのは死體の始末に大橋夫人『そんなこと知らぬ』と押し通す
244212	朝鮮朝日	南鮮版	1933-12-16	1	01단	積極的に赤禍を擊退する明年度に經費卅八萬圓を計上し取締指導に新施設

일련번호	판명		간행일	면	단수	기사명
244213	朝鮮朝日	南鮮版	1933-12-16	1	02단	商權擁護や振興策協議京城商議總會
244214	朝鮮朝日	南鮮版	1933-12-16	1	03단	土木談合の判決愈よ二十七日に決定
244215	朝鮮朝日	南鮮版	1933-12-16	1	04단	飛行場分局十五日開設
244216	朝鮮朝日	南鮮版	1933-12-16	1	04단	大田名刺交換會
244217	朝鮮朝日	南鮮版	1933-12-16	1	04단	薄氣味惡い春川の暖かさ
244218	朝鮮朝日	南鮮版	1933-12-16	1	05단	新規上場の銘柄
244219	朝鮮朝日	南鮮版	1933-12-16	1	05단	腺らかな爆笑半島官廳に喜しいボナース
244220	朝鮮朝日	南鮮版	1933-12-16	1	06단	緬羊增殖計劃原案通り通過確實愈よ明年度から着手する
244221	朝鮮朝日	南鮮版	1933-12-16	1	06단	美しい獻金
244222	朝鮮朝日	南鮮版	1933-12-16	1	07단	牛の氣腫疽慶北に流行
244223	朝鮮朝日	南鮮版	1933-12-16	1	07단	三百圓が落主に
244224	朝鮮朝日	南鮮版	1933-12-16	1	07단	寶林面に三人組の強盜五名を針金で縛り二十七圓を強奪逃走
244225	朝鮮朝日	南鮮版	1933-12-16	1	09단	新線適用特定運賃ちかく發表
244226	朝鮮朝日	南鮮版	1933-12-16	1	10단	大ヌクテ射擊
244227	朝鮮朝日	南鮮版	1933-12-16	1	10단	百圓札を切る男
244228	朝鮮朝日	南鮮版	1933-12-16	1	10단	事變に感激の末
244229	朝鮮朝日	南鮮版	1933-12-16	1	10단	不正度量衡嚴重取締る
244230	朝鮮朝日	南鮮版	1933-12-16	1	10단	人(下村進氏(前慶南道警察部長)/信原聖氏(前慶南道財務部長))
244231	朝鮮朝日	南鮮版	1933-12-16	1	10단	漢陽手帳
244232	朝鮮朝日	西北版	1933-12-17	1	01단	謎は解かれるマリヤ殺し公判第三日殺人犯人は變態性慾者か泥棒か夫人の夫『心當りはありません』取調は愈よ核心へ突き進む/次回公判は一月下旬頃に/大橋夫人の處置これ以上進めぬ奈良正檢事正の意向/九名の證人申請
244233	朝鮮朝日	西北版	1933-12-17	1	01단	どえらい待遇で滿洲から求人申込み朝鮮警官四十名をボーナス景氣に又此喜び
244234	朝鮮朝日	西北版	1933-12-17	1	02단	再び火保料金引下を運動
244235	朝鮮朝日	西北版	1933-12-17	1	02단	平壤府會に議員調査班府勢の發展に備へて先進都市を視察する
244236	朝鮮朝日	西北版	1933-12-17	1	04단	旅館荒し逮捕さる
244237	朝鮮朝日	西北版	1933-12-17	1	04단	意見續出で委員會設置電氣料引下を議する平壤府會第一日
244238	朝鮮朝日	西北版	1933-12-17	1	05단	鮮內鐵道ホテルを再び直營に還元平壤ホテルは現狀維持か
244239	朝鮮朝日	西北版	1933-12-17	1	07단	足だけを火葬にプロペラで切斷された男新義州府廳を面食はす

일련번호	판명		간행일	면	단수	기사명
244240	朝鮮朝日	西北版	1933-12-17	1	07단	平壤の流感四萬人突破死亡者も續出
244241	朝鮮朝日	西北版	1933-12-17	1	08단	飛び降りで瀕死の重傷
244242	朝鮮朝日	西北版	1933-12-17	1	09단	防空演習
244243	朝鮮朝日	西北版	1933-12-17	1	09단	蛙八千尾を盜む
244244	朝鮮朝日	西北版	1933-12-17	1	10단	死體搜査に百圓の懸賞
244245	朝鮮朝日	西北版	1933-12-17	1	10단	柳京日記
244246	朝鮮朝日	南鮮版	1933-12-17	1	01단	謎は解かれるマリヤ殺し公判第三日殺人犯人は變態性慾者か泥棒か夫人の夫『心當りはありません』取調は愈よ核心へ突き進む/次回公判は一月下旬頃に/大橋夫人の處置これ以上進めぬ奈良正檢事正の意向/九名の證人申請
244247	朝鮮朝日	南鮮版	1933-12-17	1	01단	どえらい待遇で滿洲から求人申込み朝鮮警官四十名をボーナス景氣に又此喜び
244248	朝鮮朝日	南鮮版	1933-12-17	1	02단	今井田總監
244249	朝鮮朝日	南鮮版	1933-12-17	1	02단	陸戰隊の觀兵式鎭海運動場で
244250	朝鮮朝日	南鮮版	1933-12-17	1	03단	四百圓獻金
244251	朝鮮朝日	南鮮版	1933-12-17	1	03단	公債財源による事業費二千六百萬圓位に減額か極力復活に努める當局
244252	朝鮮朝日	南鮮版	1933-12-17	1	04단	旅館荒し逮捕さる
244253	朝鮮朝日	南鮮版	1933-12-17	1	04단	記念講演
244254	朝鮮朝日	南鮮版	1933-12-17	1	04단	社會事業助成金
244255	朝鮮朝日	南鮮版	1933-12-17	1	04단	尊い一圓！鈴木大尉感激
244256	朝鮮朝日	南鮮版	1933-12-17	1	05단	朝鮮米倉會社へ籾長期貯藏殺到旣に二十萬石突破
244257	朝鮮朝日	南鮮版	1933-12-17	1	06단	鎭海靑訓生査閲成績良好
244258	朝鮮朝日	南鮮版	1933-12-17	1	07단	チフスが猖獗す京畿道各地に
244259	朝鮮朝日	南鮮版	1933-12-17	1	07단	鰤の大漁蔚山沖合でナンと一夜に三萬圓 不漁の折柄漁場活氣づく/鯖の大漁
244260	朝鮮朝日	南鮮版	1933-12-17	1	08단	二人組强盜
244261	朝鮮朝日	南鮮版	1933-12-17	1	09단	病人に警告
244262	朝鮮朝日	南鮮版	1933-12-17	1	10단	死體搜査に百圓の懸賞
244263	朝鮮朝日	南鮮版	1933-12-17	1	10단	スキークラブ總會
244264	朝鮮朝日	南鮮版	1933-12-17	1	10단	六回目に天國へ
244265	朝鮮朝日	西北版	1933-12-19	1	01단	地方の實情に副はぬ書堂活用の計劃案！各道から本府へ修正を要望
244266	朝鮮朝日	西北版	1933-12-19	1	01단	蔓る惡の華に盜難除十二戒警察より師走の御注意
244267	朝鮮朝日	西北版	1933-12-19	1	03단	貧しき人に救ひの手を愛婦平北支部

일련번호	판명		간행일	면	단수	기사명
244268	朝鮮朝日	西北版	1933-12-19	1	04단	マリヤ殺模擬裁判
244269	朝鮮朝日	西北版	1933-12-19	1	04단	平壤府會電氣料値下の府原案を可決産業助長主義勝つ/土地收益稅愼重に審議第三日/豫算運用に非難の聲府尹より陳謝
244270	朝鮮朝日	西北版	1933-12-19	1	04단	蔘人の耕作免許は專賣支局長が取締る生産統一の爲め專賣令改正
244271	朝鮮朝日	西北版	1933-12-19	1	04단	大きくなったら何になる？流石は御時勢軍人が第一位女の子は先生！平壤若松校の調査
244272	朝鮮朝日	西北版	1933-12-19	1	05단	愈よ明年度平壤神社改築五萬圓を投じ
244273	朝鮮朝日	西北版	1933-12-19	1	06단	積雪一尺各地のスキー場に廿三日からスキー列車運轉/神宮奉讚氷上競技漢江と龍山のリンクで催す/朝鮮陸聯規約改善
244274	朝鮮朝日	西北版	1933-12-19	1	07단	明年の城津は木材の洪水惠山線の搬出開始と拓殖線の明夏竣成で
244275	朝鮮朝日	西北版	1933-12-19	1	07단	日本空輸出張所の移轉
244276	朝鮮朝日	西北版	1933-12-19	1	08단	結婚解消料二萬圓を請求袖にされた年上女房
244277	朝鮮朝日	西北版	1933-12-19	1	09단	空相場を嚴重取締る平南警察部警告を發す
244278	朝鮮朝日	西北版	1933-12-19	1	09단	小遣錢から憤慨父と叔父を傷け苛性曹達で自殺(未遂)
244279	朝鮮朝日	西北版	1933-12-19	1	09단	只乘少年逃出して自動車で重傷
244280	朝鮮朝日	西北版	1933-12-19	1	10단	警官を傷けたモヒ密賣者遂に捕はる
244281	朝鮮朝日	西北版	1933-12-19	1	10단	山本井上兩氏送別會
244282	朝鮮朝日	西北版	1933-12-19	1	10단	人(新任馬場平南道警務課長/丹下郁太郎氏(平北警察部長)/佐々木黃海道內務部長)
244283	朝鮮朝日	西北版	1933-12-19	1	10단	柳京日記
244284	朝鮮朝日	南鮮版	1933-12-19	1	01단	お池も銀盤になりました
244285	朝鮮朝日	南鮮版	1933-12-19	1	01단	地方の實情に副はぬ書堂活用の計劃案！各道から本府へ修正を要望
244286	朝鮮朝日	南鮮版	1933-12-19	1	01단	高射機關銃獻納天安國防議會から
244287	朝鮮朝日	南鮮版	1933-12-19	1	01단	城大豫科を三年制度にする明年度から實現せん
244288	朝鮮朝日	南鮮版	1933-12-19	1	02단	製絲總會
244289	朝鮮朝日	南鮮版	1933-12-19	1	03단	竣工した大邱醫專の本館
244290	朝鮮朝日	南鮮版	1933-12-19	1	04단	山本井上兩氏送別會
244291	朝鮮朝日	南鮮版	1933-12-19	1	04단	今度は無盡統制理財課で準備
244292	朝鮮朝日	南鮮版	1933-12-19	1	05단	大邱商工銀輝やかしい一步へ

일련번호	판명		간행일	면	단수	기사명
244293	朝鮮朝日	南鮮版	1933-12-19	1	05단	反産運動實行に京城商議總會
244294	朝鮮朝日	南鮮版	1933-12-19	1	05단	蔘人の耕作免許は專賣支局長が取締る生産統一の爲め專賣令改正
244295	朝鮮朝日	南鮮版	1933-12-19	1	05단	昭和麥酒重役決定明年早々から事業に着手す
244296	朝鮮朝日	南鮮版	1933-12-19	1	05단	マリヤ事件裁判長に非難の聲高まる大橋夫人の訊問振りに對し一部の法曹界から
244297	朝鮮朝日	南鮮版	1933-12-19	1	06단	浦項邑事務所新築落成す
244298	朝鮮朝日	南鮮版	1933-12-19	1	06단	慶南道內簡保貸付
244299	朝鮮朝日	南鮮版	1933-12-19	1	06단	積雪一尺各地のスキー場に廿三日からスキー列車運轉/神宮奉讚氷上競技漢江と龍山のリンクで催す/朝鮮陸聯規約改善
244300	朝鮮朝日	南鮮版	1933-12-19	1	07단	元鐵道公衆浴場を東萊邑で經營
244301	朝鮮朝日	南鮮版	1933-12-19	1	08단	赤色教育の二十一名を起訴一名のみ起訴猶豫に
244302	朝鮮朝日	南鮮版	1933-12-19	1	08단	晉州泗川靑訓査閲
244303	朝鮮朝日	南鮮版	1933-12-19	1	08단	人(新任馬場平南道警務課長/丹下郁太郎氏(平北警察部長)/佐々木黃海道內務部長/大竹十郎氏(新任慶北道內務部長))
244304	朝鮮朝日	南鮮版	1933-12-19	1	09단	歲末の商店街に横行するスリ團釜山で團長を檢擧
244305	朝鮮朝日	南鮮版	1933-12-19	1	10단	虛禮發止で斷髮を獎勵
244306	朝鮮朝日	南鮮版	1933-12-19	1	10단	齒科醫に罰金百圓醫師法違反で
244307	朝鮮朝日	南鮮版	1933-12-19	1	10단	前衛聯盟の一味を留置
244308	朝鮮朝日	南鮮版	1933-12-19	1	10단	線路に轢死體
244309	朝鮮朝日	西北版	1933-12-20	1	01단	道は近きに代用染料の出現原料は朝鮮バカチ、紅、躑躅色服獎勵に一福音
244310	朝鮮朝日	西北版	1933-12-20	1	01단	重要豫算は大體原案通り通過か總督府明年度豫算につき局長會議で總督から説明
244311	朝鮮朝日	西北版	1933-12-20	1	01단	內容充實と講習の上で內地の醫師免許狀下付平壤、大邱兩醫專卒業生へ
244312	朝鮮朝日	西北版	1933-12-20	1	04단	平壤高女學級增加取止
244313	朝鮮朝日	西北版	1933-12-20	1	04단	各課要求額六百五十萬圓平南明年豫算
244314	朝鮮朝日	西北版	1933-12-20	1	04단	轉形期の咸南に三大社會施設廣汎な衆層に呼びかけて模範道へと拍車！
244315	朝鮮朝日	西北版	1933-12-20	1	04단	お正月の御用意はとゝのひましたか平壤府內各商店の迎春用品值段調べ
244316	朝鮮朝日	西北版	1933-12-20	1	05단	明年度の調査事項平壤商議所

일련번호	판명		간행일	면	단수	기사명
244317	朝鮮朝日	西北版	1933-12-20	1	05단	平南沙金鑛の大々的採掘愈よ明春よりドレヂャーで産金額一躍倍加せん
244318	朝鮮朝日	西北版	1933-12-20	1	05단	防空演習
244319	朝鮮朝日	西北版	1933-12-20	1	06단	驚破! ギャング12萬圓現送の自動車に怪漢現る實は戶惑った只乘男重傷
244320	朝鮮朝日	西北版	1933-12-20	1	07단	校外保導會總會
244321	朝鮮朝日	西北版	1933-12-20	1	07단	順川の雉保存に禁獵區設定か七面鳥(平原)、青鷺(江西)も適當の方法を講す
244322	朝鮮朝日	西北版	1933-12-20	1	07단	平壤醫專に圖書を充實
244323	朝鮮朝日	西北版	1933-12-20	1	07단	地獄極樂の二洞を発見蝀龍窟探檢隊
244324	朝鮮朝日	西北版	1933-12-20	1	08단	師走情景をよそに/法廷の照魔鏡に寫し出す惡の華下された冷嚴な判決
244325	朝鮮朝日	西北版	1933-12-20	1	08단	多數の指輪を持つ不審男
244326	朝鮮朝日	西北版	1933-12-20	1	09단	トラックと電車の衝突幸ひ被害輕微
244327	朝鮮朝日	西北版	1933-12-20	1	10단	雙方折れて圓滿に解決第一護謨工場女工爭議
244328	朝鮮朝日	西北版	1933-12-20	1	10단	赤い劇受難練習中を檢擧
244329	朝鮮朝日	西北版	1933-12-20	1	10단	柳京日記
244330	朝鮮朝日	南鮮版	1933-12-20	1	01단	冬を迎へた動物園/めづれしげに雪を見る孔雀氷を破って喜ぶ海豹
244331	朝鮮朝日	南鮮版	1933-12-20	1	01단	重要豫算は原案通り通過か總督府明年度豫算について局長會議で總督から説明
244332	朝鮮朝日	南鮮版	1933-12-20	1	01단	星后陛下御慶事に京城の慶祝! サイレンと奉祝花火で一般に周知さす
244333	朝鮮朝日	南鮮版	1933-12-20	1	01단	京圖線九驛に大豆檢査所賣付けの簡單化で新春の飛躍を豫想
244334	朝鮮朝日	南鮮版	1933-12-20	1	03단	女才なく明朕大邱慶北內務部長着任
244335	朝鮮朝日	南鮮版	1933-12-20	1	03단	低資支拂ひの延期方陳情
244336	朝鮮朝日	南鮮版	1933-12-20	1	04단	人(鹽澤鎮海要港部司令官/盧春芳氏(中華民國京城總領事))
244337	朝鮮朝日	南鮮版	1933-12-20	1	04단	牙浦驛月末開驛
244338	朝鮮朝日	南鮮版	1933-12-20	1	04단	お土産持って訪れた冬
244339	朝鮮朝日	南鮮版	1933-12-20	1	05단	十五日現在京城組銀帳尻
244340	朝鮮朝日	南鮮版	1933-12-20	1	05단	危險な殺蟲劑の取締に乘出す砒酸鉛或ひは禁止か林檎園などは相當の打擊
244341	朝鮮朝日	南鮮版	1933-12-20	1	06단	內容充實と講習の上で內地の醫師免許狀下付平壤、大邱兩醫專卒業生へ
244342	朝鮮朝日	南鮮版	1933-12-20	1	06단	總督から餠料を寄贈
244343	朝鮮朝日	南鮮版	1933-12-20	1	06단	女を轢殺

일련번호	판명		간행일	면	단수	기사명
244344	朝鮮朝日	南鮮版	1933-12-20	1	06단	衛生上に弊害多い迷信小冊子として各署に配布慶南當局の打破策
244345	朝鮮朝日	南鮮版	1933-12-20	1	07단	鮮人の身投一名は救はる
244346	朝鮮朝日	南鮮版	1933-12-20	1	08단	生命線を脅かさる漁民から慶南知事に陳情書
244347	朝鮮朝日	南鮮版	1933-12-20	1	08단	師走情景をよそに/法廷の照魔鏡に寫し出す惡の華下された冷嚴な判決
244348	朝鮮朝日	南鮮版	1933-12-20	1	09단	多數の指輪を持つ不審男
244349	朝鮮朝日	南鮮版	1933-12-20	1	09단	姉妹三名がリレー式萬引デパートを荒し廻る
244350	朝鮮朝日	南鮮版	1933-12-20	1	10단	靴直しや屑買を裝ふ掻拂ひ橫行
244351	朝鮮朝日	南鮮版	1933-12-20	1	10단	トラックと電車の衝突幸ひ被害輕微
244352	朝鮮朝日	南鮮版	1933-12-20	1	10단	漢陽手帳
244353	朝鮮朝日	西北版	1933-12-21	1	01단	滿洲禮讚在滿朝鮮人が幸福を助成されて/日一日と治安が確立王道樂土の實現を切願
244354	朝鮮朝日	西北版	1933-12-21	1	01단	籾貯藏/豫定數量より廿六萬石增加各道から殺到の好況
244355	朝鮮朝日	西北版	1933-12-21	1	04단	朝鮮代表
244356	朝鮮朝日	西北版	1933-12-21	1	04단	總督府辭令
244357	朝鮮朝日	西北版	1933-12-21	1	04단	蓄音器や活寫で農民に街頭教育全鮮的に市日を利用して
244358	朝鮮朝日	西北版	1933-12-21	1	04단	年內に片がついて何より喜ばしい間島暴動公判の判決後山下裁判長語る
244359	朝鮮朝日	西北版	1933-12-21	1	05단	辭令(東京電話)
244360	朝鮮朝日	西北版	1933-12-21	1	05단	京圖線九驛に大豆檢査所賣付け買付けの簡單化で新春の飛躍を豫想
244361	朝鮮朝日	西北版	1933-12-21	1	06단	スキー場行き汽車賃の割引き決定
244362	朝鮮朝日	西北版	1933-12-21	1	06단	農林學校設立を陳情平北四郡より
244363	朝鮮朝日	西北版	1933-12-21	1	06단	船橋里水道三月末竣工
244364	朝鮮朝日	西北版	1933-12-21	1	07단	西平壤靑年會發會
244365	朝鮮朝日	西北版	1933-12-21	1	07단	家人五名を縛し現金を强奪す年末警戒網を潛り强盜、富豪宅を荒す
244366	朝鮮朝日	西北版	1933-12-21	1	07단	平壤地方に酷寒襲來! 大同江氷結す
244367	朝鮮朝日	西北版	1933-12-21	1	07단	懸賞金全廢を繞って紛爭平壤魚市場と仲買人
244368	朝鮮朝日	西北版	1933-12-21	1	08단	二萬圓の引渡し訴訟鄭參議より
244369	朝鮮朝日	西北版	1933-12-21	1	08단	永川郵便所事務員が一萬八千圓拐帶逃走
244370	朝鮮朝日	西北版	1933-12-21	1	08단	嬰兒を預け三十男消ゆ

일련번호	판명		간행일	면	단수	기사명
244371	朝鮮朝日	西北版	1933-12-21	1	08단	長崎醫大敎授連袂總辭職
244372	朝鮮朝日	西北版	1933-12-21	1	08단	朝鮮料理の喧み合ひに他の料亭悲鳴
244373	朝鮮朝日	西北版	1933-12-21	1	09단	林檎と見せて金塊を密輸元面書記が
244374	朝鮮朝日	西北版	1933-12-21	1	09단	慘・師走の寒空に描きなす哀話二つ
244375	朝鮮朝日	西北版	1933-12-21	1	10단	判事夫人の手提を强奪
244376	朝鮮朝日	西北版	1933-12-21	1	10단	浦項邑に猩紅熱
244377	朝鮮朝日	西北版	1933-12-21	1	10단	瓦斯中毒で死亡
244378	朝鮮朝日	西北版	1933-12-21	1	10단	柳京日記
244379	朝鮮朝日	南鮮版	1933-12-21	1	01단	滿洲禮讚在滿朝鮮人が幸福を助成されて/日一日と治安が確立王道樂土の實現を切願
244380	朝鮮朝日	南鮮版	1933-12-21	1	01단	蓄音器や活寫で農民に街頭敎育全鮮的に市日を利用して
244381	朝鮮朝日	南鮮版	1933-12-21	1	01단	スラム街の兒童に光と愛の敎育新堂里に培光學園生る
244382	朝鮮朝日	南鮮版	1933-12-21	1	01단	充實な期する釜山の映畫敎育映劃敎育硏究會設置
244383	朝鮮朝日	南鮮版	1933-12-21	1	02단	京城高小校舍落成す
244384	朝鮮朝日	南鮮版	1933-12-21	1	03단	伊藤理事引退す
244385	朝鮮朝日	南鮮版	1933-12-21	1	04단	朝鮮代表
244386	朝鮮朝日	南鮮版	1933-12-21	1	04단	總督府辭令
244387	朝鮮朝日	南鮮版	1933-12-21	1	04단	放火暴動の赤八名を送局
244388	朝鮮朝日	南鮮版	1933-12-21	1	05단	愛情飢饉の抗議妻から夫に一萬圓請求
244389	朝鮮朝日	南鮮版	1933-12-21	1	05단	辭令(東京電話)
244390	朝鮮朝日	南鮮版	1933-12-21	1	05단	打ち切り豫算で二次の窮救事業明年度の計劃に修正
244391	朝鮮朝日	南鮮版	1933-12-21	1	05단	泗川に國防義會に盛大行はる
244392	朝鮮朝日	南鮮版	1933-12-21	1	05단	長崎醫大敎授連袂總辭職
244393	朝鮮朝日	南鮮版	1933-12-21	1	06단	釜山大橋の刎上時間硏究
244394	朝鮮朝日	南鮮版	1933-12-21	1	06단	スキー場行き汽車賃の割引き決定
244395	朝鮮朝日	南鮮版	1933-12-21	1	07단	立田氏に記念品
244396	朝鮮朝日	南鮮版	1933-12-21	1	07단	烟眼の三氏表彰
244397	朝鮮朝日	南鮮版	1933-12-21	1	07단	棺を破壞し死骸に鶴嘴を打ち込む富豪の葬列途中を部落民が襲ひ暴行亂劇雙方數名の重輕傷
244398	朝鮮朝日	南鮮版	1933-12-21	1	08단	年內に片がついて何より喜ばしい間島暴動公判の判決後山下裁判長語る
244399	朝鮮朝日	南鮮版	1933-12-21	1	08단	首相の大鰤
244400	朝鮮朝日	南鮮版	1933-12-21	1	08단	釜山地方零下二度

일련번호	판명		간행일	면	단수	기사명
244401	朝鮮朝日	南鮮版	1933-12-21	1	09단	瓦斯中毒で死亡
244402	朝鮮朝日	南鮮版	1933-12-21	1	09단	浦項邑に猩紅熱
244403	朝鮮朝日	南鮮版	1933-12-21	1	09단	家人五名を縛し現金を強奪す年末警戒網を潜り強盜、富豪宅を荒す
244404	朝鮮朝日	南鮮版	1933-12-21	1	10단	判事夫人の手提を強奪
244405	朝鮮朝日	南鮮版	1933-12-21	1	10단	人(竹內善造氏(新一銀京城支店長)/下村進氏(警務局事務官)/白石光治郎氏(新任慶南道警察部長)/兒島全南內務部長)
244406	朝鮮朝日	南鮮版	1933-12-21	1	10단	漢陽手帳
244407	朝鮮朝日	西北版	1933-12-22	1	01단	國境警備の涙ぐましい辛苦家族達に溫い慰問袋
244408	朝鮮朝日	西北版	1933-12-22	1	01단	基礎工作を終り平南道充實期へ道政準備會を開き適正なる豫算の編成に努む
244409	朝鮮朝日	西北版	1933-12-22	1	01단	灰色の歲晚に開く明脫華降誕祭の鐘は鳴る
244410	朝鮮朝日	西北版	1933-12-22	1	03단	鮮産商品を改善し新飛躍に備ふ殖産局案の商品調查研究會平南でも支部設置
244411	朝鮮朝日	西北版	1933-12-22	1	04단	人(丹下樹太郎氏(新任平北警察部長)/美根五郎氏(新任慶南道財務部長)
244412	朝鮮朝日	西北版	1933-12-22	1	04단	教育部會の豫算に狂ひ土木事業好況の飛沫
244413	朝鮮朝日	西北版	1933-12-22	1	05단	防空演習打合會
244414	朝鮮朝日	西北版	1933-12-22	1	05단	普校生の虎眼激減
244415	朝鮮朝日	西北版	1933-12-22	1	05단	過燐酸肥料と配合肥料を製造朝窒會社の新事業農村の福利は大きい
244416	朝鮮朝日	西北版	1933-12-22	1	06단	年賀郵便取扱開始
244417	朝鮮朝日	西北版	1933-12-22	1	06단	面目問題講習會には反對平壤、大邱兩醫專で協議の結果總監に折衝方を懇請
244418	朝鮮朝日	西北版	1933-12-22	1	06단	愈よ新春を期し無煙炭合同の火蓋東京で開く出炭協定會に本府側からも出席
244419	朝鮮朝日	西北版	1933-12-22	1	07단	平壤府廳舍事務室配置
244420	朝鮮朝日	西北版	1933-12-22	1	07단	更生運動第一線の婦人鬪士を養成明春早々指導者講習會を開く咸南當局の新計劃
244421	朝鮮朝日	西北版	1933-12-22	1	08단	盜難防止のビラ配布
244422	朝鮮朝日	西北版	1933-12-22	1	08단	受刑者にラヂオ體操
244423	朝鮮朝日	西北版	1933-12-22	1	08단	金塊密輸
244424	朝鮮朝日	西北版	1933-12-22	1	09단	罪な映畫看板! チョッと見惚れたその隙に一萬二千圓を掏らる
244425	朝鮮朝日	西北版	1933-12-22	1	09단	師走空に亂るゝ死の宣告二つ

일련번호	판명		간행일	면	단수	기사명
244426	朝鮮朝日	西北版	1933-12-22	1	10단	名を祕めてポンと千圓
244427	朝鮮朝日	西北版	1933-12-22	1	10단	七戸全半燒京城岡崎町の火事
244428	朝鮮朝日	西北版	1933-12-22	1	10단	柳京日記
244429	朝鮮朝日	南鮮版	1933-12-22	1	01단	皇后陛下御安産祈願祭京城神社で嚴そかに行はる/各地で奉祝の準備(釜山/裡里)
244430	朝鮮朝日	南鮮版	1933-12-22	1	01단	國境警備の涙ぐましい辛苦家族達に溫い慰問袋
244431	朝鮮朝日	南鮮版	1933-12-22	1	01단	面目問題講習會には反對平壤、大邱兩醫專で協議の結果總監に折衝方を懇請/大邱醫專内容充實に十萬圓を要する本府側と捻出方法協議
244432	朝鮮朝日	南鮮版	1933-12-22	1	04단	教育勅語謄本下附全北十六校へ
244433	朝鮮朝日	南鮮版	1933-12-22	1	04단	農村振興事業計劃委員會を開く
244434	朝鮮朝日	南鮮版	1933-12-22	1	04단	綜合美展陳列替へ
244435	朝鮮朝日	南鮮版	1933-12-22	1	04단	朝鮮鐵道の滿鐵還元に反對甲予俱樂部代表上京
244436	朝鮮朝日	南鮮版	1933-12-22	1	05단	貧困者に正月餅愛婦から贈る
244437	朝鮮朝日	南鮮版	1933-12-22	1	05단	年賀狀激增景氣來を見越してか
244438	朝鮮朝日	南鮮版	1933-12-22	1	05단	全北に水利協會目下創立準備
244439	朝鮮朝日	南鮮版	1933-12-22	1	05단	釜山府の綠化施設權威者に聽く
244440	朝鮮朝日	南鮮版	1933-12-22	1	06단	無料で診療投藥
244441	朝鮮朝日	南鮮版	1933-12-22	1	06단	藝妓の回禮絶對に嚴禁
244442	朝鮮朝日	南鮮版	1933-12-22	1	06단	煉炭からの瓦斯中毒で四名死亡二名危篤特に氣をつけて下さい
244443	朝鮮朝日	南鮮版	1933-12-22	1	06단	狂女吾兒を蹴殺す
244444	朝鮮朝日	南鮮版	1933-12-22	1	06단	一寸の隙に三百圓盜難
244445	朝鮮朝日	南鮮版	1933-12-22	1	06단	京城府民病院(明年一月中旬から開院)
244446	朝鮮朝日	南鮮版	1933-12-22	1	07단	二人組の強盜出現安浦洞に
244447	朝鮮朝日	南鮮版	1933-12-22	1	07단	ガソリンカー激突大破し乘客五名輕傷
244448	朝鮮朝日	南鮮版	1933-12-22	1	07단	大邱に猩紅熱續發の傾向
244449	朝鮮朝日	南鮮版	1933-12-22	1	08단	七戸全半燒京城岡崎町の火事/釜山で三戸全燒/病室全燒
244450	朝鮮朝日	南鮮版	1933-12-22	1	08단	生業資金を個人にも貸し付ける釜山府で條件を改正
244451	朝鮮朝日	南鮮版	1933-12-22	1	09단	名を祕めてポンと千圓
244452	朝鮮朝日	南鮮版	1933-12-22	1	09단	四十台の貸スキーを設備退潮、城津、溫井里の三ケ所に一台一日三十錢
244453	朝鮮朝日	南鮮版	1933-12-22	1	10단	受刑者にラヂオ體操
244454	朝鮮朝日	南鮮版	1933-12-22	1	10단	金塊密輸

일련번호	판명		간행일	면	단수	기사명
244455	朝鮮朝日	南鮮版	1933-12-22	1	10단	防空演習打合會
244456	朝鮮朝日	南鮮版	1933-12-22	1	10단	人(白石光治郎氏(新任慶南道警察部長)/美根五郎氏(新任慶南道財務部長)
244457	朝鮮朝日	西北版	1933-12-23	1	01단	通商非常時に新貿易政策を樹てる朝鮮の特殊事情を加味して重要産業の統制斷行
244458	朝鮮朝日	西北版	1933-12-23	1	01단	ハルビンと內地指定港間の運賃を一括する滿鐵から當局へ諒解を求む
244459	朝鮮朝日	西北版	1933-12-23	1	01단	銀盤に描く
244460	朝鮮朝日	西北版	1933-12-23	1	02단	總督府辭令
244461	朝鮮朝日	西北版	1933-12-23	1	03단	辭令(東京電話)
244462	朝鮮朝日	西北版	1933-12-23	1	04단	講演會
244463	朝鮮朝日	西北版	1933-12-23	1	04단	平南道辭令
244464	朝鮮朝日	西北版	1933-12-23	1	04단	平壤の獻金額
244465	朝鮮朝日	西北版	1933-12-23	1	04단	當局を信じ輕擧を愼め醫專の內地開業免許問題に道富局、方針を發表
244466	朝鮮朝日	西北版	1933-12-23	1	04단	職場から見た結婚街道頗る實際的な彼女らの夢デパートガールの心臟打診
244467	朝鮮朝日	西北版	1933-12-23	1	05단	平南農村に一脈の生氣金の動きも潤澤だ
244468	朝鮮朝日	西北版	1933-12-23	1	05단	平鐵の電話事務所落成
244469	朝鮮朝日	西北版	1933-12-23	1	06단	近く平壤を理想的河川港に猿巖里に七十萬圓で閘門設備着々進む大同江改修
244470	朝鮮朝日	西北版	1933-12-23	1	06단	平壤の交通地獄大同江人道橋十年度に改善の豫定
244471	朝鮮朝日	西北版	1933-12-23	1	07단	反物を搔拂ふ
244472	朝鮮朝日	西北版	1933-12-23	1	07단	卒業は失業だ就職運動にやつきの鮮內各大學專門校
244473	朝鮮朝日	西北版	1933-12-23	1	08단	模範警察官表彰
244474	朝鮮朝日	西北版	1933-12-23	1	08단	窮救事業計劃變更當局で研究
244475	朝鮮朝日	西北版	1933-12-23	1	09단	精神異狀から幼兒を殺す
244476	朝鮮朝日	西北版	1933-12-23	1	09단	入營途上の愛兒に祕むる父の死健氣な家族に軍部も感激
244477	朝鮮朝日	西北版	1933-12-23	1	09단	茂山の枕木工場全燒す損害多額の見込み
244478	朝鮮朝日	西北版	1933-12-23	1	09단	籾の出廻り今年は減少
244479	朝鮮朝日	西北版	1933-12-23	1	10단	柳京日記
244480	朝鮮朝日	南鮮版	1933-12-23	1	01단	通商非常時に新貿易政策を樹てる朝鮮の特殊事情を加味して重要産業の統制斷行
244481	朝鮮朝日	南鮮版	1933-12-23	1	01단	ハルビンと內地指定港間の運賃を一括する滿鐵から當局へ諒解を求む

일련번호	판명		간행일	면	단수	기사명
244482	朝鮮朝日	南鮮版	1933-12-23	1	01단	完備せる製錬所群山に設置したい商議所から本府へ請願
244483	朝鮮朝日	南鮮版	1933-12-23	1	01단	入院患者五名恩命に浴す溫服を下賜
244484	朝鮮朝日	南鮮版	1933-12-23	1	01단	絲價暴落對策協議製絲協會總會
244485	朝鮮朝日	南鮮版	1933-12-23	1	02단	總督府辭令(二十一日附)
244486	朝鮮朝日	南鮮版	1933-12-23	1	02단	卒業は失業だ就職運動にやつきの鮮內各大學專門校
244487	朝鮮朝日	南鮮版	1933-12-23	1	03단	辭令(東京電話)
244488	朝鮮朝日	南鮮版	1933-12-23	1	03단	平南道辭令
244489	朝鮮朝日	南鮮版	1933-12-23	1	03단	群山港の附帶費問題解決の一步へ
244490	朝鮮朝日	南鮮版	1933-12-23	1	04단	講演會
244491	朝鮮朝日	南鮮版	1933-12-23	1	04단	京城府豫算四百十萬圓位
244492	朝鮮朝日	南鮮版	1933-12-23	1	04단	『質實な迎春を』全北の申合せ
244493	朝鮮朝日	南鮮版	1933-12-23	1	04단	スラム街への明るい燈台
244494	朝鮮朝日	南鮮版	1933-12-23	1	05단	窮救事業計劃變更當局で研究
244495	朝鮮朝日	南鮮版	1933-12-23	1	05단	暗い雪空を一層ドス黑く彩る本月に入って傳染病二百名
244496	朝鮮朝日	南鮮版	1933-12-23	1	05단	チフス檢菌狀況
244497	朝鮮朝日	南鮮版	1933-12-23	1	05단	放浪レプラを都から一掃する癩療養所明年度事業
244498	朝鮮朝日	南鮮版	1933-12-23	1	06단	電車の複線敷設釜山三キロに
244499	朝鮮朝日	南鮮版	1933-12-23	1	06단	小賣商の自力更生運動を超す
244500	朝鮮朝日	南鮮版	1933-12-23	1	06단	釜山高女大消毒猩紅熱發生で
244501	朝鮮朝日	南鮮版	1933-12-23	1	07단	衛生模範部落が慶北一の不衛生地茅田洞の寄生蟲檢查から判明
244502	朝鮮朝日	南鮮版	1933-12-23	1	07단	在鄉軍人の所在調查
244503	朝鮮朝日	南鮮版	1933-12-23	1	07단	晝間は僧侶夜は泥棒と化く大邱市內に被害頻々
244504	朝鮮朝日	南鮮版	1933-12-23	1	08단	切干大根を農村副業に京畿道當局で獎勵
244505	朝鮮朝日	南鮮版	1933-12-23	1	08단	普通校兒童が商店で實習
244506	朝鮮朝日	南鮮版	1933-12-23	1	08단	哀れな二少年教師の溫い同情
244507	朝鮮朝日	南鮮版	1933-12-23	1	09단	同情金
244508	朝鮮朝日	南鮮版	1933-12-23	1	09단	刺身庖丁で腹部を突き刺す
244509	朝鮮朝日	南鮮版	1933-12-23	1	09단	講堂除き本館全燒光州第一高普/怨みの放火/ここにも又
244510	朝鮮朝日	南鮮版	1933-12-23	1	10단	ダイナマイトで二百尾密漁
244511	朝鮮朝日	南鮮版	1933-12-23	1	10단	慶南道內歲末警戒各署一齊に
244512	朝鮮朝日	南鮮版	1933-12-23	1	10단	土木談合被告二名死亡す
244513	朝鮮朝日	南鮮版	1933-12-23	1	10단	人(白石光治郎氏(新任慶南道警察部長)

일련번호	판명		간행일	면	단수	기사명
244514	朝鮮朝日	西北版	1933-12-24	1		缺號
244515	朝鮮朝日	南鮮版	1933-12-24	1	01단	半島の津々浦々は光榮と歡喜の奔流だ輝しき皇太子殿下の御生誕にわが民草は萬歲萬々歲/宇垣總督謹話/各地ともに本社が速報/朝鮮軍司令部/總督府/京畿道/幸運な赤ん坊
244516	朝鮮朝日	南鮮版	1933-12-24	1	07단	曲りなりにも重要豫算復活愁眉開いた本府局課
244517	朝鮮朝日	南鮮版	1933-12-24	1	07단	畏くも御補助金を下賜二優良社會事業團へ
244518	朝鮮朝日	南鮮版	1933-12-24	1	07단	講習免除の運動に及川校長上京す醫專の內地開業免狀問題
244519	朝鮮朝日	南鮮版	1933-12-24	1	08단	大邱に府營ガス明年度起工
244520	朝鮮朝日	南鮮版	1933-12-24	1	09단	學校組合の屠場經營は禁止閉校の運命にある平北道の六小學校
244521	朝鮮朝日	南鮮版	1933-12-24	1	10단	今井田總監
244522	朝鮮朝日	南鮮版	1933-12-24	1	10단	人(山田城大總長)
244523	朝鮮朝日	南鮮版	1933-12-24	1	10단	御慶事號外發行(皇太子殿下御降誕に付廿三日二回に亙って右御慶事速報の號外を發行しました)
244524	朝鮮朝日	西北版	1933-12-26	1	01단	半島教育界の廓淸に乘り出す總督府が各道視學を督勵し教職員を嚴重監督
244525	朝鮮朝日	西北版	1933-12-26	1	01단	皇太子殿下御降誕奉祝/燦然たる奉祝塔南大門も素晴しい電飾準備を進める京城府/官民合同奉祝會廿九日朝鮮神宮廣場で/佳き日の出産
244526	朝鮮朝日	西北版	1933-12-26	1	02단	一部消減は免れぬ模樣明年度の鐵道局豫算吉田局長の滯京誕びる
244527	朝鮮朝日	西北版	1933-12-26	1	03단	電氣公債の借替を可決平壤府會
244528	朝鮮朝日	西北版	1933-12-26	1	04단	人(宇垣總督夫人/今井田政務總監)
244529	朝鮮朝日	西北版	1933-12-26	1	04단	依然暴威を揮ふ傳染病患者も死者も增加十一月末現在で一萬九千人
244530	朝鮮朝日	西北版	1933-12-26	1	04단	御慶事記念に窮民へ寄附
244531	朝鮮朝日	西北版	1933-12-26	1	04단	籾貯藏倉庫新築の材料購入依賴
244532	朝鮮朝日	西北版	1933-12-26	1	05단	設計圖作成釜山府立病院
244533	朝鮮朝日	西北版	1933-12-26	1	05단	ちかく竣工釜山幼稚園
244534	朝鮮朝日	西北版	1933-12-26	1	05단	府營バス計劃
244535	朝鮮朝日	西北版	1933-12-26	1	06단	お正月は懷しの故鄕で關釜聯絡船の乘客激增釜山棧橋に見る歲末曲
244536	朝鮮朝日	西北版	1933-12-26	1	06단	七、八十萬圓程度平南明年度窮救事業費

일련번호	판명		간행일	면	단수	기사명
244537	朝鮮朝日	西北版	1933-12-26	1	07단	昭和水利の國庫補助金原案通り通過の模樣明年度から愈よ着工
244538	朝鮮朝日	西北版	1933-12-26	1	07단	射納め競射會
244539	朝鮮朝日	西北版	1933-12-26	1	07단	今冬最初の氷上犧牲者
244540	朝鮮朝日	西北版	1933-12-26	1	08단	釜山のクリスマス
244541	朝鮮朝日	西北版	1933-12-26	1	08단	總額二萬圓の證券を僞造一味數名捕はる
244542	朝鮮朝日	西北版	1933-12-26	1	08단	タクシーと衝突
244543	朝鮮朝日	西北版	1933-12-26	1	09단	保險金の詐取を企つ替玉を使って
244544	朝鮮朝日	西北版	1933-12-26	1	09단	漸く關係書類を德川署で發見韓は僞名で一度服役卵山事件首魁捕る/當時を語る屋敷要氏
244545	朝鮮朝日	西北版	1933-12-26	1	10단	辻强盜京城に現る
244546	朝鮮朝日	西北版	1933-12-26	1	10단	平壤の倉庫火事
244547	朝鮮朝日	西北版	1933-12-26	1	10단	路上でお産
244548	朝鮮朝日	南鮮版	1933-12-26	1		缺號
244549	朝鮮朝日	西北版	1933-12-27	1		缺號
244550	朝鮮朝日	南鮮版	1933-12-27	1	01단	年末に際し宇垣總督所感
244551	朝鮮朝日	南鮮版	1933-12-27	1	01단	半島の民草あげて壽ぐ御命名式當日旗行列に提燈行列に餘興に心から奉祝申し上ぐ(新義州/裡里/仁川/光州/釜山/平壤)
244552	朝鮮朝日	南鮮版	1933-12-27	1	04단	愈よ明年度から稅制整理を實施同時に稅務機關獨立(整理豫算は大體に原案承認から)
244553	朝鮮朝日	南鮮版	1933-12-27	1	04단	醫專問題折衝の結果大竹部長歸來談
244554	朝鮮朝日	南鮮版	1933-12-27	1	04단	鐵道の改良豫算提出額を承認さる
244555	朝鮮朝日	南鮮版	1933-12-27	1	05단	目出度い赤ン坊
244556	朝鮮朝日	南鮮版	1933-12-27	1	05단	相つぐ獻金
244557	朝鮮朝日	南鮮版	1933-12-27	1	06단	またも强盜一仕事して逃ぐる途上を歲末警戒網にかゝる
244558	朝鮮朝日	南鮮版	1933-12-27	1	06단	防空演習の民間側委員
244559	朝鮮朝日	南鮮版	1933-12-27	1	06단	苦しいながらも年が越せる貧困者本町署からお米や金を給されて
244560	朝鮮朝日	南鮮版	1933-12-27	1	06단	車中の盜難消えた三千圓
244561	朝鮮朝日	南鮮版	1933-12-27	1	07단	平壤郵便局窓口の搔拂ひ犯人捕る金は知事官舍の塀の下に親も持餘す不良少年
244562	朝鮮朝日	南鮮版	1933-12-27	1	07단	鐵道從業員の養成所廢止多年の懸案
244563	朝鮮朝日	南鮮版	1933-12-27	1	07단	夫の病死から妻は殉死を遂ぐ
244564	朝鮮朝日	南鮮版	1933-12-27	1	08단	平壤飛行場五萬坪擴張敷地買收終る

일련번호	판명		간행일	면	단수	기사명
244565	朝鮮朝日	南鮮版	1933-12-27	1	08단	強盜だけでも三百餘件に上る殺人及び放火等を取調ぶ卵山事件の韓國源等
244566	朝鮮朝日	南鮮版	1933-12-27	1	08단	トラック河中に
244567	朝鮮朝日	南鮮版	1933-12-27	1	09단	赤行囊犯人永川郵便所員捕る
244568	朝鮮朝日	南鮮版	1933-12-27	1	09단	七名全部有罪に共産學生事件
244569	朝鮮朝日	南鮮版	1933-12-27	1	10단	四名も控訴
244570	朝鮮朝日	南鮮版	1933-12-27	1	10단	訓導船から身投
244571	朝鮮朝日	南鮮版	1933-12-27	1	10단	平南參與官柳基源氏
244572	朝鮮朝日	南鮮版	1933-12-27	1	10단	人(今井田政務總監/大村勇藏氏(平壤府會議員)/原田貞輔氏(平壤府會議員)/馬場政義氏(平南警務課長)/靑木昭和水利囑託)
244573	朝鮮朝日	西北版	1933-12-28	1		缺號
244574	朝鮮朝日	南鮮版	1933-12-28	1	01단	御命名式當日各地の奉祝準備なる(京城/開城/馬山/淸州/釜山)
244575	朝鮮朝日	南鮮版	1933-12-28	1	01단	*總督府始って以來の記錄的な明年度豫算總額二億五千十萬七千圓前年より千八百萬圓の增加/主なる新規事業緬羊飼育、特殊鑛物資源調査等/稅整要項個人所得稅相續稅淸凉飮料稅を創設地稅酒稅の稅率を改正する*
244576	朝鮮朝日	南鮮版	1933-12-28	1	04단	辭令(東京電話)
244577	朝鮮朝日	南鮮版	1933-12-28	1	04단	蔚山で武道大會時節柄盛況
244578	朝鮮朝日	南鮮版	1933-12-28	1	04단	*實刑は十六名大多數は執行猶豫注目の裡に！土木大疑獄判決/被告等悲喜交々/六十五被告は擧って控訴*
244579	朝鮮朝日	南鮮版	1933-12-28	1	05단	一箱につき十錢値上げ釜山の六社油
244580	朝鮮朝日	南鮮版	1933-12-28	1	06단	おめでた
244581	朝鮮朝日	南鮮版	1933-12-28	1	06단	石炭液化工場は吉州に建設明春早々起工と決る朝窒の計劃着々進む
244582	朝鮮朝日	南鮮版	1933-12-28	1	07단	鎭海海軍病院俊工式擧行
244583	朝鮮朝日	南鮮版	1933-12-28	1	07단	世昌ゴムの女工罷業す相つぐ賃銀値下に抗し
244584	朝鮮朝日	南鮮版	1933-12-28	1	07단	被告に不服があらうと思はぬ判決後荻裁判長談
244585	朝鮮朝日	南鮮版	1933-12-28	1	08단	美談の主に血染の手巾台灣の果から
244586	朝鮮朝日	南鮮版	1933-12-28	1	08단	珍らしや・妻の仇討夫を殺して貞操を奪った共産黨員を密告す
244587	朝鮮朝日	南鮮版	1933-12-28	1	08단	公金橫領に共犯發覺
244588	朝鮮朝日	南鮮版	1933-12-28	1	09단	失戀から
244589	朝鮮朝日	南鮮版	1933-12-28	1	09단	狂言强盜

일련번호	판명		간행일	면	단수	기사명
244590	朝鮮朝日	南鮮版	1933-12-28	1	10단	釜山府に警戒網一段と嚴重に
244591	朝鮮朝日	南鮮版	1933-12-28	1	10단	謎の失踪長久丸から
244592	朝鮮朝日	南鮮版	1933-12-28	1	10단	千島足は危いぞ
244593	朝鮮朝日	南鮮版	1933-12-28	1	10단	軍司令部正月行事
244594	朝鮮朝日	南鮮版	1933-12-28	1	10단	人(波邊純氏(高等法院判事)/海軍大學校學生二十三名)
244595	朝鮮朝日	西北版	1933-12-29	1		缺號
244596	朝鮮朝日	南鮮版	1933-12-29	1	01단	半島の天地ゆらぐ奉祝! 萬歲! の歡喜民草の赤誠旗行列に提燈行列壽ぐ御命名式當日/記念のスタンプ
244597	朝鮮朝日	南鮮版	1933-12-29	1	01단	京城神社諸祭儀
244598	朝鮮朝日	南鮮版	1933-12-29	1	01단	重要政策は認められたが思案投げ首の態入件費に極度の削減から各課で對策に腐心
244599	朝鮮朝日	南鮮版	1933-12-29	1	04단	城大豫科制度改正
244600	朝鮮朝日	南鮮版	1933-12-29	1	04단	總督府辭令
244601	朝鮮朝日	南鮮版	1933-12-29	1	05단	避難の朝鮮人三萬を再び滿洲へ歸還さす安全農村や集團部落を創設して
244602	朝鮮朝日	南鮮版	1933-12-29	1	05단	恩賜記念館建設京城府外阿峴北里に
244603	朝鮮朝日	南鮮版	1933-12-29	1	05단	一萬圓寄附京城の山本廣龜氏
244604	朝鮮朝日	南鮮版	1933-12-29	1	05단	乘馬部員
244605	朝鮮朝日	南鮮版	1933-12-29	1	05단	アイスホッケー滿洲遠征
244606	朝鮮朝日	南鮮版	1933-12-29	1	06단	荻原課長歸來談
244607	朝鮮朝日	南鮮版	1933-12-29	1	06단	手形小切手法改正
244608	朝鮮朝日	南鮮版	1933-12-29	1	06단	美しい心
244609	朝鮮朝日	南鮮版	1933-12-29	1	06단	各官廳御用納
244610	朝鮮朝日	南鮮版	1933-12-29	1	06단	重傷の友を輸血で救ふ
244611	朝鮮朝日	南鮮版	1933-12-29	1	06단	雪だ/賑ふ各地スキー場
244612	朝鮮朝日	南鮮版	1933-12-29	1	07단	お婦人も自覺して台所の合理化へ歳末の買物振り拜見
244613	朝鮮朝日	南鮮版	1933-12-29	1	07단	嬉しいお役人
244614	朝鮮朝日	南鮮版	1933-12-29	1	07단	京城の組合銀行營業時間延長
244615	朝鮮朝日	南鮮版	1933-12-29	1	07단	街頭で細民の同情金募集少年團の美擧
244616	朝鮮朝日	南鮮版	1933-12-29	1	08단	飢餓線上の人々に溫いお正月を平壤署の企てに集る同情
244617	朝鮮朝日	南鮮版	1933-12-29	1	08단	世昌ゴム爭議圓滿解決す
244618	朝鮮朝日	南鮮版	1933-12-29	1	08단	松濤園に大潮湯設置計劃さる
244619	朝鮮朝日	南鮮版	1933-12-29	1	09단	國境守備隊へ靈場の護符五百枚を寄贈
244620	朝鮮朝日	南鮮版	1933-12-29	1	09단	なほ數名控訴か/三十八名間島へ放還

일련번호	판명		간행일	면	단수	기사명
244621	朝鮮朝日	南鮮版	1933-12-29	1	10단	精米女工の罷業
244622	朝鮮朝日	南鮮版	1933-12-29	1	10단	卵山事件取調續行
244623	朝鮮朝日	南鮮版	1933-12-29	1	10단	剃刀で斬る
244624	朝鮮朝日	南鮮版	1933-12-29	1	10단	不敵の強盗一夜に二軒を荒す
244625	朝鮮朝日	南鮮版	1933-12-29	1	10단	人(平南江東金組重松理事)

색인

색인

ㄱ								
加納吾朖 (釜山驛助役)	241897							
加藤敬三郎 (鮮銀總裁)	237202	237318	237331	239462	240186	243894	243950	
家事硏究會	232865							
家賃値下	232328							
家庭映畫	233286							
衛生課長會議	240542	240564						
各地ニュース	235381	235440	235488	235572	235665	235710	235750	
間島	231705	231727	231886	231941	232227	232340	232844	233199	233397
	233620	233659	233726	234157	234289	234348	234918	234921	235046
	235227	235429	235440	235522	235523	235541	235572	235639	235750
	235918	236187	236231	236338	236512	236560	236582	236915	237772
	237797	238174	238845	238874	238890	239392	239622	240544	240584
	241400	241446	241725	241823	241889	241937	242093	242156	242225
	242541	242634	242815	242841	242962	242966	242982	243064	243108
	243136	243243	243265	243292	243982	244006	244188	244358	244398
	244620							
間島共産黨	241937	242156						
間島 共産黨暴動	232340	241823	241889	241937	242093	242156	242225	242541	242634
	242815	242841	242966	243064	243108	243136	243243	243265	243292
	243982	244006	244188	244358	244398			
間島視察團 募集	240544							
間島 赤色暴動事件	231941	241400	241446					
間島朝鮮村	236512							
間島派遣隊	233726	235541	236187					
簡保 簡易保險	231991	232037	232781	233563	233682	233716	233950	234055	234778
	235211	237385	237792	237884	239158	240659	241022	241161	243630
	243641	243720	243739	244298				
簡保 健康相談所	235211	241022						
簡保宣傳映畫	232781							
簡保 審査委員會	243630	243641						
看護婦	234441	234661	234983	235643	242560			
感冒	233001	243008						
甲子園	239864	239875	239886	239908	240189	240208	240353	

江界	233347	233756	234565	235440	235485	235488	235824	236013	237215
	237447	237724	238081	238767	239004	239102	239589	239809	239816
	240452	241967							
江界道立醫院	239102								
江界邑	235485	240452							
江原道	235784	236455	236810	236826	236868	236881	236919	237903	237925
	239404	240389	241134	242114	242297	243214	243230	243246	243817
江原道病院	242297								
江華	234028	238475							
凱旋將士	231764	234117							
開城 開成	231991	231996	232025	232048	232385	232840	232941	233133	233267
	233491	233725	233763	234010	234056	234565	234674	234966	235022
	235328	235488	235665	235750	235829	235878	235918	236055	236057
	236105	236149	236231	236338	236442	236519	236543	236557	236562
	236568	236586	236650	236680	236687	236793	236904	237058	237158
	237284	237490	237518	237758	237862	237961	237970	238076	238337
	238709	238976	239006	239086	239295	239307	239424	239427	239509
	239523	239549	239560	239676	239714	239772	240098	240682	240733
	241064	241075	241082	241212	242179	242623	242919	243713	243770
	243973	243998	244574						
開城高麗 靑年會	233267								
開城府	231991	232840	233133	233725	234674	236543	237862	239006	240098
開城府教育會	239006								
開城府會	234674	236543	240098						
開城蔘業組合	233267								
開城商業校	240682								
開城署	231996	240733							
開城消防組	243713								
開城驛	233491								
開城 淨土宗幼稚園	232048								
開城第三公立 普通學校	235022								
開城第二松都 普通校復活	239086								
個人所得稅	238582	241578	244575						
居昌	237335	240913							
健康農村	233030								
健康相談所	235211	238133	238499	238678	240659	241022	241299		
建國祭	232775	232986	233255	233344	233349	233370			
建國祭	233344								

映畫大會								
健兒團指導員	235127							
劍道	232143	234359	235601	235990	237013	237032	238077	238241	240499
	241205	241929	243636						
劍道大會	235601	237013	237032	238241					
檢閱	233286	234068	234150	234159	234210	234293	235952	236064	236084
	236246	236353	236425	236472	240059	240171	241707	243571	243783
	244003								
檄文	233117	233230	244046						
見本市	231754	233139	233742	234417	234488	234672	235560	237057	237346
	239366	239447	241165	241354					
結城豊太郎 (興銀總裁)	241153								
缺食兒童	232112	232547	233256	233281	233666	233959	234236	234489	234686
	235056	235222	236812	238105	242770	242857			
缺食兒救護 宣傳資金募集	242770								
缺食兒童救濟	234686	236812							
結婚簡易化	239505								
警官大異動	233571								
警官服裝改正	231822	231895							
硬球 選手權大會	241995	242043							
京畿道	231944	232054	232065	232372	233071	233375	233512	233515	233571
	233619	233627	233641	233731	233733	233845	234078	234181	234328
	234335	234338	234344	234496	234698	234703	234814	234943	234959
	234998	235072	235121	235125	235188	235218	235307	235555	235680
	235682	235782	235784	235846	235859	235935	236074	236485	236489
	236568	236579	236656	236757	236810	236826	237050	237074	237226
	237515	237735	237974	238030	238103	238431	238436	238590	238644
	238686	238792	238849	239070	239160	239259	239277	239383	239440
	239488	239520	239525	239534	239741	239794	240170	240399	240873
	241123	241126	241132	241191	241320	241339	241388	241441	241793
	241879	242075	242081	242226	242302	242331	242342	242415	242455
	242483	242504	242720	242755	242778	243817	243832	243879	244173
	244258	244504	244515						
京畿道警察部	233512	239383	239488	241126	242342	243879			
京畿道公立 普通學校長 內地學事 視察團	242720								
京畿道金組 京畿道金融	233733	240170	241320	241339					

組合聯合會								
京畿道 産婆講習	234814								
京畿道財務部	234344	234959							
京畿道知事	233071	237050	237074	239259					
京畿道評議會	234338	234703							
慶南	231730	231780	231791	231842	231854	231954	231964	232001	232007
	232058	232113	232118	232133	232178	232179	232180	232194	232383
	232431	232435	232438	232439	232487	232534	232544	232606	232655
	232661	232663	232695	232702	232799	232801	232810	232814	232944
	233104	233181	233282	233284	233321	233325	233326	233336	233375
	233376	233379	233413	233475	233482	233515	233516	233585	233630
	233632	233633	233640	233643	233677	233682	233691	233696	233735
	233737	233788	233791	233795	233796	233835	233837	233930	233967
	233969	234018	234024	234033	234070	234071	234077	234121	234123
	234130	234177	234189	234237	234239	234247	234281	234287	234288
	234290	234324	234326	234490	234577	234698	234701	234896	234902
	234943	234950	234954	234974	234983	234986	235032	235068	235075
	235126	235129	235136	235185	235192	235224	235310	235314	235352
	235402	235455	235466	235506	235542	235544	235554	235604	235768
	235866	235936	235952	235979	236117	236398	236475	236495	236528
	236579	236610	236616	236656	236699	236755	236801	236837	236850
	236851	236861	236862	236921	236922	236981	236989	237084	237131
	237187	237191	237229	237300	237303	237340	237346	237391	237432
	237475	237612	237730	237747	237786	237798	237881		
慶南勤農組合	235466	238697							
慶南金組	237191	239493	243885						
慶南道	231842	231854	232058	232113	232180	232194	232438	232544	232606
	232663	232944	233325	233516	233632	233640	233837	234033	234121
	234177	235352	235554	235604	235768	235866	235936	235952	235979
	236117	236398	236528	236579	236610	236656	236699	236801	236837
	236850	236851	236861	236862	236921	236922	237187	237229	237391
	237475	237612	237730	237798	237888	237905	237927	238095	238327
	238437	239060	239109	239165	239325	239375	239740	240313	240355
	240410	240485	240520	240570	240614	240718	240822	241143	241195
	241298	241434	241527	241565	241592	241641	241698	241748	241847
	241865	241877	241969	242145	242236	242346	242531	242552	242555
	242594	242637	242662	242778	242880	243028	243032	243176	243392
	243393	243649	243741	243817	244083	244090	244113	244189	244230
	244298	244405	244411	244456	244511	244513			
慶南道警察	234033	240410	240485	243817	244230	244405	244456	244513	
慶南道女子 棉作傳習所	242531	242552	242637	242662					
慶南道赤色 教育勞働者	244083								

協議會事件								
慶南道評議	232058	232113	232944	234177				
慶南道評議會	232058	232944	234177					
慶南山林會	233104							
慶南漁業總會	232001							
慶南牛生飼共進會	232118							
慶南衛生課	233696	234902						
慶南自作農	231780							
慶南葡萄組合	232431							
京圖線	242159	242769	243523	243558	244333	244360		
敬老會	237394	237619	242412	243030				
競馬	232723	233441	234799	235213	235366	235460	235590	235673	235989
	236383	236789	236819	237162	237324	237412	237444	237463	237539
	237652	238636	238797	239064	239274	240464	240484	241425	241779
	241866	242773	242793	242913	242935				
競馬大會	241425							
競馬令	233441	242913	242935					
競馬場	232723	233441	235366	235460	235590	235673	236819	237324	237412
	237539	238636	238797						
警務局圖書課	236183	236421						
京釜間電話	234708							
京釜線	237231	239823	239833	241453				
慶北	231787	231850	231943	231960	232012	232069	232114	232241	232242
	232277	232384	232495	232541	232749	232752	232768	232839	232843
	233102	233161	233222	233415	233533	233639	233834	233839	233896
	234021	234237	234284	234377	234385	234539	234584	234586	234588
	234648	234864	235037	235177	235182	235246	235455	235578	235718
	235721	235846	235944	236024	236117	236201	236204	236216	236309
	236320	236414	236524	236626	236656	236699	236801	236847	236858
	236918	236925	236935	237079	237195	237197	237350	237384	237386
	237430	237708	237733	237789	237795	237995	238040	238041	238099
	238289	238323	238397	238473	238521	238624	238627	238639	238704
	238852	238864	238948	238989	238990	239021	239030	239059	239068
	239116	239213	239372	239646	239844	239856	239869	239880	239984
	240014	240029	240170	240219	240720	240752	240771	240829	240857
	240863	240911	240955	241004	241015	241024	241025	241046	241050
	241093	241100	241137	241144	241296	241311	241315	241326	241334
	241345	241395	241405	241434	241628	241795	241829	241861	242163
	242208	242252	242317	242332	242881	242945	243001	243036	243085
	243235	243285	243485	243553	243590	243599	243692	243805	243817
	243962	244003	244195	244222	244303	244334	244501		
慶北道	231850	232012	232541	234539	235455	235578	235721	235846	236117

	236201	236204	236216	236320	236524	236626	236656	236699	236801
	236918	237079	237430	237733	238289	238323	238397	238521	238990
	239021	239030	239059	239068	239213	239869	239880	240170	240863
	241093	241100	241137	241296	242317	243085	243553	243590	244003
	244303								

慶北道議	234539	235578	235721						

慶北道初等學校長會議	238990								

	231728	231754	231772	231779	231788	231843	231853	231887	231941
	231942	231948	231955	232004	232008	232019	232108	232120	232236
	232276	232280	232284	232321	232323	232367	232388	232443	232481
	232535	232545	232581	232584	232603	232693	232694	232747	232762
	232815	232816	232846	232849	232850	232888	232893	232900	232901
	232938	232941	232991	233041	233043	233053	233055	233062	233100
	233103	233172	233270	233295	233370	233371	233383	233411	233418
	233468	233480	233517	233520	233560	233570	233576	233583	233588
	233589	233648	233683	233730	233740	233786	233792	233798	233876
	233882	233891	233893	233968	233979	233986	234016	234029	234031
	234066	234083	234087	234093	234117	234122	234173	234176	234184
	234186	234192	234225	234230	234234	234237	234276	234327	234344
	234374	234386	234443	234447	234488	234494	234538	234540	234543
	234547	234548	234581	234592	234644	234654	234656	234664	234672
	234716	234720	234750	234756	234757	234758	234800	234803	234805
	234808	234860	234899	234905	234942	234951	234990	234993	234998
	235024	235028	235029	235035	235036	235076	235082	235124	235127
	235139	235179	235186	235204	235257	235259	235260	235262	235263
京城	235264	235265	235266	235308	235359	235383	235397	235406	235410
	235413	235420	235454	235459	235460	235482	235501	235531	235537
	235562	235585	235586	235588	235603	235646	235697	235723	235731
	235732	235768	235771	235829	235849	235858	235862	235900	235902
	235938	235939	235945	236026	236028	236031	236034	236118	236163
	236212	236213	236218	236256	236305	236326	236345	236347	236348
	236349	236351	236356	236445	236452	236457	236488	236529	236533
	236575	236576	236617	236657	236659	236668	236699	236717	236724
	236740	236756	236760	236767	236803	236815	236829	236923	236932
	236937	236947	236958	236980	236984	236988	236992	237000	237013
	237032	237089	237090	237105	237109	237122	237127	237130	237132
	237134	237139	237150	237180	237192	237235	237241	237260	237290
	237294	237295	237304	237332	237390	237402	237424	237435	237444
	237463	237516	237519	237572	237574	237577	237579	237611	237629
	237648	237654	237658	237688	237693	237699	237703	237748	237764
	237791	237875	237877	237878	237886	237912	237934	238033	238079
	238112	238172	238178	238191	238192	238198	238241	238243	238285
	238298	238302	238315	238332	238351	238366	238368	238382	238386
	238447	238472	238477	238483	238528	238533	238556	238569	238581
	238596	238633	238640	238660	238705	238733	238746	238750	238774

238784	238801	238806	238810	238862	238913	238953	238958	238993
238997	239023	239025	239028	239060	239064	239111	239114	239123
239127	239161	239205	239220	239265	239328	239333	239403	239404
239412	239426	239458	239463	239485	239487	239492	239528	239551
239574	239651	239652	239657	239658	239693	239706	239731	239738
239744	239792	239795	239800	239803	239806	239813	239820	239830
239840	239852	239864	239875	239935	239949	239961	239975	240006
240021	240211	240215	240223	240224	240226	240252	240255	240311
240348	240401	240428	240441	240489	240490	240532	240555	240568
240572	240604	240658	240702	240709	240737	240872	240914	240970
240989	241000	241017	241045	241052	241086	241128	241135	241153
241186	241189	241194	241242	241247	241248	241251	241255	241270
241318	241337	241386	241403	241439	241448	241468	241471	241489
241492	241508	241522	241546	241556	241576	241616	241631	241646
241698	241700	241703	241713	241724	241745	241749	241758	241770
241778	241793	241801	241811	241826	241848	241866	241883	241887
241934	241955	241962	241997	242098	242099	242140	242142	242147
242161	242254	242269	242283	242287	242298	242325	242354	242365
242382	242411	242426	242440	242442	242447	242448	242463	242477
242493	242495	242523	242529	242533	242534	242571	242596	242605
242623	242679	242711	242731	242755	242778	242938	242944	242946
242962	242982	242989	242997	242999	243034	243050	243073	243124
243130	243170	243178	243225	243227	243276	243279	243290	243331
243333	243347	243368	243391	243394	243428	243434	243436	243440
243481	243495	243507	243539	243549	243564	243570	243637	243643
243644	243689	243742	243744	243784	243785	243813	243817	243827
243829	243835	243880	243941	243997	244020	244087	244091	244110
244114	244144	244159	244191	244195	244213	244293	244332	244336
244339	244383	244405	244427	244429	244445	244449	244491	244525
244545	244574	244597	244602	244603	244614			

京城 ゴム工場爭議	233589			
京城の火事	233893			
京城健兒團	232900	233730	234016	235127
京城競馬場	235460			
京城工業學校	243784			
京城公益質屋	239111			
京城公會堂	234808	237089		
京城教育會	243333			
京城敎化團體 聯合會	234031			
京城拘置監	232388			
京城棋院	234654			
京城內地人 辯護士會	235697			

京城女子技術學校	243784								
京城圖書館	235262	243481	243507						
京城舞踊研究所	232603								
京城法院	240401								
京城覆審法院	231941								
京城府	231843	231887	232008	232120	232236	232276	232284	232321	232481
	232581	232584	232815	232846	233053	233172	233295	233370	233418
	233480	233570	233683	233798	234173	234276	234327	234374	234540
	234547	234803	235076	235124	235139	235413	235459	235537	235585
	235768	235938	236028	236218	236575	236923	236947	236992	237000
	237122	237130	237139	237294	237574	237577	237579	237693	237699
	237703	237875	238243	238581	238993	238997	239123	239265	239463
	239658	239731	240914	241017	241045	241189	241194	241386	241403
	241546	241556	241703	241801	241848	241997	242411	242533	242755
	242778	242946	242999	243170	243178	243227	243276	243279	243434
	243549	243637	243643	243742	243785	243817	243829	244020	244191
	244195	244445	244491	244525	244602				
京城府立診療所	241546	242999							
京城府民館	237579	243279							
京城府民病院	243549	244445							
京城府史	241556								
京城府衛生課	232815								
京城府陸聯總會	243643								
京城府尹	241703	241848	243817	243829	244020	244191	244195		
京城府診療所	232236								
京城府體育デー	241386								
京城府學務課	234803								
京城佛國領事	239220								
京城飛行場	235454								
京城社會館	242731	242989							
京城産業調査會	237109	237134	242938						
京城商工會議所 京城商議 京城商議所	231754	232535	232747	233517	234488	234672	236740	237132	239220
	241153	241468	241489	243564	243997	244087	244110	244213	244293
京城西大門署	234344								
京城神社	242254	243880	244429	244597					
京城藥專	231853	234122							

京城驛	232888	233383	233891	235035	238366	240658	241000	243744	243941
	244144	244159							
京城窯業會社	235732								
京城運動競技後援會	240311								
京城運動場	234905	236659	237332	238784	241128				
京城陸競聯盟	240872								
京城義勇消防	234750								
京城醫專	232694								
京城長唄演奏會	242382								
京城專賣支局	233986								
京城電話局	235531								
京城第一高女	242534	243784							
京城組合銀行	239025	239114	239651	240709	241439	242298			
京城中學校	237572								
京城職業學校	233786								
京城診療所	232280	235179							
京城質屋	240224								
京城青年團	233520	234800							
京城會議所	232323								
敬神思想	242339								
經營合理化	241830	243708	243735						
京元線	232239								
京義線	235565	238375	240832	240861					
京仁バス廢業	231902								
京仁線	241181								
慶一銀行	237657								
境長三郎(高等法院檢事長)	234601								
京電	233059	233172	233279	234808	235194	236054	236077	236601	236611
	236632	236670	236803	237704	238696	238991	239069	241317	241336
	241705	242604	242707	242851	242883	242914	242937	243031	243480
	243504	244018	244359	244389	244461	244487	244576		
經濟概況(朝鮮銀行調査)	232052	235780							
經濟調査	231747	232407	232914	233754	236477	236817	236925	237059	237512
	237712	239365	240498	240516	240670	240698	240974	240994	
慶州	233420	234399	234438	235026	235690	236794	236807	236927	240009
	240024	240824	240852	240955	241297	241652	243887		

競進會	231715	237475	242456	242986					
警察	231738	231759	231838	231994	231996	232098	232120	232201	232265
	232342	232397	232401	232508	232513	232612	232646	232672	232729
	232735	232867	232974	232995	233034	233143	233181	233220	233248
	233308	233498	233512	233516	233606	233624	233770	233775	233804
	233825	234033	234261	234439	234722	235321	235429	235492	235568
	235697	235701	235720	235952	235959	235963	235981	235985	236001
	236020	236049	236080	236147	236159	236445	236723	236724	236767
	236831	236926	236937	237110	237231	237259	237470	237480	237498
	237751	237867	238090	238166	238355	238418	238457	238519	238560
	238590	238673	238871	238902	238980	239029	239091	239151	239241
	239280	239383	239391	239476	239488	239565	239646	239699	239902
	239924	239984	240059	240191	240193	240210	240262	240274	240278
	240296	240297	240410	240416	240485	240493	240505	240572	240779
	240804	240823	240849	240851	240891	240927	240945	240969	240975
	240988	241087	241126	241153	241154	241174	241182	241296	241312
	241353	241414	241670	241698	242073	242096	242163	242212	242342
	242392	242424	242447	242518	242629	242739	242853	242917	242964
	243013	243098	243147	243267	243310	243334	243571	243649	243783
	243817	243871	243879	243889	243927	243984	244041	244100	244123
	244173	244230	244266	244277	244282	244303	244405	244411	244456
	244473	244513							
警察官	231738	231759	232265	232508	232729	232735	232867	233624	233775
	234722	236723	237867	238090	239091	239280	240191	240210	240823
	240851	240927	240945	241087	241174	241296	242073	242096	242917
	243098	243334	243649	243871	244473				
警察官講習所	234722								
警察署	232974	232995	233770	233825	236831	236926	237231	237259	237498
	238355	238673	241153	241698	242392	242424	242629	242739	242853
警察行政	236049	236080							
警察會館 警察會館建設 共濟組合	232120								
啓星高普校	243437								
鷄疫	233080	233105							
古建造物の 登錄	231770								
高句麗	233667	241803							
高楠博士 (京城帝大)	242365								
高等法院	231804	234552	234601	235784	236653	237436	239374	239594	239612
	240358	241697	241818	241938	242514	244594			
高麗時代	242261								
高麗人蔘 展示會	234247								

高利整理	240099								
高普	231982	232366	233117	233649	233952	234259	234777	236899	238195
	238821	239293	239320	239348	239368	239389	239442	239502	239522
	239540	239564	239806	239813	239820	239830	241828	241995	242447
	242658	243002	243080	243194	243231	243398	243437	243559	243600
	244027	244509							
古墳	232221	232989	233056	233372	233715	236550	236577	236739	236794
	236807	236819	237014	237213	237756	238372	239414	239448	240009
	240024	240035	240622	240646	240824	240852	240955	241358	241407
	241536	241803	241901	242022	242039	242199	242377	242641	
高射砲	231914	232581	234375	234468	235047	235128	235284	235607	235635
	235700	236408	237125	237241	237353	237354	238191	238261	238282
	238332	238351	238511	239040	240157	240730	241163	242519	243875
高射砲獻金	237125	237241							
高山東拓總裁	236093	236580	236654	239101	241851	241938	242037	242415	242486
	242505	242594							
高商設置運動 (釜山)	235453								
孤兒院	243710								
高陽郡	242041								
古莊逸夫 (總督府土地 改良課長)	234822	242375							
古蹟保存	231928								
高層建築物	231762	233434	233550	243570					
谷口慶弘 (釜山署長)	241265	241454							
谷多喜磨 (朝鮮信託, 朝鮮火災保險 社長)	234822	235513							
穀物檢查法	232937								
穀物計量 檢查所 (平壤驛構內)	232213								
穀物倉庫	234487								
空軍	231718	231914	232360	232369	233648	233960			
共同宿泊所	243623	243647							
共同染色所	242236	243393							
攻防演習	233570	234198	234347	234374					
共産	232020	232628	232660	233112	234793	235255	238579	238747	240895
	241447	241937	242156	243312	243342	244568	244586		
共産黨	232020	232628	232660	233112	234793	238579	238747	240895	241447
	241937	242156	243312	243342	244586				

共産黨事件	232020	233112	234793	241447				
共産黨再建	232628	232660	243312	243342				
共産學生事件	244568							
公設スケートリンク	232088							
公設市場	232010	232231	232447	232649	233476	234061	234865	236470	238879
	239687	240044	241284	242142				
工業都市	232975	233073	233238	237098	238342	240943	242611	243820	
工業試驗所	231925	232507	232548	233299	235044	238068	238754	240052	240419
	240466							
工業展覽會	242291							
工業振興座談	237785	238302						
公益質屋	235587	237742	239111	241595				
工場法	235529							
公州	231952	232129	232278	232386	233466	233518	233622	233728	234116
	234332	234437	234542	234763	234852	235547	235829	235849	236079
	236085	236245	238151	239264	239297	239337	239657	242885	
共學女學校設置反對	244179							
恐慌	232725	232744	233461	233528	234267	234622	234734	234827	240166
	241936	242012	242135	243197	243222	243374			
公會堂	232474	233311	234329	234808	234855	234952	235582	235848	237089
	237787	239661	241141	241540	242300	243130	243225	243307	243462
	243798							
果川面	235723							
科學	233346	234040	234374	240661	240689	241798	242042	243436	243453
	243827							
觀光	232122	232319	232707	232860	233198	233300	233324	233584	233642
	233871	234314	234568	234732	234749	235383	235406	235570	235588
	235862	236349	236493	236642	236760	236984	237129	238479	239609
	239749	240252	240840	241000	243117	243395	243619		
觀光客	233871	234568	243619					
觀光事務所(京城驛構內)	241000							
觀光船	232707	235588						
觀光協會	232122	232860	233300	233324	233642	234314	234749	235383	235406
	235570	235862	236493	236760	236984	237129	238479	239609	240252
	240840							
關東軍	232521	233924	236210	236220	236370	237217	242720	242846	242902
	242905	242930	242932	242957	243112	243139	243524	243537	
關東軍交通監督部	236370	242720	242902	242930	242957			
關東軍慰問費	243524	243537						

關東大震災	241242							
觀兵式	231718	231808	231974	236100	236399	236486	238193	238282	242475
	242492	244249							
關釜聯絡船	234868	237916	237938	240010	240025	242046	242602	243114	243511
	244535								
關稅	232292	234514	234629	236000	236019	236350	236434	236872	236885
	238290	238998	239082	239083	240271	240510	241417	241859	242054
	242146	243105	243855	243881					
關水武 (慶南道知事)	240118	240131	240410	240531					
冠婚葬禮 (改善準則制定)	239761 239790								
廣告ビラ 配布兒童隊	241910								
廣島醫學事 視察團	241938								
鑛山	233635	235025	235330	235589	237269	238832	238867	240269	240410
	241266	241829	242118	243774					
光成校	239730								
鑛業	231869	231884	232796	233729	234178	234284	235044	235177	235799
	235882	237072	237237	237913	237935	237987	238962	241773	242256
	242725	242749	243066	243090	243097	243125	243254	243287	243568
	243935								
鑛業技術官	235882								
鑛業令	231869	231884	232796						
廣濟會	243812								
光州	231736	231905	231952	232060	232596	232811	232890	233221	233275
	233385	233421	234036	234286	234383	234437	234483	235033	235134
	235176	235410	236079	236163	236445	236774	236946	238151	238178
	238192	239264	239502	239522	239526	239540	239564	239806	239813
	239820	239830	239844	239856	239864	239875	240935	240953	241598
	243000	243554	244061	244509	244551				
光州第一高普	244509								
教科書	231897	232790	232803	235797	239889	239911			
教科書の不足	235797								
教員	231810	232356	232515	232520	233375	233797	234173	234218	234653
	234840	234916	235166	235433	235455	235621	238097	238291	238996
	239270	239649	239943	239969	240777	240802	240860	242988	243784
	244088	244111							
教育	231928	232387	232563	232900	233321	233507	233569	233700	233760
	233838	233925	233965	234279	234290	234379	234566	234650	234833
	234916	234960	234984	235088	235206	235334	235409	235537	235605
	235614	235663	236549	236571	236581	236744	236951	236975	237000
	237078	237270	237353	237363	237464	237875	238064	238189	238204

	238307	238415	238476	238602	238709	238716	238788	238910	239006
	239241	239440	239445	239736	239889	239911	240150	240337	240777
	240802	240822	240839	240879	240884	240903	240907	240993	241064
	241210	241455	241476	241502	241834	242056	242189	242576	242673
	242685	242757	242802	242822	242828	242855	242878	243027	243037
	243253	243255	243330	243333	243578	243784	244029	244066	244083
	244091	244114	244137	244190	244301	244357	244380	244381	244382
	244412	244432	244524						
教育實情調査 (京城)	244091	244114							
教育行政	233700	238476	242757	242822					
教育行政刷新	242757	242822							
校長會議	232059	232423	238990	239627	241900	242346			
交通事故	233427	234020	236060	243827					
交通事業令	241175	242274	242413						
交通巡査	235024								
交通地獄	235024	244470							
交通取締違反	240897								
交通統制	232481	235259	241830						
教化講習會	239444								
教化團體	234031	242704	243680						
教化聯合	234805								
教化事業	243250	243269							
交換手	240957								
教會	232807	233225	234408	234544	236156	239013			
教會堂	232807	233225							
救急藥	239904	239926	240666	240694	241768	243076			
救急醫藥	231757	231851	234336						
救急醫藥箱	231757								
九大對城大 定期蹴球試合	241128	241554							
九龍浦	243036								
舊正	231810	232006	232299	232547	232623	232638	232695		
口蹄疫	235235	235386	235416	235446	235558	235625	235650	235806	236009
	236645	236691	236875	236888	237115	237220	237369	237408	237678
	237725								
國境	231746	231767	231810	231980	231994	232098	232253	232256	232264
	232322	232368	232401	232515	232612	232729	232736	232876	232909
	233034	233137	233158	233194	233254	233272	233933	234055	234099
	234150	234417	234605	234646	234670	234676	234752	234876	235227
	235252	235390	235954	235955	236058	236469	236594	236678	236706
	236779	237059	237315	237401	237448	237546	237583	237610	237712

237943	237975	238313	238335	238336	238418	238549	238658	239033
239091	239145	239290	239428	239513	239825	239835	239904	239926
240097	240166	240282	240445	240463	240472	240505	240927	240945
240969	240972	240988	240991	241107	241165	241209	241353	241354
241419	241423	241449	241460	241481	241509	241611	241670	241701
241723	241769	241907	242146	242151	242160	242268	242311	242325
242578	242962	242982	243050	243073	243190	243255	243298	243861
243871	244407	244430	244619					

國境警備	231767	231810	232253	232612	232729	233034	233194	234670	234676
	234752	234876	236779	237583	237610	240097	240505	240969	240988
	242160	244407	244430						

國境警察官	240927	240945	

國境警察隊	231994	232098	232401

國境守備隊	234150	244619					

國庫補助	233956	238886	239266	239470	239642	242032	243596	244537

國旗	231786	232704	232897	233295	233330	233527	233807	233904	234333
	234435	235074	235836	236243	236255	236274	236466	236661	237342
	239568	240068	240417	240430	240548	240574	240594	240653	243388
	243552								

國旗揭揚	231786	232704	236243	236274	236466	236661	237342	239568	240068
	240653	243388	243552						

國旗揭揚塔 國旗揚揭塔	231786	233904	236661	239568	240068	243552	

國難	233504	234431	

國立公園	235457	242019	

國立蘋果 試驗所	238300

國民精神作興	242376

國防費獻金	231894	234538	236780	238124

國防思想	233717	239318	240626	242117

國防思想普及 映畫講演會	240626

國防思想宣傳	242117

國防義會	232982	233012	233316	233944	234057	234146	234183	234347	234350
	234468	234527	234536	234538	234618	234751	234859	234947	235047
	235284	235390	235547	235642	235699	235803	235962	236282	236428
	237058	237241	237306	237334	237354	237381	237490	237518	237519
	237611	237693	237735	237784	237880	238033	238098	238198	239703
	239887	239909	240157	240218	242642	243665	243955	243996	243999
	244025	244158	244391						

國防展	234410	234494	235832					

國防獻金	232181	232532	233192	233278	233378	233470	233615	234272	234308
	234375	234617	234645	234757	235072	235102	235579	235726	237010

	237126	237221	237861	238172	238351	239084	239418	241027	242924
	243258	243528							
國防協會	233761								
國産獎勵	242316								
國語	234975	234989							
局友會	233594								
國有財産法	241850								
國籍しらべ	234990								
國際結婚	233674								
國際座談會	238445	238468							
國體觀念	239889	239911							
菊花	233465	242404	242412	242450	242453	242583	242623	242650	243217
軍犬協會發會式	243311								
軍國デー	234538								
軍國美談	238598	243209							
軍國美談忠魂碑	243209								
軍國日本	231982	232410	234459						
軍隊慰問	240013	240028							
軍事講演會	233511	234096	234409	243830					
軍事教練	233556								
軍事美談	239584								
軍事思想	234699								
軍事映畫	233866	234663							
軍事映畫會	234663								
群山	232492	232539	232697	232811	232889	232893	232998	233110	233221
	233328	233423	233587	233885	233897	234116	234383	234395	234495
	234580	234593	234705	234763	234815	234852	234855	234892	235128
	235134	235176	235215	235410	235582	235590	235687	235771	235817
	235826	235829	235848	235849	235902	236482	236699	236714	236759
	236765	236776	236800	236804	236934	237426	237517	237526	237561
	237652	237662	237787	237793	237799	237841	237884	238151	238191
	238194	238229	238250	238636	238803	239027	239164	239215	239264
	239377	239492	239502	239522	239661	239662	239795	240388	240390
	240651	240652	241141	241149	241333	241352	241606	242950	243483
	243540	243689	243798	244161	244482	244489			
群山家政校	237526								
群山競馬場	235590								
群山公會堂	234855	235848	237787	239661	241141	243798			
群山國防研究會	234495								
群山貿易激減	234580								
群山府民運動會	241149	241333	241352						

群山商議	232889	233897	240652	241606					
群山港	236934	239377	242950	244161	244489				
群山鄕軍 分會館	232697								
軍用犬	236278	236658	236820	236836	237477	237885	242610	242670	243842
堀正一 (商銀專務)	241265								
窮民救濟	233102	233189	234961	235425	236561	237003	237028	237553	237734
	237890	239037	239277	239500	239948	239974	240450	240488	241067
	241275	243821							
窮民救濟事業 窮救事業	233102	234961	235425	236561	237003	237028	237553	237734	237890
	239037	239277	239500	240450	240488	241067	242910	244390	244474
	244494	244536							
窮民調査	235090								
貴族院	232077	235513	240410	241958	242033	243090			
劇	231990	232473	232685	232909	233823	234034	234250	234322	234394
	234762	234898	235530	235603	235671	235887	235909	236445	236625
	237040	238167	238335	238358	238488	240119	240132	240325	240346
	240412	240937	241198	241290	242003	242029	242429	242869	243190
	243198	243323	244101	244124	244328	244397			
勤農共濟組合	232559	232585							
勤農組合	235466	238697	243763						
近代	231762	232539	233213	233223	233519	234232	234374	235350	235917
	236381	239487	240586	241411	241542	241631	242153	242285	
近代科學戰	234374								
近代都市	234232	235917							
近代兵器	240586								
近代的街路	236381								
近代化	233213	233223							
近藤常尙 (總督府保安課)	233005	233986							
近藤喜久治 (平北道農務課)	242264								
勤勞敎育	237270	241502							
勤勞精神涵養 (小學兒)	234883								
金剛山	232319	232700	233324	235457	235658	235679	237539	237560	237626
	239267	240455	240774	240917	241752	241955	242719		
金剛山 國立公園	235457								
金岡又右衛門 (貴族院議員)	240410								

金剛丸	234318	234337						
今關信 (茂山警察署長)	242739							
金鑛	231720	232071	232274	232727	233128	233711	236318	237771	237863
	238460	239012	239774	241601	244317			
金光敎	234408	237248						
金塊密輸 金密輸	232044	232240	232689	233670	234186	234546	234694	235382	236435
	236747	237275	237307	237368	237390	237605	238164	239201	239309
	241950	242245	242308	242536	242657	242865	243106	243263	243377
	243464	243467	243529	243675	243702	243824	243934	244423	244454
金文輔 (バリトン)	235080							
金元燮	236041							
金融組合	231926	232247	233276	233583	233733	236844	237337	238156	238887
	239369	241540	241655	241698	242368			
金融統制	243708	243735						
金井 鑛山發電所	233635							
今井田淸德 (朝鮮總督府 政務總監)	231839	235209	235604	235742	236464	236504	236527	237056	237081
	238571	238718	239160	240614	241143	241153	241205	241237	241876
	241944	243403	243427	244248	244521	244528	244572		
金組聯合會	235709	240431	240781	240806	241173			
金泉	238586	239823	239833	240913	241873			
金泉道立醫院	238586							
金海	237989	238949	239059	239060	240061	241143		
錦繪	235934							
機關銃	232581	233434	233601	234115	234263	234303	234361	234431	235108
	235160	235161	235197	235505	235527	235839	235868	235891	235943
	236022	237083	237321	237958	239290	239997	240157	240730	241115
	241357	242519	242768	242787	242859	243861	244286		
基督敎	234017	239013	239031	239176	239206	241659		
基督敎の 革新運動	241659							
基督敎 靑年會創立	239031							
寄附	231753	231759	231820	231862	231864	231874	231883	231953	231971
	232056	232112	232179	232229	232383	232444	232483	232695	232731
	233189	233381	233784	233810	233811	234071	234236	234460	234468
	234802	234808	235607	235618	236853	236864	236962	238098	238105
	238329	238891	238991	239158	240194	240373	240773	240970	240989
	242044	242079	242249	242267	242480	242499	242628	242887	243567
	243580	243595	243886	243972	243985	244016	244530	244603	

寄附金	231753	231820	231874	232179	233784	233810	234460	234802	234808
	242044	243580	243972						
妓生	232336	232979	233153	233383	234362	234397	234659	234796	234813
	234863	234893	234894	234906	235268	235628	236015	236236	236770
	237103	237444	237463	237487	238233	238256	238618	238838	239253
	239336	239354	239483	239556	239992	240270	240293	240535	240558
	240728	240760	240779	240797	240804	240893	241232	241541	241734
	241874	242245	242393	242628	243575	244144	244159		
妓生 ストライキ	234659								
寄生蟲	233696	234233	234712	236429	239894	239916	241537	243805	244501
寄生蟲檢査	244501								
妓生罷業	234863								
妓生學校	237487	239556	240535	240558	240893	241874			
紀元節	232673	233370							
記者	233817	238446	238547	239534	239559	240458	241305	241855	243891
機織製絲組合	232497								
吉利惠美喜 (會寧署長)	241405								
吉田秀次郎 (仁川商工 會議所會頭)	235742	236093	242053						
吉田電興	231865	233702	236423	243053	243766	243789			
吉惠線	241731								

ㄴ								
癩病 レプラ	234762 243802	234911 244497	235365	235595	236395	237040	237140	241095	241308
癩收容所	232646								
奈良井多一郎 (釜山檢事局)	242242								
羅津	233305 241906	235829 241971	235869 242135	236740 242167	236778 242271	238615 242814	238927 243815	241505	241552
羅津台灣間 定期航路	242135								
羅津港	235869	236740	242814						
癩協 癩豫防協會	231753 234071	231820 234460	231874 234802	231953 235658	232056 235679	232229 242044	232695 242079	233381 242480	233810 242499
癩患者	231885	234983	241563	241914					
樂浪博物館	232618 241486	232641 241632	235486	238179	240535	240558	240577	240597	241465
南滿	231705	231727	231919	231951	232914	240440	241533		
南明普通校	235581								
南山	232946 242433	233104 243198	235180 243976	236254	236927	238620	238834	241448	242432
南鮮	231736 232238 232650 233055 233466 233971 234383 234763 235134 235569 235771 236668 237810 239021 239806 239856 240604 242906	231782 232278 232701 233106 233518 234036 234392 234815 235176 235602 236075 236687 237828 239109 239813 239864 240708 242939	231852 232332 232756 233171 233574 234080 234437 234852 235215 235627 236519 236717 237878 239157 239820 239875 241146 243634	231905 232386 232789 233221 233622 234116 234483 234892 235271 235644 236538 236745 237998 239158 239823 239930 241313	231952 232446 232811 233275 233692 234125 234542 234945 235322 235677 236560 236776 238151 239264 239830 239956 241315	232011 232490 232849 233328 233728 234180 234593 234993 235368 235687 236576 236793 238737 239570 239833 240103 241334	232060 232545 232893 233380 233785 234229 234644 235033 235410 235706 236582 236938 238948 239642 239840 240119 241679	232129 232596 232941 233381 233834 234286 234701 235078 235512 235723 236617 236995 238989 239760 239844 240132 241873	232189 232646 232991 233421 233885 234332 234705 235121 235550 235759 236650 237244 239003 239783 239852 240172 242605
南鮮 ところところ	231736 232238 232701 233171 233622 234116	231782 232278 232756 233221 233692 234180	231852 232332 232811 233275 233728 234229	231905 232386 232849 233328 233785 234286	231952 232446 232893 233380 233834 234332	232011 232490 232941 233421 233885 234383	232060 232545 232991 233466 233971 234437	232129 232596 233055 233518 234036 234483	232189 232650 233106 233574 234080 234542

	234593	234644	234705	234763	234815	234852	234892	234945	234993
	235033	235078	235134	235176	235215	235271	235322	235368	235410
	235512	235550	235602	235644	235687	235723	235771	236519	236538
	236560	236576	236582	236617	236650	236668	236687	236717	236745
	236776	236793	238151	239264					
南鮮水害 南鮮の水禍	238989	239003	239021	239642	241679				
南浦林檎	232465	234462	237398	238670	239009	239553	239618	240195	241268
	241869								
南浦電氣	231876	231972	240677	240844	241863				
南海産組創立	233162								
納凉會	240483								
納稅	232846	233317	233331	233375	234758	236218	236494	242808	242825
	243170	243681							
納稅組合	233317	233331	234758						
納稅標語	242808	242825							
奈良女高	232380								
	231772	231788	231982	232050	232061	232079	232108	232532	232900
	232955	233049	233329	233411	233618	233705	234133	234289	234957
	235076	235342	235516	235536	236832	237261	237344	237439	237545
內鮮	237563	237743	237966	238249	239121	239464	239501	240195	240254
	240433	240784	240814	241303	241321	241340	241530	241661	241745
	241913	241934	241966	242287	242396	242398	242464	242526	242537
	242608	242872	243105	243620	243642	243984	244027	244075	244179
內鮮滿經濟 座談會	233411								
內鮮滿 聯絡荷物	237439								
內鮮滿台 交通聯絡	242398								
內鮮滿台交通 運輸聯絡會	242287								
內鮮滿航空機	241530								
內鮮聯絡電話 內鮮直通電話	231772 237344	231788 237545	232050 237563	232061 237743	232079 239121	232108 240254	233618 241303	234133 241966	236832
內鮮聯絡電話 開通式	232050								
內鮮聯絡 海底電話	240433								
內鮮融和	231982	233329	234957	235342	235516	235536	237261	238249	239501
	241913	242464							
內鮮融和美談	239501	242464							

内鮮人	232532	237966	241321	241340	243984	244027	244075		
内鮮一致	233705	243620	243642						
内地	231748	231833	232005	232013	232078	232334	232783	232804	233183
	233300	233356	233425	233504	233519	233597	233606	233674	233815
	234072	234164	234262	234334	234346	234464	234555	234558	234640
	234711	235135	235235	235257	235301	235376	235428	235546	235697
	235852	236082	236101	236358	236382	236609	236896	236904	236907
	236928	237000	237009	237030	237263	237516	237711	237766	238073
	238104	238118	238147	238197	238600	238670	238689	238798	238968
	239021	239060	239235	239248	239729	239747	240195	240369	240385
	240448	240498	240516	240533	240556	240778	240803	240939	241124
	241226	241460	241481	241519	241567	241580	241635	241709	241824
	241837	241885	241899	241907	241963	241991	242031	242080	242235
	242316	242335	242395	242419	242476	242494	242543	242576	242663
	242689	242692	242720	242811	242832	242918	243193	243330	243511
	243594	243631	243722	243930	244005	244311	244341	244458	244465
	244481	244518							
内地教育視察	237000								
内地渡航	233425	234711							
内地密航	232334								
内地人	231833	232078	233504	233519	235697	235852	236904	236928	237711
	239747	241226	241580	241635	242080	242543	243631	243722	
内地人巡査	242080								
耐寒飛行練習	231779								
耐寒演習	232519	232732							
勞働宿泊所	234241	234937	239113						
勞働者不足	244034	244076							
勞働爭議	232333	232998	234497						
勞銀	232916	236326	239949	239975	242543	242994			
綠化運動	234896	235499							
農監制	232034								
農林局	232077	236160	238493	238515	241436	241661	242600	243572	243587
農林省	232592	234998	236183	236188	236215	236220	236581	240827	240855
	240912	241522	242319	242571	243902				
農林省京城 米穀事務所	234998	242571							
農民	231943	232036	232082	232205	232309	232661	232926	233147	233175
	233533	233540	233851	234089	234786	235424	235636	236024	236048
	236723	237287	237391	237584	237606	237989	238069	238836	238998
	238999	239081	239142	239169	239207	239499	240360	240383	240721
	240753	240823	240851	242637	243201	243866	243884	244357	244380
農民デー	237391	237989	238069						
農民讀本	240721	240753							

農民相談所	233851								
農繁期	236734	238159	240552	241900					
農事改良指導員	233524								
農山漁村振興講習會	232371	232873	233319	237020					
農業經營改善講習會	232594								
農業公民校	231819	234960							
農業校	236227	242289							
農業教育	234960	235614	243027						
農業教育研究會	243027								
農業校長會	242289								
農業技術員	233199								
農業補習校	237682								
農業巡廻展	238960								
農業者大會	242731 243884	243142	243166	243191	243219	243270	243403	243427	243866
農倉 農業倉庫	231826 243280	232247 243748	232839 243780	233188 243793	233438 244181	238003	238497	239224	240919
農村建設美談	240928	240946							
農村教育	242576								
農村博物館設計案	244002								
農村副業	235075	236460	241381	244504					
農村振興	231921 233464 235983 241046 243947	232065 233888 236115 241532 244189	232261 234089 236268 242302 244433	232311 234642 236343 242326	232372 235105 237020 242348	232533 235719 238390 242535	232755 235916 238915 243899	232873 235942 239207 243929	233329 235956 241024 243943
農村振興歌	234642								
農村振興講演映畵	241532								
農村振興講演會	237020								
農村振興研究會	243947								
農村振興運動	243929	243943							
農村振興委員座談會	232261								
農村統制案	232198								
農會	232610 240669	233851 240697	234181 242230	234519 243515	235855 243543	236183 243775	237475 243787	237954	239224

能樂	232135							
ヌクテ	236647	236771	237431	239360	239385	239461	240113	244226
ノータイ 運動	237662							

ㄷ								
多買榮二 (三長警察署長)	242739								
多門師團	231712								
多田榮吉 (新義州實業家)	242616								
團成社	235603								
端川赤農事件	238982								
團平船問題	232228	232275	232753						
談合事件	232123	234530	234656	234788	234886	235198	235346	235449	237280
	241099	241101	242523	242553	242638	242696	242733	242744	242894
	242923	242955	243006	243024	243290	243368	243394		
堂本成一 (總督府 新京派遣員)	241297								
大串敬吉 (朝鮮軍參謀長)	240324	240410	240614						
大邱	231905	231958	232060	232111	232129	232238	232278	232332	232386
	232446	232494	232586	232596	232650	232701	232756	232856	232892
	232893	232941	232954	232991	233047	233055	233106	233115	233171
	233216	233221	233380	233414	233518	233574	233582	233590	233622
	233623	233694	233728	233747	233798	233800	233834	233971	234074
	234080	234116	234119	234179	234180	234189	234193	234229	234248
	234275	234277	234283	234284	234377	234380	234437	234440	234483
	234538	234542	234651	234705	234809	234815	234852	234892	234945
	234948	234952	235033	235077	235078	235134	235177	235208	235215
	235278	235322	235461	235507	235587	235602	235644	235645	235650
	235723	235724	235829	235849	235902	235988	235992	235995	236022
	236063	236078	236079	236118	236163	236172	236261	236416	236450
	236452	236454	236488	236617	236776	236840	236920	236988	236994
	237126	237290	237478	237576	237612	237615	237714	237744	237750
	237786	237878	237894	237896	237917	237939	238024	238048	238178
	238192	238239	238241	238254	238537	238585	238641	238706	238743
	238989	238994	239370	239402	239455	239456	239572	239614	239615
	239693	239696	239795	239806	239813	239820	239830	239864	239875
	240183	240209	240214	240305	240353	240395	240410	240545	240811
	240858	240874	241006	241180	241241	241299	241305	241405	241766
	241824	241896	242116	242218	242415	242477	242495	242540	242543
	242697	242771	242773	242791	242793	242965	242992	243121	243173
	243241	243492	243518	243640	243686	243727	243754	243817	243933
	243954	243996	244008	244065	244289	244292	244311	244334	244341
	244417	244431	244448	244503	244519				
大邱公益質屋	235587								
大邱府議	235208	237917	237939	241241	241766				

大邱驛	233590								
大邱聯隊	234651	235278	236022	238989					
大邱醫講	234275	234377							
大邱醫專	234440	234809	234952	235988	240545	240858	243492	243518	244289
	244431								
大邱醫專上棟式	240858								
大邱第一小學校	237478								
大邱憲兵隊	234248								
大邱憲兵分隊	240410								
大島良士 (釜山府尹)	238035	241819							
大同ゴム工場	240008	240023	242068						
大同江	231813	231977	232258	232454	232716	232859	232920	233186	233250
	233353	233388	233714	234110	234461	234873	235010	235014	235099
	235152	235876	236002	236005	236340	236955	236959	237098	237164
	237504	237583	237610	238007	238408	238665	238761	238773	238837
	238838	239138	239421	240986	241061	241112	242279	242327	243057
	244177	244186	244366	244469	244470				
大同江改修	231977	232454	232716	232859	232920	233186	233250	234461	236002
	237098	243057	244469						
大同江驛	240986	244177	244186						
大同江流域水力電	235876								
大同郡	231826	232309	234420	236268	240455				
大成炭坑	233357								
大田	231736	231852	231896	231905	232011	232060	232117	232129	232185
	232278	232281	232386	232446	232545	232650	232756	232811	232941
	232991	233106	233221	233233	233328	233380	233466	233518	233574
	233692	233728	233834	233885	234036	234180	234229	234277	234286
	234332	234483	234593	234644	234892	234945	234993	235078	235134
	235215	235368	235512	235550	235644	235723	235728	235771	235831
	235851	235902	235943	235984	236118	236163	236256	236441	236617
	236721	236766	236988	237394	237887	238049	238151	238788	239120
	239264	239326	239379	239401	239455	239492	239524	239526	239610
	239667	239820	239830	240066	240299	240318	240492	240935	240953
	241700	242874	243078	243181	243261	243293	243488	243522	243792
	243883	244159	244216						
大田婦人新年會	232185								
大田商議所	243792	243883							
大田市民會	240066								
大正公園	232127								
大正館	241052								
大衆娯樂	234893								

大昌學院	231783							
大村卓一 (關東軍交通 監督部長)	236220	236370	242720					
大土木工事 (咸南道)	243926							
大學	232557 237378 239933	232735 237516 239959	233673 237639 242671	233809 237648 244472	233836 237764 244486	235122 237791 244594	235207 238341	235745 238357	237332 238632
大興電氣	240439	240465	242601	242983					
德壽宮	241294 242890	241497	241631	241856	241931	241946	241980	242260	242453
德壽宮石造殿 美術展	242890								
圖們線全通式	241456	241477							
盜伐防止	240720	240752							
渡邊忍 (農林局長)	232077	241436	241661	242115	242600				
圖書館	232659 243481	235262 243507	238219 243818	240344 244097	240420 244120	240551	241111	242880	243463
都市計劃	232627	233213	233958	236522	236544	238426	239347	242285	
都市計劃法	236522	236544							
道會議員選擧	232911 234771 236327	233248 235254 236587	233307 235327 236610	233822 235401 237286	233927 235979	234197 236074	234407 236096	234414 236204	234603 236226
讀書	232390	232659	234313	234792					
讀書會	232390	234313	234792						
獨身クラブ	243699								
瀆職事件	232681	232740	238706						
豚コレラ	236468	237411	237555						
豚の天然痘	241592	243341							
敦圖線	237017	237029	237067	237092	238117	240498	240516	241206	241244
豚痘	242381								
東京京城間 通話式	239528								
東京音樂學校	235490								
東京電話	233279 241705 244461	236054 242604 244487	236077 242707 244576	236601 242851	236611 242883	236632 242914	236670 242937	241317 244359	241336 244389
東萊	231889 234710 235904 243002	232178 234813 236036 243080	232331 234863 236250 243231	233229 234906 237038 243398	233280 235270 237438 243545	233327 235271 237657 243559	233464 235320 237745 244300	234180 235410 238388	234659 235551 240710

東萊高普父兄會	243080								
東萊溫泉	231889	232331	235551	236250	240710				
東萊銀行	237657								
同盟罷業	235443	236290	236312	239311	240245	240470	240578	240598	240623
	240647	243016							
同盟休業	242658	243002							
東邊道	231705	231727	231878	232521	232914	233545	234923	237217	237774
	237790	238656	239191						
東北震災	234709	234965							
東洋開運	231704	231726							
東洋鑛業社	235799								
東拓	231865	232034	232208	233392	233521	234426	234680	235753	236093
	236580	236581	236654	237025	237072	237500	237522	237740	237913
	237935	238317	238442	238466	238953	239101	239158	239869	239880
	240149	240174	240294	240578	240598	241166	241630	241851	241938
	242037	242226	242415	242486	242505	242594	242725	242749	243407
	243447	244086	244109	244208					
東拓鑛業 株主總會	242725	242749							
東拓炭鑛	237500	237522							
東拓平壤支店	232034	241166							
豆滿江	232216	243614	243639						
ダンス	232443	232493	232554	232603	232651	232699	232751	233498	234882
	235672	238385	240635	243903					
ダンス教習所	243903								
ダンス研究所	232493								
ダンス熱	232443								
ヂストマ	236229	240671	240699						
デパート	231762	232910	235029	235752	236514	237540	244156	244349	244466

ㄹ									
羅南	232327	232679	234876	234929	234946	234962	234997	235231	235483
	235492	235519	235665	235834	236149	236810	236826	236868	236881
	237911	237933	238061	238172	238191	238447	238472	238934	240037
	240064	240292	241601	242118	244067				
羅南學校組合	237911	237933							
癩豫防協會	231820	231874	233381	242044	242079	242480	242499		
癩豫防協會寄附金	231874	242044							
癩協會	231753	235658	235679						
癩協會寄附金	231753								
樂浪	232282	232458	232618	232641	233018	233256	233281	233660	233715
	234470	234501	234783	234932	235486	235571	236376	236410	236819
	238179	238372	239016	239088	239183	239414	239448	239770	240035
	240500	240535	240558	240577	240597	241061	241215	241465	241486
	241632	241846	241901	242377	242641	243461			
樂浪古墳發掘報告書	242641								
廬興鉉(釜山辯護士會長)	242242								
列車	231834	232084	232132	232224	232239	232255	232263	232288	232354
	232417	232477	232595	232836	232840	232883	232885	232932	233114
	233126	233142	233152	233169	233197	233205	233351	233384	233526
	233546	233637	233722	233745	233781	233919	233929	234003	234260
	234479	234556	234866	235232	235304	235309	235318	235403	235404
	235802	236008	236067	236101	236199	236235	236374	236721	237090
	237175	237179	237308	237407	237752	237851	237960	237982	238328
	238335	238553	238707	238751	238839	238905	238948	239250	239350
	239422	239590	239823	239833	240078	240119	240132	240171	240233
	240250	240404	240590	240638	240737	240877	240901	241021	241048
	241306	241656	241745	241752	241886	242013	242048	242062	242082
	242097	242159	242315	242439	243079	243177	244051	244096	244119
	244273	244299							
盧春芳(中華民國京城總領事)	244336								
瀨戶道一(京畿道財務部長)	233697	234344	234959						
療術行爲取締規則	243401								
柳京小話	231725	231760	231777	231832	231882	231997	232049	232104	232169
	232223	232318	232365	232422	232479	232531	232579	232634	232692

	232743	232792	232837	232887	232933	232981	233037	233098	233155
	233211	233269	233312	233369	233406	233459	233513	233568	233617
	233669	233727	233833	233869	233922	233964	234015	234059	234105
	234163	234222	234274	234320	234372	234430	234537	234571	234891
	234941	234982	235111	235175	235248	235303	235349		
柳京日記	237117	237227	237285	237422	237461	237509	237559	237609	237685
	237726	237782	237873	237972	238028	238088	238146	238235	238314
	238380	238423	238464	238568	238625	238730	238783	238842	238987
	239020	239058	239108	239156	239203	239363	239399	239438	239484
	239517	239601	239641	239690	239782	240057	240168	240205	240247
	240345	240382	240469	240513	240554	240593	240639	240688	240750
	240796	240850	240944	241172	241235	241292	241376	241432	242978
	243023	243067	243113	243163	243215	243268	243380	243426	243482
	243534	243733	243782	244184	244210	244245	244283	244329	244378
	244428	244479							
陸軍	231776	231808	231974	232780	233558	233648	233717	233762	233818
	233953	234016	234057	234096	234269	234374	234459	234538	234565
	235612	235873	236844	237377	238006	238036	238365	240036	240063
	240121	240134	240654	241793	242010	242345	242550		
陸軍共同墓地	232780								
陸軍記念日	233558	233648	233717	233818	233953	234016	234057	234096	234269
	234374	234538	234565						
陸軍大演習	242345								
陸軍省	241793	242550							
裡里	232011	232386	232490	232941	232988	232991	233106	233275	233378
	233380	233466	233527	233574	233785	233971	234180	234286	234483
	234538	234582	234593	234645	234852	234945	235321	235322	235325
	235512	235687	235847	235902	236259	236809	237253	238384	238693
	238903	239219	239401	239409	239467	239486	239693	239703	239704
	239707	240387	240723	240755	241252	241686	241700	242283	243027
	243483	243499	243794	243800	244159	244193	244429	244551	
裡里農林學校	233378								
裡里農學校	243027								
罹災民	238989	239021	239109	240355					
罹災地民	240997								
林檎 リンゴ	231995	232186	232465	232514	232528	233942	234462	237372	237398
	237766	237944	238056	238444	238670	239009	239177	239235	239553
	239618	240195	240277	240303	240339	240369	240778	240803	240829
	240857	240939	241268	241628	241709	241770	241869	241947	241963
	242335	242384	242811	242832	244340	244373			
林檎運賃	234462	240778	240803						
林愼太郎 (林滿鐵總裁)	242010	242033							
林業	231836	232291	237302	237303	238327	238856	240070	241364	241391

	242252	243338						
立田清辰 (總督府 警務課長)	231804	241793	243162	243189	243455	243486		
ラグビー	233978	235263	241839	242043	243228	243517	243548	244074
ラヂオ	232441	235478	235965	235978	236328	236344	237614	239787	239941
	239967	240322	240459	241423	241449	241838	242056	244422	244453
ルンペン	233924	235593	236453	236952	237157	237203	238537	242220
レコード	232524	232549	237356	237388	237444	237463	238248	238387	238708
	239126	239317	239570	240270	240293	240468	240494	240779	240804
	242056	242567							
レプラ	234762	234911	235365	237040	237140	241095	241308	243802	244497
レントゲン	235211							
ロシア	232183	234131	234789	241009				
ロシア領事館	234789							

ロ									
馬山	231905	232011	232278	232332	232446	232982	233231	233410	233692
	233885	234126	234180	234325	234383	234542	234590	234815	235078
	235176	235316	235322	235355	235683	235687	235904	235934	236022
	236031	236300	236319	236699	236717	236759	237123	237382	237567
	237576	237744	238102	238151	238474	238580	238784	238948	238951
	239059	239492	239614	239866	239877	240065	240077	240119	240132
	240324	241239	241457	241478	241780	242356	242363	242436	242623
	242655	243030	243032	243277	244095	244118	244193	244574	
馬山敬老會	243030								
馬山商業校	238951								
馬山驛	240324								
痲藥	240375	241331	241350	241430					
痲藥中毒治療所	241430								
痲藥取締	241331	241350							
麻雀	232047	233123	234900	241035	241056	244047	244079		
麻布製織 改良試驗場	239547								
萬國博覽會	232319								
滿蒙	232436	233198	239252	239365	239536	239613	242250	243751	
滿蒙觀光團	233198								
滿蒙文化講演會	243751								
滿蒙研究室 (釜山中學)	232436								
滿蒙學術調査團	239613	242250							
滿鮮	231933	232614	232636	233195	233198	233276	234564	235103	235570
	236093	237188	237218	237247	238815	239513	240354	240445	240472
	240663	240679	240691	240813	241456	241477	242276	242311	242324
	242931	242960	243930	244005					
滿鮮 スケート大會	231933	232614	232636						
滿鮮視察	233198	235570	237188						
滿鮮視察團	233198	237188							
滿鮮魚場聯合 總會	242276								
滿鮮出荷斡旋所 (島根,鳥取)	240663	240691							
滿電	231915	232350							
滿洲	231705	231727	231810	231873	231946	232024	232033	232171	232217
	232234	232279	232302	232347	232376	232404	232423	232437	232564
	232580	232620	232670	232694	232728	232777	232800	233043	233061
	233077	233088	233089	233099	233158	233239	233294	233303	233390

	233413	233446	233474	233514	233573	233597	233681	233807	233821
	233828	233924	233945	233955	234069	234140	234141	234358	234364
	234387	234441	234514	234569	234574	234589	234727	234730	234759
	234851	234965	235046	235154	235201	235257	235282	235356	235405
	235482	235501	235639	235731	235758	236192	236227	236272	236299
	236374	236451	236462	236508	236620	236744	236786	236872	236885
	236912	236949	236973	237008	237034	237035	237053	237057	237062
	237080	237176	237201	237317	237341	237346	237361	237401	237589
	237695	237713	237727	237986	238057	238135	238143	238157	238212
	238218	238290	238413	238449	238501	238516	238545	238552	238623
	238717	238775	238802	238830	239083	239190	239242	239391	239478
	239494	239592	239683	239849	239861	240125	240138	240165	240166
	240190	240239	240259	240271	240412	240447	240498	240516	240536
	240559	240604	240637	240708	240763	240794	240813	240842	240974
	240994	241012	241040	241269	241321	241340	241380	241404	241409
	241417	241583	241665	241678	241700	241709	241728	241731	241754
	241764	241783	241786	241824	241842	241844	241859	241864	241932
	242136	242171	242189	242351	242419	242475	242492	242577	242586
	242611	242620	242736	242767	242811	242832	242916	242974	243124
	243226	243298	243508	243546	243634	243662	243698	243907	243918
	243945	244023	244233	244247	244353	244379	244601	244605	
滿洲關稅率	239083								
滿洲國	231705	231727	231873	232217	232234	232670	232694	232777	233043
	233061	233099	233158	233239	233294	233807	233828	234140	234364
	234574	234730	234965	235639	235758	236374	236451	236912	237008
	237034	237401	237589	238143	238157	238449	238775	238802	239849
	239861	240166	240271	240604	240794	241583	241754	241859	241864
	242189	242586	242767	243508	243698				
滿洲國建國記念運動會	237589	238218	238449						
滿洲國承認	231705	231727							
滿洲國領事館	232217	233043							
滿洲國海防艦	240794								
滿洲物産	242916								
滿洲博	234727	234759	238545	240412					
滿洲事變	233446	233474	236272	236299	240239	240259	240447	240763	240842
	241380	241409	241678	241700	242577	242620			
滿洲事變記念	240842	241409	242577						
滿洲事變記念日	240842								
滿洲事變記念展	242577								
滿洲事變慰靈祭	241380								
滿洲事變二周年	241678	241700							

滿洲事情紹介講演會	232423							
滿洲産業建設研究團	239190							
滿洲産業公司	233303							
滿洲粟	232580	236872	236885	237062	238290	243918	243945	
滿洲視察團	241665							
滿洲安全農村委託經營	232376							
滿洲語講座	241764							
滿洲移出木材	242736							
滿洲一周旅行團	234358	234387						
滿洲長白縣	241269							
滿洲中央銀行	232347	233390						
滿洲派遣將兵	234851							
滿鐵	231987	232561	232691	233197	233348	233546	233949	234260	234368
	235046	235754	236197	236373	236725	236773	236815	236829	236870
	236883	236963	236974	237056	237081	237121	237979	238117	238213
	238240	238441	238465	238548	238569	239251	239985	241164	241552
	242010	242033	242916	242931	242960	243815	244435	244458	244481
滿浦鎭線	231747	233310	234368	235162	235560	235622	237063	237075	237413
	237440	238614	238725	239133	239187	241165	242192	242611	
滿浦鎭線經濟調査	231747							
望月瀧三(前總督府獸疫血淸製造所長)	239955	239981						
梅洞公立普校	232593							
盲人講習會	240152	240173						
盟休	238113	239255	239598	242658	243002	243231	243398	243559
緬羊增産	235888							
緬羊增殖計劃原案	244198	244220						
棉作試驗場	234667							
棉作實習	242259							
棉作傳習所	235542	242531	242552	242637	242662			
綿布密輸綿布密輸團	231881	231929	231994	233867				
明倫女普校	237949	243767						
明治神宮	232077	241807	242343	242517	242534	242587	242626	

明治神宮大會 明治神宮 體育大會	242517	242534	242587	242626				
明治節	234649	242092	242412	242442	242623			
明太漁	231923	232879	233561	243660				
牡丹台	234726	234894	235971	236008	236062	236286	236374	236438	237164
	241612	242019	242089	242668				
牡丹台公園	235971	236286	236438					
牡蠣	234643	237104	237148	237262	239993	241055	241060	242588	243260
模範部落	232471	235335	235615	239135	244501			
模範衛生部落	234897	235071						
木炭	232494	232668	232856	234321	238057	238181	238202	238452	241026
	241498	241600	242466	242991				
木浦	232650	232811	232943	232953	233221	233885	234483	235687	235723
	235902	235905	236130	237230	237243	237332	237444	237463	237473
	237623	237625	237647	238430	238645	238739	238747	238851	238957
	239021	239467	239486	239709	239731	239820	239830	239930	239956
	240005	240020	240071	241500	242429	242605	242741	242944	243234
墓地問題	235124							
巫女	235606	237492	239200	242040	242251	242632	243839	
武德會	234806							
武道大會	232247	232833	235224	236588	237612	237642	238673	238737	239099
	239632	241908	241979	243334	243441	244577		
武道場	232994	240572						
無等山	234486	236649	236665					
無料診療班	240712	243028						
無免許醫師	231859	234744						
茂山郡	235480	238228	243104					
茂山守備隊	231974	235479	236103	237632	243617	243762		
茂山驛	232201							
茂山 第三守備隊	232206	232216						
貿易展覽會	232748	233742						
貿易促進 展覽會	242099							
貿易協會	233676	233742	236409	237318	237331	238527	241596	242586	243508
無煙炭	231877	232462	232668	232678	233013	233183	233347	233652	233989
	234355	234357	234611	234677	235059	235244	235294	235296	235443
	236330	236423	236796	236896	236909	237263	237454	237900	237922
	238225	238666	239304	240235	240575	240578	240595	240598	241406
	241642	242554	242722	243297	243355	243567	243568	243669	244209
	244418							

無資格銀行整理	237657							
無電	232974	232995	233214	235099	238665	239166	239738	240332	242121
	242462	243810	243813	243835				
無電局	235099							
無盡協會	234560	236957	236976					
文盲退治	239713	239733	240721	240753	243412	243484		
文書僞造	242112							
文井普通校 文井普通學校	235155	241063						
文化	232282	233372	233388	233805	235053	235486	235827	235845	237633
	239033	239414	239448	239694	239770	240035	240398	240577	240597
	240824	240852	241411	241846	242316	242396	243436	243751	
物産協會	237800	237850	242692					
米	231737	231756	231845	231847	231855	231858	231866	231945	231949
	231958	232012	232205	232235	232285	232375	232381	232483	232489
	232533	232547	232557	232580	232583	232592	232610	232721	232746
	232839	232953	232971	232985	233135	233218	233219	233327	233356
	233368	233376	233417	233438	233443	233496	233540	233988	234063
	234089	234529	234622	234700	234734	234765	234824	234827	234917
	234964	234991	234998	235144	235389	235392	235418	235456	235718
	235737	235780	236000	236019	236141	236164	236183	236185	236205
	236336	236365	236372	236394	236454	236476	236581	236608	236855
	236866	237212	237240	237343	237387	237773	237794	237823	237834
	237838	237914	237936	238000	238055	238107	238191	238330	238389
	238597	238613	238626	238829	238851	239013	239021	239119	239147
	239176	239206	239666	239996	240038	240073	240217	240249	240276
	240322	240326	240347	240417	240430	240569	240581	240582	240602
	240618	240642	240827	240855	240880	240885	240904	240908	240912
	241008	241025	241050	241065	241197	241236	241246	241300	241315
	241334	241387	241389	241458	241475	241479	241496	241512	241513
	241525	241578	241607	241637	241661	241680	241702	241729	241744
	241757	241810	241880	241888	241915	241919	241935	241943	241956
	242021	242026	242045	242060	242096	242115	242135	242142	242170
	242182	242206	242208	242214	242230	242481	242484	242498	242502
	242513	242556	242559	242571	242606	242613	242630	242663	242692
	242728	242745	242761	242788	242902	242906	242939	242987	243047
	243109	243138	243229	243278	243327	243337	243452	243511	243621
	243768	243791	243840	243854	243855	243869	243881	243899	243948
	244039	244059	244131	244133	244164	244182	244192	244256	244559
	244621							
米の移入禁止	233219							
米の鎭南浦	231756							
米價高	232721	243855	243881					
米穀	232746	233135	234063	234964	234991	234998	236141	236164	236183
	236185	236205	236581	236608	240249	240276	240326	240347	240569

	240827	240855	241236	241525	241661	241744	242096	242115	242135
	242182	242230	242481	242484	242498	242502	242513	242556	242571
	242606	243337	243840	243899	244133				
大日本 米穀大會	232746	236141	236164	236185	236205				
米穀問題	242096	242115							
米穀業	233135	234964	234991						
米穀研究會	240249	240276	240326	240347	243840				
米國	232557	234734	234827	238055	239013	239176	239206	240417	240430
美術家協會	232177	232582							
美術家協會 創立記念展	232582								
美術協會	233332								
米移入禁止 鮮米移入禁	232375	232489	232839	233135	233443	237387			
美座流石 (京畿道 內務部長)	241793								
米倉	233988 244256	235144	237914	237936	239021	241607	242559	242761	242788
民心作興	243072	243329							
民風改善	232456	232613							
密獵	235118	243043							
密輸	231768	231799	231881	231929	231994	232044	232098	232165	232240
	232363	232689	232734	232903	233095	233448	233670	233867	234186
	234297	234546	234694	235227	235382	235928	235929	235973	236435
	236688	236711	236747	237275	237307	237368	237390	237481	237605
	237618	237681	237707	238018	238164	238463	238485	238898	239201
	239309	239474	239495	239512	239532	239677	239898	239920	240684
	241070	241329	241348	241514	241616	241640	241712	241903	241928
	241945	241950	242054	242100	242245	242308	242364	242536	242545
	242562	242657	242701	242865	242922	243052	243060	243106	243263
	243377	243419	243464	243467	243529	243577	243675	243702	243824
	243912	243934	243940	244373	244423	244454			
密輸入取締	242922								
密陽	232247	235512	236458	236538	239059	240216	242295		
密陽農倉	232247								
マリヤ殺し マリヤ事件	235814	235856	236196	236208	242706	242762	242805	242826	242850
	242882	242934	243291	243579	243603	243674	243700	243959	244146
	244170	244176	244185	244197	244211	244232	244246	244296	
マルコニー 候夫妻	243436								
メロン	235270	237038	239153						

モダン	231762	234102	234137	234403	234773	237291	237449	237812	243117
モヒ モルヒネ	232013	232684	233153	233409	233898	234217	234315	234424	235638
	238508	238526	239554	240107	240684	240711	240848	242072	242483
	242504	243803	243987	244280					
モヒ患者	232013	233409	234217	234315	234424	238526	240107	242072	242483
	242504								

ㅂ								
朴敬元 (東京新京 往復飛行)	239892	239914						
朴慶浩 (ピアニスト)	237661							
博物館	231762	232282	232618	232641	235486	235735	236323	236324	237004
	237271	237585	237617	237757	238011	238179	238372	238519	240535
	240558	240577	240597	240970	240989	241465	241486	241632	242039
	242614	244002							
朴榮喆 (朝鮮商銀頭取)	236093							
朴泳孝	232896	234578						
朴憲永	240181							
半島	231869	231884	231898	231942	232183	232275	232580	232796	233212
	233809	234017	234284	234293	234439	234488	234538	234576	234650
	234697	234756	234916	234984	235066	235121	235350	235492	235505
	235527	235589	235686	235698	235717	235744	235767	235868	235891
	236186	236206	236242	236408	236692	236712	236753	237179	237228
	237352	237380	237516	237661	238172	238191	238229	238250	239419
	239446	239671	239692	239737	239760	239783	239930	239956	239983
	240118	240131	240144	240170	240230	240248	240575	240595	240823
	240851	241013	241041	241101	241629	241926	241931	242012	242096
	242187	242205	242229	242285	242667	242704	242755	242778	243428
	243566	243586	243965	243989	244021	244055	244085	244108	244219
	244515	244524	244551	244596					
半島警察網	235492							
半島 古美術保存令	234697	244021	244055					
半島教育界	234650	234916	234984	244524				
半島宗教調べ	234017							
飯米貯蓄	235392							
反戰運動	233141							
反帝同盟 朝鮮反帝同盟	234543	235081						
發聲映畵	239024	239163	239338	239355	239429	239475	239548	239686	
發電所	233635	242025						
防空	233687	234090	234115	234144	234176	234321	234431	234512	234538
	234579	234682	234800	235268	235384	235397	235505	235527	235547
	235700	235730	235776	235873	236169	236408	236574	236753	236828
	237102	237124	237180	237353	237540	237561	237587	237611	237688
	237758	237784	237820	237837	238024	238043	238082	238100	238160
	238172	238191	238244	238261	238282	238298	238315	238332	238351

	238368	238382	238383	238743	238801	238826	240236	240586	240788
	240811	241162	241163	241457	241478	241780	242187	242402	242418
	242642	242644	242741	242779	242911	243521	243906	244242	244318
	244413	244455	244558						
防空デー	234176	234579							
防空思想	235397	238100	238298	238383	240236				
防空思想普及	235397								
防空演習	234538	235397	235547	235700	235730	235776	235873	236169	236753
	236828	237102	237124	237180	237353	237540	237561	237587	237611
	237688	237758	237820	237837	238082	238100	238160	238172	238191
	238244	238368	238382	238826	240586	240811	241162	241163	241457
	241478	241780	242402	242418	242644	242741	242779	242911	243521
	244242	244318	244413	244455	244558				
防空豫行演習	240788								
防空獻金	233687	234115	234144	234321	234431	234512	234682	234800	235268
	235384	236408	238801						
放送局	236964	242218	242540						
防疫衛生展	240348								
防疫政策	241555								
放火	232391	232840	232908	232977	232980	233138	233170	233290	233936
	233937	234084	234242	234476	234551	234719	234842	234915	235019
	235761	236341	236599	237460	238085	238174	238810	238941	239312
	239315	239531	241171	241443	242007	242154	242245	242327	242353
	242363	243087	243839	244387	244509	244565			
防火宣傳	231728	235586	243713	244193					
白石光治郎 (慶南道 警察部長)	244456	244513							
百濟	235735	235738	240825	240853					
百貨店 デパート	231762	232320	232910	233333	234544	234717	235029	235752	236323
	236324	236514	237540	241761	242920	244150	244156	244349	244466
百貨店 氾濫時代	242920								
碧蹄館	234491	240704							
辯護士	233928	234433	235697	235794	240614	241035	241056	241440	242242
	243290	244171							
辯護士法	234433								
辯護士試驗	241440								
兵器獻納	235384	238024	238743	242340	242423	242519	242642	243665	
病蟲害の防止	239061								
病害蟲	239342								
保導聯盟成立	239219								

普成專門校	237041							
保存令 (寶物名勝記念物)	234697	240145	240457	242521	243809	243831	243917	
普州	233728	233834	234036	242571	242594			
普通校	231819	231897	234239	234449	234489	234804	235581	235664	236048
	236334	236734	236757	237023	237264	237524	237601	238180	239086
	239270	239541	240348	240839	240841	241063	241113	241470	241491
	241853	244007	244505						
普通學校	231783	231786	233008	234026	234729	235022	235155	235183	235433
	237795	237910	237932	241938	242720	243784			
保險業令	237741							
服部宇之吉 (東大名譽敎授 元城大總長)	242157	242415						
服部伊勢松 (西大門署長)	234344	243817						
本村太郎 (仁川穀物 協會理事)	242739	242754						
奉仕公德デー	242919							
鳳山	236276	236431	238075	238608	238657			
鳳山郡	236276	236431	238075	238608				
鳳停寺	240307							
奉天	232251	233276	233899	235014	237219	237242	238463	238485	239683
	240426	241596	241745						
不動産融資	232895	232984	237808	238531	240933	240951		
浮浪癩者 放浪レプラ	244010	244497						
富民普校	240571							
釜山	231728	231733	231735	231737	231740	231778	231784	231786	231789
	231802	231804	231840	231848	231857	231909	231912	231945	231947
	231950	231957	231958	232010	232055	232060	232062	232068	232070
	232076	232077	232083	232108	232110	232115	232116	232119	232122
	232124	232182	232184	232188	232231	232235	232247	232326	232328
	232329	232330	232338	232375	232377	232387	232395	232405	232433
	232436	232442	232445	232496	232498	232537	232545	232556	232590
	232597	232600	232640	232642	232649	232659	232665	232693	232694
	232704	232708	232798	232800	232807	232808	232809	232839	232842
	232850	232888	232899	232903	232938	232941	232942	232982	232986
	232987	232991	233001	233046	233048	233054	233055	233057	233101
	233111	233112	233113	233162	233167	233168	233215	233219	233225
	233227	233231	233271	233285	233293	233328	233338	233370	233375
	233412	233421	233422	233427	233469	233471	233472	233476	233478

233518	233528	233574	233594	233622	233631	233642	233679	233685
233688	233692	233695	233732	233745	233785	233787	233789	233834
233838	233840	233841	233842	233844	233883	233885	233889	233931
233941	233966	233977	234026	234069	234080	234088	234116	234118
234131	234180	234183	234226	234229	234231	234247	234248	234278
234279	234280	234285	234286	234326	234329	234330	234332	234333
234343	234378	234379	234383	234384	234390	234393	234442	234449
234483	234487	234489	234505	234538	234542	234552	234585	234593
234600	234641	234644	234655	234661	234705	234711	234714	234723
234762	234763	234767	234802	234804	234812	234850	234851	234852
234862	234865	234870	234892	234895	234901	234910	234945	234949
234953	234955	234964	234991	234993	234994	234998	235027	235034
235038	235066	235073	235078	235079	235083	235123	235130	235196
235202	235206	235211	235213	235215	235219	235223	235258	235267
235271	235273	235275	235276	235304	235305	235320	235323	235361
235366	235368	235369	235371	235398	235410	235414	235453	235460
235462	235465	235513	235550	235554	235576	235591	235592	235596
235602	235633	235640	235644	235650	235687	235693	235723	235733
235766	235771	235778	235814	235829	235849	235862	235892	235899
235902	235904	235912	235947	235989	236022	236025	236031	236033
236118	236163	236165	236170	236171	236212	236220	236252	236256
236263	236308	236314	236319	236351	236354	236364	236396	236397
236402	236403	236407	236421	236452	236453	236458	236484	236488
236498	236525	236532	236539	236568	236576	236617	236625	236629
236656	236664	236701	236720	236759	236761	236801	236803	236874
236887	236979	236987	236993	237032	237035	237087	237125	237129
237141	237241	237290	237306	237332	237340	237348	237432	237438
237468	237474	237523	237527	237536	237565	237612	237613	237619
237621	237649	237692	237693	237695	237700	237706	237783	237784
237804	237843	237878	237884	237885	237890	237910	237932	237986
237989	237990	237991	238035	238091	238092	238096	238148	238189
238195	238197	238200	238203	238204	238206	238285	238321	238355
238425	238470	238479	238486	238535	238572	238629	238636	238689
238737	238797	238809	238848	238854	238861	238902	238950	239057
239060	239075	239125	239162	239208	239209	239217	239222	239227
239261	239262	239272	239274	239327	239328	239339	239342	239371
239407	239410	239453	239492	239496	239512	239532	239609	239614
239653	239657	239739	239745	239748	239760	239783	239786	239793
239822	239832	239864	239875	239930	239937	239956	239963	239983
239993	239997	240004	240011	240026	240060	240068	240069	240081
240085	240103	240119	240129	240130	240132	240142	240143	240171
240218	240225	240277	240303	240359	240394	240396	240424	240428
240429	240436	240437	240474	240477	240608	240653	240659	240770
240773	240809	240869	240876	240916	240957	240959	240960	240966
241043	241054	241089	241090	241091	241147	241178	241205	241242
241261	241265	241305	241307	241310	241324	241343	241384	241399
241405	241437	241454	241591	241621	241681	241698	241700	241703

	241721	241819	241836	241843	241897	241914	241918	241938	242046
	242067	242087	242242	242266	242275	242276	242300	242396	242402
	242418	242419	242465	242522	242539	242540	242550	242621	242624
	242644	242647	242667	242682	242697	242741	242799	242805	242858
	242876	242882	242892	242900	242934	242947	242985	243037	243069
	243071	243084	243177	243179	243221	243284	243328	243442	243483
	243491	243542	243564	243646	243684	243694	243758	243827	243833
	243837	243843	243890	243895	243933	243954	243955	243961	243963
	244062	244146	244159	244170	244304	244382	244393	244400	244429
	244439	244449	244450	244498	244500	244532	244533	244535	244540
	244551	244574	244579	244590					
釜山の火事	231857	232395	232498	232665	234723	235223	235273	235369	241918
釜山檢事局	242242	242934							
釜山競馬倶樂部	235213								
釜山高女	232704	233162	233685	233842	233966	234118	234333	234802	238535
	244500								
釜山穀商組合	240060								
釜山公設市場	232010	232231	233476	234865					
釜山工業倶樂部總會	240359								
釜山觀光協會	233642	237129	238479	239609					
釜山教育部會	233838								
釜山教會堂	232807	233225							
釜山國防義會	234183	237306	237693	237784	240218	243955			
釜山米取	231945								
釜山辯護士會	242242								
釜山普通學校生徒奮起	231786								
釜山府	231735	231957	232055	232115	232328	232649	232808	232942	233046
	233048	233285	233338	233375	233469	233688	234118	234326	234329
	234661	234895	234994	235079	235083	235206	235267	235305	235366
	235414	235453	235462	235778	236308	236396	236403	236407	236421
	236525	236532	236656	236761	236987	237332	237783	237990	238092
	238572	239060	239208	239272	239407	239748	239864	239875	240428
	240436	240770	241178	241703	241819	242046	242067	242300	242550
	242682	242876	243694	243758	244439	244450	244532	244590	
釜山府立病院	234118	234661	235778	237990	238572	244532			
釜山婦人會	234226	234393	239997						
釜山府會	233048	233285	235267	235414	236761	236987	242046	242550	243758
釜山卸賣市場	231848								
釜山商議所	232124	233642	235398	236170	243071	243833			
釜山署	231840	232070	232442	232899	234088	234343	235258	235323	235596

	236314	236484	236539	236568	236720	236987	240068	241205	241265
	241454	241843	242087	242522	242805	242882	243827		
釜山稅關	233472	234552	237986	238689	239342	242621			
釜山稅關開廳 五十周年記念	242621								
釜山紹介所 釜山府職紹	231950	232055	234442						
釜山消防組	234505								
釜山昭和館	233293								
釜山水上署	232077	232188	232642	243963					
釜山巡廻診療	232377								
釜山愛國 少年團	235892								
釜山漁組	235947	238950	241090	243684					
釜山驛	232110	232903	240394	241897					
釜山映畫 敎育會	232387								
釜山郵便局	232640	235513	237884	239262	240876				
釜山圍碁 俱樂部	231912								
釜山理髮組合	232076								
釜山材木 商組合	232062								
釜山中央市場	232119	233931	234901	235130					
釜山中學	232436	236165	241591						
釜山地方法院	242242								
釜山鎭	231740	233057	235196	237438	238355	241261	241914		
釜山鎭驛	231740								
釜山靑年團	237649	238035	238200	238425					
釜山靑年 音樂會	233422								
釜山靑訓所	233113	233471							
釜山測候所	234655	239261	240119	240132					
釜山港	233631	233840	239339						
釜山行政 調査會	239786								
釜山刑務所	235202	239057	239075						
釜山會議所	231784	231947	232433						
副業 (農家,農村,	233947	234149	234187	234786	235075	236460	238070	239409	241381
	241426	241663	244012	244504					

婦人副業)									
副業獎勵組合	239656	242952							
扶餘	235738								
府營バス	232008	232337	232428	233059	233172	233582	233790	234276	234436
	236261	244534							
婦人更生運動	238643								
婦人科學會	241798								
婦人消防隊	233645								
婦人會	231803	232370	234226	234393	234408	238159	238298	239162	239997
	240496	240514	241771	241778	242467				
釜山鐵道 ホテル	236220	243837	243890	244092	244115				
北鮮	231706	231734	231767	231875	231989	232137	232166	232201	232506
	232963	232983	233157	233305	233552	234101	234403	234470	234501
	234561	234962	234997	235045	235091	235106	235140	235376	235524
	235657	235661	235694	235741	235747	235774	235779	235888	236026
	236424	236446	236540	236728	237157	237206	237239	237319	237320
	237330	237449	237499	237521	237943	238084	238493	238513	238515
	238548	238569	238612	238717	238757	238763	238770	238777	238790
	238814	238874	238900	238923	239007	239209	239302	239308	239322
	239347	239366	239536	239751	240012	240027	240187	240191	240206
	240210	240264	240338	240415	240416	240498	240516	240575	240576
	240595	240596	240619	240643	240670	240698	240916	240974	240994
	241213	241378	241582	241611	241679	241743	241754	241796	241974
	242146	242159	242262	242317	242398	242459	242482	242503	242575
	242608	242640	242686	242859	243009	243046	243047	243054	243257
	243609	243619	243761	243769	243776	243907			
北鮮開拓	231706	231734	233157	234403	235376	236728	237943	238493	238515
	238763	238900	238923	239302	239322	240575	240595	241743	242482
	242503	243047							
北鮮開拓事業	233157	238515	238763	243047					
北鮮開拓 特別會計	238900	238923							
北鮮經濟 調査團	240670	240698							
北鮮國境關稅 協定	242146								
北鮮奧地開拓	239347								
北鮮鐵道	238548	238569	240191	240210	240264	242608	242640		
北鮮鐵道 滿鐵移管	238569								
北鮮鐵道 協議會	242608								

北鮮炭	243761							
北鮮特産	231989	243609						
北鮮航空路開拓	234962	234997	235106					
北海道	231949	232375	232839	233135	233219	236768	238671	243056
焚書	240460							
糞便檢査	233696	237732						
不景氣	237670	243734						
佛教	234017							
佛國寺	238424	239742	240304	240482				
不良學生	232366							
佛像	231906	236217	237325	240360	240383	240977	241003	242672
佛像專門泥棒	240977	241003						
不穩ビラ	234640							
不穩檄文	233117							
不穩文	233141	236539	238589	242675				
不穩思想	240059							
不況	232102	232121	232373	233462	234017	234113	234489	234562	234971
	235648	238540	238611	239176	239206	239652	240708	242663	
飛島文吉 (貴族院議員)	235513							
肥料	231824	231890	232252	232577	232610	232839	232878	233021	233282
	233487	233988	234666	234954	237262	237882	237973	238348	241438
	242891	243149	243166	243207	243242	243772	243775	243786	243787
	244415								
肥料の合理化	243207	243242						
肥料講習會	232577							
肥料對策	243149	243166	243772	243786				
肥料研究會	231890							
祕密結社	242282							
非常時局	238770	242755	242778					
非常時設備	233550							
非常時日本	234431							
飛行	231751	231762	231779	232187	232413	232517	232723	232871	233251
	233496	233542	234093	234214	234403	234678	234962	234997	235045
	235454	235562	236004	236050	236193	236228	236248	236273	236304
	236332	236506	236785	236895	237022	237047	237150	237180	237206
	237239	237260	237402	237435	237611	237629	237640	237658	238261
	238282	238410	238507	238636	238661	238813	238833	238860	238861
	238933	239039	239367	239781	239870	239881	239892	239914	240005
	240016	240020	240031	240122	240135	240169	240178	240239	240259
	240272	240305	240327	240364	240503	241077	241192	241209	241211
	241534	241610	241726	241812	241906	241971	242267	242370	242372

	242537	242605	242943	242944	243018	243114	243202	243262	243428
	243771	243862	243865	243910	244202	244215	244564		
飛行場	232517	232723	233251	233496	234214	234403	235454	235562	236895
	237640	238636	238833	238860	238861	238933	239039	239367	239781
	240305	241610	241726	243862	244202	244215	244564		
貧困兒童	232687	233358	235895						
貧農	232580	235456	235718	241467	241488	243855	243881		
貧民救濟	232633	232662	236962						
濱松飛行隊	231751								
氷上交通	232141	235120							
氷上離着陸	231779								
バス	231902	232008	232337	232428	232852	233059	233172	233582	233747
	233790	234193	234276	234436	235194	235490	236261	237199	238994
	239069	240738	240819	243031	243695	244018	244534		
バス郊外線廢止	232852								

人								
社交ダンス	232699							
沙金採掘	240798	240821						
師團誘致	238992							
沙里院署	238722	240793						
沙里院醫院	237360	240275						
沙里院 學校組合	239763							
私立學校統制	237596	237620						
沙防令	240302							
司法官會議	235791	235815	242141	242210	242273	242369		
事變記念日	240842	241220	241255					
思想	232388	232791	232870	232871	232993	233605	233634	233657	233717
	233819	234034	234106	234699	235397	235960	235965	235978	235982
	236020	236616	238100	238298	238383	238897	239318	240059	240087
	240236	240329	240626	240879	240895	240903	242117	242339	243371
	243521	244088	244111						
思想犯	232388	238897	243371					
思想善導	232993	235965	236616	240087	240879	240903	244088	244111
私設郵便函規則	239063							
沙里院	234735	234770	234828	234889	235431	235760	236466	236480	236727
	237360	237915	237937	238074	238455	238679	238722	239237	239390
	239510	239589	239714	239763	240275	240792	240793	242008	244104
	244127								
沙里院農學校	234828	236466						
寫眞	231929	232076	232777	233770	234227	235046	235196	235758	235831
	235851	239060	239091	239525	240108	240230	240248	240505	240838
	240888	241972	241986	242515	243078				
私鐵補助法	240932	240950						
私學校革新	233731							
社還米 社還米制度 社還米制度復活	232533	234089	235718	236000	236019	237823	238000	241458	241479
	242208	242987	243869						
社會教化	232198	233224	234668	235870	236426	236616	237152	237653	237816
	238177	239073	239607	239778	240120	240133			
社會教化講演會	238177	239073	239607					
社會教化 巡回講演	240120	240133						
社會事業	231883	232626	232653	233657	235218	237050	237074	242628	243788
	244254	244517							
山口正賢 (東拓殖産)	236093							

山林綠化	240720	240752						
産米增殖	232610	238597	238626	241880				
産米增殖計劃	238597	238626						
産婦人科	233029							
山岳會	231880	236635						
産業少年軍	232031							
産業調査會	233101	236923	237109	237134	237574	238032	239463	242938	243069
山田城大總長 (山田三良)	242157	242739	242754	243425	243450	244522		
産組令	231835							
産組普及	235956	235983						
産婆講習	233751	234814						
三菱商事	241819							
森林組合	231836	231922						
三十七旅團	235563							
三越	239028	240568	243193					
三陸震災	234755							
三井物産	237418	239129	240981					
三中井百貨店	231762	235752	236324					
三防 無煙炭鑛區	242554							
商工獎勵館 (京城)	232816	235987	236061					
相撲	236901	237463	237598	237701	237878	238049	238477	239472	239822
	239832	239866	239877	241134	242124			
傷病兵	231766	232155	232259	232352	233433	234559	234615	237598	239773
上水道	232076	232943	233318	234142	235328	235755	237503	238102	238819
	239307	240061	240223	240710	241252	242655		
商業學校	234259	240006	240021	241938	242014	242144	243814	
商品調査 研究會	244410							
商品陳列所	233488	234363	234774	236790	243144	243616		
上海事變 記念映畵會	232505							
上海總領事	231804							
色服	232497	232749	233578	233737	234816	235564	235880	235907	236583
	238068	238158	239506	241002	241177	243393	244309	
色服獎勵 色服獎勵運動	232497	233578	233737	234816	236583	238068	239506	241002	243393
	244309							
生産工業 振興展	242525							

生業資金貸付	239788							
生活改善	243512	243623	243647	243680				
生活難	236152	237040	240422	242490	242501	242817	242835	243083
書堂	233210	233700	237434	237464	241470	241491	243253	243412	243484
	243741	244265	244285					
書道展 朝鮮書道展 全鮮書道展	241660	242643	242738	242746				
西鮮	231746	231752	232023	232029	232137	232208	232211	232250	232868
	232969	233361	233490	233702	234201	234368	234560	234680	235044
	235157	235295	235616	235711	235966	236108	236433	236735	236791
	236811	236899	237107	237163	237223	237314	237639	237648	237864
	238492	238822	238853	238873	238875	238929	238998	239104	239293
	239320	239348	239368	239389	239442	239465	239890	239912	240279
	240550	240588	240792	240981	241284	241316	241335	241553	241602
	241773	241776	242025	242401	242600	242844	242903	242906	242910
	242911	242921	242939	242975	243010	243022	243141	243249	243709
	243736	243932	243968	243992				
西鮮無盡協會	234560							
西鮮野球聯盟	235295	235616	236791					
西鮮 女子音樂大會	242844	242903						
西鮮電氣統制	232023	232208	232250	234680	236108	240279		
西鮮 電氣合同社	241602							
西鮮合電	241776	242401	242600	243709	243736	243932	243968	243992
西洋畵	241666							
書籍專門賊	232664							
西平壤靑年會	244364							
石森久彌 (朝鮮新聞 副社長)	243924	243949						
石炭液化工場	244581							
選擧	232150	232199	232591	232911	233050	233222	233248	233307	233516
	233544	233632	233822	233837	233850	233879	233896	233927	234010
	234021	234046	234121	234148	234197	234273	234332	234349	234385
	234407	234414	234493	234553	234577	234603	234771	234775	234943
	235051	235208	235234	235254	235327	235339	235375	235401	235476
	235477	235497	235538	235559	235561	235637	235660	235680	235689
	235746	235768	235828	235846	235871	235979	236040	236074	236096
	236176	236204	236226	236327	236389	236502	236528	236587	236610
	236630	236656	236709	236727	236759	236777	236801	236846	236857
	236924	236928	237065	237079	237158	237251	237286	237296	237298

	237548	237569	237580	237709	237730	237767	237974	238061	238132
	239295	239776	240280	240379	240467	240607	241090	241241	241500
	242422	242876	242877						
選擧違反	234603	235254	235339	235768	236040	236389	236846	236857	237251
	237580	237709	237767	238132	239776	240379	240467	242422	
鮮穀聯合	242633	242712							
宣敎師	235805								
鮮南銀行	237657								
鮮農	232171	232309	233276	234921	235360	235855	236183	236949	236973
	237218	237247	238656	239044	240664	240669	240692	240697	242230
	242931	242960	243142	243166	243191	243219	243403	243427	243866
	243884								
鮮滿貿易促進	243124								
鮮滿 商業校長會	242014								
鮮滿 魚市場總會	242133								
鮮滿運賃	240498	240516							
鮮滿 中等生美展	241996								
鮮滿中等學校 美術展	239271	242161							
鮮滿台聯絡 運輸會議	241745	242558							
鮮米	231845	231847	231958	232533	232583	232592	232985	233417	234917
	236000	236019	236454	236476	237212	237240	237838	239996	240038
	240073	240217	240249	240276	240326	240347	240581	240618	240642
	240827	240855	240880	240904	241197	241236	241300	241389	241475
	241496	241525	241578	241661	241729	241810	241880	241888	241935
	241943	242021	242060	242115	242135	242170	242182	242206	242230
	242559	242663	242692	242728	242745	243511	243768	243791	243854
	243881	243948	244131	244164	244182	244192	244256		
鮮米生産制限	240249	240276							
鮮米擁護	231845	241389	242115	242135	242170	242182	242230		
鮮米擁護運動	242115								
鮮米運賃對策	242021								
鮮米差別	240326	240347	242206						
鮮米統制 朝鮮米穀生産 統制	232533	233417	234917	236000	236019	240827	240855		
鮮米協會	242692	242728	242745	243768	243791	243948			
鮮産果樹	234760								

鮮産商品	241377	244410						
鮮産品	232523	242586	243179					
鮮産品 愛用宣傳	243179							
鮮産黑鉛	234616	234658						
鮮銀	231762	232052	234213	234700	235144	235855	235967	236323	236786
	237186	237202	237318	237319	237330	237331	238366	239025	239462
	239512	240186	240831	240859	241265	241301	242474	242622	243894
鮮銀 雄基出張所	240831	240859						
鮮銀平壤支店	231762	234213	238366					
鮮人 朝鮮人	232244	232414	232532	232654	233195	233425	233519	233707	234033
	234161	234224	234975	234989	235077	235927	235928	236204	237143
	237204	237217	237219	237242	237593	237711	237861	237966	237979
	238575	238628	238886	238892	238941	238954	239352	239721	239747
	240363	240763	240826	240854	241321	241340	241514	241635	241669
	241911	241953	242018	242047	242054	242324	242500	242783	242905
	242932	242959	242979	243779	243984	244027	244075	244345	244353
	244379	244601						
鮮人勞働者	233425							
善隣商業	239930	239956	239983	240005	240020	240071		
宣川	237407	238375						
鮮鐵	232405	233197	234003	234301	234850	236803	238548	238569	240191
	240210	240264	240679	241582	241974	242398	242608	242640	244435
鮮航會	240060	241236	241757	242961	242996	243646		
城大	231772	231788	232108	232857	233462	233463	235145	236818	236827
	238241	238477	239167	239932	239958	241128	241508	241554	241581
	241995	242157	242415	242739	242754	242839	242949	243082	243115
	243130	243425	243450	244287	244522	244599		
城大國文學會	239167							
城大豫科	244287	244599						
城大哲學 公開講演會	242839	242949						
性病豫防展	237272							
星州	232011	233839	234080	234815	243281	243805		
城津	231927	232080	232091	232140	232144	232148	232717	233129	233173
	233252	233305	233316	233394	233403	233766	233958	234147	234199
	235055	235381	235427	235662	235710	235829	235918	236013	236057
	236096	236224	236232	236480	236513	236686	237815	237853	238078
	238126	238605	238607	238762	238880	239239	239303	239347	239390
	239424	239509	239684	242575	243671	244274	244452		
城津農組事件	243671							
城津署	232080							

城津電氣	232091							
城津港	232717	233129	233173	233403	234147	236232	236686	237815	238880
	242575							
成川署	243673	243705						
猩紅熱	232924	233284	237478	240010	240025	241038	241754	243117	243953
	244376	244402	244448	244500				
世界の旅 世界周遊船	235646							
稅金滯納	243694							
稅務監督局	232745	232890	232988	233271	233699	241066	241097	241109	241125
	241243	243299						
稅制	232427	233429	236267	236298	237674	237690	237729	238118	238147
	238178	238192	238325	238582	239535	239562	240007	240022	241066
	241097	241580	241941	242071	242246	244552		
稅制整理	236267	236298	237674	237690	237729	238178	238192	238325	239535
	239562	241066	241097	241941	242071	242246	244552	
世昌ゴム	233613	233915	242599	243111	243137	244583	244617	
世昌ゴム爭議	233915	244617						
少年團	232652	232693	234738	235892	240474	244615		
所得稅附加稅 新設	242532							
小鹿島	235688	239112	241095	241405	241832	241914	244010	
小鹿島 癩療養所	239112							
消防	231722	231795	231817	232191	232298	232448	232954	233290	233645
	233994	234300	234390	234505	234750	237012	237410	237670	237953
	238590	238871	239994	240272	240443	241598	241805	242627	243032
	243493	243554	243713	244203				
消防講習會	234300							
消防組	231722	231795	234390	234505	237410	239994	243713	
消防出初式	231722							
消防協會	233290	237012						
消費組合	232036	237825	239129	240797				
小兒科學會	242042							
小野武雄 (三十九旅團)	240344							
昭陽江 スケート大會	232947							
小鹽完次 (日本禁酒同盟)	241793							
小作令	236160	241013	241041	242294	242344	242445	242458	243116	243142
	243166	243191	243219	243251	243270	243366	243661	243685	244166

小作米	234529								
小作法	233580	242395							
小作調停令	232809								
篠田 李王職長官	237202	238928	242682						
燒酎組 創立總會	240283								
燒酎販賣組合	240328								
小池泉 (釜山稅關長)	234552								
小靑島燈台	237630								
小學校	231950 234285 244520	232249 234386	232348 234623	232536 234883	233588 235022	233673 235378	233732 237478	234060 241566	234083 243784
昭和麥酒 (昭和麒麟 麥酒株式會社)	244295								
昭和水利	232355 240931 242687	234624 240949 242723	235114 241266 242742	236099 241668 242766	237236 242213 242786	239043 242234 243153	240326 242292 244141	240742 242374 244537	240783 242400 244572
昭和製鋼所	234253								
速達	235713	235739	241837	242602					
松都高普	232366								
松島海水浴場	238914	239519							
送電線架設	240512								
松田正久 (專賣局長)	241698								
送電會社	238944	239900	239922						
松竹	242354	243880							
水道科	233242								
水道施設 調査會(釜山)	235462								
水稻增收 品評會	231858								
水産試驗船	232133	234588							
水産試驗場	234505								
水産業	238211	240673	240701						
授産場	233024	237962	240413	242127					
輸送	231995 237370 241460	233226 238553 241481	233301 239001 241888	234256 239428 242860	235059 240616 243511	235443 240640 243662	237067 240668 243807	237092 240696	237207 241268

修身講習會	239735								
授業料	232306 243432	233948	234518	234803	235272	236316	237270	238999	239541
水泳	238535 239908	238647 240314	239331 240733	239373 243963	239405	239421	239636	239802	239886
水泳場 プール	234905 240314	238155 240318	238633 240733	239421 241167	239634 241186	239647 241646	239700 243440	239802 243462	240002
水泳指導 講習會	239331								
手藝展	232566	238414							
水銀	232399	232683	235054	236035	237456	237886	238059	238564	239696
獸醫講習會	242128								
水電	233541 237049	233575 242177	234208 243816	234262	236155	236182	236186	236206	236479
壽田淸笑 (羅南衛成 病院附軍醫)	242118								
修學旅行	236143	236284							
水害	235526 239116 239664 240479 241315 243485	238799 239158 239705 240508 241334	238864 239334 240119 240636 241434	238905 239375 240132 240648 241654	238948 239411 240172 240650 241721	238989 239449 240198 240712 241925	239021 239498 240313 241004 242207	239059 239567 240355 241143 242891	239109 239642 240449 241193 242954
水害慰問	239116								
水害義捐金	239158	240198	240636	241315	241334	241721			
水害地	239158 240712	239449 241143	239567 241193	239642	239705	240119	240132	240355	240650
受驗地獄	233842	234661							
手形小切手法	244607								
淑明女學校	243188								
殉職警官 招魂祭	235986	237616	237642	239633					
順化院	241176								
巡廻見本市	239366	239447	241165						
巡廻診療	232377 242500	234324	237988	239109	239449	239705	240159	240176	240873
乘馬敎育會	238189	238204							
繩叺	233596	235281	241250						
繩叺製造	233863								
市街建築物 取締法	234681	237267							

市街淨化	232815							
施政研究會	239117	239710	239737	243435				
施行	231869	231884	232591	234076	234224	234575	236810	236826	237335
	238248	239059	239196	240119	240132	240935	240953	241173	241435
	241850	242274	242413						
試驗飛行	233496	237206	237239	237260	237402	237435	240503	241209	242605
	242944								
食糧密輸	243912								
植物檢查	233472	236993	238324	238854	239342	240881	240905		
植物檢查規則	240534	240557	240881	240905					
植民地	239889	239911							
殖産局	231835	232768	237944	241377	242375	243567	244410		
殖産銀行 殖銀	232370	236803	237192	237612	237649	237878	238195	238399	238953
	239158	239620	239644	239759	240118	240131	240149	240174	240294
	240531	240537	240560	240579	240599	240786	240810	240925	240934
	240952	241265	241386	241503	241744	242182			
殖産銀行 婦人會	232370								
殖産銀行總會 殖銀總會	240537	240560							
植桑奬勵法	232818								
植樹記念日	235010	235150							
植村東彦 (陸軍省 兵器局長)	241793								
新刊紹介	234140								
新京	231907	233032	233276	236140	236168	236177	236272	236299	237851
	239190	239892	239914	240233	240250	240327	240361	240384	240424
	240670	240698	240877	240901	240974	240994	241297	241596	241639
	241656	241689	241732	242013	242062	242097	242159	242315	244020
新京淸津間 直通列車	241656	242062							
神宮	231856	232077	232847	233465	234652	234702	234905	235353	235496
	236027	236116	236558	237635	237655	238198	238351	238855	238921
	239234	239404	239580	239603	240572	240883	240906	240976	240992
	241032	241132	241249	241253	241638	241646	241681	241702	241807
	242043	242084	242173	242191	242216	242217	242229	242232	242253
	242254	242266	242343	242477	242495	242515	242517	242534	242564
	242583	242587	242597	242618	242626	243509	243536	243967	243991
	244004	244273	244299	244525					
神宮競技	238855	239234	239404	239580	239603	240572	241032	241132	241249
	241253	241646	241807	242043	242173	242191	242217	242232	242253
	242266	242564	242597						

神宮大會 明治神宮 體育大會	242477	242495	242517	242534	242587	242626		
新年 大賣出商戰	231707	231739						
新羅文化	233372	240824	240852					
神社	231750	233410	233758	234032	234081	234082	234837	234920	234944
	234970	235202	235361	236272	236299	236542	236729	237392	238965
	239298	242098	242238	242254	242389	242806	242827	243173	243580
	243880	244272	244429	244597					
信用組合	231835							
新義州	231722	231765	231821	231881	231929	231985	232478	232510	232512
	232632	232772	232797	233255	233260	233349	233555	234007	234042
	234257	234282	234416	234829	235096	235381	235488	235562	235665
	235710	235829	235878	235966	235970	236057	236058	236231	236281
	236287	236338	236437	236442	236515	236549	236571	236689	236745
	236916	237078	237162	237315	237324	237539	237618	237868	238122
	238610	238623	238827	238833	238860	238886	238896	238933	238966
	239007	239290	239389	239442	239471	239622	239626	239765	239806
	239813	240503	241210	241323	241342	241459	241480	241502	241540
	241610	241779	241972	242001	242078	242109	242122	242155	242160
	242514	242580	242616	242642	242674	242816	242837	243052	243154
	243298	243300	243367	243510	243577	243582	244239	244551	
新義州高女	241210	241323	241342	241502				
新義州金組	241459	241480						
新義州 木材商組合	231821							
新義州法院	239765	242514						
新義州府會	234829	243300						
新義州稅關	231929	238966	239007	243577				
新田留次郎 (朝鐵專務)	236093							
身體檢查	232233	237054						
實費診療所	234846							
失業	231970	234038	234713	235766	241195	241836	244472	244486	
實業學校	234174	235122						
十九師團	235023	242184	243481	243507	243584	243607	243664	243706	
スキー	231771	231792	231796	231900	232131	232239	232595	232826	232857
	233114	233460	233526	243079	243644	244263	244273	244299	244361
	244394	244452	244611						
スキー倶樂部	243644							
スキー列車	232239	232595	233114	233526	244273	244299		
スケート	231933	232088	232164	232218	232293	232346	232468	232516	232614

	232636	232947	232961	233442	240634			
ストーブ泥棒	242753							
ストライキ	233364	233613	234659	243111	243137			
スポーツ	231910	232131	232237	232339	232754	233361	233978	234756	235034
	235686	235906	235990	236091	236433	236452	236498	236509	236529
	236613	236635	236659	236791	236803	236995	237013	237032	237086
	237192	237284	237332	237364	237476	237612	237641	237920	237942
	237971	237998	238135	238241	238477	238535	238596	238672	238696
	238737	238774	238821	238855	238906	239007	239048	239099	239127
	239234	239273	239328	239404	239452	239559	239579	239617	239659
	239671	239692	240458	240499	240546	240584	240604	240678	240733
	240887	240910	241006	241082	241164	241305	241333	241352	241539
	241979	242043	242343	242549	243517	243548			
セメント飢饉 セメント問題	238932	238961	239129					
ソウル ゴム工場	242085							
ツーリスト 倶楽部	235028							

兒童	231708	231729	232112	232233	232284	232536	232566	232643	232687
	232693	232900	233256	233281	233358	233427	233557	233666	233740
	233959	234095	234233	234236	234448	234526	234621	234623	234686
	234883	234904	235056	235624	235797	235872	235895	235964	236334
	236416	236724	236765	236767	236812	236902	236937	237338	237452
	237470	237670	237711	237727	237820	237996	238105	238415	239247
	239434	239503	239519	239889	239894	239911	239916	239938	239964
	240049	240123	240136	240362	240962	241193	241324	241343	241910
	242698	242947	243107	243156	243198	243640	244088	244111	244381
	244505								
兒童手藝展	232566								
阿片	232165	233090	233140	234575	235638	235930	237108	238439	238585
	239256	239638	239663	239745	240405	242900	243378	243397	243555
	243556	243873	243940						
阿片密輸	232165	243940							
樂浪	231762	231825	231913	231932	232282	233018	233660	233715	234041
	234470	234501	234783	234932	235053	235287	236323	236324	237633
	237757	238179	238372	238721	238881	240035	241632	241846	241901
	242022	242039	242077	242127	242641				
樂浪古墳發掘隊	242022								
樂浪文化研究所	235053								
樂浪博物館開館式	238179	242039							
樂浪研究所	234041	235287	240035						
樂浪慰靈碑除幕式	242077								
樂禮	231725	231760	231777	231832	231882	231997	232049	232104	232169
	232223	232318	232365	232422	232479	232531	232579	232634	232692
	232743	232792	232837	232887	232933	232981	233037	233098	233155
	233211	233669	233727	233833	233869	233922	233964	234015	234059
	234105	234163	234222	234274	234320	234372	234430	234537	234571
	234891	234941	234982	235111	235175	235248	235303	235349	
安東	231712	231722	231814	231838	231867	231868	231888	232303	232305
	232312	232347	232349	232351	232352	232405	232421	232516	232561
	232670	232673	232795	232822	232974	232995	233079	233111	233203
	233209	233348	233390	233440	233604	233655	233673	234091	234141
	234154	234637	234729	234828	234833	234883	234965	235878	235969
	235970	236057	236383	236509	236590	236639	237172	237175	237406
	237444	237463	237618	237818	237855	238119	238217	238224	238306
	238343	238422	238449	238463	238485	238500	238659	238775	238802
	238931	239193	239241	239246	239388	239391	239400	239471	239474

	239478	239494	239495	239810	239817	240072	240101	240112	240363
	240723	240755	240794	241073	241112	241221	241224	241231	241409
	241512	241514	241616	241686	241704	241928	242100	242160	242324
	242408	242412	242528	242562	242580	242629	242736	242767	242860
	242888	243048	243106	243298	243390	243984			
安東柞蠶組合	231814								
安東電業公司	233079								
安東中	233203	237172	238119						
安東 青年訓練所	234637								
安東縣	235878	235970	236057						
安部磯雄 (代議士)	241793								
安全村(滿洲)	233573								
巖佐朝鮮憲兵 司令官	232768	235604	242063						
	231810	231818	231933	232156	232293	232421	233023	233089	233362
	233440	233555	233656	234416	234725	234925	235441	235684	235754
鴨綠江	235843	235928	236511	236536	236742	237269	237458	238125	238263
	238286	238772	238804	239033	239089	239435	239777	239898	239920
	240043	240125	240138	240634	241329	241348	241414	242545	243363
	243369	243615	243712						
鴨綠江鐵橋	235684	235928	239777	243363	243615				
愛犬	233227	237885	242361						
愛犬クラブ	233227								
	231803	231935	232139	232244	232416	233192	233350	233378	233542
	233701	233768	233910	233911	233957	234049	234170	234179	234431
愛國	234515	234538	235482	235484	235501	235731	235868	235891	235892
	236004	236045	236210	237786	238159	238399	238878	239039	239289
	239318	239410	240474	240763	241629	242186	243620	243642	243794
愛國機	231935	236004	236045	236210					
愛國滿洲號	235482	235501	235731						
愛國婦人會 愛婦	231803	232139	232429	234231	235212	236447	238159	238217	238735
	238935	238970	239008	239120	239162	243524	243537	244267	244436
愛國少年團	235892	240474							
愛國熱	234179	235868	235891	240763	241629	243794			
愛國運動	243620	243642							
愛國朝鮮號	233542								
	234684	235295	235616	235966	235990	236091	236402	236452	236498
	236509	236529	236575	236613	236635	236791	236803	237032	237192
野球	237315	237332	237424	237649	237810	237828	237878	238195	238228
	238287	238632	238748	239007	239127	239157	239293	239320	239348
	239368	239389	239404	239442	239467	239486	239491	239502	239522

	239533	239540	239564	239580	239603	239659	239671	239692	239709
	239731	239760	239783	239806	239813	239820	239830	239840	239852
	239864	239875	239886	239908	239930	239956	239983	240005	240020
	240255	240353	240370	240392	240428	240490	240546	240584	240678
	240715	240813	240887	240892	240910	241031	241305	241333	241352
	241508	241681	241855	242084					
野村調太郎 (高等法院判事)	234552	241938							
藥命市 (大邱)	242771	242791							
若松校	236384	237452	238373	243667	244271				
若松小學校	234623								
鰯油肥協議會	232190								
藥草增殖運動	233163								
養鷄	231715	233080	233105	233815	233988	234149	234785		
養殖場	234643								
養蠶	232007	232541	232686	236920	237300	237899	237921	238999	240462
	241065								
養蠶巡廻講演	232007								
漁民	233229	239308	241283	242904	243594	243623	243647	243660	244346
漁業家保護	235136								
漁業令	238858								
漁業組合	232273	232544	233931	237131	240017	240032	240459	243623	243647
漁村更生策	242588								
漁村救濟	232373	237229	239762						
旅 旅行	231712	231778	231810	231960	232029	232200	232319	232777	232800
	234003	234358	234373	234387	234447	234498	234568	234838	235086
	235104	235207	235257	235470	235563	235646	235792	235818	236143
	236284	236288	236304	236411	236620	236910	237139	237444	237463
	238004	239512	239532	240111	240292	240295	240573	240586	240727
	240759	240776	240801	241214	241354	242146	242349	243257	244236
	244252								
女工	232220	232260	233522	233589	235007	236720	237664	237748	237846
	240289	240487	240623	240647	241790	241811	242522	242539	242565
	244327	244583	244621						
女工罷業	233522	244583							
旅館	232777	234498	235086	235257	239512	239532	240295	240727	240759
	241214	243257	244236	244252					
女教員	235433								
女給	232760	232812	234064	234103	235036	235420	235623	236969	237583
	237610	238719	239233	239478	239494	239512	239599	239872	239883
	239992	240160	240937	241564	241753	241861	242612	243858	243892
女流歌手	243256	243289							

女性	232742	233093	233184	233208	233346	233639	233817	233913	233937
	234206	234752	235133	235188	235490	238878	239225	239388	241127
	242000	242296	242637	243282					
女性運轉手	239225								
麗水	233575	238430	240119	240132	240146	240221	240899	240925	241420
	241433	242761	242788						
麗水港	240146	240221							
旅順	234568								
女子棉作傳習所	235542	242531	242552	242637	242662				
女子蠶業講習所	234258								
女子靑年會	240928	240946							
女學校	232215	232249	232348	232390	232694	233673	234828	239184	239720
	243188	244027	244179						
女學生	232840	232961	233256	233281	233358	233707	233974	234233	234860
	238892	238926	239672	240054	240082	242065			
旅行座談會	234373								
驛	231740	232110	232161	232201	232213	232406	232455	232624	232680
	232859	232888	232903	233070	233085	233177	233200	233383	233395
	233491	233493	233590	233699	233882	233891	233909	233914	234151
	234467	234779	234850	235035	235240	235288	235340	235493	235747
	235775	235875	235919	235958	236056	236388	236490	237160	237413
	237440	237444	237463	237528	237856	237859	238126	238226	238309
	238328	238338	238366	238553	238619	238947	238948	239067	239098
	239678	239810	239817	239823	239833	240144	240324	240394	240658
	240683	240736	240793	240832	240861	240986	241000	241018	241049
	241086	241293	241462	241483	241662	241761	241897	241972	242001
	242062	242138	242657	242701	242816	242837	243200	243275	243361
	243744	243904	243941	244144	244159	244177	244186	244333	244337
	244360								
驛名標示板	241293	241662							
歷史文化	243436								
驛手採用試驗	232406								
演劇	235603	236625							
演藝會	234963	234972	234992	235212	236448				
煙草	231713	232159	232733	234569	234589	235785	236930	238296	241096
	241289	241894	243411						
煙草密耕	243411								
年賀郵便	243928	244063	244416						
年賀狀	231709	231733	231765	243732	244437				
延禧放送所	231844								
染色	231813	232031	232507	232548	232749	233299	233661	233861	234816
	235152	236414	238014	238068	239022	239094	239506	241002	241418

	241882	242236	243393					
染色方法指導	241418							
鹽田擴張	232301	233753	235437	237948				
英國人	240340							
寧邊署	238023							
寧邊農學校	239255							
迎日灣	231959							
永井十太郎 (釜山郵便局長)	235513							
永井威三郎 (總督府水原 農事試驗場)	239462							
永宗島	240159	240176						
映畫	232387	232473	232505	232657	232781	233286	233344	233735	233866
	234029	234409	234663	235241	235603	235758	236169	236574	236625
	236764	238383	238915	239024	239163	239338	239355	239429	239475
	239548	239686	239800	240004	240077	240129	240142	240362	240489
	240626	240673	240701	240763	240879	240903	241437	241532	242089
	242316	242340	242354	242513	242699	242770	243681	243751	243783
	243974	243994	244073	244085	244108	244382	244424		
映畫敎育	232387	240879	240903	244382				
映畫興行取締令	243974	243994						
永興農民 暴動事件	237606							
藝妓	233400	233447	235013	236015	236197	237103	238719	239410	239478
	239494	243309	243331	243999	244159	244441			
豫防注射	233830	234626	238984	239192	240119	240132			
藝術	239354	243225	243384						
藝娼妓契約	244028							
娛樂設備	233270							
玉蜀黍	231752	231871	232082	238998				
溫陽	232491							
溫泉	231889	232331	233024	235551	235938	236250	237745	238271	238655
	238683	239497	240710	242546	243098				
溫泉土産製作	233024							
玩具	231775	240378	240969	240988	241353	241907	242268		
外交官試驗	241911							
外國爲替管理法	236411	237235						
外人	231759	232259	234145	234990	237768	243577			
窯業	232031	232507	232548	234508	234522	235732	235915	237112	237454
	237755	238504	238618	240092	240938	241412	242516	243721	

窯業試驗場	243721							
窯業調査	242516							
窯業振興委員會	240092							
欲知島	240808	242121						
龍岡棉作出張所	243726							
龍頭山	235040	235066	235510	236173	237392	243552		
龍頭山公園	235040							
龍頭山廣場	243552							
龍尾山神社	234032	234081	235361					
龍山	232446	233470	233882	233904	234375	234879	235336	235772	235836
	235853	236196	236208	236427	236449	236486	236658	238298	238315
	238368	238962	239321	239734	240255	240650	241259	242620	242716
	242800	242821	244273	244299					
龍山病院	235772	236427	236449					
龍山部隊	241259							
龍山師團	233470	236486						
龍井	233504	233542	233664	233701	235046	236193	236227	236332	239192
龍井飛行隊	233542	236193	236332					
龍井村	233504	233701	239192					
勇退教員	235433							
牛島貞雄 (第十九師團長)	235023							
優良部落	232311	233321	234062	238156	242391			
優良兒	232693	233730	237624	237646	237711	237713	237727	238401	238828
牛疫	233354	233933	235301	235487	235533	235715	235838	235908	236066
	236107	236382	236468	236510	240166	241842			
宇垣一成 (朝鮮總督)	231704	231711	231726	231731	231998	232109	232319	232367	232426
	232714	233270	234065	234485	234701	235261	235632	235787	235812
	236158	236637	236657	237425	237510	237541	237562	237668	237686
	237717	237728	238301	238322	238496	238522	238561	238573	238603
	238631	238655	238683	238695	238911	238988	239528	239791	239851
	239863	240324	240620	240644	240705	240876	241455	241476	241557
	241633	241772	242017	242039	242074	242127	242704	243248	243295
	243387	243425	243588	243966	243990	244000	244160	244515	244528
	244550								
宇佐美勝夫 (滿洲國最高顧問)	233294							
郵便	231850	231875	232597	232640	232774	233025	233067	233360	233841
	234983	235429	235465	235513	235900	236703	237492	237510	237705
	237884	237977	238078	238154	238377	238391	238448	238469	238678

	238703	239063	239262	239428	239511	239648	239774	240197	240768
	240876	240882	241652	241667	241853	242659	243331	243473	243530
	243732	243827	243862	243928	244036	244060	244063	244143	244159
	244369	244416	244561	244567					
郵便局	231875	232597	232640	232774	234983	235429	235513	235900	236703
	237884	238678	239262	239511	239648	239774	240197	240768	240876
	243331	243473	243530	243732	243862	244143	244159	244561	
郵便所	233360	233841	237705	238154	238448	238469	240882	241652	241853
	242659	244369	244567						
郵便貯金	233025	241667							
郵便切手	237977								
郵便遞送線	231850								
運賃協定	237529	243646							
運轉手試驗	232505 232915								
鬱陵島	231891	234908	238691	241434					
蔚山邑事務所	234706								
雄基	235370	235376	235388	235488	236140	236168	238548	238569	240146
	240221	240233	240250	240831	240859	240877	240901	241420	241433
	241456	241477	241552	242916	243049				
元德漁業組合	243623	243647							
原邦造 (愛國生命社長)	238399								
元山	231771	231796	232327	232425	232570	232833	233185	233551	233658
	233705	233809	234090	234269	234311	234408	234464	234511	234512
	234530	234728	234832	234877	234931	234935	234976	235022	235379
	235381	235429	235710	236666	236679	236683	236721	237060	237266
	237321	237867	238172	238191	238341	238357	238502	238505	238530
	238558	238834	238899	239362	239934	239960	240041	240119	240132
	240306	240453	240630	241072	241076	241121	241161	241220	241645
	242427	242608	243109	243138	243161	243162	243189	243260	243417
元山高女	234311								
元山共進會	240306								
元山府立病院	234931	236666							
元山府會	234511	240453	242427						
元山商議所	233185								
元山 水産共進會	233658								
元山 移出牛檢疫所	243162	243189							
月蝕	238412								
慰靈碑	238179	240500	242039	242077					

慰靈祭	232621	233642	234411	234940	235002	235050	235311	236272	236299
	236416	236450	236588	237573	237635	237655	238179	238420	238428
	238663	238673	238943	239091	240842	241156	241255	241380	241700
	242389	242716							
慰問	231766	231810	232163	232253	232259	232279	232508	232515	232790
	232803	232874	232982	233082	233136	233176	233192	233256	233272
	233281	233315	233433	233562	233675	233705	233776	234154	234200
	234230	234231	234308	234352	234559	234613	234615	234752	234860
	234992	235004	235212	235357	235943	236211	236244	236275	236447
	236448	236779	237489	237583	237610	238604	239116	239624	239773
	240013	240028	242325	243078	243524	243537	244407	244430	
慰問金	232253	232279	232874	233192	233256	233272	233281	233315	233562
	233776	234200	234308	234613	234752	235357			
慰問袋	232982	234200	234860	236244	236275	236448	239624	244407	244430
衛生	231863	232402	232815	233030	233066	233134	233683	233696	233979
	233986	233987	233994	234897	234902	235071	235088	235872	236229
	236370	237448	237613	237909	237931	238148	239080	239135	239272
	239334	239371	239748	239799	240348	240542	240564	240608	240915
	240997	241312	241691	242947	242981	243044	243698	244344	244501
衛生模範部落	239135								
衛生部落	234897	235071	242981						
衛生施設	233134	239748	242981						
衛生試驗	233066								
衛生組合	237613	238148	240608						
衛生座談會	237909								
	237931								
衛生行政	243698								
流行性感冒 流感	234009	234022	243008	243469	243628	244142	244240		
柔劍道	238077	241929	243636						
遊廓	232338	232901	237375	241713					
柔道	235900	237476	237654	238672	239273	239452			
有馬良橘 (明治神宮々司)	232077								
流言蜚語	232854	233779	233886						
遊園地	233353	235507	237615	238340	240874				
幼稚園	232048	243312	243342	244533					
陸軍參謀本部	231776								
栗增殖獎勵	244012								
恩給法	234916	234984	236094	238090	239014	240153	240777	240802	240999
	241088	241992	242917						
恩給法改正	234916	234984	236094	238090	239014	240153	240777	240802	240999
	242917								

恩給負擔金 財政難	240473								
恩賜記念館	244602								
音樂隊復活	232730								
醫學講習所 醫講	232087 233430	232564 233773	232586 233951	233052 234004	233115 234251	233142 234275	233169 234377	233206 234650	233240 242128
醫療救急箱	241288								
醫師	231859 239332 242111 244341	232647 239849 242270	234744 239861 242579	235426 240040 242714	235540 240545 242818	235643 240659 242838	236941 240845 243434	239077 241808 244306	239216 241824 244311
醫師試驗	235540	241808	242579	242714					
醫師藥劑師 試驗	232647								
義捐金	232996 235766	234608 239021	234620 239158	234709 240198	234718 240636	234755 241193	234965 241315	235048 241334	235266 241721
議員選擧	232591 234407 235497 236327	232911 234414 235538 236587	233050 234603 235846 236610	233248 234771 235871 237286	233307 234775 235979 237974	233822 235254 236074 240280	233927 235327 236096 240607	234046 235401 236204 241090	234197 235476 236226
醫者	233180	234336	234849	236941	239018	243953			
醫專	232087 234809 235988 238241 241232 242485 243438 244465	232694 234826 236556 239046 241408 242506 243492 244518	234304 234952 236635 239079 241520 242582 243518 244553	234380 234999 236638 239482 241824 242666 244289	234405 235057 237013 240040 241995 242965 244311	234440 235233 237099 240545 242042 242992 244322	234518 235287 237316 240826 242161 243058 244341	234625 235831 237378 240854 242235 243070 244417	234650 235851 237424 240858 242247 243095 244431
醫專昇格 (平醫講)	232087	234625	234650	234826	234952	235287	239482		
義州高女校	241323	241342	241502						
義州農校	237459								
義州農學校	237971								
議會	231838 233326 234675 238495 241231 244286	232058 233398 234703 238855 241361	232136 234024 235001 238900 242608	232172 234126 235397 238923 242804	232190 234177 236345 239025 242831	232670 234338 236680 239272 243355	232778 234418 237428 239371 244083	232944 234433 237947 240299 244135	233219 234578 238089 241139 244165
李教植	231883								
伊達 (新京城府尹)	243817	243829	244020	244191	244195				

移動警察官	240191	240210						
伊藤博文 伊藤公	241318	241337	242432	242450				
伊藤哲一 (十九師團 軍醫部長)	243481	243507						
移民	233514	236740	236949	236973	237204	237774	237790	241319	241338
	241499	241685	242691						
理髪師試驗	232402							
李相協 (每日申報)	242415							
二十師團	231892	231979	232530	233600	233672	235604	236844	240121	240134
	241374							
李榮俊 (醫博)	234030							
李王家	242614							
李王殿下	235204	235399	235496	235518	235539	235634	235658	235679	235789
	235813	241294						
李王職	233484	234596	237202	238928	241827	242682		
李鍵公殿下	233159	243026	243454	243489	243904	243944		
李雲鵬 (茂山郡守)	235480							
裡里高女	238384							
李貞喜 (女流飛行家)	240178							
李朝時代	238022							
李埈公妃殿下	241212							
移出朝鮮牛	232467							
李恒九 (李王職次官)	241827							
人口	231985	232150	232297	232303	233143	233371	233763	233766	234570
	235544	235756	235969	236469	236904	237457	237465	239137	239615
人事行政	231998	232598	238466	243863				
人蔘	232521	234247	241427	241451				
印刷	232478	232503	232632					
人身賣買	239768							
仁川	231952	232011	232060	232386	232446	232490	232542	232545	232546
	232588	232701	232756	232840	232893	232956	232991	233044	233064
	233171	233209	233221	233328	233335	233377	233877	233884	234038
	234116	234180	234228	234229	234483	234542	234768	234859	234892
	234947	235138	235176	235178	235642	235696	235700	235723	235730
	235742	235829	235849	235903	236093	236351	236440	236445	236454

	236476	236488	236568	236617	236656	236699	236877	236890	236928
	236993	237031	237180	237248	237297	237880	238191	238261	238282
	238351	238854	238857	239232	239281	239443	239455	239572	239692
	239693	240434	240651	240876	240995	241185	241526	241999	242014
	242035	242053	242098	242500	242739	242754	243086	243224	243493
	243494	243550	243648	243745	243842	244551			
仁川開港 五十周年	232546	233044	240434	242035	242053				
仁川穀物協會	242739	242754							
仁川國防義會	235642	237880							
仁川 窮細民調査	235903								
仁川府民大會	233377								
仁川 商工會議所 仁川商議所	235742	236093	242053						
仁川水原間 電話線	243745								
日の丸	233306	233330	233554	234807	235074	243431			
日露戰	233717	234473							
日滿警備會議	232351								
日滿交通路	242804	242831							
日萬實業協會	240815								
日滿旅行	242146								
日滿親善	232270	235207	240604	242860	243565	243585			
日滿通信會社	241108								
日滿合辦 電業公司	231915								
日滿 航空路開拓	241971								
一面一校	231944	233486	234158	234290	234329	235432	240863		
日本	231715	231771	231796	231870	231982	232227	232405	232410	232536
	232626	232653	233225	233346	233952	234431	234459	234558	234576
	234853	234962	234997	235045	235091	235140	235391	235524	235702
	236185	236205	236227	236310	236529	236551	236849	236860	236939
	237061	237317	237341	237468	237624	237646	237713	238059	238775
	238802	239001	239050	239167	239822	239832	240489	240619	240634
	240643	241497	241609	241610	241666	241710	241731	241739	241793
	242078	242316	242339	242380	242594	242909	242933	242972	243056
	243114	243260	243662	243807	244023	244275			
日本文學研究會	239167								
日本文化涵養	242316								

日本語研究	235391							
日本赤十字社	242078							
日本精神作興	242339							
日本製氷會社	242972							
日本製糖	242594							
日本畵	241666	242380						
日佛修文條約 批準書寫	242533							
日鮮滿 産業交通	240877	240901						
一松定吉 (代議士)	240614							
日章旗	232938	237732	241240					
一次 共産黨事件	232020							
林業講習會	232291	237302						
林應九個人展	232291							
入學難	232562	234098	234582	234693	237270	242685		
入學兒童 身體檢査	232233							
入學優先權	243923							
アイスホッケー	231798	231837	231910	232237	232339	232486	244605	
アイヌ	240187	240206						
アマチュア 寫眞展	232076							
アメリカ	240011	240026						
アルミ	231999	232868	233249	233401	238908	238924		
アルミナ工場	232868	233401						
イエス敎	239013							
インテリ	231970	234937	235007	237113	243415			
インフレ インフレ景氣	231735 232926	231746 233089	231758 233486	232022 233989	232086 234241	232274 234525	232333 236903	232619	232752
ワクチン	237976							

ㅈ								
自警團	237011	240337	243936					
自給肥料增産	232878	233021						
自動車	231721	231744	232313	232494	232505	232856	233035	233178	233364
	233664	234113	234266	234475	234564	234594	234689	234888	234968
	234985	235063	235163	235195	235560	235729	236321	236340	236364
	236467	236770	237350	237428	238205	238315	238328	238480	238511
	238905	238937	238948	239074	239287	239336	239428	239827	239837
	240360	240367	240383	240427	240835	240862	240896	240923	241105
	241175	241325	241344	241593	241644	241830	242069	242098	242110
	242413	242693	242971	243003	243240	243363	243416	243429	243860
	244023	244044	244081	244279	244319				
自動車事業令	236467	240835	240862					
自動車運轉手試驗	232505							
自動車轉覆	232313	240896	240923	241593	242069	242971	243003	
自動車專用道路	241325	241344						
自力更生	232036	232176	232198	232257	233015	233163	233201	234067	234420
	234609	234642	234996	235105	235188	235218	235226	235392	235800
	237002	237351	237379	237404	237427	237447	237551	238936	239520
	239525	239695	240251	240478	240959	241240	241899	242000	242041
	242428	242535	243128	243544	243795	243832	244159	244499	
自力更生標語募集	240478							
自力更生會	233015							
慈山	235878	235918	236795					
慈生院	243764							
慈善音樂會	244070							
自衛團	231767	234670						
自作農	231780	232093	232459	232839	233521	233543	233967	234586	235182
	236378	237446	238317	239741	240213	241467	241488	242663	242885
	242945	243747							
慈惠醫	241308	241405						
蠶業	232130	232431	233107	233475	234161	234258	234606	235031	243389
蠶業傳習所	232130							
蠶業振興	234606							
腸チフス	231749	233231	233830	234626	237283	238984	243527	
腸チフス豫防注射	238984							
長谷部旅團	231712	231735	231778					
長崎醫大敎授	244371	244392						

連袂總辭職								
長瀨明治 (舊馬山驛長)	240324							
長白縣	235391	241269	241634	242241				
莊司巽 (二十九旅團 高級副官)	240344							
長津江水電	233541 243816	234208	236155	236182	236186	236206	236479	237049	242177
張徹壽 (朝鮮人最初 外交官合格)	241911							
張泰國	236110	241940						
張享弼	236972							
長薰普通學校	243784							
齋藤總理大臣	241969							
在滿同胞	231705	231727	232089	233099				
在滿同胞問題	233099							
在滿鮮農	233276	237218	237247	242931	242960			
在滿朝鮮人	237143	237204	242018	242905	242932	242959	242979	244353	244379
在滿朝鮮人 百萬の保護	242959	242979						
裁判所	232214	233119	241223					
災害復舊	241895	242758	242785					
在鄉軍人	234013	237005	243118	244502				
爭議	232333 236201 242174 244327	232998 236216 242224 244617	233589 237664 242245	233772 240289 242310	233915 241302 242514	234110 241586 242539	234497 241718 242565	234906 241739 243668	235116 241763 243796
爭奪	231806 238853	232745 238873	234471 240584	234624 241086	234770 241333	234879 241352	237875 241757	238031 241999	238440
赤痢	233284 240650	239432 240729	239481 240761	239510 240983	239630 241259	239720 241591	239849 241620	239861 242388	240372
赤本	240551	244046						
赤色	231898 233112 241446	231941 233800 242489	232227 235007 242511	232263 235277 243627	232288 239172 243658	232661 239388 244083	232784 239400 6244301	232935 240181	233034 241400
赤色テロ	232263	232288	233034	239388	239400			
赤色教育	244083	244301						
赤色勞組	232935	235007						
赤色農民	232661							

組合事件								
赤色農組 城津農組事件	243627	243658	243671					
赤十字デー	242884	242963						
赤十字病院	232505							
赤十字社	233159	241938	242078					
赤衛隊	232390	243414	243449					
赤禍	234640	244212						
赤化	231757	231898	231904	231941	232019	232196	232227	232263	232275
	232288	232300	232337	232390	232399	232503	232505	232553	232604
	232608	232645	232661	232736	232742	232784	232856	232934	232935
	233034	233061	233112	233159	233192	233208	233258	233274	233284
	233407	233694	233800	233850	233911	233957	234106	234455	234640
	234649	234668	234736	234753	234978	234983	235007	235029	235036
	235081	235097	235277	235360	235726	235814	236032	236241	236279
	236669	236852	236863	237238	237732	238220	238252	238378	238396
	238584	238975	238982	239051	239062	239143	239172	239388	239400
	239432	239481	239510	239590	239630	239684	239702	239720	239730
	239849	239861	239953	239979	240087	240181	240372	240497	240515
	240551	240650	240655	240729	240748	240761	240772	240983	241259
	241400	241442	241446	241521	241526	241591	241620	241650	241823
	241938	241964	241988	242065	242078	242091	242197	242262	242360
	242388	242489	242511	242884	242963	243312	243342	243343	243414
	243449	243627	243658	243671	243723	243750	244046	244083	244088
	244111	244183	244194	244212	244301	244328	244387	244515	244555
	244567	244596							
赤化工作	240497	240515						
赤化對策	244088	244111						
赤化運動	231904	232019	233112	241823				
全國 警察部長會議	235959	235981						
全國 師範校長會	241826							
全國中等野球	236402	240005	240020	240255	240353			
電氣料引下 電氣料金値下	236055	240439	240465	244178	244237			
電氣事業令	242557							
電氣事業施行 規則	241435							
電氣業令	242058							
電氣統制	232023	232208	232250	232824	232868	232969	233702	234517	234680
	235157	236108	236423	237900	237922	240279	240543		
電氣會社	231865							

電燈料金値下げ	232145							
電力不足	232461							
專門校	237041	237332	238632	242536	242549	242671	244472	244486
專門學校令	231853							
田邊教授 (平壤醫專)	240826	240854						
電報	231875	232570	233860	235098	241558	242060	242315	243813
電報値下運動	241558							
全北	232009	232056	233160	233686	233785	233798	233878	233880
	234296	234943	235074	235181	235187	235198	235385	235401
	235419	235498	235599	235689	235742	235783	235979	236074
	236346	236730	236759	237253	237287	237289	237300	237731
	238031	238044	238238	238251	238707	239169	239219	239799
	240479	240493	240563	240648	241049	241086	242994	243081
	243128	243382	243385	243431	243817	244432	244438	244492
全北穀物協會	238044							
全北道會	235401	237731	238031					
戰死者慰靈祭	235002	240842						
戰死者追悼會	231920							
傳書鳩	232264	238560	240616	240640	242460	242646		
全鮮	231858	232059	232152	232176	232218	232358	232375	232839
	233112	233163	233220	233299	233370	233645	233729	233785
	233842	233877	233879	233892	233927	233928	234074	234334
	234388	234439	234487	234495	234639	234751	235067	235110
	235129	235701	235720	235737	235860	235956	235979	235983
	236266	236502	236528	236589	236595	236609	236726	236762
	236801	236849	236860	236958	236980	237002	237013	237032
	237127	237173	237284	237290	237332	237337	237352	237367
	237380	237387	237389	237424	237476	237516	237595	237764
	238035	238106	238177	238195	238241	238386	238402	238850
	239101	239115	239157	239293	239320	239774	239902	239924
	240281	240295	240298	240308	240497	240515	240625	240649
	240715	240877	240901	241130	241167	241203	241214	241305
	241352	241363	241540	241555	241621	241659	241660	241828
	241899	241902	241908	241912	241995	242026	242115	242124
	242191	242231	242253	242266	242339	242345	242347	242360
	242376	242388	242456	242460	242515	242516	242542	242574
	242645	242650	242665	242704	242738	242746	242801	242823
	243166	243179	243191	243219	243403	243412	243427	243484
	243671	243759	243761	243780	243790	243793	243857	243866
	243995	244034	244076	244357	244380			
全鮮 スケート大會	232218							
全鮮銀行大會	236958	236980						

（注）「電報」行末列に 243835、「全北」第1行末列に 234294、「全鮮」各行末列に 233042・233793・234336・235121・236032・236777・237105・237378・237791・239021・240263・240678・241333・241859・242137・242367・242610・243142・243508・243884 を含む。

全鮮警官 射擊大會	240625	240649							
全鮮高普校長會	241828								
全鮮女子 オリンピック	241995								
全鮮 農業者大會	242731 243884	243142	243166	243191	243219	243270	243403	243427	243866
全鮮相撲 選手權大會	242124								
全鮮旅館組合	241214								
全鮮 軟式野球大會	240678	240715							
全鮮 幼兒愛護運動	234639								
全鮮 陸上競技聯盟	235067								
全鮮赤化	243671								
全鮮 酒類品評會	242231								
全鮮 中學校入試	232059								
全鮮 刑務所長會議	241902								
戰術練習	243737								
電信電話線	240176	241315	241334						
傳染病	232556 238705 239658 240650 244529	232806 238806 239747 241194	233284 239017 239799 241369	233505 239052 239935 241398	235555 239115 239938 241403	235938 239306 239961 242147	237667 239393 239964 243102	238214 239402 240608 243331	238431 239555 240632 244495
全日本 スキー選手權	231771	231796							
全日本 スケート選手權 (鴨綠江)	240634								
戰爭文學	232909								
電柱	233591	235913	236106	236124					
全州繁榮 座談會	233739								
畑俊六 (第十四師團長)	240410								

電車事故	232886								
電話	231716	231772	231788	231839	231875	232050	232061	232079	232108
	233047	233279	233618	234004	234133	234439	234708	235290	235444
	235492	235531	235804	235899	236054	236077	236289	236601	236611
	236632	236670	236832	237295	237344	237545	237563	237743	238197
	238285	238304	238447	238472	238483	238964	239121	239205	239248
	239511	239706	239751	239825	239835	239944	239970	240176	240254
	240433	240532	240555	240913	241303	241315	241317	241334	241336
	241705	241748	241749	241966	242392	242444	242604	242707	242851
	242883	242914	242937	243689	243745	243811	243838	244359	244389
	244461	244468	244487	244576					
電話線	235290	235492	235899	240176	241315	241334	241748	243745	
電興會社	232023	232403	233862	234517					
庭球	234973	234987	236452	236509	236613	236803	236995	237244	237290
	237612	237641	237878	239007	239234	239404	239452	240604	240887
	240910	241146	241203	242477	242495	242598	242626		
庭球大會	236613	236803	236995	239404	240887	240910	241146	241203	
靖國神社	234920	234944	234970	236272	236299	242238			
井上京城府尹	241848	243817	243829						
井上匡四郎子 (貴族院議員)	232077								
精神病院法	240253								
精神作興	242339	242376	242455	242704	242755	242778	243181		
精神的總動員	243785								
正義高普	243194								
偵察機	232964	235164	236004	238172	238191				
淨土宗	232048								
井戸	232954	238184	238541	240962	243029				
帝國教育會	242802	242828							
帝國飛行協會	241192								
帝國製麻	234786								
帝國學士院	233463								
除隊兵	234072	234091	234463	234669	235154	235201	235292	237632	242048
	243365	243617	243618	243859					
製錬所	242574	244482							
第十四師團	240410								
堤永市 (滿鮮專務)	236093								
弟一銀行	243922	243960							
製材工場	232160	232389							
濟州島	234640								
濟衆醫院	242510								

製叭	232158								
朝穀對鮮航運賃改訂問題	235924	235947							
祖國愛獻金	243759	243790							
造林計劃	235147	238930							
朝紡	242010	242242	243874						
朝紡東京出張所	242242								
繰絲工場	231868								
朝鮮	231704	231711	231715	231726	231731	231738	231771	231796	231856
	231866	231885	231886	231924	232013	232052	232173	232174	232177
	232187	232234	232244	232285	232309	232319	232327	232367	232414
	232467	232514	232524	232549	232561	232578	232583	232637	232638
	232654	232707	232746	232796	232826	232847	232850	232857	232880
	232889	233007	233114	233208	233212	233214	233292	233313	233324
	233337	233383	233413	233416	233465	233490	233500	233519	233530
	233542	233584	233620	233636	233639	233676	233678	233701	233707
	233764	233835	233845	233892	233901	233923	233925	233965	233978
	234014	234033	234109	234114	234128	234153	234161	234224	234231
	234257	234282	234301	234318	234337	234509	234553	234576	234652
	234699	234702	234806	234822	234849	234850	234857	234898	234975
	234976	234989	235007	235043	235077	235081	235144	235157	235189
	235207	235209	235212	235257	235353	235428	235490	235496	235513
	235558	235604	235638	235663	235673	235686	235691	235697	235748
	235777	235780	235830	235850	235855	235861	235863	235927	235928
	235943	236002	236027	236045	236093	236094	236101	236139	236167
	236183	236188	236204	236210	236215	236222	236251	236272	236299
	236330	236409	236411	236460	236512	236522	236530	236534	236544
	236549	236558	236571	236580	236608	236613	236633	236658	236672
	236692	236712	236768	236869	236882	236896	236909	236946	236951
	236975	236983	237009	237030	237078	237143	237204	237216	237217
	237219	237242	237290	237318	237331	237333	237457	237465	237488
	237511	237593	237603	237622	237624	237635	237646	237655	237711
	237741	237800	237810	237828	237849	237861	237874	237908	237930
	237979	237987	238029	238181	238195	238198	238202	238237	238305
	238351	238364	238426	238450	238471	238473	238476	238484	238496
	238501	238516	238522	238525	238527	238556	238569	238575	238599
	238627	238628	238637	238638	238642	238655	238671	238683	238689
	238714	238757	238790	238827	238896	238908	238921	238924	238926
	238937	238941	239064	239066	239118	239122	239127	239138	239144
	239157	239159	239161	239164	239176	239199	239206	239215	239258
	239328	239352	239354	239491	239537	239566	239580	239583	239602
	239603	239671	239692	239699	239709	239721	239731	239747	239760
	239783	239805	239806	239813	239820	239830	239840	239852	239864
	239875	239940	239966	240005	240020	240036	240037	240063	240064

	240100	240121	240126	240134	240139	240225	240278	240297	240307
	240324	240363	240369	240385	240398	240410	240431	240432	240464
	240484	240524	240533	240536	240556	240559	240572	240573	240614
	240659	240665	240667	240669	240673	240693	240695	240697	240701
	240727	240759	240763	240813	240826	240827	240854	240855	240879
	240883	240903	240906	240929	240947	240976	240992	241012	241040
	241155	241250	241253	241279	241285	241307	241362	241447	241514
	241519	241525	241534	241580	241603	241635	241638	241639	241646
	241654	241655	241669	241681	241698	241702	241729	241733	241783
	241802	241807	241824	241850	241882	241911	241938	241953	241963
	241975	242018	242020	242023	242027	242030	242035	242043	242054
	242063	242071	242084	242099	242116	242173	242191	242216	242217
	242229	242230	242232	242242	242253	242254	242266	242413	242476
	242494	242500	242517	242520	242544	242556	242559	242583	242586
	242587	242598	242610	242613	242618	242626	242643	242685	242691
	242692	242705	242730	242783	242802	242811	242828	242832	242872
	242879	242905	242932	242959	242972	242979	242993	243031	243097
	243117	243123	243125	243157	243180	243191	243197	243217	243222
	243312	243323	243342	243359	243425	243450	243481	243497	243507
	243509	243516	243524	243536	243537	243542	243546	243610	243620
	243635	243642	243687	243698	243722	243779	243808	243828	243924
	243949	243967	243991	244004	244027	244037	244069	244075	244233
	244247	244256	244273	244299	244309	244353	244355	244372	244379
	244385	244435	244457	244480	244515	244525	244601		
朝鮮山林大會	240929	240947							
朝鮮旅行	232319								
朝鮮人口	237457	237465							
朝鮮マッチ	234257	234282							
朝鮮建築會	235043								
朝鮮 競馬協會設立	239064								
朝鮮 經濟史研究	238525								
朝鮮警察官	231738								
朝鮮警察協會	235697								
朝鮮鑛業令 半島鑛業令	231869	231884	232796						
朝鮮鑛業 役員會	243097	243125							
朝鮮教育令 改正案	233925								
朝鮮教育會	235663	236549	236571	236951	236975	237078			
朝鮮軍	231886	232561	233620	234509	234699	235144	235604	235943	239583
	239602	239805	239940	239966	240121	240134	240324	240410	240432

	240573	240614	241603	241938	242242	242598	243425	243450	243481
	243507	243808	243828	244515					
朝鮮軍司令部	234699	241603	243481	243507	244515				
朝鮮軍越境部隊	243808	243828							
朝鮮軍 將兵慰問葉書	235943								
朝鮮弓	234806								
朝鮮金組聯合 設立委員會	240667	240695							
朝鮮耐寒 氷上飛行演習	232187								
朝鮮女性	233639	235490							
朝鮮勞働者	232234								
朝鮮農會	235855	236183	240669	240697	242230				
朝鮮陸上聯盟	235686								
朝鮮林檎	232514	241963	242811	242832					
朝鮮貿易	232174	233676	236409	237318	237331	238527	242027	242586	
朝鮮貿易促進展	242027								
朝鮮貿易協會	233676	236409	237318	237331	238527	242586			
朝鮮無煙炭	236330	236896	236909						
朝鮮物産協會	237800								
朝鮮美展 鮮展	236139	236167	236931	236978	237760	237786			
朝鮮米倉總會	242559								
朝鮮放送協會	233678								
朝鮮婦人 染色講習會	241882								
朝鮮産卵競進會	231715								
朝鮮商工聯合	242030								
朝鮮商銀	236093	240126	240139						
朝鮮商議	237849	238556	238569	238599	238637				
朝鮮神宮	231856	232847	233465	234652	234702	235353	236027	237635	237655
	238198	238351	238921	239580	239603	240883	240906	240976	240992
	241253	241638	241646	241681	241702	242043	242084	242173	242191
	242216	242217	242229	242232	242253	242254	242266	242583	242618
	243509	243536	243967	243991	244004	244525			
朝鮮神宮奉贊	241638	244004							
朝鮮神宮 野球試合	242084								
朝鮮新聞	243924	243949							
朝鮮信託	235513	236633	236672	237009	237030	238237	239066	239164	240385

	243542						
朝鮮信託預金	238237	240385					
朝鮮信託會社	239164						
朝鮮雅樂	238305						
朝鮮藥友會	235830	235850					
朝鮮牛	232467	235558	236188	236215	240533	240556	241279
朝鮮郵船 株主總會	242544						
朝鮮銀行 朝銀	232052	236220	236569	237499	237521		
朝鮮醫學會	237603	237622					
朝鮮人雇傭計劃 (滿鐵)	237979						
朝鮮人 巡査試驗	232654						
朝鮮人 人體基準研究	240826	240854	241635				
朝鮮人靑年	232244	237593	242783				
朝鮮人靑年團	237593	242783					
朝鮮人 靑年團統制	237593						
朝鮮自動車 交通事業令	242413						
朝鮮自治	242023						
朝鮮貯蓄銀行	231924	240665	240693				
朝鮮朝日會	242116						
朝鮮證券	234976						
朝鮮地方選擧 取締規則	234553						
朝鮮鐵道局	234301						
朝鮮體育協會 朝鮮體協	232637	233337	234857	235209	240572	242266	
朝鮮總督	231704	231711	231726	231731	232367	238496	238522
朝鮮土地重役會	243687						
朝鮮統治講習會	237333						
朝鮮海事會	241975						
朝鮮海上 從業員赤化	233208						
朝鮮海峽	233292						
朝鮮憲兵隊	234014						

朝鮮火災保險	234822							
朝鮮化學會	235043	243157	243180					
朝郵	239377	240916	242807	242834				
朝運	237676	237698	239667	240244	240256	242550		
朝運會發會	240244	240256						
朝窒	232517	234208	234212	237442	238893	239660	244415	244581
朝鐵總會	236047	236081						
卒業	231950	232329	232564	232703	232987	233115	233147	233175	233184
	233206	233430	233610	233732	233738	233836	234130	234249	234251
	234330	234521	234623	234722	234729	234777	234809	234828	234889
	234952	235022	235145	235185	235233	235434	236048	236664	237520
	237825	238849	240040	240545	241001	241323	241342	241824	243722
	244311	244341	244472	244486					
卒業式	233738	234130	234330	234521	234722	234729	234777	234828	234889
	234952	235022	235145	235233	235434				
宗敎	234017	239013	242635					
宗敎改革運動	239013							
從軍願	232244							
左傾敎員	244088	244111						
佐伯多助 (上海總領事館)	231804							
佐世保 鎭海往復飛行	242943							
左翼思想宣傳	234034							
佐仲才一郎 (元山移出牛 檢疫所長)	243162	243189						
周防正孝 (小鹿島 慈惠醫院長)	241312	241405						
珠算競技會	234913	237196						
周波數調整	232350							
中國	233828	238579						
中等校 中等學校	232423	232562	232619	232791	232799	233399	233650	233836	234051
	234130	235112	235153	236402	236498	237367	237389	237810	237828
	238306	238443	238596	238956	239271	239466	241681	242346	242921
	242975	243022	243130	243303	244029	244066			
中等校職員整理	234051							
中山隆禮 (大邱憲兵分隊長)	240410							
中山福藏 (辯護士)	240614							

中性男	241765								
中央高普校	242658								
中央基督 青年會	238113								
中央卸賣市場	233167								
中央線	241799								
中央電話局	231716	237295							
中原史郎 (鎭南浦府尹)	242739	242754							
中樞院	232051 237829 239737	232078 239117 240344	232948 239289 242451	235070 239318 243325	235205 239581 243349	236000 239604	236019 239621	236700 239645	237811 239710
中樞院 施政研究會	239117								
中華人	242098								
增産獎勵	235281	242137							
支那	231916 236744 241640	232869 238733 242168	233243 239220 242974	233565 239721 243321	233926 239777 243344	234186 240051 243601	234323 240491 243778	234784 240524 243779	235927 240612
支那語	231916	232869	233243	236744					
支那語講習會	232869								
支那人	233926 243321	234186 243344	234784 243601	235927 243779	238733	240051	240491	240612	242974
池內勝太郎 (鎭南浦警察署長)	241118	241153							
地方改良 講習會	232577								
地方放送局	242540								
地方費	231836 232843	231922 241015	232027	232294	232465	232558	232610	232627	232769
地方稅整理	242532								
地方振興	232675	232913	234831	237957	241793				
地方振興 委員會	232675								
地方振興會	232913	237957	241793						
知識階級	232013								
池田濟 (警務局長)	233005 239178	233921 239462	234073 241958	234099 243481	235557 243507	237352 243514	237380 243564	239041 243584	239110 243607
地震	232243	234228	235705	239426	239458	243205	243244		
紙幣僞造團	242086								
職業婦人	232694	232880	232910	233586	233762				

職業紹介所	232055	232249	232329	232827	233083	233431	234026	234937	236453
職紹	236559	243734							
職業指導	243500								
職業學校	231807	233786	234585	238996					
職業學校教員 講習會	238996								
鎭南浦	231747	231756	231876	231972	232035	232064	232145	232202	232204
	232205	232344	232407	232415	232465	232560	232609	232627	232720
	232725	232739	232744	232777	232919	232960	232965	232971	233135
	233183	233323	233774	233868	233942	233944	234053	234057	234063
	234211	234313	234357	234421	234462	234611	234746	234792	234841
	234873	235093	235109	235244	235290	235291	235294	235334	235562
	235572	235790	235885	235918	236014	236238	236461	236587	236637
	236646	236730	236784	236873	236886	237011	237064	237149	237207
	237213	237259	237267	237398	237594	237763	237765	237907	237929
	238266	238300	238342	238403	238444	238666	238670	238672	238724
	238749	239009	239235	239348	239368	239477	239553	239595	239597
	239618	239865	239876	240116	240123	240136	240163	240232	240277
	240303	240334	240749	241071	241153	241157	241268	241469	241490
	242278	242739	242754	243093	243206	243362	243370	244027	
鎭南浦 林檎運賃特割	234462								
鎭南浦産組	232202	233942	240277	240303					
鎭南浦 商工學校	234792	237594							
鎭南浦商工學校 讀書會事件	234792								
鎭南浦署	232204	239865	239876	240116					
鎭南浦 沿岸貿易地帶	241071								
鎭南浦電氣	231876	231972							
鎭南浦港	232035	232064	232205	232344	232609	232960	236461	236637	237207
	238266	238403	240232						
進明女	243384								
震災	234492	234608	234613	234620	234709	234755	234757	234965	235048
	235266	240436	240959	241089	241242				
震災記念日	240959	241089							
震災義捐	234492	234608	234620	234709	234755	234757	235048	235266	
震災義捐金	234608	234620	234709	234755	235048	235266			
晉州	231736	232444	232606	232701	232941	233221	233421	234116	234332
	234593	234763	234852	235271	235322	235512	235644	236576	236656
	236801	238186	239455	239572	240019	240034	242169	244302	
晉州農校	242169								

晉州泗川靑訓	244302								
晉州署	232606								
鎭海	232543	232714	233794	234229	234811	234945	234993	235215	235224
	235311	235458	235502	235550	235552	235723	235902	235904	235993
	236161	236246	236351	236447	236458	236538	236576	236660	236835
	237202	237253	237290	237292	237560	238193	238244	238282	238580
	238741	238822	238857	238989	240017	240032	240129	240142	240171
	240185	240572	241780	242375	242806	242827	242943	243077	243386
	243607	243783	244249	244257	244336	244582			
鎭海要港	232714	233794	237253	238244	238822	238857	242375	243607	244336
鎭海靑訓	244257								
鎭海海軍病院	244582								
鎭海海員養成所	232543								
質屋	232999	234185	235178	235587	236568	237742	239111	240224	241595
	242697	243550	243601	243648	243749	243921			
徵兵檢査	236837	237223							

ㅊ								
借金地獄	242904							
參拜拒否事件	242280							
昌慶苑	235408	235463	236207	236307	237233			
昌慶丸	240018	240033						
昌寧	243028							
昌德宮	234596	235452	241964	242149				
彰德普通校	241113							
昌城警察署	242424							
昌原郡	233643	242040						
叺增産計劃	233988							
川口利一 (總督府 衛生課技師)	236370	239080						
川島義之 朝鮮軍司令官	232426 237234 241761	234431 238381 241938	234664 238446 242157	235088 238470 243901	235516 239534	235536 239583	235557 239602	235604 239773	237202 241678
天安金組	231846							
天然記念物 保存令	240145	242521						
天然痘 痘瘡	231937 233510 233825 234296 234596 235109 235650 236314 236784 238183 241865	232496 233515 233845 234335 234632 235129 235766 236396 236874 238729 241873	232952 233641 233919 234366 234688 235170 235838 236397 236887 239337 241936	233000 233671 233934 234388 234692 235173 235859 236445 237011 239575 242114	233062 233683 233979 234395 234698 235313 235997 236515 237197 240769 243341	233204 233722 234078 234423 234766 235345 236037 236568 237328 241592	233340 233723 234124 234447 234818 235471 236083 236646 237536 241641	233451 233748 234189 234480 234844 235494 236153 236714 237706 241784	233473 233798 234237 234500 234983 235574 236238 236730 237783 241795
天然氷採取 (大同江)	232258							
天主教	242473	243217						
天津栗	243092							
天晴地明會	233344							
鐵道	231781 232951 233736 233979 234939 235747 236119	231995 232983 233752 234000 234973 235774 236196	232305 233036 233798 234028 234987 235776 236208	232374 233063 233804 234174 235122 235792 236220	232511 233111 233806 234215 235133 235814 236232	232750 233351 233808 234256 235240 235818 236313	232798 233407 233836 234301 235296 235823 236325	232840 233439 233870 234850 235340 235861 236443	232919 233704 233960 234866 235371 236017 236459

	236479	236501	236521	236541	236570	236629	236721	236725	236766
	236772	236773	236803	236844	237116	237121	237145	237192	237370
	237378	237424	237516	237612	237985	238117	238221	238382	238501
	238505	238516	238548	238569	238596	238607	238907	238948	238989
	239055	239065	239109	239168	239187	239340	239347	239357	239373
	239569	239629	239806	239813	239820	239830	240191	240210	240264
	240366	240386	240461	240552	240565	240580	240600	240661	240689
	240778	240803	240813	240891	241030	241268	241293	241379	241605
	241688	241719	241721	241722	241743	241745	241819	241977	242118
	242482	242503	242538	242558	242566	242608	242609	242638	242640
	242720	242729	242747	242846	242856	242915	242973	243134	243210
	243239	243271	243295	243545	243567	243569	243706	243837	243890
	244238	244300	244435	244526	244554	244562			
鐵道ホテル	236220	243837	243890	244238					
鐵道局	231781	232840	232919	233111	233351	233439	233736	233752	233804
	233836	234028	234174	234215	234301	235122	235240	235296	235340
	235747	235776	235792	235818	235861	236119	236196	236208	236313
	236325	236443	236459	236501	236521	236541	236570	236721	236844
	237378	237516	237985	238221	238382	238907	239373	239569	240366
	240386	240461	240778	240803	240813	241293	241605	241722	241745
	241977	242558	242720	243295	244526				
鐵道局大異動	241722								
鐵道事故	233036								
鐵道從業員	244562								
鐵路公立小學校	243784								
鯖	231802	232184	232273	238041	240325	240346	243036	243054	243075
	243230	244017	244259						
青年	232065	232163	232244	232571	232767	232801	233267	233321	233422
	233520	233695	234035	234170	234291	234312	234391	234637	234800
	234817	234996	235543	235546	235695	235816	235831	235851	235852
	235943	236663	236839	237332	237345	237593	237649	237793	238035
	238077	238113	238176	238200	238321	238350	238356	238425	238587
	238849	239031	239143	239204	239216	239537	239545	239566	239681
	240069	240197	240218	240412	240527	240549	240563	240928	240946
	241154	241526	241800	241839	241899	241999	242355	242783	242904
	243328	243620	243642	243722	244364				
青年團	232767	232801	233321	233520	234800	235943	237332	237593	237649
	238035	238200	238321	238425	239537	239566	240069	240218	241999
	242783	243328							
青松郡	233060								
清水圖書課	233537								
清雲公立普通學校	243784								
清州	231782	231852	231952	232189	232191	232982	233275	233421	234286
	234332	234705	234892	234945	235176	235368	235512	235644	235771

	236085	236163	236256	236351	236488	236617	236753	238151	238282
	239526	239739	239987	240280	240517	240522	240607	242623	243483
	244574								

淸州學校組合	240522								
淸州學議	240607								

淸津	231879	232215	232224	232932	233012	233363	233601	234061	234468
	234562	234565	234567	234979	235483	236134	236870	236883	236963
	236974	237323	237361	238548	238569	239034	239051	239150	239302
	239322	239347	239683	239686	239717	240415	240589	240877	240901
	241154	241656	241718	241732	241771	242013	242062	242097	242159
	242315	242769	242859	242916	243451	243465	243662	243706	243874
	243975	243977	244146	244170					

淸津貿易	231879	234562	239347						
淸津女學校	232215								
淸津鐵道病院	243706								
聽取者	232441								
靑鶴洞	242214								

靑年訓練所	233113	233471	234053	234637	235236	237543	239490	243168	243487
靑訓所	243692	243693	244257	244302					

滯納者	231742	232199							

遞信局	232208	232845	235013	235106	236108	236190	236209	237295	238351
	238382	238667	238692	238906	239465	239871	239882	242319	243090
	243679	243709	243736	243817	243829	244178			

遞信省	241976								
體操指導 研究會	243439								
初等校 教員試驗	242988								
初等教員 講習會	234653	240860							
初等教育 研究會	242855	242878							

初等學校	231810	232693	234202	234330	234521	235433	235682	236144	238990
	239894	239916							

草梁	232228	232602	236705	238695	239217				

總督府	231706	231734	231770	231804	231807	231863	231890	231913	231946
	232276	232282	232427	232430	232454	232533	232580	232618	232641
	232656	232716	232755	232770	232839	232859	232868	232894	232895
	232984	233005	233052	233074	233075	233158	233321	233370	233729
	233899	233986	234035	234192	234289	234368	234434	234505	234756
	234822	234858	234918	235351	235425	235754	235921	235937	235952
	235987	236019	236052	236076	236098	236122	236183	236184	236370
	236373	236471	236487	236545	236573	236699	236725	236773	236814

	236842	236963	236974	237051	237077	237167	237182	237336	237496
	237513	237649	237718	237736	237784	237908	237930	238399	238453
	238467	238503	238520	238548	238562	238569	238574	238630	238656
	238713	238742	238785	238816	238853	238873	239062	239065	239080
	239158	239462	239647	239771	239955	239981	240094	240274	240296
	240331	240349	240423	240435	240451	240481	240539	240542	240562
	240564	240996	241062	241084	241140	241297	241309	241405	241501
	241520	241528	241782	241793	241849	241857	241875	241927	241952
	241958	241968	241990	242005	242015	242046	242096	242137	242165
	242177	242188	242209	242331	242417	242571	242574	242722	242736
	242755	242760	242778	242784	242930	242957	243044	243074	243090
	243270	243404	243519	243815	243817	243829	244310	244331	244356
	244386	244460	244485	244515	244524	244575	244600		
總督府 官制改正	235921	235937							
總督府警務課	231804	241793							
總督府警務局	233899	239462	240274	240296	241793	241958	242930	242957	243090
總督府觀測所	240996								
總督府 明年度豫算	238630	241062	241084	244310	244331				
總督府博物館	232282								
總督府法務局	234192								
總督府保安課	233005	233986	242571						
總督府釜山 水産試驗場	234505								
總督府辭令	232430	234858	236052	236076	236098	236122	236471	236487	236545
	236573	237051	237077	237167	237182	237496	237513	237718	237736
	240094	240331	240349	240423	240435	240451	240481	241140	241309
	241501	241528	241782	241849	241875	241927	241952	241968	241990
	242015	242165	242188	242760	242784	244356	244386	244460	244485
	244600								
總督府獸疫 血清製造所	239955	239981							
總督府水原 農事試驗場	239462								
總督府衛生課	231863	233986	236370	239080	243044				
總督府 人事異動	243817	243829							
總督府 土地改良課	234822	241405							
總督府學務課	231946	232768	234803	235952	236726	236762	237363	237399	237429
	243253	243722							
總動員	232176	233358	233845	233877	234196	235136	236345	236792	238121

238366	238402	238948	240355	240586	241533	242704	242741	243217
243554	243680	243785	243916	243942				

銃砲火藥取締講習	243714								
萩山秀雄 (京城圖書館長)	243481	243507							
萩原 咸南道知事	240358	240118	240131	240502					
蹴球	234739	234756	237105	237127	237284	237290	237378	237424	241128
	241508	241554	241973	242454	242772	242792			
畜産技術	235125								
畜牛	231812	234933	236792						
蓄音器	234778	237356	237388	244357	244380				
春川	232189	232243	232490	233055	233275	233380	233421	233885	234705
	234892	234945	235033	235215	235322	235512	236212	236458	237127
	238351	239487	240119	240132	240230	240248	241038	241133	243501
	244217								
春川校閉鎖	241038								
出初式	231722	231728							
出版警察	240059								
忠南	231732	232491	234321	234641	235538	236117	236204	236352	236610
	236656	236831	237086	237128	237189	237289	237467	237789	237796
	237842	238108	238578	238740	238799	238989	239171	239224	239491
	239869	239880	240480	240765	241130	241187	241296	241515	241930
	242347	242479	242497	242768	242787	242874	243072	243127	243171
	243636	243681	243709	243736	243817	244168	244172		
忠南道 忠清南道	231858	232839	234641	235538	235579	235979	236117	236204	236352
	236610	236656	236810	236826	236844	237189	237289	237479	237789
	237842	238196	239158	239224	240765	241187	242348	242768	242787
	242874	243072	243589	243681	243817	243888			
忠南道農會	239224								
忠南道議	234641	235538							
忠北道	236525	236758	237691	238196	238577	238736	242217	242391	
忠北評議會	232172								
忠魂碑	233758	233811	234465	235283	236552	236746	239045	239130	239543
	241413	243209	243972						
就職難	232910	233913	234174	234574	234595	234809	238167		
就職斡旋	231950	244163							
就職戰線	233322	233836	234849	235122					
就職地獄	234026	243017							
就學難	243640								
就學兒	231961								

測候所	232127	234655	239261	240119	240132				
齒科校醫會	244062								
齒科試驗	242123								
治安維持法 治維法	232630	234534	234638	235820	236913	244149			
針替理平 (平壤府圖書館長)	240344								
チフス	231749	233231	233284	233640	233830	234626	234848	235838	235859
	236730	236911	236992	237174	237283	238984	238997	239192	239510
	239630	239809	239816	240127	240140	240372	240441	240632	240978
	241472	241493	242388	243370	243496	243527	243851	244258	244496

ㅋ									
カナダ 國有鐵道	242720								
カフェ	232751	233498	234796	235623	235995	236916	237375	237449	238722
	238975	239278	239474	239752	240356	240606	241248	241260	241817
	242798	243042	243415						
キネマ	233519	236625							
キリスト教	233225								
クリスマス	244162	244540							
クリスマス サンタ爺さん	244162								
ケーブルカー	233353								
コカイン	241608								
コレラ	236468	237411	237555	238232	239849	239861			

E								
卓球	234138	235034	237284	237641	238477	242191	242253	242266	242671
卓球大會	234138	237284	237641	242191	242253	242671			
託兒所	234160	236985	237050	237074	238159	240393	243795		
台灣	235638	241796	242023	242135	243609	243734	244585		
台灣米	242135								
太平ゴム怠業	233614								
太平洋横斷	244042	244080							
土幕民整理	241189								
土木談合事件	234530	234656	234788	234886	235198	235346	235449	241101	242523
	242553	242638	242696	242733	242744	242894	243006	243024	243290
土木出張所	231970	232454	233074	236686	237256				
土地改良	232063	234822	235548	236580	238453	238467	238597	238626	241405
	241708								
土地改良會社	241708								
土地收用令 收用令	235443	235940	237640	237692	238206	241325	241344	242177	243816
通信員	240899	240925	242571	242594					
統營	232066	234437	234593	234705	234852	234892	235215	235400	235410
	235545	236990	237576	237744	237831	239946	239972	242389	242940
	243167	243598	243645						
統營神社	242389								
統營邑	235400								
退職恩給	235165								
特高警官	232553								
特産品	231773	235987	236061	237057	243179				
タクシー	233468	244542							
トラック	232836	232840	234503	234579	234787	234820	235117	235168	236751
	237281	238366	238776	238891	238978	239023	239527	240987	241353
	241791	243505	243913	244326	244351	244566			

Ⅱ								
罷業	233522	233589	234343	234813	234863	235443	236290	236312	237748
	237846	239311	239361	239514	239667	240245	240470	240487	240578
	240598	240623	240647	241650	241710	241739	241790	242068	242085
	242196	242275	242312	242465	242509	242522	242539	242599	243016
	243150	243151	243186	243212	244583	244621			
八木信雄 (總督府 警務局事務官)	239462	241793	241897						
片倉鑛業所	238962								
平高女	231762	232829	234889	242770	242857				
平南 平安南道	231763	231770	231773	231807	231824	231866	231871	231874	231921
	231928	231979	231986	232022	232027	232036	232078	232085	232086
	232093	232096	232198	232292	232297	232311	232356	232358	232407
	232414	232417	232466	232471	232507	232548	232557	232558	232576
	232610	232611	232629	232726	232769	232776	232789	232813	232863
	232911	232923	233010	233011	233183	233209	233248	233249	233307
	233351	233398	233399	233449	233487	233488	233498	233505	233507
	233552	233557	233560	233563	233597	233603	233644	233650	233652
	233710	233765	233769	233770	233775	233805	233812	233822	233828
	233832	233851	233852	233854	233905	233919	233942	233955	233956
	233988	233995	234041	234051	234166	234197	234217	234261	234262
	234265	234309	234315	234414	234415	234418	234425	234507	234603
	234626	234667	234675	234771	234839	234840	234844	234888	235044
	235051	235090	235147	235152	235254	235301	235327	235342	235344
	235348	235430	235433	235442	235476	235489	235558	235568	235574
	235606	235613	235709	235756	235788	235790	235806	235828	235838
	235908	235961	236003	236007	236096	236097	236107	236225	236229
	236266	236382	236436	236445	236477	236583	236587	236588	236630
	236645	236648	236654	236681	236684	236743	236744	236792	236810
	236813	236826	236868	236873	236881	236886	236894	236903	236905
	236907	236911	236959	237012	237110	237111	237148	237209	237220
	237257	237316	237325	237363	237373	237397	237408	237445	237450
	237498	237553	237584	237595	237642	237725	237771	237823	237825
	237848	237871	237898	237904	237926	237944	238000	238001	238015
	238019	238211	238272	238280	238307	238308	238312	238415	238452
	238498	238513	238547	238560	238711	238754	238755	238760	238817
	238836	238875	238938	238960	238965	238980	238981	238999	239008
	239014	239037	239041	239042	239134	239139	239141	239182	239188
	239189	239236	239252	239346	239359	239425	239430	239476	239488
	239499	239500	239541	239565	239674	239726	239766	239808	239815
	239894	239916	239935	239961	239989	239999	240052	240088	240092
	240096	240144	240145	240150	240193	240234	240235	240238	240273
	240368	240371	240419	240462	240466	240671	240699	240733	240785
	240841	240843	240890	240928	240938	240946	241019	241053	241114
	241219	241361	241365	241463	241470	241473	241484	241491	241494

	241543	241551	241602	241639	241770	241774	241785	241805	241854
	241884	241897	241900	241967	242000	242019	242047	242267	242321
	242378	242433	242475	242492	242554	242576	242588	242724	242854
	242871	242902	242917	242918	242973	243013	243059	243093	243102
	243104	243147	243193	243297	243308	243310	243417	243457	243527
	243529	243571	243578	243621	243706	243718	243721	243726	243766
	243789	243856	243874	243917	243980	244027	244041	244133	244179
	244181	244277	244282	244303	244313	244317	244408	244410	244463
	244467	244488	244536	244571	244572	244625			
平南江東金組	244625								
平南絹織物	242378								
平南警察部 騎馬隊	243147								
平南 工業試驗所	238754	240052	240419						
平南金組	234425	235709	236097	237209	238001	240096	243856		
平南金組聯合會	235709								
平南農村 振興委員會	231921								
平南道	231807	231928	232027	232085	232096	232297	232414	232471	232610
	232611	232629	232911	233011	233307	233398	233399	233644	233650
	233769	233805	233851	233942	233988	233995	234197	234217	234414
	234418	234603	234675	234771	235051	235147	235254	235327	235430
	235489	235558	235568	235574	235606	235613	235756	235790	235806
	235828	235838	235961	236007	236096	236225	236266	236382	236583
	236587	236588	236630	236645	236654	236681	236684	236744	236813
	236873	236886	236894	236903	236905	236911	237111	237148	237363
	237373	237397	237450	237498	237553	237584	237595	237642	237771
	237825	237904	237926	237944	238019	238211	238307	238308	238312
	238875	238960	239014	239037	239041	239134	239139	239141	239182
	239188	239346	239425	239430	239476	239488	239500	239989	240145
	240234	240466	240843	241114	241463	241484	241897	241967	242267
	242321	242576	243093	243308	243578	243706	243718	243726	243766
	243789	244027	244133	244282	244303	244408	244463	244488	
平南道教育會	231928								
平南道陶土調査	240843								
平南道評議會	233398	234418	234675						
平南線	231866	232417	233351	233652					
平北道農務課	242264								
平北漁組	232728								
平安デパート	231762	236514							
平壤	231718	231722	231747	231748	231750	231751	231753	231754	231758
	231762	231764	231807	231808	231813	231817	231828	231830	231872
	231880	231914	231917	231924	231969	231970	231976	231977	231979

231982	232029	232031	232033	232034	232081	232082	232083	232084
232090	232142	232147	232161	232199	232210	232213	232217	232219
232249	232250	232254	232257	232264	232267	232270	232298	232304
232309	232310	232354	232360	232361	232369	232400	232407	232455
232462	232474	232513	232518	232519	232562	232563	232567	232569
232570	232619	232624	232671	232677	232680	232715	232741	232770
232775	232823	232827	232830	232859	232860	232875	232876	232910
232964	232970	232975	233008	233024	233030	233073	233074	233075
233083	233085	233088	233115	233143	233193	233202	233238	233239
233240	233245	233246	233247	233253	233277	233299	233300	233311
233355	233388	233401	233431	233434	233435	233440	233441	233443
233447	233493	233500	233501	233530	233546	233556	233558	233598
233599	233605	233607	233609	233628	233634	233648	233649	233651
233657	233666	233699	233757	233761	233772	233820	233821	233830
233850	233856	233861	233864	233865	233871	233902	233909	233913
233916	233951	233953	233960	233961	234040	234041	234048	234054
234064	234096	234100	234150	234196	234198	234202	234206	234213
234215	234250	234251	234259	234263	234275	234302	234304	234314
234345	234346	234359	234365	234380	234402	234405	234407	234417
234455	234459	234467	234469	234471	234508	234509	234518	234523
234618	234625	234650	234671	234673	234682	234683	234737	234739
234741	234742	234746	234756	234775	234779	234787	234826	234830
234837	234879	234881	234894	234922	234926	234927	234934	234940
235010	235012	235028	235047	235048	235053	235057	235058	235089
235095	235098	235108	235110	235126	235146	235151	235158	235173
235229	235236	235240	235243	235280	235282	235284	235287	235288
235332	235340	235345	235375	235380	235381	235431	235440	235443
235477	235488	235490	235493	235494	235517	235559	235560	235562
235567	235570	235571	235607	235611	235614	235623	235624	235629
235660	235673	235699	235704	235710	235711	235743	235745	235747
235748	235749	235750	235751	235755	235770	235790	235794	235795
235796	235797	235798	235803	235809	235829	235831	235842	235851
235872	235875	235878	235883	235884	235915	235918	235920	235922
235923	235929	235930	235958	235962	235970	236002	236003	236004
236008	236009	236015	236050	236056	236057	236101	236105	236136
236144	236149	236153	236194	236200	236222	236226	236227	236230
236231	236234	236237	236260	236273	236278	236282	236286	236287
236288	236289	236292	236293	236304	236323	236324	236327	236334
236338	236372	236377	236384	236386	236387	236388	236429	236431
236463	236465	236470	236473	236505	236506	236508	236514	236542
236547	236556	236558	236559	236560	236563	236582	236596	236631
236635	236638	236642	236650	236677	236687	236735	236737	236780
236783	236789	236793	236816	236848	236856	236859	236867	236873
236886	236895	236899	236965	236966	237002	237004	237007	237013
237049	237054	237055	237057	237061	237098	237099	237101	237112
237119	237150	237159	237160	237163	237174	237180	237211	237221
237255	237256	237267	237273	237274	237314	237316	237328	237353

237354	237355	237358	237362	237409	237444	237452	237455	237503
237544	237547	237585	237600	237608	237617	237629	237633	237640
237658	237712	237721	237722	237723	237755	237759	237779	237812
237827	237849	237850	237856	237857	237866	237946	237951	238009
238011	238055	238070	238129	238133	238178	238192	238210	238215
238219	238222	238226	238265	238304	238310	238311	238338	238339
238340	238344	238366	238370	238371	238372	238449	238454	238460
238492	238504	238506	238507	238552	238554	238571	238598	238618
238660	238661	238678	238716	238719	238720	238729	238755	238759
238766	238821	238838	238879	238883	238892	238925	238932	238961
238969	239035	239036	239040	239046	239048	239079	239082	239084
239090	239093	239096	239103	239129	239136	239146	239149	239179
239180	239184	239186	239247	239248	239291	239293	239299	239311
239320	239354	239396	239416	239418	239423	239424	239432	239464
239471	239482	239509	239510	239511	239515	239555	239560	239586
239587	239592	239622	239630	239634	239678	239680	239682	239711
239712	239715	239718	239728	239729	239732	239768	239772	239806
239813	239820	239824	239830	239834	239847	239849	239859	239861
239886	239891	239897	239902	239908	239913	239919	239924	239930
239938	239941	239942	239947	239950	239956	239964	239967	239968
239973	239976	239988	240008	240016	240023	240031	240040	240044
240045	240046	240049	240056	240074	240075	240085	240111	240122
240135	240144	240148	240157	240160	240190	240192	240239	240259
240272	240327	240336	240344	240360	240362	240364	240367	240372
240378	240383	240413	240418	240420	240446	240447	240456	240457
240464	240468	240484	240494	240509	240533	240535	240540	240545
240553	240556	240558	240585	240616	240628	240632	240640	240674
240685	240727	240730	240731	240732	240733	240734	240738	240743
240745	240759	240791	240826	240840	240842	240854	240897	240936
240937	240942	240979	240983	241018	241020	241022	241023	241047
241069	241080	241111	241116	241165	241166	241209	241211	241216
241218	241229	241232	241234	241263	241267	241270	241271	241272
241273	241274	241280	241289	241354	241362	241408	241409	241411
241417	241424	241425	241429	241520	241534	241537	241541	241580
241610	241640	241643	241646	241684	241690	241700	241710	241712
241750	241755	241760	241769	241803	241809	241812	241817	241824
241833	241859	241861	241866	241867	241897	241962	241982	241995
242042	242072	242102	242127	242131	242136	242144	242153	242166
242196	242222	242223	242224	242235	242239	242245	242247	242257
242267	242282	242283	242306	242340	242353	242372	242415	242423
242460	242475	242477	242487	242492	242495	242540	242542	242554
242584	242586	242594	242611	242623	242639	242646	242648	242654
242666	242693	242708	242722	242755	242853	242910	242920	242965
242977	242992	243015	243017	243057	243058	243060	243066	243070
243090	243092	243093	243100	243106	243107	243148	243156	243185
243200	243205	243244	243249	243258	243299	243307	243309	243316
243317	243331	243355	243405	243413	243416	243422	243456	243459

	243460	243462	243467	243474	243529	243573	243575	243580	243613
	243626	243628	243664	243668	243706	243716	243732	243760	243818
	243820	243862	243874	243904	243911	243920	243923	244024	244025
	244033	244035	244037	244053	244069	244082	244086	244097	244109
	244120	244132	244137	244138	244150	244156	244178	244180	244199
	244201	244235	244237	244238	244240	244269	244271	244272	244311
	244312	244315	244316	244322	244341	244364	244366	244367	244417
	244419	244431	244464	244469	244470	244527	244546	244551	244561
	244564	244572	244616						
平壤高女講堂	243422								
平壤高普	231982	239293	239320						
平壤高射砲隊	237353	239040							
平壤高女	233609	234259	234742	235751	236737	237054	237099	237314	239396
	242477	242495	243422	244312					
平壤公設運動場	239715	239732							
平壤公會堂新築案	243307								
平壤觀光協會	233300	234314							
平壤國防義會	234618	235047	235284	235803	235962	236282	237354	240157	244025
平壤南金組	231917	234830							
平壤大和町	237723	239149							
平壤道立醫院	243613	243911							
平壤道立醫院本館上棟式	243911								
平壤圖書館	238219	240420	243818						
平壤聯隊	232519	234096	234150	234509	234940	235048	235922	236387	237211
	238598	240983	243015						
平壤栗	232677	243092	243456						
平壤栗改良懇談會	243456								
平壤貿易稅關	231828								
平壤博物館	237004	237585	237617	238011	238372				
平壤繁榮會	231758	233953	239186	243316					
平壤法院	232033	232518							
平壤兵器製造所	234196	240446							
平壤府	231762	231817	231872	232210	232249	232257	232267	232270	232304
	232309	232361	232741	232770	232775	233073	233075	233193	233311
	233500	233501	233530	233598	233657	234523	234673	234737	234881
	235089	235108	235173	235280	235607	235673	235795	235842	235872
	235920	235923	236009	236144	236278	236293	236324	236470	236563
	236631	236677	236783	236848	236859	237007	237049	237055	237101

	237174	237273	238133	238210	238265	238304	238339	238340	238344
	238716	238759	239048	239084	239432	239555	239630	239728	239891
	239913	239938	239964	240049	240148	240336	240344	240457	240540
	240732	240937	240942	241425	241646	241803	241867	241982	242127
	242153	242372	242542	242584	243093	243413	243923	244033	244132
	244178	244235	244237	244269	244315	244419	244527	244572	
平壤府歌	232361								
平壤府圖書館	240344								
平壤府新廳舍	242153								
平壤府 電動力問題	233073								
平壤府廳舍	231762	231872	232210	232267	232304	233075	233311	236324	236631
	236783	244419							
平壤府廳舍改築	231872	233075							
平壤府會	233193	234673	235280	238265	240540	242584	244235	244237	244269
	244527	244572							
平壤飛行隊	236895	238507	238661	240016	240031	240122	240135	240327	241812
	242267								
平壤飛行聯隊 創立記念祭	231751	236004	236506	236895	237640	238507	238661	240016	240031
	240122	240135	240239	240259	240272	240327	240364	241812	242267
	243862	244564							
平壤飛行 六聯隊射擊場	231751								
平壤飛行場	237640	243862	244564						
平壤私立校	238925								
平壤師範	233247	233556	237759	239103	241273	242977			
平壤商校	238552								
平壤商業學校	234259	242144							
平壤商議	232147	232199	232474	232569	233443	234407	234683	234775	235151
	235477	235559	235611	235660	235704	235748	235796	235883	236194
	236372	236547	236816	237255	237362	237547	237857	238932	238961
	239036	239180	241111	241229	241263	241750	241833	242639	242708
	242722	243200	243355	243405	244086	244097	244109	244120	244316
平壤署	231753	232567	233030	233772	234064	234787	234934	235623	235929
	235930	238366	238460	239768	239847	239859	239902	239924	240160
	240372	240979	241232	241712	241861	242245	242353	242460	242646
	243060	243106	243460	243467	243575	244035	244156	244616	
平壤消防隊	232298								
平壤燒酎	235567	242654							
平壤神社	231750	234837	236542	243580	244272				
平壤實費院	241218								
平壤魚市場	239136	242239	244367						
平壤魚市場	242239								

府營問題									
平壤驛	232161	232213	232455	232624	232680	233085	233493	233699	233909
	234467	234779	235240	235288	235493	235747	235875	235958	236056
	236388	237160	237856	238226	238338	239678	240144	241018	243904
平壤牛	231748								
平壤郵便局	238678	239511	243732	244561					
平壤原蠶種製造所	243459								
平壤醫院	231762	234040	234100	234345	234926	235229	236324	237159	238554
	239423	239515	240979						
平壤醫專	234304	234405	234518	234625	234650	234826	235057	235287	235831
	235851	236556	236635	236638	237013	237099	237316	239046	239079
	239482	240040	240826	240854	241408	241520	242042	242235	242247
	242666	242965	242992	243058	243070	244322			
平壤組合銀行	239035								
平壤蹴球團	234739	234756							
平壤通信部 (朝日新聞社)	242283	242415	243664	243706	244053	244082			
平壤憲兵隊	232264	237608	241897						
平壤花柳界	236015								
平元線	232463	232511	232676	233752	234045	240042	240285	240683	242192
	242973	243100	243406						
平醫	232087	232564	232920	233206	234004	234251	234967	234999	235229
	235233	235241	235377						
平醫講 平壤醫講	232087	232564	233206	233240	233951	234004	234251		
平中	232164	233184	233599	233988	234249	234684	236581	239840	239852
	239983								
平中野球部	234684								
平昌	235968	239944	239970						
平鐵	232255	232357	233097	233258	233274	233599	233903	233919	234000
	234358	234387	234614	236010	236509	237495	237641	238135	239251
	240587	240590	241227	241322	241341	242856	244468		
肺病	243613								
捕鯨船	243132	243236							
浦項	232015	232241	232247	232332	232384	232893	232982	233106	233328
	233451	233473	233574	234332	234593	234852	235176	235512	235829
	235849	236079	236214	236351	238948	239264	239333	239370	239526
	239614	241190	241315	241334	242888	243390	243783	244297	244376
	244402								
浦項金融組合	232247								
爆擊演習	231751	232038	236242						

暴風	232757	233983	238289	238691	239808	239815	239823	239833	240001
	240072	240112	240119	240132	240171	240254	240261	240287	240520
	240570	240766	241313	241315	241334	241721	241925	242303	242674
	242717								
暴風雨 暴風雨被害	232757	238289	239823	239833	240001	240072	240112	240119	240132
	240171	240254	240261	240287	240520	240570	240766	241313	241315
	241334	241721	242717						
風水害	240449	240479	241004	241315	241334	241434	241654	241721	241925
	242207	242954							
風水害救濟	240449								
風水害 罹災者救濟	240479								
風土病	239890	239912							
避難	232338	233573	235113	235238	238948	238949	238989	239021	239044
	239144	239245	244601						
フランス	231960	240680							
プロ劇團	241290								
ポスト	244036	244060							

ㅎ								
下水	231955	232249	234156	237577	237890	238709		
賀田直治 (京城商工 會議所會頭)	240815	241153	243564					
下村進 (慶南道警察部長)	240410	240485	243817	244230	244405			
學校	231783	231786	231807	231810	231853	231948	231950	232059	232215
	232249	232348	232390	232423	232536	232562	232578	232584	232693
	232694	232791	232900	232961	233008	233184	233378	233399	233461
	233588	233673	233703	233731	233732	233738	233786	233836	233902
	233988	234026	234035	234046	234060	234083	234145	234174	234202
	234225	234259	234285	234313	234330	234386	234389	234521	234585
	234623	234729	234792	234828	234883	235022	235023	235088	235112
	235122	235155	235158	235183	235222	235298	235378	235433	235490
	235491	235614	235624	235682	235872	236144	236402	236466	236738
	236894	237122	237172	237304	237367	237384	237389	237471	237478
	237487	237488	237511	237572	237578	237594	237596	237620	237724
	237784	237793	237795	237810	237828	237910	237911	237932	237933
	237971	238116	238279	238306	238366	238393	238583	238645	238769
	238954	238990	238996	239000	239093	239139	239176	239184	239206
	239255	239271	239327	239352	239356	239359	239440	239466	239519
	239546	239556	239585	239713	239720	239722	239733	239756	239763
	239888	239894	239910	239916	240006	240021	240522	240535	240558
	240734	240893	240894	241196	241418	241566	241755	241793	241874
	241900	241938	242014	242144	242235	242346	242515	242720	242772
	242792	242921	242975	243022	243027	243081	243130	243188	243784
	243796	243814	244027	244029	244068	244179	244362	244520	244594
學校爭議取締	243796							
學校組合	234046	237911	237933	239763	240522	244520		
學級增加	231815	234098	234239	240571	244312			
學齡兒童 學齡兒童增加	231708	231729	243741					
學生	232087	232157	232366	232710	232840	232871	232961	233256	233281
	233358	233588	233610	233707	233974	234232	234233	234359	234402
	234860	235158	235207	236347	237516	237583	237610	237872	238477
	238612	238892	238926	239672	239679	239794	240054	240082	241533
	241839	241893	242065	242161	242191	242247	242266	242309	242468
	242718	242765	242790	243678	244568	244594			
學生研究會	232157							
學術	231999	233463	233700	237633	239414	239448	239613	242250	242267
學術講習會	233700							
學術研究費	233463							
學藝會	233162	233673	241510					

漢江	238481	238592	238648	238808	238905	239259	240314	241942	242681
	243555	243614	244098	244121	244273	244299			
漢江水泳場	240314								
漢江人道橋	238481	239259	241942						
韓圭復 (黃海道知事)	234776								
漢藥	233523	238798	241363	242168					
漢陽手帳	243045	243140	243247	243296	243353	243608	243659	243707	243806
	243964	244105	244128	244196	244231	244352	244406		
漢銀	233816	234048	234213	234351					
韓仁河 (東京音樂 學校入學)	235490								
韓昌洙	242101								
咸鏡北道	236810	236826	236868	236881	243007	243025	243817		
咸南	231732	231923	232037	232043	232358	232675	232783	232804	232823
	232831	232879	233404	233561	233771	233806	233809	233932	233998
	234252	234254	234354	234513	234519	234607	234786	234788	234874
	234887	234960	235001	235286	235293	235302	235426	235432	235561
	235667	235804	235871	235874	235926	236186	236206	236226	236477
	236479	236630	236634	236678	236706	236723	236731	236906	236950
	237018	237106	237493	237501	237591	237602	237813	237943	237957
	238069	238072	238121	238130	238175	238267	238303	238495	238559
	238604	238620	238662	238673	238680	238768	238778	238882	238897
	238967	238974	239017	239142	239306	239362	239380	239504	239619
	239627	239632	239643	239675	240090	240118	240127	240131	240140
	240242	240287	240358	240449	240450	240454	240459	240511	240584
	240629	240982	241117	241168	241278	241363	241422	241426	241800
	242219	242379	242607	242732	242847	242904	242973	243056	243253
	243306	243453	243526	243660	243817	243926	243976	244028	244031
	244130	244314	244420						
咸南農會	234519								
咸南道 咸鏡南道	234254	234354	234607	235293	235426	235432	235561	235871	235874
	235926	236226	236477	236723	236810	236826	236868	236881	236906
	236950	237106	237493	237591	237602	237957	238069	238072	238121
	238130	238175	238495	238662	238882	238967	238974	239017	239142
	239306	239504	239627	239632	240090	240127	240140	240358	240449
	241278	241288	241422	241793	241800	242607	243453	243817	243926
	244130								
咸南道廳舍 新築	240090								
咸南 水産試驗所	242904								
咸南水産會	233809	234887							

咸南醫學會	240242								
咸北	231996	232201	232342	233404	233559	234480	234563	234567	235335
	235376	237494	238080	238367	238882	238927	238930	239053	239147
	241154	241182	242810	242829	243510	243817	243857	244130	244173
咸北警察	231996	232201	241154	241182					
咸興	231816	231971	232045	232139	232409	232508	233019	233196	233259
	233268	233496	233712	233758	233760	233853	233872	233994	234013
	234052	234060	234267	234305	234347	234348	234403	234463	234530
	234628	234669	234781	234874	234890	234962	234969	234997	235045
	235154	235201	235283	235440	235492	235528	235618	235665	235793
	235808	235829	235878	235922	236106	236124	236145	236231	236381
	236478	236479	236635	236793	236964	237006	237023	237260	237276
	237402	237435	237590	237715	237901	237920	237923	237942	238178
	238192	238369	238499	238509	238544	238611	238726	238826	238934
	239010	239045	239097	239130	239297	239298	239358	239362	239633
	239692	240119	240132	240194	240236	240373	240504	240586	240681
	240788	241115	241162	241163	241281	241421	241853	242283	242334
	242623	242675	243159	243612	244032				
咸興結社事件	238509	238544							
咸興高女 改築移轉	240504								
咸興公設運動	231971								
咸興聯隊	234463	234669	234781	235154	235201	237590	239358	240236	
咸興府	231816	232409	233259	233760	233853	235793	237006	237715	238369
	238499	239130							
咸興府議	232409	237715							
咸興産業組合	234628								
咸興産組	233019								
咸興商議	232045	243612							
咸興商議所	243612								
咸興神社	233758	239298							
咸興運動場	240194	240373							
咸興第一校	235618								
航空輸送	240616	240640							
港灣法	236530								
海軍機關學校	237471								
海軍記念日	236835	236966	237304	237334	237406	237565	237586		
海上赤化運動	233112								
海雲台	232798	233270	233744	238734	238753	239497			
海雲台溫泉	239497								
海員出張所	243672								
海底電話	231839	232050	235899	238197	240433				

海州	233133	233318	234056	234350	234558	234770	235159	237371	238082
	238086	238309	238619	238679	238769	238841	239098	239389	239442
	240576	240596	240775	240800	242317	242872	242903	243103	
海州高女	242903								
海苔	232434	233585	233777	234114	234643	234723	234872	238430	238713
	238742	243079	243650						
海苔養殖	243650								
行政講習會	240828	240856	241179						
行政整理	243965	243989							
鄉軍	232026	232420	232484	232697	233414	233434	233587	233757	234013
	234230	234949	235260	235275	236003	236596	237005	237274	242669
	243118	243261	243293	244502					
獻穀田	231732	232002	232966	233518	234317	236137	240676	241355	
獻金	231710	231786	231894	232181	232370	232532	232917	232982	233022
	233192	233278	233303	233378	233470	233503	233539	233562	233615
	233687	233794	233824	233911	234090	234103	234115	234144	234272
	234308	234321	234361	234375	234431	234512	234538	234610	234617
	234645	234682	234752	234757	234800	234836	234904	234936	234972
	235011	235060	235072	235102	235161	235165	235197	235242	235268
	235338	235384	235417	235505	235527	235579	235608	235726	235803
	235839	235841	235868	235891	236022	236408	236780	236954	237010
	237103	237125	237126	237151	237221	237241	237455	237491	237561
	237732	237784	237820	237861	238124	238172	238244	238351	238801
	239084	239418	239504	241027	241526	241629	242187	242233	242768
	242787	242886	242924	242953	243258	243528	243667	243759	243790
	243794	243955	244221	244250	244464	244556			
獻金募集	235102	235608	237151	237455	237561				
憲兵隊	231755	232264	232854	234014	234248	235224	236782	236805	237608
	238313	240993	241897	243984					
血液	232806	234550	236439	242560					
脇谷洋次郎 (元總督府釜山 水産試驗場長)	234505								
協成普通學校	243784								
刑務所	233223	234980	235202	235453	235809	236604	236994	237765	238866
	239057	239075	240151	240262	240834	240866	241658	241760	241853
	241902	241908	241922	241933	241965	241979	242258	243867	
刑務所 武道大會	241908	241979							
刑事講習會	238411	238434							
刑事補償法	235863	241623							
惠山線	233129	233252	239347	242482	242503	242575	244274		
戶口調査	232442	236396	236595	236609	237011	241017	241045	241377	243178

湖南銀行	237657							
戶別稅	235090	235795	235925	235938				
戶稅	237403	237919	237941	240389	242532	243547		
豪雨	237310	237350	238843	238948	238989	239059	239169	239378	239591
	239808	239815	239820	239830	239844	239856	239903	239925	240415
	240771	241748							
戶籍	231991	233500	233530					
洪城農倉	243748							
洪水	236075	237820	238989	239021	239059	239158	239740	239784	239844
	239856	241100	241611	242906	242939	243761	243930	244005	244274
洪水罹災	239740	239784						
貨物	231901	233226	233929	234455	234475	234556	235403	237090	237986
	238009	238328	238880	241151	242315	242807	242834	243326	243511
	243930	244005							
貨物船	242807	242834						
火保	232839	233936	239118	244234				
火事 火災	231769	231857	231968	232072	232130	232160	232191	232287	232298
	232310	232312	232335	232338	232395	232425	232498	232510	232572
	232600	232602	232632	232665	232706	233064	233287	233342	233385
	233893	234112	234268	234295	234399	234548	234592	234600	234723
	234819	234822	235223	235273	235369	235511	235643	235772	235855
	236042	236150	236320	236445	236497	236547	236713	236774	236823
	236840	236908	236918	236919	236998	237021	237039	237095	237118
	237142	237459	237654	237779	237961	237970	238834	238835	238899
	238958	240239	240259	240492	240613	241758	241918	242169	242272
	242463	242510	242702	242799	243000	243471	243598	243604	244193
	244427	244449	244477	244509	244546				
華山學校	244068							
火藥庫	234903							
化粧	231825	232400	235420					
火災避難演習	232338							
火田	231943	233157	233499	234743	235343	239242	241114	243047	243201
	243995								
火田整理	233157	243995						
樺太	236740	239666	241197	241387	241689			
活動寫眞	235758	239525						
活寫會	235331	236828	239318	239664	242302			
皇國黨	243620							
皇軍	231710	232163	232259	232296	232429	232844	233082	233302	233675
	233705	234231	234879	235357	235522	241725			
皇軍慰問	232163	233675	233705	234231				
黃金時代(西鮮)	234614	238798	238825	240550				

皇室御繁榮祈願祭	240930	240948						
黃州面	242290	242323						
黃州驛	238947							
黃海	231979	232434	233606	233943	234050	234056	234097	234724	234770
	234776	234824	234834	234872	234998	235088	235092	235100	235429
	235619	235647	236679	236730	236810	236826	236868	236881	237021
	237039	237205	237256	237322	237369	237408	237952	237954	238173
	238333	238354	238715	239238	239294	239296	240425	241031	241032
	241365	241371	241543	242323	242421	243146	243817	244153	244282
	244303								
黃海道	232434	233606	233943	234050	234056	234776	234834	234998	235088
	235092	235100	235429	235619	235647	236679	236730	236810	236826
	236868	236881	237021	237039	237205	237322	237369	237952	237954
	238173	238333	238354	238715	239238	239294	239296	240425	241032
	241365	241371	242323	243817	244153	244282	244303		
黃海道農會	237954								
黃海線	234097								
皇后陛下御安産祈願	243509	243536	244429						
會寧圖書館	243463								
會寧部隊	232003	239154							
會寧	232003	239154	239351	241359	241405	242849	243463		
橫山俊久 (總督府 衛生課技師)	231863								
橫井卯太郎 (元釜山水上署長)	232077								
興南	234306	234530	235917	235992	236479	236635	238136	238821	240586
ハルビン	244458	244481							
フィルム檢閲	233286								
ヘロイン	239018								
ホテル	233845	236148	236220	236335	236359	240432	240442	241752	243837
	243890	244092	244115	244238					

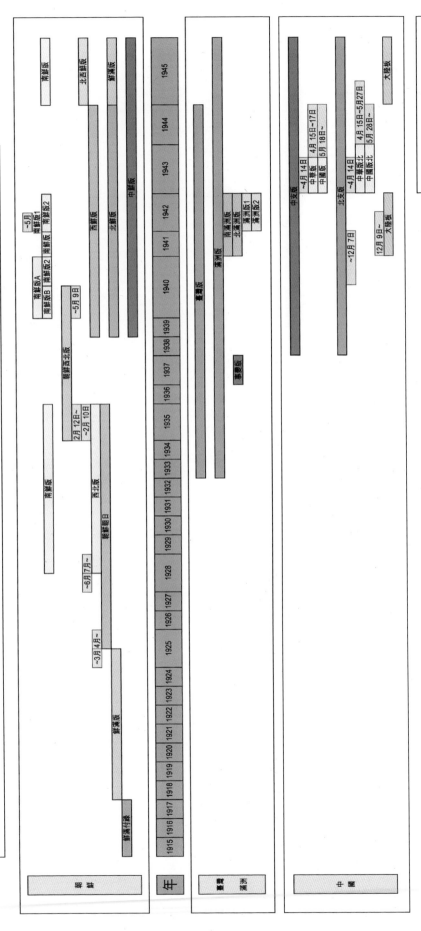

朝日新聞 外地版 세분화 그래프

翰林大學校 日本學研究所 日本學圖書館所藏

大正4年~昭和10年(1915~1945)

* 작성 : 김서인 (일본학연구소 연구보조원)

한림일본학자료총서 아사히신문 외지판 **17**

아사히신문
외지판(조선판)
기사명 색인_제12권

초판인쇄 2023년 03월 24일
초판발행 2023년 03월 24일

지은이 한림대학교 일본학연구소
　　　　서정완, 심재현, 김건용, 김선균, 김세은, 김은경,
　　　　김주영, 김채연, 김혜진, 김희연, 문희찬, 박상진,
　　　　박종후, 백소혜, 백지훈, 설수현, 신현주, 안덕희,
　　　　안소현, 유혜연, 윤영서, 이예린, 이하림, 장덕진,
　　　　조성석, 조지혜, 최평화
기획 한림대학교 일본학연구소
펴낸이 채종준
펴낸곳 한국학술정보㈜
주소 경기도 파주시 회동길 230(문발동)
전화 031) 908-3181(대표)
팩스 031) 908-3189
홈페이지 http://ebook.kstudy.com
전자우편 출판사업부 publish@kstudy.com
등록 제일산-115호(2000. 6. 19)

ISBN 979-11-6983-269-4 91070